D1721352

Griff nach der Psyche?

Krieg in der Geschichte
(KRiG)

Band 120

Griff nach der Psyche?

BRILL | SCHÖNINGH

Andrea Gräfin von Hohenthal

Griff nach der Psyche?

*Psychologie im Ersten Weltkrieg
in Großbritannien und Deutschland*

BRILL | SCHÖNINGH

Die Autorin: Dr. med. Andrea Gräfin von Hohenthal studierte Psychologie und Medizin an der Albert-Ludwigs-Universität Freiburg, Geschichte, Philosophie und Pädagogik an der Universität Hagen und arbeitete in einer neuropsychologischen Klinik. Sie promovierte am Lehrstuhl für Neuere und Neueste Geschichte Westeuropas der Albert-Ludwigs-Universität Freiburg und ist als Therapeutin tätig.

Umschlagabbildung: William Brown, William Rivers und Grafton Elliot Smith im Magull Kriegskrankenhaus 1915.

Bibliografische Information der Deutschen Nationalbibliothek

Die Deutsche Nationalbibliothek verzeichnet diese Publikation in der Deutschen Nationalbibliografie; detaillierte bibliografische Daten sind im Internet über http://dnb.d-nb.de abrufbar.

Zugl. Dissertation (2021) an der Universität Freiburg im Breisgau

© 2023 Brill Schöningh, Wollmarktstraße 115, D-33098 Paderborn, ein Imprint der Brill-Gruppe (Koninklijke Brill NV, Leiden, Niederlande; Brill USA Inc., Boston MA, USA; Brill Asia Pte Ltd, Singapore; Brill Deutschland GmbH, Paderborn, Deutschland; Brill Österreich GmbH, Wien, Österreich) Koninklijke Brill NV umfasst die Imprints Brill, Brill Nijhoff, Brill Hotei, Brill Schöningh, Brill Fink, Brill mentis, Vandenhoeck & Ruprecht, Böhlau, V&R unipress und Wageningen Academic.

www.schoeningh.de

Einbandgestaltung: Evelyn Ziegler, München
Herstellung: Brill Deutschland GmbH, Paderborn

ISSN 2629-7418
ISBN 978-3-506-79086-6 (hardback)
ISBN 978-3-657-79086-9 (e-book)

Inhalt

Vorwort zur Reihe

Seit ihrer Gründung im Jahre 1999 hat die Reihe ‚Krieg in der Geschichte' in zahlreichen Bänden illustriert, welch enorme Vielfalt an Fragestellungen und Perspektiven das Themenfeld Krieg generiert. Die Buchreihe thematisiert die Rolle des Krieges und des Militärs in verschiedenen historischen Perioden und Gesellschaften seit der Antike. Unter den Begriff Krieg fassen wir dabei die gesamte Bandbreite kriegerischer Konflikte zwischen konkurrierenden militärischen oder paramilitärischen Gruppen, Kampfeinheiten oder Staaten in all ihren Ausformungen, von auf Schlachtfeldern ausgetragenen Kämpfen bis hin zu hochtechnisierten Kriegsformen, welche auf die Zivilbevölkerung abzielen. Die historiographische Erforschung des Krieges kann nicht losgelöst vom Militär und der Zivilgesellschaft erfolgen. Die Herausgeberinnen und Herausgeber von ‚Krieg in der Geschichte' sind methodologisch der neuen und kritischen Militärgeschichte verbunden, wie sie sich seit den 1990er Jahren auch im deutschsprachigen Raum entwickelt hat. Insbesondere von der Erweiterung um sozial-, alltags-, kultur-, mentalitäts- und geschlechterhistorische Perspektiven hat die Kriegs- und Militärgeschichte viel profitiert. Die Reihe sieht es als ihre Aufgabe, die enge Verknüpfung von Militär und Gesellschaft sichtbar zu machen und aufzuzeigen, wie die historisch unterschiedlichen militärischen Verbände in die zivile Gesellschaft eingebettet sind und von ihr geformt werden, umgekehrt auch in diese Gesellschaft stark normierend und reglementierend eingreifen. Ein derartiger Ansatz bedeutet nicht nur für die sogenannte ‚Moderne', dass Beziehungen zwischen ‚Front' und ‚Heimat', gesellschaftliche Militarisierungsprozesse und Militarismus sowie die sozialen, wirtschaftlichen und gesellschaftlichen Folgen von Kriegen verstärkt in den Blick genommen werden. Darüber hinaus gilt es, die Verschränkung von ‚Krieg' und ‚Frieden' zu untersuchen und deshalb auch Nach- oder Zwischenkriegszeiten einzubinden. ‚Krieg in der Geschichte' will Studien, die sich mit Ursachen, den Akteuren und Akteurinnen sowie den Auswirkungen von Kriegen in der Geschichte auseinandersetzen ebenso Raum geben wie technischen oder strategischen und operationalen Aspekten der Kriegsführung. Das Themenspektrum umfasst u.a. sozialhistorische Forschungen, die Strukturen und soziale Praxen des Militärs, die Auswirkungen des Krieges auf Soldatinnen und Soldaten, auf die Zivilbevölkerung oder den Alltag des Krieges in den Blick nehmen. Ebenso finden Untersuchungen ihren Platz in der Reihe, die Verknüpfungen von Krieg und Militär mit Normierungen von Geschlecht, zeitgenössischen Geschlechterordnungen oder der Verbindung von Gewalt und Geschlecht behandeln. ‚Krieg in der Geschichte' will auch ein Forum für kulturgeschichtliche Zugänge bieten, welche den Krieg als Kultur beziehungsweise als Zerstörer von Kultur problematisieren oder der Frage nachgehen, wie verschiedene Medien Krieg visualisieren, kommentieren und propagieren. Emotions-, körper- und erfahrungsgeschichtliche Perspektiven, die Fragen der individuellen und gesellschaftlichen Traumatisierung oder die Verknüpfung von Gefühlen und kriegerischer Gewalt thematisieren, sind gleichfalls willkommen. Dasselbe gilt für Studien zu den umweltgeschichtlichen Dimensionen des Krieges. Im Rahmen der thematischen und methodologischen Vielfalt, welche die Reihe ‚Krieg in der Geschichte' auszeichnet, finden Untersuchungen, die außereuropäische Schauplätze und globale Verflechtungen von Kriegen behandeln, hier ebenso ihren Ort. Publikationssprachen der Reihe sind Deutsch und Englisch.

Horst Carl
Maria Fritsche
Christa Hämmerle
Christian Koller

Vorwort

Diese Arbeit wurde unter dem Titel: Griff nach der Psyche? Psychologie im Ersten Weltkrieg in Großbritannien und Deutschland im Sommersemester 2021 an der Universität Freiburg als Dissertation angenommen.

Mein Dank gilt an erster Stelle meinem Doktorvater Jörn Leonhard, der mich während des ganzen Projektes sachkundig unterstützte und mit konstruktiven Anregungen weiterhalf. Sylvia Paletschek danke ich für sachdienliche Hinweise und die aufmerksame Erstellung des Zweitgutachtens. Ein herzlicher Dank geht auch an das Deutsche Historische Institut in London und den Direktor Andreas Gestrich, durch deren Unterstützung mir mehrere Forschungsaufenthalte in London ermöglicht wurden. Besonderen Dank geht auch an die Unterstützung des Archivars der British Psychological Society sowie der englischen Psychologiehistoriker Geoffrey Bunn und Elisabeth Valentine.

Meine Recherchen an zahlreichen Archiven in Deutschland, beispielsweise dem Bundesarchiv-Militärarchiv Freiburg, dem Bayrischen Staatsarchiv München und dem Geheimen Staatsarchiv Preußischer Kulturbesitz Berlin verdanke ich viel. Besonders dankbar bin ich für die Hilfe der Archivare in der LVR Klinik Bonn, die mich auf die Akten des Psychologen Walther Poppelreuter hinwiesen. Helmut Lück unterstützte und ermutigte meine ganze Arbeit durch hilfreiche Kommentare und sachdienliche Hinweise zur Psychologiegeschichte. Gerd Krummeich und Heinrich Schwendemann ermöglichten es mir an einer Exkursion zu den Schlachtfeldern des Ersten Weltkrieges teilzunehmen und dadurch eine weitere Perspektive auf das Geschehen zu entwickeln. Auch die Hilfe und Unterstützung der ersten Leser dieses Buches Sonja Levsen, Friedemann Pestel, Ursula Ott und meinen Kindern Leonie und Carl-Leo verdanke ich sehr viel. David Ranan bereitete mit herausfordernden und sachkundigen Fragen den Erfolg meiner mündlichen Prüfung mit vor. Diese freundliche und sachkundige Expertise, die Unterstützung während der langen Arbeitszeit und das ungebrochene Interesse an dem Thema all der oben genannten Personen haben wesentlich zu dem Erfolg dieser Arbeit beigetragen.

Freiburg im Breisgau, im Januar 2023

Einleitung

„The world is different now" stellte der britische Psychologe William Rivers kurz nach Kriegsende fest und hatte dabei vor allem das Ergebnis seiner Arbeit mit den psychisch verletzten jungen Soldaten vor Augen.[1] Seine Thesen über die Entstehung psychischer Kriegserkrankungen und seine Therapiemethoden hatten sich während der Kriegszeit verändert, aber auch er als Person war ein anderer geworden. All dies hatte er zu Kriegsanfang nicht erwartet. Rivers war, wie die meisten der damaligen Experten für die Psyche, eher zufällig in den Strudel der Ereignisse und Herausforderungen des Krieges einbezogen worden: Seine Arbeit umfasste die Behandlung der in unvorhersehbar großer Anzahl psychisch verletzter Kriegsteilnehmer, der „orgy of neurosis and psychosis" wie es ein Zeitgenosse beschrieb.[2] Bei Kriegsausbruch war Rivers noch mit ganz anderen Themen beschäftigt gewesen: Um ethnologische Studien an den Ureinwohnern auf den Hybriden durchzuführen, reiste er von Australien in die Südsee. Er war Gründungsmitglied der psychologischen Vereinigung Englands und medizinisch-psychiatrisch ausgebildet, hatte aber auch ein ausgeprägtes Interesse an ethnologischen Untersuchungen, die er an der Universität Cambridge und auf seinen Reisen durchführte. Als er schließlich 1915 nach England zurückkehrte, zog das Militär ihn jedoch sofort von diesen Untersuchungen ab und setzte ihn in der militärpsychiatrischen Versorgung im Kriegskrankenhaus Maghul ein. Hier traf er auf eine Gruppe gleichgesinnter psychologisch interessierter Kollegen, die ihn mit den Gedanken und Methoden Sigmund Freuds bekannt machten. Nicht nur an diesem Krankenhaus arbeitete und publizierte Rivers; besonders bedeutend war sein Einsatz an dem Offizierskrankenhaus Craiglockhart in Schottland, in dem er die Ergebnisse seiner Therapien und die daraus folgenden theoretischen Überlegungen veröffentlichte. Dort behandelte er auch den Kriegsdichter Sigfrid Sassoon. Sassoon war zu dieser Zeit bereits durch seine Gedichte bekannt geworden, in denen er eindrucksvoll seine Erlebnisse auf den Schlachtfeldern in Worte fasste. Nach dem Krieg schilderte er in seinen vielgelesenen Erinnerungen auch die Zeit in Craiglockhart und seine Arbeit mit Rivers, wodurch dieser in der Öffentlichkeit sehr bekannt gemacht wurde. Gegen Ende des Krieges wurde Rivers erneut versetzt und arbeitete von nun an in einem Krankenhaus der Luftwaffe.

---

1   Ben Shephard, Headhunters. The search for a science of mind, London 2014, S. 214.
2   Ebd. S. 149.

© BRILL SCHÖNINGH, 2023 | DOI:10.30965/9783657790869_002

Rivers war der theoretische Kopf einer einflussreichen Gruppe britischer Psychologen, die kriegsspezifische psychoanalytische Therapiemethoden entwickelten, die auch beim Militär angesehen waren. Kennzeichnend für dieses Vorgehen war der fortgesetzte Versuch die Ursache der psychischen Kriegserkrankungen zu verstehen, einzuordnen und dadurch eine wirksame Therapiemethode zu entwickeln. Neue Krankheitskonzepte wurden entwickelt, neue Grenzen der Normalität und Belastbarkeit der männlichen Psyche definiert und spezifische Behandlungskonzepte ausprobiert. Dies geschah immer im Spannungsfeld von militärischen, politischen Anforderungen und unter den Augen einer zunehmend kritischeren Öffentlichkeit. Diese neu entwickelten psychoanalytischen Behandlungsmethoden waren die einzigen psychotherapeutischen Methoden, die zu dieser Zeit verfügbar waren und Rivers betonte unermüdlich die Bedeutung dieser Vorgehensweise:

> Bevor the war many psychologists were coming to see the importance of Freud's work to the science, but within the medical profession, the general attitude was one of uncompromising hostility. This state of affairs has been totally altered by the war.[3]

Rivers war nicht nur von der Bedeutung und Wirksamkeit psychoanalytischer Vorgehensweisen überzeugt worden, er war auch der Ansicht, dass diese in der Kriegszeit entwickelten Methoden im Frieden die Psychiatrie revolutionieren und die Stellung der Psychologie stärken, vor allem aber eine Heilung psychischer Erkrankungen ermöglichen würden:

> There are many signs that the end of the war will find psychiatry and psychology ready to consider dispassionately the value of Freud's scheme as a basis for the study of the psychoses as well as of the psycho-neuroses of civil life ... Psychiatry will emerge from the war in a state very different from that it occupied in 1914. Above all it will be surrounded by an atmosphere of hope and promise for the future treatment of the greatest of human ills.[4]

Auch deutsche Psychologen äußerten sich ähnlich optimistisch über die Entwicklung der Psychologie: In Deutschland hatten sich im Krieg vor allem die angewandten Methoden der Psychologie in der Wirtschaft durchgesetzt. Fritz Giese, einer der bedeutendsten Vertreter dieser sogenannten Psychotechnik, registrierte ebenfalls den großen Einfluss des Ersten Weltkriegs auf die Psychologie als praktische und theoretische Wissenschaft.

---

3   William H. Rivers, Psychiatry and the war, Science, 49, 1919, S. 367–369.
4   Ebd. S. 368 und 369.

Man kann sagen, dass in diesem Sinne der Krieg auch der Psychologie neue Erkenntnisse schenkte, neuartige Thesen bot, denen sie ohne jenen traurigen Anlass vorher sicherlich sehr fern gestanden ist.[5]

Giese hatte im Krieg an einer Station für Hirnverletzte in Halle gearbeitet wo er nach dem Krieg das erste Institut für angewandte Psychologie gründen konnte. Damit war Giese einer der Psychologen, die von ihren Kriegserfahrungen profitieren und ihr Fach neu ausrichten konnten. Vor dem Krieg hatte die Psychologie nämlich – noch im Fachbereich der Philosophie verankert – gerade erst begonnen, sich durch experimentelle Untersuchungen von Sinneswahrnehmungen von der Philosophie abzugrenzen. Psychologen hatten sich nur vereinzelt praktisch betätigt oder zu sozialen und gesellschaftlichen Fragen geäußert. Nach dem Krieg war dies deutlich anders: Die Psychologie war nun auch eine angewandte Wissenschaft und Psychologen arbeiteten in den Bereichen Medizin, Industrie, Militär und Pädagogik. Die Anforderungen des Krieges schufen neue Betätigungsfelder, in denen Psychologen neue Theorien und praktische psychologische Vorgehensweisen entwickelten. Sie arbeiteten in der Versorgung psychisch verletzter Soldaten, erprobten in der Industrie und beim Militär neue Auswahlverfahren und äußerten sich zu den aktuellen sozialen Problemen und es gelang ihnen aufgrund der Herausforderungen des Krieges, ein zunehmend distinktes Wissens- und Forschungsgebiet der Psychologie zu generieren.[6] Trotz dieser Ausweitung psychologischer Arbeitsfelder dauerte es aber noch bis 1923, bis die Universität Jena als einer der ersten Universitäten einen rein psychologischen Lehrstuhl an einer deutschen Universität einrichtete. Viele Personen bezeichneten sich im und nach dem Krieg als Psychologen oder verfassten psychologische Abhandlungen. Aus diesem Grund sind in dieser Arbeit die Mitglieder der ersten psychologischen Gesellschaften in Deutschland (gegründet 1904) und in England (gegründet 1901) der Bezugspunkt und nur sie werden als Psychologen bezeichnet.[7]

Psychologie stellte sich vor 1914 in erster Linie als eine Wissenschaft zur Erforschung von Wahrnehmungs- und Bewusstseinsprozessen dar – vor allem mit Hilfe von experimentellen Untersuchungen – auch um sich von der Philosophie abzusetzen. Unter „Psychowissenschaften" werden in dieser Arbeit

---

5   Fritz Giese, Psychologie der Arbeitshand, Berlin, Wien 1928, S. 804.

6   Volker Roelcke, Rivalisierende „Verwissenschaftlichungen des Sozialen". Psychiatrie, Psychologie und Psychotherapie im 20. Jahrhundert, in: Jürgen Reulecke/Volker Roelcke (Hrsg.), Wissenschaften im 20. Jahrhundert. Universitäten in der modernen Wissenschaftsgesellschaft, Stuttgart 2008, S. 131–148.

7   Dabei werden auch diejenigen berücksichtigt, die unmittelbar nach dem Krieg in die psychologischen Vereine eingetreten waren.

ähnlich den *psy disciplines* nach Niklas Rose alle die mit „Psy" beginnenden Wissenschaften wie Psychiatrie, Psychotherapie und Psychologie verstanden; das Gleiche gilt für den Begriff „Psychowissen".[8]

Die Grenzen zwischen den Disziplinen waren aber in der Zeit vor 1914 nicht immer eindeutig und viele Psychiater waren beispielsweise gleichzeitig Mitglieder in den psychologischen Vereinen.[9] Psychologisches Wissen beachtete man allerdings insgesamt nur wenig im außeruniversitären Bereich. Umso erstaunlicher ist es, dass die Zeit des Ersten Weltkrieges für die Psychologie einen Wandel von einer eher theoretischen Erforschung menschlicher Sinnes- und Bewusstseinsfunktionen, hin zu einer anwendungsbezogenen Wissenschaft bedeutete und sie sich zunehmend als eine eigenständige Wissenschaft in der Gruppe der Psychowissenschaften behaupten konnte. Obwohl ein eigener Abschluss und eine vermehrte praktische Betätigung erst später erfolgten, vollzog man in der Zeit des Ersten Weltkrieges, so wird in dieser Arbeit argumentiert, eindeutige Weichenstellungen.

Aus diesem Grund ist die Entwicklung der Psychologie in der Zeit des Ersten Weltkriege das Thema dieser Arbeit, woraus sich die drei folgenden Leitfragen ergeben: Erstens interessiert, ob und wenn ja wie sich die Psychologie als theoretisches und praktisches Fach durch das Kriegsgeschehen änderte? In welchen Gebieten ergaben sich neue Entwicklungen und wo diente der Krieg nur als Katalysator für bereits angestoßene Entwicklungen? Dabei soll als zweites der Wandel während der Kriegszeit untersucht werden, da sich die Anforderungen mit der Intensität der unterschiedlichen Kriegsphasen deutlich änderten. Drittens sollen die Unterschiede in der Entwicklung der Psychologie in beiden Ländern aufgezeigt und erklärt werden; Unterschiede in der praktischen Arbeit, aber auch in den zugrundeliegenden theoretischen Konzepten. Krankheitsmodelle, Leistungsparameter und Definitionen von Arbeit zeigen sowohl psychologische Menschenbilder als auch Zielsetzungen psychologischen Handelns auf. Welche neuen Begriffe, Ideen und Handlungsoptionen ergaben sich? Wie stellten sich die Psychologen zum Kriegsgeschehen? Machten sie die Geschehnisse für die Kriegsteilnehmer akzeptabler und erträglicher oder wurden sie zu Handlangern der Politik und des Militärs? Ergaben sich aus dem praktischen Vorgehen neue theoretische Konzepte oder umgekehrt?

---

8   Nikolas Rose, Inventing our selves. Psychology, power, and personhood, Cambridge 1996; Maik Tändler, Das therapeutische Jahrzehnt. Der Psychoboom in den siebziger Jahren, Göttingen 2016, S. 28, Fußnote 27.

9   Maik Tändler, Das therapeutische Jahrzehnt. Der Psychoboom in den siebziger Jahren, Göttingen 2016, S. 47–66.

Um diese Fragen zu beantworten, ist die vorliegende Untersuchung vergleichend angelegt: Die Auswahl der beiden zu vergleichenden Länder erfolgt aus mehreren konzeptuellen Gründen: Mit England und Deutschland können zwei in wissenschaftlichen Traditionen, Strukturen, institutionellen Vorgaben und gesellschaftlichen Verankerungen sehr unterschiedlich organisierte psychologische Forschergemeinschaften einander gegenübergestellt werden. Beide Länder waren vor dem Ersten Weltkrieg führend in der Entwicklung der Psychologie, allerdings divergierten sie in ihrer theoretischen Ausrichtung und der Organisation der Vereine. In beiden Ländern fand das Kriegsgeschehen nicht in der Heimat statt. Die vergleichende Perspektive auf die Aktivitäten der psychologischen Vereine kann den Einfluss politischer, militärischer oder sozialer Forderungen verdeutlichen und dadurch einen Beitrag zur Wissens- und Kulturgeschichte des Weltkrieges leisten. Auch die sprachlichen Unterschiede können eher als Chance denn als Hindernis begriffen werden, da das Vergleichen von beispielsweise diagnostischen Bezeichnungen kulturelle und soziale Werturteile verdeutlichen kann.[10] Dabei interessiert auch, ob die Beziehung zwischen den Ländern eher durch Abgrenzung oder durch Verflechtungen zu beschreiben ist und ob dies für alle Bereiche der Psychologie gleichermaßen gilt? Ebenso ist es zu prüfen, ob und inwieweit die internationale Zusammenarbeit im Krieg aufhörte und wann man diese, nach Kriegsende wieder aufnahm.

Deshalb ist der Vergleich grundlegend für diese Arbeit, da damit besonders die äußeren, aber auch die innerpsychologischen nationalen Spezifika und Entwicklungen der psychologischen Vereine in der Kriegszeit verdeutlicht werden können. Ein vergleichender historischer Ansatz will, nach Miller, als erstes unterschiedliche Entwicklungen von ähnlichen historischen Phänomenen erklären; zweitens eine genaue Betrachtung der relevanten Akteure und Faktoren und drittens eine Untersuchung der entsprechenden Theorien vornehmen. Dabei werden nicht nur Unterschiede, sondern auch Ähnlichkeiten herausgearbeitet.[11] Zu beachten ist allerdings, dass die psychologische Wissenschaft von Anfang an ein internationales Projekt war und die Verflechtungen der beiden psychologischen Vereine Großbritanniens und Deutschlands auch während der Kriegszeit nachweisbar sind.[12] Um die beiden Blickrichtungen zu kombinieren, nimmt diese Arbeit ein multiperspektives Vorgehen im Sinne

---

10   Sonja Levsen, Elite, Männlichkeit und Krieg. Tübinger und Cambridger Studenten 1900–1929, Göttingen 2006, S. 24.

11   Michael Miller, Comparative and cross-national history: Approaches, differences, problems, in: Deborah Cohen/Maura O'Connor (Hrsg.), Comparison and history. Europe in cross-national perspective, New York 2004, S. 115–132, S. 115f.

12   Siehe Kapitel 2.4.

einer *histoire croisée* vor.[13] Transfer, Vergleich und Verflechtung sind hier
nicht als Alternativen zu sehen, sondern sollen kombiniert werden. Nationale Charakteristika und transnationale Gemeinsamkeiten in der psychologischen Praxis und in den theoretischen Debatten werden analysiert, wobei
die nationalen Vereine die Bezugspunkte bilden.[14] Dadurch können die äußeren Einflussfaktoren (militärische, politische und soziale) und die inneren
Einflussfaktoren (universitäre Strukturen, philosophische Ausrichtungen)
auf das Fach Psychologie verdeutlicht werden, in einer Zeit, in der ähnliche
Anforderungen unterschiedliche Entwicklungen hervorbrachten. Zu beachten
ist auch, dass man in der Kriegszeit den Austausch zwischen den psychologischen Vereinen deutlich reduzierte, wenn auch nicht gänzlich einstellte.
Vergleich, Transfer und Verflechtung sind hier also als verschiedene, sich
ergänzende Perspektiven auf ein Thema und nicht als unterschiedliche historische Methoden angesehen.

Problemaufriss und Relevanz des Themas

Weshalb wird in dieser Arbeit der Erste Weltkrieg als entscheidender Faktor für
die Entwicklung der Psychologie angesehen? Hierfür lassen sich verschiedene
Gründe anführen: Der Erste Weltkrieg, die Urkatastrophe des zwanzigsten
Jahrhunderts, entwickelte sich zu einem technisierten Massenkrieg, in dem
menschliche und technische Ressourcen in einem nie vorher gesehenen Maße
vernichtet wurden. In dieser Notlage forderten Militär, Politik und Öffentlichkeit neue, schnelle und effektive Lösungen für die sozialen, wirtschaftlichen
und militärischen Probleme der Kriegszeit. Dabei eröffneten sich Chancen und Möglichkeiten für die Psychologen, bekannte Strategien in großem
Umfang auszuprobieren, aber auch neue praktische Verfahren zu entwickeln
und Freiräume zu nutzen. Da diese Arbeit ein Beitrag zur Wissens- und Kulturgeschichte des Ersten Weltkriegs ist, stehen hier die Wechselbeziehungen und
Debatten zwischen den unterschiedlichen Akteuren im Mittelpunkt. Da viele
der Psychologen in der Kriegszeit im Staats- oder Militärdienst standen, den

---

13   Agnes Arndt (Hrsg.), Vergleichen, verflechten, verwirren? Europäische Geschichts-
     schreibung zwischen Theorie und Praxis, Göttingen 2011; Margrit Pernau, Transnationale
     Geschichte, Göttingen 2011, S. 50.
          Michael Werner/Bénédicte Zimmermann, Vergleich, Transfer, Verflechtung. Der
     Ansatz der Histoire croisée und die Herausforderung des Transnationalen, in: Geschichte
     und Gesellschaft 28 (2002), S. 607–636, S. 618–624. Margrit Pernau, Transnationale
     Geschichte, Göttingen 2011, S. 50.
14   Siehe dazu: Agnes Arndt/Joachim Haeberlen/Christiane Reinecke, Europäische
     Geschichtsschreibung zwischen Theorie und Praxis, in: Agnes Arndt (Hrsg.), Vergleichen,
     verflechten, verwirren? Europäische Geschichtsschreibung zwischen Theorie und Praxis,
     Göttingen 2011, S. 11–32., S. 15.

Kriegszielen verpflichtet waren, oder sich gegenüber einer zunehmend einflussreichen Öffentlichkeit positionieren mussten, sind gerade in dieser Zeit
die Wechselwirkung zwischen inner- und außerwissenschaftlichen Faktoren deutlich zu sehen. Dabei waren die Psychologen während dieser Zeit in
verschiedenen Gebieten tätig. Ein wichtiges Einsatzgebiet für sie war zum
Beispiel die Behandlung der großen Anzahl von psychisch verletzten Kriegsteilnehmern. In beiden Ländern, Großbritannien und Deutschland ging man
von etwa jeweils 200 000 solcher Patienten aus.[15] Außerdem beschäftigte man
Psychologen zum ersten Mal in der Kriegsindustrie und der Militärdiagnostik.[16]
Sie versprachen Antworten und effektive Lösungen für diese Probleme. Neu
war dabei die praktische Anwendung der Psychologie, da diese vor dem Krieg
eine eher theoretische Wissenschaft gewesen war.

   Was aber war die Psychologie zu dieser Zeit? War Psychologie eine einheitliche Wissenschaft? Diese Frage beschäftigte bereits Anfangs des 20. Jahrhunderts psychologische Forscher und sie kamen dabei zu keinem Konsens: Der
Berliner Psychologe William Stern behauptete z.B. um 1900, dass es viele neue
Psychologien, aber keine einheitliche neue Psychologie gäbe.[17] Der französische Psychologe Alfred Binet klagte einige Jahre später in seiner Typologie
der Definitionen der Psychologie, dass es lediglich der Name sei, der die verschiedenen Strömungen der Psychologie zusammenhalten würde.[18] Auch
waren die Grenzen zwischen den Wissenschaften, die sich mit der menschlichen Psyche auseinandersetzten noch fließend. Es war jedoch gerade diese
Vielfalt an psychologischen Richtungen, die den Erfolg und die Etablierung der
Psychologie im Ersten Weltkrieg erklären können. So fand sich für die unterschiedlichsten Anfragen immer ein psychologischer Experte, der eine Lösung
der aktuellen Probleme versprach. Wie der Soziologe Nikolas Rose hervorhebt,
war es gerade der Mangel an Homogenität und eindeutigen Forschungspara-
digmen, der es ermöglichte, dass die Psychologie ihren Einfluss in der Gesellschaft steigern konnte. Sie war imstande, in verschiedenen kriegsrelevanten

---

15   Zu Zahlen der psychisch verletzten Soldaten in der britischen und deutschen Armee
     siehe: Watson, Enduring the Great War., S. 238–240.
16   Exemplarisch zur Industriepsychologie: Geoffrey C. Bunn, Charlie and the chocolate
     factory: Charles Myers, Seebohm Rowntree and the establishment of industrial psycho-
     logy in Britain, in: Mitchell G. Ash (Hrsg.), Themenheft: Die Psychologie in praktischen
     Kontexten, Göttingen 2004, S. 36–44, Spur, Industrielle Psychotechnik – Walther Moede.,
     Patzel-Mattern, Ökonomische Effizienz und gesellschaftlicher Ausgleich.; exemplarisch
     zur Militärdiagnostik: Petri, Eignungsprüfung, Charakteranalyse, Soldatentum.
17   Sonu Shamdasani, C. G. Jung and the making of modern psychology. The dream of a
     science, Cambridge 2003.
18   Alfred Binet, The mind and the brain, London 1905, S. 175.

Bereichen neue Methoden (der Therapie und der Diagnostik) bereitstellen zu können.[19]

Die psychologischen Vereine wiederum waren aber schon anfangs des Jahrhunderts gegründet worden. Ziel war es ein umgrenztes Fachgebiet zu formieren, den Professionalisierungsprozess voranzutreiben und eine Abgrenzung gegenüber den Laien vorzunehmen. Damit versuchte sich die Psychologie im Sinne einer „rivalisierenden Verwissenschaftlichung" (Volker Roelcke) in einem umkämpften Feld zwischen Psychiatrie, Psychotherapie, Psychoanalyse und Psychotechnik zu behaupten.[20] Unklare Grenzen – eine Facharztausbildung wurde erst nach dem Ersten Weltkrieg eingeführt – und personelle Überschneidungen waren zu dieser Zeit häufig.[21] Die Psychiatrie hatte sich Ende des 19. Jahrhunderts herausgebildet, als Behandlungsform für schwere psychische Erkrankungen, für die man meist eine somatische Ursache annahm.[22] Verschiedene Formen der Psychotherapie waren bereits Anfang des 20. Jahrhunderts entstanden, beispielsweise die Psychoanalyse.[23] So sah man das Buch *Traumdeutung* von Sigmund Freud von 1900 als ein Meilenstein für die Etablierung der Psychoanalyse an; Freud selbst schrieb 1914 eine erste Geschichte der psychoanalytischen Bewegung, die sich zu dieser Zeit aber schon gespalten hatte.[24] Durchgeführt wurden diese Therapien meist in einer privatärztlichen (nervenärztlichen) Praxis. Die Psychologie war vor dem Ersten Weltkrieg vor allem eine theoretische Wissenschaft, die sich mit der Erforschung von Vorgängen in der normalen Psyche (Wahrnehmung und Bewusstsein) beschäftigte.[25] Es gab auch noch keinen formalen Abschluss in Psychologie; üblich war eine Doktorarbeit im Bereich der Philosophie über ein psychologisches Thema. Kurz vor und während des Ersten Weltkrieges

---

19   Rose, Governing the soul, S. 60; Shamdasani, C. G. Jung and the making of modern psychology, S. 9f.

20   Siehe dazu: Volker Roelcke, Rivalisierende „Verwissenschaftlichungen des Sozialen". Psychiatrie, Psychologie und Psychotherapie im 20. Jahrhundert, in: Jürgen Reulecke/ Volker Roelcke (Hrsg.), Wissenschaften im 20. Jahrhundert. Universitäten in der modernen Wissenschaftsgesellschaft, Stuttgart 2008.

21   Siehe: Tändler, Das therapeutische Jahrzehnt., S. 47.

22   Siehe beispielsweise: Volker Roelcke, Krankheit und Kulturkritik. Psychiatrische Gesellschaftsdeutungen im bürgerlichen Zeitalter (1740–1914), Frankfurt am Main 1999; Ben Shephard, A war of nerves. Soldiers and psychiatrists; 1914–1994, London 2002, S. 5–7; Cornelia Brink, Grenzen der Anstalt, Göttingen 2010.

23   Edgar Heim, Die Welt der Psychotherapie. Entwicklungen und Persönlichkeiten, Stuttgart 2009.

24   Sigmund Freud, Zur Geschichte der psychoanalytischen Bewegung, Leipzig, Wien, Zürich 1924; zur Geschichte der Psychoanalyse siehe exemplarisch: Lockot, Erinnern und Durcharbeiten.

25   Tändler, Das therapeutische Jahrzehnt., S.54.

zeigte sich in der Industrie und beim Militär der Erfolg von psychologischer Eignungsdiagnostik, auch durch den Aufstieg der sogenannten „wissenschaftlichen Betriebsführung" nach Taylor. Dafür verwendeten die entsprechenden Experten vor allem in Deutschland den Begriff „Psychotechnik", der eine breite Anwendung psychologischen Wissens in der Praxis propagierte. Dies bedeutete jedoch nicht, dass man bestimmte theoretische Konzepte in konkrete Handlungsanweisungen umsetzte, sondern, dass die Entwicklung gerade umgekehrt verlief: Man probierte neue psychologische Vorgehensweisen in der Praxis aus, wandte diese an und begründete sie erst nachträglich theoretisch.[26] Der Psychologiehistoriker Kurt Danziger betont in diesem Zusammenhang, dass es deshalb ein Effekt der Propagierung einer einheitlichen Disziplin der Psychologie war, dass die praktisch orientierten Zweige mit einer wissenschaftlichen Disziplin sozusagen nachträglich verbunden wurden.[27]

Diese Arbeit beschäftigt sich aber nicht nur damit, wie die Entwicklung der Psychologie im Ersten Weltkrieg verlief, sondern fragt auch, was die Psychologie als Wissenschaft zu einer bestimmten Zeit ausmacht. Der Wissenschaftstheoretiker Thomas Kuhn nimmt an, dass in der Psychologie keine fortschreitende Entwicklung nachzuzeichnen ist, sondern dass man bestimmte psychologische Richtungen durch zufällige (kontingente) Ereignisse und durch eine rückwirkende Geschichtsklitterung erklären könne.[28] Welches Wissen in einer bestimmten historischen Epoche als wichtig angesehen wird, ist nach Philipp Sarasin auch ein Kennzeichen für die Bedürfnisse der jeweiligen Gesellschaft. Sarasin betont die Bedeutung sowohl der Diskurse als auch der Akteure bei der Entstehung und Zirkulation von Wissen, auch in Bezugnahme auf die frühen Arbeiten von Ludwig Fleck: „Ludwig Fleck hat nicht ohne Grund den Denkstil mit dem Denkkollektiv verbunden. Wir würden heute diese beiden Begriffe wohl als zu einfach hinter uns lassen wollen, aber wir sollten die Handlungs- und Interventionsmöglichkeiten des Personals im Feld des Wissens weiterhin sehr genau untersuchen."[29] Aus diesem Grund wird in dieser Arbeit auch eine Aussage über die Vorstellungen, Vorurteile und Bedürfnisse der jeweiligen untersuchten deutschen und britischen Gesellschaft gemacht werden. Gerade in der angespannten Kriegszeit zeigte sich eine enge

---

26 Mitchell G. Ash/Thomas Sturm, Einleitung. Die Psychologie in praktischen Kontexten, in: Mitchell G. Ash (Hrsg.), Themenheft: Die Psychologie in praktischen Kontexten, Göttingen 2004, S. 3–9, S. 8.

27 Kurt Danziger, Naming the mind. How psychology found its language, London 1997, S. 84; Shamdasani, C. G. Jung and the making of modern psychology., S. 8.

28 Ebenda, S. 9.

29 Philipp Sarasin, Was ist Wissensgeschichte? In: Internationales Archiv für Sozialgeschichte der Deutschen Literatur 36 (2011), S. 159–172.

Verflechtung von politischen, militärischen, wissenschaftlichen und kulturellen Faktoren. In dieser Arbeit wird vor allem die psychologische Praxis- und Diskurskonstellation in der Kriegszeit historiographisch aufgearbeitet. Diese verschiedenen Einflüsse sind von besonderer Bedeutung, da die Psychologie sich, entgegen ihrem Anspruch, wie alle Humanwissenschaften, von den Naturwissenschaften deutlich unterscheidet. Dies sahen die Gründungsmitglieder der jeweiligen Vereine jedoch anders: Zur Abgrenzung gegen eine rein philosophische Ausrichtung, orientierte sich die britische psychologische Gesellschaft an der physiologischen Gesellschaft Großbritanniens. (Kapitel 2). Die deutsche Gesellschaft für Psychologie orientierte sich mit dem Titel „Gesellschaft für Experimentelle Psychologie" schon durch den Namen an naturwissenschaftlichen Standards.

In der angloamerikanischen Geschichtsschreibung und hier in dieser Arbeit wird angenommen, dass psychologische Objekte wie Intelligenz, Emotionen, Persönlichkeit, aber auch psychische Erkrankungen keine „ontologischen Größen", sondern immer wandelbar und historisch beeinflusst sind.[30]

> If one views psychological objects as inherently historically constructed, within certain divisions made possible by an adjacent field of discourse the question for critical psychologists is to describe the divisions and their conditions of possibility, and not the description of an ontological object and its gradual evolvement from obscurity to truth.[31]

Daher plädiert Aylward Blackman dafür, die Zusammenhänge zwischen psychologischem Wissen, Machtkonstellationen und sozialen Praktiken zu studieren, anstatt eine reine Diskursgeschichte zu schreiben.[32] Roger Smith tritt deshalb folgerichtig dafür ein, dass die psychologische Geschichtsschreibung sich eher auf lokale Entstehungsbedingungen und bestimmte historische Konstellationen beschränken sollte.[33] Der Erste Weltkrieg mit den großen Anforderungen an die Experten der Psyche bietet daher eine Möglichkeit in besonderer Form die Wechselbeziehungen zwischen politischen, sozialen und gesellschaftlichen Faktoren und den theoretischen Annahmen und praktischen Vorgehensweisen der Psychologie aufzuzeigen.

---

30 Bunn/Lovie/Richards (Hrsg.), Psychology in Britain, S. 10; siehe auch Danziger, Naming the mind.; zur Krankheit als Konstrukt siehe auch Hermes, Krankheit Krieg., S. 16.

31 Aylward M. Blackman, What is doing history? The use of history to understand the constitition of contemporary psychological objects, in: Theory and Psychology 4 (1994), S. 485–504.

32 Ebenda, S. 496; zu den historischen Dimensionen des psychologischen Diskurses siehe Graumann (Hrsg.), Historical dimensions of psychological discourse.

33 Roger Smith, The Norton History of the Human Science, New York 1997.

Psychologische Aussagen betreffen auch immer das Selbstbild der Menschen und haben daher gesellschaftliche Auswirkungen. Ian Hacking bezeichnet diese Wechselwirkung zwischen Untersuchungsgegenstand und Untersuchenden als den sogenannten Looping Effekt.[34] Damit gemeint ist, dass Aussagen über das innere Wesen des Menschen, die sich in bestimmten therapeutischen Strategien zeigen, Auswirkungen auf die gesellschaftliche Wahrnehmung bestimmter Phänomene haben: So übernahm das öffentliche Publikum den Terminus *shell shock*, der in einer psychotherapeutischen Behandlung entstanden war und benutzte ihn noch weit bis in die Nachkriegszeit hinein, selbst gegen den Willen vieler Psychologen, Militärs und Politiker.[35] Klassifizierungen und Diagnosestellungen, auch die der Psychologen, sind daher häufig normativ aufgeladen und beeinflussen dadurch den gesellschaftlichen Umgang mit bestimmten Personengruppen. Phänomene wie der Umgang mit psychisch verletzten Soldaten oder Deserteuren und der mit verschiedenen normativen Vorstellungen (des Militärs, der Politik), die mit denen der Psychologie kollidierten, sind in der Kriegszeit besonders von Interesse.[36]

Trotz der vielfältigen gesellschaftlichen Bestimmungsfaktoren ist aber auch der Einfluss von einzelnen Akteuren auf die psychologische Wissenschaft bemerkenswert. Anfang des 20. Jahrhunderts wurden wissenschaftlichen Experten im Zuge einer „Verwissenschaftlichung des Sozialen" (Lutz Raphael) eine große Bedeutung zugeschrieben.[37] Es kam die Hoffnung auf, dass man durch die Einbeziehung dieser Fachleute und deren Methoden und theoretischen Konzepten Lösungen für konkrete soziale Probleme finden könne.

Psychologie wird hier, um es noch einmal zusammenzufassen, als eine Wissenschaft angesehen, die von historischen und sozialen Faktoren geprägt sei, da sowohl Subjekt als auch Objekt historische Individuen sind. Dies erklärt auch, warum es weiterhin immer viele „Psychologien" geben wird, da, wie hier

---

34 Ian Hacking, Was heißt „Soziale Konstruktion"? Zur Konjunktur einer Kampfvokabel in den Wissenschaften, Frankfurt am Main 2002.

35 Ian Hacking geht von einer wechselseitigen Beeinflussung von humanwissenschaftlichen Klassifizierungen und dem Selbstbild der Menschen aus. Ian Hacking, Menschenarten. The looping effect of human kinds, Zürich 2012; zitiert nach Svenja Goltermann, Opfer. Die Wahrnehmung von Krieg und Gewalt in der Moderne, Frankfurt am Main 2017, S. 216.

36 Margit Szöllösi-Janze sieht die zunehmende Intensivierung der Beziehungen von Militär, Politik und Wirtschaft zur Wissenschaft als Kennzeichen der modernen Gesellschaften des 20. Jahrhunderts; siehe: Margit Szöllösi-Janze, Wissensgesellschaft in Deutschland. Überlegungen zur Neubestimmung der deutschen Zeitgeschichte über Verwissenschaftlichungsprozesse, in: Geschichte und Gesellschaft 30 (2014), S. 275–311.

37 Lutz Raphael, Die Verwissenschaftlichung des Sozialen als methodische und konzeptionelle Herausforderung für eine Sozialgeschichte des 20. Jahrhundert, in: Geschichte und Gesellschaft 22 (1996), S. 165–193.

angenommen, es kein zeitunabhängig gleichbleibendes Objekt (und Subjekt) der Psychologie geben kann: Der Blick auf den Menschen wird sich immer im Hinblick auf die historischen Konstellationen verändern. Da im Ersten Weltkrieg die medizinischen, militärischen, wirtschaftlichen und gesellschaftlichen Anforderungen in einer wie noch nie zuvor hoher Geschwindigkeit und Intensität auftraten, können hier die Wechselbeziehungen zwischen äußeren und inneren Faktoren der psychologischen Gemeinschaft wie in einem Brennglas studiert werden: Die Psychologen waren Menschen ihrer Zeit und so können ihre Tätigkeiten und theoretischen Modelle Aussagen zum Menschenbild der damaligen Gesellschaft machen. Soziale Vorurteile konnten beispielsweise, von den Psychologen unbemerkt, sich in den Normen, Voraussetzungen und Diagnosen widerspiegeln. Eine Definition von Normalität im Krieg zeigte daher auch immer die medizinisch, psychologische Deutungen dieses Krieges.[38] Jeder, der im und für den Krieg arbeitete, musste auch zu den Ereignissen Stellung nehmen. Durch die Arbeit der Psychologen wurde auch deren Einstellung zum Krieg deutlich, die sich sehr von dem der heutigen Psychologen/Psychiater unterscheidet.[39] Zu fragen ist, ob diese inneren Einstellungen allein auf wissenschaftlichen Entscheidungen und Überlegungen beruhten oder werden hier nicht viel mehr soziale und gesellschaftliche Einflüsse deutlich? Die Psychologen hatten das Anliegen im Krieg, das Erleben und Verhalten des Menschen zu erfassen und zu erklären. Deshalb könnten ihre Ausführungen während des Ersten Weltkrieges auch einen Beitrag zur Beantwortung der Frage leisten, wie Menschen den Krieg verarbeiten konnten und ob und wie sich das Menschenbild in dieser Zeit änderte.

Diese Arbeit ist daher an der Schnittstelle von verschiedenen historischen Untersuchungsfeldern angelegt: Psychologiehistoriker, Militärhistoriker, Psychiatrie- und Medizinhistoriker sowie Sozialhistoriker haben sich zu dem Themenkreis der Entwicklungen in der Psychologie geäußert. Die deutschen und britischen Psychologiehistoriker haben die Entwicklung des Faches Psychologie vielfach beschrieben, meist allerdings über einen längeren Zeitraum hinweg.[40] In Deutschland liegen zur Geschichte der Militärpsychologie

---

38   Hermes, Krankheit Krieg., S. 16.

39   Siehe dazu grundlegend: Svenja Goltermann, Die Gesellschaft der Überlebenden. Deutsche Kriegsheimkehrer und ihre Gewalterfahrungen im Zweiten Weltkrieg, München 2009.

40   Exemplarische: Leslie Spencer Hearnshaw, A short History of British Psychology. 1840–1940, London 1964; Geoffrey C. Bunn/Alexander D. Lovie/Graham D. Richards (Hrsg.), Psychology in Britain. Historical essays and personal reflections, Leicester 2001; Christina Schröder, Der Fachstreit um das Seelenheil. Psychotherapiegeschichte zwischen 1880 und 1932, Frankfurt am Main 1995; Susanne Guski-Leinwand, Wissenschaftsforschung

einige Arbeiten vor, die jedoch die Zeitspanne des Ersten und Zweiten Weltkrieges umfassen und Kontinuitätslinien zum Nationalsozialismus ziehen bzw.
die Nachkriegszeit mit berücksichtigen.[41] Mit der Geschichte der Psychologie
im Ersten Weltkrieg befasst sich eine Ausgabe des *Journals für Psychologie*, aber
nicht zusammenfassend und nicht vergleichend.[42] Die Geschichte der Psychologie im Ersten Weltkrieg ist friedenspsychologisch[43] und psychotechnisch[44],

---

zur Genese der Psychologie in Deutschland vom ausgehenden 19. Jahrhundert bis Mitte
des 20. Jahrhunderts, Berlin, Heidelberg 2010;Wolfgang Schönpflug, Geschichte und
Systematik der Psychologie, Weinheim 2013; Helmut E. Lück/Susanne Guski-Leinwand/
Bernd Leplow/et. al., Geschichte der Psychologie. Strömungen, Schulen, Entwicklungen,
Stuttgart 2014; Biographische Psychologiegeschichte: Wilhelm Hehlmann, Geschichte der
Psychologie, Stuttgart 1967; Sibylle Volkmann-Raue/Helmut E. Lück (Hrsg.), Bedeutende
Psychologinnen des 20. Jahrhunderts, Wiesbaden 2011; Helmut E. Lück, Die psycho-
logische Hintertreppe. Die bedeutenden Psychologinnen und Psychologen in Leben und
Werk, Freiburg, Basel, Wien 2016; Ideengeschichtliches Vorgehen: Hehlmann, Geschichte
der Psychologie.; Problemgeschichtliches Vorgehen: Ludwig J. Pongratz, Problemgeschichte der Psychologie, München 1984; Sozialgeschichtliches Vorgehen: Jeroen Jansz/
Peter van Drunen, A social history of psychology, Malden, Oxford 2004; Institutionen-
geschichte: Monika Schubeius, Und das psychologische Laboratorium muss der Ausgangspunkt pädagogischer Arbeiten werden! Zur Institutionalisierungsgeschichte der
Psychologie von 1890–1933, Frankfurt am Main 1990.

41   Ulfried Geuter, Polemos panton pater-Militär und Psychologie im Deutschen Reich 1914–
1945, in: Mitchell G. Ash/Ulfried Geuter (Hrsg.), Geschichte der deutschen Psychologie im
20. Jahrhundert. Ein Überblick, Opladen 1985, S. 146–171;Stefan Petri, Eignungsprüfung,
Charakteranalyse, Soldatentum. Veränderung der Wissenschafts- und Methodenauffassung in der Militärpsychologie des Deutschen Reiches, Großbritanniens und der USA
1914 bis 1945, Groningen 2004; Niklas Napp behandelt in seiner Arbeit über die deutschen
Luftstreitkräfte im Ersten Weltkrieg auch die psychologischen Testverfahren, die deut-
sche Psychologen bei der Auswahl von Flugzeugpersonal einsetzten, siehe Niklas Napp,
Die deutschen Luftstreitkräfte im Ersten Weltkrieg, Paderborn 2017; siehe auch Ulfried
Geuter, Die Professionalisierung der deutschen Psychologie im Nationalsozialismus,
Frankfurt am Main 1984; Carl Friedrich Graumann, Psychologie im Nationalsozialismus,
Berlin, New York 1985; Petri, Eignungsprüfung, Charakteranalyse, Soldatentum.; Christian
Kehrt, Moderne Krieger. Die Technikerfahrungen deutscher Militärpiloten 1910–1945,
Paderborn 2010.

42   Journal für Psychologie 18, 1917, Heft 1.

43   Marianne Müller-Brettel, Psychologische Beiträge im Ersten Weltkrieg. Ausdruck von
Kriegsbegeisterung oder Patriotismus oder Ergebnis des Entwicklungsstandes psychologischer Theorie und Forschung?, in: Psychologie und Geschichte 6 (1995), S. 27–47;
Martin Stone, The military and industrial roots of clinical psychology in Britain, 1900–
1945. A political and socio-economic archaeology, London 1985.

44   Z.B: Friedrich Dorsch, Geschichte und Probleme der angewandten Psychologie, Bern
1963; Stone, The military and industrial roots of clinical psychology in Britain, 1985; Ruedi
Rüegsegger, Die Geschichte der angewandten Psychologie 1900–1940. Ein internationaler
Vergleich am Beispiel der Entwicklung in Zürich, Bern, Stuttgart 1986; Günter Spur, Industrielle Psychotechnik – Walther Moede. Eine biografische Dokumentation, München

auch medizingeschichtlich[45] und biographisch[46] aufgearbeitet worden, aber nie zusammenfassend.[47] Meist wird in diesen Darstellungen den Wurzeln der heutigen, angeblich erfolgreichen psychologischen Errungenschaften nachgegangen.

Die sozial- und kulturgeschichtliche Kontextualisierung der Psychologiegeschichte hat sich, besonders im anglo-amerikanischen Sprachraum, seit Längerem erfolgreich durchgesetzt.[48] Gesellschaftliche und soziale Faktoren werden bei Autoren wie beispielsweise Niklas Rose besonders betont.[49] Ein Grund ist sicher darin zu sehen, dass die angloamerikanische Psychologiegeschichte in der Geschichtswissenschaft verortet ist, während man

2008; Katja Patzel-Mattern, Ökonomische Effizienz und gesellschaftlicher Ausgleich. Die industrielle Psychotechnik in der Weimarer Republik, Stuttgart 2010.

45 Susanne Michl, Im Dienste des „Volkskörpers", Göttingen, Tübingen 2007; Wolfgang U. Eckart, Medizin und Krieg. Deutschland 1914–1924, Paderborn 2014.

46 Z.B: Richard Slobodin, W. H. R. Rivers, New York 1978; Mauri Milena Fries, Mütterlichkeit und Kinderseele. Zum Zusammenhang von Sozialpädagogik bürgerlicher Frauenbewegung und Kinderpsychologie zwischen 1899 und 1933; ein Beitrag zur Würdigung Martha Muchows, Frankfurt am Main 1996; Bunn/Lovie/Richards (Hrsg.), Psychology in Britain.; Wolfgang Schönpflug, Kurt Lewin. Person, Werk, Umfeld. Historische Rekonstruktion und aktuelle Wertungen aus Anlass seines hundertsten Geburtstages, Frankfurt am Main 2003; Ben Shephard, Headhunters. The search for a science of the mind, London 2014; Helmut E. Lück/Miriam Rothe, Hugo Münsterberg. Psychologie im Dienste der Gesellschaft, in: Report Psychologie 42 (2017), S. 58–65, H. 2.

47 Auskunft von Helmut Lück vom 28.9.2011; siehe auch Susanne Guski-Leinwand, „Kriegspsychologisches": Publikationen und Engagements von Psychologen mit Bezug zum Ersten Weltkrieg, in: Journal für Psychologie 18 (2017), S. 7–38, S. 25.

48 Siehe: Nikolas S. Rose, The psychological complex. Psychology, politics, and society in England, 1869–1939, London, Boston 1985; Mitchell G. Ash/Ulfried Geuter (Hrsg.), Geschichte der deutschen Psychologie im 20. Jahrhundert. Ein Überblick, Opladen 1985; Mitchell G. Ash/William Ray Woodward (Hrsg.), Psychology in twentieth-century thought and society, Cambridge, New York 1987; Kurt Danziger, Constructing the subject. Historical origins of psychological research, Cambridge, New York 1990; Nikolas Rose, Inventing our selves. Psychology, power, and personhood, Cambridge 1996; Carl Friedrich Graumann (Hrsg.), Historical dimensions of psychological discourse, Cambridge 1996; Bunn/Lovie/Richards (Hrsg.), Psychology in Britain.; Jansz/van Drunen, A social history of psychology.; Adrian C. Brock (Hrsg.), Internationalizing the history of psychology., New York 2006; Mitchell G. Ash/Thomas Sturm (Hrsg.), Psychology's territories. Historical and contemporary perspectives from different disciplines, Mahwah, NJ 2007; Graham Richards, Putting psychology in its place. Critical Historical Perspectives, London, New York 2010; Maik Tändler/Uffa Jensen, Psychowissen, Politik und das Selbst. Eine neue Forschungsperspektive auf die Geschichte des Politischen im 20. Jahrhundert, in: Maik Tändler/Uffa Jensen (Hrsg.), Das Selbst zwischen Anpassung und Befreiung. Psychowissen und Politik im 20. Jahrhundert, Göttingen 2012, S. 9–35., S. 19.

49 Beispielsweise: Nikolas Rose, Governing the soul. The shaping of the private self, London 1989; Rose, Inventing our selves.; siehe auch Mathew Thomson, Psychological subjects. Identity culture and health in twentieth-century Britain, Oxford 2006.

die deutsche Psychologiegeschichte (bis vor kurzem) meist fachspezifisch behandelte. Durch die Änderung des Curriculums im Bachelorstudium hat sich das Interesse an psychologiegeschichtlichen Themen im Fachbereich der Psychologie aber deutlich gemindert.

Nur wenige Büchern stellen das Verhältnis psychoanalytischer Annahmen und Therapievorgaben zum Krieg dar.[50] In dem Buch von Peter Büttner zur Geschichte der Psychoanalyse im Ersten Weltkrieg stehen die theoretischen Überlegungen Freuds zu den Kriegsneurosen und ihre Änderungen während der Kriegszeit im Vordergrund. Es wird der Versuch unternommen, die Vereinnahmung der Psychoanalyse für militärische Zwecke zu erklären. Eine Abgrenzung zu psychologischen Theorien und Vorgehensweisen wird nicht vorgenommen.[51]

Eine medizinhistorische Beschäftigung mit dem Ersten Weltkrieg begann sich in den 80ern, vermutlich in Zusammenhang mit der Friedensbewegung, zu entwickeln.[52] Das Thema Psychiatrie und Krieg eröffnete der medizinhistorischen Erforschung des Ersten Weltkrieges auch kultur- und erfahrungsgeschichtliche Zugänge. Vor diesem Hintergrund entstanden professions- und wissenschaftsgeschichtliche Beiträge, die auch die Verflechtung ziviler und militärischer Institutionen beleuchteten. Für diesen Ansatz stehen exemplarisch die Bücher von Roger Cooter, Wolfgang Eckart und Thomas Becker zur Medizin im Ersten Weltkrieg.[53] Der Sammelband: *Nerven und Krieg* diskutiert

---

50   Jaap van Ginneken, Mass movements in Darwinist, Freudian and Marxist perspective. Trotter, Freud and Reich on war, revolution and reaction, 1900–1933, Apeldoorn 2007; zur Geschichte der Psychoanalyse im Zweiten Weltkrieg siehe beispielsweise: Regine Lockot, Erinnern und Durcharbeiten. Zur Geschichte der Psychoanalyse und Psychotherapie im Nationalsozialismus, Frankfurt am Main 1985.

51   Peter Büttner, Freud und der Erste Weltkrieg. Eine Untersuchung über die Beziehung von medizinischer Theorie und gesellschaftlicher Praxis der Psychoanalyse, Heidelberg 1975; zur Abgrenzung der Psychoanalyse von der Psychologie in Deutschland siehe: Bernd Nitzschke (Hrsg.), Freud und die akademische Psychologie. Beiträge zu einer historischen Kontroverse, München 1989; zur Entwicklung der Psychoanalyse in Großbritannien siehe: Philipp Kuhn, Subterranean Histories: The Dissemination of Freud's Work into the British Discourse on psychological Medicine, 1904–1911., in: Psychoanalysis and History 16 (2014), S. 153–214.

52   Hans-Peter Schmiedebach, Sozialdarwinismus, Biologismus, Pazifismus: Ärztestimmen zum Ersten Weltkrieg, in: Johanna Bleker/Heinz-Peter Schmiedebach/Christine Eckelmann (Hrsg.), Medizin und Krieg. Vom Dilemma der Heilberufe ; 1865 bis 1985, Frankfurt am Main 1987, S. 93–152.

53   Eckart, Medizin und Krieg., siehe auch: Roger Cooter (Hrsg.), War, medicine and modernity, Stroud 1999; Wolfgang U. Eckart/Christoph Gradmann (Hrsg.), Die Medizin und der Erste Weltkrieg, Herbolzheim 2003; Thomas Becker/Heiner Fangerau/Peter Fassl/Hans-Georg Hofer (Hrsg.), Psychiatrie im Ersten Weltkrieg, Konstanz 2018.

die Leidenserfahrung und der Umgang mit dem zeitgenössischen Thema der
Nerven, jedoch meist im psychiatrischen Kontext.[54]

Die Psychiatriegeschichte des Ersten Weltkrieges zeigt, in welch enger Verflechtung militärische und psychiatrische Stellen zusammenarbeiteten und
wie man die helfenden Aspekte therapeutischen Handelns zunehmend der
militärischen Effizienz unterordnete.[55] Dies war nicht nur in Deutschland
der Fall[56]. Die deutsche Psychiatrie-Geschichtsschreibung beleuchtet aber
besonders und zu Recht den Zusammenhang zwischen den brutalen Therapiemaßnahmen der Psychiatrie im Ersten Weltkrieg und den Gräueltaten des
Nationalsozialismus.[57] In einer vergleichenden Arbeit untersucht Susanne
Michl die Tätigkeit deutscher und französischer Ärzte im Ersten Weltkrieg.[58]
Sie bezieht dabei auch die psychiatrische Behandlung von Kriegsneurotikern
mit ein, berücksichtigt jedoch keine psychologische Tätigkeit bzw. Theorie. Anhand der Untersuchung von Krankenakten versuchten Maria Hermes

---

54   Gundula Gahlen/Ralf Gnosa/Oliver Janz (Hg.), Nerven und Krieg. Psychische Mobilisie-
     rungs- und Leidenserfahrungen in Deutschland (1900–1939), Frankfurt am Main 2020.

55   Die deutsche Militärpsychiatrie im Ersten Weltkrieg: Esther Fischer-Homberger, Die
     traumatische Neurose. Vom somatischen zum sozialen Leiden, Bern, Stuttgart, Wien
     1975; Hans-Georg Hofer, Nervenschwäche und Krieg, Wien 2004; Peter Riedesser/Axel
     Verderber, „Maschinengewehre hinter der Front". Zur Geschichte der deutschen Militär-
     psychiatrie, Frankfurt am Main 2011; S. 23–71. Weitere Literaturhinweise zum Phänomen
     der Kriegstraumata siehe: Susanne Michl/Jan Plamper, Soldatische Angst im Ersten Welt-
     krieg. Die Karriere eines Gefühls in der Kriegspsychiatrie Deutschlands, Frankreichs und
     Russlands, in: Geschichte und Gesellschaft 35 (2009), S. 209–248.

56   Exemplarisch: Marc Oliver Roudebush, A battle of nerves. Hysteria and its treatment in
     France during World War I, Ann Arbor Mich. 1996; Mark S. Micale/Paul Frederick Lerner
     (Hrsg.), Traumatic pasts. History, psychiatry, and trauma in the modern age, 1870–1930,
     Cambridge, New York 2001; Gregory M. Thomas, Treating the trauma of the Great War.
     Soldiers, civilians, and psychiatry in France, 1914–1940, Baton Rouge 2009; Hans-Walter
     Schmuhl/Volker Roelcke (Hrsg.), „Heroische Therapien". Die deutsche Psychiatrie im
     internationalen Vergleich, 1918–1945, Göttingen 2013; Stefanie Linden, They called it shell
     shock. Combat stress in the First World War, Warwick 2016; Becker/Fangerau/Fassl/Hofer
     (Hrsg.), Psychiatrie im Ersten Weltkrieg.

57   Z.B. Babette Quinkert/Philipp Rauh/Ulrike Winkler, Krieg und Psychiatrie 1914–1950, Göt-
     tingen 2010; Livia Prüll, Die Fortsetzung des Krieges nach dem Krieg oder: die Medizin
     im Ersten Weltkrieg und ihre Folgen für die Zwischenkriegszeit in Deutschland 1918 bis
     1939, in: Livia Prüll/Philipp Rauh (Hrsg.), Krieg und medikale Kultur. Patientenschicksale
     und ärztliches Handeln in der Zeit der Weltkriege 1914–1945, Göttingen 2014, S. 129–152.;
     Livia Prüll, „Everything ruined, which seemed most stable in the world …": The German
     medical profession, the First World War and the road to the „Third Reich", in: Jason Crout-
     hamel/Peter J. Leese (Hrsg.), Psychological trauma and the legacies of the First World War,
     Basingstoke 2017, S. 237–259.

58   Michl, Im Dienste des „Volkskörpers".

und Petra Peckl den Umgang der Psychiater in den Heimatkrankenhäusern mit kriegstraumatisierten Soldaten nachzuvollziehen. Hermes kommt in der Untersuchung des Krankenhauses in Bremen, ähnlich wie Peckl, zu dem Ergebnis, dass dort eine wesentlich humanere Therapie angewendet wurde als in der offiziellen Psychiatrie gefordert war.[59] Beide Bücher sind allerdings im medizinischen Bereich angesiedelt und berücksichtigen psychologische Akteure nicht gesondert.

Deutlich ist aber ein unterschiedlich ausgeprägtes Interesse an diesem Thema: Die meisten Veröffentlichungen zum Thema *Kriegsneurose* oder *shellshock* gibt es in der angloamerikanischen Geschichtsschreibung.[60] Aber keine dieser Darstellungen des Umgangs mit psychischen Traumata im Krieg nimmt dabei aber eine Trennung psychiatrischen und psychologischen Denkens vor.

Die Professionalisierungs- und Sozialgeschichte von Berufsgruppen kam in den 80ern auf, indem Historiker die Berufsgruppen der Ärzte, Juristen und Chemiker genauer in den Blick nahmen.[61] Expertengeschichten eignen sich wegen ihrer klaren Abgrenzungsmöglichkeiten besonders gut für einen nationalen Vergleich.[62] Seit den 90er Jahren wurden zunehmend Arbeiten zum wachsenden Einfluss von psychologischen Experten veröffentlicht, hauptsächlich

---

59   Maria Hermes, Krankheit Krieg. Psychiatrische Deutungen des Ersten Weltkrieges, Bremen 2012; ähnliche Ergebnisse bei Petra Peckl, Krank durch die seelischen Einwirkungen des Feldzuges. Psychische Erkrankungen der Soldaten im Ersten Weltkrieg und ihre Behandlung, in: Livia Prüll/Philipp Rauh (Hrsg.), Krieg und medikale Kultur. Patientenschicksale und ärztliches Handeln in der Zeit der Weltkriege 1914–1945, Göttingen 2014, S. 30–89; Philipp Rauh, Die Behandlung der erschöpften Soldaten im Ersten Weltkrieg, in: Livia Prüll/Philipp Rauh (Hrsg.), Krieg und medikale Kultur. Patientenschicksale und ärztliches Handeln in der Zeit der Weltkriege 1914–1945, Göttingen 2014, S. 90–126; etwas andere Ergebnisse, siehe: Linden, They called it shell shock, S. 199–202.

60   Exemplarisch: Peter Leese, Shell shock. Traumatic neurosis and the British Soldiers of the First World War, New York 2002; Paul Frederick Lerner, Hysterical men. War, psychiatry, and the politics of trauma in Germany, 1890–1930, Ithaca 2003; Edgar Jones/Simon Wessely, Shell shock to PTSD. Military Psychiatry from 1900 to the Gulf War, Hoboken 2005; Linden, They called it shell shock. Zur historischen Beschäftigung mit dem Thema Kriegsneurose im Ersten Weltkrieg siehe: Jay Murray Winter/Antoine Prost, The Great War in history. Debates and controversies, 1914 to the present, Cambridge, New York 2005, S. 184–204; Tracey Loughran, Shell-shock and medical culture in First World War Britain, Cambridge, United Kingdom 2016.

61   Siehe exemplarisch: Margit Szöllösi-Janze, Fritz Haber, 1868–1934. Eine Biographie, München 1998.

62   Zur Rolle deutscher Ärzte in der Politik des Kaiserreiches siehe: Tobias Weidner, Die unpolitische Profession. Deutsche Mediziner im langen 19. Jahrhundert, Frankfurt am Main 2012.

jedoch im angloamerikanischen Raum.[63] Der Einfluss des Ersten Weltkriegs auf die Entwicklung der Psychologie wurde bisher noch nicht zusammenfassend dargestellt und diskutiert.

Die moderne Emotionsgeschichtsschreibung beschäftigt sich auch mit den in der Ätiologie der Kriegsneurosen so wichtigen Angstkonzepten.[64] In vergleichender Konzeption konnten Susanne Michl und Jan Plamper die national unterschiedlichen Angst- und Krankheitskonzepte von Soldaten im Ersten Weltkrieg in ihren gesellschaftlichen Bedingungen aufzeigen.[65] Dies geschah aber im psychiatrischen Kontext und nur im Vergleich der deutschen, französischen und russischen Psychiatrie. Stefanie Linden zeichnet in einer Untersuchung von britischen und deutschen Krankenakten ein differenziertes Bild vom Umgang mit kriegsneurotischen Patienten in der Militärpsychiatrie nach, hat den Fokus aber auf den Militärpsychiatern beider Länder.[66]

International haben sich Historiker der „Urkatastrophe" des 20. Jahrhunderts seit den 1990ern vermehrt aus kultur- und erfahrungsgeschichtlicher Perspektive genähert.[67] Der Blick auf das Erleben des einzelnen Kriegsteilnehmers (Blick des kleinen Mannes) bearbeiteten mehrere Autoren in den letzten Jahren: Alexander Watson untersuchte psychische Faktoren, die es den Soldaten und Offizieren ermöglichten, das Kriegsgeschehen in der britischen und deutschen Armee zu überstehen;[68] Michael Ropper stellte in einer psychoanalytisch orientierten Analyse von Briefen die unterstützende Rolle der Familien (-Mütter) in Großbritannien dar.[69] Richard Bessel und Dorothee Wierling analysierten die persönlichen Kriegserfahrungen anhand der Untersuchung von Egodokumenten.[70] Peter Barham zeigte die tragische Situation der psychisch verletzten Soldaten in den psychiatrischen Krankenhäusern Großbritanniens, besonders auch in der Nachkriegszeit auf.[71] Jessica

---

63   Beispielsweise: Rose, The psychological complex.; Rose, Governing the soul.; Thomson, Psychological subjects.

64   Joanna Bourke, Fear. A cultural history, London 2005.

65   Michl/Plamper, Soldatische Angst im Ersten Weltkrieg. Die Karriere eines Gefühls in der Kriegspsychiatrie Deutschlands, Frankreichs und Russlands., S.3.

66   Linden, They called it shell shock.

67   George Frost Kennan, The decline of Bismarck's European order. Franco-Russian relations, 1875–1890, 1979, S. 3.

68   Alexander Watson, Enduring the Great War. Combat morale and collapse in the German and British armies 1914–1918, Cambridge 2008.

69   Michael Roper, The secret battle. Emotional survival in the Great War, Manchester, New York 2009.

70   Richard Bessel/Dorothee Wierling (Hrsg.), Inside World War One? The First World War and its witnesses 2018.

71   Peter Barham, Forgotten lunatics of the Great War, New Haven, Conn. 2004.

Meyer beleuchtete den Einfluss der psychischen Störungen auf das Selbstbild der männlichen Soldaten der Zeit.[72] Diese differenzierten Darstellungen tragen viel dazu bei, das psychische Erleben des Krieges in unterschiedlichen Facetten deutlich zu machen; die wissenschaftliche Profession der Psychologie kommt dabei allerdings nur am Rande vor.[73]

Es fehlt zudem bislang eine sozialgeschichtliche Untersuchung der psychologisch arbeitenden Forscher und Praktiker und ihrer Deutungsmuster und Handlungsoptionen im Krieg in einer vergleichenden Perspektive. Deshalb untersucht diese Arbeit den Einfluss des Kriegsgeschehens auf die Herausbildung der Psychologie in Großbritannien und Deutschland als theoretisches und praktisches Fach.[74]

In Abgrenzung zu zwei Leitmotiven der Forschung bezieht diese Arbeit Stellung: Zum einen zu der zunehmenden Disziplinierung des Individuums in der Moderne durch neues psychologisch – psychiatrisches Wissen.[75] Aus diesem neuen Wissen ergaben sich aber zugleich, so argumentiert Niklas Rose, größere Chancen auf eine individuelle Entwicklung der Persönlichkeit, beispielsweise durch das zunehmende Lösen von traditionellen Rollenvorgaben und Handlungsmustern.[76] Andreas Reckwitz betont in diesem Zusammenhang, dass es immer ein Nebeneinander von individuellen Rollenvorstellungen und sozialen Bestimmungsvariablen in einem Subjekt gebe und spricht daher von einer

---

72 Jessica Meyer, Separating the men from the boys: masculinity and maturity in understandings of shell shock in Britain, in: Twentieth Century British History 20 (2009), S. 1–22.

73 Siehe dazu auch Andrea Gräfin von Hohenthal, Front experience and psychological problems: The voices of doctors and patients in Case studies and patient files, in: Richard Bessel/Dorothee Wierling (Hrsg.), Inside World War One? The First World War and its witnesses 2018, S. 167–192.

74 Siehe dazu auch Hohenthal, Andrea Gräfin von, Wissenschaft im Krieg? Der Austausch zwischen deutschen und britischen Psychologen während und nach dem Ersten Weltkrieg, in: Journal für Psychologie 18 (2017), S. 83–110; Hohenthal, Andrea Gräfin von, Psychologen in der Kriegspsychiatrie und die Aussagekraft von Krankenakten, in: Thomas Becker/Heiner Fangerau/Peter Fassl/Hans-Georg Hofer (Hrsg.), Psychiatrie im Ersten Weltkrieg, Konstanz 2018, S. 267–286.

75 Michel Foucault, Technologien des Selbst, in: Michel Foucault/Daniel Defert (Hrsg.), Schriften in vier Bänden, Bd. 4, Frankfurt am Main 2005, S. 966–999, Anlehnend an das Konzept der Medikalisierung von Foucault werden hier die steigenden Ansprüche der Psychologen hervorgehoben und ihr Versuch, mehr Macht über bestimmte Bereiche des menschlichen Lebens (Arbeit, intellektuelle Leistungsfähigkeit, psychische Krankheit und Abweichung) zu gewinnen; siehe: Lerner, Hysterical men., S. 4.

76 Niklas Rose unterstreicht die Möglichkeiten einer modernen Psychologie, durch Selbstveränderung neue Freiheit zu erlangen, Nikolas Rose, Engineering the human soul: analyzing psychological expertise, in: Science in Context 5 (1992), S. 351–369, S. 366; siehe auch Andreas Reckwitz, Das hybride Subjekt. Eine Theorie der Subjektkulturen von der bürgerlichen Moderne zur Postmoderne, Weilerswist 2006.

„hybriden Subjektkultur".[77] Das Nebeneinander von individueller Freiheitserfahrung und Gebundenheit an traditionelle Rollenvorgaben sei daher in
jeder modernen Subjektkultur nachweisbar.[78]

Das zweite Großnarrativ, zu dem diese Arbeit Stellung nehmen will, betrifft
die Stellung der deutschen Kriegspsychologie und Militärpsychiatrie im Ersten Weltkrieg. Einigen Forscher weisen hierfür auf Kontinuitäten zwischen der
brutalen Therapie im Ersten Weltkrieg und dem grausamen Vorgehen im Zweiten Weltkrieg hin; andere Autoren wie Paul Lerner deuten die Entwicklung im
Ersten Weltkrieg als Versuch einer Verwaltung menschlicher Ressourcen in
einer schwierigen Zeit und der Aktivitäten von Ärzten, die dabei auch ihre
eigene Agenda verfolgten und ihr professionelles Prestige fördern wollten.[79]
Lerner nimmt an, dass die Methoden der deutschen Kriegspsychiatrie weniger
mit den mörderischen Initiativen der nächsten Generation zu tun haben, als
mit den ökonomischen Diskursen der Zeit.

Die vorliegende Arbeit will sich zu der Stellung der Psychologen in diesen
Debatten positionieren; historiographisch soll dabei aber eine teleologisch
voreingenommene Sichtweise (wenn möglich) vermieden werden; es wird
vielmehr versucht, die vielen Beziehungen zwischen Akteuren, Diskursen und
Institutionen unter den politischen und militärischen Kriegsbedingungen
nachzuzeichnen und zu interpretieren.

Methode und Vorgehensweise

In dieser Arbeit bilden die Mitglieder der psychologischen Vereine Großbritanniens und Deutschlands, die als Psychologen bezeichnet werden, den
Bezugspunkt. Da es zu dieser Zeit noch keine anerkannten Abschlüsse im Fach
Psychologie gab, werden hier die Mitglieder der wissenschaftlichen psychologischen Vereine als Vertreter des Faches Psychologie gesehen und untersucht. Hierfür soll aber keine Gruppenbiographie der Vereine geschrieben
werden, sondern es stehen die für kriegsrelevante Zwecke eingesetzten Psychologen im Zentrum. Diese Studie geht dabei so vor, dass vor allem vier Aspekte
beleuchtet werden: die Bedeutung einzelner Akteure, der Innendiskurs, die

---

77   Reckwitz, Das hybride Subjekt, S. 19; siehe auch Maik Tändler, Das therapeutische Jahr-
     zehnt. Der Psychoboom in den siebziger Jahren, Göttingen 2016, S. 37.
78   Ebenda.
79   Paul Lerner, Rationalizing the Therapeutic Arsenal: German Neuropsychiatry in World
     War I, in: Manfred Berg/Geoffrey Cocks (Hrsg.), Medicine and Modernity. Public Health
     and Medical Care in Nineteenth- and Twentieth-Century Germany, Cambridge 1997,
     S. 121–148; Lerner, Hysterical men., S. 3f; Riedesser/Verderber, „Maschinengewehre hinter
     der Front.".

Sicht von außen auf die psychologischen Forscher und der Einfluss psychologischer Verfahren.

Zu allererst interessieren uns hier die Akteure. Sozialhistorisch wird die Berufspraxis psychologisch Arbeitender im Krieg untersucht: Wie sahen ihre sozialen Kontakte aus? Wie waren sie in die Machtstrukturen im Militär, in der kriegsrelevanten Psychiatrie, der Industrie und den Behörden eingebunden? Hierfür werden die Binnenstruktur und Organisation der Psychologen und ihre Interaktion mit militärischen, politischen und öffentlichen Instanzen im Krieg betrachtet. Ihre nationale und internationale Vernetzung, ihr Führungsstil, das Gruppenklima und ihre Ausschlusskriterien können helfen, die Besonderheit dieser Wissenschaftlergemeinschaft zu erfassen. Hierbei interessiert auch die Wechselbeziehung zwischen beruflicher Praxis und Wissenschaft. Wie genau wurden Werte und Normen, auch die der Tests und Leistungsmessungen, in die Praxis umgesetzt?

Geht man davon aus, dass die Arbeit der Psychologen im Krieg ihre Stellung stärkte, so muss man nach den dazugehörigen Effizienzkriterien fragen. Die Wechselbeziehungen zwischen den Erkenntnissen der Wissenschaftler und den Anforderungen an die Berufspraktiker in der Kriegszeit könnten Einflussfaktoren auf den zunehmenden Professionalisierungsprozess aufzeigen. Da der Krieg und seine Anforderungen das beherrschende Thema dieser Zeit waren, sind die theoretischen Überlegungen und die praktischen Vorgehensweisen möglicherweise sehr eng und direkt aufeinander bezogen. Die Psychologen waren in ihrer Mehrzahl Staatsbedienstete. Inwieweit vertraten sie Staatsinteressen und waren somit nationalstaatlichen Zielen verbunden? Auch das Verhältnis der Psychologen zum Militär ist von Interesse: Gab es Reibungen und Kompetenzkonflikte?

Der zweite wichtige Aspekt dieser Arbeit ist der Innendiskurs dieser Wissenschaftsgemeinschaft: Welche Themen waren interessant in der Kriegszeit? Gab es psychologische Denkmuster oder theoretische Reflexionen über die Folgen und Einwirkungen des Krieges auf das Individuum, auf die „Nation" oder über Kriegsursachen und -ziele? Und suchte man nach Ursachen für die gesteigerte Gewalt und den Umgangsformen damit? Zu fragen ist hier auch, wer sich an der Fachdiskussion beteiligte, waren es Fachleute oder nur „Laien"? Kombattanten oder Nicht-Kombattanten? Auf welchen Ebenen wurden im Kriegsgeschehen psychologische Argumente benutzt? Auf der Ebene der Soldaten, der Offiziere oder der militärischen bzw. politischen Führung? Zeigten sich Änderungen in wissenschaftlichen Konzepten wie „Leistung", „Normalität" und „Wille"? Wurde über unbewusste Faktoren des Erlebens und Verhaltens nachgedacht? Es interessiert, ob Psychologen/Psychoanalytiker ein Modell für Ursachen und Therapie von Kriegsneurosen anzubieten hatten und wer sich

womit durchsetzen konnte. Als Leitvorstellung liegt diesen psychologischen
Diskursen ein bestimmtes Menschenbild zugrunde.[80]

Der Dritte Aspekt dieser Arbeit ist die Außensicht auf die Psychologie:
Wann, warum und von wem wurden Psychologen als kriegswichtig angesehen?
Welchen Erwartungen und Fragestellungen konnte die sich etablierende
Psychologie gerecht werden und in welchen Problembereichen wurde sie
für kompetent gehalten? Abgrenzungsdebatten und Kontroversen zwischen
Psychologen und Militärpersonal, Medizinern, Psychiatern, Philosophen und
Politikern könnten zum Selbstverständnis und zur Identitätsbildung der neuen
Disziplin beigetragen haben und die gegenseitigen Erwartungen aufzeigen.
Es interessiert in diesem Zusammenhang, wer im Krieg die psychologischen
Überlegungen, Methoden und Therapiemöglichkeiten anforderte und nutzte
und für wen die Psychologie sich als Hoffnungsträger darstellte. Waren die
Psychologen wichtig für die Beschreibung des Verhältnisses von Militär und
Heimatfront?

Als vierter und letzter Aspekt sollen die Auswirkungen der neu entstandenen
psychologischen Verfahren und theoretischen Annahmen auf das Menschenbild der Zeit untersucht werden. Die neuen Verfahren versprachen nicht nur
einen stärkeren Eingriff in die intellektuelle Leistungsfähigkeit, den Charakter
und die Psyche des Menschen, sondern transportierten durch bestimmte Vorannahmen auch ein spezifisches Menschenbild.

Hier stehen die für kriegsrelevante Zwecke eingesetzten Psychologen im
Zentrum (es wird keine Gruppenbiographie der Vereine geschrieben). Manche dieser Psychologen waren auch Psychiater oder Offiziere, sind aber hier
als Psychologen bezeichnet, da sie dem Verband aktiv zugehörten. Diese
Arbeit ist akteurszentriert angelegt und folgt dem praxeologischen Ansatz
von Sven Reichard, da die Handlungsmöglichkeiten wichtiger Schlüsselfiguren
und deren soziale Netzwerke in der Kriegszeit große Auswirkungen hatten.[81]
Das Hauptinteresse der Arbeit liegt deshalb zum einen in den praktischen,
kriegsrelevanten Tätigkeiten der Psychologen: Was taten sie, wie waren sie zu
diesen Tätigkeiten durch wen gekommen? Wie und mit wem waren sie vernetzt? Welche Untersuchungsverfahren, Frageschemata, Arbeitsmethoden
und Therapieverfahren entwickelten sie und warum? Um diesen Fragestellungen nachgehen zu können, werden besonders drei Arbeitsbereiche der

---

80   Zum Begriff des „Menschenbildes" siehe: Jakob Tanner, Historische Anthropologie zur
     Einführung, Hamburg 2004.
81   Diese Arbeit greift methodisch auf den Ansatz von Sven Reichardt zurück, ohne diesem
     aber systematisch zu folgen, siehe: Sven Reichardt, Praxeologische Geschichtswissen-
     schaft. Eine Diskursanregung, in: Soziale Geschichte 22 (2007), S. 43–65.

Psychologen im Krieg beachtet: Einmal die Einbeziehung der Psychologen in die Versorgung psychisch und körperlich verletzter Soldaten. Durch die große Zahl an psychisch und körperlich verletzten Soldaten wurde dieses Gebiet zu einer der wichtigsten Aufgaben der Kriegszeit. Zum Zweiten die Arbeit in der Kriegsindustrie, in der man Psychologen erstmals zur Beeinflussung der Arbeitskraft einsetzte und diese sich so ein neues Berufsfeld erschließen konnten. Die neuen Anforderungen der Militärdiagnostik erforderten schließlich neue Test-und Untersuchungsverfahren und ermöglichten die Einführung psychologischer Auswahlverfahren jenseits der üblichen militärischen Vorgehensweisen. Einige weitere Arbeitsfelder der Psychologie in der Kriegszeit wie beispielweise die vergleichende Psychologie, die Parapsychologie und die pädagogische Psychologie werden in dieser Arbeit nicht betrachtet. Dazu liegen zum einen ausführliche Veröffentlichungen vor, zum anderen betrifft dieser Arbeitsbereich nicht unmittelbar die Kriegsarbeit der Psychologen, und die Darstellung und Diskussion dieser Themen würde den Rahmen dieser Arbeit sprengen.[82] Des Weiteren sollen aber auch die relevanten Diskurse der psychologischen Wissenschaftler durch ihre Veröffentlichungen in Fachzeitschriften und Fachbüchern nachgezeichnet werden.[83] Dies ist einerseits von Bedeutung, um die Relevanz der Debatten für das Fach Psychologie aufzuzeigen, Andererseits können so neue kriegsbedingte Denkmodelle bezüglich psychischer Gesundheit und Krankheit, der Wirkung psychisch belastender Erlebnisse auf körperliche Funktionen, der Arbeitsfähigkeit und des Charakters eines Menschen verdeutlicht werden. Das Selbstverständnis der psychologischen Experten und ihre Einstellung zum Krieg kann man hier nur indirekt erfassten: Meist äußerten sich die betroffenen Personen, wenn überhaupt, erst nach dem Krieg zu diesem Thema. Der Fokus dieser Arbeit liegt auf der Entwicklung der Psychologie in den Kriegsjahren 1914–1918. Um diesen Zeitraum aber besser erfassen zu können werden sowohl die Zeit der Formierung der Psychologie als Wissenschaft vor 1914 betrachtet, als auch die unmittelbare Nachkriegszeit bis etwa 1927, da ab diesem Zeitpunkt das Interesse mit der Beschäftigung des Ersten Weltkrieges in der Öffentlichkeit und in der Wissenschaft deutlich abnahm.

---

82 Siehe dazu beispielsweise: Anna Lux/Sylvia Paletschek (Hrsg.), Okkultismus im Gehäuse. Institutionalisierungen der Parapsychologie im 20. Jahrhundert im internationalen Vergleich, Berlin, Boston 2016.

83 Zur Diskussion der Diskursanalyse von Foucault und Habermas siehe Achim Landwehr, Geschichte des Sagbaren. Einführung in die historische Diskursanalyse, Tübingen 2001; Hermes, Krankheit Krieg., S. 55f.

Quellen

Die unterschiedlichen Perspektiven auf den Untersuchungsgegenstand erforderten die Sichtung einer Vielzahl von Quellen. Im Mittelpunkt der Arbeit stehen die Arbeitsberichte und theoretischen Erörterungen der Psychologen in den psychologischen und medizinischen Fachzeitschriften und den im oder nach dem Krieg veröffentlichten Büchern. Psychologen waren von Kriegsanfang vor allem an der intensiven medizinischen Debatte um die Ursache und Behandlung der psychischen Probleme der Kriegsteilnehmer beteiligt. Diese militärpsychologischen Arbeiten im Krieg wurden aber nicht in den Vereinszeitschriften, sondern in den viel schneller erscheinenden medizinischen Fachzeitschriften veröffentlicht. In Großbritannien meist im *The Lancet*; in Deutschland in der *Münchener Medizinische Fachzeitschrift* oder in der *Zeitschrift für die gesamte Neurologie und Psychiatrie* veröffentlicht. In Deutschland sammelte man die militärpsychiatrischen Debatten und fasste sie in der *Zeitschrift für die gesamte Neurologie und Psychiatrie* jährlich zusammen.[84] Auch darin kann die Arbeit der Psychologen nachverfolgt werden. Obwohl man in Deutschland eine größere Anzahl an medizinischen Zeitungen während des Krieges publizierte, eignen sich die ausgewählten medizinischen Fachzeitschriften für einen historischen Vergleich, da man sie in ähnlicher Weise produzierte und rezipierte und die Fachjournalisten sich auch grenzüberschreitend kommentierten. In den britischen und deutschen Sanitätsberichten, die man allerdings erst einige Jahre nach Kriegsende publizierte und die auch als ein Erfolgsbericht der Sanitätsdienste konzipiert waren, verfassten auch einige Psychologen Fachartikel bzw. schilderten ihre Arbeit.[85] Auch die Berichte des britischen *Shell Shock Committees*, in dem der Umgang mit den psychisch gestörten Kriegsteilnehmern aufgearbeitet werden sollte, stellen eine wichtige Quelle für die psychologische Arbeit in der Kriegspsychiatrie und -medizin dar, allerdings mit Vorsicht, da diese Berichte erst einige Jahre nach dem Krieg entstanden.[86] Besonders interessant sind daher die vorangehenden Debatten, deren Protokolle im Nationalarchiv London zu

---

84   Z.B. Karl Birnbaum, Kriegsneurosen und -psychosen auf Grund der gegenwärtigen Kriegsbeobachtungen. Erste Zusammenstellung vom Kriegsbeginn bis Mitte März 1915, in: Zeitschrift für die gesamte Neurologie und Psychiatrie 11 (1915), S. 321–369.

85   Otto von Schjerning (Hrsg.), Handbuch der ärztlichen Erfahrungen im Weltkriege, Leipzig 1921–1934; Thomas John Mitchell/G. M. Smith (Hrsg.), History of the Great War based on official documents. Medical services, casualties and medical statistics of the Great War, London 1931.

86   Francis J. Southborough, Army Report of the War Office Committee of Enquiry into „Shell-Shock", London 1922.

finden sind.[87] Bei der Bearbeitung dieser Quellen musst man allerdings immer die allgemeine militärmedizinische Fachdiskussion berücksichtigen, um eine spezifisch psychologische Einstellung, wenn möglich, zu identifizieren. Die Psychologen Großbritanniens waren auf diesem Gebiet eine relativ homogene Gruppe, im Gegensatz zu Deutschland, wo die Mitglieder der psychologischen Gesellschaften weniger gut vernetzt waren.

Für die Erfassung des Diskurses über andere psychologische Themen stellen neben psychologischen Fachbüchern die psychologischen Fachzeitschriften eine aussagekräftige Quellengruppe dar. In diesen Zeitschriften diskutierte man über wissenschaftliche Abhandlungen, aber auch über standespolitische Themen. Es schrieben dort Psychologen, die im Krieg in der Industrie, beim Militär oder den Universitäten arbeiteten, allerdings meist in zensierter Form. Für die britische Seite wird hier hauptsächlich das *Journal of the British Psychological Society*, in Deutschland *Die Zeitschrift für angewandte Psychologie* herangezogen. Beide Zeitschriften standen den Vereinen nah. In Deutschland gab es zu dieser Zeit aber noch eine Fülle anderer psychologischer Zeitschriften, die sich allerdings nicht auf die praktische Anwendung psychologischen Wissens konzentrierten und deshalb nur exemplarisch herangezogen werden.[88] In den hier verwendeten psychologischen Fachzeitschriften wurden Spezialthemen wie Psychotechnik, psychologische Fragebögen sowie fächerübergreifende Themen diskutiert, aber auch wichtige Tätigkeiten der Vereine dargestellt. Psychotechnische Abhandlungen veröffentlichte man aber nicht nur in den neu entstehenden Spezialzeitschriften wie *Psychotechnik*, sondern auch im britischen Fall in den Berichten des *Health of Munitions Worker Committee* und des *Industrial Fatigue Research Committees*.[89] Die in der Kriegszeit in vielen Fällen greifende Zensur schmälert die Aussagekraft der Zeitschriftenaufsätze und Berichte nur wenig, da man meist das Datum der Fertigstellung oder des Vortrags, auf dem der Artikel beruhte, angab; das Problem der Zensur soll bei der Analyse dieser Quellenart jedoch stets mitgedacht werden.

Die archivalischen Quellen bestehen aus dem Vereinsarchiv der britischen psychologischen Gesellschaft, Gesetzen und Verordnungen von Behörden und, in exemplarischer Auswahl, von Krankenakten. Dabei ist anzumerken, dass die Quellenlage nicht ganz ausgewogen ist: Für die britische psychologische Gesellschaft ist ein Vereinsarchiv in der Welcome Library London erhalten, das

---

87   Z.B. WO 32/4742 Minutes of the Government Committee of Enquiry into shell shock.

88   Zusammenfassende Tabelle zur Gründung psychologischer Zeitschriften von 1881–1933 siehe: Geuter, Die Professionalisierung der deutschen Psychologie im Nationalsozialismus., S. 82.

89   Beispielsweise: Medical Research Council (Hrsg.), Reports of the Industrial Fatigue Research Board, London 1919–1928.

man auch in der Zeit des Ersten Weltkrieges kontinuierlich weiterführte.[90] Die
Zielsetzungen, Aufnahmekriterien, Ausbildungsvorschläge und verhandelten
Themen der psychologischen Gesellschaft können über deren Selbstbild und
die daraus folgenden Ausgrenzungsstrategien Auskunft geben. Für die deutsche Gesellschaft für Experimentelle Psychologie ist kein Archiv überliefert.
Die Aktivitäten der deutschen Psychologen, sowie die Anzahl der Mitglieder
im deutschen Verein, lassen sich jedoch durch die Zeitschriften und darin veröffentlichten Kongressberichte, die man in der Kriegszeit allerdings aussetzte,
aufzeigen. Dadurch können die Netzwerke der theoretisch und praktisch arbeitenden Psycholcgen nachvollzogen werden, auch deshalb, weil der Personenkreis nicht sehr groß war. Die meisten dieser Psychologen arbeiteten vor dem
Krieg an Universitäten oder in experimentellen Laboren; in der Kriegszeit
dann zunehmend beim Militär, in der Industrie, der Lehrerfortbildung und
im sozialen Sektor. Ihre Arbeit an den Universitäten kann man durch zeit-
nahe Veröffentlichungen nachvollziehen. Auf den in der Nachkriegszeit ausgerichteten Kongressen wurde in beiden Ländern über Kriegsarbeit berichtet
und diskutiert.[91] Viele der in der Militärpsychiatrie bzw. Kriegsindustrie
arbeitenden Psychologen veröffentlichten ihre Erfahrungen, aber auch die
angewandten Untersuchungsverfahren, erst deutlich nach dem Krieg, wenn
nicht sogar erst zu Beginn des Zweiten Weltkriegs. Als Quellen zur psychologischen Arbeit im Krieg werden sie hier herangezogen, allerdings im Einzelnen kritisch analysiert.[92]

Um die Arbeit in der Praxis zu erfassen, sind auch Vorschriften, Vorgaben
und Gesetze der Dienst gebenden Behörden von Bedeutung; sie eröffneten
neue Freiräume für psychologische Betätigungen oder setzten engere Grenzen. In Deutschland waren dies die Vorschriften der militärischen Behörden
zum Einsatz der Psychologen: Im Bayrischen Staatsarchiv München und im
Generallandesarchiv Karlsruhe zur Organisation der militärpsychiatrischen
Tätigkeit sowie im Geheimen Staatsarchiv Preußischer Kulturbesitz Berlin zu
den politischen Regelungen der Arbeitsauslese.[93] In Großbritannien regelten

90   Z.B. PSY/BPS/1/1 minutes of the Psychological Society 1901–1921.

91   Charles Samuel Myers (Hrsg.), VIIth International Congress of Psychology. Held at Oxford
      from July 26th to August 2nd, 1923 under the presidency of Charles S. Myers, Cambridge
      1924; Karl Bühler (Hrsg.), Bericht über den VII. Kongress für Experimentelle Psychologie
      in Marburg vom 20.-23. April 1921, Jena 1922.

92   Exemplarisch Charles Samuel Myers, Shell shock in France, 1914–18, Cambridge 1940;
      Willi Hellpach, Wirken in Wirren. Lebenserinnerungen; eine Rechenschaft über Wert und
      Glück, Schuld und Sturz meiner Generation, Hamburg 1949.

93   Z.B. Geheimes Staatsarchiv Preußischer Kulturbesitz, Berlin GStA: GStA PK, 1. HA
      Rep. 76, Kultusministerium, Vb Sekt. 4 Tit. X Nr. 53a, Organisation und Verwaltung des
      Instituts für industrielle Psychotechnik, Laufzeit: 1917–1925. Schillermuseum/ Deutsches

zentrale Gremien wie der *Medical Research Council* und das *Health of Munitions Worker Committee* die praktische Arbeit der Psychologen. Hier berichtete man über Aussagen zur Finanzierung einzelner kriegswichtiger Projekte, über konkrete psychologische Arbeit in der Kriegspsychiatrie, Industrie und Militärdiagnostik.

Die praktische Tätigkeit der Psychologen im militärdiagnostischen Bereich ist am schwierigsten zu erfassen: Im britischen Fall nur durch kurze Anmerkungen in Nachkriegsberichten und Besprechungen einzelner Projekte.[94] In Deutschland durch Berichte in Fachzeitschriften, die jedoch oft erst nach dem Krieg erschienen oder aus Nachlässen und militärischen Vorgaben der Nachkriegszeit.[95] Psychologen waren zudem auch als Gutachter in der Militärgerichtsbarkeit tätig.[96] Einsicht in diese Verfahren bieten Berichte über Gerichtsverfahren die zeigen, wie man in diesem Kontext von den Soldaten über Angst oder psychische Probleme sprach. Es wird dabei aber auch deutlich, wie die beteiligten Psychologen, Mediziner und Militärs diese Angeklagten diagnostizierten.[97] Ebenso berichteten einzelne Psychologen/psychologisch arbeitende Ärzte über ihre Arbeit mit psychisch Kranken und Verletzten. Die exemplarische Sichtung der von ihnen verfassten Krankenakten konnte ebenfalls einen Einblick in die ärztliche Praxis der Kriegszeit geben. Einige dieser Krankenakten wurden im Bundesarchiv-Militärarchiv Freiburg bearbeitet.[98] Durch einen glücklichen Zufall konnte Einsicht in die Akten des Psychologen Walther Poppelreuter in dem Archiv der LVA Klinik in Bonn genommen werden.[99] Im Nationalarchiv London sind eine Vielzahl von Krankenakten aus dem Ersten Weltkrieg überliefert, aus denen auch einige von britischen Psychologen verfasst sind.[100] Allerdings ist das Auffinden dieser Akten sehr zeitaufwendig und

---

Literaturarchiv, Marbach am Neckar (DLA), Nachlass Josef Pieper, Abt. 26: Arbeiten aus der Wehrdienstzeit. Die Vorgeschichte der münsterischen Personal-Prüfstelle VI Ost (1917–25). Ein Beitrag zur Geschichte des Eignungsprüfwesens in der deutschen Wehrmacht.

94   Z.B: Welcome Library London: PSY/SPE/1/8/1: Naval Notes (on Localisation of Sound).

95   Z.B: Deutsches Literaturarchiv Marbach (DLA), Nachlass Josef Pieper; Otto Selz, Anteil der individuellen Eigenschaften der Flugzeugführer und Beobachter an Fliegerunfällen, in: Schriften zur Psychologie der Berufseignung und des Wirtschaftslebens 8 (1919), S. 96–138.

96   Christoph Jahr, Gewöhnliche Soldaten. Desertion und Deserteure im deutschen und britischen Heer; 1914–1918, Göttingen 1998.

97   Z.B: Brief im National Archive London PIN 15/1431, Brief vom 28.5.1918.

98   Bundesarchiv-Militärarchiv Freiburg: Pers 9: Krankenunterlagen der Preußischen Armee, Kaiserlichen Marine und Schutztruppen, der Reichswehr und Wehrmacht.

99   Archiv der LVR Klinik Bonn: Krankenakten von Dr. Walter Poppelreuther.

100 National Archives London: MH 106/2202–2206 Medical Sheets 1916–1917 Royal Flying Corps (Offiziere).

sie geben kaum Auskunft über psychotherapeutische Vorgehensweisen, sondern sind wohl unter Zeitdruck sehr knapp verfasst. Das persönliche Erleben der Patienten kann deshalb durch die Analyse der Krankenakten nur eingeschränkt erfasst werden; besser geeignet dafür sind persönliche Quellen bzw. Egodokumente wie Briefe, Tagebücher und Erinnerungen, die z.B. im Imperial War Museum London vorhanden sind.[101] Diese werden in der vorliegenden Arbeit aber nur exemplarisch verwendet.

Die Sicht anderer Disziplinen auf die Psychologie wird anhand von interdisziplinären Treffen und Disputen zu bestimmten Zeitpunkten aufgezeigt. Beispielsweise gab es 1912 einen Aufruf der Philosophen gegen die Einrichtung psychologischer Lehrstühle. Auf der Münchner Kriegstagung 1916 diskutierten Ärzte über die Therapie von psychischen Kriegserkrankungen und kamen zu verbindlichen Therapieverfahren. 1918 trafen sich Vertreter der deutschen und der österreichischen Regierung auf einer internationalen Tagung in Budapest mit psychologisch arbeitenden Therapeuten. In London fand ein intensiver Austausch zwischen Angehörigen des Militärs, Medizinern und Psychologen über die Behandlung der Kriegsneurosen erst nach 1918 statt.[102] Nach dem Krieg, auf den ersten internationalen Kongressen, präsentierte man die Ergebnisse der psychologischen Kriegsarbeit erneut.[103]

Diese Arbeit verfolgt, mit Ausnahme des Kapitels 2.4., einen diachronen Ansatz. Die einzelnen Kapitel vergleichen die Entwicklung in Großbritannien und Deutschland in den Hauptanwendungsbereichen der Kriegspsychologie (Kriegspsychiatrie, Industrie und Militärdiagnostik) zusätzlich aus synchroner Perspektive. Dabei sind drei größere zeitliche Abschnitte gesetzt: Der

---

101   Beispielsweise Imperial War Museum (IWM): Private Papers Sigfried Sassoon P.444 (letters to Basil-Burnett – Hall; Zur Problematik der Auswertung von Krankenakten siehe: Livia Prüll/Philipp Rauh (Hrsg.), Krieg und medikale Kultur. Patientenschicksale und ärztliches Handeln in der Zeit der Weltkriege 1914–1945, Göttingen 2014; eine optimistische Einstellung zum Stellenwert von Krankenakten siehe: Joachim Radkau, „Zum historischen Quellenwert von Patientenakten. Erfahrungen aus Recherchen zur Geschichte der Nervosität.", in: Dietrich Meyer (Hrsg.), Akten betreuter Personen als archivische Aufgabe. Beratungs- und Patientenakten im Spannungsfeld von Persönlichkeitsschutz und historischer Forschung, Neustadt an der Aisch 1997, S. 1–30. Persönliche Erinnerungen z.B. Sassoon, Siegfried, Sherstons Progress, London 1936.

102   1919 im *Courts-Martial Commitee*; 1924 im *Commitee of Disciplinary Amendments to the Army and Air Force Act*; 1925 im *Shell-Shock-Committee*. In: Jahr, Gewöhnliche Soldaten., S. 27.

103   Charles Samuel Myers (Hrsg.), VIIth International Congress of Psychology. Held at Oxford from July 26th to August 2nd, 1923 under the presidency of Charles S. Myers, Cambridge 1924.

erste Hauptteil handelt von den ersten eineinhalb Jahren des Krieges, die eine schnelle Umstellung der militärpsychiatrischen Versorgung und auch der Wirtschaft erforderten. Sie zeichneten sich durch diagnostische Unsicherheiten und neue Anforderungen in der Industrie aus – Umbrüche, die die Psychologie vor neue Aufgaben stellten. Der zweite Hauptteil der Arbeit beginnt mit der auch für die Psychologie entscheidenden Zäsur von 1916. Nach den großen Materialschlachten von Verdun und an der Somme unternahm man neue Anstrengungen in der Versorgung verletzter Soldaten, aber auch in der Kriegsindustrie; das Militär setzte auf neue Waffensysteme wie U-Boote und Flugzeuge, die eine sorgfältige Auswahl von Experten erforderten. Der dritte Abschnitt der Arbeit zeigt die Geschehnisse an der Heimatfront in den letzten beiden Kriegsjahren. Sie waren gekennzeichnet durch erneute große Kriegsanstrengungen, steigende finanzielle Probleme (Renten) und spürbare Erschöpfungszustände der Bevölkerung. Auch der Kriegseintritt der USA und die russische Revolution hatten Einfluss auf den Einsatz der Psychologen. Ein abschließendes Kapitel betrachtet die Nachkriegszeit bis etwa 1927. Das Vorgehen in dieser Arbeit erfolgt deswegen in folgenden Schritten:

Kapitel 1 führt in die Thematik, die verwendeten Methoden und Quellen ein und stellt die grundlegenden Fragestellungen vor.

Kapitel 2 analysiert in zwei Schritten die Ausdifferenzierung der Psychologie in Großbritannien und Deutschland vor dem Ersten Weltkrieg: Zunächst wird die Entwicklung bis zu der Gründung der Vereine skizziert; dann die der Vereine bis zum Kriegsbeginn. Die philosophischen, organisatorischen und sozialen Unterschiede der Vereine stehen hier im Mittelpunkt der Betrachtung. Vereinsspezifischen Veränderungen in der Kriegszeit und der Frage nach den wechselseitigen Verflechtungen und Abgrenzungsstrategien wird im zweiten Teil des Kapitels nachgegangen. Dieses Unterkapitel unterbricht die zeitliche Unterteilung der Arbeit. Anhand von Veröffentlichungen und Tätigkeitsberichten wird hier die Aktivität und Ausrichtung des britischen und deutschen Psychologenverbandes in den Blick genommen. Dabei interessiert auch das Ausmaß des Wissenstransfers zwischen britischen und deutschen Psychologen in der Kriegszeit.

Kapitel 3 diskutiert die Arbeit der Psychologen zu Beginn des Krieges in zwei Bereichen: Der Militärpsychiatrie und der Kriegsindustrie. Ähnliche organisatorische Anforderungen führten zu unterschiedlichen Entwicklungen, die durch politische, militärische und soziale Faktoren erklärt werden. Neue Handlungsräume, geschaffen durch Gesetze und Vorschriften, ergaben Möglichkeiten einer praktischen psychologischen Tätigkeit. Die Diagnostik der psychisch verletzten Kriegsteilnehmer und die Organisation ihrer

Versorgung, aber auch die Effizienzsteigerung der Kriegsindustrie forderten die psychologische Expertise. Beobachten, einordnen und diagnostizieren waren die Themen der psychologischen Gemeinschaft.

Kapitel 4 untersucht die Folgen der großen Schlachten von 1916 für die Psychologen und fragt, ob sich dadurch der Status der Psychologen als Experten der Moderne steigerte. Ein Fokus liegt dabei auf der Betrachtung der militärpsychiatrischen Praxis, die in beiden Ländern durch die Einführung neuer Therapiemethoden gekennzeichnet war. Das Militär setzte verstärkt auf den Erfolg der neuen teuren Waffensysteme, die eine Auswahl von geeignetem Personal erforderten deutlich auf. Durch neue Untersuchungsmethoden, die Zugriff auf die Leistungsfähigkeit, aber auch auf den Charakter der Probanden ermöglichten, stellte man die herkömmlichen militärischen Auswahlkriterien in Frage. Dieses Kapitel hat seinen Fokus vor allem auf den zunehmend militärischen Charakter der Therapie, aber auch dem der Leistungsdiagnostik.

Kapitel 5 beschreibt die Situation an der Heimatfront in den letzten beiden Kriegsjahren und in der unmittelbaren Nachkriegszeit. Es fragt nach Änderungen im diagnostischen Vorgehen und den theoretischen Annahmen zu den psychischen Erkrankungen der Kriegsteilnehmer in einer Zeit der zunehmenden Erschöpfung aller Beteiligten. Auch Änderungen in der Kriegsindustrie, wie neue Gesetze und Vorschriften und die Reaktionen der Arbeitgeber und -nehmer auf die psychologischen Vorschläge werden hier analysiert. Die Beeinflussung der menschlichen Arbeitskraft durch intensive Diagnostik der individuellen Leistungsfähigkeit und auch der charakterlichen Eignung stehen im Mittelpunkt des Interesses. Eine besondere Berücksichtigung verdient dabei die Frage nach den Veränderungen des Menschenbildes in der Zeit der letzten Anstrengungen und in der unmittelbaren Nachkriegszeit.

Kapitel 6 analysiert die Nachkriegsentwicklung der Psychologie in zwei Phasen: Zuerst die Jahre 1918–1923, in denen es um die Abrüstung und die Umstellung auf die Friedenszeit ging und später den Zeitraum von 1923–1927, in dem die Beschäftigung mit dem Krieg abnahm. Dieses Kapitel untersucht, ob sich die Kriegstätigkeiten in der Nachkriegszeit weiterführen ließen, wie sie sich veränderten und ob die Rolle als Sieger- oder Verlierermacht dabei von Bedeutung war. Die Psychologen hatten erwartet, dass sich ihre im Krieg geleistete Arbeit nach dem Krieg auszahlen würde; Hoffnungen und Enttäuschungen der Nachkriegsjahre werden hier analysiert und erklärt. Die Zeit des Ersten Weltkrieges steht im Mittelpunkt der Untersuchung, jedoch soll der Zeitraum der Betrachtung weiter gefasst werden – auch, um die Verarbeitung der Kriegserfahrungen und die daraus gezogenen Konsequenzen erfassen zu können. Als Beginn des Untersuchungszeitraums wird die Gründung der ersten psychologischen Verbände angesetzt. Die Zeit um 1927 stellt einen sinnvollen

Endpunkt der Betrachtung dar: Die Ergebnisse der Kriegsforschung waren ausgewertet, das Interesse an der Kriegszeit war erloschen und die wirtschaftlichen Aspekte der psychologischen Arbeit nahmen an Bedeutung zu.

Anhand dieses Materials soll die Kernfrage dieser Arbeit beantwortet werden: Wie wirkte der Erste Weltkrieg sich auf die Entwicklung der Psychologie als wissenschaftliche Disziplin und praktische Profession aus? Auf welchen Gebieten wirkte er als Katalysator von bereits begonnen Entwicklungen und wo kam es zu einem Neuanfang?

In den Jahren vor dem Weltkrieg zeichnete sich eine solche umwälzende Entwicklung noch nicht ab. Wie und warum sich die psychologischen Vereine vor dem Krieg entwickelten und im Krieg agierten, soll im folgenden Kapitel diskutiert werden.

KAPITEL 2

Ideologie und Methode: Die Formierung der Wissenschaftsgemeinschaft bis 1914

2.1   Die Entwicklung und Institutionalisierung der Psychologie bis zur Gründung der Vereine

Um die Einwirkungen des Ersten Weltkrieges auf das Fach Psychologie näher zu beleuchten und zu erklären, wird zuerst die Etablierung der Wissenschaft in Deutschland und Großbritannien bis 1914 in den Blick genommen und zwar in zwei Schritten: Einmal soll die Zeit bis zur Gründung der Psychologischen Vereine (Großbritannien 1901, deutschsprachiger Raum 1904) betrachtet werden. Dann die Zeit bis zum Ausbruch des Ersten Weltkrieges, da die Kriegszeit in dieser Arbeit im Fokus steht. Dabei änderte sich, etwa von der Mitte des 19. Jahrhunderts an vor allem zweierlei: Der Blick auf den Menschen, der, anders als in der Philosophie, jetzt objektiv wissenschaftlich messbar schien und dann die methodische Herangehensweise, die – davon abhängig – eine Erfassung der menschlichen Psyche in messbaren Einheiten versprach.

> Psychology has ceased to be a philosophical science. Even though this is now a well-known fact, only a few philosophers want to declare it out loud. It could therefore be called „the public secret" of contemporary philosophy.[1]

Mit diesen Worten begann der Aufruf zur Ausrichtung eines internationalen Kongresses für Psychologie, den der polnische Gelehrte J. Orchorowicz 1881 an den Franzosen Théodule Ribot schickte. Er schildert damit den Wunsch vieler psychologisch interessierter Forscher dieser Zeit, sich von der Philosophie zu lösen und eine eigene Wissenschaftsgemeinschaft zu begründen, ein Wunsch, der jedoch erst später in Erfüllung gehen sollte.

Die große Weltausstellung in Paris von 1889 fand am hundertsten Jahrestag der französischen Revolution statt. Sie war entscheidend für die Gründung unterschiedlicher internationaler Kongresse und Gesellschaften, vor allem

---

1   Translation of Ochorowicz, J. (1881). Projet d'un Congrès International de Psychologie. *Revue Philosophique de la France et de l'Étrangers*, 12, 1–17. Zitiert nachSerge Nicolas/Hedvig Söderlund, The Project of an International Congress of Psychology by J. Ochorowicz (1881), in: International Journal of Psychology 40 (2005), S. 298–406, S. 398.

© BRILL SCHÖNINGH, 2023 | DOI:10.30965/9783657790869_003

aber konstituierte sich dort der erste internationale psychologische Kongress.[2] Dieser Kongress förderte in hohem Maße den Zusammenhalt und die Organisation psychologischen Wissens in vielen Ländern und war auch der Ausgangspunkt für die Entwicklung nationaler psychologischer Vereine. Daher bildet er einen sinnvollen Ausgangspunkt, um die Entwicklung der Psychologie in Großbritannien und Deutschland anhand der Vereine zu diskutieren.

Als Julian Ochorowiscz dazu aufrief, einen internationalen Kongress für Psychologie einzuberufen, konstatierte er zwar, dass die Psychologie nun eine eigene Wissenschaft jenseits der Philosophie sei, eine Wissenschaft, die auf Beobachtungen und Experimenten beruhe, Fakten sammele und allgemeine Regeln aufstelle, beklagte aber eine uneinheitliche wissenschaftliche Terminologie.[3]

> There is not a single word that is used in the same, precise, and defined way by all positivist psychologists [...] Where does this international confusion come from? Only from the fact that there is no unity in terminology, that everyone uses the word accordingly to the meaning that suits him or her.[4]

Dies führe dazu, dass keine Verständigung über experimentelles Vorgehen und theoretische Folgerungen zwischen den psychologisch interessierten Forschern möglich sei. Ochorowiscz rief daher zu einem internationalen Kongress auf, um diesen Missstand zu beheben:

> Let us go on with the realization of the congress. If it will only do us the favour of pointing out the weak point of psychology's current state, this will be a step forward: A first step towards improvement. It would at least be the best favour one could do to this rejuvenated science, which has rightly been called the most beautiful and dignified science of mankind.[5]

---

2   Z.B. wurde dort auch der internationale Kongress der Physiologie geplant, Mark R. Rosenzweig, History of the International Union of Psychological Science (IUPsyS), Hove 2000, S. 11; sowie die *American Psychological Association* (APA), ebenda., S. 12.

3   „Psychology ceased to be a philosophical science." Ochorowicz, James: The project of an International Congress of Psychology. Übersetzung in: Nicolas/Söderlund, The Project of an International Congress of Psychology by J. Ochorowicz (1881), S. 398. Eine heftige Diskussion über eine einheitliche Terminologie wurde erst wieder 1909 am sechsten internationalen Kongress in Genf geführt. Rosenzweig, History of the International Union of Psychological Science (IUPsyS), S. 39.

4   Orchorowicz in: Nicolas/Söderlund, The Project of an International Congress of Psychology by J. Ochorowicz (1881), S. 401.

5   Ebenda., S. 406.

Er wollte auf dem geplanten Kongress zwölf Teilbereiche berücksichtigen, darunter nicht nur theoretische Themen (allgemeine Psychologie, physiologische Psychologie, pathologische Psychologie, zoologische Psychologie, historische Psychologie, mathematische Psychologie), sondern auch Anwendungsbereiche psychologischen Wissens wie eine forensische Psychologie, eine pädagogische Psychologie und Ethologie (Verhaltenswissenschaft).[6]

Der erste internationale Kongress für Psychologie sollte aber erst acht Jahre später 1889 auf der Weltausstellung in Paris stattfinden. In seiner Eröffnungsrede konstatierte der Franzose Théodule Ribot: „Pour la première fois nous faisons corps, nous affirmons notre solidarité pour un acte, nous témoignons que la psychologie, comme toute autre science, n'est pas compris dans les limites étroites d'un pays."[7]

Diese Solidarität wurde auch dadurch ausgedrückt, dass bedeutende „Psychologen" der Zeit, wie die Briten Francis Galton, John Hughlings Jackson, Frederick W. Myers und Alexander Bain sowie die Deutschen Wilhelm Wundt, Hermann von Helmholtz, Ewald Hering und Hugo Münsterberg teilnahmen. Sie waren die führenden Fachvertreter ihrer Zeit und später Mitglieder der national gegründeten psychologischen Vereine.[8] Allerdings handelte es sich dabei um Universitätsprofessoren oder Forscher, die aus der Medizin, der Philosophie oder den Naturwissenschaften kamen; die sich aber intensiv mit psychologischen Wissensbeständen beschäftigten und ein eigenes Fachgebiet gestalten wollten.

Die Namen der ersten internationalen Kongresse verdeutlichen, wie unscharf doch weiterhin das Gebiet der Psychologie umrissen war: War der erste internationale Kongress (Paris 1889) noch als „Congrès International de Psychologie Physiologique" ausgeschrieben, trug der zweite Kongress (London 1892) den Titel: „International Congress of Experimental Psychology", der dritte Kongress (München 1896) hieß nur noch: „Internationaler Kongress für Psychologie" und hatte den Themenbereich so sehr erweitert, dass die Erforschung parapsychologischer Phänomene großen Raum einnahm.[9] Gegen

---

6 Ebenda., S. 403–406.

7 Brief History of International Congresses of Psychology (1889–1960). In: Marc Richelle/Heriodoro Carpintero (Hrsg.), Contributions to the history of the international congresses of psychology. A posthumous homage to J. R. Nuttin, Valencia 1992.

8 Rosenzweig, History of the International Union of Psychological Science (IUPsyS), S. 30, S. 245.

9 Der Name zukünftiger Kongresse wurde vehement auf dem zweiten internationalen Kongress diskutiert: Einige Teilnehmer bevorzugten den Namen *physiologische Psychologie*, da sie die Psychologie als Zweig der Physiologie ansahen; andere schlugen den Namen *experimentelle Psychologie* vor, da dies in Großbritannien und Deutschland üblich sei um sich von der Philosophie abzusetzen. Andere Teilnehmer wollten den Namen *Psychologie* ohne

diese Entwicklung wehrten sich allerdings die organisatorischen Leiter der darauf folgenden Kongresse (Paris 1900, Rom 1905) mit Erfolg.[10]

Hilfreich für die Ausdifferenzierung der wissenschaftlichen Psychologie war neben dem Vorbild internationaler Kongresse anderer Forschergemeinschaften die beginnende Organisation der jungen Wissenschaft.[11]

Um 1900 war die Psychologie als wissenschaftliche Disziplin allerdings noch im Entstehen. Als Kennzeichen für den beginnenden Professionalisierungsprozess gelten die Gründung von wissenschaftlichen Gesellschaften, Zeitschriften und experimentellen Laboratorien.[12] Es folgten erste Lehrstühle an Universitäten, allerdings anfangs nur vereinzelt und innerhalb der philosophischen Fakultäten. Mit diesen Betätigungsfeldern eröffneten sich aber neue Machtbereiche, Deutungshoheiten und Abgrenzungsmöglichkeiten

Zusätze benutzen. Ebenda, S. 22. Der Name *physiologisch* wurde aber auch zu dieser Zeit oft als Synonym für *wissenschaftlich* gebraucht; so nannte Wilhelm Wundt sein Lehrbuch *Grundzüge der physiologischen Psychologie*. Ebenda, S. 19.

10   Richelle/Carpintero (Hrsg.), Contributions to the history of the international congresses of psychology., S. 77. Wilhelm Wundt sprach sich bereits auf dem zweiten Kongress in London dezidiert gegen die Berücksichtigung dieser Themen aus, Nicolas/Söderlund, The Project of an International Congress of Psychology by J. Ochorowicz (1881)., S. 30.

11   Der erste internationale Statistikerkongress fand 1853, der erste Anthropologenkongress 1885 statt. Richelle/Carpintero (Hrsg.), Contributions to the history of the international congresses of psychology, S. 76.

12   Zum Professionalisierungsprozess der Psychologie: Geuter, Die Professionalisierung der deutschen Psychologie im Nationalsozialismus., S. 49 f. Gründungsdaten der Vereine: Wichtig für die Ausrichtung des internationalen Kongresses war wohl die Gründung der 1885 in Frankreich gegründeten *Societé de Psychologie Physiologique*, Nicolas/Söderlund, The Project of an International Congress of Psychology by J. Ochorowicz (1881)., S. 395. Andere psychologische Vereinsgründungen: USA: *American Psychological Association* 1892, Europa: Großbritannien: *British Psychological Society* 1901, Frankreich: *Societé Psychologique* 1901, Deutschland: *Deutsche Gesellschaft für Experimentelle Psychologie* 1904. David B. Baker (Hrsg.), The Oxford Handbook of the history of psychology. Global perspectives, Oxford 2012, S. 14–16. Sowohl in Deutschland als auch in England gab es Vorgängergesellschaften. Gründungsdaten der Zeitschriften: England: 1876: *Mind: A Quarterly Review of Psychology and Philosophy*, Alan Collins, England, in: David B. Baker (Hrsg.), The Oxford Handbook of the history of psychology. Global perspectives, Oxford 2012, S. 182–210. Hier S. 189. Deutschland: 1890: *Zeitschrift für Psychologie und Physiologie der Sinnesorgane* (später: *Zeitschrift für Psychologie*), Geuter, Die Professionalisierung der deutschen Psychologie im Nationalsozialismus., S. 82. Frankreich: 1875 Ribot, Théodule: *Revue Philosophique*. USA 1887 G. S. Hall: *American Journal of Psychology*. Richelle/Carpintero 1981, S. 76. Gründungsdaten zu den psychologischen Laboratorien: England: 1893 in Cambridge, 1898 in London. Collins, England, in: Baker (Hrsg.), S. 190. In Deutschland gelang es Wilhelm Wundt 1883 in Leipzig im psychologischen Institut ein psychophysiologisches Labor einzurichten. Horst Gundlach, Germany, in: David B. Baker (Hrsg.), The Oxford Handbook of the history of psychology. Global perspectives, Oxford 2012, S. 255–288, S. 271.

(Regelung von Lehrplänen, Abschlussmöglichkeiten, Geldquellen). Die Interessenten organisierten sich in beiden Ländern, und nicht nur dort, in Vereinen. Sie wollten damit ihre Intentionen und Anliegen besser verbreiten und deutlich artikulieren und über Zulassungskriterien und Weiterbildungsregeln eine klar definierte Wissenschaftsgemeinschaft begründen. Psychologische Zeitschriften definierten durch die Auswahl der publizierten Artikel und die Darstellung ihrer Forschungsergebnisse den Anspruch der neuen Disziplin. Zu dem neuen Selbstverständnis gehörte auch, dass nationalstaatlich ausgerichtete Geschichtsbücher der neuen Disziplin geschrieben wurden.[13] Neu war, dass diese Wissenschaftler experimentell arbeiteten, das Individuum als psychologisch interessantes und zu untersuchendes Objekt entdeckten und alternative Vorschläge zu den herkömmlichen Lösungen sozialer Probleme anboten. Diese „Verwissenschaftlichung des Sozialen" führte dazu, dass neben der Herausbildung des neuen wissenschaftlichen Faches Psychologie an den Universitäten, das Wissen dieser Experten von dem sich ausdehnenden Wohlfahrtsstaat gefordert wurde.[14] Da die religiösen und moralischen Werthorizonte an Bedeutung verloren, richteten sich Fortschrittserwartungen zunehmend auf die wissenschaftlichen Erkenntnisse, was dazu führte, dass diese auch in der Öffentlichkeit von verschiedensten sozialen Gruppen diskutiert und bis in das Alltagsverständnis und die Alltagssprache übernommen wurden. Wissen und Forschungsinteresse der Psychologie wurden von zwei Faktoren bestimmt: dem inneren Diskurs der Forschergemeinschaft und den Erwartungen von Politik und Öffentlichkeit. Aus diesem Grund sollen in diesem Kapitel die Reflexionen und Tätigkeiten der psychologischen Gesellschaften Deutschlands und Großbritanniens betrachtet, die vorgefundenen institutionellen Gegebenheiten und politisch-sozialen Erwartungen aufgezeigt und die Entwicklung bis zum Beginn des Ersten Weltkriegs in dreierlei Hinsicht verfolgt werden:

Erstens soll gezeigt werden, welches psychologische Wissen und welche Methoden von den neuen wissenschaftlichen Gesellschaften ausgewählt,

---

13   Friedrich August Carus, Geschichte der Psychologie, Leipzig 1808; Theodule Ribot, English psychology. Translated from the French of Th. Ribot. Hartley – James Mill – Herbert Spencer A. Bain – G. H. Lewes – Samuel Bailey John Stuart Mill, London 1873; Robert Sommer, Grundzüge einer Geschichte der deutschen Psychologie und Aesthetik von Wolff-Baumgarten bis Kant-Schiller. Nach einer von der Königlichen Preußischen Akademie der Wissenschaften in Berlin preisgekrönten Schrift des Verfassers dargestellt, Würzburg 1892; Max Dessoir, Geschichte der neueren deutschen Psychologie, Berlin 1894; John Carl Flügel, A hundred years of psychology 1833–1933, Andover 1933.

14   Raphael, Die Verwissenschaftlichung des Sozialen als methodische und konzeptionelle Herausforderung für eine Sozialgeschichte des 20. Jahrhundert., S. 166.

welche Topoi als relevant angesehen wurden und welche anderen wissenschaftlichen Themen und Methoden man ausschloss. Zweitens wird untersucht, welche sozialen und institutionellen Strukturen vorgefunden und wie sie
verändert wurden. Drittens sollen die sozialen Vernetzungen und Aktivitäten
der psychologischen Vereine und ihrer prominentesten Vertreter untersucht
werden, da besonders in der Gründungsphase der psychologischen Vereine
einzelne besonders aktive Vereinsmitglieder auszumachen sind.[15] In einem
weiteren Abschnitt werden die psychologischen Vereine Großbritanniens und
Deutschlands während des Krieges in den Blick genommen. Es interessieren
hierbei die Änderungen der Beziehungen durch das Kriegsgeschehen und die
persönlichen und fachlichen Verflechtungen.

2.2   Großbritannien: Philosophisch und deutsch geprägt

Ideengeschichtliche und methodische Voraussetzungen
Neue philosophische Vorstellungen und wissenschaftliche Ideen und die Frage
nach der Erfassung und Beschreibung der menschlichen Psyche beschäftigten
die Forschung und die Öffentlichkeit seit der Mitte des 19. Jahrhunderts. Der
Terminus „Psychologie" wurde Ende des 18. Jahrhunderts in die philosophische
Fachsprache Großbritanniens eingeführt, war aber 1836 noch so ungewöhn-
lich, dass sich der schottische Philosoph William Hamilton dafür entschuldigte:
to use such „an exotic and technical name."[16] Wenige Jahre später gebrauchte
der Philosoph John Stuart Mill den Begriff in seinem 1843 erschienen philosophischen Traktat *System of Logic* und argumentierte, dass „There is a distinct and separate Science of Mind", eine Wissenschaft, die als Psychologie
bezeichnet werden könne.[17] 1848 erschien die Zeitschrift *The Journal of Psychological Medicine and Mental Pathology*, 1855 wurde der Terminus *Psychologie*
zum ersten Mal von Herbert Spencer in einem anerkannten Fachbuch benutzt
und 1873 schrieb der französische Philosoph Théodule Ribot in seinem Buch

---

15   Dieses Vorgehen folgt dem Ansatz der Historischen Netzwerkforschung, dargestellt z.B.
      in: Marten Düring/Ulrich Eumann, Diskussionsforum Historische Netzwerkforschung.
      Ein neuer Ansatz in den Geschichtswissenschaften, in: Geschichte und Gesellschaft 39
      (2013), S. 369–390.
16   William Hamilton, Logic, and metaphysics. Notes from lectures, Edinburgh 1844, lect.
      VIII. Hamilton, W: Lectures on Metaphysics, lect. VIII; George Campell, The philosophy
      of rhetoric, London 1776; Hearnshaw, A short History of British Psychology., S. 2.
17   John Stuart Mill, A system of logic, London 1843, Buch VI, Kapitel 4, zitiert nach:Hearns-
      haw, A short History of British Psychology., S. 3.

über englische Psychologen: „Since the time of Hobbes and Locke England has been the country which has done most for psychology."[18]

Das Diskussionsforum für psychologische Fragen war nach wie vor in der Philosophie verankert, in der „philosophy of mind."[19] Allerdings hatten die Grundannahmen des englischen Empirismus, dass alle Erkenntnisse aus Sinneserfahrungen abgeleitet seien, eine neue Entwicklung ermöglicht. Diese empiristischen Thesen hatten nämlich die Wissenschaft im 19. Jahrhundert, insbesondere die der Physiologie des Nervensystems, gefördert und einen naturwissenschaftlich geprägten, scheinbar objektiven Blick auf den Menschen ermöglicht.[20]

Welches waren nun die Themen, mit denen sich die psychologisch interessierten Forscher von der Mitte des 19. Jahrhunderts bis zur Jahrhundertwende beschäftigten? Zentral war die Frage nach der Beschreibung und Erfassung des Bewusstseins.[21] Strittig war nach wie vor die in der Philosophie diskutierte Frage, ob es dem Menschen überhaupt möglich sei, als objektiver Beobachter das eigene Bewusstsein zu untersuchen.[22] Man versuchte, distinkte Teilbereiche dieses Bewusstseins zu unterscheiden und zu erfassen: z.B. Kognitionen, Emotionen und Verhaltenstendenzen.[23] Im Mittelpunkt standen dabei immer die Psyche, das Erleben und Verhalten des gesunden Menschen.

Zwei externe Faktoren förderten dabei den Ausdifferenzierungsprozess der Psychologie als Wissenschaft: Einmal die neuen physiologischen Methoden

---

18   Herbert Spencer, Die Principien der Psychologie, London 1855. Die Themen des Buches: Intelligenz, Reflextätigkeit, Instinkte, Gedächtnis, Verstandestätigkeit, Gefühle, Wille sind Themen, die auch späteren Psychologen der BPS beschäftigten. Ribot, English psychology., S. 33, zitiert nach Hearnshaw, A short History of British Psychology., S. VI.

19   Zur philosophischen Beschäftigung mit dem Verhältnis von Körper und Geist und der Möglichkeit der Erkenntnis des Geistes, siehe exemplarisch Ansgar Beckermann, Das Leib-Seele-Problem. [Eine Einführung in die Philosophie des Geistes], Paderborn 2008.

20   Z.B. William Benjamin Carpenter, Principles of mental physiology. With their applications to the training and discipline of the mind and the study of its morbid conditions, New York 1876.

21   „The standpoint of psychology, then, is individualistic; by whatever methods, from whatever source its facts are ascertained, they must- to have a psychological import- be regarded as having place in, or as being part of, some one's consciousness." Ward, James: Psychology. Encyclopaedia Britannica 1885. (A) The Standpoint of Psychology. Part 2, S. 2.

22   Imanuel Kant hatte dies verneint: „Also fällt die ganze rationale Psychologie, als eine, alle Kräfte der menschlichen Vernunft übersteigende Wissenschaft, und es bleibt uns nichts übrig, als unsere Seele an dem Leitfaden der Erfahrung zu studieren und uns in den Schranken der Fragen zu halten, die nicht weiter gehen, als mögliche innere Erfahrungen ihren Inhalt darlegen kann." Immanuel Kant/Wilhelm Weischedel (Hrsg.), Kritik der reinen Vernunft, Frankfurt am Main 1956, Band II, S. 384.

23   Z.B. Ward, James: Psychology, Encyclopaedia Britannica. A dictionary of arts, sciences, and general literature, Edinburgh 1885. (A) The Standpoint of Psychology. Part 2, S. 2.

und Untersuchungsapparate, entwickelt an deutschen Universitäten, die die Beziehung zwischen objektiver Reizstärke und subjektiv empfundener Reizstärke messen wollten und damit einen wissenschaftlichen, messbaren Zugriff auf menschliche Reaktionsweisen und Sinnesleistungen versprachen.[24]

Zum anderen die evolutionstheoretischen Überlegungen von Herbert Spencer in seinen 1855 veröffentlichten *Principles of Psychology*, vier Jahre vor Darwins *Origins of Species*. Darin wurde die Vision einer Psychologie als einer biologischen Wissenschaft entworfen: Das menschliche Individuum sei das Produkt der gleichen natürlichen Gesetze wie der der anderen Lebewesen, durchlaufe eine ähnliche stufenförmige Entwicklung, und bestimmte psychische Funktionen seien das Ergebnis dieser Gesetzmäßigkeiten und damit überlebensnotwendig.[25] Diese Annahmen hatten wichtige Folgen für die Ausdifferenzierung des psychologischen Themenbereiches. Zum einen ergab sich daraus die wissenschaftliche Legitimation, auch Tiere zu studieren und zum Objekt wissenschaftlicher Psychologie zu machen. Zum anderen wurde auch der Terminus „Verhalten" zu einem wissenschaftlichen Begriff (und nicht nur Erleben).[26] Instinkttheorien wurden entwickelt, die unbewusste Antriebe postulierten, die sowohl tierisches als auch menschliches Verhalten bestimmen würden.[27]

Grundlegend bei diesen Vorstellungen war die Annahme, dass die Lebewesen sich an ihre Umgebung anpassen müssten, nur die am besten angepassten überleben und ihre positiven Eigenschaften vererben würden. Man versuchte daher auch in der menschlichen Psyche Eigenschaften zu erkennen, die man als vererbt nachweisen und durch Messungen erfassen könne. Diese evolutionären Theorien verbanden sich mit dem viktorianischen Thema des Fortschrittsglaubens, den anstehenden sozialen Problemen und dem ethischen Anliegen, die Gesellschaft zu verbessern.[28] Man debattierte darüber, welche psychischen Eigenschaften vererbt und welche erworben und erlernt und vor allem welche gesellschaftlich erwünscht seien. Man nahm an, dass die Bevölkerung einer Nation ein Objekt sei, das untersucht, geschützt und manipuliert werden solle, da alles was die Zusammensetzung der Gesellschaft

---

24   Als Meilenstein gilt das Buch von Gustav Fechner: Gustav Theodor Fechner, Elemente der Psychophysik, Leipzig 1860.

25   Charles Robert Darwin, The expression of the emotions in man and animals, London 1872.

26   Max F. Meyer, The fundamental laws of human behavior, Boston 1911.

27   William McDougall, An introduction to social psychology, London 1908.

28   Spencer, Die Principien der Psychologie.

gefährden würde, auch den sozialen Fortschritt und die soziale Stabilität in Frage stelle.[29]

Entsprechende Messinstrumente wurden von der statistischen Forschergemeinschaft von Francis Galton und Charles Pearson entwickelt, um die Variationsbreite von vererbten Merkmalen in der Bevölkerung zu erfassen und auch, um besonders Erfolg versprechende Eigenschaften identifizieren zu können. Die Erfassung intellektueller und charakterlicher Eigenschaften eines Menschen wurde also zu einem wichtigen gesellschaftlichen Thema und damit gewann die Psychologie an Bedeutung. Diese Entwicklungen wurden gefördert durch institutionelle Änderungen, die neue Anforderungen an die Wissenschaften stellten.

Institutionen und soziale Voraussetzungen

Die Einführung der allgemeinen Schulpflicht 1880 hatte das Bedürfnis nach Messung von psychischen Eigenschaften, insbesondere von Fähigkeiten, die zum schulischen Erfolg beitragen würden, verstärkt. Gute schulische und universitäre Leistungen boten zunehmend soziale Aufstiegschancen jenseits überkommener Klassengrenzen, eine exakte Erfassung der dazu notwendigen Fähigkeiten hatte deshalb eine große gesellschaftliche Bedeutung. Diese Messungen spiegelten aber auch immer ein Exklusionsbedürfnis (hier Ausschluss sog. „feable-minded") wider, nicht nur um dadurch ein besseres Schulsystem zu entwickeln, sondern auch um eine optimierte Zusammensetzung der Gesellschaft zu erreichen. Hierfür wurden verschiedene Verfahren entwickelt, um in der Schule Problemgruppen zu identifizieren, zu separieren und speziell zu behandeln.[30]

Francis Galton, der Begründer der Eugenischen Gesellschaft, hatte auf der Internationalen Gesundheitsausstellung in London 1885 ein erstes psychologisches Labor zur Messung von psychischen Fähigkeiten bei Kindern eingerichtet.[31] Er verwendete dabei einfache physiologische Apparate, die z.B. die Stärke des Händedrucks, Reaktionszeiten und die Sinnestüchtigkeit erfassten, in der Annahme, daraus auf die geistige Kapazität eines Kindes schließen zu können. Galton interessierte sich vor allem für die Verteilung von psychischen Eigenschaften in der Bevölkerung und für die Vererbung von Eigenschaften, jedoch nicht für das Studium allgemeiner Eigenschaften

---

29 Collins, England, in: Baker (Hrsg.), S. 192; siehe auch Rose, Governing the soul, S. 139.

30 Gillian Sutherland/Stephen Sharp, Ability, merit, and measurement. Mental testing and English education, 1880–1940, Oxford 1984.

31 Francis Galton, On the antropometric laboratory at the late International Health Exhibition, in: Journal of the Anthropological Institute 14 (1885), S. 205–219; Collins, England, in: Baker (Hrsg.), S. 193.

an einzelnen Individuen, wie es Wilhelm Wundt in Leipzig propagierte.[32]
Dieser Entwicklung kamen die neuen statistischen Verfahren entgegen,
die es erlaubten, aus einer Menge von Daten bestimmende Faktoren zu
identifizieren.[33]

So war es Galtons Schüler Pearson, der die Intelligenz als messbare, ererbte,
der allgemeinen Leistungsfähigkeit zugrundeliegende Fähigkeit statistisch
definierte.[34] Das Konzept der Intelligenz war von besonderer Bedeutung, da
es schulischen Erfolg erklären konnte. Da man annahm, dass Intelligenz zu
einem großen Prozentsatz vererbt sei, wurde hier ein Verfahren entwickelt, das
sowohl biologisch als auch psychologisch bestimmt war und eine bestimmte
Gruppe von Kindern (mit sehr geringer Intelligenz) aussondern konnte. Durch
diese neuen Untersuchungsmethoden sollten die Fähigkeiten einzelner Individuen erfasst und außerdem im Sinne eugenischer Sorgen ganze Bevölkerungsgruppen eingestuft werden. Diese Vorstellungen hatten gesellschaftliche
Brisanz, zum einen, weil sie überkommene Klassenvorstellungen in Frage
stellten, zum anderen, weil sie die Frage nach den gesellschaftlichen Folgen
einer falschen Bevölkerungspolitik stellten. Dazu kam, dass man sich noch
nicht über die geeigneten Messmethoden einig war: Waren Fragebogen-
erhebungen bessere Indikatoren als die Erhebung physiologischer Daten? Die
Beantwortung dieser Fragen hing auch von den einzelnen Forscherpersönlich-
keiten und deren wissenschaftlichem Standort (Cambridge oder London) ab.[35]

Ein weiterer Bereich, in dem psychologisches Denken und psychologische
Methoden wichtig wurden, war die Medizin: Auch hier ging es um die Aus-
sonderung bestimmter Gruppen, hier der Patienten, die in einem sog. Asylum,

---

32   Francis Galton, Hereditary genius, London 1869.

33   Charles Spearman argumentierte dann auch aufgrund seiner faktorenanalytischen Stu-
      dien, dass die intellektuelle Leistung von zwei Faktoren abhängig sei: Von einem generel-
      len Intelligenzfaktor g und einem speziellen Faktor s, und wichtig sei auch das Verhältnis
      der beiden Faktoren zueinander. Zur Entwicklung statistischer Verfahren: Charles Spear-
      man entwickelte die Faktorenanalyse, Karl Pearson die Korrelationsstudien und Ronald
      Fisher die Varianzanalyse. Collins, England, in: Baker (Hrsg.), S. 194.

34   Charles Edward Spearman, „General intelligence" objectively determined and measu-
      red, in: American Journal of Psychology 15 (1904), S. 201–293. Der in Paris entwickelte
      Intelligenztest von Alfred Binet und Theodore Simon wurde 1905 auf dem internationalen
      Psychologiekongress in Paris vorgestellt, 1908 ins Englische übersetzt. Dieser Test war
      jedoch anfangs hauptsächlich in den USA erfolgreich. Benjamin T. Ludy/David B. Baker,
      The internationalization of psychology. A history, in: David B. Baker (Hrsg.), The Oxford
      Handbook of the history of psychology. Global perspectives, Oxford 2012, S. 1–17, S. 5.

35   Cambridge: Eher experimentelle Laborforschung durch z.B. William Rivers, Charles
      Myers, Frederic Bartlett; London: Eher psychometrischer Ansatz von Francis Galton,
      Charles Pearson, Charles Spearman und Cecil Burt, Collins, England, in: Baker (Hrsg.),
      S. 203.

einem Krankenhaus (eher Verwahranstalt) für psychisch Kranke untergebracht werden sollten. Einige der frühen Texte aus dem 19. Jahrhundert, die den Terminus Psychologie im Titel führten, stammten daher aus der Medizin, speziell aus der sich entwickelnden Medizin der Geisteskrankheiten.[36] Eine Trennung zwischen der für abweichendes Verhalten zuständigen psychiatrischen Medizin und der für das „normale" Verhalten zuständigen psychologischen Forschung gab es noch nicht und sollte es im angelsächsischen Bereich auch für längere Zeit nicht geben. Ein Grund dafür lag sicher darin, dass beide Wissenschaften noch in den Kinderschuhen steckten.[37]

Psychologisches Denken wurde jedoch vermehrt gefordert und gefördert aufgrund der wachsenden Anzahl gemeldeter psychischer Erkrankungen. In den gesetzlichen Maßnahmen, die ergriffen wurden, und in den praktischen Anforderungen, die sich daraus ergaben: 1845 wurde gesetzlich festgelegt, dass jede Provinz (county) ein Krankenhaus für Geisteskranke (asylum) einrichten und unterhalten müsse. Diese neuen Institutionen schärften den Blick dafür, wie man den Insassen dieser Anstalten, auch Alkoholikern, Kriminellen und geistig behinderten Menschen, helfen könne und wie so ein Krankenhaus sinnvoll zu organisieren sei.[38] Die dort oft unter schwierigen Bedingungen arbeitenden Ärzte organisierten sich schon 1841 in der *Association of Medical Officers* und gaben eine eigene Zeitschrift heraus: *The Asylum Journal of Mental Science*. Darin thematisierten sie zum einen psychologische Fragestellungen, zum anderen schrieben sie erstmals sozialen Problemen wie Alkoholismus und Kriminalität eine psychologische Dimension zu.[39] Dadurch wurden psychologische Krankheitskonzepte oder Beurteilungskriterien (z.B. Wahrheitsgehalt einer Aussage) auch zunehmend von Juristen wahrgenommen. 1865 benannte sich die Vereinigung dann folgerichtig in die *Medico-Psychological Association*

---

36   Feuchtersleben, Ernst Freiherr von, The principles of medical psychology being the outlines of a course of lectures by Baron Ernst von Feuchtersleben. [Vienna 1845]. Translated from the german late H. Evans Lloyd. Revised and edited by B. G. Babington, London 1847; Daniel Nobel, Elements of Psychological Medicine. An introduction to the practical study of insanity, etc, London, Manchester 1853; John Bucknill/Daniel Tuke, Manual of psychological medicine, London 1858, zitiert nach Collins, England, in: Baker (Hrsg.), S. 185.

37   Die Psychiatrie in Großbritannien war weniger fortschrittlich als z.B. die in den USA oder im deutschen Reich. Die Arbeitsbedingungen für Ärzte an den psychiatrischen Kliniken waren schwierig und es gab kaum Forschungsmöglichkeiten, Hearnshaw, A short History of British Psychology., S. 145.

38   Der *Lunacy Act* von 1890, der z.B. keine Selbsteinweisung in ein psychiatrisches Krankenhaus vorsah, blieb bis 1959 in Kraft, ebenda, S. 144; Collins, England, in: Baker (Hrsg.), S. 186; siehe auch zusammenfassend: Andrew Scull, The most solitary of afflictions. Madness and society in Britain 1700–1900, New Haven 1993.

39   Havelock Ellis, The criminal, London 1890.

um.[40] Bei den Treffen waren nicht nur bekannte Psychiater anwesend, sondern auch viele der psychologischen Forscher, die später im Krieg mit den Kriegsneurotikern arbeiteten.[41]

Problematisch blieb die Stellung des Fachs und der Ausbildungsmöglichkeiten an den Universitäten. Der Anspruch, die menschliche Psyche wissenschaftlich erfassen und messen zu können, kollidierte mit den herrschenden religiösen Vorstellungen und den Annahmen der in Großbritannien immer einflussreicher werdenden idealistischen Philosophie.[42] Eine naturwissenschaftlich geprägte Sicht auf den Menschen wurde durch diese Grundhaltung wenig gefördert. So sieht der Psychologiehistoriker Leslie Spencer Hearnshaw es nicht als einen Zufall an, dass die stärkste Entwicklung der Psychologie an Universitäten stattfand, an denen der Einfluss der idealistischen Philosophie am schwächsten war: in Cambridge, London und Manchester.[43] In Oxford, der Hochburg des Idealismus, wurde Psychologie erst 1947 in den offiziellen Lehrplan aufgenommen.[44] Eine wissenschaftlich experimentell arbeitende, an den Universitäten etablierte Psychologie fehlte. Dieses Manko wurde schon von den Zeitgenossen wahrgenommen: So schrieb 1896 das *Journal of Education*: „Is it not a national disgrace that there does not exist one psychological laboratory in England?" Im folgenden Jahr forderte ein Kommentator in der Zeitschrift *Nature*: „The science of experimental psychology, which is zealously pursued in Germany, in the United States, and elsewhere, clearly deserves more attention in this country."[45]

Trotzdem erhielten die Universitäten in Großbritannien weniger Fördermittel vom Staat als in anderen Ländern, beispielsweise in Deutschland oder

40   Loughran, Shell-shock and medical culture in First World War Britain., S. 30.

41   David Eder, Charles Myers, William Rivers waren Mitglieder der Medico-Psychological Association, Ebenda, Fnt. 17.

42   Hearnshaw, A short History of British Psychology., S. 120 f; S. 128. Thomas Hill Green (1826–82), Lehrstuhlinhaber für Philosophie in Oxford sah es als unmöglich an, wissenschaftlich psychologisch das Bewusstsein zu untersuchen: „self-consciousness is not reducible to a series of events; being already at its beginning formally, or potentially, or implicitly all that it becomes actually or explicitly in developed knowledge. " Green, Thomas Hill: Introduction to Hume's Treatise on Human Nature, in: Thomas Hill Green/R. L. Nettleship, Works of Thomas Hill Green, Cambridge 1885, S. 29f.

43   Obwohl auch in Cambridge der Vorschlag von James Ward, 1877 ein psychophysisches Labor zu gründen, vom Senat zurückgewiesen wurde mit dem Argument: „It would insult religion by putting the human soul in a pair of scales.", in Hearnshaw, A short History of British Psychology., S. 171.

44   Ebenda., S. 120.

45   Beide Zitate aus Elisabeth R. Valentine, The founding of the psychological laboratory, University College London: „Dear Galton ... Yours truly, J. Sully.", in: History of psychology 2 (1999), S. 204–218, S. 205.

Amerika.[46] Daher gingen viele der britischen psychologischen Forscher zu Studienaufenthalten an Universitäten ins Deutsche Reich, insbesondere auch um dort die experimentalpsychologischen und physiologischen Methoden zu studieren.[47] 1897 konnten James Ward und der Physiologe Michael Foster mit finanzieller Unterstützung der Universität erstmals psychophysische Apparate für die Forschungen von William Halse Rivers in Cambridge einfordern. Die Universität London gründete in den folgenden drei Jahren drei Laboratorien, die durch Spenden finanziert waren und deren Einrichtung teilweise aus Deutschland stammte.[48] Diese wissenschaftlichen Laboratorien waren die wichtigsten Errungenschaften der psychologisch interessierten Hochschullehrer, da an ihnen nicht nur Forschung, sondern auch Lehre stattfand; sie waren auch Prestigeobjekte, aufgrund derer man weitere Gelder einfordern konnte. An den Universitäten wurden Dozentenstellen eingerichtet, einige in Schottland und der Peripherie von England.[49] In Oxford wurde aus persönlichen Mitteln eine lectureship für „philosophy of mind" eingerichtet, allerdings war dem Inhaber ausdrücklich verboten, experimentell zu forschen.[50]

Dieser philosophisch-psychologische Konflikt bezüglich der Deutungshoheit über psychische Prozesse und Phänomene beeinflusste zwei Entwicklungen in Großbritannien: Zum einen konnte sich dadurch die Psychologie

---

46   Report of the Royal Commission on scientific instruction and the advancement of science under the chairmanship of the Duke of Devonshire 1872–1875; Hearnshaw, A short History of British Psychology., S. 168.

47   Z.B. Beatrice Edgell promovierte 1901 in Würzburg bei Oswald Külpe, Charles Spearman und William George Smith studierten in Leipzig bei Wilhelm Wundt, ebenda, S. 174, S. 178, S. 197.

48   Rivers lectureship wurde nun in eine Dozentur für *Experimental Psychology and the Physiology of the Senses* umgewandelt, Hearnshaw, A short history of British psychology, S. 172. Die drei folgenden Laboratorien wurden in London eingerichtet: 1898 University College London, gesponsert von Alfred Balfour, Henry Sidwick, Francis Galton. 1901; Bedford College, geleitet von Beatrice Edgell; 1903 King's College, geleitet von Charles S. Myers, ebenda, S.174–177. Hugo Münsterberg hatte sein Inventar verkauft, da er nach Harvard ging, Hearnshaw, A short History of British Psychology., S. 175.

49   Z.B. 1896: Stout bekam einen Lehrauftrag an der Universität von Aberdeen in vergleichender Psychologie, ebenda, S. 177; 1899 gab Charles Sherrington Kurse in elementarer Psychophysiologie. Ebenda, S. 180.

50   1898 stiftete Henry Wilde die *Readership in Mental Philosophy* in Oxford. Geoffrey C. Bunn, Introduction, in: Geoffrey C. Bunn/Alexander D. Lovie/Graham D. Richards (Hrsg.), Psychology in Britain. Historical essays and personal reflections, Leicester 2001, S. 2: The holder was obliged to lecture „on the illusions and delusions which are incident to the human mind" and „on the psychology of the lower races of mankind, as illustrated by the various fetish objects in the Anthropological Museum of the University." Richard Charles Oldfield, Psychology in Oxford 1898–1949 Part I., in: Quarterly Bulletin of the British Psychological Society (1950), S. 345–353, S. 346.

als selbstständiger Wissenschaftsbereich etablieren und wurde nicht in die
Physiologie oder Medizin eingegliedert. Zum anderen bildeten sich fachübergreifende Diskussionsforen, in denen sich Mitglieder der verschiedenen Kirchen, Politiker und Wissenschaftler (Philosophen, Psychologen, Juristen und
Mediziner) trafen und über den Konflikt zwischen Wissenschaft und Politik
sprachen.[51] Diese Vernetzung psychologisch interessierter Forscher mit Politikern wie z.B. Alfred Balfour sollte in der Zukunft von Bedeutung sein, da die
Psychologen aufgrund dieser Kontakte in politische Maßnahmen einbezogen
wurden oder auch ihre Forschungen von deren Spenden profitierten.[52]

Eine weitere Basis für systematische psychologische Forschungen war die
„Society for Psychical Research" (SPR), unter deren Mitgliedern drei der später führenden Psychologen, sowie Philosophen und Nobelpreisträger waren.[53]
Das Interesse dieser Vereinigung lag in der Erforschung übersinnlicher Phänomene wie Telepathie oder Kommunikation mit Toten oder mit Geistern.
Veränderte Bewusstseinszustände, wie sie in der Hypnose oder bei hysterischen Zuständen auftraten, wurden als psychologisch interessant angesehen,
ebenso wie Trancezustände und automatisches Schreiben.[54] Die allerersten
psychologischen Experimente wurden daher zur Erforschung übersinnlicher
Phänomene durchgeführt.[55] Diese spiritualistisch orientierten Forscher wollten zunehmend auch das psychologische Terrain besetzen und gaben eine
eigene Zeitschrift heraus.[56] Psychische Kräfte waren in ihren Augen naturwissenschaftliche Phänomene wie Elektrizität, Magnetismus, Schwerkraft
und andere physikalische Kräfte und wie diese wissenschaftlich untersuchbar.
Auch auf den ersten vier internationalen Kongressen für Psychologie waren

---

51   1869 wurde die *Metaphysical Society* gegründet. Hearnshaw, A short History of British
      Psychology., S. 125. 1875 gründete Edward Cox die *Psychological Society of Great Britain*.
      1880 wurden die *Aristotelian Society* und *Croom Robertson's Psychological Club* gegründet.
      Bunn, Introduction, in: Bunn/Lovie/Richards (Hrsg.), S. 16.

52   Alfred Balfour war ein Stiftungsmitglied des psychologischen Labors im University College London. Hearnshaw, A short History of British Psychology., S. 134.

53   Bedeutende Psychologen: William McDougall, Jack C. Flügel und Charles Spearman. Collins, England, in: Baker (Hrsg.), S. 188; der Philosoph Henry Sidwick; die Nobelpreisträger
      der Physik: John Strutt und J. J. Thomson, siehe: Janet Oppenheim, Physics and psychic
      research in Victorian and Edwardian England, in: Physics Today 39 (1986), S. 62–70.

54   Jean-Martin Charcot, der in seiner psychiatrischen Tätigkeit häufig hypnotische Verfahren einsetzte, war der Präsident des ersten internationalen Kongresses für Psychologie
      in Paris 1889. Nuttin, Joseph: Les Premiers Congrés Internationaux de Psychologie, in:
      Richelle/Carpintero (Hrsg.), Contributions to the history of the international congresses
      of psychology., S. 7–74, hier S. 19.

55   Ebenda., S. 38.

56   *The Psychological Review: A Cosmopolitan Organ of Spiritualism and Psychological
      Research*; Erscheinungsdauer: 1878 bis 1883, ebenda, S. 52 Fnt. 28.

die parapsychologischen Forscher in großer Zahl anwesend.[57] Die Haltung der anderen psychologisch arbeitenden Akteure diesen Phänomenen gegenüber war zwiespältig: Einerseits lehnten experimentell arbeitende Forscher die parapsychologischen Untersuchungen ab, andererseits waren Phänomene wie Hysterie und Hypnose anerkannte Themen der medizinischen Praxis.[58]

Ein weiteres Zeichen für die Institutionalisierung der Psychologie in Großbritannien war die Gründung der Zeitschrift *Mind: A Quarterly Review of Psychology and Philosophy* im Jahre 1876. In der ersten Ausgabe wurde als ein Ziel angegeben: „To produce a decision of this question as to the scientific standing of psychology."[59] Diese Zeitschrift war international angelegt und veröffentlichte auch Artikel von ausländischen psychologisch arbeitenden Forschern.[60]

Trotz anfänglicher Erörterung psychologischer Fragestellungen lag der Fokus der Zeitschrift zunehmend auf philosophischen Themen. Die psychologische Tradition Englands blieb für die kommenden Jahre auch an den Universitäten eher philosophisch geprägt.[61] Dies zeigte sich auch daran, dass die 1901 gegründete Psychologische Gesellschaft weiterhin gemeinsame Treffen mit den Mitgliedern der *Aristotelischen Gesellschaft* und den Mitgliedern des Vereins *Mind* abhielt.

Zwischen 1870 und der Jahrhundertwende gab es daher verschiedene Gruppierungen, die sich als „Psychologen" bezeichneten: Die ersten experimentellen Untersuchungen im Fach Psychologie wurden in Großbritannien nicht an den Universitäten (anders als z.B. im Deutschen Reich) sondern von Mitgliedern verschiedener Vereine oder an Krankenhäusern durchgeführt.[62] Die Grenze zwischen Amateuren und psychologischen Experten war zu dieser Zeit noch durchlässig, wobei man anmerken muss, dass auch die professionellen Botaniker und Zoologen nicht von ihrer wissenschaftlichen Arbeit

---

57   Ludy/Baker, The internationalization of psychology, S.3, S. 5f.

58   Peter Lamont spricht in diesem Zusammenhang von einer: „crisis of scientific evidence and authority", zitiert nach Baker (Hrsg.), The Oxford Handbook of the history of psychology, S. 189; siehe dazu zusammenfassend: Lux/Paletschek, Okkultismus im Gehäuse.

59   George Croom Robertson, Prefatory words, in: Mind 1 (1876), S. 3–6.

60   Von Wilhelm Wundt, William James, John Dewey und Herrmann v. Helmholtz, in Collins, England, in: Baker (Hrsg.), S. 189.

61   Ebenda.

62   Einige der englischen psychologischen Pioniere wie Francis Galton, Charles Darwin und James Sully waren finanziell unabhängig, andere wie Herbert Spencer u. James Sully arbeiteten als Journalisten und Schriftsteller. Ein Beispiel für die psychologische Arbeit in der Psychiatrie sind die Forschungen von Frederick Mott am Clayburgh Asylum, Hearnshaw, A short History of British Psychology., S. 149–151, S. 288.

leben konnten.[63] Aber auch Vertreter einer großen öffentlichen populärwissenschaftlichen Bewegung sahen sich als Psychologen: Dies zeigte sich in
der anhaltenden Tradition der „Selbsthilfe- und Selbstverbesserungtraktate",
der Begeisterung für die Phrenologie, oder auflagestarken Broschüren zur Verbesserung der Gedächtnisfähigkeit.[64]

Verschiedene Gruppen beanspruchten daher den Titel: wissenschaftliche
Psychologie, doch wie diese Wissenschaft aussehen sollte, war noch nicht
ausgemacht.[65] Komplizierter wurde die Lage auch dadurch, dass manche der
frühen Fachvertreter Mitglieder in verschiedenen Vereinen waren. Auffallend
an diesen frühen Entwicklungen ist aber die enge personelle Vernetzung: Um
Zugang zur intellektuellen Elite zu bekommen, die z.B. über die Zeitschrift
Mind die frühe psychologische Forschung dominierte, musste man dem eli-
tären intellektuellen Zirkel angehören, der sich um den Herausgeber gebildet
hatte. Formale Qualifikationen waren hilfreich, ein Abschluss in Oxford oder
Cambridge auch, am wichtigsten war jedoch: „That one was one of us."[66] Die
Gatekeeper dieser exclusiven Vereine wachten streng über die jeweiligen
Eintrittsgesuche.[67]

Von großer Bedeutung für die britische Psychologie war auch eine wissenschaftliche Exkursion, die sogenannte Torresexkursion, die 1898 der Anthropologe Alfred Haddon anregte und die drei der führenden psychologischen
Experten Englands, William Rivers, Charles Myers und William McDougall
zusammenbrachte. Auf der Exkursion führten diese Wissenschaftler einfache psychophysische Untersuchungen an den Bewohnern der zwischen
Australien und Papua-Neuguinea gelegenen Torres-Strait-Inseln durch.[68] Die
auf dieser Forschungsreise entstandenen Kontakte vertieften sich und auch

63   Graham Richard, Edward Cox and the PSBB, in: Geoffrey C. Bunn/Alexander D. Lovie/
      Graham D. Richards (Hrsg.), Psychology in Britain. Historical essays and personal reflecti-
      ons, Leicester 2001, S. 33–53, S. 52 Fnt. 36.

64   Zu Selbsthilfegruppen siehe: Samuel Smiles, Self help, with illustrations of character and
      conduct, London 1859; Die Phrenologie, begründet von Franz Joseph Gall, postulierter
      einen Zusammenhang zwischen menschlichen Fähigkeiten und biologischen Merkma-
      len, z.B. der Schädelgröße. Franz Joseph Gall/Erna Lesky, Franz Joseph Gall. 1758–1828,
      Naturforscher u. Anthropologe ; ausgew. Texte, Stuttgart 1979.

65   Der Konflikt über die intellektuelle Deutungshoheit über das Fach Psychologie zwischen
      Spiritualisten, Selbsthilfegruppen und akademischen Psychologen war auch charakteris-
      tisch für die Lage in anderen Ländern, z.B. in den USA. Richard, Edward Cox and the
      PSBB, in: Bunn/Lovie/Richards (Hrsg.), S. 52 Fnte 28.

66   Ebenda., S. 43.

67   Z.B. Robertson und Bain als Herausgeber der Zeitschrift *Mind*.

68   Alfred Cort Haddon, Reports of the Cambridge anthropological expedition to Torres
      Straits, Cambridge 1901.

die anthropologischen Forschungsansätze zeigten ihre Spuren in der englischen psychologischen Forschung.[69] Im Ersten Weltkrieg trafen sich diese Forscher (Rivers, Myers und McDougall) wieder in einem Krankenhaus zur Behandlung psychisch verletzter Soldaten (Maghull Hospital in Liverpool) und ihre anthropologischen Erfahrungen machten sie empfänglicher für die Ideen von Sigmund Freud, die sie in ihre therapeutischen Überlegungen und Behandlungsmethoden einbauten.[70]

Vereinsgründung und Vereinstätigkeit bis zum Ersten Weltkrieg
Die Psychologische Gesellschaft Englands wurde am 24.10.1901 gegründet, (zunächst als Psychological Society; ab 1906 British Psychological Society BSP).[71] Einberufen wurde das erste Treffen von einem akademischen Außenseiter, von James Sully, der sich aber sein Entrée in die Londoner elitären intellektuellen Zirkel durch seine journalistischen Tätigkeiten verschafft hatte.[72] Die zehn Gründungsmitglieder zeigten die Heterogenität der Gesellschaft: fünf waren psychologische Forscher an Universitäten, zwei waren Ärzte und zwei Studenten aus Cambridge mit Interesse für psychologische Forschung; die einzige Frau war eine Schuldirektorin.[73] Dass Frauen als Mitglieder der BPS zugelassen waren, war durchaus eine Ausnahme, da zu dieser Zeit Frauen explizit von der Mitgliedschaft in den Gesellschaften für Chemie, Biochemie, Pharmakologie und Physiologie ausgeschlossen waren und erst 1945 zu der

---

69   Ein Schüler von Rivers, Frederick Bartlett, führte die bei dieser Exkursion begonnenen anthropologischen Studien fort. Auch er war ein außergewöhnlich begabter Networker, da fast alle psychologischen Lehrstühle, die in den 50er und 60er Jahren besetzt wurden, an seine Schüler vergeben wurden, Allan Costal, Pear and his peers, in: Geoffrey C. Bunn/ Alexander D. Lovie/Graham D. Richards (Hrsg.), Psychology in Britain. Historical essays and personal reflections, Leicester 2001, S. 188–204, S. 202.

70   Siehe Kapitel 4.2.1.

71   Beatrice Edgell, The British Psychological Society, in: British Journal of Psychology 92 (2001), S. 3–22; Sandy Lovie, Three steps to heaven: How the British Psychological Society attained its place in the sun., in: Geoffrey C. Bunn/Alexander D. Lovie/Graham D. Richards (Hrsg.), Psychology in Britain. Historical essays and personal reflections, Leicester 2001, S. 95–114, S. 96.

72   Obwohl er im Deutschen Reich z.B. bei Dubois-Reymond gearbeitet hatte und Mitarbeiter an der Zeitschrift *Mind* war, bekam James Sully erst 1892 im Alter von 50 Jahren eine Anstellung an der Universität: Er gründete das experimentalpsychologische Labor an der Universität London. Bunn, Introduction, in: Bunn/Lovie/Richards (Hrsg.), S. 16. Interessanterweise erwähnte Sully in seiner 1918 geschriebenen Autobiographie die Gründung der BPS nicht; siehe dazu auch ebenda, S. 17.

73   Psychologische Forscher: William Ralph Boyce-Gibson, William McDougall, William Halse Rivers, George Smith, James Sully. Die Frau war Sophie Brant, die Ärzte waren Robert Armstrong Jones und die Studenten Frank Noel Hales und Alexander Shand. Wellcome Library London (WL) BPS Minutes (1901–1921) BPS/001/01 (PSY/BPS/1/1) S. 2.

Royal Society zugelasssen wurden.[74] Die BPS hatte in der Anfangszeit deutlich den Charakter einer „learned society" des 19. Jahrhunderts, in der die Grenze zwischen Fachleuten und Amateuren nicht ganz klar gezogen wurde.[75] In den Jahren bis zum Ausbruch des Ersten Weltkrieges änderte sich die Zusammensetzung der Gesellschaft: Wegen der strengen Aufnahmekriterien, aber auch weil die Psychologie stärker an den Universitäten vertreten war, waren die Hälfte der Mitglieder Universitätsangestellte (Professoren, Lecturer oder Assistenten) oder Autoren eines wichtigen Fachbuches, ein Viertel im Bereich Erziehung, Pädagogik beschäftigt, allerdings auch oft an den Universitäten, und etwa ein Viertel Ärzte.[76] Die psychologisch arbeitenden Forscher an den Universitäten waren in unterschiedlichen Bereichen tätig: in der Philosophie, der Tierpsychologie, der Ästhetik, der Soziologie, der Mathematik und natürlich in der experimentellen Psychologie.[77] Die Ärzte arbeiteten z.T. an psychiatrischen Krankenhäusern, in der Verwaltung, oder auch an Universitäten.[78]

Abgrenzungsstrategien und Ausschlusskriterien beleuchteten die Ausrichtung der psychologischen Vereinigung: Ausgeschlossen wurde beispielsweise der Brite Havelock Ellis, der einige sehr bekannte Bücher über Sexualität geschrieben hatte und dessen Bücher auch im Deutschen Reich rezipiert wurden.[79] Das Thema Sexualität war für die englischen Forscher weiterhin schwierig: Dies zeigte sich auch in der Rezeption der Lehren von Sigmund Freud in Großbritannien, da viele Aspekte der Freudschen Sexuallehre abgelehnt

---

74   Elisabeth R. Valentine, Early women members of the British Society: challenges and achievements, in: History & Philosophy of Psychology 19 (2018), S. 17–25, S. 17.

75   Leslie Spencer Hearnshaw, Sixty years of psychology, in: Bulletin of the Journal of the British psychology (1962), Nr. 46.. S. 3.

76   Praktisch tätig waren Sophie Bryant als Schulleiterin, M. H. Winch und Charles William Kimmins als Schulinspektor. Stephen Sharp/A. P. Bray, W. H. Winch: A founder of experimental approach in education, in: British Journal of Education Studies 28 (1980), S. 34–45.

77   Philosophie: Z.B. F. H. Bradley, Hearnshaw, A short History of British Psychology., S. 129. Tierpsychologie: Conwy Lloyd Morgan, Animal behaviour, London 1900; Ästhetik: Z.B. Henry Sturt, Art and personality, in: Henry Sturt (Hrsg.), Personal idealism. Philosophical essays by eight members of the University of Oxford. Edited by H. Sturt, London 1902, S. 288–335. Soziologie: James Sully und Alexander Shand, siehe Hearnshaw, A short history of British Psychology, S. 111. Mathematik: Z.B. Udny Yule, experimentelle Psychologie: Z.B Hearnshaw, A short History of British Psychology., S. 173.

78   Es arbeiteten beispielsweise als Psychiater: Frederick Mott, Robert Armstrong-Jones, W. G. Smith. Geoffrey C. Bunn, Founding factors, in: The Psychologist 14 (2001), S. 404–405, S. 404. In der Verwaltung arbeiteten beispielsweise Leslie MacKenzie als *medical member of the Local Government Board of Scotland*. In: Elisabeth R. Valentine, The society a century ago, in: The Psychologist 22 (2008), S. 566. An den Universitäten arbeiteten z.B. William Rivers, William McDougall und W. G. Smith, Edgell, The British Psychological Society., S. 3.

79   Z.B. Havelock Ellis, Studies in the psychology of sex, London 1897.

wurden. Außerdem wurden keine parapsychologischen Themen und keine der in der Öffentlichkeit beliebten Therapieformen wie z.B. die Phrenologie einbezogen.

Bei der ersten Zusammenkunft, die den Charakter eines konspirativen Treffens hatte, wurden die Ziele der Vereinigung propagiert:

> At a meeting held at the University College London on October 24th 1901... it was proposed by Dr. Mott and seconded by Mr. Shand that „a psychological Society be formed on the same lines as the Physiological Society, as originally formed", the motion was carried unanimously.

> Dr. Smith then proposed & [blank] seconded „That it is the aim of the Society to advance scientific psychological research, & to further the co-operation of investigators in the different branches of psychology." The motion was carried unanimously.

> Mr. Shand next proposed & Dr. Mott seconded „That all present at this meeting be ipso facto members of the Society" This motion was also carried unanimously.[80]

Interessant an diesen Vereinbarungen des konstituierenden Gremiums des Vereins ist die Orientierung an der Physiologischen Gesellschaft, die 1876 in London gegründet worden war und nicht z.B. an der amerikanischen (American Psychological Association, gegründet 1892) oder französischen (Société Francaise de Psychologie, gegründet 1901) Psychologischen Gesellschaft.[81] Damit sollte wohl der naturwissenschaftliche Charakter der psychologischen Vereinigung unterstrichen werden. Die Gesellschaft blieb relativ klein und umfasste 1914 wegen der strengen Aufnahmekriterien weniger als 100 Mitglieder.[82] Die restriktiven Aufnahmekriterien dienten vielleicht aber auch dazu, sich von der im gleichen Jahr gegründeten, von einem Laienpublikum dominierten London Psycho-Therapeutic Society abzugrenzen; aus einem ähnlichen Grund wurde der Name der Vereinigung 1906 in „The

---

80   Minutes of the Psychological Society, 24.10.1901. Welcome Library London (WL) PSY/
      BPS/1/1 Minutes of the Psychological Society 1901–1921, S. 1.
81   In der Physiologischen Gesellschaft waren als Mitglieder die Psychologen Francis Galton
      und Sharpey-Schafer, Edward: History of the Physiological Society 1876–1926. www.phy-
      soc.org/societys-history.com 1.2.2018 S. 12 und S. 20. Zu den nationalen Gesellschaften der
      Psychologie siehe: Baker (Hrsg.), The Oxford handbook of the history of psychology, 2012.
82   Mitglied konnte nur werden, wer ein anerkannter Lehrender im Fach Psychologie war
      oder ein Werk von anerkannter Bedeutung veröffentlicht hatte. Außerdem musste der
      Kandidat erst von einem gewählten Komitee akzeptiert und dann mit 2/3 Mehrheit in der
      Vollversammlung gewählt werden. WL PSY/BPS/1/1 Minutes of the Psychological Society
      1901–1921, S. 2, siehe auch: Lovie, Three steps to heaven: How the British Psychological
      Society attained its place in the sun., in: Bunn/Lovie/Richards (Hrsg.), S. 97.

British Psychological Society" umgewandelt.[83] Die Exklusivität wurde dadurch gesteigert, dass nur hochqualifizierte, wissenschaftlich arbeitende psychologische Experten für die Mitgliedschaft angeworben wurden.[84] Alle kamen der Aufforderung nach, nur der sogenannte „Gründungsvater der Psychologie", Francis Galton nicht. Erst 1905 wählte ihn der Verein zum Ehrenmitglied. 1904 wurde das erste Ehrenmitglied gewählt, 1905 akzeptierten sieben weitere international bedeutende „Psychologen" die Ehrenmitgliedschaft.[85] 1904 erschien das *British Journal of Psychology* (BJPS), das ab 1914 mit Charles Myers als Alleinherausgeber zum offiziellen Organ der *British Psychological Society* wurde.[86] Anfangs publizierten dort vor allem englische Autoren (anders als in der ersten psychologischen Zeitschrift: *Mind*, gegründet 1876) ihre Beiträge, aber auch der Schweizer Carl Gustav Jung veröffentlichte einen Vortrag sowie der amerikanische, behavioristische Forscher Watson.[87]

Der Distinktionsprozess gelang insofern, als die Zeitschrift *Mind* zunehmend eine philosophische Ausrichtung bekam und psychologische Fachartikel jetzt im BJPS erschienen.[88] Allerdings gab es, neben personellen Überschneidungen, weiter gemeinsame Treffen mit den philosophischen Vereinigungen und physiologischen Forschern und es wurden Artikel über gemeinsame Themen im *British Journal of Psychology* veröffentlicht.[89]

---

83   Die *London Psychotherapeutic Society* wollte nicht nur psychische und mentale Kräfte, Magnetismus, Hypnose und Mesmerismus untersuchen, sondern diese auch therapeutisch anwenden. Mathew Thomson, The popular, the practical and the professional: Psychological identities in Britain, 1901–1950, in: Geoffrey C. Bunn/Alexander D. Lovie/ Graham D. Richards (Hrsg.), Psychology in Britain. Historical essays and personal reflections, Leicester 2001, S. 115–132, S. 119. Zur Umänderung des Namens siehe: WL PSY/BPS/1/ 1 Minutes of the Psychological Society 1901–1921, S. 23.

84   Z.B. Charles Sherrigton, James Ward, Beatrice Edgell. WL PSY/BPS/1/1 Minutes of the Psychological Society 1901–1921, S. 1.

85   Darunter die deutschen Psychologen: Wilhelm Wundt, G. E. Müller, Carl Stumpf, der Franzose Théodule Ribot, der Amerikaner William James, Edgell, The British Psychological Society., S. 6.

86   Herausgeber waren James Ward und William Halse Rivers, beide Mitglieder in der BPS. In: Alan A. Clarke, Seventy-five years of the British Journal of Psychology 1904–1979, in: British Journal of Psychology 70 (1979), S. 1–5, S. 1.

87   Ernest Jones, Why is the „unconscious" unconscious? III., in: British Journal of Psychology 9 (1918), S. 247–257, John Watson, Is thinking merely the action of language mechanism?, in: British Journal of Psychology 11 (1920), S. 87–105.

88   Francis Neary, A question of ‚peculiar importance': George Croom Robertson, Mind and the changing relationship between British psychology and philosophy, in: Geoffrey C. Bunn/Alexander D. Lovie/Graham D. Richards (Hrsg.), Psychology in Britain. Historical essays and personal reflections, Leicester 2001, S. 54–71, S. 66.

89   1910: Symposium zusammen mit der *Aristotelian Society* und *Mind Association* über „Instinct und Intelligence". Die Ergebnisse wurden im British Journal of Psychology

Die Artikel der Zeitschrift deckten ein breites Spektrum an psychologischen Themen ab, vorwiegend aus dem psychologisch-physiologischen Bereich (Wahrnehmung), aber auch Artikel über Träume, die Funktion des Unbewussten, Gedächtnis und Lernen, Tierpsychologie und anthropologische Untersuchungen. Untersuchungen zur praktischen Anwendung fehlten. Untersuchungen mit psychologischen Testverfahren wurden meist auf einem theoretischen Niveau dargestellt, die praktische Anwendung von Tests nur sporadisch diskutiert, genauso wie die Ergebnisse der Psychoanalyse.[90] Eher praxisbezogene Ergebnisse, beispielsweise für die Medizin, veröffentlichten die Psychologen in anderen Zeitschriften, z.B. in der medizinischen Zeitschrift *The Lancet*. Waren in den ersten Ausgaben noch viele Artikel über allgemeine Themen (Definition von Psychologie, ein Psychologe des 16. Jahrhunderts, die Grenze der genetischen Psychologie), so nahmen in der Folgezeit die Beiträge über Probleme psychologischer Messmethoden zu.[91]

Die psychologische Vereinigung Großbritanniens versuchte sich also von philosophischen, parapsychologischen und populärwissenschaftlichen Vereinigungen abzugrenzen, ein eigenständiges Fachgebiet zu konstituieren und sich in einer eigenen Fachzeitschrift zu präsentieren; dabei standen in der Vorkriegszeit theoretische Themen im Vordergrund.

2.3   Deutschland: International und experimentell

Ideengeschichtliche und methodische Voraussetzungen
Wie auch in Großbritannien wurde das Wort Psychologie zum ersten Mal in Deutschland im 18. Jahrhundert, zur Zeit der Aufklärung, von Christian Wolff in seinen Werken *Psychologia Empirica* (1732) und *Psychologia Rationalis* (1734)

---

veröffentlicht. 1903 hielt die BPS ein Treffen im pathologischen Labor im Claybury Asylum ab. 1907 schrieben Henry Head und William Rivers einen Artikel: *Some Points of Psychological Interest Suggested by a Case of Experimental Nerve Division*. Beatrice Edgell, The British Psychological Society 1901–1941, in: Bulletin of the British Journal of Psychology (1961), S. 1–29, S. 6 f.

90   Testtheoretische Untersuchungen: Charles Spearman: The Calculation of Correlation 1910. Zitiert nach Edgell 1947, S. 8. Zur praktischen Anwendung von Tests: 1908 setzte die Gesellschaft ein Komitee ein, das die vorhandenen Tests für Farbenblindheit diskutieren sollte. Edgell, The British Psychological Society., S. 8. Zur Psychoanalyse: 1910 hielt Bernhard Hart an einem Treffen in Oxford einen Vortrag über „The Psychology of Freud and his School." ebenda, S. 7.

91   Clarke, Seventy-five years of the British Journal of Psychology 1904–1979., S. 1.

ins öffentliche Bewusstsein gerückt.[92] Das neue Fach stieß auf so großes Interesse, dass schon 1808 der Philosoph August Carus eine Geschichte der Psychologie veröffentlichte.[93] Wegweisend war die Annahme von Christian Wolff, dass jedem geistigen Prozess eine bestimmte (messbare) Eigenschaft zugrunde läge: Jedem Denkvorgang ein Denkvermögen, jeder Erinnerung ein Gedächtnisvermögen. Wolff prägte eine Reihe von psychologischen Begriffen, wie z.B. „Bewusstsein" und war der Ansicht, dass diese neue Wissenschaft eigene Messmethoden *psychometrica* entwickeln könne und solle.[94] Seine Grundidee war die Annahme einer seelischen Einheit im Menschen, eine Einheit, die man wissenschaftlich erfassen, untergliedern und messen könne.[95] Dem widersprach der Philosoph Imanuel Kant, der die Unmöglichkeit einer objektiven Erfassung des eigenen Seelenlebens postulierte. Er lehnte die Möglichkeit einer rationalen Psychologie ab, da er die menschliche Seele als nicht wissenschaftlich und nicht objektiv erfassbar ansah.[96] Diese Kontroverse, ob und welche psychischen Fähigkeiten man messen könne, konnte nicht beigelegt werden und sollte auch die weitere Diskussion der unterschiedlichen psychologischen Schulen mitbestimmen.[97]

Hervorzuheben ist dabei, dass zu diesem Zeitpunkt eine Messung psychischer Eigenschaften zwar gefordert wurde, aber noch völlig unklar war, wie diese durchgeführt werden sollte. Dass die Erfassung menschlicher Unterschiede und Eigenschaften aber von großem öffentlichem Interesse war, zeigt die Aufmerksamkeit, die pseudowissenschaftlichen Diagnosemethoden wie der Physiognomie, dem Mesmerismus und der Kranioskopie zuteil wurde, Methoden, die auch die spätere psychologische Diagnostik beeinflussten.[98] Man schloss dabei von äußeren körperlichen Merkmalen, bei der Physiognomie vom Gesichtsausdruck, bei der Kranioskopie oder Phrenologie von

---

92   Christian Wolff, Psychologia empirica methodo scientifica pertractata, qua ea, quae de anima humana … experientiae fide constant, continentur et ad solidam philosophiae … ac theologiae tractationem via sternitur, Frankfurt am Main 1732.

93   Carus, Geschichte der Psychologie, 1808.

94   Gundlach, Germany, in: Baker (Hrsg.), S. 259.

95   Ebenda.

96   Ebenda., S. 261.

97   Zu anderen wichtigen Kontroversen der psychologischen Fachgemeinschaft siehe Jochen Fahrenberg, Wilhelm Wundt (1832–1920): Gründervater ohne Söhne?, in: reportpsychologie 42 (2017), S. 444–451, S. 449.

98   So beeinflusste die Physiognomik (Ausdruckskunde) die spätere, besonders in der Weimarer Republik forcierte Charakterkunde, die auch noch Prüfungsfach in der ersten Diplomprüfungsordnung von 1941 war. David Meskill, Characterological psychology and the German political economy in the Weimar period (1919–1933), in: History of psychology 7 (2004), S. 3–19, S. 7.

der Form des Schädels auf zugrundeliegende psychische Eigenschaften.[99] In einem anderen Ansatz postulierte der Arzt Anton Mesmer die Möglichkeit, mit Hilfe von magnetischen Kräften nicht nur körperliche, sondern auch psychische Leiden heilen zu können.[100] Zwei Aspekte dieser Methode beeinflussten das psychologische Denken: Zum einen die Vorstellung, physische Kräfte (hier Magnetismus) könnten Wirkungen auf die Psyche haben; zum anderen prägte Mesmer den Terminus „Hypnose", mit dem er abnorme Bewusstseinszustände (Selbstbeeinflussung) beschrieb. Dieser Begriff erlangte in den folgenden Jahren unter dem französischen Psychiater Jean-Martin Charcot eine neue Bedeutung (Fremdbeeinflussung) und wurde in die psychotherapeutische und medizinische Praxis eingeführt.[101] Bedeutsam an diesen Entwicklungen war, dass die Psyche (die Seele) nicht mehr als ein göttlich gegebenes und unfassbares Sein definiert wurde, sondern als teilbare, erfahrbare und wissenschaftlich messbare Einheit. Psychologie war zu diesem Zeitpunkt aber noch keine abgegrenzte wissenschaftliche Disziplin, sondern psychologisches Wissen war Teil einer ganzheitlichen, interdisziplinären Sicht auf den Menschen.

Noch um die Jahrhundertwende war es daher noch nicht abzusehen, ob die Forschung zur menschlichen Psyche im Bereich der philosophischen Metaphysik bleiben oder ob daraus eine Naturwissenschaft werden würde.[102] Für die naturwissenschaftliche Orientierung sprachen die Arbeiten der Pioniere der sogenannten Psychophysik. In der zweiten Hälfte des 19. Jahrhunderts hatte sich die Auffassung durchgesetzt, für die Wissenschaften vom Leben (auch für die Psychologie) die gleichen Grundlagen anzunehmen wie z.B. für die Physik und Chemie.[103] Diesem Credo folgend untersuchten die Psychophysiker vor allem die Funktionen der Sinnesorgane, wobei besonders die Empfindungen interessierten. Man nahm an, dass Kälte-, Härte- und Schmerzempfindungen keine genauen Widerspiegelungen von exakten Sinnesreizen seien, sondern je

---

99   Carl-Gustav Carus, Symbolik der menschlichen Gestalt, Leipzig 1853, Theodor Piderit, Grundsätze der Mimik und Physiognomik, Leipzig 1858.

100 Gundlach, Germany, in: Baker (Hrsg.), S. 262.

101 Messmer behandelte mit seinem Verfahren auch Symptomkomplexe, die man als neurotische und psychosomatische Störungen bezeichnen könnte, Schönpflug, Geschichte und Systematik der Psychologie, S. 187.

102 Zu dieser Diskussion siehe: Friedrich Schleiermacher, Psychologie, Berlin 1862; Hermann Lotze, Medicinische Psychologie oder Physiologie der Seele, Leipzig 1852. Eine Zwischenstellung nahm Johann Friedrich Herbart ein, der ein neues komplexeres System der Psychologie einführte, aber eine experimentelle Psychologie ablehnte, siehe: Johann Friedrich Herbart, Lehrbuch zur Psychologie, von Johann Friedrich Herbart, Königsberg 1834, S 41.

103 Helmut E. Lück, Geschichte der Psychologie, Stuttgart 2009, S. 46.

nach Situation anders empfunden würden.[104] Die Grenze der Empfindungs-
fähigkeit, die wahrnehmbare Reizschwelle, wurde als Weber-Fechnersches
Gesetz formuliert und sollte einen Hinweis auf die Leistungsfähigkeit der
menschlichen Sinnesorgane geben.[105] Ein weiterer Pionier der Psychophysik
war Hermann von Helmholtz, der in seinem *Handbuch der Physiologie* von
1873/74 auch psychologische Themen wie Gedächtnis, Denken, Temperament
und Schlaf ansprach.[106] Helmholtz konnte nachweisen, dass die Nervenleitge-
schwindigkeit so langsam war, dass man sie mit gängigen Messinstrumenten
messen konnte. Damit wurde es möglich, die individuelle Reaktionszeit auf
bestimmte Reize zu erfassen, eine Methode, die in der psychologischen Forschung häufig angewandt wurde.[107]

Diesen psychophysischen Ansätzen lagen zweierlei Annahmen zugrunde:
Einmal vermuteten sie eine Wechselbeziehung zwischen psychischen und
körperlichen Vorgängen und zum anderen behaupteten sie, anhand von physiologischen Werten psychische Vorgänge messen zu können. Dem Anspruch,
aus physiologischen Werten Rückschlüsse auf zugrundeliegende psychische
Prozesse zu ziehen, konnten die psychologischen Forscher im 19. Jahrhundert
nur ansatzweise genügen, methodisch brachte dieses Vorgehen jedoch einen
großen Fortschritt. Durch nachvollziehbare Messungen und experimentelle
Untersuchungen im Labor konnten exakte Befunde erhoben werden, die den
wissenschaftlichen Fortschritt aufzeigen sollten.[108] Es setzte sich daher der
Begriff *experimentelle Psychologie* – und nicht z.B. *allgemeine Psychologie* – in
der Folgezeit für die neue Forschungsrichtung durch. Die frühen Vertreter der
experimentellen psychologischen Methode versuchten nicht nur die Sinnesleistungen, sondern auch die Gedächtnisleistung und emotionales Erleben
durch Reizschwellenmessungen zu erfassen.[109] Der Emotionsforschung
kam die Entwicklung von neuen Instrumenten zugute, die es erlaubten, die

---

104 Ebenda.
105 Fechner, Elemente der Psychophysik.
106 Gundlach, Germany, in: Baker (Hrsg.), S. 271.
107 Herrmann von Helmholtz, Messungen über den zeitlichen Verlauf der Zuckungen ani-
     malischer Muskeln und die Fortpflanzungsgeschwindigkeit der Reizung in den Nerven,
     in: Archiv für Anatomie, Physiologie und wissenschaftliche Medicin (1850), S. 276–364.
108 Schönpflug, Geschichte und Systematik der Psychologie., S. 263.
109 Frühe Vertreter der experimentellen Psychologie waren: Z.B. Wilhelm Wundt in Berlin,
     Herrmann Ebbinghaus in Berlin, Georg Elias Müller in Göttingen. Ebenda, S. 267. Die
     Messung der Gedächtnisleistung wurde wesentlich beeinflusst durch die Forschungen
     von Ebbinghaus: Hermann Ebbinghaus, Über das Gedächtnis. Untersuchung zur expe-
     rimentellen Psychologie, Darmstadt 1985, die der Emotionen durch Wundt: Wilhelm
     Wundt, Grundzüge der physiologischen Psychologie, Leipzig 1874, Band 3. Leipzig 1911,
     S. 192.

Atmung, den Herzschlag und den Blutdruck zu messen. Damit konnte man physiologische Werte eines Menschen erfassen und sie in Beziehung zu seinem emotionalen Erleben setzen.

Diese Forschung wurde von Wilhelm Wundt begonnen, der das erste psychologische Laboratorium in Leipzig 1879 eingerichtet hatte. Wilhelm Wundt war von Hause aus Mediziner und Physiologe, kein Philosoph, wurde jedoch 1875 auf den philosophischen Lehrstuhl der Universität Leipzig berufen.[110] Der Grund für diese damals ungewöhnliche Entscheidung war ein Personalmangel in diesem Bereich, der dazu führte, dass die Universität dringend eine Lehrkraft benötigte, die Psychologie unterrichten konnte.[111] Die physiologische Ausrichtung Wundts prägte die psychologischen Kontroversen der nächsten Jahre entscheidend. Wundt übte großen Einfluss auf die Psychologie seiner Zeit aus, da er zahlreiche Schüler, auch aus dem Ausland, anzog und viel publizierte. Wundt nahm an, dass nur relativ einfache psychische Prozesse gemessen werden könnten; höhere geistige Prozesse wären nicht durch Selbstbeobachtung (Introspektion) zu erfassen. Für die höheren geistigen Prozesse hielt er eine andere Methode für geeigneter: Die Völkerpsychologie. Wundt war der Ansicht, dass man nur durch das Studium der Kultur, Religion, Sprache, Sitte und Kunst eines Volkes auf komplexe psychische Vorgänge wie das Denken schließen könne.[112] Er sah die Psychologie als eine empirische Geisteswissenschaft, an der Schnittstelle von Medizin, Naturwissenschaften und Philosophie angesiedelt.

Dem widersprachen die Vertreter der sogenannten Würzburger Schule. Etwa ab den 1880er Jahren hatten sich an den verschiedenen Universitäten sogenannte psychologische Schulen gebildet. Dies waren Forschergemeinschaften, die mehr oder weniger geschlossen eine bestimmte Denktradition vertraten, sich auf eine Gründerpersönlichkeit bezogen und auch ähnliche Forschungsexperimente durchführten.[113] Bedingt wurde dies durch die Berufungspraxis der Universitäten: Bei der Berufung eines neuen Lehrstuhlinhabers war die Meinung des scheidenden Professors mit ausschlaggebend.[114]

110   Helmut E. Lück, Geschichte der Psychologie. Strömungen, Schulen, Entwicklungen, Stuttgart 2011, S. 66.

111   Gundlach, Germany, in: Baker (Hrsg.), S. 271.

112   Wilhelm Wundt, Völkerpsychologie. Eine Untersuchung der Entwicklungsgesetze von Sprache, Mythus u. Sitte, Leipzig 1900–1920, Wilhelm Wundt, Probleme der Völkerpsychologie, Leipzig 1911; Schönpflug, Geschichte und Systematik der Psychologie., S. 215.

113   Zentrale Gründerfiguren waren: Wilhelm Wundt für die Leipziger Schule, Oswald Külpe für die Würzburger Schule, Max Wertheimer für die Gestaltpsychologie und Sigmund Freud für die Psychoanalyse, siehe: Lück, Geschichte der Psychologie., S. 55.

114   Ebenda., S. 62.

In der Würzburger Schule, angeregt durch die Gründerpersönlichkeit Oswald
Külpe, wurde nicht nur im Gegensatz zu der Leipziger Schule von Wilhelm
Wundt die Introspektion als Methode zur Erfassung auch höherer Prozesse,
z.B. von Denkvorgängen angenommen, sondern es wurden auch die Existenz
eines Unbewussten und die Einheit des Seelenlebens betont.[115]
    Nicht nur über die Inhalte und sehr grundsätzliche Fragen, sondern auch
über die Methoden war man sich uneinig. Um die Jahrhundertwende gab es
also keinen allgemeinen Konsens über Inhalte und Methoden psychologischer
Forschung im Deutschen Reich. Im Bildungswesen wurden aber dennoch in
zunehmendem Maße psychologische Expertisen angefordert.

Institutionen und soziale Voraussetzungen
Die Etablierung von neuen staatlichen Bildungsanstalten hatte das Interesse
an psychologischen Themen schon früh gefördert. Die Reformierung des
Bildungssystems in Preußen nach den napoleonischen Kriegen hatte die Situation in zweierlei Hinsicht geprägt: Zum einen wurde die Stellung der nun staatlichen Universitäten gestärkt, zum anderen waren psychologische Themen
Bestandteil des philosophischen Propädeutikums für Gymnasiallehrer, und
auch Teil des Philosophieunterrichts am Gymnasium.[116] Durch das preußische
Gesetz von 182 wurden auch die zu unterrichtenden Inhalte spezifiziert: Themen wie die Sinneswahrnehmung, die Phantasietätigkeit, das Gedächtnis und
die Unterscheidung von Ideen, Gedanken und Konzepten sollten behandelt
werden.[117] Ein weiteres Gesetz von 1826 führte dazu, dass an den Universitäten
in Preußen jeder angehende Arzt eine Prüfung an der philosophischen Fakultät ablegen musste, in der auch psychologische Themen Teil einer Prüfung
waren.[118] In Folge dessen erschienen viele Lehrbücher der (meist pädagogischen) Psychologie.

---

115   „Wie die eigene Erfahrung der Grundquelle, so ist die Selbstbeobachtung die Grund-
       methode der beschreibenden Psychologie. Alle Fortschritte derselben beruhen auf der
       Anwendung dieser Methode."Oswald Külpe, Vorlesungen über Psychologie, Leipzig
       1920, S. 45 f. „Alle Einzelheiten unseres Bewusstseins werden zu Einheiten, zu Ganzen
       zusammengefasst, in denen eine Tendenz, ein Gedanke, ein Ziel, eine Aufgabe im Mittel-
       punkt stehen, während das übrige ein- und untergeordnet bzw. ausgeschaltet wird,
       je nachdem es dieser Tendenz dient oder fremd ist." Ebenda, S. 92, zitiert nach Lück,
       Geschichte der Psychologie, S. 66.
116   Gesetz von 1810 und 1824, Gundlach, Germany, in: Baker (Hrsg.), S. 264.
117   Johann Daniel Neigebaur, Die Preußischen Gymnasien und höheren Bürgerschulen.
       Eine Zusammenstellung der Verordnungen, welche den höheren Unterricht in diesen
       Anstalten umfassen, Berlin 1835.
118   Wilhelm von Horn, Das Preussische Medicinalwesen. Aus amtlichen Quellen, Berlin 1863,
       S. 31.f. Dies Gesetz blieb bis 1863 in Kraft, Gundlach, Germany, in: Baker (Hrsg.), S. 264.

Dennoch gab es (bis 1920) keinen ausschließlich auf Psychologie deno-
minierten Lehrstuhl, sondern es waren weiterhin die Philosophen, die Psychologie unterrichteten.[119] Es gab daher keine soziale Gruppe, die allein für
das Fach Psychologie verantwortlich war: Psychologie wurde im Bereich der
Philosophie, der Physiologie, der Biologie und der Medizin unterrichtet. Philosophen, die auch Psychologie unterrichteten, mussten das Gebiet der Philosophie beherrschen und hatten daher meist keine Zeit für eigenständige
psychologische Forschungen.[120] So kamen einige der wichtigsten „Gründer-
väter" der Psychologie Ernst Heinrich Weber, Gustav Theodor Fechner, Hermann von Helmholtz und Wilhelm Wundt nicht aus der philosophischen
Fakultät.[121]

An den deutschen Universitäten wurde im Laufe des 19. Jahrhunderts damit
begonnen, Laboratorien und Institute zu gründen, um die Wissenschaften zu
fördern.[122]

Fast alle dieser Einrichtungen gehörten entweder zur medizinischen oder
zur philosophischen Fakultät, die damals die Fächer Physik, Chemie und Biologie mit einschloss, waren aber meist private Einrichtungen und verdankten
ihre Existenz dem Durchsetzungsvermögen ihrer Gründer. Die heftige Konkurrenz der verschiedenen deutschen Staaten förderte allerdings die Etablierung
einiger dieser neuen Institutionen. Herrmann von Helmholtz, Professor für
Physiologie, der in einem physiologischen Labor arbeitete, legte in seinen Veröffentlichungen die Grundlagen für die Wahrnehmungspsychologie, vor allem
des Sehens und Hörens.[123] Wilhelm Wundt, eigentlich Mediziner und Physiologe, richtete 1879 in Leipzig als Philosophieprofessor das erste psychologische
Labor ein.[124] Das weltweit zweite psychologische Labor wurde ebenfalls in
Leipzig an der medizinischen Fakultät eingerichtet und von dem bedeutenden
Psychiater Emil Kraepelin betrieben.[125] Für diese vielseitig interessierten Forscher war das Interesse für Psychologie Teil einer holistischen Sicht auf den

---

119 Ulrich Johannes Schneider, Philosophie und Universität. Historisierung der Vernunft im
     19. Jahrhundert, Leipzig 1999, S. 93–97.
120 Gundlach, Germany, in: Baker (Hrsg.), S. 265.
121 Weber war Professor für Anatomie, Fechner für Physik, Helmholtz erst Professor für
     Physiologie, dann für Physik, Wundt erst Mediziner, dann Philosoph, siehe ebenda, S. 266.
122 Das erste Lehrlaboratorium hatte Liebig 1825 in Göttingen eingerichtet, Hearnshaw, A
     short History of British Psychology., S. 169.
123 Hermann von Helmholtz/Esther von Krosigk, Die Lehre von den Tonempfindungen als
     physiologische Grundlage für die Theorie der Musik, Braunschweig 1863; Herrmann von
     Helmholtz, Handbuch der physiologischen Optik, Leipzig 1867.
124 Schönpflug, Geschichte und Systematik der Psychologie., S.281.
125 Gundlach, Germany, in: Baker (Hrsg.), S. 272.

Menschen, die sich mit dem menschlichen Bewusstsein, der Sinnesleistung aber auch der Kultur auseinandersetzten.

Auch später richteten einflussreiche Ärzte und Psychiater psychologische Laboratorien ein und veröffentlichten Forschungsergebnisse in eigenen Zeitschriften.[126] In diesen Forschungsberichten lag der Schwerpunkt auf der Erforschung der gesunden Psyche, allerdings mit der Hoffnung, aus den experimentellen Untersuchungen Schlüsse auf die Ursachen und Therapie-möglichkeiten psychischer Krankheiten ziehen zu können.[127] Die schnelle und verbreitete Einrichtung von Laboratorien im deutschsprachigen Raum wurde auch durch die zweite industrielle Revolution gefördert, in der von der auf-strebenden Elektroindustrie neue optische Geräte und Geräte zur Messung von Blutdruck und Pulsschlag entwickelt worden waren.[128] Die Firma E. Zimmer-mann in Leipzig, war eine spezialisierte feinmechanische Werkstatt, die sich schnell auf die in der psychologischen Forschung benötigten Apparate spe-zialisierte und darin weltweit führend wurde.[129] Die Folge davon war, dass in der deutschen psychophysiologischen Forschung besonders große Mess- und Trainingsmaschinen benutzt und z.B. bei den Kongressen (ab 1904) jedes Mal die neuesten Modelle vorgestellt wurden. Anders als im angelsächsischen Raum war man in Deutschland sehr maschinenorientiert. Die Ausstattung der psychologischen Laboratorien blieb jedoch weiterhin hinter denen der anderen Naturwissenschaften zurück und die staatliche Unterstützung blieb sehr ungleich verteilt: So betrug das Budget der sieben am besten unter-stützten Laboratorien im deutschen Reich im Studienjahr 1913/14: 17600 Mark, ungefähr ein Viertel des Etats des physiologischen Institutes der Universität

---

126   Kraepelin gründete ein eigenes Labor später in Heidelberg, Robert Sommer in Gießen, Theodor Ziehen in Berlin. Kraepelin und Sommer gaben eigene Zeitschriften heraus, Sommer und Ziehen waren Mitglieder in der Gesellschaft für Experimentelle Psycho-logie, Friedrich Schumann, Geschichte des Kongresses, in: Friedrich Schumann (Hrsg.), Bericht über den I. Kongress für experimentelle Psychologie in Giessen vom 18. bis 21. April 1904, Leipzig 1904, S. I–XXV., S. XXIII–XXV; Gundlach, Germany, in: Baker (Hrsg.), S. 272.

127   Z.B. Robert Sommer, Objektive Psychopathologie, in: Friedrich Schumann (Hrsg.), Bericht über den I. Kongress für experimentelle Psychologie in Giessen vom 18. bis 21. April 1904, Leipzig 1904, S. 121–122.

128   Laboratorien wurden in Deutschland in den neuen psychologischen Instituten gegründet: In Göttingen 1887, Halle 1891, Berlin 1893, Würzburg 1900. siehe: Gerd Lüer, Psychologie im Spiegel ihrer wissenschaftlichen Gesellschaft: Historische Fakten, Entwicklungen und ihre Konsequenzen, in: Psychologische Rundschau 42 (1991), S. 1–11, S.2; Zur Entwicklung in der feinmechanischen Industrie siehe Schönpflug, Geschichte und Systematik der Psy-chologie, S. 271.

129   Ebenda.

in der Hauptstadt Berlin, der 63116 Mark betrug.[130] Dennoch waren die unterschiedlichen psychologischen Forscher in der Lage, durch die Herausgabe verschiedener Zeitschriften ihre Forschungen der Öffentlichkeit zu präsentieren.

Die erste psychologische Zeitschrift wurde von Wilhelm Wundt 1881 in Leipzig herausgegeben, die *Philosophischen Studien*. In Abgrenzung davon wurde 1890 die *Zeitschrift für Psychologie und Physiologie der Sinnesorgane* ediert. Ab 1899 erschien die *Zeitschrift für pädagogische Psychologie*, 1903 die *Beiträge zur Psychologie der Aussage* und das *Archiv für die gesamte Psychologie*, 1908 die *Zeitschrift für angewandte Psychologie*. Die Vielzahl der Zeitschriften spiegelte die Differenzen in der scientific community der Psychologen wider, führte aber dazu, dass der Anteil der deutschsprachigen psychologischen Veröffentlichungen 1914 auf 46% aller psychologischen Veröffentlichungen weltweit anstieg.[131] Die stärkere Orientierung an der experimentellen Methode zeigte aber auch, dass die Geschichte der Psychologie nicht mehr im reinen Diskurs mit der Philosophie geschrieben wurde, wie es beispielsweise Max Dessoir noch 1901 getan hatte, sondern die experimentelle Methode explizit mitbeachtet wurde.[132]

Vereinsgründung und Vereinstätigkeit bis zum Ersten Weltkrieg

Im Jahre 1903 wurde in der *Zeitschrift für Psychologie und Physiologie der Sinnesorgane* und im *Archiv für die gesamte Psychologie* zu einem Kongress für experimentelle Psychologie eingeladen, der vom 18.-20. April 1904 in Gießen stattfinden sollte. Sechs Professoren, ein Mediziner und fünf psychologisch Forschende planten diesen Kongress, um einen Zusammenschluss der psychologischen Richtungen zu erreichen. Sie teilten die Überzeugung, „daß die experimentelle Psychologie das Zentrum darstellt, an welches sich alle übrigen psychologischen Bestrebungen mehr oder weniger eng anschließen.“[133] Bezugspunkt war die Entwicklung der naturwissenschaftlichen Kongresse und die der amerikanischen Psychologen.[134] Geplant war auch, bei jedem Kongress in zweijährigem Abstand „eine Ausstellung von Apparaten und sonstigen Hilfsmitteln, [...] die zur Veranschaulichung der in der Psychophysik und experimentellen Psychologie benutzten Methoden dienen [abzuhalten].“[135]

---

130   Mitchell G. Ash, Gestalt Psychology in German culture, 1890–1967. Holism and the quest for objectivity, Cambridge 1995, S. 17 f.
131   J. B. Maller, Forty Years of psychology. A statistical analysis of American and European publications, 1894–1933, in: Psychological Bulletin 31 (1934), S. 533–559.
132   Otto Klemm, Geschichte der Psychologie, Leipzig, Berlin 1911.
133   Schumann, Geschichte des Kongresses, in: Schumann (Hrsg.), S. VIII.
134   Ebenda.
135   Ebenda.

Auf diesem ersten Kongress in Gießen 1904 wurde die Gründung einer „Gesellschaft für Experimentelle Psychologie" beschlossen mit der Zielrichtung: „Die Gesellschaft bezweckt die Förderung der experimentellen Psychologie und aller verwandten methodisch-psychologischen Bestrebungen."[136] Mitglied konnte werden „wer eine Arbeit von wissenschaftlichem Wert aus dem Gebiet der Psychologie oder deren Grenzgebieten veröffentlicht hat."[137] Eine Vereinheitlichung der Vorstellung von der geeigneten psychologischen Theorie oder Methode konnte durch die Vereinsgründung nicht herbeigeführt werden, es war eher so, dass der Verband als Vermittlungsinstanz zwischen den verschiedenen psychologischen Fachrichtungen fungierte.[138] Einig war man sich vor allem in der Abgrenzung gegen die Philosophie, aber auch gegen eine nicht wissenschaftlich arbeitende Parapsychologie. Auf dem vierten internationalen Kongress für Psychologie in Paris 1900 hielt der deutsche psychologisch interessierte Mediziner Oskar Vogt einen Vortrag *Gegen den Spiritismus*, in dem er harte Kritik am unwissenschaftlichen Vorgehen der Spiritualisten äußerte.[139]

Wer waren nun die Mitglieder dieser 1904 in Gießen gegründeten psychologischen Vereinigung? Alle der 104 Gründungsmitglieder (bis auf einen) hatten mindestens einen Doktortitel, darunter eine Frau aus den USA.[140] Der Frauenanteil blieb weiterhin gering, geringer als in Großbritannien und 1914 waren unter den 193 Mitgliedern nur sieben Frauen.[141] Die meisten Mitglieder waren Hochschullehrer, Professoren oder Dozenten, einige Ärzte oder Lehrer, ein Pfarrer war auch dabei. Praktisch arbeitende Psychologen gab es zu dieser Zeit noch nicht. Der Verein war, anders als der britische, sehr international angelegt, seine Mitglieder kamen aus elf verschiedenen Ländern. Auch nannte

---

136 § 1 der Statuten. Ebenda. S. XXI.
137 § 2 der Statuten. Ebenda.
138 Mitchell G. Ash, Die experimentelle Psychologie an den deutschen Universitäten von der Wilhelminischen Zeit bis zum Nationalsozialismus, in: Mitchell G. Ash/Ulfried Geuter (Hrsg.), Geschichte der deutschen Psychologie im 20. Jahrhundert. Ein Überblick, Opladen 1985, S. 45–112, S. 46; Mitchell G. Ash, Zeitpunkte. Geschichte eines Kongresses als Geschichte einer Disziplin., in: Psychologische Rundschau 55 (2004), H. 3, S. 107–117, S. 108.
139 Oskar Vogt, Contre le spiritisme, in: Anon (Hrsg.), IV. Congrès International de Psychologie, Paris 1901, S. 656–659.
140 Wenn im Folgenden von Psychologen gesprochen wird, sind immer auch die Psychologinnen gemeint.
141 Friedrich Schumann, Geschäftliche Mitteilungen, in: Friedrich Schumann (Hrsg.), Bericht über den VI. Kongress für Experimentelle Psychologie in Göttingen vom 15 bis 18 April 1914, Leipzig 1914, S. 103–123, S. 114–123. In Großbritannien waren 1914 unter den ca. 100 Mitgliedern 6 Frauen, Elisabeth R. Valentine, To care or to understand? Women members of the British Psychological Society 1901–1918, in: History & Philosophy of Psychology 10 (2008), S. 54–65.

er sich explizit nur: „Gesellschaft für Experimentelle Psychologie"; erst ab
1929 „Deutsche Gesellschaft für Psychologie".[142] Der Vorstand der Vereinigung
bestand aus sieben Professoren, davon ein Mediziner, ein Physiologe und fünf
Inhaber eines psychologischen Lehrstuhls an der philosophischen Fakultät. Interessant dabei ist, dass der schon zu dieser Zeit als sehr bedeutend
angesehene Wilhelm Wundt 1904 – auch aus Krankheitsgründen – nicht
anwesend war und auch später nicht Mitglied des Vereins wurde.[143] Ähnlich
wie in Großbritannien wollte sich der neugegründete Verein offensichtlich
vom sogenannten „Gründervater der Psychologie" absetzen.[144]

Obwohl die Ausrichtung eher akademisch war, wurde nicht nur über theoretische Probleme referiert (z.B. Psychophysiologie der Sinne, Gedächtnis,
Verstandestätigkeit), sondern es wurden auch anwendungsbezogene Themen behandelt (z.B. Kinderpsychologie und Pädagogik, Kriminalpsychologie,
Psychopathologie).[145] Bei den Themen der Kongresse zeigte sich eine große
Offenheit gegenüber Ergebnissen benachbarter Disziplinen und es schien, dass
eher die Absicht bestand, ein interdisziplinäres Forschungsgebiet zu konstituieren:[146] Die bei der Gründungsversammlung anwesenden Fachvertreter wollten nicht nur die Nützlichkeit der psychologischen Methoden und Konzepte
für andere Fachbereiche nachweisen, sondern auch die Relevanz dieser Fachbereiche für die Psychologie aufzeigen.[147] Die hier gegründete psychologische
Vereinigung definierte sich also nicht nur über ihre theoretischen Ergebnisse,
z.B. im Bereich der Sinnespsychologie, sondern auch über ihre anwendungsorientierte Forschung.[148]

Diese Tendenz wurde noch weiter verstärkt, als 1906 der Vorstand das
„Institut für angewandte Psychologie und psychologische Sammelforschung"

---

142 Lüer, Psychologie im Spiegel ihrer wissenschaftlichen Gesellschaft: Historische Fakten,
     Entwicklungen und ihre Konsequenzen., S. 3.

143 Ash, Zeitpunkte. Geschichte eines Kongresses als Geschichte einer Disziplin., S. 110.

144 Fahrenberg, Wilhelm Wundt (1832–1920): Gründervater ohne Söhne? S. 445.

145 Karl Marbe, Grundzüge der forensischen Psychologie. Vorlesungen, München 1913.

146 Mitchell G. Ash (Hrsg.), Themenheft: Die Psychologie in praktischen Kontexten, Göttin-
     gen 2004, S. 109.

147 L. Edinger, Die Beziehung der vergleichenden Anatomie zur vergleichenden Psycho-
     logie, in: Friedrich Schumann (Hrsg.), Bericht über den I. Kongress für experimentelle
     Psychologie in Gießen vom 18. bis 21. April 1904, Leipzig 1904, S. 1–22; F. O. Schultze, Die
     Bedeutung psychologischer Fehlerquellen bei Blutdruckmessungen nach Riva-Rocci und
     von Recklinghausen, in: Friedrich Schumann (Hrsg.), Bericht über den III. Kongress für
     experimentelle Psychologie in Frankfurt am Main vom 22. bis 25. April 1908, Leipzig 1909,
     S. 211–212.

148 Robert Sommer referierte z.B. über *Objektive Psychopathologie*, Sommer, Objektive
     Psychopathologie, in: Schumann (Hrsg.).

gründete und eine eigene Zeitschrift herausgab.[149] Auf dem fünften Kongress
in Berlin 1912 wurde der erste Leistungsbericht des Instituts für angewandte
Psychologie präsentiert. In ihm spiegelten sich der Nationalstolz und das rassis-
tisch geprägte Überlegenheitsgefühl der jungen deutschen Kolonialmacht. So
wurde dem Kongress eine Broschüre vorgelegt mit dem Titel: „Vorschläge zur
psychologischen Untersuchung primitiver Menschen." Diese Broschüre solle
„... Forschungsreisenden, Missionaren, Kolonialbeamten usw. Gesichtspunkte
und Methoden an die Hand geben, die ihnen eine genauere psychologische
Erforschung von Menschen anderer Kulturen ermöglichen."[150] Alle zwei Jahre
sollte ein Kongress abgehalten werden, der von Anfang an öffentlichkeits-
wirksam geplant war: So waren am dritten Kongress in Frankfurt 1908 nicht
nur Vertreter der Stadt, sondern auch „die Stadt Frankfurt, die Schulen und
Ärzte, die Direktionen des elektrotechnischen und des neurologischen Instituts und die Frankfurter Zeitung [...] im Lokalkommittee anwesend."[151] Durch
Fotos und Berichte in der Presse wurde die Vereinigung nach außen hin sichtbar, die auf jedem Kongress ausgestellten – oft großen – experimentellen Instrumente symbolisierten den Anspruch einer wissenschaftlichen Forschung,
die Lösungsmöglichkeiten für gesellschaftlich relevante Probleme versprach.

   Die praktische Ausrichtung wurde noch verstärkt, als der Psychologenverband im Philosophenstreit nicht nur sich selbst, sondern sich auch der
Öffentlichkeit gegenüber rechtfertigen musste. Denn 1913 protestierten 100
Philosophen gegen die Einrichtung neuer psychologischer Lehrstühle an philosophischen Fakultäten.[152] Sie entwarfen eine Protestnote gegen die Besetzung
philosophischer Lehrstühle mit Vertretern experimenteller Psychologie, die
in sämtlichen philosophischen Fachzeitschriften abgedruckt und an alle

---

149   „Der Vorstand der Gesellschaft hat sich im Jahre 1906 nach näherer Überlegung dazu
        entschlossen, mit Hilfe der finanziellen Unterstützung eines Privatmannes das Institut
        für angewandte Psychologie und psychologische Sammelforschung ins Leben zu rufen"
        Friedrich Schumann, Geschäftliche Mitteilungen, in: Friedrich Schumann (Hrsg.), Bericht
        über den III. Kongress für experimentelle Psychologie in Frankfurt am Main vom 22. bis
        25. April 1908, Leipzig 1909, S. I.–XXII., S. XV.
150   Friedrich Schumann, Geschäftliche Mitteilungen, in: Friedrich Schumann (Hrsg.), Bericht
        über den V. Kongress für experimentelle Psychologie. In Berlin vom 16. bis 20. April 1912,
        Leipzig 1912, S. I.–XXV., S. XIV.
151   Friedrich Schumann, Geschäftliche Mitteilungen, in: Friedrich Schumann (Hrsg.), Bericht
        über den III. Kongress für experimentelle Psychologie in Frankfurt am Main vom 22. bis
        25. April 1908, Leipzig 1909, S. I.–XX., S. XI.
152   Anon, Erklärung, in: Logos. Internationale Zeitung für Philosophie der Kultur 4 (1913),
        S. 115–116; Gundlach, Germany, in: Baker (Hrsg.), S. 274.

Kultusminister geschickt wurde.[153] In diesem Streit ging es um handfeste Standesinteressen: „Die Philosophen sehen sich augenscheinlich in ihren Besitzständen gefährdet", bemerkte Altmeister Wilhelm Wundt und konstatierte, dass gerade die experimentell und angewandt arbeitende Psychologie von den Philosophen abgelehnt würde.[154] Mit einer Fülle von Veröffentlichungen versuchten einige psychologisch arbeitende Hochschulvertreter, die besondere Bedeutung der Psychologie für andere Fächer und für die praktische Anwendung darzustellen: für die Pädagogik, die Psychotechnik, in der Psychiatrie und vor Gericht.[155] Dies schien sinnvoll, denn schon ein Jahr früher (1912) hatte der Bürgermeister von Berlin auf dem fünften Kongress der psychologischen Gesellschaft den Wunsch ausgesprochen, „handfeste Ergebnisse der Psychologie" bei der Beurteilung von Zeugenaussagen vor Gericht oder der Zurechnungsfähigkeit von Geisteskranken zu sehen.[156] Außerdem wurde die Forderung an die Psychologie formuliert, sie müsse der Jugend eine Orientierung bieten, eine Weltanschauung – und nicht nur experimentelle Forschung betreiben.[157] Ein Vorschlag zur Lösung des Problems kam von Oswald Külpe, der 1912 vorschlug, die Psychologie in die medizinische Fakultät zu verlegen, einmal um den Streit um die experimentelle Arbeit beizulegen und zum anderen, um diese besser finanzieren zu können.[158] 1914 verteilten sich die 54 philosophischen Lehrstühle auf 44 Philosophen und zehn experimentalpsychologisch arbeitende Hochschullehrer.[159] Es folgte eine heftige Auseinandersetzung zwischen „Psychologen" und Philosophen, die eine

153 Ash, Die experimentelle Psychologie an den deutschen Universitäten von der Wilhelminischen Zeit bis zum Nationalsozialismus, in: Ash/Geuter (Hrsg.), S. 53.

154 Wundt, Wilhelm: Die Psychologie im Kampf ums Dasein. (1913). In: Wilhelm Wundt, Kleine Schriften, Stuttgart 1921, S. 533, S. 521.

155 Für die Psychotechnik: Münsterberg, Grundzüge der Psychotechnik.. Für die Psychiatrie: Wilhelm Peters, Die Beziehung der Psychologie zur Medizin und die Vorbildung der Mediziner, Würzburg 1913.Für die Tätigkeit vor Gericht: Ash, Die experimentelle Psychologie an den deutschen Universitäten von der Wilhelminischen Zeit bis zum Nationalsozialismus, in: Ash/Geuter (Hrsg.), S. 55; Karl Marbe, Die Bedeutung der Psychologie für die übrigen Wissenschaften und die Praxis, in: Karl Marbe (Hrsg.), Fortschritte der Psychologie und ihrer Anwendungen, Leipzig 1913, 1, S. 5–82.

156 Richard Goldschmidt, Bericht über den V. Kongress der Gesellschaft für experimentelle Psychologie, in: Archiv für die gesamte Psychologie 24 (1912), S. 71–97, S. 96, zitiert nach Ash, Die experimentelle Psychologie an den deutschen Universitäten von der Wilhelminischen Zeit bis zum Nationalsozialismus, in: Ash/Geuter (Hrsg.), S. 56; Marbe, Grundzüge der forensischen Psychologie.

157 Georg Simmel, An Prof. Karl Lamprecht, in: Die Zukunft 83 (1915), S. 230–234, S. 233.

158 Oswald Külpe, Psychologie und Medizin, Leipzig 1912.

159 Ash, Die experimentelle Psychologie an den deutschen Universitäten von der Wilhelminischen Zeit bis zum Nationalsozialismus, in: Ash/Geuter (Hrsg.), S. 53.

Rückgabe der Lehrstühle und die Einrichtung neuer experimentalpsychologischer Lehrstühle forderten, wohl wissend, dass dafür kein Geld vorhanden
war; ein Konflikt, der erst durch den Ausbruch des Ersten Weltkriegs unterbrochen wurde.[160]

2.4   Friend or Foe? Die Vereine und der Krieg

Das Deutsche Kaiserreich und Großbritannien befanden sich ab dem 5.
August 1914 im Krieg. Im Folgenden sollen, im Gegensatz zu dem Vorgehen in
den weiteren Kapiteln, die psychologischen Vereinigungen in ihrer Gesamtheit betrachtet werden. Diese Vorgehensweise erscheint sinnvoll, da in den
folgenden Kapiteln nur die Handlungen und Überlegungen einiger entscheidender Akteure behandelt werden können und hier die Selbstdarstellung
des gesamten jeweiligen Vereins und das Verhalten im Krieg in den Blick
genommen werden soll, anhand des vorhandenen Archivmaterials und der
Veröffentlichungen in den Zeitschriften der Vereine.[161] Dabei interessieren die
offiziellen Beziehungen zwischen den Vereinen in der Kriegszeit, der wissenschaftliche Austausch und die Sicht auf die „feindliche Nation".

   Am Ende des 19. Jahrhunderts war Psychologie ein internationales Projekt
und der erste internationale Kongress für Psychologie in Paris 1889, wie oben
dargestellt, betonte dies deutlich. Auf dem Programm standen die Entwicklung
und Förderung der Psychologie als international anerkannte Wissenschaft.[162]
Schon die Zeitgenossen beobachteten und kommentierten, dass Deutschland bereits früh zum Vorreiter der Psychologie aufgestiegen war, da hier
die Ausstattung mit gut eingerichteten Laboratorien geeignete Bedingungen
geschaffen hatte, dass psychologische Phänomene durch physiologische Parameter erfasst werden konnten. So beklagte der britische Psychologe Henry
Sidwick, der Vorsitzende des zweiten internationalen Kongresses in London
1892, dass England noch nicht weit fortgeschritten sei in der Entwicklung einer

---

160   Z.B. Franz Hillebrand, Die Aussperrung der Psychologen, in: Zeitschrift für Psychologie
       und Physiologie der Sinnesorgane 67 (1913), S. 1–21; Karl Marbe, Die Aktion gegen die Psy-
       chologie. Eine Abwehr, Leipzig, Berlin 1913, Eduard Spranger, Zum Streit um die Psycho-
       logie, in: Deutsche Literaturzeitung 34 (1913), S. 708–715, Wilhelm Wundt, Die Psychologie
       im Kampf ums Dasein, Leipzig 1913.
161   Teile der Überlegungen dieses Kapitels wurden in einem Zeitschriftenaufsatz veröffent-
       licht, Andrea Gräfin von Hohenthal, Wissenschaft im Krieg? Der Austausch zwischen
       deutschen und britischen Psychologen während und nach dem Ersten Weltkrieg, in: Jour-
       nal für Psychologie 18 (2017), S. 83–110.
162   Nicolas/Söderlund, The Project of an International Congress of Psychology by J. Ochoro-
       wicz (1881).

exakt messenden Psychologie und im Gegensatz zu Deutschland noch über kein psychologisches Labor verfügen würde. Er hoffte, dies durch den Kongress ändern zu können und verglich die Situation in England ...

> ... not only with that of Germany, which originated and still leads in this move-ment, but also with that of our American cousins – who, with characteristic energy, have developed eight or nine psychological laboratories in the last few years ...[163]

Dieser Hilferuf war auch ein Grund dafür, dass der deutsche Hugo Münster-berg bei seiner Abreise nach Harvard seine Laborausstattung der Universität London (University College) und James Sully überließ, der damit das erste psychologische Labor in England einrichtete.[164]

Dreh- und Angelpunkt der internationalen Kontakte in Deutschland waren aber Leipzig und das berühmte Labor von Wilhelm Wundt. Wundts Ruhm beruhte zu einem großen Teil auf seiner Fähigkeit, erfolgreich Schüler aus den verschiedensten Ländern anzuziehen und auszubilden, aus Großbritannien z.B. Charles Spearman und William George Smith.[165] Spearman beispielsweise hatte 1897 seinen Dienst in der britischen Armee quittiert und begann seine psychologischen Studien in Deutschland, die er mit einer Promotion bei Wundt beendete.[166] Zum anderen war Wundt Herausgeber der ersten psycho-logischen Zeitschrift.[167] Zwischen 1875 und 1919 schrieb er außerdem in 184 Promotionsverfahren (70 aus dem Ausland, davon 18 aus den USA) das Erst-gutachten.[168] Aber auch britische Psychologen wie Beatrice Edgell und William Rivers hatten in Deutschland in anderen Städten und bei renommierten Psy-chologen der Zeit studiert.[169] Deutsche Studenten dagegen studierten selten in Großbritannien. Eine Ausnahme war Wilhelm Benary, der im Wintersemester

---

163   Henry Sidwick, Presidential address, in: Anon (Hrsg.), International Congress of Experi-mental Psychology, London 1892, S. 1–8, S. 3.
164   Hearnshaw, A short History of British Psychology., S. 175.
165   Andere britische Studenten in Deutschland waren: James Ward, der in Berlin und Göttingen, Beatrice Edgell, die in Würzburg, Samuel Alexander, der in Freiburg, Wil-liam H. Rivers, der in Jena, Henry Watt in Berlin und in Würzburg und Tom Pear, der in Würzburg bei Oswald Külpe und in Gießen bei Robert Sommer studierte.
166   Charles Edward Spearman, The nature of ‚intelligence‘ and the principles of cognition, London 1923, S. 301f. Spearman studierte dann noch in Würzburg bei Oswald Külpe und in Göttingen bei G. E. Müller. Seine Arbeit in Deutschland blieb ihm sein Leben lang in guter Erinnerung. Ebenda., S. 306.
167   1881 die *Philosophischen Studien*, die von 1905–1918 als die *Psychologischen Studien* weiter-geführt wurden. (Carpintero, 2005), S. 329.
168   Fahrenberg, Wilhelm Wundt (1832–1920): Gründervater ohne Söhne?, S. 445.
169   Slobodin, W. H. R. Rivers., S. 13–15.

1913/14 für einige Monate in London Psychologie studierte.[170] Bezeichnend für den deutsch-britischen Wissensaustausch waren auch die Studienreisen des Amerikaners James McKeen Cattell: Er hatte anfangs als Assistent in Leipzig bei Wundt geforscht und auch dessen methodische Ansätze unterstützt. Wundt allerdings interessierte sich wenig für interindividuelle Differenzen, sondern wollte Grundsatzforschung betreiben. Nach einem Besuch in London bei Francis Galton änderte Cattell aber seine Arbeitsmethoden und verfasste 1890 ein Buch über Intelligenztests, die eben gerade die individuellen Unterschiede in der Leistungsfähigkeit messen wollten.[171]

Auch bei der Mitgliedschaft in den Vereinen gab es intensive Verbindungen. Charles Spearman, Henry J. Watt, William McDougall, Charles Samuel Myers und Beatrice Edgell waren reguläre Mitglieder in der (deutschen) Gesellschaft für Experimentelle Psychologie. Sie alle hatten in Deutschland studiert.[172] Wilhelm Wundt, Karl Stumpf und Georg Elias Müller und Oswald Külpe waren zu Ehrenmitgliedern im britischen Verein gewählt worden.[173]

Psychologie galt in beiden Ländern als eine moderne Sicht- und Vorgehensweise, die Lösungen für wichtige bevölkerungspolitische Probleme und Wissen über das Wesen des modernen Menschen versprach. Dies zeigte sich auch in dem Interesse der Politik an den Erkenntnissen dieses neuen Wissensgebiets. 1913 wurde der Brite Cyril Burt als erster psychologischer Experte vom Staat angestellt, um lernschwache (geistig behinderte) Kinder zu untersuchen und gegebenenfalls an Spezialschulen zu überweisen.[174] Auch in Deutschland zeigten sich Ansätze zu einer praktischen Arbeit, so der Begutachtung in Gerichtsfällen, aber es gab auch gewichtige Fachvertreter wie Wilhelm Wundt, der vor einer vorzeitigen praktischen Anwendung und einer Trennung des Faches von der Philosophie warnte: In der Psychologie würde die „Entartung zu einem Handwerk durch nichts mehr gefördert" als durch die Trennung von der Philosophie.[175] Typisch für dies Projekt der Moderne war auch der hohe Prozentsatz jüdischer Mitglieder in beiden Ländern.[176]

---

170   Jürgen/Jan-Peters Janssen Court, Wilhelm Benary (1888–1955). Leben und Werk, in: Psychology Science Vol. 45 Supplement IV. (2003), S. 1–84.

171   Lück, Geschichte der Psychologie., S. 329.

172   Schumann, Geschichte des Kongresses, in: Schumann (Hrsg.), S. XV–XVIII; Friedrich Schumann, Vorwort, in: F. Schumann (Hrsg.), Bericht über den II. Kongress für experimentelle Psychologie in Würzburg vom 18. bis 21. April 1906, Leipzig 1907, S. VII–XVIII, S. XI–XV.

173   WL PSY/BPS/1/1 Minutes of the Psychological Society, S. 135.

174   Pauline Mazumbar, Cyril Burt (2012). www.oxforddnb.com (14. Juni 2019).

175   Wundt, Die Psychologie im Kampf ums Dasein., S. 37, zitiert nach Fahrenberg, Wilhelm Wundt (1832–1920): Gründervater ohne Söhne?, S. 447.

176   In der (deutschen) Gesellschaft für Experimentelle Psychologie waren 1914 etwa 17 von 185 Mitgliedern jüdischer Herkunft. Dies würde einem Prozentsatz von ca. 9,4

Vom 15. bis 18. April 1914 fand in Göttingen der letzte Kongress der Gesellschaft für Experimentelle Psychologie vor dem Krieg in Deutschland statt. Anwesend waren 196 Mitglieder, darunter fünf britische Kollegen. Auch der Psychoanalytiker Ernest Jones, der zu dieser Zeit in Kanada wohnte, nahm an dem Kongress als ordentliches Mitglied teil.[177] Der nächste Kongress sollte im Laufe des Jahres 1916 in stattfinden, aber zu diesem Zeitpunkt befanden sich die europäischen Nationen bereits im Krieg. Die Verflechtung der psychologischen Vereine war vor dem Krieg also eng, gekennzeichnet durch persönliche Kontakte, Treffen auf internationalen Kongressen und Studienaufenthalte. Der Ausbruch des Ersten Weltkrieges stellte diese intensiven wissenschaftlichen Beziehungen aber auf eine harte Probe.

Anders als in Deutschland sind, wie erwähnt, die Archive der Britischen Psychologischen Gesellschaft erhalten. Sie zeigen die Veränderungen in der Vereinskultur während des Krieges: Regelmäßige Treffen fanden während der ganzen Kriegszeit statt, aber in den Protokollen wurde der Krieg fast nie thematisiert.[178] Das leitende Komitee nahm nur wenige kleine Veränderungen vor. Die offiziellen Abendessen wurden abgeschafft, der Frauenanteil in den offiziellen Gremien stieg an und wegen steigender Kosten wurden keine Zeitschriften mehr versandt.[179] William Brown thematisierte ein kriegsspezifisches Thema: Unter den Soldaten in den Schützengräben war ein Handbuch zur Selbst-Therapie, dem „Pelmanismus", weit verbreitet. In dieser Broschüre wurden den Kriegsteilnehmern Strategien an die Hand gegeben, mit Hilfe derer die belastende Situation besser zu ertragen sei. Diese Vorgehensweise ähnelte durchaus psychologischen Methoden. Von einer Empfehlung zur Beschäftigung mit dieser Laien-Strategie nahm der Verein jedoch eindeutig

---

entsprechen. Der jüdische Bevölkerungsanteil um 1900 (den man verschieden definieren kann) betrug etwa 0,95%, Thomas Nipperdey, Deutsche Geschichte 1866–1918, München 1991, S. 396–413; siehe zu jüdischen Psychologinnen: Charlotte E. Haver, Bildung und Identität bei Töchtern aus jüdischem Haus, in: Sibylle Volkmann-Raue/Helmut E. Lück (Hrsg.), Bedeutende Psychologinnen des 20. Jahrhunderts, Wiesbaden 2011, S. 263–269. Auch in der *British Psychological Society* arbeiteten Psychologen jüdischer Herkunft z.B. Charles Samuel Myers und David Eder, Joseph Burton Hobman/Montague David Eder, David Eder. Memoirs of a modern pioneer. Edited by J. B. Hobman, etc., London 1945.

177   William McDougall, Charles Myers, Charles Spearman, Henry James Watt und A. Wohlgemuth. Schumann, Geschäftliche Mitteilungen, in: Schumann (Hrsg.), S. 114–123.

178   WL PSY/BPS/1/1 Minutes of the Psychological Society 1901–1921; WL PSY/BPS/1/3/1 BPS Minutes of the Committee Meetings. Vol. IC. 30.1.1904–24.11.1917; WL PSY/BPS/1/3/1a BPS Minute Book of Council Minutes Vol. II C 1917–1924.

179   WL PSY/BPS/1/3/1 BPS Minutes of the Committee Meetings. Vol. IC. 30.1.1904–24.11.1917, S. 62; WL PSY/BPS/1/1 Minutes of the Psychological Society 1901–1921, S. 88; WL PSY/BPS/1/3/1a BPS Minute Book of Council Minutes Vol. II C 1917–1924, S. 4.

Abstand.[180] Auch in der Zeitschrift der Britischen Gesellschaft wurde weder über psychologische Arbeit im Krieg noch über kriegsspezifische Themen referiert. Allerdings wurden spezielle nationale Eigenschaften und Tugenden besonders herausgestellt. Ein Beispiel dafür ist das 1916 erschienene, einflussreiche Buch von Wilfred Trotter mit dem Titel *Instincts of the Heard in Peace and War*, das in der psychologischen Zeitschrift sofort besprochen wurde. Trotter entwarf darin eine Typologie nationaler Charaktere und bezog sich dabei auf soziale Beziehungen:

> But there are three types of gregariousness: The aggressive type of the wolf, the defensive type of the sheep and ox, and the socialized gregariousness of the bee. In our present unhappy circumstances, we cannot help seeing that Germany has undertaken the necessary task of consciously directing all state activities, but has at the same time been driven to adopt the wolfish type of organisation. England, by the more favourable trend of history, has fallen into her socialized gregariousness of the bee, but without conscious direction, and consequently with endless waste and confusion.[181]

Zwar wurde die soziale Ausrichtung des typischen britischen Charakters hier sehr viel positiver dargestellt als die des deutschen, aber in einer späteren Rezension des Buches in der britischen psychologischen Zeitschrift wurde ein vergleichsweise moderater Ton angeschlagen:

> Perhaps one glance at history and another at the map of the world may make the reader doubt whether England is free from all traces of the wolfish disposition. Favourable circumstances have in some cases, and happily in our own, mitigated that disposition, which is common to mankind, and have sublimated the wolfish instincts by directing their energy into new openings for pursuit and emulation.[182]

Obwohl hier also eine sozial begründete nationale Typisierung des Charakters der Völker vorgenommen wurde, wurde die gegnerische Seite keinesfalls automatisch verurteilt und die britischen Charakterzüge nicht als die eindeutig besseren dargestellt.

Allerdings wurden in der britischen Zeitschrift für Psychologie ab Oktober 1914 bis Kriegsende keine deutschen Bücher mehr rezensiert. Nur das Buch *Über Träume* von Sigmund Freud wurde besprochen, allerdings auch andere

---

180   WL PSY/BPS/1/3/1a BPS Minute Book of Council Minutes Vol. II C 1917–1924, S. 8.
181   Wilfred Trotter, Instincts of the herd in peace and war, London 1916, S. 269.
182   Carveth Read, Trotter, William. Instincts of the herd in peace and war (Review), in: British Journal of Psychology 8 (1916), S. 268–269, S. 268f.

psychoanalytische Modelle und Methoden.[183] Obwohl Freud ein Untertan und begeisterter Bürger der Habsburgermonarchie war, wurde er in Großbritannien nicht als Feind wahrgenommen. Auch die fachliche Kommunikation blieb erhalten und britische Psychologen bezogen sich in ihren Veröffentlichungen weiter in kollegialer Haltung auf die Artikel ihrer deutschen Kollegen.[184]

Während des Krieges verfolgten und kommentierten beispielsweise britische Mitglieder des psychologischen Vereins die Arbeit ihrer deutschen Kollegen. In einem programmatischen Buch von Tom Pear und Elliot Smith zur Lage der Psychiatrie in Großbritannien aus dem Jahre 1916 bezogen sie sich explizit auf die deutsche Psychiatrie als leuchtendes Beispiel, dem Großbritannien nachfolgen sollte.[185]

> During the last year we have been asked repeatedly, both by members of the medical profession and the lay public, to write a simple non-technical exposition of the ascertained facts of that malady for which we have adopted the official designation „shell-shock"... But it is now possible to collate the medical reports, not only from our army, but also from those of France and Russia. Valuable and suggestive data have been obtained from such of the German medical journals as have reached us ... The war has forced upon this country a rational and human method of caring for and treating mental disorders among its soldiers ... Are such successful measures to be limited to the duration of the war, and be restricted to the army? Germany has applied them for years to the alleviation of suffering among her civilian population, with a success which has made her famous- outside England.[186]

Vielleicht hätten Smith und Pear anders argumentiert, hätten sie die Entwicklung der deutschen Militärpsychiatrie nach 1916 genauer verfolgt. Diese propagierte nach 1916 die Anwendung von aggressiven und schmerzhaften Therapieverfahren für kriegsneurotische Patienten.[187] Erstaunlicherweise aber wurde keine Kritik von britischen psychologischen Experten an den Methoden des Gegners geäußert, obwohl in der Presse über den Umgang mit psychisch verletzten Soldaten in Deutschland berichtet wurde.[188]

---

183   N. Heineman, Rezension: On Dreams by Professor Sigmund Freud, in: British Journal of Psychology 7 (1915), S. 262.

184   Montague David Eder, War-shock. The psycho-neuroses in war psychology and treatment, London 1917, S. 1, S. 13, S. 269.

185   Ebenda.

186   Grafton Elliot Smith/Tom Hatherley Pear, Shell shock and its lessons, Manchester 1917, Einleitung.

187   Siehe Kapitel 4.2.2.

188   Frankwood E. Williams/Mabel Webster Brown, Neuropsychiatry and the War. A Bibliography with abstracts, London 1918.

Auch die persönlichen Beziehungen zu ihren deutschen Mitgliedern wurden in der Kriegszeit nicht wesentlich verändert. Der Vorstand der Britischen Psychologischen Gesellschaft diskutierte beispielsweise nach dem Tod des deutschen Ehrenmitglieds Oswald Külpe im März 1916, ob und wann man angemessen kondolieren könne:

> The Society unanimously decided to place on record its deep regret on hearing of the death of Prof. Oswald Külpe, an honorary member of the society. The secretary was instructed to convoy an expression of sympathy to the relations of Prof. Külpe as soon as circumstances should permit ...[189]

Die Ernsthaftigkeit und der äußerst höfliche Ton, mit der das Vorgehen diskutiert wurde zeigten deutlich, dass die britische psychologische Gesellschaft einzelnen deutschen Mitgliedern keinerlei negative Gefühle entgegenbrachte.

Die Situation der Gesellschaft für Experimentelle Psychologie stellte sich anders dar: Zwischen 1914 und 1921 fanden keine psychologischen Kongresse mehr statt, die Zeitschrift für angewandte Psychologie wurde jedoch ohne Unterbrechung herausgegeben. Einzelne Fachwissenschaftler berichteten darin über kriegsspezifische Projekte wie beispielsweise William Stern, der seine Arbeit mit Kindern und ihren Kriegseindrücken vorstellte.[190] Kurt Lewin veröffentlichte 1917 in der Zeitschrift seinen berühmten Artikel über die Kriegslandschaft, in dem er die Veränderung der Wahrnehmung von Soldaten an der Front beschrieb.[191] Der Krieg war also in der deutschen Psychologenzeitschrift durchaus ein Thema, speziell am Kriegsanfang.

Dort wurden auch während des ganzen Krieges britische Bücher besprochen und britische Autoren zitiert. Beispielsweise veröffentlichte Otto Lipmann, der am Institut für angewandte Psychologie in Berlin arbeitete, einen Artikel über Leistungsdifferenzen von Mädchen und Jungen. In diesem Artikel verwendete er auch Daten, die ihm, wie er dankbar erwähnte, britische Forscher wie Cecil Burt überlassen hatten.[192]

Allerdings gab es auch andere Reaktionen: Zu Beginn des Krieges hatten sich viele Mitglieder der intellektuellen Eliten, auch an den Universitäten,

---

189   WL PSY/BPS/1/1 Minutes of the Psychological Society 1901–1921, S. 91.

190   William Stern, Jugendliches Seelenleben und Krieg, in: Beihefte zur Zeitschrift für angewandte Psychologie und psychologische Sammelforschung (1915), H. 12, S. 1–181.

191   Kurt Lewin, Kriegslandschaft, in: Zeitschrift für angewandte Psychologie 12 (1917), S. 440–447.

192   Otto Lipmann, Psychische Geschlechtsunterschiede, in: Beihefte zur Zeitschrift für angewandte Psychologie und psychologische Sammelforschung (1917), H. 14, S. 1–108, S. 108.

begeistert für das nationale Projekt eingesetzt.[193] Viele Universitätsprofessoren meldeten sich freiwillig und betonten ihre Bereitschaft, sich für die Nation und den deutschen Sieg einzusetzen, darunter auch Mitglieder der Gesellschaft für Experimentelle Psychologie wie Robert Sommer, der die psychiatrische Klinik in Gießen leitete. Er sah im Krieg eine „Art welt-historisches Experiment im Gebiet der nationalen Psychologie" und beschrieb es als „ein massives Experiment im Funktionieren von Affekten und in der Aktivierung von geistigen Charakteristika".[194] Zurzeit, so stellte er fest, „hat sich der englische Charakter, wenigstens soweit er in der politischen Geschichte zum Vorschein kommt, vollständig von dem deutschen Wesen entfernt", und die Deutschen müssten sich von Großbritannien distanzieren, falls sie ihre nationale Eigenheit bewahren wollten.[195] Diese Bemerkungen äußerte er aber nicht im Namen der psychologischen Vereinigung, und in den psychologischen Fachzeitschriften wurden keine feindlichen Bemerkungen gegenüber britischen Forschern formuliert.

Die Arbeit britischer Psychologen, besonders in der Militärpsychiatrie, wurde in Deutschland aber genau verfolgt. So wurde der Artikel von Charles Myers, der den Terminus *shell shock* in Großbritannien populär machte, in der deutschen Presse rezensiert, hatte aber in Deutschland keine weiteren Auswirkungen.[196] Größere Folgen hatte dagegen die Beobachtung der britischen Organisation frontnaher psychiatrischer Nervenzentren. Daraufhin beschloss der deutsche Sanitätsdienst zu Beginn 1918, für jede deutsche Armee eine frontnahe Neurosenstation einzurichten.[197] Der Mangel an qualifizierten Militärpsychiatern erschwerte allerdings die Durchsetzung dieses Projektes, das bis Kriegsende nicht wirkungsvoll eingerichtet werden konnte.[198] So verfolgten die Militärpsychiater, auch die psychologischen Fachleute während der Kriegszeit, aufmerksam und respektvoll die Arbeit des Gegners und

---

193   Wilhelm Wundt unterschrieb 1914 den „Aufruf an die zivilisierte Welt", in dem deutsche Intellektuelle die deutsche Armee gegen die Anklage der Alliierten verteidigten, sie hätten Kriegsverbrechen gegen die belgische Zivilbevölkerung begangen, Lerner, Hysterical men., S. 45; Eckart Scheerer, Kämpfer des Wortes: Die Ideologie deutscher Psychologen im Ersten Weltkrieg und ihr Einfluss auf die Psychologie der Weimarer Zeit., in: Psychologie und Geschichte 1 (1989), S. 12–22, S. 13.

194   Robert Sommer, Krieg und Seelenleben, Leipzig 1916, S. 13.

195   Ebenda., S. 72–74.

196   Charles S. Myers, A contribution to the study of shell shock (I). Being an account of three cases of loss of memory, vision, smell, and taste, admitted into the Duchess of Westminster's War Hospital, Le Toquet., in: The Lancet 185 (1915), H. 4772, S. 316–320.

197   Ewald Stier, Wie kann der Entstehung von Kriegsneurosen bei der Feldarmee vorgebeugt werden?, in: Deutsche Militärärztliche Zeitschrift 47 (1918), S. 60–72, S. 66.

198   Lerner, Hysterical men., S. 157.

versuchten, erfolgreiche Maßnahmen zu kopieren. Auf einem anderen Gebiet wurde die Verflechtung psychologischen Wissens besonders deutlich.

Das Berliner psychologische Institut unter Karl Stumpf spielte hierbei eine entscheidende Rolle. Stumpf setzte sich in besonderem Maße für den Kriegseinsatz der psychologischen Forschung ein.[199] Sein Institut hatte schon in der Vorkriegszeit den Schwerpunkt seiner Forschung auf die Erfassung von akustischen Signalen gelegt. Max Wertheimer und Moritz von Hornbostel beispielsweise planten eine praktische Anwendung dieses theoretischen Wissens, indem sie einen Geräusch-Lokalisations-Apparat entwickelten, der anfangs bei der Artillerie, später zur Ortung von U-Booten eingesetzt wurde.[200] Besonders bedeutsam wurde diese Methode ab 1916, als die Bedrohung durch U-Boote in beiden Ländern deutlich zunahm.[201]

Diese deutschen Forschungsprojekte waren den britischen Militärbehörden bekannt und wurden beobachtet.[202] Den britischen Militärs standen Unterlagen über die deutschen U-Boote zur Verfügung und in der geheimen militärischen Behörde im Crystal Palace London wurden militärische Experten an ähnlichen Geräten ausgebildet wie in Deutschland.[203] Die deutschen Maschinen waren aber weniger erfolgreich als die britischen, wie die britische Marine feststellte.[204] Diese Ähnlichkeit der militärtechnischen Apparate ist durch die gemeinsame Forschungsarbeit britischer und deutscher psychologisch arbeitender Forscher zu erklären: Britische Wissenschaftler hatten vor dem Krieg am Berliner Institut für Psychologie im Bereich der Akustik gearbeitet. Charles Myers hatte beispielsweise 1912 einen Artikel über individuelle Unterschiede bei der Wahrnehmung von Tönen in der psychologischen Vereinszeitschrift veröffentlicht.[205] Zwei Jahre später publizierte Otto Klemm über das Problem

---

199   Karl Stumpf, Über den Entwicklungsgang der neueren Psychologie und ihre militär-
       technische Verwendung, in: Deutsche Militärärztliche Zeitschrift 15/16 (1918), S. 273–282.

200   Christoph Hoffmann, Wissenschaft und Militär. Das Berliner Psychologische Institut und
       der I. Weltkrieg. Psychologie und Geschichte 5 (1994), Heft 3/4, S.261–285.

201   Siehe dazu auch Kapitel 4.2.

202   National Archives London (NA) ADM 137/4723: Beschreibung und Bedienung des
       U.G. Empfängers für die Boote UC 16 bis 48.

203   Hearnshaw, A short History of British Psychology., S. 248; May Smith/Frederick Bartlett,
       On listening to sounds of weak intensity, in: British Journal of Psychology 10 (1919), S. 101–
       168, S.101; NA ADM 212/5: Report of the Detection of Submarines by Acoustic Methods.
       Office of the Director of Experiment and Research, Admirality, December 1918).

204   Bundesarchiv Militärarchiv Freiburg (BAMA) III. Admiralstab der Marine. Unterwasser-
       schallsignalwesen. Militärische Verwendung. RM5/V. 3516.

205   Charles Samuel Myers, Individuelle Unterschiede in der Auffassung von Tönen, in: Fried-
       rich Schumann (Hrsg.), Bericht über den V. Kongress für experimentelle Psychologie. In
       Berlin vom 16. bis 20. April 1912, Leipzig 1912, S. 148–151.

der Lokalisation von Schallreizen, ein Problem, das von größter Bedeutung für die Entwicklung der Ortungsapparate der Marine werden sollte. Dabei nahm er Bezug auf den Artikel von Myers.[206] Diese gemeinsame Forschung in der Akustik und an den unterschiedlichen Ausprägungen der Hörfähigkeit erklärt die Entwicklung sehr ähnlicher Ortungsmaschinen bei der britischen und der deutschen Marine und zeigt beispielhaft die Auswirkungen des Wissenstransfers in der Vorkriegszeit.

Die engen Beziehungen zwischen britischen und deutschen psychologischen Wissenschaftlern wurden nach dem Krieg schnell wieder aufgebaut. So zeigte sich in den Vereinszeitschriften eine Normalisierung der wissenschaftlichen Kommunikation zwischen britischen und deutschen „Psychologen". Nach Kriegsende wurden in den jeweiligen Fachzeitschriften über den früheren Kriegsgegner keine feindlichen Bemerkungen geäußert, und bald wurden wieder deutsche Bücher in der britischen psychologischen Zeitschrift rezensiert und englische Fachbücher wieder ins Deutsche übersetzt.[207] Auf dem ersten Nachkriegskongress der Gesellschaft für Experimentelle Psychologie in Marburg 1921 wurden auch die Ergebnisse der Arbeit britischer Experten im Militär besprochen, z.B. die von Anderson entwickelten Methoden zur Auswahl von Kampfpiloten.[208]

Der siebte internationale Kongress für Psychologie 1923 wurde von Charles Myers in Oxford organisiert. Es zeigte sich deutlich, dass der Kongress sich verändert hatte. Zum einen war die Teilnehmerzahl gesunken, zum anderen hatten sich die Machtverhältnisse geändert.[209] Vor dem Krieg hatten deutsche und französische Forscher den größten Einfluss gehabt, jetzt dominierten britische und amerikanische Experten den Kongress.[210] Dabei war es durchaus

206   Otto Klemm, Über die Lokalisation von Schallreizen, in: Friedrich Schumann (Hrsg.), Bericht über den VI. Kongress für Experimentelle Psychologie in Göttingen vom 15. bis 18. April 1914, Leipzig 1914, S. 169–258. Auch der britische Psychologe Henry Watt, der in Berlin und Würzburg studiert hatte, nahm Bezug auf den Artikel von Klemm, siehe: Henry J. Watt, A theory of binaural hearing, in: British Journal of Psychology 11 (1921), S. 163–171.

207   Im März 1920 kamen in der britischen Psychologenzeitschrift von sieben besprochenen Büchern eines aus Deutschland, später im Jahr von 17 Büchern zwei, Tom Hatherley Pear, Geschicklichkeit in Sport und Industrie, Erlangen 1925; Court, Wilhelm Benary (1888–1955).

208   Johann Baptiste Rieffert, Psychotechnik im Heere, in: Karl Bühler (Hrsg.), Bericht über den VII. Kongress für Experimentelle Psychologie in Marburg vom 20.-23. April 1921, Jena 1922, S. 82.

209   Rosenzweig, History of the International Union of Psychological Science (IUPsyS).; Ludy/ Baker, The internationalization of psychology.

210   Müller-Brettel, Psychologische Beiträge im Ersten Weltkrieg., S. 39.

bemerkenswert, dass die deutschen Fachvertreter überhaupt eingeladen worden waren, denn eine Konferenz der interalliierten Akademie der Wissenschaften im Oktober 1918 in London hatte die Deutschen von internationalen Kontakten, Treffen und Veranstaltungen für mindestens zwölf Jahre ausgeschlossen.[211] Trotz der Anwesenheit der Deutschen war die Atmosphäre auf dem Kongress aber entspannt und freundlich, wie der Amerikaner Louis Thurstone beobachtete:

> It was a source of satisfaction to discover that the German and the French psychologists could meet each other as scientists and as men without allowing their political differences to affect seriously the activities of the Congress.[212]

Allerdings hatten sich die psychologischen Vereine nach dem Krieg nachhaltig verändert, besonders deutlich in Großbritannien. Schon 1917 hatte Charles Myers den Vorschlag gemacht, den Verein größer und profitabler werden zu lassen, da aufgrund der geringen Ausbildungsmöglichkeiten und der restriktiven Aufnahmekriterien die Mitgliedszahlen nur geringfügig anstiegen. Ende 1918 wurde eine Änderung der Aufnahmekriterien beschlossen und die Mitgliederzahl nahm dadurch stark zu.[213] In Deutschland war die Nachkriegsentwicklung des Vereins eine andere. Man blieb bei den restriktiven Aufnahmekriterien und die Mitgliederzahl wuchs dementsprechend erst langsam wieder an. Österreich und die Schweiz blieben aber weiter im deutschen Psychologenverband.[214] Die ersten ausländischen Forscher, die wieder Mitglied im deutschen Verein wurden, waren die Schweizer und bezeichnenderweise die Italiener.[215] Der deutsche Verein veränderte sich also nur wenig in seiner Zusammensetzung. Es wurden allerdings deutlich mehr Frauen als Mitglieder aufgenommen, da die Psychotechnik eine größere Anzahl an Arbeitsstellen bot.[216] Erst am 5. Juni 1946 wurde ein Verband für Berufspsychologen

---

211   Notker Hammerstein, Die Deutsche Forschungsgemeinschaft in der Weimarer Republik und im Dritten Reich. Wissenschaftspolitik in Republik und Diktatur 1920–1945, München 1999, S. 30.

212   Louis Thurstone, The Seventh International Congress of Psychology, in: Psychological Bulletin 20 (1923), S. 558–561, S. 560.

213   Lovie, Three steps to heaven: How the British Psychological Society attained its place in the sun., in: Bunn/Lovie/Richards (Hrsg.), S. 99.

214   Die schweizerische psychologische Gesellschaft gründete sich erst 1943; die österreichische 1953, Baker (Hrsg.), The Oxford Handbook of the history of psychology, S. 14, S. 16.

215   Karl Bühler (Hrsg.), Bericht über den VII. Kongress für Experimentelle Psychologie in Marburg vom 20.-23. April 1921, Jena 1922, S. 187–192.

216   Siehe dazu: Volkmann-Raue/Lück (Hrsg.), Bedeutende Psychologinnen des 20. Jahrhunderts.

gegründet, der nicht die strengen Aufnahmekriterien der Gesellschaft für Experimentelle Psychologie, ab 1929 Deutsche Gesellschaft für Psychologie, anwandte.[217] So beeinflusste die Vereinspolitik kurz nach dem Krieg die weitere Entwicklung der Vereinsstruktur, aber auch die Ausrichtung der Psychologie in den folgenden Jahren.

2.5   Zwischenfazit

Um 1900 war die Psychologie als Wissenschaft noch im Entstehen. Es gab keine psychologischen Lehrstühle an den Universitäten und keine eigenständigen Abschlüsse außer einem Doktorgrad an der philosophischen Fakultät. Sowohl in Großbritannien als auch in Deutschland entstanden aber zu Beginn des 20. Jahrhunderts soziale Anforderungen nach neuem Expertenwissen im medizinischen, pädagogischen und juristischen Bereich. Die menschliche Psyche erschien zunehmend als untersuchbares, messbares und manipulierbares Objekt, auch im Hinblick auf eine sinnvolle Bevölkerungspolitik. Psychologisches Wissen, an den Universitäten in der philosophischen Fakultät beheimatet, hatte sich in der letzten Hälfte des 19. Jahrhunderts unter dem Einfluss neuer naturwissenschaftlicher Modelle (Evolutionstheorie) und Methoden (physiologische Messungen, statistische Verfahren) entwickelt. Dies führte dazu, dass in beiden Ländern um die Jahrhundertwende psychologische Vereine gegründet wurden, um sich als Forschergemeinschaft zu positionieren und von anderen Vereinen abzugrenzen. In beiden Vereinen dominierten die Universitätslehrenden, neben Medizinern und einigen Fachvertretern, die im pädagogischen Bereich tätig waren; dabei war der deutsche Verein größer und internationaler ausgerichtet. Allerdings waren die psychologisch arbeitenden Akteure primär in der Medizin, Philosophie oder den Naturwissenschaften beheimatet, versuchten aber durch ihre Forschungen psychologische Wissensbestände zu schaffen und der entstehenden Disziplin der Psychologie Konturen zu verleihen.

In Deutschland hatte die Psychologie vor dem Ersten Weltkrieg zwei unterschiedliche Akzente. Zum einen waren seit Anfang des 19. Jahrhunderts psychologische Themen Teil eines philosophischen Propädeutikums in der Ausbildung von Lehrern und Medizinern sowie Teil des Curriculums in der gymnasialen Oberstufe. Ein weiterer wichtiger Impuls kam aus der Physiologie, die in Deutschland bedeutende psychologische Erkenntnisse förderte. So konnte Wilhelm Wundt in Leipzig an der philosophischen Fakultät ein

---

217   Gundlach, Germany, in: Baker (Hrsg.), S. 279.

experimentalpsychologisches Laboratorium aufbauen, das als Modell für viele andere galt. Er zog mit seiner Forschung zahlreiche, auch britische Studenten an seine Universität; allerdings wurde an diesem Institut meist Grundlagenforschung betrieben. Laboratorien und wissenschaftliche Untersuchungen förderten das Ansehen der psychologischen Forschung als Naturwissenschaft. Die meisten Laboratorien waren jedoch durch die Initiative einzelner durchsetzungsfähiger Akteure entstanden und wurden nur zum Teil staatlich finanziert. Es gab aber auch eine gut ausgebaute feinmechanische Industrie, die erfolgreich psycho-physiologische Messapparate herstellen konnte und eine naturwissenschaftliche Ausrichtung förderte.

Mehrere Faktoren hatten schon vor dem Ersten Weltkrieg dazu geführt, dass die deutsche Psychologie durchaus auch eine anwendungsbezogene Ausrichtung hatte: Neben der Einbindung in die Ausbildung von Lehrern und Medizinern und der Begründung der differentiellen Psychologie durch Wilhelm Stern auch die Etablierung des Instituts für angewandte Psychologie und psychologische Sammelforschung 1906. Allerdings hatte das Fach der Psychologie keinen eigenen Lehrstuhl und keinen eigenen Abschluss außer dem Doktortitel im Bereich der philosophischen Fakultät. Dies führte 1913 zu dem sogenannten Philosophenstreit, in dem sich über hundert Philosophen gegen die Besetzung von philosophischen Lehrstühlen mit experimentalpsychologisch arbeitenden Dozenten wehrten.

Die föderale Struktur des Deutschen Reiches führte aber dazu, dass sich verschiedene, konkurrierende universitäre Zentren ausbilden konnten und durch die staatlich finanzierten experimentalpsychologischen Laboratorien ergaben sich auch neue Aufgabenbereiche. Ausgehend von bedeutenden Fachvertretern gründeten sich in Deutschland an mehreren Universitäten unterschiedliche psychologische Schulen, die sich in ihren Grundthesen und Methoden unterschieden, aber vor allem durch die verbindende Struktur des psychologischen Vereins zusammengehalten wurden. Auch diese unterschiedlichen Ausrichtungen gaben der neuen Wissenschaft entscheidende Impulse.

In Großbritannien war die Situation etwas schwieriger. Psychologische Laboratorien wurden erst spät und nur an wenigen Universitäten eingerichtet. Wichtige Impulse für die britische Psychologie gingen einmal von den britischen Psychiatern aus, die psychologische Faktoren bei der Lösung drängender sozialer Fragen, wie dem Ansteigen der Anzahl der Geisteskranken oder dem Alkoholismus betonten.[218] Ein zweiter wichtiger Impuls kam aus dem Erziehungssektor: hier hatte der Staat Ende des 19. Jahrhunderts damit begonnen, Schulkinder auf ihre Leistungsfähigkeit zu untersuchen. Man

---

218   Collins, England, in: Baker (Hrsg.), S. 186.

wollte, auch aus bevölkerungspolitischen Beweggründen, die minderbegabten Kinder identifizieren und spezieller Behandlung zuführen. Francis Galton, der auch den Begriff Eugenik prägte, entwarf erste Verfahren für intellektuelle Leistungstests. Früh entwickelte sich eine ausdifferenzierte Statistik, die auch interindividuelle Differenzen erfassen konnte. Dies eröffnete neue Arbeitsfelder und so wurde 1913 der erste psychologische Experte im britischen Schulwesen (Cyril Burt) eingestellt.

Die Entwicklung der britischen Psychologie wurde aber dadurch erschwert, dass an den Eliteuniversitäten (Oxford und Cambridge) die Naturwissenschaften wenig gefördert wurden. Auch war die staatliche Förderung der Universitäten insgesamt in Großbritannien weniger stark als in anderen Ländern, beispielsweise in Deutschland und den USA.[219] Psychologische Forschung fand daher meist außerhalb der Universitäten statt und die ersten experimentalpsychologischen Labore wurden durch private Spenden finanziert.[220] Eine enge Verbindung von Physiologie und Psychologie gab es ebenfalls nicht; zumal auch die britische Physiologie in ihrer Entwicklung eher stagnierte. Daher blieb die psychologische Forschung in Großbritannien noch stark in der Philosophie verankert und war aber andererseits aufgeschlossen für psychoanalytische Denkansätze. Sehr ausgeprägt war auch die persönliche Vernetzung der britischen Psychologen, die durch eine gemeinsame Exkursion bedeutender Forscher noch gefestigt wurde.

Eine praktische Psychologie als eigenständiger Beruf und mit klar definierten Ausbildungsmöglichkeiten existierte jedoch vor 1914 in keinem der beiden Länder.

Die Wissenschaftler beider Länder befanden sich jedoch in einem regen Austausch. Die intensiven persönlichen Verflechtungen in der Vorkriegszeit zeigten sich darin, dass viele britische Fachvertreter Mitglieder in der Gesellschaft für Experimentelle Psychologie waren und deutsche „Psychologen" zu Ehrenmitgliedern des britischen Vereins gewählt wurden. Ebenso gab es zahlreiche Studienaufenthalte, besonders von britischen Studenten in Deutschland. Die freundlichen Beziehungen auf Vereinsebene blieben, leicht reduziert, während der ganzen Kriegszeit erhalten. Die enge Verflechtung der Forschergemeinschaft zeigte sich darin, dass im Krieg ähnliche Apparaturen entwickelt wurden, die auf einem gemeinsamen akustischen Wissen aus der

219   Ebenda, S. 189.

220   Henry Sidwick, Arthur Balfour und Francis Galton spendeten für das Labor am London University College, Valentine, The founding of the psychological laboratory, University College London: „Dear Galton ... Yours truly, J. Sully.", Collins, England, in: Baker (Hrsg.), S. 190.

Vorkriegszeit beruhten. In den vereinsnahen Zeitschriften wurde keine Kritik an dem Vorgehen der jeweiligen Gegenseite geäußert. Auch nach dem Krieg wurden die Beziehungen schnell wieder aufgenommen.

KAPITEL 3

Improvisation und Eingliederung:
Strukturen und Institutionen am Kriegsbeginn

> An unseren bisherigen eigenen Beobachtungen war für uns wohl am meisten überraschend der frühe Zeitpunkt, zu dem bereits das Einströmen geisteskranker Soldaten in die psychiatrischen Kliniken und Anstalten einsetzte.[1]

Mit diesen Worten schilderte der deutsche Psychiater Alfred Hoche ein Jahr nach Kriegsbeginn die Überraschung der deutschen Ärzte und Psychologen über den schnellen und starken Anstieg psychischer Probleme bei den Kriegsteilnehmern schon kurz nach Kriegsanfang. Denn noch im Frühjahr 1914 hatten die Psychologen in beiden Ländern, Großbritannien und Deutschland, weder einen zukünftigen Krieg noch die Arbeit in militärischem Kontext im Blick. Dies zeigte sich beispielsweise darin, dass auf dem 12. Kongress der Gesellschaft für Experimentelle Psychologie im April 1914 in Göttingen fünf britische Psychologen als gern gesehene Mitglieder anwesend waren, die gemeinsam mit ihren deutschen Kollegen über fachrelevante Themen diskutierten und den nächsten Kongress in Turin planten.[2] Auch in Großbritannien war die Situation ähnlich: Noch im Juli 1914 fand das Treffen der *British Society for the Avancements of Science* in Australien, fern der Heimat statt und führende britische Psychologen wie William Rivers und Elliott Smith nahmen, ohne Gedanken an einen kommenden Krieg, daran teil.[3] Die dringenden Probleme des Kriegsanfangs änderten aber die Situation für die Psychologen in beiden Ländern und sie wurden, wenn auch in unterschiedlicher Art und Weise, sofort in das Kriegsgeschehen einbezogen.

In diesem Kapitel wird die Anfangsphase des Krieges behandelt, hier gesehen als die Zeit zwischen Kriegsanfang und dem Jahr 1916 und den großen Schlachten von Verdun und an der Somme. Begründet wird diese Einteilung dadurch, dass dies eine Zeit der Umstellung auf die Anforderungen des Krieges war und noch gekennzeichnet durch eine optimistische Hoffnung auf einen kurzen Krieg. Begrenzt wird der Betrachtungszeitraum dieses Kapitels durch die Ereignisse des Jahres 1916, in dem, durch die große Menge an

---

1 Alfred Hoche, Krieg und Seelenleben, Freiburg im Breisgau 1915, S. 7.
2 Friedrich Schumann (Hrsg.), Bericht über den VI. Kongress für Experimentelle Psychologie in Göttingen vom 15 bis 18 April 1914, Leipzig 1914.
3 Shephard, Headhunters., S. 112.

© BRILL SCHÖNINGH, 2023 | DOI:10.30965/9783657790869_004

verletzten Soldaten und dem gestiegenen Munitionsbedarf der Kriegsindustrie aufgrund der Materialschlachten, auch im Arbeitsbereich der Psychologen die Anforderungen deutlich spürbar wurden. Die Zahl an psychisch verletzten Soldaten stieg dramatisch an und verlangte nach neuen Therapiekonzepten, die angespannte Lage in den Munitionsfabriken erforderte effektivere Arbeitsmethoden, den Einsatz neuer Waffen, exaktere Expertenauswahl.[4] Diese Einteilung ist auch dadurch gerechtfertigt, dass die Zeitgenossen diesen Zeitpunkt als eine Zäsur wahrnahmen.[5]

3.1   Krieg und Nerven: Psychologie und Verletzungen

Beobachten, vorbeugen und klassifizieren: Das waren die Hauptaufgaben der psychologischen Betreuung der kämpfenden Truppen in der Anfangsphase des Krieges. Schon kurz nach Kriegsanfang waren in den Streitkräften beider Länder unbekannte psychische Probleme aufgetreten, die für eine große Anzahl von kampfunfähigen Soldaten und Offizieren in der Armee verantwortlich zu sein schienen.[6] Obwohl schon in den vorherigen Kriegen vereinzelt über ähnliche Symptome berichtet worden war, hatte man im Vorfeld des Krieges weder in Großbritannien noch in Deutschland beim Militär mit vielen solcher Fälle

---

4   Deutsches Reich (Hrsg.), Die Krankenbewegung in dem Deutschen Feld- und Besatzungsheer im Weltkriege 1914/1918. Sanitätsbericht über das Deutsche Heer im Weltkriege 1914/1918, bearbeitet vom Reichswehrministerium, Band III, Berlin 1934, S. 42–43, S. 82–85; Thomas John Mitchell/G. M. Smith (Hrsg.), History of the Great War based on official documents. Medical services, casualties and medical statistics of the Great War, London 1931, S. 298–299; Riedesser/Verderber, „Maschinengewehre hinter der Front". Zur Geschichte der deutschen Militärpsychiatrie., S. 48–62; Edgar Jones/Simon Wessely, Shell shock to PTSD. Military Psychiatry from 1900 to the Gulf War, Hoboken 2005, S. 29f.

5   Paul Plaut, Beiträge zur Psychologie des Krieges, Leipzig 1920, S. 4; R. A. E. Hoffmann, Über die Behandlung der Kriegshysterie in den badischen Nervenlazaretten, in: Zeitschrift für die gesamte Neurologie und Psychiatrie 55, (1920), S. 114–147, S. 118f.

6   Anon, Mental and nervous shock among the wounded, in: British Medical Journal (1914), S. 802–803, H. 2780., S. 802 f. „Über Erwarten groß unter den Kriegsteilnehmern ist die Zahl der Hysterie- und Epilepsiefälle."Wilhelm Weygandt, Kriegspsychiatrische Begutachtungen, in: Deutsche Zeitschrift für Nervenheilkunde 30 (1915), H. 37, S. 1257–1259, S. 1257. In dem ersten Sammelbericht über Kriegsneurosen und -psychosen in der deutschen Armee gingen die Meinungen über die Menge der betroffenen Soldaten zwar noch auseinander, diese Bewertung hing aber mit den Erwartungen der jeweiligen Autoren zusammen, siehe Karl Birnbaum, Kriegsneurosen und -psychosen auf Grund der gegenwärtigen Kriegsbeobachtungen. Erste Zusammenstellung vom Kriegsbeginn bis Mitte März 1915, in: Zeitschrift für die gesamte Neurologie und Psychiatrie 11 (1915), S. 321–369, S. 344f.

gerechnet.[7] Neu war also vor allem die ungeheuer große Zahl der Soldaten mit solchen Störungen – etwa je 200.000 in der britischen und deutschen Armee – die hier bei zuvor gesunden jungen Männern auftraten.[8]

Die Behandlung dieser verstörten und kampfunfähigen Kriegsteilnehmer wurde daher zu einem ernsthaften Problem, das die entsprechenden Fachleute der Psyche – Psychiater, Neurologen, Nervenärzte und auch die Psychologen – auf den Plan rief.[9] Sie waren Teil einer heterogenen Expertengruppe, da zu dieser Zeit die Grenzen zwischen Psychiatrie, Neurologie, innerer Medizin und Psychologie noch fließend waren.[10]

Problematisch war außerdem, dass bei den neuen Patienten nicht nur eine Unzahl von verschiedenen körperlichen Symptomen (Lähmungserscheinungen, Sensibilitätsstörungen, Krämpfe, Herzbeschwerden und Verdauungsstörungen) ohne erkennbare organische Ursachen, sondern auch emotionale Störungen wie unkontrolliertes Weinen, Depressionen, Albträume und Ängste auftraten.[11] Soldaten berichteten in beiden Ländern über unerträgliche Kriegserlebnisse und führten ihre Erkrankungen darauf zurück.[12] Da in dieser Arbeit der Einfluss des Kriegsgeschehens auf die Psychologie im Fokus steht, soll in diesem

---

7   Bericht über zwölf genau beschriebene Panikanfälle im deutsch-französischen Krieg von 1870/71 in:Emil Pfülf, Die Panik im Kriege. Erweiterte Fassung eines in der Psychologischen Gesellschaft München gehaltenen Vortrages, München 1908; Anon (Hrsg.), Verhandlungen der deutschen Gesellschaft für innere Medizin, Berlin 1907, S. 120. Britische Berichte von psychischen Störungen aus den Balkankriegen in: Anon, Wind contusions, in: The Lancet 184 (1914), H. 4764, S. 1423; über den Burenkrieg, Jones/Wessely, Shell shock to PTSD, 2005, S. 11–13; zur Einschätzung der Anzahl psychischer Erkrankungen 1914: A. Wilson, Notes of 150 cases of wounded French, Belgians and Germans, in: British Medical Journal (1914), S. 806–808, H. 2810.; Die Militärmedizin im Vorfeld des 1. Weltkrieges war in der Hauptsache auf die Prävention von Infektionskrankheiten ausgerichtet. Exemplarisch dazu: Wilhelm His, Krankheiten mit denen im Kriege zu rechnen ist, in: Medizinische Klinik 9 (1914), S. 1463–1468, 1485–1490; Roger Cooter, War and modern medicine, London 1993, S. 1542.

8   Obwohl Zahlenangaben problematisch sind, ist von einer Mindestanzahl von je 200 000 Soldaten in Großbritannien und Deutschland auszugehen, die im Kriegsverlauf psychische Störungen aufwiesen Michl/Plamper, Soldatische Angst im Ersten Weltkrieg. Die Karriere eines Gefühls in der Kriegspsychiatrie Deutschlands, Frankreichs und Russlands., S. 213; auch Leese, Shell shock., S. 10. Höhere Zahlen für Großbritannien gibt Alexander Watson an, unter Einbeziehung anderer (psychisch beeinflusster) Krankheitssymptome wie z.B. nervöser Herzbeschwerden, siehe: Watson, Enduring the Great War., S. 240.

9   Unter Psychologen werden hier, wie erwähnt, die Mitglieder der psychologischen Vereine verstanden. Praktisch arbeitende Psychologen gab es zu dieser Zeit noch nicht.

10   Edward Shorter, Geschichte der Psychiatrie, Berlin 1999, S. 218f.

11   Birnbaum, Kriegsneurosen und -psychosen auf Grund der gegenwärtigen Kriegsbeobachtungen., S. 339–345.

12   Myers, A contribution to the study of shell shock (I).

Kapitel nach Handlungs- und Gestaltungsspielräumen der Psychologen in der Anfangszeit des Krieges, speziell bei der Diagnose und Behandlung psychisch verletzter Soldaten, gefragt werden. Dabei standen zu diesem Zeitpunkt aber vor allem die Erfassung, Beschreibung und Benennung der psychischen Störungen der Soldaten im Vordergrund. Geprägt waren die psychologischen Arbeitsbedingungen vor allem durch die militärischen und politischen Organisationsstrukturen und Vorgaben, aber auch durch die methodische und theoretische Ausrichtung der Fachleute. Das neue Betätigungsfeld der Psychologen zeigte sich in beiden Ländern auch in einer Verlagerung des Fachdiskurses schon kurz nach Kriegsanfang: Hatten in der Vorkriegszeit psychologische Ärzte in ihren Fachzeitschriften schon über psychiatrische Themen geschrieben, so verlagerte sich die Diskussion jetzt in die medizinische Fachpresse.[13] Über Kriegsneurosen publizierten die deutschen Psychologen nicht in den Zeitschriften der psychologischen Vereine, sondern hauptsächlich in den beiden auflagenstärksten allgemeinmedizinischen Fachzeitschriften, in der konservativen *Münchener Medizinischen Wochenschrift*, der etwas liberaleren *Medizinischen Klinik* und auch in der fachspezifischen *Zeitschrift für die gesamte Neurologie und Psychiatrie*.[14] Damit reihten sich die Psychologen in die Gruppe der Militärpsychiater ein und diskutierten mit ihnen die kriegsrelevanten Themen. Die Anzahl der medizinischen Artikel zum Thema Kriegsneurosen war zwar in Großbritannien erheblich geringer als im Deutschen Reich, aber sicher von größerer Bedeutung für die Debatte.[15] Die meisten Veröffentlichungen, auch die von Psychologen, erschienen in der häufiger erscheinenden *Lancet*, im *British Medical Journal* sowie in den militärärztlichen Zeitschriften (*Journal of the Royal Medical Corps*).[16] Viele Berichte

---

13   Exemplarisch zu Deutschland: Adalbert Gregor, Bericht über die wesentlichen an der psychiatrischen Klinik zu Leipzig gebräuchlichen experimentell-psychologischen Untersuchungsmethoden, in: Zeitschrift für angewandte Psychologie 3 (1910), S. 346–356; zur Situation In Großbritannien siehe beispielsweise Loughran, Shell-shock and medical culture in First World War Britain., S. 21.

14   Ab 11.8.1914 wurde auch die feldärztliche Beilage der *Münchener Medizinische Wochenzeitschrift* (MMW) herausgegeben; Siehe zur Funktion der Fachzeitschriften: Wiebke Lisner, Fachzeitschriften als Selbstvergewisserungsinstrumente der ärztlichen Progession?, in: Sigrid Stöckel/Wiebke Lisner/Gerlind Rüve (Hrsg.), Das Medium Wissenschaftszeitung seit dem 19. Jahrhundert. Verwissenschaftlichung der Gesellschaft-Vergesellschaftung von Wissenschaft, Stuttgart 2009, S. 114.

15   Das Memorandum des Psychologen Ronald Rows wurde beisielsweise an alle betroffenen Ärzte verteilt. NA FD 2/2 National Health Insurance. Second Annual Report of the Medical Research Committee 1915–1916, S. 65.

16   Anfang des 20. Jahrhunderts sahen sich die medizinischen Zeitschriften, insbesondere die *Lancet* als „*Reformist Medical Newspapers*"; sowohl der *Lancet* als auch dem *British Medical Journal* wurde der Status eines öffentlichen Akteurs zugeschrieben. Die Presse

kamen, anders als in Deutschland, direkt von der Front.[17] All diese medizinischen Zeitschriften zeichneten sich dadurch aus, dass dort die Artikel sehr viel schneller erscheinen konnten und in der medizinischen Fachwelt diskutiert wurden. Die Artikel der Psychologen waren also der Versuch, sich innerhalb des ärztlichen Kriegsdiskurses prominent an der Debatte über den Ursprung, die Symptomatik und die Therapiemöglichkeiten psychischer Störungen in den Streitkräften zu beteiligen.

3.1.1   Großbritannien: Improvisation und Chance

In der Britischen Armee war das medizinische Corps zu Kriegsbeginn nur wenig auf das Auftreten psychischer Erkrankungen vorbereitet gewesen, eine gut organisierte Militärpsychiatrie war erst im Aufbau begriffen.[18] Auf welchen Wissensstand konnten die neu rekrutierten psychiatrischen und psychologischen Experten in der militärpsychiatrischen Versorgung von psychisch gestörten Kriegsteilnehmern zu Kriegsbeginn zurückgreifen? Um den Stand der britischen Militärpsychiatrie am Anfang des Ersten Weltkrieges zu erklären, soll erst ein Blick auf die Vorkriegsgeschichte dieser Disziplin geworfen werden.

Die psychiatrische Versorgung der Zivilbevölkerung in Großbritannien war wenig fortschrittlich und vor dem Ersten Weltkrieg sehr klassenspezifisch organisiert. Eine private Psychotherapie bei den Harley Street Neurologen war nur für Mitglieder der oberen Schichten vorgesehen und war für die meisten Bürger unerschwinglich.[19] Sie mussten sich bei psychischen Problemen, vor allem bei längeren Krankenhausaufenthalten, in ein sog. *Asylum* einweisen lassen und diese Versorgung wurde durch stigmatisierende Armengesetze (*pauper lunatic laws*) und diskriminierende Einweisungskriterien geregelt.[20] Die Aussicht auf eine erfolgreiche Behandlung war in diesen Einrichtungen

---

wurde als Korrektiv politischer und sozialer Prozesse und Entscheidungen angesehen. Britische Ärzte fühlten sich der Öffentlichkeit verpflichtet, Gerlind Rüve, Vom „personal mouthpiece" zur medizinischen Fachzeitschrift. Deutsche Medizinische Wochenschrift, Münchener Medizinische Wochenschrift, British Medical Journal und The Lancet in sich wandelnden Öffentlichkeiten vom 19. zum 20. Jahrhundert., in: Sigrid Stöckel/Wiebke Lisner/Gerlind Rüve (Hrsg.), Das Medium Wissenschaftszeitung seit dem 19. Jahrhundert. Verwissenschaftlichung der Gesellschaft-Vergesellschaftung von Wissenschaft, Stuttgart 2009, S. 46–69, S. 68 f.

17   Z.B. Myers, A contribution to the study of shell shock (I).; im British Journal of Psychology wurde während des ganzen Krieges nur ein Artikel zum Thema *shell shock* veröffentlicht, Loughran, Shell-shock and medical culture in First World War Britain., S. 21f.

18   Jones/Wessely, Shell shock to PTSD, S. 22.

19   Shephard, A war of nerves, S. 8f.

20   Barham, Forgotten lunatics of the Great War., S. 39.

sehr gering. Noch 1914 hatte der medizinische Inspektor eines Londoner „Irren-hauses" berichtet, dass „patients in asylums may be roughly divided into two distinct groups, namely those who have a prospect of recovery, forming about 10 percent, and the hopeless chronic cases who make up the remaining 90 per cent."[21] Eine von offizieller Seite einberufene Kommission berichtete 1914 über die Situation der Psychiatrie in Großbritannien und kam zu dem Ergeb-nis, dass sowohl die frühe Versorgung psychisch Kranker, als auch die psychi-atrischen Forschungseinrichtungen und die Situation der jungen Ärzte in den psychiatrischen Kliniken unzureichend und unbefriedigend seien.[22] Es gab zwar an einigen Universitäten, besonders an der Universität Cambridge, die Möglichkeit einen Fortbildungskurs in Psychiatrie (*post graduate diploma in psychiatry*) zu absolvieren, aber diese Kurse wurden nur von wenigen interes-sierten Studenten besucht und waren erst im Aufbau begriffen.[23]

Die Lage der Militärpsychiatrie war ähnlich problematisch: Die älteren Militärärzte standen einer psychologischen und psychiatrischen Versorgung der Armee eher skeptisch gegenüber, da dadurch ihrer Meinung nach Simu-lation gefördert würde und eine gute Mannschaftsführung bei einer trainier-ten Berufsarmee ausreichend präventiv wirken könne.[24] Die psychiatrische Versorgung der Soldaten hatte bei der Militärmedizin daher keinen hohen Stellenwert, und deshalb gab es auch nur wenige dafür zuständige Militärärzte oder Pfleger/innen.[25] Die britische Armee verfügte lediglich über eine kleine Versorgungseinheit für ca. 120 psychiatrische Patienten. Diese Krankenstation befand sich in einem Haus des *Royal Victoria Military Hospitals* in Netley.

---

21   Knowles Stansfield, The Villa or Colony System for the Care and Treatment of Mental Diseases, in: Journal of Mental Science 60 (1914), S. 30–37; Barham, Forgotten lunatics of the Great War., S. 39, S. 383 Fnt. 29.

22   Zur Situation der Psychiatrie in Großbritannien: *Report of the Medico-Psychological Asso-ciation of Great Britain and Ireland* 1914, S. 105, in: Smith/Pear, Shell shock and its lessons., S.105; es gab keine Lehrstühle oder Forschungseinrichtungen für Psychiatrie an den medi-zinischen Schulen; Edgar Jones/Simon Wessely, Shell shock to PTSD. Military Psychia-try from 1900 to the Gulf War, Hoboken 2005, S. 57; anders: Loughran, Shell-shock and medical culture in First World War Britain., S. 32–36; Loughram zeigt den Beginn einer Einführung psychologischen Wissens in die Psychiatrie auch schon vor 1914.

23   Ebenda, S. 33.

24   Beispielhaft ist die Aussage von Colonel Lord Gort: „I think the whole question of training is one of morale and *esprit de corps* and that in face of strong morale and *esprit de corps* „shell shock" would be practically non-existent." Francis J. Southborough, Army Report of the War Office Committee of Enquiry into „Shell-Shock", London 1922, S. 50.

25   Auf einem medizinischen Kongress in London 1913 wurde beispielsweise in der Sektion *Militär-Medizin* nicht über die nervliche Belastung im Krieg gesprochen, Shephard, A war of nerves., S. 17; siehe auch Jones/Wessely, Shell shock to PTSD., S. 22; Southborough, Army Report of the War Office Committee of Enquiry into „Shell-Shock"., S. 21 f.

Solche Vorkehrungsmaßnahmen schienen den militärischen Behörden zu Beginn des Krieges ausreichend zu sein und falls noch mehr psychiatrische Fälle in der Armee anfallen sollten, wollte man diese an die lokalen psychiatrischen Anstalten weitervermitteln.[26]

Warum war das britische Militär so unzureichend auf eine größere Menge an psychisch verletzten Soldaten vorbereitet? Einmal war die Britische Armee 1914 noch eine zahlenmäßig sehr kleine Berufsarmee, während die anderen europäischen Länder, die zwangsrekrutierten, über sehr viel mehr Soldaten verfügten und deswegen auch den Sanitätsdienst entsprechend ausgebaut hatten.[27] Auch waren psychologische Störungen wie Hysterie und Neurasthenie von britischen Psychologen in der Vorkriegszeit häufig mit negativen Eigenschaften assoziiert worden: Hysterische Patienten seien „unstable, excitable, emotional, weak-willed, suggestible and ‚egoistic'."[28] Neurastheniker seien „hypochondriac, self-obsessed, ‚exacting in their demands' and ‚apt to be irritable, aggressive and quarrelsome."[29] Bei einer kleinen Berufsarmee, aber auch bei einer Armee von Freiwilligen, wurden Eigenschaften wie diese vom Militär nicht erwartet, denn ein Berufssoldat, so war der Konsens, verfüge über einen starken Willen und eine gesunde Konstitution.[30]

Schon in früheren Kriegen hatte es zwar Beschreibungen von psychischen Störungen von Kriegsteilnehmern gegeben; diese waren aber nur bei wenigen Patienten aufgetreten und die Militärbehörden waren dem Problem nicht weiter nachgegangen.[31] Die gesamte Militärmedizin (Royal Army Medical Corps, RAMC) hatte sich erst kurz vor dem Ersten Weltkrieg Anerkennung beim Militär schaffen können und musste nach Kriegsbeginn schnell neue Strukturen aufbauen.[32] Anders als in Deutschland wandten die zuständigen Offiziere und Ärzte aber keine psychologisch-psychiatrischen Kriterien der Rekrutenauslese

---

26   Barham, Forgotten lunatics of the Great War., S. 41.

27   Jörn Leonhard, Die Büchse der Pandora. Geschichte des Ersten Weltkrieges, München 2014, S. 154–160.

28   William Henry Stoddart, Mind and its disorders. A text-book for students and practitioners of medicine, London 1908, S. 370–373.

29   J. Ritchie, Neurasthenia, in: Edinburgh Medical Journal 12 (1914), S. 113–120, zitiert nach: Loughran, Shell-shock and medical culture in First World War Britain., S.68.

30   Ilana R. Bet-El, ‚Men and soldiers: British Conscripts, concepts of maskulinity, and the Great War', in: Billie Melman (Hrsg.), Borderlines. Genders and identities in war and peace 1870–1930, New York, London 1998, S. 73–95, S. 81–83, S. 209.

31   So z.B. im Burenkrieg, im russisch-japanische Krieg und in den Balkankriegen, Jones/ Wessely, Shell shock to PTSD, 2005, S. 11–13; siehe auch: Ian R. Whitehead, Doctors in the Great War, Havertown 2013, S. 169.

32   Ebenda, S. 23, S. 32–56.

an.[33] Dies führte dazu, dass auch psychisch vorbelastete und instabile Männer während der ganzen Kriegszeit zum Militärdienst eingezogen und zugelassen wurden.[34] Psychologische Kenntnisse waren beim Militär vor dem Ersten Weltkrieg also wenig gefragt gewesen; die praktischen Erfordernisse des Ersten Weltkrieges schufen aber Versorgungslücken, die die britischen Psychologen nutzen konnten.

Improvisierter Anfang

„I do not think psychologists will get many cases."[35] Diese Voraussage des britischen Mediziners Albert Wilson, der im November 1914 in einem Militärkrankenhaus in Frankreich arbeitete, traf nicht zu, denn Ende 1914 wurde bereits die große Anzahl von über 500 Soldaten mit psychischen Störungen diagnostiziert.[36] In Großbritannien gab es daraufhin stürmische öffentliche Debatten über die Behandlung dieser Patienten, die sogar in der deutschen psychiatrischen Fachwelt beachtet und diskutiert wurden.[37] Es kam in der Presse der Verdacht auf, dass diese psychisch gestörten Soldaten schlechter behandelt würden als ihre Kameraden mit körperlichen Verletzungen.[38] In einer heftigen Debatte im Parlament forderten die Abgeordneten, dass diese Kriegsteilnehmer gesondert untergebracht und nicht mit Geisteskranken zusammen versorgt werden sollten:

---

33   Jay Murray Winter, The Great War and the British people, Basingstoke 1987, S. 43f.

34   G. S. Savage, Mental disabilities for war service, in: Journal of Mental Science 62 (1916), S. 653–657.

35   Wilson, Notes of 150 cases of wounded French, Belgians and Germans, S. 807; Jones/Wessely, Shell shock to PTSD, 2005, S. 19.

36   Auch der amerikanische Psychiater Harvey Cushing berichtete in seinem Tagebuch Anfang 1915 über eine Gruppe von Patienten mit seltsamen motorischen Störungen, die sich aber oft spontan zurückbilden würden, siehe: Harvey Cushing, From a surgeon's Journal ; 1915–1918, Boston 1936, S. 57.

37   Zur öffentlichen Diskussion in Großbritannien: Auch im *British Medical Journal* wurde berichtet, dass „there are a good many men suffering from mental and nervous shock, and it is true that such cases are not suitable for general hospitals", in: Anon, Mental and nervous shock among the wounded, S. 802–803, S. 802; Jones/Wessely, Shell shock to PTSD, 2005, S. 19. Zur Rezeption in Deutschland: „Diese [eine Mitteilung im „New York Herald"] betont die auffallende Häufigkeit nervöser Erkrankungen, besonders nervöser Kollapszustände unter den englischen Soldaten, die während vieler Wochen unter deutschem Feuer im Schützengraben lagen. Die psychiatrischen Abteilungen in dem großen Hospital in Netley seien bis zum letzten Platz gefüllt und sämtliche Hospitäler im südlichen England seien mit Kranken belegt, die psychisch zusammengebrochen seien." Birnbaum, Kriegsneurosen und -psychosen auf Grund der gegenwärtigen Kriegsbeobachtungen., S.321–369, S. 329f.

38   Parl. Deb. 6. Feb. 1915, vol. LXX, col. 515.

It is of great importance that those cases should be dealt with at the earliest possible moment, not by means of asylum treatment or associating them with those
who are insane – or indeed, treatment of any kind under the present lunacy
administration – but that they should be treated as quite distinct cases; cases in
which a period of rest may result in the restoration of their health; cases in which
there may be the possibility of the best form of treatment in private homes or
hospitals, distinct altogether from lunatic asylums.[39]

Die Initiative, diese verstörten und kampfunfähigen Soldaten als eine neue
Krankheitsgruppe mit eigenen therapeutischen Bedürfnissen einzustufen, ging
also nicht von den zuständigen Ärzten oder dem Militär, sondern von der politischen Öffentlichkeit aus.[40] Für die Versorgung dieser Patienten wurden vom
Kriegsministerium schnell entsprechende Fachleute rekrutiert, unter anderem
auch Psychologen, die zu dieser Zeit meist an der Universität arbeiteten. Diese
waren zwar medizinisch ausgebildet, arbeiteten zu diesem Zeitpunkt aber
hauptsächlich in der psychologischen Grundlagenforschung.[41] Trotzdem wurden sie sofort als Offiziere in das Sanitätscorps eingegliedert.[42] In der britischen
Armee gab es nämlich die Stellung des *„temporary officers“*, die es ermöglichte,
auch zivile Experten schnell in einen Offiziersrang zu befördern. Viele Psychologen waren dafür auch besonders geeignet, da an den Eliteuniversitäten eine
militärische Ausbildung Standard war.[43] So konnten beispielsweise die Psychologen William Brown, Charles Myers und William Rivers schnell in eine
entsprechende, militärisch bedeutende Position befördert werden. Andere
Ärzte zur Behandlung dieser neuen psychischen Störungen kamen aus neurologischen Einrichtungen und Krankenanstalten für Geisteskranke (darunter
z.B. auch der prominente Frederick Mott), dazu eine Reihe von freiwilligen
Ärzten aus anderen Fachbereichen.[44] Es war also eine recht heterogene
Gruppe von Ärzten, die mit der Versorgung der psychisch gestörten Soldaten
betreut wurde.[45] Einen psychiatrischen Ausbildungskurs für den Umgang mit

---

39   Ebenda.; Barham, Forgotten lunatics of the Great War., S. 43.

40   Ebenda., S. 46.

41   Z.B. Charles Myers und William Halse Rivers, William Brown, William McDougall,
      Shephard, Headhunters., S. 1–146.

42   Wie z.B. Robert Armstrong Jones, der im Clayburg Asylum arbeitete und die Militär-
      behörden im ersten Weltkrieg im Rang eines Oberstleutnants beriet, J. Bishop, Armstrong-
      Jones, Sir Robert (1857–1943) (2004). www.oxforddnb.com (11. Juni 2019).

43   Sonja Levsen, Elite, Männlichkeit und Krieg. Tübinger und Cambridger Studenten 1900–
      1929, Göttingen 2006, S. 128–134.

44   Emanuel Miller (Hrsg.), The neuroses in war, New York 1944, S. 174 f.

45   Anfang 1914 hatten von 98 Mitgliedern der britischen psychologischen Gesellschaft 28
      eine Ausbildung als Mediziner. Die meisten davon arbeiteten an Universitäten in der

diesen behandlungsbedürftigen Soldaten gab es bis 1917 nicht.[46] Dieser Mangel an ausgebildeten Psychiatern erklärt, warum die Stimme der beteiligten Psychologen – von den ca. 100 Mitgliedern der psychologischen Vereinigung waren 19 Ärzte und sieben zivile Psychologen im Kriegsdienst beschäftigt – in der britischen Militärpsychiatrie so eine große Rolle spielen konnte.[47] Der Einsatz dieser Experten für psychische Störungen wurde durch verschiedene Initiativen koordiniert: Eine davon war das Projekt eines Mitgliedes des Oberhauses, Lord Knutsford, der eine private Kampagne eröffnete, um psychisch gestörten Offizieren die Unterbringung in „Irrenhäusern" zu ersparen.[48] Dieses Vorgehen wurde in der Öffentlichkeit sehr begrüßt und als Vorbild auch für die Versorgung einfacherer Soldaten angemahnt.[49] Von politischer Seite wurde diese Forderung aufgenommen und durch verschiedene Maßnahmen umgesetzt; fast immer waren Psychologen daran beteiligt.

Das Kriegsministerium berief beispielsweise wenige Monate nach Kriegsbeginn, im November 1914, ein Komitee ein, in dem auch mehrere Psychologen tätig waren.[50] Durch die Arbeit dieses Komitees sollte, anders als in Deutschland, die psychiatrische Versorgung der Armee zentral, von London ausgehend, organisiert werden. Geplant waren ein spezielles Krankenhaus in London und eines auf dem Land, denn das Militär hatte zu Beginn des Krieges die Strategie, alle Patienten mit psychischen Störungen in der Heimat zu behandeln.[51] Schon im Dezember 1914 wurde daraufhin das erste Militärkrankenhaus für psychische Störungen von einfachen Soldaten in Maghull, in der Nähe von Liverpool, eröffnet, ein Krankenhaus, das während des ganzen Krieges wichtig für die psychologisch arbeitenden Ärzte war.[52] Der General des Sanitätsdienstes in Großbritannien, Sir Alfred Keogh, übergab im Mai 1915

psychologischen Forschung und hatten nur wenig klinische Erfahrungen. Eigene Zählung: WL BPS Minutes BPS/001/01.

46   Ben Shephard, The early treatment of mental disorders: R. G.Rows and Maghull 1914–1918., in: Hugh Freeman/German E. Berrios (Hrsg.), 150 years of British psychiatry, Bd. 2, London 1991, S. 434–464, S. 447.

47   Eigene Zählung: WL BPS Minutes BPS/001/01, zur bedeutenden Rolle der Psychologen siehe Kapitel 6. Insgesamt waren im März 1918 13.284 britische Ärzte im Kriegsdienst beschäftigt gewesen, Whitehead, Doctors in the Great War., S. 79.

48   Im Januar 1915 wurde daraufhin das Offizierskrankenhaus für psychisch gestörte Offiziere in Palace Green, Kensington eröffnet, Barham, Forgotten lunatics of the Great War., S. 43.

49   Ebenda.

50   Z.B. Berhard Hart, Ernest Jones, William McDougall und Crichton Miller. Insgesamt waren von den 23 Mitglieder 8 Psychologen, in: Anon, Mental and nervous shock among the wounded, S. 802 f.

51   Ebenda., S. 802; Shephard, The early treatment of mental disorders: R. G.Rows and Maghull 1914–1918., in: Freeman/Berrios (Hrsg.), S. 441.

52   Aldren Turner, Arrangement for the care of cases of nervous and mental shock coming from overseas, in: The Lancet 187 (1916), H. 4839, S. 1073–1075, S. 1073.

die Leitung dem Psychologen Richard Gundry Rows.[53] Rows hatte kurz vor dem Krieg die Aufmerksamkeit der Fachwelt auf sich gezogen, da er für eine Reform der britischen Psychiatrie – u.a. durch die Einführung eines Diploms in Psychologie – plädiert hatte; in der folgenden Zeit sorgte er dafür, dass weitere gleichgesinnte psychologische Kollegen an seine Klinik berufen wurden.[54] Maghull wurde so zu einem Zentrum für neue psychologische Diagnose- und Therapieerfahrungen.[55]

Eine weitere Initiative zur Versorgung psychisch gestörter Soldaten ging vom *Medical Research Committee* (MRC) aus. Ursprünglich angelegt, um Forschungen zur Tuberkulose zu finanzieren, wandelte es sich in eine unabhängige Institution um, die (dem National Insurance Act folgend) Gelder vergab für medizinische Forschungsprojekte in ganz Großbritannien.[56] Zu Kriegsbeginn wurden von diesem Komitee neben Forschungsgeldern für die psychologische Untersuchung der Industriearbeit auch Gelder für die Untersuchung der psychisch verletzten Kriegsteilnehmer verteilt.[57] Da von dieser Behörde während der ganzen Kriegszeit Gelder für psychologische Forschungsprojekte bereitgestellt wurden, ist die Einbeziehung der Psychologen in das Kriegsgeschehen anhand der jährlichen Berichte gut nachzuvollziehen. William Halse Rivers, einer der angesehensten Psychologen seiner Zeit, wurde im Juli 1915 vom MRC an das Krankenhaus von Maghull geschickt, um Rows bei der Arbeit mit psychisch verletzten Soldaten zu unterstützen.[58] Rivers war sehr gut vernetzt und von großer Bedeutung für eine Reihe von britischen Psychologen. Um ihn bildete sich dort eine Gruppe von psychologisch-psychoanalytisch interessierten Ärzten und damit wurde Maghull als militärpsychiatrische Einrichtung weiter aufgewertet.[59] Wenig später veröffentlichte der leitende Arzt und Psychologe

---

53 Shephard, The early treatment of mental disorders: R. G.Rows and Maghull 1914–1918., in: Freeman/Berrios (Hrsg.), S. 436 f.

54 Ebenda, S. 438f.

55 Im Sommer 1915 kamen Grafton Elliot Smith, Tom Pear, später William Brown und William Rivers dazu. Ebenda, S. 441 f.

56 A. Landsborough Thomson, Half a century of medical research, London 1976, S. 11–22.

57 Die Untersuchung zur Industriearbeit wurde ausgeführt z.B. durch den Psychologen Sherrington, siehe Wilder Penfield, Sherrington, Sir Charles Scott (1857–1952), revised by E. M. Tansey (2010). www.oxforddnb.com (10. Juni 2019). Für die Untersuchung der psychisch kranken Soldaten wurde Gelder an Rows und Wiliam H. Rivers übertragen: „At Moss Side Dr. W. H. R. Rivers is similary on behalf of the Committee assisting Major Rows in the study and treatment of functional cases there." NA, FD 2/1 National Health Insurance. First Annual Report of the Medical Research Committee, 1914–1915, S. 42.

58 NA FD 2/1 National Health Insurance, First Annual Report of the Medical Research Committee 1914–1915, S. 42.

59 Ebenso Tom Hatherley Pear und der Anatomieprofessor Grafton Elliott Smith; später William Brown. In: Edgar Jones, Doctors and trauma in the First World War: the response

von Maghull, Rows, ein Memorandum, in dem er seine ersten Erfahrungen in Diagnose und Therapie der psychisch gestörten Kriegsteilnehmer darlegte.[60]

Dieser psychologische Erfahrungsbericht wurde vom Kriegsministerium als so wichtig eingeschätzt, dass er an alle Militärpsychiater verteilt werden sollte.[61] Rows formulierte darin seine Vorstellungen über die Ursachen und die Therapie dieser kriegsbedingten Störungen, in die er psychoanalytische Modelle und Methoden miteinbezog. Britische Psychologen und Psychiater hatten sich zwar schon in der Vorkriegszeit für psychoanalytische Methoden interessiert, allerdings war es ein wichtiges Kennzeichen der britischen Militärpsychiatrie im Krieg, dass sie sich nur einzelner Aspekte dieser neuen Lehre bedienten.[62] Mit diesem Memorandum wurden psychologische Überlegungen zur Therapie und Entstehung dieser neuen Störungen allen militärpsychiatrisch arbeitenden Ärzten zugänglich gemacht und die Arbeit in Maghull gewann beim Kriegsministerium solches Ansehen, dass es 1917 zu einem Ausbildungszentrum für Militärpsychiater wurde.[63] In diesem Militärkrankenhaus formierte sich also eine einflussreiche Gruppe psychologisch arbeitender Ärzte, die von Kriegsbeginn an politisch und militärisch unterstützt und anerkannt wurden. Solche Krankenhäuser gab es in Deutschland nicht.

Das zweite Zentrum für psychologische Diagnostik und Therapie bildete sich um den renommierten Psychiater und Psychologen Frederick Mott, der als Einziger schon vor dem Krieg ein wissenschaftliches Labor an einer Klinik

---

of british military psychiatrists., in: Peter Gray/Kendrick Oliver (Hrsg.), The memory of catastrophe, Manchester, New York 2004, S. 91–105, S. 97.

60   „Upon the work at this hospital, and the methods employed in it, Major Rows wrote a paper at the request of the Committee, who circulated it privately in October, 1915 by permission of the Director-General among medical officers engaged in the study and treatment of neurological cases at military hospitals." NA FD 2/2 National Health Insurance. Second Annual Report of the Medical Research Committee 1915–1916, S. 65.

61   Ronald G. Rows, Mental conditions following strain and Nerve Shock, in: British Medical Journal (1916), H. 2882, S. 441–443, S. 441.

62   Zur Einstellung zur Psychoanalyse siehe beispielsweise: William Brown, Freud's Theory of the Unconscious, in: British Journal of Psychology 6 (1914), S. 265–280; Montague David Eder, The present position of psycho-analysis, in: British Medical Journal (1913), S. 1213–1215, siehe auch zusammenfassend: Elaine Showalter, The female malady. Women, madness, and English culture, 1830–1980, London 1987, S. 189. Zur Verwendung nur einzelner Elemente der psychoanalytischen Lehre siehe: Susan Raitt, Early British Psychoanalysis and the Medico-Psychological Clinic, in: History Workshop Journal 58 (2004), S. 63–85; Paul Lerner beobachtete eine ähnliche Haltung in der deutschen Militärpsychiatrie, siehe: Lerner, Hysterical men, S. 165, S. 187–8.

63   56 Ärzte des RAMC, 6 kanadische und 5 amerikanische Ärzte absolvierten diese Dreimonatskurse im Krieg, Jones/Wessely, Shell shock to PTSD, 2005, S. 33.

für Geisteskranke eingerichtet und der sich die Münchner Klinik von Emil Kraepelin zum Vorbild genommen hatte.[64] Mott hatte schon in der Vorkriegszeit für das Kriegsministerium gearbeitet.[65] Deshalb wurde er kurz nach Kriegsausbruch 1915 von den militärischen Behörden mit der Versorgung psychisch Kranker beauftragt.[66] Das Maudsley Hospital, vom Kriegsministerium übernommen, wurde unter Motts Leitung zu einem Spezialzentrum für Soldaten mit der Diagnose *shell shock*.[67] In diesen beiden früh etablierten Krankenhäusern bildeten sich also psychologische Forschergemeinschaften, die gemeinsam versuchten, die Ursachen der neuen Erkrankungen zu erforschen und dafür innovative Therapiemöglichkeiten zu entwickeln.

Die militärpsychiatrische Arbeit wurde durch eine weitere Gesetzesinitiative des Kriegsministeriums erleichtert und gefördert. In den psychiatrischen Kliniken in Großbritannien waren die meisten Patienten oft lebenslang verwahrt und weder geheilt noch entlassen worden und hatten sich zusätzlich offiziell registrieren lassen müssen. Am 20. April 1915 erließ nun die britische Regierung ein neues Gesetz, den sogenannten *Mental Treatment Act*, der mit den psychisch gestörten Soldaten eine neue Krankengruppe jenseits der bekannten psychiatrischen Patienten schuf:[68]

The development of military art [...] has added very materially to the nerveshattering influence of war, while with the larger scale of operations and the employment of huge conscript armies the range of these influences has been enormously multiplied. As a result the problem of dealing with cases of nervous and mental disorder in soldiers on active service has become at the present day a matter of serious difficulties and of considerable practical importance [...] This Bill [the Mental Treatment Act] will enable a man who, in the service of his country, has suffered a nervous breakdown, to accept the treatment without being certified ...[69]

---

64   Edgar Jones, Shell shock at Maghull and the Maudsley. Models of psychological medicine in the UK, in: Journal of the History of Medicine and Allied Sciences 65 (2010), S. 368–395, S. 376.

65   Anon, The naval, military, and Indian Medical Services, in: The Lancet 184 (1914), H. 4748, S. 603–614, S. 609.

66   Jones, Shell shock at Maghull and the Maudsley, S. 376.

67   Edgar Jones, „An Atmosphere of Cure': Frederick Mott, shell shock and the Maudesley, in: History of Psychiatry 25 (2014), S. 412–421, S. 412.

68   Siehe dazu auch: Fiona Reid, Broken men. Shell shock treatment and recovery in Britain 1914–1930, London 2011, S. 22; Linden, They called it shell shock, S. 45f.

69   Anon, Nerves and War: The Mental Treatment Act, in: The Lancet 185 (1915), S. 919–920, H. 4783., S. 919f.

Diese Gesetzesinitiative hatte massive Folgen für die betroffenen Soldaten, aber auch für die behandelnden Psychologen. Die Krankheit der Soldaten wurde ab diesem Zeitpunkt auf die Folgen des Kriegseinsatzes zurückgeführt und die Kranken wurden als heil- und therapierbar eingestuft. Im März 1915 wurde beispielsweise auf einer Sitzung der neurologischen Sektion der *Royal Society of Medicine* über kriegsbedingte Sehstörungen diskutiert. Keiner der Teilnehmer berief sich auf physische Traumata wie einer Gehirnerschütterung als Ursache, sondern psychische Probleme wurden durchaus als Ursachen der Erkrankungen anerkannt. Auch der Psychiater und Psychologe Hugh Critchton-Miller redete über Ängste und Abwehrmechanismen als Ursache der Sehstörungen.[70] In Deutschland wurden zu dieser Zeit noch physische Schäden des Nervensystems als Ursache der unklaren körperlichen Symptome angenommen.[71] Bis Ende 1915 sahen die britischen Militärpsychiater den Krieg als Ursache für die psychischen Erkrankungen an. Dies bedeutete einen erstaunlichen Richtungswechsel im psychiatrischen Denken, da in der Vorkriegszeit von der Fachwelt die Bedeutung erblicher Faktoren bei der Entstehung psychischer Störungen besonders betont worden war. Ein Grund für diesen Richtungswechsel war vielleicht die Hoffnung des britischen Sanitätsdienstes, dass durch geeignete Selektion vorbelastete Rekruten ausgesondert werden würden.[72] Anders als bei den Deutschen kamen bei den Briten bald auch Psychologen an der Front in Frankreich zum Einsatz. Dort war die Versorgungssituation psychisch verstörter Soldaten noch unübersichtlicher als in der Heimat und die Chance, als Quereinsteiger zu arbeiten, noch größer.

Ein besonders gutes Beispiel für diese Aufstiegsmöglichkeit war der engagierte Psychologe Charles Myers: Er hatte schon kurz vor dem Krieg versucht, in Cambridge eine Schule für psychoanalytisches Denken zu etablieren, war an psychischen Krankheiten sehr interessiert und wollte deshalb unbedingt in der militärpsychiatrischen Versorgung arbeiten.[73] Myers war mit 41 Jahren aber zu alt dafür und wurde deshalb sowohl vom Kriegsministerium als auch vom Roten Kreuz abgelehnt.[74] In Eigeninitiative schiffte er sich darauf im

---

70   Anon, Discussion: The psychology of traumatic amblyopia following explosions of shells, in: Proceedings of the Royal Society of Medicine, Neurological Section 8 (1914–15), H. 2, S. 65–68.

71   Hermann Oppenheim, Der Krieg und die traumatischen Neurosen, in: Berliner klinische Wochenschrift 51 (1915), S. 257.

72   Aldren Turner, Remarks on cases of nervous and mental shock coming from overseas, in: British Medical Journal (1915), S. 833–835, H. 2837., S. 833, S. 835.

73   John Forrester, 1919: Psychology and Psychoanalysis, Cambridge and London – Myers, Jones and MacCurdy, in: Psychoanalysis and History 10 (2008), H. 1, S. 37–94, S. 39.

74   Myers, Shell shock in France, 1914–18., S. 1–14; Shephard, Headhunters., S. 149.

Oktober 1914 nach Frankreich ein und arbeitete dort an einem Krankenhaus, das von Freiwilligen unter der Leitung der Duchess of Westminster errichtet worden war. Myers als begabtem Netzwerker gelang es, sowohl Kontakte zu bedeutenden französischen Psychiatern (u.a. Jules Dejerine) als auch zu den beiden leitenden Militärpsychiatern in der Britischen Armee (Aldren Turner und Percy Sargant) aufzunehmen.[75]

Da sich Fälle unklarer funktioneller Störungen in der Britischen Armee schon früh zeigten, war bereits im Dezember 1914 ein renommierter Neurologe, William Aldren Turner, an die französische Front beordert worden, um die Situation zu begutachten und um die Versorgung der psychisch verletzten Soldaten zu organisieren.[76] Turner berichtete davon, dass schon 1914 Soldaten verstört und nicht mehr einsatzfähig nach Hause geschickt werden mussten.[77]

> At the beginning of the war the cases of nervous shock and neurasthenia were transferred from overseas in company with medical and surgical cases and were treated in the general wards of the hospitals at which they arrived.[78]

Dieses Vorgehen verdeutlicht die Haltung des Militärs in den ersten Kriegsmonaten: Die Diagnose dieser Patienten war zwar noch unklar, aber sie wurden wie ihre körperlich verletzten Kameraden als Opfer und Kriegsverletzte eingestuft und behandelt. Die erste diagnostische Einteilung, die Turner vornahm, griff dann auch, ähnlich wie man es im Deutschen Reich getan hatte, auf die Vorkriegskriterien (obwohl er die Diagnose Hysterie nicht benutzte!) zurück, betonte aber besonders die auslösende Situation: Turner unterschied drei Gruppen von verletzten Soldaten: eine, deren Symptome nach einer Granatexplosion aufgetreten waren, eine Gruppe, deren Symptome er auf körperliche Erschöpfung zurückführte und eine Gruppe, die er als psychisch zusammengebrochen bezeichnete; darunter verstand er vor allem Fälle von klassischer

---

75   Ebenda., S. 150, S. 152.
76   Adolph Abraham, A case of hysterical paraplegia, in: Journal of the Royal Army Medical Corps (1915), S. 471, XXIV., S. 471f. Darin wird über eine hysterische Lähmung berichtet, nach einer Granatexplosion an der französischen Front am 8.9.1914; zur Arbeit von Turner siehe: Aldren Turner, Arrangements for the Care of Cases of nervous and Mental Shock coming from Overseas, in: Journal of the Royal Army Medical Corps (1916), S. 619–626, XXVII.
77   „Cases of nervous and mental breakdown due to shock, fatigue, exposure and the other condition incidental to a campaign began to arrive in England in September 1914, shortly after the commencement of hostilities." Ebenda, S. 619.
78   Turner, Arrangement for the care of cases of nervous and mental shock coming from overseas., S. 1073.

Psychose.[79] Schnell unbefriedigt von der Arbeit im Frontgebiet versuchte Turner nach London zurückzukommen und übergab schon Anfang 1915 die Verantwortung an den Psychologen Charles Myers. Dieser übernahm im Mai 1915 den Posten von Turner, besuchte Spezialkrankenhäuser oder -stationen für die gestörten Soldaten und sammelte Daten, um die bestmögliche Versorgungsstrategie zu entwickeln.[80] Im Rang eines Majors wurde er zum „Spezialisten für Nervenschock" in der Britischen Armee und 1916 kurzfristig zum konsultierenden Psychologen der Britischen Armee ernannt.[81] Dies war eine steile militärische Karriere für einen Universitätspsychologen ohne große medizinische Vorkenntnisse; es wird dadurch auch deutlich, wie sehr man in dieser Situation bei der militärärztlichen Versorgung improvisieren musste.

Charles Myers erlangte aber aus einem zweiten Grund in der Militärpsychiatrie große Bedeutung: Er war es, der den Begriff des *shell shocks* (auf Deutsch: Granatschock) prägte, der in der Folgezeit die am meisten verbreitete Bezeichnung für die psychischen Störungen im Ersten Weltkrieg wurde. Myers beschrieb in einem Artikel im Frühjahr 1915 die Situation von drei Soldaten mit unerklärlichen Ausfällen (Taubheit, Blindheit) – Symptomen, die ohne entsprechende körperliche Schäden aufgetreten waren.[82] Myers hatte diese Soldaten kurz nach ihrer Verletzung in einem Krankenhaus in Frankreich untersucht. Die Ursache dieser Störung, so einer der Verletzten, sei eine Granatexplosion gewesen und er bezeichnete seine Erkrankung als *shell shock*.[83] Myers selbst schien erstaunt über diese Krankheitssymptome, da sie nicht mit körperlichen Schäden korrelierten; sie schienen ihm daher eher einer hysterischen Reaktion zu ähneln. Wie in Deutschland wurde hier ein eigener Symptomkomplex umschrieben, der durch die schrecklichen Eindrücke und Erlebnisse des Krieges verursacht worden sei.[84]

---

79 Turner, Arrangements for the Care of Cases of nervous and Mental Shock coming from Overseas. S. 619.

80 Myers, Shell shock in France, 1914–18., S. 14–17.

81 Shephard, Headhunters, S. 154.

82 „They (the cases) appear to constitute a definite class among others arising from the effects of shell-shock. The shells in question appear to have burst with considerable noise, scattering much dust, but this was not attended by the production of odour. It is therefore difficult to understand why hearing should be unaffected, and the dissociated „complex" be confined to the senses of sight, smell and taste (and to memory). The close relation of these cases to those of „hysteria" appears fairly certain." Myers, A contribution to the study of shell shock (I)., S. 320.

83 Ebenda, S. 316.

84 In Deutschland hatte schon im Dezember 1914 A. Bielschowsky über eine ähnliche Beobachtung berichtet. Nach einer Granatexplosion habe ein Reserveoffizier über

Die steile Karriere dieses Begriffes hatte zwei Gründe: Zum einen half er schnell eine Verständigung zwischen den behandelnden Ärzten herzustellen, die sich alle einer Vielzahl von verschiedenartigen Symptomen gegenübersahen, deren einzige Verbindung eine Beziehung zum Kriegserlebnis zu sein schien.[85] Neben einer großen Variation von psychischen Beschwerden wie starken Ängsten, Alpträumen, Depressionen und Erschöpfungszuständen traten gehäuft körperliche Symptome ohne entsprechende organische Schäden auf. Die behandelnden Ärzte und Psychologen, so auch Charles Myers, nannten diese Ausfälle funktionelle Störungen, da es für den Ausfall der spezifischen Funktion keine organische Ursache oder einleuchtende Erklärung gab.[86] Was man genau unter dem Begriff *shell shock* zu verstehen hatte, war äußerst unklar, einmal, weil die behandelnden Ärzte eine sehr heterogene Gruppe darstellten, zum anderen, weil die entsprechenden Untersuchungen oft sehr kurz und unzureichend waren.[87] In jedem Fall garantierte dieser Begriff aber, dass die beteiligten Fachleute wussten, was damit gemeint war. Zum anderen schätzten auch die Soldaten und die Öffentlichkeit den Begriff *shell shock* sehr, da er eine Verletzung aufgrund physischer Gewalt nahelegte und daher anscheinend wie eine körperliche Wunde behandelt werden konnte.

In der Fachpresse gab es, wie in Deutschland, keine Einigung über die Ursache dieser Störungen, auch die Psychologen unterschieden sich deutlich in ihren Erklärungsversuchen dieser neuen Erkrankungen. Ronald Rows beispielsweise, der Leiter des Krankenhauses für psychisch verletzte Soldaten in Maghull, hatte eine differenziertere Sicht auf die Ursache der Krankheiten: Als Auslöser sah er die belastenden Kriegserlebnisse an, beeinflusst aber auch durch frühere belastende Erlebnisse; alles emotional stark gefärbte, zum Teil unbewusste Erinnerungen. Wie viele seiner Kollegen kommunizierte Rows seine psychologischen Krankheitsmodelle häufig durch konkrete Falldarstellungen:

Sehstörungen berichtet. Nach Bielschowsky handelte es sich um eine traumatische Hysterie. Diese Beobachtung hatte aber kein so großes Echo in der Fach-und Laienpresse wie der Artikel von Charles Myers in der *Lancet* 1915: ebenda; Alfred Bielschowski, Ueber Sehstörungen im Kriege ohne objektive Augenbefund, in: Münchener Medizinische Wochenschrift 61 (1914), S. 2443–2445, S. 2444.

85   Loughran, Shell-shock and medical culture in First World War Britain, S. 15.

86   Myers, Shell shock in France, 1914–18., S. 25–29, S. 30; Loughran, Shell-shock and medical culture in First World War Britain., S. 53f; S. 58f.

87   Ebenda, S. 13.

In some cases the physical expression of a special emotion, such as fear or terror, persists for a long time without much change. This condition is usually associated with an emotional state produced by the constant intrusion of the memory of some past incident. An example of this is seen in the case of a man who, after a charge, was placed on outpost duty. It was dark and he was in a state of considerable tension. He heard a noise, which he thought came from some wire in front of him. Suddenly the area around him was illuminated by a flare light and he saw a man crawling over the bank. Without challenging, he fired and killed the man. Next morning he found to his horror that he had killed a wounded Englishman who had advanced beyond his comrades and was crawling back. The physical expression of horror, together with an intense sweating and a marked stammer, persisted for months.[88]

Rows führte die physischen und psychischen Störungen dieses Patienten auf ein belastendes Ereignis im Krieg zurück – und konnte durch die Bewusstmachung der begleitenden Emotionen den Patienten von seinen Symptomen heilen.[89] Deutlich wird dabei, dass ihm psychoanalytische Vorstellungen wie die Funktion des Unbewussten und die Verdrängung bekannt waren. Schon vor dem Krieg war die, zu dieser Zeit noch nicht weit verbreitete psychoanalytische Theorie und Methode in der Zeitschrift des Britischen Psychologischen Vereins dargestellt und diskutiert worden und war in der scientific community der Psychologen also durchaus bekannt.[90] Da Rows seine Erfahrungen, Erklärungen und Therapiemethoden in einem Memorandum zusammenfasste, das an alle behandelnden Militärpsychiater verteilt wurde, wurden auch viele Ärzte mit diesen psychoanalytischen Vorstellungen bekannt gemacht.

Ein völlig anderes Krankheitsmodell wurde zu Kriegsanfang von dem Psychologen Frederick Mott vertreten: Er betonte zwar auch die belastenden Umstände im Krieg, suchte aber weiter nach einer organischen Ursache der psychischen Störungen: So hatte er die Theorie, dass giftige Gase nach einer Explosion für die psychischen Symptome (mit-) verantwortlich seien.[91] Ein Grund für dieses Erklärungsmuster war sicher auch, dass Mott, als Vertreter einer älteren Generation von Psychiatern, geneigt war, eine organische Ursache psychischer Störungen anzunehmen; war doch einer der ersten Erfolge der Psychiatrie die Entdeckung des Syphilis-Erregers als Ursache vieler psychiatrischer Erkrankungen gewesen. Psychologische und biologische Erklärungsmuster blieben also nebeneinander bestehen, auch unter den

---

88   Rows, Mental conditions following strain and Nerve Shock., S. 441.

89   Ebenda, S. 443. Er folgt in diesen Annahmen dem Franzosen Dejerine, der ein emotionales Erlebnis als Ursache für eine Hysterie und Neurasthenie ansah.

90   Brown, Freud's Theory of the Unconscious., S. 265f; Loughran, Shell-shock and medical culture in First World War Britain., S. 64f.

91   Frederick W. Mott, The Lettsomian Lectures. The effects of high explosives upon the central nervous system. Lecture I., in: The Lancet 187 (1916), S. 331–338, H. 4824, S. 337.

Psychologen. Zu einer klaren diagnostischen Bezeichnung und Beschreibung kam man zunächst nicht.[92] Die Schwierigkeit einer Diagnosestellung zeigt sich auch in den Krankenakten dieser Zeit: Hierin wurden viele verschiedene Symptome unter der Diagnose „Neurasthenie" zusammengefasst, oder es wurde überhaupt keine Diagnose eingetragen, sondern nur die einzelnen Symptome beschrieben.[93] Diese große Verwirrung in Bezug auf eine klare Symptombeschreibung und Diagnosestellung erklärt noch einmal, weshalb der Arbeitsbegriff *shell shock* so attraktiv wurde. Allen diesen unterschiedlichen Beschreibungen und Erklärungsversuchen war in der ersten Kriegszeit aber eines gemeinsam: Wichtig war nicht ob den Symptomen eine psychische oder physische Schädigung zugrunde läge, sondern übereinstimmend waren sich die Ärzte einig, dass die Ursache in der neuen Art der Kriegsführung läge. Mit dieser Einstellung konnte man an die Vorstellung der Neurasthenie als einer Krankheit an der Moderne anknüpfen:

> But if we assume that neurasthenia is the outcome of the strain and stress of a civilisation which differs from those of other epochs, then we may be inclined to wonder whether the protean manifestations of „nervousness" – [...] among officers and men otherwise unwounded but rendered incapable of service and invalided home may not be a reflex to the fact that this war differs from all preceding wars, in that agents and factors are at work that have not previously been seen or known. Wherein does this war differ from other campaigns of history? Surely in the duration of the battles, the size of the combatant armies, the prolongation of the hours of strain, responsibility, and wakefulness, the intensity of the artillery bombardement, and the unheard-of degree to which mechanical devices for scientific (and unscientific) slaughter have been elaborated.[94]

Mit dieser Einschätzung des modernen Krieges und auch dem Begriff des *shell shocks* wurde das Kriegserlebnis als auslösender Faktor einer Erkrankung anerkannt, einer Erkrankung die allerdings nur bei Männern diagnostiziert wurde.[95] Diese Anerkennung war jedoch in ihrer Konsequenz für die Kriegsführung ein großes Problem, denn folgerichtig hätte der Staat auch für die gesamten Kosten aufkommen müssen; außerdem befürchtete man, dass viele Soldaten diese Krankheit als Vorwand nehmen würden, um dem Gefecht zu entkommen. Sehr schnell erkannte das Kriegsministerium die Gefahr dieser

---

92 „Shell-shock, gas-poisoning, or other physical injuries do not cause the disease." Eder, War-shock, S. 144.

93 Im Offizierskrankenhaus Craiglockhart wurde nur die Diagnose Neurasthenie gestellt, siehe NA MH 106/1887: Admission and Discharge Book For Field Service: Craiglockhart War Hospital 27.10.1916–13.11.1917.

94 Anon, Lord Knutsford's special hospitals for officers, in: The Lancet 186 (1915), S. 1201–1202, H. 4813., S. 1201.

95 Loughran, Shell-shock and medical culture in First World War Britain., S. 137.

Anerkennung als Kriegsfolge und ging mit verschiedenen Verordnungen dagegen vor. So gab das Ministerium Ende 1915 die Order aus, dass die Soldaten entweder als körperlich verwundet (*shell shock wounded*) oder als krank (*shell shock sick*) eingestuft werden sollten, abhängig davon, ob die Krankheit im Gefecht entstanden war oder nicht.[96] Nur die Patienten mit der Diagnose *shell shock wounded* seien dazu berechtigt, ein Verwundetenabzeichen zu tragen und eine Pension zu bekommen. In der Praxis waren die Offiziere jedoch häufig mit diesem Diagnoseschema überfordert.[97] Bis Sommer 1916 wurden aber fast alle Patienten mit psychischen Störungen nach Großbritannien verlegt und dort in Spezialkrankenhäusern behandelt.[98] Dies wurde jedoch zunehmend problematisch, da die Zahlen anstiegen und im Jahr 1916 wurden von Januar bis April etwa 24.000 Soldaten mit psychischen Problemen in die Heimat verlegt.[99] Der Sanitätsdienst versuchte die nötigen Maßnahmen zur Versorgung dieser Klientel vorzunehmen, war aber auf den weiteren steilen Anstieg der Erkrankungen nach der Schlacht an der Somme nicht vorbereitet und musste neue Maßnahmen ergreifen.[100]

Zwei neue Einsatzgebiete für britischen Psychologen ergaben sich zu Kriegsbeginn: Wie in Deutschland arbeiteten sie auch mit hirnverletzten Soldaten, dabei wurden jedoch keine speziellen psychologischen Untersuchungsmethoden angewandt. Anders als in Deutschland gab es aber kein staatlich intensiv gefördertes, frühes Rehabilitationsprogramm für hirnorganisch verletzte Soldaten und damit auch wenige Arbeitsmöglichkeiten für psychologische Experten.[101]

Wie in Deutschland wurden zu Kriegsbeginn auch britische Kinder von Psychologen zu ihren Kriegserlebnissen gefragt.[102] Zwölfjährige Jungen sollten in Aufsätzen ihre Einstellung zum Krieg darstellen; sie zeigten dabei eine ambivalente Haltung: Einerseits waren sie stolz auf ihre Armee und Flotte, andererseits empfanden sie den Krieg als das Scheußlichste, das sie sich vorstellen konnten.[103] Eine deutliche kriegsbejahende Haltung war bei ihnen, anders als in der deutschen Studie des Psychologen William Stern, nicht zu finden.[104]

---

96   Myers, Shell shock in France, 1914–18., S. 92f; Shephard, A war of nerves, S. 29; Reid, Broken men., S. 27.

97   Myers, Shell shock in France, 1914–18., S. 94f.

98   Reid, Broken men., S. 31.

99   Shephard, A war of nerves., S. 74.

100   Siehe Kapitel 4.1.1.

101   Eine psychologische Versorgung Hirnverletzter wurde in Großbritannien erst im Zweiten Weltkrieg entwickelt, Collins, England, in: Baker (Hrsg.), S. 204.

102   C. W. Kimmis, Training manual, in: Journal of Experimental Pedagogy and Training College Record 3 (1915), S. 145–152.

103   Müller-Brettel, Psychologische Beiträge im Ersten Weltkrieg., S. 30.

104   Stern, Jugendliches Seelenleben und Krieg.

Auch fehlte unter den britischen Psychiatern und Psychologen jegliche Kriegsbegeisterung, die in Deutschland so deutlich zu Kriegsbeginn geäußert wurde.
Der Psychologe Rows äußerte nur vorsichtig die Auffassung, dass man in dieser Zeit eine Menge von psychischen Störungen beobachten könne: „... such
an opportunity to investigate a large number of those suffering from psychic
disturbances during the early stages of the illness has never been provided
before."[105] In Deutschland dagegen wurde der Krieg anfangs auch von psychologischer Seite deutlich begrüßt.

3.1.2 *Deutschland: Eingliederung in ärztliche Strukturen*

„Und so hat der Sturmwind „Krieg" die Seelen geläutert und gestärkt, vor allem
das Gemeinschaftsgefühl, das vaterländische Gefühl zu einem neuen erhöhten
Leben geweckt."[106] Die positive Wirkung des Krieges auf die seelische Verfassung der gesamten Bevölkerung betonte der Jenaer Psychiater Otto Binswanger im Oktober 1914, aber auch auf die „nervöse Beschaffenheit" junger
freiwilliger Soldaten:

> Ich hatte eine ganze Reihe nervenschwacher Jünglinge im Laufe des letzten
> Jahres und zur Zeit des Ausbruchs des Krieges in Behandlung: ängstliche, klein-
> mütige, zaudernde, willensschwache Menschenkinder, deren Bewusstseins- und
> Gefühlsinhalte nur durch das eigene Ich bestimmt waren und die sich in Klagen
> über körperliche und seelische Weh erschöpften. Da kam der Krieg. Das Krank-
> hafte fiel mit einem Schlage von ihnen ab, sie meldeten sich bei der Truppe
> und – was mit noch merkwürdig erschien – , sie haben sich alle, bis auf eine
> einzige Ausnahme, bis zum heutigen Tag bewährt ...[107]

Mit dieser Beobachtung der „nervenstärkenden" Wirkung des Krieges stimmte
Binswanger, einem weitverbreiteten Topos der Kriegsrhetorik zu: Dem Krieg
als einem heilsamen Mittel gegen geschwächte Nerven.[108] Starke Nerven aber,
so waren sich viele Politiker und auch Psychiater einig, seien für den Kriegserfolg ausschlaggebend. Schon 1910 hatte Wilhelm II. davon gesprochen, dass
„starke Nerven" den nächsten Krieg entscheiden würden und wiederholte dies
im Dezember 1914.[109] Auch die deutschen Psychiater und Psychologen griffen
bereitwillig auf die Bedeutung der Nervenstärke zurück und unterstrichen

---

105 Rows, Mental conditions following strain and Nerve Shock., S. 441.
106 Otto Binswanger, Die seelischen Wirkungen des Krieges, Stuttgart, Berlin 1914, S. 21.
107 Ebenda.
108 Lerner, Hysterical men., S. 43f.
109 Bernd Ulrich, Nerven und Krieg. Skizzierung einer Beziehung, in: Bedrich Loewenstein
     (Hrsg.), Geschichte und Psychologie. Annäherungsversuche, Pfaffenweiler 1992, S. 163–
     191, S. 164.

damit ihr patriotisches Pflichtgefühl und ihre eigene wissenschaftliche Bedeutung für den Kriegsausgang.[110]

So beobachtete auch der Psychologe und Psychiater Robert Sommer, dass „leichte nervöse Erscheinungen bei Kriegsteilnehmern sich wesentlich gebessert haben oder vollständig verschwunden sind." Der Krieg, so Sommer, „schafft für die normale Körperfunktion trotz der großen Strapazen im allgemeinen viel günstigere physiologische Verhältnisse ... "[111] Damit betonte Sommer die positiven Seiten der Kriegswirkung und kontrastierte sie mit der negativen Wirkung des modernen Lebens.

Sommer unterstrich in seinen Ausführungen im Januar 1915, für einige Kriegsteilnehmer, könne das Leben im Kriege eine gesundheitsfördernde Wirkung haben.[112] Er sah den Krieg als Bewährungsprobe für ein erwünschtes männliches Verhalten und nahm an, dass dieses durch die besondere, alltagsferne Situation gefördert würde, da die Lebenssituation gerade der „gebildeten Stände" nicht seinen sozialhygienischen Vorstellungen entsprach.[113] Sommer sah, wie viele seiner psychiatrischen Fachkollegen, seine Aufgabe nicht nur in der Heilung sondern auch in der Prävention von Krankheiten, die durch eine ungesunde Lebensweise verursacht worden seien. Außerdem war er der Ansicht, dass der Krieg zur Fortentwicklung psychologischer Erkenntnisse beitragen würde, da man die menschliche Psyche unter Extrembedingungen beobachten könne.

---

110   Binswanger, Die seelischen Wirkungen des Krieges., S. 23; Hoche, Krieg und Seelenleben., S. 4; Emanuel Roth, Kriegsgefahr und Psyche, in: Aerztliche Sachverständigen-Zeitung 21 (1915), S. 1–3, S. 2; Ulrich Bröckling, Disziplin. Soziologie und Geschichte militärischer Gehorsamsproduktion, München 1997, S. 212; Hofer, Nervenschwäche und Krieg., S. 212.

111   Robert Sommer, Krieg und Seelenleben. Akademische Festrede ... am 1. Juli 1915, Giessen 1915, S. 10.

112   „Dieser Gruppe von schonungsbedürftigen Nervösen gegenüber ist zu bemerken, dass [...] leichte nervöse Erscheinungen bei Kriegsteilnehmern sich wesentlich gebessert haben oder vollständig verschwunden sind, z.B. besonders Überempfindlichkeit des Magens und andere Störungen, die mit der ungesunden Lebensweise vieler Personen gerade der gebildeten Stände während des Friedenszustandes zusammenhängen. Der Krieg schafft für die normale Körperfunktion trotz der großen Strapazen im Allgemeinen viel günstigere physiologische Verhältnisse als die sonst vorhandene Verbildung bei Mangel an körperlicher Bewegung, Sommer, Krieg und Seelenleben., S. 93.

113   Ebenda, S. 60.

> Im psychologisch-physiologischen Sinne ist der Krieg ein enormes Stimulans, auf das die Individuen je nach ihrer Prädisposition reagieren, so dass ihre Natur, wie in einem psychologischen Experiment, in aller Schärfe beleuchtet wird. Der Krieg ist ein großer Experimentator, der die Essenz der individuellen Psyche ans Licht bringt.[114]

Sommer verglich damit die psychologischen Beobachtungen eines Menschen in der Kriegssituation mit einem psychologischen Experiment und zeigte damit eine erstaunliche Verkennung der grauenhaften Situation des realen Kriegsalltags. Auch der Psychologe Willy Hellpach stellte 1914 eine positive „sozialpsychologische Diagnose" in Bezug auf die Wirkung des Krieges auf die „deutsche Volksseele".[115] Auch einige andere Fachkollegen teilten diese Meinung, stellten ihre Fachkompetenz für die nationalen Anforderungen des Krieges zur Verfügung und versprachen sich davon einen Vorteil für ihre Wissenschaft und Profession.[116] Psychologisches Wissen, so hoffte nicht nur Sommer, würde für den Kriegsverlauf von großer Bedeutung sein und sich besonders für die Führung vieler Kriegsteilnehmer positiv nutzen lassen. Nicht nur medizinisch arbeitende, sondern auch Universitätspsychologen zeigten sich kriegsbegeistert.[117] Ernst Meumann, der Begründer der pädagogischen Psychologie, publizierte über Nationalgefühl und Volkserziehung und Oswald Külpe entwarf 1915 eine Kriegsethik, die deutlich aggressive nationalistische Züge zeigte.[118] In dieser Anfangszeit des Krieges standen für die deutschen Militärärzte also weniger praktische therapeutische Probleme im Fokus ihrer Betrachtungen. Dies sollte sich aber durch die neuen Anforderungen der Militärpsychiatrie kurz nach Kriegsanfang ändern, als neue Anforderungen besonders auch an die medizinisch arbeitenden Psychologen gestellt wurden.

---

114   Ebenda.

115   Zitiert nach: Walter Stallmeister/Helmut E. Lück (Hrsg.), Willy Hellpach. Beiträge zu Werk und Biographie, Frankfurt am Main, Bern, Paris 1991 S. 12.

116   Hoche, Krieg und Seelenleben., S. 5; Otto von Schjerning, Die Tätigkeit und die Erfolge der deutschen Feldärzte im Weltkriege, in: Otto von Schjerning (Hrsg.), Handbuch der ärztlichen Erfahrungen im Weltkriege, Bd.1, Leipzig 1921–1934, S. 1–23, S. 1; Lerner, Hysterical men., S. 44f.

117   Der greise Doyen der Psychologie, Wilhelm Wundt, unterschrieb drei Aufrufe deutscher Hochschullehrer, in denen sie ihre Verbundenheit mit dem preußischen Militarismus unterstrichen, siehe: Scheerer, Kämpfer des Wortes: Die Ideologie deutscher Psychologen im Ersten Weltkrieg und ihr Einfluss auf die Psychologie der Weimarer Zeit, S. 13.

118   Oswald Külpe, Die Ethik und der Krieg, Leipzig 1915; Armin Stock, „Wer Funken sät wird Feuer ernten". Oswald Külpe und seine Ethik des Kriegs, in: Journal für Psychologie 18 (2017), S. 39–66, S. 51–61.

Ihre Eingliederung in die medizinische Versorgung von Soldaten wurde durch den Aufbau und die Organisation des deutschen Sanitätsdienstes bestimmt.

Wie verhielt es sich nun mit der Situation der psychologisch-psychiatrischen Versorgung beim Militär vor dem Ersten Weltkrieg? Die deutsche Psychiatrie und auch die Militärpsychiatrie hatten in Deutschland zu Kriegsbeginn eine andere Stellung als in Großbritannien: Die deutsche Heeresleitung, mit einem gut organisierten Sanitätsdienst nebst Militärpsychiatrie verfügte über einen effektiv arbeitenden Versorgungsapparat, in den auch Vertreter der psychologischen Vereinigung einbezogen waren. Schon zur Zeit der Jahrhundertwende hatte die Militär-Medizinal-Abteilung des Kriegsministeriums eine Zusammenarbeit mit Universitäten aufgenommen, um eine militärpsychiatrische Ausbildung zu garantieren, und um 1914 hatten etwa 100 Ärzte diese Ausbildung absolviert.[119] Auch die Psychologen Robert Sommer und Theodor Ziehen in Berlin waren in die Entwicklung der Militärpsychiatrie einbezogen.[120] Sommer, Leiter der psychiatrischen Klinik in Gießen, bot seit 1894 eine Ausbildung für Militärärzte an. Ziehen war zum einen psychiatrischer Leiter der Charité in Berlin und bildete dort ebenfalls militärische Assistenzärzte aus; außerdem war er Mitglied im wissenschaftlichen Senat der militärärztlichen Akademie. Ziehen hatte auch einen Fragebogen zur Intelligenz- und Leistungsmessung bei Rekruten entworfen.[121] Anders als in Großbritannien verfügte der deutsche Sanitätsdienst aber nicht über ein eigenes zentrales militärisches Krankenhaus für Geisteskranke und verteilte die psychisch Kranken auf entsprechende psychiatrische Landeskrankenhäuser, in denen auch einige Psychologen tätig waren.[122]

Deutsche Psychologen waren also schon vor Kriegsbeginn in die militärpsychiatrische Versorgung eingebunden. Allerdings war diese so straff organisiert, dass keine Außenseiter, wie Charles Myers in England, schnell in der Militärpsychiatrie aufsteigen konnten. Auch im Sanitätsdienst herrschten

---

119   Martin Lengwiler, Zwischen Klinik und Kaserne. Die Geschichte der Militärpsychiatrie in Deutschland und der Schweiz 1870–1914, Zürich 2000, S. 183.

120   Ewald Stier, Psychiatrie und Heer. Ein Rückblick, in: Der Deutsche Militärarzt 1 (1936), S. 15–20, S. 15; Lengwiler, Zwischen Klinik und Kaserne., S. 183.

121   Der offizielle Fragebogen stammte von Theodor Ziehen; er enthielt aber auch Teile von Intelligenz-und Leistungstests von Robert Sommer und Hermann Ebbinghaus, siehe Militär-Medizinal-Abtheilung des Königlich Preussischen Kriegsministeriums (Hrsg.), Über die Feststellung regelwidriger Geisteszustände bei Heerespflichtigen und Heeresangehörigen, Beratungsergebnisse aus der Sitzung des wissenschaftlichen Senats bei der Kaiser Wilhelms-Akademie für das militärärztliche Bildungswesen am 17.2.1905, Berlin 1905 S. 29–31.

122   Lengwiler, Zwischen Klinik und Kaserne., S. 183 f. Psychiatrische Fälle wurden sofort aus dem Militär entlassen und auf die zuständigen psychiatrischen Institutionen verteilt.

strenge militärische Regeln: So wurde der Psychologe Willi Hellpach, ein anerkannter Fachmann für psychische Erkrankungen, als einfacher Feldarzt eingesetzt, da er kein Reserveoffizier war. Die Position des *temporary officers*, die es in England auch Universitätspsychologen ermöglichte, als Sanitätsoffiziere zu arbeiten, gab es in Deutschland nicht. Eine weitere Besonderheit der militärpsychiatrischen Versorgung erschwerte eine Vernetzung der psychologischen Fachleute, nämlich die dezentrale Versorgung der psychisch gestörten Soldaten durch den Sanitätsdienst. Anders als in Großbritannien gab es in Deutschland keine zentrale Organisation für die psychiatrisch-psychologischen Patienten, sondern neben Preußen hatten auch Sachsen und Bayern sowie Württemberg ein eigenes Kriegsministerium und eine eigenständige Verantwortung für die Versorgung der psychisch verletzten Soldaten.[123] Die militärmedizinischen Autoritäten von Württemberg und Baden-Elsass, also der deutschen Landesteile, die der Front am nächsten waren, systematisierten als erste die Behandlung der Kriegsneurotiker, die anderen Bundesländer folgten erst 1917 auf Drängen des preußischen Kriegsministeriums.[124] So gab es also in der Anfangszeit des Krieges auch keine zentralen Vorgaben für den Umgang mit den psychisch Verletzten, so dass verschiedene Vorgehensweisen (Diagnoseschemata und Therapiemethoden) ausprobiert wurden.

Noch 1914 hatte der Sanitätsdienst, ähnlich wie in Großbritannien, nicht mit einer so großen Zahl an Patienten mit psychischen Störungen gerechnet: „Die praktische Bedeutung der Psychiatrie im Kriege ist gering im Vergleich zu den Aufgaben der Chirurgie", nahm der Psychiater Karl Bonhoeffer im Spätsommer 1914 noch an.[125] Militärpsychiater hatten zwar Erfahrungen mit psychischen Störungen in vergangenen Kriegen gesammelt, besonders im deutsch-französischen Krieg, daraus allerdings keine Folgerungen gezogen für die Versorgung solcher Patienten in zukünftigen Kriegen.[126]

---

123 Alle länderspezifischen Kriegsministerien und Sanitätsdienste waren aber dem preußischen Kriegsministerium unterstellt, siehe ebenda, S. 238.

124 Karl Pönitz, Die klinische Neuorientierung zum Hysterieproblem unter dem Einflusse der Kriegserfahrungen, Berlin 1921, S. 30; Lerner, Hysterical men., S. 129 f; Bartz-Hisgen, Die militärärztliche Bedeutung soldatischer Psychiatriepatienten im Ersten Weltkrieg. Die militärärztliche Begutachtung am Beobachtungslazarett an der Universitätsklinik Heidelberg, in: Thomas Becker/Heiner Fangerau/Peter Fassl/Hans-Georg Hofer (Hrsg.), Psychiatrie im Ersten Weltkrieg, Konstanz 2018, S. 145–162, S. 147.

125 Karl Bonhoeffer, Psychiatrie und Krieg, in: Deutsche Medizinische Wochenschrift 40 (1914), S. 1777–1779, zitiert nach Eckart, Medizin und Krieg, S. 143.

126 Wilhelm Weygandt, Geisteskrankheiten im Kriege, in: Münchener Medizinische Wochenschrift 61 (1914), S. 2109–2112; Zum Thema der sogenannten „Kriegspsychosen" im deutsch-französischen Krieg siehe: Lengwiler, Zwischen Klinik und Kaserne, S. 59–64.

Die weiter oben geschilderten optimistischen Einschätzungen der Zahl der zu behandelnden psychischen Störungen wurden auch von einigen Psychologen geteilt. Noch im Juli 1915 sprach Robert Sommer davon, dass die „Hervorhebung der regenerativen Momente während des Krieges neben einer Anzahl von bedenklichen Erscheinungen doch im allgemeinen ein gutes und Hoffnung erweckendes Bild [zeige]."[127]

Beschreiben und Beobachten

Mit dieser optimistischen Grundhaltung erklärten die militärischen Behörden in Deutschland die Nervenstärke des deutschen Heeres als wesentlichen Bestimmungsfaktor für den Erfolg im Krieg und beauftragten deshalb psychologische Fachleute damit, die allgemeine Stimmung und die psychische Verfassung der kämpfenden Truppe zu beurteilen.[128]

Einer davon war der Psychologe und Psychiater Wilhelm Weygandt, der 1903 das Staatskrankenhaus Hamburg-Friedrichsberg übernommen und dort auch schon ein psychologisches Labor eingerichtet hatte.[129] Er wurde im Oktober 1914 vom Sanitätsdienst beauftragt, über den psychischen Gesundheitszustand der Soldaten an der Westfront zu berichten.[130] Von Anfang an betonte er die Bedeutung seiner Profession für das Kriegsgeschehen, denn „ein leistungsfähiges, rüstiges Zentralnervensystem ist die wesentliche Grundbedingung eines nachhaltigen Kriegserfolgs."[131] Als kritischer Fachbeobachter der Truppe sah er es als seine Hauptaufgabe an, die psychische Gesundheit

---

127   Sommer, Krieg und Seelenleben., S. 22.

128   Zur optimistischen Grundstimmung siehe beispielsweise: Karl Birnbaum, Kriegsneurosen und -psychosen auf Grund der gegenwärtigen Kriegsbeobachtungen. Zweite Zusammenstellung von Mitte März bis Mitte August 1915, in: Zeitschrift für die gesamte Neurologie und Psychiatrie 12 (1915), S. 1–89, S. 8f.

129   Friedrich Meggendorfer, Wilhelm Weygandt, in: Deutsche Zeitschrift für Nervenheilkunde 149 (1939), S. 1–6, S. 2.

130   Weygandt, Geisteskrankheiten im Kriege.; Wer genau der Auftraggeber war, ist schwer festzustellen: „Ihrer freundlichen Aufforderung, über medizinische Eindrücke vom westlichen Kriegsschauplatz zu berichten, kann ich nur in sehr unvollkommener Weise folgen... ." Wilhelm Weygandt, Von einer Automobilfahrt zum westlichen Kriegsschauplatz, in: Münchener Medizinische Wochenschrift 62 (1914), S. 2266–2267, H. 46., S. 2266.

131   „Bei der gewaltig überwiegenden Bedeutung der Chirurgie für den Krieg [...] kann leicht übersehen werden, dass eine gewisse, freilich wesentlich bescheidenere, aber doch nicht unwichtige Rolle den geistigen Erkrankungen zukommt." Weygandt, Geisteskrankheiten im Kriege., S. 2109. „Ein leistungsfähiges, rüstiges Zentralnervensystem ist die wesentliche Grundbedingung eines nachhaltigen Kriegserfolges. Dem entspricht es, wenn es in der Mürviker Rede lautet: „Der nächste Krieg und die nächste Seeschlacht fordern gesunde Nerven von Ihnen. Durch Nerven wird entschieden." Wilhelm Weygandt, Geisteskrankheit und Krieg, in: Münchener Medizinische Wochenschrift 61 (1914), S. 2152–2155, S. 2155.

der Soldaten im Blick zu behalten. Seine ersten Beobachtungen „Von einer Autofahrt zum westlichen Kriegsschauplatz" betrafen vor allem die Frage, ob die schweren Geisteskrankheiten im Kriege – „eine Kriegspsychose sui generis" – stark zunehmen würden, eine Frage, die er eindeutig verneinen konnte.[132] Im gleichen Monat berichtete er aber schon über „eigenartige [psychische] Störungen, die im Frieden nur selten zu beobachten seien ...".[133] Mit siegesgewissem Optimismus betonte er aber den guten Geist der Truppe, der in den Schützengräben, den Stäben und den Lazaretten herrschen würde.[134] Es sei eine besondere Eigenschaft der deutschen Nation, die mehr sei als die einer Summe von Einzelpersonen, die dafür verantwortlich sei. Als Psychologe bezog er sich dabei auf die Ausführungen von Wilhelm Wundt zur Völkerpsychologie und betonte dadurch noch einmal die Bedeutung der Psychologie als Deutungswissenschaft des aktuellen Kriegsgeschehens.[135] Ähnlich argumentierte Robert Sommer für den Stellenwert der Militärpsychologie:

> Schon vor Ausbruch dieses Krieges haben sich Anfänge einer Militär-Psychologie entwickelt. Die Ausbildung der Mannschaften erweckt in dieser Beziehung großes Interesse. Man sucht unsere Militärorganisation mit Ausdrücken wie „Drill" und „Militarismus" abzutun. Die psychologischen Gründe der gewaltigen militärischen Kraft Deutschlands liegen jedoch tiefer. Es handelt sich bei der Erziehung der Rekruten – psychologisch ausgedrückt – um die Ergänzung der individuellen durch eine Kollektiv-Seele; der Einzelwille findet einen festen Boden in dem Gesamtwillen, der Millionen von Volksgenossen in gleicher Weise beseelt.[136]

Hier scheint der Topos des *Willens* auf, der im weiteren Kriegsverlauf eine zunehmend wichtigere Rolle im psychiatrischen Diskurs nehmen sollte, und der Bezug zur Armee als einer zu beeinflussenden Masse. Die Bedürfnisse des einzelnen Soldaten, so Sommer, würden durch die idealtypische deutsche Erziehung der Rekruten für das Wohl der Nation erfolgreich zurückgestellt. Auch mit dieser Betrachtung unterstrich Sommer die Bedeutung einer psychologischen Interpretation der erfolgreichen deutschen Rekrutenausbildung.

Aber nicht nur an der Westfront waren Beobachtungen zur psychischen Verfassung der Truppe vom Militär in Auftrag gegeben worden, sondern auch an der Ostfront, wo der Psychologe Max Dessoir im Herbst 1915 als Gast der Obersten Heeresleitung stationiert war. Dessoir war Philosoph und Mediziner, aber

---

132 Weygandt, Von einer Automobilfahrt zum westlichen Kriegsschauplatz.; Weygandt, Geisteskrankheiten im Kriege., S. 2110.
133 Ebenda., S. 2109.
134 Weygandt, Von einer Automobilfahrt zum westlichen Kriegsschauplatz., S. 2267.
135 Weygandt, Geisteskrankheit und Krieg., S. 2155.
136 Sommer, Krieg und Seelenleben., S. 14.

auch Mitglied der deutschen Gesellschaft für Psychologie; er war zu seinem Bedauern vom aktiven Militäreinsatz zurückgestellt worden und versuchte nun, sich auf eine andere Weise für die nationale Sache einzubringen. Nach seinem Aufenthalt an der Ostfront verfasste er seine *Kriegspsychologischen Betrachtungen* mit der Absicht einer „wissenschaftlichen, d.h. objektiven Feststellung einer seelischen Gesetzmäßigkeit". Dabei hob auch Dessoir die kriegswichtige Bedeutung seines Faches hervor: „Der Krieg ist in erster Linie ein militärischer, politischer, wirtschaftlicher Vorgang. Mit diesen Hauptbestandteilen ist das Psychologische derart verschmolzen, dass es teils als ihre Ursache, teils als ihre Begleiterscheinung, teils als ihre Folge auftritt."[137]

In seinen Betrachtungen, in denen immer wieder sehr positiv über den psychischen Zustand der Truppe berichtet wird, hob Dessoir besonders die Überlegenheit des deutschen Heeres durch die „Verschmelzung von Gehorsam und selbstständiger Willensbetätigung" hervor. Er beschrieb die psychische Situation der kämpfenden Truppe als „furchtbare Tapferkeit eines geordneten Rauschzustandes."[138] Dessoir schilderte aber auch negative Facetten des Fronterlebens wie die körperlichen Anstrengungen, die Probleme einer Männergemeinschaft und die Situation in den Schützengräben; die persönlichen Eindrücke eines verletzten Universitätsprofessors wurden angefügt. In seinem Bericht schwingt aber noch deutlich die anfängliche Kriegsbegeisterung und das Gefühl der Überlegenheit des deutschen Militärs mit; das Erleben an der Front wurde eher positiv geschildert und von psychischen Erkrankungen, wie sie zur selben Zeit an der Westfront gehäuft auftraten, ist in diesem Bericht nicht die Rede.

Eine andere Initiative zur Erfassung der Stimmung im Heer ging von einer Gruppe von Universitätspsychologen aus.[139] William Stern, Professor für Philosophie und Psychologie in Berlin, hatte zusammen mit Otto Lipmann das *Institut für angewandte Psychologie und psychologische Sammelforschung* gegründet. Stern war einerseits bekannt dadurch, dass er den Begriff des „Intelligenzquotienten" neu gefasst, als ein numerisch zu erfassendes Maß für die intellektuelle Leistungsfähigkeit.[140] Er vertrat andererseits eine personalistische Psychologie, in der der einzelne Mensch in seiner Ganzheit im Mittelpunkt stehen sollte. 1915 hatte er sich für den Landsturm gemeldet, war

137   Max Dessoir, Kriegspsychologische Betrachtungen, von Max Dessoir, Leipzig 1916, S. 4f.

138   Ebenda., S. 24.

139   Unter Universitätspsychologen verstehe ich hier die Gruppe der Mitglieder im Verein, die nicht medizinisch arbeiteten, meist kein abgeschlossenes Medizinstudium hatten und vor allem forschend an den Universitäten arbeiteten.

140   William Stern, Die psychologischen Methoden der Intelligenzprüfung und deren Anwendungen bei Schulkindern, Leipzig 1912.

aber als „wehrdienstuntauglich" eingestuft worden.[141] Trotzdem setzte er sich vehement für eine positive, nationalistisch geprägte Einstellung zum Krieg ein. Zudem initiierte er mehrere Studien zum *jugendlichen Seelenleben und Krieg*, in denen er sehr unterschiedliche Untersuchungsmethoden anwandte. Die Ergebnisse seiner Arbeit wurden 1915 auf einer Ausstellung (*Schule und Krieg*) in Berlin gezeigt; in dieser Ausstellung überwogen die patriotischen und kriegspädagogischen Aussagen und teilweise wurde sogar der Feindeshass als normale Reaktion der Schüler bewertet.[142] Auch Stern stellte den großen Einfluss des Krieges auf das gesamte Schulleben dar, problematisierte dies jedoch nicht.[143] Im gleichen Jahr entwickelte er zusammen mit Otto Lippmann einen umfangreichen Fragebogen, in dem er bis in alle Einzelheiten das Erleben der Frontsoldaten erfassen wollte, um „von Frontsoldaten ein möglichst weitgehendes und erschöpfendes Material zu erhalten".[144] Gefragt wurde beispielsweise auch nach der Einstellung zum Krieg und zum Feind, dem Verhalten in Gefahr, aber auch im Kriegsalltag, gegenüber Gefangenen und der Zivilbevölkerung, dem Sexualleben und dem religiösen Verhalten.[145] Dieses Material sollte statistisch ausgewertet werden und nicht nur einer reinen Beschreibung dienen.

Paul Plaut, ein junger jüdischer Offizier, nahm diesen Fragebogen mit an die Front, um ihn den dort stationierten Soldaten vorzulegen, um eine „systematische Analyse und Auswertung bestimmter Situationen, wie sie nur der Krieg mit sich bringt", zu ermöglichen.[146] Seine Arbeit wurde aber durch die Zensur behindert und er konnte seine Ergebnisse erst nach dem Krieg veröffentlichen.[147] Deutlich wird in seiner *Psychographie des Kriegers*, dass er sich mit einem wissenschaftlich-positivistischen Blick und „objektiver Strenge" den

---

141 William Stern/Jonas Cohn/Helmut E. Lück (Hrsg.), Der Briefwechsel zwischen William Stern und Jonas Cohn. Dokumente einer Freundschaft zwischen zwei Wissenschaftlern, Berlin 1994, S. 92f.

142 Stern, Jugendliches Seelenleben und Krieg.; Helmut E. Lück/Miriam Rothe, Kinder erleben den Weltkrieg. Empirische Untersuchungen zu Beginn des Krieges, in: Journal für Psychologie 18 (2017), S. 111–142, S. 137.

143 Im Band zu der begleitenden Ausstellung hieß es, dass die Aufsätze über den Krieg voller Wärme seien und durch ihre Begeisterung für den Krieg eine Bereicherung darstellen würden. Gramberg 1915, zitiert nach: ebenda, S. 131.

144 Paul Plaut, Beiträge zur Psychologie des Krieges, Leipzig 1920, Vorbemerkung.

145 Ebenda., S. 111–118.

146 Paul Plaut, Prinzipien und Methoden der Kriegspsychologie. In: Handbuch der biologischen Arbeitsmethoden. Hrsg. v. Ernst Abderhalden. Abt. VI, Teil C/I. Berlin, Wien 1928. S. 621–688., in: Emil Abderhalden (Hrsg.), Handbuch der biologischen Arbeitsmethoden, Bd. 6, Berlin, Wien 1928, S. 621–687, S. 645.

147 Die Frage, die zur Zensur geführt hatte, lautete: „Benutzt der Vorgesetzte seine Stellung dazu, sich gewisse Vorteile zu verschaffen (bessere und reichlichere Beköstigung,

Gefühlen der Soldaten an der Front nähern wollte, um „aus den Beziehungen und Wechselbeziehungen zu sicheren Resultaten zu gelangen."[148] In seiner beschreibenden Auswertung der Ergebnisse der Befragung schilderte Plaut die oft wechselnde Gefühlslage an der Front: So beschrieb er die Kriegsbegeisterung der ersten Augusttage: „Auch dies gehört zu den Kriegswidersprüchen: selbst wahrhafte Friedensfreunde griffen damals freudig zu den Waffen", aber auch die Situation der Isolation im Schützengraben, wo „viele [...] zu Grüblern, Zweiflern und Pessimisten" wurden. „Kriegsbegeisterung nach einjähriger Dauer wohl so gut wie nirgendmehr vorhanden."[149] Diese Bemerkungen entsprachen dem Tenor der von ihm ausgewerteten Fragebögen. In keinem Abschnitt seiner *Psychographie des Kriegers* wird ein kritisches Bild vom Krieg gezeigt, sondern Plaut entwarf an vielen Stellen eher das Bild des idealen Soldaten.[150]

In einem ähnlichen Projekt hatte Walter Ludwig seine „Beiträge zur Psychologie der Furcht im Kriege" konzipiert. Er hatte selbstständig im Krieg Material in Form von kurzen Aufsätzen gesammelt; Offiziersanwärter und einfache Soldaten aus Württemberg hatten auf die Frage geantwortet: „... an was der Soldat im Augenblick der höchsten Gefahr denkt, um die Furcht vor dem Tod zu überwinden."[151] Das Besondere an der Studie von Ludwig war, dass er bei der Auswertung nicht nur deskriptiv vorging, sondern auch eine Zahlenangabe der häufigsten Antworten in tabellarischer Form vornahm. In Momenten von großer Gefahr erlebten die meisten Kriegsteilnehmer „religiöse Regungen", „Erinnerungen an zu Hause", „soziale Emotionen", aber auch Fatalismus.[152] Diese psychologischen Berichte zeichneten sich dadurch aus, dass sie die Kriegserfahrungen des einzelnen Soldaten möglichst genau erfassen wollten. Die Psychologen wollten ein Bild des „idealen Kriegsteilnehmers" entwerfen, dann aber auch ihre Bereitschaft zeigen, sich für das Wohl der Nation einzusetzen, um damit den Stellenwert ihres Wissens hervorzuheben.

Quartiere – auch zum Schaden der ihm Unterstellten)?", Plaut, Beiträge zur Psychologie des Kriegers, Beihefte zur Zeitschrift für angewandte Psychologie, 21, 1920, S. 115.

148   Ebenda., S. 5f.

149   Ebenda., S. 8.

150   Ein Beispiel dafür: „Tod und Tötung werden [...] des selbstsicheren Momentes entkleidet, werden geadelt durch die heilige Sache."Ebenda, S. 69.

151   Walter Ludwig, Beiträge zur Psychologie der Furcht im Kriege. Inaugurial-Dissertationzur Erlangung der Doktorwürde einer hohen Philosophischen Fakultät der Universität Tübingen, Leipzig 1919, S. 6.

152   Walter Ludwig, Beiträge zur Psychologie der Furcht im Kriege, in: Beihefte zur Zeitschrift für angewandte Psychologie und psychologischer Sammelforschung (1920), S. 125–172, H. 21., S. 172; Ludwig konnte sein Projekt aber erst nach dem Krieg veröffentlichen.

Der Psychologe Kurt Lewin veröffentlichte 1917 einen Artikel über die *Kriegs-landschaft* in der Zeitschrift für angewandte Psychologie, in dem der einzelne Soldat im Mittelpunkt stand.[153] Lewin beschrieb sein Erleben der Landschaft im Krieg, aber nicht seine emotionale Reaktion, sondern die veränderte Wahrnehmung der Landschaft, die ganz der Thematik des Kriegsgeschehens untergeordnet sei. Wenn man von der Etappe sich wieder der Front nähert, so Lewin, würde man eine „eigentümliche Umformung des Landschafts-bildes" erleben.[154] Auch die Menschen so wie Gebäude, Wiesen oder Wälder würden eine Zugehörigkeit zu dieser Gefechtswelt bekommen und nur noch in diesem Zusammenhang sichtbar werden.[155] Die phänomenologische Ana-lyse der Kriegssituation ermöglichte eine sachlich distanzierte Beschreibung sehr belastender Ereignisse (der Anblick gerade gefallener Soldaten), war aber sehr geeignet, die grauenhaften Fronterlebnisse darzustellen.[156] Anders als in den Beschreibungen der ersten Kriegszeit war die Stimmung, die beschrieben wurde, nicht mehr optimistisch und siegesgewiss, im Mittelpunkt stand aber noch das individuelle Erleben des einzelnen Soldaten.

Diese psychologischen Schriften sind noch dem Kriegsanfang zuzu-ordnen; das Erleben des Individuums stand im Mittelpunkt und es wurde eine beschreibende Situationspsychologie betrieben als „systematische Ana-lyse und Auswertung bestimmter Situationen, wie sie nur der Krieg mit sich bringt."[157] Diese beschreibende Kriegspsychologie wurde jedoch im weiteren Kriegsverlauf nicht weiter ausgeübt und durch die Zensur unterbunden. Auch stand sehr bald nicht mehr das Individuum im Mittelpunkt des Interesses, son-dern der Mensch trat als Teil des Kriegsapparates in seiner Bedeutung zurück. Psychologen waren zunehmend nicht mehr als Beobachter gefragt, sondern wurden zu Mechanikern und Verwaltern von menschlicher Kampf- und Arbeitskraft, vor allem auch von verletzten Kriegsteilnehmern. Um deren Ver-sorgung zu garantieren, wurden viele Psychologen in die militärpsychiatrische Organisation eingegliedert.

---

153 Lewin, Kriegslandschaft, in: Zeitschrift für angewandte Psychologie 12 (1917), S. 440–447.
154 Ebenda., S. 444.
155 Ebenda., S. 445.
156 Scheerer, Kämpfer des Wortes: Die Ideologie deutscher Psychologen im Ersten Weltkrieg und ihr Einfluss auf die Psychologie der Weimarer Zeit., S. 19.
157 Plaut, Prinzipien und Methoden der Kriegspsychologie. In: Handbuch der biologischen Arbeitsmethoden. Hrsg. v. Ernst Abderhalden. Abt. VI, Teil C/I. Berlin, Wien 1928. S. 621–688., in: Abderhalden (Hrsg.), S. 645; ähnliche persönliche Schilderungen finden sich auch in der zeitgenössischen Fachpresse, siehe: Birnbaum, Kriegsneurosen und -psychosen auf Grund der gegenwärtigen Kriegsbeobachtungen., S. 4f.

Eingliedern und Neupositionieren

1914 hatte der Verein für experimentelle Psychologie 195 Mitglieder, von denen 47 Mediziner waren.[158] 26 dieser ärztlichen und 32 nicht-ärztliche Mitglieder des Psychologenverbandes wurden ihren fachspezifischen Vorkenntnissen entsprechend für militärische Aufgaben eingesetzt und entweder bereits bestehenden Kliniken zugeordnet oder in neue kriegswichtige Versorgungszentren eingegliedert.[159] Ärztinnen konnten bis Mai 1915 in Reservelazaretten arbeiten; danach war ihnen, anders als in Großbritannien, auch die Arbeit dort untersagt.[160]

Die Versorgung der psychisch verletzten Soldaten wurde zu einem zunehmenden Problem des deutschen Sanitätsdienstes und hier wurden auch einige Psychologen eingebunden. Da es, anders als in England, keine psychologisch orientierten Fachkliniken gab, soll im Folgenden die Tätigkeit einzelner psychologischer Experten dargestellt werden. Ein anerkannter Fachmann war der oben erwähnte Psychologe Weygandt.[161] Er hatte schon vor dem Krieg militärpsychiatrische Themen erörtert und wurde schnell zu Gutachtertätigkeiten herangezogen.[162] Schon in der Vorkriegszeit hatten psychiatrische Gutachten bei militärgerichtlichen Fragen eine gewichtige Rolle gespielt und dies wurde in der Kriegszeit, anders als in Großbritannien, auch weiter

---

158   Schumann (Hrsg.), Bericht über den VI. Kongress für Experimentelle Psychologie in
       Göttingen vom 15 bis 18 April 1914., S. 114–123. In dieser Arbeit werden jedoch nur die
       Psychologen berücksichtigt, die im Deutschen Reich arbeiteten. Davon arbeiteten einige
       in ihren Fachgebieten wie Korbinian Brodmann, der in Tübingen unter Robert Gaupp
       tätig war und von Kriegsbeginn an als freiwilliger ordinierter Arzt an der Nervenabteilung
       des Reservelazaretts II in Tübingen arbeitete, siehe Lebenslauf, in: www.korbinian-
       brodmann.de/lebenslauf, abgerufen am 3.6.2019.

159   Eigene Zählung nach Friedrich Schumann, Bericht über den VI. Kongress für Experi-
       mentelle Psychologie in Göttingen vom 15 bis 18 April 1914, Leipzig 1914, S. 115–123; Uwe
       Wolfradt, Deutschsprachige Psychologinnen und Psychologen 1933–1945. Ein Personen-
       lexikon, ergänzt um einen Text von Erich Stern, Wiesbaden 2015; insgesamt sollen in
       der ganzen Kriegszeit 18 709 Ärzte des Heeres, der Schutztruppen und der Marine tätig
       gewesen sein und 7583 im Heimatgebiet, Eckart, Medizin und Krieg, S. 102.

160   Deutsches Reich (Hrsg.), Die Krankenbewegung in den Deutschen Feld- und Besatzungs-
       heer im Weltkriege 1914/1918. Sanitätsbericht über das Deutsche Heer im Weltkriege
       1914/1918, bearbeitet vom Reichswehrministerium, Band 1. Gliederung des Heeressani-
       tätswesens im Weltkriege 1914/1918, Berlin 1935, S. 45.

161   Meggendorfer, Wilhelm Weygandt., S. 2.

162   „Der Militärdienst hat keine direkte ursächliche Bedeutung für Geistesstörungen, doch
       kommen manchmal krankhafte Zustände, die vorher nicht erkannt worden waren, wäh-
       rend des geregelten Militärdienstes erst an den Tag, z.B. Imbezillität, Epilepsie."Wilhelm
       Weygandt, Atlas und Grundriss der Psychiatrie, München 1902, S. 37.

so beibehalten.[163] In seiner psychiatrischen Klinik wurde Weygandt, wie sein Kollege Robert Sommer, bald mit psychisch kranken Kriegsteilnehmern konfrontiert, denn diese wurden meist in der Heimat versorgt. Der Psychologe und Arzt Hermann Gutzmann, der vor dem Krieg über (psychisch verursachte) Sprachstörungen gearbeitet hatte, wurde vom Militär für Spezialaufgaben rekrutiert und sein Privatsanatorium in Berlin in ein Lazarett für sprachgestörte Soldaten umgewandelt.[164]

Einen etwas schwierigeren Einstieg in die Kriegsarbeit hatte der Psychologe und Psychiater Willi Hellpach. Hellpach war habilitierter Psychologe und Arzt und hatte vor dem Krieg in einer Privatpraxis als Nervenarzt gearbeitet.[165] Seine zahlreichen Veröffentlichungen über das Thema *Neurasthenie* und Probleme am modernen Arbeitsplatz hatten ihm Anerkennung in Fachkreisen gebracht.[166] Trotzdem musste er, da er in Friedenszeiten nicht die Qualifikation zum Sanitätsoffizier der Reserve bekommen hatte, als Unterarzt in den Krieg ziehen.[167] Nach einer überstandenen Krankheit und aufgrund der Fürsprache eines wohlgesonnenen Kollegen übernahm er dann aber im zweiten Kriegsjahr ein neu gegründetes Reservelazarett für nervenkranke Soldaten in Sulzburg bei Freiburg.[168] Andere Psychologen wie Emil Otto Schultze arbeiteten in einem Nervensanatorium, das schon zu Kriegsbeginn in ein Lazarett für gemüts- und geisteskranke Soldaten umgewandelt wurde und sammelten dort Erfahrungen mit kriegsneurotischen Soldaten.[169] In Deutschland

163 Wilhelm Weygandt, Kriegspsychiatrische Begutachtungen, in: Münchener Medizinische Wochenschrift 62 (1915), H. 37, S. 1257–1259, S. 1257;Lengwiler, Zwischen Klinik und Kaserne., S. 237.

164 Hermann Gutzmann, Über die Beziehung der Gemütsbewegung und Gefühle zu Störungen der Sprache, in: Friedrich Schumann (Hrsg.), Bericht über den VI. Kongress für Experimentelle Psychologie in Göttingen vom 15 bis 18 April 1914, Leipzig 1914, S. 259–304; Hermann Gutzmann, Kriegsärztlicher Bericht, in: Neurologisches Centralblatt 35 (1916), S. 245.

165 Stallmeister/Lück (Hrsg.), Willy Hellpach., S. 9f.

166 Willy Hellpach, Nervosität und Kultur, Berlin 1902; Willy Hellpach, Technischer Fortschritt und seelische Gesundheit. Akademische Antrittsrede, gehalten am 25. Juni 1906, Halle a. S. 1907.

167 Willi Hellpach, Wirken in Wirren. Lebenserinnerungen; eine Rechenschaft über Wert und Glück, Schuld und Sturz meiner Generation, Hamburg 1949, S. 31.

168 Ebenda, S. 35. Dies entsprach der militärpsychiatrischen Strategie in Baden, nach der ab Mitte 1915 Sonderlazarette für psychisch verletzte Soldaten auf dem Lande unter fachärztlicher Leitung zusammengestellt wurden, Hoffmann, Über die Behandlung der Kriegshysterie in den badischen Nervenlazaretten., S. 119.

169 „Mit Beginn des Ersten Weltkrieges wurde in Köppern das Reservelazarett IV-Vereinslazarett 100 eingerichtet." Michael Putzker/Herwig Groß, Kriegszitterer in Köppern während des Ersten Weltkrieges, in: Christina Vanja (Hrsg.), „In waldig-ländlicher

organisierte sich der Sanitätsdienst schnell und effizient und es wurden vor allem im Heimatgebiet die bestehenden psychiatrischen Kliniken in den verschiedenen Ländern des Deutschen Reiches für militärische Zwecke genutzt.[170] Freiräume für Psychologen ohne klinische Erfahrungen wie in Großbritannien gab es nicht und es entstand auch keine Gruppe psychologisch arbeitender Ärzte an Spezialkrankenhäusern.

Anders war dies in Gebieten, wo eine explizite psychologische Expertise gefragt war, wie im Bereich der Hirnverletztenversorgung: „Die militärärztliche und sozialmedizinische Bedeutung der genauen psychologischen Untersuchung der Hirnverletzten ist sicherlich eine sehr große." so äußerte sich der Psychologe Walter Poppelreuter, der in einem Militärlazarett in Köln arbeitete.[171] Er war schon im ersten Kriegshalbjahr mit der Versorgung hirnverletzter Soldaten betreut worden und hatte erfolgreich für eine Spezialisierung seines Arbeitsbereiches plädiert. Durch Zuwendungen des Kriegsministeriums und private Spenden wurde es ihm ermöglicht, eine spezialisierte Station für Hirnverletzte in Köln einzurichten, der seit Januar 1916 auch eine Beratungsstelle für berufliche Fördermaßnahmen zugeordnet war.[172]

Die Diagnose und Therapie von hirn- und nervenverletzten Soldaten war ein neues Fachgebiet, in dem psychologisch arbeitende Ärzte ihre Fachmethoden einbringen konnten und in dem sie nicht auf etablierte Hierarchien stießen. Dort stellten sich vor allem zwei Fragen: Konnten die psychischen Ausfälle Auskunft geben über die Funktion und Bedeutung der verletzten Hirnteile? Dann, in der Kriegszeit relevanter: „Wie ist die Schädigung der Leistungsfähigkeit zu beurteilen, wie ist der Ersatz verlorener geistiger Funktionen zu erzielen?"[173] Psychologische Instrumente wie Fragebögen zur Gedächtnisleistung, zum Bildererkennen, zur Sprachfunktion gaben Auskunft über noch

---

Umgebung ..." das Waldkrankenhaus Köppern: von der agrikolen Kolonie der Stadt Frankfurt zum Zentrum für Soziale Psychiatrie Hochtaunus, Kassel 2001, S. 112–124, S. 118.

170   Deutsches Reich (Hrsg.), Die Krankenbewegung in den Deutschen Feld- und Besatzungsheer im Weltkriege 1914/1918. Sanitätsbericht über das Deutsche Heer im Weltkriege 1914/1918, bearbeitet vom Reichswehrministerium, Band 1. Gliederung des Heeressanitätswesens im Weltkriege 1914/1918, S. 30f. Im Deutschen Reich standen 1914 8986 Ärzte im Militärverhältnis.

171   Walther Poppelreuter, Über psychische Ausfallerscheinungen nach Hirnverletzungen., in: Münchener Medizinische Wochenschrift 62 (1915), S. 489–490, S. 490.

172   Ebenda, Vorwort; Walther Poppelreuter, Über Hirnverletztenpsychologie, in: Karl Bühler (Hrsg.), Bericht über den VII. Kongress für Experimentelle Psychologie in Marburg vom 20.-23. April 1921, Jena 1922, S. 75–79, S. 78.

173   Poppelreuter, Über psychische Ausfallerscheinungen nach Hirnverletzungen., S. 489.

bestehende oder ausheilende Defekte.[174] Die Unmenge an speziellen, genau
zu lokalisierenden Schädigungen am Gehirn bislang gesunder, junger Männer
bot die Möglichkeit zu neuen theoretischen Erkenntnissen:[175] Damit waren
die diagnostischen Anforderungen gestiegen, denn es galt, neben dem Ausfall
spezifischer kognitiver Funktionen nun auch Persönlichkeitsmerkmale zu messen, ein Verfahren, das erheblich schwieriger war. Es zeichneten sich hier Probleme der Psychodiagnostik ab, die zunehmend neben einzelnen Eigenschaften
die Gesamtpersönlichkeit erfassen sollte. Poppelreuter entwickelte dazu im
Verlauf des Krieges ein immer ausgefeilteres Diagnoseschema, in das auch
Verhaltensbeobachtungen eingingen.[176] Die Prognose dieser Hirnverletzten
sah Poppelreuter als recht günstig an, obwohl „die Felddienstfähigkeit im allgemeinen zu verneinen sei.“[177] Für das Wohlergehen der Patienten entwickelte
er eine spezielle Schulung und Therapie, um die Hirnverletzten wenigsten
wieder garnisonsfähig zu machen.[178] Diese Maßnahmen scheinen vorallem
im großen Maße durch die Sorge um seine Patienten motiviert gewesen zu
sein, und er versuchte durch das Auffinden einer Tätigkeit, die dem ursprünglichen Beruf des Patienten entsprach, dessen Wiedereingliederung zu ermöglichen.[179] Die frühe Einführung eines effektiven Schulungsprogramms wurde
sicher auch begünstigt durch die militärische Initiative zur Invalidenfürsorge:
Das Reichsamt des Inneren hatte Anfang 1915 Prinzipien zur Invalidenfürsorge
festgelegt, die neben der medizinischen Versorgung die „… möglichst voll-
kommene Wiederherstellung der Gebrauchsfähigkeit kranker und verletzter

---

174 Standardmäßig wurden eine pädagogische Prüfung, eine Gedächtnistest, eine
     Kombinationsaufgabe nach Ebbinghaus in der einzelne Worte in einem Text ergänzt wer-
     den mussten und ein Binet-Bildtest (Beschreiben von Bildern) durchgeführt. Archiv der
     LVR Klinik Bonn, Krankenakten von Dr. Walter Poppelreuther.

175 „In einem wesentlichen Punkte wird wohl die Kriegserfahrung eine Änderung der Theo-
     rie bringen: Auch allen anderen Kollegen hat sich die Beobachtung aufgedrängt, dass
     lokalisierte Hirnverletzungen nicht nur die spezifischen Ausfallsymptome machen, son-
     dern überhaupt die ganze Persönlichkeit ändern können.“ Poppelreuter, Über psychische
     Ausfallerscheinungen nach Hirnverletzungen, S. 489.

176 Beispielsweise wurde das Verhalten der Patienten beim Heben eines Eimers beobachtet,
     z.B. Patient Leonhard B., aufgenommen am 9.1.1915, Archiv der LVR Klinik Bonn, Kranken-
     akten von Dr. Walter Poppelreuther.

177 Poppelreuter, Über psychische Ausfallerscheinungen nach Hirnverletzungen, S. 490.

178 Ebenda.

179 „Kann nicht mehr als Geiger arbeiten, wird im Musikhandel untergebracht.“, Gutachten
     über Musketier Wilhelm Otto B., am 5.1.1916 ins Festungslazarett Cöln verlegt. Archiv der
     LVR Klinik Bonn, Krankenakten von Dr. Walter Poppelreuther; „Im Allgemeinen scheint
     uns ein Mehr an Rente angebrachter als ein Weniger“, siehe: Poppelreuter, Über psychi-
     sche Ausfallerscheinungen nach Hirnverletzungen, S. 490.

Glieder zum Ziele [...] hatte."[180] Da Poppelreuter seine Hirnverletztenstation im Januar 1915 gründete ist ein Zusammenhang anzunehmen.[181]

Ähnliche Institutionen zur Rehabilitation von Hirnverletzten wurden in München und Frankfurt eingerichtet und ebenfalls mit Psychologen besetzt.[182] Anders als in den psychiatrischen Kliniken bildeten sich hier Fachzentren, in denen auch nicht-ärztliche Psychologen an Forschungsarbeiten mit den verletzten Kriegsteilnehmern arbeiteten.[183] Hier konnten die Psychologen ihre Fachkenntnisse in neu gebildeten Institutionen unter Beweis stellen; hier hatten die deutschen Psychologen ihre Lücke gefunden. Anders als ihre Kollegen in der psychiatrischen Versorgung wie Robert Sommer äußerten sie sich aber nicht direkt zum Kriegsgeschehen.

Das Problem der Diagnose

In der Öffentlichkeit und auch der Fachwelt stand die große Zahl der Kriegsteilnehmer, die an unerklärlichen körperlichen und psychischen Symptomen erkrankten im Fokus der Aufmerksamkeit. Deshalb gewann nach Kriegsbeginn vor allem das Problem der Diagnose an Bedeutung: Die Soldaten zeigten Symptome, die einer Vielzahl von Krankheiten ähnelten. Dies waren nicht nur sogenannte funktionelle Störungen, wie z.B. Lähmungserscheinungen oder Erblindung, Taubheit oder Sensibilitätsverlust, sondern es traten starke emotionale Reaktionen oder z.B. unerklärliche Herzbeschwerden auf. Problematisch bei der Diagnose war, dass sich hier ein völlig neuer Symptomkomplex bei vormals gesunden jungen Männern zeigte. Das Gemeinsame dieser Erkrankungen war, dass diese jungen Männer ohne erkennbare physische Schädigung unter psychischen und körperlichen Störungen litten und deshalb nicht mehr in der Lage waren, weiterzukämpfen. Es gab oft keine medizinisch- organische Erklärung für die multiplen, organischen und psychischen Störungen. Die Diagnose einer psychischen Erkrankung von kämpfenden Soldaten war jedoch für alle Beteiligten problematisch: Für die Ärzte, da sie sich einem völlig neuen Krankheitsbild und Patiententypus gegenübersahen und oft eine organische Ursache nicht ganz ausschließen konnten. Um sich schnell zu verständigen, versuchte man auch in der deutschen ärztlichen

---

180   Niederschrift über die Verhandlungen im Reichsamt des Inneren am 18.1.1915, betreffend die Einleitung einer besonderen Fürsorge für verstümmelte Körper, in: GStA Merseburg, Rep. 151 IC Nr. 11718, Bd. 1, S. 14 des Protokolls, zitiert nach Wolfgang U. Eckart/Christoph Gradmann (Hrsg.), S. 188.

181   Poppelreuter, Über Hirnverletztenpsychologie, in: Bühler (Hrsg.), S. 76.

182   München: Isserlin, Frankfurt: Goldstein und Gelb, Fritz Giese in Halle. In: ebenda, S. 76.

183   Wolfram Belz/Andreas Eisenblätter/Axel Schulz ed. al., Vom Konkreten zum Abstrakten. Leben und Werk Kurt Goldsteins (1878–1965), Frankfurt 2006, S. 22–24.

Fachwelt vor allem durch die Darstellung von Fallbeispielen und Vergleichen mit Fachkollegen zu kommunizieren. Das Ziel war, möglichst schnell zu einer Krankheitsbezeichnung und Kategorisierung zu kommen, denn die Ärzte versuchten durch eine klare Fachsprache zu zeigen, dass sie das Phänomen eingrenzen und behandeln konnten.[184] Häufig wurden die Hauptsymptome oder die Entstehungssituation herausgestellt in Diagnosen wie Kriegszitterer, Zitterneurose oder Granatexplosionsstörung. Die „Kriegsneurose" war wohl die häufigste medizinische Diagnose, aber die vielen darunter beschriebenen Symptome hatten oft nur eines gemeinsam: Sie waren im und durch den Krieg entstanden.[185] Auch war die Ursache der Krankheit erklärungsbedürftig: War es eine Krankheit, die durch den Krieg verursacht worden war oder zwar im Krieg, aber bei prädisponierten Menschen auftrat?

Dabei griffen die Fachleute auf Diagnoseschemata psychiatrischer Erkrankungen aus der Vorkriegszeit zurück, Schemata, die ihre Sichtweise der Erkrankungen mitprägten. Besonders häufig stellten sie die Diagnose Neurasthenie, eine psychische Erkrankung, die vor allem durch eine starke Ermüdbarkeit gekennzeichnet war und die führende Neurologen auf die hohen Anforderungen und Überlastungen des modernen Lebens zurückgeführt hatten.[186] Den Begriff der Neurasthenie hatte der amerikanische Nervenarzt und Elektrotherapeut George Miller Beard im Jahre 1869 geprägt und damit einen Erschöpfungszustand beschrieben, der sich in einer Vielzahl von körperlichen und psychischen Symptomen bei seinen Patienten zeigte. Mehr als 71 verschiedene Symptomgruppen beschrieb Beard in seinem Lehrbuch und führte diese Beschwerden auf funktionelle Störungen des Gehirns bzw. des Rückenmarks zurück.[187] Der menschliche Körper funktioniere wie eine elektrische Batterie, so Beard, die nur über eine begrenzte Menge an Energie verfüge; wenn an einer Stelle zu viel Energie abgezogen würde, so fehle sie an anderer Stelle. Als Ursache dieses Ungleichgewichtes sah er die permanente Überlastung des modernen Menschen durch die intensiven Reize der Moderne, insbesondere der modernen Großstadt, und die wachsenden beruflichen Anforderungen

---

184 Reid, Broken men., S. 26.
185 Auch Stefanie Neuner spricht in ihrem Buch über die Berentungspolitik in der Weimarer Republik über ein „diagnostisches Sammelsurium, das sich durch eine schier unendlich erscheinende Variabilität und Kombinierbarkeit von nosologischen Begriffen auszeichnete."Stephanie Neuner, Politik und Psychiatrie. Die staatliche Versorgung psychisch Kriegsbeschädigter in Deutschland 1920–1939, Göttingen 2011, S. 169; ähnlich argumentiert Petra Peckl, Peckl, Krank durch die seelischen Einwirkungen des Feldzuges, in: Prüll/Rauh (Hrsg.), S. 56.
186 Siehe dazu zusammenfassend: Hofer, Nervenschwäche und Krieg, S. 45–184.
187 George Miller Beard/Moritz Neisser, Die Nervenschwäche (Neurasthenia) ihre Symptome, Natur, Folgezustände und Behandlung, Leipzig 1881, S. 26–77.

an. Diese Krankheit wurde als heilbar eingestuft, Therapiemaßnahmen
bestanden in der Verordnung von Ruhe, Bädern, reichhaltiger Ernährung
(Weir-Mitchell-Programm) und Massagen; außerdem empfahl Beard die
Anwendung von leichten elektrischen Strömen, eine Therapie, die der Vorstellung des menschlichen Nervensystems als einer Batterie entsprach.[188] Die
Theorie von Beard stieß in Europa, besonders im deutschsprachigen Raum,
auf intensives Interesse und um die Jahrhundertwende war die Neurasthenie
eine Art zeitgenössische Modediagnose, die bei einer Vielzahl von Symptomen angewandt wurde.[189] Diese Offenheit der Diagnose führte aber zu einem
Problem: Die Abgrenzung zu anderen Krankheitsbezeichnungen wie Hysterie wurde zunehmend unscharf. Im 19. Jahrhundert war es Konsens unter
den Experten, dass Hysterie eher als eine Frauenkrankheit anzusehen sei.[190]
Männer aber wurden von den entsprechenden Fachleuten eher als neurasthenisch bezeichnet, als Folge einer chronischen Überarbeitung.[191] Dies war
eine Möglichkeit für viele Männer der Zeit, Schwächen und Ängste zuzugeben,
ohne gesellschaftliches Ansehen zu verlieren.[192] An Bedeutung gewann neben
den Krankheitseinheiten Hysterie und Neurasthenie das Krankheitsbild der
„psychopathischen Minderwertigkeit". Hier wurde, auch in Verbindung mit
den Folgen der Moderne, ein erbliches, durch fortschreitende Degeneration
die ganze Nation bedrohendes Krankheitsbild heraufbeschworen.[193]

Ein anderes Konzept psychischer Erkrankungen entwickelte der Neurologe
Herrmann Oppenheim, der den Begriff der „traumatischen Neurose" prägte.
Nach Unfällen oder anderen Traumata versuchte er neben psychischen Einfluss-
faktoren körperliche Ursachen der Erkrankungen, wie winzige Schädigungen

---

188 Roy Porter/Christian Detoux, Wahnsinn. Eine kleine Kulturgeschichte, Zürich 2005, S. 148;
     die Elektrotherapie wurde auch in deutschsprachigen Ländern angewandt, wegen feh-
     lender Behandlungserfolge verschwand sie aber um die Jahrhundertwende zunehmend
     aus den Behandlungsplänen, siehe Fischer-Homberger, Die traumatische Neurose., S. 57;
     Andreas Killen, Berlin electropolis. Shock, nerves and German modernity, Berkeley, Calif.
     2006, S. 48–57.

189 Beard selber berichtete darüber, dass sein Neurasthenie-Konzept besonders im deutsch-
     sprachigen Raum auf intensives Interesse gestoßen sei, siehe: Roelcke, Krankheit und
     Kulturkritik., S. 123, S. 113; Hofer, Nervenschwäche und Krieg., S. 74.

190 Showalter, The female malady., S.98. Charcot berichtete aber schon 1878 über zahlreiche
     Fälle von männlicher Hysterie, siehe ebenda., S. 97; Lerner 2003, S. 24.

191 Hofer, Nervenschwäche und Krieg., S. 166.

192 Ebenda.

193 Franz Carl Müller, Geschichte der organischen Naturwissenschaften im neunzehnten
     Jahrhundert. Medizin und deren Hilfswissenschaften Zoologie und Botanik, Berlin 1902,
     S. 526; Radkau, Das Zeitalter der Nervosität., S. 185–203; Roelcke, Krankheit und Kultur-
     kritik., S. 178.

des Nervensystems, ausfindig zu machen.[194] Mit diesem Schwerpunkt auf einer naturwissenschaftlichen Erklärung der Symptome stand er nicht allein: Die meisten Neurologen waren seiner Ansicht.[195] Schon um die Jahrhundertwende wurden aber mit Nachdruck neue Konzepte für die Folgen von Unfallereignissen entwickelt, die eher die psychischen Ursachen der körperlichen Symptome betonten, so z.B. von Adolf Strümpel, der den Begriff der „Begehrungsvorstellung" einführte.[196] Dabei wurde der Wunsch des verletzten Patienten nach einer Entschädigung oder Rente als Ursache der körperlichen Symptome angenommen. So gab es drei Ursachenkomplexe, die zum Verständnis nervöser Störungen herangezogen wurden: Zum einen diffuse organische Schädigungen, zum anderen degenerative Entwicklungen bzw. eine negative körperlich-psychische Disposition und drittens psychische Faktoren wie der Wunsch nach einer finanziellen Entschädigung.

Wie sollten nun die zu Kriegsbeginn auftretenden psychischen Störungen erklärt werden? In diese Diskussion schalteten sich auch die psychologischen Ärzte ein. Einig waren sich die Autoren darin, dass sie die auftretenden Störungen den leichteren psychischen Erkrankungen zurechneten, Erkrankungen, die man in der Vorkriegszeit als Hysterie oder Neurasthenie bezeichnet hatte.[197]

> Die eigentliche Kriegspsychoneurose beruht auf einer Verbindung von neurasthenischen und psychogenen Symptomen und zeigt in der Regel Vereinigung von Ermüdung, Angst, Zwangsdenken und festgehaltenen Vorstellungskomplexen schreckhafter Art, häufig mit einer Störung des Traumlebens im gleichen Sinn. In dieser Zusammenstellung von Erscheinungen zeigen sich die 2 Hauptmomente des Krieges in Bezug auf die Auslösung nervöser Zustände, nämlich einerseits die langdauernde Anstrengung, andererseits die schreckerregenden Eindrücke des Krieges.[198]

Robert Sommer beschrieb hier den Krieg als eindeutig auslösendes Moment. Diese Meinung teilten zu Kriegsbeginn auch viele andere Psychiater; sie sahen den Krieg durchaus als auslösenden Faktor einer psychischen Erkrankung an und führten diese nicht, wie in der Vorkriegszeit, auf eine Prädisposition zurück.[199] Im Krieg, so Wilhelm Weygandt, „liegen die Verhältnisse von vorne-

---

194 Hermann Oppenheim, Der Krieg und die traumatischen Neurosen, Berlin, Heidelberg 1915; Lerner, Hysterical men., S. 27–29.

195 Michl, Im Dienste des „Volkskörpers"., S.188.

196 Fischer-Homberger, Die traumatische Neurose., S. 131f.

197 Sommer, Krieg und Seelenleben., S. 92.

198 Sommer, Krieg und Seelenleben., S. 9.

199 „Während es sich aus den mitgeteilten Statistiken ergibt, dass es sich bei den psychischen Störungen der Heeres- und Marineangehörigen in Friedenszeit fast ausschließlich um Erkrankungen handelt, die auf einer angebore Anlage beruhen ..."; Weygandt,

herein ganz anders."[200] Weygandt beschrieb schon im Oktober 1914, ähnlich wie Sommer, die kriegsbedingten Einflussfaktoren auf die psychischen Störungen im Feldzug: Den „psychischen Schock der mit ungeheurer Wucht einstürmenden, gefahrvollen Eindrücke, wie solche in der Friedenszeit nur ausnahmsweise vorkommen, dann Erschöpfung, psychischer und physischer Art und intensive seelische Spannung."[201] Damit beschrieb Weygandt Einflussfaktoren die in unterschiedlicher Gewichtung die ganze Kriegszeit hindurch als Ursachen psychischer Erkrankungen diskutiert wurden.[202] Die auftretenden Symptome wurden von den behandelnden Ärzten den in der Vorkriegszeit bekannten psychischen Krankheiten der Hysterie und Neurasthenie zugeordnet, wobei sich diese häufig überschnitten. In Deutschland war der Begriff der (männlichen) Hysterie zwar im militärpsychiatrischen Kanon etabliert, aber die Diagnose galt zu Anfang des Krieges als äußerst stigmatisierend:[203]

> Aber schon nach wenigen Monaten zeigte sich bei uns ein Bild, das wir früher nur ganz selten gesehen hatten – das Bild der Hysteria virilis, der „männlichen Hysterie"… Wir haben damals gesagt: „so etwas kommt nur bei den Franzosen vor, in Deutschland gibt es keine Hysterie bei Männern.[204]

Die Zunahme an sogenannten „hysterischen" Symptomen bei Kriegsteilnehmern verunsicherte die militärpsychiatrischen Fachleute, denn dies war nicht mit dem Ideal einer nervenstarken Armee zu vereinbaren. Folgerichtig verbot das Militär noch 1915, die eindeutige Diagnose *Hysterie* bei Soldaten zu stellen.[205] Eine klare Diagnosestellung war für die psychologischen

---

Geisteskrankheiten im Kriege., S. 2111. „Auch können solche [hysterischen] Störungen durch den Krieg bei Personen ausgelöst werden, die vorher nicht eine Krankheit dieser Art hatten." Sommer, Krieg und Seelenleben., S. 92. „Bei Hysterischen, an Schock und psychischer Erschöpfung Leidenden ist die ursächliche Bedeutung des Feldzuges einwandfrei und nur der Grad einer bleibenden Dienstbeschädigung kann recht fraglich sein." Weygandt, Kriegspsychiatrische Begutachtungen., S. 1258.

200   Weygandt, Geisteskrankheiten im Kriege., S. 2111.

201   Ebenda.

202   Ähnlich hellsichtig hatte der Psychiater Karl Bonhoeffer 1914 argumentiert. Er sagte die ansteigende Anzahl an psychischen Störungen im Heer voraus; das Auftreten von hysterischen Störungen, sowie bei längerer Kriegsdauer die „neurasthenischen" Symptome nach körperlicher Überanstrengung und Erschöpfung. Schon 1914 empfahl er die rasche Entfernung psychisch Kranker von der Truppe. Bonhoeffer, Psychiatrie und Krieg.

203   Weygandt, Geisteskrankheiten im Kriege., S. 2111; Hofer, Nervenschwäche und Krieg., S. 228.

204   Max Nonne, Anfang und Ziel meines Lebens. Erinnerungen, Hamburg 1972, S. 177.

205   [Ich möchte] „daran erinnern, dass es 1915 noch für unerlaubt galt, die Diagnose bei Soldaten auf Hysterie zu stellen." Max Nonne, Über erfolgreiche Suggestivbehandlung der

Ärzte nicht möglich, aber sie sahen im Krieg den auslösenden Faktor der unklaren klinischen Symptome.[206] In Folge dessen war die Behandlung dieser Erkrankungen in den ersten Monaten unspezifisch und wenig koordiniert:

> Therapeutisch geschah mit ihnen [den Kriegsneurotikern] lange nichts Plan-mäßiges. Sie waren dem Zufall überlassen, der sie in dies oder das Lazarett, in die Privatpflege oder in den Heimaturlaub verschlug; es hatte niemand recht Zeit, sich mit ihnen zu befassen, und ihre sichere Rentenanwartschaft nahm man als ein unabänderliches Fatum hin.[207]

So fasste Willi Hellpach die Situation der ersten Kriegsmonate im Rückblick zusammen; er wie Wilhelm Weygandt bestanden aber auf dem Recht auf eine Kriegsentschädigung.[208] Robert Sommer plädierte sogar dafür, Menschen, die „notorisch schon an stärkeren nervösen Störungen gelitten" hatten, gar nicht erst an der Front einzusetzen.[209] Auch lehnten diese Autoren es ab, die psychisch verletzten Soldaten als Simulanten zu bezeichnen oder ihnen den Wunsch nach einer Berentung zu unterstellen.[210] Zu diesem Zeitpunkt (1915) plädierten noch viele andere Ärzte für einen schonenden Umgang mit den ver-störten Soldaten und empfahlen eine raschen Entfernung der Kranken von der Front.[211] Trotz intensiv geführter Diskussionen bildete sich aber keine eigene psychotherapeutisch arbeitende Expertengruppe aus wie in Großbritannien. Anders als in Großbritannien wurden psychoanalytische Vorstellungen weder bei der Diskussion der Ursachen noch bei der Behandlung der psychischen Störungen berücksichtigt.[212]

---

hysteriformen Störungen bei Kriegsneurosen, in: Zeitschrift für die gesamte Neurologie und Psychiatrie 37 (1917), S. 191–218, S. 192.

206 Sommer sprach von Kriegspsychoneurosen und Nervösen, in: Sommer, Krieg und Seelen-leben., S. 92; Weygandt von Kriegskrankheiten, von Hysterischen, an Schock und psychi-scher Erschöpfung Leidenden, Weygandt, Kriegspsychiatrische Begutachtungen.; S. 1258.

207 Willy Hellpach, Therapeutische Differenzierung der Kriegsnervenkranken., in: Medizini-sche Klinik 12 (1917), S. 1259–1263, S. 1259.

208 „Bei Hysterischen, an Schock und psychischer Erschöpfung Leidenden ist die ursäch-liche Bedeutung des Feldzuges einwandfrei und nur der Grad einer bleibenden Dienst-beschädigung kann recht fraglich sein." Weygandt, Kriegspsychiatrische Begutachtungen., S. 1258.

209 Sommer, Krieg und Seelenleben., S. 93.

210 Weygandt, Kriegspsychiatrische Begutachtungen., S. 1259.

211 Bonhoeffer, Psychiatrie und Krieg.; Oppenheim, Der Krieg und die traumatischen Neuro-sen.; Hoffmann, Über die Behandlung der Kriegshysterie in den badischen Nerven-lazaretten., S. 118.

212 Kritisch äußerte sich beispielsweise Stern, William Stern, Die Anwendung der Psycho-analyse auf Kindheit und Jugend, in: Zeitschrift für angewandte Psychologie 8 (1914), S. 71–83, siehe auch Rainer Herrn, Wie die Traumdeutung durch die Türritze einer

Insgesamt zeigte sich in der Anfangszeit des Krieges eine große Vielfalt an Meinungen in der psychiatrischen Gemeinschaft. Sowohl die Diagnosestellung als auch die Diskussion der Verursachung waren so vielfältig und problematisch, dass bei der ersten Kriegstagung für Psychiatrie und Neurologie ein Teilnehmer feststellte, dass die Unterschiede fast so groß seien wie die der kämpfenden Länder.[213]

3.1.3   Zwischenfazit

Der Beginn des Ersten Weltkrieges war für die Psychologie beider Länder von großer Bedeutung, denn damit wurde sie erstmals in die praktische Arbeit in der Militärpsychiatrie einbezogen. In beiden Armeen waren die Sanitätsdienste in den ersten Kriegsmonaten von der Menge und der Art der psychischen Erkrankungen der Kriegsteilnehmer überrascht, zumal diese bei vormals gesunden jungen Männern auftraten. Obwohl sich die gravierenden Probleme der militärpsychiatrischen Versorgung ähnelten, zeigten sich deutliche Unterschiede sowohl in der theoretischen Ausrichtung als auch in der Art der organisatorischen Einbindung in die militärischen Strukturen. Damit wurden gleichzeitig Weichen für die Arbeit der Psychologen während des ganzen Krieges gestellt.

In beiden Ländern hatte die Armeeführung einen großen Bedarf an Fachleuten, um die anstehenden Probleme zu lösen und deshalb bekamen auch die Psychologen die Chance, sich zu beweisen und praktische Erfahrungen zu sammeln. Sie suchten in den ersten Kriegsmonaten vor allem nach neuen Namen, Diagnosen und Klassifizierungen für die neu und in großer Zahl auftretenden psychischen Störungen der Kriegsteilnehmer. Diese psychologische Arbeit wurde darüber hinaus durch weitere bedeutsame äußere Faktoren mitbestimmt: So schuf der Staat in beiden Ländern durch spezielle Gesetze eine neue Gruppe von psychischen Erkrankungen, jenseits der früher bekannten psychiatrischen Kategorien. Auch die Öffentlichkeit und die Presse setzten sich für die Belange der jungen, psychisch verletzten Patienten ein und der Sanitätsdienst schuf neue Möglichkeiten für die praktische Arbeit der Psychologen.

Bei Kriegsanfang vertraten die Fachleute beider Länder noch die Meinung, dass der Krieg der auslösende Faktor für die psychische Erkrankung der

---

geschlossenen Anstalt sickert. Zum Umgang mit der Psychoanalyse an der Psychiatrischen und Nervenklinik der Charité, in: Hans-Walter Schmuhl/Volker Roelcke (Hrsg.), „Heroische Therapien". Die deutsche Psychiatrie im internationalen Vergleich, 1918–1945, Göttingen 2013, S. 69–99.

213   Hermann Oppenheim, Neurosen nach Kriegsverletzungen, in: Zeitschrift für ärztliche Fortbildung 8 (1916), S. 213.

Soldaten sei. Dies schlug sich auch in den Diagnosebezeichnungen nieder. Der anfangs sehr häufig gestellten Diagnose *Neurasthenie* folgten in beiden Ländern spezifischere Krankheitsbezeichnungen wie *Kriegsneurose* und *shell shock*, die jedoch weiterhin umstritten waren. Da die Krankheitsursache in den belastenden Kriegserlebnissen gesehen wurde, waren die therapeutischen Maßnahmen in beiden Ländern auch wohlwollend und unterstützend und auf schnelle Erholung ausgerichtet. Im Rahmen der Organisation der jeweiligen militärpsychiatrischen Versorgung bildeten sich spezielle Krankenhäuser und Arbeitsgebiete für die psychologischen Experten heraus. Da in den ersten Monaten die psychisch verletzten Soldaten beider Länder in der Heimat versorgt wurden, spielte der Unterschied zwischen militärischer und Heimatfront keine Rolle.

Es zeigten sich aber deutliche Unterschiede in der Einbeziehung und der Arbeit der Psychologen. In Großbritannien bildeten sich nämlich an zwei Krankenhäusern in London psychologische Expertengruppen, die auch militärisch anerkannt waren und gefördert wurden und hier wurde mit psychoanalytischen Elementen therapiert, die sich als erfolgreich erwiesen. Von diesen Krankenhäusern ausgehend wurden auch viele andere Mediziner mit psychoanalytischen Methoden bekannt gemacht. Außerdem gelang es einem prominenten Psychologen, Charles Myers, in der schwierigen Situation des Kriegsanfangs in eine entscheidende Position im britischen Sanitätsdienst aufzusteigen und seine psychologischen Vorstellungen umzusetzen. Durch die Etablierung der zwei psychologisch orientierten Versorgungskrankenhäuser und die Einbeziehung von Psychologen an der Front wurden Weichenstellungen für die psychologische Arbeit beim Militär in Großbritannien gestellt, die für die ganze Kriegszeit von Bedeutung sein sollten. Es bildeten sich eng kommunizierende Fachgruppen, in denen die meisten der britischen Psychologen arbeiteten.

Ganz anders war die Einbeziehung deutscher Psychologen in die militärpsychiatrische Versorgung: Hier war die Militärpsychiatrie schon vor dem Krieg so gut organisiert, dass die Psychologen wenig Freiräume fanden und sich in die vorhandenen Organisationsstrukturen einordneten. Außerdem war der Sanitätsdienst nicht zentral organisiert, die Psychologen arbeiteten in der Militärpsychiatrie an verschiedenen Krankenhäusern in der Heimat und bildeten keine fachlich kommunizierende Gruppe; eine Ausnahme waren die gut vernetzten Psychologen im Bereich der Versorgung der Hirnverletzten. Es kam allerdings in der deutschen Psychiatrie zu keiner einheitlichen Diagnose, sondern zu Kriegsanfang stand eine Symptombeschreibung im Vordergrund, bei der, wie in Großbritannien, der Krieg als Auslöser der Erkrankung angenommen wurde.

Diese unterschiedliche Einbindung der Psychologen in Großbritannien und Deutschland ist zum Teil auf die andersartige Organisation und Entwicklung der Universitäts- und Militärpsychiatrie in Deutschland und Großbritannien zurückzuführen.

In Großbritannien waren die Universitäts- und Militärpsychiatrie noch im Aufbau begriffen, so dass am Kriegsanfang die Versorgung der psychisch verletzten Soldaten improvisiert werden musste. Auch war die britische Armee zu Kriegsbeginn eine kleine Berufsarmee und wurde erst langsam zu einer Freiwilligen- und Wehrpflichtigen-Armee aufgebaut. Die medizinische und militärpsychiatrische Versorgung musste erst diesen neuen Bedingungen angepasst werden. Deshalb kam eine Reihe von Universitätspsychologen mit wenig psychiatrischer Erfahrung zum Einsatz, unter ihnen auch Charles Myers, der die Organisation der psychiatrischen Versorgung an der Westfront initiieren sollte. Positiv für die Eingliederung der britischen Psychologen war auch, dass ihnen der Titel eines *temporary officers* verliehen wurde, mit dem sie schnell in eine anerkannte militärische Position befördert werden und damit die militärpsychiatrische Versorgung erheblich mitgestalten konnten. Auch war in Großbritannien die Einbeziehung der Psychologen zentral durch den Sanitätsdienst und durch den durchaus psychologenfreundlichen *Medical Research Council* geregelt, und dies kam einer Vernetzung der Fachleute zugute.

In Deutschland gab es dagegen eine dezentrale medizinische Versorgung je nach Armee-Korps und dies führte zu regionalen Unterschieden, die auch durch die Nähe zur Westfront bestimmt waren. Die deutschen Psychologen hatten schon vor dem Krieg an den Universitäten der einzelnen Bundesstaaten gearbeitet und wurden zu Kriegsbeginn schnell in die gut organisierte militär-psychiatrische Versorgung der Armee von Wehrpflichtigen integriert. Es waren vor allem etablierte Lehrstuhlinhaber, die sich in der Militärpsychiatrie enga-gierten. Deshalb bildete sich keine eng vernetzte Gruppe psychotherapeutisch arbeitender Ärzte wie in Großbritannien. Eine Ausnahme waren die Psycho-logen, die in der Versorgung der Hirnverletzten arbeiteten, da sie sich in einem neuen Arbeitsgebiet etablieren konnten. Die Versorgung kriegsverletzter Soldaten avancierte in Deutschland schon kurz nach Kriegsbeginn zu einem wichtigen politischen Thema und wurde mit Nachdruck gefördert.[214] Gerade die Arbeit mit der anwachsenden Gruppe von Patienten mit Nerven- und

---

214   Berndt Ulrich, „.... als wenn nichts geschehen wäre". Anmerkungen zur Behandlung der Kriegsopfer während des Ersten Weltkriegs, in: Gerhard Hirschfeld/Gerd Krumeich/Ina Renz (Hrsg.), Keiner fühlt sich hier mehr als Mensch ... Erlebnis und Wirkung des Ersten Weltkriegs, Essen 1993, S. 115–129, S. 120.

Hirnverletzungen schuf deshalb ein neues Fachgebiet für psychologisch-medizinische Fachleute, in dem sie ihre diagnostischen und therapeutischen Fähigkeiten beweisen konnten.

Von entscheidender Bedeutung für die Arbeit der Psychologen in der Kriegszeit war außerdem die theoretische Ausrichtung der psychologischen Gesellschaften. In Großbritannien waren die wichtigen Mitglieder schon vor dem Krieg mit den Methoden und theoretischen Annahmen von Sigmund Freud und Carl Gustav Jung in Kontakt gekommen und hatten Elemente davon schon früh in der Kriegszeit in ihre psychotherapeutische Arbeit eingebunden. Dies erschien ihnen auch deshalb naheliegend, da sowohl bei der Therapie der psychisch verletzten Kriegsteilnehmer als auch in der psychoanalytischen Theorie die Beachtung belastender Träume von großer Bedeutung war. Mit ihrem Vorgehen propagierten die britischen Psychologen deshalb selbstbewusst eine neue Psychotherapie. Psychologischen Testverfahren und experimentellen Methoden gegenüber waren die britischen Psychologen jedoch eher skeptisch eingestellt. Von besonderer Bedeutung war auch der Einfluss von verbindenden Zentralfiguren wie den Leitern der beiden psychologisch orientierten Krankenhäuser, Frederick Mott und Ronald Rows. Sie förderten die Etablierung dieser Krankenhäuser und festigten damit die Bedeutung der Psychologen in der Militärpsychiatrie, da sie als einzige eine Therapiemethode (psychoanalytische Verfahren) anzubieten hatten und im Gegensatz zu ihren deutschen Kollegen keine Konkurrenz von anderen Psychiatern fürchten mussten. Zwei andere wichtige Personen beeinflussten die Psychologie in der Kriegszeit: William Rivers, der eine Reihe von bedeutenden Artikeln über seine psychotherapeutischen Kriegserfahrungen verfasste und Charles Myers, der als begabter Netzwerker schnell in der militärischen Hierarchie aufsteigen konnte. Er war es auch, der die Diagnose *shell shock* populär machte, eine Diagnose, die bei den Kriegsteilnehmern und in der Öffentlichkeit sehr beliebt war, aber vom Militär vehement abgelehnt wurde. Als *man on the spot* beeinflusste Myers in hohem Maße die militärpsychiatrische Versorgung, die so erfolgreich war, dass die meisten britischen Psychologen auf diesem Gebiet arbeiteten.

In Deutschland war die Ausrichtung der Psychologen deutlich anders. Psychoanalytische Methoden und Konzepte waren sowohl bei Psychiatern als auch Psychologen auf Skepsis gestoßen und wurden abgelehnt. Darüber hinaus hatten sich die Psychoanalytiker in einem eigenen Verein organisiert. Aus diesem Grund hatten diese Therapieansätze keine Fürsprecher bei den militärischen Autoritäten. Der Ausrichtung der psychologischen Gesellschaft folgend, arbeiteten die Psychologen vor allem mit Tests und experimentalpsychologischen Apparaten. Die psychologischen Methoden wurden in die Fachbereiche der an den Universitätskliniken arbeitenden Psychologen eingebaut.

Einige deutsche Psychologen zeichneten sich durch eine politische Einstellung aus, mit der sie beispielsweise den Krieg als einen durchaus positiven Faktor mit einer fördernden Wirkung auf die psychische Verfassung der Soldaten begrüßten. Grund dafür war die große Siegesgewissheit, die dazu führte, dass psychologische Berichte über den psychischen Zustand der Truppe angefordert und angefertigt wurden. Die deutschen Militärpsychiater waren als Beamte dem Staat verpflichtet und bereit, ihren Anteil an den Kriegsanstrengungen zu leisten und herauszustellen, eine Haltung, die ihre Tätigkeit während des ganzen Krieges auszeichnete. Deutsche Psychologen beschrieben deshalb sowohl den psychischen Zustand der Truppe als auch das Erleben des einzelnen Soldaten an der Front. Das Individuum und sein persönliches Kriegserleben (auch das von Kindern) war ein relevantes psychologisches Thema, da man die Nervenkraft und das psychische Durchhaltevermögen als kriegsentscheidend ansah, aber auch, weil die deutschen Psychologen wohl zu Kriegsanfang mit einem kurzen Krieg und schnellen Sieg rechneten. Die Psychologen Großbritanniens beschäftigten sich wenig mit diesen Themen, weil sie hauptsächlich in den Aufbau der neuen Armee eingebunden waren.

3.2   Anpassung an Maschinen: Psychologie in der Kriegsindustrie

> The individual man as an animal – the body in all its parts, the senses and their functioning [...] – must receive practical consideration. The fight against diseases is more [...] than the closing of its channels of communication, something more than an avoidance of the ways and means of its infections and invasions [...] His body is in greater or less degree the instrument and expression of emotion, intellect and will. There is thus a psychological aspect of preventive medicine hithero greatly neglected. The subject of industrial efficiency in relation to health and fatigue is thus in large degree one of preventive medicine, a question of physiology and psychology, of sociology and industrial administration.[215]

Mit diesen Worten begann der Abschlussbericht eines der wichtigsten zentralen Gremien in der Kriegsindustrie Großbritanniens, dem *Health of Munition Workers' Committee*. Das Komitee und auch der zuständige Kriegsminister sahen ab diesem Zeitpunkt die psychologischen Einflussfaktoren auf die Arbeitsleistung als sehr relevant an. Ermüdung (Fatigue) war zwar schon

---

215   Ministry of Munitions. Health of Munition Workers Committee (Hrsg.), Industrial health and efficiency: Final report of the British Health of Munition Workers' Committee. [U.S. Bureau of Labor Statistics Bulletin No. 24 Series. February 1919.].Reprints of final report and memoranda of the British Health of Munition Workers Comittee, Washington, DC 1919, S. 33f.

zu Beginn des 20. Jahrhunderts eines der wichtigsten Konzepte der Arbeitswissenschaften gewesen, aber die Psyche des Arbeiters wurde erst in der
Kriegsindustrie von Unternehmern und staatlichen Behörden als wichtiger
Faktor einer genaueren Betrachtung unterzogen.[216] Deshalb beschäftigten sich
die Psychologen Großbritanniens und Deutschlands ab Mitte 1915 intensiv mit
dem Thema Ermüdung, insbesondere in der Kriegsindustrie.

Den entscheidenden Entwicklungsschub für die Entstehung der Industriepsychologie bewirkte also die praktische Arbeit in der Kriegsindustrie, so wird
auch in der Forschungsliteratur argumentiert.[217] Konkrete kriegsrelevante Anforderungen prägten nicht nur die Handlungsspielräume der Akteure, sondern
beeinflussten auch die psychologischen Messmethoden und -instrumente und
warfen neue Fragen zur Psychologie der Arbeit und Ermüdung auf. Die Tätigkeit der Psychologen im Ersten Weltkrieg, so wird in diesem Kapitel argumentiert, bot den Psychologen die Chance, zum einen die psychische Bedingtheit
der menschlichen Arbeitskraft als leistungsentscheidend herauszustellen; zum
anderen aber auch, Methoden zu entwickeln, diese zu optimieren. Aufgrund
der angespannten Situation in der Kriegsindustrie ergab sich die Möglichkeit,
dies in großem Stil zu untersuchen und zu beweisen und damit die praktische
Relevanz der Psychologie zu unterstreichen.[218] Die Psychologen mussten sich
dabei in dem breit aufgestellten Gebiet der Arbeitswissenschaften positionieren. In Deutschland und Großbritannien geschah dies in unterschiedlicher
Intensität und unterschiedlicher Art und Weise. Die Folge dieser Erkenntnisse
war der Anspruch, die Arbeitsleistung gezielt beeinflussen zu können und eine
Methode zur Selektion geeigneter Arbeiter für die Industrie bereitzustellen.

3.2.1   *Großbritannien: Kriegsanforderungen und humanitäre Traditionen*

> The men were reaching the „fed-up" stage. They were getting nervous and irri-
> tated through working long hours. They could not keep up their physical effi-
> ciency; you could see it in their faces [...] The excessive hours now being worked
> were too much for the men. They led to a diminished output per hour. Men were
> continually having to stop working; they were obliged to rest, it was not a ques-
> tion of slackness. For fear of being called slackers they hesitated to get a doctor's
> certificate.[219]

---

216   Beispielhaft: Anson Rabinbach, Motor Mensch. Kraft, Ermüdung und die Ursprünge der
      Moderne, Wien 2001, S. 300f.

217   Exemplarisch: Hearnshaw, A short History of British Psychology., S. 245; Rüegsegger, Die
      Geschichte der angewandten Psychologie 1900–1940., S. 79.

218   Die genaue Definition der von Psychologen in Großbritannien und Deutschland unter-
      suchten Arbeitskraft wird im folgenden Kapitel ausgeführt.

219   Ministry of Munitions, Final report, S. 67.

Mit diesem facettenreichen Bericht schilderte ein Gewerkschaftsmitglied in einer Munitionsfabrik zu Beginn des Krieges anschaulich die psychische und physische Belastung in der Kriegsindustrie. Überarbeitung und Ermüdung, so zeigte sich bald in verschiedenen Untersuchungen, waren die Hauptfaktoren für den schlechten Gesundheitszustand und die verminderte Leistungsfähigkeit der Arbeiter in den Munitionsfabriken. Dies waren alarmierende Nachrichten für die militärischen und politischen Behörden, denn schon im Oktober 1914 mahnte Feldmarshall Lord Kitchener an, dass die Bereitstellung einer genügend großen Menge an Munition kriegsentscheidend sein würde: „The supply of ammunition gives me great anxiety... ."[220] In der sich verschärfenden britischen Munitionskrise des Jahres 1915, zeitgleich mit einer Destabilisierung des politischen Systems, ergriff der neu ernannte Kriegsminister Lloyd George die Initiative und begann, die Arbeit in der Kriegsindustrie durch zentrale Maßnahmen effektiver zu steuern und in ihrer Leistungsfähigkeit zu beeinflussen.[221] Auch Psychologen wurden in die neu gebildeten Organisationsstrukturen miteinbezogen und konnten sich und ihr Fachwissen zunehmend in diesem Bereich etablieren.

Psychologie, Politik und das Health of Munition Workers Committee
Entscheidend für die Einbeziehung von Psychologen in die britische Kriegsindustrie war die Gründung des *Health of Munition Workers Committee* im September 1915. Die essentiellen Versorgungsprobleme nahmen im ersten Kriegsjahr deutlich zu: Es fehlte an der nötigen Munition, um den Krieg erfolgreich weiterführen zu können und die Armeeführung drängte darauf, die Leistungen der Kriegsindustrie drastisch zu erhöhen.[222] Deshalb begannen die Arbeitgeber die Anzahl und Effizienz der Industriearbeiter in den Munitionsfabriken zu erhöhen; vor allem aber verlängerten sie die Arbeitszeit. Infolgedessen hatten sich durch ständige Überarbeitung der Gesundheitszustand, aber auch die Leistungsfähigkeit der dort beschäftigten Arbeiter und Arbeiterinnen dramatisch verschlechtert.[223] Dieses Problem veranlasste wiederum

---

220 Zitiert nach: Adams, Ralph James Q., Arms and the wizard. Lloyd George and the Ministry of Munitions, 1915–1916, London 1978, S. 14.

221 Eingriffe in die Wirtschaft wurden ermöglicht durch den *Army Act* und den *Defence of the Realm Act*, Kathleen Burk (Hrsg.), War and the state. The transformation of British government, 1914–1919, London, Boston 1982, S. 32, S. 35; Leonhard, Die Büchse der Pandora., S. 213.

222 Im ersten Halbjahr 1915 waren bereits doppelt so viele Granaten (shells) geliefert worden wie im Zeitraum vom August bis Dezember 1914, Adams, Ralph James Q., Arms and the wizard., S. 242f.

223 Hearnshaw, A short History of British Psychology., S. 247. Gary S. Cross, A quest for time. The reduction of work in Britain and France 1840–1940, Berkeley 1989, S. 115f.

die zuständigen Mediziner des *Medical Research Committees*, einen Untersu-chungsauschschuß zur Frage der Gesundheit der Arbeiter und der Problema-tik der Ermüdung zu fordern.[224] Aufgrund dieser gemeinsamen Initiative des Kriegsministers, der Armeeführung und des *Medical Research Councils* wurde am 15. September 1915 von Kriegsminister Lloyd George die erste Sitzung des HoMWC einberufen.[225] Ausgestattet mit einer Reihe von weitreichenden gesetzlichen Befugnissen hatte er nicht nur Interesse an einer Analyse der Pro-bleme in der Kriegsindustrie, sondern auch die Macht, neue Regelungen per Gesetz durchzusetzen.[226] Das neu gegründete Komitee hatte die Aufgabe:

> ...to consider and advise on hours of labour and on other questions affecting the personal physical efficiency of workers in munitions factories with a view to securing an improved output of munitions of war ...[227]

Damit waren die kriegswichtigen Ziele umrissen: Einerseits sollten Experten die Gesundheit und die Leistungsfähigkeit der Industriearbeiter untersuchen und Ratschläge geben, wie diese verbessert werden könne. Dadurch sollten sie andererseits aber auch die Effizienz und den Ertrag der Kriegsindustrie stei-gern.[228] Ansätze zu einer Untersuchung des Problems der Ermüdung in der Industriearbeiterschaft hatte es zwar schon vor dem Krieg gegeben, beschränkt aber auf physiologische Faktoren wie die nachlassende Leistungsfähigkeit der Muskulatur.[229] Britische Psychologen hatten auch versucht, die Folgen der Ermüdung nach körperlicher oder geistiger Arbeit im Labor zu erfassen, dies aber nur im Selbstversuch oder durch Untersuchungen von sehr kleinen

---

224 NA FD 5/37 Fatigue Committee 1914–1918, Brief vom 7.12.1914: „The Medical Research Committee have appointed a special investigation Committee to prepare details of a scheme for enquiry into the hygienic conditions of factories and workshops, more especi-ally with relation to the connection between the physical conditions in which the workers are placed and the incidence of disease."

225 NA FD 5/37, Fatigue Committee 1914–1918, Brief vom 6.9.1915.

226 *Defence of the Realm Act* siehe: Leonhard, Die Büchse der Pandora., S. 215; und der *Muniti-ons of War Act,* siehe: Adrian Gregory, Britain and Ireland, in: John Horne (Hrsg.), A com-panion to the First World War, London 2010, S. 403–417, S. 411.

227 NA FD 5/37, Fatigue Committee 1914–1918, Brief vom 2.9.1915.

228 In Deutschland wurde erst 1918 über die Folgen von Gesundheitsproblemen bei Arbei-tern in den Munitionsfabriken berichtet. Man nahm dabei Bezug auf die britischen Erfahrungen; siehe: A. H. Hübner, Über Dinitrobenzolvergiftung, in: Münchener Medizi-nische Wochenschrift 65 (1918), S. 1285–1287, S. 1285.

229 „It is therefore desirable that further inquiry should be made, and it would seem of special importance that inquiry should be directed to the discovery of a physiological index of fatigue." NA FD 5/37, Fatigue Committee, Brief vom 29.7.1914.

Stichproben.[230] Wichtige Impulse dazu waren von staatlichen Behörden und einzelnen Arbeitgebern ausgegangen, denn die Probleme waren keineswegs neu: Die negativen Folgen eines langen Arbeitstages, einer zu langen Arbeitswoche, von zu belastender Frauen- und Kinderarbeit und schlechten sozialen Bedingungen der Arbeiter waren in Großbritannien schon lange bekannt und es hatte viele Versuche gegeben, diese zu verbessern und zu regeln.[231]

Schon 1894 hatte man beispielsweise in einer einjährigen Untersuchung der Arbeitszeit in einem Stahlwerk in Manchester die positiven Effekte einer Reduktion der Arbeitszeit nachweisen können. „The most economic production is attained by employing men only so long as they are at their best. When this stage is passed, there is no true economy in their continued work."[232] Staatliche und militärische Behörden hatten sich für diese Ergebnisse interessiert und daraufhin mit Erfolg für einige Beamte und Dockarbeiter eine 48-Stunden-Woche eingeführt.[233] Auch das Munitionswerk in Woolwich (*Royal Arsenal, Woolwich*) führte diese Maßnahmen ein. Diese Erfolge wurden auch im Ausland zur Kenntnis genommen und ermutigten den deutschen Ingenieur und Sozialreformer Ernst Abbe dazu, als einer der ersten in Deutschland um 1900 den 8-Stundentag in der Firma Zeiss in Jena einzuführen.[234] Trotz dieser Erfahrungen, hatten sich im ersten Kriegsjahr die Verhältnisse in der Kriegsindustrie wieder massiv verschlechtert und diese Regelungen wurden nicht mehr befolgt.

Um das Ausmaß der Probleme nachvollziehen zu können, fehlten aber exakte Angaben, denn an größeren Stichproben und mit dem Ziel einer praktischen Verbesserung der Arbeitsleistung hatten in Großbritannien vor dem Krieg weder Mediziner noch Psychologen geforscht. Das *Health of Munition Workers Committee* sah es deshalb als eine der ersten und wichtigsten Aufgaben an, exakte Zahlen über die Situation in den Munitionsfabriken zu bekommen:

---

230 Gladis Martyn arbeitete mit 3 Versuchspersonen, Gladis W. Martyn, A study of mental fatigue, in: British Journal of Psychology 5 (1913), S. S. 427–446, S. 428f; May Smith war selbst die Versuchsperson ihrer Experimente, May Smith, A contribution to the study of fatigue, in: British Journal of Psychology 8 (1916), S. 327–350, S. 329.

231 Anon, Women's Labour – Third and Final Report of the Committee., in: British Association for the Advancement of Science. (Hrsg.), Report of the British Association for the Advancement of Science., London 1904, S. 340–364.

232 William Mather, The forty-eight hours week. A year's experiment and its results at the Salford Iron Works, Manchester, Manchester 1894, S. 25f; zitiert nach: Josephine Clara Goldmark, Fatigue and efficiency. A study in industry, New York 1913, S. 140.

233 1894 waren die Arbeitszeiten von ungefähr 43000 Arbeitern in öffentlichen Fabriken auf ca. 48 Stunden reduziert worden. ebenda, S. 141.

234 Ebenda., S. 157.

„From the first the committee have been strongly impressed with the importance of obtaining exact and scientific data."[235]

Um dieses Ziel zu erreichen, sollten wissenschaftliche Experten zwei Arten von Daten erheben: Statistische Daten über einzelne Faktoren im Arbeitsprozess, aber auch Befragungen über das Erleben und die Schwierigkeiten der Beteiligten. Nicht nur in London, sondern auch in anderen großen Städten des Landes und besonders in der großen staatlichen Munitionsfabrik Woolwich sollten Arbeitgeber, Vorarbeiter, Arbeiter und Fabrikinspektoren, aber auch Mitglieder der Gewerkschaften zu Problemen der Industriearbeit befragt werden.[236]

Dabei legte das Gremium großen Wert darauf, dass diese Befragungen vor Ort durchgeführt wurden, „to ascertain at first hand the conditions under which munition work was being carried out."[237] Nur vor Ort und nur unter realen Bedingungen, so sah es das Untersuchungskomitee, sei es möglich, die Verhältnisse in der Kriegsindustrie genau zu erfassen und deshalb stand man experimentalpsychologischen Laboruntersuchungen, wie sie in Deutschland durchgeführt wurden, durchaus ablehnend gegenüber.

> The results of these investigations are the more valuable in that they have been undertaken in the workshop and not in the laboratory, solely in a spirit of scientific investigation and with no preconceived opinion.[238]

Das Komitee wollte daher einen Erfahrungsbericht aus der Praxis, um daraus möglichst schnell konkrete Handlungsanweisungen ableiten zu können.

Diese individuellen Erfahrungsberichte waren für die Psychologen von großer Bedeutung, da sie eine neue Perspektive auf den Arbeitsprozess ermöglichten. Sie beschrieben beispielsweise individuelle Lösungen im Umgang mit monotoner Arbeit, mit dem Auftreten von Langeweile oder dem Stress bei gesteigertem Arbeitstempo. „... individual output is often the result of escape from fatigue, by conscious or unconscious adoption of particular habits of manipulation of rhythm."[239] Diese Facetten des Arbeitslebens waren nur durch intensive Befragung einzelner Arbeiter und Arbeiterinnen zu erfassen

---

235 Ministry of Munitions, Final report, S. 9.
236 Ebenda., S. 8.
237 Ebenda.
238 Ebenda., S. 73.
239 Ministry of Munitions/Health of Munition Workers Committee (Hrsg.), Industrial efficiency and fatigue in British munition factories. Reprints of interim report and memoranda of the British Health of Munition Workers Committee, Washington 1917, S.21.

und fanden auch Eingang in die einzelnen Memoranden.[240] Übereinstimmend berichteten unterschiedliche Beobachter in der Industrie über die angespannte Arbeitssituation, ohne jedoch konkrete Zahlenangaben machen zu können:

> In the course of inquiries the Committee have taken evidence from employers, workers and other persons from all parts of the country whose experience and knowledge entitle them to speak with authority on industrial fatigue, hours of labour, and other matters affecting the personal health and physical efficiency of munition workers. These witnesses however, with hardly an exception have been unable to point to any exact data in support or in disproof of their particular views.[241]

Im deutschen Kaiserreich hatte man genaue Zahlen zur Situation auf dem Arbeitsmarkt nach der Einführung der Sozialgesetzgebung im großen Stil erhoben; in Großbritannien waren dagegen waren präzise Angaben, zur Beispiel zur Häufigkeit von Sonntagsarbeit, schwer zu bekommen.[242]

Dies änderte sich jedoch mit Beginn des Krieges grundlegend: Mit dem ersten Mobilisierungsschub der Britischen Armee rückte die statistische Erfassung der Bevölkerung wie nie zuvor in den Fokus.[243] Auch waren Zahlen zu Arbeitsbedingungen und –dauer in der Kriegsindustrie leichter zu erheben, da sich weder Unternehmer noch Arbeiter gegen die staatlich verordneten Untersuchungen wehren konnten. Damit ergab sich für das Untersuchungskomitee die Möglichkeit, eine wissenschaftlich bedeutsame Untersuchung der Arbeitssituation und vor allem der optimalen Arbeitszeit in Auftrag zu geben.

Durch die Expertise von ausgewiesenen Fachleuten sollten neues Wissen und neue Lösungsvorschläge für altbekannte Probleme erarbeitet werden: Hier kamen die Psychologen ins Spiel. Das Komitee forderte sie anfangs vor allem als Fachleute für statistische Untersuchungen an, um exakte Daten zu Problemen der Ermüdung in der Kriegsindustrie bereitzustellen.

> The Committee have from the first considered it to be one of their principal duties to endeavour to obtain such [statistical] data, and for this purpose have

---

240   Vernon, Horace Middleton: Industrial Fatigue and its causes. Memorandum Nr. 7, published in Bulletin 221 of the Bureau Labour Statistics, S. 53.

241   NA MUN 5/92 HoMWC, Interim Report, S. 3.

242   „Evidence in the form of statistics of output in regard to Sunday labour is hardly obtainable." NA MUN 5 92–1 Health of Munition Workers Committee, Memorandum Nr. 1, S. 4. Zu den Zahlenangaben in Deutschland siehe: Bernard Muscio, Lectures on industrial psychology, London 1920, S. 53.

243   Thomson, Psychological subjects., S. 6; Leonhard, Die Büchse der Pandora., S. 155.

called to their assistance a number of special investigators. For the more directly industrial and statistical parts of these inquiries they have secured ... the services of Mr. P. Sargant Florence, H. M. Vernon, Prof. T. Loveday.[244]

Diese drei Pioniere der Industriepsychologie, Sargant Florence, Horace Vernon und Tom Loveday führten in der Folgezeit statistische Untersuchungen in verschiedenen Munitionsfirmen durch und veröffentlichten ihre Ergebnisse in Form von offiziellen Memoranden und Arbeitsberichten.[245] Die Untersuchungsergebnisse dieser Psychologen wurden von offizieller Seite sehr ernst genommen und nahmen einen besonders prominenten Platz im Zwischenbericht des Health of Munition Workers Committee ein.[246]

Dabei war die Auswahl der Psychologen keineswegs unumstritten gewesen. Der zuständige Medical Council hatte anfangs für den bekannten Neuropsychologen Charles Sherrington plädiert, da der Psychologe Vernon zu physiologisch orientiert zu sein schien. Letztendlich beschränkte sich der Kreis der von der Regierung berücksichtigten Psychologen aber auf die auch in anderen Bereichen der angewandten Psychologie eingebundene Gruppe der Oxbridge Elite, eines elitären Zirkels, dem aber auch die meisten Mitglieder des Komitees und der Regierung angehörten: Man war sozusagen unter sich.[247]

Entgegen der offiziellen Verlautbarung, dass Psychologen nur zur statistischen Auswertung von Datensätzen aufgefordert seien, förderte das HoMWC zunehmend eine dezidiert psychologische Sicht des Problems. Dies zeigte sich auch in der Wahl des Vorsitzenden des Untersuchungsausschusses, Morley Fletcher, der selbst zum Problem der Ermüdung geforscht hatte. Fletcher unterhielt engen Kontakt zu dem einflussreichen Psychologen William Rivers,

---

244 NA MUN 5/92 HoMWC, Interim Report, S. 3; P. S. Florence und H. M. Vernon veröffentlichten nach dem Krieg die Ergebnisse ihrer Untersuchungen in der Kriegsindustrie: Horace Middleton Vernon, Industrial fatigue and efficiency, London, New York 1921; Philip Sargant Florence, Economics of fatigue and unrest and the efficiency of labour in English and American industry, London 1924.

245 Z.B. P. Sargant Florence NA MUN 5/92 HoMWC Interim Report, S. 31; Horace Middleton Vernon, The influence of hours of work and of ventilation on output in tin-plate manufacture Report Nr. 1. Of the Industrial Fatigue Research Board, 1919, in: Medical Research Council (Hrsg.), Reports of the Industrial Fatigue Research Board, London 1919–1928; Thomas Loveday, The causes and conditions of lost time. Industrial efficiency and fatigue in British munition factories, in: NA MUN 5/92 HoMWC Interim Report, S. 42–95.

246 NA MUN 5/92 HoMWC Interim Report, S. 4.

247 Ministry of Munitions, Final report, S. 9; P. W. J. Bartrip, Vernon, Horace Middleton (2014). www.oxforddnb.com (26. Juni 2019).

der zu dieser Zeit in der Versorgung psychisch kranker Soldaten arbeitete.[248] Rivers, der in Cambridge unterrichtet hatte, unterstützte eine psychologische Sicht der Dinge, hatte schon früh experimentalpsychologische Untersuchungen am Arbeitsplatz angeregt und eine psychologische Komponente bei der Untersuchung von Ermüdungserscheinungen nahegelegt.[249]

Anfangs nahm sich das britische Komitee zur Untersuchung der Gesundheit der Industriearbeiter aber der dringendsten Probleme der Kriegszeit an. Dazu gehörten die optimale Länge und Gestaltung der Arbeitszeit.

> First and foremost there is the fundamental question of shorter hours of labor from a political and economic point of view (as well as from a health point of view); the committee are convinced that this question lies near the root of the whole labour problem.[250]

Eine zusätzliche Schwierigkeit bestand darin, dass sich die Zusammensetzung der Arbeiterschaft schon zu Beginn des Krieges stark verändert hatte: Die Massenrekrutierung in der neuen Freiwilligenarmee hatte die Zahl der männlichen, gelernten Industriearbeiter deutlich reduziert.[251] Frauen, aber auch Kinder übernahmen in zunehmendem Maße die Arbeit von Männern in den Munitionsfabriken und diese veränderte Situation stellte die Industrie vor neue Anforderungen.[252]

Genau zu diesen Problemen veröffentlichte das Komitee in den ersten beiden Kriegsjahren eine Fülle von Memoranden mit konkreten Handlungsanweisungen, beispielsweise zur Abschaffung der Sonntagsarbeit und den Arbeitsbedingungen von Frauen.[253] Alle diese Analysen und Lösungsvorschläge waren nicht neu; neu waren aber die genauen statistischen Untersuchungen und Zahlenangaben. Neu waren auch die Erklärungen der Zusammenhänge,

---

248   Diese Haltung Fletchers wurde auch dadurch deutlich, dass er nach dem Krieg in die Britische Psychologische Gesellschaft eintrat, nachdem diese liberalere Aufnahmebedingungen formuliert hatte, siehe British Journal of Psychology, General section, Volume XII, 1921–22, S. V.

249   „Tests under industrial conditions, which should also be carried out by methods of experimental psychology, even if strictly, one cannot call them experiments." NA FD 5/37, Fatigue Committee 1914–1918, S. 108: Brief von William Rivers an Fletcher vom 17.1.1915. Rivers arbeitete zu diesem Zeitpunkt noch in der Versorgung kriegsneurotischer Soldaten im Krankenhaus Maghull.

250   Ministry of Munitions, Final report, S. 32.

251   Leonhard, Die Büchse der Pandora., S. 359.

252   „In all 23484 boys and 2575 girls were placed at the [Woolwich] Arsenal through the Woolwich exchange during the period August 1914-October 1918.", NA MUN 5 92-2: The Work of the Ministry of Labour in connection with boys employed at the Arsenal during the war, S. 6.

253   NA MUN 5/92-4, Memorandum Nr 4: Employment of women.

die die Experten lieferten. Beispielsweise hatte Lloyd George eine Kampagne gegen den Alkoholmissbrauch im Krieg initiiert und durch die vom HoMWC vorgeschlagene Verbesserung der Kantinen sollte der Alkoholkonsum der Industriearbeiter reduziert werden.[254]

Auch die Psychologen versuchten in dieser Debatte einen relevanten Beitrag zu liefern. Ein Beispiel dafür war die steigende Anzahl weiblicher Arbeitnehmer, die in den Arbeitsprozess eingegliedert werden mussten. Frauenarbeit in der Kriegsindustrie löste nämlich bei vielen Politikern die Befürchtung aus, dass sich dadurch die Zahl der Kinder verringern würde und damit die Stärke der Nation gefährdet sei.[255]

> ... there is the far-reaching issue of the social and economic conditions of women labour [...] a matter of vital importance to the future of the British Race, for the health conditions of women are even more inseparable from the social condition than in the case of men.[256]

Infolgedessen untersuchte der Psychologe Tom Loveday in einem speziellen Memorandum die Arbeitsbedingungen von Industriearbeiterinnen und machte praktische Vorschläge zur Verbesserung ihrer Situation.[257] Er wies beispielsweise auf die negativen Folgen von längerer Nachtarbeit und auch von Arbeitseinheiten vor dem Frühstück hin.[258]

Bereitwillig und freiwillig beteiligten sich die Psychologen mit ihrer Arbeit in der Industrie an den allgemeinen nationalen Kriegsanstrengungen. Die Veröffentlichungen und Memoranden des Untersuchungsausschusses stießen auf ein großes öffentliches Interesse, so dass Ende 1917 bereits über 200 000 Exemplare davon verteilt oder verkauft worden waren.[259]

---

254   Beispielhaft: Horace Middleton Vernon, The influence of alcohol on manual work and neuro-muscular co-ordination, London 1919; Raymond Dodge/Francis Gano Benedict/ Frederic Lyman Wells, Psychological effects of alcohol. An experimental investigation of the effects of moderate doses of ethyl alcohol on a related group of neuro-muscular processes in men, Washington 1915; zitiert nach William McDougall/May Smith, The effect of alcohol and some other drugs during normal and fatigued conditions, London 1920, S. 6; siehe auch Leonhard, Die Büchse der Pandora., S. 355f.

255   „... more than ever is their [the mothers] welfare of importance to the state, and much more than ordinarily it is threatened by conditions of employment." NA MUN 5/92-4, Memorandum Nr. 4: Employment of women, S. 1.

256   Ministry of Munitions. Health of Munition Workers Committee (Hrsg.), Industrial health and efficiency: Final report, S. 32.

257   NA MUN 5 92-4, Memorandum Nr. 4: Employment of women, S. 25, S. 33.

258   Ministry of Munitions/Health of Munition Workers Committee (Hrsg.), Industrial efficiency and fatigue in British munition factories, Final report, S. 32, S. 93.

259   NA MUN 5 94: HoMWC 1918, Final Report, S. 5.

Das Komitee wollte allerdings nicht nur informieren, es war nicht nur als Untersuchungsausschuss konzipiert, sondern beanspruchte durchaus auch Weisungsbefugnis. Einige der Vorschläge konnte es direkt umsetzen: So unterstützte auch der König das erste Memorandum, das die Sonntagsarbeit verbot, (hier als ‚Sunday labour‘ bezeichnet, möglicherweise um den besonders belastenden Charakter der Sonntagarbeit hervorzuheben) und es wurde von den meisten industriellen Unternehmen befolgt.[260]

Ein weiterer wichtiger Punkt war die Reduktion der täglichen Arbeitszeit, wodurch die Arbeitseffektivität erhöht werden sollte. Diese Zusammenhänge waren ja, wie erwähnt, bekannt, aber angesichts der dringenden Anforderungen der Kriegssituation immer wieder ignoriert worden.[261]

Mit großem Nachdruck wurde dieser bereits bekannte Sachverhalt jetzt wiederholt vom Untersuchungsausschuss neu und differenzierter untersucht und eine Reduktion der Arbeitszeit dringend angemahnt.[262] Das Komitee empfahl nachdrücklich auch die Einhaltung sinnvoller Pausen. Um die Zustimmung der Arbeitgeber, aber auch der Arbeitnehmer zu fördern, nahmen die Komitee-Mitglieder Bezug auf die Arbeit bei der kämpfenden Truppe:

> This point ... has an immediate bearing upon the routine proper for rapid trench-digging. Two officers at the front recently, for a friendly wager, competed in making equal length of a certain trench, each with an equal squad of men. One let his men work as they pleased, but as hard as possible. The other divided his men into three sets, to work in rotation, each set digging their hardest for five minutes and then resting for ten, till their spelt of labour came again. The latter team won easily.[263]

Auf diese Weise wollte das Untersuchungskomitee zwei Ziele erreichen: zum einen sollte die Darstellung der Kriegsarbeit die Wirkung und Bedeutung der Arbeitswissenschaften noch stärker herausstellen, zum anderen sollte dadurch die Zustimmung der Arbeiter zu diesen Reglementierungen gefördert werden. Viele Arbeiter waren nämlich mit kürzeren Arbeitszeiten unzufrieden, da sie

---

260   NA MUN 5/92-1 Memorandum Nr. 1 Sunday Labour, S.1. Zur Bedeutungsdifferenz der englischen Wörter „work" und „labour" siehe Jörn Leonhard/Willibald Steinmetz (Hrsg.), Semantiken von Arbeit: diachrone und vergleichende Perspektiven, Köln, Weimar, Wien 2016, S. 9, Fußnote 2.

261   So war in Großbritannien 1915 bekannt, dass Ernst Abbe bei Zeiss in Jena eine Reduktion der Arbeitszeit mit gutem Erfolg durchgeführt hatte. *British Association for the Advancement of Science* 1915, S. 283: The Question of Fatigue from the Economic Standpoint; Cross, A quest for time., S. 198f.

262   Die Ergebnisse dieser Untersuchungen wurden erst nach dem Krieg veröffentlicht: Memorandum Nr. 5, Nr. 12, Nr. 18; Ministry of Munitions, Final report, S. 11.

263   NA MUN 5/92 HoMWC Interim Report, S. 10.

Lohnreduktionen befürchteten. So wollten die Mitglieder des Komitees das Einverständnis der Arbeiter zu der „brotherhood in the trenches" einfordern, in der die Mitglieder der verschiedensten gesellschaftlichen Klassen vereint werden sollten.[264]

Wohl aus diesen Gründen und um ihre Ergebnisse in einen größeren und bedeutenderen Kontext zu stellen, zitierten Psychologen dieses Beispiel auch in weiteren Studien und konnten so der Bedeutung ihrer Arbeit erneut Nachdruck verleihen.[265]

Die 17 Memoranden, die das Komitee im Laufe der ersten beiden Kriegsjahre veröffentlichte, beschäftigten sich mit dem Einfluss von weiteren sozialen und Umweltfaktoren auf die Arbeitskraft der Industriearbeiter und eröffneten damit zusätzliche Einfluss- und Arbeitsmöglichkeiten für psychologische Untersuchungen.[266] Es stellt sich nun die Frage: Wie sah die Arbeit dieser Psychologen genau aus?

Anforderungen und Aufgaben der Psychologie: Fatigue and its causes
„Industrial fatigue and its causes" war der Name des zweiten Memorandums des Health of Munition Workers Committees, das der Psychologe Horace Vernon bearbeitete. Vernon war Arzt und Physiologe und arbeitete seit 1898 als Dozent in Oxford. 1915 hatte er sich in seinen Ferien zum Einsatz als einfacher Arbeiter in einer Munitionsfabrik in Birmingham gemeldet. Die harten Arbeitsbedingungen einer Sieben-Tage-Woche mit über 74 Arbeitsstunden führten ihm die Zustände in der Kriegsindustrie vor Augen. Seine eigenen Erfahrungen überzeugten ihn davon, dass diese chronische Überlastung der Arbeiter zu Unfällen, Erkrankungen und einer verminderten Produktivität führen würde. Daraufhin bot er sich dem neu gegründeten HoMWC an um als Physiologe und Psychologe die Ermüdung in der Industrie nun auch wissenschaftlich zu erforschen.[267]

In dem zweiten Memorandum des HoMWC betonte Vernon einen der Hauptgründe für die Ermüdung der Arbeiter, nämlich die langen Arbeitszeiten in der Kriegsindustrie.[268] Er konnte in differenzierten statistischen Studien mit Arbeitern und Arbeiterinnen nachweisen, dass eine Verlängerung der

---

264 Judith A. Merkle, Management and ideology. The legacy of the international scientific management movement, Berkeley Calif. 1980, S. 229.

265 Myers, Present-day applications of psychology with special reference to industry, education and nervous breakdown., S. 15.

266 Ministry of Munitions, Final report, S. 10f.

267 Bartrip, Vernon, Horace Middleton.

268 NA MUN 5 92-5 Memorandum Nr. 5 Hours of Work; NA MUN 5 92-7 Memorandum Nr. 7 Industrial fatigue and its causes. (Diese Untersuchungen wurden im Krieg durchgeführt).

Arbeitszeit wenig erfolgreich sei und auch die Leistungsmenge nicht steigern konnte. Im Gegenteil, kürzere Arbeitsstunden erbrachten meist sogar eine größere Anzahl an fehlerfreien Produkten: „For women engaged in moderately heavy leathe work a 50-hour week yield as good an output as a 66-hour week and a considerable better one than a 75-hour week."[269] Bei dieser Untersuchung war neu, dass Vernon nicht nur die (sinkende) Anzahl der gefertigten Produkte (hier Granaten) als Anzeichen für eine Ermüdung nahm, sondern auch die Qualität beachtete. Sehr häufig zeigte sich nämlich, dass die Arbeiter zwar die gleiche Anzahl von Produkten über einen langen Zeitraum herstellen konnten, dabei aber immer mehr Fehler machten.

Ab diesem Zeitpunkt definierten die Psychologen die Arbeitseffizienz (*Industrial efficiency*) nicht mehr allein durch die Menge der erarbeiteten Produkte (meist Munition), sondern auch durch ihre Qualität.

Vernon hatte für seine Studie 100 Frauen über einen Zeitraum von 24 Wochen erfasst; eine für diese Zeit große und langdauernde Untersuchung. Für die Psychologie war diese Arbeit in der Kriegsindustrie auch deshalb von großer Bedeutung, weil sich dadurch die Chance ergab, den Arbeiter/die Arbeiterin in der Industrie als ein psychologisches Subjekt zu untersuchen, eine Möglichkeit, die sich, im Gegensatz zu Deutschland, in dem sich erst entwickelnden Gesundheitssystem in Großbritannien so noch nicht ergeben hatte.[270] Ohne die Kriegssituation und ohne die staatliche Autorität einer zentral organisierten Kriegswirtschaft wären die differenzierten und großangelegten psychologischen Studien der Industriearbeit nicht möglich gewesen. Die Untersuchung des männlichen und weiblichen Industriearbeiters war daher auch eine der ersten Möglichkeiten der praktischen psychologischen Untersuchung britischer erwachsener Bürger; vorher hatte es dafür weder ein Interesse noch finanzielle oder organisatorische Unterstützung gegeben.

Schnell konnte Vernon auch deutlich machen, dass das Komitee die Untersuchungsverfahren in der Kriegsindustrie ausweiten und verbessern musste.

---

269   Ministry of Munitions, Final report, S. 75.

270   Der Begriff des *psychologischen Subjekts* wird hier im Sinne von Mathew Thomson verwendet, der darunter einmal die Beschäftigung mit den individuellen Personen, aber auch die Prozesse und Definitionen der Messmethoden und Beschreibungskategorien meinte, die wiederum ein spezifisches Menschenbild konstruierten.Thomson, Psychological subjects.; S. 5f. Zu Beginn der Arbeit des HoMWC war man sich bewusst, dass in Deutschland die Situation der Arbeiter in der Industrie besser untersucht worden war: „It would be a great advantage, I think, if you could prepare a brief memorandum on what is being done in Germany with respect to the Health of Munition Workers. I think you have had the matter a good deal in mind, and it would be very useful." in NA FD 5/37, Fatigue Committee 1914–1918, S. 106.

Bei der Ausdifferenzierung ihrer Arbeit in der Kriegsindustrie stellten die Psychologen deshalb zwei neue Fragen von großer Bedeutung: Wie kann man Ermüdung wissenschaftlich genau erfassen und welche Einflussfaktoren sind zu berücksichtigen?

Psychologen und Nichtpsychologen waren sich von Anfang an darin einig, dass ein genereller Test zur Messung von Ermüdung nicht vorhanden sei; weder ein physiologischer noch ein psychologischer.[271] „It is highly improbable that any single test will ever be found sufficient for all industrial workers, for the character and localisation of fatigue is so different in different occupations." so der Psychologe Vernon.[272] Das subjektive Gefühl körperlicher Erschöpfung sei kein zuverlässiger Indikator für den Grad der Ermüdung: „Bodily sensations are a fallacious guide to the true state of fatigue"[273]

Auch der Psychologe William Rivers hatte vor einem Fachkollegium auf diese Unterscheidung hingewiesen: „A distinction must be made between the sense of fatigue – the sensations which supervene during the performance of work, and the lowered capacity for work executed."[274] Dass das subjektive Gefühl der Ermüdung der Arbeiter in der industriellen Produktion nicht als verlässlicher Indikator für eine Minderung der Arbeitskraft gelten könne, war in der Arbeitsforschung schon seit längerer Zeit diskutiert worden.[275] In seinem Vortrag stellte Rivers diese Erkenntnis allerdings vor, ohne auf die europäische Diskussion des Arbeitsproblems zu verweisen.

Anders als in Deutschland wollten britische Arbeitswissenschaftler eine „reine" Ermüdung in Form einer Leistungsminderung erfassen. Emotionale

---

271 Zum Problem eines physiologischen Tests der Ermüdung: Eine Untersuchung der Effekte von Ermüdung nach industrieller Arbeit auf psychophysiologische Variablen wie Reaktionsgeschwindigkeit, Hör- und Sehschärfe von Prof. Stanley Kent hatten keine eindeutigen Resultate erbracht. NA MUN 5/92:HoMWC, Interim Report, S. 14. Zum Problem eines psychologischen Tests der Ermüdung: „After an exhaustive review of several psychological tests that have been tried, Muscio reported [...] that: „owing to the impossibility of eliminating will in the subject, there is little probability of devising such a test suitable for practical application"Vernon, Industrial fatigue and efficiency., S. 102; die Ansicht des Untersuchungsausschusses wurde folgendermaßen zusammengefasst: „In view of the fact that the committee's sphere of experiment and observation comprised actual factories and workshops in all parts of the country, they have not engaged in any laboratory tests of fatigue, mechanical methods, experiments with the ergograph, etc. They have preferred to make their investigations of fatigue under conditions actually obtaining in the industrial world and comprising many individuals instead of few." Ministry of Munitions, Final report, S. 41.

272 Vernon, Industrial fatigue and efficiency., S. 4.

273 MUN 5 92-7 Memorandum Nr. 7 Industrial fatigue and its causes, S. 3.

274 British Association Report, 1915, S. 284. Zitiert nach ebenda, S. 1.

275 Hugo Münsterberg, Grundzüge der Psychologie. 2. Aufl. Leipzig 1918, S. 131.

Faktoren wie spezielle Interessen, Neugier oder der Wunsch nach Anerkennung galten als Störvariablen:

> It should be remembered, however, that experiments of this kind [special tests] will have no validity unless the fallacies due to emotions and ideas, such as a sense of novelty, interest in the desired result, anticipation of release from experiment, unconscious suggestion by the observer are eliminated ...[276]

Auch Vernon zeigte wenig Interesse an der Untersuchung von Ermüdungsprozessen im Labour: „... laboratory investigations on fatigue, though holding out promise of useful results in the future, have hitherto not afforded much evidence of direct and practical value."[277]

Der eindeutige Schwerpunkt der psychologischen Forschung lag daher anfangs in der Untersuchung der Ermüdung am konkreten Arbeitsplatz in der Industrie. Nur unter realen Bedingungen in der Munitionsfabrik und nicht wie in Deutschland in der Nachahmung im Labor, könnten die Folgen der Ermüdung erfasst werden.

Zusätzlich nahm ein anderer Psychologe die Folgen der Ermüdung für den psychophysischen Allgemeinzustand der Arbeiterschaft in den Blick: Thomas Loveday untersuchte die Ursachen von Arbeitsplatzwechsel, Krankheits- und Unfallhäufigkeit, denn auch diese Faktoren minderten die Leistung der Industriearbeiter.[278] Psychische Ursachen oder Folgen von Ermüdung und Überanstrengung gerieten bei diesen Untersuchungen eher nebenbei, aber immer deutlicher in das Blickfeld.

Loveday hatte in Oxford studiert und arbeitete später an der Universität Durham. Er untersuchte die Gründe für „Zeitverschwendung" (einen bedeutenden Kostenfaktor). Sein Blick weitete sich und neben physiologischen Faktoren wie einer schlechten Ernährung (die Arbeit vor dem Frühstück sei unrentabel) berücksichtigte er zusätzlich psychische Faktoren. Ganz explizit bezog er sich dabei nicht nur auf die statistische Untersuchung, sondern auch auf die Aussagen von Fachleuten vor Ort, die er bei seinen Besuchen in unterschiedlichen Unternehmen der Kriegsindustrie befragt hatte: „...more weight ought properly to be attached to coincidence or divergence of opinions among experienced persons than to coincidence or divergence of figures."[279] Als Ursachen für

---

276   Ministry of Munitions, Final report, S. 41.
277   Vernon, Industrial fatigue and efficiency, Preface.
278   Loveday, The causes and conditions of lost time, in: Ministry of Munitions, Interim Report S. 42–95.
279   Ebenda, S. 42.

verlorene Arbeitszeit in der Kriegsindustrie sah er Gefühle wie Gleichgültigkeit und Unzufriedenheit mit den Arbeitsbedingungen, Überarbeitung und Ärger über die schlechte Organisation am Arbeitsplatz an.[280] In keinem Fall wurde aber, anders als in Deutschland, ein mangelnder Arbeitswille unterstellt, sondern Loveday betonte, dass die meisten ausgefallenen Arbeitsstunden auf Krankheit und Unfälle und nicht auf Faulheit oder Arbeitsunlust zurückzuführen seien.[281]

Die Psychologen folgerten daraus, dass in einer angemessenen Umgebung jeder Arbeiter sein Bestes geben würde. Eine Zuweisung des einzelnen Arbeiters auf einen speziell für ihn geeigneten Arbeitsplatz war aber nicht vorgesehen.

Ein zweiter Ansatzpunkt wurde von dem Arbeitswissenschaftler Philip Sargant Florence verfolgt. Florence war Amerikaner, hatte aber in Cambridge studiert und dort im Krieg über die Effizienz der britischen und amerikanischen Industrie gearbeitet. Auch er arbeitete für das HoMWC und stellte fest, dass die Unfallhäufigkeit ein Indikator für steigende Ermüdung sei. Unfälle seien also, psychologisch gesehen, durch einen Abfall der Konzentrationsfähigkeit bedingt.[282] Unfallhäufigkeit als Folge von Ermüdung wurde in der Folgezeit ein wichtiges psychologisches Untersuchungsfeld, nicht nur in der Industrie, sondern auch beim Militär.[283]

Psychologische Einflussfaktoren kamen also quasi durch die Hintertür in den eher sozial angelegten Untersuchungen in den Blick. Sie waren aber ein Novum in den in Großbritannien bis zu diesem Zeitpunkt vorwiegend physiologisch definierten Arbeitswissenschaften.: „The problems then of industrial fatigue are primarily and almost wholly problems of fatigue in the nervous system and of its direct and indirect effects ...“[284], so der Psychologe Vernon.

---

280 Ebenda, S. 43.
281 Ebenda, S. 67.
282 „An important and early sign of fatigue in the nervous centres is a want of co-ordination and failure in the power of concentration. This may not be subjectively realised, but may be shown objectively in an increased frequency of trifling accidents."NA MUN 5/92 HoMWC, Interim Report, S. 13.
283 MUN 5 92–21 Memorandum Nr. 21: Investigation of the factors concerned in the causation of industrial accidents; Ministry of Munitions, Final report, S. 11; siehe auch: ebenda, S. 140. Horace.M. Vernon bearbeitete über 50 000 Unfallakten; George Newman schrieb etwas spöttisch über dieses Vorgehen: „Vernon's screed on Accidents." John C. Burnham, Accident prone. A history of technology psychology and misfits of the machine age, Chicago, Ill. 2009, S.53, Fußnote 6.
284 NA MUN 5 92-7 Memorandum Nr. 7, Industrial fatigue and its causes, S. 9.

..when monotonous series are repeated fatigue may appear in what may be
called the psychical field, and a sense of „monotony" may diminish the capacity
of work. This is analogous to, if it does not represent a fatigue process in unrec-
ognised nervous centres.[285]

Monotone Arbeit war auch deshalb für die Psychologen ein besonders interessantes Feld, da die meisten Arbeitsschritte in der Industrie monoton zu
absolvieren waren und an der Bewältigung dieser gleichförmigen Arbeit ließen sich unterschiedliche individuelle Arten der Arbeitsgestaltung zeigen.
Einige Arbeiter berichteten über einen eigenen Arbeitsstil oder – Gewohn-
heiten."[286] Gefühle wie Ärger oder Sorge bei der Arbeit kamen dabei in den
Blick, anfangs aber noch als Ausdruck unbekannter physiologischer Nerven-
tätigkeit interpretiert.

> Considerations so inexplicable at present in terms of physiology as to be called
> „psychological" will also arise; if the work is of a „worrying" or „fussy" kind, with a
> multiplicity, that is to say, of imposed and irregular rhythm, fatigue will be more
> rapid, perhaps on account of the more numerous, and higher nervous centres
> which become implicated.[287]

Hier versuchte Vernon nicht etwa die entsprechenden Gefühle der Arbeiter
zu erfassen, sondern interessierte sich lediglich für die dadurch ausgelösten
„höheren" physiologischen Prozesse. Gefühle der Arbeiter, wie sie in Deutschland von Psychologen während des Arbeitsprozesses erfasst wurden, wurden
hier nur am Rande erwähnt. Diese Einstellung änderte sich im Verlaufe der folgenden Zeit und psychologische Phänomene wurden zunehmend als bedeutsame Faktoren im Arbeitsprozess angesehen. Die Physiologie alleine, so das
Fazit der Psychologen nach einer großen Anzahl von Untersuchungen, könne
die Arbeitsleistung nicht ausreichend erklären und Vernon unterstellte der
Psyche des Arbeiters einen gleichbedeutenden Einfluss:

> Man is not a machine, calculated to produce the same amount of work all the
> times under the same physical conditions. His productivity is greatly influenced
> by his mental state, and the psychology of the worker has to be borne in mind in
> every inquiry into productivity.[288]

Obwohl die Experten des Untersuchungskomitees die psychische Verfassung
des Industriearbeiters immer stärker in den Fokus rückten, blieben die

---

285   MUN 5/92 HoMWC Interim Report, S. 11.
286   Ministry of Munitions, Interim report, S. 21.
287   NA 5 92-7 Memorandum Nr. 7, Industrial Fatigue and its Causes, S. 6.
288   Vernon, Industrial fatigue and efficiency., S. 5.

Untersuchungsverfahren vergleichsweise einfach. Fragebögen, Interviews und gruppenstatistische Untersuchungen waren die Grundlage; britische Arbeitsforscher nahmen keine psychophysiologischen Laboruntersuchungen vor, verwendeten keine Apparate zur Simulation der Realsituation, keine Berufsberatung und -zuweisung oder gezieltes Arbeits-Training, wie es beispielsweise in Deutschland durchgeführt wurde. Die Arbeitswissenschaften waren in Großbritannien nicht so weit entwickelt wie in anderen europäischen Ländern oder in den USA.[289] Diesen Mangel bedauerte auch Vernon nach den ersten beiden Kriegsjahren:

> It must be admitted, however, that in England, and no doubt to the detriment of both health and wealth, management based upon the experimental science of industrial fatigue is far less common than in the factories and business concerns of America and Germany.[290]

Ein Grund für dieses Defizit lag darin, dass in Großbritannien sowohl Politiker als auch Psychologen und andere Wissenschaftler einflussreichen neuen Entwicklungen in den Arbeitswissenschaften, wie den Methoden von Frederick Taylor äußerst skeptisch gegenüberstanden.[291]

Taylor war ein amerikanischer Ingenieur, der nicht nur eine neue Art der wissenschaftlichen Betriebsführung propagierte, sondern auch ein neues Patent in der Stahlindustrie entwickelt hatte. Ein wesentlicher Grundgedanke dieser wissenschaftlichen Betriebsführung nach Taylor (*scientific management*) war die Vorstellung, dass der Arbeitsprozess in verschiedene Teile aufzuspalten, differenziert gemessen (*time and motion studies*) und gezielt zu beeinflussen sei.[292] Um eine gezielte Analyse der einzelnen Arbeitsschritte vornehmen zu können, entwickelte er neue Apparate und Methoden, um auch kleine Bewegungen erfassen zu können. Dann entwarf er für jeden Arbeitsprozess

---

289 Rabinbach, The human motor, S.275. Die Arbeiten von Taylor zum scientific management waren zwar bekannt, aber wie Michael Rose konstatierte: „British interest remained vague, cool and distant." Siehe: Michael Rose, Industrial behaviour. Theoretical development since Taylor, London 1975, S. 99.

290 NA Mun 5/92 HoMWC Interim Report, S. 15.

291 Frederick Winslow Taylor, The principles of scientific management, New York 1911; Hugo Münsterberg, Psychologie und Wirtschaftsleben. Ein Beitrag zur angewandten Experimental-Psychologie, Leipzig 1916; zur Verbreitung der Schriften von Taylor siehe beispielsweise Philipp Sarasin, Die Rationalisierung des Körpers. Über „Scientific Management" und „biologische Rationalisierung", in: Michael Jeismann (Hrsg.), Obsessionen. Beherrschende Gedanken im wissenschaftlichen Zeitalter, Frankfurt am Main 1995, S. 78–115, S. 80; Leonhard/Steinmetz (Hrsg.), Semantiken von Arbeit: diachrone und vergleichende Perspektiven., S. 26.

292 Frederick Winslow Taylor/Walter Volpert (Hrsg.), Die Grundsätze wissenschaftlicher Betriebsführung, Weinheim 1977, S. 125–127.

die optimale Abfolge von Bewegungen, um eine höchstmögliche Effizienz zu erreichen. Jeder Arbeiter wurde anschließend auf diese ideale Abfolge von Bewegungen trainiert. Auch versuchte Taylor detailliert die Erfolge eines verbesserten Arbeitsablaufes zu messen. Grundlage dieser Vorgehensweise war die Annahme, dass der durchschnittliche Arbeiter seine Arbeitskraft bewusst oder unbewusst zurückhält und nur durch gezielte Überwachung, Schulung und äußere Anreize (höherer Lohn) zu effektiverer Arbeit anzuleiten sei.[293] Taylors Gedanken wurden in Europa in den ersten Jahren des 20. Jahrhunderts begeistert, aber nicht unwidersprochen angenommen.[294] Insbesondere die Betriebsingenieure in Deutschland und Frankreich diskutierten intensiv das Vorgehen und die theoretischen Annahmen von Taylors System.[295]

Sowohl britische Politiker als auch britische Wissenschaftler lehnten diese Vorstellungen allerdings kategorisch ab. Der Vorsitzende des *Health of Munitions Workers Committees äußerte sich* in aller Deutlichkeit:

> ... The Committee has not of course in the past made any endeavour to investigate Scientific Management in the American sense of the term, though it is of course closely allied to many problems that we have been dealing with.[296]

Für diese Haltung waren wohl verschiedene Entwicklungen verantwortlich:

Ein Grund lag in der kritischen Situation der britischen Stahlindustrie. Diese sah sich in zunehmender Konkurrenz zu amerikanischen Stahlunternehmen: Frederick Taylor hatte ein neues Verfahren entwickelt, um die Festigkeit des Stahles zu erhöhen, was den amerikanischen Vorsprung in diesem Industriezweig weiter ausbaute. In Großbritannien sah man ihn daher hauptsächlich als wirtschaftlichen Konkurrenten und stand ihm und seinen Methoden daher sehr kritisch und abweisend gegenüber.[297]

Die liberale Einstellung in Wirtschaft und Gesellschaft in Großbritannien und der Widerstand sowohl der Arbeitgeber als auch der Gewerkschaften hatten dazu geführt, dass staatliche Eingriffe auf den Arbeitsprozess oder eine

---

293   Ebenda, S. 16f; S. 123–127.

294   Siehe dazu ausführlich: Rabinbach, Motor Mensch., S. 277–299.

295   So versuchte beispielsweise der deutsche Ingenieur Georg Schlesinger auf dem Kongress des Vereins Deutscher Ingenieure im September 1913 diesen die Ideen von Taylor nahezubringen, siehe: ebenda, S. 298.

296   NA FD 5/37 Fatigue Committee 1914–1918, Brief vom 28.3.1917; Dass die Schriften von Taylor bekannt waren, kann man daran sehen, dass sie manchmal zur Bestätigung eigener Ergebnisse herangezogen wurden, siehe: NA MUN 5/92 HoMWC Interim Report, S. 76.

297   Merkle, Management and ideology., S. 221–225.

Untersuchung desselben immer sehr kontrovers diskutiert und weitgehend abgelehnt worden waren.[298]

Es gab in Großbritannien auch keine so gut ausgebildeten Betriebsingenieure wie in Deutschland, die die Idee der wissenschaftlichen Betriebsführung in den Betrieben hätten etablieren können. Und führende Psychologen, die in der Kriegsindustrie forschten, wie Charles Myers und Sargant Florence, zeigten sich als Gegner der wissenschaftlichen Betriebsführung und attackierten den Taylorismus als inhuman.[299] Sie distanzierten sich deutlich von dem im Taylorismus vertretenen Menschenbild. Sie waren beispielsweise der Ansicht, dass in Zeiten nationaler Notlage der Industriearbeiter bereitwillig seine ganze Arbeitskraft zur Verfügung stellen würde: „The Committee believe that in the present time of crisis patriotic incentive has done much to abolish customary reduction of effort among munition workers ...“[300] Nie sprachen britische Psychologen von einem fehlenden Arbeitswillen. In der deutschen Psychologie war der Arbeitswille jedoch ein wichtiges Thema und man forderte ausdrücklich die Arbeitskraft, auch von verletzten Soldaten, für die Kriegsanstrengungen der Nation ein.[301] In Großbritannien sahen die Arbeitsforscher dies anders und gingen sogar so weit, den Arbeitgebern die Schuld an den Problemen der Kriegsindustrie zu geben:

> It cannot in such circumstances be said that a workman so restraining himself, consciously or unconsciously, is doing more to damage the output on the whole than the employer who has arranged overlong hours of work on the baseless assumption that long hours mean high output.[302]

---

298 „It is a matter of remark that there should in the past have been such a complete absence of all systematic effort on the part either of official bodies or of individual firms to collect exact data which might prove of permanent value in the solution of industrial problems." NA MUN 5/92 HoMWC Interim Report S. 3.

299 Charles Samuel Myers, Mind and work. The psychologial factors in industry and commerce, New York and London 1921, S. 122; Florence, Economics of fatigue and unrest and the efficiency of labour in English and American industry., S. 93–101; Cross, A quest for time., S. 199; Horace Vernon, einer der führenden Industriepsychologen der Kriegszeit, gab offen zu, sich weder mit der wissenschaftlichen Betriebsführung noch mit Problemen der Berufsberatung auseinandergesetzt zu haben; beides waren psychologische Handlungsfelder, die in Deutschland eine große Rolle spielten. Vernon, Industrial fatigue and efficiency, Preface.

300 NA MUN 5/92 HoMW, Interim Report, S. 12.

301 Beispielsweise: Walther Poppelreuter, Die psychischen Schädigungen durch Kopfschuß im Kriege 1914/17. Mit besonderer Berücksichtigung der pathopsychologischen, pädagogischen, gewerblichen und sozialen Beziehungen, Leipzig 1917, S. 7.

302 NA MUN 5/92 HoMWC, Interim Report, S. 13.

Die überlange Arbeitszeit sei ein wesentlicher Grund für die mangelnde Produktionskraft und nicht der fehlende Arbeitswille oder die mangelhaften Fähigkeiten des individuellen Arbeiters.

Der Hauptfokus der Psychologen und Arbeitsforscher lag daher auf der Änderung von sozialen und Umweltfaktoren und auf der Gruppe der Arbeiter als Ganzes. Anders als in Deutschland untersuchten britische Psychologen keine individuellen Unterschiede oder Fähigkeiten und deshalb konnte man die Leistungsfähigkeit von einzelnen Personen nicht einschätzen. Dies führte dazu, dass sie keine differenzierte psychologische Berufsberatung oder Arbeitszuweisung, wie zur der Zeit in Deutschland begonnen, stattfand. Allerdings registrierten und bedauerten die britischen Industriepsychologen diese Defizite:

> ... these tests of individual capacity (or its loss by fatigue) give an opportunity for a rearrangement of workers and their assignment to particular processes of work. Astonishing results, bringing advantage both to employers and employed, have been gained in other countries by the careful selection of individuals for particular tasks, based, not upon the impression of foremen, but upon the results of experiments.[303]

Das HoMWC konnte jedoch in Folge der Kriegsanforderungen und durch Maßnahmen der zentral organisierten Wirtschaft einige Untersuchungen und Regelungen, die denen des Taylorsystems ähnelten, durchsetzen, so dass dessen Grundgedanken zunehmend akzeptiert wurden. Neben der systematischen Erfassung der Arbeitsmenge und –effizienz dokumentierten britische Wissenschaftler beispielsweise auch den Einfluss von Leistungsanreizen, wie höheren Lohn bei besserer Leistung.[304] Dies geschah aber so, dass sie den deutlichen Unterschied des britischen Vorgehens zu dem amerikanischen System von Taylor besonders betonten.

Der Schwerpunkt der psychologischen Untersuchungen lag dieser Ausrichtung folgend und anders als in Deutschland, auf der Erfassung und Veränderung äußerer Einflussfaktoren auf die Industriearbeiterschaft und nicht auf einer individuellen Leistungsmessung und Arbeitszuteilung. Britische Psychologen führten keine experimentalpsychologischen Untersuchungen, wie sie beispielsweise Hugo Münsterberg entwickelt hatte, durch. Münsterbergs Werke waren zwar bekannt, sein Programm einer gesellschaftlich relevanten und in vielen Bereichen praktisch anwendbaren Psychologie fand aber vor 1916 keine Resonanz in Großbritannien.[305] Es war eine Gruppe humanitär

---

303   Ministry of Munitions, Interim report, S. 20.
304   Ebenda., S. 96–122.
305   Beispielsweise: British Journal of Psychology 1912/13, S. 467, Rezension von Münsterbergs: *Psychologie und Wirtschaftsleben*.

eingestellter Industrieller, die den psychologischen Einflussfaktoren auf den Arbeitsprozess mehr Bedeutung zuschrieben.

Psychologen und Unternehmer: The Human Factor

Der Begriff *the human factor* steht für den Eintritt und das Wirken der Quäker in der Kriegsindustrie.[306] Diese Unternehmer betonten neben ihren wirtschaftlichen Interessen besonders die religiösen und moralischen Werte in ihrer Unternehmensführung.[307] Damit standen sie in einem starken Gegensatz zu den grundlegenden Annahmen des amerikanischen *scientific management* und dies hatte große Auswirkungen auf die britische Kriegsindustrie.

Die Arbeitswissenschaften in Großbritannien standen in einer anderen Tradition: In Großbritannien hatten in einer früheren Phase der Industrialisierung einzelne Unternehmer eigene Wege zur Lösung sozialer Probleme der Industriearbeiter eingeschlagen.

Der Aufstieg der britischen Industriepsychologie fand in einem Umfeld statt, in dem verschiedene Akteure die Probleme einer Industriegesellschaft schon deutlich gesehen hatten.[308] Mitglieder der *Fabian Society* hatten beispielsweise schon Ende des 19. Jahrhunderts moderate soziale Reformen der Situation der Arbeiterklasse angedacht.[309] Liberale Sozialpolitiker der ersten Stunde wie Robert Owen und Seebohm Rowntree hatten schon in der Vorkriegszeit für eine humane Einstellung und angemessene Behandlung des Arbeiters plädiert.[310] Rowntree wies bereits 1911 auf die psychischen Folgen von Phänomenen wie der Arbeitslosigkeit hin:

> Even men of strong character tell us how exceedingly difficult it is to resist this demoralization, which is partly due to psychical and partly to physical causes. They suffer psychically because of the depression, often amounting to acute despair, which comes after days and weeks spent in tramping the streets and meeting with nothing but disappointment and refusal.[311]

---

306   1921 erschien das Buch von Seebohm Rowntree: *The Human Factor in Business*, in dem er sein unternehmerisches Konzept vorstellte.

307   Merkle, Management and ideology., S. 229.

308   Thomson, Psychological subjects., S. 140.

309   Merkle, Management and ideology., S. 227; Franz-Josef Brüggemeier, Geschichte Großbritanniens im 20. Jahrhundert, München 2010, S. 53f.

310   Robert Owen, A new view of society: or, essays on the formation of the human character, preparatory to the development of a plan for gradually ameliorating the condition of mankind., Edinburgh 1826;Benjamin Seebohm Rowntree, Poverty. A study of town life, London 1901; John Child, British management thought. A critical analysis, London 1969, S. 38.

311   Benjamin Seebohm Rowntree/Bruno Lasker, Unemployment, London 1911, S. 60.

Der Arbeitslose wurde hier von Rowntree nicht moralisch verurteilt, sondern in seiner schwierigen psychischen Situation verständnisvoll beschrieben. Es war zu dieser Zeit durchaus nicht üblich für einen Unternehmer, die psychischen Folgen der Arbeitslosigkeit so eindrücklich zu beachten.

Die religiös ausgerichteten Industriellen, die beispielsweise den Quäkern nahestanden, betonten die Bedeutung ihrer moralischen Werte und versprachen gleichzeitig einen möglichen Kompromiss zwischen den Forderungen der Arbeiterschaft und den Interessen der Arbeitgeber. Mit ihren Vorstellungen über die Verbesserung der Situation der Arbeiter beeinflussten sie die Sozialpolitik und begünstigten den Einsatz von Psychologen in den ersten Kriegsjahren.[312] Um die Arbeitsleistung zu erhöhen, setzten diese Unternehmer nicht auf die Neuorganisation des Arbeitsprozesses (wie dies Taylor vorschlug), sondern auf die Verbesserung der Situation der Arbeiter.

Mit dem Bezug auf diese, durchaus auch wirtschaftlich motivierten Vorstellungen der Unternehmer, konnte die Regierung die reglementierenden Eingriffe in die Organisation der Kriegsindustrie rechtfertigen. Besonders Rowntree betonte, dass die Verbesserungen der sozialen Situation der Arbeiter in der Kriegsindustrie auch den Profit der Unternehmer deutlich steigern würde: „It pays", war seine Devise. Außerdem war Rowntree davon überzeugt, dass er durch diese Maßnahmen die Zustimmung der Arbeiter garantieren und so den sozialen Frieden in den Unternehmen sichern könne.[313] Die Vorschläge Rowntrees leuchteten den zuständigen Sozialpolitikern ein. Im Januar 1916 gründete das Kriegsministerium deshalb einen Wohlfahrtsausschuss, das sogenannte Gesundheitskommittee, um einige Vorschläge zur Verbesserung der Situation der Industriearbeiter schnell durchzusetzen. Den Vorsitz übernahm Rowntree:[314] Das Ziel dieses Gremiums war klar umrissen:

> [It should work] for the purpose of the executive work arising out of the Committee's recommendations and necessary undertakings for promoting the health of the large body of workers for which the Ministry was responsible.[315]

---

312   Child, British management thought., S. 229.

313   „Lastly, as a condition of industrial peace, I have emphasised the importance of what I may define as courtesy and consideration in industry. A great deal of unrest is due simply to the lack of these ... Careful and systematic attention to the human and psychological aspects to industry is not something to be put on, or taken off, as freely as an overcoat [...] It [social peace] will only come when Labour is convinced that employers generally recognise the human aspect of industry, and are anxious, not only to give the workers a square deal but to promote their individual welfare." Benjamin Seebohm Rowntree, The human factor in business, London, New York 1921, S. 15.

314   Adams, Ralph James Q., Arms and the wizard., S. 128.

315   NA MUN 5 94 HoMWC Final Report, S. 6.

In die Praxis umgesetzt wurden die Empfehlungen des Gesundheitskomitees dann von Wohlfahrtsangestellten, die allerdings nur kurz und unzureichend ausgebildet waren.[316] Sie sollten vor allem die Arbeitsbedingungen von Jugendlichen und Frauen beachten und verbessern; ein praktischer Einsatz von Psychologen war in diesem Bereich allerdings nicht vorgesehen.[317]

Anders war es bei der wissenschaftlichen Untersuchung sozialpsychologischer Einflussfaktoren auf den Arbeitsplatz: Hier wurde die Berücksichtigung vielfältiger Aspekte eingefordert.[318] Dies zeigte sich auch im programmatischen Vorwort des praktischen Handbuchs für die Arbeit in der Kriegsindustrie das Anfang 1917 veröffentlicht wurde:

> Without health there is no energy, without energy there is no output. More important than output is the vigour, strength, and vitality of the nation. Man is greater than the machine he works. Nor is health only a physical condition. It is also mental and moral. Discontent, apathy, monotony, boredom, and lack of interest in life may be just as detrimental as physical ailment and may equally involve irreparable loss in individual fitness, well-being and efficiency.[319]

Die Arbeitswissenschaftler schrieben hier psychischen Faktoren wie Langeweile, Unzufriedenheit und psychischen Problemen einen Einfluss auf die Leistungsfähigkeit der Arbeiter zu und förderten dadurch eine psychologische Sicht auf den Arbeitsprozess.[320]

Damit waren Möglichkeiten und Grenzen industriepsychologischer Arbeit in Großbritannien während der Kriegszeit umrissen. Wissenschaftlich untersucht werden sollten auch psychologische Faktoren auf den Arbeitsprozess. Die Psychologen sollten ihre Empfehlungen wissenschaftlich fundiert rechtfertigen,

---

316 „For such a career [Welfare Supervisor] health and intelligence and sympathy are the primary requirements, and these are gifts that no course of special training, long or short, can ever supply." Ashley, W.J: The task of the Welfare supervisor. Reprint for the Ministry of Munitions of war. NA MUN 5/92, S. 1.

317 Ministry of Munitions, Final report, S. 205f; S. 365: Appendix J.

318 NA MUN 5 92-18 Memorandum No. 18: Further Statistical Information concerning output in relation to hours of work, with special reference to the influence of Sunday labour; NA MUN 5 92-21 Memorandum No. 20: Weekly Hours of Employment (Supplementary to Memorandum No. 5); Ministry of Munitions, Final report, S. 11.

319 MUN 5 92 346/18 Handbook prepared by the Health of Munition Workers Committee, 1917, Preface, S. 13.

320 „If British industry is to hold its place in the world, we must secure the whole-hearted co-operation of Labour. This means something more than mere physical effort. It means bringing into the common pool all the worker's resources, not only of brawn but of brain, and it means willing service. This involves a certain attitude of mind. It is a psychological problem."Rowntree, The human factor in business., S. 15.

um breite gesellschaftliche Zustimmung hervorzurufen.[321] Sie hatten die
Freiheit und die Gelegenheit, in unterschiedlichen Industrieunternehmen
verschiedene soziale Gruppen und Fragestellungen zu bearbeiten. Da das
Kriegsministerium auf innovative Art und Weise viele Unternehmer und
Firmeninhaber in seine Arbeit einband, ergab sich für das Gesundheits-
komitee die Gelegenheit, diese Unternehmer für die Methoden und theoretischen Möglichkeiten der Industriepsychologie zu begeistern.[322]

Der Zwischenbericht und das Handbuch mit praktischen Empfehlungen
für die Kriegsindustrie erschienen im Oktober 1917 und waren ein vorläufiger
Abschluss der Tätigkeit des *Health of Munition Workers Committee*. In dem
Handbuch wurden die Ergebnisse dargestellt und kurze Empfehlungen formuliert.[323] Untermauert von den statistischen Untersuchungen des Psychologen
Horace Vernon sprach das Komitee nach zwei Kriegsjahren erneut die dringende Empfehlung aus: "... the time is ripe for a further substantial reduction
in the hours of work ..."[324], denn „The country cannot afford the extravagance
of paying for work done during incapacity from fatigue, just because so many
hours are spent on it... .[325] Damit erhielten Ergebnisse und Forderungen, die
schon in der Vorkriegszeit erhoben worden waren, eine neue Dringlichkeit und
die Psychologen hatten sich als Experten für die wissenschaftliche, statistische
Analyse von Ermüdungsprozessen in der Industrie bewährt.[326]

3.2.2   *Deutschland: Psychotechnik und die Optimierung der Arbeitskraft*

> In dem großen Gebäude der Betriebswissenschaft ist die praktische Psychologie
> (Psychotechnik) der Schlussstein des Bauwerkes. Die Auslese der Geeigneten aus
> der Schar der Bewerber, ihre Einreihung in die verschiedenen Betriebsstätten
> und endlich ihre Zuteilung an die Arbeitsplätze sind so wesentliche Faktoren,
> dass sie in ihrer Wichtigkeit und ihrem Einfluss allen andern Organisationsmaß-
> nahmen gleichzusetzen sind.[327]

---

321 Über ihre Tätigkeit in der Kriegsindustrie berichteten in der Nachkriegszeit: Bernard
     Muscio, Lectures on industrial psychology, London 1920; Charles Samuel Myers, Indust-
     rial fatigue, in: The Lancet 197 (1921), S. 205–206, H. 5082.; Vernon, Industrial fatigue and
     efficiency.; Florence, Economics of fatigue and unrest and the efficiency of labour in Eng-
     lish and American industry., zusammenfassend: May Smith, An introduction to industrial
     psychology, London 1943.
322 Burk (Hrsg.), War and the state., S. 40.
323 NA MUN 5/92 346/18 Handbook, S. 12.
324 Ebd; S. 32.
325 NA MUN 5 92 HoMWC, Interim Report, S. 2.
326 Cross, A quest for time., S.114.
327 Georg Schlesinger, Psychotechnik und Betriebswissenschaft, Leipzig 1920, Vorwort, S. III.

Diese positive Bewertung psychologischer Arbeit in der Kriegs-Industrie äußerte der einflussreiche Ingenieur Georg Schlesinger kurz nach dem Krieg. Anders als in Großbritannien war die Psychotechnik in Deutschland im Laufe des Krieges zu einem anerkannten Baustein in der Organisation eines reibungslosen Arbeitsprozesses geworden und es waren vor allem interessierte Ingenieure und Betriebswirte, die den Psychologen den Weg in die Arbeit in der Industrie ebneten. Auch die Ausgangslage zu Beginn des Krieges war eine andere: In Deutschland hatten sich schon deutlich früher verschiedene psychologische Forscher mit der menschlichen Arbeitskraft beschäftigt.[328] Doch im Ersten Weltkrieg, durch die Anforderungen der Kriegsproduktion, wurde eine praktische Betätigung von Psychologen gefordert und ermöglicht. In den ersten zwei Kriegsjahren entwickelten und verwirklichten verschiedene deutsche Psychologen Ansätze einer angewandten Industriepsychologie, die dann in der zweiten Kriegshälfte vermehrt in der Praxis zum Einsatz kamen. Anders als in Großbritannien wurden dabei auch Psychologen aktiv, die an den Universitäten schon vor dem Krieg eine angewandte Psychologie propagiert hatten.[329] Nicht nur die Praxis, sondern auch die theoretischen Konzepte von Arbeit, Leistungsfähigkeit und Messmethoden änderten sich.[330]

---

328 Emil Kraepelin, Die Arbeitskurve, in: Wilhelm Wundt (Hrsg.), Philosophische Studien, Bd. 19, Leipzig 1902, S. 459–507. Hugo Münsterberg, Psychologie und Wirtschaftsleben. Ein Beitrag zur angewandten Experimental-Psychologie, Leipzig 1912, S. 23–86; Hermann Ebbinghaus, Über eine neue Methode zur Prüfung geistiger Fähigkeiten und ihre Anwendung bei Schulkindern., in: Zeitschrift für Psychologie und Physiologie der Sinnesorgane 13 (1897), S. 401–459; Ernst Meumann, Intelligenz und Wille, Leipzig 1908; auch Emil Kraepelin hatte seine Untersuchungen zur Arbeitskurve an Schülern durchgeführt, siehe: Rabinbach, Motor Mensch., S. 180.

329 Z.B. Otto Lipmann, der das Institut für angewandte Psychologie gegründet hatte und seit 1912 die *Zeitschrift für angewandte Psychologie* herausgab.

330 Anders als in Großbritannien gibt es in Deutschland auch mehr Sekundärliteratur zum Thema Psychotechnik, die sich jedoch meist auf die „Blütezeit" der deutschen Psychotechnik zu Beginn der Weimarer Republik fokussiert: Dorsch, Geschichte und Probleme der angewandten Psychologie, Bern 1963; Rüegsegger, Die Geschichte der angewandten Psychologie 1900–1940, Bern 1986; Peter van Drunen, Von der Psychotechnik zur Psychodiagnostik, in: Helmut E. Lück/Rudolf Miller (Hrsg.), Illustrierte Geschichte der Psychologie, Weinheim 2005, S. 254–256; Patzel-Mattern, Ökonomische Effizienz und gesellschaftlicher Ausgleich. Die industrielle Psychotechnik in der Weimarer Republik, Stuttgart 2010; zur Arbeitsverwaltung: David Meskill, Arbeitssteuerung, Klientenberatung. Angewandte Psychologie in der deutschen Arbeitsverwaltung, in: Zeitschrift für Psychologie 212 (2004), H. 2, S. 212–226; David Meskill, Optimizing the German workforce. Labor administration from Bismarck to the economic miracle, New York 2010; biographisch: Spur, Industrielle Psychotechnik – Walther Moede. München 2008; Lück/Rothe, Hugo Münsterberg. Psychologie im Dienste der Gesellschaft, in: Report Psychologie 42 (2017), H.2, S. 58–65; auf einzelne Berufszweige bezogen: z.B. Horst Gundlach, Die Entstehung

Im Kontrast zu den Entwicklungen in Großbritannien gab es in Deutschland aber kein staatliches Gremium, das die Arbeit in der Kriegsindustrie zentral steuerte. Aus diesem Grund waren es in Deutschland wesentlich mehr Akteure aus verschiedenen Bereichen, die sich mit den Arbeitswissenschaften beschäftigten und die unterschiedlichen Allianzen mit den Industriepsychologen eingingen. Sozial engagierte Unternehmer, Ingenieure, Arbeitsphysiologen, soziologisch arbeitende Forscher und Universitätspsychologen beschäftigten sich mit den Problemen der Arbeit. Um die Situation zu Kriegsbeginn zu erklären, wird im Folgenden zuerst die Situation der Arbeitswissenschaften vor dem Krieg diskutiert, um zu erläutern, auf welches Wissen und auf welche Methoden die Psychologen zurückgreifen konnten und welche neuen Ansätze sie entwickelten.

Die Arbeitswissenschaft in Deutschland vor dem Krieg
Ernst Abbe, Leiter der Carl-Zeiss-Werke in Jena hatte schon um die Jahrhundertwende wichtige Themen der Industriepsychologie, wie die optimale Länge der Arbeitszeit, beachtet. Schon zu Beginn des Jahrhunderts führte er erste praktische Untersuchungen in seinen Werken über Phänomene wie Ermüdung und sinnvolle Pausen für Industriearbeiter durch und versuchte mit einer Reduktion der Arbeitszeit die Produktivität der Arbeit, aber auch die Situation der Arbeiter zu verbessern.[331] Er führte nach einer einjährigen Erprobung voller Überzeugung als erster Unternehmer den Acht-Stunden Tag in seinem Werk ein.[332]

---

der Verkehrspsychologie unter besonderer Berücksichtigung der Eisenbahnpsychologie, in: Hans-Peter Krüger/Niels Birbaumer (Hrsg.), Anwendungsfelder der Verkehrspsychologie, Göttingen 2009, S. 587–637; Kritische Psychologiegeschichtsschreibung wie Siegfried Jaeger/Irmingard Staeuble, Die Psychotechnik und Ihre Gesellschaftlichen Entwicklungsbedingungen, in: Francois Stoll (Hrsg.), Die Psychologie des 20. Jahrhunderts. Arbeits-Wirtschafts- und Verkehrspsychologie, Bd. 13, Zürich/München 1981, S. 53–95 wird heute abgelehnt, siehe: Meskill, Arbeitssteuerung, S. 219.

331 Abbe, Gesammelte Abhandlungen., S. 205; Felix Auerbach, Ernst Abbe: Sein Leben und Wirken, Leipzig 1919, S. 403; Die philanthropische Einstellung von Ernst Abbe zeigte sich auch darin, dass er in der Folgezeit das Zeiss-Werk in eine Stiftung umwandelte, die vor allem die Verantwortung der Geschäftsleitung gegenüber den Arbeitern betonte; eine Einflussnahme der Arbeiterschaft auf die Unternehmenspolitik wurde jedoch ausgeschlossen, siehe: Peter Hinrichs, Um die Seele des Arbeiters, Köln 1981, S. 79f.

332 Auerbach, Ernst Abbe: Sein Leben und Wirken.

Für jede bestimmte Person und für jede bestimmte Art von Verrichtungen existiert ein Optimum, nämlich eine kürzere Arbeitszeit, bei der das größte Arbeitsprodukt herauskommt; die Verkürzung der Arbeitszeit bringt einen Anstieg der Arbeitsleistung mit sich, solange wie der Gewinn im täglichen Kräfteverbrauch durch die verlängerte Ruhepause und die Kraftersparnis durch den Leerlauf größer ist als der Kraftverbrauch, der von der Beschleunigung des Arbeitstempos verlangt wird.[333]

Diese persönliche Ansicht von Ernst Abbe stand im Einklang mit dem positiven Ergebnis des einjährigen Versuchs: In allen Bereichen des Unternehmens waren die Leistungen und die Gesamtproduktionsmenge nach Einführung des Acht-Stunden-Tags nicht gesunken sondern hatte sich um etwa vier Prozent gesteigert.[334] Durch diese Veränderungen des Arbeitsprozesses gelang in den Zeiss Werken neben einer Steigerung der Qualität der optischen Instrumente auch ein effektiver Übergang der Produktion zu einem arbeitsteiligen Großbetrieb.[335] Obwohl die veränderte Arbeitsorganisation in den Zeiss-Werken durchaus zu einer Produktionserhöhung führte, sperrten sich andere deutsche Unternehmen gegen diese Maßnahmen.[336] Ähnlich wie in Großbritannien war es dann aber doch ein philanthropisch denkender Unternehmer, der dann im Kriegsverlauf als einer der Ersten psychologisches Wissen nutzte und psychotechnische Methoden einsetzte.[337]

Ein zweites wichtiges Thema für die Industriepsychologie war die Auseinandersetzungen mit den Thesen der wissenschaftlichen Betriebsführung von Frederick Taylor.[338] Protagonisten der Einführung der Methoden und Ideen des *Scientific Managements* waren die gut ausgebildeten Modernisierungsingenieure.[339] Organisiert im schon 1856 gegründeten Verein Deutscher

333 Zitiert nach: Rabinbach, Motor Mensch., S. 254f.

334 Abbe, Gesammelte Abhandlungen., S. 205; Auerbach, Ernst Abbe: Sein Leben und Wirken., S. 403; Hinrichs, Um die Seele des Arbeiters., S. 81.

335 Abbe, Gesammelte Abhandlungen.; Hinrichs, Um die Seele des Arbeiters., S. 79.

336 In Sachsen berichteten Gewerbeaufsichtsbeamte noch im Jahresbericht 1922/23, dass „eine Betätigung von Betriebsleitern auf dem Gebiet der Ermüdungs- und Arbeitsmittelforschung bisher noch nicht beobachtet werden konnte. Im Gegenteil war stellenweise offene Ablehnung wahrnehmbar." Bruno Rauecker, Rationalisierung als Kulturfaktor, Berlin 1928, S. 51; Rabinbach, Motor Mensch., S. 83.

337 Rüegsegger, Die Geschichte der angewandten Psychologie 1900–1940., S. 80.

338 Engelbert Pechhold, 50 Jahre REFA, Berlin 1974, S. 36; Rabinbach, Motor Mensch., S. 294; Spur, Industrielle Psychotechnik - Walther Moede., S. 89–91.

339 Heidrun Homburg, Anfänge des Taylorsystems in Deutschland vor dem Ersten Weltkrieg. Eine Problemskizze unter besonderer Berücksichtigung der Arbeitskämpfe bei Bosch

Ingenieure, waren es diese Experten, die die Initiative für die Gründung einer neuen deutschen Betriebs- und Rationalisierungswissenschaft starteten.[340] Im Gegensatz zu Großbritannien stand man in Deutschland den amerikanischen Methoden vor dem Ersten Weltkrieg durchaus positiv gegenüber. Interessierte Unternehmer, Politiker und Ingenieure reisten sogar nach Amerika und sich über die dortigen Methoden der Arbeitswissenschaften zu informieren.[341] Schon vor dem Ersten Weltkrieg hatten führende Unternehmen des Maschinenbaus und der Elektrobranche, wie Siemens, Borsig, Osram und Daimler Benz Zeitstudien und andere Elemente der Taylorschen Betriebswissenschaft eingeführt.[342] Ziel war, sowohl die Maschinen als auch die Arbeitsabläufe zu optimieren und zu normieren.

Das Interesse der deutschen Industriellen an den amerikanischen Methoden war so groß, dass der Rationalisierungsexperte Frank Gilbreth 1914 ein deutsch-amerikanisches Projekt durchführte, in dem er die Glas-Glühlicht-Gesellschaft Osram beriet und zu rationalisieren versuchte.[343] Einige Ingenieure, die sich für die Änderung der Betriebsstruktur nach Taylorschen Methoden einsetzten, wurden später Wegbereiter für die Einführung psychotechnischer Methoden in den Unternehmen, wie der Ingenieur Georg Schlesinger bei der Firma Loewe oder Wichard von Moellendorf bei AEG.[344] Die meisten Betriebsingenieure waren zwar schon früh interessiert an psychologischen Methoden, aber weniger an der Einstellung von Psychologen in den Betrieben. Ob die Anwendung psychotechnischer Testverfahren in die Hände von Ingenieuren oder Psychologen gehöre, blieb ein Streitthema bis in die Weimarer Zeit.

Zwischen den Ansichten der deutschen Unternehmer und Betriebsingenieure und den Vorstellungen des *scientific managements* von Frederick Taylor gab es deutliche Gemeinsamkeiten. Beide plädierten für eine wissenschaftlich begründete Aufspaltung jedes Arbeitsschrittes in Einzelbewegungen; im Fokus stand dabei die Ökonomisierung der Bewegungen mit dem Ziel einer möglichst großen Produktivitäts- und Effizienzsteigerung; beide wandten sich gegen die Tradition der paternalistischen Arbeitgeber,

---

1913, in: Geschichte und Gesellschaft : Zeitschrift für historische Sozialwissenschaft 4 (1978), S. 170–194, S. 173; Rabinbach, Motor Mensch., S. 417, Anmerkung 64.

340   Hinrichs, Um die Seele des Arbeiters., S. 56.

341   So reiste z.B. Werner v. Siemens 1894 in die USA, Walther Rathenau und der Ingenieur Seubert folgten etwas später. ebenda, S. 55.

342   Ebenda., S. 53.

343   Angelika Ebbinghaus, Arbeiter und Arbeitswissenschaft. Zur Entstehung der „Wissenschaftlichen Betriebsführung", Opladen 1984, S. 190, Anmerkung 63; siehe auch: Irene Witte, Alles schon dagewesen - Wie alles anfing. Meine Begegnung mit Frank G. Gilbreth in Berlin, in: Fortschrittliche Betriebsführung 21 (1972), H. 2., S. 67–69.

344   Hinrichs, Um die Seele des Arbeiters., S. 58.

aber auch gegen die unberechenbare Haltung der Arbeiter.[345] Damit verbunden war die utopische Hoffnung, durch wissenschaftliche Analyse soziale Konflikte in der Industrie lösen zu können und der Anspruch modernistisch zu sein und die Hemmnisse der Tradition und des Klassenkampfes zu überwinden.[346] Beide wollten ein wissenschaftlich begründetes Auswahl- und Zuweisungsverfahren für geeignete Arbeitskräfte entwickeln. Dies sollten Experten, unabhängig von der Meinung vorgesetzter Meister oder Facharbeiter, aber auch unabhängig von der Meinung des Fabrikeigentümers durchführen.

Allerdings gab es auch deutliche Unterschiede: Taylor wollte die Zustimmung der Arbeiter zu seinen Methoden durch die Einführung von höheren (Stück-) Löhnen erreichen; bei einem gesteigerten Arbeitstempo würden die Arbeiter auch besser verdienen. Die deutschen Arbeitswissenschaftler wandten sich gegen diese rigorose Steigerung der Arbeitseffizienz, sie betonten vielmehr ihre Bemühungen um die Gesundheit und Zufriedenheit der Arbeiter.[347] Es blieb jedoch nicht aus, dass sich, wie in Amerika, die Arbeiter sehr rasch gegen Maßnahmen des Taylorsystems zur Wehr setzten, wie in dem schon vor dem Krieg taylorisierten Betrieb Borsig in Berlin-Tegel: „Unsere Arbeiter haben bereits Stellung gegen diese Ideen genommen."[348] Mit diesen Worten verkündete der leitende Ingenieur den Widerstand der Arbeiter gegen die Einführung dieser neuen Arbeitsmethoden.

Zwischen Rationalisierung und Arbeitsfreude: Ansätze der Arbeitswissenschaften
Die Aufsehen erregende Einführung betriebswissenschaftlicher Neuerungen und psychotechnischer Verfahren ging dann aber auf den Ingenieur Georg Schlesinger zurück. Schlesinger, der in den neunziger Jahren eine Umstrukturierung der Betriebsorganisation bei Ludwig Loewe durchgeführt hatte, war seit 1904 Professor für Betriebswissenschaften an der Technischen Hochschule in Berlin-Charlottenburg, einem Zentrum für die Verwissenschaftlichung der Betriebsführung.[349] Er betonte in seiner Rede vor dem Nationalkongress deutscher Ingenieure schon 1913, dass Betriebsingenieure die Ergebnisse der Psychologie in Zukunft in viel größerem Maße als bisher berücksichtigen müssten.[350] Allerdings sah er die Aufgaben eines Ingenieurs anders als die des Psychologen, nämlich als Vermittler zwischen Arbeitgebern und Arbeitern:

---

345 Rabinbach, Motor Mensch., S. 282.
346 Ebenda., S. 277.
347 Ebenda., S. 281f.
348 F. Neuhaus, F. W. Taylors Grundsätze methodischer Anleitung bei Arbeitsvorgängen jeder Art, in: Zeitschrift des Vereins Deutscher Ingenieure 57 (1913), S. 367–371, S. 370.
349 Hinrichs, Um die Seele des Arbeiters., S. 58.
350 Georg Schlesinger, Betriebsführung und Betriebswissenschaft. Sonderdruck, in: Technik und Wirtschaft 6 (1913), S. 520–547, S. 529.

> Der Ingenieur als Betriebswissenschaftler ist niemals reiner Forscher, wie der
> Nationalökonom und der Psychologe, sondern er hat die außerordentliche
> schwierige Aufgabe vor sich, den richtigen Mittelweg zu finden, der harmoni-
> sche Zusammenarbeit zwischen Arbeiter und Arbeitgeber ermöglicht.[351]

Schon 1913 forderte Schlesinger, die Verfahren „zur psychotechnischen
Erforschung der Veranlagung der Arbeiter auch in Deutschland einzuführen."[352] Er regte an, dass vermehrt Eigenschaften und Fähigkeiten eines
Arbeiters wie Aufmerksamkeit, Gedächtnis, Vorstellungsgabe, Übungsfähig-
keit und Willen erfasst werden sollten.[353] Auch forderte er, dass maschinelle
Arbeiten standardisiert und die Maschinen den Bedürfnissen der Arbeiter
besser angepasst werden sollten. Untersuchungen zur optimalen Gestaltung
des Arbeitsplatzes und Arbeitsablaufes, wie sie in Großbritannien die Psychologen durchführten lagen in Deutschland schon vor dem Krieg in den Händen
der Betriebsingenieure, wie beispielsweise Schlesinger. Die Implementierung
einer strengen Organisation und Reglementierung im Betrieb käme, so Schlesinger, der militärischen Tradition Deutschlands entgegen:

> Wir Deutsche als Volk sind seit Jahrhunderten an Gehorsam gegen die Vor-
> gesetzten, an schulmäßige Unterweisung und an Befolgung schriftlicher, in
> Hülle und Fülle vorhandener Verordnungen gewöhnt; auch die allgemeine
> Dienstpflicht erhöht noch die ursprüngliche Naturanlage.[354]

Mit dieser Beobachtung wollte Schlesinger eine Brücke zu der reglementierenden Arbeitsgestaltung von Frederick Taylor schlagen. Aber erst die
Entwicklungen im Ersten Weltkrieg, besonders die Neuorganisation der Kriegsindustrie brachten, wie in Großbritannien, eine engere Fusion der Industriepsychologie und der Methoden Frederick Taylors zustande.[355]

Anders als die Unternehmer und Betriebsingenieure gingen soziologisch
forschende Experten der Arbeitswissenschaften vor. Sie hatten schon in der
Vorkriegszeit den Industriearbeitern Fragen zu ihrer Situation in den Unternehmen gestellt. Besonders zwei Forschungsarbeiten beachteten und kommentierten die deutschen Psychologen: Einmal die eher laienhafte Abhandlung
von Adolf Levenstein, der zwischen 1907 und 1911 unter dem Titel „Die Arbeiterfrage" psychologische Daten von ca. 4800 Arbeitnehmern in Form eines Fragebogens erhob. Er fragte dabei nach Ermüdungserscheinungen, Monotonie

---

351   Ebeda., S. 533.
352   Ebenda., S. 531.
353   Ebenda; Hinrichs, Um die Seele des Arbeiters., S. 60.
354   Schlesinger, Betriebsführung und Betriebswissenschaft., S. 546.
355   Ebbinghaus, Arbeiter und Arbeitswissenschaft., S. 191.

und Langeweile, Gedanken bei der Arbeit etc.[356] Deutlich zeigte diese Untersuchung auch sehr persönliche Eindrücke der Arbeiter. So berichtete ein Weber:

> Öfter erfasste mich eine Arbeitswut, die Unruhe der Maschine überträgt sich dann auf mich. Dann laufe ich um den Stuhl herum, und dann möchte ich der Maschine helfen, dass sie noch schneller arbeitet.... Betrachte die Maschine als meinen Feind, wenn sie so gleichmäßig, ohne aufzuhalten, ihren regelmäßigen Gang geht [...] Dieses verdammte Stahlgeschöpf, es muss siegen in einem Kampf, der kein Kampf ist. Ihr ausreißen möchte ich das Stahlherz, das so unbarmherzig und leidenschaftlich schlägt.[357]

Levenstein verfolgt in seiner Untersuchung einen deskriptiven Ansatz in dem er die anschaulichen Schilderungen der Arbeiter ausführlich darstellte. Er legte bei der Auswertung seiner Ergebnisse keinen Wert auf eine systematische Datenanalyse, sondern wollte eher erzählend die Situation der Arbeiter einem interessierten Publikum nahebringen. Führende Psychologen wie Willi Hellpach und Hugo Münsterberg nahmen die Arbeiten von Levenstein zwar zur Kenntnis, kritisierten aber seinen methodischen Dilettantismus.[358] Trotzdem konnte Levenstein in seinem Bericht die Ambivalenz der Industriearbeiter bezüglich der zunehmenden Rationalisierung im industriellen Arbeitsprozess herausstellen.

Deutlich anders beurteilten Psychologen die Untersuchungen von Marie Bernays, die im Rahmen einer Reihe von Befragungen des *Vereins für Socialpolitik* vorgenommen worden waren.[359] Bernays hatte als eine der ersten Frauen in Heidelberg Philosophie und Nationalökonomie studiert. Im Rahmen ihres Promotionsprojektes bei Max Weber hatte sie die Situation in der Textilindustrie untersucht und das Vertrauen der Arbeiter dadurch gewonnen, dass sie selbst vier Monate dort gearbeitet hatte.[360] Sie fand anhand eines Fragebogens heraus, dass die Arbeiter mit einer Entlohnung nach Stückzahl am zufriedensten waren, da sie ihre Arbeit offenbar nur als Mittel zum

---

356 Adolf Levenstein, Die Arbeiterfrage. Mit besonderer Berücksichtigung der sozialpsychologischen Seite des modernen Großbetriebes und der psycho-physischen Einwirkungen auf die Arbeiter, München 1909.

357 Ebenda., S. 45f; zitiert nach Hinrichs, Um die Seele des Arbeiters., S. 91.

358 Hugo Münsterberg, Psychology and industrial efficiency, London 1913, S. 238; R. Lang/ Willi Hellpach, Gruppenfabrikation, Berlin 1922, S. 146f.

359 Münsterberg, Psychology and industrial efficiency., S. 149. Siehe auch die Ausführungen von Max Weber dazu: Zur Psychophysik der industriellen Arbeit, in: Max Weber, Gesammelte Aufsätze zur Soziologie und Sozialpolitik, Tübingen 1924, S. 61–255.

360 Campbell, Joy in work, German work., S. 89.

Geldverdienen ansahen.[361] Als weiterer Punkt untersuchte sie die Beziehung zwischen Arbeitszufriedenheit und Produktivität, gemessen an der Höhe und der Stabilität des Einkommens (es wurde ja nach Stückzahl bezahlt).[362] Sie konnte zeigen, dass ein umgekehrtes Verhältnis zwischen Arbeitszufriedenheit und Produktivität bestand; dass also die unzufriedenen Arbeiterinnen mehr leisteten als ihre zufriedenen Kolleginnen.[363] Gerade dieses Ergebnis sollte die psychologische Debatte zu Fragen der Arbeit deutlich beeinflussen, da dadurch zumindest in ökonomischer Hinsicht die Rolle der Arbeitsfreude relativiert wurde.

Psychologen und der Begriff der Psychotechnik
In der Vorkriegszeit hatte die psychologische Beschäftigung mit der Erwerbsarbeit hauptsächlich ein theoretisches Erkenntnisinteresse: Schon in der klassischen Psychophysik versuchte Gustav Theodor Fechner Ende des 19. Jahrhunderts, Arbeitsvorgänge sowohl bei körperlicher als auch bei geistiger Arbeit zu untersuchen. Damit wollte er Reize der Außenwelt und die daraus resultierenden Empfindungen in ihrer Beziehung messbar und erfassbar machen.[364] Er versuchte, sowohl psychische Eigenschaften als auch körperliche Prozesse naturwissenschaftlich zu untersuchen, hatte dabei aber keine praktische Verwertung seiner Ergebnisse im Sinn.[365]

Methodische Voraussetzungen für eine anwendungsbezogene Psychologie wurden dann von dem Altmeister der Psychologie Wilhelm Wundt geschaffen, der schon 1879 das erste Laboratorium für experimentelle Psychologie an der Universität Leipzig eingerichtet hatte.[366] Seine experimentellen Untersuchungen der Sinneswahrnehmungen waren für die Psychotechnik von großer Bedeutung, auch weil er die geeigneten Apparate dafür entwickelt hatte.[367] Er legte allerding den Schwerpunkt seiner Arbeit auf das Finden allgemeingültiger psychologischer Gesetze und wandte sich entschieden gegen alle Ansätze einer angewandten Psychologie.[368]

---

361   Marie Bernays, Auslese und Anpassung der Arbeiterschaft der geschlossenen Großindustrie, Leipzig 1910, S. 188.

362   Campbell, Joy in work, German work., S. 90.

363   Bernays, Auslese und Anpassung der Arbeiterschaft der geschlossenen Großindustrie., S. 344–348.

364   Fechner, Elemente der Psychophysik.

365   Klemm, Geschichte der Psychologie., S. 138.

366   Wundt, Grundzüge der physiologischen Psychologie.,Lück, Geschichte der Psychologie. Strömungen, Schulen, Entwicklungen., S. 66.

367   Klemm, Geschichte der Psychologie., S. 142.

368   Lück, Geschichte der Psychologie. Strömungen, Schulen, Entwicklungen., S. 74.

Anders sah dies sein Schüler, der Psychiater Emil Kraepelin, der schon Anfang des 20. Jahrhunderts versucht hatte geistige Arbeit und Ermüdung zu messen, indem er das Lösen einfacher Rechenaufgaben („das zifferweise Addieren einstelliger Zahlen") pro Zeiteinheit beobachtete.[369] Die Anzahl der gelösten Aufgaben pro Zeiteinheit ergaben im Verlauf in einer Graphik eine Kurve (die sogenannte Arbeitskurve) und zeigten einen zunehmenden Ermüdungszustand an.[370] Psychologische Größen wie Stimulation, Gewöhnung und Motivation seien so darstellbar und messbar nahm Kraepelin an.[371] Erstmals setzte er in Deutschland experimentalpsychologische Apparate wie Ergographen und Dynamometer ein, um auch körperliche Arbeit messbar und darstellbar zu machen.[372] Schon 1902 untersuchte er experimentell die Wirkung von Pausen und Anregungen wie einen Arbeitswechsel auf die Leistungsfähigkeit.[373] So setzte sich nach Kraepelin die Arbeitskurve aus verschiedenen Komponenten zusammen:

> Übung und Ermüdung, Gewöhnung, Anregung und Antrieb in wechselnder Größe, dazu Übungsverlust und Erholung wirken mit und gegeneinander, um alle die mannigfaltigen Gestaltungen der Arbeitskurve zu erzeugen, die uns bei der Untersuchung verschiedener Personen und unter verschiedenen Bedingungen begegnen.[374]

Aus der Aufzeichnung unterschiedlicher Muskelparameter wollte Kraepelin also Schlüsse auf komplexe Bestimmungsfaktoren der Ermüdung ziehen. Auch er führte dabei zur Ermüdungsmessung technische Apparate ein und verließ sich nicht, wie die Arbeitsforscher in Großbritannien, auf die Ergebnisse der praktischen Arbeitsleistung. Dennoch war sich Kraepelin bewusst, dass seine Arbeit noch weiter differenziert werden musste:

---

369 Kraepelin, Die Arbeitskurve, in: Wundt (Hrsg.), S. 461.
370 Ebenda, S. 462.
371 Emil Kraepelin, Über geistige Arbeit, Jena 1897.
372 Ein Ergograph ist ein Apparat, mit dem die Kraft und Frequenz der Arbeitsleistung von Muskeln (bei Mosso die Kraft des Mittelfingers) gemessen werden kann; er wurde 1884 in die Ermüdungsforschung von Angelo Mosso eingeführt. Rabinbach, Motor Mensch, S. 161–165; Das Dynamometer, ebenfalls ein Instrument zur Messung der Muskelkraft und Ermüdung, wurde um die Jahrhundertwende für den Franzosen Francois Auguste Péron entwickelt. Rabinbach, The human motor., S. 306 Fußnote 51.
373 Kraepelin, Die Arbeitskurve, in: Wundt (Hrsg.), S. 476.
374 Ebenda, S. 489.

Wir können nicht im unklaren darüber sein, dass sich gegen den hier unternommenen Versuch [...] gewichtige Bedenken erheben lassen ...“[375], aber: „Wenn wir es erst verstehen, sichere Grundlagen für den Aufbau der einzelnen Arbeitskurve aufzufinden, als sie in unserem Beispiele zu Gebote standen, wird es voraussichtlich auch gelingen, durch zweckmäßige Verteilung von Arbeit und Ruhe ein Meßverfahren zu ersinnen, welches uns rasch mit den wesentlichsten Eigenschaften der Versuchsperson, ihrer Uebungsfähigkeit und ihrer Ermüdbarkeit, vertraut macht.[376]

Kraepelin hatte damit eine Methode entwickelt, mit der er versuchte, das Phänomen der Ermüdung möglichst wissenschaftlich zu erfassen. Obwohl er diese Arbeiten zur gleichen Zeit wie die Untersuchungen in den Zeiss Werken Jena durchführte, gab es keinen Kontakt und keine gegenseitige Diskussion der Ergebnisse. Oft in wissenschaftlichen Arbeiten zitiert, so hatte Kraepelin dennoch vergeblich versucht, Unternehmer von der Bedeutung der Ergebnisse seiner Ermüdungsforschung zu überzeugen.[377] Obwohl Kraepelin durchaus ähnliche Aspekte des Arbeitsprozesses untersuchte wie Taylor in seinem *scientific mangement*, stellte der Ingenieur Georg Schlesinger noch 1913 fest, dass Kraepelin und seine Forschungsergebnisse den deutschen Ingenieuren weitgehend unbekannt seien.[378] Deutlich größeren Einfluss hatte die Kraepelinsche Ermüdungskurve allerdings im medizinischen Bereich: Psychologen arbeiteten im Krieg häufig damit – in der Hirnverletztenfürsorge und in der Psychiatrie, um die Arbeitsfähigkeit der Patienten zu erfassen.[379]

Ein weiteres Zentrum psychologischer Arbeitsforschung entstand in Berlin. Dort wurde der Begriff *Psychotechnik* 1900 von dem Berliner Psychologen William Stern eingeführt: „Die differentielle Psychologie als angewandte Wissenschaft hat sich zwei Ziele zu setzen: Menschenkenntnis (Psychognosis) und Menschenbehandlung (Psychotechnik).“[380] Damit vertrat Stern noch eine sehr weite Definition der Psychotechnik, die er als die Methode der Beeinflussung menschlichen Handelns ansah. Stern, der von 1906–1916 Leiter des

---

375   Ebenda, S. 506.

376   Ebenda., S. 507.

377   Zitiert wurde Kraepelin beispielsweise in Münsterberg, Psychologie und Wirtschaftsleben., S. 6; Rauecker, Rationalisierung als Kulturfaktor, S. 51.

378   Schlesinger, Betriebsführung und Betriebswissenschaft., S. 529.

379   So arbeitete Walter Poppelreuter mit der Kraepelin'schen Prüfung der fortlaufenden geistigen Arbeit des Rechnens, wobei die gemessenen Einzelwerte das Arbeitstempo, die Fehler die Exaktheit, sowie der Verlauf der Zeit- die Fehlerwerte eine geistige Arbeitskurve ergaben, z.B. von Musketier B., aufgenommen am 19.6.1918, Archiv der LVR Klinik Bonn, Krankenakten von Dr. Walter Poppelreuther.

380   William Stern, Die differentielle Psychologie, Leipzig 1900, hier zitiert nach der dritten Auflage, Leipzig 1921, S. 7.

Instituts für angewandte Psychologie und psychologische Sammelforschung in Berlin war, forderte eine Erweiterung der allgemeinen Psychologie durch eine differentielle; eine Wissenschaft, die individuelle Unterschiede in der Leistungsfähigkeit erfassen und beeinflussen könne. Damit setzte er sich von der einflussreichen Schule Wilhelm Wundts ab, die nur die Suche nach allgemeinen menschlichen psychischen Faktoren verfolgt hatte. Für die Arbeitswissenschaften ergaben sich durch diese neue methodische Ausrichtung die Möglichkeit und der Anspruch, individuelle Leistungsunterschiede psychologisch messen zu können. Damit war einerseits eine differenzierte Messung der unterschiedlichen Leistungsparameter körperlicher und geistiger Arbeit durch psychologische Expertise zum Anspruch geworden. Mit diesen Methoden wollten die Psychologen aber andererseits auch eine Klassifizierung von Arbeitern ermöglichen, je nach Interesse des jeweiligen Arbeitgebers. So wie Taylor die körperliche Arbeit in verschiedene Schritte unterteilte, konnte jetzt auch die geistige Leistungsfähigkeit, je nach Anforderungen, in einzelne Komponenten (Aufmerksamkeit, Gedächtnis, Sinnestüchtigkeit) zerlegt werden. Dabei setzte William Stern auf einfache Testverfahren, sogenannte Papier-und Bleistifttests, die sich schon im schulischen Bereich bewährt hatten.[381] Auf diese Vorgehensweisen griffen die Psychologen in der Kriegszeit vor allem im Bereich der Berufsberatung und der Arbeitsvermittlung zurück.

Die unterschiedlichen und wenig zusammenhängenden Ansätze einer angewandten Psychologie erklären vielleicht die begeisterte Rezeption des in Harvard lehrenden Deutsch-Amerikaners Hugo Münsterberg, der auf einer Gastdozentur 1910–11 in Berlin sein Programm einer weitgespannten psychologischen Anwendung der Psychotechnik propagierte und in die er einige der bereits erwähnten arbeitswissenschaftlichen Überlegungen einband. Besonders interessant fand man Münsterbergs 1910 in Boston durchgeführte Untersuchung von Straßenbahnfahrern, die er auf Aufmerksamkeitsleistung und Reaktionsfähigkeit hin geprüft hatte.[382]

Münsterberg und die Psychotechnik

> Es gilt von einer neuen Wissenschaft zu sprechen [der Psychotechnik], die zwischen der Volkswirtschaft und der Laboratoriumspsychologie vermitteln soll. Das psychologische Experiment soll planmäßig in den Dienst des Wirtschaftslebens gestellt werden.[383]

---

381 William Stern, Die psychologischen Methoden der Intelligenzprüfung; zur Definition der
     Papier- und Bleistifttest siehe S. 162.
382 Meskill, Arbeitssteuerung, S. 215.
383 Münsterberg, Psychologie und Wirtschaftsleben., S. 1.

Dem Psychologen Hugo Münsterberg gelang es mit seinen programmatischen Äußerungen also schon kurz vor dem Krieg, auch Praktiker und Unternehmer für seine psychologischen Methoden zu begeistern, da er eine Verbindung zwischen den Ergebnissen der experimentellen psychologischen Labor-forschung und den konkreten Anforderungen der Wirtschaft schuf. Anders als beispielsweise Charles Myers in Großbritannien beeinflusste er die deut-sche Psychologie jedoch nicht durch persönliche Präsenz, sondern durch seine heftig diskutierten Werke. Münsterberg hatte in Genf und Leipzig bei Wilhelm Wundt Psychologie und Medizin studiert und sich während seines Aufenthalts in Freiburg im Breisgau (1887–1891) habilitiert.[384] Schon in dieser Zeit wandte er sich gegen die Forschungsmethoden seines Lehrers Wundt, der nur allgemeine psychologische Gesetze untersuchen wollte und gegen eine anwendungsorientierte Psychologie argumentierte. Münsterberg arbei-tete bereits in seiner Freiburger Zeit mit Geräten, die interindividuelle Unter-schiede erfassen sollten.[385] 1892 nahm der jüdisch-stämmige Münsterberg einen Ruf an die Harvard-Universität in den USA an und kam nur im Studien-jahr 1910/11 auf eine Gastprofessur nach Berlin zurück.[386] Der Begriff *Psycho-technik* wurde in Deutschland vor allem durch Münsterbergs *„Grundzüge der Psychotechnik"* bekannt, ein Buch, das auf seinen Vorlesungen im Jahre 1910/11 beruhte.[387] Hier vertrat er noch einen sehr weitgespannten Begriff der Psycho-technik als „Wissenschaft von der praktischen Anwendung der Psychologie im Dienste der Kulturaufgaben."[388] Münsterberg forderte anfangs auch einen sehr breiten Einsatz psychotechnischer Methoden in Bereichen der Wirtschaft, der Wissenschaft, des Rechts, der Kunst, der Erziehung, der Gesundheitsfürsorge und Gesellschaftsordnung, ein Einsatz der der gesamten Gesellschaft zugute-kommen sollte.[389]

Die deutsche Wissenschaft interessierte sich sehr für seine Thesen und empfand ihn nie als Amerikaner, zumal er bereits 1916, vor dem Kriegseintritt der USA, verstarb. Anders war seine Situation in Amerika, wo er als Deutscher

---

384   Lück/Rothe, Hugo Münsterberg, S. 59.

385   Ebenda, S. 60. Nach seiner Übersiedlung in die USA 1892 verschenkte Münsterberg Teile dieser Apparate an das neu gegründete UCL in London, Bunn (Hrsg.), Psychology in Britain, S. 83.

386   Lück/Rothe, S. 60.

387   Die Vorlesungen von Münsterberg in Berlin und ihre öffentliche Wirkung dürfen wohl nicht überschätzt werden. So berichtet Franziska Baumgarten, die selbst die Vorlesungen hörte, dass nicht sehr viele Hörer, teilweise nur ca. 25 anwesend gewesen seien. Baum-garten, Die Berufseignungsprüfungen., S. 14, Fußnote 2.

388   Münsterberg, Grundzüge der Psychotechnik., S. 1.

389   Diese Bereiche entsprechen weitgehend den Kapiteln seines Buches *Grundzüge der Psychotechnik*.

zunehmenden Repressionen ausgesetzt war.[390] Münsterberg teilte mit dem Amerikaner Taylor die Vorstellung, dass man die Arbeit rationeller und produktiver gestalten könne, nicht nur zur Steigerung der industriellen Produktion, sondern auch zum Wohl der ganzen Gesellschaft. Er betonte dabei die bedeutende Rolle der Psychologie, die beide Versprechen durch eine wissenschaftliche Methodik erfüllen könne.[391] Nicht nur die körperlichen Komponenten wollte Münsterberg bei der Neugestaltung des Arbeitsprozesses verändern, sondern auch auf die Psyche des Arbeiters Einfluss nehmen. Münsterberg sah die Methoden von Taylor allerdings durchaus kritisch: Es lehnte dessen einseitige Betonung der einzelnen Aufgabe ab, kritisierte die Bedeutung, die Taylor dem Zwang bei der Arbeitsgestaltung beimaß und seine Gleichgültigkeit gegenüber den Erfahrungen der Arbeiter.[392] In der Anwendung seiner eigenen Methoden sah er dagegen einen Gewinn sowohl für das Individuum als auch für die Nation:

> Wir dürfen nicht vergessen, dass die Leistungssteigerung der Industrie durch psychologische Anpassung und Verbesserung der psycho-physischen Bedingungen nicht nur im Interesse der Arbeitgeber geschieht, sondern noch mehr in dem der Arbeitnehmer; ihre Arbeitszeit kann herabgesetzt, ihr Lohn vermehrt und ihr Lebensstandard gehoben werden. Aber wichtiger noch als der materielle Vorteil der beiden Parteien ist der kulturelle Gewinn, der von dem Augenblick an im ganzen Wirtschaftsleben der Nation auftritt, in dem jeder Mensch den Platz einnehmen kann, an dem sich seine besten Kräfte entfalten und der ihm die meiste persönliche Befriedigung gibt.[393]

Münsterberg hatte also eine deutlich positivere Auffassung von industrieller Arbeit als Taylor: Kein Arbeiter würde bewusst seine Arbeitskraft zurückhalten, ein jeder wäre mit einer seinen Fähigkeiten angemessenen Arbeit durchaus zufrieden. Für jeden Arbeiter existiere eine „beste Aufgabe" und für jede Aufgabe ein „bester Mann und diese Konstellation müsse die Psychotechnik herstellen."[394] Für ihn war „das höchste Ziel der wirtschaftlichen Experimentalpsychologie, das Übermaß an geistiger Unzufriedenheit mit der Arbeit, die geistige Auflösung, Depression und Entmutigung aus der Welt zu verbannen."[395] Seine Strategie markierte eine weitere Entwicklung der Disziplin,

---

390 Lück/Rothe, Hugo Münsterberg, S. 64.
391 Münsterberg, Grundzüge der Psychotechnik., S. 382.
392 Rabinbach, Motor Mensch. S. 295.
393 Münsterberg, Psychology and industrial efficiency., S. 308, zitiert nach Spur, Industrielle Psychotechnik - Walther Moede., S. 62.
394 Campbell, Joy in work, German work., S. 80; Lück/Rothe, Hugo Münsterberg.
395 Münsterberg, Psychology and industrial efficiency., S. 309.

die sich damit von der Vorgehensweise der Philosophie löste und ihre Methoden und Fragestellungen den Naturwissenschaften anglich. Dabei sah er die Beziehung zwischen Psychologie und Psychotechnik analog der von Naturwissenschaften und Technik.[396] Ziel der Psychotechnik sei „... die exakte Erforschung der psychischen Prozesse, durch welche die Arbeiter als wirkungsschaffendes Glied in den großen wirtschaftlichen Mechanismus eintritt."[397]

Mit Hilfe von zwei verschiedenen Berufsprofilen versuchte Münsterberg seine Methoden darzustellen: Er führte die Messung einer einheitlichen Gesamtleistung anhand der Prüfung von Straßenbahnführern durch. Für die Untersuchung der Straßenbahnfahrer konstruierte Münsterberg eigene Apparate, die die Echtsituation möglichst genau simulieren sollten.[398] Genau solche Apparate zur Simulation verschiedener Situationen setzten die deutschen Psychologen im Krieg sowohl beim Militär als auch in der Kriegswirtschaft erfolgreich ein.[399] Eine andere Prüfmethode benutzte Münsterberg bei der Untersuchung von Telefonistinnen: Bei der Analyse ihrer Arbeit ermittelte er wesentliche Teilfunktionen, wie die Gedächtnis- Aufmerksamkeits- und Intelligenzleistung sowie Genauigkeit und Schnelligkeit.[400] Die Übereinstimmung der Testergebnisse mit den Leistungen erprobter Telefonistinnen erwies sich als im Wesentlichen befriedigend.[401] Diese Testverfahren waren Papier- und Bleistifttests, leicht auszufüllen und auszuwerten und wurden im Krieg von Psychologen vor allem in der Berufsberatung durchgeführt.[402]

So sehr Münsterberg die Arbeitszufriedenheit des Arbeiters im Blick hatte, so nützte er doch jede Möglichkeit aus, die Arbeitskraft des Einzelnen zu beeinflussen und zu fördern.

---

396   Spur, Industrielle Psychotechnik - Walther Moede., S. 63.
397   Münsterberg, Grundzüge der Psychotechnik., S. 359.
398   Ebenda., S. 44–55.
399   Siehe Kapitel 4.2.2; Kapitel 5.2.2.
400   Münsterberg, Psychologie und Wirtschaftsleben., S. 44. Das Beispiel der Straßenbahnfahrer war durchaus brisant, da laut Münsterberg in Deutschland bei Straßenbahnunfällen 1907: 2714; im Jahr 1908: 2608; und im Jahr 1909: 2781 Passanten verletzt wurden und dass 167–170 davon jährlich sofort getötet wurden. Ebenda., S. 45.
401   Ebenda, S. 70.
402   Papier-Bleisstift-Test [engl. *paper-pencil test*] ist die Bezeichnung für Tests, bei denen die Aufgaben auf Papier vorgegeben werden und die Bearbeitung mit (Blei-)Stift erfolgt. Intelligenztests, Leistungstests, Persönlichkeitsfragebogen können also Papier-Bleistift-Tests sein.Papier-Bleistift-Test. (2019), in M. A. Wirtz (Hrsg.), Dorsch – Lexikon der Psychologie. Abgerufen am 18.07.2019, von https://portal.hogrefe.com/dorsch/ bleistift-test-1/.

> Wird die Muskelkontraktion einer Männerfaust gemessen, so zeigt der Versuch,
> dass die stärkste Leistung sehr verschieden sein kann, wenn etwa das Gesichts-
> feld in verschiedener Farbe erscheint oder wenn Töne von verschiedener Höhe
> oder verschiedene Geräusche auf das Ohr eindringen und vieles Ähnliche.[403]

Ähnlich wie die britischen Psychologen untersuchte Münsterberg nicht nur
den Arbeitsvorgang an sich, sondern auch die äußeren Bedingungen der
Arbeitssituation, wie die Beleuchtung und den Geräuschpegel. Konkrete
Änderungen am Arbeitsplatz könnten, so Münsterberg, die Leistungen der
Arbeiter deutlich erhöhen. Unter anderem bearbeitete er Probleme wie die
Bewältigung monotoner Industriearbeit und versuchte dabei, individuelle
Unterschiede sinnvoll zur Steigerung der Arbeitseffektivität einzusetzen:

> Ich habe einige Zeit hindurch in jeder größeren Fabrik, die ich besuchte, mich
> bemüht, diejenige Arbeit herauszufinden, die vom Standpunkt des Außen-
> stehenden als die denkbar langweiligste sich darbot, und habe dann die Arbei-
> ter in ausführliche Gespräche gezogen ... Sie [die Frau mit der langweiligsten
> Tätigkeit] versicherte mir, dass sie die Arbeit wirklich interessant fände und fort-
> während in Spannung sei, wieviel Schachteln sie bis zur nächsten Pause fertig-
> stellen könne.[404]

Münsterberg nahm an, dass „das Gefühl des Monotonen sehr viel weniger von
der Art der Arbeit als von gewissen Dispositionen des Individuums abhängt.“[405]
Er plädierte daher dafür, je nach Aufgabe und Monotonie der Wiederholungen
bestimmte Arbeiter auszusuchen, die für diese Tätigkeit und ihre spezifischen
Erfordernisse besonders geeignet wären.

   Eine zusätzliche Möglichkeit zur Steigerung der Arbeitsleistung sah er in
der Beeinflussung des Gruppenverhaltens: Er sei der Meinung, dass Gespräche
während der Arbeit nicht leistungsfördernd seien, sie verbieten wollte er
jedoch auch nicht: „Dagegen haben die verschiedensten Fabriken bei der Neu-
ordnung nach Taylorschen Prinzipien die Arbeitsplätze so verschoben, dass
die Gespräche erschwert oder unmöglich gemacht wurden.“[406] Dass mit diesen Maßnahmen eher die Wünsche der Unternehmer im Vordergrund standen, ist unmittelbar einsichtig. Münsterberg war jedoch davon überzeugt,
dass die Psychologie in der Lage sei, Arbeitsfreude, industrielle Effektivität und kulturellen Fortschritt gleichermaßen mit Hilfe der Psychotechnik

---

403 Münsterberg, Psychologie und Wirtschaftsleben., S. 104.
404 Ebenda., S. 116f.
405 Ebenda., S. 118.
406 Ebenda., S. 125.

zu verwirklichen.[407] In seinem Selbstverständnis forderte Münsterberg
aber strenge Neutralität für die Arbeit des Psychotechnikers; dieser solle als
unabhängiger Wissenschaftler:

> den Industriellen lediglich lehren, wie er mit psychologischen Hilfsmitteln vor-
> gehen soll, um etwa tüchtige Arbeiter auszuwählen.[...] Welches Ziel das bessere
> ist, ob beispielsweise die Heranziehung tüchtiger und arbeitsfreudiger Arbeits-
> kräfte oder die Gewinnung billiger Arbeiter, geht den wirtschaftstechnischen
> Psychologen nichts an.[408]

Mit dieser Sichtweise distanzierte sich Münsterberg von seiner arbeiterfreund-
lichen Haltung und stellte die psychotechnischen Methoden als wertneutral
dar. Schon vor dem Krieg forderte er deshalb von der Politik ein energisches
Eingreifen zugunsten dieser neuen Richtung der Psychologie:

> Entweder müssen an den Hochschulen besondere Laboratorien für angewandte
> Psychologie geschaffen werden oder aber [...] selbständige Forschungsinstitute
> müssten gegründet werden, die unter dem Gesichtspunkt der nationalen Volks-
> wirtschaft die konkreten Aufgaben in Angriff nehmen.[409]

Seine Versuche, sowohl Kaiser Wilhelm als auch Woodrow Wilson dazu zu
bewegen, unabhängige staatliche Forschungseinrichtungen für angewandte
und industrielle Psychologie einzurichten, waren jedoch nicht erfolgreich.[410]
Trotz dieser intensiven Bemühungen um politische Unterstützung für die
wissenschaftliche Disziplin der Psychologie blieben auch seine Thesen nicht
ohne Widerspruch. So sehr deutsche Ingenieure die Methoden von Taylor
und Münsterberg begrüßten, so deutlich wurde von Seiten der Psychologen
sofort Kritik laut. In einer Rezension von Münsterbergs Buch *Psychologie
und Wirtschaftsleben* in der Zeitschrift des Psychologenverbandes kritisierte
Willi Hellpach vor allem die Nähe zu der amerikanischen Methode von Taylor. Er argumentierte erstens, dass Münsterberg das Taylorsche Prinzip der
Arbeiterauswahl allein nach Schnelligkeit und psychophysischer Reaktionsgeschwindigkeit übernehme und dass so „antiquierte Eigenschaften" wie Fleiß,
Klugheit, Ehrlichkeit und Friedfertigkeit völlig außer Acht gelassen würden.[411]

---

407   Joan Campbell, Joy in work, German work, S. 82.
408   Ebenda, S. 19.
409   Ebenda, S. 176.
410   Matthew Hale, Human science and social order. Hugo Münsterberg and the origins of
      applied psychology, Philadelphia 1980, S. 151.
411   Willy Hellpach, Rezension. Münsterberg, Hugo: Psychologie und Wirtschaftsleben, in:
      Zeitschrift für angewandte Psychologie 8 (1914), S. 567–583, S. 573.

... sie [die psychotechnische Prüfung] beschleunigt damit die Tendenz zur aufs äußerste getriebenen Arbeitszerlegung, „Arbeitszerstückelung" im Allgemeinen. Um für jeden den Platz ausfindig zu machen, auf dem er psychophysisch das Meiste leisten kann, muss der Betrieb selber in seine elementarsten Bestandteile atomisiert werde.[412]

Münsterberg, so Hellpach, gehe schlicht von der Annahme aus, dass ein Arbeiter, der effizienter und schneller als zuvor arbeite, auch weniger müde sei, ohne jedoch eine nachvollziehbare Prüfung der Ermüdung vorgenommen zu haben.[413] Er bemängelte, dass Münsterberg mit seiner Methode alle „verstehend-psychologischen" Elemente unberücksichtigt lassen und von der Annahme ausgehen würde, dass die gesamte Psyche der Technisierung zugänglich sei.[414] Am schärften kritisierte Hellpach aber die scheinbare Wertneutralität der psychotechnischen Methode ein Thema, dass die Psychotechnik noch bis weit nach dem Krieg beschäftigen sollte und bei dem die Psychologen völlig zerstritten waren.[415] Es war nämlich unklar, so Hellpach, ob die Psychologie mit ihren psychotechnischen Methoden eher den Interessen der Arbeitgeber oder denen der Arbeiter verpflichtet sei. Zum einen würde Münsterberg, die Ziele seiner Anwendungen nicht reflektieren (so wie die Chemie nicht für ein Bombenattentat getadelt werden könnte), zum anderen würden dem Arbeiter ungefragt alle Entscheidungen über seine Arbeitsmethode und Arbeitsweise abgenommen.[416]

Hellpach vertrat eine deutlich negativere Auffassung von der Industriearbeit und dem Arbeiter als Hugo Münsterberg. Er hatte sich schon 1902 mit Arbeitsproblemen befasst, lehnte den Optimismus von Münsterberg ab und glaubte nicht, dass der moderne Arbeiter mit seiner Arbeit versöhnt werden könnte.[417] Die zunehmende Mechanisierung, so Hellpach, sei der Grund dafür, dass besonders im städtischen Proletariat der Leidensdruck, aber auch die Krankheitshäufigkeit sehr hoch geworden sei.[418] Dabei betonte er die Differenz zwischen manueller und geistiger Arbeit. Die Industriearbeiter, so Hellpach, hätten wenigstens einen relativ sicheren Arbeitsplatz und könnten ihr Arbeitstempo mitbestimmen, während der einfache Büroarbeiter unter

---

412 Ebenda., S. 574.
413 Ebenda., S. 575f.
414 Ebenda., S. 583.
415 Ebenda., S. 579.
416 Münsterberg, Psychologie und Wirtschaftsleben., S. 150, Hellpach, Rezension., S. 579.
417 Willy Hellpach, Die Grenzwissenschaften der Psychologie, Leipzig 1902; Campbell, Joy in work, German work., S. 83.
418 Hellpach, Technischer Fortschritt und seelische Gesundheit., S. 22.

ähnlicher Monotonie leiden würde und zusätzlich unter mehr Unsicherheit.[419] In die Arbeitswissenschaft brachte Hellpach damit eine neue Dimension ein: Aufgrund seiner Erfahrungen in der medizinischen Praxis hob er soziale und krankmachende Aspekte des Arbeitslebens hervor und bot damit ein Korrektiv zu der technokratischeren Methode von Münsterberg und Taylor.[420]

Kriegsbeginn

> Der gewaltige Aufschwung, den das Wirtschaftsleben Deutschlands in den letzten Jahren vor dem Krieg nahm [...] brachte es mit sich, dass man gerade in den letzten Monaten vor Beginn des Krieges, wenn auch noch ziemlich schüchtern, auch für Fragen des Wirtschaftslebens psychologische Methoden und Ergebnisse zu verwerten begann. Erst der Krieg brachte die gebieterische Notwendigkeit, alle im Menschen steckenden Kräfte aus ihm herauszuholen und jeden womöglich an der Stelle zu verwenden, an dem er bestgeeignet ist. So wurde unser Problem ein allgemein und sogar offiziell anerkanntes.[421]

Die dramatischen Änderungen auf dem Arbeitsmarkt und in der Kriegsindustrie brachten, wie der Psychologe Otto Lipmann hervorhob, große Probleme mit sich, die die Psychologen zu lösen versprachen.

Der Burgfrieden von 1914 hatte zwar zu einer vorübergehenden Suspendierung sozialer Konflikte aber auch, wie in Großbritannien, zu einem Verlust sozialpolitischer Errungenschaften wie beispielsweise der Arbeitszeitbeschränkung und dem Schutz von Frauen und Kindern geführt. Damit verschlechterte sich die Situation der Arbeitnehmer deutlich.[422]

Ein weiteres Problem entstand dadurch, dass eine Vielzahl von ungelernten Arbeitern, darunter auch zahlreiche Frauen und Jugendliche in die Fabriken eingegliedert werden mussten, um die vielen jungen Männer, die zum Kriegsdienst eingezogen wurden, zu ersetzen. Die Techniken der Arbeiterauslese wurden daher zu einem dringenden nationalen Problem. Die notwendige Integration ungelernter Arbeiter und die schnelle Umstellung auf eine möglichst effektive Kriegswirtschaft verhalfen den Methoden von Frederick Taylor zu einem breiten und raschen Erfolg.[423] Um die ungelernten Hilfskräfte zügig einzuarbeiten, wurden komplexe Arbeiten in möglichst einfache Schritte

---

419   Ebenda.
420   Campbell, Joy in work, German work., S. 86.
421   Otto Lipmann, Psychische Berufseignung und psychologische Berufsberatung, in: Zeitschrift für angewandte Psychologie 11 (1916), H. 6., S. 510–516, hier S. 510.
422   Ludwig Preller, Sozialpolitik in der Weimarer Republik, Stuttgart 1949, S. 34; Leonhard, Die Büchse der Pandora.; S. 370, S. 374.
423   Ebbinghaus, Arbeiter und Arbeitswissenschaft., S. 195f; Rabinbach, Motor Mensch., S. 301.

zerlegt und Maschinen und Werkzeuge standardisiert.[424] Auch führten viele Unternehmen, mit Zustimmung der Gewerkschaften, das umstrittenste Moment des Taylorsystems, den Lohn nach Stückzahl und Prämien für besondere Arbeitsleistungen, ein.[425]

Anders als in Großbritannien wurde der Gesundheitszustand der Arbeiter in den deutschen Munitionsfabriken aber nicht zu einem nationalen Thema. Eine zentrale, staatliche Regelung der Kriegswirtschaft scheiterte anfangs an einer starken administrativen Dezentralisierung.[426] Zu einem nationalen Thema wurde in Deutschland dagegen der Zugriff auf die Arbeitskraft. Anders als in Großbritannien, wo das Kriegsministerium davon ausging, dass die Bevölkerung freiwillig ihre Arbeitskraft für den Kriegserfolg zur Verfügung stellen würde, wurde in Deutschland die dringende Forderung nach dem Einsatz jeder menschlichen Arbeitskraft laut.

Auch der einflussreiche Psychologe Münsterberg sah Arbeitseffizienz als ein nationales Konzept an. Jede effiziente soziale, industrielle oder politische Maßnahme sollte sozial relevant sein und eine Reform des Arbeitsprozesses sei nur sinnvoll, wenn sie dem Staat dienen würde. Das Ziel seiner Psychotechnik sei es, mit Hilfe von Testuntersuchungen und Anreizen zur Motivationssteigerung das Individuum an seine Pflicht gegenüber der Nation zu binden, selbst wenn dies sonst üblichen Konventionen oder auch persönlichen Neigungen zuwiderlaufen würde.[427]

Es gab in Deutschland auch ein staatliches, 1913 von Kaiser Wilhelm gegründetes Institut für Arbeitsphysiologie, das besonders die individuelle Arbeitsleistung messen und feststellen sollte:

> ... wo die Grenzen der Arbeitskraft zu suchen, welches die Einflüsse der Arbeitsleistung auf Geist und Körper des Arbeitenden sind und wie die Arbeit in Zukunft nicht nur gewinnbringend für den Arbeitsherrn, sondern auch haushälterisch und ohne Schädigung für den Arbeiter zu gestalten ist.[428]

Das Institut sollte schwerpunktmäßig eine wissenschaftliche Erforschung des Verhältnisses von Arbeit und Ermüdung zur Verfügung stellen. Ähnlich wie in Großbritannien das HoMWC, forschten hier Wissenschaftler

---

424 Ebbinghaus, Arbeiter und Arbeitswissenschaft., S. 196.
425 Ebenda.
426 Leonhard, Die Büchse der Pandora., S. 370.
427 Hale, Human science and social order., S. 163. In ähnlicher Weise argumentierte Walther Poppelreuter: Poppelreuter, Die psychischen Schädigungen durch Kopfschuß im Kriege 1914/17., S. 7.
428 Gerhard Albrecht, Arbeitsgebiet und Ziel des KWI für Arbeitsphysiologie, in: Technik und Wirtschaft 8 (1915), S. 284–290, S. 284.

über eine effektive Pausenverteilung und sinnvolle Auslastung im Arbeitsprozess.[429] Sie hatten auch den Auftrag, neue Daten über die physikalischen
und psychologischen Aspekte von Krieg und Arbeit zu erheben. Der Direktor des Institutes, der Physiologe Max Rubner, legte einen Schwerpunkt auf
Ermüdungsforschung und Psychotechnik und wollte eine Gegenbewegung zu
der Methode von Taylor entwickeln, die in Amerika praktiziert wurde.[430] Ähnlich wie in Großbritannien sollten bei der Analyse des Arbeitsprozesses nicht
nur die Interessen der Arbeitgeber, sondern auch der Arbeitnehmer berücksichtigt werden. Rubner legte Wert darauf, neben der reinen Muskelkraft auch
andere Faktoren, wie intellektuelle Fähigkeiten, Aufmerksamkeit, Geschicklichkeit und Gewissenhaftigkeit zu berücksichtigen.[431] Er wies darauf hin, dass
in Zukunft neben rein muskulärer Arbeit auch neue andere Arbeitsformen
entstehen würden,

> ... bei deren Ausführung es mehr auf den Intellekt, als auf die mechanische Kraft
> ankommt, jene tausendfältige Arbeitsformen, bei denen durch die Überwachung
> von Maschinen, bei der Ausführung von Kleinarbeit in Folge der Arbeitsteilung,
> die Aufmerksamkeit, Geschicklichkeit, Gewissenhaftigkeit und Dauer der Leis-
> tung das Entscheidende ist.[432]

Aus dem Kaiser-Wilhelm-Institut hätte sich also ein staatliches Institut, ähnlich dem HoMWC, entwickeln können, in dem auch psychologische Forscher
in die Analyse des Arbeitsprozesses eingebunden worden wären; einige prominente Psychologen hatten sich intensiv aber vergeblich darum bemüht, so
Carl Stumpf von der Universität Berlin. Er hatte sich diesbezüglich mehrfach
an den Kaiser gewandt und auch eine Anfrage von Otto Lipman von 1917 war
abschlägig beantwortet worden.[433] Ein Grund für das Scheitern dieser Initiativen waren wohl die Vorbehalte des Physiologen Rubner, der in seinem Institut
keine (psychologische) Konkurrenz dulden wollte. Psychologen wurden daher
nur vereinzelt in die Arbeit dieses Institutes eingebunden, vor allem bei der

---

429   Ebenda.
430   Rabinbach, The human motor., S. 253–S.265.
431   Rubner, zitiert nach Rabinbach, Motor Mensch., S. 303.
432   Ebenda.
433   Stumpf hatte bereits 1911 und dann erneut 1916 einen Antrag gestellt, ein staatlich unter-
      stütztes Institut für angewandte Psychologie der Kaiser-Wilhelm-Gesellschaft anzu-
      gliedern, siehe: Anson Rabinbach, Betriebspsychologie zwischen Psychotechnik und
      Politik während der Weimarer Republik: Der Fall Otto Lipmann, in: Dietrich Milles
      (Hrsg.), Betriebsärzte und produktionsbezogene Gesundheitspolitik in der Geschichte,
      Bremerhaven 1992, S. 41–64, S. 54; Lipmanns ähnlicher Antrag wurde von Rubner 1917
      abgeblockt, möglicherweise da er wissenschaftliche Konkurrenz fürchtete, Ebenda; siehe
      auch Kapitel 5.2.

Auswahl von Spezialisten für das Militär.[434] Über psychologische Fragen im Arbeitsprozess forschten sie nicht.

Der Einsatz der Psychologen fand auf einem anderen Gebiet statt. Schon bei Kriegsbeginn sah es der Staat als seine Pflicht an, sehr schnell eine effektive Versorgung für Kriegsverletzte einzurichten. „Jeder Kriegsbeschädigte [...] muß wieder in seinen alten Beruf, in seiner früheren Arbeitsstelle und in der Heimat untergebracht werden ..."[435] Neben der körperlichen und sozialen Versorgung sollten die Kriegsversehrten „in der Masse des Volkes verschwinden, als wenn gar nichts gewesen wäre."[436] Mit diesen Maßnahmen wollte der Staat alle menschliche Arbeitskraft bestmöglich einsetzen und dabei auch die Kriegsverletzten einbeziehen: „Hand in Hand gehen hier der rein militärische Zweck, die Kriegsbeschädigten möglichst wieder dienstfähig in irgendeiner Form zu machen, und der wirtschaftliche, ihre Arbeitsfähigkeit auf das höchste erreichbare Maß zu steigern."[437]

Diese staatliche Initiative zur Versorgung verletzter Soldaten war für die deutschen Psychologen sehr bedeutsam, da sie in diesem neuen Arbeitsgebiet ihre psychotechnischen Kenntnisse in der Praxis anwenden konnten. In Großbritannien dagegen fühlten sich die staatlichen Behörden nur für die Pensionszahlungen zuständig und bei der Verletztenfürsorge wurden keine Psychologen beschäftigt.[438] Da der deutsche Staat für eine schnelle Eingliederung der Kriegsversehrten zuständig war, richtete er Spezialkliniken mit angegliederten Hilfsschulen ein. Für eine qualifizierte Rehabilitation und Berufsberatung wurden psychologisch pädagogische Fachleute berücksichtigt, und auch nicht-ärztliche Psychologen konnten dies leisten.

Allerdings war dieser Einsatz nicht wie in Großbritannien zentral organisiert, sondern einzelne Personen überzeugten das Militär ab 1915 durch ihren sinnvollen Einsatz von psychotechnischen Methoden. Dies lag auch daran, dass die Wirtschaft weniger zentralisiert war als in Großbritannien und sich eine Vielzahl von Zuständigkeiten und Akteuren herausbildete. Psychologen mit unterschiedlicher Vorbildung profilierten sich in diesem Arbeitsfeld. Auf

---

434 Psychologen arbeiteten an Projekten zur Untersuchung der Fernwahrnehmung von Piloten, Eisenbahnern und Militärkraftfahrern, siehe: ebenda, S. 45.

435 Konrad Biesalski, Praktische Vorschläge für die Inangriffnahme der Kriegskrüppelfürsorge, in: Zeitschrift für Krüppelfürsorge (1915), H8, S. 2–38, hier S. 9.

436 Ebenda., S. 35.

437 C. E. Böhm, Die wirtschaftliche Wiederertüchtigung Kriegsbeschädigter durch Schulung, in: Moritz Borchardt/Konrad Hartmann/Georg Schlesinger (Hrsg.), Ersatzglieder und Arbeitshilfen. Für Kriegsbeschädigte und Unfallverletzte, Berlin 1919, S. 1025–1037, S. 1027.

438 Deborah Cohen, The war come home. Disabled veterans in Britain and Germany 1914–1939, Berkeley, Los Angeles, London 2001, S. 155.

dem Gebiet der Psychotechnik wurde in Deutschland, anders als in Großbritannien, die Arbeit der Psychologen am meisten beachtet. Hier bildeten sie
im Kriegsverlauf eine gut vernetzte Expertengruppe.[439]

Bei Kriegsbeginn formierten sich dann die unterschiedlichen Tätigkeits-
felder, in denen Psychotechnik in Deutschland eingesetzt wurde. Beispielsweise im Bereich der Hirnverletztenversorgung erarbeiteten Psychologen
neue psychologische Konzepte zur Messung der Arbeitsleistung. Wie bereits
erwähnt, richtete Walter Poppelreuter schon 1915 in Köln eine Hirnverletztenstation mit angegliederter Arbeitsschule ein. Er entwickelte spezielle Messmethoden zur Arbeitsfähigkeit seiner Patienten und betonte besonders das
Konzept des Arbeitswillens der Patienten.[440]

Auch bei amputierten oder körperverletzten Soldaten wurde die Wiedereingliederung in den Arbeitsprozess gefördert. Das Kriegsministerium beschloss
schon im Dezember 1915, eine Institution zur Koordinierung der nationa-
len Aktivitäten zum Ausbau der Prothetik zu gründen. Daraufhin wurde die
Prüfstelle für Ersatzglieder in Berlin im Februar 1916 eröffnet.[441] Technischer
Leiter wurde Georg Schlesinger, der von 1915 bis 1919 mit der Konstruktion
normierter künstlicher Gliedmaßen beschäftigt war und der gleichzeitig den
Einsatz psychologischer Methoden sehr förderte.[442] Er organisierte genaue
Arbeitsstudien, um die Amputierten möglichst effektiv und schnell in den
Arbeitsprozess einschleusen zu können. Gerade in diesem Bereich wurden
dann Psychologen eingesetzt.[443] Der deutsche Staat förderte diese Studien
und verpflichtete sich, für die Einstellung verletzter Kriegsteilnehmer zu sorgen und diese bei staatlichen und militärischen Stellen zu beschäftigen.[444]
Arbeit war für den deutschen Staat in der Kriegszeit ein so wichtiges Thema,
dass in allen Bereichen der Rehabilitation, auch der von psychisch verletzten
Kriegsteilnehmern geforscht wurde. Ein zentrales Ziel aller therapeutischen

---

439   Beispielsweise trafen sich die Psychologen Walther Poppelreuter, Herrmann Gutzmann
      und Kurt Goldstein auf dem Kongress für Krüppelfürsorge, siehe: Tagungsbericht der
      deutschen Vereinigung für Krüppelfürsorge, in: Zeitschrift für Krüppelfürsorge, XI; 1916,
      S. 117–118; Moede war über die Arbeit von Walther Poppelreuter in der Hirnverletzten-
      Versorgung informiert, siehe: Spur, Industrielle Psychotechnik - Walther Moede., S. 68.

440   Poppelreuter, Über psychische Ausfallerscheinungen nach Hirnverletzungen.

441   Konrad Hartmann, Die Prüfstelle für Ersatzglieder, in: Moritz Borchardt/Konrad Hart-
      mann/Georg Schlesinger (Hrsg.), Ersatzglieder und Arbeitshilfen. Für Kriegsbeschädigte
      und Unfallverletzte, Berlin 1919, S. 18–57, S. 18–20.

442   Ebenda.

443   Spur, Industrielle Psychotechnik - Walther Moede., S. 104; Schlesinger, Psychotechnik
      und Betriebswissenschaft., S. 104–131; über seine Arbeit im Krieg auf diesem Gebiet siehe:
      David Katz, Zur Psychologie des Amputierten und seiner Prothese, Leipzig 1921.

444   Biesalski, Praktische Vorschläge für die Inangriffnahme der Kriegskrüppelfürsorge., S. 8f.

Verfahren war die Wiederherstellung der Arbeitskraft eines Patienten. Dieses Ziel stand, auch bei den Psychologen, deutlich über dem Wohl des einzelnen Patienten.

Besonders angesehen bei militärischen und politischen Behörden war ein Projekt der Psychologen Walther Moede und Curt Piorkowski in dem sie versuchten, verletzte Soldaten zu Kraftfahrzeugführern auszubilden. Ihren Erfolg verdankten sie auch dem Einsatz der von Hugo Münsterberg propagierten psychotechnischen Apparate. Mit diesen konnten sie sowohl eine ausgefeilte Diagnostik als auch ein überprüfbares Training der verletzten Kriegsteilnehmer durchführen.

Walther Moede hatte in Berlin und Leipzig studiert und auch die Vorlesung von Hugo Münsterberg besucht. Bis 1915 arbeitete er im psychologischen Institut in Leipzig unter Wilhelm Wundt, allerdings in der Abteilung für experimentelle Pädagogik.[445] In seiner Habilitationsarbeit untersuchte Moede das Gruppenverhalten von Schülern und konnte diese Ergebnisse in seine psychotechnischen Arbeiten einbringen.[446] Es war gerade diese Mischung aus experimentalpsychologischer Erfahrung, Kenntnissen der Münsterbergschen Psychotechnik und pädagogischen Kenntnissen, die die Grundlage für das psychotechnische Modell von Moede auszeichneten. Es scheint

> ... dem Verfasser heute doch, dass die Psychologie ihre weitere Entwicklung nicht so sehr ihrer Ergänzung durch die Völkerpsychologie verdankt, als vielmehr ihrer Entwicklung zur angewandten Psychologie und hier scheint vor allem die Verbindung mit der Pädagogik [...] eine überragende Bedeutung gewonnen zu haben.[447]

Diese Meinung vertrat auch Curt Piorkowski in seiner Dissertation, die er 1915 in Leipzig vorlegte. Er veröffentlichte darin ein Berufsschema zur *psychologischen Methodologie der wirtschaftlichen Berufseignung*, das „.... unqualifizierte, einfache, mittlere und höhere Berufe" nach deren psychophysiologischen Anforderungen einteilte.[448] Bei den einfachen, ungelernten Tätigkeiten nahm er an, dass die Methoden von Taylor sinnvoll anzuwenden seien; bei mittleren

---

445 Ebenda., S. 37.
446 Ebenda, S. 49.
447 Piorkowski, Beiträge zur psychologischen Methodologie der wirtschaftlichen Berufseignung., S. 2.
448 Ebenda, S. 15f; Zur Definition der mittleren Berufe: „Berufe, für die ein gewisses Mass von Allgemeinintelligenz und eine bestimmte Kombination von psychischen Fähigkeiten erforderlich ist, deren Entfaltung aber durch einen festgegebenen Rahmen in mechanischer Weise bestimmt und beschränkt ist." Ebenda. S. 16.

und höheren Berufen dagegen sei eine psychologische Auslese sinnvoll.[449] Dafür verlangte er aber eine genaue Analyse, „welche Eigenschaften für einen Beruf oder eine Berufsgruppe notwendig sind."[450]

Damit betonte Piorkowski einen weiteren Aspekt der psychotechnischen Arbeit in den beiden ersten Kriegsjahren, nämlich die Weiterentwicklung von Verfahren zur Berufsberatung und Berufszuweisung. Eine psychologische Berufsberatung sei besonders wünschenswert, so auch Lipmann, denn:

> je schneller und zuverlässiger ein Invalide dem Beruf zugeführt wird, der neben seiner körperlichen auch seinen psychischen Fähigkeiten entspricht, desto schneller wird auch die häufig mit der Verletzung verbundene psychische Erkrankung – das Gefühl für Minderwertigkeit – behoben.[451]

Zwar hatten Psychologen schon in der Vorkriegszeit damit begonnen, spezielle Verfahren zur Ermittlung der Eignung für bestimmte Berufe zu entwickeln, aber erst als sich im Krieg die gesamte Struktur der Wirtschaft maßgeblich änderte, auch durch die Einberufung vieler Industriearbeiter zum Kriegsdienst, wurden Methoden zur gezielten Untersuchung der Berufseignung und zur Steuerung von Arbeitskräften dringend benötigt.[452] Otto Lipmann und Curt Piorkowski publizierten in den beiden ersten Kriegsjahren zu Problemen der Berufseignung und entwarfen ein Programm zur Steuerung von Arbeitskräften.[453] Da die einfachen Tätigkeiten in der Industrie in Deutschland, anders als in Großbritannien, nach dem Prinzip des *scientific managements* (Taylor) von Betriebsingenieuren organisiert wurden, arbeiteten die beiden Psychologen eher mit sogenannten „mittleren und höheren" Berufsbildern. Dafür entwickelten und diskutierten sie eine große Anzahl von zu

---

449 Ebenda.

450 Ebenda., S. 5.

451 Lipmann, Psychische Berufseignung und psychologische Berufsberatung., S. 511.

452 Marie Bernays, Berufswahl und Berufsschicksal des modernen Industriearbeiters, in: Archiv für Sozialwissenschaft und Sozialpolitik 35 (1913), S. 884–915; Moede und Piorkowski hatten schon 1914 auf der „Internationalen Ausstellung für Buchgewerbe und Graphik" in Leipzig die Methode der Berufsauslese im Buchgewerbe vorgestellt, siehe: Dorsch, Geschichte und Probleme der angewandten Psychologie., S. 224; Otto Lipmann hatte schon 1912 damit begonnen Erhebungen zur psychologischen Berufskunde vorzunehmen, siehe: ebenda, S. 223.

453 Piorkowski, Beiträge zur psychologischen Methodologie der wirtschaftlichen Berufseignung.; Lipmann, Psychische Berufseignung und psychologische Berufsberatung.; Otto Lipmann, Zur psychologischen Charakteristik der mittleren Berufe., in: Zeitschrift für angewandte Psychologie 12 (1917), S. 99–107.

messenden Eigenschaften, die dann durch entsprechende Tests erfasst werden sollten. Piorkowski schlug beispielsweise vor, bei Eignungsuntersuchungen sowohl die allgemeine Intelligenz als auch Spezialbegabungen wie eine gute Aufmerksamkeitsleistung, Reaktionsfähigkeit, Gedächtnisleistung oder Entscheidungsfreudigkeit zu erfassen.[454] Dafür plante er den Einsatz von Apparaten aus der Experimentalpsychologie wie Ergograph und Chronometer ebenso wie die Verwendung von Leistungstests, die aus dem schulischen Bereich bekannt waren.[455] Otto Lipmann forderte schon 1916 mit Blick auf die Nachkriegswirtschaft eine intensive Berufsberatung für Schulabgänger.[456] Er schlug deshalb vor:

> ... neben das Kaiser-Wilhelm-Institut für Arbeitsphysiologie noch ein solches für Berufspsychologie zu setzen. Dieses würde sich ausschließlich mit der Aufgabe zu beschäftigen haben, die Berufskunde nach der psychologischen Seite auszubauen und die Grundlagen für eine praktische durchführbare Auslese der Bewerber nach ihren psychologischen Fähigkeiten zu schaffen.[457]

Bei diesen Vorschlägen wird deutlich, dass sich diese Verfahren noch in der Entwicklung befanden und dass ein großer Einsatz noch gar nicht geplant war.[458] Allerdings ergaben sich hier Strategien der Personalauswahl, die in den späteren Kriegsjahren ausgeweitet und vermehrt angewandt werden konnten. So wurden Psychologen an verschiedenen Stellen der Kriegswirtschaft mit den praktischen Problemen der Arbeitsanalyse und der Beeinflussung der menschlichen Arbeitskraft konfrontiert und konnten die Weichen für ihre künftige kriegrelevante Tätigkeit stellen.

3.2.3 Zwischenfazit

In den ersten Monaten des Krieges wurden neue Betätigungsfelder für die Psychologen beider Länder entwickelt, da die elementare Bedeutung einer

---

454 Piorkowski, Beiträge zur psychologischen Methodologie der wirtschaftlichen Berufseignung., S. 17–30.
455 Ebenda, S. 28, S. 53, S. 70f.
456 Lipmann, Psychische Berufseignung und psychologische Berufsberatung., S. 512.
457 Ebenda, S. 516.
458 Kritisch dazu: Martha Ulrich, Die psychologische Analyse der höheren Berufe als Grundlage einer künftigen Berufsberatung nebst einem psychographischen Schema für die medizinische Wissenschaft und den ärztlichen Beruf, Leipzig 1918, S. 8; ähnlich kritisch, aber doch optimistischer schon Piorkowski: Piorkowski, Beiträge zur psychologischen Methodologie der wirtschaftlichen Berufseignung., S. 70.

effizienten Kriegswirtschaft deutlich sichtbar wurde. Der technisierte Massenkrieg erforderte eine ungeheure Menge an Munition und anderem Kriegsmaterial; daraus folgte eine Umstellung der gesamten Industrie und auch die Situation auf dem Arbeitsmarkt veränderte sich dramatisch. Viele gelernte Arbeiter wurden zum Kriegsdienst eingezogen und ungelernte Arbeitnehmer, darunter zahlreiche Frauen und Jugendliche, mussten sinnvoll in den Fabriken eingesetzt werden. Produktionssteigerung, Rationalisierung und Selektion geeigneter Arbeiter waren die dringendsten Aufgaben für militärische, politische und industrielle Akteure. Der Staat erhoffte sich von der wissenschaftlichen Beratung durch Fachleute, auch durch Psychologen, eine deutliche Steigerung der Arbeitsleistung in der Industrie. Unterschiede in beiden Ländern zeigten sich im Einsatz von Psychologen in der kriegswichtigen Industrie, womit diese sich gleichzeitig ein neues praktisches Arbeitsgebiet schufen.

Sowohl für die Politik als auch für die Wissenschaft wurden ab 1915 Zahlen zu einem entscheidenden Faktor: Zahlen über die Effektivität der Wirtschaft, über die Zusammensetzung der Arbeiterschaft und den Erfolg der vorgenommenen Reformen. Diese Zahlen waren nun unter dem Druck der kriegsnotwendigen wirtschaftlichen Produktionssteigerung leicht zu gewinnen. Die Psychologen beider Länder stellten sich deshalb als Fachleute der Statistik dar und entwickelten in den ersten Kriegsjahren weitere Methoden, um diese Datenmengen fachgerecht aufzubereiten. In beiden Ländern war es aufgrund der Kriegssituation wesentlich leichter dieses Datenmaterial zu bekommen, da sich die Arbeitnehmer nicht gegen die Vermessung wehren konnten. Auch hatten in beiden Ländern die Gewerkschaften dem Burgfrieden zugestimmt und sich nicht gegen staatliche Eingriffe gewehrt. Sie versprachen sich von den psychologischen Verfahren eine gerechtere und demokratischere Auswahl von Arbeitskräften als in den üblichen Prüfungen durch werkseigene Vorgesetzte.

Prägend für den weiteren Einsatz der Psychologen in der Kriegsindustrie waren aber die Organisation und Ausrichtung staatlicher Vorgaben und die theoretische Ausrichtung der jeweiligen Experten.

In Großbritannien wurde der Einsatz von Psychologen durch das staatliche *Health of Munition Workers Committee* zentral geregelt und deshalb war ihre Arbeit im HoMWC koordinert und durch die fortlaufenden Publikationen des Gremiums international sichtbar. Die Forschungsarbeiten waren einerseits durch staatliche Vorgaben reglementiert; so sollte die Arbeitsfähigkeit, bzw. der Grad der Ermüdung, nur in der realen Situation in der Fabrik gemessen werden. Andererseits gab es deutliche Synergieeffekte und der psychologische Aspekt der Arbeit und seine Bedeutung konnten pointiert herausgestellt werden. Die praktischen Empfehlungen des Untersuchungs-Komitees wurden nach traditionellem Muster durchgesetzt, d.h. nicht von den Psychologen, sondern von Sebohm Rowntree, einem der sozial engagierten Unternehmer, der

besonders die Profitsteigerung durch eine bessere Behandlung der Industriearbeiter betonte. Es war auch dieser Unternehmer, der als erster 1922 einen
Betriebspsychologen einstellte.[459]

In Deutschland entstand, trotz verschiedenster Initiativen, kein zentrales
Gremium zur Steuerung der Arbeit in der Kriegsindustrie. Hier hatten sich
vor dem Krieg bereits Experten aus verschiedenen Fachbereichen an unterschiedlichen Standorten mit dem Problem der effizienten Arbeitsgestaltung
auseinandergesetzt und damit die Weichen für den späteren Kriegseinsatz der
Psychologen gestellt. Vor allem Georg Schlesinger in Berlin war eine Schlüsselfigur zur Einbeziehung psychologischen Wissens in die Kriegsindustrie. Er
war es auch, der eine Verbindung zwischen zwei der wichtigsten Themen der
Politik im Ersten Weltkrieg herstellte, nämlich die der Erhaltung der Arbeitskraft und der Versorgung der Kriegsverletzten. Der staatliche Zugriff auf die
Arbeitskraft wurde in Deutschland zu einem zentralen Thema und schon
früh im Krieg begannen die Behörden die Arbeitskraft von körperlich Verwundeten, Hirnverletzten und später auch von psychisch verletzten Kriegsteilnehmern zu nutzen. Da es auf diesem Gebiet wenig Erfahrungen gab,
kamen hier die deutschen Psychologen zum Einsatz. In einem sehr erfolgreichen Projekt entwickelten beispielsweise die Psychologen Walter Moede
und Kurt Piorkowski eine psychotechnische Methode für das Militär, die zum
Vorbild für die psychologische Arbeit in der Industrie wurde. Erst waren es
einzelne Akteure in verschiedenen Institutionen, aber bald begann eine intensive Vernetzung dieser Experten. Ebenso unterstützte das Militär Initiativen
zur Eingliederung und Umschulung von hirn-und körperverletzten Soldaten,
ein Fachgebiet, in das auch Psychologen einbezogen wurden. Es war auch der
Terminus *Psychotechnik*, der in Deutschland die psychologische Arbeit in der
Industrie populär machte, da er mit der Verbindung der Begriffe *Psyche* und
Technik ein Machbarkeitsversprechen postulierte, das die technische Manipulation der psychischen Leistungsfähigkeit nahelegte. Dies entsprach den
Anforderungen des neuen technisierten Massenkrieges und den Bedürfnissen
des Militärs. Der Begriff und die Methode der Psychotechnik sollte ein Erfolgsmodell für die Psychologie in Deutschland werden. Ein weiteres Betätigungsfeld für Psychologen entstand im Bereich der Berufsberatung, wo schulische
Tests zur Einordnung und Arbeitszuweisung von Arbeitnehmern, nicht nur
in der Industrie, durchgeführt werden sollten. In Deutschland waren es meist
psychologische Experten, die sich den militärisch-politischen Bedürfnissen
entsprechend ihrer Expertise anboten.

---

459 Bunn, Charlie and the chocolate factory: Charles Myers, Seebohm Rowntree and the
     establishment of industrial psychology in Britain, in: Ash (Hrsg.), S. 39.

In Großbritannien war die staatliche Versorgung von kriegsverletzten Soldaten zu Kriegsbeginn kein politisch bedeutsames Thema und die Eingliederung von Verletzten wurde nicht gefördert. Die Arbeitskraft in der Industrie sollte vor allem durch die Ausgestaltung eines besseren, auch sozialen Umfeldes gesteuert werden und nicht durch andere Eingriffe in den Arbeitsprozess.

Dies ist auf den zweiten Einflussfaktor auf die psychologische Arbeit in der Kriegsindustrie zurückzuführen, nämlich auf die theoretische Ausrichtung der jeweiligen Disziplin. Von großer Bedeutung für den erfolgreichen Einsatz in der Kriegsindustrie war die unterschiedliche Bewertung und Akzeptanz der Methoden von Frederick Taylor und Hugo Münsterberg. In Großbritannien waren es vor allem wirtschaftliche Faktoren, die die Einführung dieser Methoden erschwerten, da die britische Industrie die Konkurrenz zu den amerikanischen Unternehmen Taylors fürchtete. Hier waren die sozialen Probleme in der Industrie schon im 19. Jahrhundert sehr deutlich geworden, aber man hatte eigene Lösungsmöglichkeiten erarbeitet und deshalb standen viele britische Industrielle den neuen Ansätzen skeptisch gegenüber. Humanitäre Eingriffe zur Verbesserung der Arbeitssituation waren im früh industrialisierten Großbritannien von einzelnen Arbeitgebern eingeführt worden, jedoch eher im Sinne eines patriarchalischen Versorgungsstils. Aufgrund der erheblichen Vorbehalte gegenüber den amerikanischen Methoden wurden Untersuchungen an großen experimentalpsychologischen Maschinen sowohl von der Industrie als auch von den Psychologen abgelehnt. Zudem fehlten in Großbritannien wegen des konservativen Bildungssystems die gut ausgebildeten Betriebsingenieure, die in Deutschland die Träger der Rationalisierungsbestrebungen in der Industrie waren. Als Messkriterium galt anfangs einzig die Menge der erbrachten Leistung. Erst in späteren Untersuchungen berücksichtigten die Psychologen bei der Erfassung von Ermüdung auch andere Kriterien wie eine abfallende Produktionsqualität, die Unfall- und Krankheitshäufigkeit oder psychische Probleme wie beispielsweise Langeweile. Eine individuelle Leistungsdiagnostik und Arbeitszuweisung nahmen die britischen Psychologen nicht vor. Die von ihnen angewandten Messverfahren waren relativ einfach, da sie differenzierte Fragebögen und experimentalpsychologische Untersuchungen ablehnten.

In Deutschland dagegen war die Akzeptanz der psychotechnischen Apparate und das Interesse an der wissenschaftlichen Betriebsführung nach Taylor bei staatlichen Behörden und in der Industrie groß. In den Betrieben wurde diese neue Rationalisierungsmaßnahme aus den USA zunehmend durchgesetzt, die durch genaue Analyse der Arbeitsschritte und ein gezieltes Training der Arbeiter eine deutliche Effektivitätssteigerung versprachen: Das *scientific management* von Taylor. Es war allerdings der deutsch-amerikanische Psychologe Hugo Münsterberg, der mit seinen Methoden der sogenannten Psychotechnik schon kurz vor dem Krieg zum Durchbruch verhalf. Er konstruierte große Maschinen, an denen er die zu ermittelnden Fähigkeiten in einer simulierten Realsituation untersuchte und die gewünschte Leistung pro Zeiteinheit erfasste. Münsterberg ging dabei von einem positiveren Menschenbild aus als Taylor, indem er annahm, dass ein Arbeiter an einem optimalen Arbeitsplatz gerne und gut arbeiten würde. Schon kurz vor dem Krieg hatten sich engagierte Betriebsingenieure damit befasst und versucht, diese Methoden einzuführen, wobei noch weitere Einflussfaktoren hinzukamen: So förderte der Betriebsingenieur Georg Schlesinger den Einsatz der neuen Methoden und damit die psychologische Arbeit in der Industrie.

Die unterschiedliche Vorkriegsausrichtung erklärt auch die Etablierung eines zweiten Tätigkeitsbereichs, in dem die deutschen Psychologen zu Kriegsbeginn Fuß fassen konnten: die Berufsberatung. Hier arbeiteten sie intensiv an einer standardisierten Erfassung von Berufsprofilen und Parametern zur Messung der intellektuellen Leistungsfähigkeit. Da deutsche Psychologen an vielen verschiedenen Universitäten arbeiteten, ergaben sich unterschiedliche Arbeitszentren. In Deutschland wurden auch die Unterschiede in der Leistungsfähigkeit von Arbeitenden gemessen, um eine spezielle Beratung und Auswahl des Arbeitsplatzes zu ermöglichen. Grundlegend für dieses Vorgehen war die frühe Untersuchung individueller Fähigkeiten und Leistungsprofile, die William Stern an der Universität Berlin schon in der Vorkriegszeit vorgenommen hatte. Deshalb konnte er individuelle Leistungsprofile erstellen und entsprach damit der im Krieg erhobenen Forderung, den besten Mann an den richtigen Platz verweisen zu können.

In Großbritannien wurde diese individuelle Leistungsmessung nicht vorgenommen, sondern die Psychologen versuchten, nur Gruppenwerte zu erfassen, um die sozialen Einflussfaktoren auf den Arbeitsplatz zu ermitteln. Dabei nahmen sie an, dass unter bestmöglichen Bedingungen jeder Arbeiter seine Arbeitskraft optimal einsetzen würde. Einer individuellen Diagnostik und Arbeitsplatzzuweisung maßen die britischen Psychologen daher keine Bedeutung zu.

All diese psychologischen Aktivitäten folgten zu Kriegsbeginn jedoch keinem durchdachten Plan, sondern wurden ad hoc und situationsspezifisch entwickelt. Alle beteiligten Psychologen arbeiteten im Sinne der nationalen

Anforderungen, allerdings standen in Großbritannien dabei, anders als in Deutschland, vor allem das Wohl und die Gesundheit der Arbeiter im Mittelpunkt. In Großbritannien arbeiteten Psychologen in der ganzen Kriegszeit im *Health of Munition Workers Comittee*, während in Deutschland die Psychotechnik speziell durch die Arbeit beim Militär zunehmend an Bedeutung gewann.

KAPITEL 4

Disziplinieren und Vermessen: Die Folge der großen Schlachten 1916/17

> From this time onwards interest in the nervous affection of battle became profound. Neurologists were attached to the military hospitals, and nerve cases were studied as closely and as carefully as were surgical and medical cases. It was realized that the coming of the high explosive shell [...] had wrought a revolution in the types of war injuries and so in war medicine.[1]

Schon 1916 wurde von Zeitgenossen ein Umbruch wahrgenommen, da sich der Charakter des Krieges änderte. Er wurde endgültig zu einem industriellen Massenkrieg, in dem der Grad an Vernichtung von Menschen, Tieren und Maschinen eine neue Dimension annahm. Einschneidende Ereignisse waren die Schlachten von Verdun und an der Somme, nach denen die Zahl der psychisch verletzten Soldaten sprunghaft anstieg und deren Therapie und Versorgung in beiden Ländern zum ernsthaften Problem für das Militär, die Politik und die Öffentlichkeit wurde. Die Psychologen in Großbritannien und Deutschland positionierten sich zu diesem dringenden Problem, jedoch in unterschiedlicher Weise. Durch die Einführung der allgemeinen Wehrpflicht in Großbritannien und dadurch, dass in diesem Jahr fast alle Mitglieder der alten Offiziersgeneration in Deutschland und Großbritannien gefallen oder verletzt waren, änderte sich nicht nur die Zusammensetzung der Armeen, sondern auch die der Patienten. 1916 war aus diesen Gründen das Jahr der medizinischen Kriegskonferenzen und der militärischen und politischen Eingriffe in die psychologisch-medizinische Versorgung; immer deutlicher trat das Einzelschicksal hinter die Anforderung der Nation im Krieg zurück, Therapien waren nicht mehr auf Heilung, sondern auf (militärische) Verwendbarkeit ausgerichtet und setzten vermehrt auf ein aggressiveres Vorgehen. Auch ganz praktische militärische Veränderungen beeinflussten die Arbeit der Psychologen: So wurde im Laufe des Jahres 1916 in beiden Ländern der Stahlhelm eingeführt, um die Menge an Kopfverletzungen durch Granatsplitter zu

---

* Teile dieses Kapitels sind nach einer Konferenz am deutschen historischen Institut in London bereits veröffentlicht worden, siehe: Andrea Gräfin von Hohenthal, Front experience and psychological problems, in: Bessel/Wierling (Hrsg.), S. 167–192.
1 The Times 1916, 7:315, zitiert nach Slobodin, W. H. R. Rivers., S. 55.

reduzieren.[2] Damit stellte sich für die entsprechenden Fachleute die Frage nach organischen oder psychischen Störungen in Folge von Granatexplosionen (*shell shock*) neu. Aber nicht nur in der medizinisch-psychologischen Versorgung wurden Psychologen tätig. Ab 1916 wurde in der Kriegsführung beider Länder auf die Anwendung von neuen Waffen wie U-Booten und den Ausbau der Luftstreitkräfte gesetzt. Da die Bedienung dieser Waffen komplexe Fähigkeiten verlangte, wurden die Psychologen beider Länder zur Auswahl der neuen militärischen Experten angefordert. Im folgenden Kapitel soll die Entwicklung der britischen und deutschen Psychologie in dieser Hochphase des Krieges erläutert werden und an erster Stelle die militärpsychiatrische Tätigkeit und Diagnostik diskutiert werden. Zunächst werden die kriegsbedingten Veränderungen in beiden Ländern und die daraus folgenden Eingriffe der Politiker und Militärs in die psychologische Tätigkeit beschrieben; schließlich verengt sich der Blick auf die konkrete Arbeit einiger, besonders wichtiger Fachvertreter, um dann die Neugestaltung der psychologischen Praxis und Theorie darzustellen.

4.1   Der Kampf der Experten: Das Militär übernimmt

4.1.1   *Großbritannien: Psychotherapeutische Freiräume in militärischer Zwangslage*

> We began to suffer with ‚shell shock' badly towards the end of 1916, and it seemed to be progressing after that, and then we began to get a badly-trained type of recruit [...] ‚shell-shock' got progressively worse from the end of 1916.[3]

Der Sanitätsoffizier Scott-Jackson schilderte im Rückblick die dramatischen Entwicklungen in der britischen Armee. Das Problem der psychisch verletzten Soldaten trat in einer neuen Schärfe in das Bewusstsein der medizinischen Community, denn die Zahl und die Schwere der Erkrankungen nahmen dramatisch zu.[4] 1916 stieg auch die Anzahl der Veröffentlichungen

---

2   Geoffrey Jefferson, Gunshot Wounds of the scalp, with special reference to the neurological signs, in: Brain 42 (1919), S. 93–112; Flora Murray, Women as Army Surgeons. Being the history of the Women's Hospital Corps in Paris, Wimereux and Endell Street ; Sept. 1914 – Oktober 1919, Cambridge 1920, S. 162; Leonhard, Die Büchse der Pandora., S. 439.

3   Lt. Cololnell G. Scott-Jackson; in: Southborough, Army Report of the War Office Committee of Enquiry into „Shell-Shock“., S. 46f.

4   William Johnson/Ronald G. Rows, Neurasthenia and the War Neuroses, in: William Grant Macpherson (Hrsg.), History of the Great War based on official documents, Bd. 2, London 1923–1931, S. 1–67., S. 8f.

über dieses Thema auf ein Dreifaches des Vorjahres an.[5] Die medizinische Debatte profitierte auch davon, dass die beteiligten Ärzte nun bedeutend mehr Erfahrungen mit diesen Patienten und ihren psychischen und physischen Symptomen gesammelt hatten. Außerdem realisierten alle Beteiligten, dass es sich keineswegs um einen kurzen Krieg handeln würde und dass Großbritannien noch für eine Weile mit diesen Problemen konfrontiert sein würde. Zur gleichen Zeit sank die Anzahl der Freiwilligen, so dass im Jahre 1916 die allgemeine Wehrpflicht ausgerufen wurde. Es wuchs die Angst vor einem zu großen Verlust der Schlagkraft der Streitkräfte durch psychisch verletzte Kriegsteilnehmer und die Militärpsychiater sahen sich in der Pflicht, dies zu verhindern. Auch befürchteten viele Militärangehörige, wie der Sanitätsoffizier Scott-Jackson, dass die neuen Rekruten nicht ihren Anforderungen entsprechen würden. Nicht nur die psychiatrische Betreuung wurde zum Problem, sondern die Vielzahl und Schwere der psychischen Erkrankungen hatte auch Einfluss auf das Menschen- und Männerbild der Zeit:

> the belief in man as a rational and thoughtful being was shaken almost to destruction by the war [...] Formerly we thought of civilized man as eighty percent rational. We have now halfed the percentage.[6]

Die menschliche Natur in ihrer Brutalität und auch Verletzlichkeit zeigte sich, so sahen es auch die Militärpsychiater, in einem neuen Licht; ein Thema, mit dem sich auch die Psychologen auseinandersetzten. In dieser angespannten Lage eröffneten neue militärische Vorschriften Handlungsoptionen und Spielräume für die psychologischen Experten, schränkten diese aber andererseits auch ein.

Militärische Vorgaben

> The number of cases arriving at CCSes [Casually Clearing Stations] with a tally marked shell shock by an orderly must be somehow decreased", war die klare Ansage des leitenden Generals des Sanitätsdienstes im August 1916.[7]

Die Situation in der Militärpsychiatrie hatte sich im dritten Kriegsjahr verändert. Bis zu diesem Zeitpunkt (Juli 1916) wurden die meisten der psychisch verletzten Soldaten noch in die Heimat zurückgebracht und von dort nicht

---

5 Loughran, Shell-shock and medical culture in First World War Britain., S. 87.
6 J. A. Hobson, Confessions of an economic heretic, London 1938, S. 96, zitiert nach Thomson, Psychological subjects., S. 212.
7 NA WO 95/35. Konferenz am 23.8.1916, zitiert nach Shephard, Headhunters., S. 166.

mehr an die Front versetzt.[8] Bis zu Anfang des Jahres 1916 war die Diagnose
„shell shock" auch noch nicht mit einem Stigma belegt gewesen: „Although
there may be no visible signs of injury, yet from the point of view of compensation or pension the War Office authorities very properly regard shellshock as
a definite injury," so lautete eine Vorschrift des Kriegsministeriums vom Januar
1916.[9] Dramatisch veränderte sich die Lage aber erst nach dem Beginn der
Schlacht an der Somme. Obwohl die überlieferten Zahlen ungenau sind, kann
man zeigen, dass in den letzten sechs Monaten des Jahres 1916 die Zahl der Patienten mit der Diagnose *shell shock wounded* (also solche mit einer Verletzung
und psychischen Störungen) um ein Dreifaches auf etwa 16 000 anstieg; 1916
betrug der Anteil der psychischen Störungen bereits etwa 13,37 % aller Verletzungen.[10] Daraufhin versuchten die militärisch Zuständigen durch verschiedene Maßnahmen der Situation Herr zu werden und drängten auf eine
deutliche Reduzierung dieser Verluste.[11] Ab Juli 1916 wurde deshalb eine Order
erlassen, dass jeder Patient mit einer nervösen Erschöpfung „arising from
insufficient self-control" zur Therapie dieser Störungen in der Nähe der Front
behandelt werden sollte.[12] Außerdem wurde eine neue Stelle im Sanitätsdienst
eingerichtet und Ende August 1916 wurde Charles Myers zum *Consulting Psychologist of the Army* befördert. Seine klar definierte Aufgabe bestand darin, die
Zahl der Shell-Shock-Patienten zu reduzieren. Er besuchte die Front, sprach
mit den dort arbeitenden Militärs und Medizinern und fasste seine Vorschläge
in einem Memorandum zusammen.[13] Darin schlug er die Einrichtung von
frontnahen Versorgungseinheiten für psychisch kranke Soldaten vor, die dort
möglichst schnell mit psychotherapeutischen Maßnahmen behandelt werden
sollten. Ein Rücktransport in die Heimat sollte bei diesen Patienten nicht mehr
vorgenommen werden. Auch die französische Armee arbeitete mit solchen
frontnahen Krankenstationen.[14] Im November 1916 wurden die Vorschläge von

---

8   NA WO 95/3977, 31.1.1915. Woodhouse TP: Memo on the construction and design of field
     hospitals.

9   Notiz vom 25.1.1916: Zitiert nach: Anon, Special discussion on shell shock without visible
     signs of injury, in: Proceedings of the Royal Society of Medicine (Sections of Psychiatry
     and Neurology) 9 (1916), S. i–xliv, S. i., Shephard, A war of nerves., S. 55.

10   Zitiert nach ebenda, S. 41; siehe auch Watson, Enduring the Great War., S. 240.

11   Southborough, Army Report of the War Office Committee of Enquiry into „Shell-Shock".,
     S. 8.

12   Reid, Broken men., S. 31.

13   Southborough, Army Report of the War Office Committee of Enquiry into „Shell-Shock".,
     S. 123–125.

14   Gustave Roussy/Jean Lhermitte/William Aldren Turner, The psychoneuroses of war,
     London 1918, S. 159–177; Myers, Shell shock in France, 1914–18., S. 102–105.

Myers in die Tat umgesetzt und Sloggett richtete vier frontnahe Versorgungsstationen für psychisch Kranke ein, zwei davon mit Psychologen besetzt
(William Brown und Francis Dillon).[15] Alle psychisch auffälligen Kriegsteilnehmer sollten dort diagnostiziert und möglichst auch therapiert werden.
Es war ein Novum in der britischen Militärpsychiatrie, dass Psychologen in
einer solchen Position eingesetzt wurden.

Bei dieser Arbeit war es hinderlich, dass bei vielen Militärangehörigen
an der Front die psychisch Kranken ein schlechtes Ansehen hatten, denn es
wurde ihnen Täuschung und Simulation unterstellt. Besonders in der Anfangsphase des Krieges war es oft eine Frage des Zufalls, ob ein Soldat als psychisch
krank oder als Deserteur beurteilt wurde.[16] Andererseits konnten angesichts
der großen Zahl psychisch verletzter Soldaten selbst konservative Militärangehörige nicht mehr, wie zu Kriegsbeginn, jeden psychisch kranken Soldaten
als Deserteur oder Feigling bezeichnen, und mussten daher eingestehen, dass
es sich bei diesem Phänomen um eine Kriegsfolge handelte. Allerdings wurden
die psychologischen Methoden von vielen Medizinern und Mitgliedern des
Militärs weiterhin sehr skeptisch beobachtet. So wurde Charles Myers öfters
mit der Meinung konfrontiert, dass: „From the military standpoint a deserter
was either ‚insane‘ and destined for the ‚mad house‘ or responsible and should
be shot."[17] Die Differentialdiagnose zwischen „echten" psychischen Störungen
und Simulanten und Deserteuren, die nur der gefährlichen Kriegssituation
entkommen wollten, war bei den unklaren Symptomen und der angespannten
Situation an der Front oft auch sehr schwierig. Alle Psychologen, die frontnah arbeiteten, stellten sich dem Problem; sie waren aber der Meinung, dass
reine Simulation bei der kämpfenden Truppe relativ selten sei.[18] Charles Myers
selbst gab an, bei einigen Prozessen, in denen es um Simulation gegangen war,
als Gutachter tätig geworden zu sein und berichtete über seine Probleme mit
den militärischen Behörden:

---

15   William Brown wurde für die vierte Armee in Neuville eingesetzt, siehe: NA WO 95/414;
      Francis Dillon für die fünfte Armee in der Zitadelle von Doulens: NA WO 95/4100; Jones/
      Wessely, Shell shock to PTSD., S. 26f.

16   Robert H. Ahrenfeldt, Psychiatry in the British Army in the Second World War, New York
      1958, S. 7.

17   Hamilton Clelland Marr, Psychoses of the war. Including neurasthenia and shell shock,
      London 1919, S. 60, Myers, Shell shock in France, 1914–18., S. 83.

18   William Brown, The treatment of cases of shell shock in an advanced Neurological Cen-
      tre., in: The Lancet 192 (1918), H. 4955, S. 197–200, hier S.199; Myers, Shell shock in France,
      1914–18., S. 83.

My second case [als Gutachter in einem Prozess wegen Desertation], seen at another base, a lad also unfitted for service at the front, I decided to treat differently. I recommended that he be punished and be sent to base duty. But this recommendation was not followed; he was returned to the front from which within a few weeks he was once again sent down, after having tried to bomb his officer.[19]

Anders als in Deutschland hatte das Urteil eines leitenden Armeepsychologen nicht den Stellenwert, den es in der deutschen Armee gehabt hätte. Auch William Brown gab an, als Zuständiger für das Nervenlazarett an der Front für Prozesse gegen Simulanten zuständig gewesen zu sein; er fand diese Aufgabe sehr widerwärtig und gab an, jedes Mal für den Angeklagten gesprochen zu haben, da man dessen Zustand in der akuten Gefahrensituation später nicht nachvollziehen könne.[20] Trotz der steigenden Zahl psychisch verletzter Soldaten blieb das Misstrauen der militärischen Behörden gegenüber den behandelnden Ärzten bestehen und zeigte sich auch in einer neuen Vorschrift, die den Einfluss der Frontoffiziere verstärkte: Im Juni 1917 wurde eine neues Krankenblatt (Army Form 3436) eingeführt, in dem die medizinische Diagnose einer psychischen Erkrankung (mit oder ohne Verwundung) nicht mehr vom Militärpsychiater allein vorgenommen, sondern von den vorgesetzten Offizieren an der Front abgezeichnet werden musste.[21] Diese Vorgaben der Armeeführung ließen sich aber so nicht umsetzen, denn die bürokratischen Regeln überforderten die betroffenen Frontoffiziere und verzögerten die Behandlung der betroffenen Soldaten.[22] Die meisten Ärzte im Feld diagnostizierten außerdem bei ihren Patienten psychische Verletzungen infolge einer Explosion, um ihnen eine Kriegsverletzung zu attestieren und auch der Begriff *shell shock* hielt sich so hartnäckig, dass selbst die militärischen Behörden ihn weiter benutzten.[23]

Auch die Tätigkeit des leitenden Psychologen Myers wurde von offizieller Seite von Anfang an durchaus kritisch gesehen.[24] Myers Einfluss wurde bereits im November 1916 dadurch gemindert, dass ein Artikel von ihm zum Thema *shell shock* nicht in einem offiziellen (militär-) medizinischen Journal veröffentlicht werden sollte; der leitende General endschied sogar, dass gar keine weiteren Artikel zu diesem Thema mehr erscheinen sollten.[25] Das Thema und der Begriff sollten aus der militärpsychiatrischen Diskussion gänzlich verschwinden.

---

19 Ebenda, S. 84.
20 Southborough, Army Report of the War Office Committee of Enquiry into „Shell-Shock"., S. 42f.
21 Ebenda, S.39; Shephard, A war of nerves., S. 54.
22 NA WO 95/532. Eintrag vom 2.8.1917; NA WO 95/4100 War Diary Nr. 3, Bericht vom 24.2.1917.
23 NA WO 95/46. Vorschrift vom 4.8.1917; Jones/Wessely, Shell shock to PTSD, 2005, S. 30.
24 NA WO 95/45. Vorschrift vom 15.8.1916.
25 NA WO 95/45. Vorschrift vom 25.11.1916; NA WO 95/45. Vorschrift vom 20.6.1916.

Am 1. Januar 1917 wurde Myers' Stellung noch mehr beschnitten, da er sie von nun an mit dem Neurologen Gordon Holmes teilen musste.[26] Diesem wurde dann im Herbst 1917 die Aufsicht über die Versorgung der psychisch kranken Soldaten in Nordflandern während der blutigen Schlachten von Passchendaele übertragen, wohingegen Myers an der südlicheren Front (Schlacht von Cambrai) zuständig war.[27] Den militärischen Behörden ging es vor allem darum, eine große Zahl von Soldaten kampffähig zu erhalten. Der energische, psychologischen Methoden gegenüber skeptische Holmes erschien ihnen der geeignetere Kandidat zur Durchsetzung einer aktiven Vorgehensweise und zur Erhaltung der militärischen Disziplin zu sein. Die Zahl der psychisch verletzten Soldaten sank gegenüber der an der Somme dann auch tatsächlich stark ab, möglicherweise auch aufgrund der veränderten Diagnosepraxis. So schrieb ein leitender Arzt des australischen Sanitätsdienstes: „The rapid decrease in numbers shows that except in the gravest form (which is very rare) the whole matter rests upon a power of inhibition and control being fully exercised."[28]

Im Herbst 1917 wurde dann auch die medizinische Entscheidung ganz an die lokalen Offiziere übergeben: Sie sollten ab diesem Zeitpunkt über die Diagnose der Patienten und das weitere Vorgehen bestimmen.[29] Damit hatten die Militärs und nicht mehr die psychologischen Fachleute das letzte Wort über die Diagnose der psychisch gestörten Kriegsteilnehmer. Folgerichtig gab Myers Ende 1917 auf und auch die beiden Psychologen Brown und Dillon verließen ihre frontnahen Versorgungsstationen.[30] Allerdings unterhielten die Psychologen weiter gute Beziehungen zum Sanitätsdienst und Myers wurde zur Überwachung der Versorgung psychisch kranker Soldaten in der Heimat eingesetzt, ein Problem, das auch noch nicht gelöst war.[31] Das Ende der psychologischen Therapie an der Front im Herbst 1917 ist auch dadurch zu erklären, dass der Druck auf das Militär nach den verlustreichen Flandernschlachten weiter anwuchs und deshalb vom Sanitätsdienst ein energischeres Vorgehen den Kriegsneurotikern gegenüber gefordert wurde. In Deutschland hatten dies die Militärpsychiater in vorauseilendem Gehorsam auf der Kriegskonferenz

---

26 NA WO 95/3980; Myers, Shell shock in France, 1914–18., S. 19.
27 Shephard, A war of nerves., S. 171.
28 A. G. Butler, The Australian Army Medical Services in the war of 1914–1918, Melbourne 1930–43, S. 128.
29 Ebenda., Shephard, A war of nerves., S. 55.
30 Von diesem Zeitpunkt an wurden die psychisch verletzten Soldaten in sogenannten Erholungsheimen an der französischen Küste versorgt. Dort standen Erholung, gute Versorgung und militärische und sportliche Übungen im Mittelpunkt der Therapie, siehe: Wilmot Parker Herringham, Medicine in the war, in: British Medical Journal (1919), H. 3027, S. 20–23, S. 22.
31 Myers, Shell shock in France, 1914–18., S. 111–132.

im September 1916 selbst propagiert.[32] Die militärische Zwangslage der Jahre 1916/17 eröffnete für Psychologen an der Heimatfront neue Handlungsräume.

Die wachsende Zahl psychisch verletzter Offiziere nach der Schlacht an der Somme wurde auch in Großbritannien zu einem Versorgungsproblem. Im Herbst 1916 wurde deshalb der Psychologe William Rivers in Schottland als behandelnder Arzt in ein neu eingerichtetes Krankenhaus für Offiziere beordert und entwickelte dort in einem Jahr ein therapeutisches Konzept, das weit rezipiert wurde. Aber auch er verließ Ende 1917 seinen Posten und widmete sich anderen Aufgaben; der klinische Leiter wurde nach einer Inspektion des Kriegsministeriums durch einen konsevativen, militärisch orientiertenTherapeuten ersetzt.[33] Die militärische Situation und der Druck des Sanitätsdienstes eröffneten also an der Westfront Handlungsspielräume für psychologisch-psychotherapeutische Aktivitäten, die aber Ende 1917, nach den verlustreichen Schlachten in Flandern, fürs Erste ein Ende hatten. Die angespannte Situation des Jahres 1916/17 führte dazu, dass psychologische Außenseiter sich Gehör verschaffen konnten. David Eder, ein jüdischer Psychologe und Anhänger des Psychoanalytikers Carl Gustav Jung hatte während der Gallipolikampagne ein Krankenhaus für psychisch verletze Soldaten geführt. Er berichtete 1916 auf einer Konferenz über seine Erfahrungen an einem östlichen Frontabschnitt und veröffentlichte ein Buch über seine therapeutischen Interventionen bei psychisch verletzten Soldaten.[34] Zwei weitere Psychologen, Tom Pear und Elliot Smith, nützten die Gunst der Stunde, um mit dem Buch: *Shellshock And Its Lessons* für eine Modernisierung der Psychiatrie (nach deutschem Vorbild!) zu kämpfen.[35] Die schwierige Situation des Kriegsjahres 1916, das Problem der ansteigenden Zahl psychischer Erkrankungen und der wachsende Druck auf die militärische Führung schufen also für die britischen Psychologen neue Praxisfelder, aber auch öffentliche und politische Foren, in denen ihre Methoden und Überlegungen Interesse fanden. So konnten Berichte über psychologische Diagnose- und Therapieerfahrungen sowohl von der West- als auch von der Ostfront im Heimatland rezipiert werden, wobei praktische Erfahrungen und theoretische Konzepte sich ständig beeinflussten.

---

32   Siehe 4.1.2.

33   Allerdings wurde dieser dann wieder durch den mit Rivers und Myers befreundeten William Brown ersetzt. A. M. Crossman, The Hydra, Captain AJ Brock and the treatment of Shell-Shock in Edinburgh, in: The Journal of the Royal College of Physicians of Edinburgh 33 (2003), S. 119–123, H. 2., Thomas E. Webb, ‚Dottyville' - Craiglockhart War Hospital and shell-shock treatment in the First World War, in: Journal of the Royal Society of Medicine 99 (2006), S. 342–346.

34   Eder, War-shock.

35   Smith/Pear, Shell shock and its lessons., Einleitung S. XV.

Psychologen an der Front

Charles Myers, ab 1916 leitender Psychologe der britischen Armee, konnte zunächst nicht nur die Art der Versorgung verändern, sondern auch seine therapeutischen Prinzipien umsetzen: Er empfahl drei Grundsätze der Versorgung: Schneller Behandlungsbeginn, günstige Umgebung und Psychotherapie.[36] Es hatte sich gezeigt, dass die Versorgung psychisch gestörter Soldaten nahe der Front erfolgversprechender war als die Rückführung in Krankenhäuser des Heimatlandes. Dort verfestigten sich die Krankheitssymptome und es wurde schwieriger für die Patienten, sich wieder an die Front und den Kriegsdienst zu gewöhnen.[37] Da die Front im eigenen Land verlief, hatte die französische Armee die ersten Erfahrungen mit frontnaher Therapie gemacht. Charles Myers, in regem Austausch mit diesen Experten, forderte daher die Einrichtung frontnaher Speziallazarette, in denen die militärische Ausrichtung spürbar sei und die durch die Distanz zur Heimat keine Fluchtgedanken bei den Soldaten wecken sollten. Ende 1916, infolge der Schlacht an der Somme, wurden diese Pläne genehmigt und vier frontnahe Speziallazarette für die fünf britischen Armeen etabliert.[38] Um den Terminus *shell shock* zu vermeiden, wurden diese Zentren NYDN (*not yet diagnosed nervous*) bezeichnet. Aus diesen Einrichtungen sollten möglichst viele Patienten wieder an die Front geschickt werden, ein Ziel, dass Myers bald mit einer Erfolgsrate von 90% erfüllt sah.[39] Das Besondere an diesen Lazaretten war, dass sowohl Offiziere als auch einfache Soldaten versorgt wurden, in der Heimat wurde sie meist in gesonderten Krankenhäusern oder -stationen behandelt.[40] Von den vier Nervenlazaretten waren zwei mit Psychologen besetzt, dem fronterfahrenen William Brown und seinem Kollegen Frederick Dillon.[41]

William Brown, geboren 1881, hatte vor dem Krieg einen Abschluss als Mediziner gemacht, um dann an der Universität als Psychologe zu arbeiten. Er wurde erst in Ägypten eingesetzt und dann 1916/17 als Spezialist in dem Nerven-Zentrum an der Front in Flandern.[42] Frederick Dillon war ebenfalls medizinisch ausgebildet und arbeitete an einer weiteren frontnahen

---

36 Myers, Shell shock in France, 1914–18., S. 51f.

37 Macpherson (Hrsg.), History of the Great War based on official documents, S. 55, Myers, Shell shock in France, 1914–18., S. 51.

38 Ebenda, S. 92; Edgar Jones/Simon Wessely, Shell shock to PTSD, 2005, S. 26.

39 Myers, Shell shock in France, 1914–18, S. 92.

40 Alastaire Compston, From the archives: War Neurasthenia, acute and chronic. By DW Carmalt Jones, in: Brain 136 (2013), S. 1681–1685, S. 1683.

41 NA WO 95/4100: Ankunft von Dillon an der Front am 19.11.1916; NA WO 95/414: 25.11.1916: „Captain Brown reported his arrival. He is for special duty with shell shock [...], 291 cases." Auch: Brown, The treatment of cases of shell shock in an advanced Neurological Centre.

42 Ebenda.

Nervenstation.[43] Beide waren Anhänger einer modifizierten psychoanalytischen
Vorgehensweise. Obwohl Brown, Dillon und auch Myers keine fundierte psychiatrische Ausbildung hatten und vor dem Krieg an Universitäten beschäftigt
waren, wurden sie zur Versorgung der psychisch verletzten Soldaten eingesetzt, die von der Westfront zurückfluteten. Sie hatten wenig psychiatrische
Expertise und waren zu Kriegsanfang auch keine Mitglieder des militärischen
Sanitätsdienstes, aber trotzdem wurden diese drei Psychologen prominent an
der Front eingesetzt. Ein Grund dafür lag vielleicht darin, dass kein anderes
Personal verfügbar war; möglicherweise aber auch darin, dass sich die militärischen Vorgesetzten viel von den neuen Experten der Psyche versprachen.
Alle drei Psychologen hatten nämlich ein theoretisch fundiertes Therapieverfahren anzubieten, das sich aus Elementen der psychoanalytischen Lehre
bediente. William Brown benutzte das Verfahren der leichten Hypnose, um
bei den beteiligten Patienten die verdrängten Gefühle und Erinnerungen
an belastende Kriegserfahrungen wieder ins Bewusstsein zu bringen. Diese
Erfahrung, so nahmen auch andere Psychoanalytiker an, würde die Symptome
zum Verschwinden bringen.[44] Brown schilderte sein Vorgehen eindrucksvoll
an einem Fallbeispiel:

> I then proceed to give him instructions [...] to close his eyes and urge him to
> continue thinking of sleep, to give himself up to sleep, and saying that I am about
> to put my hand on his forehead, and that the moment I do so all the events of
> his accident, which he has forgotten, will return to his mind with hallucinatory
> vividness. The result is that the moment I touch his forehead he shouts out, using
> the same words that he did while under fire, and giving evidence of the same
> emotions of fear that he must have experienced at that time. After he has worked
> off all this emotion I remind him of where he is who is speaking to him etc. and
> after giving the suggestion that he will continue to remember everything, I wake
> him up and find that his main neurotic symtoms [...] have disappeared.[45]

Brown beabsichtigte mit dieser Methode aber nicht nur die Symptome, sondern auch die damit zusammenhängenden emotionalen Probleme zu lösen.
Während der kampfintensiven, belastenden Offensive von Cambrai berichtete
er aber von einer ganz anderen Patientengruppe und differenzierte vor allem
die Soldaten, die zuerst zusammengebrochen waren: Dies seien, so Brown,

---

43   Dillon arbeitete in dem Krankenhaus, das für die Dritte Armee eingerichtet worden war;
      über ihn sind wenig Informationen erhalten, Jones/Wessely, Shell shock to PTSD., S. 29.
44   Brown, The treatment of cases of shell shock in an advanced Neurological Centre.
45   William Brown, War neurosis. A comparison of early cases seen in the field with those
      seen at the base., in: The Lancet 193 (1919), H. 4994, S. 833–836, S. 833; ähnliche Schilde-
      rung in Brown, The treatment of cases of shell shock in an advanced Neurological Centre.,
      S. 198.

vor allem ältere Männer, die dem Stress des Kampfes nicht mehr gewachsen waren; dann solche mit schwächeren Nerven oder die sich (seiner Meinung nach) nicht zusammennehmen konnten.[46] Diese Berichte unterstreichen auch den Befund, dass psychische Erkrankungen mit der Höhe der Todes- und Verletzungsraten zusammenhingen und besonders hoch in Zeiten von harten Kämpfen und verlustreichen Offensiven waren.[47] Das zweite frontnahe Zentrum leitete der Psychologe Francis Dillon. Er wandte keine Hypnose an (diese war auch immer an ein besonderes Talent gebunden), sondern setzte auf aufklärende Gespräche.[48] „The current conflict could best be explained in words which the soldier was familiar with [...] and the most important psychotherapeutic step was that he should understand the nature of it."[49] Durch diese aufklärenden Gespräche, so Dillon, würden die Symptome verschwinden und die Patienten könnten bald wieder an die Front zurückkehren. Aufschlussreich sind auch die Berichte von seiner schwierigen Anfangszeit Ende 1916, in der er Mühe hatte, in den Zelten überhaupt Behandlungsräume zu schaffen. Bei der größten Gruppe der Patienten (70%), die ihm als Spezialisten für psychische Störungen zugewiesen wurde, diagnostizierte er einen akuten Angstzustand, gekennzeichnet durch Zittern, Nervosität, manchmal Benommenheit und Kopfschmerzen.[50] Dieser Zustand, von Dillon als „shell shock" diagnostiziert, wurde von ihm nicht kritisch beurteilt; zu seinem Erstaunen konnten die meisten Patienten auch ohne Behandlung nach ca. 48 Stunden Erholung wieder an die Front geschickt werden.[51] Dieses Vorgehen, auch sehr stark erschöpfte und erschütterte Soldaten als psychisch gestörte Patienten zu bezeichnen, kann auch ein Grund dafür sein, dass durchweg hohe Heilungszahlen, d.h. große Zahlen von Soldaten, die wieder zurück an die Front konnten, angegeben

---

46 Brown, War neurosis., S. 833.

47 Allgemeine Zahlen in Watson, Enduring the Great War., S. 240; Bericht von William Johnson aus einem frontnahen Nervenlazarett während der Schlacht von Passchendaele August bis Oktober 1917, in: Southborough, Army Report of the War Office Committee of Enquiry into „Shell-Shock"., S. 80; auch in der Aussage von W. Tyrell in Ebenda, S. 34; siehe dazu auch Edgar Jones/Simon Wesseley, Psychiatric battle casualties: an intra- and inter- war comparison, in: British Journal of Psychiatry 178 (2001), S. 243–245.

48 Frederick Dillon, Treatment of neuroses in the field: The advanced psychiatric centre, in: Emanuel Miller (Hrsg.), The neuroses in war, New York 1944, S. 119–127.

49 Frederick Dillon, Neuroses among combatant troops., in: British Medical Journal (1939), S. 63–66, H. 4096., S. 64.

50 Dillon, Treatment of neuroses in the field: The advanced psychiatric centre, in: Miller (Hrsg.), S. 120.

51 Ebenda., S. 122.

wurden.[52] Damit wollte er sicherlich das eigene Behandlungsmodell militärischen Behörden gegenüber positiv darstellen und rechtfertigen. Auch die
zweite von Dillon beschriebene Patientengruppe (20%) mit funktionellen
Störungen wie Sprachlosigkeit und Lähmungserscheinungen waren seinen Beschreibungen nach schnell zu behandeln; schwieriger war die kleinere Gruppe
der Patienten mit Bewusstseinsstörungen oder einer gleichzeitig bestehenden
organischen Erkrankung.[53]

Die anderen beiden der vier Zentren an der Front wurden von zwei Militärärzten geführt, von Major Dudley Carmalt Jones und Captain William Johnson.
Beide hielten wenig von Psychotherapie und sahen Erholung, gute Ernährung,
Arbeitstherapie und militärische Übung als angemessene Vorgehensweisen
an.[54]

In zwei Berichten von einem Patienten und einem externen Beobachter
werden die Zustände in diesen frontnahen Nervenlazarette eindrucksvoll geschildert: Der Kriegsdichter Wilfred Owen beschrieb in seinen Briefen die Situation im Nervenlazarett von William Brown; er sprach von einer
angenehmen Atmosphäre und charakterisierte Brown als eine Art Zauberer,
der die Patienten hypnotisiere, wenn es nötig sei: „The Nerve Specialist is a
kind of wizard, who mesmerises when he likes, a famous man."[55] Sich selbst
beschrieb Owen als ein wenig verrückt; die Atmosphäre in dem Nervenlazarett
empfand er als ausgesprochen freundlich und hilfreich: „We are a cheery crowd
here this time, and I like everyone as a great & interesting fellow. Some of us
have been sent down here as a little mad. Possibly I am among them."[56] Einen
anderen Eindruck schildert der amerikanische Arzt Harvey Cushing: Bei einem
Besuch im Oktober 1917 fand er die Situation in dem von dem Militärarzt Johnson geführten Nervenlazarett an der Front ausgesprochen deprimierend, und
die Ärzte dort wenig aufgeschlossen für psychiatrische Methoden:

---

52   Colin K. Russel, The management of psycho-neuroses in the Canadian Army, in: Journal
      of Abnormal Psychology 14 (1918), S. 27–33., S.29; Brown, The treatment of cases of shell
      shock in an advanced Neurological Centre., S. 197; Macpherson (Hrsg.), History of the
      Great War based on official documents., Bd 2, S.2; Compston, From the archives: War Neurasthenia, acute and chronic. By DW Carmalt Jones., S. 1685.

53   Dillon, Treatment of neuroses in the field: The advanced psychiatric centre, in: Miller
      (Hrsg.), S. 119f.

54   Jones/Wessely, Shell shock to PTSD, 2005, S. 28 f; der Militärarzt William Johnson
      beschrieb sein Vorgehen in einem offiziellen Krankenbericht nach dem Krieg: Johnson/
      Rows, Neurasthenia and the War Neuroses, in: Macpherson (Hrsg.), S. 12–15, S. 38; siehe
      auch Wilmot Parker Herringham, A physician in France, London 1919, S. 135.

55   Harold Owen/John Bell (Hrsg.), Collected Letters of Wilfred Owen, London 1967, Brief 508
      an Mary Owen.

56   Ebenda., Brief 507 an Susan Owen.

A walk over there along the tracks [...] to Nr. 62, where all the N.Y.D.N. cases are congregated, in other words the shell-shock cases – very dismal. A dumping ground for the M.O.'s who can't wriggle out – none of them appear at all interested in, or acquainted with, psychiatry.[57]

Hier wird die Atmosphäre nicht nur der Station sondern auch unter den behandelnden Psychiatern nicht als sehr förderlich angesehen.

Worin unterschieden sich nun die psychologischen Ärzte in den frontnahen Nervenlazaretten von ihren beiden medizinischen Kollegen? Zum einen in der Art der Beobachtungen, den Deutungen der Symptome und dem verwandten Material, nämlich den Erzählungen, bzw. den Träumen der Patienten. Sie näherten sich den Patienten mit ihren psychoanalytischen Kenntnissen und Methoden, die sie dabei den militärischen Bedürfnissen anpassten.[58] Sie zeigten eine einfühlsame und freundliche Haltung den Patienten gegenüber die sich auch in den angewandten Methoden widerspiegelte, in der Art der Gespräche und in der Anwendung von Suggestion und Hypnose. Zum anderen versuchten sie auch, anders als ihre zwei medizinischen Kollegen, nicht nur die Symptome zu beseitigen, sondern den zugrundeliegenden Konflikt zu bearbeiten. Alle Militärpsychiater an der Front berichteten aber über sehr hohe Heilungsraten. Dies mag auch an der speziellen Klientel gelegen haben, da viele der dorthin überwiesenen Soldaten einfach nur erschöpft waren und durch einige Tage Erholung wieder gesund wurden.

Aber nicht nur an der West-, sondern auch an der Ostfront waren Psychologen in Nervenlazaretten tätig, so die Psychologen David Eder und Arthur Hurst.

Im Unterschied zu der Situation an der Westfront war die Lage an der Ostfront dadurch belastet, dass sehr viele Soldaten unter der Hitze und physischer Erschöpfung litten. Fast jeder, so der Arzt und Psychologe Arthur Hurst, der in einem Krankenhaus auf der Insel Lemnos (nach Ende der Gallipoli Kampagne) gearbeitet hatte, sei neurasthenisch gewesen. Neben der ständigen Bedrohung durch Granatfeuer und der starken psychischen Belastung sei die körperliche Anstrengung durch Hitze und häufige Erkrankungen (Dysenterien und Gelbsucht) als Ursache der psychischen Störungen anzusehen.[59] Hurst wandte wie seine Kollegen an der Westfront verschiedene Verfahren an, aber auch Hypnose und Suggestion.

---

57   Cushing, From a surgeon's Journal; 1915–1918., S.233–234.
58   Siehe Unterkapitel: militärischer Stil.
59   Southborough, Army Report of the War Office Committee of Enquiry into „Shell-Shock"., Aussage Hurst S. 23f.

Eine Sonderstellung nahm in verschiedener Hinsicht der Psychologe
David Eder ein. Er ist fast als Gegenfigur zu den anderen prominenten Vertretern seines Faches anzusehen: Einmal gehörte er nicht zur akademischen
Elite der Oxbridgeabsolventen, sondern stammte aus einer bürgerlichen jüdischen Händlerfamilie und hatte seine medizinischen Examen an der Londoner Universität abgelegt.[60] Er war auch schon vor dem Krieg politisch aktiv
gewesen und hatte zusammen mit James Middleton die London Labour Party
gegründet.[61] Außerdem hatte er in einer Vielzahl von Artikeln 1912 recht erfolgreich gegen den *Mental Deficiency Bill* argumentiert, der seiner Meinung nach
die einfachen Menschen benachteiligen würde.[62] 1915 meldete er sich freiwillig zum Kriegsdienst und ging im Juni desselben Jahres nach Malta an ein
Krankenhaus, in dem er psychisch verletzte Soldaten aus Gallipoli versorgte.[63]
Im April 1916, also noch vor der Schlacht an der Somme trug er die Ergebnisse seiner Arbeit vor einem medizinischen Gremium vor.[64] Orientiert an
den Arbeiten von Freud, sah er die psychischen Störungen als Ausdruck eines
Konfliktes zwischen dem Wunsch zur Selbsterhaltung und dem sogenannten
Herdentrieb, d.h. dem Wunsch, der Gruppe der Kameraden anzugehören.[65]
Die Symptome, so Eder hätten immer eine symbolische Bedeutung, die man
aufgrund der Arbeit mit Träumen erkennen könnte.[66] Anders als sein Kollege
Rivers arbeitete Eder sehr gerne mit den einfachen Soldaten und widmete
ihnen auch sein Buch. Daher verwundert es nicht, dass er keine Zuordnung
von Diagnosen zu militärischen Rängen vornahm, sondern auch bei einfachen
Soldaten Angstneurosen und nicht nur funktionelle Störungen diagnostizierte.
Wie seine Kollegen an der Westfront gab Eder sehr hohe Erfolgszahlen für
seine therapeutischen Maßnahmen an.[67] Dabei wandte er nur in den wenigsten Fällen eine ausführliche Psychoanalyse an, sondern hypnotisierte seine
Patienten, auch in Gruppensitzungen.[68] In seinem Buch *War shock* von 1917
zitierte er immer wieder die Literatur seiner deutschen Kollegen.[69] Die psychischen Störungen, die in den Kämpfen um Gallipoli bei den britischen, aber
auch den beteiligten australischen Truppen auftraten, waren ein Novum für

60   Hobman/Eder, David Eder. Memoirs of a modern pioneer. Edited by J. B. Hobman, S. 41.
61   Ebenda., S. 73.
62   Ebenda., S. 81.
63   Eder, War-shock., S. 3.
64   Montague David Eder, ‚An address on the psycho-pathology of the War Neuroses‘, S. 264.
65   Ebenda., S. 266. Hier rekuriert Eder auf die Theorie des angesehenen William Trotter.
66   Ebenda., S. 264 f.
67   Ebenda, S.18.
68   Ebenda., S. 135.
69   Z.B. ebenda, S. 3, S. 15.

die militärischen und medizinischen Behörden, stießen aber auch aus einem anderen Grund auf großes Interesse.[70]

Eders Buch, in dem er seine unorthodoxen Ansätze vorstellte, wäre nämlich sicher nicht ein solcher Erfolg gewesen, hätten die medizinisch-militärischen Behörden nach der Schlacht an der Somme nicht so dringend eine erfolgreiche Methode der Behandlung psychisch verletzter Soldaten benötigt. Eder stellte auch, obwohl er Psychotherapeut war, seine Rolle als Militärpsychiater in keiner Weise in Frage. Ein Patient von David Eder berichtete beispielsweise von seiner Trauer um den Verlust seines Pferdes (Maultiers) und über das Schicksal vieler Tiere im Krieg. Eder interpretierte dies als Ausdruck der Sorge des Patienten um sein eigenes Schicksal; es sei nicht die Sorge um seine Tiere oder seine Kameraden, die den Patienten umtrieb, so Eder, sondern nur sein eigenes Schicksal. So wurde jede generelle Kritik am Kriegsgeschehen, jeder politische Protest auf eigene Bedürfnisse des Patienten zurückgeführt, die der Therapeut im Sinne des nationalen Wohles beeinflussen wollte.[71] So hatte auch Sigmund Freud in der Analyse seiner Träume in *Traumdeutungen* alle politischen Bezüge entfernt, bzw. sie auf frühkindliche Erlebnisse zurückgeführt. Das Politische wurde damit nur noch als ein Epiphänomen von innerpsychischen Vorstellungen angesehen.[72] Der Therapeut behandelte also lediglich eine psychische Störung und konnte somit guten Gewissens den Patienten wieder fronttauglich machen.

Zwei weitere Punkte zeichneten die Psychologen an der Front aus: Zum einen die militärische Prägung ihres therapeutischen Vorgehens, zum anderen die internationalen Einflüsse, die vor allem ihre theoretischen Annahmen zur Genese psychischer Erkrankungen beeinflussten.

Militärischer Stil

Gerade in den frontnahen Lazaretten war die militärische Atmosphäre immer präsent und sollte es auch sein. Die Autorität des vorgesetzten Militärarztes musste gewahrt werden. Der Psychologe Myers sah als Grundprinzip der Psychotherapie die Erziehung des Patienten an, damit dieser sein Selbstbewusstsein, sein Selbstvertrauen und seine Selbstkontrolle wiedererlange. Dafür seien, so meinte er, wie bei Kindern eine Mixtur aus Erklärung, Überzeugung und manchmal Schelte notwendig.[73] Die Psychologen betonten die

---

70   Butler, The Australian Army Medical Services in the war of 1914–1918., S. 77.
71   Eder, War-shock., S. 79–85; Timothy G. Ashplant, Fractured Loyalties. Masculinity, class and politics in Britain, 1900–1930., Chicago 2007, S. 183.
72   Ebenda.
73   Myers, Shell shock in France, 1914–18., S.55.

positive Wirkung von strikten Regeln, regelmäßigen körperlichen Übungen, Exerzieren und kurzen Märschen.[74] Wichtige Aussagen „must be repeated and forced upon the patient's notice", und „regularity is insisted upon all habits – alimentation, excretion, sleep, exercise. The patients are put on physical drill and sent for short route marches."[75] Die meisten psychischen Störungen an der Front, darin waren sich die Psychologen einig, waren mit einfachen Mitteln und kurzen überzeugenden Gesprächen zu beheben. Die Autorität des Arztes, so William Brown, sei von ausschlaggebender Bedeutung: „The tone of certainty in the doctor's voice and the enthusiastic expectancy of a rapid recovery" wurden als Voraussetzung für den Heilungserfolg gesehen.[76] Dies war auch von für die Anwendung der psychotherapeutischen Verfahren an der Front von Bedeutung, da hier keine komplexen Therapieverfahren angewandt werden konnten, sondern sonst eher unübliche Methoden wie die Anwendung von Hypnose. Die Autorität des behandelnden Arztes und die bestehenden militärischen Machtstrukturen erleichterten die Verfahren der Suggestion und Hypnose, in denen sich der Patient der Führung des Arztes unterwerfen musste.[77] „The soldier is peculiarly susceptible to suggestion: the whole training and discipline make him respond to the authority of the medical officer".[78] Auch David Eder an der Ostfront zeigte oft einen autoritären Stil im Umgang mit seinen Patienten. Er wandte suggestive Verfahren an, die die Autorität des Sanitätsoffiziers ausnutzten, denn untergeordnete Soldaten konnten sich Methoden wie Hypnose und Suggestion nicht entziehen. Alle Psychologen die frontnah arbeiteten, übernahmen diese autoritären, hierarchisch orientierten Behandlungsformen und -Stile. Sie arbeiteten ja im militärischen Umfeld und waren damit einem größeren Erfolgsdruck ausgesetzt als ihre Kollegen zu Hause.[79] Die Anwendung dieser suggestiven Verfahren wurde aber von anderen Mitgliedern des Militärs durchaus skeptisch betrachtet:

> Perhaps against no method of treatment has there been greater prejudice than against hypnosis. Early in the war I remember the commandant of one military hospital telling me that he would not in any circumstances countenance its employment because the reputation of his unit would suffer thereby.[80]

---

74   Brown, The treatment of cases of shell shock in an advanced Neurological Centre., S. 199.
75   Ebenda.
76   Ebenda., S. 197.
77   Eder, War-shock., S. 136.
78   Ebenda., S. 130.
79   Jessica Meyer, Separating the men from the boys: masculinity and maturity in understandings of shell shock in Britain, in: Twentieth Century British History 20 (2009), S. 1–22, S. 13–14.
80   Charles Samuel Myers, A final contribution to the study of shell shock: Being a consideration of unsettled points needing investigation, in: The Lancet 193 (1919), H. 4976, S. 51–54, 54.

Die betroffenen Patienten aber, so berichtete jedenfalls Charles Myers, waren mit der Therapie durchaus einverstanden.[81]

Alle drei frontnah arbeitenden Psychologen, Myers, Brown und Dillon, sahen sich als Militärangehörige, deren Aufgabe es sei, möglichst viele Soldaten wieder kriegsfähig zu machen. Eine hohe Erfolgsrate und damit die Rückkehr zur Front waren das erklärte Ziel dieser Therapien, und auch darin zeigte sich die militärische Ausrichtung.[82] In Deutschland war im Gegensatz dazu das Ziel einer erfolgreichen Psychotherapie, die Arbeitsfähigkeit des Patienten für die Kriegsindustrie wieder herzustellen, und nur in wenigen Fällen war die Rückkehr an die Front vorgesehen.[83] Als Ursache der psychischen Störungen wurde in Großbritannien ein Zusammenbruch der Selbstkontrollmechanismen angenommen unter dem Einfluss einer überstarken Emotion, meist großer Angst. Dies wurde aber, anders als in der deutschen Psychiatrie, nicht als unehrenhaft angesehen: „There is a breaking point for every individual" so sah es Frederick Dillon.[84] Diese Argumentation wurde auch durch die Tatsache unterstützt, dass in den frontnahen Einrichtungen auch psychisch kranke Offiziere behandelt wurden, die unter ähnlichen Symptomen wie die einfachen Soldaten litten.[85] Bei Offizieren, so war der militärpsychiatrische Konsens, gebe es einen guten Grund für einen psychischen Zusammenbruch.

Die Situation der Psychologen an der Front war aus verschiedenen Gründen nicht einfach: Einerseits waren sie als Offiziere gezwungen, den Regeln des Militärs zu folgen. Um die Effektivität ihres Vorgehens zu unterstreichen, versuchten sie deshalb eine hohe Heilungsrate zu erreichen und möglichst viele Patienten an die Front zurückzuschicken.[86] Andererseits zeigten sie aber auch Sympathie für ihre psychisch verletzten Patienten und versuchen ihnen durch psychotherapeutische Interventionen zu helfen. Neu an den von ihnen angewandten Therapien waren nicht die Methoden, denn Hypnose und Suggestion waren altbekannte Behandlungsverfahren. Neu waren aber die theoretische Begründung und auch die Anwendung bei dieser speziellen Klientel. Ihre eigene Stellung als Handlanger militärischer Interessen stellten die frontnah arbeitenden Psychologen allerdings, auch in der Retrospektive, nicht in Frage.

---

81 Charles Samuel Myers, Contributions to the study of shell shock. IV. Being an account of certain disorders of speech, with special reference to their causation and their relation to malingering., in: The Lancet 188 (1916), H. 4772, S. 461–467, hier S. 464.

82 Dillon, Neuroses among combatant troops., S. 66.

83 Lerner, Hysterical men., S. 124–162.

84 Dillon, Neuroses among combatant troops., S. 66.

85 Brown, War neurosis., S. 834.

86 Brown, The treatment of cases of shell shock in an advanced Neurological Centre., S. 197; siehe auch Eder, War-shock., S. 145.

Aber nicht nur Soldaten erkrankten: Auch der Psychologe Francis Dillon litt selber gegen Kriegsende an einer psychischen Störung und wurde als Patient Ende 1918 in das Offizierskrankenhaus Craiglockhart eingeliefert, in dem er bis zum 27.2.1919 behandelt wurde.[87] Kennzeichnend für die psychologische Arbeit an der Front war neben der militärischen Prägung aber auch der Kontakt zu anderen, internationalen Fachleuten.

Internationale Ausrichtung
Bereits zu Kriegsbeginn waren einige britische Psychologen mit der französischen medizinischen Versorgung in Kontakt gekommen, da sie sich freiwillig an die französische Front gemeldet hatten.[88] Schon im Mai 1915 hatte Georges Guillain, der Neurologe der sechsten französischen Armee, für eine frontnahe Versorgung psychisch verletzter Soldaten plädiert und dort eigene psychiatrische Versorgungseinheiten eingerichtet.[89] Dort wurde in den folgenden Monaten eine aggressive und schmerzhafte Therapie durchgeführt, auch mit Verabreichung starker elektrischer Ströme, und die beteiligten Militärpsychiater berichteten über hohe Erfolgsraten.[90] Der britische Psychologe Myers hatte schon früh im Krieg Kontakte mit französischen Psychiatern aufgenommen. Er besichtigte wichtige französische psychiatrische Krankenhäuser und diese Erfahrungen beeinflussten seine Empfehlung einer schnell einsetzenden und gut organisierten Behandlung der neurotischen Patienten.[91] Besonders prominent in der britischen Debatte und empfohlen vom leitenden britischen Sanitätsoffizier General Keogh war das Vorgehen des französischen Psychiaters Gustave Roussy.[92] In seinem stufenweisen systematisierten Therapieplan (Psychotherapie genannt) sah auch dieser die Isolation der Patienten und die Verabreichung schmerzhafter elektrischer Stromschläge vor.[93] Obwohl Myers für eine energischere Behandlung besonders der schweren neurotischen Fälle eintrat, lehnte er wie seine psychologischen Kollegen an der Front, eine schmerzhafte elektrische Behandlung neurotischer Patienten ab. Ihm schien die Methode zu hart und außerdem zweifelte er daran, dass

---

87   NA MH 106/1890, Admission and Discharge for Field Service. Craiglockhart War Hospital, Eintrag vom 21.12.1918.
88   Z.B. William McDougall, der wie Charles Myers 1914 nach Frankreich reiste und den Franzosen seine Dienste anbot, Shephard, Headhunters., S. 175.
89   Jones/Wessely, Shell shock to PTSD. 2005, S. 27.
90   Roudebush, A battle of nerves, S. 89.
91   Myers, Shell shock in France, 1914–18. S. 102; Shephard, Headhunters., S.150.
92   Roussy/Lhermitte/Turner, The psychoneuroses of war., S. viii.
93   Ebenda., S. 166–170.

damit die Erkrankungen dauerhaft geheilt werden könnten.[94] Auch Frederick
Dillon gab an, dass unter Zeitdruck und dem Ansturm großer Patientenzahlen
das Mittel der Isolation und auch die Anwendung elektrischer Ströme üblich
waren, aber, wie er betonte, unter Beachtung der Gefühle der Patienten. Ein
so aggressives Vorgehen wie in Deutschland und Frankreich üblich, lehnte er
ab.[95] Die britischen Psychologen folgten in ihrem Vorgehen mehr dem Franzosen Joseph Jules Dejérine, der für eine auf Gesprächen basierte, empathische
Therapie plädierte, die eher psychoanalytischen Methoden entsprach.[96]

Aber auch Gordon Holmes, der energische Militärneurologe, der Myers
ablösen sollte, gab an, dass in den meisten Fällen allein die Androhung von
elektrischen Therapien zum Verschwinden der Symptome geführt habe.[97]
Eine allgemeine Richtlinie zur Anwendung aggressiver therapeutischer Maßnahmen, besonders auch elektrischer Stromschläge, wie auf dem Münchner
Kongress Ende 1916 in Deutschland beschlossen, gab es in Großbritannien
nicht. Ein Grund dafür könnte darin liegen, dass mit der Einführung der allgemeinen Wehrpflicht Anfang 1916 sehr viele neue Rekruten eingegliedert
werden mussten und die Psychologen skeptisch gegenüber den kämpferischen
Fähigkeiten dieser Neulinge waren, ihnen aber auch Probleme mit der Situation zugestanden.

Lediglich an einem Krankenhaus in London, unter dem prominenten Psychiater Lewis Yealland, wurden bei einigen Patienten schmerzhafte Stromstöße zur Therapie körperlicher Symptome bei psychisch verletzten Soldaten
angewandt.[98] Die zwei anderen Militärpsychiater der frontnahen Versorgungsstationen gaben zwar auch Erfahrungen mit elektrischer Therapie an: William
Johnson arbeitete nur mit leichten Stromstärken. Carmalt Jones, der bei dem
berüchtigten Lewis Yealland gelernt hatte, berichtete dagegen von der Verabreichung starker, elektrischer Stromschläge bei einer schweren Hysterie.[99]

---

94   Myers, Shell shock in France, 1914–18., S. 59, S. 103.

95   Dillon, Treatment of neuroses in the field: The advanced psychiatric centre, in: Miller
      (Hrsg.), S. 125.

96   Jules Dejerine/E. Gauckler/Smith Ely Jelliffe, [Manifestations fonctionnelles des psy-
      chonévroses.] The psychoneuroses and their treatment by psychotherapy ... Authorized
      translation by Smith Ely Jelliffe ... Second English edition, Philadelphia, London 1915.

97   Southborough, Army Report of the War Office Committee of Enquiry into „Shell-Shock".,
      S. 39–40.

98   Lewis R. Yealland, Hysterical disorders of warfare., London 1918; Stefanie C. Linden/Jones,
      Edgar & Lees, Andrew J., Shell shock at Queens Square: Lewis Yealland 100 Years on., in:
      Brain 136 (2013), S. 1976–1988.

99   Southborough, Army Report of the War Office Committee of Enquiry into „Shell-Shock",
      S. 35.

Jones wurde aber auch durch den Kontakt zu einem amerikanischen Militärmediziner beeinflusst. Major George W. Crile besuchte im Frühjahr 1917 das frontnahe Versorgungszentrum von Jones und berichtete ihm von neuen physiologischen Theorien der psychischen Symptome und messmethodischen Neuentwicklungen.

Crile war nicht der einzige amerikanische Beobachter, denn kurz vor Eintritt der Amerikaner in den Ersten Weltkrieg besuchten mehrere amerikanische Militärärzte psychiatrische Einrichtungen an der Front oder in Großbritannien und brachten die britischen Psychologen in Kontakt mit den neuesten amerikanischen Krankheitsmodellen.[100] Der amerikanische Physiologe Walter Bradford Cannon hatte in seinem 1915 erschienenen Buch: *Bodily Changes in Pain, Hunger, Fear and Rage* versucht, eine Brücke zu schlagen zwischen Veränderungen aufgrund psychischer und physischer Reize.[101] Es nahm an, dass psychische Traumen körperliche Veränderungen der endokrinen Drüsen nach sich ziehen könnten, eine Störung, die auch das psychische Gleichgewicht verändern würde. Cannon und andere Forscher konnten nachweisen, dass bei einem Tier, das sich in Gefahr befindet, die Drüsen der Nebennierenrinde Adrenalin produzieren, um das Tier auf die Reaktion „Kampf oder Flucht" vorzubereiten. In einer ausweglosen Situation, in der weder der Kampf noch die Flucht möglich sei, könnte es zu organischen Störungen kommen. Bestimmte körperliche Störungen bei Soldaten mit *shell shock*, die in ihren eingeschränkten Reaktionsmöglichkeiten im Schützengraben in einer ähnlichen Situation waren, standen mit diesen Annahmen, so sahen es auch die Psychologen, im Einklang.[102] Damit wären die Störungen der psychisch verletzten Kriegsteilnehmer durchaus auch körperlicher Art und als echte Kriegsverletzungen anzusehen, so Carmalt Jones.[103] Auch die Psychologen Frederick Mott, William Brown und David Eder zeigten sich diesen neuen amerikanischen Denkansätzen gegenüber aufgeschlossen und versuchten, psychische Störungen und körperliche Symptome in Einklang zu bringen.[104]

---

100   Anon, Rezension: Walter B. Cannon: Bodily changes in hunger, fear and rage, in: British Journal of Psychology 8 (1916), S. 267–268; Thomas W. Salmon, The care and treatment of mental diseases and war neuroses („shell shock") in the British Army, New York 1917; Cushing, From a surgeon's Journal; 1915–1918.

101   Walter B. Cannon, Bodily changes in pain, hunger, fear and rage. An account of researches into the function of emotional excitement, New York 1915.

102   Shephard, A war of nerves, S. 112f.

103   Compston, From the archives: War Neurasthenia, acute and chronic. By DW Carmalt Jones., S. 1686.

104   Eder, War-shock., S. 122; Frederick W. Mott, Two addresses on war psycho-neurosis. I. Neurasthenia: The disorders and disabilities of fear, in: The Lancet 191 (1918), H. 4926,

Der Einfluss amerikanischer Psychiater wurde durch eine weitere Entwicklung verstärkt. Schon kurz nach dem offiziellen Eintritt der USA in den Krieg waren amerikanische Beobachter an die Front beordert worden, um Empfehlungen für die Behandlung psychisch verletzter Soldaten der amerikanischen Armee zu geben. Der amerikanische Neurologe und Psychiater Thomas William Salmon wurde nach Europa entsandt, um die französischen und britischen Behandlungsmethoden von Kriegsneurosen zu studieren. In seinem Bericht *The care and the treatment of mental diseases and war neuroses („shellshock")* in the British Army beschrieb und empfahl Salmon das britische Versorgungssystem mit frontnahen Nervenlazaretten, Basiskrankenhäusern und Versorgungskrankenhäusern als Vorbild.[105] Er berichtet über die hohen Zahlen psychisch gestörter Soldaten, aber auch über die hohen Erfolgsraten psychologischer Behandlungen und dokumentierte damit anhand von einem breiten Zahlenmaterial die Art der Versorgungskrankenhäuser und die Anzahl der Patienten.[106] Er zog aus den britischen Erfahrungen den Schluss, dass die Behandlung von Kriegsneurosen ein Problem der psychologischen Medizin sei.[107] Neben der Beeinflussung des Willens und der Gefühle, empfahl auch er Hypnose und Überredung (Persuasion) als geeignete Therapie; neben allgemeinen Maßnahmen wie militärische Atmosphäre und Beschäftigungstherapie, allerdings auch eine vorsichtige Anwendung von Elektrotherapie.[108] Er propagierte, wie der Brite Charles Myers, eine frontnahe psychologische Versorgung psychisch gestörter Soldaten.[109] Seine grundlegende Empfehlung für die amerikanische Armee war aber ein ausgeklügeltes Rekrutierungssystem, durch das psychisch labile Soldaten ausgesondert werden sollten.[110] Auch in der britischen Armee hatten sich im Oktober 1916 kritische Stimmen zur gängigen, eher lässigen Rekrutierungspraxis erhoben und es war sogar gefordert worden, Shell-Shock-Patienten für sechs Monate vom Kriegsschauplatz zu entfernen.[111] Einer der Schwerpunkte im Vorgehen von Salmon war daher der Versuch, psychische Krankheiten durch Vorsichtsmaßnahmen zu verhindern; in

---

S. 127–129; Brown, War neurosis, S. 833; siehe auch: Smith/Pear, Shell shock and its lessons, S. 8; siehe dazu Kapitel 5.1.1.

105 Salmon, The care and treatment of mental diseases and war neuroses („shell shock") in the British Army.. Dieser Bericht gibt Einblick in die Versorgung der psychisch verletzten Soldaten in Großbritannien im Ersten Weltkrieg, aber auch über die verfügbare Literatur zu diesem Thema.

106 Ebenda, S. 36, in Bezugnahme auf William Brown.

107 Ebenda., S. 37.

108 Ebenda., S. 40.

109 Ebenda., S. 51.

110 Ebenda., S. 47f.

111 Savage, Mental disabilities for war service., S. 655.

der Nachkriegszeit wurde er deshalb auch eine prominente Figur in der *Mental Hygiene* Bewegung, die ihren Schwerpunkt in der Prophylaxe von psychischen Erkrankungen sah.[112]

Auch der amerikanische Psychiater John MacCurdy, ein Assistent von Salmon, besuchte die britischen Krankenhäuser Craiglockhart und Maghull und arbeitete dort mit psychologischen Methoden, die denen der Psychologen Rivers und Brown folgten.[113] In seinem 1918 publizierten Buch vertrat er die Meinung, dass die psychologische Behandlungsmethode der Bewusstmachung und Umerziehung die beste Therapiemethode von Kriegsneurosen sei und der medikamentösen Therapie überlegen sei.[114] Auffällig ist, dass alle amerikanischen Beobachter die psychologischen Behandlungsmethoden den rein medikamentösen und disziplinarischen Methoden vorzogen und nicht die französischen Vorgehensweisen erwogen; möglicherweise war dies auch durch das Sprachproblem bedingt. Auch in Großbritannien kursierten Abstracts von wichtigen internationalen (auch deutschen) Veröffentlichungen, so dass man davon ausgehen kann, dass die einschlägige europäische Fachliteratur bekannt war.[115]

Wenn auch nicht alle Empfehlungen der amerikanischen Beobachter befolgt wurden, so waren diese Veröffentlichungen doch ein Erfolg für die Arbeit der britischen Psychologen, da ihr Vorgehen als beispielhaft beschrieben wurde: „The experience of the British „shell shock" hospitals emphasize the fact that the treatment of the war neuroses is essentially a problem in psychological medicine."[116] Diese Veröffentlichungen führten auch zu einem intensiven Austausch mit weiteren amerikanischen Kollegen.[117]

Nicht unproblematisch war aber der Kontakt britischer Militärpsychiater mit den Truppen aus dem Empire. Im britischen Sanitätsdienst wurde stets streng auf eine rassistische Segregation in der Truppe geachtet und selbst in den kleinen Einheiten der frontnahen Nervenlazarette wurden indische Soldaten nicht therapeutisch behandelt sondern an eigene Versorgungsstationen verwiesen.[118] Dahinter steckte die Angst, dass sich farbige Soldaten

---

112   Manon Parry, Thomas W. Salmon. Advocate of Mental Hygiene, in: American Journal of Public Health 96 (2006), S. 1741.
113   Shephard, A war of nerves., S. 110.
114   John T. MacCurdy, War neuroses, Cambridge 1918, Vorwort.
115   Salmon, The care and treatment of mental diseases and war neuroses („shell shock") in the British Army.; Williams/Brown, Neuropsychiatry and the War.
116   Salmon, The care and treatment of mental diseases and war neuroses („shell shock") in the British Army., S. 37.
117   WO 32/4747 The War Office. Special Committee to enquire into shell shock, S. 4; Edgar Jones/Simon Wessely, Shell shock to PTSD, S. 32f.
118   NA WO 95/4100, Eintragung vom 25.11.1916.

als physisch und psychisch widerstandsfähiger erweisen und damit die hie-
rarchische Ordnung im Empire in Frage stellen würden.[119] Auch David Eder
hatte angenommen, das die australisch-neuseeländischen Truppen, anders als
die „degenerierten britischen Truppen" weniger unter psychischen Störungen
leiden würden; er konnte aber diese These nicht beweisen.[120] Symptome psychischer Art (shell shock) nach Kampfhandlungen wurden jedoch auch bei
farbigen Soldaten, z.B. west-indischen Freiwilligen diagnostiziert, allerdings
teilweise mit schwerwiegenden Folgen. Ein tragischer Fall war der des 17jäh-
rigen Jamaicaners Herbert Morris, der unter Symptomen einer psychischen
Erkrankung litt, aber ohne Anhörung eines medizinischen Experten von
einem militärischen Tribunal zum Tode verurteilt und am 20.9.1917 vor seinen
Kameraden hingerichtet wurde.[121]

Rivers und Craiglockhart
Zeitgleich zu den frontnahen Aktivitäten der britischen Psychologen nahm der
britische Psychologe William Halse Rivers seine Arbeit im Offizierskranken-
haus Craiglockhart in Schottland auf. Ein Grund für die Etablierung dieser
Spezialklinik war sicher die hohe Anzahl von psychisch kranken Offizieren in
Folge der Schlachten von 1916 und der Mangel an qualifiziertem Personal zur
Versorgung dieser Patienten in den normalen Militärkrankenhäusern; deutlich
zeigte sich, dass mehr Offiziere als Soldaten an psychischen Erkrankungen litten und ein starker Anstieg besonders im Jahr 1916/17 zu verzeichnen war.[122]
Im Oktober 1916 wurde infolgedessen das Krankenhaus eröffnet unter dem
örtlichen Arzt William Bryce als kommandierendem Offizier, der aber psychologischen Methoden gegenüber aufgeschlossen war. Ähnlich wie an der Front
dauerte das Wohlwollen der militärischen Autoritäten bis November 1917, als
nach dem Besuch einer Delegation des Kriegsministeriums ein neuer Direktor
eingesetzt wurde, der die psychologische Intervention ablehnte. Allerdings,
und dies zeigt die ambivalente Haltung der militärischen Behörden, wurde
bereits im März 1918 nach einer erneuten Inspektion des Kriegsministeriums
der Psychologe William Brown verpflichtet, der auch im frontnahen Nervenlazarett gearbeitet hatte.[123] Dieses Vorgehen zeigt zum einen den großen

---

119   Richard Smith, Jamaican volunteers in the First World War. Race, masculinity and the
       development of national consciousness, Manchester, New York 2004, S. 169.
120   Eder, War-shock., S. 17.
121   Smith, Jamaican volunteers in the First World War., S. 84f. NA WO 71/594.
122   Salmon, The care and treatment of mental diseases and war neuroses („shell shock") in
       the British Army., S. 29.
123   Webb, ,Dottyville' - Craiglockhart War Hospital and shell-shock treatment in the First
       World War., S. 343.

Handlungsdruck, dem der zuständige Sanitätsdienst nach den verlustreichen Schlachten ausgesetzt war, zum anderen aber auch die steigende Akzeptanz psychologischer Methoden beim Militär.

Die Arbeit des Psychologen William Rivers in Craiglockhart erlangte aus verschiedenen Gründen auch große Aufmerksamkeit in der Öffentlichkeit. Einmal, weil drei der großen britischen Kriegsdichter dort behandelt wurden und auch darüber berichteten: Siegfried Sassoon, der von Rivers behandelt wurde und diese Erlebnisse in seinen Briefen und Nachkriegserinnerungen bearbeitete.[124] Wilfred Owen, der in Briefen, aber auch in Gedichten seine Kriegserlebnisse, seine Therapie und seine Kontakte mit Sassoon schilderte. Seine erschütterte seelische Verfassung beschrieb er in folgenden Worten: „At present I am a sick man in hospital, by night; a poet, for quarter of an hour after breakfast; I am whatever and whoever I see while going down to Edinburgh on the train ...“[125] Auch der Dichter Robert Graves war Patient an der Klinik.[126] Da Craiglockhart ein Offizierskrankenhaus war und die Patienten dazu ermuntert wurden, ihre Erinnerungen aufzuschreiben, sind einige dieser Berichte zugänglich.[127] Es wäre allerdings zu kurz gegriffen, die Bedeutung Rivers nur auf diese Berichte zu reduzieren. Rivers, der 1916 bei seiner Berufung nach Craiglockhart zum *temporary officer* ernannt worden war, nutzte dieses Jahr als Gelegenheit, seine psychologischen Methoden publik zu machen. Diese Position war für ihn auch deshalb vorteilhaft, weil der Leiter des Sanitätsdienstes es nicht wünschenswert fand, dass junge Offiziere über ihre Therapiemaßnahmen berichteten, denn der oberste General des Sanitätsdienstes, gerade auch in der Zeit der Sommeschlacht, wollte die Diskussion um das Phänomen *shell shock* begrenzt halten.[128]

Rivers war daher einer der wenigen Therapeuten, die in ihren Falldarstellungen über die Erlebnisse und die Behandlung dieser Patienten berichteten. Er konnte außerdem in mehreren Artikeln, die er in der *Lancet* veröffentlichte, die Gedanken Sigmund Freuds der britischen medizinischen

---

124   Siegfried Sassoon/Rupert Hart-Davis, Siegfried Sassoon diaries, London, Boston 1985, S. 183: Brief an Robbie Ross vom 26.6.1917.
125   Owen/Bell (Hrsg.), Collected Letters of Wilfred Owen., S.480.
126   Nicholas Murray, The red sweet wine of youth, London 2010, S. 154.
127   Imperial War Museum (IWM): Briefe Lieutnant J. H.Butlin 67/52/1; Siehe die Veröffentlichungen in der Krankenhauszeitung Hydra. Webb, ʼDottyvilleʼ - Craiglockhart War Hospital and shell-shock treatment in the First World War., S. 343; Owen/Bell (Hrsg.), Collected Letters of Wilfred Owen., S. 527–556.
128   Whitehead, Doctors in the Great War., S.169; NA WO 95/45 DGAMS Director General of Army Medical Services 1916. Verordnung vom 25.11.1916.

Community näherbringen.[129] Dabei waren bei allen seinen Berichten seine eigenen Erfahrungen mit Patienten der Ausgangspunkt seiner psycho-analytischen Ausführungen.[130] Er traf sowohl den Ton der offiziellen Behörden als auch den seiner Patienten, vermutlich aufgrund seiner Zwischenstellung als Therapeut: Als Universitätsprofessor aus Cambridge kannte er den Sprach-stil sowohl der akademischen als auch der militärischen Elite und auch deren patriotische Werte, die er in der Kriegszeit nicht in Frage stellte. So beharrte er z.b. auf einer Trennung zwischen den Erkrankungen von Offizieren und einfachen Soldaten, deren Symptomen er „primitivere" Mechanismen unter-stellte. Anders als deutsche Psychologen und Psychiater sah er die erkrankten Soldaten und Offiziere aber nicht als minderwertig und verachtenswert an, sondern eher als unverständige und verzweifelte Jugendliche, denen man mit Aufklärung und Erziehung helfen könne. Mit der Betonung unbewusster Kon-flikte und dem Rekurs auf angeborene Instinkte entlastete er auch den einzel-nen Patienten und stellte an ihn nicht die Anforderung eines selbständigen Willens zur Heilung. Die Freude am militärischen Zwang, wie sie z.b. der deut-sche Psychologe Schultze zeigte, lag Rivers fern.[131] Er sah sich immer als Teil einer intellektuellen Elite, aber auch als Teil des Militärs, dessen Ziele er als essentiell für das Wohl der Nation betrachtete. Kriegskritische Gedanken, die Rivers selbst in einem Traum verspürte, seien immer als egoistische Regun-gen anzusehen.[132] In diesem Sinne behandelte er auch seinen prominentesten Patienten Siegfried Sassoon, der in einem offiziellen Statement seine Opposi-tion gegen den Krieg ausgesprochen hatte. Um einem drohenden Gerichtsver-fahren zu entkommen und durch Protektion einflussreicher Freunde wurde Sassoon als Patient in Craiglockhart eingewiesen. Obwohl Sassoon durchaus ernstzunehmende Symptome wie Halluzinationen in seinen Tagebüchern schilderte, diagnostizierte Rivers bei ihm keine schwere psychische Störung, sondern einen sogenannten „Kriegskomplex", auch um ihn vor der Militär-gerichtsbarkeit zu schützen.[133]

---

129   William Halse Rivers, Freud's Psychology of the Unconscious, in: The Lancet 189 (1917), H. 4903, S. 237–240., Rivers, William Halse Rivers, An address on the repression of war experience, in: The Lancet 191 (1918), H. 4927, S. 173–177.
130   Rivers, Freud's Psychology of the Unconscious., S. 912.
131   Zu Schultze siehe Unterkapitel 4.2.2.
132   William Halse Rivers, Conflict and dream, London 1923, S. 168.
133   Krankenblatt Sassoon: „The patient is a healthy-looking man of good physique. There are no physical signs of any disorder of the nervous system. He discusses his recent actions and their motives in a perfectly intelligent and rational way, and there is no evidence of any excitement or depression." In: IWM: Siegfried Sassoon Papers Vol. 2; Murrya; The red sweet wine of youth, S.121; Shephard, Headhunters., S. 203.

Rivers appellierte in seinen therapeutischen Gesprächen an die Verantwortung des Offiziers für seine Soldaten, ein Argument, das Sassoon sehr ernst
nahm. Die Lösung des Konfliktes bei dem Dichter Sassoon, so Rivers, bestünde
in der Überwindung der Angst und der Rückkehr an die Front, besonders aus
Verantwortung für die ihm unterstellten Soldaten. Dies schien ihm die richtige und hilfreichste Lösung des inneren Konfliktes seiner Patienten zu sein
und entsprach dem zeitgenössischen Bild eines ehrenhaften Offiziers. Sassoon
beugte sich dieser Vorstellung und kehrte an die Front zurück.[134]

Die Aufgabe des Therapeuten, so empfanden es auch die meisten anderen
Psychologen, liege in der Erfüllung der Pflicht als Militärpsychiater und als
Bürger der Nation.[135] Rivers äußerte sich deutlich zu diesem Gefühl der militä-
rischen Verantwortung:

> So long as I was an officer of the RAMC, and of this my uniform was the obvious
> symbol, my discussion with B (Sassoon) on his attitude towards the war were
> prejudiced by my sense that I was not a free agent in discussing the matter, but
> that there was the danger that my attitude might be influenced by my official
> position.[136]

Rivers selbst erlebte seine Situation allerdings durchaus als schwierig, denn
er selbst befand sich in einem Konflikt, da er viel lieber schreiben und forschen wollte, als therapeutisch zu arbeiten. Dennoch arbeitete er intensiv und
besonders gerne mit den erkrankten Offizieren, denen die Zeitgenossen vor
allem Erschöpfungssymptome zuschrieben, denn die Diagnose einer psychischen Erkrankung hatte, zumal im militärischen Kontext, immer stigmatisierende soziale Folgen.

So wurde im Registerbuch des Offizierskrankenhauses Craiglockhart im
Zeitraum von 1916–1919 fast nur die Diagnose „Neurasthenie" gestellt, während
in den meisten Krankenblättern keine Diagnose, bzw. nur eine Symptombeschreibung vorgenommen wurde. Auch die Krankenblätter von Rivers
folgen diesem Schema; leider sind dort keine Notizen oder Bemerkungen zu
erkennen, so dass man hier wenig über genaue diagnostische oder therapeutische Erwägungen erfährt.[137] Nur in seinen Veröffentlichungen sind genaue
Daten über die Erkrankung und Therapie einzelner Patienten zu erfahren.[138]

---

134   Murray, The red sweet wine of youth, S. 128.
135   Ashplant, Fractured Loyalities, S. 181.
136   Rivers, Conflict and dream, S. 171.
137   Beispielsweise: Patient Stanley L; Lieut. M; NA MH 106/2204 Medical Sheets 1916–1917
      Flying Corps I–O.
138   Beispielsweise: Rivers, William Halse Rivers, An address on the repression of war
      experience.

Neben Rivers arbeitete in Craiglockhart noch der Edinburgher Arzt Arthur Brock, der den Kriegsdichter Wilfred Owen therapierte und eine Art Beschäftigungstherapie verschrieb. Ihm ging es darum, den Patienten durch eine sinnvolle Beschäftigung Selbstvertrauen und Lebensmut zurückzugeben.[139] Dies bedeutete im Falle des Dichtes Wilfred Owen, dass dieser die Redaktion der Krankenhauszeitschrift Hydra übernahm, in der auch Sassoon veröffentlichte. In den Berichten der Patienten kann man erkennen, wie diese die Therapie erlebten: In den Artikeln der meist sehr jungen Offiziere zeigte sich, dass sie die Beschäftigungstherapie nicht immer ernst nahmen, die Gespräche bei Rivers jedoch einen hohen Stellenwert besaßen.[140] Ihr Leben und Erleben schien ihnen gespalten zu sein, mit einer normalen Lebensführung bei Tag und einem unruhigen Schlaf und störenden Alpträumen bei Nacht.[141] Diese Situation erlebten sie bei sich und ihren Mitpatienten als sehr belastend. Ein Patient von Rivers, James H. Butlin berichtete darüber, wie sie von der Bevölkerung wahrgenommen wurden: „Their first theory is that we are lunatics under careful surveyance but none the less dangerous. The second that we are victims of veneral deseases and confined here as a punishment. From the looks of the population, I gather that the second theory is most strongly held."[142]

In der schwierigen Atmosphäre dieses Militärkrankenhauses entwickelte Rivers eigene Therapie- und Ätiologie-Modelle, die er in Bezug auf die Lehren von Sigmund Freud und Carl Gustav Jung formulierte.[143] Die Störungen, so Rivers, seien immer Ausdruck eines Konfliktes zwischen Pflichtgefühl und Selbsterhaltungstrieb und dieser Konflikt spiele sich im Unbewussten ab. Dabei würden einfache Soldaten eher zu hysterischen Erkrankungen neigen, zu einer sogenannten Flucht in die Krankheit; ein Grund dafür sei auch deren größere Suggestibilität durch das militärische Training.[144] Rivers und seine psychologischen Kollegen sprachen die Sprache des Militärs, indem sie u.a. die Bedeutung des *„esprit de corps"* betonten; sie beschrieben beispielsweise, dass das Auftreten von psychischen Störungen in bestimmten Regimentern

---

139   Dominic Hibberd, Wilfred Owen. The last year 1917–1918, London 1992, S. 31f.
140   Siegfried Sassoon, Sherston's progress, London 1936, S.3; IWM Lieutenant James H. Butlin 67/52/1, Brief vom 26.6.1917: My dear old Basil; Owen/Bell (Hrsg.), Collected Letters of Wilfred Owen., S. 464.
141   Ebenda, Brief Nr. 516: An Mary Owen vom 25.5.1917.
142   IWM Lieutnant James H.Butlin 67/52/1, Brief von Lt. James Butlin vom 5.5.1917 aus Craiglockhart.
143   Rivers, Freud's Psychology of the Unconscious., S. 912f.
144   William Halse Rivers, Appendix IV. War-Neurosis and military Training, in: William Halse Rivers (Hrsg.), Instinct and the Unconscious. A Contribution to the biological Theory of the Psychoneuroses, S. 1–13, S. 4.

besonders häufig sei.[145] Rivers analysierte auch häufig die Träume seiner Patienten und versuchte, die zugrundeliegenden Konflikte zu erkennen. Meist lagen den Träumen unerträgliche Kriegserlebnisse zugrunde (und keine sexuellen Erlebnisse, wie Freud es angenommen hatte) und das Aufdecken dieser Erlebnisse mit Hilfe des Arztes brachte die Heilung der Symptome.[146]

Im Unterschied zu den deutschen Psychologen wandte Rivers weder psychologische Testverfahren oder Fragebögen an, noch versuchte er, experimentelle Apparate zu verwenden. Seine Forschungen erstreckten sich hauptsächlich auf die Analyse von Träumen, die Untersuchung des Unbewussten und des Gedächtnisses, deren Wesen er durch Fallbeschreibung und -analyse nachgehen wollte; dabei orientierte er sich am analytischen Vorgehen von Sigmund Freud und an den ihm bekannten ethnologischen Methoden.[147]

Damit kamen weitere Bereiche des psychischen Erlebens in den Fokus psychologischen Interesses, die auf solche Art vorher nicht beachtet worden waren. So wurde Rivers nach seiner Arbeit mit Patienten, die ihre Kriegsergebnisse nicht vergessen konnten klar, dass Vergessen, wie bisher angenommen, kein passiver Prozess sei. Seine Patienten konnten, obwohl sie es wollten ihre Kriegerlebnisse nicht vergessen.[148] Eine wichtige Gedächtnisleistung, so Rivers, sei also das gesteuerte Vergessen. Ein gesunder Mensch könne durch eine aktive Leistung, unangenehme und belastende Ereignisse vergessen. Erst wenn diese „gesunde" Verdrängung nicht mehr möglich sei und die Erinnerung unerträglich würde, käme es zu psychischen Symptomen. Ein Instrument, um diese Vorgänge zu untersuchen sei die Analyse von Träumen der Patienten.[149] Die Therapie dieser Störungen läge, so Rivers in der therapeutisch assistierten Wiedererinnerung verdrängter Erlebnisse, die durch das Gespräch erträglicher gemacht werden könnten.

Wichtige Empfehlungen aus seiner Arbeit waren Vorschläge für ein effektiveres militärisches Training, das das Auftreten von psychischen Störungen bei Soldaten und Offizieren verhindern sollte. Dabei kombinierte Rivers die Sprache des Militärs mit seinen psychoanalytischen Denkansätzen und konnte so seine Methoden erfolgreich erläutern.[150] Er wurde dann auch nach seiner

---

145 Southborough, Army Report of the War Office Committee of Enquiry into „Shell-Shock"., (Rivers) S. 56; (Brown) S. 43.
146 Rivers, A Case of Claustrophobia., S.238, S. 240.
147 William Halse Rivers, Instinct and the unconscious. A contribution to a biological theory of the psycho-neuroses, London 1920; Rivers, Conflict and dream.
148 Rivers, Freud's Psychology of the Unconscious, S. 913. Rivers, Conflict and dream, S. 66.
149 Ebenda, S. 181–188.
150 Rivers, William Halse Rivers, War-neurosis and military training., in: Mental hygiene 2 (1918), S. 513–533.

Tätigkeit in Craiglockhart weiter für militärische Zwecke eingesetzt und arbeitete in dem Spezialkrankenhaus für verletzte Piloten.[151] Ganz anders als Rivers arbeiteten die deutschen Psychologen.

4.1.2 Deutschland: Die Therapie des Willens – Psychologische Ärzte und die Instrumentalisierung des Soldaten

> Wenn dereinst eine Geschichte der Psychotherapie geschrieben werden wird, dürfte sie dem Skeptiker und Satiriker eine Quelle der Befriedigung bieten. Das künftige Geschlecht der Ärzte aber, von dem zu hoffen wäre, dass es aus dieser Geschichte lernen wird, „wie man es nicht machen soll", wird kaum verstehen, dass es einmal eine Zeit gab, zu welcher der medizinischen Psychologie in dem Lehrplan der Hochschulen keine oder allenfalls eine Gastrolle zugeteilt war.[152]

1918 äußerte sich Adolf Friedländer, der fachärztliche Beirat für Nerven- und Geisteskrankheiten im Bereich des XXI. und XVI. Armee-Korps erstaunlich positiv zum Thema Psychotherapie und Psychologie; erstaunlich deshalb, weil eine solche Bemerkung vor dem Krieg undenkbar gewesen wäre. Dies zeigt die Bedeutung, die diese Disziplinen in der Kriegszeit erlangt hatten. Was unter „Psychotherapie" und unter „medizinischer Psychologie" zu verstehen war, unterschied sich allerdings erheblich von den Vorstellungen unserer heutigen Zeit und auch von psychotherapeutischen Vorgehensweisen in der Weimarer Republik. Wie das Kriegsgeschehen die militärpsychiatrischen Strategien beeinflusste und welche Rolle die Psychologen und psychologische Militärberater dabei spielten soll im Folgenden ausgeführt werden.

Bei der Versorgung psychisch Verletzter durch Psychologen gab es in Deutschland und Großbritannien Gemeinsamkeiten und Unterschiede. In beiden Ländern war die medizinische Gemeinschaft unvorbereitet auf die nach 1916 dramatisch ansteigenden Zahlen an psychisch verletzten Soldaten mit Krankheitsbildern, die man vorher in diesem Ausmaß bei Männern nicht gekannt hatte.[153] Die Einbindung von Psychologen und Psychiatern als „Experten der Moderne" erschien den Militärs und Politikern daher notwendig und wünschenswert. Wie in Großbritannien beteiligten sich auch in Deutschland psychologisch ausgebildete Mediziner an der Versorgung dieser Kranken, allerdings unterschied sich die Organisation der psychiatrischen Versorgung und damit die Zusammensetzung und der Zusammenhalt der Psychologen. Es gab

---

151   Rivers arbeitete am Central Hospital in Hampstead, siehe: Slobodin, W. H. R. Rivers., S. 66.
152   Adolf Friedländer, Grundlinien der psychischen Behandlung. Eine Kritik der psychotherapeutischen Methoden, in: Zeitschrift für die gesamte Neurologie und Psychiatrie 42 (1918), S. 99–139, S. 99.
153   Eckart, Medizin und Krieg., S. 142.

in Deutschland keine nennenswerte frontnahe psychiatrische Versorgung und anders als in Großbritannien auch keine innovativen psychotherapeutischen oder psychoanalytischen Therapiemethoden.[154] Die deutsche Psychiatrie war psychoanalytischen Therapieansätzen gegenüber eher skeptisch eingestellt.[155] Ein entscheidendes Ereignis für die Einbindung psychologischer Experten in die kriegspsychiatrische Arbeit war eine Konferenz 1916, in der die *scientific community* versuchte sich auf ein einheitliches Vorgehen zu einigen.

Die Kriegstagung von 1916 und die Betonung psychologischer Faktoren
Bei der Kriegstagung des Deutschen Vereins für Psychiatrie in München wurde die offizielle Richtlinie für das militärpsychiatrische Handeln im Krieg festgelegt.[156] Außerdem nutzten die dort versammelten Militärpsychiater dieses Treffen, um auch in der Öffentlichkeit ihre Bedeutung für die nationale

---

154   Zwar wurde schon 1916 auf dem Kongress in München die Einrichtung von Nerven-lazaretten hinter der Front gefordert, siehe Anon, Verhandlungen psychiatrischer Vereine. Kriegstagung des Deutschen Vereins für Psychiatrie zu München am 21- und 22. September 1916, in: Allgemeine Zeitschrift für Psychiatrie und Psychisch-Gerichtliche Medizin 73 (1917), S. 163–233; diese Forderungen wurden jedoch nie realisiert.

155   Beispielsweise äußert sich Theodor Ziehen abfällig über die Psychoanalyse, siehe: Herrn, Wie die Traumdeutung durch die Türritze einer geschlossenen Anstalt sickert, S. 69–99., S. 71f. In der Zeitschrift der Gesellschaft für Experimentelle Psychologie wurden aber psychoanalytische Beiträge rezensiert und kommentiert. 1917 veröffentlichte Willibald Sauer einen Artikel, in dem er über seine Methode der kathartischen Behandlung im Halbschlaf berichtete. Mit dieser Methode versuchte er, der Freudschen Theorie folgend, vergessene aber pathologisch wirkende Ereignisse wieder ins Bewusstsein seiner Patienten zu heben um eine Heilung herbeizuführen. Sauer gab an, mit dieser Methode seine Patienten heilen und als wieder felddienstfähig entlassen zu können. Mit diesem Vorgehen ähnelten seine Methoden denen der britischen Psychologen. Willibald Sauer, Zur Analyse und Behandlung von Kriegsneurosen, in: Zeitschrift für die gesamte Neurologie und Psychiatrie 36 (1917), S. 27–53.

156   Paul Lerner, From Traumatic Neurosis to Male Hysteria: The Decline and Fall of Herrmann Oppenheim, 1889–1919, in: Mark S. Micale/Paul Frederick Lerner (Hrsg.), Traumatic pasts. History, psychiatry, and trauma in the modern age, 1870–1930, Cambridge, New York 2001, S. 140–171; Lerner, Hysterical men., S.61–85; Michl, Im Dienste des „Volkskörpers", S. 188f; Philipp Rauh, Die militärpsychiatrischen Therapiemethoden im Ersten Weltkrieg-Diskurs und Praxis., in: Hans-Walter Schmuhl/Volker Roelcke (Hrsg.), „Heroische Therapien". Die deutsche Psychiatrie im internationalen Vergleich, 1918–1945, Göttingen 2013, S. 29–47, Hier S. 31–35; Eckart, Medizin und Krieg., S. 138–142. 1916 war das Jahr der Kongresse in der Militärmedizin; es fanden neben dem Fachkongress der Psychiater auch noch Tagungen der Chirurgen, Pathologen und Internisten statt, Rauh, Die militärpsychiatrischen Therapiemethoden,S. 31. Zeitgenössische Berichte: *Deutsche Zeitschrift für Nervenheilkunde*, 56 (1917), S. 1–216; *Allgemeine Zeitschrift für Psychiatrie und psychisch-gerichtliche Medizin 73* (1917), S. 163–233.

Kriegsleistung zu unterstreichen.[157] Die Tagung sollte vor allem zwischen zwei Ätiologie-Vorstellungen entscheiden, der des Hamburger Neurologen Max Nonne und der des Berliner Nervenarztes Herrmann Oppenheimer, beides prominente Vertreter ihres Faches.[158]

Es gab dabei überaus heftige Diskussionen der zahlreichen Teilnehmer, unter denen sich auch Psychologen befanden.[159] Bedeutend für die Psychologie war, dass sich der sogenannte psychologische Ansatz durchsetzte. Anders als in Großbritannien war damit das Nebeneinander von somatischen und psychischen Ätiologie-Vorstellungen in der Genese der psychischen Erkrankungen aufgebrochen.[160] Was war nun darunter zu verstehen und wie ist diese Entwicklung zu erklären?

Offiziell abgelehnt wurde das bisherige Vorgehen und Diagnoseschema des führenden Neurologen Hermann Oppenheim.[161] Dieser war in seiner sogenannten „biologischen These" der Kriegsneurosen davon ausgegangen, dass die Patienten mit ungeklärten psychophysiologischen Symptomen unter kleinen Läsionen der Nervensubstanz litten, die eindeutig kriegsbedingt seien, der sogenannten „traumatischen Neurose".[162] Dies würde im Zweifelsfall dazu führen, dass diese Patienten eine staatliche Entschädigung erhalten würden, da eine eindeutige Beziehung zur Kriegsbeteiligung nachzuweisen sei. Dem widersprachen die Anhänger der sogenannten psychischen Theorie:[163] Sie gingen von einer psychischen Verursachung der vielfältigen Symptome aus und unterstellten den Kriegsteilnehmern mit psychischen Verletzungen, dass sie lediglich auf eine Berentung und Pensionszahlung aus seien und stellten fest, „dass die Begehrungsvorstellungen im modernen Kriege von einer früher nicht gedachten Vielseitigkeit aufträten."[164] Damit verlor die Kriegsneurose immer mehr den Charakter einer Erkrankung und wurde vielmehr auf eine gestörte Willenstätigkeit zurückgeführt.[165] Die Schuld für die Entstehung der

---

157   Rauh, Die militärpsychiatrischen Therapiemethoden, S. 32.

158   Siehe dazu Kapitel 3.1.2: Das Problem der Diagnose.

159   Siehe S. 213.

160   Michl, Im Dienste des „Volkskörpers"., S. 189.

161   Ebenda., S. 188f.

162   Lerner, Hysterical men., S. 27–30; Michl, Im Dienste des „Volkskörpers"., S. 189.

163   Beispielsweise Max Nonne, Robert Gaupp und Karl Bonhoeffer, siehe: ebenda, S. 188f.

164   Anon, Verhandlungen psychiatrischer Vereine., S. 232.

165   Zum Begriff des Willens im militärpsychiatrischen Diskurs siehe exemplarisch:Fischer-Homberger, Der Begriff des freien Willens in der Geschichte der traumatischen Neurose, in: Clio Medica 6 (1971), S. 121–137; Paul Lerner, „Ein Sieg des deutschen Willens". Wille und Gemeinschaft in der deutschen Kriegspsychiatrie, in: Wolfgang U. Eckart/Christoph Gradmann (Hrsg.), Die Medizin und der Erste Weltkrieg, Herbolzheim 2003, S. 85–108; Bernd Ulrich, Krieg der Nerven-Krieg des Willens, in: Nils Werber/Stefan Kaufmann/

Erkrankung wurde dem Patienten zugeschoben: „Die Hauptschuld bei der Entstehung der traumatischen Neurosen [...] fällt auf den Unfallpatienten selbst.
Ihm gebricht es vielfach am guten Willen zu genesen".[166] Als Beweis führten
die Psychiater die Beobachtung an, dass Kriegsneurosen bei Schwerverletzten
und Kriegsgefangenen äußerst selten seien.[167] Dieses Phänomen erklärten sie
dadurch, dass sowohl Verletzte als auch Kriegsgefangene nicht in Gefahr seien,
wieder an die Front geschickt zu werden und also keine Veranlassung hätten,
psychische Symptome zu entwickeln.[168] Auch die Erfolge von Psychotherapien,
wie beispielsweise hypnotischer Verfahren würden die These bestätigen, denn
sie seien ein Beweis dafür, dass keine somatische Verletzung zugrunde liege.
Diese Militärpsychiater sahen als Ursache der psychischen Erkrankungen
eine anfällige, schlechte Konstitution an, so dass eine erbliche Veranlagung
und nicht die Kriegsfolgen für die Symptome verantwortlich gemacht wurden
und folglich der Staat nicht zu Zahlungen verpflichtet werden konnte.[169] Eine
direkte Beziehung zwischen belastenden Kriegserlebnissen und den psychosomatischen Symptomen der Soldaten wurde abgelehnt: „Die angeborene
psychophysische Struktur des Soldaten ist die wichtigste Ursache neurotischer Erkrankungen", stellte Robert Gaupp zusammenfassend fest.[170] Damit
sei der Auslöser der Erkrankung der Kriegsteilnehmer zwar psychischer Art
und durch das Erleben der Kampfhandlungen hervorgerufen, die Ursache
liege aber in einer angeborenen körperlichen Disposition und dem fehlenden Willen zur Gesundung. Damit hatten diese Patienten keinen Anspruch
auf Entschädigung, da ihre Symptome letztlich nicht kriegsbedingt seien.
Die Kostenersparnis bei einer Vielzahl an Rentenansprüchen war das Hauptargument für diese Art der psychiatrischen Argumentation, der fast alle Vertreter des Faches auf der Konferenz folgten. „So wurde [...] während des Ersten

---

Lars Koch (Hrsg.), Erster Weltkrieg. Kulturwissenschaftliches Handbuch, Stuttgart 2014,
S. 232–258.

166 Otto Naegeli, Unfalls- und Begehrungsneurosen, Stuttgart 1917, S. 52; Fischer-Homberger,
Der Begriff des freien Willens in der Geschichte der traumatischen Neurose., S.127.

167 Mörchen in: Anon, Verhandlungen psychiatrischer Vereine., S. 207.

168 Friedrich Mörchen, Traumatische Neurosen und Kriegsgefangene, in: Münchener Medizinische Wochenschrift 63 (1916), S. 1188–1191; Anon, Verhandlungen psychiatrischer Vereine., S. 178f; S. 207.

169 Ebenda, S. 201; Einstimmig beschlossen wurde der Vorschlag, Entschädigungsansprüche
von Kriegsneurotikern in Form einer einmaligen Kapitalabfindung abzuwickeln. Ebenda,
S. 195. Diesem Vorschlag schloss sich sogar Hermann Oppenheim an, siehe Hermann
Oppenheim, Neurosen nach Kriegsverletzungen. Achte Jahresversammlung der Gesell-
schaft Deutscher Nervenärzte, in: Deutsche Zeitschrift für Nervenheilkunde 56 (1917),
S. 3–37, S. 36.

170 Anon, Verhandlungen psychiatrischer Vereine., S. 199.

Weltkrieges die wissenschaftliche Erkenntnis sehr weitgehend zur Dienerin der aktuellen wirtschaftlichen, politischen und militärischen Bedürfnisse", wie Ester Fischer-Homberger pointiert feststellt.[171]

Die heftigen Angriffe auf den Vertreter der somatischen Hypothese können aber zum Teil auch durch einen Generationskonflikt erklärt werden, denn die Vertreter der „psychischen" Erklärung kamen aus der jüngeren Generation.[172] Andererseits könnte es auch eine Rolle gespielt haben, dass Hermann Oppenheim, der durch diese Angriffe menschlich fast zerbrach, Jude war.[173] Zu dieser Zeit entstanden nämlich auch Pläne zur sogenannten „Judenzählung" in der Armee.[174] Obwohl in der Debatte antisemitische Einstellungen wohl keine direkte Rolle spielten, wurde die somatische Begründung der Kriegsneurose doch in die Nähe der jüdisch dominierten, eher liberal orientierten Privatkliniken Berlins gerückt und damit abgelehnt.[175]

Folgenreich für die Militärpsychiatrie, aber auch für die Weiterentwicklung der Psychotherapie war außerdem die offizielle Empfehlung einer entschlossenen und brutalen Therapiemethode, um den Willen des Patienten zu stärken.[176] Hauptbefürworter dieses Vorgehens war Fritz Kaufmann, der eine Methode propagierte, die in einer einzigen Sitzung die Heilung der psychophysischen Symptome der sogenannten Kriegsneurose herbeiführen würde. Starke elektrische Stromschläge sollten die Therapie unangenehmer als die Kriegssituation machen.[177] Die Behandlung neurotischer Störungen mit elektrischen Stromschlägen war nicht neu, neu waren die exakte Ausarbeitung der Vorgehensweise, die Betonung des militärischen Umfeldes und die Art der

---

171   Fischer-Homberger, Der Begriff des freien Willens in der Geschichte der traumatischen Neurose., S. 132.

172   Gaupp, Nonne und andere Gegner Oppenheims kamen aus einer jüngeren Generation von Psychiatern. Lerner, From Traumatic Neurosis to Male Hysteria: The Decline and Fall of Herrmann Oppenheim, 1889–1919, in: Micale/Lerner (Hrsg.), S. 170.

173   R. Cassirer, H. Oppenheim: Gedenkrede, in: Berliner klinische Wochenschrift 56 (1919), S. 669–671, zitiert nach: Lerner, From Traumatic Neurosis to Male Hysteria: The Decline and Fall of Herrmann Oppenheim, 1889–1919, in: Micale/Lerner (Hrsg.), S. 169.

174   Ebenda, S. 170; Leonhard, Die Büchse der Pandora., S. 524.

175   Lerner, From Traumatic Neurosis to Male Hysteria: The Decline and Fall of Herrmann Oppenheim, 1889–1919, in: Micale/Lerner (Hrsg.), S.171.

176   Neben der sogenannten „Kaufmannkur" wurden auch andere brutale Therapiemethoden in der Psychiatrie eingeführt; siehe dazu exemplarisch: Lerner, Hysterical men., S. 102–123; Peckl, Krank durch die seelischen Einwirkungen des Feldzuges, in: Prüll/Rauh (Hrsg.), S. 45–51.

177   Fritz Kaufmann, „Die planmäßige Heilung komplizierter psychogener Bewegungsstörungen bei Soldaten in einer Sitzung.", in: Münchener Medizinische Wochenschrift 63 (1916), S. 802–804, Anon, Verhandlungen psychiatrischer Vereine., S. 191; siehe auch zusammenfassend: Hofer, Nervenschwäche und Krieg, S. 295–302.

Ansprache.[178] Schon von Beginn an wurde allerdings auch auf die Risiken dieser Methode hingewiesen.[179] Psychiater, die im Krieg mit dieser Methode arbeiteten, berichteten über Erfolgsquoten von bis zu 95%.[180] Kaufmanns Therapiemethode versprach auch die Behandlungskosten deutlich zu senken.[181] Unter „Psychotherapie" verstand Kaufmann dabei die begleitenden Erklärungen und Anweisungen zu Bewegungen (Verbalsuggestionen) sowie die Anleitung zum Exerzieren, also die gesamte verbale Kommunikation mit dem Patienten.[182] Diesem Vorgehen lag die Vorstellung eines Willens zugrunde, der beim Soldaten durch militärpsychiatrische Maßnahmen in die gewünschte Richtung erzogen und gedrängt werden sollte.[183] Was genau dieser Wille sein sollte und wie damit die Wechselwirkung zwischen Psyche und Körper erklärt werden könne war nicht klar. Der Willensbegriff füllte vielmehr die Lücke im Wissen der psychiatrischen Gemeinschaft, die sich die Entstehung der Symptome der Kriegsneurotiker nicht erklären konnte.[184] Eindeutig war allerdings, dass bei dieser Begründung nicht das Interesse des einzelnen Patienten im Mittelpunkt stand, sondern seine Nützlichkeit für staatliche Zwecke.[185] So schloss Robert Gaupp die Münchner Tagung mit den Worten: „Wenn wir jetzt auseinandergehen, so wollen wir uns eines vornehmen […], dass wir Ärzte unser ganzes Handeln jetzt in den Dienst der einen Aufgabe zu stellen haben: unserem Heere, unserem Vaterlande zu dienen."[186] Mit diesem Vorgehen konnten die Militärpsychiater ihre nationale Bedeutung unterstreichen und erstmals ein Therapiekonzept vorstellen, das effektiv und schnell, wenn auch brutal zu wirken schien.[187]

---

178   Ebenda, S. 185; Uwe Zeller, Psychotherapie in der Weimarer Zeit - die Gründung der „Allgemeinen Ärztlichen Gesellschaft für Psychotherapie" (AÄGP), Tübingen 2001, S. 19.

179   Anon, Verhandlungen psychiatrischer Vereine., S. 192.

180   Lerner, Hysterical men., S. 110; Michl, Im Dienste des „Volkskörpers"., S. 219.

181   Anon, The War. Notes from German and Austrian Medical Journals. Disciplinary treatment of shell shock, in: British Medical Journal (1916), H. 2921, S. 882.

182   Kaufmann, „Die planmäßige Heilung komplizierter psychogener Bewegungsstörungen bei Soldaten in einer Sitzung."., S. 803.

183   Ebenda, S. 804; Anon, Verhandlungen psychiatrischer Vereine., S. 205; ebenda, S. 205; Philipp Rauh, „Der Sieg für die stärksten Herzen", in: Ute Caumanns/Fritz Dross/Anita Magowska (Hrsg.), Medizin und Krieg in historischer Perspektive 2012, S. 388–397, S. 390.

184   Lerner, „Ein Sieg des deutschen Willens", in: Eckart/Gradmann (Hrsg.), S. 98.

185   Zeller, Psychotherapie in der Weimarer Zeit - die Gründung der „Allgemeinen Ärztlichen Gesellschaft für Psychotherapie" (AÄGP)., S. 37.

186   Anon, Verhandlungen psychiatrischer Vereine., S. 233.

187   Lerner, Rationalizing the Therapeutic Arsenal: German Neuropsychiatry in World War I, in: Berg/Cocks (Hrsg.); Rauh, „Der Sieg für die stärksten Herzen", in: Caumanns/Dross/Magowska (Hrsg.), S. 32; Rauh, Die militärpsychiatrischen Therapiemethoden, S. 32; die zeitgenössische Psychiatrie war zunehmend in die Kritik gekommen, da ihr scheinbar

Neu war dabei, dass man eine psychische Genese der Kriegsneurosen akzeptierte.[188] Neu war aber auch, dass führende Psychiater der Zeit wie Robert Gaupp die naturwissenschaftlich orientierte psychiatrische Lehre aufweichen und zunehmend psychische Zusammenhänge in der Psychiatrie berücksichtigen wollten.[189] Außerdem betonten die versammelten Psychiater erstmals eindeutig, dass man psychotherapeutischen Maßnahmen einen entscheidenden Einfluss auf psychische und psychiatrische Erkrankungen einräumte, so fragwürdig diese Maßnahmen auch seien.[190] Bei der Therapie der Kriegsneurosen, so Max Nonne: „spielt die Psychotherapie im weitesten Sinne die Hauptrolle."[191] Welche Auswirkungen hatte nun diese Aufwertung der Psychotherapie auf das Fach Psychologie und wie positionierten sich deren Vertreter in diesem Feld?

Psychologische Psychiater: Ein Sonderfall?
Auf der richtungsweisenden Tagung in München im September 1916 waren auch einige Psychologen, prominente Vertreter ihres Faches, anwesend.[192]

Heftig diskutiert wurde unter anderem die Rolle der Erschöpfung bei der Auslösung von psychischen Erkrankungen, wobei selbst die Meinungen der Psychologen auseinandergingen: Wilhelm Weygandt berichtete, dass „ernstere psychische Störungen nur in ganz seltenen Fällen durch körperliche Erschöpfung entstehen."[193] Kurt Goldstein dagegen, dass „im Anschluss an Erschöpfung und Schreck hochgradige Verwirrtheitszustände mit

---

effektive Therapiemethoden fehlten. Zeitgenössische Kritik beispielsweise: Konrad Alt, Die Heilungsaussichten in der Irrenanstalt, in: Neurologisches Centralblatt 27 (1908), S. 706–720, zitiert nach Rauh, Die militärpsychiatrischen Therapiemethoden, S. 35.

188   Lerner, From Traumatic Neurosis to Male Hysteria: The Decline and Fall of Herrmann Oppenheim, 1889–1919, in: Micale/Lerner (Hrsg.), S. 168; Killen, Berlin electropolis., S. 134–138.

189   Robert Gaupp, Über die Grenzen psychiatrischer Erkenntnis, in: Zentralblatt für Nervenheilkunde 14 (1903), S. 1–14; Zeller, Psychotherapie in der Weimarer Zeit - die Gründung der „Allgemeinen Ärztlichen Gesellschaft für Psychotherapie" (AÄGP)., S. 36f; Rauh, Die militärpsychiatrischen Therapiemethoden, S. 34, S. 38; Ralf Seidel, Weltkrieg und Moderne. Die nervenärztliche Praxis und der Anspruch der Psychiatrie, in: Thomas Becker/Heiner Fangerau/Peter Fassl/Hans-Georg Hofer (Hrsg.), Psychiatrie im Ersten Weltkrieg, Konstanz 2018, S. 21–42, S. 31.

190   Zeller, Psychotherapie in der Weimarer Zeit - die Gründung der „Allgemeinen Ärztlichen Gesellschaft für Psychotherapie" (AÄGP)., S. 37.

191   Anon, Verhandlungen psychiatrischer Vereine., S. 199.

192   Kurt Goldstein aus Frankfurt, Karl Haardt aus Emmendingen, siehe ebenda, S. 163; M. Levy-Suhl aus Berlin, Wilhelm Weygandt aus Hamburg, siehe ebenda, S. 164, über Willi Hellpach aus Karlsruhe wird berichtet, siehe: Ebenda, S. 172.

193   Ebenda, S. 170.

vollkommenen Analgesien" auftraten.[194] Erschöpfung war ein wichtiges
Thema bei der Diskussion der Kriegsneurosen, da dabei wieder eine somatische Verursachung in Erwägung gezogen werden konnte.

Zu den Therapievorstellungen von Kaufmann äußerten sich einige Teilnehmer, auch Psychologen, skeptisch, allerdings nicht nur wegen der Brutalität des Vorgehens, sondern wegen seiner Gefährlichkeit und mangelnden
Effektivität.[195] Der Psychologe Max Isserlin empfahl vor allem anamnestische Nachforschung, klinische Beobachtung, psychologische Versuche (insbesondere Arbeitsversuch) und eine Arbeitsbehandlung.[196] Dabei betonte er
die wichtige Rolle der psychologisch psychiatrischen Diagnose und Therapie, die der eines einfachen Truppenarztes deutlich überlegen seien.[197] Kein
anwesender Psychologe wandte sich gegen die diskutierten, teils schmerzhaften Therapiemethoden, die auf dem Kongress vorgestellt und propagiert
wurden. Kritisch zu diesem Vorgehen äußerte sich zu diesem Zeitpunkt nur
der Mediziner und Psychologe Herrmann Gutzmann, der mit sprachgestörten
Kriegsteilnehmern arbeitete:

> Freilich, wer die Arbeit [von Kaufmann] bis hierher aufmerksam las, [...] konnte
> bald ohne Nachhilfe erkennen, dass auch der vielgerühmte elektrische Strom,
> der hier anscheinend geradezu als gegebenes Heilmittel angesehen werden
> sollte, nichts schaffen kann, was zum Ziele führt. Der elektrische Strom kann
> zwar manches Wundersame leisten, aber zerrissene Stimmnerven kann er, bis
> jetzt wenigstens, immer noch nicht zusammenflicken.[198]

Nach der Münchner Tagung, vor allem im Verlauf des Jahres 1917, gewann die Diagnose „psychogene Krankheit" im ärztlichen Diskurs allerdings an Bedeutung
und es wurde eine Vielzahl von Behandlungsverfahren für diese Erkrankung

---

194   Ebenda; ähnlich Hellpach, siehe: Ebenda, S. 172.
195   Als ein bemerkenswert kritischer Report ist die Rezension des Artikels von Kaufmann
      zu sehen in der der Rezensent Kurt Mendel am Ende resümiert: „Ref. fürchtet, dass Ver-
      fasser [Fritz Kaufmann], falls er solche besitzt, sein blaues Wunder erleben würde. Ref.
      verzichtet darauf, näher auf die Kasernenmethoden, die nach Verf.´s Ansicht Gemeingut
      der militärisch tätigen Nervenärzte werden sollte einzugehen, er möchte den Burgfrieden
      nicht stören; schließlich sind aber doch unsere psychogen erkrankten Soldaten wahrhaft
      zu schade, um wie ungezogene Kinder behandelt zu werden; und Ärzte sind keine Unter-
      offiziere, Lazarette keine Kasernenhöfe!" Siehe:Kurt Mendel, Rezension: Kaufmann, Fritz:
      Die planmäßige Heilung komplizierter psychogener Bewegungsstörungen bei Soldaten
      in einer Sitzung, in: Neurologisches Centralblatt 35 (1916), S. 566–567, S.566; Anon, Ver-
      handlungen psychiatrischer Vereine.,S. 185.
196   Ebenda, S. 189.
197   Ebenda.
198   Hermann Gutzmann, Wie entsteht die Stimmlähmung durch Schußlähmung und wie
      können wir helfen?, in: Zeitschrift für Krüppelfürsorge (1916), S. 61–68, H. 11., S. 68.

entwickelt und vorgestellt.[199] Die meisten dieser Verfahren basierten dabei entweder auf Hypnose, die vor allem von Max Nonne propagiert wurde oder sie gehörten zu den sogenannten aktiven Behandlungsverfahren.[200] Darunter verstand man suggestive Methoden, die auf einer schnellen, aktiven oder überraschenden therapeutischen Intervention beruhten.[201] Neben der Kaufmannschen Methode wurden noch einige andere entwickelt, wie beispielsweise Dauerbäder oder Isolation.[202]

Immer wurde dabei die Autorität des Mediziners hervorgehoben, der das paternalistische Verhältnis zu seinem Patienten auszunutzen habe; immer wurde der militärische Gehorsam als notwendig und hilfreich angesehen und immer wurden Schmerzen oder heftige Beschwerden der Patienten in Kauf genommen. Alle psychotherapeutischen Maßnahmen waren daher militärisch geprägt.

Leider berichteten nicht alle Mitglieder des Psychologenvereins die in das Kriegsgeschehen eingebunden waren über ihre Erfahrungen.[203] Es waren

---

199   Michl, Im Dienste des „Volkskörpers"., S. 189.

200   Nonne, Anfang und Ziel meines Lebens., S. 177–183. Nur ein britischer Arzt nutzte Hypnose zur Therapie von Soldaten mit funktionellen Störungen, siehe J. B. Tobelson, An Account of Twenty Cases Treated by Hypnotic Suggestion, in: Journal of the Royal Army Medical Corps (1917), XXIX, S. 340–346; Lerner, Hysterical men., S. 113.

201   Der Begriff *aktive Behandlung* wurde bereits im Krieg angewandt, so auf der Kriegskonferenz der Psychiater 1916, Philipp Rauh, Die militärpsychiatrischen Therapiemethoden im Ersten Weltkrieg-Diskurs und Praxis., in: Hans-Walter Schmuhl/Volker Roelcke (Hrsg.), „Heroische Therapien". Die deutsche Psychiatrie im internationalen Vergleich, 1918–1945, Göttingen 2013, S. 29–47, S. 35; Maike Rotzoll, Neue Taktik an der therapeutischen Front? Einige Anmerkungen zur Bedeutung des Ersten Weltkriegs für Behandlungskonzepte in der zivilen Psychiatrie, in: Thomas Becker/Heiner Fangerau/Peter Fassl/Hans-Georg Hofer (Hrsg.), Psychiatrie im Ersten Weltkrieg, Konstanz 2018, S. 409–424, S. 410.

202   Weichbrodt: Anon, 20. Versammlung (Kriegstagung) mitteldeutscher Psychiater und Neurologen in Dresden am 6.1.1917, in: Archiv für Psychiatrie und Nervenkrankheiten 57 (1917), S. 553–586, S.577.

203   Beispiele für Mitglieder der Gesellschaft für Experimentelle Psychologie, die mit Kriegsneurotikern arbeiteten, aber nicht darüber berichteten waren Kurt Koffka, Wolfradt, Deutschsprachige Psychologinnen und Psychologen 1933–1945., S. 248; Geuter, Die Professionalisierung der deutschen Psychologie im Nationalsozialismus., S. 191; Kurt Goldstein, Wolfradt, Deutschsprachige Psychologinnen und Psychologen 1933–1945., S. 141; andere Mitglieder der deutschen Gesellschaft für Experimentelle Psychologie nahmen als Ärzte am Ersten Weltkrieg teil und berichteten darüber, meist in medizinischen Zeitschriften, siehe beispielsweise Willi Hellpach: Hellpach, Therapeutische Differenzierung der Kriegsnervenkranken.; Kurt Goldstein: Kurt Goldstein, Über die Behandlung der Kriegsneurotiker, in: Medizinische Klinik 12 (1917), S. 751–758; Max Isserlin: Max Isserlin, Über psychische und nervöse Erkrankungen bei Kriegsteilnehmern, in: Würzburger Abhandlungen aus dem Gesamtgebiet der praktischen Medizin (1917), H. 16, S. 237–267;

Lehrstuhlinhaber oder erfolgreiche Ärzte, die in verschiedenen Krankenhäusern eigene Therapien entwickelten und durchführten und die Empfehlungen der Münchener Konferenz unterschiedlich auslegten und befolgten.

Täuschungsmanöver und Scheinoperationen
Ein Grundprinzip psychotherapeutischer Arbeit war, den Patienten von der
psychischen Genese seiner Störung zu überzeugen und ihm zu zeigen, dass
keine körperliche Verletzung vorlag. Der Psychologe Robert Sommer entwickelte eine innovative Therapie der psychisch bedingten Hörstörungen, bei
der er sich auf eine eigene Veröffentlichung aus der Vorkriegszeit bezog.[204]
Er war Gründungsmitglied der (deutschen) Gesellschaft für Experimentelle
Psychologie, Professor und Leiter der psychiatrischen Klinik in Gießen und
stellte bei einer psychiatrischen Kriegstagung am 6.1.1917 seine Methode vor.
Grundprinzip seines Vorgehens war es, seine Patienten bezüglich seines Vor-
habens zu täuschen und durch einen plötzlichen Schreck zu überrumpeln, um
ihnen zu zeigen, dass ihre Störung beseitigt sei. Er berichtete von erfolgreichen
Therapien mit Soldaten, die unter funktioneller Taubheit „infolge von Schreck,
besonders bei Granatexplosionen und Verschüttungen" litten und die er trick-
reich dazu brachte, auf akustische Signale zu reagieren.[205] Die Patienten wurden dann von Sommer damit konfrontiert, dass sie offensichtlich in der Lage
seien zu hören und es wurde erwartet, dass ihre Hörstörungen damit beseitigt
seien. Sommer benutzte dabei einen Apparat aus der Experimentalpsychologie,

---

Robert Sommer: Robert Sommer, Beseitigung funktioneller Taubheit, besonders bei Soldaten, durch eine experimental-psychologische Methode, in: Archiv für Psychiatrie und
Nervenkrankheiten 57 (1917), S. 574–575; Friedrich Schultze: Friedrich Emil Schultze, Über
die Kaufmannsche Behandlung hysterischer Bewegungsstörungen, in: Münchener Medizinische Wochenschrift 63 (1916), S. 1349–1353; Weygandt: Wilhelm Weygandt, Nervöse
Erkrankungen im Kriege. Ärztlicher Verein Hamburg, 9.3.1915, in: Deutsche Medizinische
Wochenschrift 41 (1915), S. 902; aber auch Nicht-Mediziner als Mitglieder der Gesell-
schaft für Experimentelle Psychologie nahmen als Kriegsteilnehmer am Ersten Weltkrieg
teil, siehe: Wolfradt, Deutschsprachige Psychologinnen und Psychologen 1933–1945.:
beispielsweise Johann Allesch S. 9; Wilhelm Benary S. 30; Walter Blumenfeld S.38; Otto
Graf S.145; Erich Hornbostel S.199; Gustav Kaffka S. 223; Arnold Kowalewski S.253; Felix
Krueger S. 262; Kurt Lewin S. 275; Richard Müller-Freienfels S.329; Curt Piorkowski S.357;
Paul Plaut S. 359; Géza Révész S. 367; Otto Selz S. 416; William Stern S. 432; Max Wertheimer S. 478; Wilhelm Wirth S. 483.

204   „Nachweis der Simulation von Taubstummheit durch Schreckwirkung auf akustische
      Reize.", siehe: Robert Sommer, Beseitigung funktioneller Taubheit, besonders bei Sol-
      daten, durch eine experimental-psychologische Methode, in: Schmidts Jahrbücher der
      in- und ausländischen gesamten Medizin 84 (1917), S. 65–75, S. 65.

205   Anon, 20. Versammlung (Kriegstagung) mitteldeutscher Psychiater und Neurologen in
      Dresden am 6.1.1917., S. 574.

mit dem auf einer Registriertrommel die Fähigkeit, eine Hand ruhig zu halten, dargestellt wurde. Auf einen akustischen Reiz, das laute Klingeln einer Glocke hin, zeigte sich eine motorische Reaktion des Patienten, deutlich sichtbar durch den Ausschlag auf der Registriertrommel. Daraufhin so Sommer „... wird dann dem Patienten durch ruhigen Zuspruch klar gemacht, dass an der Tatsache der Hörfähigkeit kein Zweifel mehr sein könne und dass er von seinem Leiden befreit sei."[206]

Er betonte den Erfolg seiner Methode, indem er berichtete, alle (fünf) Patienten, die mit dieser Methode behandelt worden seien, geheilt zu haben.[207] Bei seinem Vorgehen unterstrich Sommer den Stellenwert der ärztlich suggestiven Gesprächsführung und der militärischen Grunderziehung; so ließ er einen Patienten nach erfolgreicher Therapie das Deutschlandlied singen.[208] Ähnliche „Überrumpelungsmethoden", die mit plötzlichen Schreckreizen arbeiteten, wurden auch in Großbritannien praktiziert, so von dem Psychologen Frederick Mott und dem Kanadier John MacCurdy. MacCurdy zeigte den (ertaubten) Patienten ihre Schreckreaktion auf ein akustisches Signal in einem Spiegel.[209] Anders als seine britischen Kollegen verwendete Sommer experimentalpsychologische Instrumente und betonte die Bedeutung des suggestiven ärztlichen Gesprächs. Dies sah er als wesentlich an, sowohl bei der Entstehung, als auch bei der Therapie der Störungen.[210] Bei der Entstehung der Symptome unterstellte er auch einen Nachahmungseffekt, indem diese bei anderen Patienten als Vorbild dienen könnten. Eine spezielle Gruppierung der Patienten in den Versorgungskrankenhäusern erschien ihm daher von großer Bedeutung.[211]

---

206   Ebenda, S. 575.
207   Ebenda.
208   Ebenda; Sommer, Beseitigung funktioneller Taubheit, besonders bei Soldaten, durch eine experimental-psychologische Methode., S. 71. In der Gießener Klinik wurden allerdings auch andere Verfahren, wie z.B. elektrische Strombehandlungen und Hypnose durchgeführt, siehe: Medizinalrat Wagner, Die Dienstbeschädigung bei nerven- und geisteskranken Soldaten. In dem, am militärärztlichen Fortbildungskursus am 2. Mai 1917 gehaltenen Vortrag, in: Zeitschrift für die gesamte Neurologie und Psychiatrie 37 (1917), S. 219–244.
209   Frederick W. Mott, The psychic mechanism of the voice in relation to the emotion, in: British Medical Journal (1915), H. 2867, S. 845–847; MacCurdy, War neuroses, S. 94.
210   Anon, 20. Versammlung (Kriegstagung) mitteldeutscher Psychiater und Neurologen in Dresden am 6.1.1917., S. 584.
211   „Bei der Entwicklung psychogener Störungen hat zweifellos oft die Suggestion von Seiten der Umgebung unter falschen medizinischen Voraussetzungen eine große Bedeutung."ebenda, S. 584.

Harsche Kritik an diesem Vorgehen kam von Seiten seines psychologischen Kollegen, dem Psychiater Erwin v. Nissl-Mayendorf:

> Solche Schnellheilungen (von Herrn Sommer) sind jetzt im Krieg an der Tages-
> ordnung. Sie sind mir nicht sympathisch, denn die behaupteten Erfolge sind
> zweifelhaft, für das Nervensystem der Verletzten fast immer schädigend, oft
> geradezu gefährlich, für den Arzt liegen allerdings die Vorteile solcher Wunder-
> kuren auf der Hand.[212]

Sommer äußerte sich zwar nicht dazu, aber in seiner Klinik in Gießen wurde anscheinend eine Vielzahl von Behandlungsmethoden angewendet: Sein Oberarzt Wagner berichtete auf einem militärärztlichen Fortbildungskurs im Mai 1917 über die Durchführung von Hypnose und die Anwendung von (allerdings schwachen) elektrischen Strömen.[213] Wagner stand aber auch den Gedanken von Sigmund Freud nahe: „Auch die geistreiche Freudsche Theorie von der Verarbeitung von Vorstellungskomplexen im Unterbewusstsein und ihre mächtige Bedeutung für die Erklärung der hysterischen Affektlage hat der Krieg mit Sicherheit des Experimentes bewiesen," denn „Die Kriegsneurose stellt nur eine unbewusste Abwehr gegen den Kriegsdienst dar ..."[214] das Ziel der Therapie war die Beseitigung der Symptome und die Herstellung der Arbeitsfähigkeit aber auch der Wunsch die militärischen Behörden zufriedenzustellen:

> Die Heeresleitung ist völlig zufrieden, wenn die Krankheitssymptome beseitigt
> sind, die Leute keine Rente benötigen und sich sogar in Munitions- und land-
> wirtschaftlichen Betrieben oder sonst nützlich erweisen. Die Heeresleitung ist
> damit umso mehr zufrieden, als erfahrungsgemäß an der Front zur Last für die
> Truppe doch nur Rückfälle eintreten.[215]

Die Interessen der Patienten waren in diesen Ausführungen zweitrangig, obwohl die Aussicht, nicht mehr an die Front geschickt zu werden sicher einen positiven Einfluss auf den Heilungsprozess hatte.

Eine andere Variante der psychologischen Beeinflussung der gestörten Kriegsteilnehmer wandte Kurt Goldstein an: „Daß man durch strenge und gütige Suggestion viel erreichen kann, ist wohl fraglos."[216] Mit dieser Bemerkung setzte sich Kurt Goldstein von den aggressiven Therapien seiner Kollegen ab. Er

---

212   Ebenda, S. 578.
213   Wagner, Die Dienstbeschädigung bei nerven- und geisteskranken Soldaten., S. 235.
214   Ebenda, S. 230.
215   Ebenda.
216   Kurt Goldstein, Über die Behandlung der „monosymptomatischen" Hysterie bei Soldaten.
      Aus dem Reservelazarett IV Frankfurt a./M. und dem Neurologischen Institut der Universität Frankfurt a/M., in: Neurologisches Centralblatt 35 (1916), S. 842–852, S. 842.

war ein Arzt und Psychologe, der nach acht Jahren an der Königsberger psychiatrischen Klinik Ende 1914 als Neuropathologe an das Senckenbergsche Neurologische Institut in Frankfurt berufen wurde.[217] Schwerpunkt seiner Arbeit war die Diagnose und Therapie von Hirnverletzten. Zusätzlich übernahm er 1916 die Leitung von zwei Reservelazaretten der Stadt Frankfurt und kam dabei in Kontakt mit Patienten mit Kriegsneurosen.[218] Bei der Therapie dieser funktionellen Störungen, von ihm als „monosymptomatische" Hysterie bezeichnet, setzte er eigene Akzente und lehnte die Elektrotherapie von Fritz Kaufmann ab. Zwar, so gab er zu, seien damit Erfolge zu erzielen, aber „das wäre nicht so wesentlich als das Bedenken, ob die Methode wirklich dauerhaft hilft und ob sie nicht auch Schaden anrichten kann."[219] Besonders wichtig sei bei einer Psychotherapie die Person des Arztes, der neben differentialdiagnostischen auch über psychotherapeutische Fähigkeiten verfügen müsse „denn der Erfolg [der Kaufmannschen Methode] beruht nicht so wesentlich auf den objektiven Maßnahmen, als der suggestiven Leistungsfähigkeit des behandelnden Arztes."[220] Goldstein ging in seiner Kritik sogar noch einen Schritt weiter:

> Aber auch dann bleibt zu bedenken, dass wir mit der Methode einen Modus und einen Ton in die ärztliche Tätigkeit bringen, der mir am allerwenigsten bei Patienten angebracht erscheint, die die Erkrankungen – zum großen Teil wenigstens – in einer Situation erworben haben, in der sie ihr Leben für ihre Mitmenschen aufs Spiel gesetzt haben.[221]

Er blieb in seinen Äußerungen aber sehr vorsichtig, wohl auch, um, wie sein Kollege Kurt Mendel angab, „den Burgfrieden" nicht zu stören.[222] Allerdings blieb Goldstein dennoch im militärpsychiatrischen Kontext seiner Zeit verhaftet, denn die von ihm vorgeschlagene alternative Therapiemethode beruhte ebenfalls auf Täuschung und Suggestion – die Wirkung sollte allerdings nicht durch Gewalt, sondern „durch Güte" erreicht werden.[223]

---

217 Gerhard Danzer (Hrsg.), Vom Konkreten zum Abstrakten. Leben und Werk Kurt Goldsteins (1878–1965), Frankfurt am Main 2006, S. 15; seine psychologischen Kontakte hatte Goldstein in seiner Zeit in Königsberg durch Kontakte mit der sogenannten Würzburger Schule, beispielsweise mit Oswald Külpe und Narziss Ach intensiviert. ebenda, S. 16.

218 Ebenda.

219 Goldstein, Über die Behandlung der „monosymptomatischen" Hysterie bei Soldaten., S. 843.

220 Ebenda.

221 Ebenda., S. 843.

222 Mendel, Rezension: Kaufmann, Fritz: Die planmäßige Heilung komplizierter psychogener Bewegungsstörungen bei Soldaten in einer Sitzung., S. 566.

223 Goldstein, Über die Behandlung der „monosymptomatischen" Hysterie bei Soldaten., 843.

Schon auf dem Kriegskongress in München 1916 hatte Goldstein über gute
Erfolge bei der Behandlung hysterischer Symptome der Soldaten durch einen
Scheineingriff in leichter Narkose (Chloäthylrausch) berichtet.[224] Den Patienten wurde nach der vorgetäuschten Operation mitgeteilt, sie seien geheilt
und meistens, so Goldstein, würden die Symptome daraufhin verschwinden.[225]
Die Methode der Scheinoperation war zwar „humaner" und sicher weniger
schmerzhaft als die der Elektrobehandlung von Kaufmann, allerdings versuchte Goldstein damit ebenfalls durch Anwendung von wissenschaftlich wirkenden Techniken den Patienten zu betrügen und eine Heilung zu erzwingen.
Der Erfolg dieser Methode wurde auch dadurch gefördert, dass Goldstein den
Patienten bei Heilung ihrer Störungen Urlaub versprach und die Aussicht,
nicht mehr an die Front geschickt zu werden.[226] Ähnliche Heilungserfolge
zeigten sich auch bei britischen Patienten, denen bei Verschwinden ihrer Symptome eine Entlassung aus dem Kriegsdienst in Aussicht gestellt wurde.[227] Die
Möglichkeit, durch Belohnung und Bestrafung Verhalten zu verändern, war in
der Psychologie spätestens seit den Tierversuchen des Amerikaners Edward
Thorndike von 1911 bekannt.[228] Keiner der psychologischen Militärpsychiater
bezog sich aber auf diese Ergebnisse, obwohl ihre Behandlungsprogramme auf
den Effekt von Belohnung und Strafe auf das Verhalten der Soldaten abzielten.
Auch in Großbritannien wurden Scheinoperationen ähnlich denen von Kurt
Goldstein durchgeführt: So simulierte der Shell-Shock-Experte Arthur Hurst
bei Patienten mit funktioneller Taubheit Operationen und konnte dadurch die
Hörfähigkeit der Patienten wieder herstellen.[229] Diese den Patienten bewusst
täuschenden Therapiemethoden wurden jedoch in Großbritannien harsch

---

224 Anon, Verhandlungen psychiatrischer Vereine, S. 212. Goldstein folgte damit dem Vor-
     gehen seiner Königsberger Kollegen Rothmann, M. Rothmann, Zur Beseitigung psycho-
     gener Bewegungsstörungen bei Soldaten in einer Sitzung, in: Münchener Medizinische
     Wochenschrift 63 (1916), S. 1277–1278.

225 Goldstein berichtet über eine Anzahl von erfolgreichen Behandlungen, auch mit Fall-
     beispielen, siehe Goldstein, Über die Behandlung der „monosymptomatischen" Hysterie
     bei Soldaten., S. 847–852.

226 Ebenda, S. 846.

227 Jones, Shell shock at Maghull and the Maudsley., S. 387.

228 Edward L. Thorndike, The elements of psychology, New York 1911; siehe auch Linden, They
     called it shell shock., S. 209. Der Militärpsychiater Kehrer verglich die therapeutischen
     Maßnahmen bei inkontinenten Kriegsneurotikern mit der Erziehung von jungen Hun-
     den; die Verabreichung von elektrischen Stromstößen mit dem Einsatz von Sporen in der
     Reiterei. Ferdinand Kehrer, Zur Frage der Behandlung der Kriegsneurosen, in: Zeitschrift
     für die gesamte Neurologie und Psychiatrie 36 (1917), S. 1–22, S. 6, S. 8.

229 Arthur Frederick Hurst, Medical diseases of the war, London 1918, S. 205, zitiert nach Lin-
     den, They called it shell shock., S. 205.

kritisiert.[230] Anders als seine britischen Kollegen war sich Goldstein allerdings
bewusst, dass diese Methoden bei den sogenannten „Friedenshysterikern"
nicht zu gebrauchen seien und den Anforderungen des Krieges ihren Erfolg
schuldeten.[231] Auch dem Psychologe Willi Hellpach war das kriegsspezifische
Umfeld seine Patienten sehr bewusst und er nutze es für seine therapeutischen Strategien.

Lazarettdisziplin als Heilfaktor

> Ein bedrohtes Leben wiederherzustellen ist ärztliche Kunst, aber mit ihm
> zugleich den Willen herzustellen, es abermals aufs Spiel zu setzen, das ist die
> eigentliche militärische Kunst, die uns in dieser ihrer Eigenart begreifen, würdi-
> gen und üben wohl alle erst der Krieg gelehrt hat.[232]

Mit diesen Ausführungen umriss Willi Hellpach die Aufgaben aber auch den
Stellenwert seiner militärpsychologischen Tätigkeit. Er hatte vom Herbst 1915
bis April 1916 in einem Nervenlazarett in Sulzburg bei Freiburg gearbeitet
und dabei ein eigenes Konzept herausgearbeitet, in dem ebenfalls die Beeinflussung des Willens eine zentrale Rolle spielte.[233] Der Arzt sei nicht nur für
den Patienten da, so Hellpach, denn „solange der Krieg währt, hat der einzelne
keine individuelle Verfügung über sich."[234] Hellpach schlug zwei Wege vor,
um dem Problem der kriegsneurotischen Patienten zu begegnen. Als erstes
betonte er den Stellenwert der Diagnose der Kriegsneurose und bezeichnete
diese herablassend als „die akute hysterieforme Schockneurose des Feld-
soldaten, die erst durch aufschießenden Krankheitswillen zur Hysterie fixiert
wird."[235] Zur diagnostischen Differenzierung schlug er seinen Fachkollegen die
Beobachtung des Gesichtsausdrucks der Patienten vor, sie sollten „die Physiognomie der Hysterischen" beachten. Typisch sei außerdem ein Hang zu weiblichem Aussehen, das er außerordentlich negativ beschrieb.[236] Als zweites

---

230 Charles Samuel Myers, ‚The justifiability of therapeutic lying: Correspondence', in: The
     Lancet 194 (1919), H. 5026, S. 1213–1214.
231 Goldstein, Über die Behandlung der „monosymptomatischen" Hysterie bei Soldaten.,
     S. 844.
232 Willi Hellpach, Lazarettdisziplin als Heilfaktor, in: Medizinische Klinik 10 (1915), S. 1207–
     1211, S. 1208.
233 Hellpach, Wirken in Wirren., S. 35. S. 51.
234 Hellpach, Lazarettdisziplin als Heilfaktor., S. 1208.
235 Willi Hellpach, Die Physiognomie der Hysterischen. (Feminismus, Boopie, Lächeln), in:
     Neurologisches Centralblatt 35 (1916), S. 611–616, S. 611.
236 „Weibliche Gesichtslinien, öfter eine fette schwammige Gesichtsbildung, ein weichlicher
     fader Ausdruck schon in der mimischen Ruhe, noch ausgesprochener beim Lächeln und
     Reden, gezierte Kopfhaltung ... ebenda, S. 612.

diagnostisches Kriterium sah er die Ausbildung des hysterischen Auges mit
weiten Pupillen, die sogenannte Boopie, womit ein „schmachtender Ausdruck"
entstünde.[237] Als drittes Kennzeichen erwähnt Hellpach das Lächeln, das
ebenfalls eine spezifische Färbung habe: Es trete oft in unpassenden Momenten auf, z.B. nach Eintreten einer Lähmung, und könne „ins Triumphierende
und Überlegene schillern oder selbst ins Heimtückische, Boshafte, Schaden-
frohe."[238] Dieses hysteriespezifische Lächeln trete bei fast allen Patienten mit
diesen Störungen auf. Bei all diesen diagnostischen Beschreibungen fallen der
deutlich herabsetzende Ton und die Neigung auf, die kriegsneurotischen Soldaten durch eine negative feminisierende Beschreibung zu diskriminieren.

Als zweiten wichtigen Punkt im Umgang mit den psychisch verletzten Soldaten sah Hellpach die spezielle Gestaltung der Nervenlazarette. „Lazarettdisziplin als Heilfaktor" war seine Devise und er unterstrich die Bedeutung
einer militärisch geprägten Umgebung, denn „der Lazarettaufenthalt muss
dem Insassen schließlich unerträglich werden, der Dienst ihm eine Erlösung
scheinen."[239] Dazu eigneten sich nach Hellpach, neben straffer militärischer
Disziplin und (leichter) Elektotherapie auch strenge „Abschließung vom
schrankenlosen Verkehr mit der Außenwelt, denn Mitleid und Mitgefühl würden die Krankheitssymptome verstärken."[240] Insbesondere der Kontakt mit
verwöhnenden Frauen sei zu vermeiden.[241] Hellpach betont hier die Differenz
zwischen Front und Heimatfront besonders den negativen und symptomver-
stärkenden Einfluss von weiblichem Mitleid:

> Wir sind von all den gefühlvollen Zugeständnissen der ersten Monate – Familien-
> pflege, Privatlazarettchen mit kleinem Insassenkreis, Heimatlazarettbehandlung
> und dergleichen – immer mehr zurückgekommen, einfach, im seelischen Inte-
> resse der Verwundeten und Kranken selber, denen der Rückweg zum Soldaten
> damit nur schmerzlich verlängert und erschwert wurde.[242]

In der Wiederherstellung der Leistungsfähigkeit der Soldaten für den Kriegsdienst sah Hellpach den höchsten Sinn der medizinischen Profession: „Und
hier begreifen wir sie als Heilfaktoren, in dem erhöhten sittlichen Sinne, der das

---

237   Ebenda., S. 618.
238   Ebenda., S. 615.
239   Hellpach, Lazarettdisziplin als Heilfaktor., S. 1210.
240   Ebenda.
241   „Dass der Alkohol [...] die sittliche Entschlusskraft umnebelt, bekannt genug; auf die
       ungünstigen Einflüsse mancher Lieblerin, die den Frischerkorenen gern noch länger bei
       sich hielte und ihm einflüstert, wie erholungsbedürftig er doch im Grunde sei und wie sie
       ihn pflegen müsse, ist vielleicht nicht so sehr geachtet worden.", ebenda, S. 1210.
242   Ebenda, 1208.

Heilen des Kriegers einschließt und der die kriegsärztliche Aufgabe zu einer
höchsten Steigerung der ärztlichen Aufgabe gestaltet."[243] In Großbritannien
dagegen gingen die meisten konservativen Militärpsychiater anders mit den
kriegsneurotischen Soldaten um: Ruhe, Erholung und gute Ernährung galten
als probate Heilmittel. Der herablassende und abwertende Ton den Patienten
gegenüber, den Hellpach und sein Kollege Schultze anschlugen, zeigte sich
nicht in den britischen Berichten.[244] Schultze allerdings ging in der Brutalität
seines therapeutischen Vorgehens deutlich weiter.

Elektrotherapie als Heilmethode

> Die Kaufmann-Methode ist alles andere als eine körperliche Behandlung oder
> eine Ueberrumpelung oder gar eine Torpedierung; es handelt sich vielmehr um
> eine ausgesprochen psychologische Methode, welche die im seelischen Leben
> wirksamen Faktoren und Machtmittel vernünftig ausnutzt.[245]

Sehr viel entschiedener als seine anderen psychologischen Kollegen vertrat
der Psychologe Friedrich Emil Schultze die Vorteile einer energischen Elektrotherapie nach Fritz Kaufmann.[246] Er berichtete über seine Behandlungsmethoden in der Nervenheilanstalt der Stadt Frankfurt am Main in Köpern
im Taunus, in der er während der Kriegszeit arbeitete.[247] Sein Artikel über
seine Erfahrungen mit dieser Methode wurde zwei Tage vor der Münchner
Kriegskonferenz veröffentlicht.[248] Schultze war im Juni 1916 zu Fritz Kaufmann gereist, hatte sich von dessen therapeutischen Verfahren überzeugen
lassen und wandte in seiner Behandlung von Kriegsneurotikern selbst
schmerzhafte elektrische Ströme an.[249] Er betonte dabei den psychologischen
Faktor der Therapie und begründete diese Behauptung damit, dass die para-
doxe Tatsache insofern psychologisch zu deuten sei, als „dass die vorhandene
Schockwirkung durch einen neuen, experimentell erzeugten und willkürlich

---

243 Ebenda., S. 1211.
244 Noch in seinen Memoiren zeigte Hellpach kein Verständnis für die Situation der Kriegsneurotiker, die einer Elektrotherapie unterzogen wurden und war auch im Nachhinein
von den Ergebnissen überzeugt. Hellpach, Wirken in Wirren., S. 71.
245 Schultze, Über die Kaufmannsche Behandlung hysterischer Bewegungsstörungen., S. 1352.
Crossman, The Hydra, Captain AJ Brock and the treatment of Shell-Shock in Edinburgh.
246 Schultze, Über die Kaufmannsche Behandlung hysterischer Bewegungsstörungen.
247 Putzker/Groß, Kriegszitterer in Köppern während des Ersten Weltkrieges, in: Vanja
(Hrsg.), S. 120.
248 Ebenda, S. 121.
249 Ebenda.

abgestuften Schock beseitigt wird."[250] Auch war er der Meinung, dass er dabei die militärische Umgebung und Suggestion benütze, um den Willen des Patienten wiederherzustellen.

Er berichtete über 15 Fälle, die er bis auf einen geheilt habe. Auffällig ist dabei der deutlich herabsetzende Ton, mit dem Schultze das Verhalten seiner Patienten beschrieb: „Die meisten verhalten sich daher gegen den Strom wie Kinder oder Schwachsinnige, die sich einem Schmerz hemmungslos hingeben."[251] Dabei sei die Methode gar nicht so harsch, sondern: „Zugegeben ist, dass sie dem Kranken Unbequemlichkeiten auferlegt, aber sicher nicht entfernt so viel, als die Natur von einer Gebärenden fordert."[252] Mitleidlos beschrieb er die Schmerzen seiner Patienten und verglich sein Tun mit der Arbeit eines Chirurgen. Seine sadistische Einstellung zeigte sich auch in der Beschreibung seiner therapeutischen Arbeit: „Als ich einmal drei Stunden hintereinander behandelt hatte, fühlte ich mich frischer als sonst nach drei Arbeitsstunden."[253] Schultze betonte außerdem den Vorteil der militärischen Situation, da sich der Patient der Therapie nicht entziehen könne.[254] Er hob auch den großen finanziellen Nutzen für den Staat bei einer Abkürzung des Krankenhausaufenthalts hervor. Nach der Therapie, so Schultze, sei allerdings „das Menschenmaterial, das nach der Kaufmann-Methode behandelt werden muss, durch die Krankheit zermürbt und militärisch minderwertig geworden."[255] Es solle eine Entlassung in die Heimat stattfinden und durch eine kleine Rente der Zwang zur Arbeit geschaffen werden. Schultze zeigte sich in seiner positiven Haltung zur Elektrotherapie, anders als die anderen Psychologen, als außerordentlich sadistisch und wenig einfühlsam. Für ihn standen die Symptombeseitigung und die Verwendbarkeit der Arbeitskraft im Vordergrund; er wollte keinesfalls eine Erkrankung heilen oder auf ein individuelles Patientenschicksal eingehen. Folgerichtig berichtete er daher auch über hohe Heilungsraten.[256]

---

250   Schultze, Über die Kaufmannsche Behandlung hysterischer Bewegungsstörungen., S. 1353; so sah es auch der Militärpsychiater Ferdinand Kehrer, Kehrer, Zur Frage der Behandlung der Kriegsneurosen., S. 2.
251   Schultze, Über die Kaufmannsche Behandlung hysterischer Bewegungsstörungen., S. 1350.
252   Ebenda., S. 1349.
253   Ebenda., S. 1350.
254   Ebenda., S. 1350.
255   Ebenda., S. 1351.
256   Ebenda.

Eine derartig herabsetzende Beschreibung der Patienten (z.B. minderwertiges Menschenmaterial), wie sie Schultze äußerte, findet sich in keinem britischen Bericht. Kritik an seiner Schilderung und seinem Vorgehen wurde aber von keinem anderen deutschen Militärpsychiater und Psychologen geäußert.[257] Auch in der britischen Presse wurde lediglich sachlich über Schultze und seine Arbeit berichtet und kein wertender Kommentar geäußert.[258] Vermutlich wurde dieser Artikel als Beitrag zum allgemeinen militärpsychiatrischen Kriegsdiskurs gelesen.

Zur gleichen Zeit nutzte Schultze seine Arbeit im Kriegslazarett, um eine wissenschaftliche Untersuchung zur Intelligenzmessung an 100 Soldaten durchzuführen, die er in der Zeitschrift für angewandte Psychologie veröffentlichte. Dort erwies er sich als neutraler Beobachter und psychologisch versierter Forscher, ganz anders als in seinem vehement vorgetragenen Plädoyer für eine aggressive Therapie der Kriegsneurotiker.[259] Einflussreich waren auch die Psychologen, die in militärische Strukturen eingebunden waren und beispielsweise auch Gutachten verfassten.

Diagnosen und Gutachten
Der Psychologe Weygandt beispielsweise fungierte als fachärztlicher Beirat im IX. Armeekorps und leitete außerdem die Abteilung für psychisch kranke Soldaten in der psychiatrischen Klinik in Friedrichsberg.[260] Obwohl er wohl selbst kaum als Psychotherapeut tätig war, hatte er zu der Therapie der psychisch gestörten Patienten eine, wenn auch nicht immer eindeutige Meinung, die er in einflussreichen Publikationen äußerte.[261] Zwar nahm er an, dass den psychischen Störungen meist eine ererbte Veranlagung zugrunde liege, schloss allerdings nicht aus, dass es Krankheitsfälle ohne disponierende Grundlage gebe:

257   Auch der Rezensent des Artikels, der an sich kritische Kurt Mendel störte sich nicht an dem Ton der mit dieser Methode arbeitenden Mediziner, siehe: Mendel, Rezension: Kaufmann, Fritz: Die planmäßige Heilung komplizierter psychogener Bewegungsstörungen bei Soldaten in einer Sitzung.

258   Anon, The War. Notes from German and Austrian Medical Journals. Disciplinary treatment of shell shock.

259   Friedrich Emil Schultze, Eine neue Weise der Auswertung der Intelligenzteste (Methode der Intelligenzzensur), in: Zeitschrift für angewandte Psychologie 11 (1916), S. 19–28; Friedrich Emil Schultze, Über den Nachweis von Schwachsinn und Ermüdung, in: Münchener Medizinische Wochenschrift 64 (1917), S. 1014.

260   Elisabeth Weber-Jasper, Wilhelm Weygandt. Psychiatrie zwischen erkenntnistheoretischem Idealismus und Rassenhygiene, Husum 1996, S. 12.

261   Meggendorfer, Wilhelm Weygandt., S. 4.

Es ist dabei zu beachten, dass es sich [bei den Kriegsneurosen] im Wesentlichen um endogene Zustände handelt, die freilich stärker in den Vordergrund treten und zum Teil durch Kriegseinflüsse aus der Latenz aufgeweckt werden können. Allerdings gehört es mit zu den interessantesten Kriegserfahrungen, dass bei entsprechender Steigerung des Einflusses schließlich außerordentlich viele Menschen, die vordem in dieser Hinsicht niemals verdächtig erschienen waren, doch als hysteriefähig gelten müssen.[262]

In seinen diagnostischen Methoden zeigte sich Weygandt sehr differenziert: Zum einen wandte er zur Feindiagnostik psychologische Untersuchungsverfahren an wie z.B. das Pendeltachistoskop.[263] Außerdem zeigte er in seinen Beschreibungen der Erlebnisse der Frontsoldaten großes Einfühlungsvermögen:

Der dauernde Aufenthalt im Schützengraben, das jahrelange Ausharren in extremer Gefahrenzone, gelegentliche Steigerung der affektspannenden Eindrücke durch Beteiligung an besonderen militärischen Operationen, etwa häufigen Patrouillengängen oder Sturmangriffen, auch das riesige Trommelfeuer, insbesondere Granatexplosion, Minensprengung in nächster Nähe sowie Verschüttungen, alles das sind Faktoren die in ihrer Bedeutung für das Gesamtnervensystem [...] einer Berücksichtigung bedürfen.[264]

Ausgiebige Beobachtungen von Kriegsteilnehmern wären, so Weygandt, für diagnostische und forensische Zwecke wünschenswert. Auch gab er zu, dass dem „das Operationsgebiet nur von kurzfristigen Besuchen kennenden Facharzt eine Einschätzung der eigenartigen Bedingungen des Lebens an der Front nicht gerade leicht fällt."[265] Trotz einer verständnisvollen Einstellung den Kriegsneurotikern gegenüber forderte er eine energische Vorgehensweise der Mediziner: „Würde man die Kriegsneurotiker ungehemmt gewähren lassen, so wäre ihre Zahl bald in die Million gestiegen und ihre Ansprüche würden ins Uferlose wachsen."[266] Von einer Elektrotherapie nach Kaufmann riet er jedoch ab.[267] Die militärische Situation ausnutzend, empfahl er als Therapie Beschäftigungstherapie, hypnotische Verfahren und wie Willi Hellpach die Disziplin und Atmosphäre eines Nervenlazaretts, das möglichst isoliert auf

---

262   Wilhelm Weygandt, Psychiatrische Gutachtertätigkeit im Kriege, in: Jahreskurs für Ärztliche Fortbildung 8 (1917), V. S. 22–79.

263   Z.B. das Pendeltachystoskop von Isserlin, ebenda, S. 54. Mit diesem Apparat konnte eine kurzzeitige Darbietung visueller Reize vorgenommen werden. Damit konnte die Wahrnehmungsleistung untersucht werden.

264   Ebenda., S. 75.

265   Ebenda., S. 74.

266   Ebenda., S. 65.

267   Ebenda., S. 61.

dem Lande liegen sollte.[268] Anfang 1917 waren solche Nervenlazarette auch vom Kriegsministerium und der Sanitätsabteilung angeordnet worden.[269]

1917 war in Deutschland das Jahr, in dem zahlreiche Gesetze verabschiedet wurden, um die Nervenleiden in den Streitkräften zu begrenzen: In diesem Zusammenhang wurde vom Kriegsministerium angeordnet, neben einfachen Soldaten auch psychisch kranke und bereits berentete Offiziere erneut zu begutachten.[270] Auch einige der Psychologen wie Max Isserlin (siehe unten) waren in diese Vorgaben eingebunden.

Wilhelm Weygandt hatte es außerdem mit einem weiteren kriegswichtigen Problem zu tun, nämlich dem Umgang mit Deserteuren. Gesetzlich geregelt durch das *Militärstrafgesetzbuch* unterschieden die Juristen in Deutschland bei diesen Straftaten zwischen Abwesenheit ohne Erlaubnis und Desertation; die Strafen reichten von mehrjährigen Haftstrafen bis zur Todesstrafe, die jedoch im Vergleich zu Großbritannien sehr viel seltener vollstreckt wurden.[271] 1917 wurden diese Strafen deutlich gemindert und im Mai desselben Jahres erließ das Ministerium eine Amnestie, möglicherweise veranlasst durch die Einsicht, dass auch harte Strafen keinen Einfluss auf ein derartiges Verhalten haben könnten.[272] Weygandt als psychiatrischer Gutachter sah die Zahl der aus Feigheit desertierenden Soldaten als gering an und attestierte den meisten einen „psychisch abnormen Zustand" geistiger Verwirrung.[273] Im Zweifelsfall schien er wie viele seiner militärpsychiatrischen Kollegen dazu zu neigen, den Schilderungen seiner Patienten Glauben zu schenken und plädierte für ein ausgewogenes Urteil. Selbstbewusst hob er dabei die Bedeutung seiner Arbeit hervor:

> Wenn auch die psychiatrische Tätigkeit für Heereszwecke sich bei weitem nicht jener herrlichen Erfolge freuen darf, wie die Chirurgen und die Seuchenbekämpfung, so hat doch sowohl der Therapeut, als auch der Gutachter einen ausgedehnten und nichts weniger als unwichtigen Aufgabenkreis zu erfüllen. Dabei kann der Psychiater bei der Diensttauglichkeitsfrage beitragen, dass einerseits Tausende psychisch verdächtiger Personen doch noch nach ihren Kräften für das Vaterland nutzbar gemacht, andere psychisch bedenkliche Naturen jedoch davor bewahrt werden, lediglich als Ballast zu wirken... .[274]

---

268   „Unterstützt wird die Behandlung durch das ganze Milieu [...] Die Nähe der Angehörigen ist besonders unzweckmäßig, auch eine Großstadt ist im Allgemeinen kein recht günstiger Boden.", ebenda, S. 60.

269   Verfügung der Medizinalabteilung vom 29. Januar 1917, siehe: Ebenda, S. 62.

270   Ebenda, S. 28.

271   Zwischen 1914 und 1918 wurden in Großbritannien 269 in Deutschland nur 18 Soldaten mit der Todesstrafe hingerichtet. Linden, They called it shell shock., S. 171.

272   Linden, They called it shell shock., S. 170.

273   Weygandt, Psychiatrische Gutachtertätigkeit im Kriege., S. 73.

274   Ebenda, S. 77f.

Der Nutzen für den Staat und die Nation stand hier im Mittelpunkt seiner Selbstdarstellung, die die Bedeutung der jungen Militärpsychiatrie für die fundierte
Begutachtung psychisch auffälliger Kriegsteilnehmer noch einmal herausstreichen wollte. Ähnlich in militärische Strukturen eingebunden war der
Psychologe Max Isserlin aus Bayern. „Was die Therapie anlangt, so hat uns der
langdauernde Krieg reichlich Zeit zum Erproben und Sammeln von Erfahrungen
gelassen", gab dieser auf einem Vortrag in München 1917 zu Bedenken.[275] Er
hatte neben einer Ausbildung bei dem Psychologen und Psychiater Robert
Sommer schon früh Interesse für die Psychologie und einige Aspekte der
Psychoanalyse gezeigt.[276] Er hatte vor dem Krieg an der Göttinger Klinik von
Robert Sommer gearbeitet, wechselte dann nach München und wurde 1915
eingezogen. In der Folgezeit arbeitet er an einem Lazarett für psychisch- und
nervenkranke Soldaten.[277] Dabei war er auch in die militärpsychiatrische Verwaltung eingebunden und sollte schon im Mai 1915 über die Anzahl und Art
der Kriegsneurosen berichten und darüber, ob „Fälle von Rentenhysterie und
Rentenpsychose" in größerer Zahl beobachtet worden" seien.[278] In seinen
Diagnosestellungen setzt er sich von einigen seiner Kollegen durch eine differenzierte Sprache und den Versuch einer neutralen Haltung ab: „Es bedarf
wohl keiner besonderen Betonung, dass wenn irgendwo, so bei den nerven-
kranken Feldzugteilnehmern die Diagnose Hysterie kein moralisierendes
Vorurteil in sich schließen darf."[279] Zwar beobachtete auch er ein Ansteigen
der „Rentenkrankheiten", sah aber in den meisten hysterischen Formen der
Kriegserkrankungen, ähnlich wie seine britischen Kollegen eine unbewusste
Schutzmaßnahme, die „vor den Schrecken des Krieges sichert."[280] Zwar gab er
zu, dass „die Grenzen zwischen Hysterie und Simulation fließend seien" und
bei vielen Patienten „Wunsch und Begehrungsvorgänge" als Triebkräfte der
Krankheit" aufträten; allerdings war er auch der Meinung, dass

---

275   Isserlin, Über psychische und nervöse Erkrankungen bei Kriegsteilnehmern., S. 263.
276   Allerdings hatte er sich auch kritisch zu anderen theoretischen Konzepten der Psycho-
      analyse so geäußert, dass er 1910 von C. G. Jung nicht zu der Tagung der psychoanalytischen
      Gesellschaft in Nürnberg eingeladen wurde. Joest Martinius, Max Isserlin. Begründer der
      Kinderpsychiatrie in München, in: Zeitschrift für Kinder - und Jugendpsychiatrie und
      Psychotherapie 28 (2000), S. 59–62, S. 61.
277   Ebenda, S. 62; 1917 hielt Isserlin auch einen Vortrag auf der Station B1 für Psychisch-
      Nervenkranke des Reservelazaretts München I.
278   BayHStA/Abt. IV Kriegsarchiv 1.Stv. Gkdo I. A.K., San.Amt, Nr. 156, Erlass des Kriegs-
      ministeriums Berlin vom 1.4.1916.
279   Isserlin, Über psychische und nervöse Erkrankungen bei Kriegsteilnehmern., S. 241,
      Fußnote 1.
280   Ebenda., S. 248.

... wir es mit Krankheiten zu tun haben; mit kranken, hypochondrischen, in der Stimmung schwankenden, willensschwachen Menschen, die nach traumatischen Erlebnissen in ihrer Sicherheit und ihrem Selbstvertrauen erschüttert, im Kampf um die Existenz der Suggestion der Rente erlagen.[281]

Ebenso einfühlsam äußerte er sich in Bezug auf „die überall in der Psychopathologie vordringende Frage nach der Bedeutung der Konstitution."[282] Zwar meinte auch er, dass man bei seinen kriegsneurotischen Patienten durchaus sogenannte Psychopathen, das heißt erblich vorbelastete Menschen diagnostizieren könne, beschrieb aber auch diese deutlich differenzierter und respektvoller als einige seiner psychologischen Kollegen:

Aber wir dürfen nicht vergessen, dass eine große Zahl dieser Leute vorher praktisch gesund war, dass die Züge, die wir jetzt in ihrer Kriegskrankheit verzerrt und vergröbert wiederzufinden glauben, früher nur angedeutet waren, dass sie ihre soziale Brauchbarkeit nicht minderten, zu keiner ärztlichen, insbesondere keiner Krankenhausbehandlung führten, und dass die Leute aller menschlichen Voraussicht nach im Sinne des Lebens gesund geblieben wären, wenn eben nicht der Strudel der Kriegsgeschehnisse sie in seinen Wirbel gerissen hätte.[283]

Damit gab er indirekt den Auslösecharakter belastender Situationen zu und widersprach so der Einstellung der Ärzteschaft auf der Münchener Kriegstagung. Dort hatte man ja psychologische Auslösefaktoren als wesentliche Ursache der Kriegserkrankungen hervorgehoben, aber vor allem eine psychopathische Konstitution der Patienten vorausgesetzt. Isserlin dagegen hielt es für möglich, dass das Erleben der belastenden Kriegsereignisse eine psychische Krankheit hervorrufen könne. Auch eine zweite Beobachtung zeigt seine unvoreingenommene Haltung:

Es mehren sich immer mehr die hysterischen Nachahmungen der Kriegserkrankungen; Schütteltremor, Anfälle, Lähmungen, Tiks sehen wir jetzt auch in nicht unbeträchtlichen Zahlen in den friedlichen Schützengräben der Heimat oder auf dem Weg zur Front auftreten [...][284]

Hier schilderte er eine Beobachtung, die zum einen die steigende Anzahl der psychischen Erkrankungen an der Heimatfront, aber auch die während der Vorbereitungszeit auf den Kriegsdienst betraf. Dabei konnte man ja

---

281 Ebenda., S. 249.
282 Ebenda, S. 250.
283 Ebenda.
284 Ebenda, S. 251.

keine belastenden Kriegserlebnisse voraussetzen sondern musste alternative Erklärungsmuster heranziehen.

Hysterische Nachahmungen, Ansteckung und epidemische Ausweitungen der Symptome der Kriegsneurotiker waren Erklärungsmuster, die auch die britischen Psychologen bei der Beschreibung der kriegsneurotischen Patienten verwandten. Diese Beobachtung einer situativen und kulturellen Prägung könnte auch das Phänomen erklären, dass in Deutschland vermehrt Symptome wie sogenanntes „Kriegszittern" bzw. anfallsartige Leiden diagnostiziert wurden – häufiger als in Großbritannien.[285] Psychische Probleme drückten sich in körperlichen Symptomen aus, die sozial akzeptabel waren und für die es Vorbilder gab. Unterstützt wurden diese Beobachtungen auch durch die Tatsache, dass in der Anfangszeit des Zweiten Weltkriegs krampfartige Anfälle und Kriegszittern kaum mehr auftraten. Durch die Erfindung des EEG war es möglich geworden, echte organische epileptische Störungen genau zu erfassen und daher hätte man „Zitterer" ohne körperliche Schädigungen identifizieren können. Dadurch war die Möglichkeit, diese Symptome als Ausdruck psychischen Leidens darzustellen, deutlich erschwert.[286]

Zur Diagnosestellung benutzte Isserlin, ähnlich wie seine britischen Kollegen, neben seiner beobachtenden und psychoanalytisch beeinflussten Interpretation der Schilderung seiner Patienten auch psychologische Experimente (Arbeitsversuch nach Kraepelin), um eine genauere Diagnose zu erstellen. Er untersuchte seine kriegsneurotischen Patienten, um ihre Arbeitsleistung in Form von Übungsfortschritt und Ermüdung zu überprüfen.[287] Dabei gab er an, dass er in der Lage sei, bestimmte „Typen der Arbeitsleistung von Kriegsneurotikern" feststellen zu können:

---

285   Stephanie Linden geht davon aus, dass anfallsähnliche Symptome (Kriegszittern) bei deutschen Soldaten häufiger diagnostiziert wurden als bei britischen. Linden, They called it shell shock., S. 235. Edgar Jones und Simon Wesseley argumentieren, dass diese Symptome kulturell mitbestimmt seien; aus einem Repertoire von „gängigen Symptomen" würden sich die Individuen jeweils sozial und situativ bestimmt Symptome „aussuchen". Edgar Jones/Simon Wesseley, War Syndromes: The impact of culture on medically unexplained symptoms, in: Medical History 49 (2005), S. 55–78. Dass dabei auch der ärztliche Blick und das ärztliche Diagnoseverhalten eine Rolle spielen, zeigen die unterschiedlichen Diagnosestellungen bei Offizieren in britischen Krankenblättern und Krankenhausreporten (siehe Eintragungen des Offizierskrankenhaus Craiglockhart, in dem ausschließlich die Diagnose: Neurasthenia" gestellt wurde, siehe beispielsweise: NA MH 106/1887: Admission and Discharge Book for Field Service: Craiglockhart War Hospital 27. October 1916–12. November 1917.)

286   Linden, They called it shell shock, S. 236.

287   Isserlin, Über psychische und nervöse Erkrankungen bei Kriegsteilnehmern., S. 254–263; zu Kraepelins Methoden siehe: Kraepelin, Die Arbeitskurve, in: Wundt (Hrsg.).

Hemmung der Leistung auf allen Gebieten endlich, mangelnde Einstellung auf die Arbeit überall, zeigen uns die „Rentenneurotiker" – Kurven mit ihrer der geraden Linie angenäherten Form bei minimaler Höhe, gänzlich fehlender Übung, Ermüdung und Pausenwirkung.[288]

Bemerkenswert an diesem Vorgehen ist, dass Isserlin durch die anerkannten Methoden der Arbeitspsychologie seine Diagnosefähigkeit verfeinern wollte. Damit konnte er auch dem kriegswichtigen Thema der Arbeitstauglichkeit kriegsneurotischer Patienten entsprechen, da ab August 1917 auch berentete Kriegsneurotiker erneut auf ihre Arbeitsfähigkeit begutachtet werden sollten.[289] Bei den „Kriegshysterikern" empfahl Isserlin keine Rückkehr zur Front, sondern lediglich die Wiederherstellung der bürgerlichen Berufsfähigkeit.[290] Therapeutisch wandte er die üblichen Methoden wie „Medikamente, Bäder, larvierte und offene Suggestion (insbesondere hypnotische), überredende und erziehende (vor allem Arbeits-) Behandlung" an.[291] Er benutze auch psychoanalytische Verfahren, wie er angab, allerdings ohne großen Erfolg.[292] Eine Behandlung mit starken elektrischen Strömen nach Kaufmann habe er zwar selbst schon durchgeführt, lehnte diese aber aus zwei Gründen ab: Zum einen habe er schwere Nebenwirkungen, besonders auch Sprachstörungen bemerkt, zum anderen fände er dieses harsche Vorgehen für einen Arzt wenig akzeptabel und peinlich.[293] Diese sehr deutlich vorgetragene Kritik, die in einem öffentlichen Vortrag geäußert wurde, war erstaunlich. Gegen Ende dieses Vortrages vor einem militärpsychiatrischen Publikum schlug Isserlin allerdings noch einmal martialischere Töne an und sprach davon, dass die ärztliche Profession noch Zeit genug habe, „durch allgemeine Einhaltung entsprechender Maßnahmen dem Übel zu begegnen und eine allgemeine Durchseuchung unseres Volkes mit Rentensuggestion zu verhindern."[294] Die Bedeutung seiner Tätigkeit hob er abschließend noch einmal in aller Deutlichkeit hervor:

---

288 Ebenda., S. 263.
289 BayHStA/Abt. IV Kriegsarchiv 1.Stv. Gkdo I. A.K., San.Amt, Nr. 156, Brief an das Sanitätsamt I.b.A.K. München 6, den 21. August 1917.
290 Isserlin, Über psychische und nervöse Erkrankungen bei Kriegsteilnehmern., S. 266.
291 Ebenda, S. 263.
292 „Auch das Abreagieren in Hypnose nach Breuer-Freud und nach Frank habe ich in einer Anzahl von Fällen durchgeführt. Es traten Kriegskomplexe zutage, die dem Oberbewusstsein nicht fremd waren. Einen besonderen Einfluss auf den Ablauf der Krankheit habe ich nicht gesehen."ebenda, S. 263. Andere Ergebnisse erzielte der psychoanalytisch arbeitende Willibald Sauer, der seine geheilten Patienten allerdings wieder an die Front schickte. Sauer, Zur Analyse und Behandlung von Kriegsneurosen.
293 Isserlin, Über psychische und nervöse Erkrankungen bei Kriegsteilnehmern., S. 263.
294 Ebenda, S. 266.

Sie alle werden mit mir unter dem [...] Eindruck stehen, dass die Psychiatrie und Nervenheilkunde, was die Herstellung der Erkrankten zur Kriegsdienstfähigkeit anlangt, weit hinter anderen medizinischen Disziplinen zurückstehen muss. Nur einigermaßen wettgemacht wird dieser Mangel durch die Tatsache, dass ihr dafür eine bedeutungsvolle soziale Wirksamkeit zugefallen ist, und dass sie durch ihre, die Persönlichkeit wertende und auslesende Tätigkeit letzten Endes auch zur Sicherheit der Tüchtigkeit des Heeres auf ihre Weise mitarbeiten darf.[295]

In seiner Arbeit versuchte Isserlin einen Mittelweg einzuschlagen zwischen den militärischen Forderungen und einer einfühlsamen Haltung gegenüber seinen Patienten. Dies gelang ihm einerseits durch die akzentuierte Darstellung der Diagnostik und Therapie der psychisch gestörten Kriegsteilnehmer und der Wiederherstellung ihrer Arbeitsfähigkeit auch mit psychologischen Methoden, andererseits aber auch durch die Herausstellung der kriegswichtigen Arbeit seiner Profession. Jeder der deutschen Psychologen setzte andere Akzente in der eigenen psychotherapeutischen Arbeit; sie hatten sich aber alle zu der herrschenden militärpsychiatrischen Lehre und den militärischen Vorgaben zu positionieren.

Der Siegeszug der aktiven Therapie: Definition von Psychotherapie
Alle psychologischen Ärzte gaben daher in ihren Berichten Auskunft darüber, ob sie die elektrische Therapie nach Kaufmann kannten und ausprobiert hatten. Sie reagierten damit auf eine medizinische Debatte, die besonders im deutschen Raum die Effektivität sogenannter aktiver Methoden, der Hypnose und der Verabreichung starker, schmerzhafter elektrischer Ströme propagierte. Alle psychologischen Militärpsychiater betonten, dass sie mit ihrer Arbeit die Ziele des Staates im nationalen Kampf unterstützen wollten und verwiesen mit Nachdruck auf die Bedeutung ihrer Profession.

Sie reagierten damit aber auch auf militärische Vorgaben, denn das Jahr 1917 war eine Zeit intensiver Beschäftigung lokaler und zentraler militärischer Behörden mit dem Problem der Kriegsneurotiker. 1917 wurden allein vier offizielle militärische Merkblätter zur Frage der Kriegsneurotiker erlassen.[296] Anders als in Großbritannien wurde jedoch von offizieller Seite nicht in den Diagnoseprozess eingegriffen, sondern in das therapeutische Vorgehen. Nachdem von verschiedenen Krankenhäusern über sehr gute Ergebnisse der

---

295   Ebenda, S. 267.
296   Grundsätze für die Behandlung und Beurteilung der sogenannten Kriegsneurotiker (Neurotiker Merkblatt). Darin enthalten: Erlass vom 9.1.1917; Erlass vom 29.1.1917; Erlass vom 7.9.1917; Erlass vom 29.12.1917. Aus dem Lazarett Würzburg, Abteilung Münzschule, Neurotikerlazarett. In: BayHStA/Abt. IV Kriegsarchiv 1.Stv. Gkdo I. A.K., San. Amt, Nr. 156.

sogenannten „aktiven" Therapie berichtet worden war, wurde vom Kriegsministerium am 29.1.1917 die Vorgabe erlassen, zentrale Versorgungsstationen
für psychisch kranke Kriegsteilnehmer zu errichten und den Schwerpunkt
auf eine aktive Therapie zu legen.[297] Diese solle, falls erforderlich, von „gut
angelernten, jüngeren Ärzten unter fachärztlicher Oberleitung" durchgeführt
werden.[298] Wie genau diese „aktive Therapie" aussehen sollte, dafür gab es
keine genauen Vorgaben, sondern es wurde vom Ministerium betont, dass hierbei der einzelne Arzt entscheiden könne und solle: „Über die anzuwendenden
Behandlungsarten können natürlich keine bestimmten Vorschriften gemacht
werden", stand in der zweiten Version des sogenannten Neurotiker- Merk-
blattes.[299] Vorschrift war lediglich, dass diese aktiven Therapien nur in
Spezialkliniken durchzuführen und möglichst bei jedem Kriegsneurotiker
anzuwenden seien, um bei allen Patienten ein gewisses Maß an Arbeitsfähigkeit herzustellen.[300]

Anders als in Großbritannien ging man auch von offizieller Seite davon aus,
dass eine Verwendung der kriegsneurotischen Patienten an der Front nicht
möglich sei. Zwei Arten von Therapiemethoden wurden besonders empfohlen, die Hypnose und die Elektrotherapie.

---

297   „Die überraschenden Erfolge bei der Behandlung der sog. Kriegsneurotiker – 80 bis 90
      und mehr vom Hundert Heilungen im Sinne wenigstens vorläufiger völliger oder nahezu
      völliger Wiederherstellung der Erwerbsfähigkeit und Wiederherstellung einer gewissen
      Kriegsbrauchbarkeit – machen es [...] zur gebieterischen Pflicht, dieser aussichtsreichen
      Behandlungsart möglichst sämtliche hierfür geeigneten Neurotiker [...] zuzuführen."
      BayHStA/Abt. IV Kriegsarchiv 1.Stv. Gkdo I. A.K., San. Amt, Nr. 64, Res. Laz. Würzburg,
      Grundsätze für die Behandlung und Beurteilung der sogenannten Kriegsneurotiker.
      (Neurotiker Merkblatt), S. 12, 3. Erlass vom 7.9.1917; „Die Beratung mit den Herren stellver-
      tretenden Korpsärzten [...] hat Einmütigkeit darüber gezeigt, dass den Kriegsneurotikern
      gegenüber eine tatkräftigere Behandlung erforderlich ist." Ebenda, S. 10, 2. Erlass vom
      29.1.1917. Der Begriff *aktive Behandlung* oder auch *aktive Kriegsneurotikertherapie* wurde
      bereits im Krieg verwendet; siehe dazu zusammenfassend: Maike Rotzoll, Neue Taktik an
      der therapeutischen Front?, in: Becker/Fangerau/Fassl/Hofer (Hrsg.), S. 410, Fnte. 3.
298   BayHStA/Abt. IV Kriegsarchiv 1.Stv. Gkdo I. A.K., San. Amt, Nr. 64, Res. Laz. Würzburg,
      Grundsätze für die Behandlung und Beurteilung der sogenannten Kriegsneurotiker.
      (Neurotiker-Merkblatt), S. 16, 3. Erlass vom 7.9.1917.
299   BayHStA/Abt. IV Kriegsarchiv 1.Stv. Gkdo I. A.K., San. Amt, Nr. 64, Res. Laz. Würzburg,
      Grundsätze für die Behandlung und Beurteilung der sogenannten Kriegsneurotiker.
      (Neurotiker-Merkblatt), S. 10; 2. Erlass vom 29.1.1917.
300   „Für die Versorgung der Kriegsneurotiker ist Hauptgesichtspunkt: ihnen zur vollen Aus-
      nützung ihrer meist psychisch gehemmten Arbeitskraft zu verhelfen." Kriegsministerium,
      Medizinalabteilung, München den 14.5.1917; BayHStA/Abt. IV Kriegsarchiv 1.Stv.
      Gkdo I. A.K., San. Amt, Nr. 156.

Die Hypnose, besonders erfolgreich von dem Neurologen Max Nonne angewandt, hatte aber zwei Nachteile.[301] Sie galt als eher „unwissenschaftlich" und knüpfte an alte, oft suspekte Vorgehensweisen auch alternativer Heiler an und sie war offensichtlich auf besondere Talente des ausführenden Arztes angewiesen: „An manchen Tagen vermag der Hypnotiseur nichts auszurichten, es hängt das Gelingen (hauptsächlich) von der psychischen Verfassung des Hypnotiseurs ab" so hieß es in einem Schreiben des Generalarztes Kimmel Ende 1916.[302] Nicht jeder der Militärärzte war daher ein guter Hypnotiseur. Auch war diese Methode stark an das militärische Autoritätsgefälle geknüpft.[303]

Die Bedienung von elektrischen Apparaten war hingegen einfacher. Alle psychologischen Militärpsychiater berichteten in ihren Artikeln über die Anwendung von (mehr oder weniger schmerzhaften) elektrischen Strömen, vielleicht auch um eine Vielzahl von Methoden einfach auszuprobieren, im offiziellen militärmedizinischen Diskurs mitreden zu können und die eigene Tätigkeit als kriegswichtig darzustellen. Einzig Friedrich Schultze scheint aber ein überzeugter Vertreter dieser Methode gewesen zu sein, die anderen Psychologen standen ihr skeptisch oder ablehnend gegenüber.

Auf die möglichen Komplikationen der elektrischen Therapie hatten einige Autoren in der Fachpresse schon von Anfang an hingewiesen und im September 1917 folgte der, allerdings vage Erlass: „... Die Anwendung starker elektrischer Ströme ist entbehrlich."[304] Deutlicher und noch restriktiver wurden die Vorgaben im Dezember des Jahres, als es hieß:

> Im Hinblick auf die vereinzelt bei Anwendung des sog. sinusoidalen Wechselstroms vorgekommenen plötzlichen Todesfälle wird die Anwendung dieser Stromart zur Neurotikerbehandlung hiermit untersagt. Es genügt nach allgemeiner Ansicht der auf diesem Gebiet erfahrensten Fachärzte die Anwendung des gewöhnlichen faradaischen Stromes mit schwacher Kraftquelle.[305]

---

301 Nonne, Über erfolgreiche Suggestivbehandlung der hysteriformen Störungen bei Kriegsneurosen., S. 204–206.

302 BayHStA/Abt. IV Kriegsarchiv 1.Stv. Gkdo I. A.K., San. Amt, Nr. 64; Generalarzt Dr. Kimmel, Würzburg den 22.12.1917.

303 Der wesentlich weniger stark beeinflussenden Methode der Suggestion, bzw. der eindringlichen Ermahnung folgten z.B. Robert Sommer und Kurt Goldstein, siehe vorangegangene Abschnitte des Kapitels.

304 BayHStA/Abt. IV Kriegsarchiv 1.Stv. Gkdo I. A.K., San. Amt, Nr. 64, Res. Laz. Würzburg, Grundsätze für die Behandlung und Beurteilung der sogenannten Kriegsneurotiker. (Neurotiker-Merkblatt), S. 12; 3. Erlass vom 7.9.1917.

305 Ebenda, S. 127; 4. Erlass vom 22.12.1917.

Das Kriegsministerium versuchte also weiterhin, die gefährliche Anwendung schmerzhafter Stromschläge zu begrenzen, ohne dabei den Handlungsspielraum der behandelnden Ärzte zu sehr einzuengen. Der Einsatz von elektrischen Stromschlägen (mehr oder weniger schmerzhaft) wurde in verschiedenen Fachkliniken durchgeführt und vor allem auch in der Fachpresse ausführlich behandelt. Es entsprach dem Ideal der „aktiven Therapie", zeigte angeblich gute Behandlungserfolge und entsprach mit dem Modell der Maschine dem industriellen Diskurs des Krieges. Von staatlicher Seite wurde jedoch die sogenannte aktive Behandlung auf Spezialkrankenhäuser beschränkt. Die Charité in Berlin war beispielsweise ein bekanntes Zentrum der Elektrotherapie.[306] Daher wurde in der neueren Sekundärliteratur, beispielsweise von Petra Peckl und Philipp Rauh anhand der Analyse von Krankenakten herausgearbeitet, dass in den meisten Krankenhäusern keine aggressiven Therapiemethoden angewandt wurden, sondern konservative Maßnahmen wie Ruhe, Erholung und gute Ernährung.[307] Elektrotherapie wurde wohl nur in etwa 25% der Fälle durchgeführt.[308] Es war wohl eher der offizielle Diskurs, der eine solche Praxis nahe legte; dennoch war es in Deutschland ein so wichtiges Thema, dass sich alle Psychologen dazu positionierten.

In Hinblick auf die eindeutige Empfehlung vieler Psychiater, schmerzhafte und aggressive Therapiemethoden anzuwenden, wird von einigen Historikern in dieser Entwicklung eine Kontinuität zu den Gräueltaten in der Psychiatrie im Dritten Reich gesehen.[309] Gegen diese Vorstellungen sprechen allerdings drei Argumente: Zum einen wurden solche militärpsychiatrischen Methoden auch in anderen alliierten Armeen durchgeführt.[310] Die deutschen

---

306 Linden, They called it shell shock., S. 235.

307 Exemplarisch: Peckl, Krank durch die seelischen Einwirkungen des Feldzuges, in: Prüll/ Rauh (Hrsg.), Philipp Rauh, Der Münchener Kriegskongress der Psychiater und Neurologen vom September 1916 - Ränkespiele, Inszenierungen und Kontroversen, in: Thomas Becker/Heiner Fangerau/Peter Fassl/Hans-Georg Hofer (Hrsg.), Psychiatrie im Ersten Weltkrieg, Konstanz 2018, S. 59.

308 Ebenda, S. 59.

309 Siehe dazu beispielsweise: Karl Heinz Roth, Die Modernisierung der Folter in den beiden Weltkriegen. Der Konflikt der Psychotherapeuten und Schulpsychiater um die deutschen „Kriegsneurotiker", in: Zeitschrift für die Sozialgeschichte des 20. und 21. Jahrhunderts 2/3 (1987), S. 8–75; Riedesser/Verderber, „Maschinengewehre hinter der Front". Zur Geschichte der deutschen Militärpsychiatrie.; ausführlich:Cay-Rüdiger Prüll, Die Bedeutung des Ersten Weltkrieges für die Medizin im Nationalsozialismus, in: Gerd Krumeich (Hrsg.), Nationalsozialismus und Erster Weltkrieg, Essen 2010, S. 363–378.

310 In Frankreich war die Anwendung elektrischer schmerzhafter Stromstöße Teil eines offiziellen Behandlungsplanes, siehe Roussy/Lhermitte/Turner, The psychoneuroses of war., S. 167; Marie Derrien, A new role for asylums? Soldier's experiences of institutionalization during Worl War I. in France, in: Thomas Becker/Heiner Fangerau/Peter Fassl/

Therapiemethoden waren schon in der Kriegszeit bekannt und wurden von anderen internationalen Fachvertretern auch nach dem Krieg nicht kritisiert.[311] Zum anderen konnte anhand der Sekundärliteratur ja gezeigt werden, dass ein großer Teil der deutschen Mediziner dem Appel zu einer durchgreifenden, brutalen Therapie nicht folgte und eher konservative Therapiemethoden berücksichtigte.[312] Anders als in Großbritannien wurden die erfolgreich behandelten Soldaten auch nicht wieder an die Front geschickt, sondern als Arbeiter in der Kriegsindustrie verwendet.[313] Paul Lerner sieht daher drittens die aggressiven Therapieverfahren als ein Mittel deutscher Psychiater, um in militärischer Zwangslage ökonomisch mit den vorhandenen Patienten umzugehen.[314] Maria Hermes betont dagegen, dass eine ganze Generation von Ärzten und Patienten in einem vorher unbekannten Ausmaß Gewalt und Schrecken ausgesetzt war.

Hans-Georg Hofer (Hrsg.), Psychiatrie im Ersten Weltkrieg, Konstanz 2018; in der italienischen Armee wurden nach Kriegseintritt 1915 auch brutale Methoden zur Heilung psychisch kranker Soldaten durchgeführt, siehe: Bruna Bianchi, Psychiatrists, soldiers, and officers in Italy during the Great War, in: Mark S. Micale/Paul Frederick Lerner (Hrsg.), Traumatic pasts. History, psychiatry, and trauma in the modern age, 1870–1930, Cambridge, New York 2001, S. 222–252; Vinzia Fiorino, First world war neuroses in Italy. Emergency management, therapies and some reflections on male hysteria, in: Thomas Becker/ Heiner Fangerau/Peter Fassl/Hans-Georg Hofer (Hrsg.), Psychiatrie im Ersten Weltkrieg, Konstanz 2018, S. 211–226; einige amerikanische Mediziner favorisierten ebenfalls die Anwendung von brutalen Therapieansätzen bei Kriegsneurosen, siehe Shephard, A war of nerves., S. 130f; in Großbritannien wandte Lewis Yealland schmerzhafte elektrische Stromschläge bei kriegsneurotischen Patienten an, siehe ebenda, S. 76–78; Linden/Jones, Edgar & Lees, Andrew J., Shell shock at Queens Square: Lewis Yealland 100 Years on., ebenfalls der Psychologe Frederick Mott, siehe Linden, They called it shell shock., S. 197; Frederick W. Mott, Chadwick Lecture: Mental hygiene in shell shock during and after the war., in: Journal of Mental Science 63 (1917), S. 467–488; in der russischen Armee wurden keine solchen Therapiemethoden angewandt, es gab aber auch eine sehr ungenügende Versorgung der psychiatrischen Patienten, siehe Joshua A. Sanborn, Imperial apocalypse. The Great War and the destruction of the Russian empire, Oxford 2014, S. 154; im Habsburger Reich wurden elektrische Stromschläge zur Behandlung kriegsneurotischer Soldaten beispielsweise in Wien eingesetzt. Anon, Verhandlungen psychiatrischer Vereine., S. 192.

311   Anon, The War. Notes from German and Austrian Medical Journals. Disciplinary treatment of shell shock.

312   Petra Peckl, What the Patient Records Reveal: Reassessing the Treatment of „War Neurotics" in Germany (1914–1918), in: Hans-Georg Hofer (Hrsg.), War, trauma and medicine in Germany and Central Europe (1914–1939), Freiburg 2011, S. 139–159; zusammenfassend Hermes, Krankheit Krieg. S. 463–469; Rauh, Der Münchener Kriegskongress der Psychiater und Neurologen vom September 1916 - Ränkespiele, Inszenierungen und Kontroversen, in: Becker/Fangerau/Fassl/Hofer (Hrsg.), S. 59.

313   Lerner, Hysterical men., S. 124–162.

314   Lerner, Rationalizing the Therapeutic Arsenal: German Neuropsychiatry in World War I, in: Berg/Cocks (Hrsg.).

Viele Kriegskrankenhäuser, so Hermes, hätten keine Möglichkeit zur Verarbeitung dieser Erlebnisse ermöglicht. Sie hätten die Gewalt und das Grauen in
Form der Kriegserfahrungen ihrer Patienten und durch das „Hungersterben" in
den Anstalten zur Normalität werden lassen und damit eine Voraussetzung für
die brutale Entwicklung der Psychiatrie im Nationalsozialismus geschaffen.[315]
In Abgrenzung zu diesen Autoren wird im Folgenden eine Zwischenstellung
eingenommen: Im Vergleich zu britischen psychologischen Militärpsychiatern
fällt die relativ unkritische Akzeptanz schmerzhafter Behandlungsmethoden
ebenso auf, wie eine deutlich herabsetzende Sprache und die starke Betonung
der machtvollen Autorität des behandelnden Arztes. Auch wenn keine direkten Linien zur nationalsozialistischen Medizin zu ziehen sind, so sollte nicht
übersehen werden, wie auch Wolfgang Eckart feststellt, „dass der Umgang mit
Kriegsneurotikern während des Ersten Weltkrieges demselben Problemfeld
zuzurechnen ist."[316] Wie sehr dieses Vorgehen in unmittelbarem Zusammenhang mit dem Kriegsgeschehen stand, zeigte sich auch dadurch, dass das
sogenannte „psychologische Ätiologiekonzept" nach dem Krieg sofort fallen-
gelassen wurde, die Psychiatrie wieder einem biologischen Konzept folgte und
auch die brutalen psychiatrischen Therapiemethoden nach dem Krieg nicht
mehr durchgeführt werden konnten.[317]

4.1.3   *Zwischenfazit*

Das verheerende Kriegsjahr 1916 war für die Armeeführung beider Länder
ein Wendepunkt, denn die außerordentlich hohen Verluste an Material und
Menschen erzwangen ein Umdenken. Dabei richtete das Militär seinen Blick
auch auf die steigende Anzahl psychisch Verletzter und verlangte deren
Wiederherstellung, wobei die Wahl der Mittel zweitrangig wurde. An dieser
krisenhaften Binnenschwelle des Krieges gewann das Wissen der Psychologen
daher stark an Bedeutung. Dieses Wissen wurde für die kriegsspezifischen
Zwecke genutzt, aber auch durch die Anforderungssituation beeinflusst. Die

---

315 Maria Hermes, Wie der Krieg die Menschen verändert. Notizen zur Psychiatrie zwischen
     1914 und 1918, in: Thomas Becker/Heiner Fangerau/Peter Fassl/Hans-Georg Hofer (Hrsg.),
     Psychiatrie im Ersten Weltkrieg, Konstanz 2018, S. 127–143, S. 141.
316 Eckart, Medizin und Krieg., S. 141f; zu Kontinuitätslinien zwischen den Ereignissen des
     Ersten Weltkrieges und den nationalsozialistischen Verbrechen im Zweiten Weltkrieg
     siehe auch: Prüll, „Everything ruined, which seemed most stable in the world ...": The
     German medical profession, the First World War and the road to the „Third Reich", in:
     Crouthamel/Leese (Hrsg.).
317 Max Isserlin, Psychotherapie. Ein Lehrbuch für Studierende und Ärzte, Berlin 1926, S. 190;
     Fischer-Homberger, Der Begriff des freien Willens in der Geschichte der traumatischen
     Neurose., S. 132; Zeller, Psychotherapie in der Weimarer Zeit - die Gründung der „All-
     gemeinen Ärztlichen Gesellschaft für Psychotherapie" (AÄGP)., S. 37f.

neu gewonnen Erkenntnisse beeinflussten die Diagnosestellungen sowie die
Ätiologiekonzepte der neu beobachteten psychischen Störungen. Dies hatte
Auswirkungen auf das Menschen- bzw. Männerbild der Zeit: Die Grenzen zwischen normalem und gestörtem Verhalten schienen sich zu verwischen, wenn
eine große Anzahl von jungen Männern nach großen Belastungen Symptome
psychischer Störungen zeigte. Wie belastbar war der Mensch? Außerdem
stellte sich die Frage, wie viele gestörte Kriegsteilnehmer für die Kampfkraft
einer Armee tragbar waren. Der Zugriff auf die menschliche Psyche, das
Unbewusste oder den Willen erschien notwendig aber auch möglich. So war es
nicht verwunderlich, dass in beiden Ländern sowohl das Ansehen der Militärpsychiatrie als auch die Förderung der psychologischen Therapiemethoden
rasant wuchsen.

In beiden Ländern fühlten sich die Psychologen und Psychiater den militärischen Kriegszielen verpflichtet und handelten in diesem Sinne. Aus diesem
Grund war 1916 auch das Jahr der ärztlichen und psychiatrischen Konferenzen,
in denen die Ärzte und Psychologen versuchten, im militärpsychiatrischen
Vorgehen eine gemeinsame Linie festzulegen, jedoch nur in Deutschland
fand man einen Konsens der Vorgehensweisen und Krankheitsmodelle. So
entwickelten Psychologen beider Länder unter Hochdruck neue psychotherapeutische Verfahren. Sie betonten dabei die Bedeutung des militärischen
Umgangstones und einer militärischen Atmosphäre in den Versorgungsstationen und versuchten damit im Sinne des Militärs die Anzahl der psychisch verletzten Kriegsteilnehmer zu senken. Auch die Psychotherapie passte
sich dadurch der Kriegssituation an.

In Großbritannien wurde der Einsatz von Psychologen in der Militärpsychiatrie vom britischen Militär einerseits aktiv gefördert, andererseits auch
zeitlich begrenzt. Der Sanitätsdienst setzte Psychologen in prominenter Position an der Front ein, um eine effiziente Versorgung der psychisch verletzten
Kriegsteilnehmer zu ermöglichen. Der einflussreiche Psychologe Charles
Myers wurde zum beratenden Psychologen der britischen Armee befördert
und organisierte die Versorgung psychisch Erkrankter an der Front. Zwei weitere Kollegen arbeiteten an zwei der vier neu geschaffenen frontnahen Versorgungszentren für psychisch verletzte Soldaten. Die psychoanalytischen
Methoden, die die Psychologen propagierten, zeigten hohe Erfolgsraten und
es waren auch die einzigen psychotherapeutischen Maßnahmen, die dem britischen Militär bekannt waren. Die britischen Psychologen an der Front arbeiteten mit Elementen der psychoanalytischen Therapiemethode wie Hypnose
und Suggestion und hilfreichen Gesprächen. Diese Methoden waren durchaus schon bekannt, neu war, dass sie alte Behandlungsverfahren mit neuen
theoretischen Vorstellungen verknüpften. Die Psychologen betonten die Bedeutung unbewusster Konflikte als Ursache der psychischen Erkrankungen

und versuchten diese und nicht nur die Krankheitssymptome zu heilen. Für
die britischen Psychologen spielte im Gegensatz zu den Deutschen weder die
aktive Beeinflussung des Willens des Patienten noch die Wiederherstellung
der Arbeitsfähigkeit eine große Rolle. Dies hatte zur Folge, dass die Therapiemethoden die Patienten deutlich weniger belasteten. Ziel dieser psychologischen Therapie war aber die Rückkehr zur Front, ein Ziel, das von ihnen
nicht hinterfragt, sondern mit einer hohen Erfolgsrate erreicht wurde.

Der Einsatz psychologischer Experten an der Front war allerdings auf einen
Zeitraum von Sommer 1916 bis Herbst 1917 begrenzt. In dieser Zeitspanne
arbeitete der prominente Psychologe William Rivers im Offizierskrankenhaus
Craiglockhart in Schottland und förderte durch seine Veröffentlichungen den
Erfolg der Psychoanalyse beim Militär. Ab Herbst 1917, unter Handlungsdruck
nach den hohen Verlusten der Schlachten in Flandern, beendete das Militär
diesen psychologischen Einsatz schlagartig. Der britische Sanitätsdienst setzte
von nun an auf eine konservative, militärisch geprägte Therapie an der Front
und auch William Rivers beendete seine Arbeit an dem Offizierskrankenhaus
in Schottland.

In Deutschland war das Verhältnis der Psychologen zum Militär ein anderes. Einerseits kam es zu keinem Einsatz psychologischer Fachkräfte an der
Front, andererseits aber auch zu keinem Eingriff in psychologisch-psychiatrische
Handlungsspielräume und Diagnosestellungen. Stattdessen waren die Psychologen in die gut organisierte militärpsychiatrische Versorgung in den Heimatkrankenhäusern eingebunden. Eine Erklärung hierfür war die Stellung und
Organisation der Militärpsychiatrie in beiden Ländern: In Deutschland war
diese besser organisiert und die Psychologen hatten daher nicht dieselben
Freiräume, Aufstiegsmöglichkeiten und Handlungsoptionen wie in Großbritannien, denn die bedeutenden Posten waren bereits mit etablierten Fach-
kräften besetzt. In Deutschland hatten 1916 die Psychiater die Initiative ergriffen
und kamen mit der Festlegung auf eine aktive, erfolgreiche Therapiemethode
den Forderungen des Militärs nach einer effektiven Therapie der psychisch
erkrankten Soldaten zuvor. Mehr als in Großbritannien unterstrichen sie die
Bedeutung ihrer Profession für den Krieg und ihre Bereitschaft, sich für die
Kriegsziele einzusetzen. Durch ihre Stellung als Beamte und die Einbindung in
staatliche Strukturen fühlten sie sich in größerem Maße den nationalen Zielen
verpflichtet und versprachen auch durch ihr Vorgehen dem Staat viel Geld zu
ersparen. Auch die Psychologen widersprachen diesem Vorgehen nicht. Daher
hatte das Militär wenig Grund, in die effektive militärpsychiatrische Organisation einzugreifen.

Die empfohlene aktive Therapie psychischer Störungen, die es ermöglichte
Kosten zu sparen, versprach Patienten wie am Fließband wieder einsatztaug-
lich zu machen, wenn auch nicht für den Fronteinsatz wie in Großbritannien,

sondern für den Arbeitseinsatz in der Kriegsindustrie. Hierzu waren viele, meist
unangenehme Maßnahmen erlaubt. Als besonders bekanntes Beispiel gilt die
Anwendung von teilweise starken elektrischen Stromschlägen. Damit griffen
die deutschen Psychiater auf eine durchaus übliche Therapiemethode zurück,
denn anders als in Großbritannien war die Therapie mit (schwachen) elektrischen Strömen in Deutschland in der Zeit vor dem Ersten Weltkrieg nicht aus
der Mode gekommen.[318] Beim Krankheitsmodell der Neurasthenie hatten die
Fachleute angenommen, dass man die fehlende Energie des Körpers und der
Psyche durch elektrische Stimulation wie bei einer Batterie ersetzen könne.[319]
Im Krieg ab 1916 benutzten die Psychiater die vorhandenen Apparate allerdings in einem anderen Sinne: um durch schmerzhafte Stromschläge den Willen zur Krankheit zu brechen und den Patienten wieder zu Kriegszwecken zu
gebrauchen. Dieses aggressive Vorgehen, gepaart mit begleitenden Gesprächen
und einer militärischen Atmosphäre der Versorgungskrankenhäuser galt in der
deutschen Militärpsychiatrie als „Psychotherapie". Die therapeutischen Ziele
bestanden dabei in der Wiederherstellung der Arbeitsfähigkeit und hatten den
Nutzen für die Nation und nicht das Wohl des Patienten im Blick. Dieser enge
Zusammenhang zwischen psychischer Gesundheit und Arbeitsfähigkeit war
ein spezifisch deutsches Phänomen.[320]

Die deutschen Psychologen bildeten keine einheitliche Gruppe und waren
zudem innerhalb der Militärpsychiatrie wenig vernetzt. Sie mussten sich aber
den großen Themen der Militärpsychiatrie gegenüber positionieren: Fast
alle kannten die sogenannten aggressiven Therapiemethoden, besonders
die Anwendung schmerzhafter elektrischer Stromschläge. Nur ein Psychologe, Schultze, wandte selbst diese Methode mit großer Überzeugung an.
Die anderen zeigten sich durchaus kritisch und zogen andere therapeutische
Interventionen vor und benutzten dabei häufig experimentalpsychologische
Apparaturen. Aber auch diese Methoden sahen den Patienten nicht als aktives Gegenüber an, sondern sollten ihn durch täuschende Verfahren (psychologisches Experiment, Scheinoperation) zur Einsicht bringen. Der Patient,
sozusagen entlarvt, würde dann von selber die Symptome aufgeben. Ein Verständnis unbewusster Konflikte bzw. die Aufdeckung verdrängter Gefühle war

---

318 Stefanie Linden/Edgar Jones, ‚German battle casualties: The treatment of functional
     somatic disorders during World War I', in: Journal of the History of Medicine and Allied
     Sciences 68 (2013), S. 627–658; Linden, They called it shell shock., S. 199.
319 Killen, Berlin electropolis., S. 55.
320 Paul Lerner, Psychiatry and casualties of war in Germany, 1914–18, in: Journal of Contem-
     porary History 35 (2001), S. 13–28, S. 16.

in der deutschen Psychologie zu diesem Zeitpunkt kaum von Bedeutung, denn psychoanalytische Vorstellungen wurden sowohl von Psychologen als auch von Psychiatern abgelehnt.

Ähnlich wie in Großbritannien betonte man zwar den Wert einer militärischen Umgebung, allerdings hob man das Konzept des Willens besonders hervor, der beim Patienten durch energisches Eingreifen in die gewünschte Richtung zu lenken sei. Ab 1916 wurde dem Patienten ein fehlgeleiteter Wille zur Krankheit unterstellt, wobei das Konzept des Willens und seine Beziehung zu körperlichen Symptomen sehr unscharf blieben. Damit wurde nicht der Krieg, sondern die innere Haltung des Patienten und sein Wunsch nach Berentung als Auslöser der Erkrankung angesehen. Als Begründung griffen die Militärpsychiater auf ältere Konzepte der Krankheitsentstehung (Unfallneurose) zurück und sahen die Ursache der Erkrankung in einer falschen Einstellung des Patienten und nicht mehr als Folge unerträglicher (Kriegs-) Erlebnisse. Man unterstellte dem erkrankten Soldaten den Wunsch, dem Krieg zu entkommen und eine Rente zu beziehen. Mit dieser Definition war eine moralische Abwertung des Patienten verbunden, da dieses Verhalten als unehrenhaft angesehen wurde. Der Wille des Patienten galt auch als wesentlicher Ansatzpunkt ärztlichen Handelns. Dabei war fehlgeleitete Wille des moralisch zu verurteilenden Patienten wohl eher ein Begriff, der den Militärpsychiatern dazu diente, ärztliche Eingriffe zu legitimieren und wirtschaftlichen Engpässen entgegenzuwirken, denn dem dringenden Bedarf an kampffähigen Soldaten und an Arbeitern in der Kriegsindustrie versprachen diese ärztlichen Vorgehensweisen gerecht zu werden.

Die britischen Psychologen kannten diese deutschen Methoden, standen ihnen aber distanziert gegenüber. Ein Grund für diese Einstellung war, dass man in Großbritannien den Einfluss des psychoanalytischen Denkens und dadurch die Bedeutung unbewusster Konflikte betonte und damit eine willentliche Beeinflussung der Symptome in Frage stellte. Das Konzept des Willens war in Großbritannien auch ein anderes: Die freiwillige Meldung zum Kriegsdienst zeichnete den wehrfähigen britischen Mann aus, dem außerdem weitere Tugenden wie Tapferkeit und Patriotismus zugesprochen wurden. Ein fehlgeleiteter oder falscher Wille wurde einem Kriegsteilnehmer – der sich freiwillig gemeldet hatte – daher nicht unterstellt und diese Einstellung änderte sich erst langsam nach Einführung der allgemeinen Wehrpflicht. Bei einer psychischen Erkrankung sei der Wille zu kämpfen zwar immer beeinträchtigt, aber nicht dieser allein. Charles Myers betonte diesen feinen Unterschied, indem er eine Hemmung (inhibition of the will) und keine Störung des

Willens (derangement of will) annahm.[321] Man ging davon aus, dass Emotionen den gesunden Willen stören und beeinträchtigen, wobei dieser mit Selbstkontrolle gleichgesetzt wurde.[322] Britische Psychologen propagierten jedoch
nicht, durch eine aktive Behandlung diese Selbstkontrolle zu beeinflussen;
dies widersprach ihrer Auffassung vom Umgang mit einem freien Bürger.[323]
Sie versuchten eher durch aufdeckende Gespräche den Patienten dazu zu
bringen, wieder die Kontrolle über sein Handeln zu erlangen: „[s] elf knowledge brings with it self control in the psychic domain."[324] Der Kampfeswille
sei also nicht durch Gewalt, sondern durch Einsicht und Umerziehung wieder
herzustellen. Die deutlich freundlichere Einstellung den Patienten gegenüber
lässt sich auch dadurch erklären, dass bei vielen Militärärzten Vorbehalte
gegenüber der neu rekrutierten Armee der Wehrpflichtigen herrschten. Diese
schnell ausgebildeten Rekruten, so nahmen auch die Psychologen an, seien
so schlecht vorbereitet, dass ihr Zusammenbrechen durchaus verständlich sei.

Ein anderer Grund dafür, dass die britischen Psychologen keine aggressiven
Methoden anwandten, lag möglicherweise in der schon frühen Anerkennung
auch psychologischer Ärzte durch das Militär. Charles Myers, William Brown,
Francis Dillon und William Rivers wurden ab 1915 durch militärische Vorgesetzte oder den zentral organisierten Medical Research Council eingesetzt
und mussten die Wirksamkeit ihrer Tätigkeit nicht so deutlich beweisen wie
ihre deutschen Kollegen. Sie gehörten auch, wie viele Mitglieder des Militärs und der Politik der gleichen sozialen Elite der Oxbridge-Absolventen an.
Des Weiteren existierten wohl auch nicht so viele Apparate zur Anwendung
der Elektrotherapie wie in Deutschland. Es gab auch keine richtungsge-
bende Konferenz britischer Psychiater, in der man sich auf eine gemeinsame
Behandlungsstrategie festlegte. Die Psychologen Großbritanniens bildeten
aber eine gut vernetzte Gruppe, die sich alle ähnlichen therapeutischen Ideen
verpflichtet sahen.

In beiden Ländern war die Gruppe der behandelnden Psychologen, verglichen mit den anderen Militärpsychiatern, allerdings klein. Beim genauen
Hinsehen nivellieren sich deshalb einige Unterschiede im therapeutischen

---

321   Charles Samuel Myers, Contributions to the study of shell shock. IV. Being an account of
      certain disorders of speech, with special reference to their causation and their relation to
      malingering., in: The Lancet 188 (1916), S. 461–467, H. 4772., S. 467.

322   Robert Armstrong-Jones, The psychology of fear and the effect of panic fear in war time,
      in: Journal of Mental Science 63 (1917), S. 346–389, S. 349, S. 351.

323   Eine Ausnahme war der Psychiater Lewis Yealland, der ähnlich wie seine deutschen
      Kollegen durch elektrische Stromschläge den Willen der Patienten beeinflussen wollte,
      siehe: Yealland, Hysterical disorders of warfare., S. 151.

324   Brown, The treatment of cases of shell shock in an advanced Neurological Centre., S. 198.

Vorgehen: Beim Vergleich der Diskussionen in den Fachzeitschriften über den klinischen Alltag zeigte sich, dass nur in etwa 25% der Fälle die deutschen Psychiater tatsächlich aggressive Behandlungsmethoden anwandten, in den meisten anderen Fällen aber konservative Maßnahmen wie Bettruhe und Erholung. Rentenansprüche wurden, auch im Gegensatz zur offiziellen Verlautbarung, erfüllt und die deutschen Gerichtsverfahren zeigten eine eher patientenfreundliche, humane Kriegspsychiatrie. Möglicherweise stellte dieser Fachdiskurs in Deutschland eine professionelle Propaganda dar, um das Militär und die Öffentlichkeit von der Wirksamkeit psychotherapeutischer Maßnahmen zu überzeugen. Es ist allerdings auffällig, dass deutsche Psychiater und Psychologen sich abfälliger über ihre Patienten äußerten als ihre britischen Kollegen, deren Beschwerden nicht ernst nahmen und sich daher nach den Forderungen des Militärs ausrichteten. Das Therapieziel der deutschen Psychiater und Psychologen war die Befähigung zur Arbeit in der Kriegsindustrie, da sie die Kriegstauglichkeit der Patienten für nicht wiederherstellbar hielten. Dieses Ziel war deutlich patientenfreundlicher als das der britischen Kollegen, die ihre geheilten Patienten wieder an die Front schickten. In der britischen Armee war 1916 mit Einführung der allgemeinen Wehrpflicht die Angst um die Schlagkraft der Armee deutlich größer als in Deutschland, wo die wirtschaftlichen Probleme als am drückendsten empfunden wurden.

4.2   Das Militär diagnostiziert: Anpassung an neue Waffen

> Und nun ist zu allem dem infolge der harten Notwendigkeiten des Krieges auch eine Militärpsychologie getreten, beziehungsweise aus dem theoretischen ins praktische Stadium getreten. Über die Seele des Rekruten wie des Feldherrn, des Kavalleristen wie seines Pferdes ist schon früher mancherlei verhandelt. Aber jetzt galt es dringendere Aufgaben, und zwar sehr verschiedener Art zu lösen.[325]

Der Psychologieprofessor Carl Stumpf aus Berlin datierte hier im Frühjahr 1918 die Entstehung einer praktischen Militärpsychologie in die zweite Hälfte des Krieges. Er sprach dabei von den „harten Notwendigkeiten des Krieges", die diese Entwicklung notwendig gemacht und die eher beschreibende Tätigkeit der Psychologen am Kriegsanfang abgelöst hätten. Nach den Erfahrungen der großen Schlachten des Jahres 1916 setzten die militärischen Führer in beiden Ländern den Schwerpunkt ihrer Kriegsführung auf die Anwendung neuer

---

325   Stumpf, Über den Entwicklungsgang der neueren Psychologie und ihre militärtechnische Verwendung., S. 278; siehe auch Petri, Eignungsprüfung, Charakteranalyse, Soldatentum., S. 40.

Waffen und innovativer Techniken, besonders bei den Luftstreitkräften und der Marine. Im Seekrieg verschob sich der Schwerpunkt der Anstrengungen auf deutscher Seite von der Schlachtflotte auf den U-Bootkrieg. Die Armeeführung verstärkte der Einsatz von U-Booten, um durch die Versenkung feindlicher Schiffe die Nahrungsversorgung in den feindlichen Ländern zu erschweren. Diese Entwicklung mündete am 9. Januar 1917 in den unbeschränkten U-Bootkrieg. Auch die Luftstreitkräfte nahmen gegen Kriegsende an Bedeutung zu.[326] Diese neuen Waffen mussten jedoch in großer Zahl hergestellt, ausprobiert und verbessert werden. Flugzeuge und U-Boote waren aber technisch hochkomplizierte Maschinen und verlangten nach gut ausgesuchtem und ausgebildetem Fachpersonal. Ein Flugzeug, ein Automobil oder eine Lokomotive waren außerdem sehr teuer und ein Sachschaden sollte möglichst vermieden werden. Um dieses Risiko zu verringern, suchten die zuständigen Militärs und Politiker nach neuen Selektions- und Trainingsmethoden für dieses militärische Fachpersonal. In diese Lücke traten die Psychologen, die behaupteten, über solche Auswahlverfahren zu verfügen und diese in speziellen psychologischen Experimentallabors entwickelt zu haben.[327] Psychologen galten zu dieser Zeit als die Fachleute zur Messung von Sinnesleistungen. Piloten und U-Bootbesatzung sollten über eine gute Wahrnehmungsfähigkeit und eine überdurchschnittliche Hör-und Sehfähigkeit verfügen. In Deutschland, Großbritannien, Frankreich, Italien und Amerika hatten Psychologen die erforderliche Spezialkenntnisse und entwickelten neue Messverfahren für das Militär: Tests zur Prüfung der Nachtsichtigkeit (night vision), Methoden zur Auswahl von Piloten, Flugbeobachtern, Fahrern und Telegraphisten, von Horchern, die in der U-Boot-Abwehr (anti-submarine service) beschäftigt waren und Tests für andere militärische Zwecke.[328] In keinem Land wurden jedoch Fachleute zur Handhabung der neu entwickelten Panzer angefordert oder eingesetzt.

Neu war dabei auch, dass sich die Armeeführung bei der Auswahl von militärischem Spezialpersonal nicht mehr auf die Expertise erfahrener Offiziere verließ, sondern fachfremde Wissenschaftler in der Personalauswahl und Schulung einsetzte. Dies führte zu Konkurrenzkämpfen zwischen den

---

326   Ebenda, S. 848–849.
327   Gundlach, Reine Psychologie, angewandte Psychologie und die Institutionalisierung der Psychologie., S. 197.
328   Philip Ewart Vernon/John B. Parry, Personnel Selection in the British Forces, London 1949, S. 17; Definition: „Test (englisch: Probe) ist eine scharf umschriebene Aufgabe, die in einfachster Weise in kürzester Zeit, an einem beliebigen Orte (d.h. außerhalb eines Laboratoriums) bestimmte psychische Fähigkeiten bei einem Individuum festzustellen vermag.", Baumgarten, Die Berufseignungsprüfungen., S. 152.

Militärs, Medizinern und Psychologen, in denen letztere sich aber erfolgreich behaupten konnten; ein Kompromiss zwischen der Einbindung in militärische Vorgehensweisen und der Einführung neuer psychologischer Methoden prägte das Vorgehen in beiden Ländern. Anders als in der Sekundärliteratur wird hier argumentiert, dass es gerade diese Kompromissfähigkeit war, die den Psychologen Einfluss in der militärischen Hierarchie verschaffte.[329]

4.2.1 Großbritannien: Zwischen militärischer Tradition und Moderne

Psychologische Tests und Untersuchungsmethoden hatten in der britischen Armee nicht die Bedeutung wie in Deutschland, da die britische Militärführung solche neuen Methoden in einer kleinen Berufsarmee nicht für notwendig hielt und darum vernachlässigte. Die allgemeine Wehrpflicht wurde erst 1916 eingeführt und der Aufbau einer Armee von Wehrpflichtigen verlief nicht unproblematisch. Die Handhabung von Personalproblemen in der Armee, die Menschenführung und die Auswahl von Rekruten und Offizieren lagen vor dem ersten Weltkrieg in Großbritannien ausschließlich beim Militär. Auch nach der Einführung der allgemeinen Wehrpflicht 1916 wandten die zuständigen Ärzte, anders als in der deutschen und der amerikanischen Armee, bei der Rekrutierung neuer Soldaten keine psychologischen Leistungs- und Intelligenztests an. Schon zu diesem Zeitpunkt bedauerten allerdings einige psychiatrische Fachleute dieses Vorgehen, weil dadurch auch psychisch auffällige Rekruten eingezogen wurden.[330]

Dieses Vorgehen des britischen Sanitätsdienstes war umso erstaunlicher, da in Großbritannien Verfahren zur Erfassung von allgemeinen und speziellen Leistungsfaktoren bekannt und vor allem im Schulsektor verbreitet waren. Sie waren sogar von britischen Psychologen entwickelt worden. Francis Galton und James McKeen Cattell hatten bereits Ende des 19. Jahrhunderts

---

329 Stefan Petri vertritt die These, dass der erste Weltkrieg „ohne Zweifel der bis dahin größte Impulsgeber für die Angewandte Psychologie in Deutschland" sei. Petri, Eignungsprüfung, Charakteranalyse, Soldatentum., S. 231. Für die Implementierung psychologischer Methoden sei aber „eine wissenschaftlich gesicherte, rationale Allokation der Soldaten auf militärische Funktionen" ausschlaggebend gewesen. (Ebenda.) Auch Theo Herrmann beklagte, dass in den 20er Jahren die Entwicklung der Psychologie durch die Einführung von subjektiven Beurteilungsfaktoren einen „bedauerlichen methodologischen Niedergang" verzeichnen würde, siehe: Theo Herrmann, Zur Geschichte der Berufseignungsdiagnostik, in: Archiv für die gesamte Psychologie 118, S. 253–278, S. 273. In der vorliegenden Arbeit wird aber betont, dass gerade das Nebeneinander von konservativen, militärischen Beurteilungsfaktoren und neuem „objektivem" wissenschaftlichem Vorgehen die Akzeptanz militärischer Behörden für psychologische Auswahlverfahren förderte.

330 Savage, Mental disabilities for war service., S.42–43.

Untersuchungen von Sinnesfunktionen (Schwellenmessungen im optischen, akustischen und taktilen Bereich) und individuelle Reaktionsmessungen durchgeführt.[331] Charles Spearman hatte anfangs des 20. Jahrhunderts seine einflussreiche Theorie der Intelligenz entworfen und spezielle Messverfahren vorgelegt.[332] Carl Gustav Jungs Methode zur Messung verhaltensrelevanter Emotionen (Assoziationstechniken) war bekannt, ebenso wie die Intelligenz-messungen von Alfred Binet und Theodor Simon von 1905.[333]

Erst als die Personalprobleme in der Armee den Sieg der britischen Streit-kräfte zu gefährden drohten, begann sich das Militär für psychologische Leistungstests und Auswahlverfahren zu interessieren. Anders als in Deutsch-land beschäftigten sich 1916 und 1917 aber nur wenige Psychologen mit militär-diagnostischen Problemen, da die meisten der prominenten Fachvertreter in der Militärpsychiatrie engagiert waren.

Das Jahr 1916 war auch für die britische Armeeführung ein Wendepunkt, ab dem sie ihre Kriegsführung änderte und den Schwerpunkt auf den Einsatz von neuen Waffen wie Flugzeuge und U-Boote legte. Das massive Bedrohungsgefühl der Zivilbevölkerung in Großbritannien und die Angst vor Angriffen von der See oder aus der Luft (Zeppeline und Bombenangriffe) zeigte die Bedeutung dieser neuen Waffengattungen.[334] Die Marine versuchte daher, die Schlagkraft und die Zielgenauigkeit ihrer U-Boote sowie die Methoden zur Ortung feind-licher U-Boote zu verbessern. Auch durch den Einsatz von Flugzeugen und Ballons erhofften sich die Luftstreitkräfte neue Erfolge. Deshalb steigerten sie die Anzahl der neuen Flugzeuge und damit auch die von kompetenten Piloten und Flugbegleitern. So hatte das *Royal Flying Corps* des Heeres im August 1914 146 Offiziere; im November 1918 dagegen schon 27.000 – dem entsprachen 1914 100 Maschinen und im November 1918 22.677.[335] Die britische Fliegerei war aber bis kurz vor Ende des Krieges, ähnlich wie in Deutschland, dezentral orga-nisiert, wodurch die Einführung neuer Auswahlverfahren erschwert wurde. Ab 1. Juli 1914 existierte eine eigene Flugabteilung der Marine (*Royal Naval Air Service, RNAS*) neben der des Heeres (*Royal Flying Corps RFC*). Beide wurden erst im April 1918 zur *Royal Air Force* (RAF) zusammengeschlossen.

---

331 Hearnshaw, A short History of British Psychology., S. 249.

332 Charles Edward Spearman, „General intelligence" objectively determined and measured, in: American Journal of Psychology 15 (1904), S. 201–293.

333 Carl Gustav Jung, Diagnostische Assoziationsstudien. Beiträge zur experimentellen Psychopathologie, Leipzig 1906–1910; Hearnshaw, A short History of British Psychology., S. 250.

334 Leonhard, Die Büchse der Pandora., S. 728–730.

335 Ralph Barker, A brief history of the Royal Flying Corps in World War I, London 2002.

Daher interessierten sich die Militärs erst ab 1916, nachdem der Ausbau
der Luftstreitkräfte beschlossen worden war, intensiver für eine effektive Auswahl von Flugpersonal und geeigneten Offizieren. Erst ab 1918, mit der Gründung der Royal Air Force, wurde die psychologisch-medizinische Prüfung des
Flugpersonals wissenschaftlich genauer vorbereitet. Der späte Beginn dieser
Untersuchungen wurde aber von Seiten der Fachleute bedauert.[336]
Wie in Deutschland wurden psychologische Experten aufgrund der
dezentralen Organisation der Fliegerei an verschiedenen Orten und nicht
koordiniert eingesetzt; auch waren sie nicht so gut vernetzt wie in Deutschland. Zwei militärisch relevante Personengruppen sollten bei diesen Einsätzen
genauer untersucht und geschult werden: zum einen die Flug-Offiziere, die
sowohl extremen körperlichen als auch psychischen Stressfaktoren ausgesetzt
waren; zum anderen die Experten an Maschinen zur Flug- und U-Bootabwehr,
die über besonders gute sensorische Fähigkeiten verfügen sollten.
An den Universitäten hatten sich die Psychologen in der Vorkriegszeit
hauptsächlich mit der Diagnose und Erforschung der menschlichen Sinne
befasst.[337] Für das Militär war es deshalb naheliegend, Psychologen mit der
Prüfung der psychophysiologischen Sinnesleistung dieser militärischen Fachleute zu beauftragen. Physiologische Untersuchungen widersprachen auch
nicht so stark dem militärischen Selbstverständnis, da körperliche Untersuchungen auch bei der Musterung von Offizieren Standard waren. So waren
vor allem die Psychologen besonders erfolgreich, die sowohl das wissenschaftliche Fachwissen mitbrachten als auch die militärische Sprache und
Einstellung beherrschten. Die innovativen psychologischen Testverfahren
spiegelten daher ein Nebeneinander von neuen Verfahren und Apparaten und
alten militärischen Vorgehensweisen, denn die Tätigkeit von Psychologen bei
der Auswahl von militärischen Experten war in der britischen Armee wegen
des Primats des Militärs erschwert.[338] Die folgenden Ausführungen konzent-
rieren sich auf die Tätigkeit von vier bedeutenden Psychologen in der zweiten
Hälfte des Krieges. Diese Psychologen hatten durch ihre Arbeit in der ersten
Kriegshälfte bereits die Akzeptanz und das Interesse militärischer Behörden
erlangt. Charles Spearman war Berufsoffizier; Charles Myers, Henry Head und
William Rivers wurden in der Kriegszeit zu Offizieren ernannt und waren
alleine schon deshalb für militärische Behörden akzeptabel.[339] Sie alle fühlten

---

336   Anon, The efficient selection and care of flying officers, S. 191.
337   William McDougall untersuchte beispielsweise die optische Wahrnehmungsfähigkeit,
       siehe: Hearnshaw, A short History of British Psychology, S. 187f.
338   Jahr, Gewöhnliche Soldaten, S. 104f.
339   Gregory Thomson, Charles Spearman. 1863–1945, in: Obituary Notices of Fellows of the
       Royal Society 5 (1947), S. 373–385, S. 374.

sich den militärischen Zielen verpflichtet und ihre psychologischen Methoden und Verfahren implementierten deshalb auch in großem Maße militärische Vorgaben und traditionelle medizinische Auswahlverfahren. Ihr Vorgehen ist typisch für den Versuch britischer Psychologen, ihre Methoden beim Militär sinnvoll anzuwenden. Sie arbeiteten in ähnlichen psychologischen Forschungsfeldern wie ihre deutschen Kollegen, das Ergebnis ihrer Arbeit war aber ein ganz anderes.

Methodenvielfalt und neue Apparate: Charles Spearman und die Marine
Charles Spearman war ein Vertreter der älteren Generation und musste zu Beginn des Ersten Weltkrieges als ein besonders geeigneter Psychologe im Kriegsdienst erscheinen: Zum einen blickte er selbst auf eine lange militärische Karriere zurück, denn bis 1897 hatte er als Berufsoffizier in der Britischen Armee gedient. Seit diesem Zeitpunkt interessierte er sich für Psychologie (er war ab 1907 aktives Mitglied in der BPS), ging nach Deutschland und studierte und promovierte bei Wilhelm Wundt und anderen deutschen Psychologen, unterbrochen nur durch seine militärische Einberufung im Burenkrieg.[340] 1904 stellt er in einem bahnbrechenden Artikel sein Intelligenzkonzept vor, das er durch statistische Analyse untermauern konnte.[341] Spearman hatte, als Pionier der Testtheorie, das mathematische Verfahren der Faktorenanalyse entwickelt, mit dem er beanspruchte, aus einer Reihe von statistischen Daten zugrundeliegende Bestimmungsfaktoren ableiten zu können. Er gab an, aus einer Reihe von psychologischen Leistungen (mathematische, verbale Fähigkeiten, Gedächtnis etc.) einen allgemeinen erblichen Leistungsfaktor herausfiltern zu können, den er Intelligenz nannte und dessen Charakter und Funktionsweise er in weiteren Studien untersuchen wollte. Daneben nahm er weitere spezifische Eigenschaften an wie z.B. sprachliche Fähigkeiten, die aber nur durch entsprechende Tests erfasst werden könnten. Intelligenz war zu dieser Zeit ein noch eher vages Konzept und Spearman zog deshalb anfangs den Begriff *mental energy* vor.[342] Sein Konzept eines allgemeinen Intelligenzfaktors war jedoch in der Testdiagnostik sehr erfolgreich.

Deshalb ist es erstaunlich, dass er sich beim Militär nicht für den Einsatz testpsychologischer Maßnahmen engagierte. Das Kriegsministerium hatte

---

340 Ebenda, S. 375; Hearnshaw, A short History of British Psychology., S. 196; Richard H. Williams/Donald W. Zimmerman/Bruno D. Zumbo/ed. al., Charles Spearman: British Behavioural Scientist, in: The Human Nature Review 3 (2003), S. 114–118, S. 114.

341 Ebenda, S. 117, Charles Spearman, General intelligence, objectively determined and measured, in: American Journal of Psychology 15 (2000), S. 201–299.

342 Hearnshaw, A short History of British Psychology., S. 199; Williams/Zimmerman/Zumbo/ed. al., Charles Spearman: British Behavioural Scientist., S. 114.

schon früh versucht, Spearman als Experten heranzuziehen, war aber erst in der zweiten Hälfte des Krieges, ab 1917, damit erfolgreich.[343] Spearman arbeitete dann vor allem für die Marine, unabhängig von anderen psychologischen Kriegsgremien wie z.b. der Arbeitsgruppe im *Crystal Palace* (siehe folgendes Unterkapitel). Trotz dieses späten und speziellen Einsatzes wurde er offensichtlich von Seiten des Militärs hoch geschätzt.[344]

Die Admiralität hatte Spearman vor allem als psychologischen Berater für das Training von U-Boot-Offizieren eingestellt.[345] In der Zeit des unbeschränkten U-Boot-Krieges versuchte sie mit allen wissenschaftlichen Mitteln, die Leistungen dieser neuen Waffengattung zu optimieren, auch um die Nahrungsversorgung in der Heimat aufrecht zu erhalten. Spearman war ein besonders geeigneter Vermittler zwischen Wissenschaft und Militär, da er in der Lage war, die traditionellen militärischen Vorgehensweisen mit dem Blick eines wissenschaftlich arbeitenden Psychologen zu untersuchen und zu kommentieren.[346] Er entwickelte z.b. in seinem *Attack Teacher* eine Methode, die es ermöglichte die psychologischen Anforderungen an einen U-Boot-Offizier während eines feindlichen Angriffs genau zu beobachten und die effektivsten Reaktionsmöglichkeiten aufzuzeigen. Er bezog sich in diesem Vorgehen auf moderne psychologische Forschungsergebnisse.[347] Ein guter Offizier, so Spearman, müsse sowohl eine genaue Beobachtung und Einschätzung der aktuellen Gefahrensituation vornehmen können, als auch über ein Repertoire von bewährten und effektiven Handlungsmöglichkeiten verfügen. Wie ein Sportler oder Pianist sollten die Offiziere eingeübte Reaktionsweisen schnell und situationsgerecht anwenden können, auch in Momenten größter Gefahr.

In möglichst realitätsnah simulierten Gefahrensituationen versuchte Spearman die Beobachtungs- und Reaktionsfähigkeit der Offiziere zu optimieren.[348] Nicht die konkreten Handlungsanweisungen, sondern die theoretischen und

---

343   Schon 1913 war Spearman im Hinblick auf eine mögliche Mobilisierung der Armee die Position eines *General Staff Officers* zugewiesen worden, siehe: WL PSY/Spe/1/6/13: Correspondence, Brief des War Office vom 3. Mai 1913.

344   WL PSY/Spe/1/6/13, Brief der Admiralität vom 30.8.1920.

345   Charles Spearman, C. Spearman, in: Carl Murchison (Hrsg.), A history of psychology in autobiography, Bd. 1, Worcester 1930, S. 299–333, S. 315; WL PSY/Spe/1/6/13, Brief des Department of Scientific Research & Experiment, Admiralty vom 19.4.1937.

346   Spearman führte seine Forschungen zusammen mit Jack C. Flügel und Wynn Jones aus und die *British Assoziation* gründete ein Komitee für psychologische Kriegsforschung mit Beteiligung von Spearman und seinem Schüler Cyril Burt, siehe: Hearnshaw, A short History of British Psychology., S.249.

347   WL PSY/SPE/1/2/25: Spearman Naval Notes Submarine Attack and Gunnery 1917–1918, The „Attack Teacher" from its psychological aspect, S. 1.

348   Ebenda, S. 4.

taktischen Überlegungen und genauen Verhaltensbeobachtungen kenn-
zeichneten Spearmans Vorgehensweise und unterschieden sie von den
Methoden seiner militärischen Kollegen. „In general, this method of teaching
appears entirely in accordance with the results of modern psychological
investigation."[349]

Spearman schlug vor, in einer Art Planspiel die Gefahrensituation detailliert vorauszusehen, zu beschreiben und einen taktischen Plan auszuarbeiten.
Dann sollte der diensthabende Offizier möglichst viele Handlungsalternativen
entwickeln:

> The officer under instruction could then: A. make all possible inference as to the
> action of the enemy; B. conceive every variety of feasible action on their own
> part, with its advantages and disadvantages. Finally, the instructor could look
> over the replies [of his scholars] and give lecture upon them.

Vorschläge für ein anderes Setting waren:

> ... a third way could be to arrange three tables as in „Kriegsspiel", one for the
> attacking submarine, one for that of the enemy, and one in the middle where the
> umpire records the moves of both parties.[350]

Dieses Vorgehen sollten die Vorgesetzten aber nicht nur zu Trainingszwecken
nutzen, sondern auch zur Auswahl geeigneter Offiziere und zur Verbesserung
der militärischen Organisation:

> It should be noted that the preceding elementary exercise would, incidentally,
> perform the officer of testing each officer under instruction in such portion of
> the work, so that any of his especially weak points could be met by special coun-
> ter measures. Further, such detailed exercise might well sometimes be able to
> suggest even to the instructors some possible improvements in actual service
> procedure.[351]

In seinen Erinnerungen gab Spearman später an, dass diese genaue Untersuchung kriegsrelevanter Leistungen in verschiedenen Gefahrensituationen
seine Theorie des kreativen Denkens beeinflusst hätte. Durch Rückgriff auf
frühere Erfahrungen und mit Hilfe der Fähigkeit, logische Beziehungen
zu knüpfen, sei der Mensch in der Lage neue Lösungen für komplexe Probleme zu finden. Diese Überlegungen und Erfahrungen gingen in die

---

349   Ebenda, S. 1.
350   Ebenda; S. 5.
351   Ebenda, S. 5.

differenzierteren Ausführungen zur Intelligenz ein, die Spearman nach dem Krieg veröffentlichte.[352]

Ab 1917 entwickelte Spearman, ähnlich wie seine deutschen Kollegen, spezielle Apparate für die psychologische Diagnostik und Schulung militärischer Experten: Das Hauptziel dabei war die Optimierung akustischer und optischer Sinnesleistungen. Ab diesem Zeitpunkt zeigte sich die Marine interessiert und er konnte seine Apparate vor den militärischen Behörden vorführen.[353] Der sogenannte *„Reverser"* sollte einen Soldaten dazu befähigen, auch sehr leise Geräusche wahrzunehmen und genau zu lokalisieren.[354] Mit diesem Apparat wollte Spearman Fachleute in die Lage versetzen, feindliche Objekte unter Wasser oder in der Luft besser zu lokalisieren. Es handelte sich also um eine Maschine, die die natürlichen Sinnesleistungen des Menschen verbessern sollte; ein Vorgehen, das jedoch von Anfang an auf fachliche Kritik stieß; auch die militärischen Behörden waren skeptisch.[355] In dieser Kritik deutete sich ein Wandel des zeitgenössischen Mensch-Maschinen-Modells an: Spearman ging noch davon aus, dass die Sinnesleistung des Menschen überlegen sei und durch die Leistung einer Maschine zu optimieren wäre. Die Technik des Radars (funkbasierte Flugzeugortung), die gegen Kriegsende eingeführt wurde, erwies sich aber der menschlichen Sinnesleistung bei der Entdeckung feindlicher Objekte völlig überlegen.

Eine zweite von Spearman entwickelte Maschine sollte das Zielverhalten von U-Boot-Schützen (*gunlayer*) optimieren. Er wollte damit geeignete Kandidaten für diese Aufgabe auswählen und trainieren.[356] Spearman präsentierte diese Apparate 1917 den interessierten militärischen Experten der Marine (U-Boot Depot).[357] Diese lehnten dieses spezielle Training aber als unökonomisch ab und es fehlte ihnen auch der exakte Bezug zur realen Kriegssituation:

352   Spearman, The nature of ‚intelligence‘ and the principles of cognition., Kapitel 4.

353   Z.B. WL PSY/Spe/1/2/25: Spaerman Naval Notes Submarine Attack and Gunnery 1917–1918, Brief vom 15.8.1918 an Spearman.

354   Siehe dazu auch: Hoffmann, Wissenschaft und Militär. Das Berliner Psychologische Institut und der I. Weltkrieg. Psychologie und Geschichte 5 (1994), S.261–285, S. 267.

355   WL PSY/Spe/1/2/25, Brief vom 15.8.1918 an Spearman von W. Ennington, Board of Invention and Research, Victory House.

356   Ebenda, Brief von Spearman vom 13.8.1918. Spearman arbeitete auch über Nachtsichtigkeit, siehe: John Carl Flügel, A minor study of Nyctopsis, in: British Journal of Psychology 11 (1921), S. 289–298, S. 11.

357   WL PSY/Spe/1/2/25, Brief an Spearman vom 29.12.1917 (H.M. Submarine Depot); Brief vom 15.8.1918 (Board of Invention and Research).

The general idea is similar to the clock-work dotter except that the gunlayer
gets no practice in actual gunlaying, but is merely taught to follow a curve with
the telescope. The present shortened courses for training gunnery ratings do
not admit of time being spent on the elementary training which the Professor
[Spearman] proposes and it is not recommended that any further action should
be taken.[358]

Anders als in Deutschland konnten die militärischen Behörden also nicht
davon überzeugt werden, dass das Training von Einzelleistungen (hier: der
Wahrnehmungsfähigkeit) die Gesamtleistung in einer Realsituation verbessern könne; auch waren sie nicht von der Effektivität großer Maschinen
überzeugt. Ein möglicher Grund dafür könnte sein, dass Spearman mit diesem
Verfahren nur einige wenige Experten trainieren und es nicht im großen Stil
einsetzen wollte.

Dennoch arbeiteten Psychologen weiterhin an Apparaten zur Erfassung
und zum Training spezieller kriegsrelevanter Fähigkeiten wie der Nachtsichtigkeit. Charles Spearman hatte auch einen speziellen Sehtest für Piloten
entwickelt. Im Bereich der Sehfähigkeit betonte er als Ergebnis amerikanischer Studien die Bedeutung des räumlichen Sehens bei der Prävention von
Flugzeugabstürzen.[359] Er entwickelte einen Test zur Erfassung dieser Fähigkeiten, der zwei Vorteile hatte: Zum einen konnte Spearman die Dauer der
Testphase von wenigen Sekunden bis zu einigen Stunden variieren, um
unterschiedliche Teilaspekte der Aufmerksamkeit und Ermüdung zu erfassen.
Zum anderen war dieser Test ein sensibles Instrument, um den Einfluss von
Umweltfaktoren wie das Absinken des Sauerstoffgehalts der Luft oder des Luft-
drucks auf die visuelle Leistungsfähigkeit zu erfassen.[360] Da die Flugzeuge zu
dieser Zeit noch nicht über einen Druckausgleich oder eine Sauerstoffzufuhr
verfügten, waren diese Messwerte als Leistungsparameter für Piloten von großer Bedeutung. Angesiedelt im Zwischenbereich von Ophthalmologie und
Psychologie betonte Spearman die Möglichkeit des Psychologen, durch die
Entwicklung eines neuen Testverfahrens für Piloten auch neue theoretische
Ergebnisse für die Augenheilkunde (z.B. zum räumlichen Sehen) vorweisen zu
können.[361] Spearman arbeitete an diesen Techniken jedoch nicht allein, sondern zusammen mit einer Reihe von anderen Forschern und Schülern an der

358 Ebenda, Copy of a report dated the 26th July 1918, received from the Captain, H.M.S.
     „Excellent".
359 WL PSY/Spe/1/8/5 Spearman, Charles: „Discussion on visual Requirement of Aviators",
     S. 28.
360 Ebenda. S. 34.
361 Dieser Vortrag wurde allerdings nach dem Krieg, 1919 gehalten, zu einem Zeitpunkt an
     dem die praktischen Erkenntnisse nicht mehr den Vorrang hatten. Ebenda. S. 28.

Universität London (London University College).[362] Diese kriegsspezifische
Arbeit an anwendungsbezogenen Themen wie z.b. der Nachtsichtigkeit interessierte das britische Militär zwar wenig, gab der Psychologie aber neue praktische Aufgaben, die die Arbeit an den Universitäten förderte.[363]

Anders und zentral organisiert war die Einbindung von Charles Myers in die
militärische Diagnostik. Dieser hatte sich bereits in den ersten beiden Kriegsjahren durch seine Organisation der Militärpsychiatrie einen Namen gemacht.
Angefordert wurde er aber wegen seiner Vorkriegsarbeit als psychologischer
Grundlagenforscher, besonders im Bereich der Akustik, da die menschliche
Fähigkeit Geräusche zu lokalisieren für das Militär von großer Bedeutung
war.[364]

Geheime Forschung an zentraler Stelle: Charles Myers und der Crystal Palace
Im Crystal Palace in Sydenham nahe London hatte man 1854 ein Gebäude
errichtet, das an den Ausstellungsraum der großen Weltausstellung in London 1851 erinnern sollte. Es war ein Gebäude von nationaler Bedeutung: 1911
wurde hier ein *Festival of Empire* gefeiert, zu Ehren der frisch gekrönten Mon-
archen Georg V. und Königin Mary. Im Ersten Weltkrieg nutzte die Marine
dieses Gebäude dann unter dem Namen *HMS Crystal Palace* (Victory VI) als
Trainingszentrum.[365] Zu dieser Zeit hatte die Marine neben Berufssoldaten
und Freiwilligen der Seestreitkräfte (*Royal Naval Division, Royal Naval Volun-
teer Reserve*) auch eigene Luftstreitkräfte (*Royal Naval Air Service*). Wie in
Deutschland war die Fliegerei zu Beginn des Ersten Weltkrieges so klein, aber
auch so prestigeträchtig, dass die einzelnen Streitkräfte eigene Fliegercorps
einrichteten, die erst gegen Kriegsende zusammengeführt wurden.[366] Dies
erklärt, warum in der Ausbildungsstation der Marine im *Crystal Palace* Experten sowohl der U-Bootabwehr als auch der Flugabwehr von Psychologen ausgebildet wurden. Ab 1917 nahm die Bedrohung durch diese neuen Waffen so
deutlich zu, dass neue Geräte entwickelt wurden, um die feindlichen U-Boote

---

362 Apparatus for testing Stereopsis and Nyctopsis (Demonstration), by C. Spearman, Ll.
     Wynn Jones and Jack C. Flügel. *Proceedings of the British Psychological Society.* British
     Journal of Psychology, Vol. IX, 1917–1919, S. 376. Erwähnt wurden die Arbeiten von Spear-
     man zur Nachtsichtigkeit auch Anfang 1918: Anon, The selection of candidates for the Air
     Service. Medical Society of London, in: The Lancet 191 (1918), H. 4933, S. 407, S. 407.
363 Hearnshaw, A short History of British Psychology., S. 220f.
364 Myers, Individuelle Unterschiede in der Auffassung von Tönen, in: Schumann (Hrsg.).
365 Hearnshaw, A short History of British Psychology., S. 248.
366 Stephen Wentworth Roskill (Hrsg.), Documents relating to the Naval Air Service, London
     1969, S. 747.

frühzeitig orten zu können.[367] Zu diesem Zeitpunkt erkannte das Militär die Notwendigkeit, das Personal, das diese Maschinen bedienen sollte, speziell und schnell zu schulen.[368] Die Initiative dafür ging von dem psychologie-interessierten Ingenieur Arthur Fleming aus.[369] Dieser kontaktierte Tom Pear, einen Psychologen, der im militärpsychiatrischen Krankenhaus Maghull arbeitete und fragte nach, ob es psychologische Erkenntnisse zur Lokalisation von Geräuschen gäbe und ob die Psychologen Methoden für die Schulung von Personal an den entsprechenden Maschinen entwickeln könnten.

Pear schlug den dem Militär bestens bekannten Charles Myers als psychologischen Experten für Akustik vor, denn dieser hatte vor dem Krieg in Cambridge und auf einer Südseeexpedition zu diesem Thema geforscht.[370] So wurde eine psychologische Forschergruppe zur Schulung von Experten für die Lokalisation von Geräuschen gegründet. Das Militär interessierte sich sehr für diese Abteilung im Crystal Palace, besonders Admiral William Wordsworth Fisher, der ab Mai 1917 die Anti-Submarine-Division der Admiralität leitete.[371] Er richtete ein Labor für Forschungsarbeiten ein, um geeignete „Horcher" aus einer Gruppe von Bewerbern auszulesen und auszubilden. Darin wurden Intelligenztests, Tests zur Hörgenauigkeit und Lautunterscheidung sowie zum räumlichen Hören durchgeführt.[372] Es wurden sowohl Männer als auch Frauen als geeignete Horcher an den Unterwassermikrophonen ausgebildet und im Februar 1918 wurde von militärischer Seite berichtet:

---

367   NA ADM 212/5: Report of the Detection of Submarines by Acoustic Methods. Office of the Director of Experiment and Research, Admirality, December 1918; NA ADM 212/8: Underwater Experiments. Report on detection of submarines by acoustic methods; NA ADM 137/2716 Antisubmarine Division Papers Volume II. Hydrophone to 30 April 1918; NA ADM 212/3 Captain Anderson´s Rumbler; NA ADM 212/5: Report of the Detection of Submarines by acoustic Methods. Office of the Director of Experiments and research, Admirality, December 1918; NA ADM 212/8: Report on the Detection of Submarines by Acoustic Methods, Office of the Director of Experiment ans Research, December 1918. Diese Maschinen ähnelten denen, die Charles Spearman entwickelt hatte. Ähnliche Forschungen wurden auch in den USA vorgenommen, siehe: NA ADM 212/8, S. 17, S. 188–190; NA ADM 137/2716, S. 75; der amerikanische Marineattaché war sehr interessiert an der britischen Forschung an Hydrophonen, Ebenda. S. 250.

368   Hearnshaw, A short History of British Psychology., S. 248.

369   NA ADM 137/2716, Fleming trat nach Öffnung der britischen psychologischen Gesellschaft nach 1919 dieser bei. Fleming war auch Mitglied des *Lancashire Anti-Submarine Committee*. Ebenda.

370   Haddon, Reports of the Cambridge anthropological expedition to Torres Straits., S. 141–168; Myers, Individuelle Unterschiede in der Auffassung von Tönen, in: Schumann (Hrsg.).

371   William James, Admiral Sir William Fisher, London 1943, S. 73f.

372   NA ADM 212/5: Report of the Detection of Submarines by Acoustic Methods. Office of the Director of Experiment and Research, Admirality, December 1918. Der Bericht gibt leider keine Angaben darüber, ob und welche Psychologen dabei tätig waren.

... There is a large field of selection at the Crystal Palace, and enquiries having been made, it is believed that suitable men in sufficient numbers can be obtained and that later on in the case of the Shore Stations women can be trained there to replace men to some extent after the stations are in full working order.[373]

Den Berichten des Militärs zufolge war das Projekt durchaus erfolgreich und man beabsichtigte, es noch weiter auszubauen. Zu der Gruppe der Psychologen, die im Crystal Palace arbeiteten, gehörten neben Charles Myers und Tom Pear auch Frederick Bartlett und May Smith; dazu kamen zwei Musiker, darunter Hugh Allan, ein Musikprofessor aus Oxford.[374] Das Militär stufte diese Arbeit jedoch als geheim ein und selbst Charles Myers arbeitete unter anderem Namen.[375] Daher sind genaue Daten zu den psychologischen Tätigkeiten nur schwer zu finden. In seinen Erinnerungen gab Frederick Bartlett jedoch an, dass die Arbeit der Psychologen im Crystal Palace durchaus erfolgreich gewesen sei und sich infolge dessen die Zahl der versenkten U-Boote deutlich erhöht hätte. Er gab jedoch auch zu, dass sich gegen Ende des Krieges die Qualität der deutschen U-Boot-Mannschaften deutlich verschlechtert hätte.[376] Neben der Selektion und Ausbildung geeigneter Experten führten die Psychologen auch Forschungen zur Hörfähigkeit durch und besonders die Untersuchung des räumlichen Hörens wurde später für die Entwicklung des Rundfunks von Bedeutung.[377] Den britischen Behörden war bekannt, dass die deutsche Marine ähnliche Apparate für Horcher von U-Booten entwickelt hatte und benutzte, denn die an solchen Projekten beteiligten Psychologen hatten vor dem Krieg regen Kontaktaustausch über dieses Thema gehabt.[378] Dieses Vorgehen ist auch ein Beispiel dafür, dass die Psychologen aus theoretischen Forschungsarbeiten zur Akustik praktische psychologische Untersuchungsapparate für militärische Zwecke entwickeln konnten.[379] Obwohl der effektive Nutzen dieser Untersuchungen nicht eindeutig nachgewiesen werden konnte, war das Militär anscheinend davon überzeugt, denn Frederick

---

373 NA ADM 127/2717, Brief vom 28.2.1918, Antisubmarine Division, Electrical and Listening Training at Crystal Palace; NA ADM 137/2716 Antisubmarine Division Papers Volume II. Hydrophone, 30 April 1918, S.411. Angefordert wurden vom Crystal Palace 130 trainierte U-Boot- Horcher (listeners). Ebenda. S. 416.

374 BPS AUD/001/05, Transkript S. 8; Hearnshaw, A short History of British Psychology, S. 248.

375 Myers soll angeblich unter dem Namen Lord Rutherford gearbeitet haben. Interview Bartlett von 1959: WL BPS AUD/001/05, Transkript S. 8.

376 Ebenda, S. 8.

377 Smith/Bartlett, On listening to sounds of weak intensity.

378 NA ADM 137/4723: Beschreibung und Bedienung des U.G. Empfängers für die Boote UC 16 bis 48.

379 Siehe dazu Kapitel 4.2.2.

Bartlett arbeitete weiter an militärischen Aufgaben.[380] Deutlich erfolgreicher war dagegen die psychologische Arbeit bei den Luftstreitkräften, allerdings erst im letzten Kriegsjahr.

Konservative Auswahlmethoden bei den Luftstreitkräften
Der Chirurg H. Graeme Anderson hielt im März 1918 einen Vortrag über die Auswahl von geeigneten Kandidaten für die Luftstreitkräfte und betonte dabei, dass dieses Problem zum ersten Mal im Kreise der medizinischen Gesellschaft diskutiert werde.[381] Schon einen Monat früher hatte ein anderer Autor sein Bedauern ausgedrückt, dass dieser Aspekt im Verlaufe des Krieges fälschlicherweise vernachlässigt worden sei.

> Much of what is written above [über die effective Auswahl von Flugoffizieren] could not have been written until the war had been for a certain period in full swing, but it is impossible not to feel that this country has been remiss in letting so much time go by without any practical work [...] Much wastage might by this time have been prevented, and it is welcome news that now, at least, the efficient selection and care of flying officers is to be undertaken.[382]

Vor allem von militärischer Seite drängte man auf eine wissenschaftlich fundierte Selektion geeigneter Piloten, da ein großer Bedarf bestand. Sowohl für Mediziner, „The medical problems of the modern aviator must be regarded as quite new", als auch für Psychologen sei dies ein wichtiges Arbeitsfeld: „For the psychologist there is a large field of research into the flying temperament."[383] Erst als die Fusion der Luftstreitkräfte bevorstand, forcierte das britische Militär aber den Ausbau dieser neuen Abteilung des Sanitätsdienstes. Anfang 1918 beauftragte deshalb der *Medical Council* einen Untersuchungsausschuss zu medizinisch- psychologischen Problemen in der Luftfahrt (*Air Medical Investigation Committee*), in dem auch vier führende Psychologen (Henry Head, Charles Spearman und William Rivers und Charles Sherrington) arbeiteten.[384]

---

380   Frederic Charles Bartlett, Psychology and the soldier, Cambridge 1927.
381   H. Graeme Anderson, An address on the selection of candidates for the Air Service, in: The Lancet 191 (1918), H. 4933, S. 395–399, S. 395.
382   Anon, The efficient selection and care of flying officers., S. 191.
383   Ebenda., S. 190f.
384   NA FD 2/4. National Health Insurance. Fourth Annual Report of the Medical Research Committee 1917–1918, S. 75f. In diesem Bericht wurden vor allem Vorschläge für weitere Untersuchungen gemacht, aber es wurde über keine praktischen Ergebnisse berichtet; siehe auch: Medical Research Council (Hrsg.), The medical problems of flying, London 1920, Introduction, S. 1.

Das Militär und vor allem die dort beschäftigten Mediziner waren an der Bildung einer speziellen Abteilung des Sanitätsdienstes zur Auslese und Betreuung von Flugpersonal und -Offizieren interessiert.[385] Neben den psychologischen Auswahlverfahren im Crystal Palace hatten die Luftstreitkräfte nämlich keine eigenen Eignungstests entwickelt. Anders als in Deutschland gab es aber in Großbritannien ab 1917 ein spezielles Krankenhaus in Hampstead, in dem nur Offiziere der Luftstreitkräfte behandelt und untersucht werden sollten; als Leiter wurde der prominente Psychologe William Rivers angeworben.[386]

Er hatte den Auftrag, die psychischen und sensorischen Störungen zu untersuchen, die einerseits gefährlich für die Piloten im Kampf oder andererseits die Folge der Anstrengungen des Flugdienstes seien.[387] Typisch für die Situation der Psychologen in Großbritannien war, dass sie das Militär hauptsächlich durch ihre militärpsychiatrische Arbeit überzeugen konnten und dies war auch der Grund dafür, dass Rivers die Behandlung und Untersuchung des Flugpersonals übernahm. Dementsprechend lag der Schwerpunkt seines Vorgehens im therapeutischen Bereich. Eine seiner Beobachtungen betraf daher den Einfluss von Handlungsmöglichkeiten auf die Entstehung psychischer Erkrankungen; ein Pilot, so Rivers, habe in einer Gefahrensituation die Möglichkeit, unterschiedlich zu reagieren. Der Flugbeobachter dagegen sei dem Geschehen ausgeliefert, könne wenig reagieren und würde daher eher psychisch erkranken.[388] Rivers schloss daraus, „that a man's normal reaction to danger is manipulative activity." Ohne die Möglichkeit, die Situation beeinflussen zu können, würde das Krankheitsrisiko steigen und Rivers sah dies als Gund für die psychischen Erkrankungen der Soldaten im Schützengraben an.[389] Auch als Mitglied des Flug-Komitees blieb Rivers in seiner therapeutischen Rolle, vertraute auf ein diagnostisches Gespräch und war psychologischen Tests zur Erfassung einer allgemeinen Flugtauglichkeit gegenüber sehr skeptisch.[390]

Es war der bedeutende Neurophysiologe Henry Head, der die Ausarbeitung psychologisch- physiologischer Eignungstests bei den Luftstreitkräften förderte.

---

385 Anon, The selection of candidates for the Air Service.

386 NA FD 2/4 National Health Insurance. Fourth annual Report of the Medical Research Committee 1916–1917, S. 61; Slobodin, W. H. R. Rivers., S. 66.

387 NA FD 2/4. National Health Insurance. Fourth Annual Report of the Medical Research Committee 1917–1918, S. 61.

388 Southborough, Army Report of the War Office Committee of Enquiry into „Shell-Shock"., S. 56f.

389 Ebenda, S. 57.

390 William Halse Rivers, Mental aptitude for flying, in: Medical Research Council (Hrsg.), The medical problems of flying, London 1920, S. 257–264, dieser Bericht war aber schon 1918 eingegangen.

Er war seit 1906 Mitglied der britischen Gesellschaft für Psychologie und Verfasser des Artikels zur Flugmedizin und -psychologie im Nachkriegsbericht des britischen Sanitätsdienstes.[391] Auch er sprach sich gegen den Einsatz von speziellen psychologischen Tests aus, obwohl ihm die Erfolge dieser Verfahren in anderen Ländern bekannt waren. Die britischen Erfahrungen hätten gezeigt, so Head, dass die psycho-physischen Fähigkeiten, die für die Ausübung bestimmter Sportarten nötig seien, einen ebenso guten Vorhersagewert für die fliegerische Leistung hätten wie ausgeklügelte Testverfahren. Er betonte dabei die Vorzüge des britischen Vorgehens im Kontrast zu den von anderen Streitkräften eingesetzten psychomotorischen Tests.[392]

> British experience has shown that a history of special aptitude at various sports requiring eye and hand co-ordination, as well as physical stamina, is of equal value with the results of these somewhat elaborate experiments, carried out on a special occasion, and frequently in circumstances somewhat trying to the subject.[393]

Zwar seien Messungen einzelner Fähigkeiten vorgenommen worden, so Head, jedoch ohne signifikante Ergebnisse.[394] Auch sein Kollege Rivers sei zu der Auffassung gekommen, dass ein privates Gespräch über Themen wie Interesse und Motivation zum Fliegen, Hobbys, bevorzugte Sportarten etc. die beste Methode zur Vorhersage für die psychische Eignung eines Piloten sei.

> Dr. W. H. R. Rivers, in conjunction with Squadron Leader T. S. Rippon, formed the opinion that a private conversation was the best means of assessing the mental aptitude of a subject for flying.[395]

Head war der Meinung, dass sich der Vorhersagewert nur noch verbessern ließe, wenn er mit dem Urteil des vorgesetzten Offiziers verglichen würde.[396] Übereinstimmend nahmen die Psychologen an, dass ein guter Flugoffizier

---

391   The Psychological Examination of the Aviator, in: Macpherson (Hrsg.), History of the Great War based on official documents, S. 210–213.

392   Ebenda, S. 210.

393   Ebenda, S. 211.

394   Head hatte Untersuchungen durchgeführt zum Einfluss der vestibulären Stabilität, neuromuskulären Koordinationsfähigkeit und den optischen Fähigkeiten auf die fliegerischen Leistungen; diese Untersuchungen hatten aber keine signifikanten Ergebnisse gezeigt. Hearnshaw, A short History of British Psychology., S. 248; Head, The sense of stability and balance in the air.

395   The Psychological Examination of the aviator, in: Macpherson (Hrsg.), History of the Great War based on official documents, S. 210–211, S. 211.

396   Ebenda.

zwar eine spezielle Fähigkeit besitzen würde, dass sie diese Fähigkeit aber
nicht durch psychologische Verfahren sondern besser durch die traditionellen
militärischen Auswahlkriterien erfassen könnten:

> Concentrating on such topics as games, favourite pursuits, hobbies, interests in
> flying, and reasons for wishing to join the R.A.F., gave valuable indications of a
> temperament and mentality adapted to military aviation.[397]

Diese Auffassung teilten jedoch nicht alle Fachvertreter. Der Mediziner Anderson beispielsweise war dezidiert anderer Meinung; auch weil er Kontakt zu
Experten aus Frankreich, Belgien und Amerika hatte, die spezielle Testverfahren zur Flugtauglichkeit entwickelt hatten.[398] Die Situation des Fliegers,
so Anderson 1918, sei nicht vergleichbar mit der anderer Kriegsteilnehmer:
Lange Phasen von Langeweile und Warten wären nur kurz unterbrochen
von gefährlichen Passagen in der Luft, die durch physiologische Belastungs-
faktoren wie Sauerstoffmangel, Drehbeschleunigungen, Kälte etc. und durch
psychische Belastungen wie extreme Angstzusrände gekennzeichnet wären:
„An aviator's life consists of „long spells of idleness punctuated by moments of
intense fear."[399] Für die optimale Betreuung des Flugpersonals müssten Fachleute eine genaue Erforschung sowohl der Physiologie als auch der Psychologie
des Fliegers vornehmen.[400] Anderson untermauerte diese Forderung durch
eine Untersuchung von Flugunfällen, in denen er nachweisen konnte, dass die
Hauptursachen dieser Unfälle psychischer Art waren.[401]

Wichtig, so Anderson, sei die Feststellung des sogenannten fliegerischen
Temperaments, einer psychologischen Eignung zum Fliegen. Um diese Eigenschaft zu erfassen, wollte er erfolgreiche Piloten genau untersuchen.[402] Anderson als Flugmediziner forderte deshalb Psychologen an, um die Messung von
physiologischen Parametern wie Sinnesleistungen sowie eine Einschätzung
des fliegerischen Temperaments vorzunehmen.[403] Er selbst verwendete dafür
einen Apparat des Franzosen Nepper, mit dem man auf einfache Art die
Schreckreaktion auf einen akustischen Reiz (Pistolenschuss) messen konnte.
Neu an diesem Apparat war, dass die Untersucher nicht nur die Stärke der

---

397 Ebenda.
398 Anderson, An address on the selection of candidates for the Air Service., S. 395.
399 Ebenda, S. 395.
400 Ebenda.
401 Ebenda, zitiert nach: Baumgarten, Die Berufseignungsprüfungen, S. 352f.
402 Anderson, An address on the selection of candidates for the Air Service., S. 407; Anon, The
     efficient selection and care of flying officers, S. 190.
403 Anderson wies auf die Untersuchungen von Charles Spearman zur Nachtsichtigkeit hin.
     Anderson, An address on the selection of candidates for the Air Service., S. 407.

Schreckreaktion als Indikator für einen erfolgreichen Piloten maßen, sondern auch die Geschwindigkeit der Erholung und Regulation der physiologischen Parameter berücksichtigten.[404] Darüberhinaus betonte Anderson wie seine psychologischen Kollegen auch Kriterien traditioneller Art: Erfolgreiche Piloten seien meist sogenannte *„outdoor natures"*, gut in Sportarten wie Reiten und Segeln (auch die Deutschen rekrutierten anfangs ihre Piloten meist aus der Kavallerie).[405] Er unterstrich vor allem die Bedeutung des fliegerischen „Temperaments":

> But next to vision, and most important of all in obtaining the best aviator, is the question of temperament. Undoubtedly there is a particular temperament or aptitude for flying, and its distribution is peculiarly interesting, whether looked upon from its racial aspect and ethnological origin or in relation to previous health, life and habits.[406]

Allerdings kam er in der Folgezeit zu der Auffassung, dass man diese Eigenschaft weder klinisch noch durch spezielle Untersuchungsverfahren erfassen könne.[407] Er postulierte daher nur Ausschlusskriterien für Piloten wie einen zu hohen Alkoholkonsum und psychische Vorerkrankungen wie Neurasthenie, Depressionen oder shell shock.[408] Dies widersprach allerdings der aktuellen Situation in den Versorgungsstationen der britischen Luftstreitkräfte, in denen sehr viele junge Piloten mit psychischen Erkrankungen – meist Neurasthenie – therapiert und wieder diensttauglich gemacht wurden.[409] Die allgemeine körperliche Leistungsfähigkeit, darin waren sich allerdings alle beteiligten Fachleute einig, sollte eine hohe sein: „... the flying officer should be the fittest of the fit, and should be kept so."[410] Andererseits, so betonten die auswählenden Militärärzte, sollte auch kein Soldat oder Offizier ohne Grund von den Luftstreitkräften ferngehalten werden:

> ... at this crisis in the national fortunes we must ever strive to attain such perfection of method in examination that we prevent no man from serving the King and country in the air who was fit to do so.[411]

---

404 Ebenda, S. 399.
405 Ebenda, S. 395.
406 Ebenda.
407 „Unfortunately, this temperament is a difficult matter to estimate clinically, and especially so in the examining room." Ebenda.
408 Ebenda, S. 397.
409 NA MH 106/2205: Medical Case Sheets 1916–1918 Flying Corps, Patient von Rivers, Lieut. R.
410 Anon, The efficient selection and care of flying officers, S. 190.
411 Anon, The selection of candidates for the Air Service., S. 407.

Bei dem großen Bedarf (durch Verluste und dem Ausbau der Luftstreitkräfte) sei man auf eine ausreichend hohe Zahl von Fachpersonal angewiesen.[412] Auch die Empfehlungen des *Air Medical Investigation Committees*, in dem vier führende Psychologen saßen, waren noch zu Kriegsende sehr konservativ:

> Amongst candidates for the R.A.F. our aim must be to exclude those who are congenitally incapable of flying. At the same time we cannot hope to pick out super-men. We are concerned with the average youth who is capable of adjusting himself to conditions in the air. Any healthy young man, who is able to ride a motor-bicycle and play cricket or lawn-tennis well, can be taught to fly.[413]

Sportliche Betätigung, darin waren die Mitglieder des Komitees sich einig, sei eine ausreichende Qualifikation für erfolgreiche Flugschüler. Selbst die vier Psychologen, die in diesem Komitee saßen, förderten die Einführung psychologischer Auswahlmethoden bei den Luftstreitkräften nicht. Die Anwendung psychologischer Tests und apparativer Untersuchungsverfahren in der britischen Armee blieb das Projekt von Einzelpersonen und war am Kriegsende, auch nach der Zentralisation der Luftstreitkräfte in der RAF, noch im Versuchsstadium. Ob wohl es Ideen und neue Untersuchungsmethoden gab und militärische Behörden durchaus Kooperationsbereitschaft zeigten, setzten Psychologen keine speziellen Tests und neue Untersuchungsmethoden ein. Ein Grund dafür könnte darin liegen, dass die britische Armee sich als unflexibel erwies, sich organisatorisch bei Personalfragen den neuen Bedürfnissen des industriellen Krieges anzupassen und auch die militärischen Psychologen diesem Denken verhaftet blieben:

> ... The British Army's reaction to the emergence of modern warfare was therefore a conservative reflex, perhaps because full accommodation to machine warfare would have required social and hierarchical changes with unforeseen consequences.[414]

Dies war beim deutschen Militär anders.

---

412 Ebenda.

413 Head, The sense of stability and balance in the air., S. 4; zwar wurde diese Feststellung im Folgenden für Kampfflieger modifiziert, es wurden jedoch keine psychologischen Auswahlverfahren empfohlen, und dies obwohl von den acht Mitgliedern des Komitees vier Psychologen waren und zwar: Henry Head, William Rivers, Charles Sherrington und Charles Spearman. Ebenda. S. 2.

414 Travers, zitiert nach: Jahr, Gewöhnliche Soldaten., S. 105.

4.2.2   Deutschland: Auswahl von Experten und die Eingliederung
der Verletzten

„Die Heerespsychotechnik hat im Kriege, namentlich im letzten Kriegsjahr einen bemerkenswerten Aufschwung genommen, besonders in Deutschland und Amerika."[415] So stellte der Psychologe J.B. Rieffert die Erfolge der Militärpsychologie 1921 auf dem ersten Nachkriegskongress der Gesellschaft für Experimentelle Psychologie vor. Erst zu diesem Zeitpunkt wurden die Ergebnisse der Militärpsychologie zusammenfassend dargestellt, denn viele der im Krieg entwickelten militärischen Diagnoseverfahren waren wegen der Zensur im Krieg nicht veröffentlicht worden.

Rieffert betonte in seinem Vortrag besonders die Fortschritte der Psychotechnik und die Entwicklung und Durchführung neuer, spezieller Eignungsprüfungen. Damit versuchte er auch seine Stellung als Militärexperte zu untermauern und setzte dabei auf das Erfolgsmodell der Nachkriegszeit, die Psychotechnik. Diese Selbstdarstellung war auch insofern erfolgreich, als Rieffert in der Folgezeit als erster Nachkriegspsychologe beim Militär eingestellt wurde.[416] Er erwähnte in seinem Referat zur Heerespsychotechnik nicht weniger als 37 neue psychologische Testverfahren, die für das Militär in verschiedenen Bereichen entwickelt worden seien.[417]

Solch eine Zusammenfassung der gesamten militärpsychologischen Arbeit hatte es in Großbritannien nicht gegeben. Auch hatte in Deutschland die psychologische Arbeit für das Militär deutlich früher begonnen, aber wie in Großbritannien wurden die innovativsten Testverfahren in den beiden letzten Kriegsjahren an Flugzeugführern und U-Boothorchern angewandt. In der Entwicklung der deutscher Militärdiagnostik, die besonders wirksam nach 1916 in die Praxis umgesetzt werden konnten zeigte sich eine stärkere praktische Ausrichtung psychologischer Tätigkeiten, eine Veränderung, die auch die Sekundärliteratur betont.[418] Gründe dafür waren das zunehmende Interesse

---

415   Bühler (Hrsg.), Bericht über den VII. Kongress für Experimentelle Psychologie in Marburg vom 20.-23. April 1921., S. 79.

416   Leonhard v. Renthe-Fink, Von der Heerespsychotechnik zur Wehrmachtspsychologie, in: Peter R. Hofstätter (Hrsg.), Deutsche Wehrmachtspsychologie 1914–1945, München 1985, S. 3–183, S. 21–75.

417   Rieffert, Psychotechnik im Heere, in: Bühler (Hrsg.), S. 79; hier sind nur die psychotechnischen Verfahren gezählt worden, die beim deutschen und habsburgischen Militär angewandt wurden.

418   Friedrich Dorsch spricht schon 1963 vom Ersten Weltkrieg als dem eigentlichen Schrittmacher der Psychotechnik in Europa, macht aber keine detaillierten Angaben dazu. Dorsch, Geschichte und Probleme der angewandten Psychologie., S. 81; siehe auch Petri, Eignungsprüfung, Charakteranalyse, Soldatentum., S. 40.

von Seiten der militärischen Fachkräfte und der Wunsch auch der Psychologen
nach intensiverer Zusammenarbeit.

Psychotechnik und Militär

Der Einsatz großer Maschinen und Apparate in der Militärpsychologie der
zweiten Kriegshälfte ist durch den Siegeszug der Psychotechnik zu erklären,
der schon in der Vorkriegszeit begann.[419] Einzelne Psychologen hatten bereits
Ideen für einen psychologischen Einsatz beim Militär entwickelt: Der Berliner Psychologe William Stern entwickelte schon 1903 in einem Aufsatz mit
dem Titel „Angewandte Psychologie" ein Programm, in dem er die Aufgaben
dieser praktischen Psychologie umriss. Auch hatte Stern bereits zu diesem
Zeitpunkt eine Anwendung psychologischer Forschung in der Kaserne vorgeschlagen, aber bis zum Ausbruch des Krieges war dieser Gedanke nicht
weiter verfolgt worden.[420] Allerdings hatte er mit der Weiterentwicklung des
Intelligenzkonzeptes von Alfred Binet ein Instrument zur Messung der intellektuellen Leistungsfähigkeit von Erwachsenen geschaffen, und schon Binet
hatte darauf hingewiesen, dass die von ihm entwickelten Intelligenzverfahren
eine wertvolle Ergänzung der ärztlichen Untersuchung bei der Rekrutierung
bilden könnten.[421] Im deutschen Heer hatte sich infolgedessen kurz nach der
Jahrhundertwende im Rekrutierungssystem für Soldaten die Anwendung von
psychologischen Tests zur Identifizierung von sogenannten „Schwachsinnigen"
eingebürgert.[422]

Nur eine Person, Hauptmann Alfred Meyer aus Leipzig, hatte schon 1911
konkrete Vorschläge zur experimentellen Untersuchung psychischer Vorgänge
bei Schießübungen gemacht.[423] Er hatte außerdem vorgeschlagen, zur Rationalisierung der Rekrutierungsverfahren Intelligenzprüfungen einzuführen.[424]

---

419 Siehe auch Kapitel 3.2.2.
420 William Stern, Angewandte Psychologie, in: Beiträge zur Psychologie der Aussage 1 (1903),
     S. 4–45, S. 43f.
421 Fritz Stern, Gedanken über Heeresorganisation auf arbeitswissenschaftlicher Grundlage,
     Berlin 1917, S. 13; Lück, Geschichte der Psychologie. Strömungen, Schulen, Entwicklungen.,
     S. 177.
422 Teil dieses Tests, der wohl auf Initiative des Psychologen und Psychiaters Theodor Ziehen
     eingeführt worden war, war auch der Lückentest von dem Psychologen Ebbinghaus, Ernst
     Schulze/Carl Rühs, Intelligenztests von Rekruten und älteren Mannschaften, in: Deutsche
     Medizinische Wochenschrift 32 (1906), S. 1273–1277.
423 Alfred Meyer, Experimentelle Analyse psychischer Vorgänge beim Schießen mit der
     Handfeuerwaffe. Ein Versuch., in: Archiv für die gesamte Psychologie 20 (1911), S. 397–413.
424 Alfred Meyer, Psychologie und militärische Ausbildung, in: Zeitschrift für pädagogische
     Psychologie und experimentelle Pädagogik 13 (1912), S. 81–85, S. 82, zitiert nach Horst
     Gundlach, Faktor Mensch im Krieg, S. 131f.

Meyer plädierte auch dafür, Offizieren und Sanitätsoffizieren die Möglichkeit zu geben, Psychologie zu studieren. Außerdem regte er an, dass Psychologen vom Fach Vorschläge ausarbeiten sollten, wie ihre Wissenschaft für die Ausbildung und Schlagfertigkeit des Heeres nutzbringend verwendet werden könnte.[425] Eine Arbeitsgesellschaft zur psychologischen Analyse des Schießens wurde angedacht; dieser Plan konnte jedoch nicht in die Tat umgesetzt werden, da Meyer kurz danach starb.[426]

Bis 1914 waren die deutschen Psychologen daher abgesehen von Einzelinitiativen nicht beim Militär eingesetzt worden.

Grundlagenforschung an der Front
Der Schwerpunkt psychologischer Aktivitäten beim Militär lag anfangs bei der beschreibenden Erfassung des psychischen Kriegserlebnisses des einfachen Soldaten. Ab 1916 änderte sich das Vorgehen der Psychologen und direkte Befragungen hörten auf, wohl auch weil deutlich wurde, dass der Krieg länger dauern würde. Damit begann der finanzielle und personelle Druck an Bedeutung zu gewinnen, eine Entwicklung, hinter der das Einzelschicksal des Soldaten in den Hintergrund trat.[427]

Eine zweite psychologische Stoßrichtung in Deutschland war die Grundlagenforschung an der Front. Einfache Reaktionszeitmessungen waren schon in früheren Kriegen, wie dem deutsch-französischen Krieg, eingesetzt worden, um die Entfernung feindlicher Geschosse besser einzuschätzen.[428] Vor allem die Untersuchung akustischer Phänomene war deshalb auch ein wichtiger Bestandteil psychologischer Forschung beim Militär in den ersten beiden Kriegsjahren, doch ein praktischer Einsatz dieser psychologischen Methoden war noch nicht geplant.

Schon 1915 hatten Berliner Psychologen den Versuch unternommen, psychologische Experimente an der Front durchzuführen. Dabei stand das theoretische Interesse an psychologischer Grundlagenforschung im Vordergrund und die Entwicklung von kriegsspezifischen Apparaten und Methoden waren eher ein Nebenprodukt. Diese Initiativen gingen nicht zufällig von Berlin aus, denn

---

425   Meyer, Psychologie und militärische Ausbildung., S. 82.
426   Gundlach, Faktor Mensch im Krieg., S. 132. Um diese Arbeitsgesellschaft zu initiieren hatte der Psychologe Walter Moede einen Kontakt zwischen Meyer und Wilhelm Wirth, dem Mitdirektor des Leipziger Instituts für experimentelle Psychologie, hergestellt.
427   Dies wurde auch schon von den Zeitgenossen so gesehen: Plaut, Beiträge zur Psychologie des Krieges, S. 4.
428   Hans Joachim Froben, Aufklärende Artillerie. Geschichte der Beobachtungsabteilungen und selbständigen Beobachtungsbatterien bis 1945, München 1972, S. 22; siehe dazu auch Petri, Eignungsprüfung, Charakteranalyse, Soldatentum, S. 46.

die dortige Universität verfügte nicht nur über einen großen Etat, sondern nahm auch im psychologischen Bereich eine Sonderstellung ein. 1894 war Carl Stumpf auf den Lehrstuhl für Philosophie und experimentelle Psychologie berufen worden und damit wurde zum ersten Mal eine ordentliche Professur für Psychologie etabliert.[429] Im Auftrag von Carl Stumpf zog sein Assistent Hans Rupp 1915 an die Westfront. Im Gepäck hatte er psychologische Instrumente, um „die Bedingungen der Praxis in Versuchen genau nachzuahmen."[430] Nicht nur Stumpf hatte ihn zu diesen frontnahen Experimenten angeregt, sondern auch ein fachfremder, aber psychologieinteressierter Wissenschaftler, William Gurtlers, ein Metallurge an der TH Charlottenburg, förderte diese Pläne.[431] Die Wissenschaftler betonten den Vorteil der besonderen Situation: Die Geschwindigkeit der menschlichen Reaktion, so wurde argumentiert, sei möglichst nicht nur im Labor sondern auch in realen Gefahrensituationen zu untersuchen. Im Mittelpunkt des Interesses standen Reaktionszeitmessungen auf akustische (oder optische) Reize, ein Thema, das Rupp schon seit Kriegsanfang beschäftigt hatte.[432] In dem „subjektiven Schallmeßverfahren" sollte die individuelle Fähigkeit der Ortung feuernder Geschütze durch Vergleich erfasst werden.[433] Zu Beginn des Stellungskrieges im Herbst 1914 hatte man an verschiedenen Frontabschnitten diese Methode erprobt.[434]

Rupps Ausführungen auf dem ersten Nachkriegskongress legen dann aber nahe, dass es verständlicherweise keine konkreten Ergebnisse aus den Untersuchungen an der Front gegeben hatte, da dort die Versuchsbedingungen sehr schwierig waren.[435] Seine Versuche waren aber für den zukünftigen Einsatz von psychologischen Methoden beim Militär in zweierlei Hinsicht von Bedeutung: Erstmals wurden die Versuchs- und Beobachtungsvariablen deutlich differenzierter aufgezeichnet. Neben äußeren Variablen (Störgeräusche,

---

429 Spur, Industrielle Psychotechnik - Walther Moede., S. 54. Außerdem wurde um 1900 das psychologische Seminar zu einem psychologischen Institut aufgewertet.

430 Hans Rupp, Aus der Psychotechnik des subjektiven Schallverfahrens. Vorträge über angewandte Psychologie gehalten beim 7. Kongress für experimentelle Psychologie in Marburg, 20–23. April 1921, in: Zeitschrift für angewandte Psychologie (1921), S. 131–149, S. 132; dazu ausführlich Petri, Eignungsprüfung, Charakteranalyse, Soldatentum., S. 45–49.

431 Ausführlich dazu: Ebenda, S. 46. Fußnote 26.

432 Rupp hatte schon 1914 begonnen, auf einem Schießplatz der Artillerieprüfkommission in Kummersdorf bei Berlin Versuche zur Schalllokalisation durchzuführen. Archiv der Humboldt-Universität zu Berlin: UA-HUB Personalakte Hans Rupp. Universitäts-Kurator, Nr. 274, Bd. 1–3, Hier Band 2, S. 24f; ebenda, S. 46.

433 Rupp, Aus der Psychotechnik des subjektiven Schallverfahrens.

434 Hoffmann, Wissenschaft und Militär, S. 264; Petri, Eignungsprüfung, Charakteranalyse, Soldatentum., S. 46.

435 Ebenda, S. 47.

Warnpause n) wurde auch das „innere Verhalten" erfasst. Darunter verstand er die Konzentrationsfähigkeit auf Reize und auf die geforderte muskuläre Reaktion.[436] Außerdem überprüfte Rupp, wie die Versuchspersonen ihre eigene Reaktionsfähigkeit einschätzten und ob diese Einschätzung mit der tatsächlichen Leistung korrelierte.[437] Diese Untersuchungen waren noch eindeutig von einem theoretischen Erkenntnisinteresse bestimmt. Jedoch entwickelten die Psychologen damit Untersuchungsstrategien, die später in differenzierteren Testverfahren zum Einsatz kamen.[438]

So wandte Rupp seine neuen Erkenntnisse erst praktisch an, als er 1916 zum Militär einberufen wurde und als Lehrbeauftragter an der k.u.k. Artillerie-Schallmessschule an der Wiener Neustadt seinen Dienst antrat. Ausgehend von seinen Untersuchungen an der Front schlug er Auslese- und Ausbildungsrichtlinien für Schallmesspersonal vor und entwarf spezielle Übungen zur Schulung dieser Experten.[439] Mit diesen Maßnahmen begann die psychotechnische Arbeit von Psychologen in der Habsburger Armee. Dabei wurde Rupp ab 1918 von dem Psychologen Gustav Kafka unterstützt, der die heerespsychologischen Prüfungen organisierte.[440]

In Deutschland unterstützte das Militär weiter die Studien zur subjektiven Schallmessung und im Oktober 1915 begann die Arbeit von zusätzlichen Schallmesstruppen im Deutschen Heer.[441] Objektivere Messverfahren mittels Mikrophonen oder Oszillographen, wie sie in den alliierten Truppen üblich waren, wurden in Deutschland nicht eingesetzt. Ob dies an der mangelnden Kompetenz des Militärs oder der Überlastung der elektrotechnischen Industrie mit Kriegsaufträgen lag ist schwer zu verfolgen.[442] Das Interesse an subjektiven Schallmessverfahren war aber im deutschen Heer ungebrochen, denn man vertraute auf die menschliche Sinneskraft.

Deshalb konnten auch die Berliner Psychologen Max Wertheimer und Erich von Hornbostel ein ganz spezielles militärpsychologisches Projekt vorstellen.

---

436   Rupp, Aus der Psychotechnik des subjektiven Schallverfahrens., S. 134.

437   Ebenda, S. 139.

438   Ähnliche Untersuchungen zur subjektiven Schallmessung wurden von Theophil Lehmann und dem Psychologen David Katz durchgeführt; auch hier stand das theoretische Interesse im Vordergrund. Petri, Eignungsprüfung, Charakteranalyse, Soldatentum., S. 49–51.

439   Österreichisches Staatsarchiv/Kriegsarchiv, Quelle I, S. 51–61, zitiert nach ebenda, S. 49.

440   Ernst G. Wehner, Gustav Kafka. Ein Beitrag zur Geschichte der Psychologie, Würzburg 1964, S. 25.

441   Hans Joachim Froben, Aufklärende Artillerie, S. 24f.

442   Max Born, Mein Leben, München 1975, S. 241; Hans Linnenkohl, Vom Einzelschuss zur Feuerwalze. Der Wettlauf zwischen Technik und Taktik im Ersten Weltkrieg, Koblenz 1990, S. 259.

Die beiden Psychologen entwickelten 1915 einen Apparat für die Artillerie, einen „Richtungshörer", und meldeten ihn im selben Jahr zum Patent an.[443] Dieser Apparat sollte dazu dienen, Geräusche (z.B. von Geschützen) besser lokalisieren zu können. 1916 führte das Militär diesen Apparat bei den Schallmesstruppen ein.[444] Im Auftrag der preußischen Artillerieprüfkommission reiste Wertheimer an die russische Front und nach Belgien an die Westfront.[445] Bei der Artillerie konnte sich dieses Verfahren aber nicht bewähren, da die Geräusche an der Front meist zu laut waren und keine genaue Lokalisation der feindlichen Geschütze zuließen.[446] Weitere Anwendung fand das Gerät erst ab 1917 bei der Verfolgung von Miniergeräuschen und später bei der Ausbildung von Experten an den neuen Waffen, hier den U-Booten, wie im folgenden Kapitel ausgeführt werden wird.[447]

Anstelle einer frontnahen Erforschung psychologischer Grundeigenschaften legten die Psychologen in der zweiten Kriegshälfte ab 1917 daher den Schwerpunkt ihrer Arbeit auf die gezielte Auswahl von militärischem Spezialpersonal. Dies war ein wichtiger Sprung von der theoretischen Untersuchung von Sinnesleistungen zur Praxis der Diagnostik und Leistungserfassung. Entwickelt und eingesetzt wurden diese Verfahren bei der Auswahl und dem Training von Funkern und Funktelegraphisten.

Mit der Erforschung der Schalllokalisation hatte sich auch der Psychologe Otto Klemm aus Leipzig beschäftigt. Klemm wurde als Leutnant in der Artillerie-Messschule in Köln Wahn stationiert und entwickelte dort 1918 eine Eignungsprüfung für Soldaten des Schall-und Lichtmessdienstes.[448]

Seine Arbeit unterstützte eine weitere kriegsrelevante Komponente psychologischen Handelns. Er konnte mit seinen Verfahren Leistungsdifferenzen der einzelnen Probanden erfassen und darstellen. Solche Tests waren bis zu diesem Zeitpunkt nur in der Schule oder der Berufsberatung zum Tragen gekommen und wurden jetzt erfolgreich zur Auswahl militärischer Experten eingesetzt.[449]

---

443 Erich von Hornbostel/Max Wertheimer, Über die Wahrnehmung der Schallrichtung, in: Sitzungsbericht der Preußischen Akademie der Wissenschaften (1920), S. 388–396., S. 388; Hoffmann, Wissenschaft und Militär, S. 268.

444 Petri, Eignungsprüfung, Charakteranalyse, Soldatentum., S. 52.

445 Universitätsarchiv der Johann Wolfgang Goethe-Universität Frankfurt am Main (UA-JWG), Personalhauptakte Max Wertheimer, Abt. 14, Nr. 112, S. 24–25, S. 30; ebenda, S. 49.

446 Hoffmann, Wissenschaft und Militär, S. 268f.

447 Erich Waetzmann, Das Abhören von Flugzeugschall, in: Zeitschrift für technische Physik 2 (1921), S. 191–194.

448 Rudolf von Tschudi, Überblick über die Geschichte des Personalprüfwesens des Heeres (1940), in: Werner Fritscher (Hrsg.), Dokumente zur deutschen Wehrpsychologie. 1914–1945, München 1990, S. 65–137, S. 69.

449 Lipmann, Psychische Berufseignung und psychologische Berufsberatung.

Diese Eignungsprüfung gliederte sich in drei Teile: Im ersten, allgemeinen Teil erfasste der Test die Gedächtnis- und Aufmerksamkeitsleistung, das allgemeine Auffassungsvermögen und die Genauigkeit der Handbewegungen.[450] In den zwei weiteren Teilen wurden speziellere, situationsspezifische Leistungen gemessen. Klemm untersuchte dabei die Wahrnehmungsleistung anhand des Bildverständnisses, des Farbensehens, des Augenmaßes und der Genauigkeit des Sehvermögens in der Dämmerung. Die Hörfähigkeit untersuchte er anhand des beidohrigen Hörens oder durch die Hörschärfe für besondere Töne. Neu waren die Untersuchungsmethoden nicht und Klemm selbst unterstrich selber die Nähe zum experimentell-psychologischen Vorgehen.[451] Allerdings untersuchte er damit Aspekte der Sinnesfähigkeit, die deutlich näher an der Realität der Kriegssituation orientiert waren. Neu war auch die Betonung der methodisch sauberen Durchführung und der rechnerischen Auswertung der Ergebnisse.[452] Klemm schilderte ausführlich den Vorteil eines numerischen Endwertes zur Beurteilung der Leistung und lehnte einen rein verbalen Abschlussbericht ab:[453] „Jene Gabe der freien Gesamtbeurteilung steht außerhalb der wissenschaftlichen Methodik."[454]

Damit favorisierte Klemm die numerische Bewertung menschlicher Leistung und positionierte sich damit in einer Debatte, die zu dieser Zeit hoch umstritten war.[455] Die psychologischen Sachverständigen waren sich nämlich keineswegs einig, wie eine gemessene Leistung zu bewerten sei: ob durch eine verbale Beschreibung, eine Rangordnung oder einen numerischen Wert (z.B. nach dem System der Schulnoten). Das Endziel, darin stimmten aber

---

450   Petri, Eignungsprüfung, Charakteranalyse, Soldatentum., S. 61.

451   „... da manche Verrichtungen innerhalb des Messdienstes nichts anderes als eine Anwendung experimentell-psychologischer Methoden waren, oder eine Art von Selbstbeobachtung erfordern, die sich von der im Experiment geübten in nichts wesentlich unterschied." Otto Klemm, Eignungsprüfungen an meßtechnischem Personal, in: Emil Abderhalden (Hrsg.), Handbuch der biologischen Arbeitsmethoden, Bd. 1, Berlin, Wien 1928, S. 565–619, S. 566.

452   Ebenda, S. 579, Petri, Eignungsprüfung, Charakteranalyse, Soldatentum., S. 62.

453   Klemm, Eignungsprüfungen an meßtechnischem Personal, in: Abderhalden (Hrsg.), S. 607.

454   Ebenda.

455   Andere Psychologen waren der Auffassung, dass, einer ganzheitspsychologischen Auffassung nach, die Leistung eines Menschen nicht als Summe seiner Einzelleistungen dargestellt werden könne, z.B. Wilhelm Benary, Kurzer Bericht über Arbeiten zu Eignungsprüfungen für Fliegerbeobachter, in: Schriften zur Psychologie der Berufseignung und des Wirtschaftslebens 8 (1919), S. 3–34, S. 16–19; Otto Klemm schloss sich später auch dieser Auffassung an. Klemm, Eignungsprüfungen an meßtechnischem Personal, in: Abderhalden (Hrsg.), S. 606.

sowohl Psychologen als auch das Militär überein, sollte eine möglichst genaue
Erfassung und Einschätzung der Fähigkeit zur optimalen Bedienung der Funk-
geräte sein.

Diesem Ziel versuchten auch die Psychologen Otto Lippmann und Hans
Reichenbach 1917 mit ihrer Prüfung von Funkern näher zu kommen. In dem
von ihnen entwickelten Verfahren legten sie größten Wert auf standardisier-
tes Vorgehen, sowohl in der Durchführung als auch in der Auswertung. Sie
berechneten einen numerischen Endwert der Leistung und ermittelten für
jeden Prüfling einen Rangplatz.[456] Die Erfassung einer numerischen Leistungsbewertung kam dem Bedürfnis des Militärs nach einer schnellen Personalauswahl sehr entgegen.

Von großer Bedeutung für die Ausrichtung der psychologischen Arbeit beim
Militär war auch die Gewichtung der einzelnen Teilfunktionen des Untersuchungsverfahrens und die Bewertung von Grenzwerten, denn diese sollten
nach Klemm „militärtechnisch begründet" sein.[457] Damit wurden militärische
Maßstäbe und Vorstellungen in die psychologischen Verfahren implementiert.
Durch diese Veränderung der psychologischen Methodik wird deutlich, dass
die Psychologen sich nicht mehr als neutrale Beobachter oder Forscher sahen,
sondern ihr differentialdiagnostisches Wissen den militärischen Erforder-
nissen anpassten.

Vorbild für den zunehmenden Einsatz psychologischer Verfahren in diesem
neuen Gebiet der Militärpsychologie war ein praktisches Verfahren, das durch
die Kombination der Ergebnisse aus verschiedenen Bereichen der Psychologie überzeugen konnte. Der federführende Psychologe Walther Moede war
ein ehrgeiziger und kompetenter Fachvertreter mit großem kommunikativem
Geschick. Mit den von ihm eingeführten Untersuchungsmethoden wurde
der Weg zu praktischen Anwendungen der Psychologie beim Militär geebnet
und psychologische Verfahren wurden nicht mehr nur von Einzelpersonen
angewandt, sondern zunehmend auch in größerem Umfang beim Militär
institutionalisiert.

---

456 Otto Lipmann, Die psychische Eignung der Funkentelegraphisten. Programm einer ana-
     lytischen Prüfungsmethode und Bericht über eine Experimentaluntersuchung., in: Zeit-
     schrift für angewandte Psychologie 15 (1919), S. 301–340, S. 339; Petri, Eignungsprüfung,
     Charakteranalyse, Soldatentum., S. 60.

457 Klemm, Eignungsprüfungen an meßtechnischem Personal, in: Abderhalden (Hrsg.),
     S. 606; Petri, Eignungsprüfung, Charakteranalyse, Soldatentum., S. 63.

Erfolgsmodell: Moede, Piorkowski und die Kratfahr-Ersatz-Abteilungen

> Es ist nicht zufällig, daß das Militär die erste Behörde war, die fest entschlossen
> zufaßte, als sie hörte [...], daß es für qualifizierte Berufe in ihrem Dienstbereiche
> [...] wissenschaftliche Hilfsmittel der psycho-physischen Begutachtung der
> Geeignetheit der Anwärter gäbe [...]: So wurde das psychologische Laborato-
> rium und der Fachpsychologe diejenige Instanz, die die besondere Eignungs-
> prüfung für die Spezialtruppen [...] auszuführen hat.[458]

So äußerte sich Walther Moede selbstbewusst nach dem Krieg über die Bedeutung seines Untersuchungsmodells. Die Methode von Moede und Piorkowski
zur Auswahl geeigneter Kraftfahrer im Heer war auch das erste, einflussreichste
und am häufigsten angewandte psychologische Verfahren im militärischen
Bereich.

Schon 1915 hatten in Berlin der Hauptmann Heynig und der Ingenieur Faust
in Zusammenarbeit mit Moede und Piorkowski ein Versuchslaboratorium in
Berlin-Schöneberg eingerichtet. Ab März 1916 setzte dann das Militär Moede
dort offiziell als Sachverständigen ein.[459] Die Eignungsprüfstelle sollte verletzte
Kriegsteilnehmer untersuchen und für den Einsatz in der Kraftfahr-Ersatz-
Abteilung des Preußischen Gardecorps ausbilden. Das Labor war schnell so
erfolgreich, dass weitere gegründet wurden und bei Kriegsende in 17 Prüf-
laboren über 10.000 Personen von Psychologen untersucht worden waren.[460]
Walther Moede wurde aufgrund seiner erfolgreichen Arbeit von März 1917 bis
November 1918 die Leitung aller psychotechnischen Laboratorien dieser Art
übertragen und am 26. Oktober 1917 wurde er zum Beamtenstellvertreter und
im April 1918 zum Militär-Oberbeamten ernannt.[461] Damit war die psychologische Betätigung beim Militär nicht mehr die Sache einzelner Forscher,
sondern wurde institutionalisiert.

Aber nicht nur die weite Verbreitung des Verfahrens war bemerkenswert,
sondern auch die Tatsache, dass zum ersten Mal Universitätspsychologen ohne
medizinische Ausbildung im klinischen Bereich beim Heer angestellt wurden. Allerdings war zu dieser Zeit das Psychologiestudium sehr breit angelegt
und Moede und Piorkowski hatten beide in Leipzig auch physiologisch-
medizinische Kurse und Vorlesungen belegt.

---

458 Walther Moede, Die Experimentalpsychologie im Dienste des Wirtschaftslebens, Berlin,
     Heidelberg 1919, S. 5.
459 Spur, Industrielle Psychotechnik - Walther Moede., S. 66.
460 Moede, Die Experimentalpsychologie im Dienste des Wirtschaftslebens., S. 5; Moede,
     Lehrbuch der Psychotechnik, S. 432; Gundlach, Faktor Mensch im Krieg., S. 133; Spur,
     Industrielle Psychotechnik - Walther Moede., S. 69.
461 Kriegsranglistenauszug. Nach ebenda, S. 74.

Es gab mehrere Gründe für den Erfolg dieser Untersuchungs- und Übungs-
methode.[462] Einer davon war das überzeugende Auftreten der beiden Psychologen Moede und Piorkowski, ein anderer die Entwicklung einer deutschen
Kriegsverletztenpädagogik sowie die steigende Anerkennung der Methoden
des Psychologen Hugo Münsterberg.

Die Psychologen Walther Moede und Curt Piorkowski waren auf dem
Gebiet der Psychotechnik von überragender Bedeutung. Sie verstanden es gut,
ihre psychologischen Methoden und Vorstellungen den Kriegsanforderungen
anzupassen und gerade Moede wusste seine Ergebnisse erfolgreich darzustellen (siehe 3.2.2).[463] Ab 1915 arbeitete er außerdem im Reservelazarett
Connewitz bei Leipzig und sammelte Erfahrungen mit hirnverletzten Kriegsteilnehmern. Curt Piorkowski hatte neben theoretischer Arbeit gemeinsam
mit Walter Moede auf der Leipziger Messe 1914 eine praktische Eignungsprüfung für Maschinensetzer vorgestellt.[464] Diese Erfahrungen sowohl im pädagogischen Bereich als auch mit psychotechnischen Verfahren sollten in der
Kriegszeit noch von Bedeutung sein.

Ein zweiter Grund für den Erfolg der Psychotechnik beim Militär war die
Entwicklung einer speziellen Kriegsverletzten-Pädagogik. 1915 hatte der Staat
mit der Gründung der Krüppelhilfe eine Förderung und mögliche Wiedereingliederung der Kriegsverletzten angeregt.[465] Auch das Militär wollte diesem
Ziel entsprechen und verletzten Soldaten Arbeitsmöglichkeiten bieten. Von
psychologischer Seite hatte man schnell auf diese Herausforderung reagiert.
Speziell die pädagogische Psychologie könne, so die Psychologen, auch die
Um- und Neulernprozesse von verletzten Soldaten fördern. So wurde, anders
als in Großbritannien, eine spezielle Kriegsverletzten-Pädagogik entwickelt,
die sich mit den Problemen sprachgestörter, blinder oder gedächtnisgestörter
Soldaten beschäftigte. Tests und Untersuchungsmethoden, die zuvor an Kindern und Jugendlichen erprobt worden waren, wurden nun zur Rehabilitation

---

462   Auch Horst Gundlach stellte die Frage: „Wie im Ersten Weltkrieg das Heer zur Psychologie
       oder die experimentelle Psychologie zum Heer kam, ist, was das Deutsche Reich betrifft,
       bis heute nicht aufgezeigt worden." Gundlach, Faktor Mensch im Krieg., S. 133.
463   Moede veröffentlichte seine Dissertation im *Archiv für die gesamte Psychologie* das von
       seinen Prüfern Wilhelm Wirth und Ernst Meumann herausgegeben wurde. Walther
       Moede, Gedächtnis in Psychologie, Physiologie und Biologie., in: Archiv für die gesamte
       Psychologie 22 (1911), S. 312–313; daneben publizierte er in der *Zeitschrift für pädagogische
       Psychologie und experimentelle Pädagogik* und im *Archiv für Pädagogik*. Spur, Industrielle
       Psychotechnik - Walther Moede., S. 34, 39.
464   Spur, Industrielle Psychotechnik – Walther Moede., S. 65.
465   Biesalski, Praktische Vorschläge für die Inangriffnahme der Kriegskrüppelfürsorge.;
       Eckart, Medizin und Krieg., S. 305.

eingesetzt.[466] Nicht zufällig wurde der Terminus „Pädagogische Psychologie"
im Rahmen dieser Debatte 1917, während des Ersten Weltkrieges formuliert.[467]
Dieses Fachgebiet beanspruchte jetzt, ein autonomer Teil der Psychologie zu
sein und nicht mehr nur allgemeine psychologische Gesetze zu erforschen, um
diese dann auf Lernsituationen in der Schule anzuwenden.[468]

Die Neuausrichtung in der Militärpsychologie förderte ebenfalls die fächerübergreifende Zusammenarbeit: Das Militär wollte nämlich die rehabilitations-
fähigen Soldaten in sogenannten Lazarettkompanien auf die Rückkehr an die
Front vorbereiten. Bei der Organisation dieser Kompanien kam man auf die
naheliegende Idee, sie nach dem Vorbild einer Schulklasse zu organisieren und
nach Krankheitsbild und Schweregrad der Erkrankung zusammenzufassen,
um eine bestmögliche Förderung zu erzielen. Bei der Führung dieser Kompanien griff man deshalb gerne auf ehemalige Lehrer oder Offiziere mit pädagogischer Vorbildung zurück.[469]

Die Leiter des ersten militärischen Prüflaboratoriums waren den Anforde-
rungen dieser Aufgabe gewachsen: Piorkowski verfügte über eine pädagogi-
sche Ausbildung, als er zum 1. Juli 1915 nach Berlin-Schöneberg zum dortigen
Kraftfahrbataillon abgeordnet wurde, um bei deren Fahrschule zu arbeiten.
Nach seinen Angaben war er es, der die Anregung zu einem psychologischen
Prüflaboratorium für Kraftfahrer-Eignungstests gab und Walther Moede zur
Zusammenarbeit aufforderte.[470] Dieser war ebenfalls durch seine pädagogische Ausbildung und seine Lazaretterfahrung besonders geeignet für die
Arbeit im militärischen Prüf- und Trainingslabor.[471] Zum einen kannte er
die Probleme kriegsverletzter Soldaten, zum anderen hatte er schon zu sei-
ner Zeit als Mitarbeiter im Kriegslazarett psychologische Übungsprogramme

---

466 William Stern, Über Kriegsverletzten-Pädagogik, in: Zeitschrift für pädagogische Psycho-
     logie und experimentelle Pädagogik 17 (1916), S. 208–214; Ludwig Cohn, Die Kriegsblinden
     und ihre pädagogisch-psychologische Behandlung, in: Zeitschrift für pädagogische
     Psychologie und experimentelle Pädagogik 17 (1916), S. 214–217.

467 Aloys Fischer, Über Begriff und Aufgabe der pädagogischen Psychologie, in: Zeitschrift für
     pädagogische Psychologie und experimentelle Pädagogik 18 (1917), S. 109.

468 Scheerer, Kämpfer des Wortes: Die Ideologie deutscher Psychologen im Ersten Weltkrieg
     und ihr Einfluss auf die Psychologie der Weimarer Zeit., S. 17.

469 Anton Sickinger, Der Differenzierungsgedanke in seiner Anwendung auf die Genesen-
     denkompanie, in: Zeitschrift für pädagogische Psychologie und experimentelle Pädago-
     gik 17 (1916), S. 353–362, S. 355.

470 Piorkowski berichtet, dass er „im Benehmen mit [...] Dr. Moede zur Einrichtung des ers-
     ten deutschen militärischen Einrichtungslaboratoriums schreiten" konnte. Geheimes
     Staatsarchiv Peußischer Kulturbesitz, Berlin. Rep. 76, Vb, Sekt.4, Tit.X, Nr. 53A, Bd.I: Das
     Institut für industrielle Psychotechnik Bd. I. (1917–1925) S. 43.

471 Moede, Lehrbuch der Psychotechnik., S. 431f.

entwickelt. Die militärische Eignungsprüfstelle für Kraftwagenführer in Berlin konnte daher mehrere erfolgreiche Aspekte der Psychologie kombinieren.

Das vorgegebene Ziel war es, möglichst viele verletzte Soldaten zum Erlangen des Führerscheins zu befähigen. Dafür war zum einen eine ausführliche Diagnostik notwendig, die nicht nur nach der Methode der Experimentalpsychologie spezielle Sinnesprüfungen (Hör-Sehfähigkeit, Gelenkempfindung), sondern auch Voraussetzungen für eine erfolgreiche Lernfähigkeit umfasste. So konnte z.B. bei Kriegsverletzten die Konzentrationsfähigkeit herabgesetzt und die Ermüdbarkeit erhöht sein. Um diese genauer zu fassen wurden auch andere Parameter wie der (Arbeits-) Wille, die Arbeitsfähigkeit und das Gesamtverhalten (Tatbereitschaft genannt) gemessen:

> Der Fahrschüler soll in kurzer Zeit zu einem brauchbaren Kraftfahrführer ausgebildet werden. Anstelligkeit und Lernfähigkeit ist daher ebenso wichtig wie die eigentliche Fahrdienstbefähigung, in deren Rahmen wir besonders auch die Sinnes- Aufmerksamkeits-, Reaktions-, und Willens- und Charakterleistungen zu berücksichtigen haben. Da den technischen Truppen in der Regel Beschädigte überwiesen wurden, darf neben der allgemeinen Eignungs- auch die allgemeine Arbeitsfähigkeit nicht vergessen werden, die als Ermüdbarkeit, Ausdauer, Erregbarkeit bereits im ersten Prüfprogramm enthalten sind.[472]

Das Konzept des Willens war in der deutschen Psychotechnik deutlich anders konzipiert als in der Militärpsychiatrie. Moede und Piorkowski verstanden unter dem „Willen" die Fähigkeit und Bereitschaft, einfache Reaktionen auch über eine längere Zeit aufrechterhalten zu können – heutzutage würde man dabei von Motivation sprechen.[473] Der deutliche Unterschied zu dem national aufgeladenen Begriff des Willens in den Debatten der deutschen Militärpsychiatrie ist erstaunlich; beide Willenskonzepte blieben jedoch in der Kriegszeit nebeneinander bestehen.[474]

Für den Erfolg der Psychotechnik beim Militär war aber auch die Anwendung der Apparaturen von Hugo Münsterberg verantwortlich: Münsterberg hatte, wie bereits erwähnt, Untersuchungen an den unfallträchtigen Straßenbahnen schon vor dem Krieg begonnen. In seinem Labor in Harvard hatte er die Situation des Straßenbahnfahrens vereinfacht, aber situationsnah nachgebaut und konnte nach einer Untersuchung die Leistungen der Fahrer numerisch erfassen und in einer Rangordnung vergleichen. Als Nachweis der Gültigkeit seines Messverfahrens (Validitätskriterium) galt für ihn die Erfassung der Leistungen von – bereits bekannten – schlechten und guten Straßenbahnlenkern.

---

472   Moede, zitiert nach Spur, Industrielle Psychotechnik - Walther Moede., S. 69f.
473   Siehe zu diesem Thema auch: Narziss Ach, Über den Willen, Leipzig 1913.
474   Siehe dazu Kapitel 5.2.2.

Münsterberg wollte dieses Verfahren insbesondere zur Auswahl geeigneter Straßenbahnlenker einsetzen.[475]

Sowohl Walther Moede als auch Curt Piorkowski kannten die Arbeiten Münsterbergs und gestalteten das Prüflabor für Kraftfahrer in ähnlicher Weise.[476] Dieses Vorgehen in einer quasi-echten Situation hatte den Vorteil, dass es früheren subjektiven Auslesekriterien ähnelte, aber durch Reaktionsmessungen eine neue objektive Komponente einbrachte. Der Einsatz von großen, neuen Maschinen und der Aspekt des (verletzten) Soldaten als Arbeiter kamen den Vorstellungen eines industriell geführten Krieges entgegen; ein Ziel der obersten Heeresleitung war es, durch das Hindenburgprogramm bis zum Frühjahr 1917 möglichst viele Menschen zu kriegsrelevanter Arbeit zu befähigen und Moede versprach, mit seinem Programm dieses Ziel zu erfüllen.[477] Sein Verfahren war auch nach testtheoretischen Gesichtspunkten objektiv und reliabel durchzuführen. Die auszubildenden Kraftfahrer mussten dann ihren Fähigkeiten entsprechend ein mehr oder weniger intensives Fahrtraining absolvieren.[478] Um auch die weniger Geeigneten einsatzfähig zu machen, wurde für diese ein intensives Spezialtraining eingeführt:

> Nach Maßgabe der Eignung wurde die Ausbildungszeit angesetzt und auch kontrolliert. Um möglichst viele Bewerber zur Ausbildung zu bringen, wurde vor die Klasse der Ungeeigneten die der Versuchsgeeigneten geschaltet, die einer besonderen pfleglichen Ausbildung empfohlen wurden.[479]

Eine weitere Besonderheit war, dass das Verfahren eine klare Erfolgskontrolle hatte: Die Güte des Auswahlverfahrens wurde daran gemessen, wie viele der Kandidaten in der Lage waren, den Führerschein zu erwerben.[480] Die Prüfung

---

475   Münsterberg, Psychologie und Wirtschaftsleben., S. 44–55; Gundlach, Die Entstehung der Verkehrspsychologie unter besonderer Berücksichtigung der Eisenbahnpsychologie, in: Krüger/Birbaumer (Hrsg.), S. 593. Horst Gundlach nimmt an, dass die Austauschvorlesung von Münsterberg in Berlin 1910/11 und sein Diskussionsbeitrag auf dem Kongress der Gesellschaft für Experimentelle Psychologie zur Verbreitung seiner Ideen unter den deutschen Psychologen beigetragen hatte.

476   Moede hatte die Vorlesung von Hugo Münsterberg im WS 1910/11 gehört und war mit dessen Schriften vertraut. Spur, Industrielle Psychotechnik - Walther Moede., S. 33. Curt Piorkowski hatte in seiner Dissertation Bezug auf die Arbeiten von Münsterberg und auch die von Taylor genommen: Piorkowski, Beiträge zur psychologischen Methodologie der wirtschaftlichen Berufseignung., Vorwort.

477   Leonhard, Die Büchse der Pandora., S. 514.

478   Moede, Lehrbuch der Psychotechnik., S. 431f.

479   Ebenda., S. 432.

480   Gundlach, Die Entstehung der Verkehrspsychologie unter besonderer Berücksichtigung der Eisenbahnpsychologie, in: Krüger/Birbaumer (Hrsg.), S. 601.

in einer simulierten Fahrsituation, das geregelte Training und die klare Erfolgskontrolle waren sicher Kriterien, die das Militär überzeugen konnten.

Aufgrund seiner Leistungen wurde Moede ab März 1917 zum Leiter aller
psychotechnischen Laboratorien der Kraftfahr-Ersatz-Abteilungen benannt.[481]
Deshalb verlegte er seinen Hauptwohnsitz nach Berlin und konnte dort gute
Beziehungen zu wichtigen Behörden und zur Industrie knüpfen.

Die praktische psychologische Arbeit beim Militär hatte sich also deutlich gewandelt: Von einer beobachtenden Haltung zu experimentellen
Untersuchungen an der Front hatte sich der Fokus auf eine Erfassung und
Beurteilung von speziellen Fähigkeiten hin verschoben denn die Auswahl
geeigneten Spezialpersonals entsprach den Bedürfnissen des Militärs. Das Jahr
1917 war auch in einem anderen Bereich der Militärdiagnostik von großer Bedeutung, nämlich bei der Marine und den Luftstreitkräften.

Spezialtests am Kriegsende bei der Marine

Seit der verlustreichen Schlacht am Skagerrak im Mai 1916 gewann der Einsatz
von U-Booten für die deutsche Seekriegsführung an Bedeutung. Die Bedrohung
durch feindliche U-Boote veranlasste die Marine dazu, ihre Abwehr und die
Ortung der feindlichen Boote zu verbessern.[482] Es war in Deutschland bekannt
geworden, dass die feindlichen U-Boote über Einrichtungen verfügten, die das
Auffinden deutscher U-Boote ermöglichten.

> Die Berichte der 3 Boote „UB 21", „U 45" und „U 32" machen es allerdings sehr
> wahrscheinlich, daß die feindlichen U-Boote über Einrichtungen verfügen, die
> das Auffinden und Verfolgen unserer U-Boote ermöglichen.[483]

Die Inspektion des Torpedowesens forderte im Sommer desselben Jahres daher
dringend Offiziere an, um dieser Entwicklung gegenzusteuern.

> Die T.I. [Inspektion des Torpedowesens] bedauert es sehr, aus Mangel an Offi-
> zieren mit der von der Front gestellten Aufgabe der Auffindung des U.Bootsto-
> nes usw. nicht schneller zum Ziel zu kommen; solche Aufgaben lassen sich aber
> ohne die dauernde Teilnahme eines Offiziers nicht schnell durchführen.[484]

---

481   Spur, Industrielle Psychotechnik - Walther Moede., S. 73.
482   Hoffmann, Wissenschaft und Militär. Das Berliner Psychologische Institut und der
       I. Weltkrieg. Psychologie und Geschichte 1994. Jahrgang 5. Heft 3/4. S.261–285., S.269.
483   BAMA RM 5/3516, S. 9. Brief vom 3.6.1916. Admiralstab der Marine. Unterwasserschall-
       signalwesen. Organisation, Personal Juni 1916-Mai 1918.
484   Ebenda. S. 11.

Um dieses Personalproblem zu lösen, entwarf der Psychologe Max Wertheimer in Berlin einen Apparat, der die Ortung von Geräuschen unter Wasser ermöglichen sollte. Dieser Unterwasserrichtungshörer kam an Bord von Aufklärungsschiffen zum Einsatz.[485] Grundlage für die Konstruktion dieser Geräte waren akustische Experimente, die Hornbostel und Wertheimer am Berliner psychologischen Institut durchgeführt hatten.[486] Geübte Horcher sollten mit diesen Geräten in die Lage versetzt werden, feindliche U-Boot-Geräusche zu lokalisieren. Ähnlich wie in den Forschungen von Charles Spearman und denen im Crystal Palace in London wurde hier versucht, die menschliche Hörfähigkeit zu nutzen um maschinelle Geräusche orten zu können.

Im Februar 1918 wurde das Verfahren nach Hornbostel-Wertheimer zum ersten Mal erwähnt.[487] Das Gerät sollte dann im letzten Kriegsjahr an Bord von Aufklärungsschiffen zur Anwendung kommen und die Marine plante auch den Einsatz bei einer in Helgoland liegenden U-Bootkampftruppe:

> Der gegenüber den früheren Horchapparaten bedeutend verbesserte, fest eingebaute Richtungshörer (Hornbostel) wird z.Z. auf 4 Vorpostenbooten eingebaut. Nach Abschluss der Fronterprobungen wird Ausrüstung der Vp. Boote in großem Stil beabsichtigt. Daran anschließend wird voraussichtlich die Bildung einer ständig in Helgoland [...] liegenden, mit Ablösung arbeitenden U-Bootskampftruppe von mindestens 4 Booten gefordert werden müssen.[488]

Ein weiteres Einsatzgebiet für den Unterwasserrichtungshörer sah die Marine im Ausbau eines akustischen Küstenschutzes der Nordsee zwischen Zeebrügge und Ostende.[489]

Im weiteren Verlauf des Frühjahrs 1918 begann der Admiralstab aber an der subjektiven Schallmessung zu zweifeln und Wertheimers Mitwirkung an den Untersuchungen der Inspektion des Torpedowesens endeten hier.[490]

---

485   Petri, Eignungsprüfung, Charakteranalyse, Soldatentum., S.52.

486   L. Löwenstein, Die Erfindung der Schallmessung, in: Die Schalltechnik 1 (1928), S. 21–24, zitiert nach Hoffmann, Wissenschaft und Militär, S. 264.

487   Erwähnt wurde das Verfahren allerdings von der Signal-Gesellschaft mbH. Kiel, siehe BAMA, Admiralstab der Marine. Unterwasserschallsignalwesen Technik, Februar-Juni 1918. RM 5/ v.3517, S. 24.

488   BAMA RM 5/v3520, Admiralstab der Marine. Unterwassergeräuschempfang, Juni 1918-Mai 1919 S. 3. Brief vom 22.5.1918.

489   BAMA RM 5/v3518, Admiralstab der Marine. Unterwasserschallsignalwesen. Militärische Verwendung, S. 16.

490   „Die bisher mit der Versuchsanlage in Helgoland gemachten Erfahrungen rechtfertigen die Schaffung von weiteren G E [Geräusch-Empfänger- Anlage] nicht.", BAMA RM 5/ v3518, Admiralstab der Marine. Unterwassergeräuschempfang, Juni 1918-Mai 1919, S. 10, Hoffmann, Wissenschaft und Militär, S. 271.

Wertheimer arbeitete jedoch weiter für das Militär und sein Grundkonzept wurde nicht ganz verworfen: Die Reichsmarine setzte das akustische Horchgerät zur Frühwarnung vor feindlichen Flugzeugen noch fünfzehn Jahre nach Kriegende ein.[491]

Außerdem hatten die theoretischen Arbeiten zu akustischen Phänomenen auch in der Nachkriegszeit Einfluss auf die psychologische Theorie und die wissenschaftliche Praxis: Zum einen auf die gestalttheoretischen Annahmen zum akustischen Raum, zum anderen aber auch auf die Übertragungsmechanismen von räumlichen Klangeindrücken, die für die Entwicklung des Radios bedeutsam wurden.[492] Wertheimer ist daher ein Beispiel dafür, wie ein Apparat zur praktischen Anwendung im Krieg (das U-Boot-Horchgerät) quasi als Nebenprodukt psychologisches Grundlagenwissen hervorbrachte.

Wertheimer war aber auch eine interessante Persönlichkeit, denn er war einer der wenigen Psychologen, der den Zweck seiner Tätigkeit reflektierte und gefühlsmäßig ablehnte. Wertheimers Frau berichtete, dass dieser „... as he was given the honour to firing the first torpedo of the first submarine of the enemy [...] he fainted [...] because of his strong feelings against killing."[493]

Diese Gefühle hinderten ihn jedoch nicht daran, seine Forschungen im Dienste des Militärs fortzusetzen. Wie die meisten der Psychologen seiner Zeit war er dem militärischen Denken verhaftet und hatte keinen kritischen Abstand dazu.

Anders und zukunftsweisender für die praktische Psychologie war die Entwicklung bei den Luftstreitkräften. Hier versuchten Psychologen, spezielle Tests für Piloten und Flugbeobachter zu entwickeln, um damit die Auswahl und das Training von militärischen Experten zu unterstützen.

Die Untersuchung des Flugpersonals
Ähnlich wie in Großbritannien begann erst 1916, als der Einsatz der Luftstreitkräfte an Bedeutung zunahm, der Einsatz von Psychologen in diesem militärischen Bereich. Nach der Schlacht an der Somme war die alliierte Luftüberlegenheit deutlich spürbar geworden und das deutsche Militär begann

---

491   K. Schubert, Horchgeräte-Richtungshörer, in: Militärwissenschaftliche Mitteilungen 60 (1929), S. 224–229.

492   Erich von Hornbostel, Beobachtungen über ein- und zweiohriges Hören. Festschrift für Carl Stumpf, in: Psychologische Forschung 4 (1923); Hoffmann, Wissenschaft und Militär, S. 279.

493   Abraham S. Luchins/Edith Luchins, Max Wertheimer: His life and work during 1912–1919, in: Gestalt Theory 7 (1985), S. 3–28, S. 12, zitiert nach Hoffmann, Wissenschaft und Militär, S. 52.

mit Gegenmaßnahmen.[494] Besonders für die Artillerieaufklärung war der Einsatz von Flugzeugen von Bedeutung.[495]

Dazu kam eine neue Tendenz der Kriegsführung: Im zunehmend industrialisierten Krieg wollte das Militär in immer stärkerem Maße die Menschen durch Maschinen ersetzten.[496] Es ging infolgedessen nicht mehr darum, die einzelnen Soldaten zu bewaffnen, sondern die immer größer und komplizierter werdenden Waffen möglichst effektiv mit geeigneten Fachleuten zu besetzen.[497]

Als Folge der neuen Kriegsanforderungen wurde im Herbst 1917 die zentrale Dienststelle Kommandierender General der Luftstreitkräfte (KoGenLuft) gegründet; für die Personalauswahl war die Sanitätsabteilung zuständig. Dieses Vorgehen war neu, denn noch kurz vor dem Krieg hatte es keinerlei Auswahlverfahren für Piloten gegeben, da man annahm, dass jeder wehrfähige Soldat auch fliegerdiensttauglich sei.[498]

Genau an dieser Stelle war der Ansatzpunkt der psychologischen Arbeit bei den Luftstreitkräften, da spezielle Auswahlverfahren für Piloten und Flugbeobachter entwickelt werden sollten. Da die Flugzeuge sehr teuer waren, hatte man großes Interesse daran, geeignetes Personal einzusetzen, um mit den kostspieligen neuen Maschinen möglichst schonend umzugehen. Deshalb vertraute man nicht mehr nur auf die traditionellen militärischen Einschätzungen, sondern wollte ein wissenschaftlich fundiertes Auswahlverfahren für die neuen militärischen Experten etablieren.

Von einer zentralen Planung und einer koordinierten Einbindung von Psychologen in die Prüfungsverfahren konnte aber auch nach der Gründung der Dienststelle Kommandierender General der Luftstreitkräfte 1916 nicht die Rede sein. Zwar war der Chef der KoGenLuft, Ernst Koschel, an psychologischen Verfahren interessiert, unternahm aber zunächst keine Anstrengungen, die Psychologen systematisch einzubinden.[499] Das Interesse der militärischen Behörden zeigte sich eher daran, dass an mehr als sieben verschiedene Stellen Aufträge zur Entwicklung von Auswahlverfahren für Flugpersonal vergeben

---

494   Luchins/Luchins, Max Wertheimer: His life and work during 1912–1919., S. 12; Anne Harrington, Reenchanted science. Holism in German culture ; from Wilhelm II to Hitler, Princeton, NJ 1996, S.113; Petri, Eignungsprüfung, Charakteranalyse, Soldatentum., S. 52f; Leonhard, Die Büchse der Pandora., S. 453.
495   Petri, Eignungsprüfung, Charakteranalyse, Soldatentum., S. 65.
496   Leonhard, Die Büchse der Pandora., S. 514.
497   Gundlach, Faktor Mensch im Krieg., S. 135.
498   Napp, Die deutschen Luftstreitkräfte im Ersten Weltkrieg, S. 380.
499   Ernst Koschel promovierte 1918 in Münster. Untersuchung über die geistige Leistung beim Aufenthalt in verdünnter Luft.Ulfried Geuter, Daten zur Geschichte der deutschen Psychologie, Göttingen 1987, Band 2, S. 32.

wurden.[500] Der Anstoß zur Einrichtung und Erprobung psychologischer Verfahren ging meist von einzelnen Psychologen oder militärischen Beamtem vor Ort aus.[501] Anders als in anderen Bereichen, waren die in der Fliegerei beschäftigten Psychologen aber gut miteinander vernetzt und kannten die Prüfmethoden ihrer Kollegen.[502] Die Auswahl von geeignetem Personal war für die Luftstreitkräfte ein entscheidender Faktor für den Erfolg. Während der ganzen Kriegszeit gab es genügend Freiwillige für die Luftstreitkräfte, so dass die Verantwortlichen bestrebt waren, die Standards der Auswahlverfahren hoch zu halten. Trotzdem mussten während des Krieges Kompromisse eingegangen werden und schon vor dem Krieg waren nicht nur Offiziere, sondern auch Unteroffiziere und Mannschaften zu Flugzeugführern ausgebildet worden.[503] Die Flugbeobachter dagegen waren meist Offiziere. Ihre Arbeit hatte einen besonders hohen Stellenwert, denn sie beobachteten während des

---

500   Benary, Kurzer Bericht über Arbeiten zu Eignungsprüfungen für Fliegerbeobachter., S. 24, S. 28; Peter R. Hofstätter (Hrsg.), Deutsche Wehrmachtspsychologie 1914–1945, München 1985, S. 295, S. 303; Wilhelm Benary, Bericht. H. v. Schröter, Zur Psychologie und Pathologie des Feldfliegers, in: Schriften zur Psychologie der Berufseignung und des Wirtschaftslebens 8 (1919), S. 141–142, S. 141f; Wilhelm Benary/Arthur Kronfeld/Erich Stern/ Otto Selz, Untersuchungen über die psychische Eignung zum Flugdienst, in: Schriften zur Psychologie der Berufseignung und des Wirtschaftslebens 8 (1919), S. 1–145; Arthur Kronfeld, Eine experimentell-psychologische Tauglichkeitsprüfung zum Flugdienst, in: Zeitschrift für angewandte Psychologie 15 (1919), S. 193–235; Erich Stern, Über eine experimentell-psychologische Eignungsprüfung für Flugzeugführer, in: Zeitschrift für angewandte Psychologie 15 (1919), S. 236–253; Guido Seiffert, Die psychotechnische Prüfung des Gleichgewichtssinns bei Fliegern, in: Praktische Psychologie 1 (1919), S. 81–87; Otto Selz, Anteil der individuellen Eigenschaften der Flugzeugführer und Beobachter an Fliegerunfällen, in: Schriften zur Psychologie der Berufseignung und des Wirtschaftslebens 8 (1919), S. 96–138; Maria Schorn, Auszug aus einem Bericht über militärische Eignungsprüfungen in der Psychologischen Hauptprüfstelle Münster i. Westfalen, in: Praktische Psychologie 2 (1921), S. 189–191. Rieffert berichtet auf dem Kongress der Gesellschaft für Experimentelle Psychologie von 1922 von weiteren psychologischen Prüfungen an Flugzeugführern, allerdings ohne genaue Angaben, Rieffert, Psychotechnik im Heere, in: Bühler (Hrsg.), S. 80.

501   Ein Beispiel ist der Stützpunkt in Hamburg, an dem der Oberstleutnant Veiel sich an den Psychologen William Stern wandte mit der Bitte, ein geeignetes Auswahlverfahren für Flugzeug-Personal zu entwickeln. Wilhelm Benary, Kurzer Bericht über Arbeiten zu Eignungsprüfungen für Flieger-Beobachter, in: Zeitschrift für angewandte Psychologie 15 (1919), S. 161–192, S. 4.

502   Stern, Über eine experimentell-psychologische Eignungsprüfung für Flugzeugführer., S.82; Benary, Kurzer Bericht über Arbeiten zu Eignungsprüfungen für Fliegerbeobachter., S.7, S. 27; Arthur Kronfeld, Eine experimentell-psychologische Tauglichkeitsprüfung zum Flugdienst, in: Schriften zur Psychologie der Berufseignung und des Wirtschaftslebens 8 (1919), S. 35–77, S. 42.

503   Napp, Die deutschen Luftstreitkräfte im Ersten Weltkrieg, S. 387.

Fluges das Gelände, um feindliche Bewegungen zu erfassen und in Karten ein-
zutragen. Sie übermittelten Funksprüche, bedienten das Maschinengewehr
und hatten das Kommando über die Maschine. Arbeiten zur Eignungsprüfung
von Flieger-Beobachtern waren daher auch die ersten Initiativen, in die
Psychologen involviert waren.[504]

So wandte sich schon im Herbst 1916 der Kommandeur der Fliegerschule
in Hamburg, Oberstleutnant Veiel, an den Psychologen William Stern, der am
psychologischen Laboratorium in Hamburg arbeitete. Veiel hatte die Arbeit
von Sterns Assistenten Theodor Kehr zur kontinuierlichen Aufmerksamkeitsleistung zur Kenntnis genommen und war der Meinung, dass „eine psychologische Prüfung der Leistungsfähigkeit der Anwärter zum Flugdienst, und
zwar gerade der Beobachter, von großer praktischer Bedeutung wäre."[505] Als
wesentliches Merkmal eines geeigneten Flugbeobachters wurde die Fähigkeit zur geteilten Aufmerksamkeit angesehen. Die Hauptaufgabe des Flieger-
beobachters sei es, schnell und sicher auf eine Fülle von verschiedenen Reizen
zu reagieren, d.h. „seine Aufmerksamkeit auf Vorgänge in zwei getrennten
Blickfeldern zu richten; es war dabei an die Erd- und Luftbeobachtung
gedacht."[506]

Stern und seine Mitarbeiter konstruierten deshalb einen Versuchsaufbau,
in dem der Prüfling seine Aufmerksamkeit auf zwei Projektionsfelder richten
sollte. Der Versuchsleiter projizierte die Aufnahmen eines Geländes einmal
an die Wand und gleichzeitig auf den Boden. Der Proband musste dabei auf
vier verschiedene Reize mit Tastendruck reagieren.[507] 1917 testete Stern dieses
Verfahren an Offizieren und Mannschaften der Flugschule Hamburg Fuhls-
büttel. Die Auswertung bestand in einem kurzen Bericht ohne quantitative
Auswertungen und einer Selbstbeobachtung der Versuchspersonen.[508] Im selben Jahr wurden diese Versuchsanordnungen dem Chef der Sanitätsabteilung
des KoGenLuft Ernst Koschel und dem beauftragten Oberarzt Alex Schackwitz vorgestellt.[509] Diese offizielle Beachtung ihres Projekts war ein deutlicher

---

504   Nur vier von diesen Verfahren wurden nach Kriegsende ausführlich dokumentiert.
      Benary/Kronfeld/Stern/Selz, Untersuchungen über die psychische Eignung zum
      Flugdienst.
505   Benary, Kurzer Bericht über Arbeiten zu Eignungsprüfungen für Fliegerbeobachter., S. 4;
      Theodor Kehr, Versuchsanordnung zur experimentellen Untersuchung einer kontinuier-
      lichen Aufmerksamkeitsleistung, in: Zeitschrift für angewandte Psychologie 11 (1916),
      S. 465–479.
506   Benary, Kurzer Bericht über Arbeiten zu Eignungsprüfungen für Flieger-Beobachter.,
      S. 166.
507   Benary, Kurzer Bericht über Arbeiten zu Eignungsprüfungen für Fliegerbeobachter., S. 5.
508   Petri, Eignungsprüfung, Charakteranalyse, Soldatentum., S. 67.
509   Benary, Kurzer Bericht über Arbeiten zu Eignungsprüfungen für Fliegerbeobachter., S. 6.

Erfolg für die psychologische Arbeit und deshalb wurden diese Initiativen auch weiter ausgebaut.

Drei dieser neuen psychologischen Untersuchungsverfahren bei den deutschen Luftstreitkräften waren von besonderer Bedeutung – die von Wilhelm Benary, Arthur Kronfeld und Otto Selz, Verfahren, die sich sowohl in der Zielsetzung als auch im Aufbau unterschieden. Diese Psychologen waren alle Mitglieder des Vereins für Experimentelle Psychologie und die von ihnen entwickelten Verfahren waren innovativ und beeinflussten die weitere Entwicklung psychologischer Diagnostik auf diesem Gebiet.

Ende 1917 übernahm der Psychologe Wilhelm Benary, der bei Wilhelm Stern promoviert hatte, die Leitung der Hamburger Fliegerprüfungen.[510] Um diese möglichst realitätsgetreu konstruieren zu können, ließ er sich selbst zum Flugbeobachter ausbilden. Er riet allerdings davon ab, die Situation im Flugzeug genau zu rekonstruieren, sondern wollte nur die Prüfung „umschriebener geistiger Leistungen" vornehmen.

> Ich schlug vor, von einer Nachahmung der Arbeit im Flugzeug ganz abzusehen, und nur die Prüfung einer genauer zu umschreibenden geistigen Leistung vorzunehmen, die [...] prüfbar erschien. Denn für den Gesamtkomplex sind auch Eigenschaften, die nicht experimentell im Laboratorium geprüft werden können, von ausschlaggebender Bedeutung; so vor allem persönlicher Mut in verschiedenen Formen. Es kann sich also stets nur um eine Teilprüfung handeln und gerade deshalb ist [...] ein Finden von Aufgaben notwendig, deren Lösungen symptomatisch für die in der Praxis verlangten Leistungen sind.[511]

Benary versuchte vor allem die „Aufmerksamkeit" und „Orientierung" einzuschätzen. Dazu erfasste er neben den üblichen, aus der Experimentalpsychologie bekannten Reaktionen auf bestimmte Reize auch die Befindlichkeit der Versuchspersonen. Er stellte deshalb Fragen wie: „Fühlten Sie sich im Laufe der Prüfung ermüdet? Was erschien Ihnen als schwierigste Leistung? Fühlten Sie sich allmählich sicherer?" etc.[512] Damit betonte er in seinem Vorgehen die Bedeutung emotionaler Faktoren für die Handhabung komplexer technischer Maschinen, hier der Flugzeuge. Benarys Vorgehen hatte eher das Ziel einer theoretischen Erforschung der menschlichen Orientierungsfähigkeit und war bis Kriegsende noch in der Entwicklungsphase. Seine Untersuchungsverfahren wurden nach dem Krieg beim Militär aber nicht weiter berücksichtigt.[513]

---

510 Petri, Eignungsprüfung, Charakteranalyse, Soldatentum., S. 67.

511 Benary, Kurzer Bericht über Arbeiten zu Eignungsprüfungen für Fliegerbeobachter., S. 9.

512 Ebenda, S. 17.

513 Benary nütze die Ergebnisse seiner militärischen Arbeit aber für seine Nachkriegsarbeit mit Hirnverletzten in Frankfurt und seine Arbeiten wurden bedeutsam für die Gestalttheorie. UA-HUB UK Nr. 839: Psychologisches Institut, S. 241.

Eine andere Entwicklung förderte dagegen im Verlauf des folgenden Jahres die Einführung neuer Untersuchungsverfahren. Einerseits klagten die Flieger-abteilungen im Feld zunehmend über Personalprobleme, andererseits nahm die psychische Belastung des Flugpersonals deutlich zu. Deshalb verlangte eine Verfügung des Generals der Luftstreitkräfte von Anfang 1918 als erforder-liche Eigenschaften eines Fliegers besonders: „völlig unverbrauchte Nerven, große Ausdauer und regste Geistesgegenwart."[514]

Der Nervenarzt Arthur Kronfeld entwickelte daraufhin eine Methode, die die psychische Stabilität eines Piloten oder Flugbeobachters berechnen sollte. Er folgte dabei den methodischen Richtlinien, die in der Diagnose der Kraftfahrer und Funkern eingesetzt worden waren. Kronfeld hatte Medizin studiert, einen Doktortitel in Psychologie in Gießen erhalten und in Heidelberg an der Psychi-atrie gearbeitet.[515] Nach einem längeren Kriegseinsatz an der Westfront wurde er 1917 nach Freiburg versetzt, um dort am Kriegslazarett eine Nervenstation aufzubauen.[516] 1918 wurde er von dem Vorsitzenden der Fliegeruntersuchungs-kommission der Armeeabteilung B, dem Freiburger Direktor der Universitäts-kliniken aufgefordert, ein experimentell-psychologisches Prüfverfahren für die Luftstreitkräfte zu entwickeln.[517] Die apparative Ausstattung kam aus dem psychologischen Laboratorium der Universität Freiburg, dessen Leiter Jonas Cohn auch die Methoden von Wilhelm Benary kannte.[518] Seiner Vorbildung entsprechend betonte Kronfeld seinen Anspruch, durch seine Untersuchungs-verfahren psychisch ungeeignete Kandidaten aussondern zu können.

> Hinzu kommt, daß dieser subjektive Eindruck ein falscher sein kann; hinzu kommt ferner, daß bei dem jetzigen Prüfungsverfahren derartige psychische Unzulänglichkeiten seitens der Prüflinge sehr wohl bestehen können, ohne überhaupt bemerkt zu werden. Hieraus ergibt sich, wie vorteilhaft es für den Flugdienst selber ist, die Ausbildung Ungeeigneter durch zweckmäßige Aus-wahl mittels einer objektiven experimentell-psychologischen Leistungsprüfung hintanzuhalten.[519]

514   Verfügung des KoGenLuft vom 12.1.1918, zitiert nach Napp, Die deutschen Luftstreitkräfte im Ersten Weltkrieg, S. 384.

515   Ingo-Wolf Kittel, Arthur Kronfeld. 1886–1951 ; Ein Pionier der Psychologie, Sexualwissen-schaft und Psychotherapie ; Univ. Konstanz, Bibliothek ; Ausstellung vom 6. Juni bis zum 28. Juni 1988. Einleitender Vortrag zum Thema „Arthur Kronfeld als Wissenschafts-theoretiker der Psychologie und Psychiatrie", Konstanz 1988, S. 8f.

516   Ebenda, S. 9.

517   Kronfeld, Eine experimentell-psychologische Tauglichkeitsprüfung zum Flugdienst., S. 35f.

518   Ebenda, S. 42.

519   Ebenda, S. 38.

Am 18.7.1918 legte Arthur Kronfeld seine in Freiburg an Fliegern vor-
genommenen Untersuchungen vor. Er hatte 350 Prüflinge getestet und die
Ergebnisse von 120 davon berücksichtigt. Zusätzlich hatte er 30 erfolgreiche
Flieger als Kontrollpersonen untersucht.[520]

Er suchte nach einem möglichst objektiven Maßstab zur Auswahl von
geeignetem Flugpersonal unter Beachtung auch derjenigen, die bei der nervenärztlichen Untersuchung auffällig geworden waren.[521] In seinem Versuchsaufbau griff Kronfeld auf die Erfahrungen seiner Kollegen zurück und führte
eine Simulation der Realsituation durch, mit elektronischer Reizdarbietung
und einem möglichst standardisierten Vorgehen in Durchführung und Auswertung.[522] Er wollte damit die Lernbereitschaft und die Fähigkeit, mehrere
Aufgaben gleichzeitig zu erfüllen, erfassen, denn er sah diese Eigenschaften als
wesentlich für einen erfolgreichen Kampfflieger an.[523] Anders als bei Benary,
war das Verfahren von Kronfeld aber eindeutig praktisch orientiert.

Der Prüfling hatte deshalb eine Hauptaufgabe zu lösen, bei der er kontinuierlich gestört wurde. Die Auswertung bestand dann in einem nach Schulnoten
geordneten Prinzip.[524] Kronfeld konnte anhand dieses Verfahrens nachweisen,
dass psychisch belastete Soldaten besonders schlecht, und erfahrene Piloten
besonders gut abschnitten.[525] Nach Auswertung der Daten kam Kronfeld zu
dem Schluss, dass man vier Typen von Kandidaten für den Flugdienst unterscheiden könne: Eine Gruppe der Prüflinge sei besonders gut als Beobachter,
eine zweite als Flugzeugführer geeignet. Bei der dritten Gruppe sei ein intensives Training nötig und die vierte Gruppe sei aufgrund hoher Nervosität
ungeeignet zum Flugdienst.[526]

Kronfeld erhob also den Anspruch mit seinem Verfahren eine zuverlässige
Vorauswahl geeigneter Flieger und Flug-Beobachter zu treffen. Dabei legte er
besonderes Gewicht auf die Belastbarkeit der Kandidaten.[527] Am Ende seines
Nachberichtes forderte Kronfeld eine Bewährungskontrolle der Prüfergeb-
nisse, die aber nach Kriegsende nicht mehr durchgeführt wurde.[528]

---

520   Ebenda, S. 36.
521   Petri, Eignungsprüfung, Charakteranalyse, Soldatentum., S. 72.
522   Ebenda, S. 76.
523   Kronfeld, Eine experimentell-psychologische Tauglichkeitsprüfung zum Flugdienst., S. 41.
524   Ebenda, S. 62.
525   Ebenda, S. 76.
526   Ebenda, S. 74f.
527   Napp, Die deutschen Luftstreitkräfte im Ersten Weltkrieg, S. 386.
528   Ebenda, S. 77; Petri, Eignungsprüfung, Charakteranalyse, Soldatentum., S. 76. Der Medi-
      ziner und Psychologe Erich Stern arbeitete in Strasburg im Elsass an einer Untersuchung
      für die Luftstreitkräfte. Seine Untersuchungen wurden im Labor der psychiatrischen

Einen völlig anderen Weg zur Entwicklung psychologischer Auswahlverfahren ging der Psychologe Otto Selz in Bayern. An der Universität München
hatte der Psychologieprofessor Karl Bühler schon zu dieser Zeit mit dem Militär kooperiert und ein Gutachten über die Errichtung einer psychologischen
Fliegerprüfungsstelle in Bayern erstellt.[529] Diese eigenständige Entwicklung
erklärt sich u.a. dadurch, dass die bayrische Militärfliegerei auch nach 1916
selbstständig blieb und dem Kriegsministerium in München unterstellt war.[530]

Otto Selz, der an der Universität München promovierte und nach einer
Kriegsverletzung ins Kriegsministerium versetzt wurde, untersuchte den Anteil
der individuellen Eigenschaften der Flugzeugführer und Beobachter an Flugunfällen.[531] Sein Bericht, den er einer (nicht genau beschriebenen) Behörde
im Herbst 1918 vorlegte, sollte eine wissenschaftliche Grundlage für die Einrichtung psychologischer Eignungsprüfungen für Flieger in Bayern bilden.[532]

Er analysierte darin drei Sammlungen bayrischer Flugschulen aus dem Jahre
1918, in denen jeweils 100 Berichte über Flugzeugbeschädigungen zusammengetragen waren.[533] Die Unfallzahlen von Flugschülern in der Ausbildungszeit
waren in Deutschland sehr hoch, deswegen war die Zielsetzung von Otto Selz
von entscheidender Bedeutung.[534] Selz unterschied bei den Ursachen zwischen objektiven Faktoren (wie Material, Betriebsstoff, Gelände, Wetter) und
subjektiven Faktoren (wie individuelle Ausbildung und Veranlagung). Durch
die statistische Auswertung der Daten konnte er zeigen, dass mehr als die
Hälfte der Unfälle auf die Veranlagung des Fliegers zurückzuführen seien und
dadurch die Forderung nach einer experimentalpsychologischen Eignungsprüfung für Flugpersonal untermauern. Als wesentlich für einen geeigneten
Flugzeugführer sah er die „Feinfühligkeit des Fliegers" an, die durch die

---

Universitätsklinik durchgeführt. Da Stern das Elsass ohne seine Aufzeichnungen verlassen musste, konnte er über sein Vorgehen nur ansatzweise nach dem Krieg berichten.
Erich Stern, Eine experimentell-psychologische Eignungsprüfung für Flugzeugführer, in:
Schriften zur Psychologie der Berufseignung und des Wirtschaftslebens 8 (1919), S. 78–95,
S. 79. Da Stern kein Mitglied in der Gesellschaft für Experimentelle Psychologie war und
sein Vorgehen nicht wesentlich von dem Benarys abwich, soll hier nicht näher darauf eingegangen werden. Zur weiteren Information siehe: ebenda; Hofstätter (Hrsg.), Deutsche
Wehrmachtspsychologie 1914–1945., S. 298–300; Petri, Eignungsprüfung, Charakteranalyse, Soldatentum., S. 270.

529   Selz, Anteil der individuellen Eigenschaften der Flugzeugführer und Beobachter an
       Fliegerunfällen., S. 123.
530   Hofstätter (Hrsg.), Deutsche Wehrmachtspsychologie 1914–1945., S. 292.
531   Wolfradt, Deutschsprachige Psychologinnen und Psychologen 1933–1945., S. 416.
532   Selz, Anteil der individuellen Eigenschaften der Flugzeugführer und Beobachter an
       Fliegerunfällen., S. 96.
533   Ebenda.
534   Napp, Die deutschen Luftstreitkräfte im Ersten Weltkrieg, S. 391.

Fähigkeit zur Entfernungsschätzung und zur richtigen Vorausbemessung des Erfolgs bestimmt sei.[535]

In ähnlicher Weise wie die britischen Psychologen definierte Selz als entscheidenden Faktor für die Eignung zum Flugzeugführer hier eine grundlegende Eigenschaft, die ihm zufolge eine „überraschende Verwandtschaft der fliegerischen Geschicklichkeit mit der Geschicklichkeit des Kegel- Billard- oder Tennisspielers" hätte.[536]

Die Untersuchungen von Otto Selz wurden nach dem Krieg nicht weiterverfolgt, hatten aber Konsequenzen. Zum einen plante das Militär nach Kriegsende, eine Fliegerprüfstelle in Schleißheim bei München einzurichten und zum anderen einen Lehrauftrag für angewandte Psychologie an der Universität München. Diese Fliegerprüfstelle wurde allerdings nie eingerichtet, möglicherweise aufgrund der im Versailler Vertrag verbotenen Zusammenarbeit zwischen Militär und Universitäten und dem Verbot von Luftstreitkräften in Deutschland.[537] Die Analyse von Unfällen wurde aber auch im Bereich der Psychotechnik in der Nachkriegszeit zu einem wesentlichen Thema und die These eines „fliegerischen Gefühls" wurde in der Militärpsychologie der Weimarer Zeit wieder untersucht.[538]

Die wachsende Bedeutung der Militärpsychologie im letzten Kriegsjahr zeigte sich auch an einer weiteren Entwicklung: Der Psychologe Hellmuth Goldschmidt wurde mit der Leitung einer zentralen psychologischen Prüfstelle des Militärs für das VII. Armeekorps beauftragt. Goldschmidt hatte Medizin und Psychologie studiert und sich 1914 in Münster habilitiert. Im Krieg arbeitete er erst als Stabsarzt in Münster und dann bei den Luftstreitkräften.[539] Bemerkenswert an seiner Arbeit beim Militär waren vor allem zwei Dinge: Zum einen entwickelte er in Münster verschiedene Prüfungen für unterschiedliche militärische Spezialaufgaben. Funker und Kraftfahrer wurden nach den gängigen Methoden (Moede und Piorkowski, Funkerprüfung nach Lipmann) getestet; für Richtkanoniere und Flugzeugführer wurden eigene Prüfverfahren entwickelt.[540] Diese für ein ganzes Armeekorps zentral organisierte Entwicklung und Überwachung von psychologischen Prüfverfahren war zu dieser Zeit einzigartig und die Arbeit der Psychologen wurde damit deutlich aufgewertet. Ein Fürsprecher dieser Entwicklung war möglicherweise Ernst Koschel, Chef

535   Ebenda, S. 132, S. 134.
536   Ebenda, S. 131.
537   Petri, Eignungsprüfung, Charakteranalyse, Soldatentum., S. 78f.
538   Hofstätter (Hrsg.), Deutsche Wehrmachtspsychologie 1914–1945, S. 303.
539   Wolfradt, Deutschsprachige Psychologinnen und Psychologen 1933–1945., S. 140.
540   Petri, Eignungsprüfung, Charakteranalyse, Soldatentum., S. 275–280.

der Sanitätsabteilung des KoGenLuft, der 1918 in Münster über ein Thema der Flugpsychologie promovierte.[541]

Eine zweite Besonderheit war, dass Goldschmidt auch Papier-und Bleistifttests einsetzte, die besonders für Gruppentests geeignet waren.[542] In den USA hatte das Militär zu dieser Zeit – 1917 – eine große Zahl von Rekruten mittels Papier-und Bleistifttests gemustert mit dem Ziel, die Soldaten nach ihrem Intelligenzniveau einzuteilen und bestimmten Waffengattungen zuzuordnen.[543] In Deutschland hatten die Psychologen meist durch aufwendige apparative Verfahren Experten für Spezialaufgaben ausgewählt. Goldschmidt kombinierte diese Vorgehensweisen, indem er einerseits auch apparative Methoden einsetzte, andererseits mit seinen Gruppentests auch neue Rekruten routinemäßig untersuchte.[544] Hauptaufgabe seiner Prüfstelle war es, „... die eigentliche unmittelbare Prüftüchtigkeit bei der Truppe zu überwachen, die dabei angewandten Verfahren zu verbessern und zu vereinheitlichen und die Truppenärzte zu unterrichten und zu schulen."[545]

Im Juli und September 1918 berichtete Goldschmidt über seine Erfolge: Seit Ende April habe er 239 Offiziere und Mannschaften auf ihre Befähigung zum Flugzeugführer untersucht; von diesen konnten 55 Kandidaten aufgrund ihrer psychometrischen Ergebnisse als geeignet gelten.[546] Er hatte in seiner Vorgehensweise viele der im Krieg entwickelten Methoden zusammengeführt und damit gute Erfolge erzielt.

Obwohl die psychologische Arbeit also zunehmend von militärischen Stellen anerkannt wurde, war die Zusammenarbeit mit anderen Experten aber nicht immer einfach.

---

541   Ebenda, S. 81f.

542   Goldschmidt 1920, zitiert nach ebenda, S. 276.

543   Papier-und Bleistifttests waren einfache Leistungstests, oft aus dem schulischen Bereich, die aus Fragebögen bestanden, die die Probanden mit dem Stift ausfüllen mussten. Apparative Verfahren waren nicht vorgesehen; siehe auch Definition S. 155; zur Rekrutentestung in den USA siehe Robert M. Yerkes, Psychological examining in the United States Army, Washington, DC 1921.

544   Schorn, Auszug aus einem Bericht über militärische Eignungsprüfungen in der Psychologischen Hauptprüfstelle Münster i. Westfalen.; Petri, Eignungsprüfung, Charakteranalyse, Soldatentum., S. 278.

545   Schillermuseum/ Deutsches Literaturarchiv, Marbach am Neckar (DLA). Nachlass Josef Pieper, Abt. 26: Arbeiten aus der Wehrdienstzeit. Die Vorgeschichte der münsterischen Personal-Prüfstelle VI Ost (1917–25). Ein Beitrag zur Geschichte des Eignungsprüfwesens in der deutschen Wehrmacht, S. 11.

546   Ebenda, S. 14.

Förderung und Konflikt: Militärische Verfügungen

Konflikte zeigten sich besonders zwischen Psychologen und Medizinern: Helmuth Goldschmidt war zum Leiter einer zentralen Prüfstelle für psychologische Eignungsprüfung ernannt worden, weil er sowohl Psychologe als auch Mediziner war. Anders als in Großbritannien hatten sich in Deutschland und im Habsburger Reich auch Psychologen ohne medizinische Ausbildung an der militärischen Diagnostik beteiligt. Dies war aber selbst in der psychologischen Community nicht unumstritten. Der Psychologe (und Mediziner) Arthur Kronfeld argumentierte beispielsweise, dass die Untersuchung von Flugzeugführern in die Hand eines Arztes gehöre und eine experimentalpsychologische Leistungsprüfung der nervenärztlichen Untersuchung anzugliedern sei.[547] Dem widersprach der Psychologe Erich Stern mit dem Argument, dass die zu untersuchenden Soldaten und Offiziere ja „psychisch vollwertige Individuen" seien, bei denen nur das Fehlen oder Vorhandensein einer bestimmten Fähigkeit nachzuweisen sei.[548] Die Anwesenheit eines Arztes oder Psychiater sei deswegen nicht unbedingt notwendig.

Auch von (rein) medizinischer Seite kam Ende 1917 Widerstand gegen die psychologische Untersuchung von militärischem Spezialpersonal auf, zu einem Zeitpunkt, als solche Eignungsprüfungen schon recht häufig geworden waren. Am 16.12.1917 befahl der Chef des Feldsanitätsdienstes den Armeeärzten, „auf derartige Untersuchungen" zu achten und Bericht zu erstatten:

> Es ist hierher berichtet worden, dass bei einigen Feldtruppenteilen [...] sogenannte *psychologische Eignungsprüfungen* auf Verwendungsfähigkeit für einen speziellen Dienst mittels psychologischer Messverfahren und anderer psychologischer Untersuchungsmethoden von Psychologen, d.h. ärztlichen Laien, zuweilen ohne Beteiligung der Truppenärzte vorgenommen werden. Letzteres ist unstatthaft.[549]

Aus den daraufhin eingehenden Berichten war ersichtlich, dass tatsächlich an verschiedenen Stellen Psychologen einfache Reaktionsprüfungen ohne die Anwesenheit eines Arztes vornahmen; an anderer Stelle aber auch Ärzte psychologische Tests durchgeführt hatten.[550] Kurz darauf griff das Preußische Kriegsministerium ein, das offensichtlich die psychologische Tätigkeit beim Militär weiter fördern wollte, allerdings unter der Kontrolle eines Mediziners.

---

547 Kronfeld, Eine experimentell-psychologische Tauglichkeitsprüfung zum Flugdienst., S. 39.
548 Stern, Eine experimentell-psychologische Eignungsprüfung für Flugzeugführer., S. 94.
549 Tschudi, Überblick über die Geschichte des Personalprüfwesens des Heeres (1940), in: Fritscher (Hrsg.), S. 69.
550 Ebenda, S. 70.

In einer Verfügung vom 20.12.1917 hieß es, dass: „Aus der Zusammenarbeit von
Ärzten und Psychologen eine sachgemäße und den deutschen Interessen nur
förderliche Ausgestaltung des psychologischen Untersuchungsverfahrens ...“
wünschenswert sei.[551] Außerdem bestimmte das Ministerium, dass „psychologische Prüfungen auf Eignung zum Dienst bei Spezialtruppen (Kraftfahrer,
Flieger, Funker u.s.w.) einen Teil der allgemeinen Untersuchung auf Dienst-
tauglichkeit darstellen“ und dass die Leitung der psychologischen Untersuchungen Ärzten vorbehalten sei.[552]

Dies bedeutet einerseits eine Aufwertung psychologischer Verfahren, da sie
damit an die Untersuchung von neuem militärischem Personal gekoppelt wurden, andererseits aber auch eine Unterordnung der Psychologen unter die ärztliche Aufsicht. Besonders erfolgreich waren deshalb Psychologen wie Helmut
Goldschmidt, die sowohl Mediziner als auch Psychologen waren.[553]

Darüber hinaus forderte das Militär für die Ärzte, die eine solche psychologische Untersuchung leiten sollten, eine Spezialausbildung und diese wurde
von Psychologen durchgeführt. Damit war eine weitere Aufgabe an die psychologische Gemeinschaft gefallen, die diese bereitwillig annahm. Am 13.3.1918 fand
ein erster Kurs für psychologie-interessierte Ärzte in Berlin statt, zu dem aus
jedem Armeecorps zwei Militärärzte abkommandiert wurden.[554] Carl Stumpf,
der Doyen der Berliner Psychologie, hielt einen Vortrag, bei dem auch der
Generalarzt Schultzen anwesend war und berichtete: „Über den Entwicklungsgang der neueren Psychologie und ihrer militärtechnischen Verwendung.“[555]
Stumpf ging zwar auf Auseinandersetzungen zwischen den Medizinern und
Psychologen ein, war aber der Ansicht, dass „nicht der geringste Grund zu Reibungen oder Kompetenzstreitigkeiten beim Zusammenwirken“ vorhanden
sei.[556] Mit diesen Bemerkungen wollte er seine Stellung als Koordinator der
Wissenschaften unterstreichen und bot sich an, geeignete Psychologen für
die Arbeit beim Militär aus den verschiedenen Instituten in Deutschland aus-
zusuchen.[557] Außer Stumpf trugen die Psychologen Wilhelm Wirth, Walther
Moede, Otto Lipmann, Max Wertheimer, Moritz von Hornbostel und Alex
Schackwitz vor.[558]

---

551   Ebenda, S. 69f.
552   Ebenda, S. 70.
553   Ebenda.
554   Gundlach, Faktor Mensch im Krieg., S. 135.
555   Stumpf, Über den Entwicklungsgang der neueren Psychologie und ihre militärtechnische
       Verwendung.
556   Ebenda, S. 281.
557   Ebenda, S. 283.
558   Gundlach, Faktor Mensch im Krieg., S. 135.

Dies war aber nicht die einzige Initiative zur Einbindung und Beurteilung psychologischer Arbeit. Um den Wert der psychologischen Eignungsprüfungen genauer zu erfassen, veranlassten und finanzierten der Feldsanitätschef von Schjerning und Obergeneralarzt Schultzen im letzten Kriegsjahr eine Studie über den Wert psychologischer Berufs-Eignungsprüfungen, die als Ergänzung bei der Musterung von Spezialtruppen vorgesehen waren.[559] Sie beauftragten damit Alex Schackwitz, der Mediziner, aber auch ein promovierter Psychologe war.[560] Schackwitz begann seine Untersuchungen im Herbst 1918 in Kiel und kam dabei zu dem vernichtenden Urteil: „Die Untersuchungen [haben] die vorläufige Unbrauchbarkeit psychologischer Eignungsprüfungen für die Praxis ergeben."[561]

Für den militärischen Bereich war dieses Gutachten, das erst nach Kriegsende veröffentlicht wurde, von geringer Bedeutung; die Psychologen in der Psychotechnik nahmen es jedoch sehr ernst und von ihnen kam heftiger und fundierter Widerspruch.[562]

Die Studie von Alex Schackwitz sollte die Effizienz von psychotechnischen Tauglichkeitsuntersuchungen für bestimmte Berufsgruppen prüfen. Neben einer Einschätzung der theoretischen Voraussetzungen und der Beurteilung der Ergebnisse, erschien es Schackwitz nötig, 1918 eine Nachprüfung der ausschlaggebenden Versuchsanordnungen durchzuführen.[563] Er berücksichtigte dabei die Eignungsprüfungen an Straßenbahnfahrern, Schiffsführern, Kraftfahrer und Eisenbahnpersonal sowie die von William Stern an Straßenbahnführerinnen in Hamburg.[564] Alle diese Untersuchungen waren noch in der Kriegszeit durchgeführt worden und hatten sich methodisch auf Münsterberg bezogen. Schackwitz kritisierte zum einen die theoretischen Vorannahmen,

559 Alex Schackwitz, Über psychologische Berufs-Eignungsprüfungen für Verkehrsberufe. Eine Begutachtung ihres theoretischen und praktischen Wertes erläutert durch eine Untersuchung von Strassenbahnführern, Berlin 1920, Vorwort.

560 Gundlach, Faktor Mensch im Krieg., S. 135.

561 Schackwitz, Über psychologische Berufs-Eignungsprüfungen für Verkehrsberufe., S. 177.

562 Walther Moede/Curt Piorkowski, Rezension. Schackwitz, Über psychologische Eignungsprüfungen für Verkehrsberufe, in: Praktische Psychologie 2 (1921), S. 125–128; Riedel, Bemerkungen zur Eignungsprüfung bei Fahrzeugführerberufen, in: Zeitschrift für angewandte Psychologie 19 (1921), S. 196–213; Baumgarten, Die Berufseignungsprüfungen., S. 316–328.

563 Schackwitz, Über psychologische Berufs-Eignungsprüfungen für Verkehrsberufe., Einleitung.

564 Münsterberg, Psychologie und Wirtschaftsleben, S. 44–55; William Stern, Über eine psychologische Eignungsprüfung für Staßenbahnfahrerinnen, in: Schriften zur Psychologie der Berufseignung und des Wirtschaftslebens 2 (1918), S. 3–15; A. Schreiber, Das Prüfungslaboratorium für Berufseignung bei der Königlich Sächsischen Eisenbahn, in: Zeitschrift des Vereins Deutscher Ingenieure 62 (1918), S. 91–93.

in denen unreflektiert vom Vorhandensein von bestimmten Fähigkeiten für Berufe ausgegangen worden sei. Er warf vor allem Münsterberg vor, aus einer relativ kleinen Zahl von Versuchen Rückschlüsse auf zukünftige Leistungen gezogen zu haben. Münsterberg ginge damit „von nur erkenntnistheoretisch ableitbaren, aber [...] tatsächlich nicht nachweisbaren „psychophysischen Dispositionen" aus."[565]

An den im Krieg entwickelten Eignungsuntersuchungen kritisierte Schackwitz die geringe Anzahl der Probanden (bei Stern waren es nur sechs Frauen), eine unangemessene Untersuchungsmethode und den Mangel an veröffentlichten Daten.[566] Allen Verfahren warf er vor, dass die Ergebnisse der Tests nicht mit den Leistungen in der Realsituation verglichen worden waren.

Bei seinen eigenen Untersuchungen an Kieler Straßenbahnfahrern wollte Schackwitz diese Fehler vermeiden. Er sprach nicht von bestimmten Fähigkeiten, sondern wollte nur eine genau umrissene Leistung messen, die ein Straßenbahnfahrer bewältigen müsste.[567] In einem umfangreichen Verfahren prüfte Schackwitz 62 Personen (acht Straßenbahnfahrer, fünf Straßenbahnfahrerinnen, 27 weibliche und 22 männliche Lehrlinge) und verglich das Ergebnis mit dem Urteil der Straßenbahngesellschaft. In zwei Drittel der Fälle zeigten sich übereinstimmende Beurteilungen; in einem Drittel dagegen nicht.[568] Bei den Personen, bei denen Test und Beurteilung nicht übereinstimmten, handelte es sich um solche, die ein schlechtes Testergebnis hatten, in der Praxis aber gut arbeiteten. Bei den unzureichend arbeitenden Personen hatte eine ärztliche Untersuchung dies bereits vorausgesagt. Schackwitz kam daher zu dem Schluss, dass „... ein derartiges Prüfungsverfahren zum Teil überflüssig, zum Teil irreführend ist und eine praktische Verwendung deshalb nicht in Frage kommen kann."[569]

Damit stellte Schackwitz die psychotechnischen Verfahren nicht nur im militärischen, sondern auch im zivilen Bereich in Frage. Deshalb wurde er schnell und heftig mit fundierter Kritik konfrontiert und die Diskussion dauerte bis in die Nachkriegszeit an. Moede und Piorkowski monierten die komplizierte Versuchsanordnung, deren komplexe Anforderungen die Lernfähigkeit auch kompetenter Straßenbahnfahrer überfordern würden. Sie beurteilten es als positiv, dass 9/10 der ungeeigneten Fahrer durch den Test ausgesondert werden konnten, da dies bei der erschreckend hohen Zahl an Verkehrsunfällen

---

565 Schackwitz, Über psychologische Berufs-Eignungsprüfungen für Verkehrsberufe., S. 6.
566 Ebenda, S. 19–40.
567 Ebenda, S. 42.
568 Ebenda, S. 176.
569 Ebenda.

(1919 waren in London fast 19 000 Menschen überfahren worden, davon 694 mit tödlichen Folgen) sehr wichtig sei. Auch habe Schackwitz andere, ausführliche Untersuchungen zu diesem Thema nicht erwähnt.[570]

Zwei andere Autoren teilten diese Kritikpunkte. In Übereinstimmung mit Schackwitz forderten sie jedoch weitere Untersuchungen zur Eichung der psychotechnischen Verfahren, um sicherzugehen, dass die gemessenen Testdaten auch wirklich eine Voraussage für den beruflichen Erfolg darstellen würden.[571] Ein schneller und überzeugender Beweis des Vorhersagewertes psychotechnischer Verfahren stünde noch aus.

Trotz dieser kontroversen Beurteilung psychotechnischer Methoden hatten sich am Kriegsende die psychologischen Methoden der Personalauswahl beim Militär vor allem in drei Bereichen deutlich differenziert: Bei der Erfassung der zu messenden Eigenschaften, im Aufbau der Untersuchungen und bei der Darstellung der Ergebnisse.

Zum Ersten waren sich alle beteiligten Forscher darin einig, dass man die zu untersuchende Eigenschaft nachvollziehbar analysieren und charakterisieren müsse; um dieses Ziel zu erreichen, schlugen sie jedoch unterschiedliche Wege ein: Wilhelm Benary ließ sich beispielsweise zum Flugbeobachter ausbilden, um die erforderlichen Fähigkeiten besser beurteilen zu können.[572] Ein weiteres Verfahren war der Vergleich der Prüfungsleistungen mit denen erfolgreicher Experten, beispielsweise geübter Flieger.[573] Wenn der erfahrene Flieger einen hohen Wert in dem Testverfahren erreichte, schien dieses die erforderliche Eigenschaft erfassen zu können.

Ein anderer Weg wurde bei der Analyse der psychischen Ursachen von Flugunfällen eingeschlagen. Dabei sollten gerade die Eigenschaften definiert und analysiert werden, die sich negativ auf die gewünschte Leistung auswirken würden.[574] Uneinig unter den Psychologen war man sich allerdings darüber, ob die zu messende Eigenschaft eine umschriebene Fähigkeit sei (beispielsweise ein zugrundeliegendes Fluggefühl[575]) oder ob sie auf eine Kombination ver-

---

570   Beispielsweise: Tramm, Die psychotechnische Ausbildung des Straßenbahnführers, in: Praktische Psychologie 1 (1919); Moede/Piorkowski, Rezension.

571   Riedel, Bemerkungen zur Eignungsprüfung bei Fahrzeugführerberufen., S. 213; Baumgarten, Die Berufseignungsprüfungen., S. 316f.

572   Wilhelm Benary, Kurzer Bericht über Arbeiten zu Eignungsprüfungen für Fliegerbeobachter, in: Schriften zur Psychologie der Berufseignung und des Wirtschaftslebens 8 (1919), S. 3–34, S. 8.

573   Kronfeld, Eine experimentell-psychologische Tauglichkeitsprüfung zum Flugdienst.

574   Selz, Anteil der individuellen Eigenschaften der Flugzeugführer und Beobachter an Fliegerunfällen.

575   Ebenda, S. 234.

schiedener Talente (intellektuelle Veranlagung, motorische und sensorische Fähigkeiten, Charaktereigenschaften[576]) zurückzuführen sei.

Zum Zweiten hatten sich die psychotechnischen Apparate, speziell bei den Luftstreitkräften deutlich verbessert. Mit aufwendig konstruierten Spezialapparaten wurden bestimmte Fähigkeiten gemessen, aber auch geübt. Man versuchte dabei, die Kriegssituation (beim Fliegen oder beim Autofahren) möglichst genau zu simulieren. Gemessen wurde die Fähigkeit auf elektrisch dargebotene Reize genau und kontrolliert zu reagieren. Durchführung und Auswertung folgten einem standardisierten Schema. Diese Methode kombinierte experimentalwissenschaftliches Vorgehen mit der Vorstellung der Erfassung psychologischer Parameter in einer realen Anforderungssituation. Die Ähnlichkeit der Prüfmethode mit der realen Kriegssituation förderte sicher die Akzeptanz dieser Methode beim Militär.

Ein weiterer Grundstock dieses Prüfverfahrens war die präzise Zeitmessung durch das Chronoskop. Dieses Vorgehen galt als ein entscheidendes Kennzeichen erfolgreicher wissenschaftlicher Arbeit und damit konnten sich die Psychologen als bedeutende Experten ausweisen.[577] Für die praktische Psychologie relevant war auch, dass durch die Konstruktion und Prüfung dieser Verfahren Messmethoden, Verrechnungsverfahren und technisches Knowhow deutlich verbessert wurden. Neben dem äußeren Verhalten wurden in manchen Verfahren auch die innere Einstellung und die Gefühle in der Prüfsituation gemessen. Damit wollte man neben der eigentlichen Leistungsfähigkeit auch den Charakter der Versuchspersonen erfassen und entwickelte dazu neue Frageschemata.[578] Die in den USA zur gleichen Zeit in großem Umfang eingesetzten Papier- und Bleistift-Tests wurden in Deutschland beim Militär nur von Richard Goldschmidt in größerer Zahl eingesetzt.[579]

Zum Dritten wurden auch die Auswertung der Testverfahren und ihre Darstellung unterschiedlich gestaltet. Der Kriegssituation entsprechend, sollten die Auswertungen der vielen unterschiedlichen Variablen möglichst kurz und präzise ausfallen, nicht nur um die Auswahl von geeigneten Kandidaten zu ermöglichen, sondern auch um Mindeststandards festzulegen. In der deutschen Militärpsychologie wurden dafür grundsätzlich zwei verschiedene Wege eingeschlagen: Zum einen wurden die Testwerte qualitativ ausgewertet und ein

---

576   Otto Selz nach: Hofstätter (Hrsg.), Deutsche Wehrmachtspsychologie 1914–1945., S. 308.

577   Petri, Eignungsprüfung, Charakteranalyse, Soldatentum., S. 80.

578   Benary, Kurzer Bericht über Arbeiten zu Eignungsprüfungen für Fliegerbeobachter., S. 16–19.

579   Zur Testung der amerikanischen Rekruten im Ersten Weltkrieg siehe Yerkes, Psychological examining in the United States Army.

kurzer Bericht verfasst.[580] Bei anderen Verfahren war das Ergebnis ein numerischer Wert, entweder einer Schulnote entsprechend, einem Prozentrang oder
einem Wert mit angegebenem Mittelwert und Streuung der Leistungen.[581]
Präzise Messung und numerische Auswertung sollten ein vertrauenswürdiges
wissenschaftliches Vorgehen demonstrieren und dem Militär eine schnelle
und effektive Allokation von geeigneten Arbeitskräften ermöglichen.

Eine „Eichung" oder „Bewährung" der Prüfungsergebnisse war in Deutschland in vielen Fällen geplant, aber aus Zeitmangel nicht durchgeführt worden: So wollte man die Testergebnisse der Prüflinge im Flugdienst mit ihren
Leistungen in der Ausbildung vergleichen; dies wurde aber nach dem Krieg
nicht weiterverfolgt. Anders bei der Kraftfahrprüfung von Moede und Piorkowski: Dabei konnten die Ergebnisse der psychologischen Untersuchungen
mit denen der Führerscheinprüfung verglichen werden, um damit die Güte
des Testverfahrens aufzuzeigen. Diese erfolgreiche Validierung trug sicher zu
der weiten Verbreitung der Kraftfahrprüfung bei.

4.2.3   Zwischenfazit

Ab 1916 verlagerte sich der Schwerpunkt der Kriegsführung auf den verstärkten
Einsatz neuer Waffen wie U-Boote und Flugzeuge. Jetzt konnten sich die
Psychologen beider Länder erfolgreich als Experten der Personalauswahl etablieren. Besonders die Luftstreitkräfte waren sehr interessiert an einer schnellen
und effektiven Auswahl von geeigneten Kandidaten, da die neuen Maschinen
komplexe Fähigkeiten erforderten und sehr teuer waren. Diagnose, Auswahl
und Training von Spezialpersonal beim Militär waren daher neue Arbeitsgebiete der Psychologie, die in der Kriegszeit geschaffen wurden.

Die Kandidaten für Spezialaufgaben sollten bezüglich bestimmter Leistungen untersucht und in eine Rangfolge eingeordnet werden, um sie möglichst effektiv und schnell einsetzen zu können. Wichtige Impulse gingen in
beiden Ländern von den Psychologen selbst, aber auch von Fachleuten und
interessierten Militärs aus, die die Psychologen mit Fragen der Kriegstechnik
und -führung zusammenbringen wollten. Konkrete Untersuchungsmethoden
wurden in beiden Ländern aber erst im letzten Kriegsjahr konzipiert und
befanden sich bei Kriegsende meist noch im Versuchsstadium. Diese militärische Einbindung bot in mehrerer Hinsicht optimale Untersuchungsmöglich-
keiten. Eine große Zahl an (unverletzten und verletzten) jungen Männern
konnte schnell mit unterschiedlichen Testverfahren untersucht werden. Als

---

580   Ebenda, S. 20–24.
581   Kronfeld, Eine experimentell-psychologische Tauglichkeitsprüfung zum Flugdienst.,
       S.59–63.

Soldaten mussten sie an diesen Tests teilnehmen, nicht einmal Offiziere konnten sich verweigern. Bestehende Klassengrenzen wurden durch diese Vorgehensweise aufgeweicht. Damit konkurrierten die Psychologen aber mit den traditionellen militärischen Auswahlverfahren und mussten versuchen, ihre neuen Methoden zu rechtfertigen. In der Marine hatten die Psychologen beider Länder einen sehr ähnlichen Versuch gestartet, geeignete Horcher zur Früherkennung von U-Booten auszubilden, ein Projekt, das durch die Einführung neuer Apparaturen gegen Kriegsende jedoch eingestellt wurde.

Der Einsatz von Psychologen in der Personalauswahl bei den Streitkräften hing jedoch in hohem Maße von der Akzeptanz dieser neuen Experten bei den Mitgliedern des Militärs ab. In Großbritannien erfolgte der Einsatz von Psychologen beim Militär erst ab 1916. Dabei kamen vor allem Psychologen zum Einsatz, die zuvor schwerpunktmäßig in der Militärpsychiatrie gearbeitet hatten. In der Marine wurden neue Testverfahren für den Einsatz von Experten auf den U-Booten entwickelt und an einem geheimen Ort angewandt und bewertet. Außerdem legte das Militär größten Wert auf eine effektive Ausbildung der Kandidaten für den Flugdienst, wobei aber eine wissenschaftlich fundierte Personalauswahl nicht forciert wurde. Psychologische Eignungsuntersuchungen beschränkten sich daher meistens auf Gespräche oder wie in Frankreich auf psychophysiologische und neurophysiologische Feststellungen. Die vielfach geforderte „Nervenstärke" des Flugpersonals wurde lediglich anhand einiger kurzer Fragen erfasst, oder es wurden Ausschlusskriterien formuliert.

Zwei Gründe sind für diese wenig umfassende Implementierung psychologischen Wissens in der britischen Armee ausschlaggebend: Zum einen waren das Militär und seine Organisation während der gesamten Kriegszeit dominant. Militärische Hierarchien und Kommandostrukturen wurden nicht angetastet und zur Lösung von Personalproblemen wurden, im Gegensatz zur deutschen Armee, keine fachfremden Experten eingesetzt. Die Psychologen, die selbst beim Militär arbeiteten, waren dem militärischen Denken so verpflichtet, dass sie an traditionellen Auswahlverfahren (Gespräche, Eignung zum Sport) festhielten.

Zum anderen waren die führenden Psychologen in die Militärpsychiatrie eingebunden und erst im letzten Kriegsjahr für andere Aufgaben verfügbar. Diese Vorprägung durch die psychotherapeutische Arbeit erklärt auch das Vertrauen der Psychologen auf die Aussagekraft von Gesprächen und eine eher skeptische Haltung gegenüber Testverfahren. Auch waren die Universitäten mit psychologischen Forschungsvorhaben und militärischen Interessen nicht so zahlreich wie in Deutschland. Nur im Bereich der Marine wurden Testverfahren zur Auswahl von Spezialisten entwickelt; allerdings ist wegen der strengen Zensur über dieses Vorgehen aus den Quellen nur wenig zu erfahren und gegen Kriegsende wurde es eingestellt. Ein weiterer Grund für diese militärpsychologische Ausrichtung lag in dem Einfluss der psychologischen Methoden der alliierten, französischen Streitkräfte. Dort war die Ausrichtung eher physiologisch und rein psychische Parameter wurden bei den Eignungsprüfungen französischer Piloten wenig berücksichtigt.

In Deutschland hatte es dagegen schon vor 1916, ausgehend von einzelnen Universitäten, psychologische Initiativen beim Militär gegeben. Dort arbeiteten die Psychologen beschreibend, um das konkrete Erleben der Frontsoldaten zu erfassen, oder sie versuchten experimentalpsychologische Forschung an der Front durchzuführen. Diese psychologische Arbeit war noch deutlich von der theoretischen Universitätspsychologie geprägt.

Besonders erfolgreich konnten sich ab 1915 die Psychologen Walther Moede und Curt Piorkowski mit ihrer psychologischen Methode zur Ausbildung von Lastkraftfahrern beim Militär durchsetzen. Hierbei wurden Ergebnisse der verschiedenen psychologischen Fachgebiete (Hirnverletztenversorgung, Pädagogik, Psychotechnik) gebündelt. Experimentalpsychologische Apparaturen und schulpsychologische Testverfahren kamen in diesem Bereich zur Anwendung und wurden erheblich weiterentwickelt. Durch den Vergleich der psychologischen Untersuchungen mit denen der Führerscheinprüfung konnten die Psychologen außerdem die Güte der Testverfahren aufzeigen. Diese Methode kombinierte experimentalwissenschaftliches Vorgehen mit der Vorstellung der Erfassung psychologischer Parameter in einer realen Anforderungssituation. Die Ähnlichkeit der Prüfmethode mit der realen Kriegssituation förderte sicher ebenfalls die Akzeptanz dieser Methode. Zum anderen gaben die Psychologen an, unter Anwendung von schulischen Methoden ein effektives Training durchführen zu können. Auch versprach der Terminus Psychotechnik eine Mess- und Manipulierbarkeit der menschlichen Psyche, die den Bedürfnissen des Militärs entsprach. Mit diesem Vorgehen war auch eine deutliche Kosten- (Renten-) Ersparnis möglich, da dabei auch verletzte Soldaten eingesetzt werden konnten. Ab 1916 wurde diese Art der psychotechnischen Untersuchung auf andere militärische Bereiche ausgedehnt.

Besonders innovativ waren dabei die Psychologen bei den Luftstreitkräften: Bei der Erfassung der Testwerte, der Auswertung der Daten, der Darstellung der Ergebnisse und der Überprüfung der Verfahren wurden neue Methoden entwickelt und erprobt. Neben der intellektuellen Leistungsfähigkeit wurden bei manchen Verfahren auch die innere Einstellung und die Gefühle in der Prüfsituation gemessen. Damit wollten die Psychologen neben der intellektuellen Leistungsfähigkeit auch den Charakter der Versuchspersonen analysieren und entwickelten dazu neue Frageschemata, die beispielsweise den Arbeitswillen erfassten.

Dabei wurden durch die praktische Arbeit Verfahren im Krieg weiterentwickelt, die nach dem Krieg in der Psychologie große Bedeutung erlangten, wie die Bildung großer Stichproben, die Einführung von Kontrollgruppen und die Verwendung statistischer Methoden.[582] Grundfragen der diagnostischen Psychologie traten in aller Schärfe hervor, wie das Problem der bestmöglichen Leistungserfassung, die Frage, ob Introspektion oder psychologische Messverfahren bei der Erfassung einer speziellen Fähigkeit angemessen seien und ob es besser sei, Einzelfähigkeiten oder die ganze Person zu erfassen. Da die meisten psychologischen Verfahren schnell und situationsspezifisch im Krieg entwickelt worden waren, stand eine Überprüfung der Ergebnisse noch aus. Diese Mängel wurden aber bereits zu Kriegsende deutlich vorgetragen und diskutiert.

Aufgrund der föderalen Organisation der Universitäten, aber auch der Luftstreitkräfte (bayrische Fliegerei) ergaben sich unterschiedliche regionale Zentren psychologischer Forschung für militärische Zwecke, die jeweils eigene Konzepte entwickelten. Die Konkurrenz zu Militärärzten konnte dabei dadurch gemindert werden, dass mehrere Psychologen auch ausgebildete Ärzte waren. Grundsätzliche Abgrenzungsdebatten mit Angehörigen des Militärs konnten auch deshalb vermieden werden, da die psychologischen Projekte meist nur an kleinen Gruppen von Spezialpersonal durchgeführt wurden, allerdings wurde zu Kriegsende nur eine psychologische Arbeit unter ärztlicher Kontrolle erlaubt. Als Aufwertung der psychologischen Verfahren wurde aber gegen Kriegsende eine zentrale psychologische Prüfstelle für das VII. Armeecorps eingerichtet, in dem die neuen Tests und Untersuchungsmethoden angewandt wurden. Während die psychologische Erfassung der intellektuellen Leistungsfähigkeit in der Nachkriegszeit auch für die Untersuchung von Zivilisten bedeutsam wurde, gewann die Charakteranalyse vor allem bei der Neuausrichtung des Militärs an Bedeutung. In Großbritannien wurde eine wissenschaftliche Militärpsychologie erst wieder im Vorfeld des zweiten Weltkrieges ausgebaut.

---

582 Lück, Geschichte der Psychologie., S. 138; Lück/Rothe, Hugo Münsterberg., S. 63.

KAPITEL 5

Die Situation in der Heimat zu Kriegsende: Versorgungsprobleme und Friedensaussicht

> Wer die Stimmung und die nervöse Verfassung der Fronttruppen während der 4 Kriegsjahre in ihrer allmählichen Umwandlung aufmerksam verfolgte, dem konnte eine Tatsache nicht verborgen bleiben: mit dem Mangel an frischem Nachschub, mit der Verlängerung der Perioden des vorderen Grabendienstes, mit der Abnahme der Hoffnung auf einen endgültigen Sieg, mit dem Einsetzen von Rückzügen wuchs die Unlustspannung als massenpsychologische, neurasthenisch machende Erscheinung.[1]

Der Psychiaters Robert Gaupp beschrieb hier rückblickend psychische Phänomene, die von den Ärzten in Großbritannien und Deutschland gegen Kriegsende immer häufiger beobachtet wurden: Eine zunehmende Ermüdung und Erschöpfung aller beteiligten Armeen, die sich auch in der neuen Färbung der psychischen Erkrankungen widerspiegelte. Diese wurden nicht mehr nur durch akute Schockerlebnisse ausgelöst, sondern nun auch durch langdauernde Belastungen und wiederholte Kriegseinsätze beeinflusst. Erschöpfung und die dazugehörenden Krankheiten zeigten sich auch unter der Zivilbevölkerung der beteiligten Länder. Das Problem der Hungersnot, verursacht durch die militärischen Seeblockaden, verschärfte die angespannte Lage zusätzlich. Der Krieg war zu einer Art Dauerzustand geworden und die Anstrengungen und Anspannungen an der Heimatfront wurden ab 1917 immer deutlicher spür und sichtbar.[2] Auch behandelnde Ärzte zeigten Erschöpfungszustände und verloren den Glauben an die Wirksamkeit ihrer Methoden, eine Haltung, die sich meist negativ auf den Behandlungserfolg auswirkte.[3] Alle beteiligten Staaten glaubten aber weiterhin an die Möglichkeit, den Krieg mit einem Sieg über die gegnerischen Armeen zu beenden und kämpften daher ab 1917 unter großen Kraftanstrengungen weiter.

Sowohl in Großbritannien als auch in Deutschland wurde ab diesem Zeitpunkt der Fokus auf die Behandlung der psychisch verletzten Soldaten in

---

1 Robert Gaupp, Schreckneurosen und Neurasthenien, in: Karl Bonhoeffer/Konrad Alt/Otto von Schjerning (Hrsg.), Geistes- und Nervenkrankheiten, Bd. 4, Leipzig 1922, S. 68–101, S. 91.

2 Leonhard, Die Büchse der Pandora., S. 769f.

3 Bernard Hart, Psychopathology, its development and its place in medicine, Cambridge 1927, S. 79, Fußnote 1.

Heimatkrankenhäusern gelegt.[4] Die Militärpsychiater versuchten weiter aus der Kriegserfahrung zu lernen und arbeiteten vor allem an neuen und differenzierten theoretischen Krankheitsmodellen, um ein vertieftes Verständnis der Krankheitsursachen zu erarbeiten. Diese Debatte wurde aber durch Kostenerwägungen beeinflusst: Die Versorgung der psychisch kranken Soldaten würde in der kommenden Friedenszeit ein großes finanzielles Problem werden und der Druck wuchs, durch weitere Differenzierung der Diagnosestellung dieses Problem einzugrenzen. Dies hatte einen direkten Einfluss auf die Ätiologie-Diskussion in beiden Ländern: War die Erkrankung durch den Krieg verursacht – dann war der psychisch verletzte Soldat ein Kriegsteilnehmer mit Anrecht auf staatliche Entschädigung. War die Erkrankung durch eine familiäre Vorbelastung bedingt, hatte der Staat keine Zahlungsverpflichtungen. Gegen dieses Vorgehen protestierten die verletzten Kriegsteilnehmer, die immer weniger bereit waren, auf ihre Ansprüche zu verzichten und sich – in Deutschland – auch in zunehmendem Maße ab 1917 gegen unangenehme, aggressive Therapiemethoden wehrten. Widerstand und die Stimmung der Meuterei, wie sie in vielen Armeen der Kriegsführenden Staaten auftraten, zeigten sich auch in den militärpsychiatrischen Kliniken und in dem zunehmenden Protest in der Öffentlichkeit.[5]

Auch in der Kriegsindustrie stieg der Effizienzdruck weiter an. Deswegen mussten immer mehr ungelernte Arbeiter und Arbeiterinnen, auch verletzte Soldaten sinnvoll in den Arbeitsprozess eingegliedert werden, wobei neue Methoden zur Steigerung der industriellen Effektivität ausprobiert und angewandt wurden. Durch den Eintritt der USA in den Krieg verstärkte sich dabei der internationale Einfluss, besonders spürbar in Großbritannien. Außerdem spiegelte sich in dem Angebot der Psychologen auch die Angst vor politischen Unruhen und Streiks infolge der Wahrnehmung der russischen Revolution von 1917.[6] Auch das Kriegsende – in Deutschland infolge der Niederlage als deutlichere Zäsur wahrgenommen – veränderte ihre berufliche Situation. In dieser Situation erhofften sich die Psychologen, wie viele Kriegsteilnehmer, in der Nachkriegszeit von ihrem Einsatz zu profitieren. Deshalb wird in diesem Kapitel der Waffenstillstand vom 11.11.1918 nicht als Schlusspunkt der Betrachtung gesetzt, sondern die unmittelbare Nachkriegszeit wird noch mitberücksichtigt.

---

4 Lerner, Hysterical men., S. 126f; Jones/Wessely, Shell shock to PTSD.
5 Jahr, Gewöhnliche Soldaten., S. 308; Lerner, Hysterical men.; BayHStA/Abt. IV Kriegsarchiv Stv.Genkdo. II. AK. San-Amt 64. Bericht über die vom preußischen Kriegsministerium (Sanitätsdepartement) nach Berlin einberufene Versammlung der Neurotikerärzte, Würzburg den 14.10.1918. Gez. Gerz, Blatt 2.
6 Gregory, The last great war., S. 113, S. 257.

5.1   Steigende Anspannung und Kostendruck: Spezialkliniken und neue Krankheitsmodelle

5.1.1   *Großbritannien: Krankheitseinhegung und Finanzierung*

> My friend Brevet Lieut.-Col. F. W. Mott, F.R.S., has given me the privilege of saying a few words of introduction to his valuable book of *War Neuroses and Shell Shock*. Its importance will be obvious to all members of the medical profession, for the problems with which it deals will, unhappily, remain with us long after the end of the War. But it seems to me well to emphasise that the fact that the book is above all a record of astonishing success in the treatment of disorders which at first sight, and to all laymen ... must appear peculiarly painful, mysterious, and intractable.[7]

Mit großer Hochachtung sprach der Nachkriegsminister für Wiederaufbau (Minister of Reconstruction) und spätere Gesundheitsminister Christopher Addisson 1919 über die Kriegstätigkeit des Psychologen Frederick Mott. Bemerkenswert ist auch der Stellenwert, den er der weiteren Versorgung der kriegsneurotischen Soldaten beimaß. Beachtenswert ist drittens die hierbei deutlich werdende Beziehung zwischen Politik und Psychologie. Der Minister Christopher Addison hatte sich nämlich schon in der Kriegszeit im Medical Research Council mit psychologischen Fragen befasst.[8] Die enge persönliche Verbundenheit einer Bildungselite, die trotz abweichender Meinungen immer gesprächsbereit war, hatte sich in den beiden letzten Kriegsjahren verstärkt.

Nach dem Ende der psychologischen Tätigkeit an der Front konzentrierten sich die therapeutischen Bemühungen auf die Arbeit an den Heimatkrankenhäusern. Hier wurden wie in Deutschland bei den Kriegsteilnehmern Anzeichen von psychischer und physischer Erschöpfung häufiger als in den ersten Kriegsjahren diagnostiziert, wodurch der Diagnosebegriff *Neurasthenie* zunehmend unschärfer wurde. In Großbritannien führte diese Entwicklung in den letzten Kriegsjahren zu einer Änderung der Annahmen über die Ursachen der Kriegsneurose. Diese theoretischen Debatten waren von großer Bedeutung für die Patienten, da sie nicht nur die Diagnosestellungen beeinflussten, sondern auch das Arzt-Patienten-Verhältnis, die therapeutischen Maßnahmen und auch die Höhe der finanziellen Kriegsentschädigung der Veteranen.

---

7   Frederick W. Mott, War neuroses and shell shock, London 1919, Preface.
8   Christopher Addison war Mitglied des 1915 gegründeten Health of Munition Workers Committee, NA MUN 5 92-1 Memorandum Nr. 1, S. 1.

Kriegseinwirkung oder Konstitution? Die Diskussion über die Ursachen
der Kriegsneurose

> In the early years of the war the medical profession, in accordance with the
> materialistic outlook it had inherited from the latter part of the nineteenth
> century, was inclined to emphasise the physical aspect of the antecedents of a
> war neurosis. As the war has progressed the physical conception has given way
> before one which regards the shell explosion or other catastrophe of warfare as,
> in the vast majority of cases, merely the spark which has released long pent up
> forces of a psychical kind.[9]

Der Psychologe Rivers beschrieb hier – 1918 – eine Entwicklung in der theoretischen Betrachtung der Kriegsneurosen. Nicht mehr, so Rivers, würden die
physischen Schädigungen des Nervensystems als Ursache der Erkrankung
angesehen, sondern die Einwirkungen des Krieges seien lediglich einem Funken vergleichbar, der die zugrundeliegenden Probleme auch psychischer Art
zum Vorschein bringen würde. Hierbei wird deutlich, dass in Großbritannien
die psychologisch/psychiatrische Debatte über die Ursachen der Kriegsneurosen ganz anders als in Deutschland verlief, denn die Diskussion unter
den Militärpsychiatern wurde viel offener und kontroverser geführt und die
Psychologen spielten darin eine entscheidende Rolle.[10] In den Überlegungen
zur Genese der Kriegsneurosen waren seit Beginn des Krieges von psychologischer Seite sowohl organische als auch psychische Ursachen in Erwägung
gezogen worden, wobei man sich, anders als in Deutschland, nicht auf eine
offizielle Linie geeinigt hatte.[11]

Allerdings hatte sich bei der Beurteilung des Krieges als Einflussfaktor der
Fokus verschoben. Zu Kriegsanfang hatten die behandelnden Ärzte noch das
Erleben des Krieges als Auslöser einer psychischen Krankheit angenommen,
aber ab 1917 wurde die Ursache der Erkrankung in der individuellen Vorgeschichte oder der Disposition des Kranken gesehen. Damit kamen erneut,
wie in der Vorkriegszeit, erbliche Faktoren der Erkrankung in den Blick. In der
Sekundärliteratur erklärt Alexander Watson diese Entwicklung damit, dass
die Beobachtung der relativ kleinen Zahl an psychisch erkrankten Kriegsteilnehmern die Ärzte dazu veranlasst habe, nach erblichen Faktoren zu
suchen. Denn sie mussten ja die Tatsache erklären, wieso die meisten Soldaten

---

9   William H. Rivers, Preface in: MacCurdy, War neuroses., S. VI.
10   Siehe beispielsweise ebenda; Frederick W. Mott, Two addresses on war psycho-neurosis.
     I., S. 127–129.
11   Zusammenfassend siehe: Loughran, Shell-shock and medical culture in First World War
     Britain, S. 79–114.

relativ unbeschadet das Grauen des Krieges ertragen konnten und nur ein kleiner Teil von ihnen dadurch erkrankte.[12]

Aber nicht nur die Krankheitsursachen wurden gegen Kriegsende neu diskutiert, sondern die behandelnden Ärzte veränderten und variierten ständig ihre therapeutischen Maßnahmen, wobei sich praktische Therapie und theoretische Diskussion in einem schnellen Tempo beeinflussten. In Großbritannien waren es vor allem zwei Versorgungskrankenhäuser (*Maudsley und Maghull*), die unterschiedliche Schwerpunkte psychologischer Arbeit berücksichtigten, staatlich finanziert und vom Militär unterstützt wurden. Solche Krankenhäuser mit dem Schwerpunkt auf psychologischen Verfahren gab es in Deutschland nicht. Beide Krankenhäuser wurden, wie erwähnt, 1917 zu Ausbildungszentren für Militärpsychiatrie ernannt, womit ihre Arbeitsmethode eine deutliche Aufwertung im Bereich des Sanitätsdienstes erfuhr.[13]

Im *Maudsley Hospital* in London legten die Ärzte besonderen Wert auf die Untersuchung der körperlichen Korrelate der Kriegsneurosen. Der Klinikleiter Frederick Mott war ein vielseitig interessierter älterer Psychiater, der einerseits die Verbindung zwischen dem tertiären Stadium der Syphilis und den psychiatrischen Symptomen der generellen Paralyse nachgewiesen hatte, andererseits aber auch ein großes Interesse an psychologischen Überlegungen hatte.[14]

Um seinen Beitrag zur Grundsatzdiskussion über die Ursachen der psychischen Erkrankungen zu verstehen, ist die praktische Arbeit in seinem Krankenhaus von großer Bedeutung. Motts Krankenhaus war in verschiedener Hinsicht bemerkenswert: Ab 1917 hatte es 450 Betten für Soldaten und 80 für Offiziere, man diagnostizierte und behandelte also Mitglieder aller Dienstgrade.[15] Als diagnostisches Zentrum für Kriegsneurosen wurde im Maudsley-Krankenhaus bis Anfang 1919 die große Zahl von 12 438 Patienten behandelt und gegebenenfalls an Spezialkliniken weiterverwiesen.[16] Ab 1917 arbeitete dort auch eine Gruppe von amerikanischen Ärzten, die im Auftrag ihres

---

12   Watson, Enduring the Great War., S. 35–39.

13   Miller (Hrsg.), The neuroses in war., S. 175; 56 britische, sechs kanadische und fünf amerikanische Militärärzte nahmen an dem Kurs für Militärpsychiatrie teil. Jones/Wessely, Shell shock to PTSD., S. 33.

14   Ein Großteil der Patienten der psychiatrischen Heilanstalten litt unter Symptomen der Syphilis, Jones, Shell shock at Maghull and the Maudsley., S. 413; Kuhn, Subterranean Histories: The Dissemination of Freud's Work into the British Discourse on psychological Medicine, 1904–1911., S. 158.

15   Salmon, The care and treatment of mental diseases and war neuroses („shell shock") in the British Army., S. 520.

16   Macpherson (Hrsg.), History of the Great War based on official documents., S. 49; Jones, Shell shock at Maghull and the Maudsley., S. 380.

Heimatlandes Erfahrungen mit Kriegsneurosen sammeln sollten, aber auch eigene Forschungsergebnisse und Meinungen einbrachten.[17]

Mott stand psychoanalytischen Verfahren oder der Hypnose eher skeptisch gegenüber, auch weil er der Ansicht war, dass nur wenige Therapeuten das nötige Feingefühl dazu hätten.[18] Lediglich bei der Behandlung der Hysterie seien Gespräche (*persuasion*) durchaus hilfreich.[19] Den Schwerpunkt seiner Behandlungsstrategie legte er deshalb auf beschäftigungstherapeutische Maßnahmen, soziale Aktivitäten und eine entspannte Klinikatmosphäre. Dennoch wandte er selbst psychotherapeutische Methoden an: Wie seine deutschen Kollegen arbeitete er mit Tricks wie falschen medizinischen Erklärungen und der Verabreichung von milden elektrischen Strömen. Allerdings wurde dabei immer die Würde des Patienten gewahrt und es gab auch keine Proteste gegen diese Methoden von Seiten der Patienten und der Öffentlichkeit.[20] Außerdem betonte Mott, ähnlich wie sein deutscher Kollege Willi Hellpach, die Bedeutung einer militärischen Atmosphäre in der Klinik, denn diese sei wichtig für den Heilerfolg.[21] Erstaunlich tolerant zeigte sich Mott gegenüber seinem Kollegen Lewis Yealland, der als einer von wenigen Ärzten im Queens Square Hospital in London starke elektrische Stromschläge als schmerzhafte Therapie bei Kriegsneurotikern einsetzte:

> I think, the imposing array of electrical machines, coloured lights and other strong suggestive influences were partly instrumental in accomplishing what I had failed to do, but I think the knowledge of success in other difficult cases, attending to Dr. Yealland's effort, played a very important part in curing by strong suggestion the apparently hopeless cases.[22]

In kritischen Fällen, so Mott, seien also auch aggressive Therapiemethoden zulässig. Dabei sah er aber als ein wesentliches Element des Therapieerfolges die suggestive Wirkung der bedrohlichen Maschine und die strenge, aber freundliche Haltung des Arztes. Das beste Mittel gegen Kriegsneurosen waren Mott zufolge sowieso die neue Bestimmungen, die es ab Ende 1917 erlaubten,

---

17   Frederick W. Mott, Preface, in: Archives of neurology 7 (1918), S. v–vi.

18   „The people who can touch psychic wounds with delicacy and sympathy are extremely rare, especially among soldiers." Frederick W. Mott, Two addresses on war psychoneurosis. II. The psychology of soldiers' dreams, in: The Lancet 191 (1918), H. 4927, S. 169–173, S. 172.

19   Frederick Mott, Frederick W. Mott, The Lettsomian Lecture. The effects of High Explosives upon the central nervous system. Lecture II, in: The Lancet 187 (1916), H. 4828, S. 441–449.

20   Mott, Chadwick Lecture: Mental hygiene in shell shock during and after the war., S. 478.

21   Mott, War neuroses and shell shock., S. 76.

22   Mott, Chadwick Lecture: Mental hygiene in shell shock during and after the war., S. 478.

einen psychisch kranken Soldaten für sechs Monate vom Kriegsdienst freizustellen, bzw. ihn gleich als untauglich auszumustern.[23]

Aufgrund seines pragmatischen Vorgehens änderte Mott auch ständig seine wissenschaftlichen Arbeitshypothesen. Dies war bedingt sowohl durch die Erfahrungen mit der großen Menge an zu versorgenden Patienten als auch durch die Offenheit, mit der in der angespannten Situation neue theoretische Konzepte in den militär-medizinischen Zeitschriften diskutiert wurden.[24] Frederick Mott war ein Praktiker, der sich vor allem für die physischen Korrelate einer Erkrankung interessierte und deshalb war auch die Erforschung erblicher Prädispositionen ein wichtiger Arbeitsbereich seiner Klinik während der ganzen Kriegszeit.[25] Der *Medical Research Council* hatte schon ab 1916 die Untersuchungen einer jungen Forscherin an der Maudsley-Klinik, Dr. Cicely May Peake, gefördert, die die Soldaten auf ihre ererbte Disposition für neurotische Erkrankungen untersuchte.[26] Anders als in Deutschland wollte man die Diskussion über eine konstitutionelle Veranlagung auf eine wissenschaftliche Basis stellen. Mott nahm dabei an, dass der Kriegsdienst Einfluss auf das Zentralnervensystem hätte und Soldaten mit einer angeborenen Disposition zu Ängstlichkeit oder neurotischen Erkrankungen oder solche mit Kopf- oder anderen Verletzungen besonders anfällig für *shell shock* seien.[27] Ein Jahr später, 1917, wurde an der Maudsley-Klinik von der Psychologin Edith Green eine weitere Untersuchung durchgeführt, die einen Zusammenhang zwischen niedrigem Blutdruck und Symptomen des *shell shock* wie Müdigkeit, Alpträumen und Depressionen aufzeigen konnte. Wenn der niedrige Blutdruck medikamentös behandelt wurde, besserten sich fast immer auch die entsprechenden psychischen Symptome.[28] Dies hatte zwar keinen Einfluss auf das therapeutische Vorgehen in der Klinik, unterstützte aber die Thesen von Mott, dass sowohl körperliche als auch psychische Faktoren in gleichem Maße eine Auswirkung auf die psychischen Erkrankungen hätten.[29]

---

23   Frederick W. Mott, War neuroses, in: British Medical Journal (1919), H. 3041, S. 439–442, S. 442.

24   Beispielsweise: Frederick W. Mott, Two addresses on war psycho-neurosis. I., S. 127–129.

25   Die angelsächsische Genetik war Ende des 19. Jahrhunderts entstanden; die deutsche Rassengenetik war jedoch unabhängig davon im selben Zeitraum entwickelt worden. Robert Jütte/Wolfgang U. Eckart/Hans-Walter Schmuhl/ed. al., Medizin und Nationalsozialismus. Bilanz und Perspektiven der Forschung, Göttingen 2011, S. 26.

26   NA FD2/2, Second Report of the MRC, S. 65.

27   Frederick W. Mott, Two addresses on war psycho-neurosis. II., S. 170.

28   Edith M. N. Green, Blood pressure and surface temperature in 110 cases of shell shock, in: The Lancet 190 (1917), H. 4908, S. 456–457.

29   Frederick W. Mott, Mental hygiene and shell shock during and after the War, in: British Medical Journal (1917), H. 2950, S. 39–42, S. 39.

So ermunterte er auch den amerikanischen Forscher Julian Wolfsohn dazu, erbliche Faktoren bei etwa 100 Patienten mit *shell shock* zu untersuchen. Tatsächlich wies Wolfsohn nach, dass 74% dieser Patienten eine Familiengeschichte mit neurotischen oder psychotischen Vorerkrankungen hatten, während das nur bei 10% einer Stichprobe von verwundeten Patienten der Fall war.[30] Diese Ergebnisse sind durch die Fragetechnik und die untersuchten Stichproben zu relativieren, untermauerten aber die Bedeutung erblicher Faktoren bei der Entstehung psychischer Erkrankungen, eine Meinung, die in Großbritannien in der Psychiatrie ab 1916 wieder intensiv diskutiert wurde.[31]

Ab 1917, nach der Schlacht an der Somme, als die aufreibenden Gefechte in Nordflandern der britischen Armee zusetzten, arbeitete Mott einen alternativen Erklärungsansatz aus, mit dem er versuchte, die körperliche und psychische Verursachung der Kriegsneurosen zu verbinden. Er bezog sich darin auf theoretische Konzepte anderer alliierter Forscher: Dem Franzosen Déjérine folgend, definierte Mott „Neurasthenie" als eine Anpassungsstörung an andauernden (emotionalen) Stress, die eine nervliche Erschöpfung verursachen würde.[32] Dieser emotionale Stress werde durch die belastenden Kriegsereignisse ausgelöst, könnte aber auch Folge von andauernden Alpträumen sein.[33] Auch wurde von ihm und anderen Psychologen ab dem Jahr 1917 das Thema „Erschöpfung" in der Ursachenforschung und Therapie psychischer Störungen zunehmend berücksichtigt. Mit diesen Annahmen verknüpfte Mott die Thesen über eine organische Veränderung nach psychischer Belastung, die der Amerikaner Walter Cannon in seinem Buch von 1915 dargestellt hatte (siehe dazu auch Kapitel 4.1.1). Mit dieser Erklärung distanzierte sich Mott von dem Versuch, entweder rein organische oder rein psychische Ursachen der neurotischen Störungen zu postulieren, sondern verband beide Elemente in einem Modell.[34]

> Every state of consciousness which is habitually repeated leaves an organic impression on the brain, by virtue of which that same state may be reproduced more readily at any future time in response to a suggestion fitted to excite it.[35]

---

30 Julian M. Wolfsohn, The predisposing factors of War Psycho-Neuroses, in: The Lancet 191 (1918), H. 4927, S. 177–181, S. 180.

31 Loughran, Shell-shock and medical culture in First World War Britain., S. 93.

32 Mott, Two addresses on war psycho-neurosis I., S. 127.

33 Ebenda.

34 Frederick W. Mott, Two addresses on war psycho-neurosis. I., S. 127.

35 Frederick W. Mott, The Lettsomian Lectures. The effects of high explosives upon the central nervous system. Lecture III., in: The Lancet 187 (1916), S. 545–553., H. 4828; Mott, War neuroses and shell shock, S. 36–37.

Damit hatte er eindrücklich eine Wirkung psychischer Faktoren auf den Körper anerkannt, vor allem aber auch eine Schädigung des Körpers durch immer gleiche psychische Stressoren betont. Dies könnte man den Folgen einer psychischen Erschöpfung, wie sie Hellpach in Deutschland beschrieb, gleichsetzen.[36] Damit konnte Mott folgerichtig am Kriegsende die Meinung vertreten, dass die Anzahl der Patienten, die unter einer emotionalen Erschöpfung litten, zehnmal größer sei als die der Patienten mit einer rein körperlichen Nervenschädigung.[37] Ähnlich argumentierten auch die meisten anderen britischen Militärpsychiater gegen Kriegsende, die sowohl psychische als auch physische Auslösefaktoren bei den psychisch verletzten Kriegsteilnehmern als Erklärung der Symptome diskutierten.[38]

Ein etwas anderes Ätiologie- und Therapiekonzept wurde von den Psychologen am Militärkrankenhaus *Maghull* in der Nähe von Liverpool vertreten. Im Gegensatz zur eher organischen Orientierung am Maudsley-Krankenhaus wurde in *Maghull* der Einfluss psychodynamischer und umweltbedingter Faktoren besonders hervorgehoben.[39] Unter der Führung von Ronald Rows arbeitete hier in wechselnder Zusammensetzung eine Gruppe von engagierten Psychologen.[40] Es wurden auch viele Psychologen herangezogen, die vor dem Krieg nicht als Psychiater oder beim Militär gearbeitet hatten wie z.B. der Anthropologe Elliot Smith und der Universitätspsychologe William McDougall.[41] Dementsprechend wurde kein großer Wert auf eine militärische

---

36   Willi Hellpach, Kriegsneurasthenie, in: Deutsche Medizinische Wochenschrift 43 (1917), S. 291.

37   Frederick W. Mott, War psychoses and psychoneuroses, in: Journal of Medical Science 64, H. 237, S. 237; Southborough, Army Report of the War Office Committee of Enquiry into „Shell-Shock"., S. 112.

38   Beispiele für Psychologen, die in diesem Sinne argumentierten:Armstrong-Jones, The psychology of fear and the effect of panic fear in war time.; Hurst, Medical diseases of the war., S. 3–6; Beispiele für andere Militärpsychiater siehe Loughran, Shell-shock and medical culture in First World War Britain., S. 97. Auch weitere Psychologen zitierten Cannon, so beispielsweise Smith und Pear, siehe: Grafton Elliot Smith, Shock and the soldier, in: The Lancet 187 (1916), H. 4833, S. 813–817, S. 816; Smith/Pear, Shell shock and its lessons., S. 8; Armstrong-Jones, The psychology of fear and the effect of panic fear in war time., S. 347, S. 365f.

39   NA FD 2/1 National Health Insurance First Annual Report of the Medical Research Committee 1914–1915; Wie breit die Diskussion geführt wurde, zeigt sich daran, dass beide Krankenhäuser öffentliche Gelder bekamen und gegen Kriegsende zu offiziellen psychiatrischen Ausbildungskrankenhäusern wurden, siehe: Jones/Wessely, Shell shock to PTSD., S. 33.

40   Jones, Shell shock at Maghull and the Maudsley., S. 368.

41   Ab 1917 z.B. Tom Pear, Elliott Smith, Bernard Hart, William McDougall, R. G. Gordon, Charles Seligman und der Amerikaner J. T. MacCurdy, siehe: ebenda, S. 376.

Disziplin und Atmosphäre gelegt und das Hauptziel der Behandlung war es nicht, den Patienten wieder kriegstauglich zu machen.[42] Alle Psychologen an diesem Krankenhaus arbeiteten mit psychoanalytischen Annahmen wie der Bedeutung des Unbewussten und der Aussagekraft von Träumen. Sie modifizierten jedoch die psychoanalytische Lehre dahingehend, dass sie bei Kriegsneurosen keine sexuelle Verursachung annahmen, sondern allein die belastenden Kriegserlebnisse als Erklärung akzeptierten.[43] Ursache der Erkrankung, darin waren die Ärzte sich einig, sei ein unbewusster, emotional belastender Konflikt.[44] Wenn diese Emotionen und die sie begleitenden Erinnerungen wieder bewusst gemacht würden, so die Psychologen, würden die körperlichen Symptome verschwinden.[45] Auch andere Mitglieder der psychologischen Gemeinschaft beschäftigte dieses Thema und sie veränderten die Vorstellungen von der Ursache der kriegsbedingten psychischen Störungen: Das Modell des inneren Konfliktes wurde ab 1917 noch erweitert: Eine der bedeutendsten Erkenntnisse der Kriegszeit, so der Psychologe Rivers kurz nach Kriegsende, sei die Bedeutung der Emotionen, des Unbewussten und der Instinkte.[46] Die Wirkung instinktiver Kräfte auf die menschlichen Verhaltensweisen war ab 1917 auch in der medizinischen Presse herausgestellt worden.[47] Auslöser der psychischen Erkrankung sei ein grundlegender Konflikt zwischen

---

42   Smith, Shock and the soldier., S. 814; Smith/Pear, Shell shock and its lessons., S. 14, S. 28; Millais Culpin, Psychoneuroses of war and peace, Cambridge 1920, S. 31.

43   Rivers, A Case of Claustrophobia., S. 239; Frederick Dillon, The analysis of a composite neurosis, in: The Lancet 193 (1919), H. 4976, S. 57–60. Viele Psychologen glaubten zwar, dass das Kriegserleben allein ausreichen würde, um Neurosen hervorzurufen, dass bei zivilen Leiden die sexuelle Vorgeschichte aber wohl eine Rolle spielen würde, siehe: Eder, War-shock., S. 12; Mott, Two addresses on war psycho-neurosis I., S. 128; Rivers, Instinct and the unconscious., S. 136–138.

44   Alle diese Ärzte benutzten ausschließlich modifizierte psychodynamische Methoden und Elemente psychodynamischer Theorien. Dazu zählten Elliot Smith, Tom Pear, William Rivers und William Brown. Dazu muss bemerkt werden, dass es zu dieser Zeit eine Reihe von psychoanalytischen Methoden gab und man nicht von „der Psychoanalyse" sprechen kann.

45   Beispielsweise: Rivers, William Halse Rivers, An address on the repression of war experience, S. 173, S. 177; Brown, War neurosis., S. 835; auch Charles Samuel Myers, Contributions to the study of shell shock. II. Being an account of certain cases treated by hypnosis., in: The Lancet 187 (1916), II. 4819, S. 65–69, S. 69.

46   Rivers, William Halse Rivers, Psychology and medicine, in: British Journal of Psychology 10 (1920), S. 183–193, S. 184.

47   Siehe: Correspondence: Psychoanalysis, British Medical Journal, 13. Januar 1917, S. 65; Loughran, Shell-shock and medical culture in First World War Britain., S. 190.

zwei Instinkten: dem Instinkt zur Selbsterhaltung und einem ausgeprägten
Pflichtgefühl, auch Gruppengefühl (*instinct of the herd*) genannt.[48]

> [It] has been overwhelmingly established by the observation of a large number
> of physicians upon the psychoneuroses of war; for they have learnt that many, if
> not all, of the modes of neurosis may be generated by the terrifying experiences
> of the battlefield, that is by fear, or, as they commonly prefer to call it, by the
> instinct of self-preservation.[49]

Dieser Instinkt zur Selbsterhaltung, so der Psychologe McDougall, sei ange-
boren. Andererseits seien aber auch der Gemeinschaftssinn und das Pflichtgefühl bei jedem Soldaten vorhanden und in der Natur des Menschen verankert.[50]

In der Annahme eines ausgeprägten Pflichtgefühls bei den verstörten Soldaten, so wird hier argumentiert, schwingt eine Hochachtung für die Leistung
der psychisch verletzten Soldaten mit, die man in der Beschreibung deutscher
Militärärzte und Psychologen („minderwertiges Menschenmaterial") vermisst.
Die britischen Psychologen nahmen an, dass der Konflikt zwischen dem Instinkt der Selbsterhaltung und des Pflichtgefühls unbewusst ablaufen würde
und die Erinnerung an das auslösende Ereignis aus dem Gedächtnis getilgt
sei. Daher könne dieser Konflikt, da unbewusst, auch nicht durch eine forcierte aggressive Therapie beeinflusst werden.[51] Obwohl die psychologischen
Ärzte in den verschiedenen Krankenhäusern zwar unterschiedliche therapeutische Methoden wie Suggestion, Hypnose oder überredende Gespräche
anwandten, waren sie sich in ihrer grundlegenden Einstellung zu der psychischen Erkrankung einig: Sie mussten den Patienten dazu bringen, sich den
unerträglichen Kriegserlebnissen zu stellen und ein angemessenes Verhältnis
dazu zu entwickeln. Wenn die Patienten die Ursache der Erkrankung erkannt
und sich den unerträglichen Emotionen gestellt hätten, dann würden sie auch
die körperlichen Symptome und psychischen Beschwerden verlieren.[52]

---

48   Rivers, Instinct and the unconscious., S. 4f; William McDougall, The present positions in
      clinical psychology. Presidents address, in: Proceedings of the Royal Society of Medicine
      (Sections of Psychiatry and Neurology) 12 (1919), S. 1–13.

49   Ebenda, S. 7.

50   Siehe dazu auch Trotter, Instincts of the herd in peace and war.

51   McDougall, The present positions in clinical psychology., S. 6. Nach dem Krieg ent-
      wickelten einige der in Maghull beschäftigten Ärzte neue Gedächtnistheorien, die die
      aktiven Prozesse des Vergessens besonders hervorhoben, z.B. Tom Hatherley Pear,
      Remembering and Forgetting, London 1922; siehe auch: Collins, The psychology of
      memory, in: Bunn/Lovie/Richards (Hrsg.), S. 155–159.

52   Rows, Mental conditions following strain and Nerve Shock.; Rivers, William Halse Rivers,
      War-neurosis and military training, S. 525f.

Dabei bezogen sich die Psychologen auf die Bedeutung des Willens, wobei der Wille des Patienten für sie eine andere Bedeutung hatte als für ihre deutschen Kollegen. Bei der Kriegsneurose hätten die Selbstkontrolle und damit der Wille des Patienten versagt und die Gefühle hätten überhandgenommen.[53] Ein Kontrollverlust über die eigenen Handlungen (*impairment of volitional control*) wurde auch von den medizinischen und militärischen Behörden als einzige Entschuldigung für Desertation akzeptiert und der Direktor des Pensionsministeriums, John Collie, argumentierte ebenfalls, dass bei erschöpften (neurasthenischen) Patienten die andauernde Kriegsanstrengung die Selbstkontrolle und den Willen beeinträchtigt hätten.[54]

Die psychotherapeutischen Maßnahmen sollten daher durch einsichtsfördernde Gespräche, aber ohne gewaltsame ärztliche Intervention die Selbstkontrolle und den guten Willen des Patienten wieder herstellen. Einfühlsame erklärende Gespräche, so sah es beispielsweise Ronald Rows, würden dem Patienten zur Einsicht in seine Krankheitsursache verhelfen und damit seinen Willen zur Selbstkontrolle ohne weitere Hilfe von außen wieder herstellen.[55] Besonders William Rivers glaubte an den „guten Willen" seiner Patienten, den man allein durch aufklärende Gespräche, aber ohne Kraftanstrengung wieder in die richtige Richtung bringen solle und könne.[56] Diese Einstellung unterschied sich deutlich von der der deutschen Psychiater, die bei ihren Patienten einen falschen Willen diagnostizierten, den es gewaltsam zu beeinflussen bzw. zu brechen galt.[57]

Der britische Psychologe Robert Armstrong-Jones beschrieb den inneren Konflikt der psychisch gestörten Kriegsteilnehmer sogar als einen Kampf, in dem die Angst, „the oldest as well as the most intense of the emotions", die Übermacht über den Willen, „the highest and essentially the most human characteristic of the mind" erlangen würde.[58] Diese positive Einschätzung des Willens des Patienten und die Überzeugung, durch aufklärende Gespräche eine Krankheitseinsicht und Heilung des Patienten bewirken zu können, führten zusätzlich zu einem anderen Arzt-Patient-Verhältnis als in Deutschland. Dort wurden die bedeutende Rolle und die Autorität des Arztes betont, der durch

---

53   Siehe dazu auch: Mott, Mental hygiene and shell shock during and after the War., S. 39.
54   John Collie, The management of neurasthenia and allied disorders contracted in the army, in: Journal of state medicine 26 (1918, Januar), H. 1, S. 2–17; Southborough, Army Report of the War Office Committee of Enquiry into „Shell-Shock"., S. 139.
55   Rows, Mental conditions following strain and Nerve Shock.; Rivers, William Halse Rivers, War-neurosis and military training., S. 525–526.
56   Rivers, William Halse Rivers, An address on the repression of war experience., S. 175.
57   Siehe 5.1.2.
58   Armstrong-Jones, The psychology of fear and the effect of panic fear in war time., S. 349.

eine aktive, durchaus auch schmerzvolle Intervention den Willen des Patienten beeinflussen müsse, um die Krankheit zu heilen. In Großbritannien wurde die Bedeutung des Arztes im Heilungsprozess anders beurteilt: Ein einsichtiger Patient, so die Psychologen, würde durch einfühlsame Gespräche in die Lage versetzt, sich selbst umzuerziehen, seine Selbstkontrolle und Willenskraft wieder herzustellen und dadurch die Ursache seiner Störungen zu erkennen und die Erkrankung zu heilen.[59] Besonders Rivers betonte das partnerschaftliche Verhältnis von Arzt und Patient, denn er sprach bei der Psychotherapie von ‚conversation‘, ‚discussion‘ und ‚encouragement‘ und beschrieb beispielsweise die Traumanalyse als „a matter in which the patient and I are partners.“[60] Dies bedeutete jedoch nicht, dass die Psychologen ihre Patienten und deren Ängste vollständig verständlich fanden und die Patienten stets unterstützten.

Sie sahen sich als Teil des Militärs und waren der Ansicht, dass der Krieg zu Ende geführt werden solle und müsse. Deshalb war es ein Ziel der Behandlung, den Patienten dazu zu bringen, sich der Situation und seinen Ängsten zu stellen: „to face life's difficulties.“[61] Feigheit war auch gegenüber dem inneren Feind und der eigenen Angst nicht erlaubt. Man könne auch vor schwierigen Erinnerungen, so Rivers, nicht davonlaufen.[62] „The only truly brave man was one who, feeling fear, either overcomes it or refuses to allow its effects to prevent the execution of his duty,“ so sahen es auch die reformfreudigen Psychologen Elliot Smith und Tom Pear.[63] Umerziehung des Patienten hieß für die behandelnden Ärzte nicht nur Beseitigung der Symptome, sondern auch die Förderung der Fähigkeit, wieder für das eigene Land in den Krieg zu ziehen.[64] Das Männlichkeitsideal des viktorianischen und edwardianischen Zeitalters, geprägt von militärischem Ethos, von Ehre, Stoizismus und Selbstkontrolle

---

59 Die aktive Beteiligung des Patienten wurde besonders betont von: Montague David Eder, ‚An address on the psycho-pathology of the War Neuroses‘, S. 268; Smith/Pear, Shell shock and its lessons., S. 67; Myers, Present-day applications of psychology with special reference to industry, education and nervous breakdown., S. S. 43.

60 Rivers, Freud's Psychology of the Unconscious., S. 914; Rivers, Conflict and dream., S. 59; nach Loughran, Shell-shock and medical culture in First World War Britain., S. 171.

61 Rows, Mental conditions following strain and Nerve Shock.; Eder, War-shock., S. 106, S. 111–113; Smith/Pear, Shell shock and its lessons., S. 54; Rivers, William Halse Rivers, An address on the repression of war experience., S. 175.

62 Ebenda, S. 174.

63 Smith/Pear, Shell shock and its lessons., S. 9.

64 „The atmosphere of our public schools, in which character and manliness are developed side by side with learning, seems to prevent neurasthenia.“ F. Burton Fanning, Neurasthenia in soldiers of the home forces, in: The Lancet 189 (1917), H. 4894, S. 907–911, S. 910.

wurde auch von den Psychologen nicht in Zweifel gezogen.[65] Obwohl die
Psychologen also neue therapeutische Methoden und theoretische Annahmen
über die Natur des Menschen entwickelten, blieben sie dem alten Männlichkeitsideal verhaftet und stellten auch den Krieg an sich nicht in Frage. Zudem
wurden gegen Ende des Krieges von Psychologen weitere Facetten einer individuellen psychischen Prädisposition beschrieben. Nicht die Kriegerlebnisse,
sondern besonders auch die individuelle (neurotische) Vorgeschichte habe
zum Zusammenbruch der Patienten geführt.[66] Psychisch belastende Kriegserlebnisse wurden also auch von den psychoanalytisch arbeitenden Ärzten
zu diesem Zeitpunkt nicht mehr als einziger Auslösefaktor der Erkrankungen
gesehen.

Aber auch der Personenkreis der Erkrankten veränderte sich: Es waren,
so betonten die Psychologen und Psychiater, nicht mehr die unerfahrenen
Soldaten oder solche, denen man mangelnde Fähigkeiten oder eine konstitutionelle Schwäche zuschrieb, die krank wurden. Es waren jetzt auch die
erfahrenen und häufig ausgezeichneten Kriegsteilnehmer, die zusammen-
brachen und die über ihre eigene Schwäche und Erkrankung verzweifelten:

> It was not infrequent to find men who had done one, two or three years hard
> service, but for whom the strain proved too great. Often in these cases there
> had occurred some other incident, such as illness or other serious occurrence
> at home which had acted as disturbing agent, and then the strain had been felt
> more acutely. The fact that they had broken down was the cause of sincere dis-
> tress to them; they were filled with shame and disgust with their condition.[67]

Dies hob ebenfalls der in Maghull arbeitende Psychologe Ronald Rows hervor.
Er nahm dabei eine kumulative Wirkung verschiedenster Einflussfaktoren an
und betonte, anders als seine deutschen Kollegen, die Scham der psychisch
kranken Soldaten über ihren Zustand. Eine ähnliche Argumentation verfolgte

---

65 Rivers als einer der Protagonisten des neuen Krankheitsmodells war der Universität
    Cambridge sehr verbunden. Dort pflegte die Studentenschaft bis in die Nachkriegszeit
    einen militärisch geprägten Lebensstil, siehe: Sonja Levsen, Der Erste Weltkrieg und die
    Generationen, in: Kirsten Gerland/Benjamin Möckel/Daniel Ristau (Hrsg.), Generation
    und Erwartung. Konstruktionen zwischen Vergangenheit und Zukunft, Göttingen 2013,
    S. 109–130, S. 125f; Paul Lerner stellt auch für die deutschen Psychoanalytiker fest, dass
    diese die nationalen Interessen über das Wohl des einzelnen Patienten stellten, siehe:
    Lerner, Hysterical men., S. 171.
66 Frederick W. Mott, Two addresses on war psycho-neurosis. II., S. 171; Dillon, The analysis
    of a composite neurosis.; Mott, Two addresses on war psycho-neurosis II., S. 171; Culpin,
    Psychoneuroses of war and peace., S. 122; auch im Rückblick: Myers, Shell shock in France,
    1914–18., S. ix.
67 Johnson/Rows, Neurasthenia and the War Neuroses, in: Macpherson (Hrsg.), S. 54.

auch der kanadische Psychiater John MacCurdy. Er war 1917 mit dem amerikanischen Arzt Thomas Salmon nach Großbritannien gereist, hatte die
Krankenhäuser Maghull und Craiglockhart besucht und die Diskussion mit
vielen Psychologen gesucht.[68] Sein Buch *War Neurosis* von 1918 beeinflusste
die britische Debatte, da er besonders die emotionale Seite der Ursachen der
Kriegsneurose betonte und den Begriff Neurasthenie immer mehr durch den
des Zustandes akuter Angst (*anxiety states*) ersetzte.[69] Dabei bezog sich Mac-
Curdy auf die Krankheit der Offiziere, die er deutlich von denen der einfachen
Soldaten unterschied.

Damit diskutierte er einen weiteren wichtigen Aspekt der psychologischen
Debatte der psychischen Kriegserkrankungen: Offiziere und einfache Soldaten waren nämlich in der militärischen Praxis meist sehr unterschiedlich
behandelt worden: Die Behandlung, auch der psychisch Verletzten, in den
Offizierskrankenhäusern war meist deutlich besser als in denen der einfachen Soldaten. Der Offizier und Kriegsdichter Siegfried Sassoon beschrieb
beispielsweise die Atmosphäre des Krankenhauses in Craiglockhart als recht
luxuriös, mit der Möglichkeit Golf und Tennis zu spielen, mit vielen Freizeit-
angeboten und Erholungsmöglichkeiten.[70] Die Therapie bestand meist in langen, verständnisvollen Gesprächen, während die einfachen Soldaten auf einer
Farm arbeiten oder ein Handwerk ausüben mussten und die Therapie sich
meist auf disziplinierende Maßnahmen beschränkte.[71]

Diese rangspezifische Behandlung wurde nur wenig thematisiert und diagnostisch begründet: Einige Psychologen wiesen auf unterschiedliche Symptome hin und sprachen davon, dass Offiziere seltener hysterische Symptome
(*shell shock*) entwickeln würden als einfache Soldaten.[72] Sie erklärten diesen
Befund damit, dass die Last der größeren Verantwortung für den Zusammenbruch der Offiziere verantwortlich sei.[73] In der Praxis entschied aber vor allem

---

68   Forrester, 1919: Psychology and Psychoanalysis, Cambridge and London - Myers, Jones and
      MacCurdy., S. 75.
69   MacCurdy, War neuroses.; zusammenfassend siehe: Loughran, Shell-shock and medical
      culture in First World War Britain., S.129–137; Linden, They called it shell shock., S. 94–98.
70   Sassoon, Sherston's progress., S. 20, S. 23; Sassoon verarbeitet in diesem Roman seine
      Kriegserinnerungen, siehe dazu beispielsweise Peter Leese, Shell shock. Traumatic neu-
      rosis and the British soldier of the First World War, Basingstoke 2014.
71   Leese, Shell shock., S. 85–120; Linden, They called it shell shock, S. 95.
72   Charles Samuel Myers, Contributions to the study of shell shock. IV. Being an account of
      certain disorders of speech, with special reference to their causation and their relation to
      malingering, in: The Lancet 188 (1916), H. 4772, S. 461–467; Mott, War neuroses and shell
      shock.
73   Smith, Shock and the soldier., S. 817; Arthur Frederick Hurst, The war neuroses and the
      neuroses of civil life, in: Guy's Hospital report 70 (1922), S. 125–155.

der Rang die Diagnose und Therapie des jeweiligen Kriegsteilnehmers, denn
dieser war immer auf der Krankenakte vermerkt. Auch war der behandelnde
Arzt immer im Offiziersrang, was möglicherweise dazu führte, dass er rang-
gleiche Patienten bevorzugt behandelte. Dieses Vorgehen war aber deshalb
erstaunlich, da gegen Kriegsende der militärische Rang nicht mehr in jedem
Fall der sozialen Stellung entsprach. 1918 hatte sich das Offizierscorps sehr stark
verändert, da zu diesem Zeitpunkt etwa 38% der britischen Offiziersklasse aus
der Mittel- und Unterschicht stammte.[74] In der Praxis wurden aber weiter Status und Rang bei der Diagnose und Therapie der psychisch verletzten Kriegsteilnehmer berücksichtigt; es finden sich aber bis 1918 in der Fachliteratur
dazu kaum Kommentare oder differenzierte theoretische Erläuterungen.[75] Die
Diagnosestellung der psychischen Erkrankung eines Offiziers wurde allerdings
sowohl in Großbritannien als auch in Deutschland oft nicht weitergegeben
und damit nicht aktenkundig.[76] In der neuen Forschungsliteratur begründet
Tracey Loughran dieses Verhalten damit, dass die behandelnden Ärzte ihre
sozialen Vorurteile nicht thematisierten, um den sozialen Frieden während
des Krieges nicht zu gefährden. Auch wenn die Ärzte in der Praxis durchaus
die Klassenunterschiede und sozialen Vorurteile replizierten, so hielten sie
sich doch, so Loughran, mit Kommentaren dazu zurück: „Patriotic sentiment
temporarily wiped out articulations of explicit class prejudice ...".[77] Der Einfluss der sozialen Vorurteile blieb daher weiter bestehen, die behandelnden
Ärzte äußerten sich jedoch nicht dazu.
    Es waren lediglich zwei britische Militärpsychiater, die 1918 die medizini-
sche Praxis der rangspezifischen Diagnostik mit theoretischen Argumenten
erklärten und untermauerten, der Psychologe William Rivers und der Kanadier John MacCurdy.[78] (Auch in Deutschland waren es vor allem zwei Militärpsychiater, Hans Curschmann und der Psychologe Willi Hellpach, die die
gleiche militärische Praxis theoretisch rechtfertigten.[79]) Die Offiziere, so Rivers

---

74 Leese, Shell shock., S. 110–116; Watson, Enduring the Great War., S. 121.

75 Linden, They called it shell shock., S. 94.

76 Gundula Gahlen, Zwei-Klassen-Medizin? Die ärztliche Sicht auf psychisch verletzte
    Offiziere in Deutschland im Ersten Weltkrieg, in: Thomas Becker/Heiner Fangerau/Peter
    Fassl/Hans-Georg Hofer (Hrsg.), Psychiatrie im Ersten Weltkrieg, Konstanz 2018, S. 107–
    125, S.109, Fnt. 6.

77 Loughran, Shell-shock and medical culture in First World War Britain., S. 136; patriotische
    Gefühle zeigten sich im Krieg aber auch in einer bisweilen besseren Behandlung der ein-
    fachen Soldaten, siehe: Gregory, The last great war., S. 136.

78 MacCurdy, War neuroses.; Rivers, William Halse Rivers, War-neurosis and military
    training.

79 Hans Curschmann, Zur Kriegsneurose bei Offizieren, in: Deutsche Medizinische Wochen-
    schrift 43 (1917), S. 291–293; Willy Hellpach, Die Kriegsneurasthenie, in: Zeitschrift für die
    gesamte Neurologie und Psychiatrie 45 (1919), S. 177–229.

und MacCurdy, würden unter anderen Erkrankungen leiden als die einfachen Soldaten. Hysterische Symptome, wie sie sich bei Patienten mit shell shock zeigten, seien die simple Antwort auf einen inneren Konflikt und die körperlichen Symptome stellten den Wunsch nach einer Flucht von der Front dar. Die Angstneurose oder Neurasthenie des Offiziers sei aber komplizierter und durch ein ausgeprägtes Pflichtgefühl mitbedingt.[80] William Rivers beschrieb diese Annahmen in seinem Vorwort zu der Arbeit von MacCurdy:

> Those who suffer from anxiety states have wishes for death during the period of strain and fatigue preceding the final collapse, while sufferers from conversion hysteria have entertained the desire for disablement, for a ,blighty' wound, or for some disabling illness. It is a striking fact that officers are especially prone to the occurrence of anxiety states, while privates are the chief victims of hysterical manifestations. Dr. MacCurdy explains this fact by differences of education and responsibility which produce a different mental outlook towards the two chief means of escape from the rigours and horrors of warfare.[81]

Die Unterschiede, so nahmen Rivers und MacCurdy an, seien durch militärisches Training, den Rang und durch größere Intelligenz, bessere Bildung, Idealismus und ein soziales Verantwortungsgefühl zu erklären. Als Prophylaxe forderte Rivers, wie viele seiner Kollegen, ein besseres militärisches Training und eine gute Erziehung der zukünftigen Soldaten.[82] Diese breit rezipierten Thesen waren für die britische Psychologie sehr einflussreich, noch bis in die Nachkriegszeit hinein.[83] Psychoanalytisch argumentierend stellten sie ein neues Modell psychischer Kriegserkrankungen vor, das in der Diskussion der sozialen Kategorien (Rang und Klasse) sehr undifferenziert war und soziale Vorurteile theoretisch untermauerte. Rivers, der sowohl mit einfachen Soldaten als auch mit Offizieren gearbeitet hatte, gab beispielsweise an, dass Offiziere sehr viel komplexere psychische Probleme und auch Träume hätten als einfache Soldaten.[84]

Warum waren nun diese Schriften von Rivers und MacCurdy so erfolgreich? Einmal weil es sich wohl um die einzigen und elaboriertesten theoretischen Arbeiten zu diesem Thema handelte. Außerdem waren beide Autoren von psychoanalytischen Theorien beeinflusst und der Einfluss sozialer Faktoren

---

80 MacCurdy, War neuroses., S. 88, S. 122–124; Rivers, William Halse Rivers, War-neurosis and military training., S. 514–524, S. 7.

81 MacCurdy, War neuroses., S. VI–VII.

82 Rivers, William Halse Rivers, War-neurosis and military training.

83 Es gab beispielsweise in der Nachkriegszeit in Deutschland sogenannte freie Kliniken, in denen jeder Patient unabhängig vom sozialen Status eine psychoanalytische Therapie erhalten konnte; siehe: Elizabeth Ann Danto, Freud's free clinics. Psychoanalysis & social justice, 1918–1938, New York 2005.

84 Rivers, Conflict and dream., S. 93f.

war zu dieser Zeit in der Psychoanalyse ein bis dato wenig beachtetes Thema.[85] Dazu war von Bedeutung, dass Rivers einer der einflussreichsten Psychologen seiner Zeit war, eng vernetzt mit fast allen bedeutenden Kollegen.[86] In
seinen Grundthesen entsprach Rivers aber vor allem den sozialen Vorurteilen
seiner Zeit und stieß wohl auch deshalb auf keinen Widerspruch.

Das Arbeitskonzept eines anderen kleinen Krankenhauses für psychisch
erkrankte Kriegsteilnehmer beleuchtet aber noch zwei weitere Aspekte in der
Debatte über die Kriegsneurosen, nämlich wie weibliche Psychologen mit psychischen Erkrankungen umgingen und die geschlechtsspezifische Diagnosestellung von psychischen Kriegserkrankungen.

Ein weiblich geführtes Militärhospital

„Very energetic ladies! Oh! We are not accustomed to that in the Army!"[87] So
äußerte sich ein britischer Offizier erstaunt nach der Besichtigung eines neuen
militärischen Projekts in London. Ein äußerst ungewöhnliches Krankenhaus
eröffnete 1915 in London seine Pforten für die Versorgung verletzter Kriegsteilnehmer, das Endell Street Hospital.[88] Es war das erste Krankenhaus, das
vom Kriegsministerium unterstützt, nur von Frauen betrieben wurde und vor
allem Männer als Patienten hatte. Dies war ein großer Erfolg für das weibliche
Team und die leitenden Ärztinnen, denn es war das erste Mal, dass Ärztinnen
vom Kriegsministerium die gleiche Verantwortung übertragen bekamen wie
ihre männlichen Kollegen.[89] Frauen konnten zwar einen Abschluss in Medizin erhalten, aber es war ihnen nicht erlaubt, in das *Royal Army Medical Corps*
(RAMC) einzutreten.[90] Obwohl das Endell-Krankenaus für das RAMC arbeitete, wurde den dortigen Ärztinnen ein militärischer Rang verwehrt; dies war

---

85   Loughran, Shell-shock and medical culture in First World War Britain., S. 131, auch Fuß-
      note 57.

86   William McDougall bezeichnete William Rivers als Anführer einer „psychologischen
      Schule", die beispielsweise William Brown, Millais Culpin, Charles Myers, Tom Pear,
      Bernard Hart und andere beeinflusste, dazu siehe: William McDougall, An outline of
      abnormal psychology, London 1926, S. 23.

87   Murray, Women as Army Surgeons, S.134.

88   Jennian F. Geddes, Deeds and words in the Suffrage Military Hospital in Endell Street., in:
      Medical History 51 (2007), S. 79–98, S. 79; Whitehead, Doctors in the Great War, S. 111.

89   Brüggemeier, Geschichte Großbritanniens im 20. Jahrhundert., S. 119; Whitehead, Doctors
      in the Great War., S. 111.

90   Loughran, Shell-shock and medical culture in First World War Britain., S. 140; zum Thema
      shell shock und Gender siehe ausführlich: Ebenda, S. 137–143.

mit der Tradition und den Vorurteilen des Offizierscorps dann doch nicht zu vereinbaren.[91]

Eingerichtet, geleitet und betrieben von weiblichen Arbeitskräften, bestand dieses Krankenhaus von 1915 bis Ende 1919 und stand unter dem Einfluss der Suffragettenbewegung, denn die meisten Ärztinnen dieser Zeit waren Befürworterinnen der Frauenbewegung.[92] Neben der ärztlichen Versorgung legten die Ärztinnen einen großen Wert auf den psychologischen Aspekt des Heilvorgangs.[93]

In einer zweiten Klinik, die nur von Frauen geführt wurde, war die Ausrichtung noch deutlicher auf einer psychotherapeutischen Versorgung der Patienten. Die Medico-Psychological-Clinic in London hatte seit 1913 vielen Patienten ein breites Spektrum an medizinischen aber vor allem psychologischen Therapien angeboten. Die Klinikleiterin Jessie Murray und ihre Kollegin Julia Turner waren außerdem beide Mitglieder im britischen Psychologenverein.[94] Ab 1917 eröffnete die Klinik eine Abteilung zur Versorgung psychisch verletzter Soldaten und verfolgte dabei einen neuen Ansatz: Bei der Diagnose wurden, anders als in anderen britischen, psychotherapeutischen Kliniken der Zeit, psychologische Tests angewandt.[95] Bei der Therapie setzte man eine Vielzahl von Maßnahmen ein, die sich auf unterschiedliche psychoanalytische Ansätze bezogen.[96] Dieses rein lösungsorientierte und oft improvisierte Vorgehen war jedoch zu dieser Zeit keineswegs unüblich. Psychoanalytische Modelle und Interventionsstrategien waren in der Zeit vor dem Ersten Weltkrieg in Großbritannien populär geworden, obwohl es noch

---

91   Whitehead, Doctors in the Great War., S. 116.

92   Geddes, Deeds and words in the Suffrage Military Hospital in Endell Street., S. 80. Jessie Murray war Mitglied in der Women's Freedom League (WSPU), siehe: Murray, Women as Army Surgeons.;; Elizabeth R. Valentine, „A brilliant and many-sided personality". Jessie Margaret Murray, founder of the Medico-Psychological Clinic, in: Journal of the History of the Behavioural Sciences 45 (2009), S. 145–161, S. 148.

93   Geddes, Deeds and words in the Suffrage Military Hospital in Endell Street., S. 80.

94   Jessay Murray hatte einen medizinischen Abschluss und ein Post Graduate Degree in Psychologie, siehe: Raitt, Early British Psychoanalysis and the Medico-Psychological Clinic., S. 68. Am 20.3.1915 wurde Jessie Murray und Julia Turner als Mitglieder in der BPS aufgenommen, siehe: WL BPS/001/01, BPS Minutes (1901–1921), S. 86.

95   Tests zur Untersuchung des Gedächtnisses, der Aufmerksamkeit und Suggestibilität, Raitt, Early British Psychoanalysis and the Medico-Psychological Clinic, S. 69.

96   Genannt wurden: Psychologische Analyse nach Janet oder Morton Price; Psychoanalyse nach Freud und Jung; therapeutische Konversation und Überredung nach Déjerine und Dubois; Umerziehung und Suggestion in Hypnose, siehe: Theophilus E. Boll, „May Sinclair and the Medico-psychological Clinic of London", in: Proceedings of the American Philosophical Society 106 (1962), H. 4, S. 310–326, S. 317.

keine klar definierten Ausbildungsrichtlinien und methodischen Standards gab.[97] Unterstützung erhielt die Klinik von prominenten Psychologen der Zeit, z.B. von Charles Spearman.[98] Bereits seit Juli 1915 hatte die Klinikleitung ein eigenes Ausbildungsprogramm für Psychologie (The Society for the Study of Orthopsychics) eingerichtet, das eine dreijährige Ausbildung und eine Art Lehranalyse umfasste. Leiter war der renommierte Entwicklungspsychologie Percy Nunn, wodurch die Abschlüsse enorm aufgewertet wurden.[99]

1918 behandelte die Klinik 189 Patienten ambulant und 36 stationär.[100] Damit entstand eine bis dahin einmalige Situation: Männliche Patienten mit psychischen Störungen wurden ausschließlich von Ärztinnen und weiblichem Pflegepersonal behandelt. In der Klinik wurden neben schweren Fällen von Kriegsneurosen auch Zivilisten mit kriegsbedingter Panik, Ängsten, Depressionen, Schlafstörungen und anderen Neurosen behandelt. Konziliarisch tätig waren zeitweise auch prominente Psychologen wie Charles Spearman, Charles Myers, Carveth Read und James Glover.[101]

Privilegiert waren diese Krankenhäuser durch die Einstufung als Militärhospital. So konnte eine Vielzahl von Patienten mit neuen psychotherapeutischen Methoden behandelt werden, ohne dass die Leiterinnen sich Sorgen über die Finanzierung machen mussten.[102] Es ist schwierig abzuschätzen, inwiefern sich dieses Krankenhaus von anderen, männlich dominierten Krankenhäusern unterschied. Als Vorteil wurde von Patienten offenbar empfunden, dass einige der Ärztinnen Fronterfahrungen hatten; auch die eher sanfte und fürsorgliche Umgebung und die große Anzahl an sozialen Aktivitäten wurden sehr positiv bewertet.[103] Sicherlich lag der Schwerpunkt nicht, wie in anderen britischen, aber auch deutschen Militärkrankenhäusern auf einer militärischen Atmosphäre. Die Arbeit der Ärztinnen und Psychologinnen erhielt viel öffentliche Anerkennung, sowohl von dem leitenden Sanitätsgeneral Keogh

---

97   Dean Rapp, The early discovery of Freud by the British general educated public, 1912–1919, in: Social History of Medicine 3 (1990), S. 217–243, S. 218–219; Raitt, Early British Psychoanalysis and the Medico-Psychological Clinic., S. 76f.

98   Ebenda, S. 65.

99   Boll, „May Sinclair and the Medico-psychological Clinic of London"., S. 316; William McDougall arbeitete im Leitungsgremium, siehe: Ebenda, S. 319.

100   Raitt, Early British Psychoanalysis and the Medico-Psychological Clinic, S. 69.

101   Boll, „May Sinclair and the Medico-psychological Clinic of London"., S. 326–317; Martindale, ‚Against all hushing and stamping down'. The Medico-Psychological Clinic of London and the novelist May Sinclair., S. 196.

102   Geddes, Deeds and words in the Suffrage Military Hospital in Endell Street., S. 79.

103   Murray, Women as Army Surgeons., S. 147; Geddes, Deeds and words in the Suffrage Military Hospital in Endell Street., S. 89.

als auch von anderen militärischen Behörden.[104] Dies zeigte sich auch darin, dass die Psychologin Jessie Murray Mitglied des renommierten *British Research Committee on Psychological War Research* wurde, in dem über kriegsrelevante psychologische Themen geforscht wurde.[105]

Diese Krankenhäuser war aber auch aus einem anderen Grund von Bedeutung für die Diskussion der psychischen Kriegserkrankungen: Es konnte nicht nur in der Praxis (Ärztinnen in einem RAMC Krankenhaus), sondern auch in der Definition der psychischen Kriegserkrankungen zeigen, wie stark die geschlechterspezifischen Vorurteile von Bedeutung waren. Obwohl kaum thematisiert, wurde die Diagnose *shell shock* nur Männern zugeordnet. Betrachtet man das Beispiel des Frauenkrankenhauses in der Endell Street ist dies besonders erstaunlich, da die dortigen Ärztinnen und auch Krankenschwestern sehr wohl an der Front gewesen waren und damit auch den gleichen Strapazen wie ihre männlichen Kollegen ausgesetzt wurden.

In den Krankenblättern der Zeit wird über einige Krankenschwestern mit psychischen Symptomen berichtet, aber ihnen wurde selten die Diagnose Neurasthenie zugeordnet, sondern sie wurden meist mit der unklaren Krankheitsbezeichnung *disability* beschrieben und in Großbritannien versorgt.[106] Erstaunlicherweise wurde von den Psychologen und Psychologinnen kein einziger Fall von weiblichem *shell shock* oder Neurasthenie erwähnt, obwohl gegen Kriegsende über diese Erkrankung auch bei Männern berichtet wurde, die Großbritannien nie verlassen hatten und also durchaus in der gleichen Situation wie viele Frauen waren.[107]

Auch außerhalb des weiblich geführten Krankenhauses wurden die Diagnosen der Kriegserkrankungen sehr geschlechtsspezifisch angewendet. Die Psychologen betonten sogar die deutlichen Unterschiede zwischen den psychischen Erkrankungen der männlichen Kriegsteilnehmer und der weiblichen Patienten: Arthur Hurst bemerkte beispielsweise, dass die psychische Erschöpfung eines Soldaten nicht mit „the quite abnormal nervous system of the young woman" verglichen werden könne und Elliot Smith und Tom Pear glaubten, dass „ [the], intelligent, highly moral, overworked man was very

---

104 1917 bekamen Murray und Anderson den gerade erst erschaffenen Orden des Britischen Empires verliehe, ebenda, S. 84.

105 In diesem Komitee wurden psychologische Themen wie: Tests zur Ermüdung in der Industriearbeit, Alkoholprobleme, die Wirkung von Gerüchten etc. besprochen. Jessie Murray arbeitete hier mit den Psychologen Cyril Burt und May Smith zusammen, siehe: *Report of the British Association for the Advancement of Science*, 1916, S. lvii.

106 NA MH 106/2208; NA MH 106/2207.

107 Burton Fanning, Neurasthenia in soldiers of the home forces.

different to ,the society lady suffering from lack of honest labour'.“[108] Shell shock, obwohl während der ganzen Kriegszeit in die Nähe der weiblich konnotierten Hysterie gerückt, sollte eine klar männliche Diagnose bleiben.[109] Shell shock wurde zwar auch bei Pferden und Kühen diagnostiziert, bei Frauen jedoch nicht.[110] Sogar der Einfluss von Frauen auf den Heilungsprozess erkrankter Soldaten wurde, ähnlich wie in Deutschland, als negativ angesehen, wie der Psychologe Mott aus seiner Klinik berichtete:

> Discipline is very essential; laxity of discipline, over-sympathy and attention by kind, well-meaning ladies giving social tea-parties, drives, joy-rides, with the frequent exclamation of ,poor dears', have done much to perpetuate functional neuroses in our soldiers.[111]

Krankenschwestern wurden manchmal sogar von Patienten mit shell shock ferngehalten, da die Ärzte der Meinung waren, sie würden die Patienten verwöhnen und verweichlichen.[112] Es blieb also weiterhin bei der Vorstellung von getrennten männlichen und weiblichen Lebenssphären, obwohl ein Krankenhaus wie Endell Hospital eine andere Sicht hätte ermöglichen können. Allerdings traten viele der Psychologinnen, die an dem Frauen-Krankenhaus in Endell Street gearbeitet hatten, nach dem Krieg in den psychologischen Verein ein und änderten damit auch den Charakter des Vereins.[113] Aber nicht nur die Arbeit der Psychologen in den verschiedenen Krankenhäusern formte die Debatte und den Umgang mit den psychisch Verletzten, sondern auch die staatlichen und militärischen Vorgaben hatten darauf einen wesentlichen Einfluss.

Kostenbeschränkung und Diagnosstellungen

„It is essential that all men about to be discharged from the Army should be examined by a military board" so mahnte im September 1917 der Pensionsbeauftragte John Collie.[114] Schon seit September 1916, als die Zahlen der

---

108   Smith/Pear, Shell shock and its lessons., S. 102, S. 31–34; Hurst, Medical diseases of the war.
109   Siehe dazu Linden, They called it shell shock., S. 26.
110   Anon, Shell shock in cows, in: The Lancet 191 (1918), H. 4927, S. 187–188; Anon, Army horses: Animal sufferers from shell shock, in: Times (1917, 28. Dezember).
111   Mott, War neuroses and shell shock., S. 271.
112   Reid, Broken men., S. 138–139; Valentine, Early women members of the British Society: challenges and achievements., S. 18.
113   WL PSY/BPS/1/3/1a Minute Book Council Minutes Vol. II. 1917–1924, S. 23; beispielsweise wurden Frauen nicht mehr von den gemeinsamen Essen ausgeschlossen.
114   NA PIN 15/1106: Ministry of Pensions. Special Medical Board for Neurasthenia and Functional Nervous Diseases. Bericht von John Collie über die Arbeit des Special Medical Board; Brief vom 9.9.1917.

aus dem Kriegsdienst entlassenen, psychisch verletzten Soldaten drastisch
gestiegen waren, verschärfte sich die Debatte um die finanzielle Versorgung der
Veteranen. Im Dezember 1916 wurde daher vom Kriegsministerium ein medizinischer Expertenausschuss (*medical board*) bestimmt, der alle psychisch verletzten pensionsberechtigten Soldaten und Offiziere neu untersuchen sollte.[115]
Die Arbeit dieser Expertengruppe war von großer Bedeutung für den weiteren
Umgang mit den Kriegsneurosen, da sie die Richtlinien zur Diagnose und Therapie der Patienten festlegte, Soldaten begutachtete und entschied, ob diese
als Kriegsbeschädigte anerkannt würden und damit Anrecht auf eine Pension
erhielten.[116] Auch die britischen Psychologen äußerten sich zu diesem Problem: Der zusammengebrochene Soldat „costs as much as a cartload of shells", so
Frederick Mott. Der Erfolg oder Misserfolg einer psychologischen Behandlung
würde entscheiden über „the difference between a useless burden to the State
and a useful civilian or even a useful soldier."[117] Dabei wurde die Diagnosestellung psychischer Erkrankungen zunehmend schwieriger, denn seit 1917
verbot die britische Armee die Krankheitsbezeichnung *shell shock* und schon
deshalb wurde sehr viel häufiger der Befund Neurasthenie protokolliert, auch
bei Patienten mit funktionellen (körperlichen) Störungen.[118] „I use the term
[neurasthenia] in its widest sense to include disorders of the nervous system
which are believed to have no organic basis."[119] Diese Art der Diagnosestellung
erklärt auch die Tatsache dass sich manche Autoren über die große Anzahl
von neurasthenischen Patienten in den Militärkrankenhäusern wunderten.[120]

---

115   Ebenda., Brief von John Collie vom 7.7.1917.
116   „The duties of the Board were: 1. To examine all men about to be discharged from the
      Army suffering Functional Nerve Disease, and if their discharge were approved to grant
      Gratuities or recommend pensions [...] 2. To examine all men suffering from Functional
      Nerve Disease who are already in receipt of conditional pensions from Chelsea." Ebenda.
117   Mott, Chadwick Lecture: Mental hygiene in shell shock during and after the war., S. 40;
      Millais Culpin, Practical hints on functional disorders, in: British Medical Journal (1916),
      H. 2912, S. 548–549, S. 549.
118   Jones/Wessely, Shell shock to PTSD., S. 232; Herzprobleme waren ab 1916 in der britischen
      (und der deutschen) Armee zunehmend häufiger diagnostiziert worden. Diese Patien-
      ten wurden als eine separate Krankengruppe behandelt, aber der Sanitätsdienst nahm
      an, dass physische und psychische Erschöpfung eine Ursache der Erkrankung sei, siehe:
      Edgar Jones/Nicola Fear/Simon Wessely, Shell shock and mild traumatic injury: A his-
      torical review., in: American Journal of Psychiatrie 164 (2007), S. 1641–1645, S. 39–44; zu
      Deutschland siehe: Philipp Rauh, Victory for the „most enduring" hearts: The treatment
      of physically exhausted soldiers in the German Army (1914–1918), in: Hans-Georg Hofer
      (Hrsg.), War, trauma and medicine in Germany and Central Europe (1914–1939), Freiburg
      2011, S. 160–182. Auf dieses Phänomen soll im Folgenden aber nicht mehr intensiv ein-
      gegangen werden.
119   Burton Fanning, Neurasthenia in soldiers of the home forces., S. 907.
120   Ebenda.

Die Wahl des vorsitzenden Arztes des Gremiums des Pensionsministeriums, John Collie, sagte einiges über die Einstellung politischer und militärischer Behörden den psychisch verletzten Kriegsveteranen gegenüber aus, denn dieser war Experte darin, vorgetäuschte Krankheiten und Symptome zu entlarven.[121] Sein Buch über Simulation und vorgetäuschte Krankheit hatte schon in der Vorkriegszeit die Debatte um fälschlich bewilligte Pensionszahlungen angeheizt.[122] 1916 veröffentlichte er dann einen Artikel mit dem Titel „Neurasthenia: What it costs the State."[123] Auf der einen Seite beabsichtigte Collie damit die Kosten des Staates für die Pensionen der psychisch verletzten Soldaten zu senken, andererseits versuchte er aber, die Anliegen des einfachen Soldaten zu verstehen.

> It is a mistake to assume that because a soldier is detected in an obvious over-statement of his case, that he is therefore a malingerer. Most men of this class have little capacity for stating their disability clearly, and being naturally anxious to make sure that their complaints will receive adequately attention, they are apt to exaggerate them.

Das Ministerium war mit seiner Arbeit so zufrieden, dass Collies Kompetenzen im Mai 1917 auf Schottland und Irland ausgeweitet wurden und seine Behörde in allen größeren Städten Untersuchungszentren aufbaute.[124] Dort wurden Veteranen, die aufgrund psychischer Störungen ausgemustert worden waren oder werden sollten, von Expertengremien erstmalig oder erneut beurteilt, um eine entsprechende Pension festzulegen.[125]

Bei seinen Ausführungen zur Durchführung dieser Gutachten wurde allerdings auch deutlich, dass Collie für psychologische Argumente durchaus aufgeschlossen war. Er hielt es bei einer kriegsbedingten psychischen Störung nämlich für schwierig abzuschätzen, in welchem Maße diese durch eine physische Einwirkung, eine neurotische Veranlagung oder durch Übertreibung

---

121 John Collie, Malingering: Examination of the upper extremities, in: Journal of the Royal Army Medical Corps (1916), XXVII, S. 85–91.

122 John Collie/Arthur H. Spicer, Malingering and feigned sickness, London 1913.

123 John Collie, Neurasthenia: What it costs the state, in: Journal of the Royal Army Medical Corps (1916), XXVII, S. 525–544.

124 NA PIN 15/1106, Ministry of Pensions. Special Medical Boards for Neurasthenia and Functional Nervous Diseases; NA PIN 15/54: Army Council Instruction, April 1917; Ministry of Pensions and National Insurance. Treatment of Neurasthenia. Treatment & Examination by the Special Medical Board, S. 1.

125 NA PIN 15/54.

verursacht sei.[126] Neurasthenie sei meist durch Stress verursacht, entweder durch einen plötzlichen Schock oder durch eine chronische Schädigung durch Angst oder Unruhe; meist würden beide Faktoren eine Rolle spielen.[127] Ähnlich wie in Deutschland wurde damit bei der Diagnosestellung die Abgrenzung von hysterischen und neurasthenischen Krankheitsbildern immer unschärfer. Schwierig sei besonders, so Collie, die Abgrenzung zur Hysterie und zur Simulation, da beide durch eine „fixe Idee" verursacht seien; nur sei diese falsche Selbsteinschätzung beim Hysteriker unbewusst. Bewusst oder unbewusst würden beide, Simulanten und Hysteriker, eine nicht vorhandene Krankheit vortäuschen.[128]

Entscheidend für das Auftreten und Aufrechterhalten der Symptome sei aber die finanzielle Entschädigung. Collie stützte sich dabei auf Erfahrungen mit Minenarbeitern: Nach der Einführung der Unfallrente in Großbritannien 1897 sei die Erholungszeit nach Unfällen erheblich gestiegen.[129] Darüber hinaus bezog er sich auf die Diskussion zur sogenannten „Rentenneurose" und die Ausführungen von Erichsen zum *„Railway Spine"*, einem Rückenleiden, das im 19. Jahrhundert nach Eisenbahnunfällen beobachtet wurde.[130] Collie sah voraus, dass – wie bei diesen Patienten und den Minenarbeitern – viele psychisch belastete Kriegsteilnehmer, in der Hoffnung auf eine finanzielle Entschädigung, an ihren Symptomen festhalten würden.[131] In seinen Ausführungen ähnelte Collie seinen deutschen Kollegen, die ihren Patienten ebenfalls eine „Rentenneurose" oder falsche „Begehrungsvorstellungen" unterstellten.

Neben der finanziellen Entschädigung seien auch die Sympathie der Umgebung und die Aussicht, einer langweiligen und anstrengenden Arbeit zu entkommen, Anreiz für die Soldaten (wie auch für die Arbeiter mit neurotisch bedingten Symptomen), ihre Krankheitssymptome beizubehalten. Mit dieser Parallele zwischen Minenarbeitern und Soldaten verwies Collie auf einen bedeutenden Aspekt des Kriegsdienstes: Die Arbeit an der Front war zum großen Teil von Routine, Langeweile und Unterforderung gekennzeichnet; es waren Arbeiten zu verrichten, für die die Mehrzahl der Soldaten deutlich überqualifiziert waren. Auch dieser Umstand trug zur psychischen Belastung bei.

Collie plädierte dafür, gegenüber Soldaten mit psychischen Störungen eine paternalistisch autoritäre Haltung einzunehmen: Man solle sie wie Kinder

---

126 Ebenda, S. 525.
127 Ebenda., S. 526.
128 Ebenda., S. 532.
129 Ebenda, S. 528.
130 Erichsen, On railway and other injuries of the nervous system.
131 Collie, Neurasthenia: What it costs the state, S. 529.

behandeln und mit klaren Argumenten davon überzeugen, dass sie gesund und arbeitsfähig seien. Dieselbe Methode empfahl er übrigens auch für Zivilisten mit ähnlichen Erkrankungen.[132] Collie hatte allerdings die Grundeinstellung, dass ein gelungenes Leben eher in einer aktiven Arbeit als in einem, wenn auch bezahlten, Krankheitszustand zu finden sei. Eine mangelnde Willenskraft liege allen Symptomen zugrunde.

Aus diesen Ausführungen ergaben sich die therapeutischen Anweisungen Collies: Er wies auf die Vorteile einer kurzen Therapie der Erkrankung hin, da er beeindruckt war von dem engen Zusammenhang zwischen Dauer der Erkrankung und dem Verlust der Arbeitsfähigkeit.[133] Im Unterschied zu Deutschland wurden aber keine Bestrafungen angedroht oder durchgeführt, sondern Collie zog es vor, den Patienten davon zu überzeugen, dass er gesund und arbeitsfähig sei.[134] Dabei berichtete Collie auch über die Anwendung von Tricks und leichten elektrischen Stromschlägen, um den Patienten von seiner Gesundheit und Arbeitsfähigkeit zu überzeugen.[135] Die beste Behandlung sei in einer Fachklinik durchzuführen.[136] Diese Empfehlung war außerordentlich wichtig für den Stellenwert der Psychologie bei der Behandlung von Kriegsneurosen, da Collie hier die Bedeutung psychologischer Methoden bei der Therapie und Versorgung der Kriegsveteranen unterstrich. In den Rehabilitationskliniken sollten neben therapeutischen Gesprächen schnell Beschäftigungstherapien mit sinnvollen Arbeitsmöglichkeiten einsetzen.[137] Die Patienten sollten physisch und psychisch untersucht und ihre Einstellung zur Arbeit („*Mental attitude towards work*") eingeschätzt werden.[138] Von großer Bedeutung war auch, dass Collie nach kurzer Zeit über Zahlen verfügte, die das Ausmaß des Problems psychisch verletzter Soldaten vor Augen führte:

Schon 1916 konnte er zeigen, dass ein Fünftel der pensionsberechtigten Soldaten wegen psychischer Probleme ausgemustert worden war.[139] Damit konnte dieses Problem nicht mehr von der Politik und von den militärischen Behörden heruntergespielt werden. Collie, der am Schalthebel der finanziellen

---

132   Ebenda, S. 535.

133   Ebenda, S. 536.

134   Ebenda, S. 531, S. 33, S. 540.

135   Ebenda, S. 533.

136   Ebenda, S. 541.

137   Ebenda, S. 539.

138   NA PIN 15/1106, Ministry of Pensions. Special Medical Board for Neurasthenia and Functional Nervous Diseases, John Collie, Brief vom 7.7.1917, S. 5.

139   „There are between 160 and 170 thousand Pensioners, and from statistics which I have compiled from the examination of some 20.000 cases I find that one fifth of the diseases for which pensions are claimed, are those with which the Special Medical Board deals ...", Ebenda, S. 2.

Versorgung der Kriegsveteranen saß, sprach sich für eine psychotherapeutische Behandlung und nicht nur eine militärdisziplinarische Verurteilung der Kriegsneurotiker aus. Ähnlich wie seine Kollegen in Deutschland sah er das Ziel der Behandlung in einer wiederhergestellten Arbeitsfähigkeit. Einerseits wollte er damit dem Staat Kosten ersparen, andererseits den Patienten vor lebenslangem Siechtum bewahren.[140] Dabei war aber keine staatliche Arbeitsvermittlung oder eine verpflichtende Tätigkeit in der Kriegsindustrie wie in Deutschland vorgesehen, sondern der entlassene Patient sollte möglichst an seinen alten Arbeitsplatz zurückkehren.

Collie sah darüber hinaus einen deutlichen Zusammenhang zwischen der Höhe der Entschädigung und der Dauer der psychischen Erkrankungen, so dass er als Anreiz zur Gesundung und Arbeitslust in den meisten Fällen eine Reduktion der Kriegsentschädigung empfahl.[141] Dieser Ansatz blieb jedoch nicht ohne Widerspruch von Seiten der betroffenen Veteranen, denn dieses restriktive Vorgehen stieß gegen Kriegsende auf heftige Proteste seitens der Betroffenen, der Öffentlichkeit und der Gewerkschaften.

> As a result of the war, another question, that of compensation for disease or disability alleged to be contracted or aggravated by Military Service, has very justly acquired prominence, and a kind and confiding public has rightly demanded that all just claims should be generously dealt with. Ignorance has however, too often led the public to believe claims to be just where the individual has in fact no shadow of a claim [...] and this ignorance is going to cost the taxpayer larger sums of money during this and succeeding generations.[142]

Dieser Bericht von 1918 schilderte die ambivalente Haltung der Behörden, die einerseits auf öffentliche Eingaben reagieren wollten und mussten, andererseits die finanzielle Belastung durch hohe Pensionszahlungen befürchteten.

Beispielhaft dafür war der Fall des Soldaten John Johnson, der von November 1915 bis Oktober 1916 in Russland als Fahrer für die britischen Streitkräfte gekämpft hatte und danach wegen neurasthenischer Beschwerden entlassen worden war.[143] Er war mehrfach von dem zuständigen Expertengremium und

---

140 „The experience of the Board teaches that prolonged incapacity in many of the mild cases of Neurasthenia discharged from the Army can be avoided by explaining to the men at this stage the ready curability of his condition and impressing him with the fact by the award of a Gratuity. By this method of treatment the number of pensioners suffering from Neurasthenia would be reduced and return to work expedited." Ebenda, S. 3.

141 NA PIN 15/1106, John Collie; Brief vom 7.7.1917, S. 5.

142 Anon, Rezension: John Collie: Malingering and feigned sickness. 2. Auflage, in: Journal of the Royal Army Medical Corps (1918), XXX, S. 111–112, S. 112.

143 NA PIN 15/1431: Malingering: Instructions for the Examination of Cases or suspected Cases (Cases of J. Johnson & A. Briggs), S. 3.

den daran beteiligten Psychologen David Eder und David Forsyth in einer psychotherapeutischen Untersuchung als Simulant überführt worden.[144]

> He was examined on December 31st, 1917, by the Special medical Board, who recommended him for treatment at the Psycho-therapeutic Clinic, 80, Lancaster Gate. While under treatment there, Dr. Forsyth and Dr. Eder, independently and without previous knowledge of the case, satisfied themselves that he is a malingerer.[145]

Erstaunlich deutlich fiel hier das Urteil der beiden im Umgang mit kriegsneurotischen Patienten versierten Psychologen aus: Sie diagnostizierten ihn eindeutig als Simulanten. Anders als an der Front hatte diese Aussage über einen Veteranen allerdings nur finanzielle Konsequenzen. Dennoch konnte dieser Patient durch erneute Anträge und geschicktes Taktieren seine Ansprüche durchsetzen. „He brought malingering to a fine art", so stellte John Collie, Fachmann für dies Thema, dann auch fest.[146] Dabei half es dem Patienten, dass man auf lokale Behörden und ihre Beschlüsse Rücksicht nehmen wollte, darüber hinaus stand die lokale Presse hinter ihm.[147] Auch die Gewerkschaft der Chauffeure protestierte in seinem Fall gegen die Rentenkürzung.[148] Zudem ging Johnson mit einem mitleidheischenden Buch: *„Diary of a war wreck"* erfolgreich an die Öffentlichkeit.[149] Bei der Durchsetzung seiner Ansprüche half ihm, dass ähnlich wie in Deutschland, gegen Kriegsende in Großbritannien von Seiten der Öffentlichkeit eindeutig Partei für die Belange der Kriegsinvaliden ergriffen wurde.[150]

Ein weiteres Problem wurde gegen Kriegsende von der Öffentlichkeit zunehmend kritisch gesehen – und zwar der Umgang mit Deserteuren.[151] Viele von ihnen waren psychisch versehrte Soldaten. Der Psychologe Charles Myers beschrieb mit drastischen Worten den Umgang beim Militär folgendermaßen: Entweder würden sie als geisteskrank angesehen und weggesperrt oder als

---

144   Ebenda, Brief vom 14.2.1918, Brief vom 28.5.1918, Brief vom 22.6.1918.

145   NA PIN 15/1431, Brief vom 28.5.1918.

146   Ebenda, Brief von John Collie vom 13.5.1918.

147   NA PIN 15/1431, *A Painful Case. Baseless Charge against disabled Soldier. Manchester Guardian*, 29.6.1918.

148   NA PIN 15/1431, Brief vom 28.5.1918.

149   Ebenda, Brief des Ministry of Pensions vom 9.5.1918.

150   Im März 1918 wurden heftige Proteste von Seiten der behandelnden Ärzte in der *Times* veröffentlicht. Die Ärzte lehnten den Vorschlag des Ministers für Pensionen ab, dass psychisch kranke Soldaten von Spezialkrankenhäusern in Krankenhäuser auf dem Land verlegt werden sollten, siehe: Reid, Broken men., S. 74.

151   1917 hatte es eine Krise in der Öffentlichkeit wegen des Umgangs mit Deserteuren gegeben. ebenda, S. 95.

Deserteure erschossen.[152] Obwohl sich ab 1916 eine Milderung der Strafmaß-
nahmen zeigte, wurden auch im letzten Kriegsjahr noch einige Soldaten als
Deserteure hingerichtet.[153] Anders als in Deutschland waren diese jedoch ausschließlich der militärischen Gerichtsbarkeit unterstellt und weder Psychiater
noch Psychologen wurden bei den Gerichtsverhandlungen hinzugezogen.[154]
Erst im März 1918 stellte der General des Sanitätsdienstes McPherson eindeutig fest, dass shell shock nicht das Gleiche sei wie Feigheit, und ab Mai
1918 wurde diese Diagnose als mildernder Grund in militärischen Verfahren
berücksichtigt; im Zweifelsfall wurden auch medizinische Experten als Gutachter einbezogen. Ein Grund für diese Milderung der militärischen Gerichtsverfahren waren sicher auch die Unruhen in der britischen Armee Ende 1917
und die Wahrnehmung der russischen Oktoberrevolution.[155] Im Unterschied
zu Deutschland, wo die zivile Rechtsprechung für deutlich mildere Strafen von
Deserteuren gesorgt hatte, wurde in Großbritannien in der Nachkriegszeit die
Debatte um den Umgang mit Deserteuren sehr heftig geführt.[156] Psychologen
spielten bei den militärischen Gerichtsverfahren, anders als in Deutschland,
als Gutachter keine bedeutende Rolle.[157] Eine Ausnahme war der Psychologe William Brown, der angab, als Militärpsychiater bei einigen Fällen von
Desertion bei Gericht ausgesagt zu haben. Er berichtete, dass es immer äußerst
schwierig gewesen sei zu entscheiden, ob der betreffende Soldat im Moment
des Vergehens vollständig zurechnungsfähig gewesen sei. Deswegen habe er
fast immer für den Angeklagten gesprochen.[158]

Der militärische und staatliche Umgang mit psychisch auffälligen oder
verletzten Kriegsteilnehmern in Großbritannien beeinflusste die Arbeit der
Psychologen auf einem weiteren medizinischen Gebiet, führte aber zu einer
vollständig anderen Ausrichtung ihrer Arbeit als in Deutschland. Denn in der
Versorgung von hirnverletzten Soldaten waren auch britische Psychologen

---

152 Myers, Shell shock in France, 1914–18., S. 83.
153 Jahr, Gewöhnliche Soldaten., S. 247.
154 Anders als in Deutschland musste in Großbritannien der Angeklagte seine Unschuld
    beweisen und nicht das Gericht ihm seine Schuld. ebenda, S. 207.
155 Shephard, A war of nerves, S. 71.
156 Jahr, Gewöhnliche Soldaten., S. 310–317; Linden, They called it shell shock., S. 158–176.
157 In Deutschland beispielsweise siehe: Weygandt, Kriegspsychiatrische Begutachtungen.;
    zusammenfassend auch der Psychiater mit psychoanalytischen Interessen, siehe: Alfred
    Storch, Beiträge zur Psychopathologie der unerlaubten Entfernung und Fahnenflucht im
    Felde, in: Zeitschrift für die gesamte Neurologie und Psychiatrie 46 (1919), S. 348–367.
158 Southborough, Army Report of the War Office Committee of Enquiry into „Shell-Shock".,
    S. 44.

tätig (Henry Head,[159] Wilfred Trotter,[160] George Riddoch[161]). Zwar hatte sich nach Einführung der Helmpflicht die Anzahl der Hirnverletzungen verringert, die Versorgung dieser Patienten war aber immer noch ein gravierendes medizinisches und psychologisches Problem.[162] In einer Sitzung vor der *Royal Society of Medicine* von 1919 wurden in mehreren Falldarstellungen die Ergebnisse der Kriegserfahrungen präsentiert. Die behandelnden Ärzte hatten keine Testverfahren angewandt und die intellektuelle Leistungsfähigkeit der geheilten Patienten war nur grob abgeschätzt worden: „His power of intellectual effort increased, and he was again able to play Golf."[163] Allerdings beachtete, notierte und beschrieb der Psychologe Head auch die emotionale Befindlichkeit: „The most striking change was the patient's recovery of confidence in himself."[164] Genauere anamnestische Differenzierungen anhand von Tests oder Befragungen nahm er jedoch nicht vor. Die großen Probleme der Organisation der neurologisch-medizinischen Tätigkeit schilderte der amerikanische Arzt Harvey Cushing während seines Forschungsaufenthalts nach einem Gespräch mit Head, der darüber klagte, dass seine Arbeit für die Medizingeschichte des Krieges in keiner Weise gewürdigt würde und er unter einer Reihe von bürokratischen Erschwernissen seiner Arbeit leiden würde.[165] Anders als in Deutschland gab es in Großbritannien keine Zusammenarbeit von Psychologen verschiedener Fachgebiete im Bereich der Verletztenfürsorge oder der Hirnforschung. Dafür können zwei Gründe verantwortlich gemacht werden: Zum einen wurde die staatliche Verletztenfürsorge nicht so stark gefördert wie in Deutschland und sie wurde erst ab 1916 staatlich institutionalisiert.[166] Zum anderen waren die im Kriegsdienst beschäftigten Psychologen hauptsächlich in der Militärpsychiatrie tätig und es kam zu keiner Vernetzung von

---

159   Henry Head, Shell wound of head, right temporal region, sensor paresis of left hand and foot; mental and physic symptoms due to hole in skull; effect of closure with osteoplastic graft, in: Brain 42 (1919), S. 349–351.

160   Wilfred Trotter, Shell wound of the head 1915; persistent headache for four years, in: Brain 42 (1919), S. 353–355.

161   Greorge Riddoch, Case of Meningitis circumscripta serosa following a bullet wound of the neck, with injury of the posterior of the spinal cord, in: Brain 42 (1919), S. 360–362.

162   Cohen, The war come home.

163   Head, Shell wound of head, right temporal region, sensor paresis of left hand and foot; mental and physic symptoms due to hole in skull; effect of closure with osteoplastic graft., S. 351.

164   Ebenda.

165   Bericht vom 29. Mai 1915: „Then to Hernry Head's for an illuminating talk on the organization (or lack of it) of the neurological work of the war, and bad it has been. As poor as the opportunities are great ..." Cushing, From a surgeon's Journal, 1915–1918., S. 110f.

166   Siehe dazu zusammenfassend: Cohen, The war come home, S. 18–29; Goltermann, Opfer., S. 159–161.

medizinisch arbeitenden und an der Universität forschenden Psychologen im Bereich der Versorgung von Hirnverletzten wie in Deutschland.

Im Unterschied zu Deutschland stellte das Kriegende für die britischen Psychologen keine einschneidende Zäsur dar.[167] „During the winter months which followed the Armistice there was little change in the work coming into the hospital.", kommentierte die Ärztin und Psychologin Murray im Rückblick die Lage in ihrem Londoner Krankenhaus im Winter 1918.[168] Noch im folgenden Jahr bestand ihre Arbeit darin, die zurückkehrenden Truppen aus aller Welt, aus Indien, Ägypten, Mesopotamien, Palästina, Russland, Italien, Afrika und der Türkei zu versorgen. Es gab keine Proteste der Patienten wie in Deutschland und keine Pathologisierung der Kriegsneurotiker, da ja weder häufig umstrittene Therapieverfahren angewandt worden waren, noch eine Kriegsschuldfrage zu bearbeiten war.

5.1.2 Deutschland: Erschöpfung und Protest – Positionierung der Psychologen am Kriegsende

„Die „guten" Hysterien & schweren Neurosen vom Jahre 14,15,16 sind selten. Jetzt ist die Hauptsache: der Wunsch aus dem Militärdienst auszuscheiden."[169] Dies stellten die beteiligten Militärpsychiater auf einer in Berlin am 9. Oktober 1918 einberufenen Konferenz der Neurotiker-Ärzte fest. Die Situation in den Krankenhäusern hatte sich gegen Kriegsende dramatisch verändert: „Die Kriegsneurosen sind den notwendigen Weg vom hysterischen zum neurasthenischen Typ tatsächlich gegangen", so wurde 1918 die Lage von dem Psychologen Willi Hellpach dargestellt.[170] Die Erschöpfung der Kriegsteilnehmer zeigte sich nämlich nicht nur in psychischen und vegetativen Symptomen, sondern immer mehr auch in unklaren Herzbeschwerden.[171]

---

167   Jahr, Gewöhnliche Soldaten., S. 310.
168   Murray, Women as Army Surgeons., S. 252.
169   BayHStA/Abt. 4. Stv.Genkdo. II. AK. San-Amt 64. Bericht über die vom preußischen Kriegsministerium (Sanitätsdepartement) nach Berlin einberufene Versammlung der Neurotikerärzte. Würzburg, den 14.10.1918. Gez. Gerz, Blatt 3.
170   Hellpach, Die Kriegsneurasthenie., S. 178.
171   Prüll, Die Bedeutung des Ersten Weltkrieges für die Medizin im Nationalsozialismus, in: Krumeich (Hrsg.). Die Diagnose der Herzerkrankungen nahm, im Gegensatz zur Neurasthenie im Verlauf des Krieges ab. Rauh, Die Behandlung der erschöpften Soldaten im Ersten Weltkrieg, in: Prüll/Rauh (Hrsg.), S. 117.Dies lag aber an den restriktiven Vorschriften für die Diagnosestellung. Ähnlich wie bei den Kriegsneurotikern wurden auf der Tagung der Deutschen Gesellschaft für Innere Medizin in Warschau 1916 ein harsches Vorgehen und eine herabsetzende Haltung gegenüber herzkranken Soldaten propagiert. Lazarettakten zeigen dagegen einen pragmatischeren und patientenfreundlicheren Umgang der Ärzte mit diesen Patienten. ebenda, S. 124f.

Die Symptome traten nicht nur im Feld auf, sondern, ähnlich wie in Großbritannien, auch vermehrt in der Heimat.[172] Allgemeine Entkräftung, eine „Kriegsmüdigkeit" und Resignation schienen um sich zu greifen auch bei den behandelnden Ärzten. „Der nervöse Verbrauch der Neurotikerärzte ist absolut nachgewiesen", hieß es 1918 auf einer Konferenz in Berlin.[173]

Im Mittelpunkt des folgenden Kapitels steht die Situation in Heimatlazaretten in Deutschland während der letzten Kriegsphase. Die zentrale Bündelung psychologischer Arbeit in der Militärpsychiatrie gelang in Deutschland auch in diesem Zeitabschnitt nicht. Die theoretische Debatte um die Entstehung der psychischen Kriegserkrankungen wurde aber, ähnlich wie in Großbritannien, gegen Kriegsende intensiviert und aufgrund neuer Erfahrungen erweitert. Der praktische Umgang mit den Patienten jedoch wurde entscheidend durch die Kostenfrage geprägt. In Großbritannien war es das Misstrauen gegenüber Simulanten, in Deutschland war die Ablehnung „konstitutionell belasteter" Soldaten das Hauptargument. Handlungsspielräume und Widerstände zu Kriegsende prägten besonders in Deutschland die Situation der militärpsychiatrischen Behandlung, in die auch die Psychologen einbezogen waren. Da diese Entwicklung durch die Niederlage und die unmittelbare Reaktion darauf weiter wirkte, wird auch hier das Kriegsende nicht als Zäsur gesehen, sondern die unmittelbare Nachkriegszeit wird mitberücksichtigt.

Die psychologisch-pädagogische Behandlung von Verletzten

„An den eklatanten Erfolgen der psychologisch-pädagogischen Behandlung besteht [...] kein Zweifel."[174] So beschrieb Kurt Goldstein die Resultate seiner Arbeit mit Hirnverletzten im August 1918. Wie einige seiner Kollegen fasste er zu diesem Zeitpunkt nach mehrjähriger Erfahrung auf diesem Gebiet seine Ergebnisse und Behandlungsvorschläge zusammen.

Die Versorgung verletzter Kriegsteilnehmer, insbesondere solcher mit Kopfschussverletzungen, war für die Psychologen in den letzten Kriegsjahren ein wichtiges Thema. Im März 1918 stellte dies auch der führende Berliner

---

172   Hellpach, Die Kriegsneurasthenie, S. 178, Fnt. 1. Dieser Artikel war bereits im September 1918 fertiggestellt worden; angefügt ist eine Nachschrift im Dezember 1918, in der sich Hellpach zum Kriegsende äußert; zu Großbritannien siehe: Burton Fanning, Neurasthenia in soldiers of the home forces.

173   BayHStA/Abt. 4. Stv.Genkdo. II. AK. San-Amt 64. Bericht über die vom preußischen Kriegsministerium (Sanitätsdepartement) nach Berlin einberufene Versammlung der Neurotikerärzte. Würzburg, den 14.10.1918. Gez. Gerz, Blatt 3.

174   Kurt Goldstein, Die Behandlung, Fürsorge und Begutachtung der Hirnverletzten. Zugleich ein Beitrag zur Verwendung psychologischer Methoden in der Klinik, Leipzig 1919, S. 184.

Psychologe Karl Stumpf auf einer Einladung des Sanitätsdepartments des Kriegsministeriums heraus:

> Eine dritte Arbeitsrichtung, bei der Psychologen den Militärarzt wesentlich unterstützen können, ist die Untersuchung und Behandlung der Gehirnverletzten; schon theoretisch die folgenreichste und interessanteste, da nicht nur die Frage nach der Lokalisation psychischer Tätigkeiten, sondern auch die Analyse der Tätigkeiten selbst außerordentlich durch die Beobachtung der mannigfaltigen Störungen infolge von Kopfschüssen gefördert werden muss.[175]

In diesem Arbeitsbereich wurden, anders als in Großbritannien, erstmals nicht medizinisch ausgebildete Psychologen beschäftigt.[176] Auch die psychologischen Fachzeitschrift berichteten besonders häufig über psychologische Tätigkeiten auf diesem Gebiet; sehr viel häufiger als über psychotherapeutische Arbeit.[177] Die auf diesem Gebiet arbeitenden Psychologen waren gut vernetzt (beispielsweise Wilhelm Weygandt und Hermann Gutzmann) und berichteten über ihre jeweilige Tätigkeit.[178] Wichtige Zentren psychologischer Arbeit mit Hirnverletzten waren Köln mit Walther Poppelreuter, München mit Max Isserlin, Frankfurt mit Kurt Goldstein und Adhemar Gelb und Innsbruck mit Johannes Dück.[179]

---

175 Zitiert nach: Anon, Nachrichten. Über die militärtechnische Verwendung psychologischer Methoden, in: Zeitschrift für angewandte Psychologie 14 (1919), S. 379–381, S. 380; siehe auch: Stumpf, Über den Entwicklungsgang der neueren Psychologie und ihre militärtechnische Verwendung.

176 Adhémar Gelb hatte in Berlin bei Karl Stumpf gearbeitet und war anschließend nach Frankfurt an das psychologische Institut von Friedrich Schumann gewechselt. Er traf Kurt Goldstein wohl 1915 in einem Lazarett für Hirnverletzte, in dem er (Gelb) konsiliarisch arbeitete. Danzer (Hrsg.), Vom Konkreten zum Abstrakten., S. 23.

177 Arthur Stössner, Prüfung der formalen geistigen Leistungsfähigkeit Kopfschussverletzter, in: Zeitschrift für angewandte Psychologie 14 (1919), S. 307–310; Wilhelm Peters, Psychologie und Hirnverletztenfürsorge, in: Zeitschrift für angewandte Psychologie 14 (1919), S. 75–89; Johannes Dück, Die experimentelle Psychologie im Dienste der Wieder-Ertüchtigung Gehirnverletzter, in: Zeitschrift für angewandte Psychologie 13 (1918), S. 140–146; Helene Frank, Über Funktionsprüfung bei Gehirnverletzten, in: Zeitschrift für angewandte Psychologie 19 (1921), S. 171–195.

178 „Auf Anregung des phonetischen Laboratoriums am Hamburger Kolonialinstitut wurde in einem geeigneten Neubau von Friedrichsberg eine Sprachbehandlungsstation für Krieger errichtet, wofür in gewisser Hinsicht ein Vorbild in der von Gutzmann geschaffenen Einrichtung bestand.", Wilhelm Weygandt, Die Sprachbehandlungsstation in Friedrichsberg. Vortrag auf der 42. Wanderversammlung südwestdeutscher Neurologen u. Irrenärzte in Baden-Baden, in: Zeitschrift für die gesamte Neurologie und Psychiatrie 14 (1917), S. 416–418, S. 416.

179 Dück, Die experimentelle Psychologie im Dienste der Wieder-Ertüchtigung Gehirnverletzter., S. 140.

Herausragend waren dabei zwei Themen: Einmal die genaue Diagnose der
Ausfälle nach Hirnverletzungen. Dadurch erhielten die Psychologen neue
Erkenntnisse über die Funktion der ausgefallenen Hirnregionen und somit
neues medizinisch-psychologisches Grundwissen.[180] Die Forschungen zu
optischen Ausfällen führten aber auch – zweitens – zu neuen psychologischen
Grundkonzepten: Goldstein und Gelb konnten nämlich zeigen, dass die optische Wahrnehmung kein additiver Vorgang war, sondern dass die einzelnen
visuellen Eindrücke nach bestimmten Gesetzen organisiert und konstruiert
wurden. Diese Erfahrungen waren der Ausgangspunkt nicht nur zur Revision
psychologischer Wahrnehmungstheorien, sondern auch zu einer einflussreichen Schule psychologischen Denkens, der Gestalttheorie.[181]
Die Psychologen konnten die jeweiligen Ausfälle der Sinnesorgane nach
Hirnverletzungen sehr genau erfassen und messen, da sie schon in der Vorkriegszeit Grundlagenforschung zu einzelnen Sinnesfunktionen unternommen
hatten:

> So darf man an einen lokalisatorischen Versuch erst herantreten, wenn man vor-
> her eine genaue psychologische Analyse vorgenommen hat, weil dieser sich nur
> auf die psychologische Analyse aufbauen kann und darf.[182]

Die Funktion eines bestimmten Hirnareals, so Gelb, könne nur durch genaue
psychologische Funktionsprüfung dieser Gebiete festgestellt werden. Tests
zur Untersuchung der Intelligenz, Seh- und Hörfähigkeit und des Gedächtnisses wurden durchgeführt, um spezielle Ausfälle, aber auch die allgemeine
Leistungsfähigkeit zu erfassen.[183] Daneben wurden durch Beobachtung –
beispielsweise von einfachen Arbeitsvorgängen – die aktuellen Leistungen und

---

180   Korbinian Brodmann arbeitete anfangs als Psychiater, anschließend in der Hirnforschung.
       Er war ab 1912 bis zu seinem Tode Mitglied in der Gesellschaft für experimentelle Psycho-
       logie und arbeitete klinisch über Gedächtnisstörungen und hypnotische Verfahren. Nach
       ihm sind bestimmte Areale der Großhirnrinde eingeteilt, sogenannte Brodmann-Areale;
       siehe Heinz Schott/Rainer Tölle, Geschichte der Psychiatrie. Krankheitslehren, Irrwege,
       Behandlungsformen, München 2006, S. 88.
181   Siehe, herausragend und zusammenfassend: Ash, Gestalt Psychology in German culture,
       1890–1967.; konkret am Fall des kriegsverletzten Soldaten Schneider Anne Harrington,
       Die Suche nach Ganzheit. Die Geschichte biologisch-psychologischer Ganzheitslehren;
       vom Kaiserreich bis zur New-Age-Bewegung, Reinbek bei Hamburg 2002, S. 267–278.
182   Adémar Gelb/Kurt Goldstein, Psychologische Analysen hirnpathologischer Fälle auf
       Grund von Untersuchungen Hirnverletzter, Leipzig 1920, S. 7.
183   „Die von uns benutzten Methoden sind zum größten Teil bekannte Testmethoden der
       angewandten Psychologie.", Peters, Psychologie und Hirnverletztenfürsorge., S. 80,
       S. 83–89.

auch die Kompensationsstrategien der Patienten ermittelt.[184] Darüberhinaus begannen die Psychologen, die Beziehung zwischen hirnpathologischen Ausfällen und neurotischen Störungen zu untersuchen.[185] Damit behaupteten sie, die Beziehung zwischen biologischen und psychischen Determinanten des Verhaltens genauer bestimmen zu können.

Außerdem schlugen sie differenzierte Therapiemethoden vor: Einmal die Ertüchtigung der gestörten Funktionen, aber auch die kompensatorische Förderung alternativer Ersatzleistungen.[186] Ziel war dabei immer die Arbeitsfähigkeit der Patienten und ihre Wiederverwertbarkeit als Kriegsteilnehmer, wenn auch in eingeschränktem Maße. Zum Einsatz, auch mit psychologischen Maßnahmen, kamen dabei aber häufig andere Berufsgruppen wie Heilpädagogen oder Psychagogen.[187] „Die praktische Heilpädagogik ist in viel weiterem Ausmaß als die gewöhnliche praktische Pädagogik angewandte Psychologie", behauptete der Pädagoge Wilhelm Peters, der an einer Hirnverletztenstation gearbeitet hatte.[188] Trotz der Forderung, dass ein mit „den Methoden und der Literatur genügend vertrauter Psychologe in der Hirnverletztenfürsorge mitwirke", gelang dies in der Praxis häufig nicht.[189] Im Bereich theoretischer Erkenntnisse waren diese psychologischen Kriegserfahrungen jedoch von großer Bedeutung. Auch wurden die meisten auf diesem Gebiet beschäftigten Psychologen nach Kriegsende auf einflussreiche berufliche Positionen berufen. Die Mitarbeit von Psychologen in der Psychiatrie stellte sich bei einem anderen Projekt jedoch als schwierig heraus.

Emil Kraepelin und das Deutsche Institut für Psychiatrie in München
Auch die deutschen Psychologen hatten wiederholt versucht, Förderung an und von einem zentralen staatlichen Institut zu bekommen, so wie dies bei ihren britischen Kollegen der Fall war. Schon die Gründung eines zentralen

---

184 Wilhelm Benary, Rezension: Kurt Goldstein, Die Behandlung, Fürsorge und Begutachtung der Hirnverletzten, in: Zeitschrift für angewandte Psychologie 16 (1920), S. 129–141, S. 132.

185 Kurt Goldstein berichtete hierzu: Kurt Goldstein, Über die Behandlung und Fürsorge der Hirnverletzungen. Referat auf der II.ao. Kriegstagung des Deutschen Vereins für Psychiatrie, Würzburg 1918., in: Zeitschrift für die gesamte Neurologie und Psychiatrie 16 (1918), S. 323–336., S. 323: „Die Zahl der schwer Hirnverletzten mit neurotischen Erscheinungen ist, so lange die Verletzten sich im Lazarett befinden, eine relativ geringe. Die Neurose entsteht gewöhnlich erst nach der Entlassung, wenn für die Leute nicht in genügender Weise fürsorglich gesorgt ist."

186 Benary, Rezension: Kurt Goldstein, Die Behandlung, Fürsorge und Begutachtung der Hirnverletzten., S. 134.

187 Peters, Psychologie und Hirnverletztenfürsorge., S. 76.

188 Ebenda.

189 Ebenda, S. 77.

nationalen Instituts in München war anfangs als Erfolg sowohl für die Psychiatrie als auch für die Psychologie angesehen worden. Dieses Institut war schon seit 1910 geplant, aber erst nachdem ein Förderungsantrag vom Kaiser-Wilhelm-Institut abgelehnt worden war, ergab sich eine Finanzierung durch erhebliche Stiftungsgelder.[190] 1917 schließlich wurde die Deutsche Forschungsanstalt für Psychiatrie in München gegründet und zunächst der Klinik des Psychiaters Emil Kraepelin angegliedert.[191] Der Psychologe Korbinian Brodman übernahm die Abteilung für Histopathologie, Kraepelin selbst wollte experimentalpsychologisch arbeiten.[192]

Damit wurde die Ausrichtung des Forschungsinstituts, aber auch die der zeitgenössischen Forschung in der Psychiatrie deutlich. Das Institut förderte und betonte die medizinisch- naturwissenschaftliche Ausrichtung der Psychiatrie und vernachlässigte sowohl die experimentalpsychologischen Ergebnisse als auch die Ansätze einer beschreibenden Psychodiagnostik. Da Kraepelin zu dieser Zeit seines Lebens der Psychologie kritisch gegenüberstand, förderte er die Psychologie in diesem Forschungsinstitut nicht.[193] Dies wurde von seinem Kollegen Hellpach heftig kritisiert:

> Kraepelin hat seit seinem Fortgange von Heidelberg die Irrenheilkunde nicht mehr wesentlich experimentalpsychologisch zu bereichern versucht, obschon ihm in München die vollkommensten Mittel dazu verfügbar waren.[194]

Kraepelins betonte zu dieser Zeit vor allem die biologischen Wurzeln psychiatrischer Erkrankungen und untersuchte besonders die genetische Disposition für psychische Erkrankungen.[195] Er äußerte in seinen früheren Ausführungen eine sehr negative Meinung über seine Patienten und stellte

---

190 Volker Roelcke, Die Entwicklung der Psychiatrie zwischen 1880 und 1932. Theoriebildung, Institutionen, Interaktionen mit zeitgenössischen Wissenschafts- und Sozialpolitik., in: Rüdiger Vom Bruch/Brigitte Kaderas (Hrsg.), Wissenschaften und Wissenschaftspolitik. Bestandsaufnahmen zu Formationen, Brüchen und Kontinuitäten im Deutschland des 20. Jahrhunderts, Stuttgart 2002, S. 109–124., S. 118f.

191 Anon, Vereins- und Kongressberichte. Kriegstagung des Deutschen Vereins für Psychiatrie, in: Münchener Medizinische Wochenschrift 63 (1916), S. 1557.

192 Schott/Tölle, Geschichte der Psychiatrie., S. 119.

193 Dies war nicht immer der Fall gewesen; Kraepelin hatte bei Wilhelm Wundt studiert und sich anfangs sehr für die Psychologie begeistert. ebenda, S. 118–120; siehe auch: Kraepelin, Die Arbeitskurve, in: Wundt (Hrsg.).

194 Willi Hellpach, Rezension: Emil Kraepelin, Psychiatrie, in: Zeitschrift für angewandte Psychologie 14 (1919), S. 333–351, S. 339.

195 So wurde Ernst Rüdin, eine der führenden Personen in der deutschen Eugenik, 1917 Leiter der genealogisch-demographischen Abteilung des Forschungsinstituts in München, Roelcke, Die Entwicklung der Psychiatrie zwischen 1880 und 1932. Theoriebildung,

sie als „konstitutionell Minderwertige, erblich Invalide, als Willensschwache, als Entartete, Unmoralische, Gemeingefährliche und Asoziale" dar.[196] Trotz dieser Ansichten und eines oft harschen Vorgehens gegenüber den Patienten ließen sich die britischen Psychiater nicht abschrecken; der Psychologe Frederick Mott versuchte in der unmittelbaren Nachkriegszeit sein Krankenhaus, das Maudsley Hospital, nach dem Vorbild von Kraepelins Klinik in München zu gestalten.[197] Eine die Interessen der Psychologie fördernde Schlüsselfigur, wie sie in Großbritannien Charles Myers war, war Kraepelin aber nicht. Die Auseinandersetzungen über die effektivste Therapie und wissenschaftlich begründete Ätiologie der kriegspsychiatrischen Erkrankungen nahmen aber auch ohne zentrale Förderung in Deutschland gegen Kriegsende an Schärfe zu.

Vom erschöpften Individuum zur erschöpften Nation
Ähnlich wie in Großbritannien spitzte sich 1918 in Deutschland nach vier Kriegsjahren die Debatte über die Ursachen der psychischen Kriegserkrankungen weiter zu. Besonders intensiv beschäftigte sich mit diesem Problem der Psychologe Hellpach und versuchte seine Beobachtungen und therapeutischen Strategien durch theoretische Annahmen zu untermauern.[198] Er hatte seit 1916 an einem Krankenhaus für Offiziere gearbeitet und sich schon vor dem Krieg intensiv mit dem Phänomen „Neurasthenie" beschäftigt. Unter Neurasthenie verstanden die führenden Psychiater der Zeit „die nervöse Erschöpfung des von Hause aus gesunden Menschen; dies war der kleinste gemeinsame Nenner, mit dem eine Vielzahl von körperlichen und psychischen Symptomen bezeichnet wurden."[199] Dabei blieb das Konzept der Kriegsneurasthenie in der Kriegszeit äußerst unscharf.[200] Anders als bei der Vorkriegsneurasthenie konnten die Symptome zu diesem Zeitpunkt nicht von der Überforderung durch die Ansprüche der Moderne verursacht worden sein. Damit hätte man ja den Krieg als auslösenden Faktor anerkannt und eventuellen Rentenansprüchen Vorschub geleistet.

Institutionen, Interaktionen mit zeitgenössischen Wissenschafts- und Sozialpolitik., in: Vom Bruch/Kaderas (Hrsg.), S. 122.

196   Zitiert nach Hinrichs, Um die Seele des Arbeiters, S. 75.

197   Jones, An Atmosphere of Cure, S. 419.

198   Er hatte den ausführlichsten Artikel über Kriegsneurasthenie geschrieben. Darauf bezog sich auch der Militärpsychiater Robert Gaupp in seinem Überblicksartikel über Neurasthenie in der Nachkriegszeit, sieheGaupp, Schreckneurosen und Neurasthenien, in: Bonhoeffer/Alt/Schjerning (Hrsg.), S. 85–94.

199   So Robert Gaupp in Übereinstimmung mit den Psychiatern Paul Möbius und Emil Kraepelin.ebenda, S. 85; Siehe dazu Kapitel 3.1.2.

200   Michl, Im Dienste des „Volkskörpers", S. 252; über die Vielfalt der Neurasthenie Konzepte siehe: Hofer, Nervenschwäche und Krieg, S. 157–169.

Als Diagnosekriterien der Kriegsneurasthenie gab Hellpach eine Reihe von Symptomen an: Gedächtnisschwäche, Interessenverödung, Potenzschwäche, Schlafstörungen, Traumsteigerungen, Herzneurose, Reizhunger, besonders Tabaksucht. Im Gegensatz zur Kriegshysterie fehlten, nach Hellpach, das Schüttelzittern, Bewusstlosigkeit und hypochondrische Ängste.[201] Die Diagnosekriterien waren, wie bei der Kriegsneurose, sowohl körperliche Beschwerden als auch psychische Symptome. Genauso breit angelegt war nach Hellpach das mögliche Ursachenspektrum:

> Die Ursachen der Kriegsneurasthenie sind körperliches Trauma, körperliche Erschöpfung, narkotische Überreizung, seelisches Einzelerlebnis, seelische Spannung, seelische Reibung, seelische Umstellung.[202]

Ähnlich wie Rivers und MacCurdy in Großbritannien war Hellpach einer der wenigen, der sich der Diskussion über die rangspezifische Diagnose der Neurasthenie stellte.[203] Er war der Ansicht, dass neurasthenische Störungen eher bei sozial höherstehenden Personen auftreten würden. „Die Neurasthenie hat sich auch im Kriege als die Neurose der Höherstehenden im Vergleich zu den hysterisch gefärbten Reaktionen der Primitiveren bewährt;" so Hellpach im Oktober 1917.[204]

Als Begründung führte er in einem späteren Artikel an, dass bei den Offizieren neben den körperlichen Strapazen auch noch die belastende Verantwortung für die Mannschaft hinzukomme.[205]

> Wiederholt habe ich aus juvenilen Feldneurasthenikern herausgebracht, das Aufreibendste für sie sei immer wieder die Befehlserteilung in verantwortungsvollen Situationen gewesen, etwa der Gedanke, Familienväter opfern zu müssen.[206]

Genau in die gleiche Richtung argumentierte der britische Psychologe Charles Myers, als er unterstrich, dass: „...although the forces of education, tradition and

---

201 Willi Hellpach, Über die einfache Kriegsneurasthenie. Naturhistorisch-medizinischer Verein Heidelberg, 9.10.1917, in: Deutsche Medizinische Wochenschrift 43 (1917), S. 1624.

202 Ebenda.

203 Ein anderer Artikel zu diesem Thema war schon ein Jahr früher erschienen, siehe: Curschmann, Zur Kriegsneurose bei Offizieren.

204 Hellpach, Über die einfache Kriegsneurasthenie.; siehe auch: Hellpach, Kriegsneurasthenie., S. 198.

205 Hellpach, Über die einfache Kriegsneurasthenie.

206 Hellpach, Die Kriegsneurasthenie., S. 202.

example make for greater self-control in the case of the Officer, the overwhelming burden of responsibility inevitably [leads] into his breakdown."[207]

Auch Hellpach hielt prinzipiell an diesen Annahmen fest, obwohl sich ja das Offizierscorps im Krieg dahingehend verändert hatte, dass zu Kriegsende auch sehr viele Mitglieder der Mittel- und Unterschicht zu Offizieren geworden waren und der alte Zusammenhang zwischen sozialem Status und Rang aufgebrochen war. Er versuchte sogar dieses Phänomen psychologisch zu begründen:

> Die kriegssoziale Schichtung deckt sich nicht mit der friedenssozialen. Im Kriege stehen verhältnismäßig „kleine Leute" oft verhältnismäßig hoch – Lehrer, Subalternbeamte, Kontrollangestellte als Offiziere bis zum Hauptmann, ja gelegentlich Major hinauf! – und umgekehrt noch entschiedener: Großkaufleute, akademisch Gebildete, Hochschullehrer u. dgl. als einfache Soldaten.[208]

Hellpach nahm an, dass auch „hochstehende" Persönlichkeiten in der Armee in niedrigeren Positionen hysterisch erkranken würden und führte dies darauf zurück, dass sie „der hysteroiden Atmosphäre der Tiefenschicht ausgesetzt" seien.[209] Mit diesen diffusen Erklärungen versuchte er seine standesspezifischen Vorurteile zu rechtfertigen. An einer Stichprobe von 300 Offizieren und Soldaten überprüfte er seine Thesen und konnte bestätigen, dass Offiziere an anderen Krankheiten als Soldaten litten. Dabei ist bemerkenswert, dass er zwar auch bei Offizieren die Diagnose Hysterie vornahm, aber zu Kriegsende die Diagnose Neurasthenie sowohl bei Offizieren als auch bei Soldaten sehr viel häufiger stellte.[210]

In der Praxis hatte die Diagnosestellung dann allerdings weitreichende Folgen. Zum einen für die Therapie: Die schmerzhafte Elektrotherapie wurde zwar in Einzelfällen auch bei neurasthenischen Offizieren angewandt, jedoch blieben diese in der Regel davon verschont.[211] Solche Vorgehensweisen wurden mit äußerst zweifelhaften Begründungen gerechtfertigt: „Offiziere eignen sich schwer zur Kaufmann Behandlung [mit schmerzhaften elektrischen Stromschlägen], da das Subordinationsverhältnis fehlt."[212] Auch der Psychologe Kurt

---

207 Myers, Shell shock in France, 1914–18., S. 40.
208 Hellpach, Die Kriegsneurasthenie., S. 180.
209 Ebenda.
210 Ebenda, S. 180–181.
211 Petra Peckl stellte dies nach der Durchsicht von Krankenakten fest, siehe: Peckl, Krank durch die seelischen Einwirkungen des Feldzuges, in: Prüll/Rauh (Hrsg.), S. 62; Max Isserlin gibt 1917 einige Beispiele für Offiziere mit hysterischen Störungen, siehe: Isserlin, Über psychische und nervöse Erkrankungen bei Kriegsteilnehmern., S. 248.
212 Anon, Verhandlungen psychiatrischer Vereine., S. 223.

Goldstein meinte: „Für Offiziere eignet sich diese Methode wahrscheinlich nicht, das ist Sache des ‚Taktes‘."[213] Meistens wurden die Offiziere, ähnlich wie in Großbritannien, in eigenen Krankenhäusern mit konservativen Methoden behandelt.[214] Diese Therapiemaßnahmen waren wesentlich angenehmer und bestanden größtenteils aus Erholung, Medikation (meist Beruhigungsmittel), guter Versorgung und Ablenkung.[215]

Eine zweite wichtige Folge der unterschiedlichen Diagnosestellung war die Betonung erblicher Einflüsse bei den als hysterisch diagnostizierten einfachen Soldaten:

> Was aber die Verteilung der Konstitutionalität auf die einzelnen Kriegsneurosen anbetrifft, so habe ich den ganz entschiedenen Eindruck, dass die hysteroiden und hysterischen Neurotiker in wesentlich höherem Anteilssatz „vorbelastet" konstitutionelle Schwächlinge sind als die einfachen Kriegsneurastheniker.[216]

Der Historiker Peter Leese berichtet, dass auch in britischen Krankenakten von Offizieren die Frage der Erblichkeit von psychischen Störungen wenig besprochen wurde, aber bei den einfachen Mannschaften war dies durchaus öfter der Fall.[217] Britische Ärzte und Psychologen stimmten in der Meinung überein, dass konstitutionelle Faktoren bei den hysterischen Soldaten der unteren Klassen eine bedeutende Rolle spielten.[218] So sah es auch Hellpach und war der Ansicht, dass sich:

---

213   Ebenda, S. 231.

214   „Offiziere konnten aus ärztlichen Gründen (Neurotikerlazarett) nicht aufgenommen wer-
        den." GLA Karlsruhe, 456 F 113/225 Kriegssanitätsbericht des Reservelazaretts „Schloss"
        Hornberg des XIV. A.K; siehe auch Peckl, Krank durch die seelischen Einwirkungen
        des Feldzuges, in: Prüll/Rauh (Hrsg.), S. 73. Für Großbritannien exemplarisch: NA
        MH 106/1888: Admission and Discharge Book for all Hospitals: Craiglockhart War Slate-
        ford Midlothian 23.11.-10.2.19.

215   Siehe dazu auch: Hermes, Krankheit Krieg., S. 371, S. 400; allerdings gab es im Krieg durch-
        aus auch Ärzte, die bei Offizieren aggressive Therapiemethoden anwandten, siehe: Akte
        Kriegsneurotiker: Verzeichnis der nach der Kaufmann Methode behandelten Kranken.
        Res. Lazarett II. Abt. 8. Bonn Kreuzbergweg 4; Peckl, Krank durch die seelischen Ein-
        wirkungen des Feldzuges, in: Prüll/Rauh (Hrsg.), S. 88; Hermes, Krankheit Krieg., S. 428–
        454; siehe dazu auch Gahlen, Zwei-Klassen-Medizin?, in: Becker/Fangerau/Fassl/Hofer
        (Hrsg.), S. 118f.

216   Hellpach, Kriegsneurasthenie., S. 198.

217   Leese, Shell shock., S. 108–110; zu dem gleichen Urteil kommt Stefanie Linden nach
        Durchsicht vieler Krankenakten; siehe: Linden, They called it shell shock., S. 96.

218   Ebenda, S. 94.

... zwar unerhörte Erlebnisse auch im Gesunden hysteriefarbige Reaktionen auszulösen vermögen, dass der Verdacht aber auf konstitutionelle Veranlagung zur Hysterie hin, auf hysterische Charakteranlage, den die hartnäckige Fixierung solcher Reaktionen uns nahelegt, sich nur zu häufig und immer häufiger bestätigt.[219]

Mit diesen Argumenten versuchte Hellpach die Ansicht zu untermauern, dass eine große Anzahl von Kriegsteilnehmern, besonders hysterisch erkrankte, erblich belastet seien.

Wir sind gegenüber der Antwort auf unsere Frage: Belastung? Überhaupt konstitutionelle Nervenschwäche? – kritischer geworden. Die Gefragten haben uns oft, vielleicht meist falsch beschieden, weil sie fürchteten mit der Frage werde ihnen eine Falle gestellt, um ihre Dienstbeschädigungsansprüche abzufangen. Jeder wollte bis zum August 14 ein kerngesunder Mensch gewesen sein, und oft durch Zufall nur kam es zur nachträglichen Kenntnis, wie deutliche Zeichen des Nervenkränklings, des Neurasthenikers er mindestens seit längerem schon dargeboten hatte.[220]

Diese Argumente wurden von der Mehrheit der deutschen Psychiater und Psychologen bestätigt und sie betonten die Bedeutung erblicher Anlagen bei der Entstehung psychischer Erkrankungen, besonders bei den hysterischen Störungen der einfachen Soldaten.[221] Diagnose- und Therapieverfahren waren von der militärischen Rangordnung und dem in der Zeit vorherrschenden hierarchisierenden Menschenbild geprägt, für das das Bild eines „hysterischen" Offiziers undenkbar war, und auch Psychologen teilten diese Ansicht.[222] Die Betonung erblicher Einflussfaktoren auf die psychische Erkrankung hatte, wie in Deutschland schon auf der Konferenz in München betont, weitreichende Konsequenzen: Nicht der Krieg, sondern die konstitutionelle Veranlagung wurde für die psychische Krankheit verantwortlich gemacht und der Staat sei

---

219 Hellpach, Die Physiognomie der Hysterischen., S. 612. Ebenso Weygandt, Psychiatrische Gutachtertätigkeit im Kriege., S. 55: „... dass bestimmte Gruppen von sogenannten Psychopathen und Kriegshysterikern einer besonderen Beurteilung und militärischen Verwendung bedürfen; es handelt sich um Nervenschwächlinge, die auf Grund einer krankhaften Veranlagung nach besonderen Erlebnissen im Felde oder schon bei den Anforderungen des militärischen Dienstes in der Heimat mit nervösen Erscheinungen mannigfaltiger Art erkranken."

220 Hellpach, Die Kriegsneurasthenie., S. 197.

221 Beispielsweise auch der Psychologe Wilhelm Weygandt; siehe Meggendorfer, Wilhelm Weygandt., S. 4.

222 Peckl, Krank durch die seelischen Einwirkungen des Feldzuges, in: Prüll/Rauh (Hrsg.), S. 75.

deswegen nicht haftbar, argumentierte die psychiatrische Community. Die Anzahl der als hysterisch und damit erblich belasteten einfachen Soldaten war ja auch sehr viel größer als die der Offiziere; ersparte man dem Staat dabei die Rentenzahlung, war dies ein wesentlicher finanzieller Faktor. In der Realität wurde diesen Vorschlägen jedoch oft nicht gefolgt und die Pensionen für psychisch verletzte Soldaten wurden vom Staat meist bezahlt.[223] Die Psychiater gingen also mit ihren Forderungen deutlich über die staatlichen Vorgaben hinaus. Dies kann als weiterer Beleg für die staatsnahe Position auch der Psychologen angesehen werden.

In der neueren Forschung sind die Angaben der militärärztlichen Diagnostik der Neurasthenie in den letzten acht Jahren aber deutlich differenziert worden.[224] In der zeitgenössischen militärpsychiatrischen Fachpresse, in den offiziellen militärischen und politischen Verordnungen wurde die soziale Trennung zwischen Soldaten und Offizieren zwar deutlich propagiert; in der Praxis, nachvollziehbar in den Krankenakten der Zeit, ergab sich jedoch ein anderes Bild.[225] Die Diagnose „Neurasthenie" wurde in den lokalen Krankenhäusern in Deutschland, aber auch in Großbritannien, sehr wohl auch bei einfachen Soldaten gestellt, und es gibt keine eindeutigen Belege dafür, dass die psychischen Störungen der Offiziere anders geartet waren als die der Mannschaften.[226] Ebenso wurden die einfachen Soldaten sehr oft auch gut behandelt, mit konservativen Maßnahmen wie Erholung, Bäder und Massagen und nur etwa 25% wurden schmerzhaften therapeutischen Maßnahmen unterzogen.[227]

Trotz seines konservativen Beharrens auf der Diagnosestellung nach sozialen Kategorien erweiterte der Neurasthenie-Experte Hellpach sein Krankheitskonzept 1918 durch weitere Aspekte: Er entwickelte ein Modell der psychischen Erkrankung, das ähnliche Züge wie das seines britischen Kollegen Rivers zeigte. Auch Hellpach sah die Ursache der psychischen Erschöpfung in einem unbewussten Konflikt zwischen Pflichtgefühl und dem Wunsch, dem

223   Neuner, Politik und Psychiatrie., S. 165–196.
224   Peckl, What the Patient Records Reveal: Reassessing the Treatment of „War Neurotics" in Germany (1914–1918), in: Hofer (Hrsg.); Rauh, Victory for the „most enduring" hearts: The treatment of physically exhausted soldiers in the German Army (1914–1918), in: Hofer (Hrsg.).
225   Die Vorschriften für Offiziere waren deutlich weniger restriktiv als die für Mannschften. Offiziere wurden nicht in sogenannte „Neurotiker Lazarette" aufgenommen; siehe GLA Karlsruhe, 456 F 113/225, Kriegssanitätsbericht des Reservelazaretts „Schloss" Hornberg des XIV.A.K, Hausordnung.
226   Dies zeigen Untersuchungen von Krankenakten: Z.B. BAMA Pers 9/10413: Matrose H. S.; Pers 9/Matrose G.P; Hermes, Krankheit Krieg, S. 410; Peckl, Krank durch die seelischen Einwirkungen des Feldzuges, in: Prüll/Rauh (Hrsg.), S. 88; Linden, They called it shell shock., S. 96.
227   Peckl, Krank durch die seelischen Einwirkungen des Feldzuges, in: Prüll/Rauh (Hrsg.).

Krieg zu entkommen, und schilderte dies anhand der Reaktion der Soldaten im Stellungskrieg:

> Direkte Gefühle von Wertzerstörung und Sinnlosigkeit des Krieges tauchen auf, das Heimweh nach dem alten Leben, seinen Formen wie seinen Inhalten erwacht. Und indem derlei doch nicht zum vollen Bewusstsein zugelassen werden darf – wenigstens nie dauernd, immer nur für seltene Augenblicke; indem die Einstellung auf die Kriegsleistung Pflicht wird, die allen entgegengesetzten Regungen Schweigen gebietet; indem diese Regungen doch naturgemäß immer lebendiger werden [...], wird die erzwungene seelische Umstellung [...], wird dies zu einer wesentlichen Quelle neurasthenischer Unterwühlung der Psyche.[228]

Das Modell eines unbewussten Konfliktes als Krankheitsursache wurde gegen Kriegsende auch von anderen Militärpsychiatern übernommen. Ein Grund dafür liegt wohl in der zunehmenden Akzeptanz psychoanalytischer Vorstellungen, die auch in der Fachpresse vermehrt Resonanz fanden.[229]

Die therapeutischen Empfehlungen von Hellpach sahen aber deutlich anders aus als die seiner britischen Kollegen. Schon in seinen früheren Artikeln hatte er die Bedeutung des Willens hervorgehoben. Hellpach zeigte zwar ein gewisses Verständnis dafür, dass der Soldat dem Kriegsgeschehen entkommen wollte, sah es aber als die Aufgabe des Arztes an, den Willen, wieder am Krieg teilzunehmen, zu stärken, wobei „eine gewisse Härte dem Genesenden gegenüber angebracht sei".[230] Anders als die britischen Psychologen betonte Hellpach die wichtige Rolle des Arztes und dessen aktive Rolle in der Beeinflussung des defekten Willens (zur Heilung) des Patienten. Anders als Rivers sah es Hellpach auch nicht als seine Aufgabe an, den Patienten über seinen inneren Konflikt aufzuklären und damit die Ursache der Erkrankung zu beseitigen. Eine Minderung der Symptome schien ihm ausreichend. Allerdings zeigte er ein großes Verständnis für die Probleme und Schwierigkeiten im Alltag der Patienten, fragte nach begründeten Wünschen und versuchte diese zu erfüllen.[231] Gegen Kriegsende zeigte er sich dann aber wenig optimistisch hinsichtlich der Chance auf eine Heilung: „Die kausale Therapie ist natürlich begrenzt; ihr Hauptstück würde ja der Friede sein."[232]

---

228   Hellpach, Die Kriegsneurasthenie., S. 195.
229   Sauer, Zur Analyse und Behandlung von Kriegsneurosen.; Sándor Ferenczi, Über zwei Typen von Kriegsneurosen, in: Internationale Zeitschrift für ärztliche Psychoanalyse 4 (1916), S. 131–145, H. 3.; Ernst Simmel, Kriegsneurosen und psychisches Trauma. Ihre gegenseitigen Beziehungen, dargestellt auf Grund psycho-analytischer Studien, Leipzig-München 1918; Hellpach, Die Kriegsneurasthenie., S. 195.
230   Hellpach, Lazarettdisziplin als Heilfaktor.
231   Hellpach, Die Kriegsneurasthenie., S. 211–213.
232   Ebenda, S. 213.

Die theoretischen Überlegungen zu der Entstehung der psychischen Störungen der erschöpften Kriegsteilnehmer wurden ständig erweitert: Hellpach betonte beispielsweise situative Einflussfaktoren auf das Krankheitsbild.[233] So beschrieb er verschiedene Symptome an den unterschiedlichen Fronten:

> Dass die östlichen Kriegsschauplätze mit ihren Gewaltmärschen, Verpflegungsschwierigkeiten und seuchenhaften Erkrankungen den Löwenanteil der reinen Erschöpfungs-Feldneurasthenie stellten, ist selbstverständlich. In meinem fast ganz dem westlichen Schauplatz entstammenden Material bin ich daher mit dieser Neurasthenieform nur sehr wenig in Berührung gekommen.[234]

Neben dieser Erschöpfungsneurasthenie der Ostfront präzisierte Hellpach die Form der psychischen Erkrankung, die nach längerer seelischer Anspannung an der Westfront auftreten würde:

> Wenn daher die körperliche Erschöpfung die klassische Neurasthenie-Ursache der östlichen Kriegsschauplätze ist, so gehört die echte Neurasthenie der chronischen seelischen Spannung ebenso dem Stellungskrieg an, wie er sich vorwiegend in Frankreich, dann noch an der italienischen Front und im Osten zeitweilig und stellenweise, stets hier aber unter milderen Spannungsbedingungen (besseren Terrainsicherung, geringeren Kampfbereitschaft und Kleinkampfrührigkeit des Gegners) ausgebildet hat. Die unerlässliche ständige „Bereitschaft" des Stellungskrieges kann man wohl als das seelisch aufreibende Moment des Frontlebens bewerten.

Neu war an diesen Beobachtungen, dass sie die äußere spezifische Situation in Verbindung mit umschriebenen neurasthenischen Symptomen brachten. Damit wurde die erbliche Komponente der Erkrankung zunehmend in Frage gestellt. Hellpach distanzierte sich auch von der Annahme eines positiven Effektes des Krieges, ein Aspekt, der am Kriegsanfang von einigen Psychiatern und Psychologen betont worden war.

> Ein nervengesundes Handwerk, wie es anfangs manche sich zurecht gelegt haben, ist also der moderne Krieg bei längerer Dauer jedenfalls nicht; heute besteht wohl kaum noch ein Meinungsstreit selbst im Publikum, dass der Friedensschluss mehr heruntergewirtschaftete Nerven vorfinden wird, als der Kriegsausbruch vorfand.[235]

---

233   Ebenda, S. 191–196.
234   Ebenda, S. 190.
235   Ebenda, S. 198.

Die Belastungen der Nerven bezog Hellpach dabei, ähnlich wie sein Kollege, der Psychologe Robert Sommer, nicht nur auf die kämpfende Truppe, sondern auch auf die Zivilisten in der Heimat. Dabei kam ihm die Beschäftigung in seiner nervenärztlichen Privatpraxis zugute, die er seit 1916 wieder aufgenommen hatte.[236] Bei der sogenannten Heimatneurasthenie nahm Hellpach als auslösende Faktoren wie sein britischer Kollege Frederick Mott sowohl biologische als auch psychische Komponenten an.[237] Die seelische Belastung der Kriegszeit und die ständige Sorge um verwandte Kriegsteilnehmer würden auch Zivilisten erschöpfen und ähnliche Symptome wie bei aktiven Soldaten und Offizieren hervorrufen.[238] Biologische Faktoren wie Hunger, Schlafstörungen und Erschöpfung würden nicht nur beim Militär, sondern auch bei Zivilisten neurasthenische Symptome hervorrufen. Mit diesen Erkenntnissen konnte Hellpach zum einen seine Erfahrungen mit Kriegsteilnehmern auch auf Zivilisten ausweiten und damit die Unterschiede zwischen Front und Heimat relativieren. Zum anderen betonte er, ähnlich wie die britischen Psychologen, neben psychischen auch biologische Einflüsse auf die psychischen Erkrankungen der Kriegszeit.[239]

> In der Kriegsneurasthenie ist die Vermengung psychischer und physischer, reaktiver und erschöpfender Faktoren naturgemäß besonders häufig: im Felde durch die Strapazen, besonders den oft lange währenden Schlafmangel, Nahrungsmangel u. dgl., in der Heimat durch die allgemeine Ernährungsverschlechterung, insbesondere während der ersten Hälfte des Jahres 1917. Die Kriegsneurasthenie stellt also viel weniger einen verhältnismäßig reinen Typus reaktiver Abnormität dar, sondern sie ist ein sehr wechselndes Gemisch aus seelischer Reaktion und Erschöpfungsfaktoren.[240]

Die Erweiterung des Neurastheniekonzepts führte zu keiner diagnostischen Klarheit, sondern verwischte die Diagnosen der psychischen Krankheiten bei Kriegsteilnehmern fast bis zur Unkenntlichkeit. So wurde gegen Kriegsende letztendlich die ganze Nation als neurasthenisch bezeichnet: „Die Opfer der Kriegsneurasthenie stellt das ganze kriegführende Volk."[241]

---

236 Ebenda, S. 214.
237 Linden, They called it shell shock, S. 77.
238 Hellpach, Die Kriegsneurasthenie., S. 214, S. 216.
239 Myers, Shell shock in France, 1914–18., S. 13; siehe auch: Linden, They called it shell shock, S. 76.
240 Hellpach, Die Kriegsneurasthenie., S. 224.
241 Ebenda, S. 179.

Auch der Psychologe Robert Sommer entwickelte mit seinem Krankheitsbild der „Erschöpfung" ein ähnliches Konzept, das die Symptome der Kriegsteilnehmer und der Zivilisten in der Heimat verband.[242] Bezugspunkt der
Heilungsabsichten beider Psychologen war die Wiederherstellung der Kampfkraft des Heeres und die Sorge um das Wohl der erschöpften Nation. Die
individuelle Befindlichkeit der psychisch gestörten Kriegsteilnehmer wurde
nicht thematisiert. Typisch für die Psychologen und Psychiater war auch, dass
sie nicht nach der subjektiven Sicht oder dem persönlichen Befinden der
Patienten fragten und dies für die Krankengeschichte anscheinend (nach den
Krankenakten) keine Rolle spielte.[243] Wichtig für den behandelnden Arzt war
lediglich, ob der Patient „wiederverwendungsfähig" werden könne.[244] Dies
war auch ein erklärtes Ziel des Militärs und der Politik, die mit verschiedenen
Vorgaben für das militärpsychiatrische Vorgehen am Kriegsende vor allem die
Öffentlichkeit beruhigen wollten.

Handlungsspielräume und Erwartungen

> Die aktive Behandlung der Kriegsneurotiker hat in der Öffentlichkeit, in der
> Volksvertretung und in der Presse wiederholt zu scharfer Kritik, in manchen
> Kreisen auch zur Missstimmung und Verbitterung und gelegentlich auch zu
> berechtigten Klagen Anlass gegeben. In erster Linie liegt der Grund hierfür
> darin, dass manche Ärzte in ihren Äußerungen und in der suggestiven Beein-
> flussung der Neurotiker den Gesichtspunkt der Rentenziehung und des unver-
> dienten Rentenbezuges zu sehr zu betonen scheinen [...]. Es muß daher von
> den behandelnden Ärzten unbedingt alles vermieden werden, was sie in den
> Ruf bringt, im finanziellen Interesse und nicht ausschließlich im Interesse des
> Behandelnden und im Interesse der Volksgesundheit zu wirken. Andererseits ist
> das etwa geübte Verfahren, daß Neurotiker durch den Verzicht auf Rente die Ent-
> lassung aus dem Lazarett oder die Befreiung von einem ihnen unangenehmen
> Behandlungsverfahren erreichen können, auf das schärfste zu missbilligen und
> zu verbieten.[245]

Das Kriegsministerium brachte im Sommer 1918 die Probleme auf den Punkt.
Besonders das letzte Kriegsjahr war in Deutschland gekennzeichnet durch

---

242   Cay-Rüdiger Prüll, The exausted nation - psychiatry and medicine on the home front
      (1914–1918).The case of Robert Sommer., in: Hans-Georg Hofer (Hrsg.), War, trauma and
      medicine in Germany and Central Europe (1914–1939), Freiburg 2011, S. 30–48, S. 48.

243   Dies stellte auch Petra Peckl nach Durchsicht von Patientenakten fest. Siehe Peckl, What
      the Patient Records Reveal: Reassessing the Treatment of „War Neurotics" in Germany
      (1914–1918), in: Hofer (Hrsg.), S. 156; siehe auch eigene Datenfunde in: BA MA Freiburg:
      Pers 9/10413: Matrose H.S; Pers 9/Matrose G. P.

244   Siehe auch Hofer, Nervenschwäche und Krieg, S. 385.

245   BayHStA/Abt. IV Kriegsarchiv 1.Stv. Gkdo I. A.K., San. Amt, Nr. 64. Kriegsministerium:
      Medizinalabteilung München 8.8.1918.

die zunehmende Kritik an den aggressiven Therapiemethoden der Militärpsychiatrie. Dieser Protest ging zum einen von den beteiligten Patienten, zum
anderen von einer zunehmend kriegsmüden Öffentlichkeit aus. Das Kriegsministerium nahm zwar diese Beschwerden äußerst ernst und versuchte auf
der einen Seite das aggressive Verhalten der behandelnden Ärzte, darunter ja
auch einiger Psychologen, einzudämmen:

> Weiterhin besteht der Eindruck, als ob u.a. namentlich bei den jüngeren Ärzten –
> eine gewisse Reizbarkeit bei nicht sofort hervortretendem Erfolg, der Ehrgeiz
> nach einer glänzenden Heilstatistik und schließlich wohl auch ein hier und da
> bestehendes grundsätzliches Mißtrauen gegen den Charakter der Neurotiker die
> Veranlassung zu Fehlgriffen und Überspannungen des Heilverfahrens ist.[246]

Damit stellte das Kriegsministerium die therapeutischen Vorgehensweisen
insgesamt nicht in Frage, setzte sich jedoch von der Aktivität jüngerer,
besonders aggressiver Ärzte ab, um die Proteste der Öffentlichkeit abzufangen.
Dabei war das Ministerium selbst im Vorjahr kritisiert worden, da es veranlasst
hatte, dass viele bereits berentete Soldaten und auch Offiziere wieder zu einer
Begutachtung eingezogen wurden. Auch der Psychologe Max Isserlin war in
dieses Vorgehen eingebunden.[247] Ähnlich wie in Großbritannien stieß dies auf
heftigen Protest: „Die weitesten Kreise des Volkes sind gegen die Neurotiker-
Lazarette voreingenommen u. nennen sie „Rentenquetscher."[248]

Nicht nur von Patienten und der Öffentlichkeit sondern auch von wissenschaftlicher Seite hatten sich schon 1917 kritische Stimmen erhoben, so vor allem
auch gegen eine bestimmte Art von Elektrotherapie. Heinrich Boruttau, ein
Berliner Arzt und Physiologe, der in seiner Arbeit dem Kaiser Wilhelm Institut
für Arbeitsphysiologie angegliedert war, spielte eine Schlüsselrolle in einer offiziellen Untersuchung der tödlichen Folgen der Elektrotherapie in den Nerven-
stationen der Armee.[249] Er (Boruttau) führte diese Unfälle auf unzureichende

---

246 BayHStA/Abt. IV Kriegsarchiv 1.Stv. Gkdo I. A.K., San. Amt, Nr. 64. Brief des Kriegs-
    ministeriums an das K.Sanitätsamt I.II.III. Bayer.A.K. vom 8.8.1918.

247 „Kriegsneurotiker mit einer Rente von 65% aufwärts sind fachärztlich zu untersuchen
    und zu begutachten; Geisteskranke zählen nicht hierzu. Hierzu werden bestimmt:
    a) Stabsarzt Prof. Dr. Isserlin, Ordinierender im Res. Laz. München L." Siehe: BayHStA/
    Abt. 4. Stv.Genkdo. II. AK. San-Amt 159. Brief vom 21.8.1917.

248 BayHStA/Abt. 4. Stv.Genkdo. II. AK. San-Amt 64. Bericht über die vom preußischen
    Kriegsministerium (Sanitätsdepartement) nach Berlin einberufene Versammlung der
    Neurotikerärzte. Würzburg, den 14.10.1918. Gez. Gerz, Blatt 2.

249 Bundesarchiv, Abteilung Berlin-Lichterfelde R 89/13931 „Unfälle und Gesundheits-
    schäden durch elektrischen Strom". Staatsbibliothek Preußischer Kulturbesitz, Berlin,
    Heinrich Boruttau Papers, Box 5, Elektro-Physiologisches („Der Tod durch Starkstrom und
    die Rettungsfrage"), zitiert nach: Killen, Berlin electropolis., S. 256 Fnt. 74.

technische Kenntnisse zurück und kritisierte die aggressive Anwendung von elektrischen Strömen, obwohl er sie nicht gänzlich ablehnte.[250]

Es zeigte sich aber bald, dass die Gefahr hauptsächlich in der Anwendung des sinusoidalen Stromes lag. Nachdem einige Mediziner und Physiker sogar über Todesfälle bei der Elektrotherapie berichtet hatten, beschränkten sich die behandelnden Ärzte auf die Anwendung von faradayschem Strom.[251] In Konsequenz dieser Tatsache und in Anbetracht des nicht unberechtigten Odiums, dem sich eine eventuell tödlich wirkende Behandlungsart aussetzte, verbot das Kriegsministerium am 22. Dezember 1917 „die Anwendung dieser Stromart [des Sinusstromes] zur Neurotikerbehandlung überhaupt."[252]

Die Anwendung faradayscher Stromschläge war jedoch weiterhin erlaubt und mit einem neuen Erlass wusch das Kriegsministerium seine Hände in Unschuld:

> Ausdrücklich sei bemerkt, dass das Kriegsministerium mit diesen Hinweisen keineswegs den behandelnden Ärzten nahetreten oder sie in ihren Heilmaßnahmen einengen will; die Ärzte sollen das Bewusstsein haben, dass sie gegen alle unberechtigten Angriffe, von wem sie auch ausgehen mögen, vom Kriegsministerium in Schutz genommen werden. Der Zweck dieser Hinweise ist vielmehr lediglich der, zu verhindern, daß durch vermeidbare Mißgriffe das Ansehen der behandelnden Ärzte gefährdet, das Vertrauen weiter Volkskreise zu der Neurotikerbehandlung erschüttert und das gesamte Heilverfahren weiterhin vor einer ungünstigen Beurteilung bewahrt wird.[253]

Den behandelnden Ärzten war also weitgehend freigestellt, mit welchen Mitteln und mit welcher Intensität sie ihre Patienten behandelten; ein Zwang der militärischen und politischen Behörden lag nicht vor. Zur Abklärung der aktuellen Situation in den Nervenlazaretten wurde der Psychologe Willi Hellpach vom Sanitätsamt des XIV. Armeekorps im Januar 1918 beauftragt, das badische Nervenlazarett in Hornberg zu untersuchen und über seine Befunde zu

---

250   Heinrich Johannes Boruttau, Todesfälle durch therapeutische Wechselstromanwendung und deren Verhütung, in: Deutsche Medizinische Wochenschrift 43 (1917), S. 808–809.

251   Max Lewandowski, Über den Tod durch Sinusströme, in: Deutsche Medizinische Wochenschrift 43 (1917), S. 1169.

252   BayHStA/Abt. IV Kriegsarchiv 1.Stv. Gkdo I. A.K., San. Amt, Nr. 64, S. 155. Siehe auch Lerner, „Ein Sieg des deutschen Willens", in: Eckart/Gradmann (Hrsg.), S. 106 Fnt. 118; Max Nonne, Therapeutische Erfahrungen an den Kriegsneurosen in den Jahren 1914/1918, in: Karl Bonhoeffer/Konrad Alt/Otto von Schjerning (Hrsg.), Geistes- und Nervenkrankheiten, Bd. 4, Leipzig 1922, S. 102–122, S. 108. Habsburg verbot dies Vorgehen erst 1918: Lerner, Hysterical men., S. 269 Fnt. 118.

253   BayHStA/Abt. 4. Stv.Genkdo. II. AK. San-Amt 64. Behandlung von Kriegsneurosen. Brief des Kriegsministeriums. Medizinal-Abteilung an das K.Sanitätsamt I.II.III.bay. A.K. München, den 8.8.1918.

berichten.[254] In seinen Memoiren schildert Hellpach, immer noch ungerührt von dem Vorgehen der Militärärzte, seine Eindrücke:

> Was ich im Nervenlazarett sah, war in der Tat als Heilerfolg verblüffend: vor meinen Augen wurde ein besonders schwerer, seit zwei Jahren allen suggestiven Behandlungserfolgen trotzender Fall von neurotischem Schütteln binnen etwa einer Viertelstunde geheilt, allerdings unter Wehgeschrei des Kranken, als ob ein Schwein oder Kalb geschlachtet würde. Die Gebarensweise des noch jungen Militärarztes, der die Starkstromverabfolgung vornahm, mißfiel mir zwar, indem sie mich jede Würde des Arztes vermissen ließ, aber an der Wirksamkeit und (bei der Raschheit der Wirkung) verhältnismäßigen Harmlosigkeit des Verfahrens konnte kein Zweifel sein.[255]

Das Gutachten Hellpachs fand so großen Beifall bei den militärischen Behörden, dass er dazu ermutigt wurde, auch weiter darüber zu publizieren. Aber im deutschen Reichstag wurde im Sommer 1918 von mehreren Abgeordneten die Situation in den Lazaretten für kriegsneurotische Soldaten thematisiert; der Abgeordnete Schöpflin bemängelte:

> Nur den allgemeinen Satz will ich zusammenfassend über die Behandlung in den Lazaretten aussprechen, dass aus unseren deutschen Lazaretten täglich von den Verwundeten Verwünschungen und Flüche über die Behandlung aufsteigen. Es ist kein Wort zu viel gesagt, wenn in manchen Lazaretten Hunger, Dunkelheit und Starkstrom die Heilmittel für Leute sind, die für das Vaterland gekämpft und gelitten haben.[256]

Auch der linke Zentrumsabgeordnete Wirth sorgte für Aufsehen, da er über die Zustände in den badischen Nervenlazaretten berichtete, die bis zu diesem Zeitpunkt als vorbildlich galten. Er schickte den Schilderungen eines konkreten Falles aber seine allgemeinen Bedenken voraus:

> Wir sind bereit, das Kriegsministerium in allen diesen Maßnahmen zu unterstützen. Wir bitten aber, daß die Lazarette, die Sanitätseinrichtungen, die dazu dienen, auch in einem Geiste geführt werden, dass sie verträglich sind mit der Ehre und Würde der Menschen, die in diese Lazarette hineinkommen, und auf den Geist kommt es mir an, in dem diese Lazarette geführt werden. Meine Herren, wollen Sie in Deutschland nicht unzufriedene und verzweifelte Agitatoren schaffen, dann höre man auf, in den Lazaretten die Leute so zu behandeln, wie sie jetzt behandelt werden.[257]

---

254 Hellpach, Wirken in Wirren, S. 68f.
255 Ebenda, S. 71.
256 Stenographische Berichte des deutschen Reichstags, Bd. 312, 172. Sitzung, 11. Juni 1918, S. 5394: B Abgeordneter Schöpflin.
257 Ebenda, Abgeordneter Wirth.

Der Abgeordnete berichtete dann konkret über einen Patienten, der im Reservelazarett Villingen in Baden behandelt worden war und unter der harschen Behandlung mit elektrischen Stromschlägen gelitten hatte. Wirth wandte sich einerseits gegen die harte Behandlung der Patienten:

> Wir müssen es uns verbitten, daß ein ankommender Kriegsinvalide mit den Worten begrüßt wird: Der Staat kann Ihre Rente nicht bezahlen. – Das kann das deutsche Volk und wird es auch tun, und die Ärzte haben sich nach dieser Richtung jeder Äußerung zu enthalten.[258]

Auf der anderen Seite versuchte er im Sinne des Kriegsministeriums aber auch die öffentliche Stimmung der Bevölkerung zu beruhigen:

> Aber wenn Sie unter 1000 Fällen zehn haben, die zu Unrecht behandelt worden sind, so darf Sie es nicht mehr wundernehmen, wenn sich dann durch das badische Land, durch Bayern und Württemberg die Seeschlange der Verleumdungen gegen die betreffenden Ärzte wälzt, und wir müssen alles aufbieten, um endlich einmal Beunruhigung aus der Welt zu schaffen, und ich bitte das Kriegsministerium, insbesondere den verehrten Vertreter der Medizinalabteilung, um eine Erklärung nach dieser Hinsicht, damit unser Volk wieder mit Ruhe und Vertrauen der Arbeit der Ärzte in diesen Lazaretten entgegensehen kann ...[259]

Trotz dieser kritischen Anfragen zeigten sich die Abgeordneten bereit, die generelle Linie der Behandlungsstrategie zu akzeptieren; den Klagen misshandelter Patienten sollte zwar nachgegangen werden, vor allem aber um die Öffentlichkeit zu beruhigen.

Auch der Generalarzt Schultzen hatte auf die Anfrage des Abgeordneten Wirth im Reichstag die Sache der behandelnden Ärzte verteidigt, insbesondere deshalb, weil er die hohe Zahl der durch aggressive Therapiemethoden Geheilten unterstrich.[260] Das Kriegsministerium und der Sanitätsdienst wollten daher offensichtlich eine doppelte Taktik verfolgen: Zum einen sollten die Öffentlichkeit und die anklagenden Kriegsteilnehmer beruhigt werden, zum anderen sollte aber möglichst sparsam mit den öffentlichen Geldern und den

---

258 Ebenda.

259 Ebenda.

260 „Es ist zu wenig dabei hervorgetreten der allgemeine Nutzen, der durch diese Art der Behandlung erzielt wird, es sind zu sehr in den Vordergrund getreten die Einzelklagen. Ich möchte hervorheben, dass wir bis jetzt mindestens 60 bis 70.000 solcher Neurotiker in unseren Nervenlazaretten in ganz Deutschland behandelt haben. Was will das nun verschlagen, wenn da wirklich einige 100 oder 1000 Fälle derartig geklagt haben, wie es hier bekannt worden ist?" Verhandlungen des Reichstages, XIII. Legislaturperiode II. Sitzung, Stenographische Berichte der deutschen Reichstags, Band 313, (Berlin 1918), S. 5828: B General Schultzen.

Renten umgegangen werden; dafür war eine effektive Therapiemethode zur schnellen Beseitigung der Symptome wünschenswert.

Die zwiespältige Haltung der Behörden wurde gegen Kriegsende noch einmal durch weitere widersprüchliche Vorgehensweisen verdeutlicht. Auf einer vom preußischen Kriegsministerium, dem Sanitätsamt einberufenen Versammlung vom Oktober 1918 wurde auf die große Bedeutung der Kriegsneurotikerfrage hingewiesen:

> Generalarzt Schultzen machte zunächst auf die Bedeutung der Behandlung & Beurteilung der Kriegsneurotiker aufmerksam & betonte, daß diese Fragen im gesamten Kriegs-Sanitätsdienst eine der wichtigsten Rollen spielen. Wenn hier nicht diese überaus erfolgreiche Behandlung eingesetzt hätte, hätten für unser Heer sich Schätzungen von unüberschaubarer Tragweite herausgebildet.[261]

Die Behandlung, so der leitende Sanitätsarzt, „ist überaus schwer, weil sich gerade hier das Volk einmischt & Einzelfälle verallgemeinert werden."[262] Dennoch forderte das Sanitätsamt drastische Maßnahmen an, um der Neurotikerfrage Herr zu werden. Ebenso wie in Großbritannien, wurden als letzte Anstrengung gegen Kriegsende auf dieser Versammlung frontnahe Versorgungsstationen propagiert:

> Leute die nicht gesund werden wollen, werden nicht behandelt, sondern sofort entlassen; sie verderben die ganze Atmosphäre. Sie dürfen aber nicht vom Militär entlassen werden, sondern gehören näher an die Front gebracht. – Entweder an Neurotikerlazarette an der Front, oder zu Arbeitstruppen... .[263]

Neben dieser Forderung nach einem strengeren Vorgehen, quasi einer Strafversetzung therapieresistenter Neurotiker an die Front, wurde aber auch eine andere Initiative gestartet.

Im September 1918 wurde ein psychoanalytischer Kongress in Budapest einberufen, um die Methoden und Erfolge psychoanalytischer Verfahren zu studieren; an diesem Kongress nahmen Vertreter des ungarischen, österreichischen und deutschen Sanitätsdienstes als Beobachter teil.[264] Anders als in Großbritannien waren deren Vorgehensweisen in Deutschland weder von den Militärpsychiatern noch von den Psychologen der Zeit ausdrücklich

---

261 BayHStA/Abt. 4. Stv.Genkdo. II. AK. San-Amt 64. Bericht über die vom preußischen Kriegsministerium (Sanitätsdepartement) nach Berlin einberufene Versammlung der Neurotikerärzte. Würzburg den 14.10.1918. Gez. Gerz, Blatt 2.
262 Ebenda.
263 Ebenda, Blatt 3.
264 Büttner, Freud und der Erste Weltkrieg, S. 79; Shephard, A war of nerves., S. 106.

propagiert worden.[265] Das Militär zeigte sich äußerst interessiert und nur das Kriegsende verhinderte, dass psychoanalytische Methoden in der deutschen Militärpsychiatrie mehr Gehör fanden. Diese sich widersprechenden Initiativen am Kriegsende zeigen noch einmal die Bedeutung, die der Kriegsneurotikerfrage zugemessen wurde, zum anderen aber auch die Freiräume, die den behandelnden Ärzten eingeräumt wurden. Erstaunlich ist daher, dass auf der Kriegskonferenz in Berlin im Oktober 1918 weder von psychologischen noch von psychoanalytischen oder anderen Ärzten deutliche Proteste gegen die aggressiven Methoden der Neurotikertherapie geäußert wurden.[266] „Dass eine ‚aktive' Methode angebracht sei, darüber herrschte eigentlich von Anfang an Übereinstimmung."[267] Es waren eher die sogenannten Psychopathen und die Frage der nationalen Erschöpfung die zu diesem Zeitpunkt die psychologisch-psychiatrischen Fachleute beschäftigten.

Protest und Revanche

> Wird unser Volk die Feld- und die Heimatneurasthenie mit in den Frieden hinübernehmen und sie noch lange fortschleppen müssen? Wie steht es, mit anderen Worten, um die nervöse Zukunft der Nation?[268]

So fragte Hellpach besorgt im Herbst 1918, wobei er den Ausgang des Krieges noch nicht kannte. Er beschrieb in seinen Memoiren die Tage des 10./11. November 1918 als eine Auflösung bestehender Strukturen:

---

265 1908 traten auf der Jahrestagung des Deutschen Vereins für Psychiatrie alle Fachvertreter geschlossen gegen die Psychoanalyse auf, siehe Herrn, Wie die Traumdeutung durch die Türritze einer geschlossenen Anstalt sickert, S. 73.

266 Auf der Zusammenkunft der „Kriegsneurotikerärzte" vom 9.10.1918 in Berlin waren 150 Psychiater, Neurologen und Militärs anwesend, darunter der oberste Sanitätsinspektor Otto von Schjerning. Selbst die psychoanalytisch ausgerichteten Ärzte Karl Abraham und Ernst Simmel äußerten sich nicht kritisch gegenüber der Methode der Anwendung elektrischer Stromschläge, Nonne, Therapeutische Erfahrungen an den Kriegsneurosen in den Jahren 1914/1918, in: Bonhoeffer/Alt/Schjerning (Hrsg.), S. 108; Lerner, Hysterical men., S. 206. Eine grundsätzliche psychoanalytische Kritik gegen die zeitgenössischen Therapiemethoden wurde im Juli 1918 veröffentlicht siehe Paul Edel/Adolf Hoppe, Zur Psychologie und Psychotherapie der Kriegsneurosen, in: Münchener Medizinische Wochenschrift 65 (1918), S. 836–840, besonders S. 838; davor hatte bereits der Psychologe Gutzmann die aggressiven Therapien kritisiert, siehe Gutzmann, Wie entsteht die Stimmlähmung durch Schußlähmung und wie können wir helfen?, S. 68.

267 Erwin Loewy, Vereins – und Kongressberichte. Zusammenkunft der Kriegsneurotiker – Aerzte, in: Münchener Medizinische Wochenschrift 65 (1918), S. 1226–1227, S. 1226.

268 Hellpach, Die Kriegsneurasthenie., S. 225.

Als ich nach ein paar weiteren Tagen der Rekonvaleszenz im Zivilanzug unser Lazarett aufsuchte, befand es sich bereits in voller anarchischer Selbstauflösung. Die Sanitätsunteroffiziere und –Mannschaften warteten keine „Demobilisierung" ab, sondern verschwanden, soweit sie sich nicht den Straßenrevolutionären anschlossen, in ihre Heimaten; ein Teil der Patienten tat das gleiche, es blieben eigentlich nur solche, die „Dienstbeschädigungsansprüche" in aller Form geltend machen zu sollen glaubten.[269]

Wie viele seiner psychiatrischen Kollegen stand er den revolutionären Ereignissen äußerst kritisch gegenüber und erlebte sie als Zusammenbruch militärischer und medizinischer Zusammenarbeit:

Eine an sich unbeträchtliche Nachricht erschreckte mich: der Chefarzt ließ sagen, der Dienst am Offizierslazarett sei bis auf weiteres im Zivilanzug zu tun. Ich erblickte darin die Kapitulation vor der Rebellion.[270]

Mit dem Ablegen der Uniform sah sich Hellpach plötzlich als Verlierer; zum einen den revolutionären Kontrahente unterlegen, zum anderen, weil sich damit auch das Machtverhältnis zwischen Arzt und Patient dramatisch veränderte. Schon kurze Zeit später verbot das Kriegsministerium die Durchführung aggressiver Therapiemaßnahmen ohne die Zustimmung der Patienten und nahm damit vielen Psychiatern ihre wichtigsten „Therapiemethoden."[271] Zwar hatte Hellpach schon früh die Aufgaben psychiatrischer Tätigkeit im Frieden umrissen:

Mit dem bisschen Kriegshysterie (viel war es ja überhaupt nicht, es machte nur, wie Hysterie immer, gar laut von sich Wesens) werden wir rasch fertig sein, ist der Krieg erst einmal fertig; die größte Heilarbeit leistet da die Friedenstatsache an sich. Die Liquidation der Kriegsneurasthenie ist das eigentlich große seelenärztliche Sozialproblem, das am Ausgang des Krieges vor uns aufgerichtet steht.[272]

Dies hatte Hellpach schon vor dem Kriegsende geschrieben und damit seine Bedeutung als Experte für die seelische Gesundheit des Volkes auch nach dem Krieg unterstrichen. Er glaubte, dass er als Mitglied der Kriegsmediziner in

---

269 Hellpach, Wirken in Wirren., S. 104.
270 Ebenda, S. 103.
271 Erlass vom 11.11.1918: „Eine aktive Behandlung bereits aus dem Heeresdienst entlassener Kriegsneurotiker der Heeresverwaltung kann fortan nur mit Einverständnis der betreffenden Neurotiker erfolgen. In gleicher Weise ist die Anwendung der aktiven Methoden auch an den noch im Heeresdienst stehenden Neurotikern von deren Einverständnis abhängig zu machen." BayHStA/Abt. IV Kriegsarchiv 1.Stv. Gkdo I. A.K., San. Amt, Nr. 64, S. 151.
272 Hellpach, Die Kriegsneurasthenie., S. 228.

der Behandlung psychisch verletzter Soldaten sich diesen Status als Experte
für die nationale Regeneration verdient habe.[273] Die Niederlage im Krieg und
die folgende Revolution führten in der deutschen Psychiatrie zu einer deutlichen Politisierung der fachlichen Debatten. Auch Hellpach sah die Ursache
der Niederlage in der psychischen Verfassung des Heeres und dem neurasthenischen Zustand der Nation:

> Der deutsche Niederbruch von 1918 hat wahrhaftig mit den paar Zitterern und
> Schüttlern nichts zu schaffen; aber er ist weitgehend vorbereitet worden in
> der nervösen Zermürbung breiter Volksmassen, auch soldatischer, die sich seit
> 1916/17 in wachsendem Maße als eine wahre Volksneurose ausbreiteten.[274]

Auch der Psychologe Robert Sommer war beunruhigt über die psychische Gesundheit des deutschen Volkes und äußerte sich in seinem „Ärztlichen Notruf"
Ende 1918 besorgt, dass die Nation, geschwächt durch Hunger und Wirtschaftskrise, in eine „nervöse Massenerkrankung" verfalle.[275] Diese Erkrankung, so
mahnte er die Vertreter der Siegermächte, würde sich in einer Depression, aber
auch als „politischer Wahnsinn von anarchistischem Charakter" äußern.[276]
Die Verschiebung des psychiatrischen Diskurses von der Neurasthenie als
Zivilisationserkrankung zur Diagnose einer insgesamt erkrankten Nation war
besonders intensiv in der ersten Nachkriegszeit ausgeprägt. Führende Psychiater sahen Ereignisse wie die Kriegsniederlage und die Novemberrevolution als
das Werk von asozialen Psychopathen an, verursacht durch einen „nervösen
Zusammenbruch des Volkes."[277]

---

273   Roelcke, Die Entwicklung der Psychiatrie zwischen 1880 und 1932. Theoriebildung, Insti-
      tutionen, Interaktionen mit zeitgenössischen Wissenschafts- und Sozialpolitik., in: Vom
      Bruch/Kaderas (Hrsg.); David Freis, Die »Psychopathen« und die »Volksseele«. Psychiat-
      rische Diagnosen des Politischen und die Novemberrevolution 1918/1919, in: Hans-Walter
      Schmuhl/Volker Roelcke (Hrsg.), „Heroische Therapien". Die deutsche Psychiatrie im
      internationalen Vergleich, 1918–1945, Göttingen 2013, S. 48–68, S. 49.
274   Hellpach, Wirken in Wirren., S. 72.
275   Robert Sommer, Ärztlicher Notruf zum Ende des Jahres 1918, o.O. 1918.
276   Ebenda., S.1.
277   Freis, Die »Psychopathen« und die »Volksseele«, in: Schmuhl/Roelcke (Hrsg.), S. 48.
      Grundlegend zu diesem Thema: Julia Barbara Köhne, Kriegshysteriker. Strategische Bil-
      der und mediale Techniken militärpsychiatrischen Wissens (1914–1920), Husum 2009;
      Freis, Die »Psychopathen« und die »Volksseele«, in: Schmuhl/Roelcke (Hrsg.); Prüll, Die
      Fortsetzung des Krieges nach dem Krieg oder: die Medizin im Ersten Weltkrieg und ihre
      Folgen für die Zwischenkriegszeit in Deutschland 1918 bis 1939, in: Prüll/Rauh (Hrsg.); Tho-
      mas Beddies, „In den Symptomen des Niedergangs, über die sich so viele entrüstet haben,
      habe ich nichts erblicken können als Krankheitserscheinungen". Profilierung und Positio-
      nierung deutscher Psychiater nach dem Ersten Weltkrieg, in: Heinz-Peter Schmiedebach
      (Hrsg.), Entgrenzungen des Wahnsinns. Psychopathie und Psychopathologisierungen um

Auch der Psychiater Eugen Kahn stellte 1919, nach einer Untersuchung von 15 Revolutionsteilnehmern in München fest, dass es sich dabei restlos um unterschiedliche Ausprägungen von „revolutionären Psychopathen" gehandelt habe.[278] In München war eine beträchtliche Anzahl von Führern der Räterepublik nach deren Zusammenbruch in der Psychiatrie begutachtet und als pathologisch eingestuft worden: Ernst Troller sei der „Prototyp eines hysterischen Dégénérés", Erich Mühsam ein „fanatischer Psychopath", Rudolf Eglhofer ein Verbrecher und „antisozialer Psychopath"[279]. Der „psychopathische Einschlag der Revolution und der weiteren Klassenkämpfe" sei so beträchtlich, so der Psychiater Hildebrandt, dass jeder Psychiater, unabhängig von seiner fachlichen Ausrichtung, sich dafür interessieren müsse.[280] Hildebrandt hatte schon im April 1919 einen „Spartakisten" begutachtet und bei ihm ebenfalls Eigenschaften eines Psychopathen diagnostiziert.[281] Die Diagnose der Psychopathie, obwohl häufig im psychiatrischen Diskurs verwendet, war äußerst unscharf. Sie beschrieb stets ein abweichendes, sozial unerwünschtes Verhalten und war dabei sehr normativ aufgeladen. So erläuterte Kahn seine Diagnose der Psychopathie als zwischen gesund und krank angesiedelt:

> Als Psychopathen werden in der Psychiatrie psychisch nicht ganz intakte Persönlichkeiten bezeichnet, die bei im allgemeinen ausreichender, nicht selten sogar guter Verstandesbegabung Mängel auf dem Gebiet des Fühlens und Wollens aufweisen; Mängel, die diese Persönlichkeiten zwar keineswegs als geisteskrank erscheinen, die sie aber oft genug im Leben falsche Wege gehen und auch scheitern lassen.[282]

In dieser Debatte wurde Bezug genommen auf frühere Theorien wie die von *Caesare Lambroso* vom „geborenen Verbrecher". Den sogenannten Psychopathen wurde nämlich meist eine „konstitutionelle Minderwertigkeit" als

---

1900, Oldenburg 2016, S. 29–44, besonders S. 31; siehe auch Weidner, Die unpolitische Profession., S. 364f.

278 Eugen Kahn, Psychopathie und Revolution, in: Münchener Medizinische Wochenschrift 66 (1919), S. 968–969, S. 968.

279 Beddies, „In den Symptomen des Niedergangs, über die sich so viele entrüstet haben, habe ich nichts erblicken können als Krankheitserscheinungen". Profilierung und Positionierung deutscher Psychiater nach dem Ersten Weltkrieg, in: Schmiedebach (Hrsg.), S. 39f.

280 Kurt Hildebrandt, Forensische Begutachtung eines Spartakisten, in: Allgemeine Zeitschrift für Psychiatrie und Psychisch-Gerichtliche Medizin 76 (1920), S. 479–518, S. 479.

281 Ebenda.

282 Kahn, Psychopathie und Revolution., S. 969.

ererbte Veranlagung zu abweichendem Verhalten unterstellt.[283] Zum anderen wurde an die Ausführungen von *Gustave Le Bon* zur Psychologie der Massen angeknüpft.[284] So sei die Masse gekennzeichnet durch eine einfach strukturierte „Massenseele", in der die einzelnen Individuen in einer Art „primitiveren Affektivität" und erhöhten Suggestibilität kritiklos dem Einfluss von sogenannten Führerpersönlichkeiten ausgeliefert seien.[285]

Durch diese Diagnosestellungen und die Kategorisierung führender Revolutionäre als psychisch Gestörte nahmen die Psychiater eine deutliche moralische (Ab-)Wertung vor.[286] In der Sekundärliteratur stellt Paul Lerner besonders heraus, dass die Psychiater die sogenannten „Psychopathen" nicht nur für die Wirren der Nachkriegszeit, sondern auch für die Kriegsniederlage verantwortlich machen wollten.[287] Julia Barbara Köhne betont, dass die Masse der Kriegshysteriker von den Psychiatern als schuldig für die Niederlage im Krieg angesehen wurde.[288] Damit wurde das Leiden der psychisch verletzten Soldaten nicht nur bagatellisiert, sondern sie wurden auch für den Zusammenbruch der Heimatfront (Dolchstoßlegende) verantwortlich gemacht und als Feinde der Gesellschaft dargestellt.[289] Mit diesem Vorgehen verfolgten die führenden Psychiater der Zeit zwei Ziele: Einmal versuchten sie von der zunehmenden Kritik an ihren aggressiven Behandlungsmethoden abzulenken,

---

283   Cesare Lombroso/R. Laschi, Der politische Verbrecher und die Revolution, Hamburg 1892.

284   Gustave Le Bon/Rudolf Eisler, Psychologie der Massen, Leipzig 1919.

285   Eugen Kahn, Psychopathen als revolutionäre Führer, in: Zeitschrift für die gesamte Neurologie und Psychiatrie 52 (1919), S. 90–106., S. 103; siehe auch Karl Bonhoeffer, Inwieweit sind politische, soziale und kulturelle Zustände einer psychopathologischen Beratung zugänglich?, in: Klinische Wochenschrift 2 (1923), S. 598–601, S. 601; siehe auch Freis, Die »Psychopathen« und die »Volksseele«, in: Schmuhl/Roelcke (Hrsg.), S. 58; Beddies, „In den Symptomen des Niedergangs, über die sich so viele entrüstet haben, habe ich nichts erblicken können als Krankheitserscheinungen". Profilierung und Positionierung deutscher Psychiater nach dem Ersten Weltkrieg, in: Schmiedebach (Hrsg.), S. 58f.

286   Lerner, Hysterical men., S. 210.

287   Ebenda.

288   „... zeigte sich, dass es eine prominente Vorstellung gab, die die Kriegshysteriker als diffuse Masse innerhalb des Heereskörpers imaginierte, die dessen Ordnung bedroht." Köhne, Kriegshysteriker., S. 299.

289   Besonders einflussreich war der Artikel von Eugen Kahn vom August 1919, siehe Kahn, Psychopathie und Revolution; zusammenfassend Freis, Die »Psychopathen« und die »Volksseele«, in: Schmuhl/Roelcke (Hrsg.), S. 54. In ähnlichem Sinne argumentierten führende Fachvertreter wie Robert Gaupp, Emil Kraepelin, Emil Kraepelin, Psychiatrische Randbemerkungen zur Zeitgeschichte, in: Süddeutsche Monatshefte 16 (1919), S. 171–183 und später Karl Bonhoeffer, siehe Freis, Die »Psychopathen« und die »Volksseele«, in: Schmuhl/Roelcke (Hrsg.), S. 57.

zum anderen betonten sie die gesellschaftliche Relevanz ihrer Profession auch in der Nachkriegszeit.[290]

Auch der Psychiater Robert Gaupp war in der Rückschau zu dem Schluss gekommen, dass die schwierige Nachkriegssituation durch den psychischen Zustand der deutschen Bevölkerung bedingt sei, einem:

> ... neurasthenischen Zustand, verursacht durch Ermüdung und Erschöpfung und gekennzeichnet durch reizbare Schwäche, die Labilität der Stimmung, das wurzellose Hingeben an die Erregung des Augenblicks – ein Geisteszustand, der der nervös zitternden Psyche eines halbverhungerten Volkes jedes innere Hemmnis gegen die hereinbrechende rote Flut genommen hätte.[291]

Gaupp sah im Arzt, ähnlich wie Hellpach, eine Alternative zu den unfähigen Politikern der Zeit: „Alles schreit nach dem Arzt, nach dem starknervigen Führer und Retter eines verzweifelten Volkes."[292] Dieser könne mit gezielten Vorschlägen zu einer Prävention künftiger „hysterischer Epidemien" beitragen. Eugenische Maßnahmen, psychische Hygiene und angewandte Psychiatrie waren die empfohlenen Gegenmaßnahmen. Von diesen Vorschlägen waren die eugenischen Maßnahmen besonders folgenreich.[293]

Auch der Psychologe Robert Sommer hatte diese Maßnahme als bedeutsam für die Rassenhygiene und die psychische Hygiene des „gesunden Volkskörpers" besonders betont.[294] Schon in seiner 1907 erschienenen *Familienforschung und Vererbungslehre* hatte er gefordert, gegen den „Prozess der Degeneration" aktiv vorzugehen.[295] Dafür schlug er zwei Vorgehensweisen vor: zum einen die Verbesserung der sozialen Lebensbedingungen, zum anderen aber auch Maßnahmen wie eine gezielte „Gattenwahl", um die Rasse, die Nation zu verbessern.[296] Staat, Nation und Rasse standen dabei im Zentrum der präventiven Maßnahmen und nicht das Wohl des einzelnen Menschen.[297]

---

290 Ebenda, S. 55.
291 Robert Gaupp, Der nervöse Zusammenbruch und die Revolution, in: Blätter für Volksgesundheitspflege 19 (1919), S. 43–46, S. 43.
292 Ebenda., S. 4.
293 Siehe dazu beispielsweise: Karl Binding/Alfred Hoche, Die Freigabe der Vernichtung lebensunwerten Lebens. Ihr Maß und ihre Form, Leipzig 1920.
294 Volker Roelcke, Prävention in Hygiene und Psychiatrie zu Beginn des 20. Jahrhunderts. Krankheit, Gesellschaft, Vererbung und Eugenik bei Robert Sommer und Emil Gotschlich, in: Ulrike Enke/Volker Roelcke (Hrsg.), Die Medizinische Fakultät der Universität Gießen. Institutionen, Akteure und Ereignisse von der Gründung 1607 bis ins 20. Jahrhundert, Stuttgart 2007, S. 395–416, S. 404.
295 Robert Sommer, Familienforschung und Vererbungslehre, Leipzig 1907, S. 219.
296 Ebenda, S. 219f.
297 Roelcke, Prävention in Hygiene und Psychiatrie zu Beginn des 20. Jahrhunderts. Krankheit, Gesellschaft, Vererbung und Eugenik bei Robert Sommer und Emil Gotschlich, in:

Auch deswegen wurde von Seiten der Psychiater die Forderung gestellt, die Rentenzahlung an Kriegsneurotiker deutlich zu reduzieren; diesen Vorschlägen folgten die Behörden der Weimarer Republik aber nicht.[298] In der Psychologie hatte sich ebenfalls, wenngleich nicht in ihrer Fachzeitschrift, der *Zeitschrift für angewandte Psychologie*, während der Kriegszeit eine sogenannte Völkerpsychologie herausgebildet.[299] Hatte noch Wilhelm Wundt in seiner älteren Völkerpsychologie nicht vergleichend, sondern eher beschreibend gearbeitet, wurden in den letzten Kriegsjahren vermehrt typisierende Versionen nationaler Charaktere skizziert.[300] Ein besonders prominenter Vertreter war der Psychologe Felix Krueger, der in einem Artikel in der *Illustrirten Zeitung* „Deutschlands Haltung im vierten Jahre des Weltkrieges" erfassen und darstellen wollte.[301] Krueger etablierte den Typus des nationalen Volkscharakters und viele Artikel zu diesem Thema erschienen in der Fachpresse.[302] In der psychologischen Fachzeitschrift wurden aber – im Krieg und der unmittelbaren Nachkriegszeit – keine Artikel dieser Autoren publiziert und viele dieser Veröffentlichungen kritisch rezensiert.[303]

Diese Entwicklung der vergleichenden Völkerpsychologie wurde, prominent von Krueger, aber auch von Hellpach nach dem Krieg weitergeführt.[304] Damit verbunden war eine unterschiedliche Bestimmung der Handlungskompetenz des Individuums. Nach Krueger wurde die Verankerung des Individuums in einem gemeinsamen „Heeresgrund" oder „Volksgrund" gesehen und seine

---

Enke/Roelcke (Hrsg.), S. 415f.

298   Der Weimarer Staat gewährte den Veteranen eine angemessene Versorgung, Stephanie Neuner, Die Rückkehr in den Alltag. Zur sozioökonomischen und gesundheitlichen Situation psychisch Kriegsbeschädigter in der Zwischenkriegszeit, in: Thomas Becker/Heiner Fangerau/Peter Fassl/Hans-Georg Hofer (Hrsg.), Psychiatrie im Ersten Weltkrieg, Konstanz 2018, S. 387–407, S. 391; siehe auch Neuner, Politik und Psychiatrie., S. 165–196, 326f.

299   Guski-Leinwand, „Kriegspsychologisches": Publikationen und Engagements von Psychologen mit Bezug zum Ersten Weltkrieg., S. 11.

300   Wundt, Probleme der Völkerpsychologie., S. 3.

301   Felix Krueger, Deutschlands seelische Haltung im vierten Jahre des Weltkrieges, in: Illustrirte Zeitung (1917), H. 3875, Kriegsnummer 166, S. 480.

302   Guski-Leinwand, Wissenschaftsforschung zur Genese der Psychologie in Deutschland vom ausgehenden 19. Jahrhundert bis Mitte des 20. Jahrhunderts., S. 121–151.

303   Exemplarisch: Kurt Lewin, Rezension: Magnus Hirschfeld: Warum hassen uns die Völker? in: Zeitschrift für angewandte Psychologie 12 (1917), S. 154–155., S. 155; in dieser Ausgabe der psychologischen Fachzeitschrift wurden viele Bücher mit kriegspsychologischen Themen, vor allem auch von Kurt Lewin rezensiert, siehe: Zeitschrift für angewandte Psychologie, 12, 1917, S. 153–169.

304   Egbert Klautke, The mind of the nation. ‚Völkerpsychologie' in Germany ; 1851–1955, New York 2013, S. 82–88, S. 105–117.

Handlungskompetenz daher sehr begrenzt.[305] Diese Art der Volkspsychologie und das Konzept der Bestimmung des Individuums durch seine nationale Verankerung blieben jedoch nicht unwidersprochen. Der Universitätspsychologe Paul Plaut betonte vielmehr die individuelle Verantwortung und Handlungsfähigkeit des einzelnen (Soldaten) in der jeweiligen Situation.

Fragebögen und Experimente: Die Reaktion der akademischen Psychologie
Eine andere Meinung als ihre psychiatrischen Kollegen vertraten die Psychologen, die an den Universitäten arbeiteten – nicht nur im Hinblick auf ihre Deutung der Kriegsniederlage und Revolution, sondern auch wegen der Betonung einer beschreibenden Psychographie; für beide Entwicklungen waren die Beiträge von Paul Plaut bezeichnend. In seinen *Psychologischen Betrachtungen zur gegenwärtigen Revolution* von 1919 stellte Plaut fest:

> ... soweit man die Entwicklung der Revolution vom 9. November bis heute überschauen kann, trägt sie als durchgehenden Grundcharakter den Gedanken des Streiks in sich [...] Unsere ganze Revolution begann im Grund mit einem Streik; denn als sich die Truppen entwaffnen ließen, geschah das nicht im Kampf, sie legten freiwillig die Gewehre nieder, um zu zeigen, dass ohne oder gegen ihren Willen ein Krieg fernerhin nicht geführt werden könne. Das Wort „Militärstreik" ist viel richtiger, als das Wort Militärrevolution. In demselben Augenblick war der Krieg beendet.[306]

Hier wurde das Kriegsende ganz anders dargestellt als in den Beschreibungen der Niederlage als Folge der Revolution. Plaut hob den Wunsch der Truppen nach der Beendigung des Krieges deutlich hervor und nahm keine negative psychiatrische Beurteilung der Revolutionäre vor. Dezidiert stellte Plaut sich gegen eine Pathologisierung der gesamten Nachkriegsgesellschaft und auch gegen die Diagnose einer sogenannten Revolutionspsychose. Er kritisierte hierbei die Psychiater, die eher eine Typisierung der Revolutionäre vornehmen würden:

> Die empirische Psychiatrie beschreitet in den Ausführungen der oben genannten [Psychiater] den Weg des allzu Abstrakten, um trotzdem aber für die Empirie die Resultate zu ziehen ... [sie] begehen vom psychologischen Standpunkt den Fehler, den Revolutionär in abstracto und nicht in persona zu analysieren, d.h. sie untersuchen wohl seinen äußeren Entwicklungsgang z.B. auf erbliche

---

305 Guski-Leinwand, „Kriegspsychologisches": Publikationen und Engagements von Psychologen mit Bezug zum Ersten Weltkrieg, S. 23.

306 Paul Plaut, Psychologische Bemerkungen zur gegenwärtigen Revolution, in: Zeitschrift für angewandte Psychologie 16 (1920), S. 80–93, S. 82.

Belastung, auf schon früher aufgetretene psychische Anomalien, aber nicht die Psychogenese der revolutionären Idee in dem Revolutionär. Die zu untersuchen und ihren kausalen Knotenpunkt zu finden, ist aber für den Psychologen eine unerlässliche Aufgabe.[307]

Plaut sah hier deutliche Unterschiede zwischen dem psychiatrischen und dem psychologischen Vorgehen. Die Psychologie begnüge sich nicht mit einer reinen Typologie der Revolutionäre, sondern stelle die Dynamik zwischen dem Verhalten eines „Führers" und der Masse heraus. Plaut sprach von einer „wechselseitigen Infektion".[308] Damit distanzierte er sich von der gängigen psychiatrischen Annahme, dass alle revolutionären Führer psychopathische Persönlichkeiten seien: „Verallgemeinerungen wie die, in den Führern der Revolution in der Hauptsache ehemalige Irrenanstaltsinsassen, Geisteskranke (Mamlock) zu sehen, entstellen das Bild."[309] Revolutionäre Gruppen seien ohne einen Führer undenkbar und umgekehrt. Plaut setzte sich dabei aber auch methodenkritisch mit dem Vorgehen seiner psychiatrischen Kollegen auseinander:

> Es soll hier nicht versucht werden, vom massenpsychologischen Standpunkt aus in das Wesen der Revolutionsbewegung unserer Tage einzudringen. Erst eine an sich abgeschlossene Handlung, ein vollendetes Ganzes, nicht aber ein Lawinen-gebilde kann Gegenstand einer historisch-wissenschaftlichen Untersuchung sein.[310]

Plaut betonte die Bedeutung der einzelnen Situation, auch während des Kriegsgeschehens, und hob hervor, dass „jede Kriegspsychologie immer nur eine einmalige Situation exakt erfassen kann."[311] Gerade im Krieg sei der Soldat vereinzelt einem situationsspezifischen Umfeld unterworfen und nicht passives Mitglied einer anonymen Masse. Damit war er in Übereinstimmung mit seinem psychologischen Kollegen Kurt Lewin, der in seinen kriegspsychologischen Betrachtungen die Bedeutung der Situation für den einzelnen Soldaten im Krieg herausgestellt hatte.[312] Plaut setzte sich damit deutlich von

---

307   Ebenda, S. 92.
308   Ebenda, S. 93.
309   Ebenda.
310   Ebenda, S. 80.
311   Plaut, Prinzipien und Methoden der Kriegspsychologie. In: Handbuch der biologischen Arbeitsmethoden. Hrsg. v. Ernst Abderhalden. Abt. VI, Teil C/I. Berlin, Wien 1928. S. 621–688., in: Abderhalden (Hrsg.), S. 672; Lewin, Kriegslandschaft, in: Zeitschrift für angewandte Psychologie 12 (1917), S. 440–447.
312   Helmut Lück sieht in diesem Artikel den Beginn der einflussreichen Feldtheorie Lewins, siehe Lück/Guski-Leinwand/Leplow/ed. al., Geschichte der Psychologie, S. 95.

dem Bild der revolutionären Masse ab, die unreflektiert einer Art Massenwahn erliegen würde.

Mit seiner Psychographie des Kriegers von 1919 und den Auswertungen des Fragebogens, mit dem er anfangs des Krieges ins Feld gezogen war (siehe 3.1.2), knüpfte Plaut an viele beschreibende Berichte aus der ersten Zeit des Krieges an, die aber erst nach Kriegsende veröffentlicht wurden.[313] Er versuchte damit auch die Hoffnungen vieler Zeitgenossen zu erfüllen, dass von psychologisch geschulten Beobachtern nach dem Krieg viel zu erwarten sei.[314]

Unter Psychographie wurde in der Psychologie ein Verfahren verstanden, in dem differenzierte Fragebögen ausgewertet wurden um eine genaue Persönlichkeitsbeschreibung zu ermöglichen und eine Reihe von typischen Fällen, ähnlich wie in der medizinischen Kasuistik, herauszustellen.[315] Mit der Auswertung der zuvor zensierten Fragebögen demontierte Plaut beispielsweise die Erzählung der Kriegsbegeisterung der Truppen zu Beginn des Krieges, aber auch die der engen Schützengrabengemeinschaft. Er beschrieb zwar das kameradschaftliche Gefühl der Soldaten, betonte aber auch die Einsamkeit in der unüberschaubaren Situation des Gefechts:

> Menschen, die heute zusammen im Trommelfeuer gelegen oder im gleichen Unterstand gewohnt haben, werden morgen voneinander getrennt: der eine fällt, der andere wird verwundet, der dritte scheidet vielleicht durch Krankheit aus, andere werden abkommandiert, usw; so entstehen Lücken, die numerisch wieder aufgefüllt werden [...]. Tod und Verwundung wurde das tägliche Bild, täglich kamen und gingen sie, dass man oft kaum Zeit und Gelegenheit fand, sich mit Namen zu kennen, geschweige denn, dass man sich persönlich näher kommen konnte. So folgte notwendigerweise daraus, dass das Leben des Einzelnen sich zum Eigenleben konzentrierte, dass man in erster Linie für sich selbst sorgte – jeder wurde sich selbst der nächste.[316]

Plaut entwickelte mit diesen Beobachtungen ein neues Konzept der Kriegspsychologie, in dem vor allem die situativen Komponenten hervortraten.[317]

---

313 Beispielsweise in einem Sonderheft der Zeitschrift für angewandte Psychologie: Ludwig, Beiträge zur Psychologie der Furcht im Kriege.; E. Schiche, Zur Psychologie der Todesahnungen, in: Beihefte zur Zeitschrift für angewandte Psychologie und psychologische Sammelforschung (1920), H. 21, S. 173–178.

314 Diese Erwartungen waren von Kurt Lewin geweckt worden, z.B. Kurt Lewin, Rezension. Erich Everth: Von der Seele des Soldaten im Felde, in: Zeitschrift für angewandte Psychologie 12 (1917), S. 161–164, S. 162.

315 William Stern, Die differentielle Psychologie in ihren methodischen Grundlagen, Leipzig 1911, S. 71.

316 Plaut, Psychographie des Kriegers, 1920, S. 82.

317 Siehe auch: Plaut, Beiträge zur Psychologie des Krieges, Leipzig 1920.

Er versuchte sich mit diesem Vorgehen von der psychotechnischen Militärpsychologie, aber auch von der Militärpsychiatrie abzugrenzen.[318] Plauts
Psychographie gilt nach Helmut Lück als ein Vorläufer der Psychodiagnostik.[319]

Einen anderen Weg als die psychiatrischen Kollegen schlug auch Walther
Moede in seinem Buch *Experimentelle Massenpsychologie* ein.[320] In einer kritischen Stellungnahme distanzierte er sich deutlich von bestehenden Theorien
zur Massenpsychologie und den Äußerungen der Psychiater Kahn und Bonhoeffer.[321] Moede folgte den Annahmen LeBons zur Stellung des Individuums
in der Gruppe nicht und bemängelte: „... neues und einwandfreies Material,
das kritisch zu bearbeiten wäre bringt LeBon jedoch nicht bei."[322] Anders als
LeBon und die oben erwähnten Psychiater definierte er Masse neu als eine
umschriebene Gruppe von Individuen, die aufeinander einwirken würden.[323]
Masse und Gruppe wurden bei ihm gleichgesetzt. Um eine empirische Aussage zu machen, untersuchte er beispielsweise eine Gruppe von Schülern und
verglich die Ergebnisse von Leistungen in einer Situation, in der der Schüler alleine lernte mit der, in der Lernen in Gemeinschaft stattfand. Obwohl
Moede die Ergebnisse seiner Studie relativierte und weitere Überprüfungen
anforderte, setzte sich seine experimentalpsychologische Studie erfrischend
von den eher anekdotischen Bemerkungen LeBons ab. Moede kam dabei zu
dem Schluss, dass bei bestimmten Aufgaben (Gedächtnisleistungen) sich die
Leistungen aller Schüler beim Lernen in der Gruppe verbessern und nicht, wie
LeBon annahm, auf ein schlechteres Niveau absinken würden.[324] Mit diesem
Konzept zeigte sich Walter Moede als ein experimentell arbeitender Psychologe, der eine klar definierte Fragestellung bearbeiten konnte. Wie in der

---

318   Bernd Ulrich, Die Kriegspsychologie der zwanziger Jahre und ihre geschichtspolitische
        Instrumentalisierung, in: Inka Mülder-Bach (Hrsg.), Modernität und Trauma. Beiträge
        zum Zeitenbruch des Ersten Weltkrieges, Wien 2000, S. 63–78, hier S. 74.
319   Plaut, Prinzipien und Methoden der Kriegspsychologie. In: Handbuch der biologischen
        Arbeitsmethoden. Hrsg. v. Ernst Abderhalden. Abt. VI, Teil C/I. Berlin, Wien 1928.
        S. 621–688., in: Abderhalden (Hrsg.), siehe auch Lück/Guski-Leinwand/Leplow/ed. al.,
        Geschichte der Psychologie., S. 160; Guski-Leinwand, „Kriegspsychologisches": Publika-
        tionen und Engagements von Psychologen mit Bezug zum Ersten Weltkrieg., S. 25.
320   Moede, Experimentelle Massenpsychologie.
321   Ebenda, S. 13–15.
322   Ebenda, S. 14.
323   Ebenda, S. 49; Als „kollektive Schwelle" zur Gruppe bezeichnet Moede die Grenze, „Wo
        der andere anfängt oder aufhört, auf mich einzuwirken." Ebenda, S. 49.
324   Ebenda, S. 198–213.

gesamten Kriegszeit waren es die Untersuchungen an umschriebenen Gruppen, die eine konkrete Fragestellung erfolgreich behandeln und bearbeiten konnten.[325]

5.1.3   Zwischenfazit

Die beiden letzten Kriegsjahre kennzeichnete die zunehmende Erschöpfung aller Kriegsteilnehmer, aber auch der finanziellen Ressourcen der beteiligten Staaten. Nach vier Jahren Kriegserfahrungen, beeinflusst durch die Beobachtung neuer Krankheitssymptome, veränderten die Psychologen beider Länder vor allem ihre theoretischen Annahmen über die Ursachen der Kriegsneurosen. Gegen Kriegsende gerieten auch andere psychische Symptome in den Blick der behandelnden Ärzte als in den Jahren zuvor. So wurden Ermüdungserscheinungen und körperliche Symptome (Herzneurose) vermehrt beobachtet, diagnostiziert und häufig unter der Bezeichnung Neurasthenie zusammengefasst. Auch weitere Personenkreise wie Zivilisten waren von diesen Krankheitssymptomen betroffen und deutsche Psychiater stellten wie ihre Kollegen in Großbritannien fest, dass psychische Symptome auch bei Soldaten auftraten, die nie ihre Heimat verlassen hatten.[326] Durch diese Befunde ähnelten die psychischen Erschöpfungszustände der Kriegsteilnehmer immer mehr den Erkrankungen von Zivilpersonen und die Diagnosestellung wurde zunehmend unscharf. Die Psychologen beider Länder schlussfolgerten deshalb, dass der Krieg als auslösender Faktor der Erkrankung hinter konstitutionellen Faktoren und Prädispositionen als Ursache zurücktreten würde und beriefen sich stattdessen auf einen unbewussten Konflikt als Ursache der psychischen Störungen. Obwohl nur wenig prominente Protagonisten in beiden Ländern diese Diskussion führten, fand sie dennoch große Beachtung in der Fachpresse, was zur Folge hatte, dass psychologisches Denken auch unter Medizinern bekannt und verbreitet wurde. Soziale Vorurteile blieben jedoch in beiden Ländern bestehen und man diagnostizierte und behandelte beispielsweise Offiziere weiterhin anders als einfache Soldaten.

---

325   Beispielsweise die schon häufig erwähnte Prüfung von Kraftfahrern von Moede und Piorkowski, siehe Spur, Industrielle Psychotechnik - Walther Moede., S. 69–74; sowie die Untersuchungen an Flugzeugführern siehe Benary/Kronfeld/Stern/Selz, Untersuchungen über die psychische Eignung zum Flugdienst.

326   „Wie aus dem oft zitierten Erlass des Kriegsministeriums vom 9.1.1917 hervorgeht [...] war ein großer Teil der Psychopathen und Kriegshysteriker überhaupt nicht im Felde oder erkrankte während eines Heimaturlaubs zu hause. S. Hirsch, Rezension. Goldstein, Kurt: Über die Behandlung der Kriegshysteriker, in: Zeitschrift für die gesamte Neurologie und Psychiatrie 15 (1918), S. 79–81, S. 80; siehe auch Burton Fanning, Neurasthenia in soldiers of the home forces.

Obwohl sich die Krankheitsmodelle in beiden Ländern durchaus ähnelten, gab es gravierende Unterschiede: Die Psychologen beider Länder betonten zwar die Bedeutung einer individuellen Disposition bei der Entstehung der Kriegsneurosen, was diese Disposition sei, (individuelle Vorgeschichte oder erbliche Anlage) wurde aber unterschiedlich gesehen. Diese Neudefinition der Krankheitsursachen hatte jedoch entscheidende Folgen für den Patienten: Der Staat sah sich nun nicht mehr verpflichtet, in vollem Maße für seine weitere Versorgung aufzukommen.

In Großbritannien waren es weiterhin zwei psychologisch orientierte Krankenhäuser, in denen aber unterschiedliche Krankheitskonzepte und Therapiemethoden angewandt wurden. Im Maudsley-Krankenhaus erforschte der Psychologe Mott schwerpunktmäßig die biologischen Einflussfaktoren psychischer Kriegsfolgen, fand aber gegen Kriegsende in der Stresstheorie des Amerikaners Cannon ein Modell, das den Zusammenhang von psychischen Belastungen und körperlichen Symptomen erklärte. Dem psychoanalytischen Modell folgend nahmen die Psychologen im Krankenhaus Maghull eine Vorschädigung aufgrund von belastenden Erlebnissen in der Jugend an, die dann unter den Belastungen der Kriegssituation zu einer psychischen Erkrankung führen würde. Ein Konflikt zwischen sogenannten Instinkten, dem sozialen und dem Fluchtinstinkt wäre dabei ebenfalls ein wichtiger Faktor. Die Einstellung den Patienten gegenüber blieb durchaus positiv und man sprach nicht von einem fehlgeleiteten Willen. Eine Erklärung hierfür war die theoretische Ausrichtung und das zugrundeliegende Menschenbild der britischen Psychologen: Dem psychoanalytischen Modell folgend, versuchten sie den zugrundeliegenden Konflikt durch suggestive Verfahren oder Gespräche bewusst zu machen und den Patienten zur Einsicht in die Ursachen seiner Erkrankung zu bringen. Dann, so nahmen die Psychologen an, würde er genesen und wieder an die Front zurückgehen. Die Einstellung der behandelnden Ärzte den Patienten gegenüber war daher sehr positiv. Denn sie folgten einem Männerbild, das die Bewältigung und Überwindung von Furcht und Fluchttendenzen angesichts großer Gefahren als möglich und selbstverständlich ansah. Ein weiterer Grund für diese Haltung der Psychologen lag in ihrer Einstellung zur Armee: Schon durch die freiwillige Meldung zum Kriegseinsatz hätten die Soldaten und Offiziere ihren Mut bewiesen und ein Zusammenbrechen ließe sich daher nur durch ein unzureichendes militärisches Training erklären. Auch die nach Einführung der Wehrpflicht eingezogenen Rekruten seien auf den Kriegsdienst nicht adäquat vorbereitet gewesen. Soziale Vorurteile hatten aber weiterhin einen bedeutenden Einfluss auf die Diagnose und Therapieverfahren: Die Diagnose von Offizieren folgte, theoretisch begründet einem anderen Schema als die von Soldaten und auch bei Frauen, die frontnah gearbeitet hatten wurden kriegsbedingte Störungen anders bezeichnet.

Auch betonten die britischen Psychologen die Bedeutung ihrer Rolle nicht so stark, wie dies in Deutschland der Fall war. Sie gehörten derselben sozialen Elite an wie viele andere Mitglieder des Militärs und der Politik und sahen nicht die Notwendigkeit, die Bedeutung ihrer Arbeit mit Nachdruck hervorzuheben. In Großbritannien hatten sich die psychoanalytisch arbeitenden Psychologen beim Militär auch durchgesetzt und waren mit ihren Methoden durchaus anerkannt. Sie wurden zentral vom *Medical Council* und vom Sanitätsdienst gefördert. In der Militärpsychiatrie hatten sie als einzige eine theoretisch fundierte Therapiemethode angeboten und durch gute Heilungsquoten überzeugt. Deshalb mussten sie die Bedeutung ihrer Arbeit nicht so stark herausstreichen wie ihre deutschen Kollegen, die in der Militärpsychiatrie keine eigenständigen Vorschläge einbrachten.

In Deutschland hatte sich im letzten Kriegsjahr in der Militärpsychiatrie die Vorstellung eines unbewussten Konfliktes zwischen Angst und Pflichtgefühl durchgesetzt. Neue Hoffnungen wurden auch vonseiten des Militärs auf psychoanalytische Methoden gesetzt und ein psychoanalytischer Kongress gegen Kriegsende in Budapest durchaus unterstützt. Dennoch unterstellte man dem Patienten weiterhin einen „mangelhaften Willen" zur Heilung. Dabei war dieses Konzept des Willens weiterhin sehr unscharf und zunehmend national aufgeladen. Die Sicht auf den psychisch erkrankten Soldaten war daher eher negativ geprägt, da man dem Soldaten eine Willensschwäche unterstellte, die es zu therapieren galt; bei Offizieren nahm man weiterhin ein anderes Krankheitsbild an und auch die Therapiemaßnahmen waren deutlich angenehmer als die der Soldaten. Auch in Deutschland wurde aber eine zunehmende Erschöpfung aller Kriegsteilnehmer registriert und von dem Psychologen Hellpach in dem Krankheitskonzept der Neurasthenie thematisiert, die er auch bei Zivilpersonen diagnostizierte. Durch dieses Vorgehen wurden aber die Krankheitskonzepte und Diagnosekriterien zunehmend unscharf. Gegen Kriegsende wurde sogar die ganze Nation als erschöpft, neurasthenisch und therapiebedürftig bezeichnet. Damit war eine psychiatrische Version der Dolchstoßlegende entstanden, denn mit einer willens- und nervenschwachen Nation konnte nach Ansicht der Zeitgenossen kein Krieg gewonnen werden. Einige Patienten, vor allem auch Teilnehmer der Revolution, wurden in besonderem Maße pathologisiert und als Psychopathen bezeichnet. Damit wurde deren Verhalten in die Nähe von Verbrechern oder moralisch abzuwertenden Personen gerückt. Mit diesem Vorgehen wollten die behandelnden Ärzte vor allem ihre bedeutende gesellschaftliche Funktion als rettende Experten in einer nationalen Krise auch nach Kriegsende sichern und betonen. In Deutschland bildete sich gegen Kriegsende auch eine sogenannte Völkerpsychologie aus und eugenische Maßnahmen wurden als prophylaktische Maßnahmen empfohlen. Das Individuum sei gegen den Einfluss der Masse eher hilflos, wurde angenommen. Dem widersprach aber eine Gruppe von Universitätspsychologen deutlich, die die individuelle Handlungsfreiheit auch unter schwer belastenden Kriegsereignissen betonten. Neue diagnostische Verfahren wurden von Paul Plau entwickelt, die als Vorform der späteren Persönlichkeitsdiagnostik anzusehen sind.

Schließlich beeinflusste das sich abzeichnende Kriegsende die Diskussion: Es gab nicht nur neue Forderungen von staatlicher Seite zur Kostenbegrenzung, sondern auch die Öffentlichkeit äußerte zunehmend Kritik am Umgang mit den psychisch verletzten Kriegsteilnehmern. In Großbritannien stand die Behandlung von Deserteuren, in Deutschland die Therapie mit elektrischen Stromschlägen im Mittelpunkt der Kritik. In dieser Situation versuchten sich die Psychologen beider Länder zu behaupten und ihre Position in der medizinischen Gemeinschaft zu akzentuieren und auszubauen. In Großbritannien wurde nach Kriegsende die militärpsychiatrische Arbeit in der Heimat mit den demobilisierten Soldaten weiter fortgeführt, während in Deutschland mit dem Kriegsende ein deutlicher Bruch mit den aggressiven militärischen Behandlungsmethoden vorgenommen werden musste. Die Psychologen beider Länder hatten aber die Hoffnung, auch nach dem Krieg ihre therapeutischen Einrichtungen weiterführen zu können.

5.2   Organisation und Verwendung

5.2.1   *Großbritannien: Good pay and good conditions – the British way of scientific management*

Als Winston Churchill im Juli 1917 zum 4. Kriegsminister (*minister of munitions*) berufen wurde, lag der Fokus des Ministeriums nicht mehr nur auf der Versorgung mit Munition. Mit der Einführung einer neuen Kriegstaktik forderte das Militär von der Kriegsindustrie die Herstellung von neuen Waffen wie Panzern aber auch von Spezialgranaten mit Giftgas an.[327] Gerade in Fabriken, die zu Kriegszwecken aufgebaut worden waren, erprobte man nun neue Arbeitsmethoden und Verfahren. Eine dieser neuen Fabriken war die vom Kriegsministerium im November 1916 gegründete Munitionsfirma *Mossend National Factory* in der Nähe von Glasgow. Sie zeichnete sich durch zwei Neuerungen

---

327   Wrigley, The Ministry of Munitions: an Innovatory Department, in: Burk (Hrsg.), S. 44.

aus: Zum einen nahm sich die Firmenleitung die Ergebnisse amerikanischer
Arbeitsuntersuchungen zum Vorbild und wandte diese an (*time and motion
studies* nach dem Vorbild von Frank Gilbreth und Frederick Taylor), zum anderen setzte sie kriegsverletzte Soldaten bei der Arbeit ein.[328]

Diese lokale Initiative wies auf einen Trend hin, der sich in den letzten beiden Kriegsjahren und auch in der Nachkriegszeit fortsetzte: Vermittelt durch
die Schriften des Psychologen Bernard Muscio, wurden die Forschungsergebnisse der amerikanischen Arbeitswissenschaftler Frederick Taylor, Frank Gilbreth und Hugo Münsterberg von Unternehmern und Industriepsychologen
rezipiert und auch praktisch umgesetzt, diesmal aber mit dem Ziel einer
„*Anglicisation*", d.h. einer sanfteren, ethisch vertretbareren, arbeiterfreund-
licheren britischen Variante der amerikanischen Modells mit seiner kruden
profit-orientierten Ausrichtung.[329] Auch das Kriegsministerium unterstützte
diese Entwicklung, einmal im Hinblick auf die Gewerkschaften und den sozialen Frieden, aber auch mit dem Blick auf die Entwicklungen der Nachkriegszeit.[330] Den Psychologen gelang es zunehmend, eine nicht nur deskriptive
statistische Beschreibung der Arbeitsverhältnisse vorzulegen, sondern auch
Messungen sowie Eingriffe in den Arbeitsprozess vorzuschlagen. Gleichzeitig
positionierten sie sich als Schlichter, besonders auch im sich verschärfenden
Arbeitskampf in Großbritannien: „The future can lie only in educating both
employers and employees" so der federführende Industriepsychologe der letzten Kriegsjahre Charles Myers.[331] Anders als in Deutschland gab es jedoch auch
in den letzten Kriegsjahren nur wenige erfolgreiche Initiativen beim Militär
oder in der Industrie, und Psychologen stellten weder eigene Untersuchungsapparate noch Testverfahren vor. In Großbritannien verlief die Entwicklung
der Industriepsychologie, so wird hier argumentiert, eher ausgehend von der
theoretischen Debatte über eine Anpassung der amerikanischen Methoden
von Fredrick Taylor und Hugo Münsterberg durch britische Forscher, initiiert
von dem begabten Netzwerker Charles Myers. Es stellt sich nun die Frage, ob
sich daraus tatsächlich eine eigene britische Version des Scientific Managements ergab, und ob, wie Anson Rabinbach hervorhob, Großbritannien in

---

328 Memorandum vom 26.10.1917, NA MUN 5-107-450-3, zitiert nach Wrigley, The Ministry of
      Munitions: an Innovatory Department, in: Burk (Hrsg.), S. 49f.

329 Muscio, Lectures on industrial psychology, S. 31, S. 172–179, S. 186–192; Thomson, Psycho-
      logical subjects., S. 144.

330 Wrigley, The Ministry of Munitions: an Innovatory Department, in: Burk (Hrsg.), S. 51.

331 Myers, Present-day applications of psychology with special reference to industry, educa-
      tion and nervous breakdown, S. 24f.

der Nachkriegszeit wirklich eine führende Rolle in der Psychophysiologie der Arbeit spielte.[332]

Embracing the whole industry within its scope: The Industrial
Fatigue Research Board
Im Sommer 1917 stellte nach zwei-jähriger Forschungstätigkeit das *Health of Munition Workers Committee* seine Arbeit ein. Der Abschlussbericht betonte, dass die Arbeit des HoMWC nun zufriedenstellend beendet sei und die zukünftige Aufgabe die administrative Umsetzung der erarbeiteten Vorschläge beträfe. „The questions now at issue are concerned not so much with the determination of general policy as with the application of agreed principles to particular cases. They are, in fact, administrative rather than advisory in character."[333] Die Situation in den Munitionsfabriken hatte sich zu diesem Zeitpunkt deutlich verbessert: Die Versorgung mit Munition war garantiert und dank der Arbeit des HoMWC hatte sich die Gesundheit der Arbeiter verbessert und die Arbeitsleistung erhöht. Auch die Psychologie hatte zu diesem Erfolg ihren Beitrag geleistet. So hatte der Psychologe Vernon nachweisen können, dass eine Reduktion der Arbeitszeit von Frauen eine deutliche Senkung der Unfallrate bewirkte.[334] Die Konsequenzen dieser psychologischen Ergebnisse wollten die medizinischen Behörden nun auch in anderen Industriezweigen durchsetzen. Die Gesundheit der Arbeiter in den Munitionsfabriken stand deshalb nicht mehr allein im Interesse der Behörden, sondern die Arbeit dieses neuen Komitees sollte auf die gesamte Industrie ausgeweitet werden. 1917 beschlossen der Medical Research Council und das Department of Scientific Research daher ein neues Beratungsgremium zu gründen, das *Industrial Fatigue Research Board* (IFRB).[335] Der Name zeigte bereits die Intention dieses neuen Gremiums an: Wie sein Vorgänger wollte es nicht nur die Arbeitseffizienz in der Kriegsindustrie erhöhen, sondern auch die Situation der Arbeiterschaft, und sein Augenmerk auf das Hauptproblem richten, die Ermüdung. Die Aufgabe bestünde darin:

---

332   Rabinbach, The human motor, S. 276.
333   Ministry of Munitions, Final report, S. 13.
334   Horace Middleton Vernon, The causation and prevention of industrial accidents, in: The Lancet 193 (1919), H. 4988, S. 549–550.
335   „In December 1917, the Secretary of State for Home Affairs invited the Department of Scientific and Industrial research to appoint a Committee to investigate the subject of industrial fatigue [...], and a similar proposal was made by the Medical Research Council.", Horace Middleton Vernon, Fatigue and efficiency in the iron and steel industry. Report Nr. 5 des Industrial Fatigue Research Board, 1920, S. 3 in: Medical Research Council (Hrsg.), Reports of the Industrial Fatigue Research Board, London 1919–1928.

... to initiate, organize and promote by research grants or otherwise, investigations in different industries with a view to finding the most favourable hours of
labour, spells of work, rest pauses, and other conditions applicable to the various
processes according to the nature of the work and its demands on the worker.[336]

Das Gremium begann seine Arbeit im Oktober 1918 und war eine Behörde der
Übergangszeit. Aufbauend auf der Tätigkeit und Organisation einer kriegswichtigen Dienststelle, wies es mit seinen Vorhaben schon auf die Probleme
und Herausforderungen der Nachkriegszeit hin.

Die Psychologen, die schon bei dem Vorgänger-Komitee gearbeitet hatten, versuchten weiter die Faktoren auszumachen, die positive oder negative
Auswirkungen auf eine spezifische Arbeit ausüben würden.[337] Allerdings
beschränkten sich die Forscher nicht mehr nur auf die Kriegsindustrie, sondern erweiterten ihre Arbeit auf zivile Unternehmen; der Frieden und die
Nachkriegszeit waren schon im Blick. In dem Gremium, das dieser Aufgabe
nachgehen wollte, saßen von Anfang an zwei bedeutende Psychologen: Charles
Sherrington und der umtriebige Charles Myers, der sich ab 1918 vermehrt mit
den Anliegen der Industriepsychologie beschäftigte. Mit ihm als Gremiums-
mitglied wurden zum einen seine militärpsychologischen Erfahrungen für die
Industriepsychologie relevant, zum anderen konnte er auch weitere psychologische Kollegen in seine Arbeit einbinden.[338] Obwohl sich das IFRB von
seinem Vorgänger-Gremium (HoMWC) absetzte, wies es trotzdem große
Ähnlichkeiten auf: Wieder handelte es sich es um eine zentral organisierte,
staatliche Behörde, die, anders als in Deutschland, alle Forschungsinitiativen
in der Industrie bündelte. Dies führte durch staatlich veröffentlichte Reporte
und Jahresberichte zu einer deutlichen, auch international wahrgenommenen
Sichtbarkeit der Arbeit des Gremiums und der Industriepsychologen. Zudem
wurden auch in diesem Gremium die Untersuchungen staatlich finanziert und
waren dadurch von den Interessen einzelner Unternehmen unabhängig.

It is to be remarked, further, that the conditions of war have provided, not only
insistent demand for the application of the scientific method, but many excep-
tional opportunities at the same time for its easy and fruitful use. The mere

---

336 Ebenda.
337 Leslie Spencer Hearnshaw, The Unity of Industrial Psychology, in: Occupational Psycho-
     logy 44 (1970), S. 149–156, S. 153.
338 Zum Einfluss militärpsychiatrischer Tätigkeit auf die Industrie siehe: Stone, The military
     and industrial roots of clinical psychology in Britain, 1900–1945, 1985; Einbezogen in die
     Arbeit des IFRB wurden beispielsweise: Bernhard Muscio, May Smith und Eric Farmer,
     siehe NA FD 2/5 National Health Insurance. Fifth Annual Report of the Medical Research
     Committee 1918–1919, S. 79.

collection of men in large numbers under military rule, for instance, has allowed observations to be made and recorded which have yielded information otherwise almost unprocurable.[339]

In der Zeit des Krieges, unter „militärischen" Regeln, hatten sich die Arbeiter den Untersuchungen der Forscher, auch der Psychologen, nicht widersetzen können. Unter dem Druck der Kriegsanforderungen hatten diese Forscher auch sehr unterschiedliche Arbeitsbedingungen untersucht: Arbeit unterschiedlicher Länge, unterschiedlicher körperlicher Beanspruchung und unter unterschiedlichen Bedingungen (Lärmbelastung, Ventilation etc.). Auch war die Situation im Krieg eine besondere, da in der Industrie nach 1916 ungelernte Arbeiter und Frauen zum Teil für schwere Arbeit und in Nachtschichten eingesetzt wurden und die Forscher deren Leistung und Belastung maßen. Das Datenmaterial aus der Kriegszeit war also größer und umfassender als das der Nachkriegszeit und im Gegensatz zu den Daten aus der Militärpsychiatrie bestand auch nach dem Krieg bei dem IFRB Interesse an der Auswertung dieser Daten.[340]

Diese Untersuchungen der Arbeitskraft erfassten immer sowohl physiologische als auch psychologische Faktoren. Allerdings entwickelten die britischen Psychologen keine theoretischen Messkonzepte wie ihre deutschen Kollegen, die beispielsweise versuchten, den Willen durch eine Aufmerksamkeitsleistung zu erfassen.

The primary studies in this subject must be physiological: they must gain further light upon the laws of the human body and brain, so that labour may be effectively and healthily applied to given tasks, and the undue onset of fatigue or any other industrial causes of ill-health prevented. These problems call for special study of muscular actions as well as of the neuro-muscular machinery and the psychological influences which play upon it.[341]

Müdigkeit wurde hier in erster Linie als eine physiologische Größe definiert, auf die psychologische Einflüsse einwirken würden. Für diese Forschungsthemen waren die Psychologen Horace Vernon, Thomas Loveday und Philip

---

339   NA FD 2/3 National Health Insurance. Third Annual Report of the Medical Research Committee 1916–1917, 18.10.1917, S. 6.

340   Beispielsweise: Ethel E. Osborne, The output of women workers in relation to hours of work in shell making, Report Nr. 2 des Industrial Fatigue Research Board, 1919, in: Medical Research Council (Hrsg.), Reports of the Industrial Fatigue Research Board, London 1919–1928.

341   NA FD 2/5. Fifth Annual Report of the Medical Research Committee 1918–1919, S. 77.

Sargant Florence zuständig, die schon im HoMWC gearbeitet hatten.[342] Horace Vernon unterstrich erneut die früheren Ergebnisse seiner Untersuchungen zur Reduktion der Arbeitszeit; diesmal jedoch in einem bestimmten Industriebereich: der Tin-Plate-Manufacture (Weißblechherstellung). Die Untersuchungen, die noch in der Kriegszeit durchgeführt worden waren, zeigten die bekannten Resultate: dass eine Reduktion der Arbeitszeit und sinnvolle Pausen eine Leistungssteigerung hervorrufen konnten.[343] Allerdings erfassten sie dabei auch andere Einflussfaktoren, wie die Belüftung und jahreszeitliche Schwankungen der Arbeitsleistungen.[344]

Neu war jedoch, dass diese Untersuchungen des IFRB nicht mehr nur in den Munitionsfabriken durchgeführt wurden, sondern auch in anderen Bereichen wie in der Woll- und Seidenindustrie, in der Schuhfabrikation oder in Wäschereien und sich damit nicht mehr nur auf direkt kriegsrelevante Industriezweige bezogen.[345] Eine weitere Neuerung war, dass man besonderen Wert auf die Untersuchung der Arbeit von Frauen legte:[346]

> In heavy laundry work by women an investigation by Miss May Smith, of the School of Experimental Psychology, Oxford, is in process of arrangement. This will allow a study of the effects upon women of work involving heavy muscular labour, continuous standing and long exposure to heat and humidity, and it will be supplemented by an inquiry into the effects of industrial fatigue upon maternity and other functions.[347]

Gerade nach den ungeheuren Verlusten der großen Schlachten waren die Gesundheit und Gebärfähigkeit der Frauen von großer nationaler Bedeutung und fanden auch bei der Forschung dieses vom Medical Research Council unterstützten Gremiums größere Beachtung. Auch unterstützte das IFRB

---

342 Ministry of Munitions, Final report, S. 9; Horace M. Vernon veröffentlichte beispielsweise den ersten Report des IFRB; Horace Middleton Vernon, The influence of hours of work and of ventilation on output in tin-plate manufacture Report Nr. 1 of the Industrial Fatigue Research Board, 1919, in: Medical Research Council (Hrsg.), Reports of the Industrial Fatigue Research Board, London 1919–1928.

343 Vernon, Industrial fatigue and efficiency., S. 55.

344 Vernon, The influence of hours of work and ventilation; Myers, Mind and work, S. 65.

345 „In the Boot and Shoe Industry, Professor Thomas Loveday is studying the effects of moderately heavy work carried on under special and varying conditions as regard hours and spells of work and factory hygiene. At present the onset of industrial fatigue here is estimated chiefly through data of lost time and wastage of material." NA FD 2/5 Fifth Annual Report of the Medical Research Committee 1918–1919, S. 79.

346 Ebenda, S. 78: „Other bodies, at the same time, and in particular the Reconstruction Committee upon women's employment, urged the pressing need for further and prompt investigation of industrial fatigue and ill health among women."

347 Ebenda, S. 80.

theoretische Arbeiten von Psychologen zur Entwicklung von Tests zur Ermüdung:

> In the Department of Experimental psychology at Cambridge Mr. B. Muscio is
> giving whole-time work to an experimental investigation of existing physiologi-
> cal and psychological tests of fatigue, and is attempting to devise more satisfac-
> tory tests. A parallel inquiry in the same industries by Prof. Stanley Kent and his
> assistants was initiated by the Board in order to estimate the value of the psy-
> chological tests previously used by Prof. Kent in his earlier works for the Home
> Office, by a comparison of their results with simultaneous observations by Dr.
> Vernon of output.[348]

Anders als ihre deutschen Kollegen hatten die britischen Psychologen bis kurz
vor Kriegsende keine psychologischen Tests zur Untersuchung der Müdigkeit
eingesetzt; diese maß man in der Industrie auch weiterhin anhand der sin-
kenden Produktionsraten und des Ansteigens der Fehlerzahl. Neu war aber
eine zusätzliche Forderung an die in der Industrie arbeitenden Forscher. Denn
gegen Kriegsende und in der unmittelbaren Nachkriegszeit wuchs die Unruhe
unter den Arbeitern. Schon 1917, als Reaktion auf eine Reihe von Streiks in der
wichtigen Kriegsindustrie, die durch Marxisten und andere radikale politische
Elemente, besonders das Shop Stewards Movement angeblich unterstützt
wurden, hatte Lloyd George die *Industrial Unrest Commission* eingesetzt „to
remove justifiable reason for unrest."[349]

Neben den Streiks der Vorarbeiter und gelernten Arbeiter in der Maschinen-
und Metallindustrie, die für ihre Freiheitsrechte, z.B. die Möglichkeit des
freien Wechsels des Arbeitsplatzes kämpften, waren es auch die ungelernten
Arbeiter, die streikten. Ihre Forderungen betrafen vor allem lokale und konkrete praktische Probleme und Missstände.[350] Der Erfolg der Bolschewiken in
Russland und die politischen und sozialen Krisen und militanten Arbeiterauf-
stände in Deutschland und Frankreich verstärkten die Dringlichkeit sozialer
Reformen.[351] Auch die Stellung und Macht der Gewerkschaften hatten sich im
Krieg deutlich verbessert und die Regierung von Lloyd George wurde durch
deren Forderungen zunehmend unter Druck gesetzt.[352] In dieser Situation
nutzten die Psychologen die Gunst der Stunde und stellten ihre Fähigkeiten

---

348   NA FD 2/5 Fifth Annual Report of the Medical Research Committee 1918–1919, S. 79.

349   Keith Middlemas, Politics in industrial society. The experience of the British system since
      1911, London 1979; Rose, Governing the soul., S. 73.

350   Leonhard, Die Büchse der Pandora., S. 730f.

351   Rose, Governing the soul., S. 73.

352   Florence, Economics of fatigue and unrest and the efficiency of labour in English and
      American industry., S. 6f.

als Vermittler im Arbeitskampf heraus. Sie betonten dabei vor allem die amerikanischen Methoden des *scientific managements*, die sie aber deutlich sozialer gestalten wollten; diese waren sicher auch durch den Kriegseintritt der USA akzeptabler geworden. Die ersten Untersuchungen des Industrial Fatigue Research Boards zur industriellen Arbeitsleistung und Ermüdung wurden, folgerichtig, in der besonders von Streiks betroffenen Eisen- und Stahlindustrie durchgeführt. Die Gewerkschaften dieser Industriezweige hatten Vertreter der Regierung gebeten, in Verhandlungen über einen 8-Stunden-Tag mit den Unternehmern zu vermitteln. In den speziellen Untersuchungsausschüssen des IFRB saßen ab 1918 Arbeitgebervertreter und Arbeitnehmervertreter in gleicher Zahl, um gemeinsam die problematischen Zustände zu erforschen.[353]

> ... The Board decided to approach the industry with the proposal that a general inquiry into fatigue and the human side of efficiency should be proceeded with at once, and in accordance with their usual practice they invited certain of the Trade Associations concerned to nominate representatives to join the Board as Panel Members for the purpose of this inquiry. The invitation was accepted.[354]

> Each investigation is entrusted to a special committee, of which there are 11 in existence, composed of not merely members of the board, but also industrial experts, together with representatives of employers and workmen in the industry concerned. By this means full technical knowledge is obtained and also cooperation among masters and men.[355]

Diese paritätische Zusammensetzung eines Untersuchungsausschusses zur Erforschung der industriellen Ermüdung und der Steigerung der Arbeitsleistung war ein Novum und wurde von den Zeitgenossen auch so wahrgenommen.[356]

Die beiden ersten Projekte des IFRB, die den Zusammenhang von Arbeitszeit und -effizienz in der Eisenindustrie und bei weiblichen Arbeitern in Munitionsfirmen untersuchten, wurden in gleicher Art und Weise wie in der ersten Kriegshälfte von dem Psychologen Horace Vernon durchgeführt jedoch

---

353 Vernon, Fatigue and efficiency in the iron and steel industry. Report Nr. 5 des Industrial Fatigue Research Board, 1920, S. 4 in: Medical Research Council (Hrsg.); Die Vertreter der Arbeiter waren von den Gewerkschaften, Iron and Steel Trades Confederation gewählt worden, Ebenda.

354 Ebenda, S. 4.

355 Anon, Industrial Fatigue Research Board, in: The Lancet 195 (1920), H. 5052, S. 1372.

356 „Great Britain in this matter has established a lead and there is promise of maintaining and increasing this lead.", ebenda.

nicht mehr wie zuvor zur Förderung der Leistung in den Munitionsfabriken, sondern aufgrund der Forderungen der kriegsmüden Gewerkschaften.[357]

Eine besondere Stellung nimmt der Bericht des Industrial Fatigue Research Boards ein, den der prominente Psychologe Charles Myers erstellte. Beim Besuch eines Industrieunternehmens stellte er das besonders effektive Konzept einer kriegswichtigen Eisengießerei vor, das dort schon früh im Krieg, 1915, eingeführt und mit großem Erfolg ausgebaut worden war. Myers unterstrich die Bedeutung psychologischer Arbeit in der Industrie geschickt und überzeugend: Lobend beschrieb er zunächst die effektiven Arbeitsmethoden dieses Unternehmers, die denen des *scientific managements* nach Frederick Taylor entsprachen, ohne aber dessen Namen zu erwähnen.[358] Wiederholt betonte er dabei die positive Haltung des Besitzers, der für alle diese Maßnahmen die Einwilligung der Arbeiter erfolgreich eingeholt habe: „[he] lays great stress upon the importance of obtaining the men's full consent and co-operation before anything in these directions can be satisfactorily begun."[359] Als geradezu logische Folge der Anwendung dieser Methoden stellte Myers dann die Möglichkeit einer enormen Steigerung der Arbeitsleitung in Aussicht

> From the foregoing it is clearly established that in favourable circumstances movement studies, training and the organisation of material, combined with a specially devised system of payment, are capable of affecting an enormous increase of output with reduced hours of work.[360]

Vor allem aber würden diese Methoden dazu beitragen, den sozialen Frieden im Land wiederherzustellen: So habe der Fabrikbesitzer ein gutes Verhältnis zu den Gewerkschaften: „...[his] relations with the Trade Unions have been amiable throughout."[361]

---

357 Vernon, Fatigue and efficiency in the iron and steel industry. Report Nr. 5 des Industrial Fatigue Research Board, 1920, in: Medical Research Council (Hrsg.); Osborne, The output of women workers in relation to hours of work in shell making, Report Nr. 2 des Industrial Fatigue Research Board, 1919., in: Medical Research Council (Hrsg.).

358 „These results were obtained from a judicious combination of movement study, training of workers, improvements in appliances, shorter hours of work and higher wages.", Charles Samuel Myers, A study of improved methods in an iron foundry. Report Nr. 3 des Industrial Fatigue Research Board, 1919, S. 4 in: Medical Research Council (Hrsg.), Reports of the Industrial Fatigue Research Board, London 1919–1928.

359 Ebenda, S. 4.

360 Ebenda, S. 8.

361 Ebenda, S. 7.

... He is of opinion that if the subject were taken up on a national basis it would go a long way towards solving much of the unrest now existing. He considers that at present neither the employer nor the workman knows sufficiently about the possibilities of their respective jobs.[362]

Um in diesem Vorgehen insbesondere den Arbeitnehmer aber auch den Arbeitgeber bei der Selektion der Arbeiter und der Gestaltung des Arbeitsplatzes zu beraten, seien die Industriepsychologen die geeigneten Vermittler, betonte Myers. Sie könnten vor allem auch dabei von Nutzen sein, die nationalen Arbeitskonflikte zu besänftigen. Mit diesen Äußerungen hatte sich Myers nicht nur als Experte der Arbeitswissenschaften dargestellt, sondern auch die wichtige soziale und politische Funktion der Industriepsychologie für den Staat betont.[363] Politik, Öffentlichkeit und Wissenschaft waren in dieser Situation, wie Mitchell Ash es ausdrückte, Ressourcen füreinander: Die Politik hatte Experten für die Schlichtung des Arbeitskampfes eingebunden und diese, die Psychologen, hatten ihre Expertise und Bedeutung hervorgehoben.[364] Myers engagierte sich aber nicht nur hier, sondern auch noch in anderen Bereichen der Industriepsychologie.

Charles Myers, der britische Münsterberg?

Of the four main determinants of industrial and commercial efficiency – the mechanical, the physiological, and the social and economic – the psychological is by far the most important and fundamental.[365]

Diese Sichtweise bezüglich der Rolle der Psychologie in der Industrie teilte Myers mit dem Deutschamerikaner Hugo Münsterberg, der in Amerika eine entscheidende Rolle bei der Etablierung der Industriepsychologie gespielt hatte.[366] Münsterberg hatte besonders drei Gebiete herausgestellt, in denen

---

362 Ebenda, S. 8.

363 So wurden in der folgenden Zeit für die von Myers betonten Sektoren der Arbeit besonders viele Psychologen eingesetzt, siehe beispielsweise: Hearnshaw, A short history of British Psychology, S. 279.

364 Mitchell G. Ash, Wissenschaft(en) und Öffentlichkeit(en) als Ressourcen füreinander. Weiterführende Bemerkungen zur Beziehungsgeschichte, in: Sybilla Nikolow/Arne Schirrmacher (Hrsg.), Wissenschaft und Öffentlichkeit als Ressourcen füreinander. Studien zur Wissenschaftsgeschichte im 20. Jahrhundert, Frankfurt am Main, New York 2007, S. 349–364.

365 Myers, Mind and work, V.

366 „We must not forget, that the increase of industrial efficiency by future psychological conditions is not only in the interest of the employers, but still more of the employees; their

die Industriepsychologie von Bedeutung sei: Die Auswahl geeigneter Arbeiter, die bestmögliche Gestaltung des Arbeitsplatzes und die Beeinflussung
der Menschen durch Werbung und Verkaufsstrategien.[367] Er hatte schon vor
dem Ersten Weltkrieg nicht nur ein breites Programm für eine mögliche angewandte Psychologie vorgestellt, sondern auch erste Eignungsprüfungen
unter realitätsnahen Bedingungen an Straßenbahnfahrern und Telefonisten
durchgeführt.[368] Im Unterschied zu Deutschland waren diese Vorstellungen
und praktischen Methoden in Großbritannien noch nicht verbreitet oder
angewandt worden.[369] Es war Charles Myers, der dessen Werke und Methoden, sowie die von Frederick Taylor, in Großbritannien bekannt machte, aber
einen eigenen Stil der industriellen Psychologie entwickelte.

Myers stellte sein weitgefächertes Programm für eine angewandte Psychologie, das viele Elemente der amerikanischen Vorstellungen enthielt, im
April 1918 am Royal Institute in London vor. Er arbeitete zu diesem Zeitpunkt
nicht mehr im Bereich der Militärpsychiatrie, sondern führte spezielle Tests
für das Militär durch. Nicht nur in der Industrie, sondern auch in vielen anderen Bereichen des praktischen Lebens sollte die Psychologie von nun an eine
entscheidende Rolle spielen.[370]

> The psychology in its modern form, [...] is bound to play an increasing part alike
> in industry, jurisdiction, education, aesthetics and medicine. The urgent need
> now is for institutes of applied psychology in each of our largest cities ...[371]

Myers äußerte hier ähnliche Forderungen wie Münsterberg, der die angewandte Psychologie – die Psychotechnik – als „Wissenschaft von der praktischen Anwendung der Psychologie im Dienste der Kulturaufgaben" deklariert
hatte.[372] Damit meinte Münsterberg, dass die Psychologie in vielen Bereichen
des menschlichen Lebens, beispielsweise in Wirtschaft und Rechtsprechung,
Erziehung, Kultur und Wissenschaft eine große Rolle spielen könnte und

---

working time can be reduced, their wages increased, their level of life raised... . still more
important than the naked commercial profit on both sides, is the cultural gain which will
come to the total economic life of a nation ..." so Münsterberg zur Rolle der Psychologie,
Hugo Münsterberg, Psychology and industrial efficiency, London 1913, S. 338f.

367   Hearnshaw, The Unity of Industrial Psychology, S. 149.
368   Münsterberg, Psychologie und Wirtschaftsleben.; Münsterberg, Grundzüge der Psycho-
       technik.; Lück/Rothe, Hugo Münsterberg, S. 61.
369   Siehe dazu Kapitel 3.2.1.
370   Myers, Present-day applications of psychology with special reference to industry, educa-
       tion and nervous breakdown, S. 47.
371   Ebenda.
372   Münsterberg, Grundzüge der Psychotechnik., S. 1.

sollte.[373] Myers nahm diesen weitgefächerten Anspruch auf und versuchte ihn auch umzusetzen. Durch ihn und seinen Schüler Bernhard Muscio wurden die Ergebnisse und Methoden der amerikanischen Arbeitswissenschaften in Großbritannien publik und akzeptabel: Muscio hatte seit 1914 in Cambridge in der experimentellen Psychologie gearbeitet, kehrte allerdings 1916 in sein Heimatland Australien zurück, um eine Vorlesungsreihe über Industriepsychologie zu halten, die 1917 als Buch erschien. Dieses Buch: *Lectures on Industrial Psychology* machte Myers auf die amerikanischen Methoden von Taylor und Münsterberg aufmerksam.[374] Muscio sah das Hauptanliegen des *scientific managements* darin, den Arbeiter die bestmögliche Art des Arbeitens zu lehren.[375] Dazu seien Bewegungsstudien nötig, um eine effektive Arbeitsmethode zu entwerfen.[376] In Zeit- und Bewegungsstudien könne man dann die ideale Folge der Arbeitsschritte ebenso erfassen wie auch die ideale Arbeitsgestaltung durch Pausen und die optimale Länge des Arbeitsprozesses.[377] Weitere wichtige Aspekte sah er darin, sich der Zustimmung der Arbeiter zu den neuen Methoden zu versichern und sie anschließend entsprechend zu trainieren.[378] Die Industriepsychologie sei bei diesen Vorgängen wichtig, einmal um die fähigsten Arbeiter auszuwählen, aber auch, um den Arbeitsprozess durch die Anwendung von naturgesetzlichen Regeln zu vereinfachen.[379]

> The scientific management methods of work when good are based upon the laws of a man's psycho-physical organism and those of the processes required in labour. They aim at utilising natural laws as much as possible for the attainment of our ends.[380]

Trotz dieses wissenschaftlichen Anspruchs setzte sich Muscio dezidiert von den Methoden seiner amerikanischen Kollegen ab, da er der Meinung war, dass deren Vorgehen nicht im Sinne der Arbeiter sei: „… the only person who might find the application of psychology to industry undesirable were industrial workers."[381] Muscio nannte vor allem zwei Kritikpunkte der Arbeiter: Zum

---

373   Lück/Rothe, Hugo Münsterberg, S. 6of.
374   Muscio, Lectures on industrial psychology; Hearnshaw, A short History of British Psychology., S. 276; Stone, The military and industrial roots of clinical psychology in Britain, 1900–1945, S. 218.
375   Muscio, Lectures on industrial psychology, S. 160.
376   Ebenda, S. 204–214.
377   Ebenda.
378   Ebenda, S. 160.
379   Ebenda, S. 182.
380   Ebenda, S. 245.
381   Ebenda, S. 290.

einen, dass die besseren Arbeitsmethoden das Arbeitstempo beschleunigen würden (speeding up); dies würde auch die leistungsfähigsten Arbeiter auf Dauer überfordern.[382] Es wurde zudem beanstandet, dass diese Methoden das Selbstbestimmungsrecht der Arbeiter beschneiden würden, da nur eine ganz bestimmte Abfolge von Arbeitsschritten erlaubt sei.[383] Muscio selbst schlug schon 1916 eine Änderung dieses wissenschaftlichen Systems im Sinne einer Demokratisierung vor:

> ... the application of scientific management might be democratised with good results. As a consequence of such a democratisation, „tasks", for instance, would probably be set reasonably, and this alone would do away with much cause for annoyance with the system.[384]

Diese Version des *scientific managements* war ganz im Sinne von Charles Myers, der sich damit auch als liberal und arbeiterfreundlich darstellen konnte. Er bedauerte den Rückstand seines Landes in Bezug auf industriepsychologische Methoden:

> But instead of increasing efficiency by selecting the most suitable and efficient workers, and by modifying the conditions of their work [...] it is far simpler, where greater output is needed, simply to pour in more untrained and unfit workers into the factory [...]. In place of increasing the efficiency and specialisation of our large factories, hospitals etc., it is tempting to adopt the easier and, really in the end more costly method of scattering enormous numbers of relatively inefficient, semi-amateurs, small units over the face of the country. The costliness and inefficiency of this procedure are obvious. Its attractiveness is due to our national habit of muddling through somehow and to the opposition of workers to the introduction of industrial psychology and scientific management.[385]

Charles Myers propagierte gegen Kriegsende deshalb eine neue, humanere Variante der Arbeitswissenschaften, in der die Psychologie eine entscheidende Rolle spielen sollte: „Only during the war did we realise that it was the *human factor* in industrial work upon which depended success or failure."[386] Mit dem Konzept des *human factors* wollte Myers zwei Aspekte hervorheben: Einmal,

---

382   „Labour has known scientific management as a system under which it was often necessary to speed up;", ebenda, S. 267.

383   „The second fact is that the practice of scientific management has led to the workman experiencing a sense of *loss of power* or insecurity." Ebenda.

384   Ebenda, S. 289.

385   Myers, Present-day applications of psychology with special reference to industry, education and nervous breakdown, S. 24.

386   Arthur Pugh, Speaker' Addresses, in: Journal of the National Institute of Industrial Psychology 1 (1923), S. 269–272, S. 271.

im Gegensatz zu der amerikanischen Vorgehensweise, die Bedeutung von Persönlichkeit, Einstellung und Temperament des Arbeiters.[387] Zum anderen den Anspruch, deutlich humaner und menschenfreundlicher, besonders in Bezug auf die Arbeiter, vorzugehen. Er stellte sich zum Beispiel gegen die These, dass es nur einen richtigen Arbeitsweg, nur eine sinnvolle Abfolge von Arbeitsschritten gäbe; diese Einstellung würde individuelle Wege der Arbeitsgestaltung nivellieren.[388] Laut Myers gäbe es auch keinen „idealen Arbeiter", nach dem man den Arbeitsprozess ausrichten könne. Die neue britische Industriepsychologie sei daher wissenschaftlicher, auf längere Sicht effizienter und gewiss humaner als die amerikanische Methode.[389] Studien zum Arbeitsablauf (*time and motion studies*) sowie Maßnahmen der Arbeits- und Berufsberatung seien auch nur mit Zustimmung der Arbeiter durchzuführen.[390] Myers hatte sich darum auch zum Ziel gesetzt, sowohl Arbeitgeber als auch Arbeitnehmer genau zu informieren und auf diese Weise für seine neuen Methoden zu gewinnen.[391]

Die erfolgreiche Selbstdarstellung britischer Industriepsychologie durch Myers hatte auch weitere Gründe: Der Kriegseintritt der USA 1917 förderte den Einfluss amerikanischer Arbeitsmethoden und amerikanische Forscher und ihre Methoden wurden zunehmend wahrgenommen und akzeptiert.[392] Jedoch erweckte es den Eindruck einer gewissen Rückständigkeit der britischen Methoden im Vergleich mit den neuen Arbeitswissenschaften insbesondere denen in Amerika und Deutschland.[393]

Die Anhänger der neuen humanen Industriepsychologie in Großbritannien nach Muscio und Myers hatten also ehrgeizige Pläne und legte großen Wert auf die gerechte und einfühlsame Berücksichtigung der Bedürfnisse der

387   Stone, The military and industrial roots of clinical psychology in Britain, 1900–1945, S. 220.
388   Charles Samuel Myers, The efficiency engineer and the industrial psychology, in: Journal of the National Institute of Industrial Psychology 3 (1927), S. 168–172, S. 168.
389   Thomson, Psychological subjects, S. 147.
390   Myers, Mind and work, S. 143f, S. 175.
391   Myers, Present-day applications of psychology with special reference to industry, education and nervous breakdown, S. 25.
392   Der Ökonom und psychologisch interessierte Philipp Sargant Florence bekam beispielsweise vom Medical Research Council Geld, um über industriepsychologische Themen zu forschen; er verglich die Entwicklung in Großbritannien und Amerika. Florence, Economics of fatigue and unrest and the efficiency of labour in English and American industry.
393   „...the fact must be faced that Great Britain is far behind many of the continental countries, especially Germany and Belgium, in regard to vocational guidance and selection.", Anon, The work of the N.I.I.P. during the past year, in: Journal of the National Institute of Industrial Psychology 1 (1922), S. 49–58, S. 54.

Arbeiter. Mit diesem Bestreben betonte Myers erneut seine vermittelnde Rolle im Arbeitskampf. Grund für seine Haltung war ein weiterer Faktor: Die meisten der britischen Psychologen hatten während des Krieges im klinischen Bereich gearbeitet und dabei eine adaptierte Form der Psychoanalyse angewandt. Der behavioristische Ansatz der Amerikaner, der eher das Verhalten eines Individuums im Blick hatte, war zu dieser Zeit in Großbritannien kaum verbreitet.[394] Wie in einem klinischen Setting versuchten die in der Industrie arbeitenden Psychologen, die Motive und unbewussten Reaktionen der Arbeiter und Arbeitnehmer zu verstehen.[395] Persönlichkeitsfaktoren wie Loyalität, Ehrlichkeit, Mut, Selbstkontrolle seien nicht durch Tests, sondern nur durch persönliche Gespräche festzustellen.[396] Gerade im Bereich des Managements wäre es sinnvoll, so Myers, die Erfahrungen des Krieges für die Industriepsychologie nutzbar zu machen:

> During the last few years a flood of light has been thrown on the importance of emotions and on the changes which they effect and to which they are subject... The application of such new advances to the problems of industrial unrest is sufficiently obvious.[397]

Psychologen, so Myers, könnten dazu beitragen, den sozialen Frieden zu sichern, indem sie die Arbeitgeber davon überzeugen würden, eine gezielte Selektion der Arbeiter vorzunehmen und durch Verbesserung der Arbeitsabläufe und Bedingungen (Lohnerhöhung und Arbeitszeitverkürzung) den Arbeitnehmern entgegenzukommen.[398] Aber auch die Arbeitnehmer, so Myers, müssten verstehen, dass die neuen Methoden der Bewegungsstudien (*time and motion studies*) und der Testverfahren zur Arbeitsberatung nicht ihre Freiheit beschneide, sondern den Arbeitsprozess auch in ihrem Sinne effektiver und kürzer gestalte und zum Wohlbefinden des Arbeiters beitragen könnte.[399]

---

394   Stone, The military and industrial roots of clinical psychology in Britain, 1900–1945., S. 221.

395   Zum psychologischen Verständnis der Arbeitnehmer siehe beispielsweise: Susie S. Brierley, The present attitude of employees to industrial psychology., in: British Journal of Psychology 10 (1920), S. 210–227.

396   Charles S. Myers, Psychology and industry, in: British Journal of Psychology 10 (1920), S. 177–182., S. 180.

397   Ebend., S.181.

398   Myers, Present-day applications of psychology with special reference to industry, education and nervous breakdown, S. 25f.

399   Ebenda, S. 25.

> Under the application of Psychology to management, I include [...] the psychological advantages of different methods of payment and supervision, and other conditions which affect the efficiency and the happiness of the worker.[400]

Arbeitsfreude war, im Gegensatz zu der Debatte in Deutschland, kein Thema in der britischen Industriepsychologie; man nahm an, dass sich diese quasi von selbst einstellen würde, wenn man die äußeren Bedingungen optimal gestalte.[401] Unbewusste Regungen könnten aber auch dazu führen, dass der Arbeitswille des Arbeitnehmers sich minderte und es deshalb zu Streiks kommen könnte. Myers nahm an, dass durch die Überlastung im Krieg die verstandesmäßige Kontrolle über unliebsame Emotionen und Erfahrungen nachgelassen habe, dass nach Kriegsende die Erinnerungen an die anstrengende Kriegszeit in aller Schärfe bei den Arbeitnehmern lebendig geworden seien und durch pathologische Verschiebungen (Projektionen) zu Streiks und Unruhen geführt hätten.[402] Auf diese Weise hatte Myers auch die neurotischen Störungen psychisch verletzter Soldaten diagnostiziert und er glaubte, den Streiks und Aggressionen der Arbeiter therapeutisch begegnen zu können:

> We now know that, by the timely application of psychotherapeutic measures (based on the recent development of abnormal psychology), and by a judicious selection of environment, such workers can, like early tuberculous patients be prevented from going downhill; many of the emotionally unstable can be healed; and many of those with insane „egocentric" tendencies or with defective intelligence can be prevented from becoming a danger to themselves or to society.[403]

Auf der anderen Seite sah er aber auch berechtigte Gründe für die Arbeitsunruhen; vor allem die Front zwischen Arbeitgebern und -nehmern sei an vielen Punkten zu verhärtet.[404] In verschiedenen Untersuchungen hatte man herausgefunden, dass besonders häufig in Gegenden gestreikt wurde, in denen sich viele Unfälle ereigneten, d.h. in Industriezweigen mit schlechten Arbeitsbedingungen. Die Lösung dieses Konfliktes, so Myers, liege in der Anwendung der industriepsychologischen Methoden und in der Verbesserung

---

400 Myers, Psychology and industry, S. 181.

401 Erst 1930 entwickelte May Smith einen Fragebogen: „How do you like your work?" Smith, An introduction to industrial psychology, S. 76, S. 62; siehe auch Rowntree, The human factor in business, S. 82.

402 Myers, Mind and work, 137–169.

403 Ebenda, S. 143.

404 „It would be absurd, then, to attribute the present industrial unrest merely to the strain of warefare.", ebenda, S. 144.

der Arbeitsbedingungen. Mit dieser Argumentation versuchte Myers, sich und seine Kollegen als liberale, demokratische, egalitär denkende Experten der neuen Arbeitswissenschaften darzustellen; vor allem betonte er aber, wie Münsterberg, seine neutrale und abwägende Stellung im Arbeitskampf.[405]

Aber er übersah dabei den Einfluss von Macht und finanziellen Interessen der Arbeitgeber und die Schwierigkeiten, beiden Seiten gleichermaßen gerecht zu werden. Auch die ausgefeilteste psychologische Arbeitsmethode war nie vollständig neutral, obwohl Myers immer wieder versuchte, dies in seiner Expertenrolle durchzusetzen.[406] Dieser Versuch, eine neutrale Position einzunehmen, konfrontierte ihn in der Nachkriegszeit daher mit dem Misstrauen sowohl der Arbeitgeber als auch der Arbeitnehmer. Daher erhielt er die meisten Aufträge von den religiös orientierten Unternehmen wie die der Quäker Rowntree und Cadbury, Unternehmer, die schon in der ersten Hälfte des Krieges die Sache der Psychologie unterstützt hatten.[407]

Myers klinische Erfahrungen in der Kriegszeit und eine eher testskeptische Einstellung hatten großen Einfluss auf die Arbeit der Industriepsychologie auch dahingehend, dass man die Bedeutung von Gesprächen betonte und nicht wie in Deutschland in großem Stil auf apparative Untersuchungen und ausgefeilte Testverfahren setzte.[408] Möglicherweise fehlte in der zweiten Hälfte des Krieges auch das Geld dafür. Wie sah nun die Arbeit der britischen Psychologen in der Industrie konkret aus?

Praktische Folgen

> In industry (including commerce) there are four main themes to which Psychology can be profitably applied, namely to fatigue, movement study, vocational guidance and management.[409]

So umriss Charles Myers kurz nach Kriegsende in seiner Antrittsrede als Vorsitzender der industriepsychologischen Sektion der Britischen Psychologischen Gesellschaft die vier wichtigsten Gebiete, in denen die Psychologie in der Industrie von Bedeutung sei: bei der Untersuchung der Müdigkeit bei der Arbeit, der Analyse des Arbeitsprozesses, der Berufsberatung und dem

---

405 Rose, Governing the soul, S. 58.
406 Ebenda, S. 58.
407 Shephard, Headhunters, S. 245.
408 Charles S. Myers, The pitfalls of „Mental Tests", in: British Medical Journal (1911), H. 2613, S. 195–197.
409 Myers, Psychology and industry, S. 178.

Management.[410] In diesen vier Bereichen hatten die Psychologen in der zweiten Kriegshälfte bereits begonnen, ihre praktische Arbeit in der Industrie auszubauen. Hauptakteur der Ermüdungsforschung war zu Kriegsende das IFRB, das mit dem großen Zahlenmaterial aus der Kriegszeit arbeitete und die Ergebnisse seiner Untersuchungen oft erst nach dem Krieg veröffentlichte.[411]

Die britischen Psychologen Vernon, Farmer und Wyatt untersuchten weiter im Auftrag des IFRB den Einfluss der Arbeitszeit auf die Arbeitsleistung, aber auch die Wirkung sinnvoller Pausen und Schichtlängen, alles Themen, die schon in der ersten Kriegshälfte von Bedeutung gewesen waren.[412] Neu waren zusätzliche Beobachtungen wie beispielsweise das Phänomen, dass die erwartete Leistungssteigerung nach Arbeitszeitverkürzung häufig erst zeitversetzt eintrat.[413] Eine weitere Neuerung bestand darin, dass jetzt auch britische Psychologen eine Beobachtung und Registrierung des Arbeitsprozesses in der Industrie, wie sie das amerikanische *scientific management* durchführte, in verschiedenen Berufszweigen anwandten.[414]

Eric Farmer sollte beispielsweise die Arbeitssituation in einer Süßwarenfabrik untersuchen:

> In a large Confectionery factory in London, Mr. E. Farmer is giving whole-time work to some trial experiments upon the effects of changes in posture, economy of movement, and other factors, with the object of finding the optimum conditions of effective work.[415]

---

410 In dieser Einteilung sowie in den meisten psychotechnischen Büchern der Zeit folgte man damit dem Vorgehen Münsterbergs; dies konnte man oft schon am Inhaltsverzeichnis nachvollziehen: Z.B. Myers, Mind and work, Charles Samuel Myers, Industrial psychology in Great Britain, London 1926; Harold Ernest Burtt, Psychology and industrial efficiency. Reprint 1929, New York, London 1970.

411 Myers, A study of improved methods in an iron foundry. Report Nr. 3 des Industrial Fatigue Research Board, 1919., in: Medical Research Council (Hrsg.); Gladys Broughton/ Ethel M. Newbold/Edith Allen, A statistical study of labour turnover in munition and other factories. Nr. 13 des Industrial Fatigue Research Board, 1921, in: Medical Research Council (Hrsg.).

412 Report Nr. 1, 2, 5, 6, 24, 25, 32, 41, 42, 47 des IFRB, in: Medical Research Council (Hrsg.).

413 Horace Middleton Vernon, The Speed of adaption of output to altered hours of work. Report Nr. 6 des Industrial Fatigue Research Board, 1920, S. 33; in: Medical Research Council (Hrsg.), Reports of the Industrial Fatigue Research Board, London 1919–1928.

414 Z.B. Report Nr. 3 (Charles Myers), Nr. 7 (Stanley Wyatt), Nr. 14 (Eric Farmer), Nr. 22 (May Smith),in: Medical Research Council (Hrsg.).

415 NA FD 2/5 Fifth Annual Report of the Medical Research Committee 1918–1919, S. 79.

Der Psychologe Wyatt wurde angestellt, um eine Untersuchung in der Wollindustrie durchzuführen und beobachtete dabei die physiologischen Auswirkungen einer psychisch und physisch anstrengenden Arbeit:

> In the cotton industry, Mr S. Wyatt has given whole-time work with five assis-
> tant investigators to the study of the physiological effects of work involving con-
> stant attention, heavy demands on the sight, and exposure to hot and humid
> conditions.[416]

Bezugspunkt der Leistungsmessung war weiterhin die Produktionsmenge
und -qualität; man maß hierbei sowohl physische (Hitze), physiologische
(Arbeitshaltung) als auch psychologische Merkmale (Aufmerksamkeit). Neben
dem Einfluss äußerer Variablen gerieten dabei die psychologischen Faktoren
bei der Untersuchung des Arbeitsprozesses immer stärker in den Fokus: Ein
Beispiel war eine Untersuchung der Arbeiter in der Weißblechherstellung (tin-
box industry), einer Arbeit, die durch viele monotone Wiederholungen und
damit auch einen hohen Stressfaktor gekennzeichnet war. Arbeitsanalysen
(*time and motion studies*) zeigten den Vorteil von kleinen Veränderungen am
Arbeitsplatz wie einer Erhöhung des Arbeitsplatte; andere Empfehlungen
betrafen Ratschläge für die Belüftung oder Minderung der Raumtemperatur.[417]
Dies waren zwar alles rein äußerliche Veränderungen, die aber Einfluss auf die
Gefühle oder Einstellungen der Arbeiter hatten.

Ein anderer Untersuchungsaspekt ergab sich aus den Erfahrungen der
Kriegszeit: Die Ergebnisse der psychologischen Untersuchungen hatten
gezeigt, dass die psychischen Einflüsse auf den Arbeitsprozess wichtig seien.
Daher versuchten die Industriepsychologen anstelle von ermüdenden, bewussten Entscheidungen auf entlastende, unbewusste rhythmische Bewegungen
zu setzen.[418]

> By a rhythmic process we must understand a process which tends to repeat itself
> without conscious and deliberate effort, because it carries with it a certain affec-
> tive tone of a pleasant kind, and is not hindered by having to overcome checks.[419]

Diese positive Wirkung eines unbewussten Prozesses würde, so nahmen es
die Psychologen an, das Arbeitstempo und die Effektivität erhöhen. Man sieht

---

416   Ebenda, S. 79.

417   Eric Farmer/S. C. Brooke, An Investigation into the tin-box industry, in: Journal of the
        National Institute of Industrial Psychology 1 (1922), S. 9–11; Shephard, Headhunters, S. 244.

418   Thomson, Psychological subjects, S. 145.

419   Eric Farmer, The Economy of human effort in industry, in: The Journal of the National
        Institute of Industrial Psychology 1 (1922), S. 18–22, S. 20.

hier einen prägnanten Unterschied zu der Vorstellung von Frederick Taylor, der dem Arbeiter eine bewusste Zurückhaltung seiner Arbeitskraft unterstellte. Deutlich wird aber auch der Einfluss psychoanalytischen Denkens, das einen positiven Einfluss auf den Arbeitsprozess dann sah, wenn der Arbeiter im Sinne seiner unbewussten Kräfte arbeiten könne. Im Gegensatz zum deutschen Vorgehen versuchte man daher nicht, einen Arbeitswillen zu messen oder zu beeinflussen, sondern ging davon aus, dass sich dieser Wille durch Veränderung der äußeren Bedingungen oder inneren Einstellungen der Arbeiter im gewünschten Sinne verändern würde.[420] So waren die britischen Psychologen auch im therapeutischen Prozess davon ausgegangen, dass bei der Lösung eines unbewussten Konfliktes der Wille zum Kriegsdienst von selbst gestärkt würde.[421]

Eine Neuerung bei der Arbeit in der Industrie war auch, dass man zunehmend Psychologinnen zur Durchführung von Untersuchungen beauftragte. Da im Krieg immer mehr Frauen in der Industrie arbeiteten und man Untersuchungen von Frauen durch Frauen als angemessen ansah, war dies eine Chance für junge Psychologinnen, am Geschehen teilzunehmen. Auch in der ersten Nachkriegszeit konzentrierten sich Arbeitsuntersuchungen meist auf Arbeiterinnen, da diese noch dazu bereit und noch nicht wie die Männer von den Gewerkschaften beeinflusst waren.[422]

Viele der jungen Psychologinnen hatten vorher im Erziehungsbereich gearbeitet und waren durch ihre Erfahrung mit Testverfahren daher besonders geeignet. Ein Beispiel hierfür ist die Psychologin May Smith, ursprünglich Lehrerin, die das IFRB einstellte, um die Arbeit in Wäschereien zu untersuchen; ein Arbeitsbereich, in dem vor allem Frauen arbeiteten. Um Kontakt zu den Arbeiterinnen herzustellen, arbeitete May manchmal selbst in der Wäscherei mit:

> When a factory where I was investigating found itself rushed, or had to work on Sunday, I could help with the actual work, and in return all kinds of unusual facilities for research were willingly granted, even to the length of being allowed to give psychological tests which took workers away from their work for considerable periods.[423]

---

420 Florence, Economics of fatigue and unrest and the efficiency of labour in English and American industry, S. 98f.

421 Siehe Kapitel 5.2.1.

422 James E. Cronin, Labour and society in Britain, 1918–1979, (London) (1984), S. 67; Thomson, Psychological subjects, S. 147.

423 May Smith, An Autobiography, in: Occupational Psychology 24 (1950), S. 78–80, S. 79.

Sie konnte dabei beobachten, dass manche der anderen Arbeiterinnen ihre Arbeit mit freundlicher Skepsis kommentierten: „We were considered a little mad, but amiable and good listeners."[424] In ihren Untersuchungen stellte sie heraus, dass die Arbeiterinnen das Problem „Monotonie" sehr unterschiedlich beurteilten: „I [die Psychologin May Smith] was timing the hourly output of an old hand-ironer at one period and asked her if she found the work monotonous. ‚Not at all' she said, ‚every shirt is different'.[425] Die differentielle Komponente der interindividuellen Unterschiede, die Münsterberg als wesentlich angesehen hatte, kam erst durch diese Art der Befragung durch May in Großbritannien zur Geltung.[426]

Ein weiteres bedeutendes Feld psychologischer Forschung war die Untersuchung von Arbeitsunfällen.[427] Es war deutlich geworden, wie einflussreich die Anzahl der Unfälle auf die Ökonomie waren und wie einschneidend die Folgen für die Arbeiter.[428] Die Untersuchung von Unfällen und Arbeitsausfällen anhand des großen Zahlenmaterials aus der Kriegszeit war daher eine der ersten Aufgaben des *Industrial Fatigue Research Boards*.[429] Der Psychologe Vernon hatte in seiner Arbeit etwa 50 000 Unfälle analysiert und die Gründe dafür aufgelistet.[430] Dabei stellte er fest, dass neben Faktoren wie einer zu hohen Arbeitsgeschwindigkeit, der äußeren Temperatur oder Ermüdung vor allem die psychischen Faktoren von großer Bedeutung seien. Mangelnde

---

424   Ebenda, S. 79.

425   Ebenda, S. 80; zitiert nach Thomson, Psychological subjects, S. 148.

426   Münsterberg zitiert nach Hearnshaw, The Unity of Industrial Psychology, S. 151.

427   Z.B. Horace Middleton Vernon, The causation and prevention of industrial accidents, in: The Lancet 193 (1919), H. 4988, S. 549–550; Eric Farmer/E. G. Chambers, A psychological study of individual differences in accident rates. Report Nr. 38 des Industrial Fatigue Research Board, 1929, in: Medical Research Council (Hrsg.), Reports of the Industrial Fatigue Research Board, London 1919–1928; Major Greenwood/Hilda M. Woods, The incidence of industrial accidents with special reference to multiple accidents. Report to the Industrial Fatigue Research Board Nr. 4, 1919, in: Medical Research Council (Hrsg.), Reports of the Industrial Fatigue Research Board, London 1919–1928.

428   Horace Vernon gibt an, dass 1914 4554 Arbeiter durch Unfälle ums Leben gekommen seien und 222 000 verletzt wurden, Vernon, Industrial fatigue and efficiency., S. 179; auch S. 179–209; Florence, Economics of fatigue and unrest and the efficiency of labour in English and American industry, S. 283–286.

429   NA 2/1First Annual Report des Industrial Fatigue Research Board, S. 6.

430   NA MUN 5 94 Horace M. Vernon, Health of Munition Workers Committee Memorandum Nr. 21: An investigation of the factors concerned in the causation of industrial accidents, medical research Council (Hrsg.).

Aufmerksamkeit infolge von Ermüdung sei ein Grund dafür, dass die meisten Unfälle zu bestimmten Zeiten aufträten:[431]

„Accidents depend, in the main, on carelessness and lack of attention of the workers."[432] Dadurch könnten auch, so Vernon, die erstaunlichen Ergebnisse der Untersuchungen an Nachtarbeitern erklärt werden:

> At all the factories the night shift workers suffered fewer accidents than the day shift workers, the average defect being 16 per cent. This was not due to the output being smaller, as at fuze factory it was distinctly bigger by night than by day. It was possible in origin, and due to the night shift workers settling down a calmer mental state than the day shift workers, and so becoming less careless and inattentive. The psychic factor is one of the most important in accident causation.[433]

In der Nacht, so Vernon, könnten die Arbeiter ungestörter und ruhiger arbeiten und seien daher konzentrierter.

Andere Psychologen wiesen auf individuelle Unterschiede in der Unfallhäufigkeit hin: Die Psychologen Greenwood, Woods und der Statistiker George Udny Yule analysierten nicht nur Daten der Arbeiter der Munitionsfirmen während des Krieges, sondern zogen ihre Schlussfolgerungen auch aus ihrer praktischen Arbeit im Krieg. Gerade in der Luftwaffe hatten Psychologen die Unfallhäufigkeit der Piloten genau studieren können.[434] Kurz nach dem Krieg argumentierten sie daher: „Accidents are very largely due to a special susceptibility inherent in the personality, so that the bulk of accidents occur amongst a limited group of individuals."[435]

Diese Ergebnisse und ihre Beziehungen zur Kriegssituation hatten für die britische Industriepsychologie der Nachkriegszeit weitreichende Folgen: Das Thema der „Unfallpersönlichkeit" und der Unfallhäufigkeit wurde ein wichtiges Forschungsthema auch für das *Industrial Fatigue Research Board*.[436] Auch deutsche (und amerikanische) Psychologen diskutierten intensiv über dieses

---

431 In den Londoner Docks waren mehr als 25% der Unfälle zwischen 11 und 12 und 15 und 16 Uhr, d.h. am Ende des Morgen und des Nachmittags zu beobachten, Myers, Mind and work, S. 47.

432 Zitiert nach: Burnham, Accident prone, S. 53.

433 NA MUN 5 94 Health of Munition Workers Committee Memorandum Nr. 21: An investigation of the factors concerned in the causation of industrial accidents, S. 46.

434 Ebenda, S. 54f; siehe auch: Industrial Fatigue Research Board, Report Nr. 4, Major M. Greenwood, Hilda M. Woods, The incidence of industrial accidents upon individuals, Medical Reserch Coucil (Hrsg.) London 1919.

435 Industrial Health Research Board, First Annual Report of the Industrial Fatigue Research Board, London 1920, S. 12.

436 Reports of Industrial Fatigue Research Board Nr. 4 (1919), 19 (1922), 34 (1926), 38 (1926), in: Medical Research Council (Hrsg.) 1919–1928.

Thema in der Nachkriegszeit.[437] Besonders der britische Psychologe Eric Farmer versuchte in einer Reihe von Studien, durch psychologische Tests Personen mit einer Tendenz zu häufigen Unfällen, sogenannte Unfallpersönlichkeiten, herauszufiltern. Diese Tests sah nicht nur die Industrie als wichtig an, auch Armee und Luftwaffe wollten diese Tests zur Selektion von geeigneten Kandidaten nutzen. Nach einer Reihe von Untersuchungen kam Farmer jedoch zu dem Schluss, dass es nicht möglich sei, anhand von psychologischen Tests eine Person mit erhöhtem Unfallrisiko zu ermitteln.[438] Diese Entwicklung und Forschung an Daten aus der Kriegsindustrie, in der man die Untersuchung individueller Unterschiede hervorhob, war eine weitere neue Komponente der psychologischen Forschung in Großbritannien und kam einem anderen großen Arbeitsgebiet britischer Industriepsychologen zugute: Der beruflichen Diagnostik und Beratung.

Vocational guidance

> ... the future application of psychological methods and principles to vocational guidance and selection cannot fail to yield results of inestimable value for the advance and well-being of mankind.[439]

Diese Feststellung von Myers in der Nachkriegszeit zeigte, dass die Berufsberatung in Großbritannien noch nicht in einem ähnlichen Maße Fuß gefasst hatte wie in Deutschland. Es gab in Großbritannien in der Kriegs- und Nachkriegszeit keine zentralen, staatlich geförderten Arbeitsämter. Gerade in den letzten Kriegsjahren waren in der Industrie Probleme bei der Selektion und Zuweisung von Arbeitskräften deutlich bemerkbar aufgetreten. Immer mehr Industriearbeiter zog man zum Wehrdienst ein und eine steigende Anzahl von ungelernten Arbeitern und Arbeiterinnen strömte in die Fabriken. Häufiger Arbeitsplatzwechsel wurde zu einem finanziellen Problem.[440] Eine gezielte Zuweisung von Arbeitsplätzen aufgrund wissenschaftlicher Auswahlverfahren wie in Deutschland hatte es in Großbritannien nicht gegeben und auch zeitgenössische Autoren sahen darin einen großen Nachteil: „So far

---

437 So wurde auch 1926 das Problem der Unfallpersönlichkeit beispielsweise von dem Psychologen Karl Marbe thematisiert: Karl Marbe, Praktische Psychologie der Unfälle und Betriebsschäden, München 1926.

438 Farmer/Chambers, A psychological study of individual differences in accident rates. Report Nr. 38 des Industrial Fatigue Research Board, 1926, S. 4, S. 36, in: Medical Research Council (Hrsg.).

439 Myers, Mind and work, S. 90.

440 Florence, Economics of fatigue and unrest and the efficiency of labour in English and American industry., S. 137f.

great Britain has been very backward in applying the results of physiological and psychological research to vocational guidance."[441] Anders als in Deutschland hatten einige Psychologen zwar versucht, einen allgemeinen Test zur Erfassung der Müdigkeit bei der Arbeit zu entwerfen; nach einigen Monaten der Arbeit an diesem Test gab der Psychologe Bernhard Muscio jedoch auf. Ein allgemeiner Ermüdungstest sei nicht möglich, da man den Faktor „Willen" nicht ausschalten könne:

> After attempts extending over several months, Mr. Muscio reported that he had been unsuccessful, and that owing to the impossibility of eliminating will in the subject, there was little probability of devising such a test suitable for practical application.[442]

Im Unterschied zur Sichtweise in Deutschland sah Muscio das unspezifische Konzept des „Willens" als eine psychologische Störvariable an, die nicht zu messen sei. Dem zugrunde lag ein Modell der „reinen Ermüdung" die unabhängig von Faktoren wie Interesse oder Motivation (ein moderner Terminus) sein sollte. Damit zählten die britischen Psychologen den „Willen" zu den eher emotionalen Einflussfaktoren, die testpsychologisch nicht zu erfassen seien. Beeinflussen könne der Arbeitgeber den Willen der Arbeiter aber dadurch, dass er die äußeren Umstände am Arbeitsplatz möglichst angenehm gestalten und eine angemessene Bezahlung bieten würde.

Erst nachdem der Versuch, die physische und psychische Ermüdung exakt zu messen fehlgeschlagen war, gingen die britischen Psychologen dazu über, die Ergebnisse der deutschen und amerikanischen Industriepsychologen intensiv zu rezipieren und eigene Untersuchungen durchzuführen.[443]

Ähnlich wie in Deutschland konnte man bei den in der Industriepsychologie benutzten Tests auf zwei Kriegsentwicklungen zurückgreifen: zum einen auf die beim britischen Militär entwickelten Testverfahren zur Auswahl von geeigneten Piloten für die Luftwaffe und geeigneten U-Boot Horchern bei der

---

441   G. H. Miles, Vocational guidance in foreign countries, in: Journal of the National Institute of Industrial Psychology 1 (1922), S. 28–32, S. 28.

442   Industrial Health Research Board, First Annual Report of the Industrial Fatigue Research Board, London 1920, S. 13; Bernard Muscio, Is a fatigue test possible?, in: British Journal of Psychology 12 (1921), S. 31–46.

443   Bernard Muscio, Vocational guidance. (A review of the literature.) Nr. 12 des Industrial Fatigue Research Board, 1921, in: Medical Research Council (Hrsg.), Reports of the Industrial Fatigue Research Board, London 1919–1928; Industrial Health Research Board, First Annual Report of the Industrial Fatigue Research Board, London 1920, S. 13. Der Psychologe Cyril Burt entwarf eine Reihe von Eignungstests für unterschiedliche industrielle Berufe, in: Anon, The work of the N.I.I.P. during the past year, S. 53.

Marine.[444] Zum anderen berichtete die britische Presse ausführlich über die großen testpsychologischen Untersuchungen in der amerikanischen Armee. Dort waren fast 2 Millionen Rekruten an Hand von eigens konzipierten Intelligenztests gemustert worden.[445] Diese Untersuchungen waren die bis dato größten testpsychologischen Untersuchungen, die jemals durchgeführt worden waren und die britische Fachwelt war beeindruckt von den Ergebnissen. Hinzu kam, dass man gegen Kriegsende in Großbritannien die Ergebnisse der Schulpsychologie berücksichtigte. Der Psychologe Cyril Burt war 1913 als erster praktisch arbeitender Psychologe beim London County Council angestellt worden.[446] Er hatte in den folgenden Jahren eine Reihe von Testverfahren (beispielsweise einen Gruppenintelligenztest) entwickelt, die man auch in der Industriepsychologie verwendete.[447] All diese, oft eher schnell konzipierten Verfahren zur Eignungsmessung hatten zwei Ausrichtungen: Entweder sie versuchten, die reale Arbeitssituation so genau wie möglich zu rekonstruieren oder einzelne wesentliche Eigenschaften, die für einen speziellen Beruf nötig seien, herauszufinden und zu messen.[448] Anders als in Deutschland begann diese Entwicklung aber relativ spät und man verwandte zudem nur Papier- und Bleistifttests und keine großen Apparate. Eine entscheidende Herausforderung für die britische, aber auch die deutsche Psychologie war, dass diese neuen Tests statistische Verfahren zur Auswertung der Ergebnisse erforderlich machten.[449]

Man bildete Vergleichsgruppen, berechnete Mittelwerte und setzte die Werte der psychologischen Tests in Beziehung zu anderen Bewertungskriterien,

444 Beispielsweise: Head, The sense of stability and balance in the air.; Michael Flack, The medical requirements for air navigation, in: The Lancet 196 (1920), S. 838–842, H. 5069.; Myers, Mind and work, S. 82.

445 Muscio, Vocational guidance. (A review of the literature.) Nr. 12 des Industrial Fatigue Research Board, 1921, in: Medical Research Council (Hrsg.), S. 47.

446 Hearnshaw, A short History of British Psychology., S, 290.

447 Dieser Gruppenintelligenztest bestand aus mehreren Teilen beispielsweise einem Satzergänzungstest, einem Test bei dem man Analogien bilden musste oder gegenteilige Begriffe, siehe Smith, An introduction to industrial psychology., S. 107; Hearnshaw, A short History of British Psychology., S. 202, S. 314.

448 Muscio, Vocational guidance. (A review of the literature.) Nr. 12 des Industrial Fatigue Research Board, 1921, in: Medical Research Council (Hrsg.); Stanley Wyatt/H. C. Weston, A Performance Test under industrial conditions, in: British Journal of Psychology 10 (1920), S. 293–309; Frank Watts, The outlook for vocational psychology, in: British Journal of Psychology 11 (1921), S. 195–205., S. 198.

449 Helmut E. Lück, Ansätze der „ursprünglichen" Psychotechnik, in: Nora Binder/Bernhard Kleeberg (Hrsg.), Wahrheit zurichten. Über Sozio- und Psychotechniken, Tübingen 2020, S. 5.

wie z.B. zu schriftlichen Arbeitsprotokollen.[450] Diese Entwicklung hatte in Deutschland mit Einführung der Untersuchungsmethoden von Hugo Münsterberg begonnen.[451]

Einfach strukturierte maschinelle Vorrichtungen wurden, anders als in Deutschland, erst später entwickelt. Für die Selektion von Packern in der Süßwarenindustrie entwarf ein Psychologe beispielsweise eine Maschine, bei der die Aufgabe darin bestand, Holzkekse möglichst schnell und exakt in Kästen zu packen.[452] Diese Apparate waren zur Auslese, aber auch zum Training von Arbeitern geeignet und wurden je nach firmenspezifischen Anforderungen gebaut. Diese Vorrichtungen, mit denen vor allem das *National Institut of Industrial Psychology* gearbeitet hatte, waren in der Zwischenkriegszeit durchaus erfolgreiche Instrumente der Berufsberatung geworden. Große Apparate der Psychotechnik, wie Simulatoren für das Training zum Autofahren, die man in Deutschland in der Kriegszeit verwendet hatte, wurden in Großbritannien erst in der Nachkriegszeit und nur wenig benutzt; sie waren zu teuer.[453]

Die britischen Psychologen hatten bei ihren Untersuchungen in der Industrie gegenüber ihren deutschen Kollegen aber auch den Vorteil, dass sie weniger Konkurrenz von Seiten der Ingenieure und erfahrenen Facharbeiter hatten. Ingenieure und Vorarbeiter waren nicht so gut ausgebildet und an den Universitäten waren die Naturwissenschaften unterrepräsentiert.[454] Eine fachkundige Gruppe von Ingenieuren und Facharbeitern, die sich für die Analyse und Steuerung von Arbeitsprozessen interessierte und diese neu gestalten wollte, fehlte in Großbritannien. Daher setzte man zu Kriegsende und in der Nachkriegszeit, ähnlich wie in Deutschland, sehr zuversichtlich auf den Erfolg der Industriepsychologie:

> We are on the eve of realising that the workman is no mere machine; and I imagine that within twenty years the expert in psychology and physiology will be at elbow of every manager of every great business. If this is done by the methods of psychology, we shall have taken a great step towards securing the happiness of those who work... .[455]

---

450 Muscio, Vocational guidance. (A review of the literature.) Nr. 12 des Industrial Fatigue Research Board, 1921, in: Medical Research Council (Hrsg.), S. 6; grundlegend dazu: Danziger, Constructing the subject.

451 Lück, Ansätze der „ursprünglichen" Psychotechnik, in: Binder/Kleeberg (Hrsg.), S. 5.

452 Bunn, Charlie and the chocolate factory: Charles Myers, Seebohm Rowntree and the establishment of industrial psychology in Britain, in: Ash (Hrsg.), S. 43.

453 D. F. Vincent, Problems of test production and supply, in: Occupational Psychology 44 (1970), S. 71–79, S. 73f.

454 Merkle, Management and ideology, S. 214f.

455 Anon, The work of the N.I.I.P. during the past year, S. 66.

Ähnliche Erwartungen bauten auch deutsche Psychologen auf aufgrund ihrer Arbeit in der Kriegsindustrie auf.

5.2.2 Deutschland: Die Steuerung der Arbeitskraft –
Auswahl und Beratung

> Der Verbrauch von Rohstoffen für alle materiellen Zwecke ist geregelt durch eine bis ins einzelne gehende Kenntnis des Vorkommens und der Verteilung an den Materialprüfstellen. Über das Vorkommen und die Verteilung der geistigen Roh-materialien in unserem Volk (das sind die Begabungen), über die geeignetste Verwertung der vorhandenen Kräfte ist eine eigentliche >Kunde< im wissen-schaftlichen Sinne erst in [...] geringem Maße vorhanden [...] Kultur und Leben, Gemeinschaftswirken und Einzelschicksal müssen mit zielbewusster Psycho-technik durchdrungen werden.[456]

Mit dieser Aussage propagierte der Psychologe William Stern bereits 1916 den Einsatz psychologischer Methoden in der Industrie. Drei Dinge waren dabei besonders auffällig: Zum einen der Vergleich menschlicher Begabungen, des „geistigen Rohmaterials", mit materiellen, kriegswichtigen Rohstoffen; zum anderen die Vorstellung, dass ein ähnlicher Zugriff wie auf materielle Ressour-cen auf geistige Kräfte (durch die Psychologie, Psychotechnik) möglich und wünschenswert sei; und schlussendlich der hohe Anspruch mit Psychotechnik große Bereiche der menschlichen Kultur und des Lebens beeinflussen zu kön-nen. Diese weitreichende Definition des Begriffes „Psychotechnik" schränkten die Psychologen aber schon in der zweiten Hälfte des Krieges wieder deutlich ein.[457]

Der Mangel an kriegswichtigem Material und der Mangel an Menschen (Arbeitern) kennzeichnete die Situation in der deutschen Industrie in der zweiten Hälfte des Krieges. Psychologen platzierten sich in dieser Zwangslage als kompetente Diagnostiker und Steuerer der zu regelnden Menge der verfüg-baren Arbeitskraft. Mit dieser Vorstellung entsprachen sie dem im Ersten Welt-krieg zunehmend militärischen Denken, das Menschen wie Maschinen als planbare, wissenschaftlich erfassbare und quantifizierbare Größen ansah.[458] Der Einsatz psychologischer Expertise in der Wirtschaft war der bedeutendste

---

456 William Stern, Die Jugendkunde als Kulturforderung, in: Zeitschrift für pädagogische Psychologie und experimentelle Pädagogik 17 (1916), S. 273–311, S. 273f. Siehe dazu auch: Leonhard, Die Büchse der Pandora., S. 549.

457 Moede, Die Experimentalpsychologie im Dienste des Wirtschaftslebens., S. 4; Michael Erdélyi, Prinzipienfragen der Psychotechnik. Abhandlungen über Begriff und Ziele der Psychotechnik und der praktischen Psychologie, Leipzig 1933.

458 Leonhard, Die Büchse der Pandora., S. 549.

und erfolgreichste in der Kriegszeit und verschaffte den deutschen Psychologen und ihrer Wissenschaft den größten Gewinn in der Nachkriegszeit.[459]

Ein entscheidender Einschnitt für die Entwicklung der deutschen Psychotechnik in der zweiten Hälfte des Krieges stellte das Gesetz zum vaterländischen Hilfsdienst dar, das die oberste Heeresleitung im Dezember 1916 erlassen hatte. Es sah eine nationale Pflicht zur Arbeit für alle erwachsenen Männer vor, eine Pflicht, die auch verletzte Soldaten miteinschloss.[460] Auf diesen beiden kriegswichtigen Gebieten, der Versorgung verletzter Soldaten und der Arbeitsvermittlung, gewann die Expertise der Psychologen zunehmend an Bedeutung. Wichtige Akteure in diesem Prozess waren neben den erfolgreichen Protagonisten Walther Moede und Curt Piorkowski eine Gruppe um die Berliner Universitätspsychologen Otto Lipmann und William Stern sowie Walther Poppelreuther in Köln, Narziß Ach in Nürnberg und David Katz in Hannover. Der folgende Abschnitt soll nachzeichnen, an welchen Stellen sich in der zweiten Kriegshälfte Psychologen in der Psychotechnik als kriegswichtig positionierten und welchen Bedeutungswandel der Begriff der Psychotechnik dabei erfuhr.

Steuerung der Arbeitskraft und psychologische Berufsberatung
Durch die Anforderungen der Kriegszeit war der gesamte Arbeitsmarkt in Bewegung geraten. Eingezogene und gefallene Soldaten mussten durch ungelernte Arbeiter und Arbeiterinnen ersetzt werden. Diese Probleme der Kriegsindustrie forderten und förderten neue psychologische Methoden der Arbeitsselektion und Berufsberatung.[461]

Otto Lipmann hatte schon 1916 die Initiative ergriffen, auf die erfolgreiche Arbeit von Psychologen hingewiesen und eine psychologische Berufsberatung empfohlen, auch für die Zeit nach dem Krieg, wenn „zunächst nach Friedensschlusse, wie zu erwarten eine Überfüllung des Arbeitsmarktes eintreten solle".[462] Im Laufe des Jahres 1917 entstanden an verschiedenen Stellen lokale

---

459 Gewinn wird hier gesehen als ein Zuwachs an Lehrstühlen, Dozenturen, Ausbildungsmöglichkeiten und praktischen Berufsangeboten, siehe Dorsch, Geschichte und Probleme der angewandten Psychologie., S. 81ff; Jaeger/Staeuble, Die Psychotechnik und Ihre Gesellschaftlichen Entwicklungsbedingungen, in: Stoll (Hrsg.), S. 74; Geuter, Die Professionalisierung der deutschen Psychologie im Nationalsozialismus., S. 214f; Dominik Schrage, Psychotechnik und Radiophonie. Subjektkonstruktionen in artifiziellen Wirklichkeiten 1918–1932, München 2001, S. 91; Patzel-Mattern, Ökonomische Effizienz und gesellschaftlicher Ausgleich., S. 19.

460 Leonhard, Die Büchse der Pandora., S. 516.

461 Rabinbach, Motor Mensch., S. 275.

462 Otto Lipmann, Psychische Berufseignung und psychologische Berufsberatung, in: Zeitschrift für angewandte Psychologie 11 (1916), H. 6, S. 510–516, S. 511.

Initiativen zur Implementierung psychologischer Verfahren in die Berufsberatung. Die Vorgaben des Hilfsdienstgesetzes und die daraus resultierenden weiteren Rahmengesetze bildeten den institutionellen Rahmen für den
Einsatz dieser psychologischen Tätigkeit in der Arbeitsvermittlung. Beispielsweise wurde 1917 eine Arbeitsgemeinschaft für Psychologie der Berufseignung
und Berufsberatung in Hamburg gegründet. William Stern wurde zum Leiter der Beratungsstelle ernannt und entwarf psychologische Fragebögen
zur Eignungsfeststellung für verschiedene kaufmännische und industrielle
Berufe.[463] Im selben Jahr erreichte man, dass dem Schulfragebogen der Zentrale für Berufsberatung in Hamburg ein psychologischer Abschnitt beigelegt
wurde, der allgemeine Intelligenz, besondere Veranlagungen und Interessen
abfragte. Selbst die Berufsberaterinnen bekamen eine spezielle psychologische
Schulung.[464] Ein weiterer Versuch zur Regelung des Arbeitsmarktes war die
Initiative, schnell besonders begabte Schüler auf den Arbeitsmarkt zu bringen:
Ab 1917 fanden Auslesen zur Förderung dieser Schüler im ganzen Reich statt,
groß angelegte in Berlin von Walter Moede und Curt Piorkowski und in Hamburg von William Stern.[465] Angesichts ihrer Erfolge bei der Prüfung und Auslese von Kraftfahrern im Heer wurden Moede und Piorkowski gebeten, beim
Aufbau einer Schule für besonders begabte Schüler mitzuarbeiten.[466] In dieser
Schule sollten überdurchschnittlich fähige Schüler und Schülerinnen, auch
aus schwierigen sozialen Verhältnissen, gefördert und unterstützt werden;
trotz kritischer Einwände schien dieses Verfahren erfolgreich zu sein.[467] Damit
konnten Moede und Piorkowski ihren methodischen Ansatz den offiziellen
Behörden ein weiteres Mal als ein kriegswichtiges Instrument vorführen.

Im November dieses Jahres verlangte auch das Frauenberufsamt die Durchführung psychotechnischer Untersuchungen.[468] Und auch in Berlin zeigte sich
das Ministerium beeindruckt von den psychologischen Erfolgen: Im Januar
1918 plädierte das preußische Handelsministerium für den Einsatz von Psychologen in der Berufsberatung:

---

463   Jaeger/Staeuble, Die Psychotechnik und Ihre Gesellschaftlichen Entwicklungs-
      bedingungen, in: Stoll (Hrsg.), S. 71; Anon, Kleine Nachrichten 1917.

464   Jaeger/Staeuble, Die Psychotechnik und Ihre Gesellschaftlichen Entwicklungs-
      bedingungen, in: Stoll (Hrsg.), S. 71f.

465   Walther Moede/Curt Piorkowski/Georg Wolff, Die Berliner Begabtenschulen, ihre Orga-
      nisation und die experimentellen Methoden der Schülerauswahl, Langensalza 1918;
      Dorsch, Geschichte und Probleme der angewandten Psychologie., S. 80.

466   Moede/Piorkowski/Wolff, Die Berliner Begabtenschulen, ihre Organisation und die expe-
      rimentellen Methoden der Schülerauswahl., Vorwort.

467   Walther Moede/Curt Piorkowski, Die Einwände gegen die Berliner Begabtenprüfung,
      Langensalza 1919.

468   Preller, Sozialpolitik in der Weimarer Republik., S. 65.

In Zukunft kann die Berufsberatung durch den Psychologen von größerer Bedeutung werden. Die Arbeiten von Münsterberg, Stern und Taylor u.a. zeigen, dass mit Hilfe der Psychologie für bestimmte Berufe eine sichere und raschere Auslese der Geeigneten erfolgen kann. Überraschend sind namentlich die Ergebnisse, die während des Krieges mit der psychologischen Prüfung der Kraftfahrer durch Piorkowski und Moede gemacht sind.[469]

Zwei Monate später strebte das Handelsministerium in Berlin eine zentrale Organisation des Arbeitsmarktes an und gleichzeitig eine Koordination derjenigen deutschen Länder, die noch über eine teilweise bestehende Souveränität verfügten, wie Bayern, Sachsen und Württemberg.[470] Im Bezirk jedes Armeekorps wurde die Arbeitsvermittlung durch die jeweilige Kriegsamtsstelle organisiert. Ziel dieser Maßnahmen war es, den Arbeitsmarkt zu regulieren, indem die Gefallenen ersetzt, die neuen Arbeiter gezielt plaziert und die Verletzten wieder in der Industrie beschäftigt wurden.[471] „Ein Erlass der vereinigten Ministerien vom März d.J. hat die Berufsberatung allen Städten zur Pflicht gemacht ..."[472]

In dieser Zeit entwickelte man zwei psychologische Vorgehensweisen zur Steuerung des Arbeitsprozesses weiter: Zum einen ein Verfahren zur Prüfung von Lehrlingen und Arbeitern in der Industrie und zur Auswahl von Kandidaten in Verkehrsbetrieben. Nach dem Modell von Münsterberg entwarfen verschiedene Psychologen maschinelle Prüfverfahren, die der Realsituation möglichst ähnelten.[473] Zum anderen setzte man zur Prüfung von Schulabgängern und Arbeitnehmern Papier- und Bleistifttests ein, die vielfach schon in der Schule erprobt waren und mit denen bestimmte Teilleistungen der Berufe erfasst werden sollten.[474]

Diese beiden Vorgehensweisen unterschieden sich nicht nur in der Methode und Zielsetzung, sondern wurden auch von zwei verschiedenen,

---

469 GStA PK, I. HA Rep. 120 Ministerium für Handel und Gewerbe, E I Nr. 1164, S. 7.

470 Meskill, Optimizing the German workforce, S. 75.

471 GStA PK, 1. HA Rep. 76, Kultusministerium, Vb Sekt. 4 Tit. X Nr. 53a, Organisation und Verwaltung des Instituts für industrielle Psychotechnik, Laufzeit: 1917–1925, S. 82; Meskill, Arbeitssteuerung, S. 215.

472 Meskill, Optimizing the German workforce, S. 82. Diese Verfügungen wurden jedoch nicht durchgesetzt: Bis 1960 blieb eine Vereinheitlichung der Arbeitsverwaltung aus, siehe: Meskill, Arbeitssteuerung, S. 217; siehe auch Meskill, Optimizing the German workforce, S. 71.

473 Zusammenfassend: Moede, Lehrbuch der Psychotechnik.

474 Beispielsweise Diktatschreiben bei der Prüfung weiblicher Ersatzkräfte, siehe Dora Krais, Eignungsprüfungen bei der Einführung von weiblichen Ersatzkräften in das Stuttgarter Buchdruckgewerbe Juli-August 1817, in: Schriften zur Psychologie der Berufseignung und des Wirtschaftslebens 3 (1918), S. 19–37, S. 20.

rivalisierenden Personengruppen durchgeführt. Die erste Gruppe um die Psychologen Walther Moede, Curt Piorkowski und den Ingenieur Georg Schlesinger war in Berlin und beim Militär außerordentlich erfolgreich. Die Auswahl und Prüfmethoden für verletzte Soldaten hatten schon in der ersten Kriegshälfte durch ihre Erfolge die Zustimmung und Aufmerksamkeit des Militärs und der Politik auf sich gezogen. Eine Wirklichkeitsnähe simulierende Apparatur und Messung von physiologischen und arbeitsspezifischen Parametern überzeugte durch eine gewisse Augenscheinvalidität; Moede und Piorkowsi konnten jedoch auch weitere Validitätskriterien erfüllen und die Praxisnähe und Relevanz ihrer Verfahren verdeutlichen (siehe 4.3.b.). Der Vergleich von Testdaten und der Erfolg in der realen Anforderungssituation zeigten den guten Prognosewert des Verfahrens und unterstrichen die Effektivität dieser Methode.[475] Auch in der Industrie, bei der Arbeitsauswahl und dem Arbeits-Training versuchte man nun diese Vorgehensweise zu kopieren.

Ein Beispiel hierfür war die Prüfung von Lehrlingen in der Industrie, ein Verfahren, das Walther Moede folgendermaßen beschrieb:

> Die psychotechnische Untersuchung des industriellen Lehrlings hat sich zunächst auf die Sinnestüchtigkeit zu erstrecken, um dann sich höheren Funktionen zuzuwenden, dem räumlichen Vorstellungsvermögen, der Zeit- und Geschwindigkeitsschätzung, und sie wird schließlich bei Prüfung der Aufmerksamkeit und des Willens, der Lern- und Arbeitsfähigkeit, der allgemeinen Auffassung für technische Dinge, sowie der eigentlichen technischen Begabung enden.[476]

Dies bedeutete, dass man die Sinnesprüfung, die Zeit- und Raumauffassung und die handwerkliche Geschicklichkeit durch experimentalpsychologische Apparate maß.[477] Das psychologische Experiment, ursprünglich angelegt zur Erfassung allgemeiner Funktionen der Sinnesorgane, hielt nun Einzug in die Industrie zur Erfassung von differenziellen Eigenschaften der Arbeitskraft.

Auch die Charaktereinschätzung nahm man psychotechnisch durch Beobachtung, Selbst- und Fremdeinschätzung und durch Berücksichtigung von Arbeitspräzision und Geschwindigkeit vor.[478] Moede hob die Bedeutung dieser Verfahren ausdrücklich hervor:

---

475   Ebenda, S. 433.
476   Walter Moede, Die psychotechnische Eignungsprüfung des industriellen Lehrlings, in: Praktische Psychologie 1 (1919), S. 6–18, S. 8.
477   Walther Moede, Die psychotechnische Eignungsprüfung des industriellen Lehrling, in: Praktische Psychologie 1 (1919), S. 65–81; 339–350.
478   Ebenda, S. 344.

Da zur Bewährung neben den intellektuellen und manuellen Fähigkeiten auch gewisse moralische und Charaktereigenschaften gehören, so sind diese natürlich voll zu berücksichtigen. Die Leistungen in den theoretischen Fächern sollen weiterhin angegeben werden, daneben aber ist auch eine Fähigkeitsschätzung durch den Lehrer durchzuführen. Besondere Unterschiede zwischen Fähigkeit und Leistung sind zu begründen.[479]

So monierte er bei einem Lehrling nach der Prüfung: „Seine Fähigkeiten entsprechen nicht seinen Werkstättenleistungen, sondern er könnte, bei gutem Willen und Anstrengung, bei weitem mehr und Besseres leisten."[480] Moede führte hier die Diskrepanz zwischen Prüfungs- und Werkstattleistung auf mangelnde Anstrengung und Arbeitswillen zurück – und nicht auf ein schlechtes Prüfverfahren!

In einer differenzierten „Willensanalyse" ermittelte er die „Impulsbereitschaft und Impulsbeherrschung" des Prüflings.[481] Moede versuchte zum Beispiel den Willensimpuls eines Lehrlings durch einen „Universal-Reaktionsmesser" zu erfassen: Auf unterschiedlich steilen Ebenen rollte eine Kugel, die an einer verabredeten Stelle durch Knopfdruck angehalten werden sollte; die Differenz zwischen gefordertem Ort der Reaktion und der tatsächlichen Handlung sollte eine Aussage über den jeweiligen Willensimpuls ermöglichen.[482] Moede forderte hier nicht eine möglichst rasche, sondern eine möglichst genaue Reaktion.

Eine weitere Möglichkeit zur Erfassung des Charakters war die sogenannte Arbeitsprobe: Man wies den Proband zum Beispiel an, eine Aufgabe zu lösen (z.B. die Riegelbrettprobe, einer Art von Puzzle); dabei maß man zum einen die Zeit, zum anderen aber auch die Reaktion auf Rückschläge bei Erhöhung der Schwierigkeit der Aufgabe. Aus diesen quantitativen und qualitativen Daten erstellte der Versuchsleiter anschließend eine Charakteranalyse.[483] Neu bei diesen Verfahren zur Messung der Arbeitskraft war, dass die Psychotechniker zahlreiche neue Apparate konstruierten, die eine exakte Messung der körperlichen und geistigen Fähigkeiten versprachen.[484] Die Anwendung dieser Maschinen, die den in der Industrie eingesetzten ähnelten, erhöhte ihre

---

479 Ebenda.
480 Ebenda.
481 Schrage, Psychotechnik und Radiophonie, S. 143.
482 Moede, Die psychotechnische Eignungsprüfung des industriellen Lehrling., S. 68f.
483 Meskill, Arbeitssteuerung, S. 219; van Drunen, Von der Psychotechnik zur Psychodiagnostik, in: Lück/Miller (Hrsg.), S. 254.
484 Moede, Die psychotechnische Eignungsprüfung des industriellen Lehrling., S. 6–8; Robert Werner Schulte, Neukonstruktionen von Apparaten zur praktischen Psychologie, in: Otto Lipmann/William Stern (Hrsg.), Vorträge über angewandte Psychologie, gehalten beim

Akzeptanz bei Unternehmern und Ingenieuren, da der Anspruch erhoben wurde, wissenschaftlich und exakt die Leistungskraft zu bemessen. Auch gab es in Deutschland eine prosperierende Industrie zur Herstellung dieser Apparate.[485] Von Bedeutung war auch der Terminus „Psychotechnik", der eine Manipulierbarkeit der menschlichen Psyche suggerierte und dadurch das Interesse von Betriebsingenieuren und Unternehmern weckte und den Weg zum Erfolg dieser Methoden in der Nachkriegszeit ebnete.[486]

In einem weiteren Verfahren versuchten Moede und Piorkowski den Charakter ihrer Versuchspersonen durch die Erfassung des „Willens" und der „Handlungsbereitschaft" zu messen. Um dies zu entschlüsseln, hatten sie die Reaktionsfähigkeit der Probanden auf Gleichmäßigkeit und Fehlerhaftigkeit untersucht, sowie die „Wahl- und Entschlussfähigkeit bei einfachen und komplizierten Situationen".[487] Auch die „Tatbereitschaft" sollte als numerischer Wert aus den Testverfahren ermittelt werden.[488] Beide Begriffe waren typisch für den militärischen Bereich und die Kriegssituation. Insbesondere der im deutschen Militär und besonders in der Militärpsychiatrie häufig benutzte Begriff des „Willens" wurde außerordentlich wichtig. Der „richtige Wille", so wurde angenommen, würde jeden Soldaten zu der richtigen Tat, dem Kämpfen ermuntern.[489] Der militärische Ursprung dieser Testverfahren erklärt, weshalb die nach Moede konzipierten Untersuchungsverfahren in der Kriegszeit Wert auf die Erfassung des Charakters und des Arbeitswillens legten, obwohl sein Konzept des Willens sich in seiner Kleinteiligkeit deutlich von dem der Militärpsychiatrie absetzte.[490] Mit der Messung dieser Parameter ermöglichte und verstärkte man aber auch den Zugriff von Staat und Industrie auf die menschliche Kampfkraft und den Charakter des Arbeiters und Soldaten. Die Psychologen postulierten, dass die individuelle körperliche und geistige

---

7. Kongreß für experimentelle Psychologie hrsg. von Otto Lipmann u. William Stern, Leipzig 1921, S. 107–110.

485   Ebenda.
486   „Man muss sich mit der Erklärung abfinden, dass die neue Wortprägung „Psychotechnik" nicht einen logisch-terminologischen, sondern einen pragmatisch-agitatorischen Zweck erfüllen wollte: sie ist als Schlagwort gedacht, und als Schlagwort hat sie die Aufgabe, eine Propaganda auszuüben und nicht Wissensgebiete abzugrenzen." Erdélyi, Prinzipienfragen der Psychotechnik., S.7.
487   Moede, Lehrbuch der Psychotechnik., S. 432.
488   Ebenda.
489   Siehe: Lerner, „Ein Sieg des deutschen Willens", in: Eckart/Gradmann (Hrsg.), S. 98.
490   Siehe dazu auch 4.2.2.

Leistungsfähigkeit sowie der Charakter eines Menschen numerisch zu erfassen und auf einem Kontinuum abbildbar zu machen sei.[491]

Es gab aber auch weitere Gründe dafür, dass die Erfassung des Charakters und des Arbeitswillens in der Industrie an Bedeutung gewann. Zum einen führte die große Fluktuation auf dem Arbeitsmarkt dazu, dass die Betriebe ihre Arbeiter an sich binden wollten und daher an ihrem Charakter interessiert waren.[492] Auch gegenüber den Gewerkschaften wollten sich viele Arbeitgeber absichern; der große Zulauf von Arbeitern zu den sozialistischen Gewerkschaften in der zweiten Hälfte des Krieges machte die Arbeitgeber besorgt, denn sie befürchteten Streiks und Aufstände. Folglich nahm die Erfassung des Charakters und der Loyalität ihrer Arbeiter für die Industriellen an Bedeutung zu.[493] Auch setzten die Arbeitgeber trotz der hohen Fluktuation der Arbeitskräfte wieder verstärkt auf die Kompetenz des Facharbeiters und dieser konnte weniger durch Kontrolle als aufgrund eines „guten Charakter" zu hoher Leistung angehalten werden. Alle diese Gründe trugen dazu bei, dass die psychologische Erfassung und numerische Einschätzung charakterlicher Einflüsse auf die Arbeitskraft zunehmend akzeptiert und gefördert wurden. Der Anspruch einer wissenschaftlichen Erfassung des menschlichen Charakters versprach einerseits mehr Gerechtigkeit durch objektive Messung, verunsicherte andererseits aber die Arbeiterschaft, die eine zunehmende Kontrolle auch ihrer Persönlichkeit befürchtete.[494]

Ein anderes Verfahren, das einen Zugriff auf den Charakter ermöglichen wollte, war die von Walter Poppelreuter propagierte Arbeitsschauuhr. Nicht nur Berlin, sondern auch Köln war ein Zentrum der Arbeitswissenschaften geworden: Walter Poppelreuter legte dort in seiner Station für Hirnverletzte besonders großen Wert auf die Untersuchung der Arbeitsfähigkeit und die Einübung neuer Fertigkeiten im Hinblick auf alternative Arbeitsmöglichkeiten für die verletzten Soldaten.[495] Mit diesem spezifisch psychologischen Anlernverfahren verfolgte Poppelreuter mehrere Ziele:

---

491 Schrage, Psychotechnik und Radiophonie, S. 145f.

492 Meskill, Arbeitssteuerung, S. 218.

493 Ebenda.

494 Kurz nach Kriegsende wehrten sich einige Arbeiter gegen eine Willenserfassung; Schlesinger beruhigte sie und versicherte, dass bei Psychotechnik kein Wille gemessen würde, Georg Schlesinger, Betriebswissenschaft und Psychotechnik, in: Praktische Psychologie 1 (1919), S. 1–6, S. 5.

495 Poppelreuter, Die psychischen Schädigungen durch Kopfschuß im Kriege 1914/17.

Einmal sollte der Arbeitstyp festgestellt werden, auch im Sinne der individuellen Ermüdung. Dann sollte die Arbeitsschauuhr zur Beobachtung und Steigerung der Leistungsfähigkeit etc. dienen, dann für betriebspädagogische Anlernvorgänge sowie zur „Vorannahme rein wissenschaftlicher Untersuchungen psychologischer und medizinischer Art.[496]

Neben diagnostischen Funktionen war die Hauptaufgabe dieses Vorgehens, die Steigerung der Arbeitsleistung mittels Beobachtung und Steuerung durch den Arbeiter selbst zu fördern: „Die offene Anwendung soll dem Arbeitenden zur Selbstkontrolle, als Anreiz zur Steigerung der Leistung und zum Durchdringen mit ökonomisch psychologischem Geiste verhelfen."[497] Die Arbeitsschauuhr sollte dem Arbeiter auf der einen Seite das eigene Arbeitsverhalten veranschaulichen, ihn dann aber auf der anderen Seite dazu motivieren, seine Arbeitsleistung zu erhöhen. Äußere Kontrolle durch einen beobachtenden Vorgesetzten sollte durch eine eigene innere Kontrolle ersetzt werden.[498] Körperliche, intellektuelle und charakterliche Einflussfaktoren auf die Arbeitsleistung, so versprach es also die Psychologie, könnten exakt erfasst und numerisch ausgedrückt werden. Individuen seien bezüglich ihrer Leistungsdifferenzen genau in eine Reihenfolge einzuordnen; deutlich sichtbar für die Außenwelt, aber auch für sie selbst. Eine Neuerung hierbei war, dass die Psychologen dies nun auch bei den sogenannten höheren Berufen durchführten.

Diese Initiative ging von der zweiten Gruppe der Psychologen um Otto Lipmann und William Stern aus.[499] Lipmann hatte schon früh im Krieg eine Ausweitung der Berufsberatung, auch auf die sogenannten höheren Berufe verlangt, um begabte Schüler schneller ins Arbeitsleben eingliedern zu können.[500] Er forderte allerdings zuerst ausführliche Untersuchungen der

---

496   Walther Poppelreuter, Die Arbeitsschauuhr. Ein Beitrag zur praktischen Psychologie, Langensalza 1918, S. 16f.

497   Ebenda.

498   Poppelreuter wollte dieses Verfahren auch im Rahmen seiner Arbeit für das Deutsche Institut für technische Arbeitsschulung (DINTA) einführen, siehe: Geuter, Die Professionalisierung der deutschen Psychologie im Nationalsozialismus, S. 151.

499   William Stern führte allerdings auf Nachfrage der Leiterin der Berufsberatung in Altona eine Untersuchung an acht Kandidatinnen für den Beruf der Straßenbahnfahrerin durch; dabei benutzte er eine Untersuchungsmaschine, die der von Hugo Münsterberg ähnelte. Stern, Über eine psychologische Eignungsprüfung für Staßenbahnfahrerinnen.

500   Die Einteilung in sog. spezialisierte, mittlere und höhere Berufe ging auf eine Veröffentlichung von Curt Piorkowski aus dem Jahr 1915 zurück, Piorkowski, Beiträge zur psychologischen Methodologie der wirtschaftlichen Berufseignung.; sowie das Lipmannsche Schema für mittlere Berufe, siehe Otto Lipmann, Psychische Berufseignung und psychologische Berufsberatung; Piorkowski definiert die Fähigkeiten für höhere Berufe insofern,

jeweiligen Arbeit (durch Erstellen eines Arbeitsschemas), um effektive Tests entwickeln zu können.[501] Damit waren William Stern und Otto Lipmann zwei Universitätspsychologen, die sich in Methode und Einstellungen von den Praktikern um Walter Moede und Georg Schlesinger (die dem Modell von Hugo Münsterberg folgten) deutlich unterschieden.[502]

Lipmann versuchte in aufwendigen Fragebögen, die er an erfolgreiche Vertreter der jeweiligen Berufe versandte, die dort geforderten Fähigkeiten auszumachen. Diese Fähigkeiten sollten anschließend bei den entsprechenden Bewerbern getestet werden. Er fragte dabei nach körperlichen Voraussetzungen, intellektueller Leistungsfähigkeit, aber auch nach charakterlichen Voraussetzungen für einen spezifischen Beruf, versuchte dabei schon die Nachkriegssituation zu antizipieren und einen Perspektivenwechsel in der Beratung vorzunehmen. Lipmann vertrat die Meinung, dass man in der Kriegszeit die Tests meist im Sinne der Arbeitgeber zum Ausschluss ungeeigneter Personen eingesetzt hatte, dass aber in Zukunft die Perspektive des Arbeitssuchenden zunehmend von Bedeutung sei. Er beteuerte, dass man als Berater in der Nachkriegszeit den passenden Beruf für eine spezielle Person auszusuchen habe.[503] Lipmann verwendete diese Berufserfassungsbögen bei einer Reihe unterschiedlicher Berufe.

Ein Beispiel hierfür betraf den Beruf des Bergmannes: Wichtige Eigenschaften für diesen Beruf seien grundlegende körperliche Fertigkeiten und Kräfte. Außerdem die Fähigkeit, leise Geräusche und schwach beleuchtete Gegenstände wahrzunehmen, größere Abstände richtig einzuschätzen, längere Zeit Hunger, Durst und unangenehme Eindrücke, besonders Schmutz, ertragen zu können.[504] Lipmann machte durch dieses Berufsschema ca.

---

als dass neben Einzelfähigkeiten auch ein gewisses Maß an Allgemeinintelligenz und die Fähigkeit zu selbstständigen Entscheidungen und zu produktiven Leistungen hinzukommen müssten, Ulrich, Die psychologische Analyse der höheren Berufe als Grundlage einer künftigen Berufsberatung nebst einem psychographischen Schema für die medizinische Wissenschaft und den ärztlichen Beruf., S. 7.

501 Lipmann, Psychische Berufseignung und psychologische Berufsberatung.

502 Otto Lipmann war in Berlin Leiter des psychologischen Prüflabors, Anon, Kleine Nachrichten 1918. William Stern war seit 1917 an der Hamburger Universität und dort bei der Berufsberatung beschäftigt. Anon, Kleine Nachrichten 1918.

503 Martha Ulrich, Die psychologische Analyse der höheren Berufe als Grundlage einer künftigen Berufsberatung, in: Schriften zur Psychologie der Berufseignung und des Wirtschaftslebens 5 (1918), S. 3–37, S. 4; Otto Lipmann, Wirtschaftspsychologie und psychologische Berufsberatung, in: Schriften zur Psychologie der Berufseignung und des Wirtschaftslebens 1 (1918), S. 3–26, S.12.

504 Ebenda., S. 9f.

20 wichtige Eigenschaften aus, die über die üblichen Leistungsparameter hinausgingen und die er als wesentlich für eine spezifische Beratung ansah.[505]

Auch die Psychologin Martha Ulrich untersuchte explizit die sogenannten höheren Berufe und erstellte beispielsweise ein „Psychographisches Schema für den ärztlichen Beruf."[506] Bemerkenswert an diesem Vorgehen ist, dass Psychologen hier den Anspruch erhoben, objektive Kriterien entwickeln zu können, um die Anforderungen eines „höheren" Berufes zu erfassen. Des Weiteren ist die Bandbreite der gefragten Kriterien interessant: Neben körperlichen Eigenschaften wie einer guten Gesundheit und Handgeschicklichkeit prüfte man sensorische Qualitäten wie eine scharfe Sinneswahrnehmung, gute Aufmerksamkeitsleistung, Gedächtnis und Kombinationsfähigkeit sowie auch hier charakterliche Qualitäten wie Taktgefühl, Verschwiegenheit, Einfühlungsvermögen und Gewissenhaftigkeit.[507] Interessanterweise lag der Schwerpunkt des Psychogramms des Arztes weniger auf den intellektuellen Fähigkeiten, sondern mehr auf dem Aspekt der passenden Persönlichkeit. Mit dem Anspruch auch komplexere, höhere Berufe zu erfassen, rückte für die Psychologen eine weitere Schicht der Bevölkerung in den Blick. Diese Entwicklung entsprach auch der der militärischen Diagnostik, in der man während des Krieges begonnen hatte, Offiziere, also höhere militärische Ränge, mit psychologischen Verfahren zu testen und zu bewerten: eine Überschreitung sozialer Schranken, die vor dem Krieg nicht möglich gewesen wäre.

Ein typisches Beispiel für die Berufsberatung dieser Art war eine Untersuchung Otto Lipmanns in Berlin an 300 Bewerberinnen für die Druckindustrie. Er hatte den Auftrag vom Verein Berliner Buchdruckereibesitzer bekommen, da man „durch Einbeziehung zum Heeresdienst und die Durchführung des Gesetzes über den ‚vaterländischen Hilfsdienst' [...] den Druckereien den größten Teil des geübten Setzerpersonals" genommen hatte.[508] Die Druckereien sahen sich daher gezwungen, auch weibliche Arbeitskräfte zu beschäftigen.[509] Da die Zahl der Bewerberinnen (300) die Zahl der freien Plätze (70) deutlich überstieg, wandte sich der Verein an das Berliner psychologische Laboratorium. Unter der Leitung von Otto Lipmann und einem jungen Psychologen, Kurt Lewin, wurde ein Auswahlverfahren entwickelt:[510] Man

---

505   Ebenda., S. 9–11.
506   Ulrich, Die psychologische Analyse der höheren Berufe als Grundlage einer künftigen Berufsberatung., S. 28.
507   Ebenda., S. 28–38.
508   Otto Lipmann/Dora Krais, Die Berufseignung des Schriftsetzers, in: Schriften zur Psychologie der Berufseignung und des Wirtschaftslebens 3 (1918), S. 3–37, S. 3.
509   Ebenda.
510   Ebenda, S. 4–10.

ermittelte zum einen allgemeine Leistungsfaktoren – Rechtschreibung, Lesen von Lückentexten – ,zum anderen spezielle Tests, die die Fähigkeit zum exakten Buchstabieren und zum Schreibmaschineschreiben überprüften. Dabei lag der Schwerpunkt darauf, eine schnelle Beurteilung zu ermöglichen, so dass man jedem Prüfling schon kurz nach der Prüfung sein Ergebnis mitteilen konnte.[511] Dora Krais wandte 1918, wenn auch leicht verändert, das gleiche Prüfverfahren zur Auswahl von 139 Bewerberinnen für eine Anstellung beim Stuttgarter Buchdruckgewerbe an.[512]

Es war typisch für die Kriegszeit, dass man schnell und innovativ auf die Anforderungen der Industrie einging und ein spezifisches Verfahren zur Messung der geforderten Leistungen entwickelte. Eine Neuerung war, dass man große Gruppen von Frauen auf ihre Arbeitsleistung hin untersuchte, denen man in der Kriegszeit auch neue Berufe (wie z.B. Straßenbahnfahrerin) zugetraut hatte.[513] Diese flexible Arbeitsstrategie brachte den beteiligten Psychologen sowohl Anerkennung und Aufträge von Seiten der Arbeitgeber, als auch Kritik von Seiten der Kollegen wegen unausgereiften Verfahren ein. Die psychologischen Empfehlungen zur beruflichen Eingliederung waren auch von großer Bedeutung für die Versorgung der verletzten Soldaten, da diese meist in der Industrie eingesetzt und an einer neuen Arbeitsstelle angelernt werden sollten.[514]

Das Problem der Prothese: Psychologen in der Versorgung amputierter Soldaten

> Der Krieg macht den Amputierten zu einer Massenerscheinung; damit wurde die Wiedergewinnung dieser Art Kriegsbeschädigter für das Wirtschaftsleben zu einer dringenden Angelegenheit, deren befriedigende Ordnung gleicherweise im Interesse des einzelnen von dem harten Los Betroffenen wie der Gesamtheit des Volkes lag.[515]

Mit diesen Worten machte der Psychologe David Katz die Relevanz des Problems der Kriegsversehrten deutlich, indem er betonte, dass deren Schicksal nicht nur für sie selbst, sondern auch für das nationale Wohlergehen von großer

---

511 Ebenda, S. 4.

512 Krais, Eignungsprüfungen bei der Einführung von weiblichen Ersatzkräften in das Stuttgarter Buchdruckgewerbe.

513 Lipmann unternahm 1917 eine Untersuchung von psychischen Geschlechtsunterschieden bei Schülern und fand nur geringe Unterschiede, Lipmann, Psychische Geschlechtsunterschiede, S. 106.

514 Patzel-Mattern, Ökonomische Effizienz und gesellschaftlicher Ausgleich., S. 60.

515 Katz, Zur Psychologie des Amputierten und seiner Prothese., S. 1.

Bedeutung sei.[516] Dieses Thema wurde schnell zu einem wichtigen politischen Anliegen, da die Amputierten in einem großen Maße öffentliches Aufsehen und Mitleid erregten. Es waren verstörende Bilder, neu und in großer Zahl, die Mitgefühl erweckten, aber das Publikum auch zu kritischen Äußerungen veranlassten.[517] Von staatlicher Seite organisierte man schnell eine weitreichende Versorgung; dabei betonte man nicht nur das nationale Recht, sondern auch die Pflicht zur Arbeit und pries vor allem auch den Arbeitseinsatz mit Hilfe von Prothesen an.[518] Die finanzielle Versorgung der Kriegsveteranen wurde zentral vom Militär organisiert, die medizinischen Rehabilitationsmaßnahmen überließ man jedoch lokalen Behörden oder freiwilligen Helfern; dies erklärt auch die regionalen Unterschiede und lokalen Initiativen.[519] Schon im Herbst 1915 gründete man die Prüfstelle für Ersatzglieder in Berlin-Charlottenburg, als deren Geschäftsführer der Ingenieur Georg Schlesinger fungierte.[520] Schlesinger vertrat die Meinung, dass vor allem die Funktionsfähigkeit der Prothese von Bedeutung sei und die Körper der Verletzten der Maschine angepasst werden sollten.[521] Er behauptete nachweisen zu können, dass ein Amputierter zwischen 60 und 90% der Leistung eines Gesunden erbringen konnte und betrachtete daher den Einsatz von Verletzten als sinnvoll und wünschenswert.[522]

---

516   Der Sanitätsbericht über das Deutsche Heer von 1934 ging von etwa 15 503 Arm- und 24 145 Beinamputierten aus, Eckart, Medizin und Krieg, S. 303; Unterschiedliche Zahlenangaben in Sabine Kienitz, Beschädigte Helden. Kriegsinvalidität und Körperbilder 1914–1923, Paderborn, München, Wien u.a. 2008, S. 20 und S. 158; Schätzungen der dauerhaft verletzten Soldaten liegen für Deutschland bei ca. 1,5 Millionen, für Großbritannien bei ca. 755 000. Winter, The Great War and the British people., S. 73, S. 75; siehe auch Boris Zesarewitsch Urlanis, Bilanz der Kriege. Die Menschenverluste Europas vom 17. Jahrhundert bis zur Gegenwart, Berlin 1965, S. 453; Leonhard, Die Büchse der Pandora., S. 1015–1018; Auch im Zweiten Weltkrieg wurden Psychologen, hier der schon im Ersten Weltkrieg psychologisch tätig gewesene Hans Rupp auf diesem Gebiet eingesetzt: Siehe: „Dem Antrag des psychologischen Instituts auf einen Forschungsauftrag von Rupp zum Thema: „Psychologische Probleme beim Arbeitseinsatz von Körperbehinderten" wird stattgegeben." UA-HUB, Personalakte Rupp, Band 3, S. 27.

517   Eine große Ausstellung zur Situation und Versorgung verletzter Soldaten zeigte das Ausmaß öffentlichen Interesses. Cohen, The war come home, S. 64f.

518   Zur Betonung der Pflicht zur Arbeit siehe: ebenda, S. 155; zum Arbeitseinsatz der Prothesen siehe: Schlesinger, Psychotechnik und Betriebswissenschaft, S. 104f-130; Karin Harrasser, Sensible Prothesen. Medien der Wiederherstellung von Produktivität, in: Body Politics 1 (2013), S. 99–117, S. 103.

519   Cohen, The war come home., S. 65.

520   Spur, Industrielle Psychotechnik - Walther Moede., S. 97f.

521   Harrasser, Sensible Prothesen. Medien der Wiederherstellung von Produktivität., S. 104.

522   Gabriele Wohlauf, Moderne Zeiten - Normierung von Mensch und Maschine, in: Horst Gundlach/Mauro Antonelli (Hrsg.), Untersuchungen zur Geschichte der Psychologie und der Psychotechnik, München 1996, S. 147–164, S. 158f.

Auch das Hilfsdienstgesetz im Rahmen des Hindenburgprogramms sah den Arbeitseinsatz von Verletzten in der Kriegswirtschaft vor. Wissenschaftliche Experten wie Mediziner, Juristen, Ingenieure und auch Psychologen nahmen nun an der sich entwickelnden Kriegsversehrtenversorgung aktiv teil.[523] Sie gaben dem Thema eine wissenschaftliche Prägung und damit eine politische Bedeutung. Durch diese aktive Beteiligung an der Kriegsopferversorgung wurde auch der Prozess der „Verwissenschaftlichung" der Sozialpolitik deutlich vorangetrieben.[524] Auf der anderen Seite bedeutete dies für die Psychologen eine deutliche Aufwertung ihrer praktischen Arbeit und wissenschaftlichen Reputation.[525]

Zwei Psychologen, Narziß Ach in Nürnberg und David Katz in Hannover waren auf diesem Gebiet tätig und arbeiteten in einem Team von Medizinern und Ingenieuren an diesem Problem.[526] Obwohl die Versorgung der verletzten Soldaten in Deutschland deutlich besser organisiert war als in Großbritannien, gab es Unterschiede in den einzelnen Landesteilen.[527] So kamen die beiden Psychologen zu unterschiedlichen Empfehlungen in Bezug auf diese Patienten, auch abweichend von denen des führenden Experten im Prothesenbau, des Ingenieurs Schlesinger in Berlin.

Die Versorgung der verletzten Soldaten mit Prothesen sowie deren Eingliederung in den Arbeitsprozess forderte auch die Industrie heraus und führte zu wichtigen Berührungspunkten mit der Psychologie. Zum einen mussten die Arbeitsprozesse an diesen neuen „Typ des Arbeiters" angepasst werden, zum anderen stellte sich heraus, dass viele Veteranen ihre Prothese überhaupt nicht trugen, sondern lieber mit dem Stumpf hantierten.[528] Diese Probleme sah man als psychologisch bedingt an und forderte deshalb den Einsatz dieser Experten,

---

523 Kienitz, Beschädigte Helden., S. 157–162, S. 168–171; Gunther Mai, Hilfsdienstgesetz, in: Gerhard Hirschfeld/Gerd Krumeich/Irina Renz/Markus Pöhlmann (Hrsg.), Enzyklopädie Erster Weltkrieg, Paderborn 2014, S. 553–554.

524 Pierluigi Pironti, Kriegsopfer und Staat. Sozialpolitik für Invaliden, Witwen und Waisen des Ersten Weltkriegs in Deutschland und Italien (1914–1924), Köln 2015, S. 509; zum Thema der Verwissenschaftlichung des Sozialen siehe: Raphael, Die Verwissenschaftlichung des Sozialen als methodische und konzeptionelle Herausforderung für eine Sozialgeschichte des 20. Jahrhundert.

525 Pironti, Kriegsopfer und Staat., 176.

526 Katz nahm 1919 eine Professur an der Universität Rostock an, Wolfradt, Deutschsprachige Psychologinnen und Psychologen 1933–1945., S. 228; Ach führte seine Lehrtätigkeit an der Universität Königsberg fort; Ebenda, S. 8.

527 Cohen, The war come home, S. 65; Zur Situation in Großbritannien siehe: ebenda, S. 4f; S. 155; zur Situation in Deutschland siehe: ebenda, S. 5, S. 64–71; Campbell, Joy in work, German work, S. 213–242; Rabinbach, The human motor., S. 189–202, S. 210–217.

528 Horion hatte bereits 1916 in einer Statistik in der Rheinprovinz berichtet, dass von etwa 356 Armamputierten 310 nach kurzer Zeit ihre Prothese nicht mehr benutzten. Über ähnliche Entwicklungen berichtete die Prüfstelle für Ersatzglieder in Charlottenburg.

wobei hervorgehoben werden muss, dass anders als in Großbritannien auch Nicht-Mediziner, wie der Psychologe David Katz, beauftragt wurden.

Im April 1918 war dieser von der Front an die Forschungsstelle für Ersatzglieder an der Technischen Hochschule in Hannover berufen worden, um die Leitung der psychologischen Abteilung zu übernehmen.[529] Den Psychologen Narziß Ach hatte das bayrischen Kriegsministerium ab dem 1. Januar 1917 an die Prüfstelle für Ersatzglieder in Nürnberg kommandiert.[530] Beide setzten sich für eine Individualisierung des Prothesenbaus ein und beide vertraten die gleiche Meinung: „Bei der zweckmäßigen Gestaltung des Kunstgliedes sowie seiner Abstimmung auf den Amputierten kann nun die Psychologie wertvolle Dienste leisten."[531]

Die Beschäftigung mit amputierten Soldaten war in zweierlei Hinsicht für die Psychologie von Bedeutung: Einmal für die Mehrung theoretischen Wissens, denn noch nie hatten Psychologen mit einer solchen Menge körperlich verletzter Menschen arbeiten können. In seiner Arbeit und Untersuchung an 102 Amputierten, 99 davon Armamputierte, zeigte Katz auch großes Interesse an neuen theoretischen Erkenntnissen, ohne deren praktische Relevanz aus dem Auge zu verlieren.[532] Beispielsweise konnte er nachweisen, dass durch eine imaginierte Bewegung des verlorenen Gliedes, z.B. eines Armes, die restlichen Muskeln eine deutliche Kontraktion zeigten.[533] Damit wies er eine Verbindung zwischen der reinen Vorstellungkraft und entsprechenden Muskeltätigkeiten nach; ein neuer Aspekt in der Interaktion von Geist und Körper.

Empfindungen in und Phantasien über das sogenannte „Phantomglied" erbrachten Erkenntnisse über das Körperbild der verletzten Soldaten, aber auch über die Möglichkeit einer Bewältigung des Verlustes.[534] Übungen mit dem imaginierten Phantomglied hatten eine positive Nebenwirkung, weil dadurch: „das Erinnerungsbild des amputierten Gliedes festgehalten wird und so der Verletzte über den Verlust des verlorenen Gliedes seelisch leichter

          Narziss Ach, Zur Psychologie der Amputierten. Ein Beitrag zur Praktischen Psychologie, in: Archiv für die gesamte Psychologie 40 (1920), S. 89–116, S. 108.

529   Katz, Zur Psychologie des Amputierten und seiner Prothese., Vorwort; David Katz, David Katz, in: Carl Murchison (Hrsg.), A history of psychology in autobiography, Bd. 4, Worcester 1930, S. 189–211, S. 201.

530   Ach, Zur Psychologie der Amputierten., S. 89.

531   Ebenda, S. 90; Katz, Zur Psychologie des Amputierten und seiner Prothese., S.1.

532   „Die Leistungen der Stümpfe, die wir vorstehend geprüft haben, werden in dieser Form kaum jemals im praktischen Leben vom Amputationsstumpf gefordert ..." ebenda, S. 67.

533   Ebenda, S. 50.

534   Ach, Zur Psychologie der Amputierten., S. 94; Katz, Zur Psychologie des Amputierten und seiner Prothese., S. 12–20.

hinwegkommt.“[535] Der Umgang mit einer Prothese ergab Einblicke, die auch für den Gebrauch einer normalen „Arbeitshand“ von Bedeutung erschienen.[536] Beide Psychologen stellten deshalb in ihrer Arbeit deutlich heraus, dass nicht nur praktische Folgerungen wie die Beschaffenheit der Prothese von Bedeutung seien, sondern dass die Untersuchungen auch zur „Mehrung unserer theoretischen psychologischen Einsicht angestellt worden sind.“[537] Katz wies in diesem Zusammenhang besonders auf drei Gebiete hin:

> Die psychologischen Erfahrungen an Amputierten sind vornehmlich nach drei Richtungen von Interesse für die theoretische Psychologie, 1. Für die Theorie der Halluzinationen, 2. Für die Lehre von der Konstitution des Körper-Ichs, 3. Für das Studium der willkürlichen Bewegungen.[538]

Katz bezog sich dabei erstens auf das Phänomen, dass das Erleben von Halluzinationen eines sogenannten Phantomgliedes bei Amputierten häufig mit großen Schmerzen verbunden war und für die Patienten ein großes Problem darstellte. Untersuchungen dieser Vorgänge an einer großen Zahl von Patienten versprachen daher bedeutende theoretische wie auch praktische Erkenntnisse. Die Versuche von Katz umfassten genaue Befragungen von Patienten sowie Experimente, aber auch die Berücksichtigung von Träumen.[539] So träumten einige Patienten davon, ihre verlorene Hand noch benutzen zu können („Ich habe einmal nach der Amputation des Arms davon geträumt, dass ich eine Mücke mit beiden Händen geklappt hätte.“).[540] Katz hoffte mit seinen Untersuchungen zweitens neue Erkenntnisse über die Entwicklung des Körpergefühls im Laufe des Lebens zu gewinnen.[541] Daher untersuchte er die Fähigkeit seiner Patienten zur taktilen Differenzierung sowie die Lokalisation von Tasteindrücken und die Reaktion auf Berührungsreize des Amputationsstumpfes.[542] Dennoch überwogen drittens bei ihm und Narziß Ach dezidierte

---

535 Ach, Zur Psychologie der Amputierten., S. 94.
536 Fritz Giese, Zur Psychologie der Arbeitshand, in: Karl Bühler (Hrsg.), Bericht über den VII. Kongress für Experimentelle Psychologie in Marburg vom 20.-23. April 1921, Jena 1922, S. 116–118, S. 116.
537 Katz, Zur Psychologie des Amputierten und seiner Prothese., S. 11; David Katz, Psychologische Erfahrungen an Amputierten, in: Karl Bühler (Hrsg.), Bericht über den VII. Kongress für Experimentelle Psychologie in Marburg vom 20.-23. April 1921, Jena 1922, S. 49–74, S. 73.
538 Ebenda., S. 50.
539 Katz, Zur Psychologie des Amputierten und seiner Prothese., S. 52.
540 Ebenda., S. 53.
541 Katz, Psychologische Erfahrungen an Amputierten, in: Bühler (Hrsg.), S. 63.
542 Katz, Zur Psychologie des Amputierten und seiner Prothese., S. 53–66.

praktische Empfehlungen, denns sowohl in den Rehabilitationseinrichtungen als auch in der Industrie hatte sich ja gezeigt, dass viele Kriegsversehrte ihre kostspieligen Prothesen überhaupt nicht benutzten:

> ... nach einer Umfrage ... [zeigte sich], dass nur 13% der Prothesenträger ihre Arbeitsprothese auch im späteren Erwerbsleben beibehielten, alle übrigen aber ihr teures Kunstglied in des Wortes eigentlicher Bedeutung an den Nagel hängten und es vorzogen, sich mit dem unbewehrten Stumpf zu behelfen.[543]

Zur Erklärung dieses Umstandes hob Katz ein psychologisch wichtiges Kriterium der Situation hervor, die für Prothesenträger von entscheidender Bedeutung sei: die durch den Verlust eines Körpergliedes beeinträchtigte Einheit des Körper-Ichs:

> Entfällt durch Amputation eines Gliedes die Möglichkeit, eine bestimmte gewohnte Körperhaltung anzunehmen oder eine bestimmte gewohnte Körperhaltung auszuführen – wäre es auch nur eine von außen gesehen völlig überflüssige Bewegung, eine schlechte Angewohnheit – so kann dadurch das empirische Ich-Bewusstsein eine schmerzlich empfundene Einbuße und können damit [...] verknüpfte Vorstellungs- und Denkverläufe eine deutliche Beeinträchtigung erfahren. Die Ausdrucksbewegungen der Gliedmaßen dienen auch der Entladung der Affekte [...] Die herabgedrückte bei dem einen mehr in Verbitterung, bei dem anderen mehr in Verschlossenheit zum Ausdruck kommenden Stimmung, die mir bei doppelseitig Amputierten entgegengetreten ist, führe ich nur zu einem Teil auf das Bewusstsein von der unmittelbaren Schädigung, zum anderen Teil aber auf die eben berührte mittelbare Schädigung des Ichbewusstseins infolge des Ausfalls wichtiger Ausdrucksbewegungen zurück.[544]

Als Beispiel für dieses Phänomen führte Katz den eindrucksvollen Fall eines Offiziers an, der mit seiner Prothese nicht zufrieden war, da sie ihm nicht erlaubte, eine stramme Haltung einzunehmen und er deshalb in einen depressiven Zustand verfiel.[545] Nicht nur die Funktionsfähigkeit der Prothese sei für die Arbeitsfähigkeit und -willigkeit entscheidend, sondern auch ihre Bedeutung für die Körpersprache und das Körperempfinden des Patienten.

---

543   Ach, Zur Psychologie der Amputierten., S. 108; Katz berichtet von ähnlichen Erfahrungen in der Prüfstelle in Charlottenburg und Gleiwitz und von dem Direktor der Siemens-Schuckert-Werke in Charlottenburg. Katz, Zur Psychologie des Amputierten und seiner Prothese., S. 3.

544   Ebenda, S. 10; Ach, Zur Psychologie der Amputierten.

545   Narziß Ach dagegen betonte die Bedeutung der Arbeit zur Prävention von Depressionen bei Amputierten: „Die Aussicht, kein im Leben Nutzloser zu werden, kann Wunder wirken und den Amputierten mit neuem Lebensmut erfüllen." Zitiert nach Katz, Psychologische Erfahrungen an Amputierten, in: Bühler (Hrsg.), S. 52.

Die Arbeitsfähigkeit eines verletzten Soldaten, so argumentierte er, sei auch durch sein psychisches Wohlbefinden mitbestimmt. Deshalb, so Katz, müsse jede Prothese auch dem jeweiligen Patienten und seinen Bedürfnissen entsprechen:

> Bei jeder Prothese muss nicht nur auf den Beruf, sondern auch auf individuelle Bedürfnisse Rücksicht genommen werden, da diese oft im Seelenleben, besonders was seine Harmonie und sein Wohlbefinden betrifft, eine größere Rolle spielen als die Ausübung des Berufs. Nicht die in Hinblick auf den Beruf gute Funktion der Prothese dürfte den Prothesenträger ganz befriedigen, sondern die seiner individuellen seelischen Konstitution entsprechende Prothese.[546]

Auch sei nicht für jeden amputierten Patienten eine Prothese zu empfehlen:

> Im konkreten Fall wird die Entscheidung für oder gegen die Prothese noch abhängig zu machen sein von dem Beruf, dem Arbeitsgebiet, der Individualität und nicht zuletzt dem persönlichen Wunsch des Amputierten.[547]

Falls man auf eine Prothese nicht verzichten könne, so solle man bei einigen Patienten ein besonderes Modell benutzen, das die erhaltene Sensibilität des Stumpfes berücksichtige und dem Körperglied ähnlich empfunden werden könne.[548] Katz sprach dabei sogar von einer „Beseelung des Stumpfes"[549].

> Das Ersatzglied muss infolgedessen in seinem Aufbau derart beschaffen sein, dass es nicht bloß als Mittel zu gewissen Verrichtungen wie irgendein Handwerkszeug dient, sondern vielmehr einen Teil des Körpers selbst bildet.[550]

Der Psychologe Narziß Ach schloss sich seinem psychologischen Kollegen vor allem auch in der Forderung nach einer Individualisierung in der Versorgung einer Prothese an, ging dabei jedoch noch einen Schritt weiter:[551]

---

546 Neutra, W. Zur Psychologie der Prothese. Medizinische Klinik 13 (1917), S. 1240 zitiert nach Katz, Zur Psychologie des Amputierten und seiner Prothese., S. 11.

547 Ebenda, S. 4f.

548 Ebenda., S. 5.

549 „Vom Stumpf aus hätte die Beseelung der Prothese erfolgen müssen, das geschah nicht mit dem notwendigen Maße, kein Wunder also, dass sie in der Regel von ihrem Träger als ein totes Anhängsel empfunden wurde." Zitiert nach Harrasser, Sensible Prothesen. Medien der Wiederherstellung von Produktivität., S. 112.

550 Ach, Zur Psychologie der Amputierten., S. 99.

551 Harrasser, Sensible Prothesen. Medien der Wiederherstellung von Produktivität., S. 109.

> Individualisieren, nicht schematisieren gilt bei den Amputierten nicht nur für
> die Anpassung der Prothese, sondern insbesondere auch für die Einübung in die
> frühere oder ihr verwandte Tätigkeit und [dabei] leistet das methodologische
> Rüstzeug der experimentellen Psychologie wertvolle Dienste.[552]

Arbeit wurde von ihm vor allem auch als Therapie angesehen: Er betonte,
dass man nicht jeden gelernten Arbeiter oder Facharbeiter, auch mit einer gut
angepassten Arbeitsprothese, zu einfachen Maschinenarbeiten motivieren
könne und schlug daher vor, diese eher in anderen anspruchsvolleren Arbeits-
gebieten, z.B. in der Arbeitsverwaltung einzusetzen, denn[553]

> Die psychologische Einstellung wirkt hemmend auf die dauernde Ausführung
> einer einfachen, völlig mechanischen Arbeitsleistung, selbst wenn diese einen
> verhältnismäßig hohen Lohn bringt [...] Das hauptsächliche Moment, die
> Arbeitsfreudigkeit des Amputierten zu wecken, liegt ja darin, sein Interesse an
> der Arbeit selbst zu erregen ...[554]

Die Arbeitsfreude, ein wichtiges Thema der Arbeitswissenschaften der Zeit,
sei ausschlaggebend für die Leistung der verletzten Soldaten.[555] Dabei betonte
Ach den Aspekt des Arbeitswillens: Auch bei derart verletzten Soldaten sei,
ähnlich wie in der Versorgung kriegsneurotischer Soldaten, der Wille zur Arbeit
zu fordern und zu fördern.[556] Nicht nur die Anpassung einer geeigneten Prothese und die Einübung in den Arbeitsprozess seien entscheidend, sondern der
Wille zur Arbeit sei ausschlaggebend für den Erfolg und die Leistungsfähigkeit
dieser Soldaten-Arbeiter: Auf diesen Willen hätte der behandelnde Fachmann
(Arzt oder Psychologe) durch suggestive Gespräche und spezielle Übungsverfahren Einfluss zu nehmen.[557] Mit solchen Empfehlungen, insbesondere zur
Individualisierung der Prothesen, unterschieden sich die Psychologen deutlich von den anderen Prothesenbauern, die vor allem die Arbeitseffizienz
unterstrichen und die in den Prothesen vor allem ein effektives Werkzeug im
Arbeitsprozess sahen.[558]

   Beide Psychologen positionierten sich mit ihren Vorschlägen damit in einer
schon seit 1917 geführten Debatte im Prothesenbau, die am Institut für Prothetik

---

552   Ach, Zur Psychologie der Amputierten., S. 111.
553   Ebenda., S. 1
554   Ebenda., S. 112.
555   Zum Thema Arbeitsfreude siehe Kapitel 3.2.2.
556   Ach, Zur Psychologie der Amputierten. S. 108.
557   Ebenda., S. 108–116.
558   Ulrich, "... als wenn nichts geschehen wäre"., in: Hirschfeld/Krumeich/Renz (Hrsg.),
      S. 123–124.

in Charlottenburg zwischen dem Chirurgen Sauerbruch und dem Ingenieur und Leiter der Stelle für Ersatzglieder Georg Schlesinger geführt wurde.[559] Sauerbruch hatte sich, wie die beiden Psychologen, dafür ausgesprochen, dass die Prothese vor allem das verlorene Glied so genau wie möglich nachahmen sollte.[560] Der Ingenieur Schlesinger hob dagegen die Funktionsfähigkeit seiner, in einem bedeutenden Institut in Berlin entwickelten, Prothesen hervor. Diese sollten durch verschiedene Aufsätze den Arbeiter in die Lage versetzen, unterschiedliche Arbeitsvorgänge ausführen zu können und ihn (bzw. seine Prothese) zum Teil der Maschine werden zu lassen – so konnte beispielsweise eine Feile direkt an einem beschädigten Arm befestigt werden.[561] Diese unterschiedliche Sicht der Funktion von Prothesen propagierte also zwei verschiedene Körperbilder: Zum einen das Körperbild nach Schlesinger, das die Prothese als sinnvolle Anpassung und Verlängerung einer Maschine ansah, während der Arzt Sauerbruch die Bedeutung der Prothese für das Körperbild und die Identität seines Trägers hervorhob. Auch der Psychologe Ach betonte:

> Das Ersatzglied muss infolgedessen in seinem Aufbau derart beschaffen sein, dass es nicht bloß als Mittel zu gewissen Verrichtungen wie irgendein Handwerkszeug dient, sondern vielmehr einen Teil des Körpers selbst bildet.[562]

Damit standen beide Psychologen der Meinung des Mediziners Sauerbruch nahe, der die Ansicht vertrat, dass das Ersatzglied möglichst dem eines gesunden Menschen ähneln solle. Damit sollte nicht nur die schwierige Situation des Patienten berücksichtigt werden, sondern auch die Akzeptanz und die Sorge um die fehlende Effizienz der Prothese, allerdings mit einer psychologischen Begründung der Probleme.[563]

Alle deutschen Psychologen, die in die Versorgung verletzter Soldaten eingebunden waren, hoben die nationale Pflicht zur Arbeit auch bei Kriegsversehrten hervor.[564] Dadurch entsprachen sie den Vorstellungen der

---

559 Harrasser, Sensible Prothesen. Medien der Wiederherstellung von Produktivität., S. 106.
560 Ferdinand Sauerbruch/Georg Ruge/Walter Felix/ed. al., Die willkürlich bewegbare künstliche Hand. Eine Anleitung für Chirurgen und Techniker, Berlin 1916, S. 9; zitiert nach Harrasser, Sensible Prothesen. Medien der Wiederherstellung von Produktivität., S. 108.
561 Schlesinger, Psychotechnik und Betriebswissenschaft., S. 113.
562 Ach, Zur Psychologie der Amputierten., S. 99.
563 Katz, Zur Psychologie des Amputierten und seiner Prothese., S. 1.
564 „Der Krieg macht die Amputierten zu einer Massenerscheinung; damit wurde die Wiedergewinnung dieser Art Kriegsbeschädigten für das Wirtschaftsleben zu einer dringlichen Angelegenheit, deren befriedigende Ordnung gleicherweise im Interesse des einzelnen von dem harten Los Betroffenen wie der Gesamtheit des Volkes lag."ebenda, S. 1. „Selbst wenn auch nur ein Fünftel der Arbeitskraft eines Individuums erhalten werden kann, so

Heeresleitung, die die Kriegsversehrten durch moralische Erziehung zur Arbeit anzuhalten versuchte und sie mit der Vorstellung konfrontierte, dass es eine patriotische Pflicht sei, für das Vaterland zu arbeiten.[565]

Dies führte zu einer Nationalisierung der Debatte über die Arbeitskraft, eine Entwicklung, die sich auch in der Berufsberatung zeigte. Es gebe die nationale Pflicht zur Arbeit, so wurde angenommen; es gebe aber auch eine nationale Fähigkeit zur Arbeit, im Kontrast zu anderen Völkern, beispielsweise den Farbigen in Amerika. Der Psychologe Fritz Giese sprach diesen Farbigen, in Abgrenzung zu deutschen Arbeitern, eine effektive Arbeitsfähigkeit ab:

> Der Neger ist von Natur nicht ausdauernd. Er kann aber kurze Zeit sehr schwer arbeiten: eignet sich also zum Aufholen von Arbeitsverlusten in Betrieben gut. Die Arbeitsleistung ist der Hälfte eines Weißen gleichzusetzen: steht also über dem Standard der etwa in der asiatischen Textilindustrie erzielten Ergebnisse.[566]

Diese Diskussion über den nationalen Charakter der Arbeitskraft wurde nach dem Krieg, auch nach den Erfahrungen der Niederlage mit Nachdruck weitergeführt:

> Wir müssen uns bemühen, die Psychologie der Völker so zu gestalten, dass wir wirklich daraus für die Gegenwart lernen können. Vielleicht wäre auch hier die deutsche Eigenart Hemmung geworden, wenn der Ausgang des Krieges es nicht anders mit sich gebracht hätte: Völkerpsychologie wird schlechthin zu Lebensnotwendigkeit werden, wenn wir erst alle die Forderungen aus der neuen Stellung Deutschlands klar erkannt haben. Wir brauchen eine Kenntnis der Völker, um überhaupt künftig lebensfähig zu bleiben.[567]

Aber vor allem die praktischen Empfehlungen der Psychologen und die theoretischen Beiträge zu den politisch bedeutsamen Debatten über die Versorgung verletzter Soldaten führten dazu, dass das Militär die Psychologen als Experten wahrnahm.

Eine weitere interessante Entwicklung stellte die Einführung psychotechnischer Methoden bei der sächsischen Eisenbahn dar. Erste Ergebnisse

---

darf man nicht denken, das sei zu wenig, um die Mühe zu lohnen, sondern soll rechnen, dass für die vaterländische Arbeitskraft fünf solcher Leute eine Vollwertigkeit schaffen und einen Gefallenen ersetzen."Poppelreuter, Über psychische Ausfallerscheinungen nach Hirnverletzungen., S. 7.

565   Kienitz, Beschädigte Helden., S. 7; Pironti, Kriegsopfer und Staat., S. 109.

566   Fritz Giese, Die Arbeitseignung von Farbigen und Wandervölkern, in: Praktische Psychologie 1 (1919), S. S. 47–56, S. 53.

567   Ebenda., S. 48.

wurden bereits in der Kriegszeit veröffentlicht, da in diesem Bereich die miltä-
rische Zensur nicht so stark griff.

Psychotechnik bei der Eisenbahn
„Was nutzen die besten Sicherheitsmaßnahmen, wenn der Mann auf der Lokomotive eine Schlafmütze ist oder eine zu lange Leitung hat?"[568]
   Die Einführung psychotechnischer Methoden bei der Eisenbahn verdeutlicht erneut die Situation der deutschen Psychotechnik und der daran
beteiligten Psychologen. Vier Gesichtspunkte prägten dabei die Situation:
Zum einen hatten sich führende Psychologen schon in der Vorkriegszeit
mit diesen Themen beschäftigt. Karl Marbe beipielsweise, hatte bereits 1913
als Gerichtsgutachter zu einem Eisenbahnunglück in Müllheim/Baden ausgesagt.[569] Auch hatte der Obergutachter der Eisenbahndirektion Berlin bereits
in der Vorkriegszeit diskutiert, ob man zur Prüfung von fähigen Kandidaten
für die Bahn nicht „psychische Untersuchungsmethoden" einführen sollte.[570]
Walther Moede führte schon 1917 in seinem psychologischen Laboratorium
Untersuchungen von Bahnangestellten mit Hirnverletzungen durch, mit
dem Ziel, deren Dienstfähigkeit abzuschätzen.[571] Keiner dieser Berührungs-
punkte führte aber zu einem engeren Kontakt zwischen Psychologie und
Eisenbahnen. Der entscheidende Durchbruch kam erst 1917 bei der sächsischen Eisenbahndirektion mit der Einführung psychotechnischer Methoden
für die Eignungsprüfung von Lokomotivführern.[572] Ein zweiter Aspekt betraf
die organisatorischen Bedingungen der Kriegszeit, die die Verwendung der
Psychotechnik förderten. Da die Eisenbahn für die europäische Kriegsführung

---

568   Bemerkung von Dr. Ulbricht zitiert nach Walther Moede: Moede, Die Experimental-
      psychologie im Dienste des Wirtschaftslebens., S. 33.
569   Karl Marbe, Psychologisches Gutachten zum Prozess wegen des Mülheimer Eisenbahn-
      unglücks., in: Fortschritte der Psychologie und ihre Anwendungen 1 (1913), S. 339–374.
570   Man dachte an Intelligenztests nach Theodor Ziehen oder die Satzergänzungsaufgaben
      nach Herrmann Ebbinghaus. Siegfried Placzek, Psychische Untersuchungsmethoden,
      in: Zeitschrift für Bahn- und Bahnkassenärzte 4 (1909), S. 272–290, S. 272; Gundlach, Die
      Entstehung der Verkehrspsychologie unter besonderer Berücksichtigung der Eisenbahn-
      psychologie, in: Krüger/Birbaumer (Hrsg.), S. 589.
571   Walther Moede, Die Untersuchung und Übung des Gehirngeschädigten nach experimen-
      tellen Methoden, Langensalza 1917; Otto Strack, Betrachtungen über die Bedeutung der
      angewandten Psychologie für das Eisenbahnwesen, in: Zeitschrift des Vereins Deutscher
      Eisenbahnverwaltung 59, S. 259–260, S. 260; Gundlach, Die Entstehung der Verkehr-
      psychologie unter besonderer Berücksichtigung der Eisenbahnpsychologie, in: Krüger/
      Birbaumer (Hrsg.), S. 594.
572   Max Brahn, Nerven-Proben. Die ersten psychologischen Prüfungen für Berufseignung
      zum Eisenbahndienst, in: Berliner Tageblatt. 2. Beiblatt. Sonntag den 14. Oktober 1917 46
      (1917), H. 525.

von entscheidender Bedeutung war, standen die Eisenbahnen zwar einerseits unter militärischer Kontrolle, andererseits waren sie noch Eigentum der jeweiligen Bundesstaaten und daher nicht zentral organisiert.[573] Die kleinstaatliche Organisation der Bahn erlaubte es daher auch einzelnen deutschen Staaten, Neuentwicklungen einzuführen und zu erproben.[574] Auch war drittens die militärische Zensur bei der Bahn nicht so streng wie in anderen militärischen Bereichen und man konnte die psychotechnischen Untersuchungen der sächsischen Bahn schon in der Kriegszeit veröffentlichen.[575] Schlussendlich waren es viertens aber auch wieder die militärischen Erfolge von Moede und Piorkowski, die die Aufmerksamkeit von Mitarbeitern der sächsischen Eisenbahn erregten. Die Implementierung psychotechnischer Methoden bei der Bahn ging daher, anders als beim Heer, von engagierten Ingenieuren aus.

Der Ingenieur Richard Ulbricht war Hauptverantwortlicher und Präsident der Generaldirektion der Königlich Sächsischen Eisenbahnen. Er hatte lange Jahre über verstärkte Sicherheitsrisiken gearbeitet, sich für psychologische Erwägungen interessiert und zunehmend den menschlichen Faktor bei der Verursachung von Störungen und Unfällen in Betracht gezogen.[576] Schon früh besuchte er das Prüfungslabor von Walther Moede in Berlin. Dieser berichtete:

> Kaum war das erste Prüfungs-Laboratorium in Berlin in Betrieb genommen, da meldete sich von Dresden her der Herr Präsident der Sächsischen Staatseisenbahnen, Dr. Ulbricht. Sofort ging er daran, unsere Methoden zu studieren und, orientiert über die Grundlagen der experimentellen Untersuchung, schritt er sogleich dazu, ein staatliches Laboratorium der Sächsischen Staatseisenbahnen in Dresden einzurichten, wo alle Lokomotivführer vor ihrer Anstellung als Beamte untersucht werden sollten. Die dortige Prüfstelle übernahm einen wesentlichen Teil unserer Prüfmethoden und hat auch dort in der Praxis gute Erfahrungen gemacht ...[577]

Wieder einmal waren es gute persönliche Kontakte, die die Übernahme psychologischer Verfahren förderten: Hier das Treffen von Walther Moede

---

573   Gundlach, Die Entstehung der Verkehrspsychologie unter besonderer Berücksichtigung der Eisenbahnpsychologie, in: Krüger/Birbaumer (Hrsg.), S. 596.

574   Ebenda.

575   Brahn, Nerven-Proben.; Schreiber, Einrichtung eines Prüflaboratoriums für Berufseignung bei den Königlichen Sächsischen Staatseisenbahnen.; Schreiber, Das Prüfungslaboratorium für Berufseignung bei der Königlich Sächsischen Eisenbahn. Weitere Publikationen der Zeit zu diesem Thema siehe: Gundlach, Die Entstehung der Verkehrspsychologie unter besonderer Berücksichtigung der Eisenbahnpsychologie, in: Krüger/Birbaumer (Hrsg.), S. 598f.

576   Ebenda, S. 596.

577   Moede, Die Experimentalpsychologie im Dienste des Wirtschaftslebens., S. 32f.

mit dem sächsischen Eisenbahnbeamten Ulbricht. Beeindruckt von seinem
Besuch installierte Ulbricht im Dresdner Untersuchungslabor der Bahn eine
Vorrichtung, die der von Moede-Piorkowski sehr ähnelte.[578] Ab 1917 folgte die
Bahn schließlich dem Modell von Hugo Münsterberg, indem man im Prüflabor
der Sächsischen Eisenbahn in Dresden die reale Anforderungssituation eines
Lokführers apparativ simulierte.[579] Man erfasste dabei die Ergebnisse der
Leistungsuntersuchungen numerisch, errechnete einen Mittelwert und definierte eine Minimalleistung. Diese Definition einer Arbeitsnorm entsprach
dem Vorgehen der meisten Psychotechniker, die verbindliche Normen nicht
nur für Arbeiter, sondern auch für Verletzte, Frauen und Jugendliche einführen
wollten.[580] In diesem Zusammenhang wurde zum ersten Mal der Begriff
Normarbeit benutzt.[581] Die Prüfung bei der Eisenbahn war durch ihre Nähe
zur realen Situation leicht nachzuvollziehen, galt nach kurzer Zeit als erfolgreich und bewährt und wurde auch in der Nachkriegszeit weitergeführt und
ausgebaut.[582] Obwohl neben Walther Moede auch noch andere Psychologen
wie Max Brahn und Walter Blumenfeld mit dem Thema beschäftigt waren,
wandten in der Folgezeit nur Ingenieure die psychotechnischen Prüfungen an:
Die Psychologen hatten lediglich beratende Funktionen.[583] So stellte Walter
Moede schon 1918 fest:

---

578 Genauere Schilderung des Aufbaus der Prüfungen siehe: Walter Blumenfeld, Rezension.
      A. Schreiber, Das Prüflabor für Berufseignung bei den Königlich Sächsischen Staats-
      eisenbahnen. Zeitung des Vereins der Ingenieure 1918, S. 446/467, in: Zeitschrift für an-
      gewandte Psychologie 14 (1919), S. 307–310, S. 370f.

579 Das sächsische Prüflabor für Berufseignung führte seit Ende 1917 zahlreiche Prüfungen
      zur Untersuchung der Eignung zum Lokführer durch, ebenda, S. 369.

580 Baumgarten, Die Berufseignungsprüfungen., S. 199–204; Patzel-Mattern, Ökonomische
      Effizienz und gesellschaftlicher Ausgleich., S. 80.

581 Wohlauf, Moderne Zeiten - Normierung von Mensch und Maschine, in: Gundlach/Anton-
      elli (Hrsg.), S. 152.

582 Diese Ergebnisse zeigen vermutlich, in der Fachsprache der heutigen Psychologie, dass
      die Verfahren über eine relativ große Objektivität und Reliabilität verfügten; auch über
      eine gute Augenscheinvalidität. C. Heydt, Die Psychotechnik bei der Deutschen Reichs-
      bahn. Grundlagen und Ausübungen, Bewährung und Erfolge. Tätigkeitsbericht über die
      Jahre 1926–1930, in: Die Reichsbahn 7 (1930), S. 840–843; 857–862.; Gundlach, Die Ent-
      stehung der Verkehrspsychologie unter besonderer Berücksichtigung der Eisenbahn-
      psychologie, in: Krüger/Birbaumer (Hrsg.), S. 600.

583 Blumenfeld arbeitete zu Problemen der Diagnostik bei der Bahn, z.B: Walter Blumen-
      feld, Die Bedeutung der Streckenkenntnis für den Lokomotivführer und ihr Erwerb. Eine
      psychotechnische Studie, in: Zeitung des Vereins Deutscher Eisenbahnverwaltungen 62
      (1919), S. 396; Max Brahn, der auch Militärflieger untersucht hatte, berichtete als ers-
      ter über die Prüfmethoden bei der sächsischen Eisenbahn: Brahn, Nerven-Proben.;
      Brahn soll auch im Institut für experimentelle Pädagogik in Leipzig gegen Ende
      des Krieges Prüfungen von Lokomotivführern durchgeführt haben, Hans A. Martens,

Das Dresdner Laboratorium ist vorzüglich organisiert und es wird dort ausgezeichnet gearbeitet, aber trotzdem kann man vielleicht den Wunsch nicht
ununterdrückt lassen: Möge auch dort ein Fachpsychologe zu den Untersuchungen herangezogen werden![584]

Diese Forderung blieb jedoch weitgehend utopisch. Die Reichsbahn führte
zwar Ende der zwanziger Jahre Eignungsprüfungen in Berlin, Dresden und
München für das Bahnpersonal durch (etwa 18 000 im Jahr); dabei wurden
Psychologen aber nur als Berater beschäftigt.[585]

Der Streit um die Stellung der Psychotechnik
In der Kriegszeit hatten sich zwei Gruppen von Psychologen, die sich mit der
industriellen Psychologie beschäftigten, herausgebildet: Eine um Walther
Moede als Zentralfigur der „Praktiker" mit engen Beziehungen zur Industrie
und eine um Otto Lipmann als Vertreter der Universitätsangestellten.[586] Sie
unterschieden sich in ihren Methoden, in den von ihnen veröffentlichten Zeitschriften, aber auch in den verwendeten Begriffen. Ihre Auseinandersetzungen
verstärkten sich gegen Kriegsende und in der unmittelbaren Nachkriegszeit.
Ein Grund dafür war zum einen der Streit um Ressourcen, um staatliche
Förderung wissenschaftlicher Institute, ein Streit, aus dem Walther Moede
als klarer Sieger hervorging.[587] Seine Zusammenarbeit mit dem führenden

Eisenbahn-Bildungswesen, in: Zeitung des Vereins Deutscher Eisenbahnverwaltungen 58
(1918), S. 949–951; 971–973, S. 950, zitiert nach Gundlach, Die Entstehung der Verkehrspsychologie unter besonderer Berücksichtigung der Eisenbahnpsychologie, in: Krüger/
Birbaumer (Hrsg.), S. 594. Auch Elsenhans und Piorkowski wurden als psychologische
Experten hinzugezogen, Blumenfeld, Rezension, S. 369.

584   Moede, Die Experimentalpsychologie im Dienste des Wirtschaftslebens., S. 33.

585   Dorsch, Geschichte und Probleme der angewandten Psychologie., S. 81; Gundlach, Die
Entstehung der Verkehrspsychologie unter besonderer Berücksichtigung der Eisen-
bahnpsychologie, in: Krüger/Birbaumer (Hrsg.), S. 600. Auch Otto Lipmann hatte eine
Methode (die Lipmann-Stolzenberg-Methode) für die Prüfung in Eisenbahnwerkstätten
entwickelt, vgl. Prankel, Ergebnisse einer psychologischen Eignungsprüfung, Eisenbahn-
Lokomotivwerkstätte Gleiwitz, in: Zeitschrift für angewandte Psychologie 16 (1920),
S. 393–394.; diese Methode konnte sich jedoch nicht durchsetzen. Gundlach, Die Entstehung der Verkehrspsychologie unter besonderer Berücksichtigung der Eisenbahnpsychologie, in: Krüger/Birbaumer (Hrsg.), S. 603, Fnt. 4.

586   Zu der Gruppe um Otto Lipmann gehörten beispielsweise auch William Stern, Hans Rupp
und Walter Blumenfeld, so Tramm: Siehe Brief vom 18.6.1935 In: UA-HUB, Personalakte
Rupp, Band 2, S. 6.

587   Walther Moede wurde auf Empfehlung von Schlesinger Dozent für Wirtschafts-
Psychologie an der TH Charlottenburg. GStA PK, 1. HA Rep. 76, Kultusministerium, Vb
Sekt. 4 Tit. X Nr. 53a, Organisation und Verwaltung des Instituts für industrielle Psycho-
technik, Laufzeit: 1917–1925, S. 25 und bekam wenig später den Auftrag, ein Institut für

Betriebsingenieur in Berlin, Georg Schlesinger, die Anerkennung seiner Arbeit beim Militär und sein Durchsetzungsvermögen verhalfen ihm nicht nur zu einer Professur, sondern auch zu einem eigenen Institut, dem Institut für industrielle Psychotechnik an der TH Berlin-Charlottenburg.[588]

Sein Gegenspieler, der Psychologe Lipmann, hatte dagegen keinen Erfolg damit, für sein Institut für angewandte Psychologie staatliche Förderungen zu gewinnen; auch andere Initiativen dieser Art waren gescheitert: Selbst der prominente Fachvertreter Hugo Münsterberg hatte vergeblich versucht, sowohl Kaiser Wilhelm als auch Woodrow Wilson dazu zu bewegen, unabhängige staatliche Forschungseinrichtungen für angewandte und industrielle Psychologie einzurichten.[589]

Schon 1916 hatte ein Funktionär der Zentralstelle für Volkswohlfahrt den Vorschlag geäußert, „neben das Kaiser-Wilhelm-Institut für Arbeitsphysiologie, noch ein solches für Berufspsychologie zu setzen."[590] Dieses würde, so Lipmann, „sich ausschließlich mit der Aufgabe zu beschäftigen haben, die Berufskunde nach der psychologischen Seite auszubauen und die Grundlagen für eine praktisch durchführbare Auslese der Bewerber nach ihren psychologischen Fähigkeiten zu schaffen".[591] Er wollte damit sein Institut für angewandte Psychologie in ein staatlich gefördertes Institut umwandeln.

Der Leiter des Kaiser-Wilhelm-Instituts, Max Rubner, war an sich nicht uninteressiert an der Psychologie. Er wollte eine Ausrichtung des Institutes auf die Nachkriegszeit und prognostizierte, dass die psychologischen Tests zur Auslese der geeignetsten Arbeiter in der Industrie von zunehmender Bedeutung seien, allerdings wollte er mit dieser Neuausrichtung an seinem eigenen Institut beginnen.[592] Dies führte dazu, dass Rubner ab 1917 die Anfrage

---

industrielle Psychotechnik an der TH Berlin Charlottenburg aufzubauen. Spur, Industrielle Psychotechnik - Walther Moede., S. 123.

588 Ebenda. Ab 1920 übernahm er auch die Leitung des, im selben Jahr gegründeten Instituts für Wirtschaftspsychologie an der Handelshochschule Berlin. Ebenda., S. 199f.

589 Hale, Human science and social order., S. 151.

590 Es handelte sich um den Stabsarzt Christ, siehe: Lipmann, Psychische Berufseignung und psychologische Berufsberatung, S. 516.

591 Ebenda; 1916 hatte sich auch der Psychologe Carl Stumpf für ein Forschungsinstitut für angewandte Psychologie, unterstützt durch die Kaiser-Wilhelm-Gesellschaft, eingesetzt. GStA PK, 1. HA Rep. 76, Kultusministerium, Va Sekt. 1 Tit. X Nr. 150 Bd. 2, Organisation und Verwaltung des Psychologischen Instituts der Universität Berlin, Bd. 2, Laufzeit: 1908–1917, S. 136.

592 GStA PK, 1. HA Rep. 76, Kultusministerium, Vc Sekt. 2 XXIII Litt. A Nr. 115, Organisation und Verwaltung des Kaiser-Wilhelm-Instituts für Arbeitsphysiologie in Berlin, Laufzeit: 1912–1934, S. 113: Brief vom 29.5.1917 von Max Rubner an den Präsidenten der KWGesellschaft Dr. v. Harnack.

Lipmanns an die deutsche Regierung blockierte und damit verhinderte, dass man das Institut für angewandte Psychologie dem Kaiser-Wilhelm-Institut gleichgestellte.[593]

> Die Anwendungsmöglichkeiten für die psychologische Methodik in Fällen des täglichen Lebens sind sicher zahlreicher, als man sich bisher vorgestellt hat: eben in der Kriegszeit hat z.B. die Geschwindigkeitsmessung für die Durchführung von Vorgängen, die aus dem Wirkungskreise der Automobilfahrer entnommen werden, sich als sehr zweckmäßig erwiesen um ungeeignete Personen von diesen Berufen vorweg auszuschließen. Es lassen sich aber die psychologischen Vorgänge niemals ganz von der physiologischen Grundlage und Betrachtung loslösen, eine scharfe Scheidung ist hier ganz unmöglich.[594]

Max Rubner betonte damit die Bedeutung psychologischer Forschung, aber auch die Tatsache, dass psychologische und physiologische Vorgänge nicht zu trennen und daher am besten in seinem Institut zu erforschen seien. Um sein eigenes Institut zu profilieren, setzte er auch gezielt Psychologen für seine Untersuchungen ein: So wurde Curt Piorkowski am 24. Juli 1918 an das Kaiser-Wilhelm-Institut abgeordnet, um Ermüdungsmessungen an Trägern von Gasmasken und andere psychologische Arbeiten durchzuführen.[595] Otto Lipmann wiederum gelang es auch in der Nachkriegszeit nicht, staatliche Förderung für sein Institut für angewandte Psychologie zu bekommen.[596] Die Folge davon war, dass sich, anders als in Großbritannien, kein zentrales, staatliches Institut für Arbeitsforschung mit Beteiligung der Psychologen bilden konnte.[597]

Aber nicht nur im Erfolg, staatliche Ressourcen zu mobilisieren, unterschieden sich die beiden psychologischen Gruppierungen: Eine weiterer Streitpunkt war die Frage der Zielsetzung ihrer Forschung.[598] Schon Münsterberg hatte in seinen frühen Werken die Wertfreiheit der Psychotechnik propagiert:

---

593   Ebenda.

594   Ebenda, S. 113f.

595   GStA PK, 1. HA Rep. 76, Kultusministerium, Vb Sekt. 4 Tit. X Nr. 53a, Organisation und Verwaltung des Instituts für industrielle Psychotechnik, Laufzeit: 1917–1925, S. 43, Lebenslauf Piorkowski.

596   Lothar Sprung/Ruth Brandt, Otto Lipmann und die Anfänge der angewandten Psychologie in Berlin, in: Lothar Sprung (Hrsg.), Zur Geschichte der Psychologie in Berlin, Frankfurt am Main, Berlin, Oxford 2003, S. 345–366; Spur, Industrielle Psychotechnik - Walther Moede., S. 139–144.

597   1935 wiederholte Hans Rupp die Forderung: „Es sollte ein Institut für Arbeitspsychologie hinzutreten [zu den Hochschulinstituten], das mit in der Praxis stehenden Kräften arbeitet, aber wissenschaftlich geleitet und mit allen Erkenntnissen und Methoden der Psychologie ausgerüstet ist." UA HUB, Personalakte Rupp, Band 2, S. 27.

598   Beide Gruppen formierten sich auch um bestimmte Fachzeitschriften: Die psychotechnische Gruppe um Walther Moede gründete 1920 den *Verband praktischer*

... ob es richtig ist, tüchtige Arbeiter heranzuziehen [...] das ist eine Frage, die der Psychologe nicht zu entscheiden hat. Das Ziel muss immer bereits gegeben sein, wenn der Techniker irgendetwas Nützliches leisten soll.[599]

Diese Einstellung führte zu heftigen Kontroversen der beiden Gruppen von Psychologen, die sich mit psychotechnischen Methoden beschäftigten. Moede und Piorkowski, die Praktiker, folgten Münsterberg:

> Wenn wir nun schon jede Maschine daraufhin berechnen, welche Nutzleistung sie hergeben kann, wenn wir die Produktion möglichst genau den Bedürfnissen anpassen, dann ist es auch nicht mehr als folgerichtig, den Menschen als Arbeitserzeuger genauso planmäßig zu verwerten wie die Maschine, damit er ein Höchstmaß an Leistung hervorbringen kann.[600]

Damit setzten sie die Arbeitskraft eines Menschen der einer Maschine gleich, deren Einsatz allein vom Unternehmer zu bestimmen sei. Lipmann und Stern, die zu den Universitätsprofessoren gehörten vertraten die gegenteilige Meinung.[601] Sie wandten sich gegen die Wertfreiheit der Psychotechnik, hatten eher das Interesse des Einzelnen im Auge als das Unternehmerwohl und propagierten die Berufsberatung anstelle der Auslese ungeeigneter Berufsanwärter:

> Damit ist offenbar das ganze Problem der Berufseignung unter einen anderen Gesichtswinkel gerückt, indem nicht mehr der Beruf, sondern der einen Beruf suchende Mensch der eigentliche Gegenstand der Beratung ist.[602]

Mit dieser Einstellung sahen sich die Psychologen eher als Vertreter der Interessen des Arbeitssuchenden als der Industrie.

Auch in der Verwendung und Definition des Begriffes „Psychotechnik" unterschieden sich die beiden psychologischen Gruppierungen. Münsterberg hatte Psychotechnik noch als ein Verfahren, das auf das ganze menschliche

---

Psychologen. Von 1919 bis 1923 gaben sie die Zeitschrift *Praktische Psychologie* heraus. Otto Lipmann gab ab 1918 die *Schriften zur Berufseignung und des Wirtschaftslebens* heraus.

599   Münsterberg, Psychologie und Wirtschaftsleben., S. 19.

600   Loewe-Notizen, 1920, S. 15: Zur Berufseignung und Berufsprüfung der Lehrlinge, zitiert nach Wohlauf, Moderne Zeiten - Normierung von Mensch und Maschine, in: Gundlach/ Antonelli (Hrsg.), S. 149.

601   Piorkowski, Beiträge zur psychologischen Methodologie der wirtschaftlichen Berufseignung., S. V; Rüegsegger, Die Geschichte der angewandten Psychologie 1900–1940., S. 81; Lück, Ansätze der „ursprünglichen" Psychotechnik, in: Binder/Kleeberg (Hrsg.), S. 8f.

602   Ulrich, Die psychologische Analyse der höheren Berufe als Grundlage einer künftigen Berufsberatung nebst einem psychographischen Schema für die medizinische Wissenschaft und den ärztlichen Beruf., S. 5.

Leben einzusetzen sei, definiert, während Walther Moede in seiner *Psycho-technik* vorwiegend die Anwendung psychologischer Verfahren im wirtschaft-lichen Bereich im Blick hatte. Hatte sich Walther Moede noch 1918 in seinem einflussreichen Vortrag mit dem Titel: *„Die Experimentalpsychologie im Dienste des Wirtschaftslebens"* deutlich in die Tradition von Münsterberg eingereiht (dieser hatte 1916 ein Buch mit dem Titel *„Psychologie und Wirtschaftsleben. Ein Beitrag zur angewandten Experimental-Psychologie"* veröffentlicht[603]), so änderte sich dies schon kurz nach dem Krieg. Die von Moede herausgegebene Zeitschrift *Praktische Psychologie* engte Psychotechnik auf die Anwendung im industriellen und wirtschaftlichen Bereich ein.[604] Die seit 1918 von Otto Lip-mann und William Stern herausgegebene Reihe *Schriften zur Psychologie der Berufsberatung und des Wirtschaftslebens* benutzte den Terminus *Psychotechnik* dagegen nicht. Besonders in der unmittelbaren Nachkriegszeit führten sie die Diskussion über die begriffliche Fassung der praktischen psychologischen Tätigkeit weiter.

Ein Grund für diese, in den beiden Gruppierungen heftig diskutierte Kon-troverse, lag sicher in den schnellen Entwicklungen praktischer Verfahren während der Kriegszeit und dem Bemühen, diese nach Kriegsende auf eine fundierte wissenschaftliche Grundlage zu stellen und das Verhältnis von prak-tischer und theoretischer Psychologie neu zu justieren.[605]

Genau zu diesen Fragen gab es weitere Auseinandersetzungen zwischen den beiden Gruppen rivalisierender Psychologen: Aus den Reihen der Uni-versitätspsychologen wurde Kritik an den verwandten Methoden laut: Es fehle ein wissenschaftlicher Ansatz zur Berufsanalyse, so mahnte Otto Lipmann; das Vorgehen unter Zeitdruck sei oft sehr pragmatisch, da man es nur anhand der Berichte erfahrener Praktiker, Intuition oder eigener Erfahrung entwickelt habe.[606] William Stern sah mit Sorge, dass die Psychotechnik Untersuchungs-verfahren forderte, die noch nicht adäquat vorhanden und entwickelt worden waren. Er gab allerdings zu, dass die psychotechnischen Institute Aufträge bräuchten, um überleben zu können. Die Psychologen standen vor dem Dilemma, dass sie, wenn sie die Mitarbeit ablehnen würden, die Arbeit Laien

---

603   Münsterberg, Psychologie und Wirtschaftsleben.

604   Praktische Psychologie, 1, 1919, S. 1.

605   Otto Lipmann, Allgemeine und kritische Bemerkungen zur Begabten- und Eignungs-forschung., in: William Stern/Otto Lipmann (Hrsg.), Beihefte zur Zeitschrift für ange-wandte Psychologie und psychologische Sammelforschung, 29, 1920, Leipzig, S. 17–29, S. 19f.

606   Anon, „Die 1. Tagung der Gruppe für angewandte Psychologie" (Gesellschaft für experi-mentelle Psychologie) in Berlin (10.-14. Oktober 1922). Tagungsbericht, in: Zeitschrift für angewandte Psychologie 21 (1922/23), S. 390–405.

überlassen müssten.[607] Außerdem kritisierte Stern, so wie Rupp und Lipmann, die mangelnde Aussage- und Vorhersagekraft der psychotechnischen Verfahren.[608] Stern griff sogar Walter Moede persönlich an und warf ihm vor, dass er die mangelnde Erprobung der psychotechnischen Verfahren zu wenig herausstellen und dass deren ungeprüfte Propagierung dem Anliegen der Psychotechnik eher schaden würde.[609] Eine wissenschaftliche Erprobung psychotechnischer Verfahren, so Stern, stünde noch aus.[610] Er forderte zusätzlich eine Ergänzung durch Beobachtungsverfahren, um auch eine qualitative Einschätzung der Probanden vornehmen zu können.[611]

Walther Moede wiederum verteidigte sein pragmatisches Vorgehen und bezeichnete seine Gegenspieler als „Schreibtischpsychotechniker".[612] Er sah kein Problem darin, dass andere Fachleute die von Psychologen erdachten Untersuchungen durchführen würden. Im Gegensatz dazu stand die Meinung der Universitätspsychologen: Der Streit um die Einbeziehung von Hilfskräften in die Durchführung psychotechnischer Untersuchungen entbrannte 1920 nach einem Artikel des Hamburger Wissenschaftlers H. P. Roloff, der sich kritisch zu dem kurzen Ausbildungskurs für psychotechnische Hilfskräfte geäußert hatte. Roloff bemängelte die Praxis der fünftägigen Ausbildungskurse für psychotechnische Hilfskräfte, die Walter Moede in Charlottenburg mit seinem Team durchführte. Er kritisierte, dass Männer, „denen eine psychologische Einstellung im allgemeinen so fern wie nur möglich liegt", mit der Durchführung psychologischer Untersuchungsverfahren beauftragt wurden.[613] Auch Fritz Giese schloss sich dieser Meinung an und beanstandete an den schnellen Ausbildungskursen, dass man wohl der Ansicht sei, dass die Psychotechnik eine Wissenschaft sei, „die man schneller erlernen könne als Schreibmaschine schreiben oder Spitzeklöppeln."[614] Obwohl man psychotechnische Untersuchungen besonders in der Nachkriegszeit häufig von

607 William Stern, Richtlinien für die Methodik der psychologischen Praxis, in: William Stern/Otto Lipmann (Hrsg.), Beihefte zur Zeitschrift für angewandte Psychologie und psychologische Sammelforschung, 29, 1920, Leipzig, S. 1–16, S. 1.

608 Lipmann, Allgemeine und kritische Bemerkungen zur Begabten- und Eignungsforschung., in: Stern/Lipmann (Hrsg.), S. 24.

609 Stern, Richtlinien für die Methodik der psychologischen Praxis, in: Stern/Lipmann (Hrsg.), S. 2.

610 Ebenda., S. 15.

611 Ebenda.

612 Lück, Ansätze der „ursprünglichen" Psychotechnik, in: Binder/Kleeberg (Hrsg.), S. 8f.

613 H. P. Roloff, Ausbildungskurse in der Eignungsprüfung des industriellen Lehrlings, veranstaltet vom Laboratorium für industrielle Psychotechnik in Charlottenburg, vom 13.–18. Oktober 1919, in: Zeitschrift für angewandte Psychologie 16 (1920), S. 166–171, S. 168.

614 Fritz Giese, Nachrichten, in: Zeitschrift für angewandte Psychologie 16 (1920), S. 391–393.

Hilfskräften durchführen ließ, erlangten die Psychologen dennoch letztendlich die Kontrolle über die Ausbildung dieser Psychotechniker.[615]

Der Streit der psychologischen Gruppierungen führte einerseits dazu, dass
sich unterschiedliche Forschungsgruppen mit verschiedenen Forschungs-
interessen, Gebieten und Zeitschriften bildeten, andererseits diskreditierten
sich die Psychologen aber auch durch die in den Fachzeitschriften geäußerte
und von Fachwelt und Öffentlichkeit wahrgenommene Selbstkritik.[616] Dennoch blieb der Begriff *Psychotechnik* in der Nachkriegszeit populär, da er
für den industriellen Aufbau und die Rationalisierung der Wirtschaft Erfolg
versprach.[617]

5.2.3   Zwischenfazit

Sowohl in Großbritannien als auch in Deutschland veränderte sich die Arbeit
der Psychologen in der Industrie im letzten Jahr des Krieges. In beiden Ländern war die Einbeziehung der Psychologen in die Industrie zwar noch von der
Ausrichtung auf die Kriegsindustrie bestimmt, wurde aber jetzt deutlich ausgeweitet und auf die Nachkriegssituation ausgerichtet. Die Verbesserung der
Arbeitssituation in der Industrie und die Berufsberatung wurden zu wichtigen
Betätigungsfeldern der Psychologen. Hierbei berücksichtigten sie die theoretischen Vorstellungen und praktischen Handlungsstrategien von Frederick
Taylor und Hugo Münsterberg und passten diese den jeweiligen landesspezi-
fischen Bedürfnissen an.

Die psychologische Arbeit war aber weiter stark durch die militärische
Organisation und staatliche Vorgaben beeinflusst: In Großbritannien war die
Wirtschaft im Krieg und der unmittelbaren Nachkriegszeit noch zentral organisiert. Zwar hatte sich die schwierige Lage in den Munitionsfabriken deutlich
entspannt, aber die Regierung wollte 1918 durch ein neu gegründetes zentrales
Gremium (*Industrial Fatigue Research Board*) die gesundheitliche Situation
der Arbeiter weiter verbessern. Nun richtete man den Blick verstärkt auf die
zivile Industrie und auf die Nachkriegssituation. Die Psychologen waren daher
weiter in ein staatlich organisiertes und finanziertes Gremium eingebunden

---

615   Rabinbach, Motor Mensch., S. 329.

616   „Die sogenannte psychologische Berufsberatung befindet sich freilich noch in dem ers-
       ten Stadium der Entwicklung, so dass dieser Zweig der angewandten Psychologie für
       die Praxis der Berufsberatung zunächst noch nicht in Frage kommt." Brief des Verbands
       Deutscher Arbeitsnachweise Berlin an den Reichskanzler, den 9. Juli 1918, GStA PK, I.
       HA Rep. 120 Ministerium für Handel und Gewerbe, E I Nr. 1164, S. 99. Siehe auch Meskill,
       Arbeitssteuerung, S. 14.

617   Lück, Ansätze der „ursprünglichen" Psychotechnik, in: Binder/Kleeberg (Hrsg.), S. 7.

und konnten ihre Arbeit durch die fortlaufenden Publikationen zunehmend
international sichtbar machen.

Sie führten ihre Untersuchungen zur Reduzierung der Arbeitszeit und zur
Verbesserung der Situation am Arbeitsplatz weiter, jetzt aber nicht mehr nur
in der Munitionsindustrie, sondern auch in zivilen Unternehmen wie der
Stahl- und Wollindustrie. Die Psychologen in Großbritannien erwiesen sich als
Experten der Ermüdungsforschung, als statistische Spezialisten bei der Auswertung großer Zahlenmengen und auch als Berater in den Arbeitskämpfen.
Bei Untersuchungen an Arbeiterinnen setzten sie vermehrt Psychologinnen
in der industriepsychologischen Arbeit ein. Ein weiteres Thema der Industriepsychologie wurde die Untersuchung von Unfällen und deren Bedingtheit
durch individuelle Dispositionen. Dieses Thema wurde auch vom Militär
untersucht und wurde in Deutschland und in den USA zu einem wichtigen
Forschungsthema. Die Gruppe der in Großbritannien arbeitenden Industriepsychologen war homogen und ab 1918 um den aktiven Charles Myers grup-
piert. Sie führte ihre Arbeit nach Kriegsende in ähnlicher Weise fort und
berücksichtigten in der Berufsberatung nun zunehmend auch ausländische
Testverfahren. Die Berufsberatung war von der Politik in Großbritannien,
anders als in Deutschland, in der Kriegszeit wenig gefördert worden. Eine
Krise der Psychotechnik, wie in Deutschland, zeigte sich nicht. Ein Grund
dafür, dass in Großbritannien erst so spät die Weiterentwicklung der Psychotechnik vorangetrieben wurde, lag darin, dass bis 1917 die meisten Psychologen
in der Militärpsychiatrie beschäftigt waren. Erst 1918 begann sich Charles
Myers für die Weiterentwicklung der Industriepsychologie, auch im psychologischen Verein, einzusetzen. Einen großen Einfluss hatte auch der Kriegseintritt der USA, wodurch die Akzeptanz amerikanischer Methoden deutlich
stieg: Myers propagierte beispielsweise eine britische Variante des amerikanischen *scientific managements* von Taylor, das nach dem Kriegseintritt der
USA akzeptabler geworden war. Die britischen Psychologen zeigten sich erst
nach Bekanntwerden der erfolgreichen, umfangreichen Rekrutentestung in
den USA gegenüber testtheoretischen Methoden der Arbeitsvermittlung und
Berufsberatung aufgeschlossen. Die staatliche Versorgung verletzter Soldaten
besaß in Großbritannien einen geringeren Stellenwert als in Deutschland und
dies erklärt, weshalb auf diesem Gebiet in Großbritannien keine Psychologen
zum Einsatz kamen.

In Deutschland war die Psychotechnik das wichtigste Arbeitsgebiet der
Psychologen, allerdings gab es kein zentrales staatliches Gremium wie in Großbritannien, da sich die deutschen Unternehmer gegen eine staatliche Zent-
ralisierung gewehrt hatten. Der Versuch einer staatlichen Unterstützung der

psychologischen Untersuchung von Arbeitsprozessen scheiterte, da andere
Forscher eine erfolgreichere Lobbyarbeit durchführten.

Das Gesetz zum vaterländischen Hilfsdienst von Dezember 1916 verpflichtete
allerdings alle erwachsenen Männer, auch Kriegsverletzte, zur Arbeit. Dadurch
wurde die Expertise der Psychologen sowohl in der Arbeitsvermittlung als
auch bei der Versorgung verletzter Soldaten ab 1917 zunehmend bedeutsam.
Die Lage auf diesem Arbeitsgebiet erwies sich aber als kompliziert, da es verschiedene und konkurrierende Gruppen von Psychologen gab. Zum einen gab
es die Praktiker um den erfolgreichen Walter Moede, die ihre Methoden bei
einzelnen Industrieunternehmen anwandten. Ihre apparative Methode zur
Leistungsmessung hatte sich schon beim Militär bewährt und fand auch Unterstützung in der Industrie. Sie wurde besonders in der Prüfung und Auswahl
von Lehrlingen, Arbeitern und Kandidaten der Verkehrsbetriebe eingesetzt.
Man erfasste dabei neben der Leistungsfähigkeit zunehmend den Charakter
und insbesondere den Arbeitswillen. Zum anderen gab es die Gruppe der
Theoretiker, die an den Universitäten arbeiteten und für die Berufsberatung
Papier- und Bleistifttests entwickelten, die denen im schulischen Bereich
ähnelten. Otto Lipmann beispielsweise entwickelte neue Testverfahren, mit
denen er versuchte, sowohl intellektuelle als auch charakterliche Merkmale
zu berücksichtigen. Diese Verfahren sollte man vor allem bei Schulabgängern
anwenden können, um die neu auf den Arbeitsmarkt strebenden Jugendlichen
möglichst effizient zu fördern und einzusetzen. Eine Neuerung war, dass hier
auch Angehörige von anspruchsvolleren Berufen testtheoretisch untersucht
werden sollten und somit soziale Schranken durchbrochen wurden, vergleichbar mit dem Militär, das mit der Testung von Offizieren begonnen hatte. Neben
der Arbeit in der Industrie, die in Auswahl und Training geeigneter Arbeitskräfte bestand, gab es in Deutschland aber zwei weitere Arbeitsgebiete für
Psychologen.

Dabei handelte es sich erstens um die Arbeit mit körperlich verletzten
Kriegsteilnehmern. Da viele von ihnen ihre Prothese nicht trugen, wurde dies
und die Wiedereingliederung in den Arbeitsprozess vom Militär als psychologisches Problem betrachtet. In der Konzeption neuer Prothesen kam von
psychologischer Seite ein patientenzentrierter Ansatz zum Tragen, der nicht
nur die Funktion der Prothese, sondern auch ihre Bedeutung für das Körper-
gefühl und Selbstbild des Patienten berücksichtigte. Hierbei zeigte sich, dass
man dank dieser kriegsspezifischen Arbeit nicht nur neues praktisches Wissen, sondern auch neue theoretische psychologische Erkenntnisse anwenden
konnte. Psychologen konnten auf diesem Gebiet erfolgreich arbeiten, da
die Versorgung der Veteranen, anders als in Großbritannien, einen hohen

Stellenwert beim Militär hatte. Die Psychologen traten dabei mit dem Versprechen an, dem Staat neue Arbeitskräfte zuführen zu können.

Ein zweites wichtiges Gebiet für die Implementierung psychotechnischen Wissens in Deutschland war die 1917 beginnende Einführung dieser Methoden bei der sächsischen Eisenbahn, die sich in den folgenden Jahren auf weitere Verkehrsbetriebe ausweitete. Von Bedeutung war hierbei, dass die Eisenbahn, anders als in Großbritannien, staatlich organisiert war und als besonders kriegsentscheidend angesehen wurde.

Aufgrund dieser neuen Arbeitsfelder bildeten sich in Deutschland unterschiedliche Zentren und Gruppierungen psychologischer Experten, unter denen gegen Kriegende ein heftiger Streit um den Stellenwert der Psychotechnik ausbrach. Es ging dabei um die Überprüfbarkeit der psychotechnischen Verfahren und um die Frage ihrer wertfreien Anwendung. Die Gruppe der Praktiker um Walter Moede, die eine weitere praktische Anwendung propagierten, standen den Theoretikern um Otto Lipmann gegenüber, die zunächst eine Überprüfung und Validierung verlangten. In diesem Streit ging es jedoch nicht nur um methodische Einwände, sondern auch um zukünftige Stellen und staatliche Ressourcen. Die Praktiker gingen als klare Sieger hervor und konnten mehr Stellen und staatlich geförderte Institute für sich beanspruchen als ihre Kollegen, die Theoretiker. Dieser Konflikt belastete allerdings das Ansehen der psychologischen Arbeit. Ein weiterer strittiger Punkt war die Konkurrenz zwischen Psychologen und Betriebsingenieuren. Letztere arbeiteten zunehmend selbständig mit psychotechnischen Methoden ohne Psychologen hinzuzuziehen, eine Entwicklung, die sich in Großbritannien so nicht gezeigt hatte. Auch die Untersuchung des menschlichen Charakters und des Arbeitswillens implizierte eine neue Mess- und Manipulierbarkeit der Leistungsfähigkeit.

Auch die Methoden waren kriegsspezifisch beeinflusst: In Deutschland wandte man große Maschinen, die auch beim Militär erfolgreich eingesetzt waren, bei der Leistungsmessung von Lehrlingen ein. Ähnlich wie in der Militärmedizin sah man den Arbeitswillen als einen entscheidenden Faktor ein, den es zu messen und zu beeinflussen galt. Der Eingriff des Staates in die Arbeitskraft und den Charakter des Arbeiters war in Deutschland wesentlich stärker vorgesehen als in Großbritannien, auch weil die Arbeitskraft als ein nationales Gut angesehen wurde.

In Großbritannien wurden die Methoden des *scientific managements* erst gegen Kriegsende, durch die Modifikation von Muscio und Myers, aber auch durch den Kriegseintritt der USA akzeptabler. Testverfahren und psychotechnischen Apparaten standen die Psychologen lange skeptisch gegenüber. Den in der Militärpsychiatrie angewandten psychoanalytischen Grundsätzen folgend, nahmen die Psychologen an, dass durch eine positive Veränderung der Umwelt und die Verbesserung der Arbeitsverläufe eine Leistungssteigerung von selbst, ohne weitere Eingriffe folgen würde. In diesem Sinne verstanden sich die britischen Psychologen auch als Streitschlichter im Arbeitskampf.

KAPITEL 6

Nach dem Krieg: Aufschwung und Vergessen

Experience in the great war has created, I think, a greater revolution in psychology than in any other science.[1]

Man kann sagen, dass in diesem Sinne der Krieg auch der Psychologie neue Erkenntnisse schenkte, neuartige Thesen bot, denen sie ohne jenen traurigen Anlass vorher sicherlich sehr fern gestanden ist.[2]

Führende Fachvertreter beider Länder stellten bereits kurz nach Kriegsende den bedeutenden Einfluss des Krieges auf die Psychologie heraus. Besonders die große Zahl an psychisch verletzten Kriegsteilnehmern hatte das Konzept von psychischen Erkrankungen in Frage gestellt. Junge, gesunde Männer waren unter der Belastung und den Eindrücken des Krieges zusammengebrochen und psychisch erkrankt und es entstand damit eine neue Gruppe von Patienten, die man so in der üblichen Psychiatrie nicht gekannt hatte. Psychiater und Psychologen hatten Gelegenheit gehabt, neue Therapieformen zu entwickeln und anzuwenden. Obwohl die meisten dieser Patienten (besonders nach Kriegsende) wieder gesund wurden, mussten die staatlichen Behörden in beiden Ländern nach Kriegsende mit einer großen Anzahl von Pensionszahlungen für diese Veteranen rechnen. Deshalb blieben die psychologische Diagnose und Therapie an psychisch verletzten Kriegsteilnehmern noch lange Zeit für das Militär, den Staat und die Öffentlichkeit ein bedeutsames Thema.

Auch in der Kriegsindustrie hatte man neue psychologische Methoden ausprobiert und angewandt und damit versucht, die menschliche Arbeitskraft zu diagnostizieren und zu beeinflussen. Außerdem hatten Psychologen beim Militär innovative diagnostische Instrumente entwickelt und verwendet, um einen optimalen Einsatz militärischer Experten zu gewährleisten. Anders als in Großbritannien war in der deutschsprachigen psychologischen Gemeinschaft der Ton gegenüber den Soldaten wenig anerkennend und sehr kritisch. Dies zeigte sich beispielhaft in den Äußerungen des Begründers der Psychoanalyse, Sigmund Freud:

---

1 H. B. Brackenbury, The psychologist in public life, in: British Medical Journal (1921), H. 3161, S. 145–149, S. 145.
2 Giese, Psychologie der Arbeitshand., S. 804.

© BRILL SCHÖNINGH, 2023 | DOI:10.30965/9783657790869_007

Die Kriegsneurosen, welche die deutsche Armee zersetzten, sind ja großen-
teils als Protest des Einzelnen gegen die ihm in der Armee zugemutete Rolle
erkannt worden, und [...] darf man behaupten, dass die lieblose Behandlung
des gemeinen Mannes durch seine Vorgesetzten obenan unter den Motiven
der Erkrankung stand. Bei besserer Würdigung dieses Libidoanspruches hätten
wahrscheinlich die phantastischen Versprechungen der 14 Punkte des amerikanischen Präsidenten nicht so leicht Glauben gefunden, und das großartige Instrument wäre den deutschen Kriegskünstlern nicht in der Hand zerbrochen.[3]

Mit dieser Analyse versuchte Sigmund Freud als Untertan der ehemaligen
Habsburgerdynastie die Niederlage in psychoanalytischem Sinne zu erklären
und erträglicher zu machen. Damit behauptete er aber auch, dass die wahre
Ursache (der eigentliche Dolchstoß) das häufige Auftreten von Kriegsneurosen
gewesen sei.[4] In dieser Hinsicht ähnelten seine Ansichten denen der deutschen
Militärpsychiater; allerdings nahm er eine freundlichere Haltung gegenüber
den betroffenen Soldaten ein. Die Einschätzungen des Altmeisters der Psychoanalyse beeinflussten aber die psychoanalytische/psychologische Diskussion
der Nachkriegszeit. Das Kriegsende war für die Arbeit der Psychologen beider Länder ein deutlicher Einschnitt. Die kriegsrelevanten Tätigkeiten wurden
entweder einfach eingestellt (so die der Militärpsychiatrie und –diagnostik)
oder sie änderten sich, so in der Kriegsindustrie. Dabei waren die Übergänge
zeitweise fließend.[5]

Es zeigten sich jedoch große Unterschiede, besonders in der Versorgung
psychisch verletzter Soldaten: In Deutschland brachten die Konflikte zwischen
den Patienten und Militärpsychiatern die militärisch geprägte Therapie zum
Erliegen, wie im vorigen Kapitel dargelegt wurde. In Großbritannien verlief
die Arbeit in den militärpsychiatrischen Krankenhäusern wesentlich ruhiger
und ohne große Zäsuren bis ins Jahr 1919. Die psychologischen Fachkräfte nahmen in den Spezialzentren weiter Patienten auf und versorgten sie. Zu diesen

---

3 Sigmund Freud, Massenpsychologie und Ich-Analyse. Die Zukunft einer Illusion, Frankfurt
   am Main 2010, S. 36; 1920 hatte Freud angesichts der Erfahrungen des Ersten Weltkrieges
   sowohl einen Lebenstrieb als auch einen Todestrieb angenommen, Sigmund Freud, Jenseits
   des Lustprinzips, Leipzig 1921.
4 Siehe auch dazu: Bernd Ulrich, Die Kriegspsychologie der zwanziger Jahre, S. 74.
5 In Großbritannien wurden beispielsweise psychisch gestörte Patienten noch bis weit ins Jahr
   1919 behandelt, siehe beispielsweise: NA MH 106/1890: Admission and Discharge Book for
   all Hospitals: Craiglockhart War Hospital at Slateford Midlothian 5.9.1918–19.2.1919; Militärpsychologische Diagnostik wurde in Deutschland noch nach Kriegsende betrieben wie im
   folgenden Kapitel ausgeführt werden wird.

Patienten gehörte sogar ein prominenter Psychologe, Francis Dillon, der selbst psychotherapeutisch im Krieg gearbeitet hatte.[6]

Beim Militär und auch in der Kriegsindustrie forderte das Kriegsende dramatische Änderungen bezüglich des Anspruchs an psychologische Arbeit und Expertise. Sowohl die Streitkräfte als auch die Industrie mussten sich auf die Erfordernisse der Friedenszeit neu einstellen, Entlassungen und Umstrukturierungen wurden notwendig, auch für die dort beschäftigten Psychologen. Wie viele andere gesellschaftliche Gruppen hatten auch die Psychologen während des Krieges Erwartungen auf eine bessere Stellung in der wissenschaftlichen Gemeinschaft aufgebaut. Sie hatten durch wissenschaftliche Expertise in vieler Hinsicht ihre Kompetenz als Fachleute zur Lösung gesellschaftlicher Probleme bewiesen und hofften nun auf bessere Ausbildungsmöglichkeiten und Arbeitsstellen. Einige dieser Hoffnungen wurden erfüllt, in anderen wurden die Psychologen enttäuscht.

6.1   1918–1923: Selbstdarstellung, Erwartung und Enttäuschung

Obwohl die Entwicklung in Deutschland und in Großbritannien sehr unterschiedlich verlief, lassen sich in beiden Ländern deutliche Einflüsse der psychologischen Kriegsarbeit nachweisen. Besonders auffällig waren dabei personelle Kontinuitäten. Psychologen, die durch ihre kriegsrelevante Tätigkeit aufgefallen waren, besetzten wichtige Posten an Universitäten, Kliniken und in der Industrie und schufen in der Nachkriegszeit neue Arbeitsfelder. In Deutschland waren diese personellen Kontinuitäten besonders deutlich im Bereich der Psychotechnik und der Versorgung verletzter Soldaten (Walther Moede), in Großbritannien in der Psychiatrie (Frederick Mott) und der Industriepsychologie (Charles Myers). Insbesondere in Großbritannien waren die im Krieg geknüpften Netzwerke zwischen Politik, Wirtschaft und Psychologie auch noch in der Nachkriegszeit von großem Einfluss; in Deutschland war der Erfolg der psychologischen Kriegsarbeit an einem Zuwachs der Stellen an den Universitäten und Hochschulen zu erkennen.

Deutschland: Institutionalisierung an den Hochschulen
Nach dem Krieg wurden in Deutschland in schneller Folge psychologische und psychotechnische Professuren an sechs Technischen Hochschulen etabliert

---

6 Der Psychologe Francis Dillon wurde vom 21.12.18 bis zum 27.2.1919 in Craiglockhart behandelt, NA MH 106/1890: Admission and Discharge Book for all Hospitals: Craiglockhart War Hospital at Slateford Midlothian 5.9.1918–19.2.1919.

und in Berlin wurde ein weiteres Institut für Psychotechnik eingerichtet. Damit instituierte sich die Psychologie erstmals in Deutschland an den praktisch orientierten technischen Hochschulen als anerkanntes Fach und es entstanden neue Stellen und Ausbildungsmöglichkeiten. In der Folge wurden zwischen 1918 und 1927 zahlreiche Lehraufträge für Psychologie an den Universitäten des deutschen Reiches vergeben.[7] Im föderal organisierten Deutschland konkurrierten die Länder im Bildungsbereich und dadurch förderten die Universitäten diese Entwicklung.

Bei der Besetzung der neugeschaffenen Stellen wurden besonders die Psychologen berücksichtigt, deren Tätigkeit schon im Krieg aufgefallen war: Beispielsweise wurde Walther Moede Leiter des psychotechnischen Instituts in Berlin und 1921 auf einen Lehrstuhl für Psychotechnik berufen.[8] Willi Hellpach erhielt 1918 einen Lehrauftrag für Psychologie an der Technischen Hochschule Karlsruhe, wo 1920 ein Institut für Sozialpsychologie gegründet wurde.[9] Auffällig ist, dass insbesondere die Psychologen, die im Krieg in der Rehabilitation verletzter Soldaten gearbeitet hatten, auf neue Stellen berufen wurden: Der erste ordentliche Lehrstuhl für Psychologie entstand in Jena 1923 und wurde besetzt von Wilhelm Peters, der mit Hirnverletzten gearbeitet hatte.[10] Aus der Hirnverletztenstation in Köln unter Walther Poppelreuter ging in Bonn das Institut für klinische Psychologie hervor und aus der Hirnverletztenstation in Halle unter Fritz Giese ein Provinzialinstitut für praktische Psychologie.[11] Narziß Ach und David Katz, die in der Versorgung amputierter Soldaten gearbeitet hatten, wurden auf Professuren berufen.[12] Wie einige dieser Professuren war beispielsweise der Lehrstuhl von David Katz nicht nur für Psychologie, sondern auch für Pädagogik ausgeschrieben. Diese Entwicklung war die Folge der Reform der Volksschullehrerausbildung in Preußen, auch in Reaktion auf die Novemberrevolution.[13] Die Ausbildung der Volks- und Mittelschullehrer sollte nach 1918 auf ein höheres wissenschaftliches Niveau gehoben werden und dies führte zur Einrichtung von psychologisch/pädagogischen Lehrstühlen an den Universitäten. Da einige Psychologen in der Rehabilitation

---

7   Geuter, Die Professionalisierung der deutschen Psychologie im Nationalsozialismus., S. 88.

8   Ebenda., S. 89.

9   Ebenda.

10   Ebenda, S. 83; S. 92.

11   Ebenda., S. 577, S. 569; Adhémar Gelb lehrte an der Universität Frankfurt, Dorsch, Geschichte und Probleme der angewandten Psychologie, S. 82.

12   Narziß Ach wurde 1922 zum Prof. für Philosophie und Psychologie berufen; David Katz 1919 nach Rostock (Reformpädagogik), siehe: Geuter, Die Professionalisierung der deutschen Psychologie, S. 573.

13   Ebenda., S. 92.

von Kriegsverletzten pädagogische Konzepte nutzbringend angewandt hatten, konnten sie sich für diese Posten erfolgreich bewerben.[14]

Auch die Psychologen, die in der Militärdiagnostik gearbeitet hatten, erhielten neue Anstellungen an den Universitäten.[15] Das psychologische Institut München richtete 1919 auf Vorschlag der „Inspektion des militärischen Luftfahrwesens" einen Lehrauftrag für angewandte Psychologie für Gustav Kafka ein. In der neu gegründeten Universität Hamburg entstand im selben Jahr unter Wilhelm Stern ein psychologisches Seminar und Labor.[16] In Münster führte der in der Militärdiagnostik prominent vertretene Richard Goldschmidt seine diagnostischen Untersuchungen fort.[17] Das Berliner Institut gründete 1922 unter Hans Rupp eine Abteilung für angewandte Psychologie.[18] Am 1.10.1923 wurde die erste planmäßige außerordentliche Professur für angewandte Psychologie an der Universität Leipzig für Otto Klemm etabliert.[19] Damit zeigte sich auch an den Universitäten die Ausrichtung der Psychologie auf den praktischen Bereich, eine Entwicklung, die es so vor dem Ersten Weltkrieg nicht gegeben hatte. Diese universitäre Erweiterung der Lehrtätigkeit war auch wesentlich für Abschlüsse, die für eine praktische psychologische Tätigkeit qualifizierten.

1926 konnte man an elf der dreiundzwanzig Universitäten in Deutschland in Psychologie promovieren, wobei an zwei Universitäten Philosophie als Nebenfach Pflicht war.[20] Nach Ende des Krieges stellten einzelne Psychologen, aber auch Vertreter des Fachverbandes Forderungen nach einem berufsqualifizierenden Abschluss.[21] Walther Poppelreuter, der im Krieg ein Lazarett in

---

14   Dies nicht immer ohne Widerspruch der Fakultät. Auf die erste ordentliche Professur in Jena war die Berufung von Wilhelm Peters 1923 durch das Thüringer Volksbildungsministerium nicht ohne Einspruch einzelner Kollegen erfolgt, siehe: Geuter, Die Professionalisierung der deutschen Psychologie im Nationalsozialismus., S. 92.

15   Einen Überblick über die Lehr-und Forschungsstellen in Deutschland 1926/27 gibt Dorsch, Geschichte und Probleme der angewandten Psychologie., S. 82f.

16   Ebenda., S. 83. Geuter, Die Professionalisierung der deutschen Psychologie im Nationalsozialismus., S. 91.

17   Dorsch, Geschichte und Probleme der angewandten Psychologie., S. 83.

18   Geuter, Die Professionalisierung der deutschen Psychologie im Nationalsozialismus., S. 91.

19   Ebenda., S. 90.

20   Ebenda, S. 311f; An manchen der technischen Hochschulen konnte man einen Dr. Ing. (TH Charlottenburg) oder den Dr. rer. techn. (TH Stuttgart) erlangen; Fritz Giese, Das Studium der Psychologie und Psychotechnik, Dessau 1922, S. 40.

21   Im Anschluss an ein Referat von Karl Marbe auf dem ersten Nachkriegskongress 1921 der Gesellschaft für Experimentelle Psychologie in Marburg schloss sich der Vorstand der Gesellschaft den Forderungen nach einer besseren berufsqualifizierenden Ausbildung der Psychologen an. Karl Marbe, Die Stellung und Behandlung der Psychologie an den

Köln geleitet hatte, schlug 1921 vor, dass Mediziner mit psychologischen Kenntnissen sich durch die Arbeit in Hirnverletztenstationen zu praktischer Arbeit
in der Psychologie qualifizieren könnten.[22] Diese seien dann durchaus in der
Lage, in der Industrie und der Berufsberatung zu arbeiten, da dort sowohl die
körperliche als auch die psychische Leistungsfähigkeit eine Rolle spielten.[23]
Poppelreuter konnte sich aber mit diesem Vorschlag nicht durchsetzen und ein
berufsqualifizierender Abschluss wurde erst mit der Einführung der Diplom-
prüfung im Zweiten Weltkrieg geschaffen.[24]

Die praktische Arbeit der Psychologen im Krieg hatte, anders als in Großbritannien, auch keine Auswirkungen auf die Zusammensetzung der deutschen Gesellschaft für experimentelle Psychologie. Die Mitgliederzahl änderte
sich nur wenig, der Verein wurde von Akademikern dominiert und auch die
Zahl der Frauen nahm nur wenig zu, obwohl die Psychotechnik ein Feld war, in
dem auch Frauen arbeiten konnten. Dies ist sicher durch die strikte Aufnahme-
Regelung zu erklären, da wie vor dem Krieg eine wissenschaftliche Veröffentlichung als Voraussetzung für eine Mitgliedschaft festgelegt war.[25] Allerdings
wurde die psychologische Gesellschaft durch die wachsende Zahl von Stellen
an den Universitäten und Hochschulen zunehmend zu einer einheitlich agie-
renden, auch politische Forderungen stellenden Gruppe.[26]

Das Interesse an praktischen Themen zeigte sich auf den zwei Nachkriegs-
kongressen der psychologischen Gesellschaft. Der Kongress der Gesellschaft
für Experimentelle Psychologie von 1921 war noch sehr von den Kriegstätigkeiten der Psychologen geprägt.[27] Ausführlich berichteten einige der

---

Universitäten, in: Rudolf Haym/Heinrich von Treitschke/Hans Delbrück/ed. al. (Hrsg.),
Preußische Jahrbücher, Bd. 185, Berlin 1859–1935, S. 202–210.

22   Walther Poppelreuter, Praktische Psychologie als ärztlicher Beruf, in: Münchener Medizi-
     nische Wochenschrift 68 (1921), S. 1262–1263.

23   Ebenda; Poppelreuter gab an, dass es 1921 20 praktisch arbeitende Psychologen gegeben
     habe.

24   Verabschiedet wurde die Diplom-Prüfungsordnung für Psychologie am 1.4.1941; siehe
     Geuter, Die Professionalisierung der deutschen Psychologie im Nationalsozialismus,
     S. 345.

25   Bühler (Hrsg.), Bericht über den VII. Kongress für Experimentelle Psychologie in Marburg
     vom 20.-23. April 1921., S. 187–192; Karl Bühler (Hrsg.), Bericht über den VIII. Kongress für
     experimentelle Psychologie in Leipzig vom 18.–21. April 1923, Jena 1924, S. 210–216.

26   Traxel 1983, S. 98, zitiert nach Geuter, Die Professionalisierung der deutschen Psychologie
     im Nationalsozialismus., S. 83; Ende 20er Jahre zeigte sich die Psychologie als eine ein-
     heitliche akademische Gruppe, die fachpolitisch agierte, sich nach außen als Psychologen
     darstellten und die akademische Repräsentierung der Psychologie als eigenes Faches an
     den Universitäten verlangte, Ebenda.

27   Drei der vier Sammelreferate gingen über die Kriegsarbeit: Poppelreuter, Über Hirnver-
     letztenpsychologie, in: Bühler (Hrsg.), Katz, Psychologische Erfahrungen an Amputierten,
     in: Bühler (Hrsg.), Rieffert, Psychotechnik im Heere, in: Bühler (Hrsg.).

Protagonisten über ihre Arbeit beim Militär und in der Versorgung von verletzten Soldaten, da eine unzensierte Berichterstattung in beiden Ländern
während der Kriegszeit nicht möglich gewesen war. Die Schilderung dieser
Tätigkeiten verfolgte mehrere Ziele: Zum einen wollten die Psychologen ihre
vielfältige und erfolgreiche Tätigkeit im Krieg ausführlich darstellen; zusätzlich sich von der Einmischung anderer Berufsgruppen, wie beispielsweise den
Ingenieuren, abgrenzen. Aus diesem Grund versuchten führende Vertreter
der Psychologie, die praktische Psychologie wieder an die Theorie zu binden.[28] So stellte William Stern auf dem Kongress befriedigt fest: „Die engen,
ja unlösbaren Zusammenhänge zwischen psychologischer Theorie und Praxis
nachgewiesen zu haben, halte ich für eines der Hauptverdienste dieses Kongresses."[29] Psychologen hatten für das Militär und die Industrie im Krieg in
flexibler Weise unterschiedlichste Formen von Untersuchungsverfahren entwickelt. Um deren Gebrauch zu rechtfertigen, mussten verbindliche Normen
und Testkriterien entwickelt werden. Mit diesem Vorgehen wollten die Psychologen den Stellenwert ihres fachspezifischen Vorgehens betonen und die Kritik an einer rein mechanischen Anwendung psychotechnischer Verfahren
rechtfertigen und begründen.[30] Gleichzeitig diente die Darstellung einer
theoretisch fundierten psychologischen Praxis als politischer Appell für mehr
Stellen und Ausbildungsmöglichkeiten.[31] „Da der praktische Wert der Psychologie von den Regierungen der Gegenwart kaum geleugnet werden dürfe," so
argumentierte 1921 Karl Marbe, sei doch die Erweiterung des psychologischen
Unterrichts und der psychologischen Forschung notwendig und wünschenswert.[32] Von der Regierung könne man „billigerweise [...] nicht verlangen, dass

---

28 Otto Lipmann: „Die angewandte Psychologie muss engste Beziehungen zur theoretischen
    Psychologie aufrechterhalten und pflegen." Otto Lipmann, Allgemeine und kritische
    Bemerkungen zur Begabungs- und Eignungsforschung, in: Karl Bühler (Hrsg.), Bericht
    über den VII. Kongress für Experimentelle Psychologie in Marburg vom 20.-23. April 1921,
    Jena 1922, S. 149–150 S. 150; Marbe: „Endlich rät Marbe von einer allzu scharfen Tren-
    nung der reinen und der angewandten oder praktischen Psychologie ab."Karl Marbe, Die
    Stellung und Behandlung der Psychologie an den Universitäten, in: Karl Bühler (Hrsg.),
    Bericht über den VII. Kongress für Experimentelle Psychologie in Marburg vom 20.-23.
    April 1921, Jena 1922, S. 150–151, S. 151.
29 William Stern, Richtlinien für die Methodik der psychologischen Praxis, in: Otto Lip-
    mann/William Stern (Hrsg.), Vorträge über angewandte Psychologie, gehalten beim 7.
    Kongreß für experimentelle Psychologie hrsg. von Otto Lipmann u. William Stern, Leipzig
    1921, S. 1–16, S. 15.
30 Ebenda.
31 Marbe, Die Stellung und Behandlung der Psychologie an den Universitäten, in: Bühler
    (Hrsg.).
32 Ebenda., S. 150.

sie große Mittel für rein theoretische Disziplinen zur Verfügung stellt [...]. Für praktische Dinge aber hat jede verständige Regierung eine offene Hand."[33]

In einem Rundschreiben vom 19.12.1921 an die Leitungen der Universitäten unterstrich der Vorsitzende der Gesellschaft, Georg Elias Müller, diese Forderungen. Psychologie sei förderungswürdig wegen ihrer Relevanz für andere Wissenschaften, besonders durch ihre Verdienste im Krieg.[34] Die praktische Arbeit im Krieg, so argumentierten die Psychologen, habe ihren Stellenwert in der modernen Gesellschaft deutlich gemacht und berechtige zu Forderungen nach einer Ausweitung des Faches an den Universitäten. Die psychologische Kriegstätigkeit wurde daher in ihren verschiedensten Facetten ausführlich dargestellt und kommentiert.

Auf dem Kongress der psychologischen Gesellschaft 1923 in Leipzig sah die Lage ganz anders aus: Das Interesse an kriegsspezifischen Themen hatte deutlich nachgelassen. Der Schwerpunkt der behandelten Themen lag auf Referaten über die sich ausbildende Persönlichkeitspsychologie, und nur drei Vorträge betrafen die Psychotechnik.[35] Auch Paul Plaut stellte in der *Zeitschrift für angewandte Psychologie* 1922 lakonisch fest: „Freilich scheint sonderbarerweise, namentlich in Deutschland, keine Neigung zu bestehen, dem allzu großen Erlebnis [des Krieges] noch einmal auf wissenschaftlichem Wege nachzugehen."[36] Mit seinem Vorhaben, die psychologischen Beiträge der Kriegszeit auszuwerten, stieß er auf wenig Interesse seiner Fachkollegen. Trotzdem sammelte und veröffentlichte Paul Plaut die relevante nationale und internationale Literatur zum Thema Krieg, wobei er sich besonders für die individuellen Kriegserlebnisse interessierte. In den von ihm bearbeiteten Fachartikeln und Monographien wurde meist ein deskriptiver Ansatz vertreten und das persönliche Erleben der Soldaten stand im Mittelpunkt.[37] Diese Initiative war aber eine Ausnahme, da das Interesse an den persönlichen Eindrücken des Krieges stark nachgelassen hatte. Dennoch hatte die deutsche Psychologie durch ihre praktische Arbeit im Krieg einen beachtlichen Zuwachs an Stellen

---

33 Marbe, Die Stellung und Behandlung der Psychologie an den Universitäten, in: Haym/ Treitschke/Delbrück/ed. al. (Hrsg.), S. 204; Geuter, Die Professionalisierung der deutschen Psychologie im Nationalsozialismus., S. 93.

34 Ebenda, S. 94.

35 Z.B: Otto Klemm: Arbeitspsychologische Untersuchungen, in: Bühler (Hrsg.), Bericht über den VIII. Kongress für experimentelle Psychologie in Leipzig vom 18.–21. April 1923., S. 188; Karl Marbe: Über Unfallversicherung und Psychotechnik, in: ebenda, S. 188.

36 Paul Plaut, Zur Psychologie des Krieges. Bibliographischer Sammelbericht, in: Zeitschrift für angewandte Psychologie 20 (1922), S. 281–286, S. 281.

37 Ebenda.

an Hochschulen, und psychotechnischen Instituten erreichen können. Dies war in Großbritannien deutlich anders.

Großbritannien: Psychologie in der Praxis
In Großbritannien war die Entwicklung der Psychologie an den Universitäten langsamer als in Deutschland. Zu Beginn des Zweiten Weltkrieges gab es nur sechs ordentliche Professuren für Psychologie an den Universitäten in Großbritannien; drei davon in London.[38] Besonders an der Universität Oxford war man psychologischer Forschung gegenüber eher skeptisch eingestellt.[39] Auch gab es keine Technischen Universitäten. Außerhalb Londons hatte die Universität Manchester seit 1919 einen eigenen Fachbereich für Psychologie und die schottischen Universitäten etablierten nach dem Krieg einen Bachelorabschluss mit psychologischem Wissen, aber dies waren keine grundlegenden Neuausrichtungen.[40] So beurteilte der Psychologe Eysenck retrospektiv die Situation der britischen Psychologie vor dem Zweiten Weltkrieg als „parochial, small-scale and feudal."[41]

Diese stagnierende Entwicklung der Psychologie an den Universitäten hatte mit der konservativen Ausrichtung der Universitäten zu tun, die skeptisch gegenüber neuen wissenschaftlichen Disziplinen waren.[42] Es gab im zentral organisierten Universitätsbetrieb Großbritanniens auch nicht so viele Stellen wie in Deutschland. Die Psychologie in Großbritannien war noch enger als in Deutschland mit der Philosophie verbunden und hatte nach dem Krieg noch mit Anfeindungen zu kämpfen. Es war auch von philosophischer Seite äußerst unklar, was und wie die Psychologie eigentlich untersuchen sollte.[43] Experimentalpsychologische Untersuchungen von Sinnesdaten wurden abgelehnt, Bewusstseinsinhalte sollten eher durch Selbstbeobachtung

---

38 Hearnshaw, A short History of British Psychology., S. 208. In Deutschland waren es zu Beginn des Zweiten Weltkrieges 23 psychologische Lehrstühle an den Universitäten. Geuter, Die Professionalisierung der deutschen Psychologie im Nationalsozialismus., S. 132f. Dazu kamen Lehrstühle an den technischen Hochschulen. Ebenda, S. 89f.
39 Collins, England, in: Baker (Hrsg.), S. 202.
40 John Lavender Hall/Susan Llewelyn, A history of clinical psychology in Britain: Some impressions and reflexions, in: History & Philosophy of Psychology 4 (2002), S. 32–48, H. 2., S.38.
41 Hans Jürgen Eysenck, Rebel with a cause. The autobiography of H. J. Eysenck, New Brunswik, New York 1990, S.53.
42 Hall/Llewelyn, A history of clinical psychology in Britain: Some impressions and reflexions., S. 38; Collins, England, in: Baker (Hrsg.), S. 202f.
43 Hearnshaw, A short History of British Psychology., S. 209.

(Introspektion) erfasst werden.[44] Nur in Cambridge und in London (am King's College, Bedford College und University College) fanden experimental-psychologische Experimente statt.[45] Diese Forschungen, insbesondere die in Cambridge, standen aber direkt im Zusammenhang mit der Kriegstätigkeit einzelner Psychologen. Die psychologische Arbeit im Krieg wurde allerdings, anders als in Deutschland, nie zusammenfassend dargestellt, sondern nur in Einzeldarstellungen publiziert. So hatten britische Psychologen im Krieg die Sehfähigkeit der Soldaten bei Nacht untersucht, um die Beobachtung der feindlichen Truppe zu verbessern. Diese Ergebnisse flossen in die weitere Untersuchung der allgemeinen Wahrnehmungsfähigkeit ein.[46] Das Phänomen der auditiven Ermüdung war bei der Untersuchung der U-Boot-Horcher auf-getreten und wurde nun bei Experimenten zur Hörfähigkeit berücksichtigt.[47] Auch die Arbeit des menschlichen Gedächtnisses sah man nach dem Krieg in einem neuen Licht. Die meisten Patienten mit psychischen Problemen hat-ten ihre Kriegserlebnisse auch nach längerer Zeit nicht vergessen können und wurden in der Nacht in Träumen von diesen Erlebnissen geplagt. Vergessen war also keineswegs ein linearer Prozess und in manchen Zusammenhängen durchaus wünschenswert:

> But now we begin to realise that what is learnt may *never* be forgotten ... In the cases of nervous breakdown, which have resulted in this war, it is astonishing how early emotional experiences may become revived (perhaps in some dis-torted form) and become responsible for protracting the emotional condition of the patient.[48]

Die erschreckenden Ereignisse des Krieges konnten in manchen Fällen nicht vergessen werden, so sah es Charles Myers, weil sie zusätzlich mit problema-tischen frühkindlichen Erlebnissen verbunden waren. Diese Zusammenhänge erbrachten neue Erkenntnisse für die Funktionsweise des menschlichen Gedächtnisses. Der Bezug zur Kriegstätigkeit von Psychologen war aber

---

44   Dies wird auch in den Symposien des *British Journal of Psychology* deutlich; z.B. dem Sym-
       posium vom 6. Juli 1918 mit dem Titel: ‚Why is the Unconcious unconscious?" British Jour-
       nal of Psychology, 9 (1917–19) S. 230–256. Oder dem Symposium mit dem Titel: „Instinct
       and the Unconscious" vom 12. Juli 1919, siehe: British Journal of Psychology 10 (1919–20),
       S. 1–42.
45   Hearnshaw, A short history of British Psychology, S. 219.
46   Ebenda, S. 220.
47   Smith/Bartlett, On listening to sounds of weak intensity.
48   Myers, Present-day applications of psychology with special reference to industry, educa-
       tion and nervous breakdown., zitiert nach Shephard, Headhunters., S. 212.

in den neu formulierten Theorien zum Gedächtnis nur kurz und indirekt thematisiert.[49]

Der britische Psychologe Francis Aveling arbeitete über den Willen, ein Thema, das in Deutschland im Krieg und in der Nachkriegszeit von großer Bedeutung in den militärpsychiatrischen Debatten war. Sein Buch, beeinflusst von deutschen Psychologen der Würzburger Schule (insbesondere Narziß Ach), war aber sehr philosophisch ausgerichtet und ähnelte keineswegs der deutschen militärpsychiatrischen Debatte über den „Willen".[50]

Anders als in anderen Ländern kam es in Großbritannien auch nicht zur Ausbildung oder Anhängerschaft von bestimmten innovativen „Schulen" wie der Gestaltpsychologie in Deutschland, dem Behaviorismus in USA oder der russischen Reflextheorie von Pawlow – Entwicklungen, die die psychologische Diskussion in den jeweiligen Ländern sehr angeregt hatten.[51] Dies lag zum einen am Misstrauen der britischen Psychologen gegenüber theoretischen Systemen, aber auch an einer generell konservativen Einstellung gegenüber Neuerungen. So stellte der britische Psychologiehistoriker Hearnshaw fest: „British psychologists remained like the Conservative Government which dominated political life, respectable, moderate, and unadventurous."[52] Vor allem dem amerikanischen Behaviorismus gegenüber waren die britischen Psychologen sehr skeptisch; ausschließlich das menschliche Verhalten zu studieren erschien ihnen unsinnig. So stellte Charles Myers kategorisch fest: „The fundamental subjekt matter of psychology is conscious experience, not conduct. "[53] Nur die Psychoanalyse in ihren vielen Ausprägungen übte einen großen Einfluss auf die Psychologie nach dem Krieg aus, auch, weil sie in der Öffentlichkeit auf breite Resonanz gestoßen war.[54]

Viele der Psychologen, die als Militärpsychiater gearbeitet hatten, wie beispielsweise William Rivers, vertraten auch in der Nachkriegszeit einen eigenständigen Ansatz psychoanalytischer Tiefenpsychologie, in den auch andere psychologische Konzepte verwoben waren.[55] Sie glaubten an den Ein-

---

49   Smith/Bartlett, On listening to sounds of weak intensity., siehe auch: Hearnshaw, A short History of British Psychology., S. 222; Collins, The psychology of memory, in: Bunn/Lovie/Richards (Hrsg.).

50   Francis Aveling, Personality and will, London 1931; zur deutschen Debatte siehe: Ulrich, Krieg der Nerven-Krieg des Willens, in: Werber/Kaufmann/Koch (Hrsg.).

51   Hearnshaw, A short History of British Psychology., S. 213.

52   Ebenda, S. 213.

53   Myers, Charles: The Nature of Mind; zitiert nach ebenda, S. 210.

54   Ebenda, S. 211; Loughran, Shell-shock and medical culture in First World War Britain., S. 226.

55   Beispielsweise: Rivers, William Halse Rivers, The Relation of complex and sentiments, in: British Journal of Psychology 13 (1923), S. 107–112.

fluss des Unterbewussten bei der Entstehung der kriegsbedingten psychischen Störungen und bezogen sich damit indirekt auf die Arbeiten von Sigmund Freud oder Carl Gustav Jung.[56] Meist in der medizinischen Sektion der BPS verankert, veröffentlichten sie ihre Vorstellungen ab 1919 in der Zeitschrift dieser Sektion und bildeten damit ein Forum für medizinisch-psychologische Fragen; allerdings forschten sie nicht empirisch an den Universitäten darüber.

Die zögerliche Haltung der Universitäten war auch ein Grund dafür, dass sich einige prominente Psychologen aus ihrer universitären Arbeit enttäuscht zurückzogen: So hatten Charles Myers und William Rivers nach dem Krieg versucht, Cambridge zum Zentrum einer neuen Psychologie zu machen; einer Psychologie, die von den Kriegserfahrungen profitiert hatte. Sie planten ein Krankenhaus einzurichten, in dem psychisch kranke Patienten in einem frühen Stadium behandelt werden könnten. Als Leiter war Ronald Rows vorgesehen, der die psychotherapeutischen Techniken des Militärkrankenhauses Maghull nun bei zivilen Patienten anwenden sollte. Ziel war es, in Cambridge ein Modell für eine psychotherapeutische Klinik zu errichten, in der die Erfahrungen mit Shell-Shock-Patienten sinnvoll weiterverfolgt und angewandt werden könnten. Die Initiative wurde zwar anfangs positiv aufgenommen, scheiterte aber schnell am Widerstand der Universität.[57] Diese Entwicklung war für Charles Myers so enttäuschend, dass er sich von seiner universitären Laufbahn verabschiedete und sich einer praktischen Arbeit in der Industrie zuwandte.[58] An den britischen Universitäten bewirkte die praktische Kriegsarbeit der Psychologen also nicht den erhofften Wandel.

Ein deutlicher Aufschwung der psychologischen Praxis als Folge der Betätigung im Krieg zeigte sich aber in der Organisation und Zusammensetzung des britischen psychologischen Vereins. 1919 hatte Charles Myers eine Änderung der Aufnahmestatuten durchgesetzt. Vor 1919 konnte nur aufgenommen werden, wer psychologisch geforscht und publiziert hatte; danach wurden die Regeln gelockert und auch interessierte Laien zugelassen. Ein Grund für diese Erweiterung waren zum einen finanzielle Probleme, denn mit einer gleichbleibend niedrigen Mitgliederzahl konnte der Verein sich nicht mehr tragen.

---

56   Tom Hatherley Pear, The war and psychology, in: Nature 102 (1918), S. 88–89, S. 88; siehe auch: William McDougall, ‚Presidential Address: The present position in Clinical Psychiatry‘, in: Journal of Mental Science 65 (1919), S. 141–152.

57   Charles Samuel Myers, Charles Samuel Myers, in: Carl Murchison (Hrsg.), A history of psychology in autobiography, Bd. 3, Worcester 1930, S. 5–13.; Forrester, 1919: Psychology and Psychoanalysis, Cambridge and London - Myers, Jones and MacCurdy., S. 59.

58   Myers, Charles, Samuel Myers, in: Murchison (Hrsg.); Frederic Charles Bartlett, Remembering Dr. Myers, in: Bulletin of the British Psychological Society 18 (1965), S. 1–10.

> Colonel Myers brought before the Committee the question of the desirability of extending the membership of the Society with a view to the possibility of obtaining such advantages as a) permanent headquarters, an increased library, a paid librarian, the establishment of definite sections for the study of special aspects of psychology ...[59]

Zum Zweiten kam aber auch die Sorge dazu, dass sich Konkurrenzvereine, z.B. für medizinische Psychologie, Psychotherapie, Industriepsychologie oder Pädagogik gründen würden. Es bestünde nämlich die Gefahr, so sah es Charles Myers, dass diese neuen Vereine Mitglieder des Psychologenvereins abwerben könnten.[60] Am 19.2.1919 wurde daraufhin die Erweiterung des Vereins beschlossen, so dass nun auch psychologisch Interessierte ohne wissenschaftliche Qualifikation beitreten konnten.[61] Die Folge dieser Öffnung des Vereins war eine sprunghafte Erhöhung der Mitgliederzahl von 98 (1918) auf 427 (1919), in der sich die neuen Anwendungsmöglichkeiten widerspiegelten[62]: Eingetreten waren beispielsweise zahlreiche Ärzte (250) die mit psychisch gestörten Soldaten gearbeitet hatten, viele von ihnen waren mit Charles Myers bekannt.[63] Außerdem waren interessierte Industrielle, Pädagogen, aber auch viele Frauen unter den neuen Mitgliedern.[64] Es wurden drei Sektionen eingerichtet, eine medizinische, eine pädagogische und eine industriepsychologische Sektion.[65] Leiter der medizinischen Sektion war William Rivers, die industriepsychologische leitete Charles Myers und die pädagogische Henry Nunn.[66] Die medizinische Sektion brachte eine eigene Zeitschrift heraus, in der viele der Kriegserfahrungen der psychologischen Militärpsychiater

---

59   WE Minute Book Council Minutes Vol. II C 1917–1924, PSY/BPS/1/3/1a, S. 11.

60   Myers, Charles, Samuel Myers, in: Murchison (Hrsg.), Lovie, Three steps to heaven: How the British Psychological Society attained its Pplace in the sun., in: Bunn/Lovie/Richards (Hrsg.) S. 100.

61   WE Minute Book Council Minutes Vol. II C 1917–1924, PSY/BPS/1/3/1a, S. 9.

62   WE BPS Minutes (1901–1921) PSY/BPS/1/1, S. 119.

63   Ebenda, S. 102.

64   So traten sofort nach Öffnung des Vereins am 19.2.1919 unter anderem 8 weibliche Mitglieder der Society for Orthopsychics in den Verein ein. Industrielle waren beispielsweise: J. W. Worthington, Technical Superintendent, Dunlop Rubber Co; R. Seligman, Aluminium Plant and Vessel Co; Henry Welch, Harrison&Crosfield. WE Minute Book Council Minutes Vol. II C 1917–1924, PSY/BPS/1/3/1a. Special meeting vom 19.2.1919, ohne Seitenangabe.

65   1920 war die Zahl der Mitglieder der BPS auf 631 angewachsen, davon waren in der Sektion für industrielle Psychologie 169 Mitglieder, in der für Erziehung 366 und in der medizinischen Sektion 300 Mitglieder vertreten. WE BPS Minutes (1901–1921) PSY/BPS/1/1, General meeting of the Society, am 10.6.1920 ohne Seitenangabe.

66   Ebenda, S. 102.

diskutiert und veröffentlicht wurden.[67] Aber auch die anderen Sektionen waren durch die Kriegserfahrungen beeinflusst: Bedeutende Psychologen wie William Rivers hatten angenommen, dass Personen mit einer labilen Disposition vermehrt im Krieg zusammengebrochen seien. Eine adäquate Erziehung zur Selbstbeherrschung sei daher von großer Bedeutung für die Nation: „It is [this] self-control and sense of duty we must endeavour to incalculate into every nervous child."[68] Selbstkontrolle und Pflichtbewusstsein galten einerseits als erfolgreiche Mittel gegen die Entstehung psychischer Erkrankungen, standen aber andererseits auch im Einklang mit dem Erziehungsideal der Vorkriegszeit. So kann die Formierung einer Sektion für pädagogische Psychologie im psychologischen Verein Großbritanniens auch als eine Folge der Erfahrungen mit psychisch verletzten Kriegsteilnehmern gesehen werden.[69]

Das gleiche galt für die Sektion für industrielle Psychologie, die maßgeblich durch die Arbeit der Psychologen in der Kriegsindustrie geprägt wurde. So konnten durch die Erweiterung des Vereins viele praktische Erfahrungen für die Psychologie in Großbritannien gebündelt werden und es wurden, im Gegensatz zu Deutschland, keine konkurrierenden Vereine gegründet. Deutlich hervorgehoben wurde aber auch die große Bedeutung der Psychologie in der Friedenszeit: So stellte Henry Nunn, Vorsitzender der pädagogischen Sektion, fest, dass die Psychologie von unschätzbarem Dienst für die Nation ‚in its hour of need' gewesen sei. Jetzt in der Nachkriegszeit, so Nunn: „... there are great problems, of great moment to human efficiency and happiness, that cannot be solved except with the aid of psychological knowledge and psychological methods."[70] Mit der Erweiterung des Vereins hatten sich die Psychologen also ein gemeinsames Forum zur Verarbeitung der Kriegserfahrungen geschaffen. Allerdings wurden mit dieser Maßnahme auch interessierte Laien in den Verein einbezogen und die Abgrenzung gegenüber der Popularpsychologie deutlich erschwert.[71]

In einer selbstbewussten Ansprache an eine Versammlung von Ärzten stellte die Psychologin Brackenbury 1921 die Möglichkeiten einer angewandten Psychologie in Großbritannien vor: Viele Streiks und soziale Unruhen hätten durch die Anwendung psychologischen Wissens vermieden werden können: „Many an industrial dispute, too, would have been avoided or have taken a

---

67 The British Journal of Psychology, Medical Section, 1 (1920–21).

68 Loughran, Shell-shock and medical culture in First World War Britain., S. 220.

69 Ebenda, S. 220.

70 Henry Nunn, Psychology and education, in: British Journal of Psychology 10 (1920), S. 169, S. 169.

71 Thomson, The popular, the practical and the professional: Psychological identities in Britain, 1901–1950, in: Bunn/Lovie/Richards (Hrsg.), S. 115–132.

different course if its psychological aspect had been studied as closely as its economic."[72] Unruhen und Streiks hatten in der Nachkriegszeit zugenommen und besonders im Hinblick auf die Revolutionen in Russland hatte diese Aussage politisches Gewicht. Psychologen seien zum Wohle der Nation zur Prophylaxe gegen asoziales Verhalten einsetzbar: „Properly to train the child so that his adjustment shall be easy and as far as possible automatic; appropriately to restrain the adolescence so that his antisocial behaviour lessened."[73] Auch für die Berufsberatung und die Gesundheitspolitik sei die Psychologie von Nutzen.[74] Ein wenig übertrieben stellte Brackenbury die Bedeutung der britischen Psychologie heraus: „We need to recognize that the psychologist has become a person of paramount importance in our social and public life ... There are really very few public questions which do not contain a psychological element worthy of useful consideration."[75] Diese für die Psychologie werbende Rede vor der *British Medical Association* unterstrich zwar die Bedeutung der Psychologie und ihrer praktischen Anwendung, stellte aber, anders als es in Deutschland der Fall war, keine konkreten Forderungen. Auch von Seiten des Vereins wurden keine klaren Ansprüche an Regierung oder Universitäten erhoben. Möglicherweise ging man in Großbritannien andere Wege, indem sich der Verein durch seine Öffnung 1919 personell mit Politikern und Wirtschaftsgrößen verbunden hatte. Ein weiteres Forum, in dem die Psychologen sich darstellen konnten, waren die Berichte über die Kriegserfahrungen der Sanitätsdienste.

Medizinische Berichte

Die Sanitätsdienste beider Länder veröffentlichten 1922 Berichte über ihre Arbeit im Krieg, in besonderen Bänden auch über die Versorgung der psychisch verletzten Kriegsteilnehmer. Damit beabsichtigten die Militärärzte den Stellenwert der erfolgreichen Arbeit des Sanitätsdienstes zu betonen, auch um daraus Vorteile für die Friedenszeit zu erlangen.[76] In beiden Berichten wiesen schon zeitgenössische Beobachter darauf hin, dass es schwierig war, genaue Zahlen für psychische Erkrankungen zu bekommen.[77] Diese ungenaue Wiedergabe

---

72 Brackenbury, The psychologist in public life, S. 148.
73 Ebenda.
74 Ebenda.
75 Ebenda, S. 148.
76 Macpherson (Hrsg.), History of the Great War based on official documents., Band 2, Preface; Deutsches Reich (Hrsg.), Die Krankenbewegung in den Deutschen Feld- und Besatzungsheer im Weltkriege 1914/1918., S. 7; Prüll, Die Fortsetzung des Krieges nach dem Krieg oder: die Medizin im Ersten Weltkrieg und ihre Folgen für die Zwischenkriegszeit in Deutschland 1918 bis 1939, in: Prüll/Rauh (Hrsg.), S. 128.
77 Mitchell/Smith (Hrsg.), History of the Great War based on official documents, S. 115; Watson, Enduring the Great War., S. 238–240.

exakter Zahlen sei kein Zufall, so argumentiert allerdings Jay Winter, sondern beruhe auf einer gezielten Strategie des Militärs, mit der deutlichen Absicht, die aktuellen Zahlen der psychisch erkrankten Kriegsteilnehmer herunterzuspielen.[78] So gab das britische Hauptquartier während der Frühjahrsoffensive 1918 die Devise aus, dass „cases of shell shock should not in future be classified as battle casualties."[79] Mit dieser Maßnahme verschwanden die psychischen Störungen dann auch aus den offiziellen militärischen Krankenberichten.

In Großbritannien erschien 1923 der zweite Band des Berichts des Sanitätsdienstes, in dem die Behandlung und Versorgung psychischer Erkrankungen im Krieg dokumentiert wurde.[80] Der große Einfluss der Psychologie zeigte sich schon darin, dass der Artikel über die Versorgung dieser Patienten in der Heimat von dem Psychologen Ronald Rows geschrieben worden war der sich in seinen Ausführungen zum überwiegenden Teil auf die Arbeit seiner Kollegen bezog.[81] Darin betonte er eindrücklich die Bedeutung psychischer Mechanismen bei der Entstehung von Kriegsneurosen. Andererseits beachtete er aber auch situative Faktoren (heftige Kämpfe) und körperliche Anstrengungen bei der Auslösung der Erkrankungen. In seiner Beschreibung von Therapiemöglichkeiten der psychischen Störungen unterstrich Rows die Bedeutung einer schnellen, frontnahen Versorgung, aber auch die einer effektiven psychotherapeutischen Intervention.[82] Die weitere Versorgung psychisch verletzter Kriegsveteranen, von denen es nach Kriegsende noch eine große Zahl gab, war sehr problembelastet und umstritten.[83] Nach dem Krieg fielen diese Patienten (etwa 12000) nämlich als Zivilsten plötzlich unter das diskriminierende *lunacy law* (nach dem *lunacy act* von 1890), wurden staatlich registriert und dann zwangsweise in psychiatrische Anstalten zusammen mit anderen Geisteskranken eingewiesen.[84] Für Angehörige des Militärs hatte dieses Gesetz während des Krieges (ab 1915) nicht gegolten.[85] Angeregt durch eine Anfrage von Lord Southborough setzte die Regierung ein Komitee zur Untersuchung des

---

78   Jay Murray Winter, War beyond words. Languages of remembrance from the Great War to the present, Cambridge, New York 2017, S. 174.

79   NA WO/95/26/3; zitiert nach Winter, War beyond words, S. 175.

80   Macpherson (Hrsg.), History of the Great War based on official documents.

81   Ebenda, S. 66f. Rows schrieb aber nur über die Versorgung in der Heimat; der Artikel über die Versorgung an der Front wurde von W. Johnson geschrieben.

82   Ebenda, S. 63.

83   Shephard, Headhunters, S. 247.

84   Barham, Forgotten lunatics of the Great War., S. 231.

85   Anon, Nerves and War: The Mental Treatment Act; Southborough, Army Report of the War Office Committee of Enquiry into „Shell-Shock". S. 145; Ted Bogacz, War neurosis and cultural change in England, 1914–1922, in: Journal of Contemporary History 24 (1989), S. 229–230, S. 251, Fußnote 7; siehe auch: Linden, They called it shell shock., S. 44.

Phänomens *shell shock* ein mit dem offiziellen Namen: *War Office Committee of Enquiry into „Shell-Shock".*[86] Mitglieder des Komitees waren neben dem Initiator Lord Southborough einige Vertreter des Militärs und angesehene Ärzte mit Kriegserfahrungen, darunter der Psychologe Frederick Mott.[87] Erstaunlicherweise waren aber die beiden leitenden Sanitätsoffiziere General Sir Alfred Keogh und Sir Arthur Slogett, die eigentlich für die Handhabung der psychischen Kriegsverletzungen verantwortlich gewesen waren bei den Anhörungen nicht anwesend und äußerten sich auch nicht zu dieser Fragestellung. Auch deshalb, so sieht es der britische Historiker Ben Shephard, ähnelten die Befragungen dieses Komitees eher einer Farce, die das Problem der psychisch verletzten Soldaten publikumswirksam herunterspielen wollte.[88]

Das Komitee hatte daher von Anfang an eine pädagogische Ausrichtung: Es wollte die öffentliche Meinung beeinflussen: „... so that the public may understand from the evidence received how far astray they have been."[89] Dieses Vorgehen richtete sich aber nicht nur gegen den öffentlichen Gebrauch des Terminus, sondern auch gegen die häufig vom Publikum vorgebrachte Meinung, dass *shell shock* die Folge einer physischen Verletzung sei.[90] Die meisten Zeugen waren sich darin einig, dass der Name shell shock irreführend sei, da er eine somatische Genese nahelege.[91] Bei den befragten Zeugen waren die Psychologen überproportional vertreten, unter den 59 Zeugen waren sechs Psychologen, nämlich William Rivers, William Brown, Henry Head, Ronald Rows, Bernard Hart und Stanford Read.[92] Auffällig war dabei, dass der prominenteste von ihnen, Charles Myers, nicht anwesend war. Trotz einer offiziellen Anfrage hatte er es abgelehnt vor dem Komitee zu erscheinen.[93] Möglicherweise war seine Absage dadurch begründet, dass er als Schöpfer des Ausdrucks *„shell shock"* galt; ein Terminus, den man nun abschaffen wollte. Ebenso

---

86 Shephard, A war of nerves, S.138–141; Jones/Wessely, Shell shock to PTSD., S. 50–55.

87 NA: WO 32/4747: Special committee to enquire into shell shock, S. 2.

88 Shephard, A war of nerves, S. 139.

89 NA: WO 32/4742 Minutes of the Government Committee of enquiry into shell shock, 22.9.1921.

90 Siehe: Use and abuse of the term, Southborough, Army Report of the War Office Committee of Enquiry into „Shell-Shock"., S. 4–5.

91 Wie in Kapitel 3. ausgeführt, dachten viele Kriegsteilnehmer und Ärzte zu Beginn des Krieges, dass ihre psychischen und körperlichen (heute psychosomatischen) Störungen Folge einer Granatexplosion seien, siehe Kapitel 3.2.1.

92 Ebenda, S. 212f. Dies ist insofern eine große Zahl von Psychologen, da im Krieg ungefähr 13 284 Ärzte, aber nur ca. 25 Psychologen eingesetzt waren. Whitehead, Doctors in the Great War., S. 79.

93 NA: WO 32/4747, special committee into enquires into shell shock: Brief von Myers vom 11.1.1921.

wurde der fronterfahrene Psychologe Francis Dillon nicht befragt. Auf seinem Bewerbungsbrief stand der handschriftliche Verweis: „was shell shocked himself."[94] Dies könnte dazu geführt haben, dass man sein Angebot, über seine Erfahrungen mit psychisch Kranken an der Front zu berichten, abgelehnt hatte. In vieler Hinsicht unterschieden sich die befragten Zeugen deutlich in ihren Meinungen, vor allem in ihren Theorien zur Entstehung der psychischen Störungen der Kriegsteilnehmer. Auf der einen Seite stellten hohe Militärs wie Oberstleutnant Gort fest, dass jeder Kriegsteilnehmer unter gewissen Umständen psychisch zusammenbrechen könne: „Under conditions such as existed in France it is inevitable for the man to break down at some time or other ..."[95] Dies widersprach aber den Vorstellungen anderer Mitglieder des Militärs und der britischen Oberschicht, da diese annahmen, dass eine gute (militärische) Ausbildung vor einem psychischen Zusammenbruch schützen würde.[96] So war die Sprache durchaus herabsetzend, wenn von den niedrigen Rängen die Rede war; und die Sachverständigen betonten, wie wichtig militärische Disziplin und Erziehung seien.[97] In den Diskussionen des Komitees wurde also versucht, die Erfahrungen der vier Kriegsjahre in Einklang zu bringen mit den militärischen und gesellschaftlichen Vorstellungen der Vorkriegszeit.

Am Ende der Verhandlungen kamen die Experten jedoch zu einem erstaunlichen Resümee:

> Witnesses were agreed that any type of individual might suffer from one or other form of neurosis if exposed for a sufficient length of time to the conditions of modern warfare, and that it is extremely difficult to say beforehand what type of man is most likely to break down.[98]

Mit dieser Aussage kam man hier der Ansicht sehr nahe, dass der moderne Krieg an sich eine psychische Schädigung herbeiführen könne und zwar unabhängig von Rang und sozialer Klasse. Dies widersprach nicht nur der Annahme einer schwächlichen Disposition der psychisch verletzten Soldaten, sondern auch dem sozialen Vorurteil, dass Offiziere weniger anfällig für psychische Probleme seien. Diese Widersprüche wurden nicht aufgelöst und waren

---

94   Ebenda, Brief vom 21.5.1921 von Francis Dillon, darin handschriftliche Notiz: „had shell-shock himself."
95   Southborough, Army Report of the War Office Committee of Enquiry into „Shell-Shock"., S. 35.
96   „It is all to a great extend a question of discipline and drill." Lord Gort, ebenda, S. 50f.
97   Ted Bogacz, War neurosis and cultural change in England, 1914–1922, S. 237f; so nahm man an, Juden und Iren würden häufiger unter shell shock leiden, siehe: Southborough, Army Report of the War Office Committee of Enquiry into „Shell-Shock"., S. 40, S. 50f.
98   Ebenda., S. 92.

bezeichnend für das Nebeneinander von neuen Erfahrungen und militärisch geprägten gesellschaftlichen Traditionen in der Nachkriegszeit. Mehrdeutig war das Komitee auch in den therapeutischen Empfehlungen: Die meisten Teilnehmer, auch die Psychologen, lehnten die Anwendung einer klassischen psychoanalytischen Therapie ab.[99] Dagegen empfahlen sie einfache psychotherapeutische Maßnahmen, die sich durchaus an die Freud'schen Annahmen anlehnten, aber auch den psychologischen Vorstellungen von hilfreichen Gesprächen ähnelten.[100] Es gab jedoch einige Militärpsychiater, die eine harte Behandlung der Kriegsneurotiker befürworteten, welche an die aggressiven Methoden der deutschen Militärpsychiatrie erinnerten.[101]

Am Ende seiner Ausführungen gab das Komitee dann auch Empfehlungen für das Vorgehen in zukünftigen Konflikten. Hier zeigte sich der Einfluss psychologischen Denkens: Das Abschlusskomitee empfahl einfache Formen der Psychotherapie, die den psychologischen Vorgehensweisen im Krieg entsprachen.[102] Offiziere sollten in Psychologie unterrichtet werden, um bessere Mannschaftsführung zu lernen.[103] Besonders betonten die Fachleute aber auch die militärischen Werte der Disziplin, eines effizienten Trainings, einer guten Moral in der Truppe und des *ésprit de corps*.[104] Auch sollten die militärischen Behörden im Ernstfall die Versorgung der Soldaten verbessern und zwar durch einen kürzeren Einsatz an der Front, zügiges Rotieren (von der Front in die Heimat) der Kriegsteilnehmer und häufigere Heimurlaube.[105] Außerdem empfahl man eine sorgfältigere Auswahl geeigneter Soldaten, da man nach wie vor den Fähigkeiten von Soldaten einer Freiwilligenarmee misstraute.[106] Folgenschwer war die Empfehlung, nicht nur den Terminus shell shock künftig zu vermeiden, sondern auch, dass: „... no case of psychoneurosis or of mental breakdown [...] should be classified as a battle casualty ..."[107] Damit hatte sich die Militärpsychiatrie endgültig darauf festgelegt, dass eine psychische Erkrankung in der Armee nicht als durch Kriegseinwirkungen bedingt und

99   Ebenda., S. 192.

100   Bogacz, War neurosis and cultural change in England, 1914–1922., S. 243.

101   Major W. J.Adie, Southborough, Army Report of the War Office Committee of Enquiry into „Shell-Shock"., S. 17f.

102   Ebenda., S. 192. Zu den Vorgehensweisen der Psychologen siehe: McDougall, The present positions in clinical psychology.

103   Southborough, Army Report of the War Office Committee of Enquiry into „Shell-Shock"., S. 93.

104   Ebenda, S. 14.

105   Ebenda., S. 190–194.

106   Shephard, A war of nerves., S. 140.

107   Southborough, Army Report of the War Office Committee of Enquiry into „Shell-Shock"., S. 119.

damit als Kriegsverletzung bezeichnet werden solle. Mit dieser Empfehlung wurden viele der psychologischen Aussagen über die Natur der Kriegsneurose wieder in Frage gestellt. Vieles spricht dafür, dass das Komitee zur Untersuchung des Phänomens *shell shock* keine kontroverse Diskussion eröffnete, sondern nur ein Forum für viele Ärzte, Psychologen und Militärangehörige bieten wollte. Dort konnten sie über ihre Kriegserfahrungen berichten, das eigene Vorgehen rechtfertigen und die Öffentlichkeit gezielt informieren. Konsequenzen und praktische Folgen für die Ausrichtung einer neuen Militärpsychiatrie oder Militärpsychologie ergaben sich nämlich nicht und waren vielleicht auch gar nicht vorgesehen. Andererseits hatte die Stimme der Psychologen in dieser Diskussion Gewicht. Ihre therapeutischen Vorschläge, Rekrutierungsempfehlungen und Ideen zum psychologischen Training von Offizieren waren mit Interesse aufgenommen und akzeptiert worden. Im Vorfeld des Zweiten Weltkriegs gewannen diese Erfahrungen und Empfehlungen dann auch wieder an Relevanz.[108]

Auch in Deutschland schilderte der Sanitätsbericht den Umgang mit psychisch verletzten Soldaten.[109] Die entsprechenden Kapitel wurden aber, anders als in Großbritannien, nicht von Psychologen, sondern von den führenden Universitätspsychiatern Robert Gaupp, Karl Bonhoeffer, Otto Binswanger und Max Nonne verfasst.[110] Nur im Kapitel über Neurasthenie bezog sich der Psychiater Robert Gaupp wiederholt auf den Artikel des Psychologen Willi Hellpach.[111] Dieser hatte sich als einer der wenigen deutschen Psychologen, in der Militärpsychiatrie hervorgetan. Anders als in Großbritannien war das Hauptarbeitsgebiet deutscher Psychologen nicht die Versorgung psychisch verletzter Soldaten gewesen. Die Annahmen über die Ursachen der kriegsspezifischen

---

108   Siehe Ausblick; exemplarisch Ben Shephard, Pitiless psychology : The role of prevention in British military psychiatry in the Second World War, in: History of Psychiatry 10 (1999), S. 491–542.

109   Karl Bonhoeffer/Konrad Alt/Otto von Schjerning (Hrsg.), Geistes- und Nervenkrankheiten, Leipzig 1922.

110   Gaupp, Schreckneurosen und Neurasthenien, in: Bonhoeffer/Alt/Schjerning (Hrsg.); Karl Bonhoeffer, Über die Bedeutung der Kriegserfahrungen für die allgemeine Psychopathologie und Ätiologie der Geisteskrankheiten, in: Karl Bonhoeffer/Konrad Alt/Otto von Schjerning (Hrsg.), Geistes- und Nervenkrankheiten, Bd. 4, Leipzig 1922, S. 3–44; Otto Binswanger, Die Kriegshysterie, in: Karl Bonhoeffer/Konrad Alt/Otto von Schjerning (Hrsg.), Geistes- und Nervenkrankheiten, Bd. 4, Leipzig 1922, S. 45–67; Nonne, Therapeutische Erfahrungen an den Kriegsneurosen in den Jahren 1914/1918, in: Bonhoeffer/Alt/Schjerning (Hrsg.).

111   Gaupp, Schreckneurosen und Neurasthenien, in: Bonhoeffer/Alt/Schjerning (Hrsg.), S. 88–100.

psychischen Erkrankungen ähnelten aber trotzdem in erstaunlichem Maße denen der britischen, denn auch in Deutschland wurde in dem Sanitätsbericht die Bedeutung unbewusster Konflikte als Ursache angegeben:

> Krankhaft an dieser Form der Neurose ist, dass sie nicht dem bewussten Wunsch entspringt; der Wunsch allein kann nicht die Krankheit machen, sondern die Krankheit wird gemacht vom unbewussten Selbsterhaltungtrieb durch Vermittlung starker, im Unterbewussten akut oder chronisch entstandener Affekte ... Der Kern der Freudschen Auffassung von dem im Unterbewussten eingeklemmten Affekt kam damit [in der Psychiatrie] zur Anerkennung ...[112]

Max Nonne stimmte hier also zwar den Ansichten Sigmund Freuds über die Bedeutung unbewusster Regungen zu, betonte aber zwei weitere Einflussfaktoren: Einmal nahm er bei der Mehrzahl der Kriegsneurotiker eine erbliche Belastung an, eine Einstellung, die auch zu Vorurteilen gegenüber bestimmten Bevölkerungsgruppen führte.[113] Nur für die Erschöpfungskrankheiten, z.B. die Neurasthenie, sei der erbliche Faktor zu vernachlässigen.[114] Dem Willen des Patienten dagegen räumte Nonne eine prominente Rolle ein: „Es zeigten sich ferner [bei den Abwehrneurosen] mannigfaltige Übergänge zu halbbewusster und ganzbewusster Willenssperrung, schlechten Angewohnheiten, sogenannten „Mätzchen"..."[115] Damit, so Nonne, sei der Konflikt des Patienten unbewusst, aber von seinem bewussten Willen bestimmt: „Die ‚hysterischen' krankhaften Symptome gingen oft über in ‚hysterische Gewöhnung', d.h. sie wurden mehr oder minder bewusst festgehalten, ‚konserviert'."[116] Deutsche Psychiater nahmen daher keine Eigengesetzlichkeit unbewusster Vorgänge an, sondern beschrieben ein unklar definiertes Zusammenspiel zwischen unbewussten und bewussten Gefühlskonflikten. Damit unterstellten sie dem Patienten eine Schuld an seiner Krankheit und beschrieben die neurotischen Symptome auch nach Kriegsende in einem abwertenden Stil:

---

112 Nonne, Therapeutische Erfahrungen an den Kriegsneurosen in den Jahren 1914/1918, in: Bonhoeffer/Alt/Schjerning (Hrsg.), S. 103f; ähnlich Bonhoeffer, Über die Bedeutung der Kriegserfahrungen für die allgemeine Psychopathologie und Ätiologie der Geisteskrankheiten, in: Bonhoeffer/Alt/Schjerning (Hrsg.), S. 30.

113 Nonne, Therapeutische Erfahrungen an den Kriegsneurosen in den Jahren 1914/1918, in: Bonhoeffer/Alt/Schjerning (Hrsg.), S. 103, Gaupp, Schreckneurosen und Neurasthenien, in: Bonhoeffer/Alt/Schjerning (Hrsg.), S. 70.

114 Ebenda, S. 85.

115 Nonne, Therapeutische Erfahrungen an den Kriegsneurosen in den Jahren 1914/1918, in: Bonhoeffer/Alt/Schjerning (Hrsg.), S. 103.

116 Ebenda, S. 103.

Es zeigte sich, dass zwar die Mehrzahl dieser Neurotiker belastet war, dass die
Disposition erworben werden konnte. Es zeigte sich ferner, dass die Abwehrneurosen sich den anderen funktionellen und auch somatisch-organischen
Nervenerkrankungen anschließen und gewissermaßen wie ein Parasit sich an
sie anklammern konnten.[117]

Damit beschrieb Max Nonne die Kriegsneurosen als das Ergebnis einer
unklaren Gemengelage zwischen unbewussten und bewussten Strebungen
und malte ein durchweg negatives Bild des Patienten. Dem behandelnden Arzt
wurde die Aufgabe zugeschoben, durch aggressive Maßnahmen eine „willens-
kräftigende" Therapie (psychische Behandlung) durchzuführen.[118] In der neueren Forschung betont daher Paul Lerner:

> Einerseits wurde ein starker Wille als wesentlicher Bestandteil der geistigen
> und nervösen Gesundheit gesehen; wenn dieser jedoch vom nationalen Inte-
> resse abwich, wurde er ausdrücklich als pathologisch diagnostiziert. So hatte
> der Willensbegriff zwar keine feste Bedeutung, aber diente der ideologischen
> Verknüpfung des Individuums mit der Gemeinschaft und half, eine erhöhte
> gesellschaftliche Verantwortung der psychiatrischen Profession zu definieren.[119]

Die Definition des Willens und das Verhältnis zwischen Willen und Un-
bewusstem blieben weiter unklar. So ist es nicht verwunderlich, dass Ernst
Kretschmer kurz nach dem Krieg das Konzept des Unbewussten fallen ließ:

> Noch nie hat ein theoretisch konstruierter Hilfsbegriff so sehr praktisches Han-
> deln tyrannisch beherrscht, wie dieses Unbewusste oder Unterbewusste. Sie
> [diese Hypothese] hat uns nicht nur nichts genützt, vielmehr hat sie unsere dia-
> gnostische und therapeutische Tatkraft lahmgelegt [...]. Die Hysterie lässt sich
> ohne „das Unbewusste" verstehen, sie entsteht aus dem „vielverschlungenen
> Wechselspiel zwischen Wille und Reflex." [...] „Das allein Wesentliche an der
> Hysterie liegt nicht in der Gruppe der Phänomene, die man herkömmlich als das
> Unbewusste zusammenfasst [...]. Die Hysterie liegt: Im Willen und in seinem
> Verhältnis zum psychophysischen Reflexapparat.[120]

Damit schob er dem Patienten die Schuld an seiner Krankheit zu. Anderseits
propagierte er aber auch in anderen Publikationen die Möglichkeit und die

---

117   Ebenda.
118   Fischer-Homberger, Der Begriff des freien Willens in der Geschichte der traumatischen
      Neurose., S. 131.
119   Lerner, „Ein Sieg des deutschen Willens", in: Eckart/Gradmann (Hrsg.), S. 107.
120   Ernst Kretschmer, Zur Kritik des Unbewussten, in: Zeitschrift für die gesamte Neuro-
      logie und Psychiatrie 46 (1919), S. 223–390, S. 374, S. 384, S. 368–369, zitiert nach Fischer-
      Homberger, Der Begriff des freien Willens in der Geschichte der traumatischen Neurose.,
      S. 132.

Pflicht des Arztes, aktiv auf den Willen einzugehen.[121] Der „Wille" war nicht nur ein wichtiges Konzept in der Psychiatrie, sondern auch in der Militärpsychologie Deutschlands während der Nachkriegszeit. Die starke Betonung des soldatischen „Willens" als kriegsnotwendige Haltung, um Angst und psychische Störungen zu überwinden bzw. zu vermeiden, blieb ein deutsches Phänomen.[122] Diese Haltung beeinflusste auch die Therapieempfehlungen, die man für die Soldaten künftiger Kriege in den deutschen Sanitätsberichten entwickelte.

Der Psychiater Nonne riet einerseits zu einem individuelles Vorgehen: „Jeder [behandelnde Arzt] soll die Methode anwenden, die er beherrscht, zu der er Anlage und Vertrauen hat und mit der er Erfolg hat ..."[123], anderseits zeigte er eine deutlich herabsetzende Haltung gegenüber den Patienten:

> Da der Neurotiker praktisch am richtigsten eingeschätzt wird wie ein trotzköpfiges Kind, das nicht den Heilung suchenden, sondern einen der Heilung widerstrebenden – antagonistischen [...] Willen hat, so ist er auch zu behandeln wie ein strenger, aber wohlwollender Erzieher [es tun würde].[124]

So empfahlen die Psychiater auch nach dem Krieg weiterhin eine Bandbreite von verschiedenen psychotherapeutischen Verfahren. Dazu zählten die Hypnose, die Anwendung von Stromschlägen, Arbeitstherapie und weiteren drakonischen Maßnahmen, in Einzelfällen aber sogar eine Psychoanalyse. „Die Psychoanalyse ist in der Behandlung der Militärneurotiker theoretisch und praktisch durchaus berechtigt."[125] Die Ratschläge für eine künftige Behandlung von Kriegsneurosen gingen aber noch weiter und ähnlich wie in Großbritannien wurde eine frontnahe Versorgung empfohlen. Diese sollte in manchen Fällen jedoch abschreckend wirken: „Es gab Truppenteile, bei denen es therapeutische Gepflogenheit war, die Abwehrneurosen ins Trommelfeuer zu schicken, und Ärzte solcher Truppenteile berichteten, dass dieses Vorgehen von „großem prophylaktischen Wert" gewesen sei."[126] Neurotiker, so hieß es

---

121 Ebenda, S. 131f.
122 Bernd Ulrich, Die Kriegspsychologie der zwanziger Jahre, hier S. 69; Prüll, Die Fortsetzung des Krieges nach dem Krieg oder: die Medizin im Ersten Weltkrieg und ihre Folgen für die Zwischenkriegszeit in Deutschland 1918 bis 1939, in: Prüll/Rauh (Hrsg.), S. 151; auch Sigmund Freud hatte, allerdings in der Rückschau, die These vertreten, dass die Kriegsneurose der eigentliche „Dolchstoß" in den Rücken der Nation gewesen sei, siehe Freud, Massenpsychologie und Ich-Analyse, S. 36.
123 Nonne, Therapeutische Erfahrungen an den Kriegsneurosen in den Jahren 1914/1918, in: Bonhoeffer/Alt/Schjerning (Hrsg.), S. 106.
124 Ebenda, S. 107.
125 Ebenda, S. 112.
126 Ebenda, S. 114.

in einem Bericht, dürften auf keinen Fall „einen Anreiz erhalten, Neurotiker zu werden."[127] Nonne sprach die Empfehlung aus, dass Entlassungen und Verlegungen in der Regel nur in Richtung Front erfolgen sollten. Dies war eine klare Drohung und hätte für manchen Soldaten das Todesurteil bedeutet. Außerdem sollte jeder Behandelte beim Militär oder in der Kriegswirtschaft nutzbringend verwertet werden.[128] Die Empfehlungen von Nonne waren deutlich brutaler, als es das Vorgehen der Militärpsychiater im Krieg gewesen war.

Im Sanitätsbericht zeigte sich erneut die Verachtung der Kriegsneurotiker („Neurosenpest"). Besonders verurteilten die Psychiater darin das (unterstellte) Verhalten dieser Patienten der Revolution gegenüber, weswegen sie ihnen die Schuld an der Kriegsniederlage gaben.[129] Eine ähnlich verächtliche Haltung zeigte sich gegenüber den Kriegsteilnehmern, die noch Pensionen für psychische Verletzungen bezogen:

> Es ist nicht zu vergessen, dass man es bei diesen Individuen in der allergrößten Mehrzahl mit Psychopathen zu tun hat. Wenn die abnorme Reaktion Ausfluss des ursprünglichen Persönlichkeitscharakters ist, dann ist die Kriegsbeschädigung abzuweisen.[130]

Aber nicht alle Beiträge des Sanitätsberichts stimmten mit dieser Haltung überein, am wenigsten die der beteiligten deutschen Psychologen. Ein Beispiel dafür war der Psychologe Herrmann Gutzmann, der im Sanitätsbericht über Stimm- und Sprachstörungen bei Kriegsverletzten berichtete. Er wandte sich dezidiert gegen die aggressiven Therapien von psychisch bedingten Sprachstörungen:

> Die jetzt so allgemein verbreitete Bezeichnung „psychogen" hat zur Folge gehabt, dass bei den Aphonien [Sprachlosigkeit], die im Kriege entstanden, eine Art von „psychischer" Therapie auftritt, die wir als längst begraben und abgetan sahen, nämlich die Anwendung des Terrors und Dolors [...]. Dagegen möchte ich auch hier meiner Überzeugung Ausdruck geben, dass ich diese Art des Heilverfahrens überhaupt nicht für zulässig halte.[131]

---

127   Ebenda., S. 118.

128   Ebenda., S. 119.

129   Beispielsweise Bonhoeffer/Alt/Schjerning (Hrsg.), Geistes- und Nervenkrankheiten., S. 116, S. 118; Prüll, Die Fortsetzung des Krieges nach dem Krieg oder: die Medizin im Ersten Weltkrieg und ihre Folgen für die Zwischenkriegszeit in Deutschland 1918 bis 1939, in: Prüll/Rauh (Hrsg.), S. 130.

130   Nonne, Therapeutische Erfahrungen an den Kriegsneurosen in den Jahren 1914/1918, in: Bonhoeffer/Alt/Schjerning (Hrsg.), S. 120.

131   Hermann Gutzmann, Stimm- und Sprachstörungen bei Kriegsverletzten, in: Otto von Schjerning (Hrsg.), Handbuch der ärztlichen Erfahrungen im Weltkriege, Bd. 6, Leipzig 1921–1934, S. 305–331, hier S. 324.

Gutzmann wandte sich aber nicht nur aus ethischen Gründen gegen die aggressiven Therapien der Kriegspsychiatrie, sondern war auch der Ansicht, dass dadurch bleibende Schäden verursacht wurden, die bei den von ihm angewandten Übungsverfahren nie aufgetreten seien. Auch Walther Poppelreuter betonte in seinem Beitrag zum Sanitätsbericht die Bedeutung psychologischer Übungsbehandlungen bei Hirngeschädigten, insbesondere der psychologischen Tests und Laboratorien.[132] Auch er wandte bei seiner Klientel keine aggressiven Therapiemethoden an. Unklar, so gab er jedoch zu, seien die Grenzen zwischen Hysterie und Simulation und unterstellte damit einigen seiner Patienten einen Willen zur Vortäuschung von Krankheiten.[133] Es stellt sich nun die Frage, welche Folgen diese therapeutischen Erfahrungen in der Kriegszeit für die Friedenszeit hatten?

Psychotherapeutisches Neuland?
Der Erste Weltkrieg war für viele ältere und jüngere Ärzte eine prägende Erfahrung, da sie hier zum ersten Mal mit psychisch verletzten Soldaten in Kontakt gekommen waren.[134] Diese Patienten mit funktionellen Störungen unterschieden sich von den Neurasthenikern der Vorkriegszeit, aber auch von den Geisteskranken in den Anstalten und waren selbst für erfahrene Psychiater ein neues Klientel. Obwohl die meisten von den Patienten nach Kriegsende wieder gesund wurden, behielten einige auch nach Kriegsende ihre Symptome und bezogen eine Rente: „... Few of us, expected a large number of men to be disabled by mental symptoms which would persist indefinitely after the war had ceased. Yet that is what is happening," stellte 1921 der Psychologe Millais Culpin fest.[135] Eine wichtige Folge dieser Entwicklung war, dass viele junge Ärzte auch in der Nachkriegszeit mit diesen Kriegsveteranen in Kontakt kamen und dabei weiteres Wissen im Umgang mit psychischen Störungen sammeln konnten.[136] Durch die Erfahrungen des Krieges nahm auch der Einfluss psycho-

---

132 Poppelreuter, Die Übungsbehandlung der Hirnverletzten, in: Bonhoeffer/Alt/Schjerning (Hrsg.), S. 211, siehe auch: Poppelreuter, Über Hirnverletztenpsychologie, in: Bühler (Hrsg.).

133 Bonhoeffer, Über die Bedeutung der Kriegserfahrungen für die allgemeine Psychopathologie und Ätiologie der Geisteskrankheiten, in: Bonhoeffer/Alt/Schjerning (Hrsg.), S. 30.

134 Collins, England, in: Baker (Hrsg.), S. 196; Loughran, Shell-shock and medical culture in First World War Britain, S. 217f.

135 Millais Culpin, ,The problem of the neurasthenic patient', in: British Journal of Medical Psychology 1 (1921), S. 316–326, zitiert nach Shephard, A war of nerves, S. 150.

136 Butler, The Australian Army Medical Services in the war of 1914–1918., S. 142; ein Beispiel für diese jungen Ärzte ist Alfred Carver, der im Krieg im Maghull Krankenhaus arbeitet und nach dem Krieg über Alkoholprobleme publizierte, siehe: Alfred Carver, The psychology of the alcoholist, in: British Journal of Medical Psychology 11 (1931), S. 117–124.

analytischer Methoden in Großbritannien deutlich zu.[137] Dies zeigte sich in
der Etablierung von drei Kliniken, in denen auch nach dem Krieg die psychologische Ausrichtung dominierte. Es handelte sich dabei um das Maudsley
Krankenhaus, das schon im Krieg psychologische Methoden angewandt hatte,
die neugegründete Tavistock Klinik und das Cassel Krankenhaus.

Die Tavistock Klinik für psychisch kranke Patienten wurde 1920 unter der
Schirmherrschaft von General Haig und Admiral Betty eröffnet.[138] Dieses
Krankenhaus zeichnete sich dadurch aus, dass sich dort ein Treffpunkt und
Diskussionsforum für psychoanalytisch orientierte Psychologen bildete, deren
therapeutische Erfahrung aus der Kriegszeit stammte. In der medizinischen
Abteilung der Britischen Psychologischen Gesellschaft hatten sich viele dieser
Shell-Shock-Ärzte zusammengefunden. Aus ihrer Arbeit mit traumatisierten
Kriegsteilnehmern hatte sich eine eigene Haltung der Freud'schen Psychoanalyse gegenüber entwickelt. Einig waren sie sich in der Anlehnung an Freud'-
sche Ideen über die Bedeutung des Unbewussten, der Traumanalyse und der
ungelöster Gefühlskonflikte; andere Aspekte der Freud'schen Lehre, wie dessen Sexualtheorie lehnten diese Psychologen aber ab.[139] In der Praxis, so Millais Culpin, sei es wichtig: „... not so much to find a theoretical explanation as
to seek a means of cure."[140] Es war also eine Gruppe von praxisorientierten
Psychologen, die die Londoner Tavistock Klinik als Forum nutzten.[141]

Ein anderes Krankenhaus mit psychologischer Ausrichtung war aus einer
privaten Initiative entstanden: Der Militärpsychiater Maurice Craig über-
redete den Bankier und Philanthropen Ernest Cassel dazu, ein Krankenhaus
für funktionelle und nervöse Störungen einzurichten (das Cassel Hospital).
Dort sollten Erkrankungen behandelt werden, die am Arbeitsplatz oder zu

---

137   Hearnshaw, A short History of British Psychology., S. 238. 1913 war das *London Institute
of Psychoanalysis* von Ernest Jones gegründet worden, 1919 umbenannt in *British Psycho-
Analytical Society*, Michal Shapira, The war inside. Psychoanalysis, total war and the
making of the democratic self in postwar Britain, Cambridge 2013, S. 7.

138   FD1/2796: Tavistock Square Clinic (Institute of Medical Psychology); Martin Stone, Shell-
shock and the psychologists, in: William Frederick Bynum/Roy Porter/ Michael Shepherd
(Hrsg.), The anatomy of madness. Essays in the history of psychiatry, Bd. 2, London, New
York 1985–1989, S. 243–283, hier S. 246.

139   Hearnshaw, A short History of British Psychology., S. 238f; Shephard, Headhunters, S. 216.

140   Culpin, Psychoneuroses of war and peace, S. 229.

141   Wesentliche Veröffentlichungen zu diesem Thema waren: William Halse Rivers (Hrsg.),
Instinct and the unconscious. A contribution to the biological theory of the psychoneuroses; siehe auch Hearnshaw, A short History of British Psychology., S. 239.

Hause entstanden waren.[142] Die Eröffnung dieser Klinik fand 1921 statt. Thomas A. Ross, ein Psychologe, der schon im Krieg mit psychisch verletzten Soldaten gearbeitet hatte, leitete diese Klinik.[143]

Ein weiteres Krankenhaus, das Maudsley unter der Leitung von Frederick Mott diente bis 1920 als Versorgungskrankenhaus für Kriegsveteranen. Dort hatte Mott zwischen 1915 und 1919 12400 Soldaten behandelt.[144] Nach einer Pause von zwei Jahren öffnete es im Februar 1923 für Londoner Bürger mit psychischen Erkrankungen.[145] Hier wurden dann auch psychotherapeutische Methoden angewandt, die im Ersten Weltkrieg entwickelt worden waren.[146] Außerdem diente es zur Forschung und Ausbildung von jungen Psychiatern und wurde damit wurde das zum ersten psychiatrischen Forschungskrankenhaus in Großbritannien.[147] Die medizinischen Ausbildungskurse in Psychiatrie standen in direkter Nachfolge zu den Unterrichtseinheiten, die im Maudsley in der Kriegszeit durchgeführt worden waren und wenig später wurden hier auch junge Militärärzte ausgebildet.[148] Eine weitere Besonderheit war, dass nur in diesem Krankenhaus Patienten behandelt werden konnten, die auf eigene Initiative Hilfe für ihre psychische Erkrankung suchten. Alle anderen Krankenhäuser nahmen nur Patienten auf, die sich unter die diskriminierenden Vorgaben des lunacy law stellten.[149] Erst ab 1930 wurde die freiwillige Behandlung psychisch Kranker in entsprechenden Krankenhäusern

---

142 Edgar Jones, Battle for the mind: World War I and the birth of military psychiatry, The Lancet 384 (2014), H. 9955, S. 1708–1714, S. 1713; das Cassel Krankenhaus wechselte mehrfach den Standort. Ursprünglich wurde es 1919 in Kent gegründet, nach dem Zweiten Weltkrieg zog es nach London um.

143 Ebenda.

144 Das andere Krankenhaus, an dem im Krieg viele Psychologen gearbeitet hatten, Maghull, wurde 1919 an das britische Rentenministerium (ministry of pensions) übergeben und dort wurden vor allem Veteranen, die an Epilepsie litten, behandelt. NA PIN 15/57 Mental and neurasthenic cases for supervision (typescript c. 1922), zitiert nach Jones, Shell shock at Maghull and the Maudsley., S. 393.

145 Jones, Battle for the mind, S. 1713.

146 Edgar Jones/Shanina Rahman/Robin Woolven, The Maudsley Hospital: Design and strategic direction, 1923–1939, in: Medical History 51 (2007), S. 357–378.

147 Kevin Jones, The disappearance of ‚Medical Psychology' and the controversy over the Medical Section during the early 1915os, in: History & Philosophy of Psychology 19 (2018), S. 3–14, S. 4.

148 Hearnshaw, A short History of British Psychology., S. 288; Jones/Rahman/Woolven, The Maudsley Hospital: Design and strategic direction, 1923–1939., S. 375.

149 Hearnshaw, A short History of British Psychology., S. 145; gegen die veralteten Vorschriften des lunacy law erhob sich in der Nachkriegszeit Protest, siehe Henry Devine, Presidential Address on Psychiatry and Medicine. Delivered before the southern branch of the British Medical Association, in: British Medical Journal (1924), H. 3336, S. 1033–1035.

ermöglicht.[150] Es waren also die Krankenhäuser, die einen psychologischem Schwerpunkt hatten oder von psychologisch orientierten ehemaligen Militärpsychiatern geführt wurden, die auch in der Friedenszeit weiter eine Behandlung von psychisch Kranken anbieten konnten. Britische Psychiater bewerteten dies durchaus positiv. So konstatierte der bekannte Neurologe Samuel Wilson 1921 in der Rezension eines Buches von William Rivers, dass die meisten britischen Psychiater und Neurologen in der Kriegszeit weniger erfolgreich gearbeitet hätten als ihre psychologischen Kollegen.

> It soon became obvious that only psychological investigation would satisfy the searcher after cause and effect and many who had been but little attracted by the Freudian theory found themselves applying it to the human problems before them. In the sequal ... we have left our insular conservatism behind, and there has arisen a school of clinical psychologists whose contributions to the theory and practice of psychological medicine have largely made up fort the barrenness of earlier years.[151]

Der Erfolg der psychologischen Arbeit im Krieg wurde also durchaus und auch in Fachkreisen anerkannt. Die meisten der psychologischen Militärpsychiater in Großbritannien machten aber nach dem Krieg die enttäuschende Erfahrung, dass sie nicht weiter in der Versorgung psychisch Kranker arbeiten konnten.[152] Sie verloren ihren Status als Offizier (temporary Officer) und mussten wieder eine zivile Karriere beginnen. Einige von ihnen gingen an die Universität zurück wie William Rivers und William McDougall. McDougall verließ aber Oxford schon bald um einen Ruf nach Harvard anzunehmen.[153] Er äußerte später seine Enttäuschung über die Situation nach dem Krieg: „I have done my best to serve my country during the war. I have returned to have my laboratory taken from me."[154] Einige der Psychologen mit Kriegserfahrungen schrieben (aus Enttäuschung, wie Edgar Jones es annimmt) in der Folgezeit Lehrbücher über psychotherapeutische Verfahren, so beispielsweise William Rivers und

---

150   Hearnshaw, A short History of British Psychology., S. 145; über das Verhältnis von ziviler Gesetzgebung und medizinischer Praxis in der Psychiatrie siehe: Roger Smith, Trial by medicine. Insanity and responsibility in Victorian trials, Edinburgh 1981.
151   Samuel Kinnear Wilson, zitiert nach Shephard, Headhunters., S. 215.
152   Jones/Wessely, Shell shock to PTSD., S. 51.
153   Ebenda; Auch David Eder lebte von 1918 bis 1922 in Palästina. Hobman/Eder, David Eder. Memoirs of a modern pioneer, S. 136.
154   Anon, Obituary William McDougall, in: British Medical Journal (1938), H. 4066, S. 1232.

William McDougall.[155] Der Bezug zu ihren Kriegserfahrungen wurde darin aber nicht explizit betont, sondern nur nebenbei erwähnt.[156]

Sehr schnell nach dem Krieg, so schien es, wollte man ihn vergessen. Dies zeigte sich beispielsweise auch darin, dass kriegsrelevante Zahlen kurz nach dem Krieg in beiden Ländern noch gesammelt, aber später nicht mehr ausgewertet wurden.[157] Auch musste der leitende Psychologe der Tavistock-Klinik immer nachdrücklicher um Gelder für sein Krankenhaus kämpfen.[158] Wie ist dieses abebbende Interesse an Kriegsthemen, das auch in Deutschland etwa um die gleiche Zeit zu beobachten war, zu erklären? Offizielle Berichte wie der Sanitätsbericht waren veröffentlicht worden und vielleicht hatten viele der Beteiligten einfach das Bedürfnis, den Krieg zu vergessen. Tracy Loughran dagegen nimmt an, dass es eine bewusste Strategie der psychologisch arbeitenden Ärzte gewesen sei, die die Relevanz ihrer Arbeit auch für die Patienten der Friedenszeit herausstellen wollten. Sie schilderten in ihren Veröffentlichungen in der Nachkriegszeit zwar ihre Therapiemethoden, betonten aber gerade nicht den Bezug zu den Kriegserkrankungen, da sich in der Sicht der Öffentlichkeit die zivilen Patienten von denen mit shell shock unterschieden.[159]

Deutlich anders wird der Einfluss der Kriegserfahrung auf die psychiatrische Versorgung gesehen, wobei sich im Frieden eine Differenz zwischen der

---

155 Brown, War neurosis.; Myers, A final contribution to the study of shell shock: Being a consideration of unsettled points needing investigation.; Pear, Remembering and Forgetting.; Culpin, Psychoneuroses of war and peace.; Rivers, Instinct and the unconscious.; Thomas Arthur Ross, The common neuroses. Their treatment by psychotherapy ; an introduction to psychological treatment for students and practitioners, London 1924; Hart, Psychopathology, its development and its place in medicine.; zum Problem der enttäuschten Psychologen siehe: Jones/Wessely, Shell shock to PTSD., S. 48.

156 Siehe beispielsweise: William McDougall, An Introduction to social psychology, London 1922, S. 300, S. 454.

157 In beiden Ländern wurden Zahlen zur psychologischen Kriegsarbeit gesammelt, aber nicht ausgewertet. In Deutschland beispielsweise: Zeitschrift für angewandte Psychologie Band 14, S. 128: Das Institut für angewandte Psychologie sammelt die in der psychologischen Untersuchung von Hirngeschädigten verwendeten Schemata, Fragebögen etc. Diese Ergebnisse werden jedoch nicht publiziert. In Großbritannien: Charles Myers und Mary Bell arbeiten über Neurasthenie anhand von Krankenblättern. In: NA WO 32/4747: enquiry into Mental disorders to be dealt with separately, S. 2: The Medical Research Council: „The secretary of this body stated that Dr. Mary Bell was preparing for the Council under the direction of Dr. Myers a report on Neurasthenia which would shortly be available. The statistical section of the Medical research Council has large numbers of original case sheets containing notes on patients suffering from neurasthenia and shellshock."

158 NA PIN 15/55 Treatment of neurasthenia; Offizielles Schreiben vom 24. Juni 1921 an die Klinikleitung: „... I have come to the conclusion that I cannot press the Treasury at present for any further hospital accommodation, even for neurasthenic cases."

159 Loughran, Shell-shock and medical culture in First World War Britain., S. 221.

Militärpsychiatrie und der zivilen Psychiatrie zeigte. In der Militärpsychiatrie der Zwischenkriegszeit, so betont u.a. Edgar Jones, seien psychologische Methoden von geringer Bedeutung gewesen.[160] Dafür können mehrere Gründe angeführt werden: Zum einen schieden die psychologischen Ärzte gleich nach dem Krieg aus dem Militärdienst wieder aus und verloren dadurch an Einfluss. Nach dem Krieg ging die Versorgung der psychisch verletzten Veteranen an zivile Behörden (Ministry of Pensions) über. Damit war die Versorgung und Therapie von psychisch gestörten Soldaten kein großes Thema mehr in der Militärpsychiatrie und die Diagnose *shell shock* wurde nicht in das diagnostische Schema aufgenommen.[161] Die Ergebnisse der Verhandlungen des Shell Shock Committees hatten gezeigt, dass das Militär erneut eine konservative Haltung einnahm, die psychologischen Einsichten des Krieges eher zurückstellte und wieder die Kontrolle übernehmen wollte.[162] Auch in Großbritannien als Siegermacht, zeigten sich die finanziellen Hypotheken des Krieges und erschwerten einen Umbau und eine Organisationsveränderung der Streitkräfte.[163]

Der Erste Weltkrieg hatte aber ein psychologisch-medizinisches Wissen zu psychischen Störungen hervorgebracht, das man nicht mehr ignorieren konnte. Dies galt auch für die Situation in der zivilen Psychiatrie. Die Forschungsliteratur sieht den Einfluss des Ersten Weltkriegs auf Psychiatrie und Psychotherapie unterschiedlich: Edgar Jones und Simon Wesseley schätzen ihn als relativ gering ein.[164] Auch Peter Leese ist der Ansicht, dass die Kriegserfahrungen sich nur schwer in den Klinikalltag übersetzen ließen und dass sich das Bild von psychischen Erkrankungen nach dem Krieg nur wenig änderte.[165] Einen Grund für diese Entwicklung sieht Ben Shephard in

---

160   Jones/Wessely, Shell shock to PTSD., S. 48; Loughran, Shell-shock and medical culture in First World War Britain., S. 215.

161   Ebenda, S. 216.

162   Siehe dazu auch: Brüggemeier, Geschichte Großbritanniens im 20. Jahrhundert., S. 151.

163   Leonhard, Der überforderte Frieden, S. 1268.

164   Edgar Jones/Simon Wesseley, The impact of total war on the practice of British psychiatry, in: Roger Chickering/Stig Förster (Hrsg.), The shadows of total war. Europe, East Asia, and the United States, 1919–1939, Cambridge 2009, S. 129–148; siehe auch: Edgar Jones/Simon Wessely, Battle for the mind: World War 1 and the birth of military psychiatry, in: The Lancet 384 (2014), H. 9955, S. 1708–1714.

165   Dies hätte sich, so Leese, auch im Umgang mit den Veteranen gezeigt, siehe: Leese, Shell shock., S. 123–140; auch detailliert für den Umgang mit Kriegsveteranen: Barham, Forgotten lunatics of the Great War.; siehe auch Peter Leese, „Why are they not cured?". British Shell Shock treatment during the Great War, in: Mark S. Micale/Paul Frederick Lerner (Hrsg.), Traumatic pasts. History, psychiatry, and trauma in the modern age, 1870–1930, Cambridge, New York 2001.

dem eklektischen Ansatz der Kriegspsychologen und der Abwesenheit einer kohärenten psychiatrischen Schule.[166] Peter Barham betont außerdem, dass die Krankenhäuser für psychisch verletzte Veteranen nach dem Krieg weiter einem strengen militärischen Regime unterlagen und wenig aufgeschlossen für psychotherapeutische Maßnahmen waren.[167] Einige andere Autoren betonen dagegen den positiven Einfluss des Ersten Weltkrieges und der Erfahrung mit shell shock Patienten auf die Entwicklung von Psychiatrie und Psychotherapie. Vor allem Martin Stone 1985 argumentiert, dass „shell shock' redefined the boundary of the pathological [...] at all its constitute levels" und „brought the neuroses into the mainstream of mental medicine and economic life."[168] Stone sieht den Einfluss der Kriegserfahrung nicht nur auf Psychotherapie und Psychiatrie beschränkt, sondern er unterstreicht auch seine Folgen für Wirtschaft und Gesellschaft.[169] Auch Joanna Bourke betont, dass: „... the war had resulted in a wider knowledge and understanding of psychological and psychoanalytical theory in Britain."[170] Sie stellt dabei heraus, dass sich in der Folge des Krieges besonders bei jungen Ärzten das Bild des männlichen, psychisch kranken Patienten änderte, da das Phänomen *shell shock* diese Krankheit akzeptabel gemacht hätte. Vor dem Krieg seien vergleichbare Symptome fast ausschließlich bei Frauen diagnostiziert worden.[171]

In den letzten Jahren betonen besonders Stefanie Linden und Tracey Loughran den Einfluss des Ersten Weltkrieges auf die Psychiatrie.[172] Loughran spricht sogar davon, dass „The experience of „shell shock" sparked a revolution in British psychological medicine ... " und gebraucht in ihrem Buch den Terminus *psychological medicine*, ein Begriff, der zeitgenössisch in Großbritannien, aber weniger häufig in Deutschland benutzt wurde.[173] Obwohl die Psychologen

166 Shephard, The early treatment of mental disorders: R. G.Rows and Maghull 1914–1918., in: Freeman/Berrios (Hrsg.), S. 450f.

167 Siehe beispielsweise: Barham, Forgotten lunatics of the Great War., S. 214f.

168 Stone, The military and industrial roots of clinical psychology in Britain, 1900–1945, S. 266.

169 Ebenda.

170 Joanna Bourke, Dismembering the male. Men's bodies, Britain and the Great War, Chicago 1996, S. 120.

171 Showalter, The female malady.

172 Linden, They called it shell shock., S. 248f; Loughran, Shell-shock and medical culture in First World War Britain., S. 4.

173 Ebenda, S. 4; in Deutschland gab ab 1909 der Nervenarzt Albert Moll die Zeitschrift *Psychotherapie und medizinische Psychologie* heraus und es gründete sich der internationale Verein für medizinische Psychologie und Psychotherapie. Diese Entwicklungen zielten aber auf eine erweiterte Ausbildung von Medizinern ab. Schröder, Der Fachstreit um das Seelenheil., S. 93–97.

in der Versorgung psychisch verletzter Patienten nicht sehr zahlreich waren, war ihr Einfluss in Großbritannien durch ihre Veröffentlichungen und militärische Positionen durchaus groß. Sowohl unter diesen Fachleuten als auch in der Öffentlichkeit hatte sich in der Nachkriegszeit das Bild der psychischen Krankheit gewandelt: Ein psychischer Konflikt, so war der Konsens, könne eine Krankheit hervorrufen.[174] Psychologen hatten ihre Nützlichkeit bei der Behandlung dieser Krankheiten bewiesen.[175] Auch war psychoanalytisches Denken stark in die Theorie und Praxis der medizinischen Psychologie eingegangen, wenngleich in einer modifizierten Form.[176] Auch in der Öffentlichkeit und in medizinischen Kreisen hatte das Interesse an psychoanalytischen Konzepten stark zugenommen.[177] In der Zeitschrift der medizinischen Sektion der britischen psychologischen Vereinigung fanden diese Forscher ein Forum, in dem sie ihre Ergebnisse diskutieren und der Öffentlichkeit vorstellen konnten.[178]

In Deutschland war die Situation nach dem Krieg in mehrerer Hinsicht anders. Die Gesellschaft für Experimentelle Psychologie in Deutschland hatte sich wenig verändert. Es hatten sich, im Gegensatz zu Großbritannien, keine praktischen Sektionen und auch keine medizinische Abteilung im psychologischen Verein gebildet. Ein Grund dafür war, dass sich in Deutschland nur wenige Psychologen in der Militärpsychologie engagiert hatten und diese schnell wieder ihre akademischen Posten einnahmen. Robert Sommer blieb Ordinarius in Gießen, Willi Hellpach übernahm eine Professur in Mannheim, Wilhelm Weygandt arbeitete weiter als Leiter der Hamburger Staatsanstalt Friedrichsberg und Otto Schultze nahm seine Tätigkeit an der Universität Frankfurt wieder auf. Es hatte ja, anders als in Großbritannien, keine Gruppe von gemeinsam arbeitenden Psychologen in der Militärpsychiatrie gegeben. Durch die Reduktion der Streitkräfte infolge des Versailler Vertrages wurde auch die Zahl der Militärärzte auf ein Minimum reduziert; erst durch den Aufbau der Wehrmacht ab 1935 kam es zu einer erneuten Belebung der Militärpsychiatrie.[179] Psychoanalytische Verfahren hatten sich erst am Kriegsende als

---

174   Stone, The military and industrial roots of clinical psychology in Britain, 1900–1945; Loughran, Shell-shock and medical culture in First World War Britain, S. 165, S. 173.

175   Pear, The war and psychology, Jones/Wessely, Shell shock to PTSD, 2005, S. 47.

176   Siehe z.B. William Rivers, Conflict and dream, London 1923.

177   Siehe zum Interesse der Öffentlichkeit: Dean Rapp, The reception of Freud by the British Press: General interest and literary magazines, 1920–1925, in: Journal of the History of Behavioural Sciences 24 (1988), S. 191–201.

178   Kevin Jones, The disappearance of ‚Medical Psychology‘ and the controversy over the Medical Section during the early 1950, S. 6.

179   Peter Riedesser/Axel Verderber, Aufrüstung der Seelen. Militärpsychiatrie und Militärpsychologie in Deutschland und Amerika, Freiburg 1985, S. 24. Günter Komo, „Für Volk und Vaterland". Die Militärpsychiatrie in den Weltkriegen, Münster 1992, S. 108.

alternative Heilverfahren für Kriegsneurosen erwiesen und waren dann auch von militärischer Seite anerkannt worden.[180] Nach Kriegsende wurde Berlin zum Zentrum der neu entdeckten Psychoanalyse.[181] Berlin war zudem als Metropole der modernen Literatur und Kunst für viele prominente Analytiker aus Wien sehr attraktiv, da hier nach dem Krieg ein intensiver Austausch zwischen psychoanalytischem Gedankengut und der politischen, künstlerischen und intellektuellen Avantgarde stattfand.[182] In Berlin wurde auch die erste psychosomatische Klinik in Schloss Tegel gegründet.[183] Schon zeitgenössische Beobachter deuteten deshalb den Ersten Weltkrieg als Wegbereiter für die Psychotherapie auch in Deutschland:[184]

> Der Weltkrieg hat die menschliche Seele von neuem entdeckt. Die großen mannigfaltigen Eindrücke haben Erscheinungen hervorgerufen, die wir mit unseren physiologischen und anatomischen Untersuchungsmethoden nicht zu erkennen und zu deuten vermochten, sondern nur einer psychologischen Analyse und Erforschung zugänglich waren. Die wunderbaren Erfolge der Psychotherapie und die seltsamen Ergebnisse der Psychoanalyse lenkten die Aufmerksamkeit zahlreicher Ärzte auf dieses bis dahin wenig gekannte und bearbeitete Gebiet.[185]

Diese Bemerkung eines Allgemeinmediziners von 1921 zeigte, wie sehr sich die Haltung gegenüber psychotherapeutischen Maßnahmen verändert hatte. Neu war, wie Maike Rotzoll betont, vor allem die Entschlossenheit zur therapeutischen Aktivität und zum Heilungserfolg.[186] „... die Kriegserfahrungen haben

---

180 Ebenda.
181 Thomas Müller, Zur Etablierung der Psychoanalyse in Berlin, in: Thomas Müller (Hrsg.), Psychotherapie und Körperarbeit in Berlin. Geschichte und Praktiken der Etablierung, Husum 2004, S. 53–96, S. 59.
182 Tändler, Das therapeutische Jahrzehnt., S. 52; Veronika Fuechtner, Berlin psychoanalytic. Psychoanalysis and culture in Weimar Republic Germany and beyond, Berkeley Calif. 2011; Anthony D. Kauders, Der Freud Komplex. Eine Geschichte der Psychoanalyse in Deutschland, Berlin 2014, S. 50–65; Tändler, Das therapeutische Jahrzehnt., S. 52.
183 Danto, Freud's free clinics.
184 Es hatte schon vor dem Ersten Weltkrieg Ansätze zu einer Etablierung einer psychotherapeutischen Bewegung in Deutschland gegeben: Es gab ein *Journal für Psychologie und Neurologie*, herausgegeben von August Forel, Oskar Vogt und Karl Brodmann seit 1902; Albert Moll brachte ab 1909 die Zeitschrift *Psychotherapie und medizinische Psychologie* heraus. Ebenfalls 1909 gründete sich der *Internationale Verein für medizinische Psychologie und Psychotherapie*, der sich dafür einsetzte, dass jeder Mediziner über psychologische Grundkenntnisse verfügen solle, Schröder, Der Fachstreit um das Seelenheil., S. 94–97.
185 Arnold, C; 1921, zitiert nach Zeller, Psychotherapie in der Weimarer Zeit - die Gründung der „Allgemeinen Ärztlichen Gesellschaft für Psychotherapie" (AÄGP)., S. 9.
186 Rotzoll, Neue Taktik an der therapeutischen Front?, in: Becker/Fangerau/Fassl/Hofer (Hrsg.), S. 411.

die Berechtigung und Verpflichtung zu einer aktiven Therapie gegenüber hysterischen Störungen dargelegt."[187] Davon profitierten viele Patienten in der
Nachkriegszeit, vor allem aber solche, die in privaten Praxen oder städtischen
Polikliniken behandelt wurden.[188] Vor allem die Psychoanalyse, im Fahrwasser
der Hypnose, konnte Anerkennung aus der psychotherapeutischen „Aufbruchsstimmung" nach dem Krieg ziehen.[189] Dies betraf aber weniger die
Patienten der klassischen psychiatrischen Anstalten. Dort war die Situation
nach dem Krieg vor allem von den prekären Lebensbedingungen geprägt, da
das „Hungersterben" im Krieg die Patientenzahlen drastisch dezimiert hatte.[190] Psychotherapie hatte daher vor allem außerhalb der psychiatrischen
Anstalten an Bedeutung gewonnen, allerdings gab es eine unübersichtliche Anzahl unterschiedlichster theoretischer Ansätze und therapeutischer
Methoden.[191] Psychiater, Neurologen, Psychoanalytiker und einige Psychologen beanspruchten den Terminus für sich. Psychotherapie vertrat ein breites
Spektrum an Maßnahmen, von Gesprächen, Hypnose und psychoanalytischen
Verfahren bis zu Maßnahmen wie dem militärischen Zwangsexerzieren und
der Verabreichung elektrischer Ströme.[192] Die psychotherapeutischen Methoden der Kriegszeit, durch die militärische Prägung und das kriegsbedingte
Subordinationsgefälle begünstigt, ließen sich auch nicht ohne weiteres in die
Nachkriegszeit übertragen: „Man wird begreifen, dass diese *Kaufmannsche*
Methode in privater Praxis kaum anwendbar ist, und dass die militärischen
Verhältnisse dafür erheblich günstiger lagen."[193] Diese Bemerkung eines praktischen Arztes in der Zwischenkriegszeit verdeutlicht, dass die Verabreichung
schmerzhafter Stromschläge außerhalb des militärischen Bereichs nach dem
Krieg nicht mehr möglich war. Das „psychotherapeutische Chaos" des Weltkrieges führte allerdings zu einer Sammelbewegung, die in Deutschland
1926 die Gründung eines psychotherapeutischen Vereins initiierte, wie im

---

187   Ernst Schultze, Hysterie, in: Otto Binswanger/Ernst Siemerling/Ernst Schultze (Hrsg.),
        Lehrbuch der Psychiatrie, Jena 1920, S. 347–367, S. 464f.
188   Rotzoll, Neue Taktik an der therapeutischen Front?, in: Becker/Fangerau/Fassl/Hofer
        (Hrsg.), S. 414.
189   Herrn, Wie die Traumdeutung durch die Türritze einer geschlossenen Anstalt sickert,
        S. 69–99; Rotzoll, Neue Taktik an der therapeutischen Front?, in: Becker/Fangerau/Fassl/
        Hofer (Hrsg.), S. 417.
190   Heinz Faulstich, Hungersterben in der Psychiatrie 1914–1949. Mit einer Topographie der
        NS-Psychiatrie, Freiburg i. B. 1998, S. 57.
191   Zeller, Psychotherapie in der Weimarer Zeit - die Gründung der „Allgemeinen Ärztlichen
        Gesellschaft für Psychotherapie" (AÄGP)., S. 37.
192   Ebenda.
193   Moll 1924, zitiert nach ebenda, S. 20.

Folgenden dargestellt werden wird.[194] Die Psychiatrie an den Universitäten nahm nach 1918 wieder eine biologische Ausrichtung an, in der die Besorgnis um die „Volksgesundheit" immer mehr Gewicht bekam.[195]

Größeren Einfluss auf das Zivilleben errang in Deutschland die Psychotechnik, die sich im Krieg nicht nur in der Industrie, sondern auch beim Militär und der politisch bedeutsamen Versorgung verletzter Kriegsteilnehmer bewährt hatte.[196]

*Wiederaufbau und Arbeitsmarkt: Die Entwicklung der Psychotechnik
nach dem Krieg*

Die Psychotechnik erlebte in Deutschland nach dem Krieg einen rasanten Aufschwung, der bedeutsam für die Professionalisierung der Psychologie angesehen wird.[197] Dies war an der wachsenden Anzahl von psychotechnischen Lehrstühlen, Lehraufträgen und Zeitschriften deutlich abzulesen.[198] Auf diesem Gebiet wurden auch die ersten internationalen Beziehungen nach dem Krieg wieder aufgenommen. Der erste Kongress für Psychotechnik in Genf 1920 fand noch ohne die Deutschen und Amerikaner statt. Der zweite Kongress in Barcelona 1921 stand dagegen schon im Zeichen allgemeiner Friedensbemühungen.

> Den Bemühungen dieses [spanischen] Institutes ist auch zum Teil zu verdanken, dass der psychotechnische Kongress in Barcelona einer der ersten wissenschaftlichen Kongresse nach dem Krieg ist, auf welchem die Deutschen, Franzosen und Belgier über wissenschaftliche Fragen diskutieren. Dieser Schritt zur friedlichen Zusammenarbeit der bisher „feindlichen Wissenschaftler" sei hier in erster Reihe als großer Erfolg der Konferenz erwähnt.[199]

---

194 Dorsch, Geschichte und Probleme der angewandten Psychologie., S. 80–91; Zeller, Psychotherapie in der Weimarer Zeit - die Gründung der „Allgemeinen Ärztlichen Gesellschaft für Psychotherapie" (AÄGP)., S. 37.

195 Roelcke, Die Entwicklung der Psychiatrie zwischen 1880 und 1932. Theoriebildung, Institutionen, Interaktionen mit zeitgenössischen Wissenschafts- und Sozialpolitik., in: Vom Bruch/Kaderas (Hrsg.), S. 122; Brink, Grenzen der Anstalt., S. 213.

196 Rieffert, Psychotechnik im Heere, in: Bühler (Hrsg.).

197 Dorsch, Geschichte und Probleme der angewandten Psychologie., S. 80f; Patzel-Mattern, Ökonomische Effizienz und gesellschaftlicher Ausgleich., S. 54.

198 *Praktische Psychologie* 1919, *Industrielle Psychologie* 1924, *Psychotechnische Zeitschrift* 1925; ebenda, S. 41f.

199 Franciska Baumgarten, Kongressbericht. Die „II. internationale Konferenz für Psychotechnik, angewandt auf Fragen der Berufsberatung und Arbeitsorganisation" in Barcelona (28.–30. September 1921), in: Zeitschrift für angewandte Psychologie 20 (1922), S. 248–258., S. 248.

Der gemeinsame Versuch, die Erfolge der Psychotechnik auch in der Nachkriegszeit auszubauen und sich damit für die Wirtschaft zu empfehlen, war
ein verbindendes Element zwischen den ehemals verfeindeten Nationen.[200]
In der Nachkriegszeit stellte sie sich als Wissenschaft der Transformation dar,
die ein schnelles Reagieren auf Anforderungen der Abrüstung versprechen
und den wirtschaftlichen Wiederaufbau fördern könne:

> Den geeigneten Menschen finden und ihn an den richtigen Platz stellen, ist heute
> mehr denn je die Forderung des Tages in unserem niedergebrochenen Vater-
> lande, in dem Mangel an leitenden Männern noch größer ist als an Rohstoffen.[201]

Das Interesse der staatlichen Behörden an der Arbeit der Psychologen in der
Arbeitsvermittlung war auch deshalb groß, da viele deutsche Kriegsheimkehrer wieder sinnvoll in die Industrie eingegliedert werden sollten.[202] Die
Idee einer richtigen Verwaltung und Verteilung der menschlichen Arbeitskraft (Menschenökonomie) wurde in der Weimarer Republik daher zu einem
Anliegen von nationaler Bedeutung. Für diese Zwecke wurde auch der Stellenwert des Arbeitsamts als Verwalter menschlicher Kompetenzen besonders
hervorgehoben und damit auch die psychologische Arbeit in diesem Bereich.
Dies schien geglückt zu sein, wie ein Berufsberater 1923 bemerkte: „Ohne
Übertreibung kann man sagen, dass wir große Teile der Industrie durch unsere
[psychologischen] Institute gewonnen haben."[203] Auch die Arbeiter standen
den psychotechnischen Auswahlverfahren anfangs positiv gegenüber, da sie
sich dadurch eine objektivere und gerechtere Beurteilung erhofften.[204] Diese
Erwartung wurde auch bei einer Besprechung im Ministerium für Wissenschaft, Kunst und Volksbildung am 28.5.1920 deutlich, in der gerade die
bedeutende Rolle der Psychologie in diesem Bereich unterstrichen wurde:

> Ohne weiteres leuchtet ja auch ein, dass die Berufspsychologie in einem demo-
> kratischen und sozialistischen Zeitalter größere Bedeutung habe, als im Obrig-
> keitsstaate; solle sie doch helfen, den Grundsatz „freie Bahn dem Tüchtigen" zur
> Durchführung zu bringen. Auch das Problem der Wirtschaftspsychologie sei jetzt

---

200   Dorsch, Geschichte und Probleme der angewandten Psychologie., S. 81; Schrage, Psy-
        chotechnik und Radiophonie., S. 91; Patzel-Mattern, Ökonomische Effizienz und
        gesellschaftlicher Ausgleich., S. 19.
201   Schlesinger, Betriebswissenschaft und Psychotechnik., S. 1.
202   Geuter, Die Professionalisierung der deutschen Psychologie im Nationalsozialismus.,
        S. 217.
203   Zitiert nach Meskill, Characterological psychology and the German political economy in
        the Weimar period (1919–1933)., S. 6.
204   Richard Seidel, Die Rationalisierung des Arbeitsverhältnisses, in: Die Gesellschaft 3
        (1926), S. 21.

in weit höherem Maße akut geworden, als vor dem Krieg. Denn damals habe es
weder an Rohstoffen, noch an Produktionsmitteln gefehlt … Hier erwachsen der
angewandten Psychologie die Aufgabe, die Berufseignung zu bestimmen, sowie
die Ausbildungsmethoden für bestimmte Berufe und die Arbeitsmethoden zu
verbessern.[205]

Neue demokratischere Methoden der Arbeitsauswahl und effektivere Zuwei-
sungsstrategien erwarteten die staatlichen Behörden also von den Psychologen,
die sich während ihrer Arbeit im Krieg gerade durch diese Vorgehensweise
ausgezeichnet hatten. Anwesend bei dieser richtungsweisenden Sitzung
waren Vertreter der Streitkräfte, des Ministeriums und die Psychologen Carl
Stumpf, Hans Rupp und Otto Lipmann. Alle Anwesenden zeigten sich interessiert an dem Einsatz psychotechnischer Maßnahmen.[206] Wie sah nun konkret
die Ausweitung der Psychotechnik nach dem Krieg aus? In vielen staatlichen
und nicht-staatlichen Unternehmen wurden psychotechnische Methoden
angewandt: Die Post und das Telegraphenamt etablierten eigene Teststationen
und 1922 hatten ca. 170 Firmen, darunter AEG, Borsig, Krupp, Loewe und Siemens psychotechnische Abteilungen.[207] Das preußische Handelsministerium
hatte die Länder angewiesen, lokale Arbeitsämter zu etablieren.[208] Psychologen wurden dabei ausdrücklich einbezogen, dies gestaltete sich aber von
Region zu Region unterschiedlich. So waren in Sachsen-Anhalt Otto Lipmann,
in Berlin Walther Moede, im Rheinland und Hessen Walther Poppelreuther
und in Baden und Württemberg Fritz Giese tonangebend, alles Psychologen,
die sich im Krieg in diesem Arbeitsbereich ausgezeichnet hatten.[209] Sie
benutzten bei ihrer Arbeit diejenigen psychologischen Tests, die schon im
Krieg angewendet worden waren, adaptierten diese aber flexibel an die konkrete neue Arbeitssituation.[210] Untersucht wurden allgemeine Qualifikationen

---

205 Aufzeichnungen über die Besprechungen auf dem Gebiet der angewandten Psychologie
am 28. Mai 1920 im Ministerium für Wissenschaft, Kunst und Volksbildung, GStA PK, 1.
HA Rep. 76, Kultusministerium, Vb Sekt. 4 Tit. X Nr. 53a, Organisation und Verwaltung des
Instituts für industrielle Psychotechnik, Laufzeit: 1917–1925, S.113.

206 Ebenda.

207 Chestnut, R. W. zitiert nach Meskill, Characterological psychology and the German political economy in the Weimar period (1919–1933)., S. 8.

208 Das preußische Handelsministerium hatte im März 1919 eine Vorschrift erlassen, dass
in jedem Bundesland ein Arbeitsamt gegründet werden sollte; in den größeren mit
Beteiligung eines Psychologen. Zitiert nach ebenda, S. 8.

209 Ebenda., S. 216.

210 Zum Einsatz von Psychologen in der Luftwaffe siehe auch Napp, Die deutschen Luftstreitkräfte im Ersten Weltkrieg, S. 374–378.

wie Aufmerksamkeit, Konzentrationsfähigkeit, Gedächtnis und Sehfähigkeit, die quantitativ erfasst und vergleichbar gemacht wurden.[211]

Ein wichtiger Schritt für die Psychotechnik war die Einführung bei der Reichsbahn: Durch den Versailler Vertrag wurde die Eisenbahn unter alliierte Aufsicht gestellt. Sie sollte zu einem großen Teil für die geforderten Reparationskosten aufkommen.[212] Die Verantwortung für die Bahn hatte das 1919 gegründete Reichsverkehrsministerium. Reichsverkehrsminister Wilhelm Groener, dem die Bedeutung der Eisenbahn im und für einen Krieg sehr bewusst war, unterzeichnete am 18.12.1920 einen Erlass zur Errichtung einer psychotechnischen Versuchsstelle. Darin bezog er sich ausdrücklich auf die Erfolge der Psychotechnik im Krieg:

> Nachdem die psychotechnischen Untersuchungsverfahren im Kriege bereits mit Nutzen angewandt und nunmehr für Friedenszwecke genügend durchgebildet sind, halte ich den Zeitpunkt für gekommen, auf psychotechnischem Gebiet auch bei der Eisenbahnverwaltung planmäßig in größerem Umfange als bisher Erfahrungen zu sammeln.[213]

Mit dieser Initiative forderte Groener eine zentrale und modernere Personalrekrutierung mit psychotechnischen Methoden bei der Eisenbahn an. Eine solche Entwicklung wäre in Großbritannien nicht möglich gewesen, da dort die Eisenbahngesellschaften im Gegensatz zu Deutschland noch in privatem Besitz einzelner Unternehmer waren.[214] Eine weitere Veränderung der psychotechnischen Arbeit hatte sich schon im Krieg angedeutet: Aus der Diagnostik der Hirnleistungen und militärischen Verfahren waren zwei verschiedene Formen der Leistungsmessung entstanden:

> Die von Goldstein erhobene Forderung ist, dass bei den Leistungsprüfungen die Anlage abstrakter, lebensfremder und konkreter, lebensnaher Versuche scharf getrennt vorgenommen werden müssen. Die „abstrakten" Laboratoriums Prüfungen sollen als einfache, exakte Experimente ausgebildet werden, die eine Feststellung und Messung bestimmter einzelner Eigenschaften zum Ziele haben

---

211   Meskill, Characterological psychology and the German political economy in the Weimar period (1919–1933)., S. 9.
212   Gundlach, Die Entstehung der Verkehrspsychologie unter besonderer Berücksichtigung der Eisenbahnpsychologie, in: Krüger/Birbaumer (Hrsg.), S. 600f.
213   Wilhelm Groener, Einrichtung einer psychotechnischen Versuchsstelle, in: Reichs-Verkehrs-Blatt 1 (1920), S. 165–166, S. 166; Gundlach, Die Entstehung der Verkehrspsychologie unter besonderer Berücksichtigung der Eisenbahnpsychologie, in: Krüger/Birbaumer (Hrsg.), S. 603.
214   Peter Clarke, Hope and glory. Britain 1900–1990, London 1997, S. 111f.

[...]. Dagegen sollen die „konkreten" Arbeitsprüfungen die genaue Beobachtung des Mannes unter den gewöhnlichen, lebenswahren Umständen ermöglichen.[215]

Kurt Goldstein hatte neben der exakten wissenschaftlichen Prüfung im Krieg beobachtende Verfahren bei der Rehabilitation von Hirnverletzten erfolgreich eingesetzt. Diese „konkreten" Arbeitsprüfungen waren in der Rehabilitation sehr sinnvoll. Angewandt bei gesunden Arbeitern, entsprachen sie aber (scheinbar) den herkömmlichen Strategien der Facharbeiter oder Meister bei der Einschätzung der Lehrlinge. Damit erhöhte sich einerseits die Akzeptanz dieser psychologischen Verfahren bei den Meistern; allerdings waren sie wegen der subjektiven Beurteilung der Arbeitsleistung schwerer zu überprüfen und deshalb bei den Arbeitnehmern weniger akzeptiert. Kritik an den neuen psychotechnischen Verfahren kam auch von dem britischen Psychologen und Testtheoretiker Charles Spearman in seiner Ansprache vor dem Kongress der psychologischen Gesellschaft 1923:

> Bei diesem Vortrag wird von der Voraussetzung ausgegangen, dass die gegenwärtig herrschende Psychologie, trotz aller darauf verwendeten glänzenden Talente sowie auch trotz unermüdlicher Arbeit, sich immer noch in einem sehr bedenklichen Zustand befindet. Als Hinweis in dieser Richtung werden folgende Tatsachen besonders hervorgehoben: Die merkwürdige und lähmende Spaltung zwischen den experimentellen Untersuchungen und den allgemeinen Darstellungen, die Zusammenhanglosigkeit der ersteren, sowie auch die überall auftauchenden Widersprüche der letzteren, kurz, man muss sich immer noch der ernsten Warnung von James erinnern, dass die heutige Psychologie bis jetzt keine Wissenschaft sei, sondern nur die Hoffnung einer Wissenschaft. Das einzige adäquate Mittel, um die Psychologie zum Range einer echten, der Physik ebenbürtigen Wissenschaft zu erheben, muss notwendigerweise darin bestehen, dass alle Phänomene auf ein System von urgründlichen Gesetzen bzw. Prozessen zurückgeführt werden.[216]

Obwohl flexibel einsetzbar und in vielen Varianten auf dem Markt, waren die gängigen psychotechnischen Verfahren weit entfernt von diesen ehrgeizigen Vorgaben von Spearman. Eine exakte Wissenschaft, wie etwa die Physik, war die Psychotechnik nicht.

In Großbritannien hatte die Entwicklung in der Industrie einen anderen Weg eingeschlagen. Dort waren die Veränderungen für die Psychologen

---

215 Wilhelm Benary, Zur Frage der Methoden psychologischer Intelligenz- und Eignungsprüfungen, in: Zeitschrift für angewandte Psychologie 17 (1920), S. 110–133, S. 111.

216 Charles Edward Spearman, Über psychische Gesetzmäßigkeiten, in: Karl Bühler (Hrsg.), Bericht über den VIII. Kongress für experimentelle Psychologie in Leipzig vom 18.–21. April 1923, Jena 1924, S. 201–202, S. 201.

in der Industrie in der unmittelbaren Nachkriegszeit nicht so deutlich wie in Deutschland. Die psychologische Forschung und Beratung wurden ohne große Veränderungen weitergeführt. Die Arbeit der Psychologen in der Industrie wurde von zwei zentralen Organisationen geregelt, die allerdings personell eng verflochten waren: dem *Industrial Fatigue Research Board* (IFRB) und dem *National Institute of Industrial Psychology* (NIIP). Das 1918 gegründete Industrial Fatigue Research Board (IFRB) wurde, wie in 5.2. dargestellt, staatlich finanziert vom *Medical Research Council* und dem *Department of Scientific and Industrial Research*. Es führte die Kriegsarbeit des *Health of Munition Workers Committee* unmittelbar fort, veröffentlichte eine Vielzahl von Berichten und beschäftigte viele Psychologen, vor allem solche, die schon im Krieg in der Industrie gearbeitet hatten.[217] Diese hatten sich profiliert, indem sie über ihre Kriegstätigkeit berichteten und damit ihre Effizienz und wissenschaftliche Relevanz demonstriert hatten.[218] Horace Vernon hatte beispielsweise 1921 in seinem Buch *Industrial Fatigue and Efficiency* die Ergebnisse seiner Arbeit im Krieg zusammengefasst: Er sprach darin über die Probleme bei der Messung von Erschöpfung, über das Verhältnis zwischen Arbeitszeit und optimaler Effizienz, über die Länge von Pausen, die Ursache von Krankheiten, aber auch über praktische Themen wie die Prävention von Unfällen und die optimale Gestaltung von Arbeitsplätzen. Die Themen der Kriegszeit wie Länge der Arbeitszeit, Einfluss von Umgebungsreizen, Arbeitsmethoden, Unfallhäufigkeit und Persönlichkeit wurden weiter untersucht. Ein Wandel hin zur Untersuchung des Charakters der Arbeiter wie in Deutschland, fand in Großbritannien nicht statt.[219] Anders als in Deutschland gab es keine vergleichbare staatlich geförderte Ausweitung der Psychotechnik an den Universitäten oder universitätsnahen Instituten, denn in Großbritannien zeichneten sich ab 1920 die Hypotheken des Sieges und die Belastungen der Finanzen deutlich ab.[220] Entscheidend für die Entwicklung der Industriepsychologie der

---

217 Beispielsweise Eric Farmer, Horace M. Vernon, May Smith und Charles Myers, siehe: Hearnshaw, A short History of British Psychology., S. 279.

218 Z.B. Muscio, Lectures on industrial psychology.; Myers, Mind and work.; Vernon, Industrial fatigue and efficiency.

219 Erst in den 30er Jahren wurden Themen wie psychosomatische Störungen bei der und durch die Arbeit behandelt; beispielsweise untersuchten May Smith und Millais Culpin den *Telegraphist's Cramp*, May Smith, Millais Culpin, Eric Framer, A study of telegraphists'cramp, Memorandum Nr. 43, Industrial Fatigue Research Board, London 1927, in: Medical Research Council (Hrsg.), Reports of the Industrial Fatigue Research Board, London 1919–1928.

220 Brüggemeier, Geschichte Großbritanniens im 20. Jahrhundert, S. 151; es gab nur wenige universitäre Initiativen der Zusammenarbeit mit Psychotechnikern, so an der Universität London, siehe: Hearnshaw, A short History of British Psychology., S. 280.

Nachkriegszeit waren die Aktivitäten von Charles Myers, der 1918 aus dem militärpsychiatrischen Dienst ausgeschieden war. Er beschäftigte sich von diesem Zeitpunkt an intensiv mit Problemen der Arbeit und wurde für die Organisation des zweiten wichtigen Instituts für die Erforschung der Arbeit zuständig. 1918 hatte er in London einen Vortrag über die möglichen praktischen Anwendungen der Psychologie in gehalten, der den Industriellen Henry Welch so begeisterte, dass er vorschlug ein Institut für Industriepsychologie aufzubauen. Dies führte zur Gründung des *National Institutes of Industrial Psychology* (NIIP) am 11.2.1921. In diesem Gremium kamen viele der Psychologen zusammen, die im Krieg wichtige Arbeit geleistet hatten sowie Vertreter einiger großer britischer Firmen wie Rowntree, Cadbury und Toota Broadhust.[221] Im Vorstand des NIIP waren nicht nur viele führende Psychologen der Zeit, sondern auch Mitglieder der politischen und industriellen Elite.[222] Wieder zeigte sich dieses Vorhaben als ein Projekt der Bildungselite Großbritanniens, denn Vertreter der Gewerkschaften und Arbeitnehmervertreter waren nicht beteiligt.[223] Ziel des NIIP war es: „ ... to promote by systematic methods a more effective application of human energy in occupational life and a corresponding higher standard of comfort and welfare for the workers."[224] Es wurde auch hier argumentiert, dass es für den sozialen Frieden im Land wichtig sei, sowohl die Effizienz der Arbeit als auch die Gesundheit der Arbeiter im Blick zu haben.[225] Dass dies auch im Sinne der Arbeitgeber war, betonte auch John Lee, der Direktor des Londoner Telegraphen- und Telefonzentrums: „A great deal of the industrial unrest is due to the attitude with which masters and management approach men ... and the problem is mainly psychological."[226] Lee schlug daher vor, auch Industriemanager in Psychologie auszubilden, da dadurch menschliche Probleme im Betrieb gemindert und indirekt die Effizienz gefördert werden könne. Dies kam auch den Intentionen

---

221 Beim Ersten Treffen am 11. Dezember 1921 waren anwesend Frederick Bartlett, Susan Brierly, William Brown, Cyril Burt, J. Drever, Beatrice Edgell, Eric Farmer, Wynn Jones, Bernhard Muscio, Charles Myers, Percy Nunn, Tom Pear, Godfrey Thomson und andere, siehe: ebenda, S. 277; Collins, England, in: Baker (Hrsg.), S. 197.

222 Bunn, Charlie and the chocolate factory: Charles Myers, Seebohm Rowntree and the establishment of industrial psychology in Britain, in: Ash (Hrsg.), S. 37; *Journal of the National Institute of Industrial Psychology* Vol I. Januar 1923, Nr. 5, Einleitung.

223 Auch aufgeschlossene Unternehmer wie Seebohm Rowntree und Edward Cadbury, die anfangs für eine Mitbestimmung der Arbeiter plädiert hatten, nahmen aus pragmatischen Gründen nach 1920 davon Abstand. Child, British management thought, S. 75.

224 Zitiert nach Bunn, Charlie and the chocolate factory: Charles Myers, Seebohm Rowntree and the establishment of industrial psychology in Britain, in: Ash (Hrsg.), S. 37.

225 Collins, England, in: Baker (Hrsg.), S. 197.

226 John Lee 1928, zitiert nach: Child, British management thought, S. 59.

der Industriepsychologen sehr entgegen. Trotzdem stießen die Psychologen, ähnlich wie in Deutschland, häufig auf Ablehnung seitens der Arbeiter. Diese wollten nämlich lieber länger arbeiten, um mehr zu verdienen und wandten sich daher gegen eine Verkürzung der Arbeitszeit.[227]

Das *National Institute for Industrial Psychology* verfolgte drei ambitionierte Ziele: Es wollte Dienstleistungen anbieten, ausbilden und forschen. Allerdings war das Institut auf eigene Einnahmen angewiesen und der Schwerpunkt der Tätigkeit lag deshalb meist auf der Durchführung bezahlter Dienstleistungen. Im Bereich der Berufsberatung und Selektion gingen die Psychologen Großbritanniens dabei andere Wege als die Deutschen. Sie engagierten den ersten Schulpsychologen und britischen Testexperten, Cyril Burt. Nicht große psychotechnische Maschinen wie in Deutschland standen damit auf dem Programm, sondern bewährte schulische Tests. Möglicherweise lag dies auch an der Ausrichtung auf die Entwicklungen in den USA, die ja im Krieg Intelligenz- und Leistungstests an einer sehr großen Zahl von Rekruten durchgeführt hatten.[228] Bei der Auswahl der Arbeitskräfte erfassten die Psychologen die Intelligenz- und Leistungsfähigkeit, aber keine Charaktereigenschaften, wie dies in Deutschland geschah. Ein großes Anliegen bei diesen Dienstleistungen für Unternehmen war, das Vertrauen der Arbeiter zu gewinnen, denn man konnte ja nicht mehr wie im Krieg Zwang bei den Untersuchungen ausüben. Im Bereich der Ausbildung war das Institut auch erfolgreich: Ab 1922 gab es Angebote in industrieller Psychologie an den Universitäten; 1922 kam die erste Zeitschrift des Instituts heraus (*The Journal of the National Institute of Industrial Psychology*), in der auch über die Forschungsaktivitäten des Institutes berichtet wurde. Durch die Artikel in dieser Zeitschrift und die Forschungsberichte des IFRB hatten die britischen Industriepsychologen ein breites Forum, das auch international Aufmerksamkeit auf sich zog. Britische Psychologen besuchten schon 1922 eine Konferenz für angewandte Psychologie in Berlin. Beeindruckt von den guten Selektionsmöglichkeiten deutscher psychotechnischer Laboratorien stellte der britische Psychologe Miles jedoch deutliche Unterschiede fest. Besonders kritisierte er den Umgang mit den abgewiesenen Kandidaten: „... for in the interest of the workers and of the community it appears equally essential that those candidates who are rejected should receive further help

---

227   Brierley, The present attitude of employees to industrial psychology; Shephard, Headhunters., S. 244.

228   John Carson, Mental testing in the early twentieth century: internationalizing the mental testing story, in: History of psychology 17 (2014), S. 249–255, S. 254.

and advice.“[229] Der britische Weg der Berufsberatung statt Selektion, schien ihm der bessere zu sein.

6.2   1923–1927: Wiederaufbau und Krise

In der Nachkriegszeit versuchten die Psychologen beider Länder, den internationalen Kontakt wieder zu verstärken. Wichtig als Zäsur war hierbei der erste Nachkriegskongress für Psychologie, der in England ausgerichtet wurde und vom 26.7. bis 2.8.1923 in Oxford tagte. Organisator war Charles Myers zusammen mit seinem Kollegen William Brown. Anders als bei den vorausgegangenen Kongressen hatte das internationale Komitee aber beschlossen, die Anzahl der Teilnehmer auf 200 anerkannte Fachvertreter zu begrenzen.[230] Es zeigte sich deshalb eine deutliche Veränderung in der Zusammensetzung der Versammlung: Vor dem Krieg waren die Vortragssprache meist Französisch oder Deutsch gewesen. In den fünf Kongressen der Zwischenkriegszeit dominierte nun das Englische.[231] Viele deutsche Psychologen hatten zwar abgesagt, aber Wolfgang Köhler und Kurt Koffka sorgten, so ein Teilnehmer des Kongresses, für eine friedliche Stimmung.[232] Auch Lord Curzon, Kanzler der Universität Oxford und britischer Außenminister, schlug versöhnliche Töne an: „All such meetings draw closer the bonds between the minds and spirits of nations, and make for that peace which statesmen are endeavouring, however ineffectively, to secure.“[233] Die meisten Beiträge auf dem Kongress stammten von britischen Psychologen. Sechs deutsche Psychologen nahmen teil und sprachen über unterschiedliche Themen; so stellten Wolfgang Köhler und Kurt Koffka zum ersten Mal bei einem internationalen Kongress ihre Überlegungen zu einer Gestalttheorie vor.[234] Sowohl in den britischen als auch in den deutschen Vorträgen wurde der Krieg nicht erwähnt, obwohl durchaus Ergebnisse

---

229   G. H. Miles, The Berlin Conference in applied psychology, in: The Journal of the National Institute of Industrial Psychology 1 (1923), S. 190–192, S. 192.

230   Rosenzweig, History of the International Union of Psychological Science (IUPsyS), S. 25.

231   González, Montoro zitiert nach ebenda, S. 27; auch dominierten jetzt die englischsprachigen psychologischen Veröffentlichungen, Müller-Brettel, Psychologische Beiträge im Ersten Weltkrieg., S. 39.

232   Rosenzweig, History of the International Union of Psychological Science (IUPsyS)., S. 44.

233   Charles Samuel Myers (Hrsg.), VIIth International Congress of Psychology. Held at Oxford from July 26th to August 2nd, 1923 under the presidency of Charles S. Myers, Cambridge 1924, S. VI.

234   Rosenzweig, History of the International Union of Psychological Science (IUPsyS), S. 45.

aus der Arbeit im Krieg präsentiert wurden.[235] Dies zeigte sich auch in den Themen der abgehaltenen Symposien:[236]

Erstens wurde die Intelligenz- und Leistungsmessung thematisiert, die im Krieg in erheblichem Maße ausgebaut worden war. Das erste Symposium trug daher den Titel „The nature of general intelligence and ability." Die Mitglieder des Kongresses vereinbarten anschließend, ein internationales Komitee zu Intelligenzforschung und -messung zu etablieren, das psychologische Intelligenztests beurteilen, neu konstruieren und seine Ergebnisse jährlich veröffentlichen solle.[237] Zweitens behandelten zwei weitere Symposien die Erfassung von mentaler Energie und die Klassifikation von Instinkten – Konzepte, die bei der Diskussion der Entstehung von Kriegsneurosen in Großbritannien intensiv diskutiert worden waren.[238] Ein dritter Schwerpunkt lag – vor dem Ersten Weltkrieg weniger beachtet – auf Beiträgen zu Themen der angewandten Psychologie. Teilnehmer verschiedener Nationen, darunter Otto Lipmann, Walther Moede und Kurt Koffka stellten Probleme, Möglichkeiten und Chancen der Psychotechnik dar.[239] Das letzte Symposium über „Vocational Guidance" (Berufsberatung) zeigte ebenfalls die Bedeutung der praktischen Anwendung psychologischen Wissens. Deutsche wie britische Psychologen berichteten über die Fortschritte der Psychotechnik (applied psychology), die für die Normalisierung des Lebens nach dem Krieg und die

---

235 Beispielsweise Erich von Hornbostel, The psychophysiology of monotic and diotic hearing, in: Charles Samuel Myers (Hrsg.), VIIth International Congress of Psychology. Held at Oxford from July 26th to August 2nd, 1923 under the presidency of Charles S. Myers, Cambridge 1924, S. 377–382; oder die Arbeit über die Natur der Instinkte von Ernest Jones: Ernest Jones, The classification of the instincts, in: Charles Samuel Myers (Hrsg.), VIIth International Congress of Psychology. Held at Oxford from July 26th to August 2nd, 1923 under the presidency of Charles S. Myers, Cambridge 1924, S. 218–225.

236 Bei der Auszählung der bearbeiteten Themen lagen Beiträge zur physiologischen Psychologie an erster Stelle, gefolgt von solchen der Industriepsychologie und Militärpsychologie. Montoro González, 1982, S. 149, zitiert nach Rosenzweig, History of the International Union of Psychological Science (IUPsyS)., S. 46.

237 Ebenda, S. 45.

238 Ebenda.

239 Walther Moede, The present position of the vocational test in Germany, in: Charles Samuel Myers (Hrsg.), VIIth International Congress of Psychology. Held at Oxford from July 26th to August 2nd, 1923 under the presidency of Charles S. Myers, Cambridge 1924, S. 331–346; Otto Lipmann, The principles of vocational guidance, in: Charles Samuel Myers (Hrsg.), VIIth International Congress of Psychology. Held at Oxford from July 26th to August 2nd, 1923 under the presidency of Charles S. Myers, Cambridge 1924, S. 290–304, Karl Koffka, New experiments in the perception of movement, in: Charles Samuel Myers (Hrsg.), VIIth International Congress of Psychology. Held at Oxford from July 26th to August 2nd, 1923 under the presidency of Charles S. Myers, Cambridge 1924, S. 369–373.

Re- Organisation der Industrie von großer Bedeutung waren.[240] Dennoch stellten die britischen Psychologen am Ende des Kongresses bedauernd fest: „The fact must be faced that Great Britain is far behind many of the continental countries, especially Germany and Belgium, in regard to vocational guidance and selection."[241] Ein weiteres wichtiges Betätigungsgebiet deutscher Psychologen, ebenfalls beeinflusst durch ihre Kriegsarbeit, war der Einsatz beim Militär.

Die Bedeutung deutscher Psychologen beim Wiederaufbau des Militärs
Der Versailler Vertrag forderte eine Reduzierung und Umstrukturierung der deutschen Armee, wodurch die Selektion von geeignetem Personal für das Militär zu einem zentralen Anliegen wurde. Zur Durchführung dieser Aufgabe empfahlen sich bewährte und kriegserfahrene psychologische Experten. Helmut Goldschmidt beispielsweise schrieb schon 1919 einen Bericht über seine Prüfung von Richtungskanonieren, die er während des Krieges durchgeführt hatte und stieß damit bei den militärischen Behörden auf offene Ohren. Der Kommandeur der Reichswehr-Brigade sieben in Münster, Oskar Freiherr v. Watter setzte sich daher im April 1920 für die Fortsetzung der psychologischen Eignungsprüfungen ein, indem er auf den Bericht von Goldschmidt Bezug nahm.[242] Außerdem wurde die Möglichkeit einer psychotechnischen Ausbildung von Sanitätsoffizieren während einer Besprechung des Ministeriums für Wissenschaft, Kunst und Volksbildung im Mai 1918 diskutiert, bei der die Psychologen Hans Rupp, Carl Stumpf und Otto Lipmann anwesend waren.[243] Auch Vertreter der Marine zeigten sich interessiert an der Arbeit der Psychologen.[244] „Die beim Heer eingeführten und bewährten Prüfmethoden für

---

240   Nach dem Krieg bildete sich eine (internationale) Gesellschaft für Psychotechnik; obwohl der Begriff *Psychotechnik* im englischsprachigen Raum weniger gebraucht wurde, behielt die Organisation diesen Namen bis 1955 bei; Ludy/ Baker, The internationalization of psychology, S. 5f; in Amerika wurde statt von Psychotechnik, praktisch nur von *applied psychology* (angewandter Psychologie) gesprochen, ebenda.

241   Journal of the NIIP, Vol. I, Nr. 2, April 1922, S. 54.

242   Deutsches Literaturarchiv Marbach (DLA), Nachlass Josef Pieper, Abt. 26: Arbeiten aus der Wehrdienstzeit. Die Vorgeschichte der münsterischen Personal-Prüfstelle VI Ost (1917–25). Ein Beitrag zur Geschichte des Eignungsprüfwesens in der deutschen Wehrmacht, S. 22.
      Petri, Eignungsprüfung, Charakteranalyse, Soldatentum., S. 89.

243   Ebenda; Otto Lipmann hatte international Literatur zur Psychophysiologie des Maschinengewehrschützen zusammengetragen.

244   Spur, Industrielle Psychotechnik - Walther Moede., S. 143.

Kraftfahrer und Funker können bei der Marine in unveränderter Weise in Anwendung kommen", verfügte die Marineleitung in Kiel im Januar 1923.[245]

Um die psychologischen Tätigkeiten zentral zu steuern, wurde Johann Baptist Rieffert als Sachverständiger angeworben.[246] Er solle, so verfügte das Reichswehrministerium 1920, die „während des Krieges bei den verschiedenen Dienststellen geleisteten psychotechnischen Arbeiten" sammeln und prüfen, „ob und in welcher Weise die Psychotechnik für das Heer nutzbar gemacht werden kann."[247] Die Erfolge der Psychotechnik wollte das Militär auch im Frieden weiter ausbauen:

> Die psychotechnische Eignungsprüfung ist im Kriege, soweit hier bekannt, mit solchem Erfolge bei den Kraftfahr-Ersatztruppen angewendet worden, dass J6 [die Inspektion für das Kraftfahrwesen des Reichswehrministeriums] auf sie für die Kraftfahrtruppe des Reichsheeres nicht verzichten kann, sondern ihre grundsätzliche Anwendung für jeden Kraftfahrer für erstrebenswert hält.[248]

Deshalb wurden die von Walther Moede und Kurt Piorkowski entwickelten Verfahren zur Auslese und zum Training von Kraftfahrern beim Heer bald nach dem Krieg wieder aufgenommen.[249] Der deutliche Protest von Seiten der alliierten Behörden und akuter Geldmangel erschwerten jedoch den Ausbau dieser Prüfverfahren in den folgenden Jahren.[250] 1923 stellte die Heeresleitung an das Finanzministerium den Antrag, Geldmittel für die Einrichtung von psychologischen Prüfstellen mit Fachpersonal zu genehmigen.[251] Aber erst ab 1925 änderte sich die Situation und das Militär führte neue Eignungsprüfungen durch, in denen den Psychologen allerdings nur die Prüfung der Intelligenz und des Willens zufiel.[252] Man wollte damit, ähnlich wie in der

---

245   Tschudi, Überblick über die Geschichte des Personalprüfwesens des Heeres (1940), in: Fritscher (Hrsg.), S.187.

246   DLA, Nachlass Josef Pieper, Die Vorgeschichte der münsterischen Personal-Prüfstelle, S. 23; Rieffert hatte auch 1921 auf dem ersten Kongress der Gesellschaft für experimentelle Psychologie über die Erfolge der Psychotechnik beim Heer berichtet, siehe: Rieffert, Psychotechnik im Heere, in: Bühler (Hrsg.).

247   DLA, Nachlass Josef Pieper, Die Vorgeschichte der münsterischen Personal-Prüfstelle, S. 23.

248   Ebenda, S. 29f.

249   Ebenda, S. 26–28; Petri, Eignungsprüfung, Charakteranalyse, Soldatentum., S. 91.

250   Ebenda, S. 31f.

251   Geuter, Die Professionalisierung der deutschen Psychologie im Nationalsozialismus., S. 239f.

252   Militärarchiv Freiburg RH 12/2/37: Reichswehrministerium. Infanterie-Abteilung. Organisation des Heeres 1919–1934: Erlass H. L. Stab vom 3.2.25 Nr. 95/25 geh., Ziffer V. S. 63: Anlage I. zu Nr. 95/25 vom 3.2.25: Leitsätze für die Heerespsychotechnik: Das Prüfverfahren. Petri, Eignungsprüfung, Charakteranalyse, Soldatentum., S. 97.

Industrie, überkommene Machtstrukturen aufbrechen und für eine faire Auswahl aufgrund objektiver Daten sorgen. So kritisierte unter anderem auch
die SPD den hohen Anteil an Adligen bei den Streitkräften.[253] Bei der Entwicklung der Auswahlverfahren für Offiziere zeigte sich aber, wie in der Industrie, der Wandel psychologischer Ausrichtung der Nachkriegszeit von der
nach experimentalpsychologischen Gesichtspunkten ausgerichteten Fähig-
keitsdiagnose hin zur stärkeren Betonung der Relevanz von Charaktereigenschaften und Willen.[254] Die Wehrmachtspsychologie entwickelte nämlich
Methoden der systematischen „Ausdruckserfassung."[255] Darunter verstanden
die Militärpsychologen ein psychologisches Verfahren, das bestimmte Emotionen durch Beobachtung von Mimik und Körpersprache ihrer Prüflinge
erfassen sollte. Dabei wurde auch der Wille des Kandidaten durch die Stärke
der Muskelanspannung eingeschätzt. Neu war dabei, dass der Psychologe eine
Beurteilung über die „Persönlichkeit" des Prüflings abgeben sollte. Neu war
auch das Verfahren der *Befehlsreihe*, in der der Psychologe den Probanden in
einer bestimmten Situation beobachten sollte.[256] Ab April 1927 wurde dann
eine obligatorische psychologische Prüfung für Offiziersanwärter beim Heer
eingeführt und durch diese Verfahren wurden erste Stellen für Psychologen
beim Militär geschaffen.[257] Mit der Einführung dieser diagnostischen Verfahren stellten sich die Psychologen gegen die überkommenen Rekrutierungsverfahren beim Militär, besonders auch gegen die Vorstellung, dass man
Offiziere nicht numerisch testen könne. Dies war im Ersten Weltkrieg zwar
geschehen, aber nur in kleinen, „lokalen" Projekten unter Mitarbeit wohl-
wollender Militärs und war zu dieser Zeit nicht als bedrohlich angesehen worden. Dies änderte sich aber, als die psychologische Testung quasi zentral an

---

253 Detlef Bald, Vom Kaiserheer zur Bundeswehr. Sozialstruktur des Militärs: Politik der Rek-
rutierung von Offizieren und Unteroffizieren, Frankfurt am Main 1981, S. 23f; zitiert nach
Geuter, Die Professionalisierung der deutschen Psychologie im Nationalsozialismus.,
S. 232.

254 Stefan Petri nimmt, ähnlich wie Ulfried Geuter und Kurt Danziger, an, dass besonders die
militärische Entwicklung und Anwendung solcher Verfahren zur Diagnose des Charakters die neue Ausrichtung der Psychologie beeinflusst habe, siehe Danziger, Constructing
the subject.; Geuter, Die Professionalisierung der deutschen Psychologie im Nationalsozialismus.; Petri, Eignungsprüfung, Charakteranalyse, Soldatentum., S. 119–127.

255 Geuter, Die Professionalisierung der deutschen Psychologie im Nationalsozialismus.,
S. 210.

256 Petri, Eignungsprüfung, Charakteranalyse, Soldatentum., S. 101.

257 Ebenda, S. 104; siehe auch: Horst Wiegand, Grundzüge der wehrpsychologischen Diagnostik, in: Horst Gundlach (Hrsg.), Arbeiten zur Psychologiegeschichte, Göttingen 1994,
S. 95–101, S. 96.

allen Offiziersanwärtern angewandt werden sollte, und es wurde Widerstand dagegen laut.

Von psychologischer Seite wurde auf diese Kritik militärischer Stellen geschickt reagiert, indem man vermehrt Charakteranalysen und Beobachtungen einführte. Mit dem Aufkommen der beobachtenden und qualitativen Analyse des Verhaltens glich man sich dann den alten Strukturen der Vorkriegszeit an, in denen der Vorgesetzte anhand von subjektiven Beobachtungen und Beurteilungen seine Kandidaten platziert hatte. Durch die speziellen Vorgaben des psychologischen Beobachtungsschemas fand das Selbstbild des preußischen Offiziers Eingang in die Kategorien des psychologischen Gutachtens in der Weimarer Zeit, beispielsweise mit der These der Überlegenheit des Willens über das Gefühl. Die Betonung des Willens und einer angespannten Aufmerksamkeit waren in der Beschreibung eines erfolgreichen Kriegsteilnehmers von größter Bedeutung gewesen.[258] Durch die Einführung dieser Verfahren erhöhte sich dann sogar Ende der zwanziger Jahre – nach Einführung der psychologischen Prüfung – der Anteil von Offizierssöhnen und Adeligen am Offizierscorps.[259] Ein weiterer Grund für diese Entwicklung war die Einstellung von Joachim von Stülpnagel (Chef des Heerespersonalamts), der ähnlich wie viele seiner Offiziere einerseits die Truppe für fähige soziale Aufsteiger öffnen wollte, andererseits aber die Demokratie als bloße Übergangszeit ansah.[260]

Die Entwicklung beim Militär war auch durch den Wandel in der theoretischen Psychologie beeinflusst, wo sich ein Wechsel von der Anwendung experimentalpsychologischer Methoden hin zur verstehenden Psychologie (Dilthey), zur Ganzheitspsychologie (Krueger) und zur Gestaltpsychologie (Goldstein) zeigte, den es beispielsweise in Großbritannien nicht so deutlich gab.[261] Betont wurden dabei theoretische Modelle von der menschlichen Natur, die die beschreibende Erfassung des Charakters des „ganzen Menschen" zum Ziel hatten. Die Hinwendung zu einer umfassenden Charakteranalyse brachte auch eine Veränderung der Methodik mit sich: Viele Psychologen lehnten von nun an quantitative Verfahren ab und wandten sich beobachtenden Verfahren zu. Dieser Wandel der Einstellung und Methoden war ein internationales

---

258   Siehe: Ulrich, Krieg der Nerven-Krieg des Willens, in: Werber/Kaufmann/Koch (Hrsg.).
259   Bald, Vom Kaiserheer zur Bundeswehr., S. 23f; Geuter, Die Professionalisierung der deutschen Psychologie im Nationalsozialismus., S. 232.
260   Petri, Eignungsprüfung, Charakteranalyse, Soldatentum., S. 109.
261   Gerard Heymans, Über verstehende Psychologie, in: Zeitschrift für Psychologie 102 (1927), S. 6–34; Hans Reichner, Experimentelle und kritische Beiträge zur Psychologie des Verstehens, in: Zeitschrift für Psychologie 104 (1927), S. 1–61.

Phänomen, am auffälligsten aber in Deutschland zu beobachten.[262] Es stellt sich nun die Frage, warum die deutschen Psychologen beim Militär so deutlich von den Verfahren der Personalauswahl des Ersten Weltkriegs abwichen. Stefan Petri betont vor allem, dass die neuen Verfahren der beobachtenden Charakteranalyse den herkömmlichen militärischen Auswahlverfahren ähnelten und deswegen auf keinen großen Widerstand beim Militär stießen, da eher rein quantitative Verfahren einen deutlichen Bruch mit soldatischen Traditionen bewirkt hätten.[263] Auch deshalb war das deutsche Militär der Hauptarbeitgeber für deutsche Psychologen in der Zwischenkriegszeit.[264]

Britische Psychologen: Konservative Entwicklung

In Großbritannien war die Situation anders als in Deutschland: Die psychologischen Methoden der Kriegszeit hatten wenig Einfluss auf die Entwicklung der Militärpsychiatrie und -psychologie in der Zwischenkriegszeit, die fest in den Händen des Militärs blieb. Auch zeigte das Militär kaum Interesse an der Weiterentwicklung von psychologischen Auswahlverfahren für Mannschaften oder Offiziere. Noch 1920 hatte Charles Spearman psychologische Tests an der Offiziersakademie der Marine in Osborne durchgeführt, dann aber seine Bemühungen eingestellt.[265] Bis zum Zweiten Weltkrieg hat es deshalb, im Unterschied zu Deutschland, keine psychologischen Auswahlverfahren beim Militär gegeben. Wie noch im Ersten Weltkrieg, galt der Abschluss an einer Eliteschule als Voraussetzung für eine Karriere im Offizierscorps.[266] Dies erstaunt, da beispielsweise der *Royal Army* jährlich ca. 100 Offiziersanwärter fehlten. Obwohl die Armee ab Mitte der 20er Jahre das Offizierscorps auch für Absolventen aus weniger elitären Schulen öffnete, änderte sich wenig. Die sozialen Schranken wurden nicht, wie in Deutschland durch psychologische Maßnahmen in Frage gestellt.[267] Der Psychologe Horace Vernon, später ein führender Fachmann beim Militär, wandte sich dezidiert gegen die diagnostische Erfassung des Charakters: „Personality has no real existence apart from subjective impressions of external observers; hence it will never be accessible

---

262 Meskill, Characterological psychology and the German political economy in the Weimar period (1919–1933)., S. 3; Ash, Gestalt Psychology in German culture, 1890–1967; Harrington, Reenchanted science.

263 Stefan Petri, Personalauswahl zwischen Psychotechnik und Charakteranalyse, in: Zeitschrift für Psychologie /Journal of Psychology 212 (2004), S. 200–211, S. 209.

264 Geuter, Die Professionalisierung der deutschen Psychologie im Nationalsozialismus., S. 236.

265 Brief der Admiralität vom 1.3.1920 an Spearman in: WE PSY/SPE/1/6/13.

266 David French, Raising Churchill's army. The British army and the war against Germany; 1919–1945, Oxford 2000, S. 50.

267 Ebenda, S. 49–51.

to direct study by objective methods."[268] Aus diesem Grund wurden beim Militär auch keine psychologischen Charaktertests entwickelt.

Es hatte jedoch andere Vorstöße gegeben, um psychologisches Wissen beim Militär anzuwenden: Den Empfehlungen des Shell Shock Committees folgend hatte der Psychologe Frederick Bartlett 1927 ein Buch mit dem Titel *Psychology and the Soldier* veröffentlicht.[269] Es war aus einer Reihe von Vorlesungen entstanden, die er in Cambridge gehalten hatte. Anders als beispielsweise die Ausführungen des deutschen Psychologen Paul Plaut beschrieb es nicht die Situation des einzelnen Soldaten, sondern gab Ratschläge zur Mannschaftsführung und sozialen Steuerung der Gruppe. Bartlett hatte aus den Erfahrungen des Ersten Weltkriegs durchaus konkrete Vorschläge entwickelt: Er plädierte für eine Prophylaxe psychischer Erkrankungen, nicht nur durch eine sorgfältige Selektion untauglicher Rekruten, sondern durch eine gezielte Maßnahme des Offiziers.[270] Dieser sollte, so Bartlett, die Grundzüge der Psychologie und der Militärpsychologie kennen. Anders als in Deutschland wurde hier die Betonung auf soziale Gruppenprozesse bei der Entstehung von Kriegsneurosen gelegt.[271]

Bartlett forderte zusätzlich neue Forschungsprojekte zur Untersuchung der Psychophysiologie des Schießens und der Effektivität des Trainings für militärische Zwecke.[272] Als Testverfahren empfahl er die Tests, die auch in der Industriepsychologie genutzt wurden; auf diese griff man dann auch im Zweiten Weltkrieg zurück.[273] Das Buch von Bartlett deutet insofern auf eine Zäsur hin, als die Vorlesungen ab dem Zeitpunkt seiner Veröffentlichung (1927) zu einem Stillstand kamen. Seine Anregungen wurden nicht in die Praxis umgesetzt und der weitere Ausbau der Militärpsychologie und -psychiatrie wurde vernachlässigt. Dies führte dazu, dass sich zu Beginn des Zweiten Weltkriegs 1939 in der Britischen Armee lediglich ein halbes Dutzend Militärärzte

---

268 Horace Middleton Vernon, Can the „total personality" be studied objectively?, in: Character and Personality 4 (1935), S. 1–10, S. 7.

269 Bartlett, Psychology and the soldier; dieses Buch war auf Initiative von Charles Myers entstanden, siehe: ebenda, Preface.

270 Beispielsweise die Kapitel: Discipline and punishment, discipline and suggestion, leader and leadership, morale, with special reference to group games, ebenda, S. 118–166.

271 Grundlegend dazu William McDougall, The Group Mind, Cambridge 1921; dieses Buch wurde auch in Deutschland rezensiert: Alfred Virkandt, Rezension. William McDougall, The Group Mind, in: Zeitschrift für angewandte Psychologie 20 (1922), S. 439–442.

272 Unter Psychophysiologie des Schießens verstand man beispielsweise die Untersuchung der Auge-Hand-Koordination und der Reaktionsgeschwindigkeit, siehe: Bartlett, Psychology and the soldier., S. 219.

273 Jones/Wessely, Shell shock to PTSD, S. 51.

mit einer psychiatrischen Ausbildung befanden.[274] Zum gleichen Zeitpunkt war für die Psychologie in Deutschland neben der Einbindung in das Militär die Gründung einer neuen psychotherapeutischen Gesellschaft von großer Bedeutung.

1927: *Gründung einer psychotherapeutischen Gesellschaft*

> Wer 1919 als junger Psychiater mit psychotherapeutischen Neigungen sich auf den Weg machte, sah sich zunächst einem Chaos gegenüber. Als Psychotherapeuten kamen wir von der Hypnose her, die sich soeben erst den Platz als ärztliche Methode erkämpft hatte [...] Eine Krankheitseinheit „Hysterie" gab es schon 1919 nicht mehr [...] Aber die diagnostischen Schwierigkeiten beeindruckten den jungen Psychotherapeuten weniger als seine Begegnung mit den Namen *Freud, Adler, Jung*. Es war sehr schwer, sich einen Überblick zu erarbeiten. Ganz unmöglich war es vorerst, zu einem Werturteil über die Ergebnisse dieser Autoren zu kommen. Wer sich mit den drei analytischen Schulen [...] befassen wollte, lernte als allererstes die Tatsache kennen, dass die damalige Psychiatrie sich fast ohne Ausnahme solchen Bemühungen gegenüber schroff ablehnend verhielt. Ganz schlimm stand es mit der Haltung der übrigen Ärzteschaft. Wer sich mit Analyse beschäftigte, war als Narr oder Kurpfuscher abgestempelt und abgelehnt.[275]

Der Psychiater Ernst Speer beschrieb in seinen Lebenserinnerungen die Situation der Psychotherapie in Deutschland nach Kriegsende, die sich deutlich von der in Großbritannien unterschied. Als Reaktion auf die gängige psychiatrische Lehre der Nachkriegszeit, in der ein gewisser „therapeutischer Nihilismus" vorherrschte, konstituierte sich nämlich um 1926/27 eine psychotherapeutische Gesellschaft in Deutschland, die allgemeine ärztliche Gesellschaft für Psychotherapie (AÄGP).[276] Im Unterschied zu Großbritannien bildete sich in Deutschland keine medizinische Sektion in der psychologischen Gesellschaft sondern die Gesellschaft für Psychotherapie wurde auf Initiative von Ärzten gebildet. Darin waren aber auch Psychologen vertreten, beispielsweise Robert Sommer, Max Levy Suhl, Max Isserlin, Wladimir Eliasberg, Arthur Kronfeld

---

274 Ebenda, S. 68.

275 Ernst Speer, Rückblick auf 40 Jahre ärztlicher Psychotherapie. (1919–1959), München 1959, S. 17.

276 Der Ausdruck „Therapeutischer Nihilismus" stammte von Karl Bonhoeffer selbst; er sah sich nur als Forscher an, der die biologischen Grundlagen der psychischen Erkrankungen untersuchen wollte. Der Psychiater, so Bonhoeffer, werde nicht Arzt aus einem „ärztlich-therapeutischen Interesse.". Karl Bonhoeffer, Nervenärztliche Erfahrungen und Eindrücke, Berlin 1941, S. 6 f.

und Kurt Goldstein, die alle Mediziner mit militärpsychiatrischer Erfahrung waren.[277]

Die ablehnende Haltung der Universitätspsychiatrie und -psychologie gegenüber psychoanalytischen Verfahren hatte dazu geführt, dass sich der AÄGP weitgehend im außeruniversitären Rahmen gebildet hatte. Die Mitglieder des Vereins waren meist junge Ärzte, die nach therapeutischen Erfahrungen mit psychisch verletzten Soldaten im Krieg von der Wirksamkeit der Psychotherapie überzeugt waren.[278] Deshalb trafen sich in dieser Gesellschaft Vertreter der unterschiedlichsten psychotherapeutischen Ausrichtungen, auch Ärzte der verschiedenen psychoanalytischen Schulen.[279] Ein wichtiges Ziel des konstituierenden Kongresses in Baden-Baden 1926 war es, ein übergreifendes Konzept für Psychotherapie zu entwickeln und die Ausbildung zu einem psychotherapeutischen Facharzt zu ermöglichen.[280] Unter Psychotherapie verstand man, so Max Isserlin, „eine planmäßige seelische Beeinflussung zur Beseitigung abnormer oder krankhafter Erscheinungen"; eine therapeutische Richtung war mit dieser Definition nicht festgelegt.[281] Die Mitglieder das Vereins wandten sich vor allem gegen die von der gängigen Universitätspsychiatrie betonte Suche nach den (konstitutionellen) Ursachen der psychischen Erkrankung, hin zu einer stärkeren Betonung therapeutischer Bemühungen um den (ganzen) kranken Menschen unter Einbeziehung der medizinischen Psychologie.[282] Diese Haltung hatte sich auch aus den Erfahrungen des ersten Weltkrieges ergeben und aus der Ablehnung der dort praktizierten aggressiven Methoden, deren Kritik jetzt nach dem Krieg deutlich geäußert wurde. Die teils brutalen psychiatrischen Therapiemethoden hätten, so Max Isserlin, nicht nur die Symptome verstärkt, sondern

---

277   Alle diese Psychologen, Mitglieder in der deutschen Gesellschaft für experimentelle Psychologie waren auch Ärzte.

278   Lockot, Erinnern und Durcharbeiten., S. 54–58; Tändler, Das therapeutische Jahrzehnt., S. 50.

279   Die Deutsche Psychoanalytische Gesellschaft stand der AÄGP allerdings sehr distanziert gegenüber. Lockot, Erinnern und Durcharbeiten, S. 56f. Bei den psychoanalytisch orientierten Mitgliedern der AÄGP handelte es sich daher um solche, die eigenständige Positionen entwickelt hatten wie beispielsweise Georg Groddeck, Karen Horney, Harald Schultz-Hencke und Wilhelm Reich. ebenda, S. 51, Fußnote 14.

280   Zeller, Psychotherapie in der Weimarer Zeit - die Gründung der „Allgemeinen Ärztlichen Gesellschaft für Psychotherapie" (AÄGP)., S. 312.

281   Isserlin, Psychotherapie., S. 1.

282   Max Levy-Suhl, Der Ausrottungskampf gegen die Rentenneurosen und seine Konsequenzen. Sonderabdruck, in: Deutsche Medizinische Wochenschrift 52 (1926), S. 1727–1729, S.1729, Neuner, Politik und Psychiatrie., S. 146. Viele der Universitätspsychiater waren der Deutschnationalen Partei nahestehend, so Karl Bonhoeffer und E. Stier, siehe ebenda, S. 100.

auch „Rachegefühle", „Märtyrergefühle" und Ressentiments hervorgerufen.[283]
Um das Arzt-Patient-Verhältnis wieder herzustellen, sollte in der Psychotherapie ein vertrauensvolles und verlässliches Verhältnis geschaffen werden.
Robert Sommer, als Bindeglied zwischen den Generationen, hatte zwar schon
am Kongress der psychologischen Gesellschaft 1923 die Rolle der Vererbung
hervorgehoben:

> Zweifellos ist, dass seit mehreren Jahren in Bezug auf die Frage der Vererbung
> psychischer Anlagen die Psychiatrie vorausgegangen und die Psychologie stark
> beeinflusst hat, während andererseits in methodischer Beziehung die klinische
> Psychiatrie durch die experimentelle Psychologie außerordentlich befruchtet
> worden ist. Es handelt sich um eine inhaltliche und methodische Ergänzung und
> Wechselwirkung der Psychiatrie und der beobachtenden Psychologie.[284]

Er wollte also vor allem die Psychologie und Psychiatrie in ein fruchtbares Verhältnis zueinander bringen. Viele Ärzte in der psychotherapeutischen Gesellschaft interessierten sich für die Methoden der Psychodiagnostik und neue
medizinpsychologische Erkenntnisse und es festigte sich in der ärztlichen
Gesellschaft für Psychotherapie die Verbindung von Medizin, Psychotherapie
und Psychologie.[285] Obwohl sich in Deutschland die Psychologen mit ihren
therapeutischen Erfahrungen im Krieg in einem neuen therapeutischen Verein
bündelten, zeigten sich deutliche Unterschiede zu Großbritannien. Die AÄGP
wurde erst einige Jahre nach Kriegsende gegründet und außerhalb der psychologischen Gesellschaft; damit wurde psychologisches Wissen in die Medizin
integriert. In dieser Gruppierung wurde allerdings, prominent von politisch
engagierten Psychologen vorgetragen, eine deutliche Kritik an den aggressiven
Methoden der Militärpsychiatrie im Krieg und dem Vorgehen der Vertreter der
herrschenden Lehre in der Weimarer Republik geäußert. Die psychologische
Gemeinschaft war aber, wie man auch an der Position von Robert Sommer
und Max Isserlin sah, nicht einheitlich. Sommer und Isserlin, obwohl beide
in der psychotherapeutischen Gesellschaft verankert, forschten über die Erblichkeit psychischer Eigenschaften und bildeten so eine Brücke zwischen der
Schulpsychiatrie (die eine biologische Ursache psychiatrischer Krankheiten

---

283 Max Levy-Suhl, Die seelischen Heilmethoden des Arztes. Eine Lehre von neurotischen
     Menschen; mit Beispielen aus der Praxis, Stuttgart 1930, S. 137, zitiert nach Neuner, Politik
     und Psychiatrie., S. 159.

284 Robert Sommer, Über Persönlichkeitstypen, in: Karl Bühler (Hrsg.), Bericht über den
     VIII. Kongress für experimentelle Psychologie in Leipzig vom 18.–21. April 1923, Jena 1924,
     S. 27–31, S. 29.

285 Schröder, Der Fachstreit um das Seelenheil., S. 193.

annahm) und der neuen psychotherapeutischen Ausrichtung.[286] Eine weitere
wichtige Entwicklung in den 20er Jahren war die zunehmende Kritik an der
Entwicklung und Ausrichtung der Psychotechnik.

Psychotechnik: Erweiterung und Krise

Zu Beginn der 20er Jahre war die industrielle Psychotechnik in Deutschland zu einem akzeptierten Mittel der Rationalisierung geworden, wichtig
für den wirtschaftlichen Aufschwung. Sie war aber im Unterschied zu Großbritannien nicht zentral organisiert, sondern einzelne Unternehmen engagierten erfahrene Psychotechniker. Hans Rupp führte beispielsweise als externer
Experte psychotechnische Untersuchungen für Siemens-Schuckert durch,[287]
Walther Moede und William Stern berieten Osram, und viele andere Firmen
stellten Anfragen an das Institut für industrielle Psychotechnik in Charlottenburg und andere psychotechnische Institute.[288] Zu diesem Zeitpunkt unterstützten die Arbeiter die psychotechnischen Untersuchungen, da sie in ihrem
Sinne zu vermitteln schienen.[289] Diese Akzeptanz ließ jedoch zunehmend
nach, besonders bei den männlichen Arbeitnehmern. Als beispielsweise in
einer rheinischen Firma unter Walther Poppelreuter eine psychotechnische
Eignungsprüfung eingerichtet werden sollte, gingen die Arbeitnehmer zu
einem offenen Protest über. Poppelreuter versuchte den Konflikt zu lösen,
indem er für eine freiwillige Teilnahme an den psychotechnischen Verfahren
plädierte.[290] Woher kam nun das zunehmende Unbehagen gegenüber psychotechnischen Verfahren, das sich ab dem Jahr 1927 ausbreitete; nicht nur bei
Arbeitnehmern, sondern auch bei Arbeitgebern?[291] Eine Krise der Psychotechnik wurde schon von Zeitgenossen wahrgenommen; so klagte Hans Giese:

> Nach ursprünglich steilem Aufstieg zu einer gewissen Gegenwartsbedeutung ist
> die praktische Psychologie in eine Art Krisis geraten. Der teilweise Zusammen-
> bruch von Hoffnungen lässt sich einmal auf übertriebene Propaganda, zum
> anderen auf wissenschaftlich ungenügende Verfahren zurückführen.[292]

---

286 Sommer, Über Persönlichkeitstypen, in: Bühler (Hrsg.).
287 Patzel-Mattern, Ökonomische Effizienz und gesellschaftlicher Ausgleich., S. 181.
288 Tabelle für psychotechnische Industrie-Prüfstellen in Deutschland 1925/26 siehe Ebenda,
      S. 25.
289 Ebenda, S. 193.
290 Walther Poppelreuter, Beitrag zur Frage der Stellungnahme der Arbeitnehmer zur psycho-
      technischen Begutachtung, in: Psychotechnische Zeitschrift 4 (1929), S. 40–42, S. 42.
291 Das Telegraphenamt schloss 1926 alle psychotechnischen Untersuchungslabore, Killen,
      Berlin electropolis., S. 202; die Gewerkschaften entzogen ihre Unterstützung, Ebenda,
      siehe auch Helmut Hildebrandt, Zur Bedeutung des Begriffs der Alltagspsychologie in
      Theorie und Geschichte der Psychologie. Eine psychologiegeschichtliche Studie anhand
      der Krise der Psychologie in der Weimarer Republik, Frankfurt 1991, S. 246–248.
292 Fritz Giese, Theorie der Psychotechnik, Braunschweig 1925, Vorwort, S. 1.

Die steigende Skepsis gegenüber der Psychotechnik hatte damit zu tun, dass man sich mit den anfänglichen Versprechen zusätzliche Probleme aufgeladen hatte. Der Anspruch, schnell und flexibel für jeden Betrieb ein individuelles Testverfahren erstellen zu können, hatte dazu geführt, dass sehr viele Verfahren nebeneinander existierten, die oft schlecht konstruiert und wenig überprüfbar und vergleichbar waren.[293] Da die Tests einfach durchzuführen waren, hatten andere Berufsgruppen damit begonnen, sie anzuwenden.[294] Das Vertrauen der Arbeitnehmer in die Unparteilichkeit der Psychotechnik war aus mehreren Gründen ebenfalls geschwunden. Um die Akzeptanz in den Betrieben zu erhöhen, hatten die Psychotechniker ja auch Beobachtungsmethoden eingeführt, die den alten, subjektiven Bewertungsstrategien sehr ähnlich waren. Damit unterstützten die Psychologen das Nebeneinander von alten (Einstellung wegen Familienzugehörigkeit, „Vetternwirtschaft") und neuen objektiven Testverfahren.[295] Diese diffusen Strategien und ein unklares Verhältnis der Psychotechniker zu ihren Auftraggebern förderte das Misstrauen der Arbeiter den Psychologen gegenüber.[296]

Ungünstig für die Stellung der Psychotechnik war eine weitere Entwicklung: Ihre Funktion als Vermittler im Arbeitskampf war nicht mehr gefragt. Zum einen wechselten die Arbeiter nicht mehr so häufig ihren Arbeitsplatz und damit minderte sich ab 1926 der Einfluss der Arbeiter und auch der Gewerkschaften.[297] Ein zweiter Grund war aber die deutliche Hinwendung zu anderen psychologischen Verfahren. Ab der Mitte der 20er Jahre wurde nämlich in Deutschland ein neuer Ansatz der Arbeitsmessung angewandt: Neben der Arbeitsleistung wurden nun auch Persönlichkeitsfaktoren wie Motivation, Arbeitswillen sowie die sozialen Bedingungen am Arbeitsplatz stärker beachtet. Otto Lipmann fand beispielsweise in einer Untersuchung der Arbeitszeit 1924 heraus, dass eine Verkürzung der Arbeitszeit allein nicht die Leistung verbessern würde, entscheidend sei auch ein Anstieg des Arbeitswillens.[298] Ab etwa 1925 wurde auch in diesem Bereich eine internationale Wende hin zur Erfassung von Charaktereigenschaften erkennbar, besonders ausgeprägt in Deutschland. Das Interesse an der Psychotechnik nahm in

---

293 Ein oft zitiertes Beispiel war die psychotechnische Untersuchung zur Eignung zum Damenfrisör: Robert Werner Schulte, Die Berufseignung des Damenfriseurs, in: Zeitschrift für angewandte Psychologie 19 (1921), S. 100–155.

294 Geuter, Die Professionalisierung der deutschen Psychologie im Nationalsozialismus., S. 222.

295 Patzel-Mattern, Ökonomische Effizienz und gesellschaftlicher Ausgleich., S. 175.

296 Ebenda, S. 246.

297 Ebenda, S. 261.

298 Otto Lipmann, Lehrbuch der Arbeitswissenschaft, Jena 1932, S. 21–25, zitiert nach Rabinbach, Motor Mensch., S. 334.

der Folgezeit ab, sowohl bezüglich der praktischen Anwendung als auch der theoretischen Auseinandersetzung mit diesem Thema.[299] Diese Entwicklung wird von der Forschung zum einen als Reaktion auf die Fixierung auf die naturwissenschaftlich-technische Ausrichtung in der Moderne gesehen. Gefördert wurde diese Hinwendung zur Charakterdiagnostik durch das Auftreten von theoretischen (psychologischen) Schulen wie der Gestalt- und Ganzheitstheorie, die in der Nachkriegszeit an Einfluss zunahmen.[300] Viele Psychologen lehnten die Abkehr von den bisher üblichen experimental-psychologischen Untersuchungsmethoden allerdings ab und sprachen wieder von einer Krise der Psychologie.[301]

Bis 1921 verlief in Großbritannien die Übergangphase zur Friedenswirtschaft relativ reibungslos. Danach wurde die Situation für die Industriepsychologen problematischer: Die Regierung zog sich aus ihrer Rolle als Geldgeber zurück; die Arbeitgeber waren nicht mehr so auf eine forcierte Steigerung der Produktion aus, da Arbeiter wieder billig und leicht zu haben waren. Die Gewerkschaften waren damit beschäftigt, die Arbeitsplätze zu sichern und misstrauisch gegenüber Unternehmern, die Experten für die Arbeitsauswahl einstellten.[302] Auch das Ausmaß der Kriegsschulden wurde deutlich und wirtschaftliche Probleme forderten auch in der Industrie ihren Tribut. Deshalb wurden die finanziellen Mittel des *Industrial Fatigue Research Board* reduziert und diese im selben Jahr ganz dem Medical Research Council unterstellt.[303] Allerdings arbeitete das IFRB ununterbrochen bis 1947 weiter und gab etwa 90 Berichte heraus.[304]

Diese finanziellen Kürzungen schufen auch Probleme für das *National Institute of Industrial Psychology*. Deshalb kamen die meisten Anfragen in der Folgezeit von sozial engagierten Unternehmern wie Cadbury, Rowntree und Debenham, Unternehmer, die schon in der Kriegszeit Interesse an psychologischen

---

299   Patzel-Mattern, Ökonomische Effizienz und gesellschaftlicher Ausgleich., S. 266f; Lück, Ansätze der „ursprünglichen" Psychotechnik, in: Binder/Kleeberg (Hrsg.), S. 13.

300   Meskill, Characterological psychology and the German political economy in the Weimar period (1919–1933)., S. 9; siehe auch: Ash/Geuter (Hrsg.), Geschichte der deutschen Psychologie im 20. Jahrhundert.

301   Bühler, Die Krise der Psychologie.

302   Rose, Industrial behaviour., S. 99; Thomson, Psychological subjects., S. 144.

303   Hearnshaw, A short History of British Psychology., S. 279; siehe dazu auch Kapitel 5.2.1.

304   Ein Beispiel: Bernard Muscio, Feeling-Tone in Industry. A Report to the Industrial Fatigue Research Board, in: British Journal of Psychology 12 (1922), S. 150–162; Mary Sturt, A Comparison of speed with accuracy in the learning process, in: British Journal of Psychology 12 (1922), S. 289–300; Hearnshaw, A short History of British Psychology., S.279.

Problemen und Methoden gezeigt hatten.[305] Neben Änderungsvorschlägen am Arbeitsplatz wurde die Berufsberatung in der Folgezeit zum Hauptarbeitsgebiet des Instituts. Das NIIP entwarf dazu eigene Tests oder variierte bereits existierende Verfahren.[306] Die meisten der Tests, die modifiziert wurden, kamen aus Amerika.[307] 1925 publizierte die Psychologin Gaws eine Zusammenstellung dieser Verfahren und erstellte für das IFRB neue Normen für diese Tests.[308] Das NIIP konnte aber auch auf eigene Testverfahren, beispielsweise zur Erfassung der Müdigkeit, zurückgreifen. Auch wurden Studien über den Erfolg dieser Berufsberatungen durchgeführt.[309] Persönlichkeitstests gegenüber waren die britischen Psychologen, anders als ihre deutschen Kollegen, aber skeptisch; Horace Vernon beispielsweise sah eine zu große Kluft zwischen dem quantitativen und dem qualitativen Ansatz der Persönlichkeitserfassung. Eine Wende zur Charakterologie wie in Deutschland gab es in Großbritannien nicht.[310]

In den folgenden Jahren lag der Schwerpunkt der Arbeit weiter auf der Testung und Empfehlung geeigneter Arbeiter und Angestellter. Anfragen kamen von Firmen, aber auch von Behörden wie der Post, dem Landwirtschaftsministerium und dem Kriegsministerium sowie von Einzelpersonen[311] Die Probleme der Psychologen in der Industrie waren ähnlich wie in Deutschland: Es gab keine zentrale Organisation zur Erstellung von Testverfahren, sondern je nach Bedarf wurden schnell und flexibel neue Verfahren konstruiert. Oft fehlten Mittel für eine Standardisierung und deshalb waren die Konstruktion und die Validierung der Tests oft sehr einfach gehalten.[312] Ein weiteres Problem des NIIP zeigte sich auch darin, dass es auf Schlüsselpersonen wie Charles Myers, Henry J. Welch und Lord Alfred Balfour angewiesen war, die zwar einen

---

305   Thomson, Psychological subjects., S. 145; Shephard, Headhunters., S. 245.
306   Fifth Report of the NIIP; Hearnshaw, A short History of British Psychology., S. 278; Bunn, Charlie and the chocolate factory: Charles Myers, Seebohm Rowntree and the establishment of industrial psychology in Britain, in: Ash (Hrsg.), S. 40.
307   Hearnshaw, A short History of British Psychology., S. 251.
308   Ebenda.
309   Frederick Stansfield, The Growth Years of the National Institute of Industrial Psychology 1921–1930, The British Psychological Society History of Psychology Centre London 2005, S. 14.
310   Ebenda, S. 16; unter Charakterologie sollen die Theorien verstanden werden, die besonders die ganzheitliche Erfassung der Persönlichkeit betonten (Klages, Lersch), siehe auch Meskill, Arbeitssteuerung, S. 217, Fnt. 17; auch Hildebrandt, Zur Bedeutung des Begriffs der Alltagspsychologie in Theorie und Geschichte der Psychologie., S. 174.
311   Hearnshaw, A short History of British Psychology., S. 278.
312   Ebenda, S. 253.

guten Draht zur Politik garantieren konnten, aber ab einem gewissen Zeitpunkt nicht mehr verfügbar waren.[313] Dennoch arbeitete das NIIP bis zu seiner Schließung im Jahre 1977 kontinuierlich weiter. Es hatte seine Arbeit auf psychologische Erfolge im Ersten Weltkrieg aufgebaut, verdankte diese Erfolge dem Psychologen Charles Myers und dessen guten Beziehungen zu Größen der Politik und der Wirtschaft, aber auch zu den bedeutendsten Psychologen seiner Zeit, die zumeist auch im Krieg gearbeitet hatten. Damit war das NIIP der größte Arbeitgeber für Psychologen nach dem Krieg. Das Institut litt jedoch stets unter Rechtfertigungsdruck und dem wachsenden Misstrauen der Arbeiterschaft. Aufgrund der ökonomischen Probleme, ausgelöst durch die Wirtschaftskrise, wurde die Beschäftigung von Psychologen in der Industrie zusätzlich erschwert. Dennoch hatte die Arbeit in der Kriegsindustrie den Psychologen ein neues Betätigungsfeld auch in Friedenszeiten eröffnet. Berufseignung, Leistungsfähigkeit und Arbeitsbedingungen waren Aufgabenbereiche, in denen Psychologen ihre Expertise anwenden konnten und in denen sie Lösungsvorschläge für anstehende Probleme präsentiert hatten.

6.3   Zwischenfazit

Das Kriegsende bedeutete für die Psychologen beider Länder zwar keine klare Zäsur, aber dennoch kam es in verschiedenen Bereichen zu gravierenden Änderungen. Die Kriegsindustrie wurde auf die Friedenszeit umgerüstet und es gab keine neuen Fälle von kriegsbedingten psychischen Störungen. Staatliche Eingriffe auf die Freiheitsrechte des Individuums, wie die Anwendung aggressiver, militärisch geprägter Therapiemethoden oder die Verpflichtung die eigene Arbeitskraft testen zu lassen und zur Verfügung zu stellen waren nicht mehr zu rechtfertigen und stießen auf massiven öffentlichen Widerstand. Dennoch blieb das Problem der Versorgung psychisch verletzter Kriegsteilnehmer weiter bestehen, denn viele dieser Patienten waren dauerhaft geschädigt, mussten versorgt werden und bezogen staatliche Pensionen. So waren viele Ärzte und Psychologen auch weiterhin mit psychisch Verletzten beschäftigt. Die Nachkriegsentwicklung wurde in diesem Kapitel in zwei Zeitabschnitten diskutiert: die direkten Nachkriegsentwicklungen bis 1923, einem Zeitpunkt an dem das Interesse an den Kriegsereignissen nachließ und die internationalen Beziehungen sich wieder intensivierten; dann die Zeitspanne bis 1927, als es

---

313   Lord Balfour war auch im MRC und für die Wissenschaftspolitik zuständig. Stansfield, The Growth Years of the National Institute of Industrial Psychology 1921–1930., S. 6.

angesichts der sich abzeichnenden Weltwirtschaftskrise zu einer Krise der Psychotechnik kam.

Durch ihre Erfolge in der therapeutischen Arbeit bestärkt, erwarteten die Psychologen in beiden Ländern eine positive Entwicklung ihres Faches in der Nachkriegszeit. Psychische Erkrankungen hatten sich im Ersten Weltkrieg als therapier- und heilbar erwiesen. In beiden Ländern zeigten sich dann auch personelle Kontinuitäten; in Deutschland wurden neue Stellen an den Universitäten und technischen Hochschulen mit Psychologen besetzt, die sich im Krieg profiliert hatten, zumeist im Bereich der Psychotechnik. In Großbritannien war das Hauptarbeitsgebiet der Psychologen die Militärpsychiatrie gewesen. Infolgedessen wurden in Großbritannien drei psychologisch orientierte Krankenhäuser gegründet bzw. weitergeführt und Psychologen, die im Krieg mit psychisch verletzten Soldaten gearbeitet hatten eingestellt. Die Bedeutung psychologischer Therapiemethoden wurde auch durch ihre Erwähnung in den Nachkriegsberichten des Sanitätsdienstes und die Arbeit des Komitees zur Untersuchung des Phänomens *shell shock* deutlich hervorgehoben. In diesen Gremien konnten die Psychologen die Verdienste ihrer Kriegstätigkeit erneut darstellen und betonen.

Das Gleiche gelang ihnen durch die Änderungen ihrer Vereinsstatuten: Nach der Öffnung des britischen psychologischen Vereins für interessierte Laien traten viele Ärzte, auch Militärpsychiater und Psychotherapeuten, dem Verein bei und integrierten ihr medizinisches Wissen in die Psychologie. Durch die Einrichtung von weiteren Sektionen für pädagogische Psychologie und Industrie konnten die Kriegserfahrungen in diesen Bereichen für die Psychologie nutzbar gemacht werden. Zur großen Enttäuschung einiger prominenter Psychologen kam es in der Nachkriegszeit aber, anders als in Deutschland zu keiner nennenswerten Ausweitung psychologischer Stellen an den Universitäten und auch zu keiner Implementierung psychologischen Wissens in das Militär, denn dort wurden diese neuen Methoden eher abgelehnt. In Großbritannien war der Veränderungsdruck weniger stark ausgeprägt und auch bei der Beschäftigung psychologischer Experten kehrten der Staat und das Militär zur Situation der Vorkriegszeit zurück. Das Land hatte den Krieg zwar gewonnen, in der Nachkriegszeit aber mit gravierenden finanziellen Problemen zu kämpfen. Lediglich die psychologische Arbeit in der Industrie wurde kontinuierlich weitergeführt, besonders erfolgreich durch ein privat gegründetes Institut, an dem viele der Psychologen in der Nachkriegszeit Arbeit fanden; größere Investitionen waren für den finanziell geforderten Britischen Staat in der Nachkriegszeit ein Problem.[314] In Deutschland waren es eher die Psychologen, die mit körperlich

---

314   Leonhard, Der überforderte Frieden, S. 1268.

verletzten Soldaten gearbeitet hatten, die in der Nachkriegszeit mit Stellen belohnt wurden; psychologische Erfahrungen fanden Eingang in die Medizin. Einige Psychiater und Psychologen versuchten in der Nachkriegszeit ihre Stellung als psychologische Gesundheitserzieher der Nation aufzuwerten.[315] Die universitären Stellen, besonders im Bereich der angewandten Psychologie wurden in Deutschland, im Gegensatz zu Großbritannien, stark erweitert.

Das Interesse an den Tätigkeiten im Krieg dauerte aber nur ein paar Jahre an; schon ab etwa 1923 ließ es deutlich nach und der Fokus lag in beiden Ländern auf dem Wiederaufbau der Wirtschaft. Mit dem ersten internationalen Kongress in Oxford wurde der internationale Austausch wieder aktiviert; es zeigte sich aber im Gegensatz zur Vorkriegszeit eine deutliche Dominanz der angloamerikanischen scientific community.[316]

In den folgenden Jahren lag der Schwerpunkt der britischen Psychologen auf der industriepsychologischen Arbeit, die sowohl staatlich, aber hauptsächlich privat gefördert wurde. In Deutschland wurde die Psychotechnik, wenn auch nicht zentral organisiert, so doch von einzelnen Firmen, z.B. von Reichsbahn und Post gefördert. Über den Versuch einer zentralen Steuerung der Arbeitskraft konnten Psychologen in den Arbeitsämtern Fuß fassen. Allerdings wurde von verschiedenen Seiten schon kurz nach Kriegsende Kritik an den methodischen Mängeln der eingesetzten Verfahren laut, auch weil die Psychologen untereinander in Konkurrenz standen. Zwei weitere Entwicklungen waren in Deutschland von entscheidender Bedeutung: Erst einige Jahre nach Kriegsende formierte sich eine psychotherapeutische Gesellschaft unabhängig von der psychologischen Vereinigung aber auch jenseits der universitären Psychiatrie. In Abgrenzung von den aggressiven Therapiemethoden des Ersten Weltkrieges gründeten psychologisch interessierte Kriegsärzte 1927 eine Gesellschaft für Psychotherapie. Zum anderen wurde die Psychologie schon in der Zwischenkriegszeit erneut beim Militär angefordert, aber, wie im Krieg, vorwiegend im Bereich der Diagnostik. Trotz der Bestimmungen des Versailler Vertrages wurde der Wiederaufbau der Armee forciert und dabei psychologische Expertise angefordert. Die deutschen Psychologen nutzten diesen Umstand und konnten deshalb ihre Stellung beim Militär ausbauen. Dabei zeigte sich eine Entwicklung, die schon in der Kriegszeit begonnen hatte: Auch bei der Leistungsmessung wurde die Erfassung des Charakters und des Willens als entscheidend angesehen. In die Militärpsychiatrie wurden die Psychologen beider Länder in der Zwischenkriegszeit wenig eingebunden. Erst zu Beginn

315 Michl, Im Dienste des „Volkskörpers", S. 274.
316 Müller-Brettel, Psychologische Beiträge im Ersten Weltkrieg, S. 39.

des Zweiten Weltkriegs stellte man Defizite fest und rekurrierte auf die Erfolge der psychologischen Methoden.

Der Erste Weltkrieg stellte einen Möglichkeitsraum dar, in dem verschiedene diagnostische Methoden und Verfahren aber auch neue, teils umstrittene Therapieformen angewandt und ausprobiert werden konnten. Es war auch eine Zeit der Machbarkeitsutopien im Hinblick auf die Heilbarkeit psychischer Erkrankungen und die mögliche Steigerungsfähigkeit menschlicher Arbeits- und Leistungskraft. Psychologen als Experten der Moderne konnten dadurch ihren Status in der nationalen Krise aufwerten. Sie arbeiteten dabei in einer militärisch geprägten Situation, in der ihre Methoden zu einer zunehmenden Disziplinierung des Individuums führte. Diese Konstellation änderte sich nach Kriegsende, da sich in beiden Ländern Widerstand gegen diese Methoden erhob. Die gewonnen Erkenntnisse wurden daher oft nicht mehr im Zusammenhang mit dem Krieg thematisiert und die Methoden der zivilen Gesellschaft angepasst. Einige Erkenntnisse, z.B. der Militärpsychiatrie oder der Industriepsychologie interessierten eine kriegsmüde Gesellschaft nicht mehr. Dennoch waren diese neu gewonnenen Erkenntnisse dokumentiert und man konnte sich darauf beziehen.

KAPITEL 7

Psychologie und Krieg: eine Bilanz

Diese Arbeit untersuchte den Einfluss des Ersten Weltkrieges auf die Psychologie als angewandte und theoretische Wissenschaft und ging der Kernfrage nach, ob der Krieg eine bahnbrechende Neuentwicklung anstieß oder lediglich als Katalysator für bereits vorhandene Methoden und bekannte theoretische Überlegungen fungierte. Die vergleichende Perspektive schärft den Blick für institutionelle, gesellschaftliche, militärische und politische Einflussfaktoren des Kriegsgeschehens.

7.1   Vom Auftragnehmer zum Akteur

Die Psychologie, besonders in ihrer Einbindung in praktische Tätigkeiten, vollzog in der Kriegszeit einen bemerkenswerten Wandel: Praktische psychologische Arbeit gab es vor 1914 nur in Ansätzen und nur in speziellen Auftragssituationen; Psychologen wurden als Gutachter vor Gericht, als Ratgeber in psychiatrischen Fragen oder im Schulsektor angefordert. Die Kriegssituation schuf temporäre Freiräume, in denen überkommene Strukturen außer Kraft gesetzt wurden und in denen die Psychologen beider Länder erfolgreich ihre Expertise und ihre Handlungsoptionen propagieren konnten. In Großbritannien war es vor allem die Einbindung in die Militärpsychiatrie, in Deutschland die psychotechnische Versorgung verletzter Soldaten. In beiden Ländern waren es besonders begabte Akteure, die die Gunst der Stunde nutzten und die Möglichkeiten erfolgreicher psychologischer Arbeit propagieren konnten. Psychologen stellten sich als Experten der Moderne dar, die durch neue technische und statistisch beweisbare Verfahren sowohl effektive Auswahlverfahren als auch erfolgreiche Trainingsmethoden zu bieten hatten. Zahlen und Fragebögen gewannen als Faszinosum in dem industriell geführten Krieg an Bedeutung, was wiederum entscheidend war für die zunehmende Bedeutung statistischer Verfahren in der Psychologie. Die Psychologen bedienten damit die kriegsspezifische Faszination von Machbarkeitsutopien und Technikversprechen und wurden in beiden Ländern vor allem gegen Kriegsende besonders in der Auswahl neuer Experten für die Luftwaffe eingesetzt. Die wenig einheitlich konzipierte Wissenschaft Psychologie mit vielen verschiedenen Konzepten und Methoden bot eben gerade durch ihre Vielfalt Anknüpfungspunkte und Lösungsstrategien für die verschiedensten Probleme

© BRILL SCHÖNINGH, 2023 | DOI:10.30965/9783657790869_008

der Kriegszeit. So wurden Psychologen sowohl in der Militärpsychiatrie als auch in der Kriegsindustrie und zur Auswahl militärischer Experten eingesetzt.

Den britischen Psychologen kam dabei zugute, dass sie durch die Zugehörigkeit zur Oxbridge-Elite gute Beziehungen zum politischen und militärischen Personal hatten. In Deutschland waren die einflussreichen Psychologen eher Einzelkämpfer, das Interesse an psychologischer Expertise war beim Militär aber durchaus vorhanden. So ging das Angebot von psychologischer Arbeit in beiden Ländern von selbstbewussten Fachvertretern aus, wurde aber auch von interessierten Militärs angefordert. Auffällig ist dabei vor allem die unterschiedliche Vernetzung britischer und deutscher Psychologen: In Großbritannien bildete sich eine Gruppe psychotherapeutisch arbeitender Psychologen, die eine eigenständige Position gegenüber der Militär- und der zivilen Psychiatrie entwickeln konnte. In Deutschland war dies nicht der Fall, da die Militärpsychiatrie zu gut organisiert war, um psychologische Neuerungen zuzulassen. Das neu entstandene Gebiet der Versorgung verletzter Soldaten ermöglichte es zwar, psychologische Neuerungen zuzulassen, jedoch waren dies eher Initiativen von Einzelpersonen.

7.2   Entwicklungsschübe und Zeitfenster

Die Einbindung der Psychologie in die Kriegsanstrengungen beider Nationen verlief in Etappen, die auch den Wandel in der Kriegsführung widerspiegelten. Damit wurden spezielle Zeitfenster eröffnet, in denen psychologische Arbeit besonders begünstigt wurde: Zu Kriegsbeginn war die Organisation der Streitkräfte und des Sanitätsdienstes entscheidend für die militärpsychiatrische Einbindung britischer Psychologen. Durch den Umbau der Berufs- in eine Freiwilligenarmee und später in eine Armee von Wehrpflichtigen entstanden Chancen für die britischen Psychologen, schnell in hohe Posten aufzusteigen; so wurde der kommunikative Psychologe Charles Myers zum psychologischen Berater der britischen Armee ernannt und konnte wesentliche Organisationsstrategien implementieren. Die steigenden Anforderungen der Kriegsindustrie führten dazu, dass Psychologen im Bereich der Arbeitsorganisation als Statistiker, zunehmend aber auch als Berater in psychologischen Fragen z.B. zur Ermüdung eingebunden wurden. Die britischen Psychologen waren von Kriegsbeginn an eng miteinander vernetzt, vertraten ähnliche methodische und therapeutische Grundkonzepte und unterhielten auch gute Beziehungen zur politisch-militärischen Elite.

In Deutschland verlief die Einbeziehung der Psychologen zu Kriegsbeginn deutlich anders. Ein gut organisierter Sanitätsdienst, länderspezifisch aufgebaut, bot kaum Lücken für eine innovative psychologische Beschäftigung in der Militärpsychiatrie. Deshalb waren es nur wenige Psychologen, die sich auf diesem Gebiet auszeichneten. Meist waren es Universitätsprofessoren, die schon in der Vorkriegszeit Kontakte zum Militär gepflegt hatten. Deshalb kam es auch nicht zu einem intensiven Austausch oder einer Vernetzung auf diesem Gebiet. Anders als in Großbritannien wurde in Deutschland auch in der Psychologie in den ersten Monaten die positive Wirkung des Krieges hervorgehoben; auch von Interesse war vor allem das individuelle Erleben des einzelnen Kriegsteilnehmers, das beschreibend erfasst werden sollte. Experimentelle Untersuchungen von Sinnesleistungen an der Front zeigten noch die experimentalpsychologische Ausrichtung deutscher Psychologen. Wichtig für die deutschen Psychologen wurde ihre Einbindung in die Versorgung verletzter Soldaten: Hier entwickelte der Psychologe Walther Moede ein psychotechnisches Modell zur Eingliederung verletzter Soldaten, das sowohl beim Militär als auch in der Industrie erfolgreich angewandt wurde. In diesem neu entstandenen Arbeitsgebiet waren die deutschen Psychologen am erfolgreichsten.

Ein neues Zeitfenster für den Einsatz psychologischer Experten eröffnete sich nach den Schlachten des Jahres 1916: Nach den unvorstellbar hohen Menschenverlusten und Materialeinbußen geriet der einzelne Soldat zunehmend aus dem Blick und wurde Teil des zu organisierenden „Menschenmaterials". Dies führte zu neuen Versuchen, durch innovative Therapien die Zahl der psychisch erkrankten Soldaten und Offiziere zu reduzieren. Auch die Kosten für eventuelle Pensionszahlungen erhöhten den Druck auf die Anforderungen an die psychologischen Experten. In beiden Ländern wurden deshalb neue therapeutische Verfahren entwickelt und angewandt – in Großbritannien waren das psychoanalytisch orientierte Verfahren, in Deutschland wurden auch von Psychologen aggressive Therapiemethoden offiziell empfohlen. In dieser Phase des Krieges wurden die psychotherapeutischen Maßnahmen zunehmend militärisch geprägt und die Psychologen beider Länder waren bereit, sich den staatlichen und ökonomischen Forderungen anzupassen und das nationale vor das individuelle Interesse zu stellen. In Großbritannien endete Ende 1917 die Arbeit der Psychologen an der Front.

Die letzten Kriegsjahre 1917/18 waren – in der Heimat und an der Front – gekennzeichnet von einer zunehmenden körperlichen und psychischen Erschöpfung aller Kriegsteilnehmer. Den Psychologen zeigte sich dies in den veränderten Krankheitsbildern sowohl der psychisch verletzten Soldaten als auch der zivilen Bevölkerung. Auch wurde der Druck staatlicher Stellen bezüglich der Begrenzung der zu zahlenden Pensionen ein bedeutender Faktor für die Militärpsychiatrie.

In beiden Ländern wurden die Psychologen in die neue Kriegsführung eingebunden und damit eröffneten sich neue Aufgabenfelder: Neue Waffen wie Flugzeuge und U-Boote kamen in größerem Ausmaß zum Einsatz; diese neuen Waffen erforderten Spezialpersonal und die Psychologen entwickelten Auswahlverfahren zur Selektion. Dies führte zur einem sprunghaften Anstieg von Mess- und Testverfahren, die nicht nur die intellektuelle Leistungsfähigkeit, sondern auch das emotionale Erleben erfassen wollten. In Deutschland bevorzugte man aufwendige maschinelle Apparaturen, auch um die konkreten Anforderungen möglichst realitätsnah erfassen zu können. Auch in der Kriegsindustrie stiegen die Anforderungen: In Großbritannien wurden in staatlich organisierten Gremien arbeitsspezifische Probleme untersucht, für die die Psychologen geeignete Lösungsstrategien entwickelten. Das Hindenburg-Programm in Deutschland führte 1917 dazu, dass eine große Anzahl neuer Arbeitnehmer in den Arbeitsprozess eingegliedert werden musste. Mit psychologischen Ausleseverfahren wollten die Psychologen eine effektive Auswahl geeigneter Arbeitnehmer sicherstellen. Dabei wurde die Berufseignung für verschiedene, auch höhere Berufe gemessen. Anders als in Großbritannien war die Einbindung der Psychologen jedoch dezentral organisiert, häufig angestoßen durch die Initiative einzelner Universitätspsychologen. In beiden Ländern sahen sich die Psychologen gegen Kriegsende zunehmenden Vorwürfen und Protesten der Patienten und auch der Öffentlichkeit ausgesetzt und mussten sich rechtfertigen; in Deutschland wurde Kritik an den Behandlungsmethoden psychisch verletzter Soldaten laut, in Großbritannien liefen die Konfliktlinien gegen die Behandlung der „Simulanten" und „Deserteure".

7.3 Krankheitskonzepte und Therapiemethoden

Das Auftreten von psychischen Erkrankungen in einer so großen Zahl bei vormals gesunden jungen Männern war ein Novum in beiden Kriegsgesellschaften. Neu war auch, dass diese Erkrankungen so plötzlich auftraten, dass sie therapeutisch behandelbar waren und danach meist ebenso schnell wieder verschwanden. Es setzte sich die Erkenntnis durch, dass psychische Erkrankungen schnell und aktiv behandelt werden könnten; die dabei eingesetzten Therapiemethoden, auch die teilweise brutal wirkenden, fungierten als mögliches Modell für erfolgreiche Behandlungsstrategien.

Auffällig ist ein kriegsbedingter Wandel theoretischer Debatten über die Ursache der psychischen Störungen und das zugehörige Menschenbild. In den Anfangsjahren sah man in beiden Ländern durchaus den Krieg als Auslöser für die psychischen Störungen an; nach 1916 wurde die Ursache jedoch dem einzelnen Kriegsteilnehmer angelastet. Diese Entwicklung war nicht durch neue Erfahrungen und Erkenntnisse entstanden, sondern vor allem Folge des wachsenden militärischen Drucks und der steigenden Kriegskosten. Dies trug zu einer neuen Konzeption der menschlichen Psyche bei, konventionelle Vorstellungen von Männlichkeit und Standeszugehörigkeit blieben davon jedoch unberührt.

In Deutschland überwog die Betonung des Willens, einer Kraft, mit der der Einzelne seiner Erkrankung entgegenwirken sollte. Dieser Wille würde nicht nur die Kampfeskraft, sondern auch die Arbeitskraft bestimmen. Militärpsychiater und Psychologen waren der Ansicht, dass durch eine, auch aggressive Steuerung des Willens, die psychischen Störungen zu beeinflussen seien. Sie gingen dabei über die staatlichen Forderungen nach Begrenzung eventueller Pensionszahlungen hinaus und engagierten sich besonders stark für die nationale Sache. In Großbritannien ging man – psychoanalytischen Annahmen folgend – von einer unbewussten Ursache der Kriegsneurosen aus, die in einem Konflikt zwischen instinktiven Regungen liege. Durch Bewusstmachung dieser inneren Konflikte seien die Patienten zu heilen. Dies führte zu einer wohlwollenderen Haltung gegenüber den Patienten auch deshalb, weil die Militärpsychiater den kämpferischen Fähigkeiten der neuen Armee kritisch gegenüberstanden und unerwünschtes Verhalten auf mangelhaftes Training zurückführten. Zudem wurden durch den Kriegseintritt der USA zunehmend amerikanische theoretische Modelle rezipiert.

In Deutschland wie in Großbritannien prägten die militärische Umgebung und die kriegsbedingten Machtverhältnisse das methodische und therapeutische Vorgehen im Krieg, aber auch die Psychologen selbst. Für therapeutische Vorgehensweisen wie Hypnose und Suggestion waren die militärischen Subordinationsverfahren günstig; aggressive Therapien konnten trotz Protest der Patienten ausprobiert und durchgeführt werden. Der Umgangston und die autoritäre Art der Behandlung spiegelten in beiden Ländern die militärische Umgebung wider. In beiden Ländern eigneten sich die psychiatrisch arbeitenden Psychologen diskussionslos militärische Autorität an. Britische Psychologen trugen Uniform und stellten das Ziel ihrer Behandlung – die Rückkehr zur Front – nicht in Frage. Die deutschen Psychologen in der Militärpsychiatrie kritisierten in den Fachzeitschriften nur wenig die brutalen Methoden ihrer psychiatrischen Kollegen, die allein die Arbeitsfähigkeit der Patienten und weder deren Rückkehr an die Front noch ihre vollständige Genesung zum Ziel hatten. Die Psychologen beider Länder fügten sich den kriegsbedingten militärischen Zielen auch insofern, als die Bedürfnisse des Individuums hinter den nationalen Anforderungen der Kriegsführung zurücktraten. In beiden Ländern konnten die Psychologen die Effektivität ihrer aktiv und schnell durchgeführten Therapien beweisen. Die militärische Prägung der therapeutischen Maßnahmen machte eine Weiterführung dieser psychologischen Therapien in der Friedenszeit jedoch schwierig.

7.4   Methoden, Instrumente und Testverfahren

Die Möglichkeit, eine große Anzahl erwachsener Personen anhand verschiedener Kriterien zu beobachten und mit den unterschiedlichsten Methoden zu untersuchen, war die größte Herausforderung und zugleich eine Chance für die Psychologen beider Länder. Die Erforschung der menschlichen Arbeitsfähigkeit war unter dem Druck der Ansprüche der Kriegsindustrie ein besonders wichtiges neues Arbeitsgebiet. Dabei standen in Großbritannien vor allem soziale und Umweltfaktoren der Arbeit im Mittelpunkt, bedingt durch die Annahme, dass der Arbeitnehmer in einer geeigneten Umgebung seine beste Leistung erbringen würde. Aufwendige apparative Untersuchungen und spezifische Tests wurden eher abgelehnt; ein Fokus psychologischer Arbeit lag auf der Untersuchung allgemeiner Variablen, wie den Einflussfaktoren auf Ermüdungsprozesse und fehlerhafte Arbeit.

In Deutschland dagegen wurde eine Vielzahl von Verfahren angewandt: Zu Kriegsbeginn versuchten die Psychologen, durch Befragungen das individuelle Erleben des Soldaten zu erfassen. Im weiteren Verlauf des Krieges ging es eher darum, die individuelle Leistungsfähigkeit sowie den Charakter zu erfassen, um eine größtmögliche Effektivität des Einzelnen zu gewährleisten. Psychotechnische Apparate, der experimentalpsychologischen Ausrichtung deutscher Psychologen folgend, sollten bei einfachen Berufen für den optimalen Einsatz menschlicher Arbeitskraft sorgen; dies galt auch für verletzte Kriegsteilnehmer. Gerade bei hirnverletzten Soldaten aber führte man auch beobachtende Verfahren ein. Für höhere Berufe wurden aufwendige Fragebögen zur Eignung und Leistungsbewertung entwickelt. Die meisten Verfahren waren situationsspezifisch und unter Zeitdruck konstruiert worden; dennoch wurden in dieser dichten Neuerungsphase wichtige Probleme psychologischer Diagnostik untersucht und diskutiert: Die Psychologen sahen eine spezifische Arbeitsleistung entweder durch eine grundlegende Fähigkeit bestimmt oder als Folge von spezifischen Einzelleistungen. Sie versuchten diese Arbeitsleistung durch Beobachtung besonders erfolgreicher Kandidaten oder im Selbstversuch zu beschreiben. Um die erforderliche Eigenschaft zu erfassen, beabsichtigten sie durch unterschiedliche Versuchsanordnungen einer Simulation der Kriegssituation möglichst nahe zu kommen. Zur Darstellung der erfassten Testergebnisse verwandten sie numerischen Werte oder eine verbale Beschreibung der erfassten Leistung. In zahlreichen kleineren Projekten wurde eine Vielzahl von diagnostischen Verfahren zur Auswahl geeigneter Arbeitnehmer und militärischer Experten entworfen und ausprobiert. In Deutschland wurden dabei neben Leistungsfaktoren auch zunehmend Charaktereigenschaften erfasst.

Zusätzlich mussten die Psychologen die Effektivität ihrer Verfahren nachweisen können. Damit erhoben die Psychologen beider Länder den Anspruch, die menschliche Leistungs- und Arbeitsfähigkeit, aber auch charakterliche Eigenschaften wissenschaftlich exakt erfassen zu können und stellten auf diese Weise ältere Beurteilungskriterien, z.B. von militärischen Vorgesetzten, in Frage. Es ergab sich damit eine große Menge an Daten, deren Auswertung eine Aufwertung der Statistik in der Psychologie nach sich zog. In Deutschland wurden allerdings schon in der Kriegszeit die schnell konzipierten Test- und Untersuchungsverfahren wegen methodischer Mängel kritisiert.

7.5 Sieg und Niederlage

Mit dem Ende des Krieges wurden auch kriegsspezifische psychologische Arbeitseinsätze, wie die Arbeit in der Militärpsychiatrie, der Kriegsindustrie und der Militärdiagnostik beendet. Die Psychologen hatten jedoch nach ihrem erfolgreichen Einsatz im Krieg Erwartungen bezüglich einer Aufwertung ihrer Arbeit und auch bezüglich neuer Arbeitsfelder im Frieden aufgebaut, die teils erfüllt, zum Teil aber auch enttäuscht wurden. Vor allem in Großbritannien stagnierte die Entwicklung der Psychologie an den Universitäten und beim Militär. In drei psychologisch orientierten Krankenhäusern konnten britische Psychologen aber ihre therapeutischen Erfahrungen aus dem Krieg anwenden und weitergeben. In Deutschland war die Situation stark von der Niederlage geprägt. Um das eigene Handeln im Krieg zu rechtfertigen und den Stellenwert der Psychologie in der Nachkriegsgesellschaft zu betonen, wurde den Kriegsneurotikern eine Mitschuld an der Niederlage zugeschoben. Durch die Pathologisierung der Revolutionäre und ihrer Anführer und die Bereitstellung von Therapiemethoden stellten sich Psychiater und auch Psychologen als Retter und Gesundheitserzieher der Nation dar. Die psychologische Gemeinschaft war in Deutschland aber auch diesbezüglich gespalten und einige Fachvertreter waren explizit anderer Meinung. Von großer Bedeutung waren in Deutschland zwei Nachkriegsentwicklungen: Die Eingliederung in die umstrukturierten Streitkräfte und – jenseits der Universitätspsychiatrie – die Gründung einer psychotherapeutischen Gesellschaft, die sich dezidiert von den aggressiven Kriegstherapien absetzte. Die Situation in Deutschland mit dem Wunsch nach

Revision der Folgen der Niederlage bot Entwicklungschancen und Freiräume, die von den Psychologen genutzt werden konnten.

Nach dem Krieg änderten sich die Beziehungen zwischen britischen und deutschen Psychologen. Die enge Vernetzung der entsprechenden Vereine war zwar durch das Kriegsgeschehen fast unberührt geblieben, nach dem Krieg zeigte sich allerdings ein deutlicher Wandel: Vor dem Krieg war die deutsche Psychologie international federführend; nach dem Krieg dominierten die britischen und amerikanischen Psychologen, deren Beziehungen sich nach Kriegseintritt der USA deutlich verstärkt hatten, die internationale Debatte. Deutlich verändert hatte sich nach dem Krieg auch das Verhältnis der Psychologie zur Medizin. In Großbritannien kam es zu einer Öffnung und Erweiterung des psychologischen Vereins, wodurch medizinisch-psychiatrisches Wissen in die Psychologie integriert werden konnte. Das Verhältnis von Psychologie und Medizin wurde neu justiert, da mit der Sektion medizinische Psychologie nicht nur ein Forum für die therapeutischen Kriegserfahrungen, sondern auch für eine psychologisch ausgerichtete Therapie geschaffen wurde. In Deutschland wurde das im Krieg von Psychologen gewonnene Wissen in die medizinischen Spezialgebiete eingegliedert und psychologisch interessierte Mediziner gründeten 1927 eine psychotherapeutische Gesellschaft jenseits der Universitätsmedizin, die auch von den Kriegserfahrungen ihrer Mitglieder profitierte.

Am Ende dieser Arbeit soll auf die drei anfangs gestellten Fragen zurückgekommen werden. Als erstes auf die Frage wie das das Kriegsgeschehen die Psychologie als theoretische und praktische Wissenschaft in beiden Ländern beeinflusste, an welchen Stellen es neue Entwicklungen angestoßen hatte und für welche Teilbereiche der Krieg als Katalysator wirkte. Zur Beantwortung dieser Frage sind vor allem die neuen Einsatzmöglichkeiten und Anforderungen, besonders im Hinblick auf Militärpsychiatrie, Diagnostik und Kriegsindustrie in beiden Ländern von großer Bedeutung. Neu war, dass Psychologen erstmals in der Psychotherapie tätig waren diagnostische Verfahren zur Vorhersage von Verhalten in komplexen Situationen und Leistungstests zum Arbeitsverhalten entwickelten. Damit erschlossen sie sich neue Arbeitsfelder und stellten auch erfolgreich ihre gesellschaftliche Relevanz dar. Als Katalysator wirkte der Krieg, indem man bereits bekannte Untersuchungsmethoden und Therapieverfahren variierte, ausweitete und ausprobierte; ausschlaggebend dabei war eine situationsspezifische Anpassung. Eine Neuerung war auch die Möglichkeit der Austestung dieser psychologischen Modelle an einer großen Gruppe meist junger Kriegsteilnehmer, die sich nicht gegen eine Untersuchung wehren konnten. Man entwarf Modelle psychologischen Handelns, auf die man nach Kriegsende teilweise zurückgreifen konnte. Besonders einschneidend für die Psychologie waren der Aufbau der militärpsychiatrischen Versorgung beider

Armeen, die Munitionskrisen in der Kriegsindustrie ab 1915, die sprunghafte Erhöhung der Anzahl psychisch erkrankter Soldaten nach den großen Schlachten von 1916, die Entwicklung neuer Waffen und die Auswahl von Experten für deren Handhabung in der zweiten Kriegshälfte, sowie der steigende Kostendruck aufgrund der Versorgung verletzter Kriegsteilnehmer. In Deutschland förderte das Erleben der Niederlage insbesondere die Einbindung der Psychologie in das sich neu organisierende Militär.

Eine praktische Tätigkeit von Psychologen hatte es in diesem Ausmaß vor dem Krieg nicht gegeben.[1] Die Psychologen beider Länder galten im Krieg als Experten der Moderne, denen man zutraute, neue Messverfahren und Handlungsoptionen zu entwickeln. Die Psychologen sahen sich in der Lage, die menschliche Psyche vermessen, beeinflussen und theoretisch erklären zu können. Diese Machbarkeitsutopien in einem militärischen Umfeld führten dazu, dass die Psychologen eher das Wohl des Staates und der Nation als das des einzelnen Individuums im Auge hatten. Dadurch kam es aber auch zu einer zunehmenden Politisierung einzelner Psychologen. In Großbritannien betonten sie ihre Fähigkeit, bei Streiks vermitteln zu können, in Deutschland ihre Bedeutung als Experten bei sozialen Problemen mit „abweichendem Verhalten". Der Krieg hatte die Wandlung der Psychologie von einer rein theoretischen zu einer praktisch anwendbaren Wissenschaft gefördert und beschleunigt.

Eine zweite Kernfrage dieser Arbeit betraf die Stellung des einzelnen Individuums als Subjekt einer wissenschaftlichen Debatte. Wurden in der Zeit des Ersten Weltkrieges psychologische Theorien und Praktiken entwickelt, die eher zu einer Disziplinierung führten oder ein größeres Maß an Individualisierung und Freiheitserfahrung des Subjekts ermöglichten? Bei dieser Frage sind vor allem zwei Aspekte genau zu beachten: Zum einen sind in der angespannten Situation des Krieges vor allem disziplinierende Tendenzen auszumachen: Viele der beteiligten Psychologen standen im Staats- und Militärdienst und waren und fühlten sich damit den nationalen Kriegsanstrengungen verpflichtet. Diese Einstellung war besonders auf deutscher Seite und hier am Kriegsanfang ausgeprägt. Besonders deutlich wirkte sich dies in der Militärpsychiatrie aus und führte zu steigenden Ansprüchen an die Anpassung der Soldaten an die Erfordernisse der Kriegssituation. Psychologen definierten in ihrer Arbeit in der Kriegspsychiatrie Bilder einer normalen Männlichkeit, die den Strapazen des Krieges gewachsen sei; das zeigen von Angst und damit verbundenen körperlichen Symptomen bezeichneten viele Experten

---

1 Nach dem Krieg stieg die Anzahl der Artikel zur angewandten Psychologie deutlich an, Müller-Brettel, Psychologische Beiträge im Ersten Weltkrieg, S. 43.

als krankhaft. Zum anderen verschob sich durch die Häufigkeit psychischer Symptome bei vormals jungen Soldaten die Grenzen der Normalität. Was vor dem Krieg als eine unheilbare Krankheit galt, wurde nun von Psychiatern und Psychologen erfolgreich behandelt oder bildete sich nach einer Erholungsphase von selber zurück. Diese Sicht auf die kriegsbedingten psychischen Störungen hatte jedoch auch Konjunkturen, die zum einen der Menge der auftretenden Erkrankungen folgten, zum anderen aber auch den Anforderungen der militärischen Behörden entsprechen mussten. Besonders nach den großen Schlachten von 1916 wurde das Thema der Kriegstauglichkeit bedeutsam und führte zur Anpassung der therapeutischen Maßnahmen an dieses Ziel. Daraus folgte sogar, dass einigen britische Psychologen die von ihnen angewandten psychoanalytischen Vorstellungen auf die Wiederherstellung der Kriegstauglichkeit ausrichteten. Die Komponente der sexuellen Befreiung stellte man in der Kriegszeit als unwichtig zurück und sah einen inneren Konflikt als Ursache für die dazugehörigen psychischen Symptome an. In diesem Konflikt sei aber das Pflichtgefühl eine der bedeutsamen Komponenten: Die Norm eines kriegsfähigen und damit auch wieder kriegsbereiten Mannes bestimmte damit auch das psychoanalytische Vorgehen. Durch eine gesellschaftlich geforderte Arbeit am Selbst sollten die Kriegsteilnehmer wieder kampffähig gemacht werden. Auch die in größeren Gruppen durchgeführten Hypnosen und Suggestionsverfahren folgten dieser kriegsspezifischen Logik. Weniger subtil war die Einwirkung deutscher Psychologen und Psychiater auf die psychisch gestörten Kriegsteilnehmer. Die Einwirkung auf den (männlichen) Willen erfolgte durch äußere Zwänge, militärische Disziplinierung oder schmerzhafte Maßnahmen und weniger dem Aufruf zur Selbstdisziplinierung. Auch hier waren die Therapien auf das Ziel der Kriegstauglichkeit ausgerichtet. In einer kriegsspezifischen Machbarkeitsutopie wurde die psychologische Kontrolle sowohl auf die Psyche als auch auf den Körper im Sinne der politisch-militärischen Ziele für möglich gehalten und angeordnet.

Man sprach den psychologischen und psychiatrischen Experten beider Länder die Autorität zu, Normen und Standards für psychische Gesundheit zu definieren, auch in Zeiten höchster Belastungen. Im Ersten Weltkrieg führten diese Fachleute eine psychische Erkrankung der Kriegsteilnehmer meist auf eine pathologische Disposition des Individuums zurück. Die große Zahl an psychischen Erkrankungen bei Kriegsteilnehmern und die Stimmen der Öffentlichkeit beeinflussten aber diese Vorstellungen dahingegen, dass man die Ursache der psychischen Erkrankung eher auf eine (ehrenvollere) körperliche Schädigung zurückführte, beispielsweise in der Diagnose *„shell shock"* in Großbritannien. Auf der anderen Seite änderten sich diese normativen Einstellungen gegen Kriegsende und die psychologischen Experten konzedierten zunehmend eine zermürbende und krankmachende Wirkung des Krieges, eine Aussage, die von der Militärpsychiatrie beider Länder nach Kriegsende aber eher zurückgenommen wurde. Die Diagnose *Neurasthenie*, die Psychologen und Psychiater im und vor dem Krieg häufig angewandt hatten, stellten die entsprechenden Experten aber nach 1918 trotzdem immer seltener.[2] In der angelsächsischen Militärpsychiatrie dauerte es bis zum Zweiten Weltkrieg ehe man die krankmachende Wirkung des Krieges als (eine) bedeutende Ursache psychischer Erkrankungen anerkannte.[3] Auch die, gegen Kriegsende 1918 beim Militär zunehmend angesehene Psychoanalyse war der Ansicht, dass ein gesunder Mensch in der Lage sei, sein Leben für den Nutzen der Allgemeinheit zu opfern.[4] Die Vorstellung einer quasi unbegrenzten Belastbarkeit der Psyche und damit verbunden, die Annahme, dass eine psychische Kriegserkrankung auf eine individuelle Prädisposition zurückzuführen sei, stellte man in Deutschland erst seit Mitte der 50er Jahre in Frage.[5]

Die stark disziplinierenden Maßnahmen in den Therapien der psychischen Störungen der Kriegsteilnehmer im Ersten Weltkrieg erklären vielleicht auch den mangelnden Transfer dieser Methoden in die Nachkriegszeit. ‚Diese Tendenzen folgten kriegsspezifischen Zielen, allerdings war in Deutschland nach dem Krieg ein erster Boom der Psychoanalyse zu beobachten, die aber anders als in der britischen Militärpsychiatrie die befreiende Wirkung der Bewusstmachung unbewusster Emotionen zum Thema machte.[6] Auch in Großbritannien wuchs nach dem Krieg in der Öffentlichkeit das Interesse an den Thesen der Psychoanalyse und der Psychologie.[7] Damit wurde auch die Einstellung öffentlicher Behörden in der Zwischenkriegszeit deutlich: Psychologische Therapien bot man Zivilisten nicht in größerem Umfang an und den Zugriff auf die Psyche in diesem Bereich verfolgte man nicht weiter. Psychotherapeutische Maßnahmen standen zwar in beiden Ländern stark im öffentlichen Interesse, waren aber nur für wenige bessergestellte Privatpersonen finanzierbar.[8] Der psychotherapeutische Zu- und Eingriff auf die menschliche

---

2 Kury, Der überforderte Mensch, S. 51f.

3 Ebd., S. 71; dazu ausführlich: Goltermann, Opfer, speziell S. 197–243.

4 Zaretsky, Eli, Freuds Jahrhundert. Die Geschichte der Psychoanalyse, Wien 2006, S. 176–189; Elberfeld. Anleitung zur Selbstregulation, S. 71f.

5 Goltermann, Überlebende, S. 433.

6 Jensen, Uffa, Die Politisierung der Psychoanalyse, in: Tändler, Jensen, Das Selbst zwischen Anpassung und Befreiung, S. 40.

7 Thomson, Psychological subjects.

8 Mathew Thompson Mathew Thomson, The popular, the practical and the professional: Psychological identities in Britain, 1901–1950, in: Geoffrey C. Bunn/Alexander D. Lovie/Graham D. Richards (Hrsg.), Psychology in Britain. Historical essays and personal reflections, Leicester 2001, S. 115–132.

Psyche, den Militärpsychiater und Psychologen im Ersten Weltkrieg in großem Ausmaß praktiziert hatten, wurde in der Zwischenkriegszeit sowohl
von der psychologischen Disziplin als auch von öffentlicher Seite marginali-
siert. Dies geschah möglicherweise auch wegen dem steigenden Kostendruck
durch die Versorgung verletzter Soldaten. Andererseits war psychologisch-
psychotherapeutisches Denken und Praktizieren in der Öffentlichkeit weiter
sehr präsent und einflussreich.[9]

In ähnlicher Weise ist ein disziplinierender Eingriff auf das Individuums im
Bereich andere psychologischer Arbeitsfelder zu beobachten: Zum einen in der
Industrie, wo man die Arbeiterauslese und Testung im Krieg ohne Zustimmung
der Arbeitnehmer durchführte. Hier stellten Experten im Krieg eine optimale
Passung von Arbeiter und Arbeitsplatz in Aussicht, um die Kriegsindustrie optimal zu unterstützen. Die deutschen und britischen Psychologen setzten sich
aber dezidiert von den Methoden des amerikanischen *scientific managements*
des Taylorismus ab, der eine Optimierung der menschlichen Arbeitskraft durch
das Trainieren spezifischer Arbeitsbewegungen versprach. In Abgrenzung zu
diesem Vorgehen prognostizierten sowohl die Industriepsychologen in Großbritannien als auch die Psychotechniker in Deutschland durch eine wissenschaftlich begründete optimale Passung von industrieller Arbeit und Subjekt
eine Steigerung der Arbeitszufriedenheit und damit auch die Möglichkeit im
Arbeitskampf vermittelnd einzugreifen. Dabei war das Ziel dieser Eingriffe
nicht eindeutig definiert: Hatte noch Hugo Münstertal, der Begründer der
Psychotechnik, von der Werteneutralität seiner Methode gesprochen, war dies
unter den deutschen Psychologen durchaus umstritten. Allerdings wurde in
der (scheinbar) objektiven Prüfung der individuellen Leistungsfähigkeit auch
ein emanzipatorisches Element deutlich, da der Einsatz und die Einschätzung
der Arbeitsfähigkeit von diesem Zeitpunkt nicht mehr dem subjektiven Urteil
des Meisters unterlagen. Trotzdem weigerten sich viele Arbeiter nach Kriegsende entschieden sich den psychologischen Leistungstests zu unterziehen,
eine Entwicklung die in der Weimarer Republik für die Psychotechnik durchaus problematisch war.[10] In Großbritannien war das Interesse an industriepsychologischen Methoden und Testverfahren in der Zwischenkriegszeit
wenig ausgeprägt. Es war hier eher der Erziehungssektor, in dem Psychologen

---

9   Ebd; S. 153f. Für Deutschland siehe: Killen, Andreas: Berlin Electropolis. Shock, Nerves,
       and German Modernity, Berkeley 2006.

10   Patzel-Mattern, Katja: „Dispositionen des Individuums" im Produktionsprozess. Die indi-
       viduelle Psychotechnik in der Weimarer Republik zwischen Selbstbehauptung, Unter-
       nehmenserwartungen und Arbeiterinteressen, in Tändler, Jensen, Das Selbst zwischen
       Anpassung und Befreiung, S. 60–84.

die neuen Testverfahren einsetzten, auch um durch neue Auswahlverfahren und Erziehungsmethoden die Bevölkerung zu beeinflussen.[11]

In der Militärdiagnostik zeigte sich eine Verschiebung gesellschaftlich vorgegebener Grenzen. Offiziere, so war die Ansicht vor dem Krieg in beiden Ländern, könnte man mit einfachen Leistungstests nicht adäquat erfassen. Diese Ansicht stellte man jedoch unter den Anforderungen der Kriegssituation in Frage und Psychologen unterzogen beispielsweise das Flugpersonal intensiven psychologischen Leistungstests. Damit wurde auch die psychische Leistungsfähigkeit eines Offiziers Ziel einer psychologischen Prüfung und Beurteilung, was dazu führte, dass diese Diagnostik einen Aufstieg geeigneter Kandidaten in das Offizierscorps ermöglichte. Allerdings waren auch Gegentendenzen zu beobachten, indem das Militär das subjektive Urteil der vorgesetzten Offiziere und die beobachtende Feststellung eines sportlichen Talents weiter ausschlaggebend zum Beispiel für die Fähigkeit zu Fliegen ansah. Die Psychologen beider Länder versprachen als Experten der Psyche eine fast unbegrenzte Steuerung des menschlichen Verhaltens. Die von den Psychologen postulierten Manipulations- und Einflussmöglichkeiten auf die menschliche Kampf- und Arbeitsfähigkeit machten diese zu einem idealen Objekt politischer Forderungen. Erst gegen Kriegsende wurde die Begrenztheit der psychologischen Interventionen deutlich. Allerdings, um es zusammenzufassen, führten manche psychologische Interventionen in der Kriegszeit auch zu größeren Freiheitserfahrungen: Die Auflösung der Grenzen zwischen Normalität und geistiger Erkrankung führte einerseits zu einer geringeren Stigmatisierung dieser Patienten, vor allem in der Öffentlichkeit. Dazu kamen die Hoffnung und das Versprechen einer Heilung dieser Erkrankungen.

In der Industrie ersetzte eine Fähigkeitsdiagnostik die vormals subjektive Leistungsbeurteilung und beim Militär wurde durch die psychologische Diagnostik soziale Hierarchien zu Mindestens in Frage gestellt. Nach dem Krieg dauerte die Beschäftigung mit den im Krieg entwickelten psychologischen Methoden allerdings nur bis etwa 1927 an, danach erlosch, auch angesichts der weltwirtschaftlichen Lage, das Interesse. Allerdings arbeiteten Psychologen, wenn auch in geringer Zahl, weiter in den im Ersten Weltkrieg entstandenen Berufsfeldern: Der Psychotherapie, der Industrie und der militärischen Diagnostik. Deshalb stellte diese Arbeit auch die dritte Frage nach den Kontinuitäten in der Entwicklung und Anwendung psychologischer Methoden und theoretischer Annahmen.

Die Wirkung psychologischer Arbeit im Ersten Weltkrieg zeigte sich deutlich erst zu Beginn des Zweiten Weltkrieges, als in beiden Ländern auf die

---

11   Thomson, The Psychological Science, S. 151.

Erfahrungen des letzten Krieges zurückgegriffen wurde. In Großbritannien und Deutschland erwarteten die zuständigen Fachleute ähnliche Erkrankungen und Probleme wie im Ersten Weltkrieg und in beiden Ländern griffen Militär und Politik sowohl auf die Experten als auch auf die psychologischen Methoden des Ersten Weltkriegs zurück.[12] Offensichtlich deutliche Unterschiede ergaben sich natürlich daraus, dass unter den Nationalsozialisten auch die Psychologen ihr Verhältnis zu den totalitären Machthabern austarieren mussten und bereits 1933 viele bedeutende jüdische Psychologen gezwungen wurden das Land zu verlassen.[13] Vor allem drei Arbeitsgebiete der Psychologen im Ersten Weltkrieg stellten Bezugspunkte zur erneuten Kriegsvorbereitung dar: Die Industriepsychologie, bzw. Psychotechnik, die Kriegspsychiatrie und die militärische Eignungsprüfung.

In der Kriegsindustrie wurden in Großbritannien Erfahrungen aus dem Ersten Weltkrieg erneut publiziert und diskutiert.[14] Besonders deutlich war der Rückgriff auf alte Erfahrungen aber in der Kriegspsychiatrie: In Großbritannien waren es die gleichen Personen, die man wieder aktivierte: Beispielsweise wurde Charles Myers dazu bewegt, seine Erfahrungen aus dem Ersten Weltkrieg aufzuschreiben.[15] Er wollte mit seinem Buch *Shell shock in France* und seinen Kriegserfahrungen jüngeren Ärzten in ihrer militärpsychiatrischen Arbeit behilflich sein.[16] Auch andere Psychologen wie William Brown und Francis Dillon schrieben zu diesem Zeitpunkt über ihre Erfahrungen im Ersten Weltkrieg und die Presse interessierte sich wieder intensiv dafür.[17] Dass auch das Militär auf die Methoden der Psychologen des Ersten Weltkrieges zurückgreifen wollte, zeigte sich u.a. in der Person des leitenden Armeepsychiaters John Rees, der an psychologischen und psychoanalytischen Verfahren interessiert

---

12   Für eine ausführliche Darstellung der Psychologie im Nationalsozialismus siehe: Geuter, Die Professionalisierung der deutschen Psychologie im Nationalsozialismus.

13   Ebd. S. 99–104.

14   Industrial health in war. A summary of research finding capable in furtherance of the national effort. London 1940, WL PSY/BPS/4/2/2; Spur, Industrielle Psychotechnik - Walther Moede., S. 344–347.

15   Myers, Shell shock in France, 1914–18., Preface; Ähnlich William Brown und Francis Dillon; siehe: Dillon, Neuroses among combatant troops; William Brown, The psychologist in war-time, Lancet (1939), S. 833.

16   „... I believe that it [the book] will be of assistance to the younger members of the Royal Army Medical Corps [...] especially to those who are directly concerned with the treatment and disposal of ‚nervous‘ and ‚mental‘ cases in warfare." Myers, Shell shock in France, 1914–18., Preface, S. X.

17   Dillon, Neuroses among combatant troops; Myers, Shell shock in France, 1914–18.; zusammenfassend: Shephard, Pitiless psychology : The role of prevention in British military psychiatry in the Second World War., S. 495.

war. Er hatte an der psychologisch orientierten Tavistock-Klinik gearbeitet und damit die Ausrichtung der britischen Militärpsychiatrie bestimmt. Schon Anfang des Jahres 1939 hatte er den Vorschlag gemacht, Intelligenztests, die in der Industrie angewandt wurden, auch zur Personalauswahl bei den Streitkräften einzusetzen; dies war jedoch abgelehnt worden.[18]

Erst mit Beginn des Zweiten Weltkrieges führte man aber in allen drei britischen Teilstreitkräften die Personalauswahl nach psychologischen Kriterien ein. Charles Myers und sein Schüler Frederick Bartlett dienten im Kriegsministerium als Berater für die Rekrutierungsverfahren neuer Truppen.[19] Einen koordinierten Vorstoß zur Implementierung von psychologischen Auswahlverfahren beim Militär hatte es, anders als in Deutschland, in Großbritannien nicht gegeben. Zwar wurden psychologische Testverfahren im Zweiten Weltkrieg beim Militär verwendet, jedoch meist von nicht-psychologischem Personal und Psychologen fungierten nur als zivile Berater.[20]

In Deutschland hatten die Kriegsvorbereitungen von Seiten der Psychologe deutlich vor 1939 begonnen. In der Kriegsindustrie griffen sie auf Methoden der Psychotechnik zurück, einmal zur Diagnostik und effizienten Zuweisung von Arbeitskräften dann aber auch zur Anwendung bei der Deportiertenauslese.[21] Im Mittelpunkt der psychotechnischen Verfahren standen die Intentionen das Arbeitspersonal möglichst effektiv auszuwählen, zu trainieren und an den optimalen Arbeitsplatz zu vermitteln.[22] Federführend für diese Entwicklung war der Psychologe Walther Moede, der das Institut für industrielle Psychotechnik und Arbeitstechnik an der TH Berlin seit Ende des Ersten Weltkriegs leitete und auch während des Nationalsozialismus weiter die Zeitschrift *Industrielle Psychotechnik* herausgab.[23] Die Grundlage seiner Arbeit waren die im Ersten Weltkrieg entwickelten Prüf- und Trainingsverfahren. Im Nationalsozialismus benote man aber den, schon in der Psychotechnik beachtete Arbeitswillen, die Ganzheit der Arbeitsperson und das Ersetzten des Leistungsprinzips durch das Ausdrucksprinzip stärker.[24] Gerade in der Kriegswirtschaft konnten Psychologen auch in den Industriebetrieben an Einfluss gewinnen.[25] Ab 1939 wurden die ersten Psychologen in Betrieben eingestellt

---

18 Shephard, A war of nerves., S. 187.
19 Jones/Wessely, Shell shock to PTSD., S. 51.
20 Petri, Eignungsprüfung, S. 186–190.
21 Geuter, Die Professionalisierung der deutschen Psychologie im Nationalsozialismus., S. 35.
22 Jaeger und Staeuble, S. 54.
23 Spur, Industrielle Psychotechnik-Walther Moede, S. 348.
24 Geuter, Die Professionalisierung, S. 152.
25 Ebd., S. 252.

und konnten sich gegen die Betriebsingenieure durchsetzen, möglicherweise auch, weil diese an anderer Stelle gebraucht wurden.[26]

Die psychologische Diagnostik im Heer, in der Luftwaffe und der Marine war, mit Betonung der Charakteranalyse, schon früh deutlich ausgeweitet worden.[27] Seit Mitte der zwanziger Jahre führten Psychologen hauptsächlich die „Intelligenz- und Willensprüfung" durch.[28] Ab 1933 wurde die Reichswehr, bzw. die Wehrmacht zu dem bedeutendsten Arbeitgeber von Psychologen, die in Folge dessen auch verbeamtet wurden.[29] Die Hauptaufgabe der Wehrpsychologen war, wie im Ersten Weltkrieg und in der Psychotechnik die Prüfung der allgemeinen Leistungsfähigkeit. Einen besonderen Statusgewinn erzielten sich die Psychologen auch dadurch, dass ihre Leistungsprüfung Teil der obligatorischen für Offiziersanwärter wurde.[30] Allerdings löste die Wehrmacht die Luftwaffen- und Heerespsychologie 1942 auf, da sie sich angesichts des großen Bedarfs an Soldaten und Offizieren keine strikten Auswahlmethoden mehr leisten konnte.[31]

Wie in Großbritannien reaktivierte man in Deutschland kurz vor dem Zweiten Weltkrieg Kriegsveteranen wie die Psychiater Max Nonne und Karl Bonhoeffer, die Erfahrung in der Versorgung von Kriegsneurotikern hatten.[32] Der Sanitätsdienst erwartete wiederum eine hohe Anzahl von psychischen Erkrankungen, und ging von ähnlichen Symptombildern wie im Ersten Weltkrieg (Kriegszittern, *shell shock*) aus. Für die deutschen Psychiater blieb der Erste Weltkrieg ein eindeutiger Bezugspunkt: Wie schon im Sanitätsbericht von 1934 empfohlen, plante das Militär, dem britischen Beispiel folgend, eine frontnahe Versorgung psychisch verletzter Soldaten, um eine schnelle Therapie zu garantieren.[33] Ähnlich wie im Ersten Weltkrieg wollten die Psychiater beim Heer mit harten Mitteln gegen Kriegsneurotiker vorgehen und damit erneut ihre staatstragende Rolle betonen, gerade auch im Hinblick auf die These der

---

26   Ebd. S. 252.

27   Es waren 1941 in allen drei Wehrmachtsteilen ca. 450 Personen als Psychologen beschäftigt. Geuter, Die Professionalisierung der deutschen Psychologie im Nationalsozialismus., S. 266.

28   Tschudi, Überblick über die Geschichte des Personalprüfwesens des Heeres (1940), in: Fritscher (Hrsg.), S. 84.

29   Geuter Die Professionalisierung, S. 229–236, S. 255–267; siehe auch: Mitchell Ash, Psychologie, in: Frank Rutger Hausmann (Hg.), Die Rolle der Geisteswissenschaften im Dritten Reich 1933–1945, München 2002, S. 229–264.

30   Petri, Personalauswahl, S. 207.

31   Geuter, Die Professionalisierung, S. 390–404.

32   Riedesser/Verderber, Aufrüstung der Seelen, S. 28; Shephard, A war of nerves., S. 302.

33   Riedesser/Verderber, „Maschinengewehre hinter der Front". Zur Geschichte der deutschen Militärpsychiatrie.

Endogenität psychischer Störungen und die den sogenannten Psychopathen zugeschriebene Schuld an der Kriegsniederlage.[34] Diese „Psychopathen", so nahm man sich vor, müsste man schnell selektieren und eher aggressiv behandeln.[35]

Für das Sanitätscorps wichtig wurde die Verpflichtung von beratenden Psychiatern, die schon im Ersten Weltkrieg von großem Einfluss gewesen waren. Überproportional viele von ihnen waren Nationalsozialisten und zeichneten sich u.a. durch eine herabsetzende Sprache gegenüber den sogenannten Kriegsneurotikern aus.[36] Einige der Kriegsneurotiker aus dem Ersten Weltkrieg ermordete man sogar in der Vernichtungsaktion T4.[37] Die deutsche Psychologie stellte sich, ähnlich der Psychiatrie und Psychotherapie, durch eine Art politischer Selbstdienstbarmachung in den Dienst der Nationalsozialisten.[38] Ein Beispiel dafür war der Psychologe Walter Poppelreuter, der schon früh in die NSDAP eintrat und 1934 in seinem Buch *Hitler der politische Psychologe* seine Nähe zum Nationalsozialismus betonte. Poppelreuter stand auch im Verdacht, einen Überfall auf seinen jüdischen Kollegen mitorganisiert zu haben.[39] Obwohl es deutliche personelle Kontinuitäten von den im Ersten Weltkrieg beschäftigten Psychologen zu denen im Nationalsozialismus gab, spielte der psychologische Verein allein aus quantitativen Gründen keine bedeutende Rolle in dieser Zeit.[40] Nach der Machtergreifung der Nationalsozialisten verlor die Psychologie zudem aufgrund der Judenverfolgung mehr als ein Drittel seiner Ordinarien; von den 306 Mitgliedern der Deutschen Gesellschaft für Psychologie des Jahres 1932 emigrierten ab 1933 45, also 14,6%.[41] Von den verbliebenen Psychologen kam allerdings wenig Protest; sie besetzen die vakanten

---

34 Ebenda. Vorgeschlagen hatte dies schon Ewald Stier 1918, Stier, Wie kann der Entstehung von Kriegsneurosen bei der Feldarmee vorgebeugt werden? S. 66.

35 Klaus Blaßneck/Peter Petersen, Militärpsychiatrie im Nationalsozialismus. Kriegsneurotiker im Zweiten Weltkrieg, S. 31.

36 Prüll, Die Fortsetzung des Krieges nach dem Krieg oder: die Medizin im Ersten Weltkrieg und ihre Folgen für die Zwischenkriegszeit in Deutschland 1918 bis 1939, in: Prüll/Rauh (Hrsg.), S. 139f; siehe auch Georg Berger, Die beratenden Psychiater des deutschen Heeres 1939 bis 1945, Frankfurt am Main 1998.

37 Philipp Rauh/Livia Prüll, Krank durch Krieg? Der Umgang mit psychisch kranken Veteranen in der Zeit der Weltkriege (1915). http://portal-militärgeschichte.de/rauh_pruell_krank.pdf (1. Juli 2019), S. 17.

38 Siehe dazu ausführlich: Uwe Wolfradt, Deutschsprachige Psychologinnen und Psychologen 1933–1945. Ein Personenlexikon, ergänzt um einen Text von Erich Stern, Wiesbaden 2015.

39 Linda Orth: *Walter Poppelreuter*. In: Der Nervenarzt. Bd. 75 (2004), S. 609 f.

40 Tändler, Das therapeutische Jahrzehnt, S. 63.

41 Mitchell G. Ash, Die experimentelle Psychologie an den deutschen Universitäten von der Wilhelminischen Zeit bis zum Nationalsozialismus, in: Mitchell G. Ash/Ulfried Geuter

Stellen schnell neu und führten begonnene Forschungsarbeiten fort.[42] Relativ unbemerkt profitierten einige Psychologen auch von einer weiteren Entwicklung: Nach der zwangsweisen Auflösung der psychoanalytischen Einrichtungen eröffnete 1936/37 in Berlin das Deutsche Institut für psychologische Forschung und Psychotherapie in Berlin. Der Leiter dieses Instituts, das 1940 fünf Zweigstellen hatte, war Mathias Göring, ein Vetter von Herrmann Göhring. Neben der Ausbildung von psychotherapeutischen Ärzten war hier auch eine Ausbildung von Psychologen zu „Behandelnden Psychologen" möglich.[43]

Die deutsche Psychologie profitierte auch in anderer Hinsicht von ihrer Kriegstätigkeit. 1941 wurde die Diplomprüfungsordnung, auch aufgrund der großen Nachfrage nach Wehrpsychologen eingeführt und damit hatte die Psychologie als akademische Disziplin eine anerkannte Ausbildung mit entsprechendem Abschluss.[44] So hatte die erfolgreiche Implementierung psychologischen Wissens beim Militär, die im Ersten Weltkrieg begann, eine Auswirkung auf den Professionalisierungsprozess der deutschen Psychologie. Allerdings wurde das ursprünglich vorgesehene Prüfungsfach „Allgemeine Psychopathologie" aufgrund von Protesten der Ärzteschaft wieder gestrichen und die Prüfungsordnung wurde sehr diagnostisch ausgelegt Ein deutscher psychiatrischer Hochschullehrer äußerte sich 1942 pointiert hierzu:

> Ich habe ihn [...] auf die Gefahr für die deutsche Psychiatrie eindringlichst aufmerksam gemacht, die darin besteht, dass einerseits die Psychologen, andererseits die Psychotherapeuten das ganze Gebiet der Psychopathie, „Neurosen" usw. für sich beanspruchen und dass die Geisteskranken unter die Euthanasie fallen. Um den Nachwuchs wird es schlecht bestellt sein, wenn das Gebiet beschnitten wird.[45]

Die Frage nach einer eindeutigen Kontinuität zwischen den militärpsychiatrischen Methoden deutscher Psychologen im Ersten Weltkrieg und den brutalen Therapien der Nazizeit kann hier nicht beantwortet werden und würde den Rahmen der Arbeit sprengen; die Einbindung der Psychologie in den Nationalsozialismus wurde auch bereits ausführlich dargestellt.[46] Zu Beginn

---

(Hrsg.), Geschichte der deutschen Psychologie im 20. Jahrhundert. Ein Überblick, Opladen 1985, S. 45–112, S, 72, Geuter, Zur Geschichte der Psychologie im Nationalsozialismus, S. 99f.

42   Tändler, Das therapeutische Jahrzehnt, S. 63.

43   Geuter, Die Professionalisierung, S. 241f.

44   Gundlach, Germany, in: Baker (Hrsg.), S. 275.

45   Zitiert nach Geuter, Die Professionalisierung, S. 38.

46   Zur Geschichte der Psychologie im Nationalsozialismus siehe Geuter, Die Professionalisierung der deutschen Psychologie im Nationalsozialismus.; zur Frage der Kontinuität siehe Prüll, Die Bedeutung des Ersten Weltkrieges für die Medizin im Nationalsozialismus, in:

des Zweiten Weltkrieges war die psychologische Arbeit des Ersten Weltkrieges
für die führenden Psychiater und Psychologen beider Länder jedoch eindeutig
Bezugspunkt und Modell.

Gerd Krumeich (Hrsg.), Nationalsozialismus und Erster Weltkrieg, Essen 2010, S. 363–378;
Prüll, Die Fortsetzung des Krieges nach dem Krieg oder: die Medizin im Ersten Weltkrieg
und ihre Folgen für die Zwischenkriegszeit in Deutschland 1918 bis 1939, in: Prüll/Rauh
(Hrsg.), S. 129–152.

Quellen

Großbritannien

NA (National Archives, London)

ADM 137/4723: Beschreibung und Bedienung des U.G. Empfängers für die Boote UC 16 bis 48

ADM 212/5: Report of the Detection of Submarines by Acoustic Methods. Office of the Director of Experiment and Research, Admirality, December 1918

ADM 212/8: Underwater Experiments. Report on detection of submarines by acoustic methods

ADM 137/2716 Antisubmarine Division Papers Volume II. Hydrophone to 30 April 1918

ADM 212/3 Captain Anderson's Rumbler

ADM 212/5: Report of the Detection of Submarines By Acoustic Methods. Office of the Director of Experiments and Research, Admirality, December 1918

ADM 212/8: Report on the Detection of Submarines by Acoustic Methods. December 1918

FD 1/2796 FD1/2796: Tavistock Square Clinic (Institute of Medical Psychology)

FD 2/1 National Health Insurance, First Annual Report of the Medical Research Committee 1914–1915

FD 2/2 National Health Insurance, Second Annual Report of the Medical Research Committee 1915–1916

FD 2/3 National Health Insurance. Third Annual Report of the Medical Research Committee 1916–1917

FD 2/4 National Health Insurance. Fourth Annual Report of the Medical Research Committee 1917–1918

FD 2/5 National Health Insurance, Fifth Annual Report of the Medical Research Committee 1918–1919

FD 6/2 Medical Research Committee. Minutes of the Meetings of the Medical Research Committee. 1915–1927

FD 5/37 Fatigue Committee 1914–1918. [Health of Munition Workers]

MUN 5 92 Health of Munition Workers Committee 1917 Interim Report

MUN 5 92 346/18 Handbook prepared by the Health of Munition Workers Committee 1917

MUN 5 92-1 Health of Munition Workers Committee Memorandum Nr. 1 Sunday Labour

MUN 5 92-2 Memorandum Nr. 2 The work of the Mimistry of Labour in connection with boys employed at the Arsenal during the war.

MUN 5 92-3 Memorandum Nr. 3 Industrial canteens

MUN 5 92-4 Memorandum Nr. 4 Employment of women

MUN 5 92-5 Memorandum Nr. 5 Hours of Work

MUN 5 92-6 Memorandum Nr. 6 Canteen construction and equipment

MUN 5 92-7 Memorandum Nr. 7 Industrial fatigue and its causes

MUN 5 94 Health of Munition Workers Committee Memorandum Nr. 21: An investigation of the factors concerned in the causation of industrial accidents, Health of Munition Workers Committee 1918 Final Report

MH 106/2221 Medical Sheets 1917–1920 Napsbury

MH 106/2202 Medical Sheets 1916–1917 Royal Flying Corps (Offiziere)

MH 106/2203 Medical Sheets 1916–1917 Royal Flying Corps (Offiziere)

MH 106/2204 Medical Sheets 1916–1917 Royal Flying Corps (Offiziere)

MH 106/2205 Medical Sheets 1916–1917 Royal Flying Corps (Offiziere)

MH 106/2206 Medical Sheets 1916–1917 Royal Flying Corps (Offiziere)

MH 106/2102 Medical Sheets 1914–1915 Mental illness. (War Office: First World War Representative Medical Records of Servicemen)

MH 106/2101 Medical Sheets 1914–1915. Shellshock, Neurosis, Neurasthenia

MH 106/2207 (Nurses) Medical Sheets 1916–1917. Voluntary Aid Detachment; Nursing Sisters; Scots Women Hospital; Women League and Women's Royal Navy Service

MH 106/2209 (Nurses) Medical Sheets 1916–1917 Queen Mary Auxiliary Army Corps

MH 106/2210 Medical Sheets 1916–1917 Queen Mary Auxiliary Army Corps

MH 106/2211 (Nurses) Medical Sheets 1916–1917. Queen Mary Auxiliary Army Corps

MH 106/1887 Admission and Discharge Book for Field Service. Craiglockhart War Hospital at Slatsford, Midlothian. BEF 27.10.1916–13.11.1917

MH 106/1888 Admission and Discharge Book of Field Service, Crauglockhart War Hospital at Slatsford, Midlothian, 23.11.1916–10.2.1919

MH 106/1889 Admission and Discharge Book for Field Service. Craiglockhart War Hospital at Slatsford, Midlothian, French Exp. Force. 13.11.1917–4.9.1918

MH 106/1890: Admission and Discharge for Field Service. Craiglockhart War Hospital at Slatsford, Midlothian, 5.9.1918–19.2.1919

MH 106/1893 Admission and Discharge Book for Field Service. Craiglockhart War Hospital at Slatsford, Midlothian, BEF Gallipoli, 20.12.1916–6.12.1917

MH 106/1891 Admission and Discharge Book of Field Service, Craiglockhart War Hospital at Slatsford, Midlothian, 27.10.1916–16.12.1918

MH 106/1899 Admission and Discharge Book For Field Service. Craiglockhart War Hospital at Slatsford, Midlothian. Royal Army Flying Corps 26.6.18–24.2.19

MH 106/2173 Medical Sheets 1916–1917 Officers A – Z (Leicester Regt.)

MH 106/2195 Medical Sheets 1916–1917 Officers A – Z Grenadier Guards

WO 32/4747 The War Office. Special Committee to Enquire into shell shock

WO 32/4742 Minutes of the Government Committee of Enquiry into shell shock

WO 71/594

WO 95/46 War Diary.DGAMS Director of General medical Services, British Armies in France. 1917 Jan.- Dez.

WO 95/414 (Brown)

WO 95/3980

WO 95/4100 Nr. 6 Stationary Hospital August 1914–December 1916 (Dillon)

WO 138/74 Personal Files. Lieut. Wilfred E. S. Owen, Manchester Regiment 1915–1917

PIN 26/21930 Ministry of Pensions and successors selected FWW Pensions Award Files, Lang, James. Nature of Disability: Shell Shock 1917–1923

PIN 15/1106: Ministry of Pensions. Special Medical Board for Neurasthenia and Functional Nervous Diseases

PIN 15/1431: Malingering: Instructions for the Examination of Cases or suspected Cases (Cases of J. Johnson & A. Briggs)

PIN 15/54: Army Council Instruction, April 1917; Ministry of Pensions and National Insurance. Treatment of Neurasthenia. Treatment & Examination by the Special Medical Board

PIN 15/55: Treatment of neurasthenia. Arrangements for Provision, Accommodation etc.

PIN 15/57: Mental and Neurasthenic Cases for Supervision. (typescript, ca. 1922)

PIN 15/2401 Conference of Neurologists and Representatives of the Service Departments Compensation in Cases of Neurasthenia and Psychoses

Senate House Library

Playne Archive MS1112/145

Imperial War Museum

Private papers of Captain L. Gameson PP/MCR/C47 a. P395–396 Conshelf (med. Officer)

Privare papers Nicholson, W. F. 80/13/1

Private papers Brook 06/61/1

Private Papers James H. Butlin 67/52/1

Private Papers Sigfried Sassoon P.444 (Letters to Basil-Burnett – Hall)

Welcome Library London

PSY/BPS/1/1 Minutes of the Psychological Society 1901–1921

PSY/BPS/1/3/1 BPS Minutes of the Committee Meetings. Vol. IC. 30.1.1904–24.11.1917

PSY/BPS/1/3/1a BPS Minute Book of Council Minutes Vol. II C 1917–1924

PSY/BPS/4/2/1 Pamphlets, Reports, Papers (Health of Munition Workers Committee-Interim Report)

PSY/SPE/1/7/2 Archives and Manuscripts

PSY/SPE/1/6/13: Correspondence

PSY/SPE/1/8/1: Naval Notes (on Localisation of Sound)

PSY/SPE/1/8/5: Visual requirement of Aviators

PSY/SPE/1/2/25: Naval Notes: „Submarine Attack" and „Gunnery"

PSY/BPS/4/2/2 Industrial health in war. A summary of research finding capable in furtherance of the national effort. London 1940

Archiv der British Psychological Society

BPS Ref: AUD/001/05 Sound Interview mit Frederick Bartlett von 1959

Deutschland

Archiv der Humboldt-Universität in Berlin (UA-HUB)

Personalakte Hans Rupp. Universitäts-Kurator, Nr. 274, Bd. I–III.

Acta der Königlichen Friedrich-Wilhelms-Universität zu Berlin. Betreffend Habilitationen. (Habilitation Rupp 1909, S. 198–212)

Geheimes Staatsarchiv Preußischer Kulturbesitz, Berlin, GStA

GStA PK, 1. HA Rep. 76, Va, Sekt 2, Tit.X, Nr. 150, Bd.II: Das Seminar für experimentelle Psychologie bei der Univ. Berlin. Bd. II (April 1908-März 1917)

GStA PK, 1. HA Rep. 76, Kultusministerium, Vb Sekt. 4 Tit. X Nr. 53a, Organisation und Verwaltung des Instituts für industrielle Psychotechnik, Laufzeit: 1917–1925

GStA PK, 1. HA Rep. 76, Kultusministerium, Vc Sekt. 2 XXIII Litt. A Nr. 115, Organisation und Verwaltung des Kaiser Wilhelm Instituts für Arbeitsphysiologie in Berlin, Laufzeit: 1912–1934

GStA PK, I. HA Rep. 120 Ministerium für Handel und Gewerbe, E I Nr. 1164

Reichsgesetzblatt Berlin 1871–1924

Universitätsarchiv der Johann Wolfgang Goethe-Universität Frankfurt am Main (UA-JWG)

Personalhauptakte Max Wertheimer, Abt. 14, Nr. 112

Schillermuseum/ Deutsches Literaturarchiv, Marbach am Neckar (DLA)

Nachlass Josef Pieper, Abt. 26: Arbeiten aus der Wehrdienstzeit. Die Vorgeschichte der münsterischen Personal-Prüfstelle VI Ost (1917–25). Ein Beitrag zur Geschichte des Eignungsprüfwesens in der deutschen Wehrmacht

Universitätsarchiv der Westfälischen Wilhelms-Universität Münster (UA-WWU)

Kurator I. PA Nr. 2161: Personalakte Prof. Dr. Goldschmidt, I.

Bundesarchiv-Militärarchiv Freiburg

Admiralstab der Marine. Unterwasserschallsignalwesen. Organisation, Personal Juni 1916-Mai 1918. RM 5/3516

Admiralstab der Marine. Unterwasserschallsignalwesen Technik, Februar-Juni 1918. RM 5/ v.3517, S. 24

Admiralstab der Marine. Unterwasserschallsignalwesen. Militärische Verwendung. RM 5/v. 3518

Admiralstab der Marine. Unterwassergeräuschempfang, Juni 1918-Mai 1919, RM 5/ v3520

Pers 9: Krankenunterlagen der Preußischen Armee, Kaiserlichen Marine und Schutztruppen, der Reichswehr und Wehrmacht

RH 12/2/37: Reichswehrministerium. Infanterie-Abteilung. Organisation des Heeres 1919–1934: Leitsätze für die Heerespsychotechnik

Bayrisches Staatsarchiv München

BayHStA/Abt. IV Kriegsarchiv 1.Stv. Gkdo I. A.K., San. Amt, Nr. 64

BayHStA/Abt. IV Kriegsarchiv 1.Stv. Gkdo I. A.K., San. Amt, Nr. 69

BayHStA/Abt. IV Kriegsarchiv 1.Stv. Gkdo I. A.K., San. Amt, Nr. 156

Archiv der LVR Klinik Bonn

Krankenakten von Dr. Walter Poppelreuther

Akte: Kriegsneurotiker, Verzeichnis der nach Kaufmann Methode behandelten Kranken. Res. Lazarett II. Abt. 8. Bonn Kreuzbergweg 4

GLA Karlsruhe

456 F 113/225 Kriegssanitätsbericht des Reservelazaretts „Schloss" Hornberg des XIV. A.K.

456 F 113/86 Reservelazarett Offenburg: Hausordnung

Literatur

Publizierte Quellen (bis 1930)

Ernst Abbe, Gesammelte Abhandlungen. Band 3, Jena 1906.

Adolph Abraham, A case of hysterical paraplegia, in: Journal of the Royal Army Medical Corps (1915), XXIV, S. 471.

Karl Abraham, Psycho-analytical views on some characters of early infantile thinking., in: Charles Samuel Myers (Hrsg.), VIIth International Congress of Psychology. Held at Oxford from July 26th to August 2nd, 1923 under the presidency of Charles S. Myers, Cambridge 1924, S. 263–267.

Narziss Ach, Über die Willenstätigkeit und das Denken. Eine experimentelle Untersuchung mit einem Anhange: Über das Hippsche Chronoskop, Göttingen 1905.

Narziss Ach, Über den Willensakt und das Temperament. Eine experimentelle Untersuchung, Leipzig 1910.

Narziss Ach, Über den Willen, Leipzig 1913.

Narziss Ach, Zur Psychologie der Amputierten. Ein Beitrag zur Praktischen Psychologie, in: Archiv für die gesamte Psychologie 40 (1920), S. 89–116.

Gerhard Albrecht, Arbeitsgebiet und Ziel des KWI für Arbeitsphysiologie, in: Technik und Wirtschaft 8 (1915), S. 284–290.

Konrad Alt, Die Heilungsaussichten in der Irrenanstalt, in: Neurologisches Centralblatt 27 (1908), S. 706–720.

H. Graeme Anderson, An address on the selection of candidates for the Air Service, in: The Lancet 191 (1918), H. 4933, S. 395–399.

H. Graeme Anderson, Aeroplane Accidents, in: BMJ 2 (1923), H. 3281, S. 927.

Anon (Hrsg.), International Congress of Experimental Psychology, London 1892.

Anon (Hrsg.), IV. Congrès International de Psychologie, Paris 1901.

Anon, Magersfontain: A psychological study of war, in: The Lancet 160 (1902), H. 4116, S. 181.

Anon, Women's Labour – Third and Final Report of the Committee., in: British Association for the Advancement of Science. (Hrsg.), Report of the British Association for the Advancement of Science., London 1904, S. 340–364.

Anon (Hrsg.), Verhandlungen der deutschen Gesellschaft für innere Medizin, Berlin 1907.

Anon, Erklärung, in: Logos. Internationale Zeitung für Philosophie der Kultur 4 (1913), S. 115–116.

Anon, Jahresversammlung des Deutschen Vereins für Psychiatrie zu Breslau am 13. und 14. Mai 1913, in: Neurologisches Centralblatt 32 (1913), S. 787–791.

Anon, London Medico-psychological Clinic, in: British Medical Journal (1913), H. 2759, S. 1311–1312.

Anon, Mental and nervous shock among the wounded, in: British Medical Journal (1914), H. 2780, S. 802–803.

Anon, The naval, military, and Indian Medical Services, in: The Lancet 184 (1914), H. 4748, S. 603–614.

Anon, Wind contusions, in: The Lancet 184 (1914), H. 4764, S. 1423.

Anon, Discussion: The psychology of traumatic amblyopia following explosions of shells, in: Proceedings of the Royal Society of Medicine, Neurological Section 8 (1914–15), H. 2, S. 65–68.

Anon, Lord Knutsford's special hospitals for officers, in: The Lancet 186 (1915), H. 4813, S. 1201–1202.

Anon, Nerves and War: The Mental Treatment Act, in: The Lancet 185 (1915), H. 4783, S. 919–920.

Anon, Nervous injuries due to shell explosions., in: The Lancet 185 (1915), H. 4805, S. 766.

Anon, Shell explosions and the special senses., in: The Lancet 185 (1915), H. 4778, S. 663–664.

Anon, Rezension: Walter B. Cannon: Bodily changes in hunger, fear and rage, in: British Journal of Psychology 8 (1916), S. 267–268.

Anon, Special discussion on shell shock without visible signs of injury, in: Proceedings of the Royal Society of Medicine (Sections of Psychiatry and Neurology) 9 (1916), S. i–xliv.

Anon, The War. Notes from German and Austrian Medical Journals. Disciplinary treatment of shell shock, in: British Medical Journal (1916), H. 2921, S. 882.

Anon, Vereins- und Kongressberichte. Kriegstagung des Deutschen Vereins für Psychiatrie, in: Münchener Medizinische Wochenschrift 63 (1916), S. 1557.

Anon, Kleine Nachrichten, Zeitschrift für angewandte Psychologie, 11, (1916), S. 440.

Anon, 20. Versammlung (Kriegstagung) mitteldeutscher Psychiater und Neurologen in Dresden am 6.1.1917, in: Archiv für Psychiatrie und Nervenkrankheiten 57 (1917), S. 553–586.

Anon, Kleine Nachrichten, in: Zeitschrift für angewandte Psychologie 12 (1917), S. 346.

Anon, Neurasthenia in soldiers, in: The Lancet 189 (1917), H. 4895, S. 962–963.

Anon, Verhandlungen psychiatrischer Vereine. Kriegstagung des Deutschen Vereins für Psychiatrie zu München am 21- und 22. September 1916, in: Allgemeine Zeitschrift für Psychiatrie und Psychisch-Gerichtliche Medizin 73 (1917), S. 163–233.

Anon, Army horses: Animal sufferers from shell shock, in: Times (1917, 28. December).

Anon, Kleine Nachrichten, in: Zeitschrift für angewandte Psychologie 13 (1918), S. 159.

Anon, Rezension: John Collie: Malingering and feigned sickness. 2. Auflage, in: Journal of the Royal Army Medical Corps (1918), XXX, S. 111–112.

Anon, Shell shock and war neuroses, in: British Medical Journal (1918), H. 3010, S. 260.

Anon, Shell shock in cows, in: The Lancet 191 (1918), H. 4927, S. 187–188.

Anon, The efficient selection and care of flying officers, in: The Lancet 191 (1918), H. 4927, S. 190–192.

Anon, The selection of candidates for the Air Service. Medical Society of London, in: The Lancet 191 (1918), H. 4933, S. 407.

Anon, Zusammenkunft der Kriegsneurotikerärzte, in: Münchener Medizinische Wochenschrift 65 (1918), S. 1226–1227.

Anon, Nachrichten. Über die militärtechnische Verwendung psychologischer Methoden, in: Zeitschrift für angewandte Psychologie 14 (1919), S. 379–381.

Anon, Industrial Fatigue Research Board, in: The Lancet 195 (1920), H. 5052, S. 1372.

Anon, Psychologische Veranstaltungen der Eisenbahnbehörde, in: Zeitschrift für angewandte Psychologie 18 (1921), S. 199–200.

Anon, The early history of the N.I.I.P., in: Journal of the National Institute of Industrial Psychology 1 (1922), S. 2–5.

Anon, The work of the N.I.I.P. during the past year, in: The Journal of the National Institute of Industrial Psychology 1 (1922), S. 49–58.

Anon, The work of the N.I.I.P. during the past year, in: Journal of the National Institute of Industrial Psychology 1 (1922), S. 49–58.

Anon, "Die 1. Tagung der Gruppe für angewandte Psychologie" (Gesellschaft für experimentelle Psychologie) in Berlin (10.–14. Oktober 1922). Tagungsbericht, in: Zeitschrift für angewandte Psychologie 21 (1922/23), S. 390–405.

Anon, The Burlington House Meeting: Speaker' addresses, in: Journal of the National Institute of Industrial Psychology 1 (1923), S. 261–274.

Robert Armstrong-Jones, The psychology of fear and the effect of panic fear in war time, in: Journal of Mental Science 63 (1917), S. 346–389.

Gustav Aschaffenburg, Die konstitutionellen Psychopathen, in: Karl Bonhoeffer/Konrad Alt/Otto von Schjerning (Hrsg.), Geistes- und Nervenkrankheiten, Bd. 4, Leipzig 1922, S. 122–153.

Felix Auerbach, Ernst Abbe: Sein Leben und Wirken, Leipzig 1919.

May Smith/Frederick Bartlett, On listening to sounds of weak intensity, in: British Journal of Psychology 10 (1919), S. 101–168.

Frederick Bartlett, Psychology and the soldier, Cambridge 1927.

Franciska Baumgarten, Kongressbericht. Die "II. internationale Konferenz für Psychotechnik, angewandt auf Fragen der Berufsberatung und Arbeitsorganisation" in Barcelona (28.–30. September 1921), in: Zeitschrift für angewandte Psychologie 20 (1922), S. 248–258.

Franziska Baumgarten, Die Berufseignungsprüfungen, München & Berlin 1928.

George Miller Beard/Moritz Neisser, Die Nervenschwäche (Neurasthenia) ihre Symptome, Natur, Folgezustände und Behandlung, Leipzig 1881.

Charles Bell, Madness, London 1865.

Wilhelm Benary, Bericht. H. v. Schröter, Zur Psychologie und Pathologie des Feldfliegers, in: Schriften zur Psychologie der Berufseignung und des Wirtschaftslebens 8 (1919), S. 141–142.

Wilhelm Benary, Kurzer Bericht über Arbeiten zu Eignungsprüfungen für Fliegerbeobachter, in: Schriften zur Psychologie der Berufseignung und des Wirtschaftslebens 8 (1919), S. 3–34.

Wilhelm Benary, Kurzer Bericht über Arbeiten zu Eignungsprüfungen für Flieger-
Beobachter, in: Zeitschrift für angewandte Psychologie 15 (1919), S. 161–192.

Wilhelm Benary, Kurzer Bericht über Arbeiten zu Eignungsprüfungen für Flieger-
Beobachter II. Teil, in: Zeitschrift für angewandte Psychologie 16 (1920), S. 250–308.

Wilhelm Benary, Rezension: Kurt Goldstein, Die Behandlung, Fürsorge und Begutachtung der Hirnverletzten, in: Zeitschrift für angewandte Psychologie 16 (1920),
S. 129–141.

Wilhelm Benary, Zur Frage der Methoden psychologischer Intelligenz- und Eignungsprüfungen, in: Zeitschrift für angewandte Psychologie 17 (1920), S. 110–133.

Wilhelm Benary/Arthur Kronfeld/Erich Stern/Otto Selz, Untersuchungen über die psychische Eignung zum Flugdienst, in: Schriften zur Psychologie der Berufseignung
und des Wirtschaftslebens 8 (1919), S. 1–145.

Marie Bernays, Auslese und Anpassung der Arbeiterschaft der geschlossenen Großindustrie, Leipzig 1910.

Marie Bernays, Berufswahl und Berufsschicksal des modernen Industriearbeiters, in:
Archiv für Sozialwissenschaft und Sozialpolitik 35 (1913), S. 884–915.

Alfred Bielschowski, Ueber Sehstörungen im Kriege ohne objektive Augenbefund, in:
Münchener Medizinische Wochenschrift 61 (1914), S. 2443–2445.

Konrad Biesalski, Kriegskrüppelfürsorge. Ein Aufklärungswort zum Troste und zur
Mahnung, Leipzig, Hamburg 1915.

Konrad Biesalski, Praktische Vorschläge für die Inangriffnahme der Kriegskrüppelfürsorge, in: Zeitschrift für Krüppelfürsorge (1915), H. 8, S. 2–38.

Karl Binding/Alfred Hoche, Die Freigabe der Vernichtung lebensunwerten Lebens. Ihr
Maß und ihre Form, Leipzig 1920.

Alfred Binet, The mind and the brain, London 1905.

Otto Binswanger, Die seelischen Wirkungen des Krieges, Stuttgart, Berlin 1914.

Otto Binswanger, Die Kriegshysterie, in: Karl Bonhoeffer/Konrad Alt/Otto von Schjerning (Hrsg.), Geistes- und Nervenkrankheiten, Bd. 4, Leipzig 1922, S. 45–67.

Otto Binswanger/E. Siemerling/E. Schultze (Hrsg.), Lehrbuch der Psychiatrie, Jena 1920.

Karl Birnbaum, Kriegsneurosen und -psychosen auf Grund der gegenwärtigen Kriegsbeobachtungen. Erste Zusammenstellung vom Kriegsbeginn bis Mitte März 1915, in:
Zeitschrift für die gesamte Neurologie und Psychiatrie 11 (1915), S. 321–369.

Karl Birnbaum, Kriegsneurosen und -psychosen auf Grund der gegenwärtigen Kriegsbeobachtungen. Zweite Zusammenstellung von Mitte März bis Mitte August 1915,
in: Zeitschrift für die gesamte Neurologie und Psychiatrie 12 (1915), S. 1–89.

Walter Blumenfeld, Die Bedeutung der Streckenkenntnis für den Lokomotivführer
und ihr Erwerb. Eine psychotechnische Studie, in: Zeitung des Vereins Deutscher
Eisenbahnverwaltungen 62 (1919), S. 396.

Walter Blumenfeld, Rezension. A. Schreiber, Das Prüflabor für Berufseignung bei den
Königlich Sächsischen Staatseisenbahnen. Zeitung des Vereins der Ingenieure 1918,
S. 446/467, in: Zeitschrift für angewandte Psychologie 14 (1919), S. 307–310.

Walter Blumenfeld, Rezension: Walther Moede, Experimentelle Massenpsychologie,
in: Zeitschrift für angewandte Psychologie 18 (1921), S. 146–150.

F. Boden, Mitteilungen. Die Fahrlässigkeit als psychologisches Problem, in: Zeitschrift
für angewandte Psychologie 17 (1920), S. 313–333.

Gustav-Adolph-Erich Bogeng, Entwicklung und Kriegstätigkeit des deutschen Roten
Kreuzes, Berlin 1917.

C. E. Böhm, Die wirtschaftliche Wiederertüchtigung Kriegsbeschädigter durch Schulung, in: Moritz Borchardt/Konrad Hartmann/Georg Schlesinger (Hrsg.), Ersatzglieder und Arbeitshilfen. Für Kriegsbeschädigte und Unfallverletzte, Berlin 1919,
S. 1025–1037.

Karl Bonhoeffer, Psychiatrie und Krieg, in: Deutsche medizinische Wochenschrift 40
(1914), S. 1777–1779.

Karl Bonhoeffer, Über die Bedeutung der Kriegserfahrungen für die allgemeine Psycho-
pathologie und Ätiologie der Geisteskrankheiten, in: Karl Bonhoeffer/Konrad Alt/
Otto von Schjerning (Hrsg.), Geistes- und Nervenkrankheiten, Bd. 4, Leipzig 1922,
S. 3–44.

Karl Bonhoeffer, Inwieweit sind politische, soziale und kulturelle Zustände einer
psychopathologischen Beratung zugänglich? in: Klinische Wochenschrift 2 (1923),
S. 598–601.

Karl Bonhoeffer/Konrad Alt/Otto von Schjerning (Hrsg.), Geistes- und Nervenkrankheiten, Leipzig 1922.

Moritz Borchardt/Konrad Hartmann/Georg Schlesinger (Hrsg.), Ersatzglieder und
Arbeitshilfen. Für Kriegsbeschädigte und Unfallverletzte, Berlin 1919.

Heinrich Johannes Boruttau, Die Arbeitsleistungen des Menschen. Einführung in die
Arbeitsphysiologie, Leipzig 1916.

Heinrich Johannes Boruttau, Todesfälle durch therapeutische Wechselstromanwendung und deren Verhütung, in: Deutsche medizinische Wochenschrift 43
(1917), S. 808–809.

H. B. Brackenbury, The psychologist in public life, in: British Medical Journal (1921),
H. 3161, S. 145–149.

Max Brahn, Nerven-Proben. Die ersten psychologischen Prüfungen für Berufseignung zum Eisenbahndienst, in: Berliner Tageblatt. 2. Beiblatt. Sonntag den 14. Oktober 1917 46 (1917), H. 525.

Hans Brennecke, Zur Frage der Psychopathologie der Revolution und der Revolutionäre, in: Zeitschrift für Kinderforschung 26 (1921), S. 225–231.

Susie S. Brierley, The present attitude of employees to industrial psychology., in: British Journal of Psychology 10 (1920), S. 210–227.

British Association for the Advancement of Science. (Hrsg.), Report of the British Association for the Advancement of Science, London 1904.

British Association for the Advancement of Science. (Hrsg.), Report of the British Association for the Advancement of Science, London 1909.

Arthur Brock, The re-education of the adult: The neurasthenic in war and peace., in: Sociological Review (1918), H. 10, S. 25–41.

William Brown, Freud's Theory of the Unconscious, in: British Journal of Psychology 6 (1914), S. 265–280.

William Brown, A discussion on shell shock, in: The Lancet 187 (1916), H. 4823, S. 306–307.

William Brown, The treatment of cases of shell shock in an advanced Neurological Centre., in: The Lancet 192 (1918), H. 4955, S. 197–200.

William Brown, War neurosis. A comparison of early cases seen in the field with those seen at the base, in: The Lancet 193 (1919), H. 4994, S. 833–836.

John Bucknill/Daniel Tuke, Manual of psychological medicine, London 1858.

Karl Bühler (Hrsg.), Bericht über den VII. Kongress für Experimentelle Psychologie in Marburg vom 20.–23. April 1921, Jena 1922.

Karl Bühler (Hrsg.), Bericht über den VIII. Kongress für experimentelle Psychologie in Leipzig vom 18.–21. April 1923, Jena 1924.

Karl Bühler, Die Krise der Psychologie, Jena 1927.

F. Burton Fanning, Neurasthenia in soldiers of the home forces, in: The Lancet 189 (1917), H. 4894, S. 907–911.

G. Burton-Brown, The psycho-pathology of war neuroses, in: The Lancet 188 (1916), H. 4851, S. 343.

A. Busch, Über die Ausfallserscheinungen nach Sehhirnverletzungen und einige Vorrichtungen zur Prüfung der optischen Orientierung und der Arbeitsanpassung, in: Zeitschrift für angewandte Psychologie 19 (1921), S. 156–195.

George Campell, The philosophy of rhetoric, London 1776.

Walter B. Cannon, Bodily changes in pain, hunger, fear and rage. An account of researches into the function of emotional excitement, New York 1915.

William Benjamin Carpenter, Principles of mental physiology. With their applications to the training and discipline of the mind and the study of its morbid conditions, New York 1876.

Friedrich August Carus, Geschichte der Psychologie, Leipzig 1808.

Carl-Gustav Carus, Symbolik der menschlichen Gestalt, Leipzig 1853.

Alfred Carver, The generation and control of emotions, in: British Journal of Psychology 10 (1919), S. 51–65.

R. Cassirer, Herrmann Oppenheim: Gedenkrede, in: Berliner Klinische Wochenschrift 56 (1919), S. 669–671.

Th. Christen, Schädigungen durch Sinusstrom, in: Deutsche Medizinische Wochenschrift 43 (1917), S. 1536–1537.

Ludwig Cohn, Die Kriegsblinden und ihre pädagogisch-psychologische Behandlung, in: Zeitschrift für pädagogische Psychologie und experimentelle Pädagogik 17 (1916), S. S. 214–217.

Ludwig Cohn, Die Kriegsblinden und ihre pädagogisch-psychologische Behandlung, in: Zeitschrift für pädagogische Psychologie und Jugendkunde 17 (1916), H. 4, S. 214–217.

John Collie, Malingering: Examination of the upper extremities, in: Journal of the Royal Army Medical Corps (1916), XXVII, S. 85–91.

John Collie, Neurasthenia: What it costs the state, in: Journal of the Royal Army Medical Corps (1916), XXVII, S. 525–544.

John Collie, Malingering and feigned sickness. With notes on the Workmen's Compensation Act, 1906, and compensation for injury, including the leading cases thereon, London 1917.

John Collie, The management of neurasthenia and allied disorders contracted in the army, in: Journal of State Medicine 26 (1918, Januar), H. 1, S. 2–17.

John Collie/Arthur H. Spicer, Malingering and feigned sickness, London 1913.

Benedetto Croce/Constantin Gutberlet/Harald Høffding ed. al. (Hrsg.), Die Philosophie der Gegenwart in Selbstdarstellungen, Leipzig 1923.

Jean Norton Cru, Temoins, Nancy 1929.

Millais Culpin, Practical hints on functional disorders, in: British Medical Journal (1916), H. 2921, S. 548–549.

Millais Culpin, Psychoneuroses of war and peace, Cambridge 1920.

Millais Culpin, 'The problem of the neurasthenic patient', in: British Journal of Medical Psychology 1 (1921), S. 316–326.

Hans Curschmann, Zur Kriegsneurose bei Offizieren, in: Deutsche Medizinische Wochenschrift 43 (1917), S. 291–293.

Charles Robert Darwin, The expression of the emotions in man and animals. With photographic and other illustrations, London 1872.

Jules Dejerine/E. Gauckler/Ely Smith, Les Manifestations fonctionelles des psychonévroses. Leur traitement par la psychothérapie, Paris 1911.

Jules Dejerine/E. Gauckler/Smith Ely Jelliffe, [Manifestations fonctionnelles des psychonévroses.] The psychoneuroses and their treatment by psychotherapy ... Authorized translation by Smith Ely Jelliffe ... Second English edition, Philadelphia, London 1915.

Max Dessoir, Geschichte der neueren deutschen Psychologie, Berlin 1894.

Max Dessoir, Kriegspsychologische Betrachtungen, von Max Dessoir, Leipzig 1916.

Henry Devine, Presidential Address on Psychiatry and Medicine. Delivered before the southern branch of the British Medical Association, in: British Medical Journal (1924), H. 3336, S. 1033–1035.

Frederick Dillon, The analysis of a composite neurosis, in: The Lancet 193 (1919), H. 4976, S. 57–60.

F.C Dockeray/S. Isaacs, Psychological research in aviation in Italy, France, England, and the American Expeditionary Forces, in: Journal of Contemporary History 1 (1921), S. 115–148.

Raymond Dodge/Francis Gano Benedict/Frederic Lyman Wells, Psychological effects of alcohol. An experimental investigation of the effects of moderate doses of ethyl alcohol on a related group of neuro-muscular processes in man; with a chapter on free association, Washington 1915.

Raymund Dreiling, Das religiöse und sittliche Leben der Armee unter dem Einfluss des Weltkrieges. Eine psychologische Untersuchung, Paderborn 1922.

Johannes Dück, Die experimentelle Psychologie im Dienste der Wieder-Ertüchtigung Gehirnverletzter, in: Zeitschrift für angewandte Psychologie 13 (1918), S. 140–146.

Ernst Dürr/Edouard Claparède/Friedrich Schumann, Bericht über den III. Kongress für experimentelle Psychologie in Frankfurt am Main vom 22. bis 25. April 1908, Leipzig 1909.

R. Eager, The Psychological aspect of an army and an unorganized crowd, in: Journal of the Royal Army Medical Corps (1918), XXX, S. 88–91.

Hermann Ebbinghaus, Über eine neue Methode zur Prüfung geistiger Fähigkeiten und ihre Anwendung bei Schulkindern., in: Zeitschrift für Psychologie und Physiologie der Sinnesorgane 13 (1897), S. 401–459.

Paul Edel/Adolf Hoppe, Zur Psychologie und Psychotherapie der Kriegsneurosen, in: Münchener Medizinische Wochenschrift 65 (1918), S. 836–840.

Montague David Eder, The present position of psycho-analysis, in: British Medical Journal (1913), H. 2758, S. 1213–1215.

Montague David Eder, 'An address on the psycho-pathology of the War Neuroses', in: The Lancet 188 (1916), H. 4850, S. 264–268.

Montague David Eder, The psychopathology of War Neuroses, in: The Lancet 188 (1916), H. 4853, S. 448–449.

Montague David Eder, War-shock. The psycho-neuroses in war psychology and treatment, London 1917.

Beatrice Edgell, The British Psychological Society 1901–1941, in: Bulletin of the Journal of the British psychology (1961), S. 1–29.

L. Edinger, Die Beziehung der vergleichenden Anatomie zur vergleichenden Psychologie, in: Friedrich Schumann (Hrsg.), Bericht über den I. Kongress für experimentelle Psychologie in Giessen vom 18. bis 21. April 1904, Leipzig 1904, S. 1–22.

Havelock Ellis, The criminal, London 1890.

Havelock Ellis, Studies in the psychology of sex, London 1897.

Paul Elmer, Massenwahnsinn? in: Die Irrenrechts-Reform 63 (1919), S. 181–184.

Encyclopaedia Britannica. A dictionary of arts, sciences, and general literature, Edinburgh 1885.

Wilhelm Erb, Krankheiten des Rückenmarks, Leipzig 1876.

Wilhelm Heinrich Erb, Über die wachsende Nervosität unserer Zeit, Heidelberg 1893.

John Eric Erichsen, On railway and other injuries of the nervous system., Philadelphia 1867.

Eric Farmer, The Economy of human effort in industry, in: The Journal of the National Institute of Industrial Psychology 1 (1922), S. 18–22.

Eric Farmer/S. C. Brooke, An Investigation into the tin-box industry, in: Journal of the National Institute of Industrial Psychology 1 (1922), S. 9–11.

Eric Farmer/E. G. Chambers, A psychological study of individual differences in accident rates. Report Nr. 38 des Industrial Fatigue Research Board, 1926, in: Medical Research Council (Hrsg.), Reports of the Industrial Fatigue Research Board, London 1919–1928.

Eric Farmer/E. G. Chambers, A Study of Personal Qualities in Accident proneness and proficiency, 55. Report für das Industrial Health Research Board, 1929, in: Medical Research Council (Hrsg.), Reports of the Industrial Fatigue Research Board, London 1919–1928.

Eric Farmer/A. B. Eyre, An investigation into the packing of chocolates, in: Journal of the National Institute of Industrial Psychology 1 (1922), S. 12–14.

Gustav Theodor Fechner, Elemente der Psychophysik, Leipzig 1860.

Sándor Ferenczi, Über zwei Typen von Kriegsneurosen, in: Internationale Zeitschrift für ärztliche Psychoanalyse 4 (1916), H. 3, S. 131–145.

Ernst Freiherr von Feuchtersleben, The principles of medical psychology being the outlines of a course of lectures by Baron Ernst von Feuchtersleben. [Vienna 1845]. Translated from the German late H. Evans Lloyd. Revised and edited by B. G. Babington, London 1847.

Erich Feuchtwanger, Die Funktionen des Stirnhirns, ihre Pathologie und Psychologie. [aus dem Versorgungskrankenhaus für Hirnverletzte München Chefarzt: Professor Dr. Isserlin], Berlin 1923.

Aloys Fischer, Über Begriff und Aufgabe der pädagogischen Psychologie, in: Zeitschrift für pädagogische Psychologie und experimentelle Pädagogik 18 (1917), S. 109.

Michael Flack, The medical requirements for air navigation, in: The Lancet 196 (1920), H. 5069, S. 838–842.

Philip Sargant Florence, Economics of fatigue and unrest and the efficiency of labour in English and American industry, London 1924.

John Carl Flügel, A minor study of Nyctopsis, in: British Journal of Psychology 11 (1921), S. 289–298.

John Carl Flügel, A hundred years of psychology 1833–1933, Andover 1933.

Helene Frank, Über Funktionsprüfung bei Gehirnverletzten, in: Zeitschrift für angewandte Psychologie 19 (1921), S. 171–195.

Sigmund Freud, Einleitung zu „Zur Psychoanalyse der Kriegsneurosen." Diskussion auf dem V. Internationalen Psychoanalytischen Kongress in Budapest, 28./29. Sept. (1919)., in: Sigmund Freud/Sándor Ferenczi/Karl Abraham/Ernst Simmel/Ernest Jones (Hrsg.), Zur Psychoanalyse der Kriegsneurosen, Leipzig 1919.

Sigmund Freud, Jenseits des Lustprinzips, Leipzig 1921.

Sigmund Freud, Zur Geschichte der psychoanalytischen Bewegung, Leipzig, Wien, Zürich 1924.

Sigmund Freud/Sándor Ferenczi/Karl Abraham/Ernst Simmel/Ernest Jones (Hrsg.), Zur Psychoanalyse der Kriegsneurosen, Leipzig 1919.

Adolf Friedländer, Grundlinien der psychischen Behandlung. Eine Kritik der psychotherapeutischen Methoden, in: Zeitschrift für die gesamte Neurologie und Psychiatrie 42 (1918), S. 99–139.

Francis Galton, Hereditary genius, London 1869.

Francis Galton, On the antropometric laboratory at the late International Health Exhibition, in: Journal of the Anthropological Institute 14 (1885), S. 205–219.

R. L. Gamlen, The role of repression in the war neuroses, in: The Lancet 195 (1920), H. 5052, S. 1385–1386.

Wilfred Garton, Shell-Shock and its treatment by cerebrospinal galvanism, in: Journal of the Royal Army Medical Corps (1917), XXVIII, S. 600–604.

Robert Gaupp, Über die Grenzen psychiatrischer Erkenntnis, in: Zentralblatt für Nervenheilkunde 14 (1903), S. 1–14.

Robert Gaupp, "Über den Begriff der Hysterie", in: Zeitschrift für die gesamte Neurologie und Psychiatrie 5 (1911), S. 457–466.

Robert Gaupp, Hysterie und Kriegsdienst, in: Münchener Medizinische Wochenschrift 62 (1915), S. 361–363.

Robert Gaupp, Der nervöse Zusammenbruch und die Revolution, in: Blätter für Volksgesundheitspflege 19 (1919), S. 43–46.

Robert Gaupp, Die zukünftige Stellung des Arztes im Volke. Ansprache an die Studierenden der Medizin der Universität Tübingen (23.10.1919)., Tübingen 1919.

Robert Gaupp, Schreckneurosen und Neurasthenien, in: Karl Bonhoeffer/Konrad Alt/ Otto von Schjerning (Hrsg.), Geistes- und Nervenkrankheiten, Bd. 4, Leipzig 1922, S. 68–101.

Joseph Francis Geisinger, History of U.S. Army Base Hospital No. 45 in the Great War. (Medical College of Virginia unit), Richmond 1924.

Adémar Gelb/Kurt Goldstein, Psychologische Analysen hirnpathologischer Fälle auf Grund von Untersuchungen Hirnverletzter, Leipzig 1920.

George Newman, Recent advances in medical education in England. Second Memorandum London 1923.

Fritz Giese, Die Arbeitseignung von Farbigen und Wandervölkern, in: Praktische Psychologie 1 (1919), S. S. 47–56.

Fritz Giese, Aufgaben und Wesen der Psychotechnik, Langensalza 1920.

Fritz Giese, Nachrichten, in: Zeitschrift für angewandte Psychologie 16 (1920), S. 391–393.

Fritz Giese, Das Studium der Psychologie und Psychotechnik, Dessau 1922.

Fritz Giese, Zur Psychologie der Arbeitshand, in: Karl Bühler (Hrsg.), Bericht über den VII. Kongress für Experimentelle Psychologie in Marburg vom 20.–23. April 1921, Jena 1922, S. 116–118.

Fritz Giese, Die Arbeitsprobe in der Psychognostik, in: Zeitschrift für angewandte Psychologie 23 (1924), S. 162–187.

Fritz Giese, Theorie der Psychotechnik, Braunschweig 1925.

Fritz Giese, Psychologie der Arbeitshand, in: Emil Abderhalden (Hrsg.), Handbuch der biologischen Arbeitsmethoden, Bd. 6, Berlin, Wien 1928, S. 805–1124.

Paul Goldmann, Beim Generalfeldmarschall von Hindenburg. Ein Abend im Hauptquartier, Berlin 1914.

Josephine Clara Goldmark, Fatigue and efficiency. A study in industry, New York 1913.

Rudolf Goldscheid, Entwicklungswerttheorie, Entwicklungsökonomie, Leipzig 1908.

Richard Goldschmidt, Bericht über den V. Kongress der Gesellschaft für experimentelle Psychologie, in: Archiv für die gesamte Psychologie 24 (1912), S. 71–97.

Richard Hellmuth Goldschmidt, Klarsichtbrillen, in: Zeitschrift für angewandte Psychologie 18 (1921), S. 321–335.

Kurt Goldstein, Über die Behandlung der "monosymptomatischen" Hysterie bei Soldaten. Aus dem Reservelazarett IV Frankfurt a./M. und dem Neurologischen Institut der Universität Frankfurt a/M., in: Neurologisches Centralblatt 35 (1916), S. 842–852.

Kurt Goldstein, Beitrag, in: Zeitschrift für die gesamte Neurologie und Psychiatrie 13 (1917), S. 233.

Kurt Goldstein, Über die Behandlung der Kriegsneurotiker, in: Medizinische Klinik 12 (1917), S. 751–758.

Kurt Goldstein, Über die Behandlung und Fürsorge der Hirnverletzungen. Referat auf der II.ao. Kriegstagung des Deutschen Vereins für Psychiatrie, Würzburg 1918, in: Zeitschrift für die gesamte Neurologie und Psychiatrie 16 (1918), S. 323–336.

Kurt Goldstein, Die Behandlung, Fürsorge und Begutachtung der Hirnverletzten. Zugleich ein Beitrag zur Verwendung psychologischer Methoden in der Klinik, Leipzig 1919.

Artur Ragnar Granit, A study on the perception of form, in: British Journal of Psychology 12 (1922), S. 223–247.

Edith M. N. Green, Blood pressure and surface temperature in 110 cases of shell shock, in: The Lancet 190 (1917), H. 4908, S. 456–457.

Thomas Hill Green/R. L. Nettleship, Works of Thomas Hill Green, Cambridge 1885.

Major Greenwood/Hilda M. Woods, The incidence of industrial accidents with special reference to multiple accidents. Report to the Industrial Fatigue Research Board Nr. 4, 1919, in: Medical Research Council (Hrsg.), Reports of the Industrial Fatigue Research Board, London 1919–1928.

Major Greenwood/Hilda M. Woods, The incidence of industrial accidents upon individuals. With special reference to multiple accidents, London 1953, ©1919.

Adalbert Gregor, Bericht über die wesentlichen an der psychiatrischen Klinik zu Leipzig gebräuchlichen experimentell-psychologischen Untersuchungsmethoden, in: Zeitschrift für angewandte Psychologie und psychologische Sammelforschung 3 (1910), S. 346–356.

Wilhelm Groener, Einrichtung einer psychotechnischen Versuchsstelle, in: Reichs-Verkehrs-Blatt 1 (1920), S. 165–166.

Wilhelm Groener, Erlass. Ausschuß für psychotechnische Angelegenheiten, in: Reichs-Verkehrs-Blatt 3 (1922), S. 333–363.

Hermann Gutzmann, Über die Beziehung der Gemütsbewegung und Gefühle zu Störungen der Sprache, in: Friedrich Schumann (Hrsg.), Bericht über den VI. Kongress für Experimentelle Psychologie in Göttingen vom 15 bis 18 April 1914, Leipzig 1914, S. 259–304.

Hermann Gutzmann, Kriegsärztlicher Bericht, in: Neurologisches Centralblatt 35 (1916), S. 245.

Hermann Gutzmann, Wie entsteht die Stimmlähmung durch Schußlähmung und wie können wir helfen? in: Zeitschrift für Krüppelfürsorge (1916), H. 11, S. 61–68.

Hermann Gutzmann, Stimm- und Sprachstörungen bei Kriegsverletzten, in: Otto von Schjerning (Hrsg.), Handbuch der ärztlichen Erfahrungen im Weltkriege, Bd. 6, Leipzig 1921–1934, S. 305–331.

Hermann Gutzmann, Psychologie der Sprache, München 1922.

Alfred Cort Haddon, Reports of the Cambridge anthropological expedition to Torres Straits, Cambridge 1901.

James Arthur Hadfield, Psychology and morals. An analysis of character, London 1923.

Stanley G. Hall, Some possible effects of the war on American Psychology., in: Yankee and Jew Menorah Journal 133 (1915), H. 1, S. 99.

William Hamilton, Logic, and metaphysics. Notes from lectures, Edinburgh 1844.

William Hamilton, Lectures on metaphysics and logic, Edinburgh 1861–1866.

Notker Hammerstein, Die Deutsche Forschungsgemeinschaft in der Weimarer Republik und im Dritten Reich. Wissenschaftspolitik in Republik und Diktatur 1920–1945, München 1999.

Konrad Hartmann, Die Prüfstelle für Ersatzglieder, in: Moritz Borchardt/Konrad Hartmann/Georg Schlesinger (Hrsg.), Ersatzglieder und Arbeitshilfen. Für Kriegsbeschädigte und Unfallverletzte, Berlin 1919, S. 18–57.

Gideon Harvey, Morbus anglicus: or, The anatomy of consumptions. Containing the nature, causes, subject, progress, change, signes, prognosticks, preservatives; and several methods of curing all consumptions, coughs, and spitting of blood. With remarkable observations touching the same diseases. To which are added, some brief discourses of melancholy, madness, and distraction occasioned by love. Together with certain new remarques touching the scurvy and ulcers of the lungs. The like never before published. By Gideon Harvey, M.D, London 1666.

T. E. Harwood, Shell shock, in: The Lancet 187 (1916), H. 4830, S. 698–699.

T. E. Harwood, Functional conditions in the light of head injuries, in: Journal of the Royal Army Medical Corps (1917), XXVIII, S. 699–707.

Hans von Hattingberg, Der seelische Hintergrund der Nervosität, Prien am Chiemsee 1924.

Rudolf Haym/Heinrich von Treitschke/Hans Delbrück/ed. al. (Hrsg.), Preußische Jahrbücher, Berlin 1859–1935.

Henry Head, The sense of stability and balance in the air. Medical Research Committee. Reports of the Air Medical Investigation Committee. in: M.R.C., Spec. Rep. Ser., Investigation Committee (1918), S. 4–45.

Henry Head, Shell wound of head, right temporal region, sensor paresis of left hand and foot; mental and physic symptoms due to hole in skull; effect of closure with osteoplastic graft., in: Brain 42 (1919), S. 349–351.

N. Heineman, Rezension: On Dreams by Professor Sigmund Freud, in: British Journal of Psychology 7 (1915), S. 262.

Willy Hellpach, Die Grenzwissenschaften der Psychologie, Leipzig 1902.

Willy Hellpach, Nervosität und Kultur, Berlin 1902.

Willi Hellpach, Soziale Ursachen und Wirkungen der Nervosität, in: Politisch-Anthropologische Revue. Monatsschrift für das soziale und geistige Leben der Völker 1 (1902), S. 43–53, S. 126–134.

Willy Hellpach, Technischer Fortschritt und seelische Gesundheit. Akademische Antrittsrede, gehalten am 25. Juni 1906, Halle a. S. 1907.

Willy Hellpach, Rezension. Münsterberg, Hugo: Psychologie und Wirtschaftsleben, in: Zeitschrift für angewandte Psychologie 8 (1914), S. 567–583.

Willi Hellpach, Lazarettdisziplin als Heilfaktor, in: Medizinische Klinik 10 (1915), S. 1207–1211.

Willi Hellpach, Die Physiognomie der Hysterischen. (Feminismus, Boopie, Lächeln), in: Neurologisches Centralblatt 35 (1916), S. 611–616.

Willi Hellpach, Kriegsneurasthenie, in: Deutsche Medizinische Wochenschrift 43 (1917), S. 291.

Willy Hellpach, Therapeutische Differenzierung der Kriegsnervenkranken., in: Medizinische Klinik 12 (1917), S. 1259–1263.

Willi Hellpach, Über die einfache Kriegsneurasthenie. Naturhistorisch-medizinischer Verein Heidelberg, 9.10.1917, in: Deutsche Medizinische Wochenschrift 43 (1917), S. 1624.

Willy Hellpach, Die Kriegsneurasthenie, in: Zeitschrift für die gesamte Neurologie und Psychiatrie 45 (1919), S. 177–229.

Willi Hellpach, Rezension: Emil Kraepelin, Psychiatrie, in: Zeitschrift für angewandte Psychologie 14 (1919), S. 333–351.

Herrmann von Helmholtz, Messungen über den zeitlichen Verlauf der Zuckungen animalischer Muskeln und die Fortpflanzungsgeschwindigkeit der Reizung in den Nerven, in: Archiv für Anatomie, Physiologie und wissenschaftliche Medicin (1850), S. 276–364.

Herrmann von Helmholtz, Handbuch der physiologischen Optik, Leipzig 1867.

Hermann von Helmholtz/Esther von Krosigk, Die Lehre von den Tonempfindungen als physiologische Grundlage für die Theorie der Musik, Braunschweig 1863.

Johann Friedrich Herbart, Lehrbuch zur Psychologie, von Johann Friedrich Herbart, Königsberg 1834.

Wilmot Parker Herringham, A physician in France, London 1919.

Wilmot Parker Herringham, Medicine in the war, in: British Medical Journal (1919), H. 3027, S. 20–23.

Theo Herrmann, Zur Geschichte der Berufseignungsdiagnostik, in: Archiv für die gesamte Psychologie 118, S. 253–278.

Kurt Hesse, Der Feldherr Psychologos. Ein Suchen nach dem Führer der deutschen Zukunft, Berlin 1922.

Kurt Hildebrandt, Forensische Begutachtung eines Spartakisten, in: Allgemeine Zeitschrift für Psychiatrie und Psychisch-Gerichtliche Medizin 76 (1920), S. 479–518.

Helmut Hildebrandt, Zur Bedeutung des Begriffs der Alltagspsychologie in Theorie und Geschichte der Psychologie. Eine psychologiegeschichtliche Studie anhand der Krise der Psychologie in der Weimarer Republik, Frankfurt 1991.

Franz Hillebrand, Die Aussperrung der Psychologen, in: Zeitschrift für Psychologie und Physiologie der Sinnesorgane 67 (1913), S. 1–21.

S. Hirsch, Rezension. Goldstein, Kurt: Über die Behandlung der Kriegshysteriker, in: Zeitschrift für die gesamte Neurologie und Psychiatrie 15 (1918), S. 79–81.

S. Hirsch, Rezension: Hellpach, Willi, Therapeutische Differenzierung der Kriegsnervenkranken, in: Zeitschrift für die gesamte Neurologie und Psychiatrie 16 (1918), S. 288–289.

Wilhelm His, Krankheiten mit denen im Kriege zu rechnen ist., in: Medizinische Klinik 9 (1914), S. 1463–1468, S. 1485–1490.

Alfred Hoche, Krieg und Seelenleben, Freiburg im Breisgau 1915.

R. A. E. Hoffmann, Über die Behandlung der Kriegshysterie in den badischen Nervenlazaretten, in: Zeitschrift für die gesamte Neurologie und Psychiatrie 55, H. 1920, S. 114–147.

Georg Honigmann, Über Kriegsneurosen, in: Anon (Hrsg.), Verhandlungen der deutschen Gesellschaft für innere Medizin, Berlin 1907, S. 120.

Wilhelm von Horn, Das Preussische Medicinalwesen. Aus amtlichen Quellen, Berlin 1863.

Erich von Hornbostel/Max Wertheimer, Über die Wahrnehmung der Schallrichtung, in: Sitzungsbericht der Preußischen Akademie der Wissenschaften (1920), S. 388–396.

Erich von Hornbostel, Beobachtungen über ein- und zweiohriges Hören. Festschrift für Carl Stumpf, in: Psychologische Forschung 4 (1923).

Erich von Hornbostel, The psychophysiology of monotic and diotic hearing, in: Charles Samuel Myers (Hrsg.), VIIth International Congress of Psychology. Held at Oxford from July 26th to August 2nd, 1923 under the presidency of Charles S. Myers, Cambridge 1924, S. 377–382.

A. H. Hübner, Über Dinitrobenzolvergiftung, in: Münchener Medizinische Wochenschrift 65 (1918), S. 1285–1287.

Arthur Frederick Hurst, Observations on the aetiology and treatment of war neuroses, in: British Medical Journal (1917), H. 2961, S. 409–414.

Arthur Frederick Hurst, Medical diseases of the war, London 1918.

Arthur Frederick Hurst, The war neuroses and the neuroses of civil life, in: Guy's Hospital report 70 (1922), S. 125–155.

Gustav Immig, Psychotechnische Eignungsprüfungen in der Industrie. Die Eignungsprüfung für Lehrlinge bei der Firma Carl Zeiß-Jena, in: Praktische Psychologie 2 (1921), S. 225–231.

Industrial Health Research Board, First Annual Report of the Industrial Fatigue Research Board, London 1920.

Max Isserlin, Die psychoanalytische Methode Freuds, in: Zeitschrift für die gesamte Neurologie und Psychiatrie 1 (1910), S. 52–80.

Max Isserlin, Über psychische und nervöse Erkrankungen bei Kriegsteilnehmern, in: Würzburger Abhandlungen aus dem Gesamtgebiet der praktischen Medizin (1917), H. 16, S. 237–267.

Geoffrey Jefferson, Gunshot Wounds of the Scalp, with special reference to the neurological signs, in: Brain 42 (1919), S. 93–112.

E. Jolowiscz, Statistik über 5455 organische und funktionelle Nervenerkrankungen im Krieg, in: Zeitschrift für die gesamte Neurologie und Psychiatrie 52 (1919), S. 145–162.

Ernest Jones, Why is the "unconscious" unconscious? III., in: British Journal of Psychology 9 (1918), S. 247–257.

Dudley Carmalt Jones, War-Neurasthenia, acute and chronic, in: Brain 42 (1919), S. 171–213.

Ernest Jones, The classification of the instincts, in: Charles Samuel Myers (Hrsg.), VIIth International Congress of Psychology. Held at Oxford from July 26th to August 2nd, 1923 under the presidency of Charles S. Myers, Cambridge 1924, S. 218–225.

Carl Gustav Jung, Diagnostische Assoziationsstudien. Beiträge zur experimentellen Psychopathologie, Leipzig 1906–1910.

Eugen Kahn, Psychopathie und Revolution, in: Münchener Medizinische Wochenschrift 66 (1919), S. 968–969.

Eugen Kahn, Psychopathen als revolutionäre Führer, in: Zeitschrift für die gesamte Neurologie und Psychiatrie 52 (1919), S. 90–106.

David Katz, Zur Psychologie des Amputierten und seiner Prothese, Leipzig 1921.

David Katz, Psychologische Erfahrungen an Amputierten, in: Karl Bühler (Hrsg.), Bericht über den VII. Kongress für Experimentelle Psychologie in Marburg vom 20.–23. April 1921, Jena 1922, S. 49–74.

Fritz Kaufmann, "Die planmäßige Heilung komplizierter psychogener Bewegungsstörungen bei Soldaten in einer Sitzung.", in: Münchener Medizinische Wochenschrift 63 (1916), S. 802–804.

Theodor Kehr, Versuchsanordnung zur experimentellen Untersuchung einer kontinuierlichen Aufmerksamkeitsleistung, in: Zeitschrift für angewandte Psychologie 11 (1916), S. 465–479.

Ferdinand Kehrer, Zur Frage der Behandlung der Kriegsneurosen, in: Zeitschrift für die gesamte Neurologie und Psychiatrie 36 (1917), S. 1–22.

C. W. Kimmis, Training manual, in: Journal of Experimental Pedagogy and Training College Record 3 (1915), S. 145–152.

Otto Klemm, Geschichte der Psychologie, Leipzig, Berlin 1911.

Otto Klemm, Über die Lokalisation von Schallreizen, in: Friedrich Schumann (Hrsg.), Bericht über den VI. Kongress für Experimentelle Psychologie in Göttingen vom 15 bis 18 April 1914, Leipzig 1914, S. 169–258.

Karl Koffka, New experiments in the perception of movement, in: Charles Samuel Myers (Hrsg.), VIIth International Congress of Psychology. Held at Oxford from July 26th to August 2nd, 1923 under the presidency of Charles S. Myers, Cambridge 1924, S. 369–373.

Emil Kraepelin, Psychiatrie. Ein Lehrbuch für Studierende und Aerzte, Leipzig 1896.

Emil Kraepelin, Über geistige Arbeit, Jena 1897.

Emil Kraepelin, Die Arbeitskurve, in: Wilhelm Wundt (Hrsg.), Philosophische Studien, Bd. 19, Leipzig 1902, S. 459–507.

Emil Kraepelin, Allgemeine Psychiatrie, Leipzig 1903.

Emil Kraepelin, Psychiatrische Randbemerkungen zur Zeitgeschichte, in: Süddeutsche Monatshefte 16 (1919), S. 171–183.

Dora Krais, Eignungsprüfungen bei der Einführung von weiblichen Ersatzkräften in das Stuttgarter Buchdruckgewerbe Juli-August 1817, in: Schriften zur Psychologie der Berufseignung und des Wirtschaftslebens 3 (1918), S. 19–37.

Ernst Kretschmer, Zur Kritik des Unbewussten, in: Zeitschrift für die gesamte Neurologie und Psychiatrie 46 (1919), S. 223–390.

Arthur Kronfeld, Eine experimentell-psychologische Tauglichkeitsprüfung zum Flugdienst, in: Schriften zur Psychologie der Berufseignung und des Wirtschaftslebens 8 (1919), S. 35–77.

Arthur Kronfeld, Eine experimentell-psychologische Tauglichkeitsprüfung zum Flugdienst, in: Zeitschrift für angewandte Psychologie 15 (1919), S. 193–235.

Arthur Kronfeld, Rezension. Trebitsch, Arthur: Geist und Judentum, in: Zeitschrift für angewandte Psychologie 18 (1921), S. 387–388.

Felix Krueger, Deutschlands seelische Haltung im vierten Jahre des Weltkrieges, in: Illustrirte Zeitung (1917), 3875, Kriegsnummer 166, S. 480.

Oswald Külpe, Psychologie und Medizin, Leipzig 1912.

Oswald Külpe, Die Ethik und der Krieg, Leipzig 1915.

Oswald Külpe, Vorlesungen über Psychologie, Leipzig 1920.

R. Lang/Willi Hellpach, Gruppenfabrikation, Berlin 1922.

Gustave Le Bon/Rudolf Eisler, Psychologie der Massen, Leipzig 1919.

Gustave LeBon, Enseignements psychologiques de la guerre européenne, Paris 1915.

Theophil Lehmann, Zur Psychologie des Vergleichs kurzer Zeiten, in: Archiv für die gesamte Psychologie 41 (1921), S. 277–309.

André Léri, Shell shock, Lonon 1919.

Adolf Levenstein, Die Arbeiterfrage. Mit besonderer Berücksichtigung der sozialpsychologischen Seite des modernen Großbetriebes und der psycho-physischen Einwirkungen auf die Arbeiter, München 1909.

Max Levy-Suhl, Psychiatrisches und Neurologisches aus einem Kriegslazarett, in: Neurologisches Centralblatt 35 (1916), S. 946–957.

Max Levy-Suhl, Über die dreifache psychische Wurzel der hysterischen Krankheitserscheinungen, in: Deutsche Medizinische Wochenschrift 45 (1919), S. 130ff.

Max Lewandowski, Über den Tod durch Sinusströme, in: Deutsche Medizinische Wochenschrift 43 (1917), S. 1169.

Kurt Lewin, Kriegslandschaft, in: Zeitschrift für angewandte Psychologie 12 (1917), S. 440–447.

Kurt Lewin, Rezension. Erich Everth: Von der Seele des Soldaten im Felde, in: Zeitschrift für angewandte Psychologie 12 (1917), S. 161–164.

Kurt Lewin, Rezension: Magnus Hirschfeld: Warum hassen uns die Völker?, in: Zeitschrift für angewandte Psychologie 12 (1917), S. 154–155.

Lilienstein, Vereins- und Kongressberichte. 8. Jahresversammlung (Kriegstagung) der Gesellschaft deutscher Nervenärzte (gemeinsam mit dem deutschen Verein für Psychiatrie), in: Münchener Medizinische Wochenschrift 63 (1916), S. 1594–1596, S. 1628–1629.

Otto Lipmann, Allgemeine und kritische Bemerkungen zur Begabten- und Eignungsforschung., in: William Stern/O. Lipmann (Hrsg.), Beihefte zur Zeitschrift für angewandte Psychologie und psychologische Sammelforschung, 29, 1920, Leipzig, S. 17–29.

Otto Lipmann (Hrsg.), Handbuch psychologischer Hilfsmittel der psychiatrischen Diagnostik. Aus der Sammlung des Instituts für angewandte Psychologie und aus der Literatur, Leipzig 1922.

Otto Lipmann, Psychische Berufseignung und psychologische Berufsberatung, in: Zeitschrift für angewandte Psychologie und psychologische Sammelforschung 11 (1916), H. 6, S. 510–516.

Otto Lipmann, Psychische Geschlechtsunterschiede, in: Beihefte zur Zeitschrift für angewandte Psychologie und psychologische Sammelforschung (1917), H. 14, S. 1–108.

Otto Lipmann, Zur psychologischen Charakteristik der mittleren Berufe., in: Zeitschrift für angewandte Psychologie 12 (1917), S. 99–107.

Otto Lipmann, Wirtschaftspsychologie und psychologische Berufsberatung, in: Schriften zur Psychologie der Berufseignung und des Wirtschaftslebens 1 (1918), S. 3–26.

Otto Lipmann, Die psychische Eignung der Funkentelegraphisten. Programm einer analytischen Prüfungsmethode und Bericht über eine Experimentaluntersuchung., in: Zeitschrift für angewandte Psychologie 15 (1919), S. 301–340.

Otto Lipmann, Die Psychophysiologie des Maschinengewehrschützen, in: Zeitschrift für angewandte Psychologie 17 (1920), S. 155–158.

Otto Lipmann, Allgemeine und kritische Bemerkungen zur Begabungs- und Eignungsforschung, in: Karl Bühler (Hrsg.), Bericht über den VII. Kongress für Experimentelle Psychologie in Marburg vom 20.–23. April 1921, Jena 1922, S. 149–150.

Otto Lipmann, Rekrutierung auf psychologischer Grundlage. Bericht über die amerikanische Methode der Armee-Intelligenzprüfung und ihre Ergebnisse, in: Zeitschrift für angewandte Psychologie 20 (1922), S. 259–281.

Otto Lipmann, The school in the service of vocational study, in: British Journal of Psychology 12 (1922), S. 337–351.

Otto Lipmann, The principles of vocational guidance, in: Charles Samuel Myers (Hrsg.), VIIth International Congress of Psychology. Held at Oxford from July 26th to August 2nd, 1923 under the presidency of Charles S. Myers, Cambridge 1924, S. 290–304.

Otto Lipmann, Lehrbuch der Arbeitswissenschaft, Jena 1932.

Otto Lipmann/Dora Krais, Die Berufseignung des Schriftsetzers, in: Schriften zur Psychologie der Berufseignung und des Wirtschaftslebens 3 (1918), S. 3–37.

Otto Lipmann/William Stern (Hrsg.), Vorträge über angewandte Psychologie, gehalten beim 7. Kongreß für experimentelle Psychologie hrsg. von Otto Lipmann u. William Stern, Leipzig 1921.

Erwin Loewy, Kriegsneurotiker und Verwundetenabzeichen, in: Münchener Medizinische Wochenschrift 65 (1918), S. 1107.

Erwin Loewy, Vereins – und Kongressberichte. Zusammenkunft der Kriegsneurotiker – Aerzte, in: Münchener Medizinische Wochenschrift 65 (1918), S. 1226–1227.

Cesare Lombroso/R. Laschi, Der politische Verbrecher und die Revolution, Hamburg 1892.

Hermann Lotze, Medicinische Psychologie oder Physiologie der Seele, Leipzig 1852.

Thomas Loveday/Gustav Wilhelm Storring, Mental pathology in its relation to normal psychology. A course of lectures delivered in the University of Leipzig, London 1907.

Thomas Loveday, The causes and conditions of lost time. Industrial efficiency and fatigue in British munition factories, in: Ministry of Munitions/Health of Munition Workers Committee (Hrsg.), Industrial efficiency and fatigue in British munition factories. Reprints of interim report and memoranda of the British Health of Munition Workers Committee, Washington 1917, S. 42–95.

Walter Ludwig, Beiträge zur Psychologie der Furcht im Kriege. Inaugurial-Dissertationzur Erlangung der Doktorwürde einer hohen Philosophischen Fakultät der Universität Tübingen, Leipzig 1919.

Walter Ludwig, Beiträge zur Psychologie der Furcht im Kriege. Beiheft 21: Beiträge zur Psychologie des Krieges. Hrsg. v. Wiliam Stern und Otto Lipmann. Leipzig 1920. S. 125–172., in: Zeitschrift für angewandte Psychologie und psychologische Sammelforschung (1920).

J. E. Mac Ilwaine, A Clinical Study of some functional Disorders of the Heart which occur in Soldiers, in: Journal of the Royal Army Medical Corps (1918), XXX, S. 357–377.

John T. MacCurdy, War neuroses, Cambridge 1918.

Cortland Macmahon, Shell shock stammering and other affections of voice and speech, in: Journal of the Royal Army Medical Corps (1917), XXIX, S. 192–201.

Macpherson, William, Grant (Hrsg.), History of the Great War based on official Documents, London 1923–1931.

Madelung, Kriegsärztliche Erfahrungen in England und Frankreich, in: Münchener Medizinische Wochenschrift 62 (1915), S. 283–284.

Karl Marbe, Die Bedeutung der Psychologie für die übrigen Wissenschaften und die Praxis., in: Karl Marbe (Hrsg.), Fortschritte der Psychologie und ihrer Anwendungen, Leipzig 1913, S. 5–82.

Karl Marbe (Hrsg.), Fortschritte der Psychologie und ihrer Anwendungen, Leipzig 1913.

Karl Marbe, Die Aktion gegen die Psychologie. Eine Abwehr, Leipzig, Berlin 1913.

Karl Marbe, Grundzüge der forensischen Psychologie. Vorlesungen, München 1913.

Karl Marbe, Psychologisches Gutachten zum Prozess wegen des Mülheimer Eisenbahnunglücks., in: Fortschritte der Psychologie und ihre Anwendungen 1 (1913), S. 339–374.

Karl Marbe, Die Stellung und Behandlung der Psychologie an den Universitäten, in: Karl Bühler (Hrsg.), Bericht über den VII. Kongress für Experimentelle Psychologie in Marburg vom 20.–23. April 1921, Jena 1922, S. 150–151.

Karl Marbe, Über Unfallversicherung und Psychotechnik, in: Karl Bühler (Hrsg.), Bericht über den VIII. Kongress für experimentelle Psychologie in Leipzig vom 18.–21. April 1923, Jena 1924, S. 188–189.

Karl Marbe, Praktische Psychologie der Unfälle und Betriebsschäden, München 1926.

Karl Marbe, Psychologe als Gerichtsgutachter im Straf- und Zivilprozess, Stuttgart 1926.

Otto Marburg, Nervenkrankheiten. Über durch die Kriegserfahrungen bedingte Fortschritte in der Neurologie, in: Jahreskurse für Ärztliche Fortbildung 5 (1917), S. 3–21.

Jaroslaw Marcinowski, Nervosität und Weltanschauung. Studien zur seelischen Behandlung Nervöser, Berlin 1910.

Hamilton Clelland Marr, Psychoses of the war. Including neurasthenia and shell shock, London 1919.

Hans A. Martens, Eisenbahn-Bildungswesen, in: Zeitung des Vereins Deutscher Eisenbahnverwaltungen 58 (1918), S. 949–951; S. 971–973.

Gladis W. Martyn, A study of mental fatigue, in: British Journal of Psychology 5 (1913), S. 427–446.

William Mather, The forty-eight hours Week. A year's experiment and its results at the Salford Iron Works, Manchester, Manchester 1894.

J. Scott Maxwell, Some aspects of the opposition to new methods in industry, in: Journal of the National Institute of Industrial Psychology 1 (1922), S. 283–286.

William McDougall, On a new method for the study of concurrent mental operations and of mental fatigue, in: British Journal of Psychology 1 (1905), S. 435–445.

William McDougall, An introduction to social psychology, London 1908.

William McDougall, 'Presidential Address: The present position in Clinical Psychiatry', in: Journal of Mental Science 65 (1919), S. 141–152.

William McDougall, The present positions in clinical psychology. Presidents address, in: Proceedings of the Royal Society of Medicine (Sections of Psychiatry and Neurology) 12 (1919), S. 1–13.

William McDougall, The Group Mind, Cambridge 1921.

William McDougall, An Introduction to social psychology, London 1922.

William McDougall, An outline of abnormal psychology, London 1926.

William McDougall/May Smith, The effect of alcohol and some other drugs during normal and fatigued conditions, London 1920.

Medical Research Council (Hrsg.), Reports of the Industrial Fatigue Research Board, London 1919–1928.

Medical Research Council (Hrsg.), The medical problems of flying, London 1920.

Kurt Mendel, Rezension: Kaufmann, Fritz: Die planmäßige Heilung komplizierter psychogener Bewegungsstörungen bei Soldaten in einer Sitzung, in: Neurologisches Centralblatt 35 (1916), S. 566–567.

Messer, A: Zur Psychologie des Krieges. Rudolf Haym/Heinrich von Treitschke/Hans Delbrück/ed. al. (Hrsg.), Preußische Jahrbücher, Bd. 195 (1915), Berlin 1859–1935, S. 202–210.

Ernst Meumann, Intelligenz und Wille, Leipzig 1908.

Ernst Meumann, Über Volkserziehung auf nationaler Grundlage, in: Zeitschrift für pädagogische Psychologie 16 (1915), S. 161–185.

Ernst Meumann, Wesen und Bedeutung des Nationalgefühls, in: Zeitschrift für pädagogische Psychologie 16 (1915), S. 84–106.

Alfred Meyer, Experimentelle Analyse psychischer Vorgänge beim Schießen mit der Handfeuerwaffe. Ein Versuch, in: Archiv für die gesamte Psychologie 20 (1911), S. 397–413.

Max F. Meyer, The fundamental laws of human behavior, Boston 1911.

Alfred Meyer, Vorschläge zu Versuchen im Anschluss an meinen Aufsatz "Experimentelle Analyse psychischer Vorgänge beim Schießen mit der Handfeuerwaffe", in: Archiv für die gesamte Psychologie 22 (1911/1912), S. 47–49.

Alfred Meyer, Psychologie und militärische Ausbildung, in: Zeitschrift für pädagogische Psychologie und experimentelle Pädagogik 13 (1912), S. 81–85.

E. Meyer, Über das stereotaktische Hören, in: Elektrotechnische Zeitschrift 26 (1925), S. 805–807.

Karl Miedbrodt, So denkt der Arbeiter. Eine Sammlung von Fragebogen und Arbeiterbriefen, Berlin ca. 1920.

G. H. Miles, Vocational guidance in foreign countries, in: Journal of the National Institute of Industrial Psychology 1 (1922), S. 28–32.

G. H. Miles, The Berlin Conference in applied psychology, in: The Journal of the National Institute of Industrial Psychology 1 (1923), S. 190–192.

Militär-Medizinal-Abtheilung des Königlich Preussischen Kriegsministeriums (Hrsg.), Über die Feststellung regelwidriger Geisteszustände bei Heerespflichtigen und Heeresangehörigen, Beratungsergebnisse aus der Sitzung des wissenschaftlichen Senats bei der Kaiser Wilhelms-Akademie für das militärärztliche Bildungswesen am 17.2.1905, Berlin 1905.

John Stuart Mill, A system of logic, London 1843.

Milligan, E. T. C., A method of treatment of "shell shock", in: Journal of the Royal Army Medical Corps (1917), XXVIII, S. 272–273.

Ministry of Munitions/Health of Munition Workers Committee (Hrsg.), Industrial efficiency and fatigue in British munition factories. Reprints of interim report and memoranda of the British Health of Munition Workers Committee, Washington 1917.

Ministry of Munitions. Health of Munition Workers Committee (Hrsg.), Health of the Munition Worker. Handbook prepared by the Health of Munition Workers Committee, London 1917.

Ministry of Munitions. Health of Munition Workers Committee (Hrsg.), Industrial health and efficiency: Reprints of final report and memoranda of the British Health of Munition Workers Comittee, Washington, DC 1919.

Walther Moede, Gedächtnis in Psychologie, Physiologie und Biologie., in: Archiv für die gesamte Psychologie 22 (1911), S. 312–313.

Walther Moede, Psychophysik der Arbeit (1. Teil), in: Archiv für Pädagogik 1 (1913), S. 66–79.

Walther Moede, Psychophysik der Arbeit (2. Teil), in: Archiv für Pädagogik 2 (1914), S. 189–214.

Walther Moede, Die Massen – und Sozialpsychologie im kritischen Überblick, in: Zeitschrift für pädagogische Psychologie und experimentelle Pädagogik 16 (1915), S. 385–403.

Walther Moede, Die Übungstherapie der Gehirnbeschädigten im psychologischen Lazarettlaboratorium, in: Zeitschrift für pädagogische Psychologie und Jugendkunde 18 (1917), S. 159–164.

Walther Moede, Die Übungstherapie der Gehirnbeschädigten im psychologischen Lazarettlaboratorium (Schluss), in: Zeitschrift für pädagogische Psychologie und Jugendkunde 18 (1917), S. 226–233.

Walther Moede, Die Untersuchung und Übung des Gehirngeschädigten nach experimentellen Methoden, Langensalza 1917.

Walther Moede, Die Experimentalpsychologie im Dienste des Wirtschaftslebens, Berlin, Heidelberg 1919.

Walther Moede, Die psychotechnische Eignungsprüfung des industriellen Lehrlings, in: Praktische Psychologie 1 (1919), S. 6–18; S. 65–81; S. 339–350.

Walther Moede, Experimentelle Massenpsychologie. Beitrag zur Experimentalpsychologie der Gruppe, Leipzig 1920.

Walther Moede, The present position of the vocational test in Germany, in: Charles Samuel Myers (Hrsg.), VIIth International Congress of Psychology. Held at Oxford from July 26th to August 2nd, 1923 under the presidency of Charles S. Myers, Cambridge 1924, S. 331–346.

Walther Moede, Fahrerprüfungen I. Kraftfahrer-Eignungsprüfungen beim deutschen Heer 1915–1918, in: Industrielle Psychotechnik 3 (1926), S. 23–26.

Walther Moede, Lehrbuch der Psychotechnik, Berlin 1930.

Walther Moede/Curt Piorkowski, Die Einwände gegen die Berliner Begabtenprüfung, Langensalza 1919.

Walther Moede/Curt Piorkowski, Rezension. Schackwitz, Über psychologische Eignungsprüfungen für Verkehrsberufe, in: Praktische Psychologie 2 (1921), S. 125–128.

Walther Moede/Curt Piorkowski/Georg Wolff, Die Berliner Begabtenschulen, ihre Organisation und die experimentellen Methoden der Schülerauswahl, Langensalza 1918.

Mörchen, Traumatische Neurosen und Kriegsgefangene, in: Münchener Medizinische Wochenschrift 63 (1916), S. 1188–1191.

Conwy Lloyd Morgan, Animal behaviour, London 1900.

Frederick W. Mott, The psychic mechanism of the voice in relation to the emotion, in: British Medical Journal (1915), H. 2867, S. 845–847.

Frederick W. Mott, The Lettsomian Lectures. The effects of high explosives upon the central nervous system. Lecture I., in: The Lancet 187 (1916), H. 4824, S. 331–338.

Frederick W. Mott, The Lettsomian Lecture. The effects of High Explosives upon the central nervous system. Lecture II, in: The Lancet 187 (1916), H. 4828, S. 441–449.

Frederick W. Mott, The Lettsomian Lectures. The effects of high explosives upon the central nervous system. Lecture III., in: The Lancet 187 (1916), H. 4828, S. 545–553.

Frederick W. Mott, Chadwick Lecture: Mental hygiene in shell shock during and after the war., in: Journal of Mental Science 63 (1917), S. 467–488.

Frederick W. Mott, Mental hygiene and shell shock during and after the War, in: British Medical Journal (1917), H. 2950, S. 39–42.

Frederick W. Mott, The Microscopic examination of the brains of two men dead of Commotio Cerebri (shell shock) without visible external injury, in: Journal of the Royal Army Medical Corps (1917), XXIX, S. 662–667.

Frederick W. Mott, Preface, in: Archives of neurology 7 (1918), S. v–vi.

Frederick W. Mott, Two addresses on war psycho-neurosis. I. Neurasthenia: The Disorders and disabilities of fear, in: The Lancet 191 (1918), H. 4926, S. 127–129.

Frederick W. Mott, Two addresses on war psycho-neurosis. II. The psychology of soldiers' dreams, in: The Lancet 191 (1918), H. 4927, S. 169–173.

Frederick W. Mott, War psychoses and psychoneuroses, in: Journal of Medical Science 64 (1918, April), H. 265, S. 237.

Frederick W. Mott, War neuroses, in: British Medical Journal (1919), H. 3041, S. 439–442.

Frederick W. Mott, War neuroses and shell shock, London 1919.

Otto Muck, Psychologische Betrachtungen bei Heilungen funktionell stimmgestörter Soldaten., in: Münchener Medizinische Wochenschrift 63 (1916), S. 804–806.

Franz Carl Müller, Handbuch der Neurasthenie, Leipzig 1893.

Franz C. Müller, Geschichte der organischen Naturwissenschaften im neunzehnten Jahrhundert. Medizin und deren Hilfswissenschaften Zoologie und Botanik, Berlin 1902.

Franz Carl Müller/Paul Schlenther, Geschichte der organischen Naturwissenschaften im neunzehnten Jahrhundert. Medizin und deren Hilfswiss., Zoologie und Botanik, Berlin 1902.

R. Müller-Freienfels, Zur Psychologie der Nationalcharaktere, in: Nord und Süd. Eine deutsche Monatsschrift 42 (1918), S. 131–138.

Hugo Münsterberg, Psychological tests for accident prevention, in: The Electric Railway Journal 39 (1912), S. 394–395.

Hugo Münsterberg, Psychologie und Wirtschaftsleben. Ein Beitrag zur angewandten Experimental-Psychologie, Leipzig 1912.

Hugo Münsterberg, Psychology and industrial efficiency, London 1913.

Hugo Münsterberg, Grundzüge der Psychotechnik, Leipzig 1914.

Hugo Münsterberg, Psychologie und Wirtschaftsleben. Ein Beitrag zur angewandten Experimental-Psychologie, Leipzig 1916.

Hugo Münsterberg, Grundzüge der Psychologie. 2. Aufl. Unveränd. Abdruck der 1. Aufl. Mit einem Bildnis des Verf. und einem Geleitwort von Max Dessoir, Leipzig 1918.

Flora Murray, Women as Army Surgeons. Being the History of the Women's Hospital Corps in Paris, Wimereux and Endell Street ; Sept. 1914–Oktober 1919, Cambridge 1920.

Bernard Muscio, Vocational guidance. (A review of the literature.) Nr. 12 des Industrial Fatigue Research Board, 1921, in: Medical Research Council (Hrsg.), Reports of the Industrial Fatigue Research Board, London 1919–1928.

Bernard Muscio, Lectures on industrial psychology, London 1920.

Bernard Muscio, Is a fatigue test possible?, in: British Journal of Psychology 12 (1921), S. 31–46.

Bernard Muscio, Feeling-Tone in Industry. A Report to the Industrial Fatigue Research Board, in: British Journal of Psychology 12 (1922), S. 150–162.

Bernard Muscio, Vocational tests and typewriting, in: British Journal of Psychology 13 (1923), S. 344–369.

Charles Samuel Myers, The pitfalls of "mental tests", in: British Medical Journal (1911), H. 2613, S. 195–197.

Charles Samuel Myers, Individuelle Unterschiede in der Auffassung von Tönen, in: Friedrich Schumann (Hrsg.), Bericht über den V. Kongress für experimentelle Psychologie. In Berlin vom 16. bis 20. April 1912, Leipzig 1912, S. 148–151.

Charles Samuel Myers, A contribution to the study of shell shock (I). Being an account of three cases of loss of memory, vision, smell, and taste, admitted into the Duchess of Westminster's War Hospital, Le Toquet., in: The Lancet 185 (1915), H. 4772, S. 316–320.

Charles Samuel Myers, Contributions to the study of shell shock. II. Being an account of certain cases treated by hypnosis., in: The Lancet 187 (1916), H. 4819, S. 65–69.

Charles Samuel Myers, Contributions to the study of shell shock. III. Being an account of certain disorders of cutaneous sensibility, in: The Lancet 187 (1916), H. 4829, S. 608–613.

Charles Samuel Myers, Contributions to the study of shell shock. IV. Being an account of certain disorders of speech, with special reference to their causation and their relation to malingering, in: The Lancet 188 (1916), H. 4772, S. 461–467.

Charles Samuel Myers, Present-day applications of psychology with special reference to industry, education and nervous breakdown, London 1918.

Charles Samuel Myers, A final contribution to the study of shell shock I: Being a consideration of unsettled points needing investigation, in: The Lancet 193 (1919), H. 4976, S. 51–54.

Charles Samuel Myers, 'The justifiability of therapeutic lying: Correspondence', in: The Lancet 194 (1919), H. 5026, S. 1213–1214.

Charles Samuel Myers, A study of improved methods in an iron foundry. Report Nr. 3 des Industrial Fatigue Research Board, 1919, in: Medical Research Council (Hrsg.), Reports of the Industrial Fatigue Research Board, London 1919–1928.

Charles Samuel Myers, Psychology and industry, in: British Journal of Psychology 10 (1920), S. 177–182.

Charles Samuel Myers, Industrial fatigue, in: The Lancet 197 (1921), H. 5082, S. 205–206.

Charles Samuel Myers, Mind and work; The psychologial factors in industry and commerce, New York and London 1921.

Charles Samuel Myers (Hrsg.), VIIth International Congress of Psychology. Held at Oxford from July 26th to August 2nd, 1923 under the presidency of Charles S. Myers, Cambridge 1924.

Charles Samuel Myers, Industrial psychology in Great Britain, London 1926.

Otto Naegeli, Unfalls- und Begehrungsneurosen. Mit Abbildungen, Stuttgart 1917.

Ladislaus Nagy, Ergebnisse einer Umfrage über die Auffassung des Kindes vom Kriege, in: Zeitschrift für angewandte Psychologie 12 (1917), S. 1–63.

Johann Daniel Neigebaur, Die Preußischen Gymnasien und höheren Bürgerschulen. Eine Zusammenstellung der Verordnungen, welche den höheren Unterricht in diesen Anstalten umfassen, Berlin 1835.

F. Neuhaus, F.W. Taylors Grundsätze methodischer Anleitung bei Arbeitsvorgängen jeder Art, in: Zeitschrift des Vereins Deutscher Ingenieure 57 (1913), S. 367–371.

Georg Paul Neumann (Hrsg.), Die deutschen Luftstreitkräfte im Weltkriege, Berlin 1920.

Georg Paul Neumann, Ausbildung der Beobachter, Fliegerschützen und Flugzeugführer, in: Georg Paul Neumann (Hrsg.), Die deutschen Luftstreitkräfte im Weltkriege, Berlin 1920, S. 264–273.

Daniel Nobel, Elements of Psychological Medicine. An introduction to the practical study of insanity, etc, London, Manchester 1853.

Max Nonne, Über erfolgreiche Suggestivbehandlung der hysteriformen Störungen bei Kriegsneurosen, in: Zeitschrift für die gesamte Neurologie und Psychiatrie 37 (1917), S. 191–218.

Max Nonne, Therapeutische Erfahrungen an den Kriegsneurosen in den Jahren 1914/1918, in: Karl Bonhoeffer/Konrad Alt/Otto von Schjerning (Hrsg.), Geistes- und Nervenkrankheiten, Bd. 4, Leipzig 1922, S. 102–122.

Henry Nunn, Psychology and education, in: British Journal of Psychology 10 (1920), S. 169.

P. Oestreich, Menschenökonomie. Zur Frage der Berufsberatung, in: Archiv für Sozialwissenschaft und Sozialpolitik 41 (1916), S. 805–815.

Hermann Oppenheim, Der Krieg und die traumatischen Neurosen, Berlin, Heidelberg 1915.

Hermann Oppenheim, Der Krieg und die traumatischen Neurosen, in: Berliner Klinische Wochenschrift 51 (1915), S. 257.

Hermann Oppenheim, Neurosen nach Kriegsverletzungen, in: Zeitschrift für ärztliche Fortbildung 8 (1916), S. 213.

Hermann Oppenheim, Neurosen nach Kriegsverletzungen. Achte Jahresversammlung der Gesellschaft Deutscher Nervenärzte, in: Deutsche Zeitschrift für Nervenheilkunde 56 (1917), S. 3–37.

James Orchorowicz, Projet d'un Congrès international de psychologie, in: Révue Philosophique de la France et de l'Étranger 12 (1881), S. 1–17.

Linda Orth, Walter Poppelreuter, in: Der Nervenarzt. 75 (2004), S. 609–614.

Ethel E. Osborne, The output of women workers in relation to hours of work in shell making, Report Nr. 2 des Industrial Fatigue Research Board, 1919., in: Medical Research Council (Hrsg.), Reports of the Industrial Fatigue Research Board, London 1919–1928.

Ethel E. Osborne/Horace Middleton Vernon/Bernard Muscio, Contributions to the study of accident causation. Report Nr. 19 des Industrial Fatigue Research Board, 1920, in: Medical Research Council (Hrsg.), Reports of the Industrial Fatigue Research Board, London 1919–1928.

Robert Owen, A new view of society: or, essays on the formation of the human character, preparatory to the development of a plan for gradually ameliorating the condition of mankind, Edinburgh 1826.

Tom Hatherley Pear, The analysis of some personal dreams with reference to Freud's theory of dream interpretation, in: British Journal of Psychology 6 (1914), S. S. 281–303.

Tom Hatherley Pear, Some early recollections, in: Journal of the Royal Anthropological Institute (1916), S. 227–237.

Tom Hatherley Pear, The war and psychology, in: Nature 102 (1918), S. 88–89.

Tom Hatherley Pear, Remembering and forgetting, London 1922.

Tom Hatherley Pear, Geschicklichkeit in Sport und Industrie, Erlangen 1925.

Wilhelm Peters, Die Beziehung der Psychologie zur Medizin und die Vorbildung der Mediziner, Würzburg 1913.

Wilhelm Peters, Psychologie und Hirnverletztenfürsorge, in: Zeitschrift für angewandte Psychologie 14 (1919), S. 75–89.

Wilhelm Peters, Vererbung und Persönlichkeit, in: Karl Bühler (Hrsg.), Bericht über den VIII. Kongress für experimentelle Psychologie in Leipzig vom 18.–21. April 1923, Jena 1924, S. 56–144.

Emil Pfülf, Die Panik im Kriege. Erweiterte Fassung eines in der Psychologischen Gesellschaft München gehaltenen Vortrages, München 1908.

Theodor Piderit, Grundsätze der Mimik und Physiognomik, Leipzig 1858.

Curt Piorkowski, Beiträge zur psychologischen Methodologie der wirtschaftlichen Berufseignung, Leipzig 1915.

Siegfried Placzek, Psychische Untersuchungsmethoden, in: Zeitschrift für Bahn- und Bahnkassenärzte 4 (1909), S. 272–290.

Paul Plaut, Beiträge zur Psychologie des Krieges, Leipzig 1920.

Paul Plaut, Psychographie des Kriegers. Beiträge zur Psychologie des Krieges, in: Beihefte zur Zeitschrift für angewandte Psychologie und psychologische Sammelforschung (1920), H. 21, S. 1–123.

Paul Plaut, Psychologische Bemerkungen zur gegenwärtigen Revolution, in: Zeitschrift für angewandte Psychologie 16 (1920), S. 80–93.

Paul Plaut, Grundsätzliches zur Reklamepsychologie, in: Zeitschrift für angewandte Psychologie 18 (1921), S. 225–249.

Paul Plaut, Zur Psychologie des Krieges. Bibliographischer Sammelbericht, in: Zeitschrift für angewandte Psychologie 20 (1922), S. 281–286.

Paul Plaut, Der psychologische Raum. Ein Beitrag zur Beziehungslehre, Stuttgart 1924.

Paul Plaut, Rezension: Gustav Le Bon: Psychologische Grundgesetzte der Völkerentwicklung, in: Zeitschrift für angewandte Psychologie 23 (1924), S. 254–255.

Paul Plaut, Prinzipien und Methoden der Kriegspsychologie, in: Emil Abderhalden (Hrsg.), Handbuch der biologischen Arbeitsmethoden, Bd. 6, Berlin, Wien 1928, S. 621–687.

Karl Pönitz, Die klinische Neuorientierung zum Hysterieproblem unter dem Einflusse der Kriegserfahrungen, Berlin 1921.

Walther Poppelreuter, Über psychische Ausfallerscheinungen nach Hirnverletzungen., in: Münchener Medizinische Wochenschrift 62 (1915), S. 489–490.

Walther Poppelreuter, Die psychischen Schädigungen durch Kopfschuß im Kriege 1914/17. Mit besonderer Berücksichtigung der pathopsychologischen, pädagogischen, gewerblichen und sozialen Beziehungen, Leipzig 1917.

Walther Poppelreuter, Die Arbeitsschauuhr. Ein Beitrag zur praktischen Psychologie, Langensalza 1918.

Walther Poppelreuter, Die psychischen Schädigungen durch Kopfschuß im Kriege 1914/17, Leipzig 1918.

Walther Poppelreuter, Praktische Psychologie als ärztlicher Beruf, in: Münchener Medizinische Wochenschrift 68 (1921), S. 1262–1263.

Walther Poppelreuter, Die Übungsbehandlung der Hirnverletzten, in: Karl Bonhoeffer/Konrad Alt/Otto von Schjerning (Hrsg.), Geistes- und Nervenkrankheiten, Bd. 4, Leipzig 1922, S. 211–234.

Walther Poppelreuter, Über Hirnverletztenpsychologie, in: Karl Bühler (Hrsg.), Bericht über den VII. Kongress für Experimentelle Psychologie in Marburg vom 20.-23. April 1921, Jena 1922, S. 75–79.

Walther Poppelreuter, Werkspolitische Fragen der psychotechnischen Begutachtung, in: Der Arbeitgeber, Zeitschrift der Vereinigung der Deutschen Arbeitgeberverbände 16 (1926), S. 377–380.

Walther Poppelreuter, Beitrag zur Frage der Stellungnahme der Arbeitnehmer zur psychotechnischen Begutachtung, in: Psychotechnische Zeitschrift 4 (1929), S. 40–42.

Walther Poppelreuter, Hitler der politische Psychologe, Langensalza, 1934.

Prankel, Ergebnisse einer psychologischen Eignungsprüfung, Eisenbahn-Lokomotivwerkstätte Gleiwitz, in: Zeitschrift für angewandte Psychologie 16 (1920), S. 393–394.

Arthur Pugh, Speaker' Addresses, in: Journal of the National Institute of Industrial Psychology 1 (1923), S. 269–272.

Carveth Read, Trotter, William. Instincts of the herd in peace and war (Review), in: British Journal of Psychology 8 (1916), S. 268–269.

Andreas Reckwitz, Das hybride Subjekt. Eine Theorie der Subjektkulturen von der bürgerlichen Moderne zur Postmoderne, Weilerswist 2006.

John Rawlings Rees, Three years of military psychiatry in the United Kingdom, in: British Medical Journal (1943), H. 4278, S. 1–6.

Sven Reichardt, Praxeologische Geschichtswissenschaft. Eine Diskursanregung, in: Soziale Geschichte 22 (2007), S. 43–65.

Hans Reichner, Experimentelle und kritische Beiträge zur Psychologie des Verstehens, in: Zeitschrift für Psychologie 104 (1927), S. 1–61.

L. Rendulic, Zur Psychologie der Disziplin, in: Militärwissenschaftliche und technische Mitteilungen 54 (1923), S. 364–376, S. 436–450.

Theodule Ribot, English psychology. Translated from the French of Th. Ribot. Hartley - James Mill - Herbert Spencer A. Bain - G.H. Lewes - Samuel Bailey John Stuart Mill, London 1873.

Greorge Riddoch, Case of Meningitis circumscripta serosa following a bullet wound of the neck, with injury of the posterior of the spinal cord, in: Brain 42 (1919), S. 360–362.

Riedel, Bemerkungen zur Eignungsprüfung bei Fahrzeugführerberufen, in: Zeitschrift für angewandte Psychologie 19 (1921), S. 196–213.

Johann Baptiste Rieffert, Psychotechnik im Heere, in: Karl Bühler (Hrsg.), Bericht über den VII. Kongress für Experimentelle Psychologie in Marburg vom 20.-23. April 1921, Jena 1922, S. 82.

J. Ritchie, Neurasthenia, in: Edinburgh Medical Journal 12 (1914), S. 113–120.

William Halse Rivers, The influence of alcohol and other drugs on fatigue. The Croonian lectures delivered at the Royal college of physicians in 1906, London 1908.

William Halse Rivers, A case of claustrophobia, in: The Lancet 190 (1917), H. 4903, S. 237–240.

William Halse Rivers, Freud's Psychology of the Unconscious, in: The Lancet 189 (1917), H. 4894, S. 912–914.

Rivers, William Halse Rivers, An address on the repression of war experience, in: The Lancet 191 (1918), H. 4927, S. 173–177.

Rivers, William Halse Rivers, War-neurosis and military training., in: Mental hygiene 2 (1918), S. 513–533.

Rivers, William Halse Rivers, Psychiatry and the war, in: Science 49 (1919), S. 367–369.

William Halse Rivers, Instinct and the unconscious. A contribution to a biological theory of the psycho-neuroses, London 1920.

William Halse Rivers, Appendix IV. War-Neurosis and military training, in: William Halse Rivers (Hrsg.), Instinct and the unconscious. A contribution to the biological theory of the psychoneuroses, London 1920, S. 1–13.

William Halse Rivers, Mental aptitude for flying, in: Medical Research Council (Hrsg.), The medical problems of flying, London 1920, S. 257–264.

Rivers, William Halse Rivers, Psychology and medicine, in: British Journal of Psychology 10 (1920), S. 183–193.

William Halse Rivers, Conflict and dream, London 1923.

Rivers, William Halse Rivers, The Relation of complex and sentiments, in: British Journal of Psychology 13 (1923), S. 107–112.

George Croom Robertson, Prefatory words, in: Mind 1 (1876), S. 3–6.

H. P. Roloff, Ausbildungskurse in der Eignungsprüfung des industriellen Lehrlings, veranstaltet vom Laboratorium für industrielle Psychotechnik in Charlottenburg, vom 13.-18. Oktober 1919, in: Zeitschrift für angewandte Psychologie 16 (1920), S. 166–171.

Thomas Arthur Ross, The common neuroses. Their treatment by psychotherapy; an introduction to psychological treatment for students and practitioners, London 1924.

Emanuel Roth, Kriegsgefahr und Psyche, in: Aerztliche Sachverständigen-Zeitung 21 (1915), S. 1–3.

Karl Rothe, Die pädagogische Behandlung sprachkranker Soldaten, in: Zeitschrift für pädagogische Psychologie und experimentelle Pädagogik 18 (1917), S. 319–322.

M. Rothmann, Zur Beseitigung psychogener Bewegungsstörungen bei Soldaten in einer Sitzung, in: Münchener Medizinische Wochenschrift 63 (1916), S. 1277–1278.

Gustave Roussy/Jean Lhermitte/William Aldren Turner, The psychoneuroses of war, London 1918.

Benjamin Seebohm Rowntree, Poverty. A study of town life, London 1901.

Benjamin Seebohm Rowntree/Bruno Lasker, Unemployment, London 1911.

Benjamin Seebohm Rowntree, The human factor in business, London, New York 1921.

Ronald G. Rows, Mental conditions following strain and Nerve Shock, in: British Medical Journal (1916), H. 2882, S. 441–443.

Max Rubner, Deutschlands Volksernährung im Kriege, Leipzig 1916.

Hans Rupp, Grundsätzliches über Eignungsprüfungen, in: William Stern/Otto Lipmann (Hrsg.), Beihefte zur Zeitschrift für angewandte Psychologie und psychologische Sammelforschung, 29, 1920, Leipzig, S. 32–62.

Hans Rupp, Aus der Psychotechnik des subjektiven Schallverfahrens. Vorträge über angewandte Psychologie gehalten beim 7. Kongress für experimentelle Psychologie in Marburg, 20-23. April 1921, in: William Stern/Otto Lipmann (Hrsg.), Beihefte zur Zeitschrift für angewandte Psychologie und psychologische Sammelforschung, 29, 1920, Leipzig, S. 131–149.

Colin K. Russel, The management of psycho-neuroses in the Canadian Army, in: Journal of Abnormal Psychology 14 (1918), S. 27–33.

W. J. Ruttmann, Über Begabung, Arbeitsleistung und Berufswahl, in: Zeitschrift für pädagogische Psychologie 17 (1916), S. 217–226.

Hildegard Sachs, Studien zur Eignungsprüfung der Straßenbahnführer. Erste Abhandlung. Methode zur Prüfung der Aufmerksamkeit und Reaktionsweise, in: Zeitschrift für angewandte Psychologie 17 (1920), S. 199–225.

Thomas W. Salmon, The care and treatment of mental diseases and war neuroses ("shell shock") in the British Army, New York 1917.

Willibald Sauer, Zur Analyse und Behandlung von Kriegsneurosen, in: Zeitschrift für die gesamte Neurologie und Psychiatrie 36 (1917), S. 27–53.

Ferdinand Sauerbruch/Georg Ruge/Walter Felix/ed. al., Die willkürlich bewegbare künstliche Hand. Eine Anleitung für Chirurgen und Techniker, Berlin 1916.

G. S. Savage, Mental disabilities for war service, in: Journal of Mental Science 62 (1916), S. 653–657.

Alex Schackwitz, Über psychologische Berufs-Eignungsprüfungen für Verkehrsberufe. Eine Begutachtung ihres theoretischen und praktischen Wertes erläutert durch eine Untersuchung von Strassenbahnführern, Berlin 1920.

E. Schiche, Zur Psychologie der Todesahnungen, in: Beihefte zur Zeitschrift für angewandte Psychologie und psychologische Sammelforschung (1920), H. 21, S. 173–178.

Otto von Schjerning (Hrsg.), Handbuch der ärztlichen Erfahrungen im Weltkriege, Leipzig 1921-1934.

Otto von Schjerning, Die Tätigkeit und die Erfolge der deutschen Feldärzte im Weltkriege. Zugleich Einleitung zu dem Handbuch der ärztlichen Erfahrungen im Weltkriege, in: Otto von Schjerning (Hrsg.), Handbuch der ärztlichen Erfahrungen im Weltkriege, Bd. 1, Leipzig 1921-1934, S. 1–23.

Friedrich Schleiermacher, Psychologie, Berlin 1862.

Georg Schlesinger, Die Passungen im deutschen Maschinenbau (Diss.), in: Mitteilungen der technischen Hochschulen 18 (1904).

Georg Schlesinger, Betriebsführung und Betriebswissenschaft. Sonderdruck, in: Technik und Wirtschaft 6 (1913), S. 520–547.

Georg Schlesinger, Betriebswissenschaft und Psychotechnik, in: Praktische Psychologie 1 (1919), S. 1–6.

Georg Schlesinger, Psychotechnik und Betriebswissenschaft, Leipzig 1920.

F. Schmidt, Über die Psyche des Infantristen im Kampf, Greifswald 1919.

Ludwig Scholz, Seelenleben des Soldaten an der Front. Hinterlassene Aufzeichnungen des im Kriege gefallenen Nervenarztes, Tübingen 1920.

Maria Schorn, Auszug aus einem Bericht über militärische Eignungsprüfungen in der Psychologischen Hauptprüfstelle Münster i. Westfalen, in: Praktische Psychologie 2 (1921), S. 189–191.

A. Schreiber, Einrichtung eines Prüflaboratoriums für Berufseignung bei den Königlichen Sächsischen Staatseisenbahnen, in: Zentralblatt für Bauverwaltung 37 (1917), S. 563–564.

A. Schreiber, Das Prüfungslaboratorium für Berufseignung bei der Königlich Sächsischen Eisenbahn, in: Zeitschrift des Vereins Deutscher Ingenieure 62 (1918), S. 91–93.

Robert Werner Schulte, Die Berufseignung des Damenfriseurs, in: Zeitschrift für angewandte Psychologie 19 (1921), S. 100-155.

Robert Werner Schulte, Neukonstruktionen von Apparaten zur praktischen Psychologie, in: Otto Lipmann/William Stern (Hrsg.), Vorträge über angewandte Psychologie, gehalten beim 7. Kongreß für experimentelle Psychologie hrsg. von Otto Lipmann u. William Stern, Leipzig 1921, S. 107–110.

Robert Werner Schulte, Die Persönlichkeit in der psychologischen Beratung, in: Karl Bühler (Hrsg.), Bericht über den VIII. Kongress für experimentelle Psychologie in Leipzig vom 18. -21. April 1923, Jena 1924, S. 196-200.

F. O. Schultze, Die Bedeutung psychologischer Fehlerquellen bei Blutdruckmessungen nach Riva-Rocci und von Recklinghausen, in: Friedrich Schumann (Hrsg.), Bericht über den III. Kongreß für experimentelle Psychologie in Frankfurt am Main vom 22. bis 25. April 1908, Leipzig 1909, S. 211–212.

Friedrich Emil Schultze, Eine neue Weise der Auswertung der Intelligenzteste (Methode der Intelligenzzensur), in: Zeitschrift für angewandte Psychologie 11 (1916), S. 19–28.

Friedrich Emil Schultze, Über die Kaufmannsche Behandlung hysterischer Bewegungsstörungen, in: Münchener Medizinische Wochenschrift 63 (1916), S. 1349–1353.

Friedrich Emil Schultze, Über den Nachweis von Schwachsinn und Ermüdung, in: Münchener Medizinische Wochenschrift 64 (1917), S. 1014.

Ernst Schultze, Hysterie, in: Otto Binswanger/Ernst Siemerling/Ernst Schultze (Hrsg.), Lehrbuch der Psychiatrie, Jena 1920, S. 347–367.

Ernst Schulze/Carl Rühs, Intelligenztests von Rekruten und älteren Mannschaften, in: Deutsche Medizinische Wochenschrift 32 (1906), S. 1273–1277.

Friedrich Schumann (Hrsg.), Bericht über den I. Kongress für experimentelle Psychologie in Giessen vom 18. bis 21. April 1904, Leipzig 1904.

Friedrich Schumann, Geschichte des Kongresses, in: Friedrich Schumann (Hrsg.), Bericht über den I. Kongress für experimentelle Psychologie in Giessen vom 18. bis 21. April 1904, Leipzig 1904, S. I-XXV.

F. Schumann (Hrsg.), Bericht über den II. Kongress für experimentelle Psychologie in Würzburg vom 18. bis 21. April 1906, Leipzig 1907.

Friedrich Schumann, Vorwort, in: F. Schumann (Hrsg.), Bericht über den II. Kongress für experimentelle Psychologie in Würzburg vom 18. bis 21. April 1906, Leipzig 1907, S. VII–XVIII.

Friedrich Schumann (Hrsg.), Bericht über den III. Kongress für experimentelle Psychologie in Frankfurt am Main vom 22. bis 25. April 1908, Leipzig 1909.

Friedrich Schumann, Geschäftliche Mitteilungen, in: Friedrich Schumann (Hrsg.), Bericht über den III. Kongress für experimentelle Psychologie in Frankfurt am Main vom 22. bis 25. April 1908, Leipzig 1909, S. I. - XX.

Friedrich Schumann, Geschäftliche Mitteilungen, in: Friedrich Schumann (Hrsg.), Bericht über den III. Kongress für experimentelle Psychologie in Frankfurt am Main vom 22. bis 25. April 1908, Leipzig 1909, S. I. - XXII.

Friedrich Schumann (Hrsg.), Bericht über den IV. Kongress für experimentelle Psychologie in Innsbruck vom 19. bis 22. April 1910, Leipzig 1910.

Friedrich Schumann, Geschäftliche Mitteilungen, in: Friedrich Schumann (Hrsg.), Bericht über den IV. Kongress für experimentelle Psychologie in Innsbruck vom 19. bis 22. April 1910, Leipzig 1910, S. VII - XVIII.

Friedrich Schumann (Hrsg.), Bericht über den V. Kongress für experimentelle Psychologie. In Berlin vom 16. bis 20. April 1912, Leipzig 1912.

Friedrich Schumann, Geschäftliche Mitteilungen, in: Friedrich Schumann (Hrsg.), Bericht über den V. Kongress für experimentelle Psychologie. In Berlin vom 16. bis 20. April 1912, Leipzig 1912, S. I. - XXV.

Friedrich Schumann (Hrsg.), Bericht über den VI. Kongress für Experimentelle Psychologie in Göttingen vom 15 bis 18 April 1914, Leipzig 1914.

Friedrich Schumann, Geschäftliche Mitteilungen, in: Friedrich Schumann (Hrsg.), Bericht über den VI. Kongress für Experimentelle Psychologie in Göttingen vom 15 bis 18 April 1914, Leipzig 1914, S. 103–123.

Guido Seiffert, Die psychotechnische Prüfung des Gleichgewichtssinns bei Fliegern, in: Praktische Psychologie 1 (1919), S. 81–87.

Otto Selz, Anteil der individuellen Eigenschaften der Flugzeugführer und Beobachter an Fliegerunfällen, in: Schriften zur Psychologie der Berufseignung und des Wirtschaftslebens 8 (1919), S. 96–138.

Otto Selz, Über die Persönlichkeitstypen und die Methoden ihrer Bestimmung, in: Karl Bühler (Hrsg.), Bericht über den VIII. Kongress für experimentelle Psychologie in Leipzig vom 18. -21. April 1923, Jena 1924, S. 3–27.

Anton Sickinger, Der Differenzierungsgedanke in seiner Anwendung auf die Genesendenkompanie, in: Zeitschrift für pädagogische Psychologie und experimentelle Pädagogik 17 (1916), S. 353–362.

Henry Sidwick, Presidential address, in: Anon (Hrsg.), International Congress of Experimental Psychology, London 1892, S. 1–8.

Georg Simmel, An Prof. Karl Lamprecht, in: Die Zukunft 83 (1915), S. 230–234.

Ernst Simmel, Kriegsneurosen und psychisches Trauma. Ihre gegenseitigen Beziehungen, dargestellt auf Grund psycho-analytischer Studien, Leipzig-München 1918.

Ernst Simmel, Zweites Koreferat, in: Sigmund Freud/Sándor Ferenczi/Karl Abraham/ Ernst Simmel/Ernest Jones (Hrsg.), Zur Psychoanalyse der Kriegsneurosen, Leipzig 1919, S. 42–60.

Samuel Smiles, Self help, with illustrations of character and conduct, London 1859.

May Smith, A contribution to the study of fatigue, in: British Journal of Psychology 8 (1916), S. 327–350.

Grafton Elliot Smith, Shock and the soldier, in: The Lancet 187 (1916), H. 4833, S. 813–817.

May Smith, Some studies in the laundry trade, Nr. 22 des Industrial Fatigue Research Board, 1922, in: Medical Research Council (Hrsg.), Reports of the Industrial Fatigue Research Board, London 1919-1928.

Grafton Elliot Smith/Tom Hatherley Pear, Shell shock and its lessons, Manchester 1917.

Robert Sommer, Grundzüge einer Geschichte der deutschen Psychologie und Aesthetik von Wolff-Baumgarten bis Kant-Schiller. Nach einer von der Königlichen Preussischen Akademie der Wissenschaften in Berlin preisgekrönten Schrift des Verfassers dargestellt, Würzburg 1892.

Robert Sommer, Diagnostik der Geisteskrankheiten. Für praktische Ärzte und Studierende, Wien, Leipzig 1894.

Robert Sommer, Objektive Psychopathologie, in: Friedrich Schumann (Hrsg.), Bericht über den I. Kongress für experimentelle Psychologie in Giessen vom 18. bis 21. April 1904, Leipzig 1904, S. 121–122.

Robert Sommer, Familienforschung und Vererbungslehre, Leipzig 1907.

Robert Sommer, Krieg und Seelenleben. Akademische Festrede ... am 1. Juli 1915, Giessen 1915.

Robert Sommer, Krieg und Seelenleben, Leipzig 1916.

Robert Sommer, Beseitigung funktioneller Taubheit, besonders bei Soldaten, durch eine experimental-psychologische Methode, in: Archiv für Psychiatrie und Nervenkrankheiten 57 (1917), S. 574–575.

Robert Sommer, Beseitigung funktioneller Taubheit, besonders bei Soldaten, durch eine experimental-psychologische Methode, in: Schmidts Jahrbücher der in- und ausländischen gesamten Medizin 84 (1917), S. 65–75.

Robert Sommer, Kriegstüchtigkeit als ererbte Eigenschaft, in: Zeitschrift für angewandte Psychologie 12 (1917), S. 160.

Robert Sommer, Ärztlicher Notruf zum Ende des Jahres 1918, o.O. 1918.

Robert Sommer, Über Persönlichkeitstypen, in: Karl Bühler (Hrsg.), Bericht über den VIII. Kongress für experimentelle Psychologie in Leipzig vom 18. -21. April 1923, Jena 1924, S. 27–31.

Robert Sommer, Psychotherapie und psychische Hygiene, in: Allgemeine ärztliche Zeitschrift für Psychotherapie 1 (1928), S. 6-10, S. 129-134.

Francis J. Southborough, Army Report of the War Office Committee of Enquiry into "Shell-Shock", London 1922.

Charles Edward Spearman, "General intelligence" objectively determined and measured, in: American Journal of Psychology 15 (1904), S. 201–293.

Charles Edward Spearman, Discussion on visual Requirements of Aviators., in: Ophtalmological Society's Transactions XXXIX (1919), S. 28–36.

Charles Edward Spearman, The nature of 'intelligence' and the principles of cognition, London 1923.

Charles Edward Spearman, Über psychische Gesetzmäßigkeiten, in: Karl Bühler (Hrsg.), Bericht über den VIII. Kongress für experimentelle Psychologie in Leipzig vom 18. -21. April 1923, Jena 1924, S. 201–202.

Herbert Spencer, Die Principien der Psychologie, London 1855.

Eduard Spranger, Zum Streit um die Psychologie, in: Deutsche Literaturzeitung 34 (1913), S. 708–715.

Knowles Stansfield, The villa or colony system for the care and treatment of mental diseases, in: Journal of Mental Science 60 (1914), S. 30–37.

William Stern, Richtlinien für die Methodik der psychologischen Praxis, in: William Stern/Otto Lipmann (Hrsg.), Beihefte zur Zeitschrift für angewandte Psychologie und psychologische Sammelforschung, 29, 1920, Leipzig, S. 1–16.

William Stern, Die differentielle Psychologie, Leipzig 1900.

William Stern, Angewandte Psychologie, in: Beiträge zur Psychologie der Aussage 1 (1903), S. 4–45.

William Stern, Die differentielle Psychologie in ihren methodischen Grundlagen, Leipzig 1911.

William Stern, Die psychologischen Methoden der Intelligenzprüfung und deren Anwendung an Schulkindern, Leipzig 1912.

William Stern, Die Anwendung der Psychoanalyse auf Kindheit und Jugend, in: Zeitschrift für angewandte Psychologie 8 (1914), S. 71–83.

William Stern, Ethik in der Frauendienstpflicht. Rede in der ersten öffentlichen Versammlung des Bundes für Frauendienstpflicht in Breslau am 27. September 1915 (Sonderdruck), in: Frauenbildung 14 (1915), S. 1–8.

William Stern, Jugendliches Seelenleben und Krieg, in: Beihefte zur Zeitschrift für angewandte Psychologie und psychologische Sammelforschung (1915), H. 12, S. 1–181.

William Stern, Die Jugendkunde als Kulturforderung, in: Zeitschrift für pädagogische Psychologie und experimentelle Pädagogik 17 (1916), S. 273–311.

William Stern, Über Kriegsverletzten-Pädagogik, in: Zeitschrift für pädagogische Psychologie und experimentelle Pädagogik 17 (1916), S. 208–214.

Fritz Stern, "Die psychoanalytische Behandlung der Hysterie im Lazarett", in: Psychiatrisch-neurologische Wochenschrift (1916/1917), S. 1–3.

Fritz Stern, Gedanken über Heeresorganisation auf arbeitswissenschaftlicher Grundlage, Berlin 1917.

William Stern, Über eine psychologische Eignungsprüfung für Staßenbahnfahrerinnen, in: Zeitschrift für angewandte Psychologie 13 (1918), S. 91-103.

William Stern, Über psychologische Eignungsprüfungen für Straßenbahnfahrerinnen, in: Schriften zur Psychologie der Berufseignung und des Wirtschaftslebens 2 (1918), S. 3–15.

Erich Stern, Eine experimentell-psychologische Eignungsprüfung für Flugzeugführer, in: Schriften zur Psychologie der Berufseignung und des Wirtschaftslebens 8 (1919), S. 78–95.

Erich Stern, Über eine experimentell-psychologische Eignungsprüfung für Flugzeugführer, in: Zeitschrift für angewandte Psychologie 15 (1919), S. 236–253.

William Stern, Richtlinien für die Methodik der psychologischen Praxis, in: Otto Lipmann/William Stern (Hrsg.), Vorträge über angewandte Psychologie, gehalten beim 7. Kongreß für experimentelle Psychologie hrsg. von Otto Lipmann u. William Stern, Leipzig 1921, S. 1–16.

William Stern, William Stern, in: Carl Murchison (Hrsg.), A history of psychology in autobiography, Bd. 1, Worcester 1930, S. 335–388.

William Stern/Otto Lipmann (Hrsg.), Beihefte zur Zeitschrift für angewandte Psychologie und psychologische Sammelforschung, Leipzig 1911-1934.

William Stern/Otto Lipmann, Einführung, in: Zeitschrift für angewandte Psychologie 1 (1907), H. 1, S. I.

Ewald Stier, Wie kann der Entstehung von Kriegsneurosen bei der Feldarmee vorgebeugt werden? in: Deutsche militärärztliche Zeitschrift 47 (1918), S. 60–72.

William Henry Stoddart, Mind and its disorders. A text-book for students and practitioners of medicine, London 1908.

Alfred Storch, Beiträge zur Psychopathologie der unerlaubten Entfernung und Fahnen-
flucht im Felde, in: Zeitschrift für die gesamte Neurologie und Psychiatrie 46 (1919),
S. 348–367.

Arthur Stössner, Prüfung der formalen geistigen Leistungsfähigkeit Kopfschussverletzter, in: Zeitschrift für angewandte Psychologie 14 (1919), S. 307–310.

Otto Strack, Betrachtungen über die Bedeutung der angewandten Psychologie für
das Eisenbahnwesen, in: Zeitung des Vereins Deutscher Eisenbahnverwaltung 59,
S. 259–260.

Justus Streller, Die Berufseignung des mittleren kaufmännischen Bureaubeamten im
Buchhandel, in: Zeitschrift für angewandte Psychologie 19 (1921), S. 342–392.

Karl Stumpf, Über den Entwicklungsgang der neueren Psychologie und ihre militärtechnische Verwendung, in: Deutsche Militärärztliche Zeitschrift 15/16 (1918),
S. 273–282.

Henry Sturt (Hrsg.), Personal idealism. Philosophical essays by eight members of the
University of Oxford. Edited by H. Sturt, London 1902.

Henry Sturt, Art and personality, in: Henry Sturt (Hrsg.), Personal idealism. Philosophical essays by eight members of the University of Oxford. Edited by H. Sturt, London
1902, S. 288–335.

Mary Sturt, A Comparison of speed with accuracy in the learning process, in: British
Journal of Psychology 12 (1922), S. 289–300.

Frederick Winslow Taylor, The principles of scientific management, New York 1911.

George Robert Stirling Taylor, The psychology of the Great War, London 1915.

Edward L. Thorndike, Mental Fatigue, in: Psychological Review 7 (1900), S. 466–482.

Edward L. Thorndike, The elements of psychology, New York 1911.

Louis Thurstone, The Seventh International Congress of Psychology, in: Psychological
Bulletin 20 (1923), S. 558–561.

J. B. Tobelson, An Account of Twenty Cases Treated by Hypnotic Suggestion, in: Journal
of the Royal Army Medical Corps (1917), XXIX, S. 340–346.

E. Tobias, Stimm- und Sprachstörungen im Kriege und ihre Behandlung, in: Allgemeine
Zeitschrift für Psychiatrie und Psychisch-Gerichtliche Medizin 72 (1916), S. 245–246.

Tooth, Howard, H., Neurasthenia and Psychasthenia, in: Journal of the Royal Army
Medical Corps (1917), XXVIII, S. 328–345.

Tramm, Die psychotechnische Ausbildung des Straßenbahnführers, in: Praktische
Psychologie 1 (1919).

Wilfred Trotter, Instincts of the herd in peace and war, London 1916.

Wilfred Trotter, Shell wound of the head 1915; persistent headache for four years, in:
Brain 42 (1919), S. 353–355.

Aldren Turner, Remarks on cases of nervous and mental shock coming from overseas,
in: British Medical Journal (1915), H. 2837, S. 833–835.

Aldren Turner, Arrangement for the care of cases of nervous and mental shock coming from overseas, in: The Lancet 187 (1916), H. 4839, S. 1073–1075.

Aldren Turner, Arrangements for the Care of Cases of nervous and Mental Shock coming from Overseas, in: Journal of the Royal Army Medical Corps (1916), XXVII, S. 619–626.

Aldren Turner, Neuroses and Psychoses of War, in: Journal of the Royal Army Medical Corps (1918), XXXI, S. 399–413.

Martha Ulrich, Die psychologische Analyse der höheren Berufe als Grundlage einer künftigen Berufsberatung nebst einem psychographischen Schema für die medizinische Wissenschaft und den ärztlichen Beruf, Leipzig 1918.

Martha Ulrich, Die psychologische Analyse der höheren Berufe als Grundlage einer künftigen Berufsberatung, in: Schriften zur Psychologie der Berufseignung und des Wirtschaftslebens 5 (1918), S. 3–37.

Horace Middleton Vernon, The causation and prevention of industrial accidents, in: The Lancet 193 (1919), H. 4988, S. 549–550.

Horace Middleton Vernon, The influence of alcohol on manual work and neuromuscular co-ordination, London 1919.

Horace Middleton Vernon, Fatigue and efficiency in the iron and steel industry. Report Nr. 5, 1920, in: Medical Research Council (Hrsg.), Reports of the Industrial Fatigue Research Board, London 1919-1928.

Horace Middleton Vernon, The influence of hours of work and of ventilation on output in tinplate manufacture, Report Nr 1, 1919, in: Medical Research Council (Hrsg.), Reports of the Industrial Fatigue Research Board, London 1919-1928.

Horace Middleton Vernon, The Speed of adaption of output to altered hours of work. Report Nr. 6, 1920, in: Medical Research Council (Hrsg.), Reports of the Industrial Fatigue Research Board, London 1919-1928.

Horace Middleton Vernon, Industrial fatigue and efficiency, London, New York 1921.

Horace Middleton Vernon, Can the "total personality" be studied objectively? In: Character and Personality 4 (1935), S. 1–10.

Alfred Virkandt, Rezension. William McDougall, The Group Mind, in: Zeitschrift für angewandte Psychologie 20 (1922), S. 439–442.

Oskar Vogt, Contre le spiritisme, in: Anon (Hrsg.), IV. Congrès International de Psychologie, Paris 1901, S. 656–659.

Hans Volkelt, Demobilisierung der Geister? Eine Auseinandersetzung vornehmlich mit Geheimrat Prof. Dr. Ernst Troeltsch, München 1918.

Erich Waetzmann, Das Abhören von Flugzeugschall, in: Zeitschrift für technische Physik 2 (1921), S. 191–194.

Medizinalrat Wagner, Die Dienstbeschädigung bei nerven- und geisteskranken Soldaten. In dem, am militärärztlichen Fortbildungskursus am 2. Mai 1917 gehaltenen

Vortrag, in: Zeitschrift für die gesamte Neurologie und Psychiatrie 37 (1917),
    S. 219–244.

John Watson, Is thinking merely the action of language mechanism? In: British Journal
    of Psychology 11 (1920), S. 87–105.

Henry J. Watt, A theory of binaural hearing, in: British Journal of Psychology 11 (1921),
    S. 163–171.

Frank Watts, The outlook for vocational psychology, in: British Journal of Psychology 11
    (1921), S. 195-205.

Max Weber, Gesammelte Aufsätze zur Soziologie und Sozialpolitik, Tübingen 1924.

Wilhelm Weygandt, Atlas und Grundriss der Psychiatrie, München 1902.

Wilhelm Weygandt, Geisteskrankheit und Krieg, in: Münchener Medizinische
    Wochenschrift 61 (1914), S. 2152–2155.

Wilhelm Weygandt, Geisteskrankheiten im Kriege, in: Münchener Medizinische
    Wochenschrift 61 (1914), S. 2109–2112.

Wilhelm Weygandt, Von einer Automobilfahrt zum westlichen Kriegsschauplatz, in:
    Münchener Medizinische Wochenschrift 62 (1914), H. 46, S. 2266–2267.

Wilhelm Weygandt, Kriegspsychiatrische Begutachtungen, in: Deutsche Zeitschrift für
    Nervenheilkunde 30 (1915), H. 37, S. 1257–1259.

Wilhelm Weygandt, Kriegspsychiatrische Begutachtungen, in: Münchener Medizini-
    sche Wochenschrift 62 (1915), H. 37, S. 1257–1259.

Wilhelm Weygandt, Nervöse Erkrankungen im Kriege. Ärztlicher Verein Hamburg,
    9.3.1915, in: Deutsche Medizinische Wochenschrift 41 (1915), S. 902.

Wilhelm Weygandt, Eigenbericht. Berliner Gesellschaft für Psychiatrie und Nerven-
    krankheiten. Sitzung vom 14. Februar 1916, in: Neurologisches Centralblatt 35 (1916),
    S. 269–272.

Wilhelm Weygandt, Die Sprachbehandlungsstation in Friedrichsberg. Vortrag auf
    der 42. Wanderversammlung südwestdeutscher Neurologen u. Irrenärzte in
    Baden-Baden, in: Zeitschrift für die gesamte Neurologie und Psychiatrie 14 (1917),
    S. 416–418.

Wilhelm Weygandt, Psychiatrische Gutachtertätigkeit im Kriege, in: Jahreskurs für
    Ärztliche Fortbildung 8 (1917), V., S. 22–79.

Wilhelm Weygandt, Über Psychologie und Psychopathologie der kriegsführenden Völ-
    ker. Nach einem Vortrag Ende 1916, in: Mitteilungen aus den Hamburgischen Staats-
    krankenanstalten 15 (1917), S. 201–236.

Wilhelm Weygandt, Erkennung der Geisstesstörungen. (psychiatrische Diagnostik),
    München 1920.

Frankwood E. Williams/Mabel Webster Brown, Neuropsychiatry and the War. A Biblio-
    graphy with abstracts, London 1918.

Franz K. Wilmanns, Die Behandlung der Kranken mit funktionellen Neurosen im Dienstbereich des XIV. Armeekorps, in: Deutsche Medizinische Wochenschrift 43 (1917), S. 427–428.

A. Wilson, Notes of 150 cases of wounded French, Belgians and Germans, in: British Medical Journal (1914), H. 2810, S. 806–808.

Harold Wiltshire, A contribution to the aetiology of shell shock, in: The Lancet 187 (1916), H. 4842, S. 1207–1212.

Christian Wolff, Psychologia empirica methodo scientifica pertractata, qua ea, quae de anima humana ... experientiae fide constant, continentur et ad solidam philosophiae ... ac theologiae tractationem via sternitur, Frankfurt am Main 1732.

Julian M. Wolfsohn, The predisposing factors of War Psycho-Neuroses, in: The Lancet 191 (1918), H. 4927, S. 177–181.

Robert Wollenberg, Nervöse Erkrankungen bei Kriegsteilnehmern, in: Münchener Medizinische Wochenschrift 61 (1914), S. 2181–2183.

Wilhelm Wundt, Grundzüge der physiologischen Psychologie, Leipzig 1874.

Wilhelm Wundt (Hrsg.), Philosophische Studien, Leipzig 1902.

Wilhelm Wundt, Völkerpsychologie. Eine Untersuchung der Entwicklungsgesetze von Sprache, Mythus u. Sitte, Leipzig 1900-1920.

Wilhelm Wundt, Probleme der Völkerpsychologie, Leipzig 1911.

Wilhelm Wundt, Die Psychologie im Kampf ums Dasein, Leipzig 1913.

Wilhelm Wundt, Die Nationen und ihre Philosophie, Leipzig 1915.

Wilhelm Wundt, Kleine Schriften, Stuttgart 1921.

Stanley Wyatt, Individual Differences in output in the cotton industry. Report Nr. 7, 1920, in: Medical Research Council (Hrsg.), Reports of the Industrial Fatigue Research Board, London 1919-1928.

Stanley Wyatt/H. C. Weston, A Performance test under industrial conditions, in: British Journal of Psychology 10 (1920), S. 293–309.

Lewis R. Yealland, Hysterical disorders of warfare., London 1918.

Robert M. Yerkes, Psychology in relation to the war, in: Psychological Review 25 (1918), S. 85–115.

Robert M. Yerkes, Psychological examining in the United States Army, Washington, DC 1921.

Zentralstelle für Volkswohlfahrt, Das Lehrlingswesen und die Berufserziehung des gewerblichen Nachwuchses: Vorbericht und Verhandlungen der 5. Konferenz am 19. und 20. Juni 1911 in Elbersfeld, Berlin 1912.

Theodor Ziehen, Psychiatrie. Für Ärzte und Studierende bearbeitet, Leipzig 1902.

Theodor Ziehen, Die Psychologie grosser Heerführer. Der Krieg und die Gedanken der Philosophen und Dichter vom ewigen Frieden; 2 Vorträge aus der Kriegszeit, Leipzig 1916.

Sekundärliteratur

Emil Abderhalden (Hrsg.), Handbuch der biologischen Arbeitsmethoden, Berlin, Wien 1928.

Emil Abderhalden/August Bostroem, Methoden der angewandten Psychologie. Band 1, Berlin 1928.

Werner Abelshauser (Hrsg.), Die BASF. Eine Unternehmensgeschichte, München 2002.

Carol Acton/Jane Potter, Working in a world of hurt. Trauma and resilience in the narratives of medical personnel in warzones, Manchester 2015.

George Worthington Adams, Doctors in blue. The medical history of the Union Army in the Civil War, Dayton Ohio 1985.

Ralph James Q. Adams, Arms and the wizard. Lloyd George and the Ministry of Munitions, 1915-1916, London 1978.

Kate Adie, Fighting on the home front. The legacy of women in World War One, London 2013.

Holger Afflerbach, Die Kunst der Niederlage. Eine Geschichte der Kapitulation, München 2013.

Robert H. Ahrenfeldt, Psychiatry in the British Army in the Second World War, New York 1958.

Dietrich Albert (Hrsg.), Apparative Psychologie. Geschichtliche Entwicklung und gegenwärtige Bedeutung, Berlin, Düsseldorf, Leipzig u.a., 1997.

Werner T. Angress/Ursula Breymayer/Bernd Ulrich/ed. al., Willensmenschen. Über deutsche Offiziere, Frankfurt 1999.

Anon, Obituary William McDougall, in: British Medical Journal (1938), H. 4066, S. 1232.

Anon, Neuroses in war time, memorandum for the medical profession, in: British Medical Journal (1939), H. 4119, S. 1201.

Anon, Horace Middleton Vernon M. A., D. M. Oxfd, in: The Lancet 257 (1951), H. 6652, S. 477.

David Armstrong, 'Bodies of knowledge/knowledge of bodies', in: Colin Jones/Roy Porter (Hrsg.), Reassessing Foucault. Power, medicine and the body, London 1994, S. 21–23.

Agnes Arndt (Hrsg.), Vergleichen, verflechten, verwirren? Europäische Geschichtsschreibung zwischen Theorie und Praxis, Göttingen 2011.

Agnes Arndt/Joachim Haeberlen/Christiane Reinecke, Europäische Geschichtsschreibung zwischen Theorie und Praxis, in: Agnes Arndt (Hrsg.), Vergleichen, verflechten, verwirren? Europäische Geschichtsschreibung zwischen Theorie und Praxis, Göttingen 2011, S. 11–32.

Mitchell G. Ash, Die Experimentelle Psychologie in Deutschland vor 1914: Aspekte eines Identitätsproblems, in: Wolfram Meischner (Hrsg.), Wilhelm Wundt-progressives

Erbe, Wissenschaftsentwicklung und Gegenwart. Protokoll des internationalen Symposiums Leipzig 1. und 2. November 1979, Leipzig 1980.

Mitchell G. Ash, Die experimentelle Psychologie an den deutschen Universitäten von der Wilhelminischen Zeit bis zum Nationalsozialismus, in: Mitchell G. Ash/Ulfried Geuter (Hrsg.), Geschichte der deutschen Psychologie im 20. Jahrhundert. Ein Überblick, Opladen 1985, S. 45–112.

Mitchell G. Ash, Gestalt Psychology in German culture, 1890 - 1967. Holism and the quest for objectivity, Cambridge 1995.

Mitchell G. Ash (Hrsg.), Themenheft: Die Psychologie in praktischen Kontexten, Göttingen 2004.

Mitchell G. Ash, Zeitpunkte. Geschichte eines Kongresses als Geschichte einer Disziplin., in: Psychologische Rundschau 55 (2004), H. 3, S. 107–117.

Mitchell G. Ash, Wissenschaft(en) und Öffentlichkeit(en) als Ressourcen füreinander. Weiterführende Bemerkungen zur Beziehungsgeschichte, in: Sybilla Nikolow/Arne Schirrmacher (Hrsg.), Wissenschaft und Öffentlichkeit als Ressourcen füreinander. Studien zur Wissenschaftsgeschichte im 20. Jahrhundert, Frankfurt am Main, New York 2007, S. 349–364.

Mitchell G. Ash (Hrsg.), The nationalization of scientific knowledge in the Habsburg Empire, 1848 - 1918, Basingstoke 2012.

Mitchell G. Ash/Ulfried Geuter (Hrsg.), Geschichte der deutschen Psychologie im 20. Jahrhundert. Ein Überblick, Opladen 1985.

Mitchell G. Ash/William Ray Woodward (Hrsg.), Psychology in twentieth-century thought and society, Cambridge, New York 1987.

Mitchell G. Ash/Thomas Sturm, Einleitung: Die Psychologie in praktischen Kontexten, in: Mitchell G. Ash (Hrsg.), Themenheft: Die Psychologie in praktischen Kontexten, Göttingen 2004, S. 3–9.

Mitchell G. Ash/Thomas Sturm (Hrsg.), Psychology's territories. Historical and contemporary perspectives from different disciplines, Mahwah, NJ 2007.

Timothy G. Ashplant, Fractured Loyalties. Masculinity, class and politics in Britain, 1900-1930., Chicago 2007.

Francis Aveling, Personality and will, London 1931.

Anthony Babington, Shell-shock. A history of the changing attitudes to war neurosis, London 1997.

Alexandra Bacopoulos-Viau/Aude Fauvel, The Patient's Turn. Roy Porter and psychiatry's tales, thirty years on, in: Medical History 60 (2016), S. 1–18.

David B. Baker (Hrsg.), The Oxford Handbook of the history of psychology. Global perspectives, Oxford 2012.

Detlef Bald, Vom Kaiserheer zur Bundeswehr. Sozialstruktur des Militärs: Politik der Rekrutierung von Offizieren und Unteroffizieren, Frankfurt am Main, Bern 1981.

Philip Boswood Ballard, Mental Tests, London, New York 1920.

Albert Bandura, Self-efficacy mechanism in socio-cognitive functioning, Chicago, IL. 1992.

Mitchell Geoffrey Bard, The complete history of the Holocaust, San Diego, CA 2001.

Peter Barham, Forgotten lunatics of the Great War, New Haven, Conn. 2004.

Ralph Barker, A brief history of the Royal Flying Corps in World War I, London 2002.

Frederic Charles Bartlett, Remembering Dr. Myers, in: Bulletin of the British Psychological Society 18 (1965), S. 1–10.

Bartlett, Frederic Charles revised by Hugh Series, Myers, Charles Samuel (2004). www. oxforddnb.com (16. Juni 2019).

P.W.J. Bartrip, Vernon, Horace Middleton (2014). www.oxforddnb.com (26. Juni 2019).

Christoph Bartz-Hisgen, Die militärärztliche Bedeutung soldatischer Psychiatriepatienten im Ersten Weltkrieg. Die militärärztliche Begutachtung am Beobachtungslazarett an der Universitätsklinik Heidelberg, in: Thomas Becker/Heiner Fangerau/ Peter Fassl/Hans-Georg Hofer (Hrsg.), Psychiatrie im Ersten Weltkrieg, Konstanz 2018, S. 145–162.

Waltraut Bauer-Neustädter, Neue Wege in der Psychotherapie. Beiträge zu Verfahrensvielfalt und Beziehungsorientierung, Berlin 2011.

Thomas Becker/Heiner Fangerau/Peter Fassl/Hans-Georg Hofer (Hrsg.), Psychiatrie im Ersten Weltkrieg, Konstanz 2018.

Joan Letitia Beckerling, The medical history of the Anglo-Boer War. A bibliography, Cape Town 1967.

Ansgar Beckermann, Das Leib-Seele-Problem. [eine Einführung in die Philosophie des Geistes], Paderborn 2008.

Thomas Beddies, "In den Symptomen des Niedergangs, über die sich so viele entrüstet haben, habe ich nichts erblicken können als Krankheitserscheinungen". Profilierung und Positionierung deutscher Psychiater nach dem Ersten Weltkrieg, in: Heinz-Peter Schmiedebach (Hrsg.), Entgrenzungen des Wahnsinns. Psychopathie und Psychopathologisierungen um 1900, Oldenburg 2016, S. 29–44.

Patrick Beesly/S.W Roskill, Very special admiral. The life of J.H. Godfrey, CB, London 1980.

Wolfram Belz/Andreas Eisenblätter/Axel Schulz/ed. al., Vom Konkreten zum Abstrakten. Leben und Werk Kurt Goldsteins (1878-1965), Frankfurt am Main 2006.

Ludy T. Benjamin, A history of psychology. Original sources and contemporary research, Boston 1997.

Manfred Berg/Geoffrey Cocks (Hrsg.), Medicine and modernity. Public Health and Medical Care in Nineteenth- and Twentieth-Century Germany, Cambridge 1997.

Georg Berger, Die beratenden Psychiater des deutschen Heeres 1939 bis 1945, Berlin 1998.

G. E. Berrios, Obsessional disorders during nineteenth century: terminological and classificatory issues, in: William Frederick Bynum/Roy Porter/ Michael Shepherd

(Hrsg.), The anatomy of madness. Essays in the history of psychiatry, Bd. 1, London, New York 1985-1989, S. 167–187.

Richard Bessel, Germany after the First World War, Oxford 1993.

Richard Bessel/Dorothee Wierling (Hrsg.), Inside World War One? The First World War and its witnesses, Oxford 2018.

Ilana R. Bet-El, Conscripts. Lost legions of the great war, London 1998.

Ilana R. Bet-El, 'Men and soldiers: British Conscripts, concepts of masculinity, and the Great War', in: Billie Melman (Hrsg.), Borderlines. Genders and identities in war and peace 1870 - 1930, New York, London 1998, S. 73–95.

Bruna Bianchi, Psychiatrists, soldiers, and officers in Italy during the Great War, in: Mark S. Micale/Paul Frederick Lerner (Hrsg.), Traumatic pasts. History, psychiatry, and trauma in the modern age, 1870-1930, Cambridge, New York 2001, S. 222–252.

Lois Bibbings, Telling tales about men. Conceptions of conscientious objectors to military service during the First World War, Manchester, New York 2009.

Nora Binder/Bernhard Kleeberg (Hrsg.), Wahrheit zurichten. Über Sozio- und Psychotechniken, Tübingen 2020.

Hans Binneveld, From shell shock to combat stress. A comparative history of military psychiatry, Amsterdam 1997.

Klaus Birnbaum (Hrsg.), Handwörterbuch der Medizinischen Psychologie, Leipzig 1930.

J. Bishop, Jones, Sir Robert Armstrong (1857-1943), www.oxforddnb.com (11. Juni 2019).

Aylward M. Blackman, What is doing history? The use of history to understand the constitition of contemporary psychological objects, in: Theory and Psychology 4 (1994), S. 485–504.

Dirk Blasius, "Einfache Seelenstörung". Geschichte der deutschen Psychiatrie 1800 - 1945, Frankfurt am Main 1994.

Klaus Blaßneck/Peter Petersen, Militärpsychiatrie im Nationalsozialismus. Kriegsneurotiker im Zweiten Weltkrieg, Baden-Baden 2000.

Johanna Bleker/Heinz-Peter Schmiedebach/Christine Eckelmann (Hrsg.), Medizin und Krieg. Vom Dilemma der Heilberufe; 1865 bis 1985, Frankfurt am Main 1987.

Ted Bogacz, War neurosis and cultural change in England, 1914-1922, in: Journal of Contemporary History 24 (1989), S. 229–230.

Theophilus E. Boll, "May Sinclair and the Medico-psychological Clinic of London", in: Proceedings of the American Philosophical Society 106 (1962), H. 4, S. 310–326.

Cornelius Borck, Das psychiatrische Aufschreibesystem, Paderborn 2015.

Alexandra Bordujenko, Post combat stress reactions. From shell shock to PTSD - the song remains the same, Brisbane 1993.

Boring, Edwin, Garrigues, A history of experimental psychology, New York 1929.

Boring, Edwin, Garrigues, Kurt Koffka: 1886-1941, in: American Journal of Psychology 55 (1942), S. 282–284.

Max Born, Mein Leben, München 1975.

Joanna Bourke, Dismembering the male. Men's bodies, Britain and the Great War, Chicago 1996.

Joanna Bourke, Effeminacy, Ethnicity and the end of trauma: The suffering of 'shell-shocked' men in Great Britain and Ireland, 1914-1939, in: Journal of Contemporary History 35 (2000), S. 57–69.

Joanna Bourke, Psychology at war, 1914-1945, in: Geoffrey C. Bunn/Alexander D. Lovie/ Graham D. Richards (Hrsg.), Psychology in Britain. Historical essays and personal reflections, Leicester 2001, S. 133–149.

Joanna Bourke, Fear. A cultural history, London 2005.

Sibylle Brändli/Barbara Lüthi/Gregor Spuhler, Zum Fall machen, zum Fall werden. Wissensproduktion und Patientenerfahrung in Medizin und Psychiatrie des 19. und 20. Jahrhunderts, Frankfurt am Main 2009.

Salina Braun, Heilung mit Defekt. Psychiatrische Praxis an den Anstalten Hofheim und Siegburg 1820 - 1878, Göttingen 2009.

Gail Braybon (Hrsg.), Evidence, history and the Great War. Historians and the impact of 1914-1918, New York, Oxford 2004.

Gail Braybon/Penny Summerfield, Out of the cage. Women's experiences in two world wars, London 2013.

Ursula Breymayer/Werner T. Angress (Hrsg.), Willensmenschen. Über deutsche Offiziere, Frankfurt am Main 1999.

Cornelia Brink, Grenzen der Anstalt, Göttingen 2010.

Adrian C. Brock (Hrsg.), Internationalizing the history of psychology., New York 2006.

Ulrich Bröckling, Disziplin. Soziologie und Geschichte militärischer Gehorsamsproduktion, München 1997.

Ulrich Bröckling (Hrsg.), Gouvernementalität der Gegenwart. Studien zur Ökonomisierung des Sozialen, Frankfurt am Main 2000.

Korbinian Brodmann, Lebenslauf (2019). www.korbinian-brodmann.de (28. April 2019).

Gladys Broughton/Ethel M. Newbold/Edith Allen, A statistical study of labour turnover in munition and other factories. Nr. 13 des Industrial Fatigue Research Board, 1921, in: Medical Research Council (Hrsg.), Reports of the Industrial Fatigue Research Board, London 1919-1928.

William Brown, The psychologists in war-time, in: The Lancet (1939), S. 1288.

Theodore Browne, Descarte, dualism, and psychosomatic medicine, in: William Frederick Bynum/Roy Porter/ Michael Shepherd (Hrsg.), The anatomy of madness. Essays in the history of psychiatry, Bd. 3, London, New York 1985-1989, S. 322–331.

Janet Browne, Darwin and the face of madness, in: William Frederick Bynum/Roy Porter/ Michael Shepherd (Hrsg.), The anatomy of madness. Essays in the history of psychiatry, Bd. 1, London, New York 1985-1989, S. 151–165.

Franz-Josef Brüggemeier, Geschichte Großbritanniens im 20. Jahrhundert, München 2010.

Gerald Bühring, William Stern oder Streben nach Einheit, Frankfurt am Main, Wien 1996.

Oswald Bumke, Über Nervöse Entartung, Berlin, Heidelberg 1912.

Geoffrey C. Bunn, Founding factors, in: The Psychologist 14 (2001), S. 404–405.

Geoffrey C. Bunn, Introduction, in: Geoffrey C. Bunn/Alexander D. Lovie/ Graham D. Richards (Hrsg.), Psychology in Britain. Historical essays and personal reflections, Leicester 2001, S. 129.

Geoffrey C. Bunn/Alexander D. Lovie/Graham D. Richards (Hrsg.), Psychology in Britain. Historical essays and personal reflections, Leicester 2001.

Geoffrey C. Bunn, Charlie and the chocolate factory: Charles Myers, Seebohm Rowntree and the establishment of industrial psychology in Britain, in: Mitchell G. Ash (Hrsg.), Themenheft: Die Psychologie in praktischen Kontexten, Göttingen 2004, S. 36–44.

Kathleen Burk (Hrsg.), War and the state. The transformation of British government, 1914-1919, London, Boston 1982.

Peter Burke/Roy Porter (Hrsg.), Languages and jargons. Contributions to a social history of language, Cambridge 1995.

John C. Burnham, Accident prone. A history of technology psychology and misfits of the machine age, Chicago, Ill. 2009.

Harold Ernest Burtt, Psychology and industrial efficiency. Reprint 1929, New York, London 1970.

A. G. Butler, The Australian Army Medical Services in the war of 1914-1918, Melbourne 1930-43.

Peter Büttner, Freud und der Erste Weltkrieg. Eine Untersuchung über die Beziehung von medizinischer Theorie und gesellschaftlicher Praxis der Psychoanalyse, Heidelberg 1975.

William Frederick Bynum (Hrsg.), Companion encyclopedia of the history of medicine, London 1993.

William F. Bynum, Institutions and society, London 1985.

William Frederick Bynum, The nervous patient in eighteenth- and nineteenth-century Britain. The psychiatric origins of British neurology, in: William Frederick Bynum/ Roy Porter/ Michael Shepherd (Hrsg.), The anatomy of madness. Essays in the history of psychiatry, Bd. 1, London, New York 1985-1989.

Joan Campbell, Joy in work, German work. The national debate 1800 - 1945, Princeton, NJ 1989.

Ana Carden-Coyne, The politics of wounds. Military patients and medical power in the First World War, Oxford 2014.

Heliodoro Carpintero, Psychologische Zeitschriften, in: Helmut E. Lück/Rudolf Miller (Hrsg.), Illustrierte Geschichte der Psychologie, Weinheim 2005, S. 327–333.

John Carson, Mental testing in the early twentieth century: internationalizing the mental testing story, in: History of psychology 17 (2014), S. 249–255.

Alfred Carver, The psychology of the alcoholist, in: British Journal of Medical Psychology 11 (1931), S. 117–124.

Ute Caumanns/Fritz Dross/Anita Magowska (Hrsg.), Medizin und Krieg in historischer Perspektive, Bern 2012.

Charles Spearman, C. Spearman, in: Carl Murchison (Hrsg.), A history of psychology in autobiography, Bd. 1, Worcester/Mass. 1930, S. 299–333.

Isobel Charman, The Great War. A nation's story, London 2014.

Roger Chickering/Stig Förster (Hrsg.), The shadows of total war. Europe, East Asia, and the United States, 1919-1939, Cambridge 2009.

John Child, British management thought. A critical analysis, London 1969.

Anthony Clare, Freud's case: The clinical base of psychoanalysis, in: William Frederick Bynum/Roy Porter/ Michael Shepherd (Hrsg.), The anatomy of madness. Essays in the history of psychiatry, Bd. 1, London, New York 1985-1989, S. 271–288.

Ronald W. Clark, Freud, the man and the cause, London 1980.

Alan A. Clarke, Seventy-five years of the British Journal of Psychology 1904-1979, in: British Journal of Psychology 70 (1979), S. 1–5.

Peter Clarke, Hope and glory. Britain 1900 - 1990, London 1997.

Deborah Cohen, The war come home. Disabled veterans in Britain and Germany 1914 - 1939, Berkeley, Los Angeles, London 2001.

Deborah Cohen/Maura O' Connor (Hrsg.), Comparison and history. Europe in cross-national perspective, New York 2004.

Alan Collins, The psychology of memory, in: Geoffrey C. Bunn/Alexander D. Lovie/ Graham D. Richards (Hrsg.), Psychology in Britain. Historical essays and personal reflections, Leicester 2001, S. 150–168.

Alan Collins, England, in: David B. Baker (Hrsg.), The Oxford Handbook of the history of psychology. Global perspectives, Oxford 2012, S. 182–210.

Alastaire Compston, From the archives: War Neurasthenia, acute and chronic. By DW Carmalt Jones., in: Brain 136 (2013), S. 1681–1685.

Flurin Condrau, The patient's view meets the clinical gaze, in: Social History of Medicine 20 (2007), H. 3, S. 525–540.

Roger Cooter, War and modern medicine, London 1993.

Roger Cooter (Hrsg.), War, medicine and modernity, Stroud 1999.

Zachary Cope, Medicine and pathology, London 1952.

Christoph Cornelißen/Wolfgang Kruse (Hrsg.), Eine Welt von Feinden. Der Große Krieg 1914 - 1918, Frankfurt am Main 1997.

Cathryn Corns/John Hughes-Wilson, Blindfold and alone. British military executions in the Great War, London 2001.

Allan Costal, Pear and his peers, in: Geoffrey C. Bunn/Alexander D. Lovie/Graham D. Richards (Hrsg.), Psychology in Britain. Historical essays and personal reflections, Leicester 2001, S. 188–204.

Jack L. Coulter, The Royal Naval Medical Service, London 1954.

Jürgen/Jan-Peters Janssen Court, Wilhelm Benary (1888-1955). Leben und Werk, in: Psychology Science Vol. 45 Supplement IV. (2003), S. 1–84.

F. A. Crew, The Army Medical Services. Administration, London 1953.

James E. Cronin, Labour and society in Britain, 1918-1979, London 1984.

Gary S. Cross, A quest for time. The reduction of work in Britain and France 1840 - 1940, Berkeley 1989.

A. M. Crossman, The Hydra, Captain AJ Brock and the treatment of Shell-Shock in Edinburgh, in: The Journal of the Royal College of Physicians of Edinburgh 33 (2003), H. 2, S. 119–123.

Jason Crouthamel/Peter J. Leese (Hrsg.), Psychological trauma and the legacies of the First World War, Basingstoke 2017.

Harvey Cushing, From a surgeon's Journal; 1915-1918, Boston 1936.

Joy Damousi (Hrsg.), The transnational unconscious. Essays in the history of psychoanalysis and transnationalism, Basingstoke 2009.

Elizabeth Ann Danto, Freud's free clinics. Psychoanalysis & social justice, 1918-1938, New York 2005.

Gerhard Danzer (Hrsg.), Vom Konkreten zum Abstrakten. Leben und Werk Kurt Goldsteins (1878-1965), Frankfurt am Main 2006.

Kurt Danziger, Mid-Nineteenth-Century British psychophysiology: A neglected chapter in the history of psychology, in: Mitchell G. Ash/William Ray Woodward (Hrsg.), Psychology in twentieth-century thought and society, Cambridge, New York 1987, S. 119–146.

Kurt Danziger, Constructing the subject. Historical origins of psychological research, Cambridge, New York 1990.

Kurt Danziger, Naming the mind. How psychology found its language, London 1997.

Kurt Danziger, Universalism and indigenization in the history of modern psychology, in: Adrian C. Brock (Hrsg.), Internationalizing the history of psychology., New York 2006, S. 208–225.

Lorraine Daston, "The theory of the will versus the science of the mind", in: William Ray Woodward/Mitchell G. Ash (Hrsg.), The problematic science. Psychology in Nineteenth-Century thought, New York, N.Y. 1982, S. 88–118.

Geoffrey V. Davis, Towards a transcultural future. Literature and society in a 'post'-colonial world, Amsterdam, New York, N.Y. 2005.

Rudolf Dekker, Egodocuments and history. Autobiographical writing in its social context since the Middle Ages, Hilversum, Rotterdam 2002.

James Patrick Denk, Narrative self-representation and universal madness. The nature of revision in the preface of Robert Burton's anatomy of melancholy, Texas 1990.

Marie Derrien, A new role for asylums? Soldier's experiences of institutionalization during Worl War I. in France, in: Thomas Becker/Heiner Fangerau/Peter Fassl/Hans-Georg Hofer (Hrsg.), Psychiatrie im Ersten Weltkrieg, Konstanz 2018, S. 187-196.

Deutsches Reich (Hrsg.), Die Krankenbewegung in den Deutschen Feld- und Besatzungsheer im Weltkriege 1914/1918. Sanitätsbericht über das Deutsche Heer im Weltkriege 1914/1918, bearbeitet vom Reichswehrministeriums, Band III, Berlin 1934.

Deutsches Reich (Hrsg.), Die Krankenbewegung in den Deutschen Feld- und Besatzungsheer im Weltkriege 1914/1918. Sanitätsbericht über das Deutsche Heer im Weltkriege 1914/1918, bearbeitet vom Reichswehrministerium, Band 1. Gliederung des Heeressanitätswesens im Weltkriege 1914/1918, Berlin 1935.

H. V. Dicks, John Rawlings Rees, in: British Medical Journal (1969), H. 5651, S. 253.

Frederick Dillon, Neuroses among combatant troops., in: British Medical Journal (1939), H. 4096, S. 63–66.

Frederick Dillon, Treatment of neuroses in the field: The advanced psychiatric centre, in: Emanuel Miller (Hrsg.), The neuroses in war, New York 1944, S. 119–127.

Friedrich Dorsch, Geschichte und Probleme der angewandten Psychologie, Bern 1963.

Marten Düring/Ulrich Eumann, Diskussionsforum Historische Netzwerkforschung. Ein neuer Ansatz in den Geschichtswissenschaften, in: Geschichte und Gesellschaft 39 (2013), S. 369–390.

Angelika Ebbinghaus, Arbeiter und Arbeitswissenschaft. Zur Entstehung der "Wissenschaftlichen Betriebsführung", Opladen 1984.

Hermann Ebbinghaus, Über das Gedächtnis. Untersuchung zur experimentellen Psychologie, Darmstadt 1985.

Wolfgang U. Eckart, Maltreated bodies and harrowed souls of the Great War: The perpetration of psychiatry upon war wounded, in: Hans-Georg Hofer (Hrsg.), War, trauma and medicine in Germany and Central Europe (1914 - 1939), Freiburg 2011, S. 97–111.

Wolfgang U. Eckart, Medizin und Krieg. Deutschland 1914 - 1924, Paderborn 2014.

Wolfgang U. Eckart/Christoph Gradmann (Hrsg.), Die Medizin und der Erste Weltkrieg, Herbolzheim 2003.

Beatrice Edgell, The British Psychological Society, in: British Journal of Psychology 92 (2001), S. 3–22.

David Edgerton, England and the aeroplane. Militarism, modernity and machines, London 2013.

Michael Eggers (Hrsg.), Wissenschaftsgeschichte als Begriffsgeschichte. Terminologische Umbrüche im Entstehungsprozess der modernen Wissenschaften, Bielefeld 2009.

Greg Eghigian/Andreas Killen/Christine Leuenberger (Hrsg.), The self as project. Politics and the human sciences, Chicago, Ill. 2007.

Rainer Egloff (Hrsg.), Tatsache-Denkstil-Kontroverse: Auseinandersetzungen mit Ludwig Fleck, Zürich 2005.

Ashley Ekins/Elizabeth Stewart (Hrsg.), War wounds. Medicine and the trauma of conflict, Auckland, NZ 2011.

Jens Elberfeld, Anleitung zur Selbstregulation. Eine Wissensgeschichte der Therapeutisierung im 20. Jahrhundert, Frankfurt/New York 2020.

Henri F. Ellenberger, Die Entdeckung des Unbewußten. Geschichte u. Entwicklung d. dynamischen Psychiatrie von d. Anfängen bis zu Janet, Freud, Adler u. Jung, Zürich 1996.

S. Ellesley, Eder, (Montague) David (2004). www.oxforddnb.com (14. Juni 2019).

Tilman J. Elliger, S. Freud und die akademische Psychologie. Ein Beitrag zur Rezeptionsgeschichte der Psychoanalyse in der deutschen Psychologie (1895 - 1945), Weinheim 1986.

Encyclopaedia Britannica, Sir Arthur Percy Morris Fleming | British engineer. http://www.britannica.com/biography/Arthur-Percy-Morris-Fleming (24. Mai 2019).

Ulrike Enke/Volker Roelcke (Hrsg.), Die Medizinische Fakultät der Universität Gießen. Institutionen, Akteure und Ereignisse von der Gründung 1607 bis ins 20. Jahrhundert, Stuttgart 2007.

Michael Erdélyi, Prinzipienfragen der Psychotechnik. Abhandlungen über Begriff und Ziele der Psychotechnik und der praktischen Psychologie, Leipzig 1933.

Waltraud Ernst, Asylums in alien places: The treatment of European insane in British India, in: William Frederick Bynum/Roy Porter/ Michael Shepherd (Hrsg.), The anatomy of madness. Essays in the history of psychiatry, Bd. 3, London, New York 1985-1989, S. 48–70.

Waltraud Ernst, Transnational psychiatries. Social and cultural histories of psychiatry in comparative perspective 1800 - 2000, Newcastle 2010.

Rand B. Evans/Virginia Staudt Sexton/Thomas C. Cadwallader, The American Psychological Association. A historical perspective, Washington, DC 1992.

Brian Evans/Bernard Waites, IQ and mental testing, London 1980.

Hans Jürgen Eysenck, Rebel with a cause. The autobiography of H. J. Eysenck, New Brunswik, New York 1990.

Jochen Fahrenberg, Wilhelm Wundt (1832-1920): Gründervater ohne Söhne? in: report-psychologie 42 (2017), S. 444–451.

Heinz Faulstich, Hungersterben in der Psychiatrie 1914 - 1949. Mit einer Topographie der NS-Psychiatrie, Freiburg i. B. 1998.

Anselm Faust, Arbeitsmarktpolitik im deutschen Kaiserreich: Arbeitsvermittlung, Arbeitsbeschaffung und Arbeitslosenunterstützung, 1890-1918, Stuttgart 1986.

Sarah Ferber/Sally Wilde, The body divided. Human beings and human 'materials' in modern medical history, Burlington, VT 2011.

Vinzia Fiorino, First world war neuroses in Italy. Emergency management, therapies and some reflections on male hysteria, in: Thomas Becker/Heiner Fangerau/Peter Fassl/Hans-Georg Hofer (Hrsg.), Psychiatrie im Ersten Weltkrieg, Konstanz 2018, S. 211–226.

Esther Fischer-Homberger, Railway Spine und traumatische Neurose-Seele und Rückenmark. Aus dem Medizinhistorischen Institut der Universität Zürich (Direktor Prof. Dr. E.H. Ackerknecht)., in: Gesnerus (1970), H. 27, S. 96–111.

Fischer-Homberger, Der Begriff des freien Willens in der Geschichte der traumatischen Neurose, in: Clio Medica 6 (1971), S. 121–137.

Esther Fischer-Homberger, Die traumatische Neurose. Vom somatischen zum sozialen Leiden, Bern, Stuttgart, Wien 1975.

Ludwik Fleck/Lothar Schäfer, Entstehung und Entwicklung einer wissenschaftlichen Tatsache. Einführung in die Lehre vom Denkstil und Denkkollektiv, Frankfurt am Main 1980.

Thomas Flemming, „Willenspotentiale". Offizierstugenden als Gegenstand der Wehrmachtspsychologie., in: Ursula Breymayer/Werner T. Angress (Hrsg.), Willensmenschen. Über deutsche Offiziere, Frankfurt am Main 1999, S. 111–122.

John Carl Flügel, Man, morals and society. A psychoanalytical study, New York 1945.

John Forrester, 1919: Psychology and Psychoanalysis, Cambridge and London - Myers, Jones and MacCurdy, in: Psychoanalysis and History 10 (2008), H. 1, S. 37–94.

John Forrester/Laura Cameron, Freud in Cambridge, Cambridge 2017.

Michel Foucault, Psychologie und Geisteskrankheit, Frankfurt am Main 1968.

Michel Foucault, Archäologie des Wissens, Frankfurt am Main 1988.

Michel Foucault, Technologien des Selbst, in: Michel Foucault/Daniel Defert (Hrsg.), Schriften in vier Bänden, Bd. 4, Frankfurt am Main 2005, S. 966–999.

Michel Foucault/Daniel Defert (Hrsg.), Schriften in vier Bänden, Frankfurt am Main 2005.

Laura Levine Frader, Gender, Ethno-racial difference, and the 'Language of Labor', in: Jörn Leonhard/Willibald Steinmetz (Hrsg.), Semantiken von Arbeit: diachrone und vergleichende Perspektiven, Köln, Weimar, Wien 2016, S. 167–189.

Hugh Freeman/Berrios German E. (Hrsg.), 150 years of British psychiatry, London 1991.

David Freis, Die »Psychopathen« und die »Volksseele«. Psychiatrische Diagnosen des Politischen und die Novemberrevolution 1918/1919, in: Hans-Walter Schmuhl/Volker Roelcke (Hrsg.), "Heroische Therapien". Die deutsche Psychiatrie im internationalen Vergleich, 1918 - 1945, Göttingen 2013, S. 48–68.

David French, Raising Churchill's army. The British army and the war against Germany; 1919-1945, Oxford 2000.

Sigmund Freud, Über Kriegsneurosen, Elektrotherapie und Psychoanalyse. Ein Auszug aus dem Protokoll des Untersuchungsverfahrens gegen Wagner-Jauregg im Oktober 1920, in: Psyche 26 (1972), H. 12, S. 939–951.

Sigmund Freud, Massenpsychologie und Ich-Analyse. Die Zukunft einer Illusion, Frankfurt am Main 2010.

Sigmund Freud/Gerhard Fichtner/Ludwig Binswanger, Sigmund Freud - Ludwig Binswanger. Briefwechsel 1908-1938, Frankfurt a.M 1992.

Ute Frevert/Monique Scheer/Anne Schmidt/ed al., Gefühlswissen. Eine lexikalische Spurensuche in der Moderne, Frankfurt am Main 2011.

Mauri Milena Fries, Mütterlichkeit und Kinderseele. Zum Zusammenhang von Sozialpädagogik bürgerlicher Frauenbewegung und Kinderpsychologie zwischen 1899 und 1933; ein Beitrag zur Würdigung Martha Muchows, Frankfurt am Main 1996.

Werner Fritscher (Hrsg.), Dokumente zur deutschen Wehrpsychologie. 1914-1945, München 1990.

Hans Joachim Froben, Aufklärende Artillerie. Geschichte der Beobachtungsabteilungen und selbständigen Beobachtungsbatterien bis 1945, München 1972.

Veronika Fuechtner, Berlin psychoanalytic. Psychoanalysis and culture in Weimar Republic Germany and beyond, Berkeley Calif. 2011.

Gundula Gahlen, "Always had a pronouncedly psychopathic predisposition": The significance of class and rank in First World War German discourse, in: Jason Crouthamel/Peter J. Leese (Hrsg.), Psychological trauma and the legacies of the First World War, Basingstoke 2017, S. 81–113.

Gundula Gahlen, Zwei-Klassen-Medizin? Die ärztliche Sicht auf psychisch verletzte Offiziere in Deutschland im Ersten Weltkrieg, in: Thomas Becker/Heiner Fangerau/Peter Fassl/Hans-Georg Hofer (Hrsg.), Psychiatrie im Ersten Weltkrieg, Konstanz 2018, S. 107–125.

Gundula Gahlen/Ralf Gnosa/Oliver Janz (Hg.), Nerven und Krieg. Psychische Mobilisierungs- und Leidenserfahrungen in Deutschland (1900-1939), Frankfurt am Main 2020.

Franz Joseph Gall/Erna Lesky, Franz Joseph Gall. 1758-1828, Naturforscher u. Anthropologe, Stuttgart 1979.

Clare Gass/Susan Mann, The war diary of Clare Gass 1915-1918, Montreal, Que. 2000.

Jennian F. Geddes, Deeds and words in the Suffrage Military Hospital in Endell Street, in: Medical History 51 (2007), S. 79–98.

Siegfried Gerathewohl, Zur Geschichte der Deutschen Flieger-und Flugpsychologie, in: Peter R. Hofstätter (Hrsg.), Deutsche Wehrmachtspsychologie 1914-1945, München 1985, S. 287–423.

Kirsten Gerland/Benjamin Möckel/Daniel Ristau (Hrsg.), Generation und Erwartung. Konstruktionen zwischen Vergangenheit und Zukunft, Göttingen 2013.

Ulfried Geuter, Die Professionalisierung der deutschen Psychologie im National-sozialismus, Frankfurt am Main 1984.

Ulfried Geuter, Polemos panton pater-Militär und Psychologie im Deutschen Reich 1914-1945, in: Mitchell G. Ash/Ulfried Geuter (Hrsg.), Geschichte der deutschen Psychologie im 20. Jahrhundert. Ein Überblick, Opladen 1985, S. 146–171.

Ulfried Geuter, Daten zur Geschichte der deutschen Psychologie, Göttingen 1987.

Fritz Giese (Hrsg.), Handbuch der Arbeitswissenschaft, Halle 1930.

Fritz Giese, Arbeitswissenschaft, in: Fritz Giese (Hrsg.), Handbuch der Arbeitswissenschaft, Halle 1930, S. 418–423.

Fiona Godlee, Aspects of non-conformity: Quakers and the lunatic fringe, in: William Frederick Bynum/Roy Porter/ Michael Shepherd (Hrsg.), The anatomy of madness. Essays in the history of psychiatry, Bd. 2, London, New York 1985-1989, S. 73–85.

Jan Golinski, Making natural knowledge. Constructivism and the history of science, Cambridge 1998.

Svenja Goltermann, Die Gesellschaft der Überlebenden. Deutsche Kriegsheimkehrer und ihre Gewalterfahrungen im Zweiten Weltkrieg, München 2009.

Svenja Goltermann, Opfer. Die Wahrnehmung von Krieg und Gewalt in der Moderne, Frankfurt am Main 2017.

James C. Goodwin, United States, in: David B. Baker (Hrsg.), The Oxford Handbook of the history of psychology. Global perspectives, Oxford 2012, S. 571–593.

Stephen Jay Gould, Der falsch vermessene Mensch, Frankfurt am Main 1994.

Angela Graf-Nold, Stern versus Freud. "Jene merkwürdige Bewegung, die sich Psycho-analyse nennt ...". Beiträge zu einer historischen Kontroverse, in: Bernd Nitzschke (Hrsg.), Freud und die akademische Psychologie. Beiträge zu einer historischen Kontroverse, München 1989, S. 108–136.

Richard Graham, "Of what is history of psychology a history?", in: British Journal of the History of Science 20 (1987), S. 201–219.

Carl Friedrich Graumann, Psychologie im Nationalsozialismus, Berlin, New York 1985.

Carl Friedrich Graumann (Hrsg.), Historical dimensions of psychological discourse, Cambridge 1996.

Peter Gray/Kendrick Oliver (Hrsg.), The memory of catastrophe, Manchester, New York 2004.

Susan R. Grayzel, Women's identities at war. Gender, motherhood, and politics in Britain and France during the First World War, Chapel Hill, NC 1999.

Adrian Gregory, The last great war. British society and the First World War, Cambridge 2008.

Adrian Gregory, Britain and Ireland, in: John Horne (Hrsg.), A companion to the First World War, London 2010, S. 403–417.

Adrian Gregory, A war of peoples. 1914 - 1919, Oxford 2014.

Kaspar von Greyerz, Ego-Documents: The Last Word? in: German History 28 (2010), H. 3, S. 273–282.

Harald Grünwald, Die sozialen Ursprünge psychologischer Diagnostik. Zur Genese, Struktur und Konkurrenz von Konzeptionen der Intelligenzdiagnostik, Darmstadt 1980.

Francisco Guerra, American medical bibliography 1639-1783. A chronological catalogue, and critical and bibliographical study of books, pamphlets, broadsides, and articles in periodical publications relating to the medical sciences: medicine, surgery, pharmacy, dentistry, and veterinary medicine; printed in the present territory of the United States of America during British Dominion and the Revolutionary War, New York 1962.

Horst Gundlach (Hrsg.), Arbeiten zur Psychologiegeschichte, Göttingen 1994.

Horst Gundlach, Max Brahn (1873-1944). In Memoriam, in: Psychologie und Geschichte 6 (1995), S. 223–232.

Horst Gundlach, Faktor Mensch im Krieg. Der Eintritt der Psychologie und Psychotechnik in den Krieg, in: Berichte zur Wissenschaftsgeschichte 19 (1996), S. 131–143.

Horst Gundlach, Reine Psychologie, angewandte Psychologie und die Institutionalisierung der Psychologie, in: Zeitschrift für Psychologie/Journal of Psychology 212 (2004), H. 4, S. 183–199.

Horst Gundlach, What is a psychological Instrument?, in: Mitchell G. Ash/Thomas Sturm (Hrsg.), Psychology's territories. Historical and contemporary perspectives from different disciplines, Mahwah, NJ 2007, S. 195–224.

Horst Gundlach, Die Entstehung der Verkehrspsychologie unter besonderer Berücksichtigung der Eisenbahnpsychologie, in: Hans-Peter Krüger/Niels Birbaumer (Hrsg.), Anwendungsfelder der Verkehrspsychologie, Göttingen 2009, S. 587–637.

Horst Gundlach, Germany, in: David B. Baker (Hrsg.), The Oxford Handbook of the history of psychology. Global perspectives, Oxford 2012, S. 255–288.

Horst Gundlach/Werner Traxel (Hrsg.), Psychologische Forschung und Methode. Das Versprechen des Experiments; Festschrift für Werner Traxel, Passau 1992.

Horst Gundlach/Mauro Antonelli (Hrsg.), Untersuchungen zur Geschichte der Psychologie und der Psychotechnik, München 1996.

Horst Gundlach/Dietrich Albert, Apparative Psychologie. Geschichtliche Entwicklung und gegenwärtige Bedeutung, Lengerich, Scottsdale (USA) 1997.

Susanne Guski-Leinwand, Wissenschaftsforschung zur Genese der Psychologie in Deutschland vom ausgehenden 19. Jahrhundert bis Mitte des 20. Jahrhunderts, Berlin, Heidelberg 2010.

Susanne Guski-Leinwand, "Kriegspsychologisches": Publikationen und Engagements von Psychologen mit Bezug zum Ersten Weltkrieg, in: Journal für Psychologie 18 (2017), S. 7–38.

Samuel Haber, Efficiency and uplift. Scientific management in the progressive era 1890–1920, Chicago 1964.

Jamie Hacker Hughes, British Naval Psychology 1937-1947: Round pegs into square holes? Degree of Master of Science (unpublished), London 2007.

Ian Hacking, Was heißt "Soziale Konstruktion"? Zur Konjunktur einer Kampfvokabel in den Wissenschaften, Frankfurt am Main 2002.

Ian Hacking, Menschenarten. The looping effect of human kinds, Zürich 2012.

Karen Hagemann/Stefanie Schüler-Springorum, Heimat-Front. Militär und Geschlechterverhältnisse im Zeitalter der Weltkriege, Frankfurt am Main 2002.

Michael Hagner (Hrsg.), Ecce cortex. Beiträge zur Geschichte des modernen Gehirns, Göttingen 1999.

Matthew Hale, Human science and social order. Hugo Münsterberg and the origins of applied psychology, Philadelphia 1980.

John Lavender Hall/Susan Llewelyn, A history of clinical psychology in Britain: Some impressions and reflexions, in: History & Philosophy of Psychology 4 (2002), H. 2, S. 32–48.

John S. Haller, Battlefield medicine. A history of the military ambulance from the Napoleonic Wars through World War I, Carbondale, Ill 2011.

Karin Harrasser, Sensible Prothesen. Medien der Wiederherstellung von Produktivität, in: Body Politics 1 (2013), S. 99–117.

Anne Harrington, Reenchanted science. Holism in German culture; from Wilhelm II to Hitler, Princeton, NJ 1996.

Anne Harrington, Die Suche nach Ganzheit. Die Geschichte biologisch-psychologischer Ganzheitslehren; vom Kaiserreich bis zur New-Age-Bewegung, Reinbek bei Hamburg 2002.

Jose Harris, Private lives, public spirit. A social history of Britain, 1870–1914, Oxford 1993.

Mark Harrison, The medical war. British military medicine in the First World War, Oxford, New York 2010.

Bernard Hart, Psychopathology, its development and its place in medicine, Cambridge 1927.

Yasmin Annabel Haskell, Diseases of the imagination and imaginary disease in the early modern period, Turnhout, Abingdon 2011.

Charlotte E. Haver, Bildung und Identität bei Töchtern aus jüdischem Haus, in: Sibylle Volkmann-Raue/Helmut E. Lück (Hrsg.), Bedeutende Psychologinnen des 20. Jahrhunderts, Wiesbaden 2011, S. 263–269.

Leslie Spencer Hearnshaw, Sixty years of psychology, in: Bulletin of the Journal of the British psychology (1962), Nr. 46.

Leslie Spencer Hearnshaw, A short History of British Psychology. 1840–1940, London 1964.

Leslie Spencer Hearnshaw, The Unity of Industrial Psychology, in: Occupational Psychology 44 (1970), S. 149–156.

Wilhelm Hehlmann, Geschichte der Psychologie, Stuttgart 1963.

Wilhelm Hehlmann, Geschichte der Psychologie, Stuttgart 1967.

Edgar Heim, Die Welt der Psychotherapie. Entwicklungen und Persönlichkeiten, Stuttgart 2009.

Willi Hellpach, Wirken in Wirren. Lebenserinnerungen; eine Rechenschaft über Wert und Glück, Schuld und Sturz meiner Generation, Hamburg 1949.

Maria Hermes, Hysterieauffassungen im ärztlichen Diskurs des Ersten Weltkriegs. Eine Untersuchung von Patientenakten des Bremer St. Jürgen-Asyls, Berlin 2008.

Maria Hermes, Krankheit Krieg. Psychiatrische Deutungen des Ersten Weltkrieges, Bremen 2012.

Maria Hermes, Wie der Krieg die Menschen verändert. Notizen zur Psychiatrie zwischen 1914 und 1918, in: Thomas Becker/Heiner Fangerau/Peter Fassl/Hans-Georg Hofer (Hrsg.), Psychiatrie im Ersten Weltkrieg, Konstanz 2018, S. 127–143.

Rainer Herrn, Wie die Traumdeutung durch die Türritze einer geschlossenen Anstalt sickert. Zum Umgang mit der Psychoanalyse an der Psychiatrischen und Nervenklinik der Charité, in: Hans-Walter Schmuhl/Volker Roelcke (Hrsg.), "Heroische Therapien". Die deutsche Psychiatrie im internationalen Vergleich, 1918–1945, Göttingen 2013, S. 69–99.

Nicholas Hervey, A slavish bowing-down. The Lunacy Commission and the psychiatric profession, Bristol 1987.

C. Heydt, Die Psychotechnik bei der Deutschen Reichsbahn. Grundlagen und Ausübungen, Bewährung und Erfolge. Tätigkeitsbericht über die Jahre 1926–1930, in: Die Reichsbahn 7 (1930), S. 840–843; S. 857–862.

Neil M. Heyman, Daily life during World War I, Westport, CT 2002.

Gerard Heymans, Über verstehende Psychologie, in: Zeitschrift für Psychologie 102 (1927), S. 6–34.

Dominic Hibberd, Wilfred Owen. The last year 1917–1918, London 1992.

Christopher Hibbert, George III. A personal history, New York 1998.

Margaret R. Higonnet, Behind the lines. Gender and the two world wars, New Haven [Conn.] 1987.

Peter Hinrichs, Um die Seele des Arbeiters, Köln 1981.

Gerhard Hirschfeld/Gerd Krumeich/Ina Renz (Hrsg.), Keiner fühlt sich hier mehr als Mensch … Erlebnis und Wirkung des Ersten Weltkriegs, Essen 1993.

Gerhard Hirschfeld/Gerd Krumeich/Irina Renz (Hrsg.), Enzyklopädie Erster Weltkrieg, Paderborn, München, Wien, Zürich 2009.

Gerhard Hirschfeld/Gerd Krumeich/Irina Renz/Markus Pöhlmann (Hrsg.), Enzyklopädie Erster Weltkrieg, Paderborn 2014.

Joseph Burton Hobman/Montague David Eder, David Eder. Memoirs of a modern pioneer. Edited by J. B. Hobman, London 1945.

J. A. Hobson, Confessions of an economic heretic, London 1938.

Hans-Georg Hofer (Hrsg.), War, trauma and medicine in Germany and Central Europe (1914–1939), Freiburg 2011.

Hans-Georg Hofer, Nervenschwäche und Krieg, Wien 2004.

Hans-Georg Hofer, Was waren Kriegsneurosen? Zur Kulturgeschichte psychischer Erkrankungen im Ersten Weltkrieg, in: Hermann Kuprian (Hrsg.), Der Erste Weltkrieg im Alpenraum. Erfahrung Deutung Erinnerung / = esperienze e memoria, Innsbruck 2006, S. 309–322.

Christoph Hoffmann, Wissenschaft und Militär. Das Berliner Psychologische Institut und der I. Weltkrieg, in: Psychologie und Geschichte 5 (1994), S. 261–285.

Peter R. Hofstätter (Hrsg.), Deutsche Wehrmachtspsychologie 1914–1945., München 1985.

Andrea Gräfin von Hohenthal, Wissenschaft im Krieg? Der Austausch zwischen deutschen und britischen Psychologen während und nach dem Ersten Weltkrieg, in: Journal für Psychologie 18 (2017), S. 83–110.

Andrea Gräfin von Hohenthal, Front experience and psychological problems: The voices of doctors and patients in Case studies and patient files, in: Richard Bessel/Dorothee Wierling (Hrsg.), Inside World War One? The First World War and its witnesses, Oxford 2018, S. 167–192.

Andrea Gräfin von Hohenthal, Psychologen in der Kriegspsychiatrie und die Aussagekraft von Krankenakten, in: Thomas Becker/Heiner Fangerau/Peter Fassl/Hans-Georg Hofer (Hrsg.), Psychiatrie im Ersten Weltkrieg, Konstanz 2018, S. 267–286.

Andrea Gräfin von Hohenthal, Die Nerven der Anderen – Britische und deutsche Psychologen im Ersten Weltkrieg. Ein Vergleich, in: Gundula Gahlen/Ralf Gnosa/Oliver Janz (Hg.), Nerven und Krieg. Psychische Mobilisierungs- und Leidenserfahrungen in Deutschland (1900–1939), Frankfurt am Main 2020, S. 199–225.

Zwischen Erwartung und Enttäuschung: Die Psychologen und das Ende des Krieges-Deutschland und Großbritannien im Vergleich, in: Eckart, Wolfgang/Fox, Robert: Blockades oft he Mind – Science, Academies, and the Aftermath of the Great War, in: Acta Historica Leopoldina 78 (2021), S. 69–96.

Burkart Holzner, Amerikanische und deutsche Psychologie. Eine vergleichende Darstellung, Würzburg 1958.

Heidrun Homburg, Anfänge des Taylorsystems in Deutschland vor dem Ersten Weltkrieg. Eine Problemskizze unter besonderer Berücksichtigung der Arbeitskämpfe bei Bosch 1913, in: Geschichte und Gesellschaft 4 (1978), S. 170–194.

Heidrun Homburg, Rationalisierung und Industriearbeit. Arbeitsmarkt Management Arbeiterschaft im Siemens-Konzern Berlin; 1900–1939, Bielefeld 1991.

John Horne (Hrsg.), A companion to the First World War, London 2010.

Humphries Mark Osborne/Kellen Kurchinski, Rest, relax and get well. A re-conceptualisation of Great War shell shock treatment, in: War & Society 27 (2008), H. 2, S. 89–110.

Allan Ingram, Patterns of madness in the eighteenth century. A reader, Senate House, U.K. 1998.

Max Isserlin, Psychotherapie. Ein Lehrbuch für Studierende und Ärzte, Berlin 1926.

Mark Jackson, The history of medicine. A beginner's guide, London 2014.

Siegfried Jaeger, Psychologie im soziokulturellen Wandel. Kontinuitäten und Diskontinuitäten, Frankfurt am Main 1995.

Siegfried Jaeger/Irmingard Staeuble, Die Psychotechnik und Ihre Gesellschaftlichen Entwicklungsbedingungen, in: Francois Stoll (Hrsg.), Die Psychologie des 20. Jahrhunderts. Arbeits-Wirtschafts- und Verkehrspsychologie, Bd. 13, Zürich/München 1981, S. 53–95.

Christoph Jahr, Gewöhnliche Soldaten. Desertion und Deserteure im deutschen und britischen Heer; 1914–1918, Göttingen 1998.

William James, Admiral Sir William Fisher, London 1943.

Christian Jansen (Hrsg.), Der Bürger als Soldat. Die Militarisierung europäischer Gesellschaften im langen 19. Jahrhundert: ein internationaler Vergleich, Essen 2004.

Jeroen Jansz/Peter van Drunen, A social history of psychology, Malden, Oxford 2004.

Michael Jeismann (Hrsg.), Obsessionen. Beherrschende Gedanken im wissenschaftlichen Zeitalter, Frankfurt am Main 1995.

Edgar Jones, Doctors and trauma in the First World War: the response of British military psychiatrists., in: Peter Gray/Kendrick Oliver (Hrsg.), The memory of catastrophe, Manchester, New York 2004, S. 91–105.

Edgar Jones, Shell shock at Maghull and the Maudsley. Models of psychological medicine in the UK, in: Journal of the History of Medicine and Allied Sciences 65 (2010), S. 368–395.

Edgar Jones, War Neuroses and Arthur Hurst. A pioneering medical Film about the treatment of psychiatric Battle Casualties, in: Journal of the History of Medicine and Allied Sciences 67 (2012), S. 345–373.

Edgar Jones, 'An Atmosphere of Cure': Frederick Mott, shell shock and the Maudesley, in: History of Psychiatry 25 (2014), S. 412–421.

Mark Jones, Am Anfang war Gewalt. Die deutsche Revolution 1918/19 und der Beginn der Weimarer Republik, Bonn 2017.

Kevin Jones, The disappearance of 'Medical Psychology' and the controversy over the Medical Section during the early 1915os, in: History & Philosophy of Psychology 19 (2018), S. 3–14.

Edgar Jones/Nicola Fear/Simon Wessely, Shell shock and mild traumatic injury: A historical review., in: American Journal of Psychiatrie 164 (2007), S. 1641–1645.

Heather Jones/Jennifer O'Brien/Christoph Schmidt-Supprian, Untold war. New perspectives in First World War studies, Leiden, Boston 2008.

Edgar Jones/Ian Palmer, War pensions: changing models of psychological understanding, in: British Journal of Psychiatry (2002), S. 180, 373.

Colin Jones/Roy Porter (Hrsg.), Reassessing Foucault. Power, medicine and the body, London 1994.

Edgar Jones/Shanina Rahman/Robin Woolven, The Maudsley Hospital: Design and strategic direction, 1923–1939, in: Medical History 51 (2007), S. 357–378.

Edgar Jones/Simon Wesseley, The impact of total war on the practice of British psychiatry, in: Roger Chickering/Stig Förster (Hrsg.), The shadows of total war. Europe, East Asia, and the United States, 1919–1939, Cambridge 2009, S. 129–148.

Edgar Jones/Simon Wesseley, Psychiatric battle casualities: an intra- and inter-war comparison, in: British Journal of Psychiatry 178 (2001), S. 243–245.

Edgar Jones/Simon Wesseley, War Syndromes: The impact of culture on medically unexplained symptoms, in: Medical History 49 (2005), S. 55–78.

Edgar Jones/Simon Wessely, Shell shock to PTSD. Military Psychiatry from 1900 to the Gulf War, Hoboken 2005.

Edgar Jones/Simon Wessely, Battle for the mind: World War I and the birth of military psychiatry, in: The Lancet 384 (2014), H. 9955, S. 1708–1714.

Horace Joules (Hrsg.), The doctor's view of war, London 1938.

Robert Jütte/Wolfgang U. Eckart/Hans-Walter Schmuhl/Winfried Süß, Medizin und Nationalsozialismus. Bilanz und Perspektiven der Forschung, Göttingen 2011.

Immanuel Kant/Wilhelm Weischedel (Hrsg.), Kritik der reinen Vernunft, Frankfurt am Main 1956.

Dirk Käsler, Die frühe deutsche Soziologie 1909 bis 1934 und ihre Entstehungs-Milieus. Eine wissenschaftssoziologische Untersuchung, Opladen 1984.

David Katz, David Katz, in: Carl Murchison (Hrsg.), A history of psychology in autobiography, Bd. 4, Worcester/Mass. 1930, S. 189–211.

Anthony D. Kauders, Der Freud Komplex. Eine Geschichte der Psychoanalyse in Deutschland, Berlin 2014.

Doris Kaufmann, Widerstandsfähige Gehirne und kampfunlustige Seelen. Zur Mentalitäts- und Wissenschaftsgeschichte des I. Weltkriegs, in: Michael Hagner (Hrsg.), Ecce cortex. Beiträge zur Geschichte des modernen Gehirns, Göttingen 1999, S. 206–223.

Claudia-Anja Kaune, Willy Hellpach (1877–1955). Biographie eines liberalen Politikers der Weimarer Republik, Mainz 2005.

John Keegan, Der erste Weltkrieg eine Europäische Katastrophe, München 2000.

Christian Kehrt, Moderne Krieger. Die Technikerfahrungen deutscher Militärpiloten 1910–1945, Paderborn 2010.

Hans Kellner, Die Lehrlings-Beschaffung und -Auslese in der Berliner Metallindustrie., Berlin 1927.

George Frost Kennan, The decline of Bismarck's European order. Franco-Russian relations, 1875–1890 1979.

Franz-Werner Kersting/Hans-Walter Schmuhl (Hrsg.), Quellen zur Geschichte der Anstaltspsychiatrie in Westfalen, Paderborn, München, Wien 2004.

Sabine Kienitz, Beschädigte Helden. Kriegsinvalidität und Körperbilder 1914–1923, Paderborn, München, Wien u.a. 2008.

Andreas Killen, Berlin electropolis. Shock, nerves and German modernity, Berkeley, Calif. 2006.

Andreas Killen, Weimar Psychotechnics between Americanism and Facism, in: Greg Eghigian/Andreas Killen/Christine Leuenberger (Hrsg.), The self as project. Politics and the human sciences, Chicago, Ill. 2007, S. 48–71.

Ingo-Wolf Kittel, Arthur Kronfeld. 1886–1951; Ein Pionier der Psychologie, Sexualwissenschaft und Psychotherapie; Univ. Konstanz, Bibliothek; Ausstellung vom 6. Juni bis zum 28. Juni 1988. Einleitender Vortrag zum Thema "Arthur Kronfeld als Wissenschaftstheoretiker der Psychologie und Psychiatrie", Konstanz 1988.

Egbert Klautke, The mind of the nation. 'Völkerpsychologie' in Germany; 1851–1955, New York 2013.

Otto Klemm, Eignungsprüfungen an meßtechnischem Personal, in: Emil Abderhalden (Hrsg.), Handbuch der biologischen Arbeitsmethoden, Bd. 1, Berlin, Wien 1928, S. 565–619.

Jürgen Kocka, Arbeiten an der Geschichte. Gesellschaftlicher Wandel im 19. und 20. Jahrhundert, Göttingen 2012.

Julia Barbara Köhne, Kriegshysteriker. Strategische Bilder und mediale Techniken militärpsychiatrischen Wissens (1914–1920), Husum 2009.

Günter Komo, "Für Volk und Vaterland". Die Militärpsychiatrie in den Weltkriegen, Münster 1992.

Emil Kraepelin/Hanns Hippius/Paul Hoff/u.a., Emil Kraepelin: Lebenserinnerungen, Berlin 1983.

Arthur Kronfeld, Psychotherapie, in: Klaus Birnbaum (Hrsg.), Handwörterbuch der Medizinischen Psychologie, Leipzig 1930, S. 454–458.

Felix Krueger, Otto-Klemm und das Psychologische Institut der Universität Leipzig. Deutsche Seelenforschung in den letzten drei Jahrzehnten, Leipzig 1939.

Hans-Peter Krüger/Niels Birbaumer (Hrsg.), Anwendungsfelder der Verkehrspsychologie, Göttingen 2009.

Gerd Krumeich (Hrsg.), Nationalsozialismus und Erster Weltkrieg, Essen 2010.

Philipp Kuhn, Subterranean Histories: The Dissemination of Freud's Work into the British Discourse on psychological Medicine, 1904–1911, in: Psychoanalysis and History 16 (2014), S. 153–214.

Hermann Kuprian (Hrsg.), Der Erste Weltkrieg im Alpenraum. Erfahrung Deutung Erinnerung / = esperienze e memoria, Innsbruck 2006.

Patrick Kury, Der überforderte Mensch. Eine Wissensgeschichte vom Stress zum Burnout, Frankfurt am Main 2012.

Martin Kusch, Psychological knowledge. A social history and philosophy, London, New York 1999.

R. Kwiatowski/D. C Duncan/S. Shimmin, What have we forgotten – and why? in: Journal of Occupational and Organizational Psychology 79 (2006), S. 183–201.

Achim Landwehr, Geschichte des Sagbaren. Einführung in die historische Diskursanalyse, Tübingen 2001.

Sophie Ledebur, Das Wissen der Anstaltspsychiatrie in der Moderne. Zur Geschichte der Heil- und Pflegeanstalten Am Steinhof in Wien, Wien, Köln, Weimar 2015.

Eric J. Leed, No man's land. Combat & identity in World War I, Cambridge 1979.

Peter Leese, "Why are they not cured?". British Shell Shock treatment during the Great War, in: Mark S. Micale/Paul Frederick Lerner (Hrsg.), Traumatic pasts. History, psychiatry, and trauma in the modern age, 1870–1930, Cambridge, New York 2001.

Peter Leese, Shell shock. Traumatic neurosis and the British Soldiers of the First World War, New York 2002.

Peter Leese, Shell shock. Traumatic neurosis and the British soldier of the First World War, Basingstoke 2014.

Martin Lengwiler, Zwischen Klinik und Kaserne. Die Geschichte der Militärpsychiatrie in Deutschland und der Schweiz 1870–1914, Zürich 2000.

Jörn Leonhard, Die Nationalisierung des Krieges und der Bellizismus der Nation, in: Christian Jansen (Hrsg.), Der Bürger als Soldat. Die Militarisierung europäischer Gesellschaften im langen 19. Jahrhundert: ein internationaler Vergleich, Essen 2004, S. 83–105.

Jörn Leonhard, Gewalt und Partizipation: die Zivilgesellschaft im Zeitalter des Bellizismus, in: Mittelweg 36: Zeitschrift des Hamburger Instituts für Sozialforschung 14 (2005), S. 49–69.

Jörn Leonhard, Bellizismus und Nation. Kriegsdeutung und Nationsbestimmung in Europa und den Vereinigten Staaten 1750–1914, München 2008.

Jörn Leonhard, Die Büchse der Pandora. Geschichte des Ersten Weltkrieges, München 2014.

Jörn Leonhard, Der überforderte Frieden. Versailles und die Welt 1918–1923, München 2018.

Jörn Leonhard/Willibald Steinmetz (Hrsg.), Semantiken von Arbeit: diachrone und vergleichende Perspektiven, Köln, Weimar, Wien 2016.

Nicola Lepp, "Der neue Mensch. Obsessionen des 20. Jahrhunderts". Ausstellung im Deutschen Hygiene-Museum Dresden, in: Museumskunde 64 (1999), S. 070–078.

Paul Lerner, Rationalizing the Therapeutic Arsenal: German Neuropsychiatry in World War I, in: Manfred Berg/Geoffrey Cocks (Hrsg.), Medicine and Modernity. Public Health and Medical Care in Nineteenth- and Twentieth-Century Germany, Cambridge 1997, S. 121–148.

Paul Lerner, From Traumatic Neurosis to Male Hysteria: The Decline and Fall of Herrmann Oppenheim, 1889–1919, in: Mark S. Micale/Paul Frederick Lerner (Hrsg.), Traumatic pasts. History, psychiatry, and trauma in the modern age, 1870–1930, Cambridge, New York 2001, S. 140–202.

Paul Lerner, Psychiatry and casualties of war in Germany, 1914–18, in: Journal of Contemporary History 35 (2001), S. 13–28.

Paul Lerner, "Ein Sieg des deutschen Willens". Wille und Gemeinschaft in der deutschen Kriegspsychiatrie, in: Wolfgang U. Eckart/Christoph Gradmann (Hrsg.), Die Medizin und der Erste Weltkrieg, Herbolzheim 2003, S. 85–108.

Paul Frederick Lerner, Hysterical men. War, psychiatry, and the politics of trauma in Germany, 1890–1930, Ithaca 2003.

Brigitte Leuchtweis-Gerlach, Ärzte, die die Anstalt prägten (1901–1933): Emil Sioli, Max Meyer, F.E. Otto Schultze und Friedrich S. Rothschild., in: Christina Vanja (Hrsg.), "In waldig-ländlicher Umgebung …" das Waldkrankenhaus Köppern: von der agrikolen Kolonie der Stadt Frankfurt zum Zentrum für Soziale Psychiatrie Hochtaunus, Kassel 2001, S. 155–174.

Sonja Levsen, Der Erste Weltkrieg und die Generationen, in: Kirsten Gerland/Benjamin Möckel/Daniel Ristau (Hrsg.), Generation und Erwartung. Konstruktionen zwischen Vergangenheit und Zukunft, Göttingen 2013, S. 109–130.

Sonja Levsen, Elite, Männlichkeit und Krieg. Tübinger und Cambridger Studenten 1900–1929, Göttingen 2006.

Max Levy-Suhl, Der Ausrottungskampf gegen die Rentenneurosen und seine Konsequenzen. Sonderabdruck, in: Deutsche Medizinische Wochenschrift 52 (1926), S. 1727–1729.

Max Levy-Suhl, Die seelischen Heilmethoden des Arztes. Eine Lehre von neurotischen Menschen; mit Beispielen aus der Praxis, Stuttgart 1930.

Kurt Lewin, Die Entwicklung der experimentellen Willenspsychologie und die Psychotherapie, Darmstadt 1970.

John Lewis-Stempel, Six weeks. The life and death of the British officer in the First World War, London 2010.

Wolfgang Liebert (Hrsg.), Die Janusköpfigkeit von Forschung und Technik. Zum Problem der zivil-militärischen Ambivalenz, Marburg 1994.

Gustav A. Lienert/Ulrich Raatz, Testaufbau und Testanalyse, Weinheim 1998.

Stefanie Linden, They called it shell shock. Combat stress in the First World War, Warwick 2016.

Stefanie Linden/Volker Hess/Edgar Jones, The neurological manifestations of Trauma: Lessons from World War I., in: European Archiv of Psychiatry Clinic and Neuroscience 262 (2011), S. 253–264.

Stefanie Linden/Edgar Jones, 'German battle casualties: The treatment of functional somatic disorders during World War I', in: Journal of the History of Medicine and Allied Sciences 68 (2013), S. 627–658.

Stefanie Linden/Edgar Jones, 'Shell shock' revisited: an examination of the Case Records of the National Hospital in London, in: Medical History 58 (2014), S. 519–545.

Stefanie Linden/Jones, Edgar & Lees, Andrew J., Shell shock at Queens Square: Lewis Yealland 100 Years on, in: Brain 136 (2013), S. 1976–1988.

Hans Linnenkohl, Vom Einzelschuss zur Feuerwalze. Der Wettlauf zwischen Technik und Taktik im Ersten Weltkrieg, Koblenz 1990.

Jürgen Link, Versuch über den Normalismus. Wie Normalität produziert wird, Göttingen 2006.

Anne Lipp, Meinungslenkung im Krieg. Kriegserfahrungen deutscher Soldaten und ihre Deutung 1914–1918, Göttingen 2003.

Veronika Lipphardt, Denkstil, Denkkollektiv und wissenschaftliche Tatsachen der deutschen Rassenforschung vor 1933. Zur Anwendbarkeit des wissenschaftshistorischen Ansatzes von Ludwik Fleck, in: Rainer Egloff (Hrsg.), Tatsache-Denkstil-Kontroverse: Auseinandersetzungen mit Ludwig Fleck, Zürich 2005, S. 63–70.

Veronika Lipphardt, Biologie der Juden. Jüdische Wissenschaftler über "Rasse" und Vererbung 1900–1935, Göttingen 2008.

Wiebke Lisner, Fachzeitschriften als Selbstvergewisserungsinstrumente der ärztlichen Progession? in: Sigrid Stöckel/Wiebke Lisner/Gerlind Rüve (Hrsg.), Das Medium Wissenschaftszeitung seit dem 19. Jahrhundert. Verwissenschaftlichung der Gesellschaft-Vergesellschaftung von Wissenschaft, Stuttgart 2009.

H. O. Lock, German Battle Casualties: The Treatment of functional somatic disorders during World War I, in: Journal of the History of Medicine and Allied Sciences 68 (2012), H. 4, S. 627–658.

Regine Lockot, Erinnern und Durcharbeiten. Zur Geschichte der Psychoanalyse und Psychotherapie im Nationalsozialismus, Frankfurt am Main 1985.

Bedrich Loewenstein (Hrsg.), Geschichte und Psychologie. Annäherungsversuche, Pfaffenweiler 1992.

Eberhard Loosch, Otto Klemm (1884–1939) und das psychologische Institut in Leipzig, Berlin 2008.

Tracey Loughran, Hysteria and neurasthenia in pre-1914 British Medical Discourse and in Histories of Shell-Shock., in: History of Psychiatry 19 (2008), S. 25–46.

Tracey Loughran, Shell shock, trauma, and the First World War: The making of a diagnosis and its histories, in: Journal of the History of Medicine and Allied Sciences 67 (2011), S. 94–119.

Tracey Loughran, Shell-shock and medical culture in First World War Britain, Cambridge 2016.

Sandy Lovie, Three steps to heaven: How the British Psychological Society attained its place in the sun, in: Geoffrey C. Bunn/Alexander D. Lovie/Graham D. Richards (Hrsg.), Psychology in Britain. Historical essays and personal reflections, Leicester 2001, S. 95–114.

P. Lovie/Alexander D. Lovie, Spearman, Charles Edward (2004). www.oxforddnb.com (13. Juni 2019).

L. Löwenstein, Die Erfindung der Schallmessung, in: Die Schalltechnik 1 (1928), S. 21–24.

Abraham S. Luchins/Edith Luchins, Max Wertheimer: His life and work during 1912–1919, in: Gestalt Theory 7 (1985), S. 3–28.

Helmut E. Lück, Ansätze der "ursprünglichen" Psychotechnik, in: Nora Binder/Bernhard Kleeberg (Hrsg.), Wahrheit zurichten. Über Sozio- und Psychotechniken, Tübingen 2020.

Helmut E. Lück (Hrsg.), Geschichte der Psychologie. Ein Handbuch in Schlüsselbegriffen, München 1984.

Helmut E. Lück (Hrsg.), Theorien und Methoden psychologiegeschichtlicher Forschung, Göttingen 1991.

Helmut E. Lück, "Noch ein weiterer Jude ist natürlich ausgeschlossen". William Stern und das Psychologische Institut der Universität Hamburg, in: Die Geschichte der Juden in Hamburg: 1590–1990 2 (1991), S. 407–417.

Helmut E. Lück, Kurt Lewin. Eine Einführung in sein Werk, Weinheim 2001.

Helmut E. Lück, Geschichte der Psychologie, Stuttgart 2009.

Helmut E. Lück, Geschichte der Psychologie. Strömungen, Schulen, Entwicklungen, Stuttgart 2011.

Helmut E. Lück, Die psychologische Hintertreppe. Die bedeutenden Psychologinnen und Psychologen in Leben und Werk, Freiburg, Basel, Wien 2016.

Helmut E. Lück/Harald Grünwald/Ulfried Geuter/ed. al., Sozialgeschichte der Psychologie. Eine Einführung, Wiesbaden 1987.

Helmut E. Lück/Susanne Guski-Leinwand/Bernd Leplow/ed. al., Geschichte der Psychologie. Strömungen, Schulen, Entwicklungen, Stuttgart 2014.

Helmut E. Lück/Rudolf Miller (Hrsg.), Illustrierte Geschichte der Psychologie, Weinheim 2005.

Helmut E. Lück/Miriam Rothe, Hugo Münsterberg. Psychologie im Dienste der Gesellschaft, in: Report Psychologie 42 (2017), H. 2, S. 58–65.

Helmut E. Lück/Miriam Rothe, Kinder erleben den Weltkrieg. Empirische Untersuchungen zu Beginn des Krieges, in: Journal für Psychologie 18 (2017), S. 111–142.

Benjamin T. Ludy/David B. Baker, The internationalization of psychology. A history, in:
David B. Baker (Hrsg.), The Oxford Handbook of the history of psychology. Global
perspectives, Oxford 2012, S. 1–17.

Gerd Lüer (Hrsg.), Bericht über den 33. Kongress der Deutschen Gesellschaft für
Psychologie in Mainz 1982, Göttingen/Toronto/Zürich 1983.

Gerd Lüer, Psychologie im Spiegel ihrer wissenschaftlichen Gesellschaft: Historische
Fakten, Entwicklungen und ihre Konsequenzen, in: Psychologische Rundschau 42
(1991), S. 1–11.

Anna Lux/Sylvia Paletschek (Hrsg.), Okkultismus im Gehäuse. Institutionalisierungen
der Parapsychologie im 20. Jahrhundert im internationalen Vergleich, Berlin, Boston 2016.

Charlotte MacKenzie, Social factors in the admission, discharge and continuing stay of
patients at Ticehurst Asylum, 1845–1917, in: William Frederick Bynum/Roy Porter/
Michael Shepherd (Hrsg.), The anatomy of madness. Essays in the history of psychiatry, Bd. 2, London, New York 1985–1989, S. 147–174.

Gunther Mai, Hilfsdienstgesetz, in: Gerhard Hirschfeld/Gerd Krumeich/Irina Renz/
Markus Pöhlmann (Hrsg.), Enzyklopädie Erster Weltkrieg, Paderborn 2014,
S. 553–554.

J. B. Maller, Forty years of psychology. A statistical analysis of American and European
publications, 1894–1933, in: Psychological Bulletin 31 (1934), S. 533–559.

Karl Marbe, Die Stellung und Behandlung der Psychologie an den Universitäten, in:
Rudolf Haym/Heinrich von Treitschke/Hans Delbrück/ed. al. (Hrsg.), Preußische
Jahrbücher, Bd. 185, Berlin 1859–1935, S. 202–210.

Philippa Martindale, ‚Against all Hushing and stamping down'. The Medico-
Psychological Clinic of London and the Novelist May Sinclair., in: Psychoanalysis
and History 6 (2004), S. 177–200.

Joest Martinius, Max Isserlin. Begründer der Kinderpsychiatrie in München, in: Zeitschrift für Kinder – und Jugendpsychiatrie und Psychotherapie 28 (2000), S. 59–62.

Gerald Mathews, Individual differences-the British Context, in: The Psychologist 26
(2013), S. 18–21.

Peter Mattes/Ophelia Solti, Editorial, in: Journal für Psychologie 18 (2017), S. 1–5.

Michael Maurer, Kleine Geschichte Englands, Stuttgart 1997.

Rollo May, Power and innocence. A search for the sources of violence, New York 1998.

Claudius Frank Mayer, Medical History of the Russo-German War 1941–1945. A brief
study, with review of the first-born official medical history of the Second World War,
Washington 1951.

Pauline Mazumbar, Cyril Burt, www.oxforddnb.com (14. Juni 2019).

Richard J. McNally, Remembering trauma, Cambridge, Mass, London 2003.

Friedrich Meggendorfer, Wilhelm Weygandt, in: Deutsche Zeitschrift für Nervenheilkunde 149 (1939), S. 1–6.

Christoph Meinel (Hrsg.), Instrument, Experiment. Historische Studien, Berlin 2000.

Wolfram Meischner, Wilhelm Wundt – progressives Erbe, Wissenschaftsentwicklung und Gegenwart. Protokoll d. internationalen Symposiums – 1. u. 2. November 1979, Leipzig 1980.

Billie Melman (Hrsg.), Borderlines. Genders and identities in war and peace 1870–1930, New York, London 1998.

Judith A. Merkle, Management and ideology. The legacy of the internat. scientific management movement, Berkeley Calif. 1980.

David Meskill, Characterological psychology and the German political economy in the Weimar period (1919–1933), in: History of psychology 7 (2004), S. 3–19.

David Meskill, Arbeitssteuerung, Klientenberatung. Angewandte Psychologie in der deutschen Arbeitsverwaltung, in: Zeitschrift für Psychologie 212 (2004a), H. 2, S. 212–226.

David Meskill, Optimizing the German workforce. Labor administration from Bismarck to the economic miracle, New York 2010.

Charles Messenger, Call to arms. The British Army, 1914–18, London 2005.

Dietrich Meyer (Hrsg.), Akten betreuter Personen als archivische Aufgabe. Beratungs- und Patientenakten im Spannungsfeld von Persönlichkeitsschutz und historischer Forschung, Neustadt an der Aisch 1997.

Jessica Meyer, Men of war. Masculinity and the First World War in Britain, Basingstoke 2008.

Jessica Meyer, Separating the men from the boys: masculinity and maturity in understandings of shell shock in Britain, in: Twentieth Century British History 20 (2009), S. 1–22.

David S. Meyer/Nancy Whittier/Belinda Robnett, Social movements. Identity, culture, and the state, Oxford, New York 2002.

Mark S. Micale, Hysterical men. The hidden history of male nervous illness, Cambridge, Mass 2008.

Mark S. Micale/Paul Frederick Lerner (Hrsg.), Traumatic pasts. History, psychiatry, and trauma in the modern age, 1870–1930, Cambridge, New York 2001.

Joel Michell, Measurement in psychology. A critical history of a methodological concept, Cambridge 2005.

Susanne Michl, Im Dienste des "Volkskörpers", Göttingen, Tübingen 2007.

Susanne Michl/Jan Plamper, Soldatische Angst im Ersten Weltkrieg. Die Karriere eines Gefühls in der Kriegspsychiatrie Deutschlands, Frankreichs und Russlands, in: Geschichte und Gesellschaft 35 (2009), S. 209–248.

Keith Middlemas, Politics in industrial society. The experience of the British system since 1911, London 1979.

Emanuel Miller (Hrsg.), The neuroses in war, New York 1944.

Michael Miller, Comparative and Cross-National History: Approaches, Differences, Problems, in: Deborah Cohen/Maura O'Connor (Hrsg.), Comparison and history. Europe in cross-national perspective, New York 2004, S. 115–132.

Dietrich Milles (Hrsg.), Betriebsärzte und produktionsbezogene Gesundheitspolitik in der Geschichte, Bremerhaven 1992.

Thomas John Mitchell/G. M. Smith (Hrsg.), History of the Great War based on official documents. Medical services, casualties and medical statistics of the Great War, London 1931.

L. Montoro/F. Tortosa/H. Carpintero, Brief history of international congresses of psychology (1889–1960), in: Marc Richelle/Heriodoro Carpintero (Hrsg.), Contributions to the history of the international congresses of psychology. A posthumous homage to J.R. Nuttin, Valencia 1992, S. 75–89.

Grace Moore, Victorian crime, madness and sensation, Aldershot, Hants, Burlington 2004.

Charles M. Moran, The anatomy of courage, London 1945.

Gabriele Moser, Ärzte, Gesundheitswesen und Wohlfahrtsstaat. Zur Sozialgeschichte des ärztlichen Berufsstandes in Kaiserreich und Weimarer Republik, Freiburg 2011.

Annette Mülberger, Der Weg Karl Marbes zur Angewandten Psychologie, in: Horst Gundlach/Mauro Antonelli (Hrsg.), Untersuchungen zur Geschichte der Psychologie und der Psychotechnik, München 1996, S. 117–126.

Annette Mülberger, Teaching psychology to jurists. Initiatives and reactions prior to World War I, in: History of psychology 12 (2009), S. 60–86.

Annette Mülberger, The need for contextual approaches to the history of mental testing, in: History of psychology 17 (2014), S. 177–186.

Inka Mülder-Bach (Hrsg.), Modernität und Trauma. Beiträge zum Zeitenbruch des Ersten Weltkrieges, Wien 2000.

Thomas Müller (Hrsg.), Psychotherapie und Körperarbeit in Berlin. Geschichte und Praktiken der Etablierung, Husum 2004.

Thomas Müller, Zur Etablierung der Psychoanalyse in Berlin, in: Thomas Müller (Hrsg.), Psychotherapie und Körperarbeit in Berlin. Geschichte und Praktiken der Etablierung, Husum 2004, S. 53–96.

Rolf-Dieter Müller, Militärgeschichte, Köln, Weimar, Wien 2009.

Müller-Kollenberg, Berufsberatung- einst und jetzt, in: François Stoll (Hrsg.), Arbeit und Beruf, Bd. 1, Weinheim 1983, S. 122–142.

Marianne Müller-Brettel, Dual use in der Militärpsychologie-ein wichtiges und legitimes Forschungs- und Berufsfeld? In: Wolfgang Liebert (Hrsg.), Die Janusköpfigkeit von Forschung und Technik. Zum Problem der zivil-militärischen Ambivalenz, Marburg 1994, S. 229–239.

Marianne Müller-Brettel, Psychologische Beiträge im Ersten Weltkrieg. Ausdruck von Kriegsbegeisterung oder Patriotismus oder Ergebnis des Entwicklungsstandes psychologischer Theorie und Forschung? In: Psychologie und Geschichte 6 (1995), S. 27–47.

Carl Murchison (Hrsg.), A history of psychology in autobiography, Worcester/Mass. 1930.

Nicholas Murray, The red sweet wine of youth, London 2010.

Charles Samuel Myers, The efficiency engineer and the industrial psychology, in: Journal of the National Institute of Industrial Psychology 3 (1927), S. 168–172.

Charles Samuel Myers, Charles Samuel Myers, in: Carl Murchison (Hrsg.), A history of psychology in autobiography, Bd. 3, Worcester/Mass. 1930, S. 5–13.

Charles Samuel Myers, Shell shock in France, 1914–18, Cambridge 1940.

Niklas Napp, Die deutschen Luftstreitkräfte im Ersten Weltkrieg, Paderborn 2017.

Francis Neary, A question of 'peculiar importance': George Croom Robertson, Mind and the changing relationship between British psychology and philosophy, in: Geoffrey C. Bunn/Alexander D. Lovie/Graham D. Richards (Hrsg.), Psychology in Britain. Historical essays and personal reflections, Leicester 2001, S. 54–71.

Stephanie Neuner, Politik und Psychiatrie. Die staatliche Versorgung psychisch Kriegsbeschädigter in Deutschland 1920–1939, Göttingen 2011.

Stephanie Neuner, Die Rückkehr in den Alltag. Zur sozioökonomischen und gesundheitlichen Situation psychisch Kriegsbeschädigter in der Zwischenkriegszeit, in: Thomas Becker/Heiner Fangerau/Peter Fassl/Hans-Georg Hofer (Hrsg.), Psychiatrie im Ersten Weltkrieg, Konstanz 2018, S. 387–407.

Serge Nikolas/Hedvig Söderlund, The Project of an International Congress of Psychology by J. Ochorowicz (1881), in: International Journal of Psychology 40 (2005), S. 395–406.

Gottfried Niedhart, Geschichte Englands im 19. und 20. Jahrhundert, München 1996.

Sybilla Nikolow/Arne Schirrmacher (Hrsg.), Wissenschaft und Öffentlichkeit als Ressourcen füreinander. Studien zur Wissenschaftsgeschichte im 20. Jahrhundert, Frankfurt am Main, New York 2007.

Thomas Nipperdey, Deutsche Geschichte 1866–1918, München 1991.

Bernd Nitzschke (Hrsg.), Freud und die akademische Psychologie. Beiträge zu einer historischen Kontroverse, München 1989.

Bernd Nitzschke (Hrsg.), Die Psychoanalyse Sigmund Freuds. Konzepte und Begriffe, Wiesbaden 2011.

Mary Nolan, Visions of modernity. American business and the modernization of Germany, New York 1994.

Karen Nolte, "Ich glaubte, die Nerven seien nicht ganz richtig" Nervosität und Nervenkrankheiten. Die Köppener Nervenheilanstalt in der Zeit des Ersten Weltkrieges., in: Christina Vanja (Hrsg.), "In waldig-ländlicher Umgebung ..." das Waldkrankenhaus Köppern: von der agrikolen Kolonie der Stadt Frankfurt zum Zentrum für Soziale Psychiatrie Hochtaunus, Kassel 2001, S. 125–167.

Max Nonne, Anfang und Ziel meines Lebens. Erinnerungen, Hamburg 1972.

Joseph Nuttin, Les premiers congrès internationaux de psychologie. Text inedit, in: Marc Richelle/Heriodoro Carpintero (Hrsg.), Contributions to the history of the international congresses of psychology. A posthumous homage to J.R. Nuttin, Valencia 1992, S. 7–74.

Anthony Oberschall, Empirical social research in Germany 1848–1914, Paris, den Haag 1965.

Clare O'Farrell, Michel Foucault, London 2005.

Richard Charles Oldfield, Psychology in Oxford 1898–1949 Part I., in: Quarterly Bulletin of the British Psychological Society (1950), S. 345–353.

Janet Oppenheim, Physics and psychic research in Victorian and Edwardian England, in: Physics Today 39 (1986), S. 62–70.

Harold Owen/John Bell (Hrsg.), Collected Letters of Wilfred Owen, London 1967.

Sarah Panter, Jüdische Erfahrungen und Loyalitätskonflikte im Ersten Weltkrieg, Göttingen 2014.

Manon Parry, Thomas W. Salmon. Advocate of Mental Hygiene, in: American Journal of Public Health 96 (2006), S. 1741.

Katja Patzel-Mattern, Menschliche Maschinen – maschinelle Menschen? Die industrielle Gestaltung des Mensch-Maschine-Verhältnisses am Beispiel der Psychotechnik und der Arbeit Georg Schlesingers mit Kriegsversehrten, in: Würzburger medizinhistorische Mitteilungen 24 (2005), S. 378–390.

Katja Patzel-Mattern, Ökonomische Effizienz und gesellschaftlicher Ausgleich. Die industrielle Psychotechnik in der Weimarer Republik, Stuttgart 2010.

Katja Patzel-Mattern, >Dispositionen des Individuums< im Produktionsprozess. Die individuelle Psychotechnik in der Weimarer Republik zwischen Selbstbehauptung, Unternehmererwartungen und Arbeiterinteressen, in: Maik Tändler/Uffa Jensen (Hrsg.), Das Selbst zwischen Anpassung und Befreiung. Psychowissen und Politik im 20. Jahrhundert, Göttingen 2012, S. 60–82.

Jeremy Paxman, Great Britain's Great War, London 2013.

Engelbert Pechhold, 50 Jahre REFA, Berlin 1974.

Petra Peckl, What the patient records reveal: Reassessing the treatment of "War Neurotics" in Germany (1914–1918), in: Hans-Georg Hofer (Hrsg.), War, trauma and medicine in Germany and Central Europe (1914–1939), Freiburg 2011, S. 139–159.

Petra Peckl, Krank durch die seelischen Einwirkungen des Feldzuges. Psychische Erkrankungen der Soldaten im Ersten Weltkrieg und ihre Behandlung, in: Livia Prüll/Philipp Rauh (Hrsg.), Krieg und medikale Kultur. Patientenschicksale und ärztliches Handeln in der Zeit der Weltkriege 1914–1945, Göttingen 2014, S. 30–89.

Francesco F. Peloso/Gabriella Molino, Der Erste Weltkrieg und die Kriegsneurosen in der italienischen Fachpresse 1914–1919, in: Thomas Becker/Heiner Fangerau/Peter

Fassl/Hans-Georg Hofer (Hrsg.), Psychiatrie im Ersten Weltkrieg, Konstanz 2018, S. 245–266.

Wilder Penfield, Sherrington, Sir Charles Scott (1857–1952), revised by E. M. Tansey (2010). www.oxforddnb.com (10. Juni 2019).

Margrit Pernau, Transnationale Geschichte, Göttingen 2011.

Stefan Petri, Eignungsprüfung, Charakteranalyse, Soldatentum. Veränderung der Wissenschafts- und Methodenauffassung in der Militärpsychologie des Deutschen Reiches, Großbritanniens und der USA 1914 bis 1945, Groningen 2004.

Stefan Petri, Personalauswahl zwischen Psychotechnik und Charakteranalyse, in: Zeitschrift für Psychologie / Journal of Psychology 212 (2004), S. 200–211.

Maryam Philpott, Air and sea power in World War I. Combat and experience in the Royal Flying Corps and the Royal Navy, London 2013.

Pierluigi Pironti, Kriegsopfer und Staat. Sozialpolitik für Invaliden, Witwen und Waisen des Ersten Weltkriegs in Deutschland und Italien (1914–1924), Köln 2015.

Ute Planert, Antifeminismus im Kaiserreich, Göttingen, Tübingen 1998.

Ute Planert, Der dreifache Körper des Volkes: Sexualität, Biopolitik und die Wissenschaften vom Leben, in: Geschichte und Gesellschaft 26 (2000), S. 539–576.

Ute Planert, Nation, Politik und Geschlecht. Frauenbewegungen und Nationalismus in der Moderne, Frankfurt am Main 2000.

Ludwig J. Pongratz, Problemgeschichte der Psychologie, München 1984.

Roy Porter, "The patient's view. Doing history from below", in: Theory and Society 14 (1985), S. 175–198.

Roy Porter, Perplext with tough names: The use of medical jargon, in: Peter Burke/Roy Porter (Hrsg.), Languages and jargons. Contributions to a social history of language, Cambridge 1995, S. 42–63.

Roy Porter/Christian Detoux, Wahnsinn. Eine kleine Kulturgeschichte, Zürich 2005.

Anne Powell, Women in the war zone. Hospital service in the First World War, Gloucestershire 2009.

Ludwig Preller, Sozialpolitik in der Weimarer Republik, Stuttgart 1949.

Paul Probst, „Den Lehrplan tunlichst noch durch eine Vorlesung über Negerpsychologie ergänzen" – Bedeutung des Kolonialinstituts für die Institutionalisierung der akademisch-empirischen Psychologie in Hamburg, in: Psychologie und Geschichte 1 (1990), S. 25–36.

Paul Probst, Angewandte Ethnopsychologie während der Epoche des Deutschen Kolonialismus (1884–1918), in: Psychologie und Geschichte 3 (1992), S. 67–80.

Livia Prüll, "Everything ruined, which seemed most stable in the world ...": The German medical profession, the First World War and the road to the "Third Reich", in: Jason Crouthamel/Peter J. Leese (Hrsg.), Psychological trauma and the legacies of the First World War, Basingstoke 2017, S. 237–259.

Cay-Rüdiger Prüll, City and country in German psychiatry in the nineteenth and twentieth century- the example of Freiburg, in: History of Psychiatry 10 (1999), S. 439–474.

Cay-Rüdiger Prüll, Die Bedeutung des Ersten Weltkrieges für die Medizin im Nationalsozialismus, in: Gerd Krumeich (Hrsg.), Nationalsozialismus und Erster Weltkrieg, Essen 2010, S. 363–378.

Cay-Rüdiger Prüll, The exausted nation – psychiatry and medicine on the home front (1914–1918).The case of Robert Sommer., in: Hans-Georg Hofer (Hrsg.), War, trauma and medicine in Germany and Central Europe (1914–1939), Freiburg 2011, S. 30–48.

Livia Prüll, Die Fortsetzung des Krieges nach dem Krieg oder: die Medizin im Ersten Weltkrieg und ihre Folgen für die Zwischenkriegszeit in Deutschland 1918 bis 1939, in: Livia Prüll/Philipp Rauh (Hrsg.), Krieg und medikale Kultur. Patientenschicksale und ärztliches Handeln in der Zeit der Weltkriege 1914–1945, Göttingen 2014, S. 129–152.

Livia Prüll/Philipp Rauh (Hrsg.), Krieg und medikale Kultur. Patientenschicksale und ärztliches Handeln in der Zeit der Weltkriege 1914–1945, Göttingen 2014.

Michael Putzker/Herwig Groß, Kriegszitterer in Köppern während des Ersten Weltkrieges, in: Christina Vanja (Hrsg.), "In waldig-ländlicher Umgebung ..." das Waldkrankenhaus Köppern: von der agrikolen Kolonie der Stadt Frankfurt zum Zentrum für Soziale Psychiatrie Hochtaunus, Kassel 2001, S. 112–124.

Babette Quinkert/Philipp Rauh/Ulrike Winkler, Krieg und Psychiatrie 1914–1950, Göttingen 2010.

Roger Qvarsell, Locked up ot put to bed, in: William F. Bynum/Roy Porter/Michael Shepherd (Hrsg.), The anatomy of madness. Essays in the history of psychiatry, Bd. 2, London, New York 1985–1989, S. 175–197.

Anson Rabinbach, Betriebspsychologie zwischen Psychotechnik und Politik während der Weimarer Republik: Der Fall Otto Lipmann, in: Dietrich Milles (Hrsg.), Betriebsärzte und produktionsbezogene Gesundheitspolitik in der Geschichte, Bremerhaven 1992, S. 41–64.

Anson Rabinbach, The human motor. Energy, fatigue and the origins of modernity, Berkeley California 1992.

Anson Rabinbach, Motor Mensch. Kraft, Ermüdung und die Ursprünge der Moderne, Wien 2001.

Joachim Radkau, "Zum historischen Quellenwert von Patientenakten. Erfahrungen aus Recherchen zur Geschichte der Nervosität.", in: Dietrich Meyer (Hrsg.), Akten betreuter Personen als archivische Aufgabe. Beratungs- und Patientenakten im Spannungsfeld von Persönlichkeitsschutz und historischer Forschung, Neustadt an der Aisch 1997, S. 1–30.

Joachim Radkau, Das Zeitalter der Nervosität. Deutschland zwischen Bismarck und Hitler, Darmstadt 1998.

B. L. Raina, Official history of the Indian Armed Forces in the Second World War, 1939–45. Medical services: preventive medicine, Delhi 1961.

Susan Raitt, Early British Psychoanalysis and the Medico-Psychological Clinic, in: History Workshop Journal 58 (2004), S. 63–85.

Thomas Rammsayer (Hrsg.), Reflexionen der Psychologie. 100 Jahre Deutsche Gesellschaft für Psychologie; in Göttingen 2004, Göttingen, Bern, Wien 2005.

Lutz Raphael (Hrsg.), Theorien und Experimente der Moderne. Europas Gesellschaften im 20. Jahrhundert, Wien 2012.

Lutz Raphael, Die Verwissenschaftlichung des Sozialen als methodische und konzeptionelle Herausforderung für eine Sozialgeschichte des 20. Jahrhundert, in: Geschichte und Gesellschaft 22 (1996), S. 165–193.

Dean Rapp, The reception of Freud by the British Press: General interest and literary magazines, 1920–1925, in: Journal of the History of Behavioural Sciences 24 (1988), S. 191–201.

Dean Rapp, The early discovery of Freud by the British general educated public, 1912–1919, in: Social History of Medicine 3 (1990), S. 217–243.

Bruno Rauecker, Rationalisierung als Kulturfaktor, Berlin 1928.

Philipp Rauh, Der Münchener Kriegskongress der Psychiater und Neurologen vom September 1916 – Ränkespiele, Inszenierungen und Kontroversen, in: Thomas Becker/Heiner Fangerau/Peter Fassl/Hans-Georg Hofer (Hrsg.), Psychiatrie im Ersten Weltkrieg, Konstanz 2018, S. 43–65.

Philipp Rauh, Violence and Starvation in First World War Psychiatry: Origins of the National Socialist 'Euthanasia' Program, in: Jason Crouthamel/Peter J. Leese (Hrsg.), Psychological trauma and the legacies of the First World War, Basingstoke 2017, S. 261–286.

Philipp Rauh, Victory for the "most enduring" hearts: The treatment of physically exhausted soldiers in the German Army (1914–1918), in: Hans-Georg Hofer (Hrsg.), War, trauma and medicine in Germany and Central Europe (1914–1939), Freiburg 2011, S. 160–182.

Philipp Rauh, "Der Sieg für die stärksten Herzen", in: Ute Caumanns/Fritz Dross/Anita Magowska (Hrsg.), Medizin und Krieg in historischer Perspektive 2012, S. 388–397.

Philipp Rauh, Die militärpsychiatrischen Therapiemethoden im Ersten Weltkrieg-Diskurs und Praxis, in: Hans-Walter Schmuhl/Volker Roelcke (Hrsg.), "Heroische Therapien". Die deutsche Psychiatrie im internationalen Vergleich, 1918–1945, Göttingen 2013, S. 29–47.

Philipp Rauh, Die Behandlung der erschöpften Soldaten im Ersten Weltkrieg, in: Livia Prüll/Philipp Rauh (Hrsg.), Krieg und medikale Kultur. Patientenschicksale und ärztliches Handeln in der Zeit der Weltkriege 1914–1945, Göttingen 2014, S. 90–126.

Philipp Rauh/Livia Prüll, Krank durch Krieg? Der Umgang mit psychisch kranken Veteranen in der Zeit der Weltkriege (1915). http://portal-militärgeschichte.de/rauh_pruell_krank.pdf (1. Juli 2019).

Andrew Rawson, British Army handbook 1914–1918, Stroud 2006.

Fiona Reid, Broken men. Shell shock treatment and recovery in Britain 1914–1930, London 2011.

Aribert Reimann, Der große Krieg der Sprachen. Untersuchungen zur historischen Semantik in Deutschland und England zur Zeit des Ersten Weltkriegs, Essen 2000.

Ludwig Renn, Anstöße in meinem Leben, Berlin 1980.

Leonhard v. Renthe-Fink, Von der Heerespsychotechnik zur Wehrmachtspsychologie, in: Peter R. Hofstätter (Hrsg.), Deutsche Wehrmachtspsychologie 1914–1945, München 1985, S. 3–183.

Jürgen Reulecke/Volker Roelcke (Hrsg.), Wissenschaften im 20. Jahrhundert. Universitäten in der modernen Wissenschaftsgesellschaft, Stuttgart 2008.

Samuel Cuthbert Rexford-Welch (Hrsg.), The Royal Air Force medical services, London 1958.

Graham Richard, Flügel, John Carl. www.oxforddnb.com (15. Juni 2019).

Graham Richard, Edward Cox and the PSBB, in: Geoffrey C. Bunn/Alexander D. Lovie/ Graham D. Richards (Hrsg.), Psychology in Britain. Historical essays and personal reflections, Leicester 2001, S. 33–53.

Graham Richards, Putting psychology in its place. Critical Historical Perspectives, London, New York 2010.

Marc Richelle/Heriodoro Carpintero (Hrsg.), Contributions to the history of the international congresses of psychology. A posthumous homage to J.R. Nuttin, Valencia 1992.

Peter Riedesser/Axel Verderber, Aufrüstung der Seelen. Militärpsychiatrie und Militärpsychologie in Deutschland und Amerika, Freiburg 1985.

Peter Riedesser/Axel Verderber, „Maschinengewehre hinter der Front". Zur Geschichte der deutschen Militärpsychiatrie, Frankfurt am Main 2011.

Guenter B. Risse/John Harley Warner, Reconstructing clinical activities: patient records in medical history, in: The Society for the Social History of Medicine 5 (1992), S. 183–205.

Volker Roelcke, Krankheit und Kulturkritik. Psychiatrische Gesellschaftsdeutungen im bürgerlichen Zeitalter (1740–1914), Frankfurt am Main 1999.

Volker Roelcke, Die Entwicklung der Psychiatrie zwischen 1880 und 1932. Theoriebildung, Institutionen, Interaktionen mit zeitgenössischen Wissenschafts- und Sozialpolitik, in: Rüdiger Vom Bruch/Brigitte Kaderas (Hrsg.), Wissenschaften und Wissenschaftspolitik. Bestandsaufnahmen zu Formationen, Brüchen und Kontinuitäten im Deutschland des 20. Jahrhunderts, Stuttgart 2002, S. 109–124.

Volker Roelcke, Prävention in Hygiene und Psychiatrie zu Beginn des 20. Jahrhunderts. Krankheit, Gesellschaft, Vererbung und Eugenik bei Robert Sommer und Emil Gotschlich, in: Ulrike Enke/Volker Roelcke (Hrsg.), Die Medizinische Fakultät der Universität Gießen. Institutionen, Akteure und Ereignisse von der Gründung 1607 bis ins 20. Jahrhundert, Stuttgart 2007, S. 395–416.

Volker Roelcke, Rivalisierende "Verwissenschaftlichungen des Sozialen". Psychiatrie, Psychologie und Psychotherapie im 20. Jahrhundert, in: Jürgen Reulecke/Volker Roelcke (Hrsg.), Wissenschaften im 20. Jahrhundert. Universitäten in der modernen Wissenschaftsgesellschaft, Stuttgart 2008.

Volker Roelcke/Paul Julian Weindling/Louise Westwood (Hrsg.), International relations in psychiatry. Britain, Germany, and the United States to World War II, Rochester, NY 2010.

J. D. Rolleston, Head, Sir Henry, revised by Michael Bevan. www.oxforddnb.com (15. Juni 2019).

Michael Roper, The secret battle. Emotional survival in the Great War, Manchester, New York 2009.

Michael Rose, Industrial behaviour. Theoretical development since Taylor, London 1975.

Nikolas S. Rose, The psychological complex. Psychology, politics, and society in England, 1869–1939, London, Boston 1985.

Nikolas Rose, Governing the soul. The shaping of the private self, London 1989.

Nikolas Rose, Engineering the human soul: analyzing psychological expertise, in: Science in Context 5 (1992), S. 351–369.

Nikolas Rose, Inventing our selves. Psychology, power, and personhood, Cambridge 1996.

Jacob Rosenthal, "Die Ehre des jüdischen Soldaten". Die Judenzählung im Ersten Weltkrieg und ihre Folgen, Frankfurt am Main 2007.

Mark R. Rosenzweig, History of the International Union of Psychological Science (IUPsyS), Hove 2000.

Stephen Wentworth Roskill (Hrsg.), Documents relating to the Naval Air Service, London 1969.

Thomas Arthur Ross, Shell shock, in: Horace Joules (Hrsg.), The doctor's view of war, London 1938, S. 48–55.

Karl Heinz Roth, Die Modernisierung der Folter in den beiden Weltkriegen. Der Konflikt der Psychotherapeuten und Schulpsychiater um die deutschen "Kriegsneurotiker", in: Zeitschrift für die Sozialgeschichte des 20. und 21. Jahrhunderts 2/3 (1987), S. 8–75.

Maike Rotzoll, Neue Taktik an der therapeutischen Front? Einige Anmerkungen zur Bedeutung des Ersten Weltkriegs für Behandlungskonzepte in der zivilen Psychiatrie, in: Thomas Becker/Heiner Fangerau/Peter Fassl/Hans-Georg Hofer (Hrsg.), Psychiatrie im Ersten Weltkrieg, Konstanz 2018, S. 409–424.

Marc Oliver Roudebush, A battle of nerves. Hysteria and its treatment in France during World War I, Ann Arbor Mich. 1996.

Gerry R. Rubin, War, law, and labour. The Munitions Acts, state regulation, and the unions, 1915–1921, Oxford, New York 1987.

Ruedi Rüegsegger, Die Geschichte der angewandten Psychologie 1900–1940. Ein internationaler Vergleich am Beispiel der Entwicklung in Zürich, Bern, Stuttgart 1986.

Gerlind Rüve, Vom "personal mouthpiece" zur medizinischen Fachzeitschrift. Deutsche Medizinische Wochenschrift, Münchener Medizinische Wochenschrift, British Medical Journal und The Lancet in sich wandelnden Öffentlichkeiten vom 19. zum 20. Jahrhundert. in: Sigrid Stöckel/Wiebke Lisner/Gerlind Rüve (Hrsg.), Das Medium Wissenschaftszeitung seit dem 19. Jahrhundert. Verwissenschaftlichung der Gesellschaft-Vergesellschaftung von Wissenschaft, Stuttgart 2009, S. 45–70.

Martin Sabrow (Hrsg.), Das Jahrhundert der Gewalt, Leipzig 2014.

Adelheit v. Saldern, „Alles ist möglich". Fordismus – ein visionäres Ordnungsmodell des 20. Jahrhunderts, in: Lutz Raphael (Hrsg.), Theorien und Experimente der Moderne. Europas Gesellschaften im 20. Jahrhundert, Wien 2012, S. 155–192.

Franz Samelson, World War I intelligence testing and the development of psychology, in: Journal of the History of Behavioral Sciences 13 (1977), S. 274–282.

Joshua A. Sanborn, Imperial apocalypse. The Great War and the destruction of the Russian empire, Oxford 2014.

Philipp Sarasin, Die Rationalisierung des Körpers. Über "Scientific Management" und "biologische Rationalisierung", in: Michael Jeismann (Hrsg.), Obsessionen. Beherrschende Gedanken im wissenschaftlichen Zeitalter, Frankfurt am Main 1995, S. 78–115.

Philipp Sarasin, Was ist Wissensgeschichte? in: Internationales Archiv für Sozialgeschichte der Deutschen Literatur 36 (2011), S. 159–172.

Philipp Sarasin/Jakob Tanner (Hrsg.), Physiologie und industrielle Gesellschaft. Studien zur Verwissenschaftlichung des Körpers im 19. und 20. Jahrhundert, Frankfurt am Main 1998.

Philipp Sarasin/Jakob Tanner, Einleitung, in: Philipp Sarasin/Jakob Tanner (Hrsg.), Physiologie und industrielle Gesellschaft. Studien zur Verwissenschaftlichung des Körpers im 19. und 20. Jahrhundert, Frankfurt am Main 1998, S. 12–43.

Siegfried Sassoon, Sherston's progress, London 1936.

Siegfried Sassoon/Rupert Hart-Davis, Siegfried Sassoon diaries, London, Boston 1985.

Eckart Scheerer, Kämpfer des Wortes: Die Ideologie deutscher Psychologen im Ersten Weltkrieg und ihr Einfluss auf die Psychologie der Weimarer Zeit., in: Psychologie und Geschichte 1 (1989), S. 12–22.

R. S. F. Schilling, Industrial Health Research. The work of the Industrial Health Research Board, 1918–1944, in: British Journal of Industrial Medicine 3 (1944), S. 145–152.

Henning Schmidgen, Zur Genealogie der Reaktionsversuche in der experimentellen Psychologie, in: Christoph Meinel (Hrsg.), Instrument, Experiment. Historische Studien, Berlin 2000, S. 168–179.

Heinz-Peter Schmiedebach (Hrsg.), Entgrenzungen des Wahnsinns. Psychopathie und Psychopathologisierungen um 1900, Oldenburg 2016.

Hans-Peter Schmiedebach, Sozialdarwinismus, Biologismus, Pazifismus: Ärztestimmen zum Ersten Weltkrieg, in: Johanna Bleker/Heinz-Peter Schmiedebach/

Christine Eckelmann (Hrsg.), Medizin und Krieg. Vom Dilemma der Heilberufe ; 1865 bis 1985, Frankfurt am Main 1987, S. 93–152.

Hans-Peter Schmiedebach, Von Hirnfunktionen und Nervenkrankheiten, in: Christina Vanja (Hrsg.), "In waldig-ländlicher Umgebung ..." das Waldkrankenhaus Köppern: von der agrikolen Kolonie der Stadt Frankfurt zum Zentrum für Soziale Psychiatrie Hochtaunus, Kassel 2001, S. 140–154.

Hans-Walter Schmuhl/Volker Roelcke (Hrsg.), "Heroische Therapien". Die deutsche Psychiatrie im internationalen Vergleich, 1918–1945, Göttingen 2013.

Ulrich Johannes Schneider, Philosophie und Universität. Historisierung der Vernunft im 19. Jahrhundert, Leipzig 1999.

Christoph Schneider, Zu 'Sigmund Freud: Das Unbehagen in der Kultur'. Über das VII Kapitel, Frankfurt am Main, 2007.

Wolfgang Schönpflug, Kurt Lewin. Person, Werk, Umfeld. Historische Rekonstruktion und aktuelle Wertungen aus Anlass seines hundertsten Geburtstages, Frankfurt am Main 2003.

Wolfgang Schönpflug, Geschichte und Systematik der Psychologie, Weinheim 2013.

Heinz Schott/Rainer Tölle, Geschichte der Psychiatrie. Krankheitslehren, Irrwege, Behandlungsformen, München 2006.

Dominik Schrage, Psychotechnik und Radiophonie. Subjektkonstruktionen in artifiziellen Wirklichkeiten 1918–1932, München 2001.

Christina Schröder, "Psychotherapie für Jedermann!". Zu den Hintergründen der ersten kassenärztlichen Verankerung der Psychotherapie in der Weimarer Republik, in: psychomed 5 (1993), S. 52–58.

Christina Schröder, Der Fachstreit um das Seelenheil. Psychotherapiegeschichte zwischen 1880 und 1932, Frankfurt am Main 1995.

Monika Schubeius, Und das psychologische Laboratorium muss der Ausgangspunkt pädagogischer Arbeiten werden! Zur Institutionalisierungsgeschichte der Psychologie von 1890–1933, Frankfurt am Main 1990.

K. Schubert, Horchgeräte-Richtungshörer, in: Militärwissenschaftliche Mitteilungen 60 (1929), S. 224–229.

Anthony Scull, A Victorian alienist: John Conolly, F.R.C.P., D.C.L. (1794–1866), in: William F. Bynum/Roy Porter/Michael Shepherd (Hrsg.), The anatomy of madness. Essays in the history of psychiatry, Bd. 1, London, New York 1985–1989, S. 103–104.

Andrew Scull, The most solitary of afflictions. Madness and society in Britain 1700–1900, New Haven 1993.

Ralf Seidel, Weltkrieg und Moderne. Die nervenärztliche Praxis und der Anspruch der Psychiatrie, in: Thomas Becker/Heiner Fangerau/Peter Fassl/Hans-Georg Hofer (Hrsg.), Psychiatrie im Ersten Weltkrieg, Konstanz 2018, S. 21–42.

Richard Seidel, Die Rationalisierung des Arbeitsverhältnisses, in: Die Gesellschaft 3 (1926), S. 21.

Martin E. Seligmann, Erlernte Hilflosigkeit, München 1979.

Gabriela Sewz, Zum Selbstverständnis der Psychologie als Wissenschaft, Frankfurt am Main, Hagen 2004.

Sonu Shamdasani, C.G. Jung and the making of modern psychology. The dream of a science, Cambridge 2003.

Michal Shapira, The war inside. Psychoanalysis, total war and the making of the democratic self in postwar Britain, Cambridge 2013.

Stephen Sharp/A. P. Bray, W.H. Winch: A founder of experimental approach in education, in: British Journal of Education Studies 28 (1980), S. 34–45.

Ben Shephard, The early treatment of mental disorders: R.G.Rows and Maghull 1914–1918., in: Hugh Freeman/German E. Berrios (Hrsg.), 150 years of British psychiatry, Bd. 2, London 1991, S. 434–464.

Ben Shephard, Pitiless psychology: The role of prevention in British military psychiatry in the Second World War, in: History of Psychiatry 10 (1999), S. 491–542.

Ben Shephard, A war of nerves. Soldiers and psychiatrists; 1914–1994, London 2002.

Ben Shephard, Headhunters. The search for a science of the mind, London 2014.

John A. Shepherd, The Crimean doctors. A history of the British Medical Services in the Crimean War, Liverpool 1991.

Edward Shorter, Geschichte der Psychiatrie, Berlin 1999.

Elaine Showalter, The female malady. Women, madness, and English culture, 1830–1980, London 1987.

Elaine Showalter, Hystorien. Hysterische Epidemien im Zeitalter der Medien, Berlin 1997.

Aubrey Silberstone, Florence, Philipp Sargant (1890–1982) (2004). www.oxforddnb.com (14. Juni 2019).

Ernst Simmel/Ludger M. Hermanns/Ulrich Schultz-Venrath, Psychoanalyse und ihre Anwendungen. Ausgewählte Schriften, Frankfurt am Main 1993.

Max Simoneit, Deutsche Wehrmachtspsychologie von 1927–1942, in: Wehrpsychologische Mitteilungen 2 (1927), S. 71–102.

Max Simoneit, Wehrpsychologie. Ein Abriß ihrer Probleme und praktischen Folgerungen, Berlin-Charlottenburg 1933.

Max Simoneit, Vom Werden der deutschen Wehrmachtspsychologie- Ein geschichtlicher Rückblick, in: Werner Fritscher (Hrsg.), Dokumente zur deutschen Wehrpsychologie. 1914–1945, München 1990, S. 1–56.

Richard Slobodin, W.H.R. Rivers, New York 1978.

May Smith, An introduction to industrial psychology, London 1943.

May Smith, An autobiography, in: Occupational Psychology 24 (1950), S. 78–80.

Roger Smith, Trial by medicine. Insanity and responsibility in Victorian trials, Edinburgh 1981.

Roger Smith, The Norton History of the human science, New York 1997.

Richard Smith, Jamaican volunteers in the First World War. Race, masculinity and the development of national consciousness, Manchester, New York 2004.

Roger Smith, Why and how do I write the history of science?, in: Science in Context 26 (2013), S. 611–625.

Lawrence Sondhaus, World War I. The global revolution, Cambridge 2011.

Ernst Speer, Rückblick auf 40 Jahre ärztlicher Psychotherapie. (1919–1959), München 1959.

Lothar Sprung (Hrsg.), Zur Geschichte der Psychologie in Berlin, Frankfurt am Main, Berlin, Oxford 2003.

Lothar Sprung/Ruth Brandt, Otto Lipmann und die Anfänge der angewandten Psychologie in Berlin, in: Lothar Sprung (Hrsg.), Zur Geschichte der Psychologie in Berlin, Frankfurt am Main, Berlin, Oxford 2003, S. 345–366.

Günter Spur, Industrielle Psychotechnik – Walther Moede. Eine biografische Dokumentation, München 2008.

Walter Stallmeister/Helmut E. Lück (Hrsg.), Willy Hellpach. Beiträge zu Werk und Biographie, Frankfurt am Main, Bern, Paris 1991.

Frederick Stansfield, The growth years of the National Institute of Industrial Psychology 1921–1930, The British Psychological Society History of Psychology Centre London 2005.

Reinhard Steinberg/Monika Pritzel, 150 Jahre Pfalzklinikum. Psychiatrie, Psychotherapie und Nervenheilkunde in Klingenmünster, Stuttgart 2012.

Willibald Steinmetz (Hrsg.), "Politik". Situationen eines Wortgebrauchs im Europa der Neuzeit, Frankfurt am Main 2007.

William Stern/Jonas Cohn/Helmut E. Lück (Hrsg.), Der Briefwechsel zwischen William Stern und Jonas Cohn. Dokumente einer Freundschaft zwischen zwei Wissenschaftlern, Berlin 1994.

Bernd Stiegler, Der montierte Mensch. Eine Figur der Moderne, Paderborn 2016.

Ewald Stier, Psychiatrie und Heer. Ein Rückblick, in: Der Deutsche Militärarzt 1 (1936), S. 15–20.

Armin Stock, "Wer Funken sät wird Feuer ernten". Oswald Külpe und seine Ethik des Kriegs, in: Journal für Psychologie 18 (2017), S. 39–66.

Sigrid Stöckel/Wiebke Lisner/Gerlind Rüve (Hrsg.), Das Medium Wissenschaftszeitung seit dem 19. Jahrhundert. Verwissenschaftlichung der Gesellschaft-Vergesellschaftung von Wissenschaft, Stuttgart 2009.

Francois Stoll (Hrsg.), Die Psychologie des 20. Jahrhunderts. Arbeits-Wirtschafts- und Verkehrspsychologie, Zürich/München 1981.

François Stoll (Hrsg.), Arbeit und Beruf, Weinheim 1983.

Martin Stone, The military and industrial roots of clinical psychology in Britain, 1900–1945. A political and socio-economic archaeology, London 1985.

Martin Stone, Shellshock and the psychologists, in: William F. Bynum/Roy Porter/Michael Shepherd (Hrsg.), The anatomy of madness. Essays in the history of psychiatry, Bd. 2, London, New York 1985–1989, S. 243–283.

Norman Stone, World War One. A short history, London 2008.

Neil R. Storey/Molly Housego, Women in the First World War, Oxford 2010.

Anna-Lena Strotjohann, Carl Gustav Jungs Erfahrungen mit dem Ersten Weltkrieg im Kontext seiner Visionen, München 2009.

Hannes Stubbe, Wilhelm Wundt und die Herero, in: Psychologie und Geschichte 2 (1990), S. 121–138.

Gillian Sutherland/Stephen Sharp, Ability, merit, and measurement. Mental testing and English education, 1880–1940, Oxford 1984.

Margit Szöllösi-Janze, Fritz Haber, 1868–1934. Eine Biographie, München 1998.

Margit Szöllösi-Janze, Wissensgesellschaft in Deutschland. Überlegungen zur Neubestimmung der deutschen Zeitgeschichte über Verwissenschaftlichungsprozesse, in: Geschichte und Gesellschaft 30 (2014), S. 275–311.

Annamaria Tagliavini, Aspects of the history of psychiatry in Italy in the second half of the nineteenth century, in: William F. Bynum/Roy Porter/Michael Shepherd (Hrsg.), The anatomy of madness. Essays in the history of psychiatry, Bd. 2, London, New York 1985–1989, S. 175–196.

Maik Tändler, Das therapeutische Jahrzehnt. Der Psychoboom in den siebziger Jahren, Göttingen 2016.

Maik Tändler/Uffa Jensen (Hrsg.), Das Selbst zwischen Anpassung und Befreiung. Psychowissen und Politik im 20. Jahrhundert, Göttingen 2012.

Maik Tändler/Uffa Jensen, Psychowissen, Politik und das Selbst. Eine neue Forschungsperspektive auf die Geschichte des Politischen im 20. Jahrhundert, in: Maik Tändler/Uffa Jensen (Hrsg.), Das Selbst zwischen Anpassung und Befreiung. Psychowissen und Politik im 20. Jahrhundert, Göttingen 2012, S. 9–35.

Jakob Tanner, Historische Anthropologie zur Einführung, Hamburg 2004.

A. J. Taylor/S. W. Roskill/Robert Saundby/ed. al., The turn of the tide. War weariness; the U-boats overcome; victory in the air; Ludendorff's last victory, London 1968.

Frederick Winslow Taylor/Walter Volpert (Hrsg.), Die Grundsätze wissenschaftlicher Betriebsführung, Weinheim 1977.

Gregory M. Thomas, Treating the trauma of the Great War. Soldiers, civilians, and psychiatry in France, 1914–1940, Baton Rouge 2009.

Gregory Thomson, Charles Spearman. 1863–1945, in: Obituary Notices of Fellows of the Royal Society 5 (1947), S. 373–385.

A. Landsborough Thomson, Half a century of medical research, London 1976.

Mathew Thomson, The popular, the practical and the professional: Psychological identities in Britain, 1901–1950, in: Geoffrey C. Bunn/Alexander D. Lovie/Graham D. Richards (Hrsg.), Psychology in Britain. Historical essays and personal reflections, Leicester 2001, S. 115–132.

Mathew Thomson, Psychological subjects. Identity culture and health in twentieth-century Britain, Oxford 2006.

Mathew Thomson, The Psychological Science and the "Scientization" and "Engineering" of Society in Twentieth-Century Britain, in: Kerstin Brückweh/Dirk Schumann/Richard Wetzel et al. (Hrsg.), Engineering Society. The Role of the Human and Social Sciences in Modern Society, 1880–1980, S. 141–158.

Rudolf von Tschudi, Überblick über die Geschichte des Personalprüfwesens des Heeres (1940), in: Werner Fritscher (Hrsg.), Dokumente zur deutschen Wehrpsychologie. 1914–1945, München 1990, S. 65–137.

Trevor Turner, Henry Maudsley: Psychiatrist, Philosopher, and Entrepreneur, in: William F. Bynum/Roy Porter/Michael Shepherd (Hrsg.), The anatomy of madness. Essays in the history of psychiatry, Bd. 3, London, New York 1985–1989, S. 151–189.

Michael B. Tyquin, Gallipoli. The medical war: the Australian Army Medical Services in the Dardanelles Campaign of 1915, Kensington, (Australia), Portland,(USA) 1993.

Bernd Ulrich, Nerven und Krieg. Skizzierung einer Beziehung, in: Bedrich Loewenstein (Hrsg.), Geschichte und Psychologie. Annäherungsversuche, Pfaffenweiler 1992, S. 163–191.

Berndt Ulrich, "... als wenn nichts geschehen wäre". Anmerkungen zur Behandlung der Kriegsopfer während des Ersten Weltkriegs, in: Gerhard Hirschfeld/Gerd Krumeich/Ina Renz (Hrsg.), Keiner fühlt sich hier mehr als Mensch ... Erlebnis und Wirkung des Ersten Weltkriegs, Essen 1993, S. 115–129.

Bernd Ulrich, Die Kriegspsychologie der zwanziger Jahre und ihre geschichtspolitische Instrumentalisierung, in: Inka Mülder-Bach (Hrsg.), Modernität und Trauma. Beiträge zum Zeitenbruch des Ersten Weltkrieges, Wien 2000, S. 63–78.

Bernd Ulrich, Krieg der Nerven-Krieg des Willens, in: Nils Werber/Stefan Kaufmann/ Lars Koch (Hrsg.), Erster Weltkrieg. Kulturwissenschaftliches Handbuch, Stuttgart 2014, S. 232–258.

Boris Zesarewitsch Urlanis, Bilanz der Kriege. Die Menschenverluste Europas vom 17. Jahrhundert bis zur Gegenwart, Berlin 1965.

Elisabeth R. Valentine, The founding of the psychological laboratory, University College London: "Dear Galton ... Yours truly, J. Sully.", in: History of psychology 2 (1999), S. 204–218.

Elisabeth R. Valentine, The society a century ago, in: The Psychologist 22 (2008), S. 566.

Elisabeth R. Valentine, To care or to understand? Women members of the British Psychological Society 1901–1918, in: History & Philosophy of Psychology 10 (2008), S. 54–65.

Elizabeth R. Valentine, "A brilliant and many-sided personality". Jessie Margaret Murray, founder of the Medico-Psychological Clinic, in: Journal of the History of the Behavioural Sciences 45 (2009), S. 145–161.

Elisabeth R. Valentine, Institutionalisation and the History of Psychical Research in Great Britain in the 20th Century, in: Anna Lux/Sylvia Paletschek (Hrsg.),

Okkultismus im Gehäuse. Institutionalisierungen der Parapsychologie im 20. Jahrhundert im internationalen Vergleich, Berlin, Boston 2016, S. 133–148.

Elisabeth R. Valentine, Early women members of the British Society: challenges and achievements, in: History & Philosophy of Psychology 19 (2018), S. 17–25.

Peter van Drunen, Von der Psychotechnik zur Psychodiagnostik, in: Helmut E. Lück/ Rudolf Miller (Hrsg.), Illustrierte Geschichte der Psychologie, Weinheim 2005, S. 254–256.

Jaap van Ginneken, Mass movements in Darwinist, Freudian and Marxist perspective. Trotter, Freud and Reich on war, revolution and reaction, 1900–1933, Apeldoorn 2007.

Christina Vanja (Hrsg.), "In waldig-ländlicher Umgebung ..." das Waldkrankenhaus Köppern: von der agrikolen Kolonie der Stadt Frankfurt zum Zentrum für Soziale Psychiatrie Hochtaunus, Kassel 2001.

Francois Vatin, Arbeit und Ermüdung. Entstehung und Scheitern der Psychophysiologie der Arbeit, in: Philipp Sarasin/Jakob Tanner (Hrsg.), Physiologie und industrielle Gesellschaft. Studien zur Verwissenschaftlichung des Körpers im 19. und 20. Jahrhundert, Frankfurt am Main 1998, S. 347–368.

Philip Ewart Vernon/John B. Parry, Personnel Selection in the British Forces, London 1949.

Florence Vienne (Hrsg.), Wissensobjekt Mensch. Humanwissenschaftliche Praktiken im 20. Jahrhundert, Berlin 2008.

D. F. Vincent, Problems of test production and supply, in: Occupational Psychology 44 (1970), S. 71–79.

Sibylle Volkmann-Raue/Helmut E. Lück (Hrsg.), Bedeutende Psychologinnen des 20. Jahrhunderts, Wiesbaden 2011.

Rüdiger Vom Bruch/Brigitte Kaderas (Hrsg.), Wissenschaften und Wissenschaftspolitik. Bestandsaufnahmen zu Formationen, Brüchen und Kontinuitäten im Deutschland des 20. Jahrhunderts, Stuttgart 2002.

H. Voss, Die Anfänge der Institutionalisierung der klinischen Neurologie in München. Unter besonderer Berücksichtigung von Eugen von Malaise, in: Nervenarzt 86 (2015), S. 210–218.

John K. Walton, "Casting out and bringing back in Victorian England: Pauper lunatics, 1840–1870, in: William F. Bynum/Roy Porter/Michael Shepherd (Hrsg.), The anatomy of madness. Essays in the history of psychiatry, Bd. 2, London, New York 1985–1989, S. 132–146.

Peter Watson, War on the mind. The military uses and abuses of psychology, New York 1978.

Alexander Watson, Enduring the Great War. Combat morale and collapse in the German and British armies 1914–1918, Cambridge 2008.

Thomas E. Webb, ‚Dottyville' – Craiglockhart War Hospital and shell-shock treatment in the First World War, in: Journal of the Royal Society of Medicine 99 (2006), S. 342–346.

Elisabeth Weber-Jasper, Wilhelm Weygandt. Psychiatrie zwischen erkenntnis-theoretischem Idealismus und Rassenhygiene, Husum 1996.

Ernst G. Wehner, Gustav Kafka. Ein Beitrag zur Geschichte der Psychologie, Würzburg 1964.

Dorion Weickmann, Rebellion der Sinne. Hysterie – ein Krankheitsbild als Spiegel der Geschlechterordnung (1880–1920), Frankfurt am Main 1997.

Tobias Weidner, Die unpolitische Profession. Deutsche Mediziner im langen 19. Jahrhundert, Frankfurt am Main 2012.

Henry Welch/Charles Samuel Myers, Ten years of industrial psychology. An account of the first decade of the National Institute of Industrial Psychology, London 1932.

Nils Werber/Stefan Kaufmann/Lars Koch (Hrsg.), Erster Weltkrieg. Kulturwissen-schaftliches Handbuch, Stuttgart 2014.

Michael Werner/Bénédicte Zimmermann, Vergleich, Transfer, Verflechtung. Der Ansatz der Histoire croisée und die Herausforderung des Transnationalen, in: Geschichte und Gesellschaft 28 (2002), S. 607–636.

Robert W. Whalen, Bitter wounds. German victims of the Great War 1914–1939, Ithaca 1984.

Ian R. Whitehead, Doctors in the Great War, Havertown 2013.

Horst Wiegand, Grundzüge der wehrpsychologischen Diagnostik, in: Horst Gundlach (Hrsg.), Arbeiten zur Psychologiegeschichte, Göttingen 1994, S. 95–101.

Dorothee Wierling, Eine Familie im Krieg. Leben Sterben und Schreiben; 1914–1918, Göttingen 2013.

J. P. Williams, Psychical research and psychiatry in late Victorian Britain: trance as ecstacy or trance as insanity, in: William F. Bynum/Roy Porter/Michael Shepherd (Hrsg.), The anatomy of madness. Essays in the history of psychiatry, Bd. 1, London, New York 1985–1989, S. 233–254.

Richard H. Williams/Donald W. Zimmerman/Bruno D. Zumbo/ed. al., Charles Spearman: British Behavioural Scientist, in: The Human Nature Review 3 (2003), S. 114–118.

David Burns Windsor, The Quaker enterprise. Friends in business, London 1980.

Jay Murray Winter, The Great War and the British people, Basingstoke 1987.

Jay Murray Winter, Shell shock and the cultural history of the Great War, in: Journal of Contemporary History 35 (2000), S. 7–11.

Jay Murray Winter, Special issue: Shell-shock. Articles ... of a conference at the Histo-rial de la Grande Guerre, Péronne, Somme, France, held in July 1998, London 2000.

Jay Murray Winter, Shell shock and the lives of the Lost Generation, in: Ashley Ekins/Elizabeth Stewart (Hrsg.), War wounds. Medicine and the trauma of conflict, Auck-land, NZ 2011, S. 28–40.

Jay Murray Winter, War beyond words. Languages of remembrance from the Great War to the present, Cambridge, New York 2017.

Jay Murray Winter/Geoffrey Parker, Der Erste Weltkrieg und das 20. Jahrhundert, Hamburg 2002.

Jay Murray Winter/Antoine Prost, The Great War in history. Debates and controversies, 1914 to the present, Cambridge, New York 2005.

Irene Witte, Alles schon dagewesen – Wie alles anfing. Meine Begegnung mit Frank G. Gilbreth in Berlin, in: Fortschrittliche Betriebsführung 21 (1972), H. 2.

Gabriele Wohlauf, Moderne Zeiten – Normierung von Mensch und Maschine, in: Horst Gundlach/Mauro Antonelli (Hrsg.), Untersuchungen zur Geschichte der Psychologie und der Psychotechnik, München 1996, S. 147–164.

Alexander Wohlgemuth, The influence of feeling on memory, in: British Journal of Psychology 13 (1923), S. 405–416.

Heather Wolffram, "God save us from psychologists as expert witnesses": the battle for forensic psychology in early twentieth-century Germany, in: History of psychology 18 (2015), S. 337–352.

Uwe Wolfradt, Ethnologie und Psychologie. Die Leipziger Schule der Völkerpsychologie, Berlin 2011.

Uwe Wolfradt, "Man wird nach dem Kriege erstaunen, in welchem Grade doch unsere junge Wissenschaft hier hat mitwirken dürfen.", in: Psychologische Rundschau 65 (2014), S. 236.

Uwe Wolfradt, Deutschsprachige Psychologinnen und Psychologen 1933–1945. Ein Personenlexikon, ergänzt um einen Text von Erich Stern, Wiesbaden 2015.

Christine Wolters (Hrsg.), Abweichung und Normalität: Psychiatrie in Deutschland vom Kaiserreich bis zur Deutschen Einheit, Bielefeld 2013.

Christine Wolters/Christof Beyer/Brigitte Lohff, Abweichung und Normalität als Problem der Psychiatrie im 20. Jahrhundert, in: Christine Wolters (Hrsg.), Abweichung und Normalität: Psychiatrie in Deutschland vom Kaiserreich bis zur Deutschen Einheit, Bielefeld 2013, S. 9–23.

William Ray Woodward/Mitchell G. Ash (Hrsg.), The problematic science. Psychology in nineteenth-century thought, New York, N.Y. 1982.

C. Wrigley, The Ministry of Munitions: An Innovatory Department, in: Kathleen Burk (Hrsg.), War and the state. The transformation of British government, 1914–1919, London, Boston 1982, S. 32–56.

Allan Young, W.H.R. Rivers and the war neuroses, in: Journal of the History of Behavioural Sciences 35 (1999), S. 359–378.

Elisabeth Young-Bruehl/Murray Schwarz, Warum die Psychoanalyse keine Geschichte hat, in: Psyche 65 (2011), S. 97–118.

Zaretsky, Eli, Freuds Jahrhundert. Die Geschichte der Psychoanalyse, Wien 2006.

Uwe Zeller, Psychotherapie in der Weimarer Zeit – die Gründung der "Allgemeinen Ärztlichen Gesellschaft für Psychotherapie" (AÄGP), Tübingen 2001.

Namensregister

Sachregister